U0922595

2011
Jiangxi Statistical Yearbook
江西统计年鉴

江西省统计局　国家统计局江西调查总队・编

总第29期

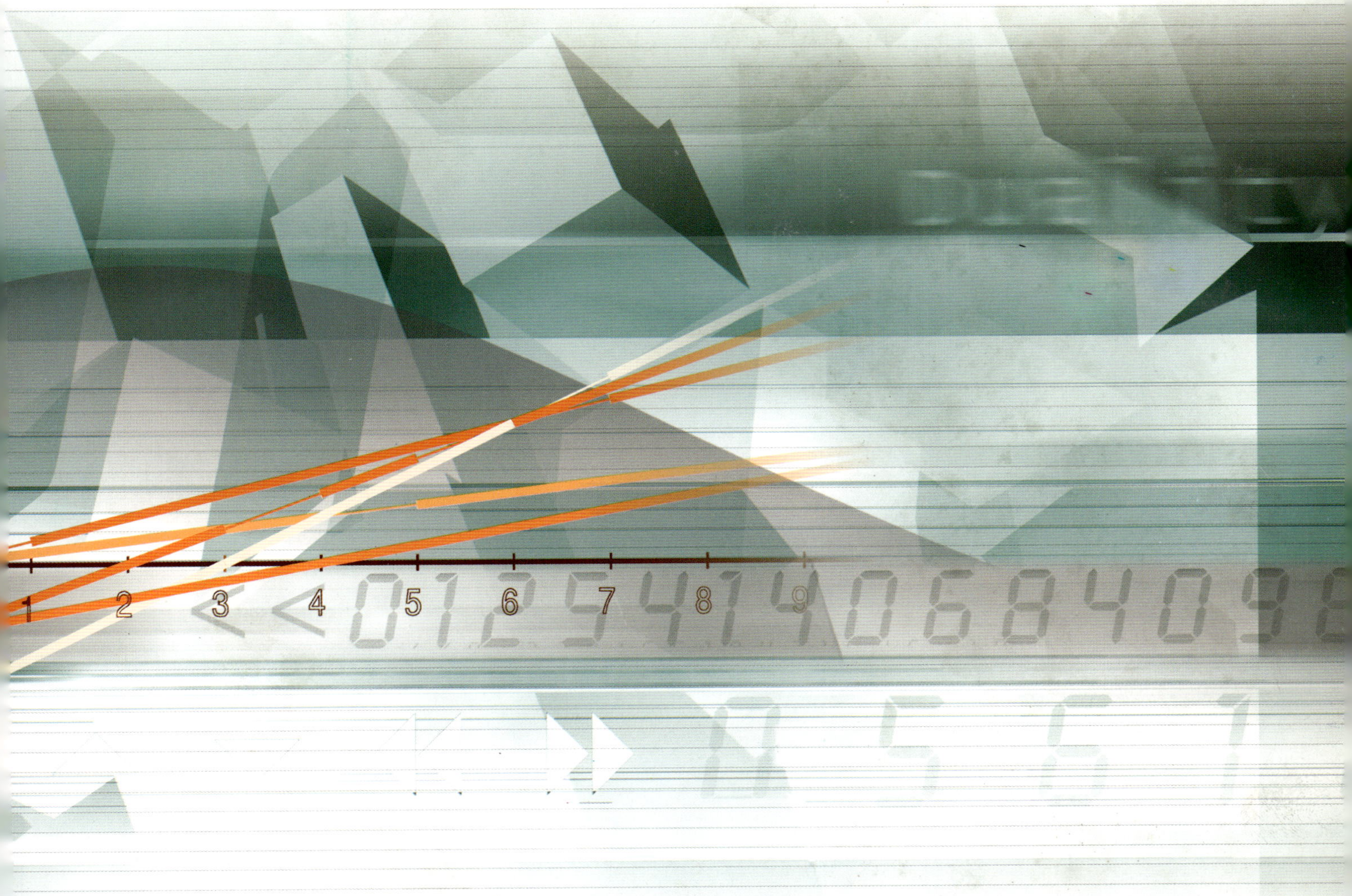

（京）新登字041号

图书在版编目（CIP）数据

江西统计年鉴. 2011 : 汉英对照 / 江西省统计局，国家统计局江西调查总队编. -- 北京 : 中国统计出版社，2011.8

ISBN 978-7-5037-6280-2

Ⅰ. ①江… Ⅱ. ①江… ②国… Ⅲ. ①统计资料－江西省－2011－年鉴－汉、英 Ⅳ. ①C832.56-54

中国版本图书馆CIP数据核字(2011)第145916号

江西统计年鉴-2011

作　　者/ 江西省统计局　国家统计局江西调查总队
责任编辑/ 佘竞雄　刘金成　洪　安　黄　珺
责任校对/ 洪　安
封面设计/ 雷嘉琦
出版发行/ 中国统计出版社
通信地址/ 北京市西城区月坛南街57号
邮　　编/ 100826
办公地址/ 北京市丰台区西三环南路甲6号
电　　话/ (010)63376907
E-mail / yearbook@gj.stats.cn
印　　刷/ 江西昌和特种票证有限公司
经　　销/ 新华书店
开　　本/ 880×1230 毫米　1/16
字　　数/ 1300 千字
印　　张/ 40
版　　别/ 2011 年 7 月第 1 版
版　　次/ 2011 年 7 月第 1 次印刷
书　　号/ ISBN 978-7-5037-6280-2/C•2511
定　　价/ 380.00 元

《江西统计年鉴2011》编辑委员会

经济总量
Economic Aggregate

地区生产总值
Gross Domestic Product

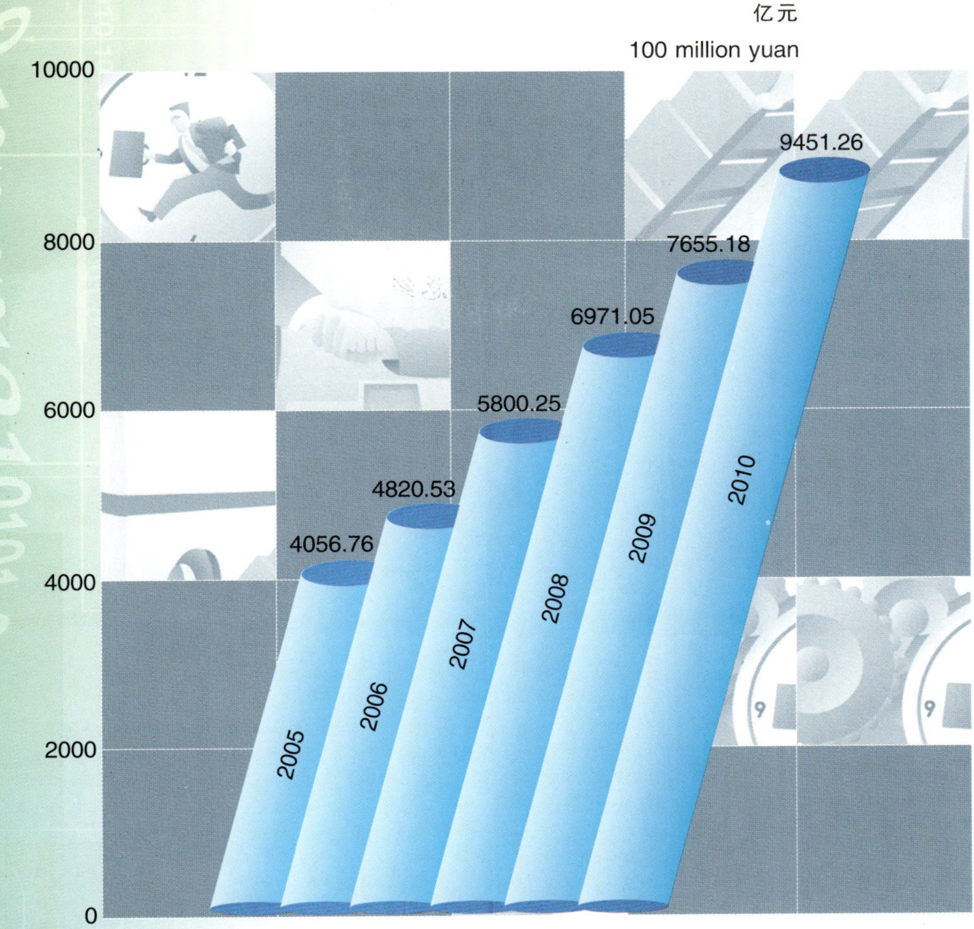

财政总收入
Government Revenue

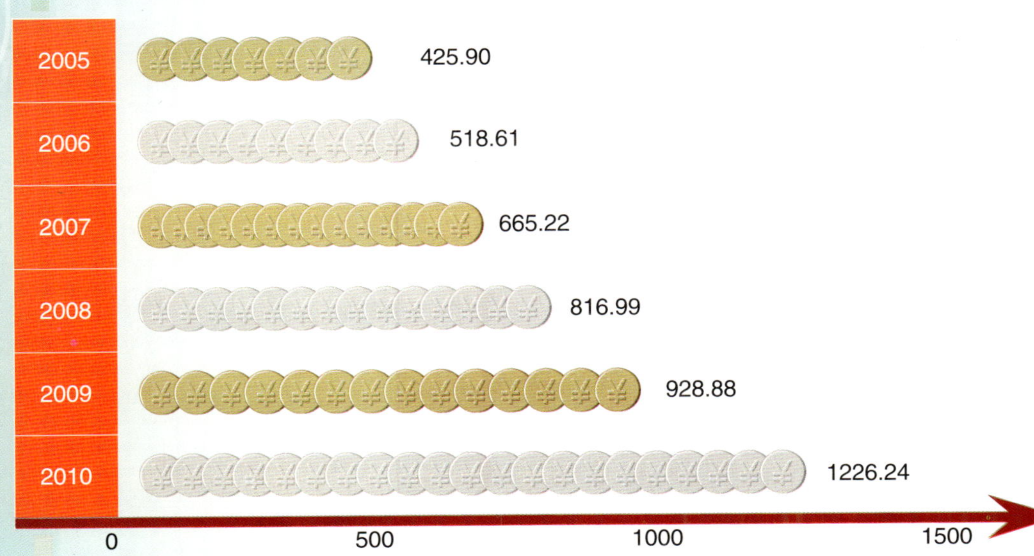

产业结构

Industrial Structure

三次产业结构
Three Industrial Structure

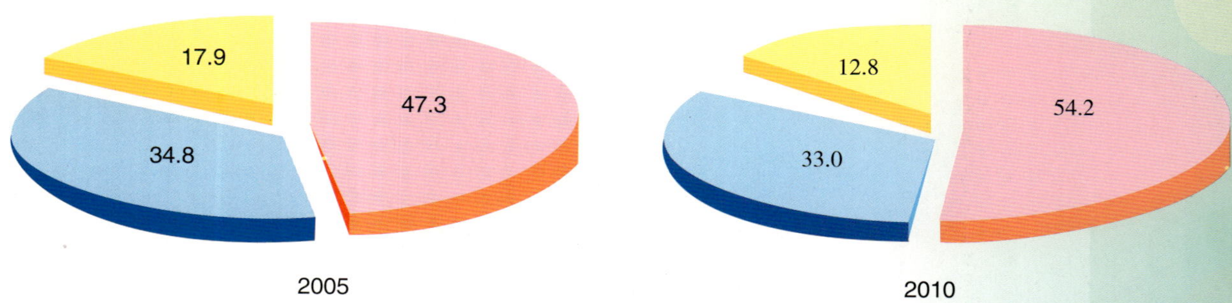

农业总产值与工业增加值
Agricultural Output & Industrial Output

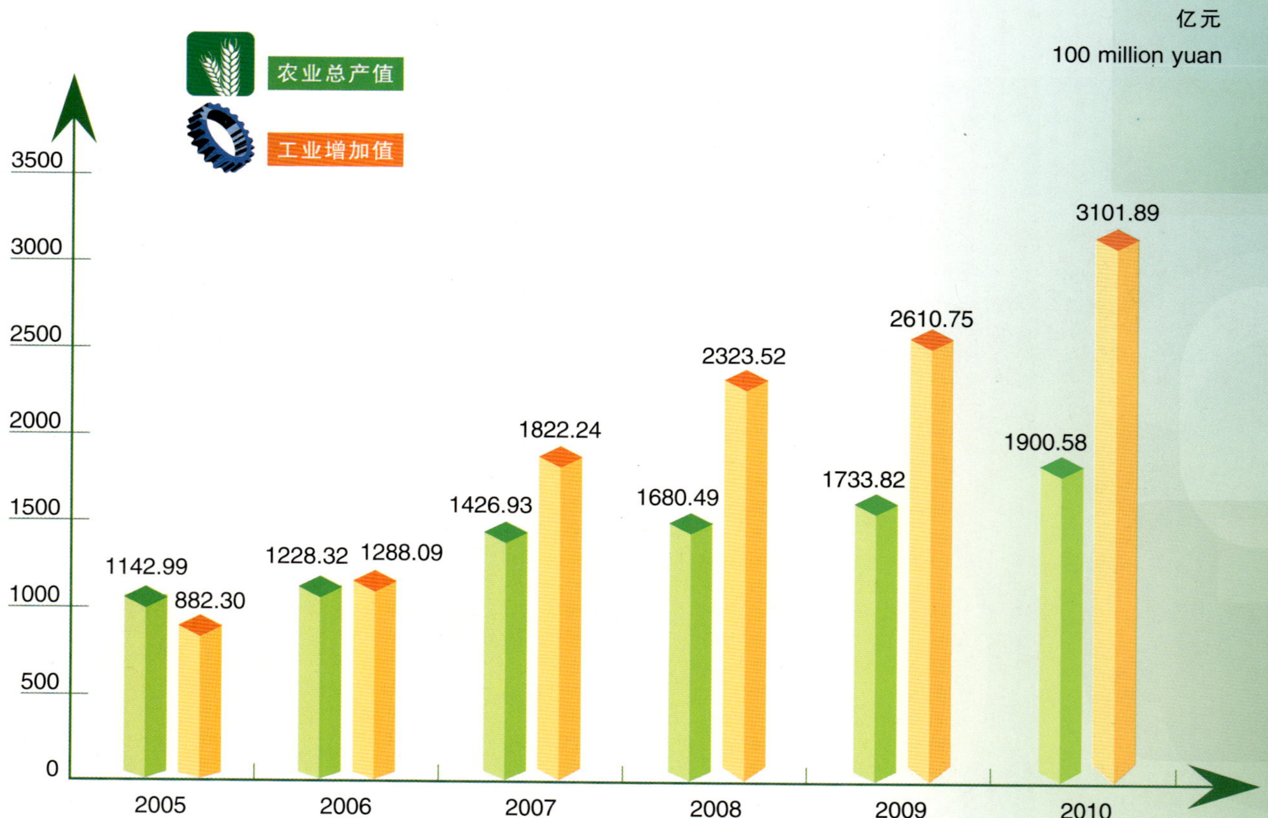

社会事业
Social Undertakings

普通高等学校在校学生数
Students Enrollment of Higher Education

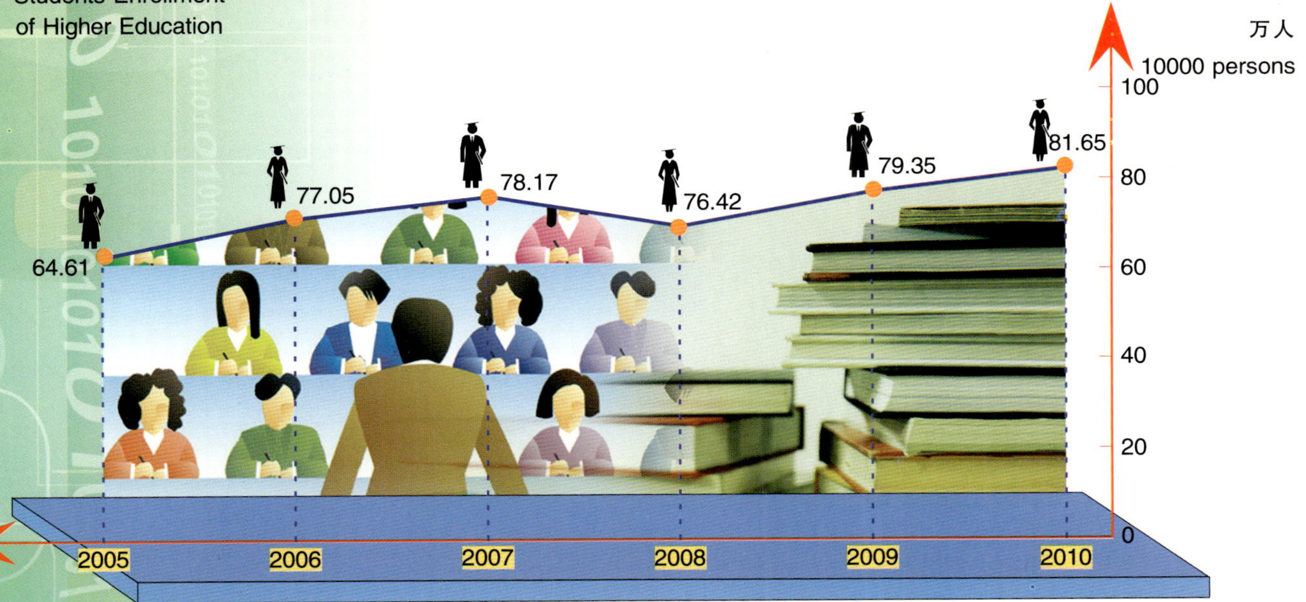

卫生技术人员
Number of Medical Technical Personnel

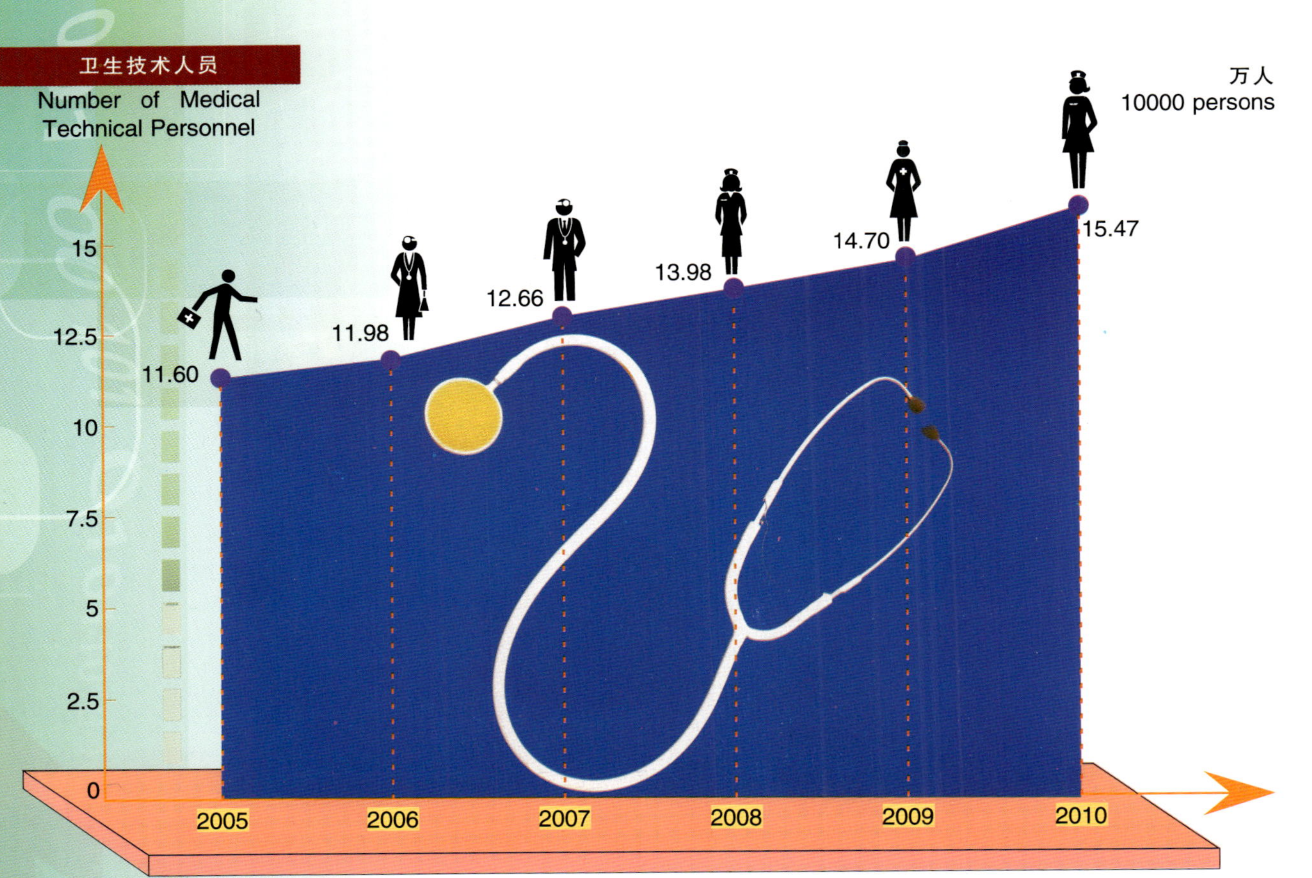

生态建设
Ecological Construction

万元 GDP 能耗
Energy Consumed for Each 10,000 yuan of GDP

吨标准煤

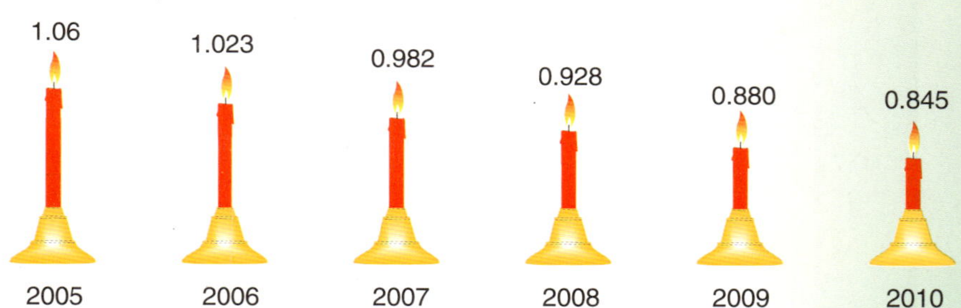

森林覆盖率
Forest Coverage

城镇污水处理率
Treatment Rate of Urban Sewage

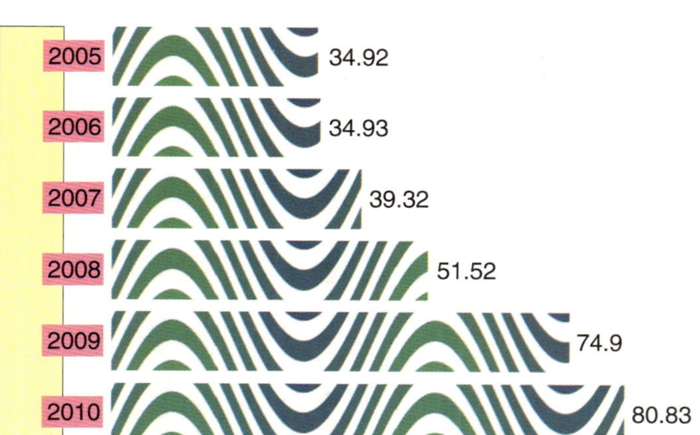

生活垃圾无害化处理率
Harmless Disposal Rate of Living Garbage

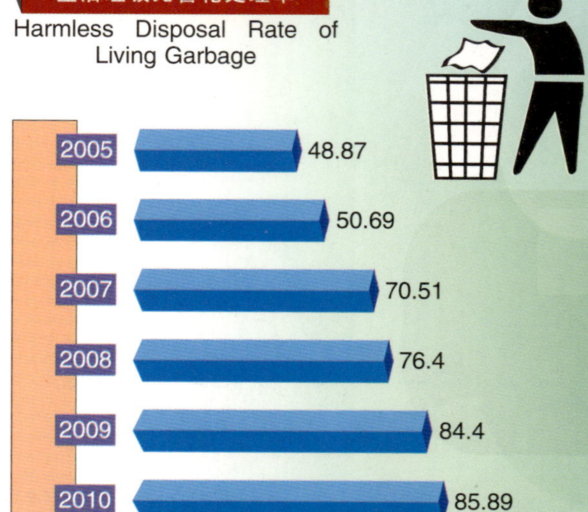

基础设施
Infrastructure Construction

高速公路
Length of Highways

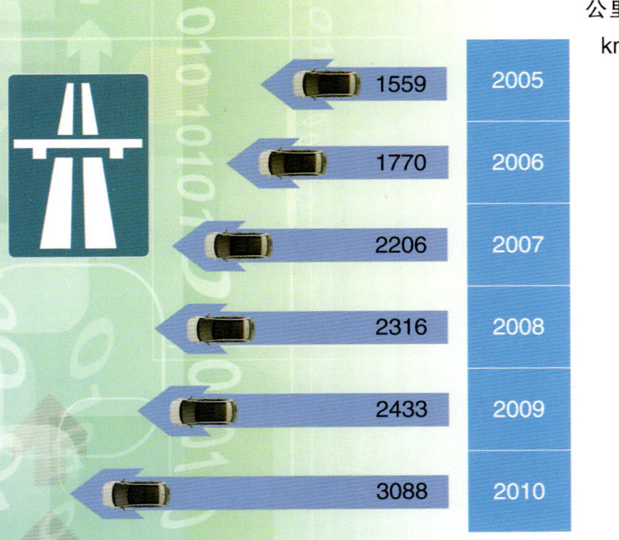

全社会固定资产投资
Total Investment in Fixed Assets in the Whole Country

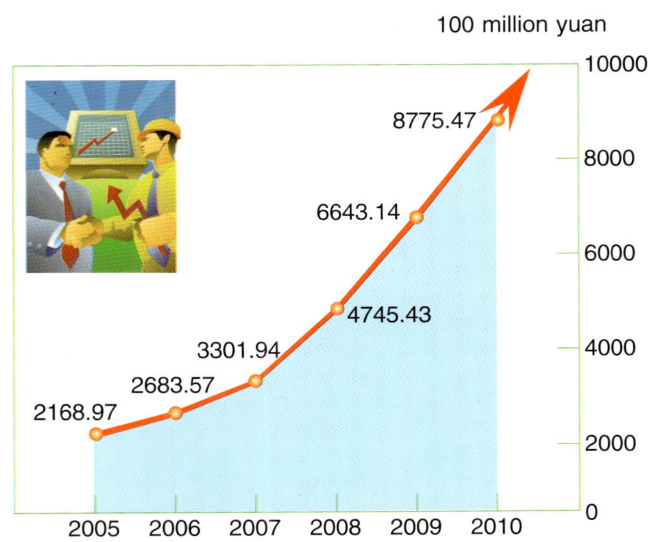

城镇化率
Urbanization Rate

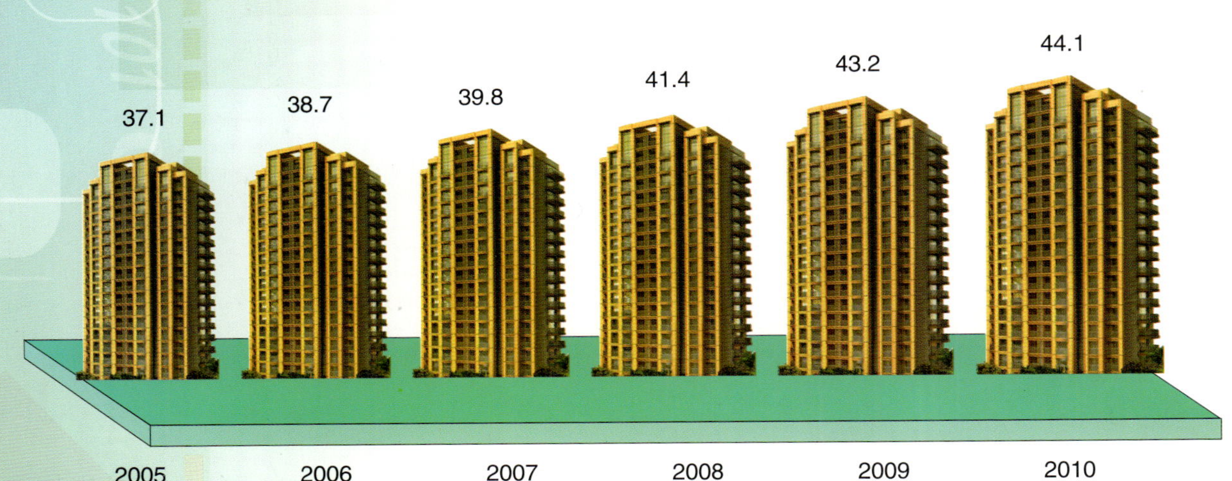

对外开放
Open to the Outside World

进出口总额
Total Value of Imports and Exports

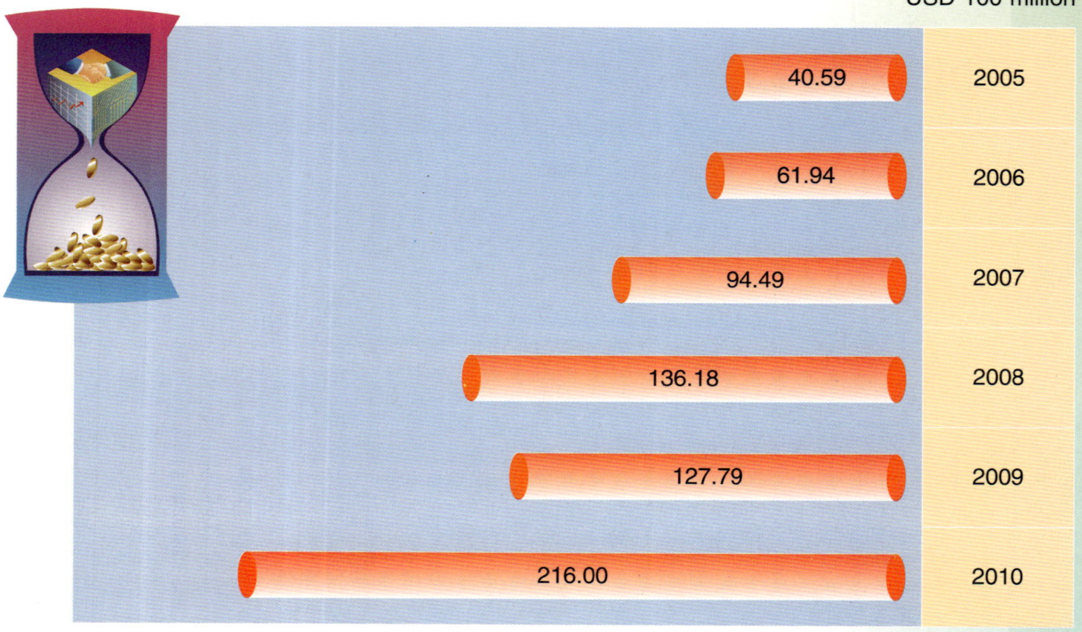

实际利用外商直接投资
Direct Foreign Investment Actually Used

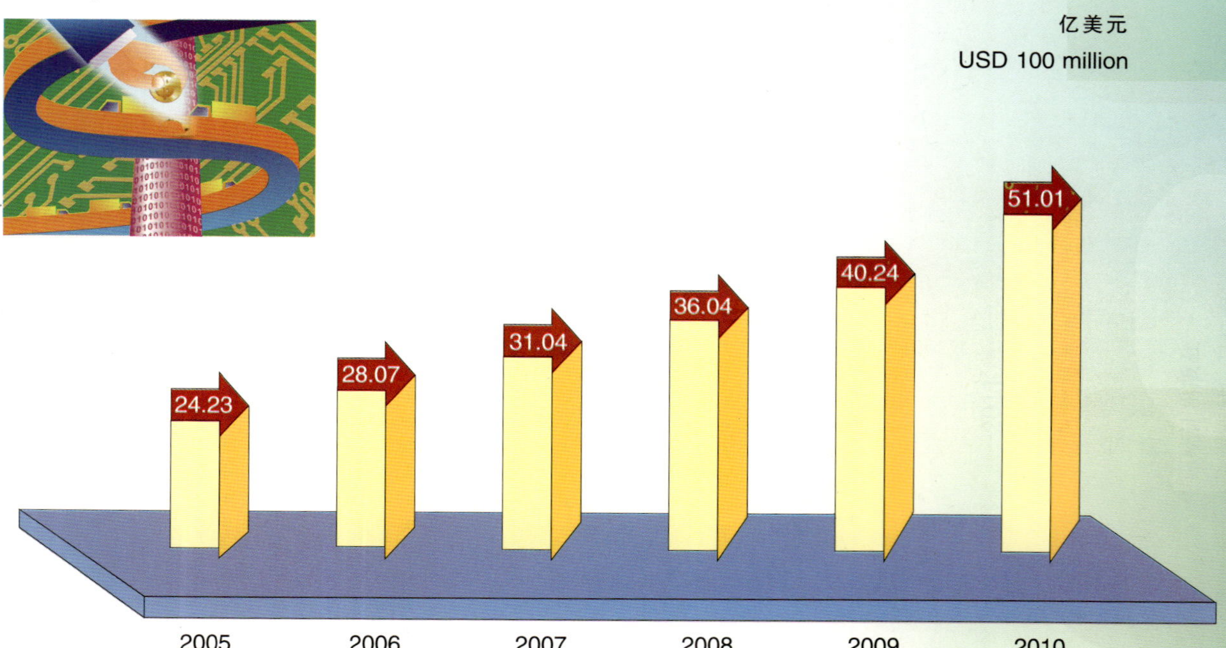

贸易、旅游
Trade and Tourism

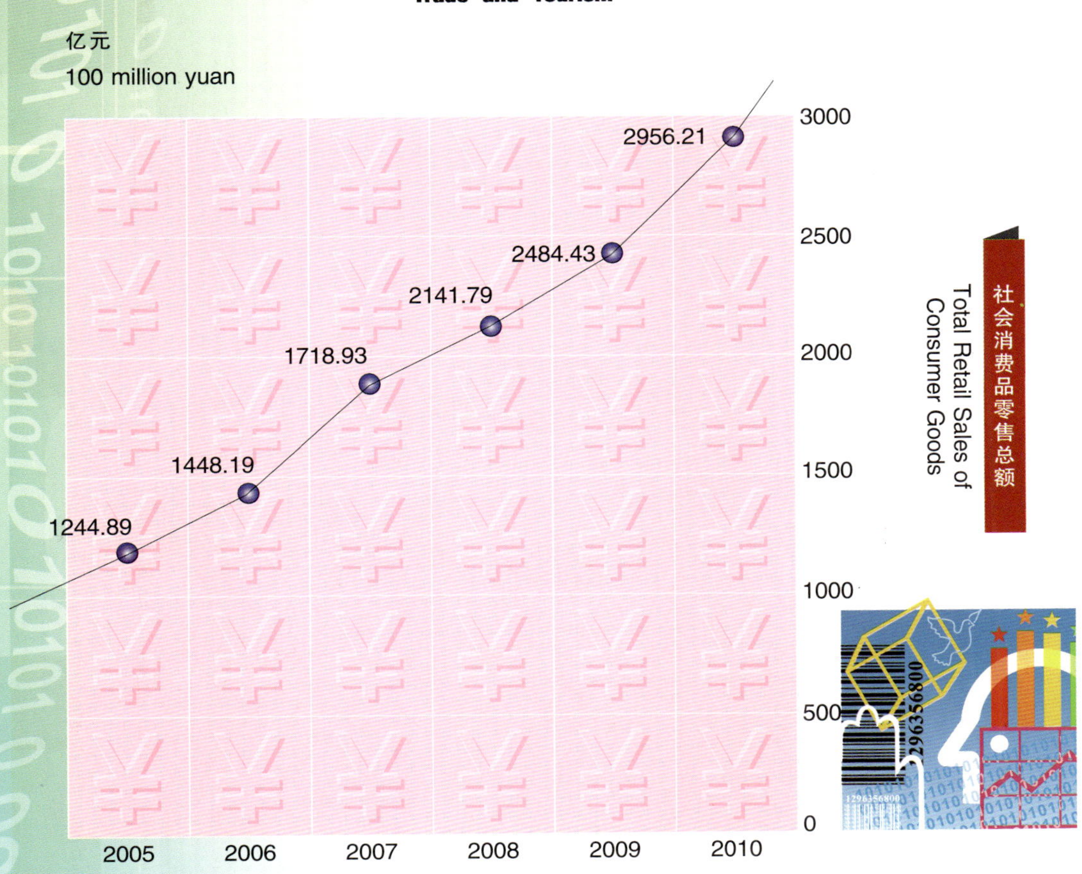

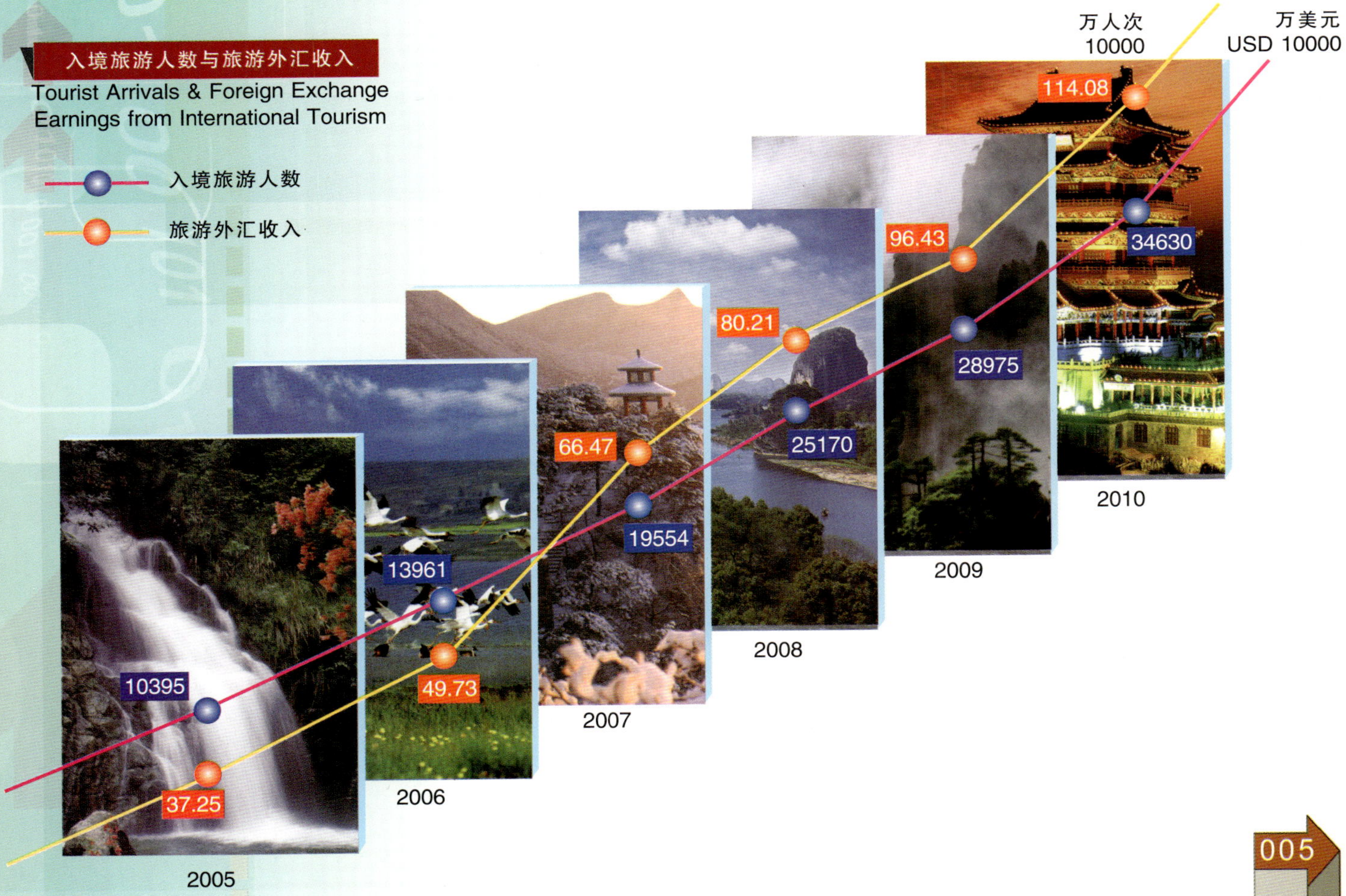

社会消费品零售总额
Total Retail Sales of Consumer Goods

入境旅游人数与旅游外汇收入
Tourist Arrivals & Foreign Exchange Earnings from International Tourism

人民生活
People's Livelihood

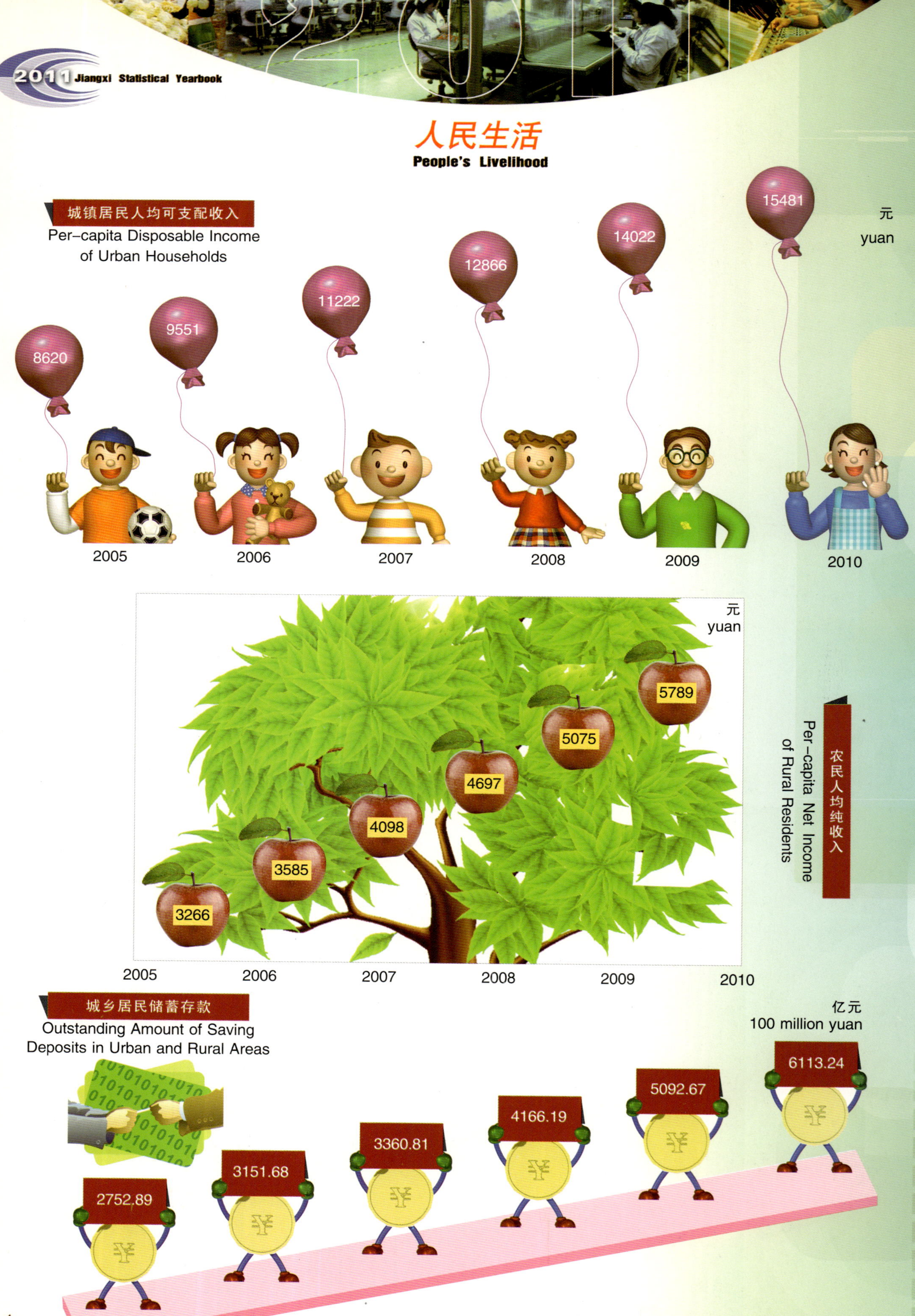

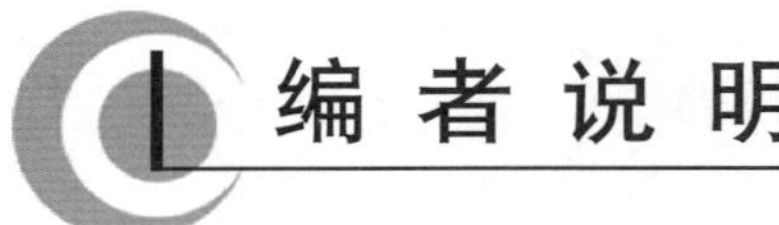

编者说明

一、《江西统计年鉴-2011》系统收录了全省和11个设区市2010年经济、社会各方面的统计数据，改革开放以来和其他历史重要年份的全省主要统计数据，以及全国各省市部分主要指标数据。是一部全面反映江西省经济和社会发展情况的资料性年刊。

二、本年鉴正文内容分为23个篇章，即：综合，人口，就业人员和职工工资，固定资产投资，对外经济贸易，能源，财政，价格指数，人民生活，城市建设，林业建设和生态环境、，农业，工业，建筑业，交通运输、邮电通讯业，国内贸易和旅游，对外经济贸易业和旅游，金融业，房地产开发和其他服务业，科技、教育、文化，卫生、体育、社会福利及其他，企业调查，市、县基本情况，各省、市、自治区主要经济指标及2010年江西统计工作大事记。为方便读者使用，各篇章前设有《简要说明》，对本篇章的主要内容、资料来源、统计范围、统计方法等予以简要概述，篇末附有《主要统计指标解释》。

三、本《年鉴》对以前发表的统计资料重新予以审核，凡与本《年鉴》资料有出入的，均以本年鉴为准。

四、与2010年版《江西统计年鉴》相比较，本年鉴内容上主要做了如下修订：

1. 人口篇增加了第六次人口普查部分资料

2. 金融业篇增加了金融机构本外币资金平衡表及各地区金融机构(含外资）本外币信贷主要指标 3. 科技、教育、文化篇恢复上年度由于R&D普查而暂时未放的科技活动人员情况等表。

4. 卫生、体育、社会福利篇增加各地区社会保障情况表。

5. 各省、市、自治区主要经济指标篇增加了各省（市、区）进出口额表。

五、本年鉴所使用的度量衡单位，均采用国际统一标准计量单位。

六、本年鉴中部分数据合计数或相对数由于单位取舍不同而产生的计算误差，均未作机械调整。

七、符号使用说明:年鉴各表中的“空格”表示该项统计指标数据不足本表最小单位数、数据不详或无该项数据；“#”表示其中的主要项。

EDITOR'S NOTES

I. *Jiangxi Statistical Yearbook 2011* is an annual statistics publication, which covers very comprehensive data in 2010 and some selected data series in historically important years and the most recent thirty years at level of province and other provinces and municipalities. Therefore, reflects various aspects of Jiangxi's social and economic development.

II. The yearbook contains the following twenty-two chapters, General Survey; Population; Employment and Wages; Investment in Fixed Assets; Energy; Price Indices; People's Livelihood; General Survey of Cities; Environment Protection; Water Resources and Meterology; Agriculture; Industry; Construction; Transport, Post and Telecommunication Services; Domestic Trade; Foreign Trade and Economic Cooperation; Tourism; Financial Intermediation; Insurance; Real Estate; Education, Science and Technology; Culture, Sports and Public Health; Social Welfare and Other Social Activities; Enterprise Surveys; Basic Statistics on Municipalities and Counties; Main Statistical Indictors on provinces, autonomous regions and municipalities and Notes of Jiangxi Statistical Events in 2010. For readers' convenience, in *Brief Introduction* at the beginning of each chapter, main coverage of this chapter, data sources, statistical coverage, statistical methods and historical changes are concerned. In addition, *Explanatory Notes on Main Statistical Indicators* are provided at the end of each chapter.

III. This *Yearbook* re-audited statistic data published previously, any data different from this yearbook, take this yearbook's as standard data.

IV. Comparing to 2010's edition, this yearbook mainly adjust in following parts.

1. Chapter 2 Population adds partial data of the Sixth National Population Census.

2. Chapter 17 Financial Industry adds "Balance Sheet of Credit Funds of RMB and Foreign Currency of Financial Institutions" and "Main Indicators on RMB and Foreign Currency Trust of Financial Institutions (Foreign Capital Included) by Region".

3. Chapter 19 Sci-Tech,Education and Culture recovers "scientific research personnel" ETC due to R&D Census in last year.

4. Chapter 20 Public Health, Sports, Social Welfare adds Situations of Social Security by Region.

5. Chapter 23 adds Total Imports&Exports of Provinces,Autonomous Regions and Municipalities.

V. The units of measurement used in this yearbook are internationally standard measurement units.

VI. Statistical discrepancies due to rounding are not adjusted in the yearbook.

VII. Notations used in the yearbook: blank space indicates that the figure is not large enough to be measured with the smallest unit in the table, or data are unknown or are not available; "#" indicates a major breakdown of the total.

目 录 Contents

一、综 合
CHAPTER 1 GENERAL SURVEY

二、人 口
CHAPTER 2 POPULATION

三、就业人员和职工工资
CHAPTER 3 EMPLOYMENT AND WAGE

四、固定资产投资
CHAPTER 4 INVESTMENT IN FIXED ASSETS

六、能 源
CHAPTER 6 ENERGY

七、财 政
CHAPTER 7 GOVERNMENT FINANCE

八、价格指数
CHAPTER 8 PRICE INDICES

九、人民生活
CHAPTER 9 PEOPLE'S LIVELIHOOD

十、城市建设
CHAPTER 10 MUNICIPAL CONSTRUCTION

十一、林业建设和生态环境
CHAPTER 11 FORESTRY CONSTRUCTION AND ECOLOGY

十二、农 业
CHAPTER 12 AGRICULTURE

十三、工 业
CHAPTER 13 INDUSTRY

十四、建筑业 CHAPTER 14 CONSTRUCTION

十五、交通运输、邮电通讯业 CHAPTER 15 TRANSPORTATION,POSTAL AND TELECOMMUNICATIONS

十六、国内贸易和旅游 CHAPTER 16 DOMESTIC TRADE AND TOURISM

十七、金融业
CHAPTER 17 FINANCIAL INDUSTRY

十八、房地产开发和其他服务业
CHAPTER 18 REAL ESTATE DEVELOPMENT AND OTHER SERVICES

十九、科技、教育、文化
CHAPTER 19 SCI-TECH,EDUCATION AND CULTURE

二十、卫生、体育、社会福利和其他

CHAPTER 20 PUBLIC HEALTH,SPORTS,SOCIAL WELFARE AND OTHERS

二十一、企业调查 CHAPTER 21 ENTERPRISE INVESTIGATION

二十二、市、县基本情况 CHAPTER 22 BASIC STATISTICS OF CITIES AND COUNTIES

二十三、各省、市、自治区主要经济指标
CHAPTER 23 MAIN ECONOMIC INDICATORS OF PROVICES,AUTONOMOUS REGIONS AND MUNICIPALITIES DIRECTLY UNDER THE CENTRAL GOVERNMENT

综合

GENERAL SURVEY

◆1/30

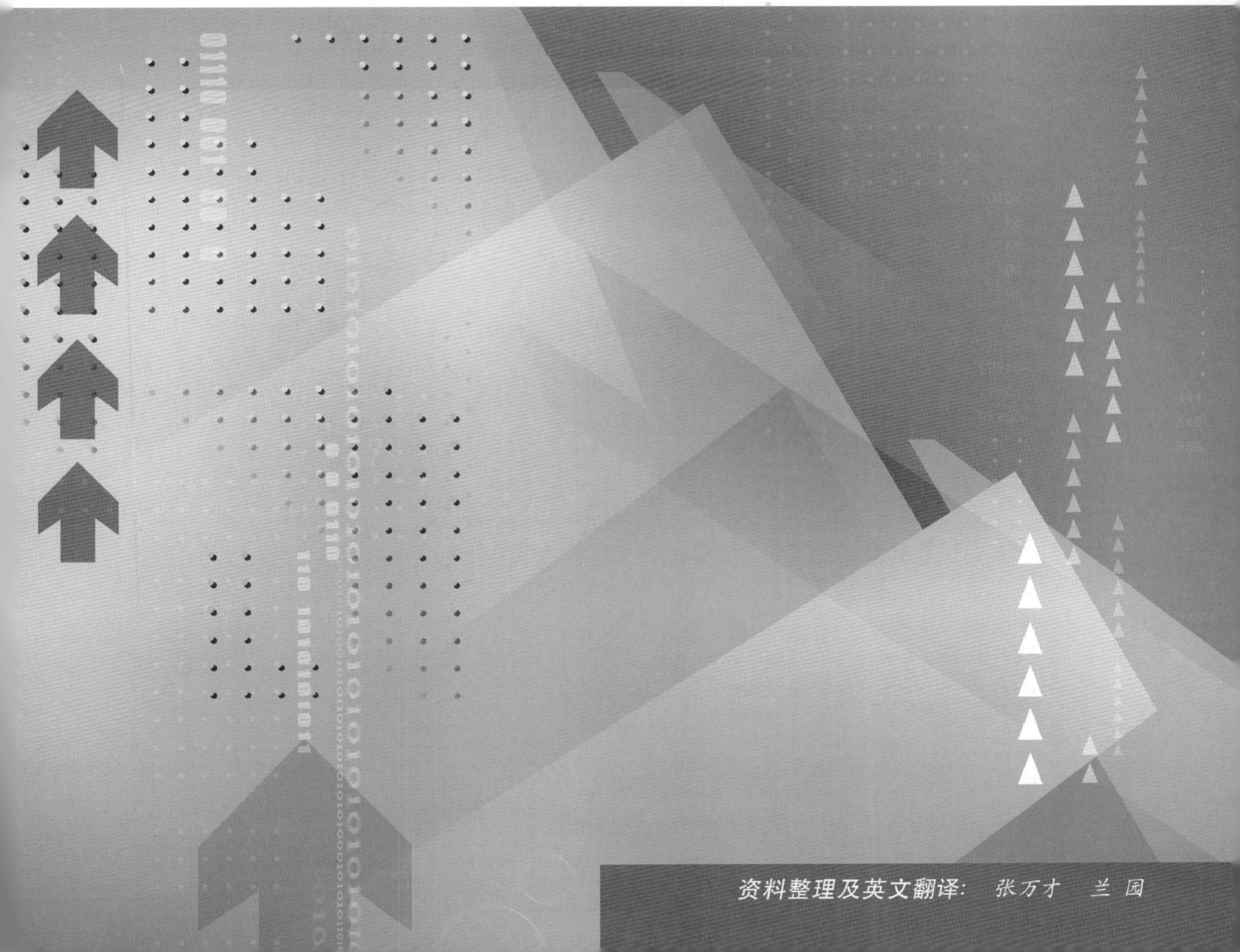

资料整理及英文翻译：*张万才　兰　园*

简要说明

本篇章由综合资料及国民经济核算资料两个部分组成。

综合资料主要包括国民经济和社会发展综合资料，通过对各篇章主要统计指标及其速度、结构、比例和效益等的加工计算，来反映国民经济和社会发展的总体情况。

国民经济核算资料主要包括地区生产总值及其有关资料。地区生产总值是根据不同产业部门、不同支出构成的特点和资料来源情况而分别采取不同方法计算的。

分设区市的国民经济核算数据由各设区市统计局提供，由于采取分级核算，各设区市数据相加不等于全省总计。

根据第一次第三产业普查结果，对1992年以前全省地区生产总值的历史数据做了调整；2005年根据全国第一次经济普查结果，对1993-2004年的全省地区生产总值历史数据做了调整，本年鉴的数据为调整后数据。

Brief Introduction

This chapter consists of two parts: The summary data and the data on national accounts.

The summary data on the national economy reflect the overall situation of the economic and social development by presenting further processed statistics including growth, structure, ratio and efficiency data derived from other chapters.

The data on national accounts mainly include Gross Domestic Product (GDP) and related data. Data on GDP are calculated with various approaches in accordance with the features of various sectors, various expenditure structures and the data resources.

The data on national accounts by region are provided by the statistical bureaus of various region. The sum of the city data is not equal to the provincial total due to the decentralized accounting approach.

The GDP figures of years up to 1992 were adjusted in accordance with the result of the First Tertiary Industry Census. In 2005, the GDP figures from the year 1993 to 2004 were adjusted in accordance with the result of the First National Economic Census. Data published in this yearbook are adjusted data.

自然地理资源

位 置

江西省，简称赣。位于长江中下游交接处的南岸。地处北纬 24° 29′ ~30° 04′ 、东经 113° 34′ ~118° 28′ 之间，东邻浙江、福建，南连广东，西接湖南，北毗湖北、安徽。北控长江，上接武汉三镇，下通南京、上海，东南与沿海开放城市相邻近。京九铁路和浙赣铁路纵横贯通全境，交通便利，地理位置优越。

地势、面积

全省东南西三面群山环绕，内侧丘陵广亘，中北部平原坦荡，整个地势，由外及里，自南而北，渐次向鄱阳湖倾斜，构成一个向北开口的巨大盆地。全省面积 16.69 万平方公里。全境以山地、丘陵为主，山地占全省总面积的 36%，丘陵占 42%，岗地、平原、水面占 22%。

山脉、河流、湖泊

主要山脉分布于省境边陲，山峰一般海拔 1000 米左右，少数海拔 2000 余米。省境东和东北有蜿蜒于赣闽、赣浙之间的武夷山和怀玉山；南有逶迤于赣粤之间的大庾岭和九连山；西有耸峙于赣湘之间的罗霄山脉，雄伟的井冈山就在罗霄山脉的中段；西北有盘亘于赣鄂之间的幕阜山，庐山即是它向东延伸的余脉。

全省有大小河流 2400 多条，总长约 18400 公里，大部分河流汇向鄱阳湖，再注入长江。主要河流有 5 条，即赣江、抚河、信江、修河、饶河。赣江全长 751 公里，为本省第一大川，水量为长江第二大支流，它自南而北流贯全省，从赣州至湖口而入长江，通航里程 5000 余公里。

鄱阳湖是全国最大的淡水湖，它是江西最大的聚水盆，长江水量的巨大调节器，也是沟通省内外各地航道的中转站。

气 候

江西气候四季变化分明。春季温暖多雨，夏季炎热温润，秋季凉爽少雨，冬季寒冷干燥。2010 年全省平均气温为 18.5℃，降水量为 2151.3 毫米，日照为 1552.7 小时。全年气候温暖，光照充足,雨量充沛,无霜期长，具有亚热带湿润气候特色。

资 源

2010 年末，全省林业用地面积 1072.22 万公顷，活木蓄积量 4.45 亿立方米，森林覆盖率 63.1%。

2010 年，全省淡水面已养殖面积 42.55 万公顷。已查明鱼类 155 种，产量较多的有鲤、鲫、青、鲢等 30 余种，名贵鱼类有荷包红鲤鱼、玻璃鲤鱼、银鱼、石鱼、鲥鱼、鳜鱼等。省内还有众多的水禽和珍禽，其中不少是受到世界性保护的珍禽。

江西地下矿藏丰富，是我国矿产资源配套程度较高的省份之一。储量居全国前三位的有铜、钨、银、钽、钪、铀、铷、铯、金、伴生硫、滑石、粉石英、硅灰石等。铜、钨、铀、钽、稀土、金、银被誉为江西的“七朵金花”。

Nature, Geography and Resourcesrief

Position

Jiangxi Province, called Gan for short, lies in the southern bank of the middle and lower reaches of the Yangtze River. It is located at latitude 24° 29′ ～30° 04′ north, longitude 113° 34′ ～118° 28′ east. It borders Zhejiang and Fujian provinces to the east, Guangdong to the south, Hunan to the west, and Hubei and Anhui to the north. Jiangxi dominates the Yangtze River on the north, and connects the Wuhan in the upper stream, Nanjing and Shanghai in the downstream. And it closes to the coastal opening cities in the southeast. Both Beijing-Kowloon and Zhejiang¬-Jiangxi railways run through the whole province, which provided with the convenient transportation and superior location.

Topography and area

Mountains surround Jiangxi province on three sides. The southern half of the province is hilly with ranges and valleys interspersed; while the middle and northern half is flatter and lower in altitude. Stretching from south to north, the whole land is generally sloping towards Poyang Lake, which has formed a huge basin opening to the north. The total area of the province is 166,900 square kilometers. Within it are various land forms, with mountains and hills dominating. Mountains account for 36% of the province's total area, hills account for 42%, and mounds, plains, and water surface area for 22%.

Mountain ranges, rivers and lakes

The main mountain ranges are distributed by the border of the province, which generally have the altitude of about 1000m, and minority over 2000m. On the east and northeast of Jiangxi have Wuyi and iHuaiyu Mountains winding between Jiangxi and Fujian, Jiangxi and Zhejiang provinces. On the south have Dayu and Jiulian Mountains wriggling between Jiangxi and Guangdong provinces. In the west have Luoxiao Ranges standing between Jiangxi and Hunan provinces, where the magnificent Mt. Jinggang is situated at the middle. In the northwest have Mufu Mountains circling between Jiangxi and Hubei provinces. And its extending part on the east is namely the famous mountain—Mt. Lushan.

There are more than 2,400 rivers of various sizes in Jiangxi province, which have a combined total length of about 18,400 kilometers. Most of them enter Poyang Lake, which in turn empties into the Yangtze River. The five major rivers are Gan River, Fu River, Xin River, Xiu River, and Rao River. The Gan River winds along 751 kilometers, which is the biggest river of the province, and the second tributary of the Yangtze River in water volume. Flowing through the entire length of the province from south to north, it enters Ganzhou to Hukou, and then pours into the Yangtze River, with navigation mileage of over 5000 kilometers.

Poyang Lake is the largest fresh lake in China, and the biggest water assembling basin of Jiangxi province. It is the huge volume moderator of the Yangtze River, and also the intersection of linking up with all shipping lines in-and-out of the province.

Climate

The climate of Jiangxi province is four seasons alternating distinctively: warm with abundant rainfall in spring, hot and humid in summer, cool with little rainfall in autumn, chilly and dry in winter. In 2010, The average temperature of the whole province is about 18.5℃, with the annual precipitation of 2151.3mm and sunshine hours of 1552.7h. The whole year of Jiangxi has mild climate, with sufficient sunshine, plentiful rainfall and long frost-free period, which belongs to humid subtropical climate.

Resources

At the end of the year 2010, the total area of afforested land in Jiangxi is 10,720,220 hectares. The total standing forest stock is 445 million cubic meters, and the forest coverage rate of 63.1%.

In 2010, the total cultivated freshwater area of the whole province is 425,463 hectares. The identified species of the fishes are 155 and more than 30 types of them occupied the main production, such as carp, crucian carp, black carp, and silver carp etc. The valuable types are including lotus red carp, transparent carp, whitebait, reeves shad, and mandarin fish etc. There are also numerous birds and cherished ones in province, most of which belonged to world-protected species.

Jiangxi province has a rich reserve of underground minerals, which is one of the provinces with higher matching degree of mineral resources in China. The reserves of Copper, Tungsten, Silver, Tantalum, Scandium, Uranium, Rubidium, Caesium, Gold, and Associated Pyrite etc. rank the top three of the nation. Among all these minerals, Copper, Tungsten, Uranium, Tantalum, Rare Earths, Gold and Silver are called “the seven gold flowers of jiangxi”.

1-1 行 政 区 划（2010年末）
Administratives Divisions (end of 2010)

地 区	Region	设区市 Cities at Prefecture Level	县级市 Cities at County Level	县 Countries	市辖区 Districts Under the Jurisdication of Cities	市、县、区名称	Name of Cities at County Level, Countries and Districts Under the Jurisdication of Cities
全 省	**Total**	**11**	**11**	**70**	**19**		
南昌市	Nanchang	1		4	5	东湖区、西湖区、青云谱区、湾里区、青山湖区、南昌县、新建县、安义县、进贤县	Donghu,Xihu,Qingyunpu,Wanli,Qingshanhu,Nanchang,Xinjian,Anyi,Jinxian
景德镇市	Jingdezhen	1	1	1	2	昌江区、珠山区、浮梁县、乐平市	Changjiang,Zhushan,Fuliang,Leping
萍乡市	Pingxiang	1		3	2	安源区、湘东区、莲花县、上栗县、芦溪县	Anyuan,Xiangdong,Lianhua,Shangli,Luxi
九江市	Jiujiang	1	2	9	2	庐山区、浔阳区、九江县、武宁县、修水县、永修县、德安县、星子县、都昌县、湖口县、彭泽县、瑞昌市、共青城市	Lushan,Xunyang,Jiujiang,Wuning,Xiushui,Yongxiu,De'an,Xingzi,Duchang,Hukou,Pengze,Ruichang,Gongqingcheng
新余市	Xinyu	1		1	1	渝水区、分宜县	Yushui,Fenyi
鹰潭市	Yingtan	1	1	1	1	月湖区、余江县、贵溪市	Yuehu,Yujian,Guixi
赣州市	Ganzhou	1	2	15	1	章贡区、赣 县、信丰县、大余县、上犹县、崇义县、安远县、龙南县、定南县、全南县、宁都县、于都县、兴国县、会昌县、寻乌县、石城县、瑞金市、南康市	Zhanggong,Ganxian,Xinfeng,Dayu,Shangyou,Chongyi,Anyuan,Longnan,Dingnan,Quannan,Ningdu,Yudu,Xingguo,Huichang,Xunwu,Shicheng,Ruijin,Nankang
吉安市	Ji'an	1	1	10	2	吉州区、青原区、吉安县、吉水县、峡江县、新干县、永丰县、泰和县、遂川县、万安县、安福县、永新县、井冈山市	Jizhou,Qingyuan,Ji'an,Jishui,Xiajiang,Xingan,Yongfeng,Taihe,Suichuan,Wan'an,Anfu,Yongxin,Jinggangshan
宜春市	Yichun	1	3	6	1	袁州区、奉新县、万载县、上高县、宜丰县、靖安县、铜鼓县、丰城市、樟树市、高安市	Yuanzhou,Fengxin,Wanzai,Shanggao,Yifeng,Jing'an,Tonggu,Fengcheng,Zhangshu,Gao'an
抚州市	Fuzhou	1		10	1	临川区、南城县、黎川县、南丰县、崇仁县、乐安县、宜黄县、金溪县、资溪县、东乡县、广昌县	Linchuan,Nancheng,Lichuan,Nanfeng,Chongren,Le'an,Yihuang,Jinxi,Zixi,Dongxiang,Guangchang
上饶市	Shangrao	1	1	10	1	信州区、上饶县、广丰县、玉山县、铅山县、横峰县、弋阳县、余干县、鄱阳县、万年县、婺源县、德兴市	Xinzhou,Shangrao,Guangfeng,Yushan,Yanshan,Hengfeng,Yiyang,Yugan,Poyang,Wannian,Wuyuan,Dexing

1-2 国民经济和社会发展主要指标与发展速度

指标	Item	1978
人口(万人)	**Population (10000 persons)**	
年末总人口	Population at Year-end	3182.82
#男性人口	Male	1642.78
女性人口	Female	1540.04
#城镇人口	Urban	533.12
乡村人口	Rural	2649.70
就业(万人)	**Employment (10000 persons)**	
年末社会就业人数	Employment at Year-end	1254.3
#职工人数	Staff and Workers	267.4
年末城镇登记失业人数	Registration Unemployment in Urban Areas at Year-end	21.38
地区生产总值(亿元)	**Gross Domestic Product (100 million yuan)**	87.00
第一产业	Primary Industry	36.18
第二产业	Secondary Industry	33.08
第三产业	Tertiary Industry	17.74
人均生产总值(元)	Per Capita GDP (yuan)	276
固定资产投资(亿元)	**Investment in Fixed Assets (100 million yuan)**	
全社会固定资产投资总额	Total Investment in Fixed Assets	8.13
城 镇	Urban	8.13
#工 业	Industry	
农 村	Rural	
财政(亿元)	**Government Finance (100 million yuan)**	
财政总收入	Government Revenue	12.22
地方财政收入	Local Government Revenue	
财政支出	Government Expenditures	16.27
能源生产与消费(万吨标准煤)	**Production and Consumption of Energy (10 000 tons of SCE)**	
能源生产总量	Total Energy Production	
能源消费总量	Total Energy Consumption	
价格指数(上年=100)	**Price Indices (preceding year=100)**	
居民消费价格指数	Consumer Price Index	
商品零售价格指数	Retail Price Index	100.1
工业品出厂价格指数	Producer Price Indices for Manufactured Goods	
原材料、燃料、动力购进价格指数	Purchasing Price Indices of Raw Material, Fuel and Power	
固定资产投资价格指数	Investment in Fixed Assets Price Indices	
人民生活	**People's Livelihood**	
在岗职工年平均工资(元)	Average Wage of Employed Staff and Workers(yuan)	552
城镇住户人均年可支配收入(元)	Per Capita Annual Disposable Income of Urban Households(yuan)	305.36
农村住户人均年纯收入(元)	Per Capita Net Income of Rural Residents (yuan)	140.70
城乡居民储蓄存款年末余额(亿元)	Outstanding Amount of Saving Deposits in Urban and Rural Areas (100 million yuan)	4.16
城镇住户人均住宅建筑面积(平方米)	Per Capita Gross Living Space in Cities (sq.m)	
农村居民人均住房面积(平方米)	Per Capita Net Floor Space of Rural Residents (sq.m)	
城市建设、环境保护	**City Construction ,Environmental Protection**	
人工煤气供气量(万立方米)	Coal Gas Supply(10000 cu.m)	
液化石油气供气量(吨)	Total Liquefied Petroleum Gas Supply (ton)	
道路长度(公里)	Length of Roads (km)	
排水管道长度(公里)	Length of Drainpipes (km)	
公共车辆(汽、电车)运营数(辆)	Operating Public Buses (Buses and Trolley Buses) (unit)	
绿化覆盖面积(公顷)	Coverage Area of Afforestation (hectare)	
工业污染治理项目完成投资额(万元)	Investment Completed of Industrial Pollution Treatment Projects (10000 yuan)	

注：1.地区生产总值、农业总产值、工业增加值的发展速度均按可比价格计算。
2.1998年及以后职工人数和职工平均工资为在岗职工人数和平均工资。

Major Indicators and Growth Rates on National Economic and Social Development

总量指标 Aggregate Data				速度指标 (%) Indices and Growth Rates (%)						
				指数 Index (2010为以下各年) (2010 as Percentage of the Following Years)				平均增长速度 Average Annual Growth Rate		
1990	2000	2009	2010	1978	1990	2000	2009	1979–2010	1991–2010	2001–2010
3810.64	4148.54	4432.16	4462.25	140.2	117.1	107.6	100.7	1.1	0.8	0.7
1972.77	2157.02	2271.71	2303.16	140.2	116.7	106.8	101.4	1.1	0.8	0.7
1837.87	1991.52	2160.45	2159.08	140.2	117.5	108.4	99.9	1.1	0.8	0.8
775.47	1148.73	1913.81	1966.07	368.8	253.5	171.2	102.7	4.2	4.8	5.5
3035.18	2999.81	2518.35	2496.18	94.2	82.2	83.2	99.1	-0.2	-1.0	-1.8
1816.5	2060.9	2445.2	2498.8	199.2	137.6	121.2	102.2	2.2	1.6	1.9
386.2	291.6	273.8	279.6	104.6	72.4	95.9	102.1	0.1	-1.6	-0.4
10.26	16.68	27.30	26.26	122.8	255.9	157.4	96.2	0.6	4.8	4.6
428.62	2003.07	7655.18	9451.26	2326.4	826.4	321.9	114.0	10.3	11.1	12.4
175.96	485.14	1098.66	1206.98	535.6	252.9	162.3	104.0	5.4	4.7	5.0
133.56	700.76	3919.45	5122.88	5150.4	1646.5	510.2	118.2	13.1	15.0	17.7
119.10	817.17	2637.07	3121.40	3375.9	881.7	253.9	111.2	11.6	11.5	9.8
1134	4851	17335	21253	1650.2	702.8	299.2	113.2	9.2	10.2	11.6
70.65	548.20	6643.14	8772.27	107900.0	12416.5	1600.2	132.1	23.5	26.4	31.5
51.34	376.20	6008.12	7856.94	96622.3	15304.7	2088.5	130.8	22.9	27.7	36.0
		3490.56	4739.38				135.8			
		635.02	918.79				144.7			
40.62	171.69	928.88	1226.24	10034.7	3018.8	714.2	132.0	15.5	18.6	21.7
	111.55	581.30	778.09			697.5	133.9			21.4
50.76	223.47	1562.37	1923.26	11820.9	3788.9	860.6	123.1	16.1	19.9	24.0
1282.42	1293.23	2528.80	2204.40		171.9	170.5	87.2		2.7	5.5
1732.29	2505.00	5812.50	6354.89		366.8	253.7	109.3		6.7	9.8
102.1	100.3	99.3	103.0		247.9	121.5	103.0		4.6	2.0
101.3	98.5	99.1	102.7	424.0	201.1	116.6	102.7	4.6	3.6	1.5
	101.0	93.0	115.3			159.4	115.3			4.8
	101.2	90.7	111.8			178.1	111.8			5.9
	101.4	96.1	104.8			176.9	104.8			5.9
1729	7014	24696	29092	5270.3	1682.6	414.8	117.8	13.2	15.2	15.3
1187.88	5103.60	14021.54	15481.12	5069.8	1303.3	303.3	110.4	13.1	13.7	11.7
669.90	2135.30	5075.01	5788.56	4114.1	864.1	271.1	114.1	12.3	11.4	10.5
142.79	1243.15	5092.67	6113.24	146953.0	4281.3	491.8	120.0	25.6	20.7	17.3
		38.60	38.88				100.7			
20.58	27.79	39.53	40.26		195.6	144.9	101.8		3.4	3.8
1203	39463	37898	58208		4838.6	147.5	153.6		21.4	4.0
12182	164698	179792	188847		1550.2	114.7	105.0		14.7	1.4
1108	3033	5313	5742		518.2	189.3	108.1		8.6	6.6
878	2074	6563	7340		836.0	353.9	111.8		11.2	13.5
1091.0	4031	6358	7048		646.0	174.8	110.9		9.8	5.7
7044	20044	43879	48924		694.5	244.1	111.5		10.2	9.3
		39540	63775				161.3			

a) Growth rates of Gross Domestic Product, gross output value of agriculture and gross industrial value-added are calculated at constant prices.
b) Figures and average wage of workers and staff refer to fully employed workers and staff since 1998.

1-2 续表1

指标	Item	1978
工业污染治理竣工项目数(个)	Industrial Pollution Treatment Projects Completed (unit)	
工业废水排放达标率(%)	Percentage of Industrial Waste Water Meeting Discharge Standards(%)	
工业"三废"综合利用产品产值(万元)	Output Value of Products Made from Utilization of Waste Gas, Waste Water & Solid Wastes(10000 yuan)	
农业	**Agriculture**	
农业总产值(亿元)	Gross Output Value of Agriculture (100 million yuan)	49.29
主要农产品产量	Output of Major Farm Products	
粮食(万吨)	Grain(10000 tons)	1125.74
棉花(万吨)	Cotton(10000 tons)	3.48
油料折油(万吨)	Oil-bearing Crops Converted Into Oil(10000 tons)	6.63
油料(万吨)	Oil-bearing Crops(10000 tons)	13.49
黄红麻(万吨)	Jute and Ambary Hemp(10000 tons)	0.48
烟叶(万吨)	Tobacco(10000 tons)	0.61
茶叶(吨)	Tea(ton)	8878
蚕茧(吨)	Silkworm Cocoons(ton)	143
甘蔗(万吨)	Sugar Cane(10000 tons)	68.29
水果(万吨)	Fruits(10000 tons)	2.92
肉类总产量(万吨)	Total Output of Meat(10000 tons)	26.27
水产品(万吨)	Aquatic Products(10000 tons)	5.93
生猪年末存栏(万头)	Number of Slaughtered Fattened Hogs at Year-end(10000 heads)	944.27
生猪当年出栏(万头)	Number of Slaughtered Fattened Hogs of the Year(10000 heads)	574.00
工业	**Industry**	
主要工业产品产量	Output of Major Industrial Products	
化学纤维(万吨)	Chemical Fiber (10000 tons)	0.42
布(混合数)(万米)	Cloth(10000 m)	20173
机制纸及纸板(万吨)	Machine-made Paper and Paperboard (10000 tons)	9.26
日用瓷(万件)	Household Ceramics (10000 units)	32095
卷烟(万箱)	Cigarettes(10000 boxs)	19.14
原煤产量(万吨)	Coal(10000 tons)	1435.50
发电量(亿千瓦时)	Electricity(100 million kwh)	45.31
钢产量(万吨)	Steel(10000 tons)	25.64
成品钢材(万吨)	Rolled Steel(10000 tons)	24.50
水泥(万吨)	Cement(10000 tons)	155.56
汽车(万辆)	Vehicles(10000 unit)	0.10
照相机(万架)	Cameras(10000 sets)	1.00
化学肥料(折合100%)(万吨)	Chemical Fertilezers(pure)(10000 tons)	15.97
化学农药(原药)(吨)	Chemical Pesticide(ton)	13539
规模以上工业企业主要指标(亿元)	Main Indicators of Industrial Enterprises above Designated Size (100 million yuan)	
工业增加值	Gross Industrial Value-added	
资产总计	Total Assets	
主营业务收入	Revenue from Principal Business	
利税总额	Total Profits	
建筑业(资级企业)	**Construction With Grade**	
建筑业企业人数(万人)	Number of Employed Persons(10000 persons)	
建筑业总产值(亿元)	Gross Output Value(100 million yuan)	
施工房屋面积(万平方米)	Floor Space of Buildings Under Construction(10000 sq.m)	
竣工房屋面积(万平方米)	Floor Space of Buildings Completed(10000 sq.m)	
交通运输业	**Transportation**	
铁路营业里程(公里)	Length of Railways in Operation(km)	1184
公路通车里程(公里)	Length of Highways(km)	30245

注：1.2000年及以后工业产品产量为规模以上产量。
2.公路通车里程从2006年开始包括村道。

continued

总量指标 Aggregate Data				速度指标 (%) Indices and Growth Rates (%)						
				指数 Index (2010为以下各年) (2010 as Percentage of the Following Years)				平均增长速度 Average Annual Growth Rate		
1990	2000	2009	2010	1978	1990	2000	2009	1979-2010	1991-2010	2001-2010
		110	103				93.6			
	68.34	94.47	94.18			137.8	99.7			3.3
12783	40455	470276	593473		4642.7	1467.0	126.2		21.2	30.8
255.24	741.35	1733.82	1900.58	535.1	270.2	160.0	104.0	5.4	5.1	5.4
1658.20	1614.60	2002.56	1954.70	173.6	117.9	121.1	97.6	1.7	0.8	1.9
5.70	6.80	12.51	13.08	375.8	229.4	192.3	104.5	4.2	4.2	6.8
19.61	32.52	37.08	36.47	550.1	186.0	112.2	98.4	5.5	3.2	1.2
54.89	96.73	102.02	107.57	797.4	196.0	111.2	105.4	6.7	3.4	1.1
1.88	0.44	0.09	0.11	23.4	6.0	25.5	124.6	-4.4	-13.1	-12.8
2.31	1.82	4.33	3.76	616.2	162.7	206.5	86.7	5.8	2.5	7.5
19415	15703	26359	29808	335.8	153.5	189.8	113.1	3.9	2.2	6.6
2639	3266	8375	7550	5279.7	286.1	231.2	90.1	13.2	5.4	8.7
194.29	136.81	62.20	59.10	86.5	30.4	43.2	95.0	-0.5	-5.8	-8.1
23.30	42.34	327.08	297.13	10175.6	1275.2	701.8	90.8	15.5	13.6	21.5
111.74	192.31	300.91	308.20	1173.2	275.8	160.3	102.4	8.0	5.2	4.8
30.68	127.12	205.30	215.34	3631.4	701.9	169.4	104.9	11.9	10.2	5.4
1547.26	1473.50	1680.10	1756.33	186.0	113.5	119.2	104.5	2.0	0.6	1.8
1313.18	1992.27	2814.55	2897.54	504.8	220.7	145.4	102.9	5.2	4.0	3.8
2.00	7.08	13.50	17.92	4266.7	896.0	253.1	133.4	12.4	11.6	9.7
30566	21710	67651	80517	399.1	263.4	370.9	136.0	4.4	5.0	14.0
25.59	24.02	139.64	186.59	2015.0	729.2	776.8	134.2	9.8	10.4	22.8
44969	57470	259118	406806	1267.5	904.6	707.9	154.3	8.3	11.6	21.6
47.02	50.99	105.80	111.80	584.1	237.8	219.3	105.0	5.7	4.4	8.2
2027.11	1813.76	2982.47	2830.21	197.2	139.6	156.0	95.0	2.1	1.7	4.5
121.41	201.06	496.42	617.03	1361.8	508.2	306.9	124.2	8.5	8.5	11.9
112.09	319.86	1620.88	1834.03	7153.0	1636.2	573.4	113.2	14.3	15.0	19.1
92.32	282.90	1647.40	1951.55	7965.5	2113.9	689.8	118.4	14.7	16.5	21.3
469.13	1382.00	6153.20	6220.54	3998.8	1326.0	450.1	103.9	12.2	13.8	16.2
0.97	13.36	28.47	37.28	37618.6	3838.9	279.1	131.0	20.4	20.0	10.8
9.00	17.84	2.69	0.58	58.0	6.4	3.3	139.5	-1.7	-12.8	-29.0
31.07	43.43	48.71	113.42	710.2	365.0	261.2	98.2	6.3	6.7	10.1
5146	13796	21612	21213	156.7	412.2	153.8	141.5	1.4	7.3	4.4
	269.81	2610.75	3101.89			661.7	121.7			20.8
	1835.86	6735.52	8424.86			458.9	125.1			16.5
	897.00	9814.16	14196.68			1582.7	144.7			31.8
	80.54	942.70	1445.95			1795.3	153.4			33.5
12.58	29.80	77.30	86.10		684.4	288.9	111.4		10.1	11.2
13.76	116.41	1324.62	1691.47		12292.7	1453.0	127.7		27.2	30.7
487.50	2572.30	12015.73	13669.67		2804.0	531.4	113.8		18.1	18.2
192.50	1359.80	5944.11	6488.09		3370.4	477.1	109.2		19.2	16.9
1581	2197	2612	2734	230.9	172.9	124.4	104.7	2.6	2.8	2.2
33203	60292	137011	140597	464.9	423.4	233.2	102.6	4.9	7.5	8.8

a) Output of industrial products are above designated size since 2000.
b) The total length of highways have included the village road since 2006.

1-2 续表2

指 标	Item	1978
货物周转量(亿吨公里)	Freight Ton-kilometers (100 million ton-km)	128.63
铁 路(亿吨公里)	Railways (100 million ton-km)	108.48
公 路(亿吨公里)	Highways (100 million ton-km)	5.14
水 运(亿吨公里)	Waterways (100 million ton-km)	15.01
空 运(万吨公里)	Civil Aviation (10000 ton-km)	
旅客周转量(亿人公里)	Passenger-kilometers (100 million person-km)	44.67
铁 路(亿人公里)	Railways (100 million person-km)	26.73
公 路(亿人公里)	Highways (100 million person-km)	16.83
水 运(亿人公里)	Waterways (100 million person-km)	1.13
空 运(万人公里)	Civil Aviation (10000 person-km)	
邮电通信业	**Postal and Telecommunication Services**	
邮电业务总量(亿元)	Business Volume of Postal and Telecommunication Services (100 million yuan)	0.92
函 件(万件)	Number of Letters (10000 pcs)	7372
报刊期发数(万份)	Issue of Number of Newspapers and Magazines (10000 copies)	302
移动电话用户(万户)	Number of Mobile Telephone Subscribers (10000 subscribers)	
固定电话用户(万户)	Fixed Telephone Subscribers (10000 Subscribers)	5.59
城市	Urban	3.01
农村	Rural	2.58
计算机互联网用户(万户)	Number of Internet Services Subscribers (10000 subscribers)	
局用交换机容量(万门)	Capacity of Office Telephone Exchanges (10000 line)	10.21
内外贸易和旅游	**Domestic Trade , Foreign Trade and Tourism**	
社会消费品零售总额(亿元)	Total Retail Sales of Consumer Goods(100 million yuan)	33.93
海关进出口总额(万美元)	Total Value of Imports and Exports (USD 10000)	
出口额	Exports	
进口额	Imports	
外商直接投资合同金额(万美元)	Contracted Foreign Direct Investments (USD 10000)	
外商直接投资实际使用金额(万美元)	Actually Utilized Foreign Direct Investments (USD 10000)	
旅游总收入(亿元)	Total Tourism Earnings (100 million yuan)	
涉外旅游人数(人次)	Number of International Tourists (person-times)	
涉外旅游收汇(万美元)	Foreign Exchange Earnings from International Tourism (USD 10000)	
金融业(亿元)	**Financial Intermediation (100 million yuan)**	
金融机构人民币存款余额	Deposits of National Banking System	
金融机构人民币贷款余额	Loans of National Banking System	
教育、文化、卫生	**Education,Culture and Health Care**	
高等学校在校学生数(人)	Students Enrollment of Higher Education(person)	21847
中等专业学校在校学生数(人)	Students Enrollment of Specialized Secondary Schools(persons)	28926
普通中学在校学生数(万人)	Students Enrollment of Secondary Schools(10000 persons)	169.20
小学在校学生数(万人)	Students Enrollment of Primary Schools(10000 persons)	513.77
学龄儿童入学率(%)	Rate of School-age Children Enrollment (%)	94.15
报纸出版数量(万份)	Number of Newspapers Published(10000 copies)	14453
期刊出版数量(万册)	Number of Magazines Published(10000 copies)	378
图书出版数量(万册)	Number of Books Published (10000 copies)	8495
卫生机构数(个)	Number of Hospitals(unit)	5178
卫生技术人员(人)	Number of Medical Technical Personnels(person)	70247
#医 生	Number of Doctors	30430
病 床 数(张)	Number of Hospital Beds(bed)	72289

注：1.邮电业务总量2000年以前按1990年不变价格计算，2001年以后按2000年不变价格计算。
2.卫生机构数1996年开始包括个体机构。
3.2007年卫生年报统计口径变动。
4.交通运输数据2008年开始按新口径计算
5.2009年互联网用户口径变化为宽带用户数。

continued

总量指标	Aggregate Data			速度指标 (%)			Indices and Growth Rates (%)			
				指数 Index (2010为以下各年) (2010 as Percentage of the Following Years)				平均增长速度 Average Annual Growth Rate		
1990	2000	2009	2010	1978	1990	2000	2009	1979–2010	1991–2010	2001–2010
299.06	746.93	2350.91	2738.70	2129.1	915.8	366.7	116.5	10.0	12.4	13.9
204.27	563.82	675.67	705.90	650.7	345.6	125.2	104.5	6.0	6.7	2.3
62.83	147.19	1536.46	1850.20	35996.0	2944.8	1257.0	120.4	20.2	19.5	28.8
31.96	35.81	138.59	182.41	1215.3	570.7	509.3	131.6	8.1	9.1	17.7
56	1094	1903	1923		3433.9	175.8	101.1		19.3	5.8
170.37	453.07	807.23	912.76	2043.4	535.8	201.5	113.1	9.9	8.8	7.3
74.65	271.91	510.53	564.80	2113.0	756.6	207.7	110.6	10.0	10.6	7.6
93.88	171.33	279.22	330.48	1963.7	352.0	192.9	118.4	9.8	6.5	6.8
1.11	1.20	0.39	0.32	27.9	28.4	26.3	80.1	-3.9	-6.1	-12.5
7306	86356	170974	171654		2349.5	198.8	100.4		17.1	7.1
2.85	81.31	624.24	698.05	75735.1	24493.0	858.5	111.8	23.0	31.7	24.0
17162	14010	17414	17971	243.8	104.7	128.3	103.2	2.8	0.2	2.5
490	375	363	361	119.7	73.7	96.3	99.5	0.6	-1.5	-0.4
	140.29	1547	1811			1291.1	117.1			29.2
12.61	354.09	748.5	709.6	12694.1	5627.3	200.4	94.8	16.3	22.3	7.2
10.11	234.34	448.0	439.7	14609.3	4349.6	187.7	98.2	16.9	20.8	6.5
2.49	119.75	300.5	269.8	10458.9	10836.9	225.3	89.8	15.6	26.4	8.5
	26.95	245.9	253.4			940.3	103.1			25.1
26.94	438.63	1208.5	567.1	5553.3	2105.2	129.3	46.9	13.4	16.5	2.6
151.94	704.87	2484.43	2956.21	8712.7	1945.6	419.4	119.0		16.0	15.4
71934	162399	1277878	2160007		3002.8	1330.1	169.0		18.5	29.5
58023	119736	736849	1341606		2312.2	1120.5	182.1		17.0	27.3
13911	42663	541029	818400		5883.1	1918.3	151.3		22.6	34.4
2855	26478	490484	749447		26250.3	2830.5	152.8		32.1	39.7
621	22724	402354	510084		82139.1	2244.7	126.8		39.9	36.5
	134.6	675.61	818.32			608.0	121.1			19.8
52875	163057	964299	1140792		2157.5	699.6	118.3		16.6	21.5
418	6234	28975	34630		8284.7	555.5	119.5		24.7	18.7
	1966.78	9296.39	11846.18			602.3	127.4			19.7
	1739.87	6346.99	7757.12			445.8	122.2			16.1
57087	146411	811478	837797	3834.8	1467.6	572.2	103.2	12.1	14.4	19.1
61675	160022	231772	238744	825.4	387.1	149.2	103.0	6.8	7.0	4.1
181.06	259.22	266.48	273.96	161.9	151.3	105.7	102.8	1.5	2.1	0.6
450.44	422.68	422.75	426.02	82.9	94.6	100.8	100.8	-0.6	-0.3	0.1
98.24	99.58	99.89	99.93	106.1	101.7	100.4	100.0	0.2	0.1	0.0
58930	39929	68850	70449	487.4	119.5	176.4	102.3	5.1	0.9	5.8
2714	9060	6381	7060	1867.7	260.1	77.9	110.6	9.6	4.9	-2.5
19216	20300	15949	16039	188.8	83.5	79.0	100.6	2.0	-0.9	-2.3
5632	8048	7102	7172	138.5	127.3	89.1	101.0	1.0	1.2	-1.1
116786	123192	146990	154733	220.3	132.5	125.6	105.3	2.5	1.4	2.3
51994	54437	56325	59264	194.8	114.0	108.9	105.2	2.1	0.7	0.9
92274	90930	123086	127915	176.9	138.6	140.7	103.9	1.8	1.6	3.5

a) Business volume of post and telecommunication services before 2000 are calculated at constant prices of 1990 and at 2000 constant prices since 2000.

b) Number of hospitals include individual since 1996.

c) Statistical standards in health report have changed since 2007.

d)The datas of transportation are calculated according to new statistical scope since 2008.

e)Internet subscriber is adjusted to DSL subscriber in 2009.

1-3 国民经济主要比例关系

Principal Relations of Major Indicators on National Economic

单位：% (%)

指　　标	Item	1978	1980	1990	2000	2005	2009	2010
地区生产总值	**Gross Domestic Product**							
第一产业	Primary Industry	41.6	43.5	41.0	24.2	17.9	14.4	12.8
第二产业	Secondary Industry	38.0	36.9	31.2	35.0	47.3	51.2	54.2
工　业	Industry	26.6	27.8	27.2	27.2	35.9	41.8	45.4
建筑业	Construction	11.4	9.1	4.0	7.8	11.4	9.4	8.8
第三产业	Tertiary Industry	20.4	19.6	27.8	40.8	34.8	34.4	33.0
#交通运输邮电业	Transport,Postal and Telecommunication Services	2.9	3.5	5.9	9.7	7.4	5.2	4.7
批零贸易餐饮业	Wholesale, Retail Trades and Catering Services	5.6	5.2	4.6	9.1	8.4	9.4	9.2
金融保险业	Banking and Insurance	1.4	1.3	6.4	4.6	1.7	2.2	2.6
国内支出总额	**Total Domestic Consumption Expenditure**							
最终消费中	Final Consumption Expenditure							
居民消费	Resident Consumption		84.5	80.6	77.9	77.6	77.6	79.0
政府消费	Government Consumption Expenditure		15.5	19.4	22.1	22.4	22.4	21.0
资本形成总额中	Gross Capital Formation							
固定资本形成	Gross Fixed Capital	86.1	86.1	62.1	84.3	97.0	98.1	97.6
存货增加	Changes in Inventories	13.9	13.9	37.9	15.7	3.0	1.9	2.4
全省总人口	**Province Total Population**							
城镇人口	Urban				27.7	37.1	43.2	44.1
乡村人口	Rural				72.3	62.9	56.8	55.9
社会就业人员	**Total Employed Persons**							
第一产业	Primary Industry	77.2	77.7	65.7	46.6	39.9	36.5	35.6
第二产业	Secondary Industry	13.0	12.3	20.3	24.4	27.2	29.0	29.6
第三产业	Tertiary Industry	9.8	10.0	14.0	29.0	32.9	34.5	34.8
农业总产值	**Gross Agricultural Output Value**							
农　业	Farming	74.0	70.7	60.1	46.5	44.7	42.1	42.2
林　业	Forestry	11.9	14.1	9.4	7.8	7.7	9.3	9.8
牧　业	Animal Husbandry	12.8	14.0	26.4	29.9	31.9	31.2	30.7
渔　业	Fishery	1.3	1.2	4.1	13.5	14.2	13.3	13.5
服务业	Service in Support of Agriculture				2.3	1.5	4.0	3.8
规模以上工业增加值	**Gross Industrial Value-added Above Designated Size**							
轻工业	Light Industry				37.7	34.6	33.6	34.6
重工业	Heavy Industry				62.3	65.4	66.4	65.4
全社会固定资产投资	**Total Investment in Fixed Assets**							
城镇	Urban		72.6	72.7	68.6	87.7	90.4	89.6
农村	Rural		27.4	27.3	31.4	12.3	9.6	10.4
财政支出	**Government Expenditures**							
文教科学卫生事业费	Operating Expenses for Culture, Education, Science and Health Care	18.0	25.4	27.4	24.7	22.4	26.0	25.7
#科　学	Science	0.2	0.4	0.8	0.5	0.4	0.9	0.9
教　育	Education	10.6	15.6	16.4	17.1	15.6	16.1	15.5

1-4 主要指标每人年平均水平
Per Capita Average Annual Level of Major Indicators

指 标	Item	1978	1980	1990	2000	2005	2009	2010
地区生产总值(元)	**Gross Domestic Product(yuan)**	**276**	**342**	**1134**	**4851**	**9440**	**17335**	**21253**
第一产业	Primary Industry	115	149	466	1175	1693	2488	2714
第二产业	Secondary Industry	105	126	353	1697	4462	8875	11519
第三产业	Tertiary Industry	56	67	315	1979	3286	5971	7019
财政总收入(元)	**Government Revenue (yuan)**	**39**	**38**	**107**	**416**	**991**	**2103**	**2757**
年末居民储蓄存款余额(元)	**Balance of Savings Deposit of Households at Year-end(yuan)**	**13**	**24**	**375**	**2997**	**6385**	**11532**	**13746**
主要农产品产量(公斤)	**Output of Major Farm Products(kg)**							
粮 食	Grain	357.33	381.60	438.86	391.04	431.39	453.46	439.53
棉 花	Cotton	1.10	1.32	1.51	1.65	2.03	2.83	2.94
油料折油	Oil-bearing Crops Converted into oil	2.10	2.09	5.19	7.88	6.10	8.40	8.20
甘 蔗	Sugar Cane	21.68	26.38	51.42	33.13	18.22	14.09	13.29
水 果	Fruits	0.93	1.73	6.17	10.25	30.32	74.06	66.81
肉类总产量	Total output of Meat	8.34	11.71	29.57	46.58	56.97	68.14	69.30
牛 奶	Milk	0.16	0.28	0.59	1.36	2.91	2.69	2.67
水 产 品	Aquatic Products	1.88	2.32	8.12	30.79	39.25	46.49	48.42
主要工业产品产量	**Output of Major Industrial Products**							
化学纤维(公斤)	Chemical Fiber(kg)	0.13	0.41	0.53	1.71	4.20	3.06	4.03
布(混合数)(米)	Cloth(m)	6.40	9.24	8.09	5.26	6.53	15.32	18.10
机制纸及纸板(公斤)	Machine-made Paper and Paperboard(kg)	2.94	3.91	6.77	5.82	15.59	31.62	41.96
日 用 瓷(件)	Household Ceramics(unit)	10.19	10.18	11.90	13.92	14.40	58.68	91.47
原 煤(公斤)	Coal(kg)	455.65	458.62	536.50	439.28	377.16	675.36	636.40
发 电 量(千瓦小时)	Electricity(kwh)	143.82	176.05	321.32	486.95	812.75	1124.11	1387.46
钢 产 量(公斤)	Steel(kg)	8.14	11.93	29.67	77.47	224.14	367.04	412.40
成品钢材(公斤)	Rolled Steel(kg)	7.78	14.36	24.43	68.52	236.85	373.04	438.83
水 泥(公斤)	Cement(kg)	49.38	61.85	124.16	334.71	809.09	1393.35	1398.75
化学肥料(公斤)	Chemical Fertilezers(kg)	5.07	7.92	8.22	10.52	11.08	11.03	25.50
化学农药(公斤)	Chemical Pesticide(kg)	0.43	0.54	0.14	0.33	0.34	0.49	0.48
主要消费品消费量	**Consumption of Major Consumer Good**							
农民生活消费量(公斤)	Living Consumption of Rural Households(kg)							
粮 食	Grain		314.55	340.85	303.61	244.71	219.00	213.52
植 物 油	Vegetable Oils		2.03	4.76	8.73	5.62	5.98	6.57
猪牛羊肉	Pork, Beef and Mutton		6.60	11.99	12.64	15.61	13.34	12.71
蛋 类	Eggs		1.04	1.95	3.26	3.50	3.53	3.28
水 产 品	Aquatic Products		1.54	2.02	3.73	5.43	5.56	5.23
城镇居民购买量(元)	Purchase of Urban Households(yuan)							
粮 食	Grain					224.96	324.87	353.11
植 物 油	Vegetable Oils					114.52	169.29	163.41
猪牛羊肉	Pork, Beef and Mutton					385.19	590.60	616.94
蛋 类	Eggs					56.72	79.25	89.11
水 产 品	Aquatic Products					140.48	236.96	254.69

1-5 江西的一天

One Day of Jiangxi

指标	Item	1978	2000	2005	2009	2010
全省每天创造的财富	**Province Daily Production**					
地区生产总值(万元)	Gross Domestic Product(10000 yuan)	2384	54879	111144	209731	258939
第一产业	Primary Industry	991	13292	19928	30100	33068
第二产业	Secondary Industry	907	19199	52533	107382	140353
工业	Industry	635	14788	39877	87577	117445
建筑业	Construction	272	4410	12657	19805	22907
第三产业	Tertiary Industry	486	22388	38683	72248	85518
#交通运输邮电业	Transport,Postal and Telecommunication Services	70	5342	8236	10819	12225
批零贸易餐饮业	Wholesale and Retail Trades and Catering Services	135	4985	9357	19767	23770
金融保险业	Banking and Insurance	32	2708	1905	4523	6616
财政总收入(万元)	Government Revenue(10000 yuan)	335	4704	11669	25449	33596
财政支出(万元)	Government Expenditures(10000 yuan)	446	6123	15451	42805	52692
布产量(万米)	Cloth(10000 meters)	55	59	77	185	221
机制纸及纸板(吨)	Machine-made Paper and Paperboard(ton)	254	658	1836	3826	5112
日用瓷(万件)	Household Ceramics(10000 units)	88	157	170	710	1115
原煤产量(吨)	Coal(ton)	39329	49692	44405	81712	77540
发电量(万千瓦小时)	Electricity(10000 kwh)	1241	5508	9569	13601	16905
钢产量(吨)	Steel(ton)	702	8763	26389	44408	50247
成品钢材(吨)	Rolled Steel(ton)	671	7751	27885	45134	53467
水泥(吨)	Cement(ton)	4262	37863	95261	168581	170426
汽车(辆)	Vehicles(unit)	3	366	567	780	1021
照相机(架)	Cameras(set)	27	489	184	74	16
全省每天消费	**Province Daily Consumption**					
最终消费(万元)	Final Consumption(10000 yuan)	1558	34783	58008	97146	122992
居民消费	Resident Consumption		27101	44992	75362	97136
农业居民消费	Agricultural Households Consumption		15743	22379	24048	30204
非农业居民消费	Non-agricultural Households Consumption		11358	22613	51315	66932
政府消费	Government Consumption Expenditure		7682	13017	21784	25856
能源消费(万吨标准煤)	Energy Consumption(10000 tons of SCE)		6.86	11.74	15.92	17.41
社会消费品零售总额(万元)	Total Retail Sales of Consumer Goods (10000 yuan)	930	19312	33868	68066	80992
全省每天其他活动	**Province Other Daily Economic Activities**					
货物运输量(万吨)	Freight Traffic(10000 tons)	12.89	64.66	91.15	234.84	274.90
旅客运输量(万人)	Passenger Traffic(10000 persons)	17.69	98.14	114.31	193.55	209.95
出版报纸(万份)	Newspapers Published(10000 copies)	39.60	109.39	170.58	188.63	193.01
出版期刊(万册)	Number of Magazines Published(10000 copies)	1.03	28.70	15.41	17.48	19.34
出版图书(万册)	Books Published(10000 copies)	23.27	55.62	46.32	43.70	43.94
邮电业务总量(万元)	Business Volume of Postal and Telecommunication Services(10000 yuan)	21	2228	7108	17102	19125
邮寄函件(万件)	Letters Delivered(10000 pieces)	20.20	38.38	24.61	47.71	49.24
邮寄包裹(件)	Packages Delivered(piece)		6767	4986	3616	3315
结婚人数(对)	Number of Marriages(couple)	437	810	809	1118	989
离婚人数(对)	Number of Divorces(couple)	28	66	108	125	134

1-6 地区生产总值

Gross Domestic Product

本表按当年价格计算。
Data in this table are calculated at current prices.

单位：亿元 (100 million yuan)

年份 Year	地区生产总值 Gross Domestic Product	第一产业 Primary Industry	第二产业 Secondary Industry	工业 Industry	建筑业 Construction	第三产业 Tertiary Industry	交通运输仓储和邮政业 Transport, Storage and Post	批发零售和住宿餐饮业 Whlesale and Retail Trades,Hotel and Catering Services	金融业 Financial Intermediation	人均地区生产总值 Per Capita GDP
1978	87.00	36.18	33.08	23.16	9.92	17.74	2.54	4.91	1.18	276
1979	104.15	48.70	36.41	26.43	9.98	19.04	3.27	4.92	1.04	325
1980	111.15	48.31	41.00	30.84	10.16	21.84	3.92	5.78	1.39	342
1981	121.26	56.09	41.10	31.93	9.17	24.07	4.19	6.50	1.48	369
1982	133.96	63.91	42.64	33.44	9.20	27.41	5.39	7.04	1.98	403
1983	144.13	63.98	49.20	38.12	11.08	30.95	6.28	8.21	2.29	428
1984	169.11	71.89	61.31	49.89	11.42	35.91	6.47	8.62	4.19	497
1985	207.89	84.06	76.05	63.13	12.92	47.78	12.27	11.57	5.60	597
1986	230.82	90.27	83.60	71.21	12.39	56.95	13.53	13.47	7.50	652
1987	262.90	104.63	92.44	79.33	13.11	65.83	14.54	13.84	11.71	729
1988	325.83	119.18	117.38	100.73	16.65	89.27	20.30	19.23	19.63	891
1989	376.46	133.19	131.23	111.91	19.32	112.04	21.03	28.30	25.86	1013
1990	428.62	175.96	133.56	116.50	17.06	119.10	25.18	19.74	27.33	1134
1991	479.37	183.27	154.77	135.82	18.95	141.33	26.73	27.86	31.17	1249
1992	572.55	200.81	199.40	168.14	31.26	172.34	31.61	35.80	38.83	1472
1993	723.04	225.58	282.46	233.76	48.70	215.00	39.43	44.68	48.44	1835
1994	948.16	314.35	338.23	269.16	69.07	295.58	55.93	57.76	61.71	2376
1995	1169.73	374.64	403.74	314.49	89.25	391.35	78.32	82.39	71.84	2896
1996	1409.74	440.00	481.30	375.83	105.47	488.44	101.64	108.31	86.32	3452
1997	1605.77	475.18	548.84	438.98	109.86	581.75	115.41	124.66	97.40	3890
1998	1719.87	450.44	608.22	477.15	131.07	661.21	145.40	143.54	100.50	4124
1999	1853.65	464.40	648.82	503.79	145.03	740.43	167.74	161.63	101.15	4402
2000	2003.07	485.14	700.76	543.88	156.88	817.17	194.98	181.96	92.97	4851
2001	2175.68	506.00	786.12	603.23	182.89	883.56	217.94	192.06	82.02	5221
2002	2450.48	535.98	941.77	702.42	239.35	972.73	248.61	214.19	76.51	5829
2003	2807.41	560.00	1204.33	863.31	341.02	1043.08	266.11	243.06	64.31	6624
2004	3456.70	664.50	1566.40	1140.00	426.40	1225.80	320.50	296.37	65.10	8097
2005	4056.76	727.37	1917.47	1455.50	461.97	1411.92	300.60	355.63	69.55	9440
2006	4820.53	786.14	2419.74	1905.15	514.59	1614.65	339.08	406.55	79.75	11145
2007	5800.25	905.77	2975.53	2412.30	563.23	1918.95	371.60	473.70	101.34	13322
2008	6971.05	1060.38	3554.81	2906.86	647.95	2355.86	388.42	596.97	130.57	15900
2009	7655.18	1098.66	3919.45	3196.56	722.89	2637.07	394.90	721.48	165.10	17335
2010	9451.26	1206.98	5122.88	4286.76	836.12	3121.40	446.22	867.60	241.49	21253

注：自2005年起，交通运输仓储和邮政业不含信息传输计算机服务和软件业。
a) Since 2005, transportation,storage and post has not included information transmission, computer service and software.

1-7 地区生产总值构成

Composition of Gross Domestic Product

本表按当年价格计算。

Data in this table are calculated at current prices.

单位：% (%)

年 份	地区生产总值	第一产业	第二产业			第三产业			
Year	Gross Domestic Product	Primary Industry	Secondary Industry	工 业 Industry	建筑业 Construction	Tertiary Industry	交通运输仓储和邮政业 Transport, Storage and Post	批发零售和住宿餐饮业 Whlesale and Retail Trades,Hotel and Catering Services	金融业 Financial Intermediation
1978	100.0	41.6	38.0	26.6	11.4	20.4	2.9	5.6	1.4
1979	100.0	46.8	34.9	25.3	9.6	18.3	3.1	4.7	1.0
1980	100.0	43.5	36.9	27.8	9.1	19.6	3.5	5.2	1.3
1981	100.0	46.3	33.9	26.3	7.6	19.8	3.5	5.4	1.2
1982	100.0	47.7	31.8	24.9	6.9	20.5	4.0	5.3	1.5
1983	100.0	44.4	34.1	26.4	7.7	21.5	4.4	5.7	1.6
1984	100.0	42.5	36.3	29.5	6.8	21.2	3.8	5.1	2.5
1985	100.0	40.4	36.6	30.4	6.2	23.0	5.9	5.6	2.7
1986	100.0	39.1	36.2	30.9	5.3	24.7	5.9	5.8	3.2
1987	100.0	39.8	35.2	30.2	5.0	25.0	5.5	5.3	4.5
1988	100.0	36.6	36.0	30.9	5.1	27.4	6.2	5.9	6.0
1989	100.0	35.4	34.8	29.7	5.1	29.8	5.6	7.5	6.9
1990	100.0	41.0	31.2	27.2	4.0	27.8	5.9	4.6	6.4
1991	100.0	38.2	32.3	28.3	4.0	29.5	5.6	5.8	6.5
1992	100.0	35.1	34.8	29.4	5.4	30.1	5.5	6.3	6.9
1993	100.0	31.2	39.1	32.3	6.8	29.7	5.5	6.2	6.7
1994	100.0	33.1	35.7	28.4	7.3	31.2	5.9	6.1	6.5
1995	100.0	32.0	34.5	26.9	7.6	33.5	6.7	7.0	6.1
1996	100.0	31.2	34.1	26.6	7.5	34.7	7.2	7.7	6.1
1997	100.0	29.6	34.2	27.3	6.9	36.2	7.2	7.8	6.1
1998	100.0	26.2	35.4	27.8	7.6	38.4	8.5	8.3	5.8
1999	100.0	25.1	35.0	27.2	7.8	39.9	9.0	8.7	5.5
2000	100.0	24.2	35.0	27.2	7.8	40.8	9.7	9.1	4.6
2001	100.0	23.3	36.1	27.7	8.4	40.6	10.0	8.8	3.8
2002	100.0	21.9	38.5	28.7	9.8	39.6	10.1	8.7	3.1
2003	100.0	19.9	42.9	30.8	12.1	37.2	9.5	8.7	2.3
2004	100.0	19.2	45.3	33.0	12.3	35.5	9.3	8.2	1.9
2005	100.0	17.9	47.3	35.9	11.4	34.8	7.4	8.4	1.7
2006	100.0	16.3	50.2	39.5	10.7	33.5	7.0	8.4	1.7
2007	100.0	15.6	51.3	41.6	9.7	33.1	6.4	8.2	1.7
2008	100.0	15.2	51.0	41.7	9.3	33.8	5.6	8.6	1.9
2009	100.0	14.4	51.2	41.8	9.4	34.4	5.2	9.4	2.2
2010	100.0	12.8	54.2	45.4	8.8	33.0	4.7	9.2	2.6

1-8 地区生产总值指数

Indices of Gross Domestic Product

本表按可比价格计算。

Data in this table are calculated at constant pieces.

(1978年=100) (year of 1978=100)

年 份 Year	地区生产总值 Gross Domestic Product	第一产业 Primary Industry	第二产业 Secondary Industry			第三产业 Tertiary Industry				人均地区生产总值 Per Capita GDP
				工业 Industry	建筑业 Construction		交通运输仓储和邮政业 Transport, Storage and Post	批发零售和住宿餐饮业 Whlesale and Retail Trades,Hotel and Catering Services	金融业 Financial Intermediation	
1978	100.0	100.0	100.0	100.0	100.0	100.0	100.0	100.0	100.0	100.0
1979	115.8	115.4	115.9	120.9	104.2	116.6	141.6	108.2	83.3	113.8
1980	120.7	116.4	129.7	138.9	108.1	114.4	147.1	106.1	98.1	117.0
1981	127.5	128.3	127.8	142.2	93.6	125.0	152.0	120.4	107.2	122.2
1982	139.4	144.1	131.5	146.5	96.4	141.4	202.3	131.1	141.6	132.0
1983	148.9	144.2	150.6	165.5	115.4	154.8	221.7	149.1	155.1	139.1
1984	171.8	157.9	182.5	211.0	115.4	183.0	235.9	156.6	314.1	157.9
1985	197.2	169.1	218.3	258.7	123.5	222.9	303.1	182.8	382.9	178.3
1986	210.4	171.0	234.2	286.9	117.0	256.8	312.5	210.6	514.6	187.0
1987	227.9	186.6	250.4	310.4	115.5	280.2	320.9	199.9	761.6	199.2
1988	253.9	191.6	291.5	361.3	134.4	327.6	375.1	233.7	1077.7	218.7
1989	269.4	199.1	305.2	373.9	150.8	364.0	390.9	207.8	1353.6	228.5
1990	281.5	211.8	312.8	392.2	133.9	382.9	439.0	136.5	1368.5	234.8
1991	304.6	219.2	349.7	434.6	138.5	429.2	407.4	177.7	1467.0	250.1
1992	349.7	231.9	430.1	511.5	222.7	511.6	449.0	275.3	1665.0	283.4
1993	397.6	235.6	554.4	650.1	315.3	573.0	489.4	277.5	1981.4	318.0
1994	432.6	249.0	593.2	678.1	392.5	659.0	580.4	301.6	2211.2	341.5
1995	462.0	261.5	611.0	684.2	449.0	749.3	705.2	348.6	2339.4	360.4
1996	516.1	283.7	692.3	778.6	499.3	848.2	777.8	425.3	2470.4	398.2
1997	579.6	303.0	799.6	917.2	520.8	966.9	912.4	482.7	2670.5	442.4
1998	620.8	291.5	888.4	1013.5	597.4	1087.8	1121.3	562.3	2729.3	468.9
1999	669.2	309.0	946.1	1068.2	670.3	1204.2	1320.9	634.3	2786.6	500.5
2000	722.7	330.0	1009.5	1143.0	705.2	1329.4	1550.7	726.9	2549.7	551.5
2001	786.3	343.9	1139.7	1266.4	844.8	1434.4	1713.5	780.0	2412.0	594.8
2002	868.9	359.0	1350.5	1495.6	1012.9	1533.4	1895.1	862.7	2151.5	651.3
2003	981.9	368.7	1678.7	1787.2	1408.9	1646.9	2052.4	975.7	1912.7	730.1
2004	1111.5	398.2	1990.9	2114.3	1682.2	1808.3	2309.0	1097.7	1579.9	820.6
2005	1253.8	424.1	2331.3	2545.6	1826.9	2003.6	2593.0	1238.2	1668.4	919.9
2006	1408.0	451.7	2711.3	3029.3	1965.7	2202.0	2917.1	1386.8	1786.9	1026.6
2007	1593.9	470.2	3180.4	3683.6	2012.9	2459.6	3281.7	1547.7	1954.9	1154.9
2008	1804.3	492.8	3721.1	4427.7	2087.4	2742.5	3445.8	1767.5	2166.0	1298.1
2009	2040.7	515.0	4357.4	5242.4	2308.7	3035.9	3483.7	2068.0	2577.5	1457.8
2010	2326.4	535.6	5150.4	6285.6	2525.7	3375.9	3919.2	2336.8	2959.0	1650.2

1-9 地区生产总值指数

Indices of Gross Domestic Product

本表按可比价格计算。
Data in this table are calculated at constant prices.

(上年=100) (preceding year =100)

年份 Year	地区生产总值 Gross Domestic Product	第一产业 Primary Industry	第二产业 Secondary Industry	工业 Industry	建筑业 Construction	第三产业 Tertiary Industry	交通运输仓储和邮政业 Transport, Storage and Post	批发零售和住宿餐饮业 Whlesale and Retail Trades,Hotel and Catering Services	金融业 Financial Intermediation	人均地区生产总值 Per Capita GDP
1978	113.3	99.8	126.1			128.6				
1979	115.8	115.4	115.9	120.9	104.2	116.6	141.6	108.2	83.3	113.8
1980	104.2	100.9	111.9	114.9	103.7	98.1	103.9	98.1	117.8	102.8
1981	105.6	110.2	98.5	102.4	86.6	109.3	103.3	113.5	109.3	104.4
1982	109.3	112.3	102.9	103.0	103.0	113.1	133.1	108.9	132.1	108.0
1983	106.8	100.1	114.5	113.0	119.7	109.5	109.6	113.7	109.5	105.4
1984	115.4	109.5	121.2	127.5	100.0	118.2	106.4	105.0	202.5	113.6
1985	114.8	107.1	119.6	122.6	107.0	121.8	128.5	116.7	121.9	112.9
1986	106.7	101.1	107.3	110.9	94.7	115.2	103.1	115.2	134.4	104.9
1987	108.3	109.1	106.9	108.2	98.7	109.1	102.7	94.9	148.0	106.5
1988	111.4	102.7	116.4	116.4	116.4	116.9	116.9	116.9	141.5	109.8
1989	106.1	103.9	104.7	103.5	112.2	111.1	104.2	88.9	125.6	104.4
1990	104.5	106.4	102.5	104.9	88.8	105.2	112.3	65.7	101.1	102.7
1991	108.2	103.5	111.8	110.8	103.4	112.1	92.8	130.2	107.2	106.5
1992	114.8	105.8	123.0	117.7	160.8	119.2	110.2	154.9	113.5	113.3
1993	113.7	101.6	128.9	127.1	141.6	112.0	109.0	100.8	119.0	112.2
1994	108.8	105.7	107.0	104.3	124.5	115.0	118.6	108.7	111.6	107.4
1995	106.8	105.0	103.0	100.9	114.4	113.7	121.5	115.6	105.8	105.5
1996	111.7	108.5	113.3	113.8	111.2	113.2	110.3	122.0	105.6	110.5
1997	112.3	106.8	115.5	117.8	104.3	114.0	117.3	113.5	108.1	111.1
1998	107.1	96.2	111.1	110.5	114.7	112.5	122.9	116.5	102.2	106.0
1999	107.8	106.0	106.5	105.4	112.2	110.7	117.8	112.8	102.1	106.7
2000	108.0	106.8	106.7	107.0	105.2	110.4	117.4	114.6	91.5	110.2
2001	108.8	104.2	112.9	110.8	119.8	107.9	110.5	107.3	94.6	107.8
2002	110.5	104.4	118.5	118.1	119.9	106.9	110.6	110.6	89.2	109.5
2003	113.0	102.7	124.3	119.5	139.1	107.4	108.3	113.1	88.9	112.1
2004	113.2	108.0	118.6	118.3	119.4	109.8	112.5	112.5	82.6	112.4
2005	112.8	106.5	117.1	120.4	108.6	110.8	112.3	112.8	105.6	112.1
2006	112.3	106.5	116.3	119.0	107.6	109.9	112.5	112.0	107.1	111.6
2007	113.2	104.1	117.3	121.6	102.4	111.7	112.5	111.6	109.4	112.5
2008	113.2	104.8	117.0	120.2	103.7	111.5	105.0	114.2	110.8	112.4
2009	113.1	104.5	117.1	118.4	110.6	110.7	101.1	117.0	119.0	112.3
2010	114.0	104.0	118.2	119.9	109.4	111.2	112.5	113.0	114.8	113.2

1-10 收入法地区生产总值
Income Approach of Gross Domestic Product

本表按当年价格计算。
Data in this table are calculated at current prices.

单位：亿元 (100 million yuan)

年份 Year	地区生产总值 Gross Domestic Product	劳动者报酬 Compensation of Employees	固定资产折旧 Net Taxes on Prduction	生产税净额 Depreciation of Fixed Assets	营业盈余 Operating Surplus
1978	87.00	57.36	8.19	7.62	13.83
1979	104.15	68.87	8.74	8.55	17.99
1980	111.15	73.40	9.06	9.05	19.64
1981	121.26	79.84	9.88	10.11	21.43
1982	133.96	89.26	10.66	10.79	23.25
1983	144.13	95.08	11.10	12.37	25.58
1984	169.11	115.06	12.78	14.12	27.15
1985	207.89	134.11	17.82	19.79	36.17
1986	230.82	143.36	19.71	24.56	43.19
1987	262.90	159.16	22.11	40.64	40.99
1988	325.83	192.43	25.94	32.75	74.71
1989	376.46	218.11	29.44	44.21	84.70
1990	428.62	265.24	33.85	42.61	86.92
1991	479.37	277.58	44.06	45.52	112.21
1992	572.55	358.84	55.87	50.56	107.28
1993	723.04	462.89	61.49	80.65	118.01
1994	948.16	613.87	97.04	106.10	131.15
1995	1169.73	718.54	123.45	100.37	227.37
1996	1409.74	898.92	140.02	120.04	250.76
1997	1605.77	1044.68	192.38	160.07	208.64
1998	1719.87	1081.83	229.54	166.88	241.62
1999	1853.65	1151.31	282.15	180.32	239.87
2000	2003.07	1218.70	351.87	210.86	221.64
2001	2175.68	1274.14	419.36	280.09	202.09
2002	2450.48	1399.72	497.42	316.47	236.87
2003	2807.41	1555.45	567.25	374.23	310.48
2004	3456.70	1932.98	684.25	475.52	363.95
2005	4056.76	1845.67	488.88	502.26	1219.95
2006	4820.53	2140.24	568.14	624.30	1487.85
2007	5800.25	2544.29	677.27	778.30	1800.39
2008	6971.05	3006.32	1159.71	1300.32	1504.70
2009	7655.18	3118.08	1364.35	1488.80	1683.95
2010	9451.26	4258.71	1183.45	1616.83	2392.27

1-11 支出法地区生产总值

Gross Domestic Product by Expenditure Approach

本表按当年价格计算。

Data in this table are calcuated at current prices

单位：亿元 (100 million yuan)

年 份 Year	支出法地区生产总值 Gross Domestic Product by Expenditure Approach	最终消费支出 Final Consumption Expenditures	居民消费支出 Household Consumption Expenditures	农村居民 Rural Household	城镇居民 Urban Household	政府消费支出 Government Consumption Expenditures	资本形成总额 Gross Capital Formation	固定资本形成总额 Gross Fixed Capital Formation	存货增加 Change in Inventories	货物和服务净出口 Net Exports of Goods and Services
1978	87.00	56.88					34.52	29.71	4.81	-4.40
1979	104.15	65.01					39.33	33.85	5.48	-0.19
1980	111.15	81.02	68.45	49.22	19.23	12.57	36.34	31.28	5.06	-6.21
1981	121.26	89.05	75.74	51.28	23.56	13.31	33.93	28.63	5.30	-1.72
1982	133.96	103.72	88.54	63.62	24.92	15.18	38.91	32.31	6.60	-8.67
1983	144.13	111.17	95.00	69.28	25.72	16.17	42.96	38.67	4.29	-10.00
1984	169.11	127.36	105.81	77.13	28.68	21.55	53.05	44.81	8.24	-11.30
1985	207.89	151.31	126.30	90.76	35.54	25.01	68.83	52.05	16.78	-12.25
1986	230.82	165.63	137.54	96.46	41.08	28.09	80.91	61.63	19.28	-15.72
1987	262.90	184.12	150.66	103.47	47.19	33.46	95.68	65.75	29.93	-16.90
1988	325.83	219.19	182.06	120.81	61.25	37.13	129.06	71.66	57.40	-22.42
1989	376.46	268.42	212.44	140.28	72.16	55.98	134.76	79.14	55.62	-26.72
1990	428.62	310.12	250.02	172.83	77.19	60.10	126.99	78.87	48.12	-8.88
1991	479.37	341.79	270.89	185.27	85.62	70.90	147.60	86.56	61.04	-10.02
1992	572.55	381.98	299.37	196.36	103.01	82.61	219.50	136.93	82.57	-28.93
1993	723.04	460.22	349.29	222.92	126.37	110.93	298.34	222.47	75.87	-35.52
1994	944.75	597.07	471.91	291.17	180.74	125.16	368.62	282.84	85.78	-20.94
1995	1177.26	769.98	629.78	401.86	227.92	140.20	425.44	325.55	99.89	-18.16
1996	1413.70	919.59	758.36	495.80	262.56	161.23	507.63	395.85	111.78	-13.52
1997	1596.56	989.60	796.77	504.29	292.48	192.83	617.03	477.30	139.73	-10.07
1998	1719.01	1053.66	823.03	516.98	306.05	230.63	672.85	520.82	152.03	-7.50
1999	1831.25	1122.56	865.87	532.56	333.31	256.69	715.49	552.67	162.82	-6.80
2000	1982.17	1269.58	989.20	574.63	414.57	280.38	718.29	605.54	112.75	-5.70
2001	2161.75	1357.47	1041.96	578.29	463.67	315.51	800.83	696.70	104.13	3.45
2002	2460.49	1459.65	1114.58	602.72	511.86	345.07	999.28	931.80	67.48	1.56
2003	2815.35	1525.90	1171.27	628.50	542.77	354.63	1321.68	1269.92	51.76	-32.23
2004	3464.59	1822.14	1431.42	744.46	686.96	390.72	1697.01	1633.53	63.48	-54.56
2005	4061.76	2117.30	1642.20	816.84	825.36	475.10	1981.98	1922.10	59.88	-37.52
2006	4814.53	2372.91	1804.79	893.04	911.75	568.12	2494.67	2422.06	72.61	-53.05
2007	5794.25	2793.45	2047.13	976.65	1070.48	746.32	3060.96	2982.33	78.63	-60.16
2008	6971.05	3279.89	2522.19	806.58	1715.61	757.70	3760.50	3675.71	84.79	-69.34
2009	7655.18	3545.84	2750.72	877.74	1872.98	795.12	4163.37	4082.63	80.74	-54.03
2010	9451.26	4489.22	3545.46	1102.46	2443.00	943.76	4854.65	4740.28	114.37	107.39

注：支出法生产总值不等于前表生产总值是由于计算误差的影响。

a) The gorss regional production by expenditure approach is not equal to gross domestic product due to statistical discrepancies.

1-12 支出法地区生产总值结构

Components of Gross Domestic Product by Expenditure Approach

本表按当年价格计算

Data in this table are calcuated at current prices

单位：% (%)

年份 Year	最终消费率(消费率) Final Consumption Rate	资本形成率(投资率) Capital Formation Rate	最终消费支出=100 Final Consumption Expenditures=100		资本形成总额=100 Gross Capital Formation=100		居民消费支出=100 Household Consumption Expenditures=100	
			居民消费支出 Household Consumption Expenditures	政府消费支出 Government Consumption Expenditures	固定资本形成总额 Gross Fixed Capital Formation	存货增加 Change in Inventories	农村居民 Rural Household	城镇居民 Urban Household
1978	65.38	39.68			86.1	13.9		
1979	62.42	37.76			86.1	13.9		
1980	72.89	32.69	84.5	15.5	86.1	13.9	71.9	28.1
1981	73.44	27.98	85.1	14.9	84.4	15.6	67.7	32.3
1982	77.43	29.05	85.4	14.6	83.0	17.0	71.9	28.1
1983	77.13	29.81	85.5	14.5	90.0	10.0	72.9	27.1
1984	75.31	31.37	83.1	16.9	84.5	15.5	72.9	27.1
1985	72.78	33.11	83.5	16.5	75.6	24.4	71.9	28.1
1986	71.76	35.05	83.0	17.0	76.2	23.8	70.1	29.9
1987	70.03	36.39	81.8	18.2	68.7	31.3	68.7	31.3
1988	67.27	39.61	83.1	16.9	55.5	44.5	66.4	33.6
1989	71.30	35.80	79.1	20.9	58.7	41.3	66.0	34.0
1990	72.35	29.63	80.6	19.4	62.1	37.9	69.1	30.9
1991	71.30	30.79	79.3	20.7	58.6	41.4	68.4	31.6
1992	66.72	38.34	78.4	21.6	62.4	37.6	65.6	34.4
1993	63.65	41.26	75.9	24.1	74.6	25.4	63.8	36.2
1994	63.20	39.02	79.0	21.0	76.7	23.3	61.7	38.3
1995	65.40	36.14	81.8	18.2	76.5	23.5	63.8	36.2
1996	65.05	35.91	82.5	17.5	78.0	22.0	65.4	34.6
1997	61.98	38.65	80.5	19.5	77.4	22.6	63.3	36.7
1998	61.29	39.14	78.1	21.9	77.4	22.6	62.8	37.2
1999	61.30	39.07	77.1	22.9	77.2	22.8	61.5	38.5
2000	64.05	36.24	77.9	22.1	84.3	15.7	58.1	41.9
2001	62.79	37.05	76.8	23.2	87.0	13.0	55.5	44.5
2002	59.32	40.61	76.4	23.6	93.2	6.8	54.1	45.9
2003	54.20	46.95	76.8	23.2	96.1	3.9	53.7	46.3
2004	52.59	48.98	78.6	21.4	96.3	3.7	52.0	48.0
2005	52.12	48.80	77.6	22.4	97.0	3.0	49.7	50.3
2006	49.29	51.82	76.1	23.9	97.1	2.9	49.5	50.5
2007	48.21	52.83	73.3	26.7	97.4	2.6	47.7	52.3
2008	47.05	53.94	76.9	23.1	97.7	2.3	32.0	68.0
2009	46.32	54.39	77.6	22.4	98.1	1.9	31.9	68.1
2010	47.50	51.37	79.0	21.0	97.6	2.4	31.1	68.9

1-13 支出法地区生产总值指数

Indices of Gross Domestic Product by Expenditure Approach

本表按可比价格计算.

Data in this table are calculated at constant prices.

(1980年=100) (year of 1980=100)

年份 Year	支出法地区生产总值 Gross Domestic Product by Expenditure Approach	最终消费支出 Final Consumption Expenditures	居民消费支出 Household Consumption Expenditures	农村居民 Rural Household	城镇居民 Urban Household	政府消费支出 Government Consumption Expenditures	资本形成总额 Gross Capital Formation	固定资本形成总额 Gross Fixed Capital Formation	存货增加 Change in Inventories
1980	100.0	100.0	100.0	100.0	100.0	100.0	100.0	100.0	100.0
1981	105.6	106.4	107.1	102.6	118.6	104.3	87.8	80.0	105.2
1982	115.4	122.8	121.9	121.8	122.2	129.2	113.0	105.2	145.7
1983	123.2	130.0	129.5	131.3	124.9	133.9	125.1	128.0	77.7
1984	142.2	146.6	141.5	143.5	136.6	180.0	149.0	140.9	163.0
1985	163.2	159.1	154.1	154.0	154.4	192.8	198.5	161.9	315.2
1986	174.1	168.3	158.6	156.0	165.5	233.9	216.4	212.4	204.6
1987	188.6	176.4	166.7	161.1	182.2	240.7	221.2	182.0	324.1
1988	210.1	187.5	177.5	166.4	208.4	252.7	291.8	145.6	815.8
1989	222.9	205.7	181.6	172.4	195.9	362.4	397.7	211.3	904.7
1990	232.9	219.5	193.9	184.8	207.5	385.6	371.8	205.8	811.5
1991	253.6	234.9	205.3	194.8	222.0	430.7	414.6	212.2	1018.4
1992	291.1	257.5	221.9	207.3	248.6	498.3	589.1	313.8	1367.7
1993	331.0	282.0	238.1	220.1	273.0	588.0	705.7	453.8	1131.1
1994	358.8	298.1	255.2	233.3	300.0	588.6	767.1	516.4	1079.1
1995	386.8	318.4	275.6	252.0	324.3	601.0	825.4	568.0	1081.3
1996	430.1	360.7	312.8	293.3	348.6	676.7	884.0	607.2	1164.6
1997	480.4	389.2	330.0	304.4	381.0	793.8	1035.2	700.7	1431.3
1998	516.9	412.6	338.9	310.5	397.0	935.1	1129.4	756.8	1610.2
1999	554.7	441.1	357.2	324.5	426.0	1042.6	1217.5	814.3	1742.2
2000	599.6	498.4	408.3	360.5	514.2	1137.5	1226.0	903.1	1210.8
2001	654.8	534.8	432.0	365.5	575.4	1280.8	1368.2	1040.4	1120.0
2002	726.8	566.9	455.3	375.4	626.0	1385.8	1637.7	1333.8	698.9
2003	821.3	592.4	478.5	389.3	641.7	1420.4	2088.1	1751.3	520.7
2004	929.7	645.7	530.7	424.7	724.5	1458.8	2516.2	2122.6	547.3
2005	1050.6	703.8	585.4	458.3	819.4	1518.6	2926.3	2485.6	507.3
2006	1180.9	777.7	635.7	492.7	898.9	1775.2	3353.5	2851.0	561.6
2007	1336.8	871.0	693.5	523.7	1005.9	2153.3	3829.7	3261.5	595.9
2008	1513.3	971.2	801.7	450.9	1437.4	2144.7	4385.0	3734.4	668.0
2009	1711.5	1080.0	906.7	500.0	1642.9	2249.8	5020.8	4279.6	748.8
2010	1951.1	1212.8	1021.9	565.0	1848.3	2497.3	5728.7	4887.3	826.7

1-14　支出法地区生产总值指数

Indices of Gross Domestic Product by Expenditure Approach

本表按可比价格计算.

Data in this table are calculated at constant prices.

(上年=100)　　(preceding year=100)

年份 Year	支出法地区生产总值 Gross Domestic Product by Expenditure Approach	最终消费支出 Final Consumption Expenditures	居民消费支出 Household Consumption Expenditures	农村居民 Rural Household	城镇居民 Urban Household	政府消费支出 Government Consumption Expenditures	资本形成总额 Gross Capital Formation	固定资本形成总额 Gross Fixed Capital Formation	存货增加 Change in Inventories
1980	104.2	100.2	99.8	97.9	105.3	100.3	93.7	99.3	57.5
1981	105.6	106.4	107.1	102.6	118.6	104.3	87.8	80.0	105.2
1982	109.3	115.4	113.8	118.7	103.0	123.9	128.7	131.5	138.2
1983	106.8	105.9	106.2	107.8	102.2	103.6	110.7	121.7	53.3
1984	115.4	112.8	109.3	109.3	109.4	134.4	119.1	110.1	209.8
1985	114.8	108.5	108.9	107.3	113.0	107.1	133.2	114.9	193.4
1986	106.7	105.8	102.9	101.3	107.2	121.3	109.0	131.2	64.9
1987	108.3	104.8	105.1	103.3	110.1	102.9	102.2	85.7	158.4
1988	111.4	106.3	106.5	103.3	114.4	105.0	131.9	80.0	251.7
1989	106.1	109.7	102.3	103.6	94.0	143.4	136.3	145.1	110.9
1990	104.5	106.7	106.8	107.2	105.9	106.4	93.5	97.4	89.7
1991	108.9	107.0	105.9	105.4	107.0	111.7	111.5	103.1	125.5
1992	114.8	109.6	108.1	106.4	112.0	115.7	142.1	147.9	134.3
1993	113.7	109.5	107.3	106.2	109.8	118.0	119.8	144.6	82.7
1994	108.4	105.7	107.2	106.0	109.9	100.1	108.7	113.8	95.4
1995	107.8	106.8	108.0	108.0	108.1	102.1	107.6	110.0	100.2
1996	111.2	113.3	113.5	116.4	107.5	112.6	107.1	106.9	107.7
1997	111.7	107.9	105.5	103.8	109.3	117.3	117.1	115.4	122.9
1998	107.6	106.0	102.7	102.0	104.2	117.8	109.1	108.0	112.5
1999	107.3	106.9	105.4	104.5	107.3	111.5	107.8	107.6	108.2
2000	108.1	113.0	114.3	111.1	120.7	109.1	100.7	110.9	69.5
2001	109.2	107.3	105.8	101.4	111.9	112.6	111.6	115.2	92.5
2002	111.0	106.0	105.4	102.7	108.8	108.2	119.7	128.2	62.4
2003	113.0	104.5	105.1	103.7	106.9	102.5	127.5	131.3	74.5
2004	113.2	109.0	110.9	109.1	112.9	102.7	120.5	121.2	105.1
2005	113.0	109.0	110.3	107.9	113.1	104.1	116.3	117.1	92.7
2006	112.4	110.5	108.6	107.5	109.7	116.9	114.6	114.7	110.7
2007	113.2	112.0	109.1	106.3	111.9	121.3	114.2	114.4	106.1
2008	113.2	111.5	115.6	86.1	142.9	99.6	114.5	114.5	112.1
2009	113.1	111.2	113.1	110.9	114.3	104.9	114.5	114.6	112.1
2010	114.0	112.3	112.7	113.0	112.5	111.0	114.1	114.2	110.4

1-15 各地区生产总值（2010年）

Gross Domestic Product by Region (2010)

本表按当年价格计算。
Data in this table are calculated at current prices.
单位：万元 (10000 yuan)

地区	Region	地区生产总值 Gross Domestic Product	第一产业 Primary Industry	第二产业 Secondary Industry	工业 Industry	建筑业 Construction	第三产业 Tertiary Industry
南昌市	Nanchang	22071059	1205625	12520386	9527516	2992870	8345048
景德镇市	Jingdezhen	4615001	380879	2805060	2437660	367400	1429062
萍乡市	Pingxiang	5203900	423240	3294608	3027065	267543	1486052
九江市	Jiujiang	10320647	980356	5797054	4786972	1010082	3543237
新余市	Xinyu	6312212	378849	4033555	3601117	432438	1899808
鹰潭市	Yingtan	3448865	328081	2165128	2050400	114728	955656
赣州市	Ganzhou	11197412	2118943	4967021	4251385	715636	4111448
吉安市	Ji'an	7205251	1429970	3637391	3108660	528731	2137890
宜春市	Yichun	8700005	1649178	4922173	4395991	526182	2128654
抚州市	Fuzhou	6300124	1198396	3144701	2546533	598168	1957027
上饶市	Shangrao	9010029	1518961	4591774	3790952	800822	2899294

1-15 续表 continued

本表按当年价格计算。
Data in this table are calculated at current prices.
单位：万元 (10000 yuan)

地区	Region	交通运输仓储和邮政业 Transport, Storage and Post	批发零售和住宿餐饮业 Whlesale and Retail Trades, Hotel and Catering Services	金融业 Financial Intermediation	人均地区生产总值（元） Per Capita GDP (yuan)
南昌市	Nanchang	1014994	1982111	1171851	43961
景德镇市	Jingdezhen	260026	493527	41490	29155
萍乡市	Pingxiang	334266	430229	54468	28106
九江市	Jiujiang	679585	1048694	74614	21863
新余市	Xinyu	424985	640235	81130	55538
鹰潭市	Yingtan	221690	293232	92311	30769
赣州市	Ganzhou	628474	893652	357197	13397
吉安市	Ji'an	325105	557108	119543	15002
宜春市	Yichun	323793	624270	101154	16080
抚州市	Fuzhou	447176	470686	54606	16134
上饶市	Shangrao	432941	819931	137944	13729

1-16 各地区生产总值构成（2010年）

Composition of Gross Domestic Product by Region (2010)

本表按当年价格计算。
Data in this table are calculated at current prices.

单位：% (%)

地 区	Region	地区生产总值 Gross Domestic Product	第一产业 Primary Industry	第二产业 Secondary Industry	工业 Industry	建筑业 Constr-uction	第三产业 Tertiary Industry	交通运输仓储和邮政业 Transport, Storage and Post	批发零售和住宿餐饮业 Whlesale and Retail Trades, Hotel and Catering Services	金融业 Financial Interme-diation
南昌市	Nanchang	100	5.5	56.7	43.2	13.5	37.8	4.6	9.0	0.2
景德镇市	Jingdezhen	100	8.2	60.8	52.8	8.0	31.0	5.6	10.7	0.9
萍乡市	Pingxiang	100	8.1	63.3	58.2	5.1	28.6	6.4	8.3	1.0
九江市	Jiujiang	100	9.5	56.2	46.4	9.8	34.3	6.6	10.2	0.7
新余市	Xinyu	100	6.0	63.9	57.1	6.8	30.1	6.7	10.1	1.3
鹰潭市	Yingtan	100	9.5	62.8	59.5	3.3	27.7	6.4	8.5	2.7
赣州市	Ganzhou	100	18.9	44.4	38.0	6.4	36.7	5.6	8.0	3.2
吉安市	Ji'an	100	19.8	50.5	43.2	7.3	29.7	4.5	7.7	1.7
宜春市	Yichun	100	18.9	56.6	50.5	6.1	24.5	3.7	7.2	1.2
抚州市	Fuzhou	100	19.0	49.9	40.4	9.5	31.1	7.1	7.5	0.9
上饶市	Shangrao	100	16.8	51.0	42.1	8.9	32.2	4.8	9.1	1.5

1-17 各地区生产总值指数（2010年）

Indices of Gross Domestic Product by Region (2010)

本表按可比价格计算。
Data in this table are calculated at constant prices.

(上年＝100) (preceding year=100)

地 区	Region	地区生产总值 Gross Domestic Product	第一产业 Primary Industry	第二产业 Secondary Industry	工业 Industry	建筑业 Constr-uction	第三产业 Tertiary Industry	交通运输仓储和邮政业 Transport, Storage and Post	批发零售和住宿餐饮业 Whlesale and Retail Trades, Hotel and Catering Services	金融业 Financial Interme-diation	人均地区生产总值 Per Capita GDP
南昌市	Nanchang	114.0	105.4	116.0	118.8	107.3	112.2	103.4	116.7	109.7	112.4
景德镇市	Jingdezhen	115.1	105.1	115.9	115.6	117.6	116.2	118.3	114.0	111.6	114.2
萍乡市	Pingxiang	114.3	108.0	114.2	113.7	120.4	116.2	114.4	116.3	112.7	113.7
九江市	Jiujiang	114.3	103.8	117.0	120.0	107.0	114.0	114.8	115.4	112.5	114.6
新余市	Xinyu	115.6	105.4	118.4	118.5	117.5	112.9	109.7	118.6	109.8	115.5
鹰潭市	Yingtan	114.1	105.1	115.1	114.8	119.8	115.4	115.0	117.3	116.7	113.4
赣州市	Ganzhou	113.8	104.3	116.3	117.9	108.1	115.6	117.6	112.8	135.3	113.7
吉安市	Ji'an	114.2	104.0	119.0	121.9	106.5	113.3	111.2	118.2	125.9	114.2
宜春市	Yichun	114.1	106.6	119.3	121.8	104.5	109.7	109.6	113.5	111.9	115.6
抚州市	Fuzhou	115.0	105.1	118.9	119.4	117.6	115.7	107.0	123.7	109.8	114.2
上饶市	Shangrao	114.8	105.3	118.9	119.5	116.6	113.5	122.6	117.5	107.6	113.9

1-18 各地区收入法地区生产总值（2010年）

Income Approach of Gross Domestic Product by Region (2010)

本表按当年价格计算。
Data in this table are calculated at current prices.

单位：万元 (10000 yuan)

地　区	Region	地区生产总值 Gross Domestic Product	劳动者报酬 Compensation of Employees	固定资产折旧 Depreciation of Fixed Assets	生产税净额 Net Taxes on Production	营业盈余 Operating Surplus
南昌市	Nanchang	22071059	9551776	3429876	3226672	5862735
景德镇市	Jingdezhen	4615001	2071039	724625	684212	1135125
萍乡市	Pingxiang	5203900	1745415	589002	985009	1884474
九江市	Jiujiang	10320647	3785107	1631533	1399502	3504505
新余市	Xinyu	6312212	1818675	1176221	1438181	1879135
鹰潭市	Yingtan	3448865	1023660	519052	456132	1450020
赣州市	Ganzhou	11197412	5253973	1241746	1522920	3178773
吉安市	Ji'an	7205251	3921281	1004470	696313	1583187
宜春市	Yichun	8700005	4437204	1312938	1640125	1309738
抚州市	Fuzhou	6300124	2609398	1423353	1090209	1177164
上饶市	Shangrao	9010029	3778309	958938	1196038	3076744

1-19 各地区支出法地区生产总值（2010年）

Gross Domestic Product by Expenditure Approach by Region (2010)

本表按当年价格计算。
Data in this table are calculated at current prices.

单位：万元 (10000 yuan)

地　区	Region	支出法地区生产总值 Gross Domestic Product by Expenditure Approach	最终消费支出 Final Consumption Expenditures	资本形成总额 Gross Capital Formation	货物和服务净出口 Net Exports of Goods and Services	最终消费率（消费率） Final Consumption Rate	资本形成率（投资率） Capital Formation Rate
南昌市	Nanchang	22071059	11274955	11304153	-508049	51.1	51.2
景德镇市	Jingdezhen	4615001	2082749	2539328	-7076	45.1	55.0
萍乡市	Pingxiang	5203900	2259171	2820466	124263	43.4	54.2
九江市	Jiujiang	10320647	4716662	5527395	76590	45.7	53.6
新余市	Xinyu	6312212	2047099	3982444	282669	32.4	63.1
鹰潭市	Yingtan	3448865	1337737	2647636	-536508	38.8	76.8
赣州市	Ganzhou	11197412	6274341	6003684	-1080613	56.0	53.6
吉安市	Ji'an	7205251	3432891	3837045	-64685	47.6	53.3
宜春市	Yichun	8700005	4872704	3914302	-87001	56.0	45.0
抚州市	Fuzhou	6300124	2345133	3898489	56502	37.2	61.9
上饶市	Shangrao	9048977	3834868	5856538	-642429	42.4	64.7

1-20 各地区资本形成总额及构成（2010年）

Gorss Capital Formation and Its Composition by Region (2010)

本表按当年价格计算。
Data in this table are calculated at current prices.

地 区	Region	资本形成总额（万元） Gross Capital Formation (10000 yuan)	固定资本形成总额 Gross Fixed Capital Formation	存货增加 Change in Inventories	构成(资本形成总额=100) Composition (Total=100) 固定资本形成总额 Gross Fixed Capital Formation	存货增加 Change in Inventories
南昌市	Nanchang	11304153	9987327	1316826	88.4	11.6
景德镇市	Jingdezhen	2539328	2326024	213304	91.6	8.4
萍乡市	Pingxiang	2820466	2697556	122910	95.6	4.4
九江市	Jiujiang	5527395	4750810	776585	86.0	14.0
新余市	Xinyu	3982444	3802342	180102	95.5	4.5
鹰潭市	Yingtan	2647636	2392326	255310	90.4	9.6
赣州市	Ganzhou	6003684	5835256	168428	97.2	2.8
吉安市	Ji'an	3837045	3635846	201199	94.8	5.2
宜春市	Yichun	3914302	3756402	157900	96.0	4.0
抚州市	Fuzhou	3898489	2922584	975905	75.0	25.0
上饶市	Shangrao	5856538	5604066	252472	95.7	4.3

1-21 各地区最终消费支出及构成（2010年）

Final Consumption Expenditure and Its Composition by Region (2010)

本表按当年价格计算。
Data in this table are calculated at current prices.

地 区	Region	最终消费支出（万元） Consumption Expenditures (10000 yuan)	居民消费支出 Household Consumption Expenditures	农村居民 Rural Household	城镇居民 Urban Household	政府消费支出 Government Consumption Expenditures	最终消费支出=100 Final Consumption Expenditures=100 居民消费 Household Consumption	政府消费 Government Consumption
南昌市	Nanchang	11274955	10172001	3158527	7013474	1102954	90.2	9.8
景德镇市	Jingdezhen	2082749	1714102	553655	1160447	368647	82.3	17.7
萍乡市	Pingxiang	2259171	1622785	632608	990177	636386	71.8	28.2
九江市	Jiujiang	4716662	3655257	1165583	2489674	1061405	77.5	22.5
新余市	Xinyu	2047099	1270506	218668	1051838	776593	62.1	37.9
鹰潭市	Yingtan	1337737	1023215	261261	761954	314522	76.5	23.5
赣州市	Ganzhou	6274341	4642454	2220938	2421516	1631887	74.0	26.0
吉安市	Ji'an	3432891	2631911	1439960	1191951	800980	76.7	23.3
宜春市	Yichun	4872704	3995743	2436975	1558768	876961	82.0	18.0
抚州市	Fuzhou	2345133	1692095	905163	786932	653038	72.2	27.8
上饶市	Shangrao	3834868	3348193	1721653	1626540	486675	87.3	12.7

主要统计指标解释

国内（地区）生产总值 指按市场价格计算的一个国家（或地区）所有常住单位在一定时期内生产活动的最终成果。地区生产总值有三种表现形态，价值形态、收入形态和产品形态。从价值形态看，它是所有常住单位在一定时期内所生产的全部货物和服务价值超过同期投入的全部非固定资产货物和服务价值的差额，即所有常住单位的增加值之和；从产品形态看，它是最终使用的货物和服务减去进口货物和服务。在实际核算中，国内（或地区）生产总值的有三种计算方法，即生产法，收入法和支出法。三种方法分别从不同的方面反映国内（或地区）生产总值及其构成。

地区收入总值 即国民生产总值，指一个国家（或地区）所有常住单位在一定时期内收入初次分配的最终成果，它等于地区生产总值加上来自国外的劳动者报酬和财产收入减去支付给国外的劳动者报酬和财产收入，与地区生产总值不同，地区生产总值是一个生产概念，而地区收入总值是一个收入概念。

支出法地区生产总值 是从最终使用的角度反映一个国家（或地区）一定时期内生产活动最终成果的一种方法，包括最终消费支出、资本形成总额及货物和服务净出口三部分。计算公式为:

支出法地区生产总值=最终消费支出+资本形成总额+货物和服务净出口

最终消费支出 指常住单位为满足物质、文化和精神生活的需要，从本国经济领土和国外购买的货物和服务的支出。它不包括非常住单位在本国经济领土内的消费支出。最终消费支出分为居民消费支出和政府消费支出。

居民消费支出 指常住住户在一定时期内对于货物和服务的全部最终消费支出。居民消费支出除了直接以货币形式购买的货物和服务的消费支出外，还包括以其他方式获得的货物和服务的消费支出，即所谓的虚拟消费支出。居民虚拟消费支出包括如下几种类型: 单位以实物报酬及实物转移的形式提供给劳动者的货物和服务；住户生产并由本住户消费了的货物和服务，其中的服务仅指住户的自有住房服务；金融机构提供的金融媒介服务；保险公司提供的保险服务。

政府消费支出 指政府部门为全社会提供的公共服务的消费支出和免费或以较低的价格向居民住户提供的货物和服务的净支出，前者等于政府服务的产出价值减去政府单位所获得的经营收入的价值；后者等于政府部门免费或以较低价格向居民住户提供的货物和服务的市场价值减去向居民住户收取的价值。

资本形成总额 指常住单位在一定时期内获得减去处置的固定资本和存货的净额，包括固定资本形成总额和存货增加两部分。

固定资本形成总额 指常住单位在一定时期内获得的固定资产减处置的固定资产的价值总额。固定资产是通过生产活动生产出来的，且其使用年限在一年以上，单位价值在规定标准以上的资产，不包括自然资产。可分为有形固定资本形成总额和无形固定资本形成总额。有形固定资本形成总额包括一定时期内完成的建筑工程、安装工程和设备器具购置（减处置）价值，以及土地改良、新增役、种、奶、毛、娱乐用牲畜和新增经济林木价值。无形固定资本形成总额包括矿藏的勘探、计算机软件等获得减处置。

存货增加 指常住单位在一定时期内存货实物量变动的市场价值，即期末价值减期初价值的差额，再扣除当期由于价格变动而产生的持有收益。存货增加可以是正值，也可以是负值，正值表示存货上升，负值表示存货下降。包括生产单位购进的原材料、燃料和储备物资等存货，以及生产单位生产的产成品、在制品和半产品等存货。

货物和服务净出口 指货物和服务出口减货物和服务进口的差额。出口包括常住单位向非常住单位出售或无偿转让的各种货物和服务的价值；进口包括常住单位从非常住单位购买或无偿得到的各种货物和服务的价值。由于服务活动的提供与使用同时发生，一般把常住单位从非常住单位得到的服务作为进口，非常住单位从常住单位得到的服务作为出口。货物的出口和进口都按离岸价格计算。

三次产业 三产业的划分是世界上较为常用的产业结构分类，但各国的划分不尽一致。我国的三次产业划分是:

第一产业是指农业、林业、畜牧业、渔业和农林牧渔服务业。

第二产业是指采矿业、制造业、电力、煤气及水的生产和供应业，建筑业。

第三产业是指除第一、二产业以外的其他行业。

固定资产折旧 指一定时期内为弥补固定资产损耗按照规定的固定资产折旧率提取的固定资产折旧，或按国民经济核算统一规定的折旧率虚拟计算的固定资产折旧。它反映了固定资产在当期生产中的转移价值。各类企业和企业化管理的事业单位的固定资产折旧是指实际计提的折旧费。不计提折旧的政府机关、非企业化管理的事业单位和居民住房是按照统一规定的折旧率和固定资产原值计算的虚拟折旧。原则上，固定资产折旧应按固定资产当期的重置价值计算，但是目前我国尚不具备对全社会固定资产进行重估价的基础，所以暂时只能采用上述办法。

劳动者报酬 指劳动者因从事生产活动而获得的全部报酬。包括劳动者获得的各种形式的工资、奖金和津贴，既包括货币形式的，也包括实物形式的，还包括劳动者所享受的公费医疗和医药卫生费、上下班交通补贴、单位支付的社会保险费、住房公积金等。对于个体经济来说，其所有者所获得的劳动报酬和经营利润不易区分，这两部分统一作为劳动者报酬处理。

生产税净额 指生产税减生产补贴后的余额，生产税是指政府对生产单位从事生产、销售和经营活动以及因从事生产活动使用某些生产要素（如固定资产、土地、劳动力）所征收的各种税、附加费和规费。生产补贴与生产税相反，指政府对生产单位的单方面转移支出，因此视为负生产税，包括政策亏损补贴、价格补贴等。

营业盈余 指常住单位创造的增加值扣除固定资产折旧、劳动者报酬和生产税净额后的余额，它相当于企业的营业利润加上生产补贴，但要扣除利润中开支的工资、福利等。

Explanatory Notes on Main Statistical Indicators

Gross Domestic Product (GDP) refers to the final products at market prices produced by all resident units in a country (or a region) during a certain period of time. Gross domestic product is expressed in three different perspectives, namely value, income, and products respectively. GDP in its value perspective refers to the total value of all goods and services produced by all resident units during a certain period of time, minus the total value of input of goods and services of the nature of non-fixed assets; in other words, it is the sum of the value-added of all resident units. GDP from the perspective of income includes the primary income created by all resident units and distributed to resident and non-resident units. GDP from the perspective of products refers to the value of all goods and services for final consumption by all resident units minus the net exports of goods and services during a given period of time. In the practice of national accounting, gross domestic product is calculated from three approaches, namely production approach, income approach and expenditure approach, which reflect gross domestic product and its composition from different angles.

Gross National Income (GNI) also known as Gross National Product, refers to the final result of the primary distribution of the income created by all the resident units of a country (or a region) during a certain period of time. The value-added created by the resident units of a country engaged in production activities is distributed, during the primary distribution, mainly to the resident units of that country, while part of it is distributed to the non-resident units in the form of production tax and import duties (minus subsidies to production and import), labourers remuneration and property income. In the meantime, a part of the value-added created abroad is distributed to the resident units of the country in the form of production tax and import duties (minus subsidies to production and import), labourers remuneration and property income. The concept of Gross National Income is thus developed, which equals to Gross Domestic Product plus the net factor income from abroad. Unlike GDP which is a concept of production, GNP is a concept of income.

GDP by Expenditure Approach refers to the method of measuring the final results of production activities of a country (region) during a given period from the perspective of final uses. It includes final consumption expenditure, gross capital formation and net export of goods and services. The formula for computation is.:

GDP by expenditure approach = final consumption expenditure + gross capital formation + net export of goods and services

Final Consumption Expenditure refers to the total expenditure of resident units for purchases of goods and services from both the domestic economic territory and abroad to meet the needs of material, cultural and spiritual life. It does not include the expenditure of non-resident units on consumption in the economic territory of the country. The final consumption expenditure is broken down into household consumption expenditure and government consumption expenditure.

Household Consumption Expenditure refers to the total expenditure of resident households on the final consumption of goods and services. In addition to the consumption of goods and services bought by the households directly with money, the household consumption expenditure also includes expenditure on goods and services obtained by the households in other ways, i.e. the so-called imputed consumption expenditure, which includes the following: (a) the goods and services provided to households by employers in the form of payment in kind and transfer in kind; (b) goods and services produced and consumed by the households themselves, in which the services refer only to the owner-occupied housing; (c) financial intermediate services provided by financial institutions; (d) insurance services provided by insurance companies.

Government Consumption Expenditure refers to the consumption expenditure spent for the provision of public services provided by the government to the whole country and the net expenditure on the goods and services provided by the government to households free of charge or at reduced prices. The former equals to the output value of the government services minus the value of operating income obtained by the government departments. The latter equals to the market value of the goods and services provided by the government free of charge or at reduced prices to the households minus the value received by the government from the households.

Gross Capital Formation refers to the fixed assets acquired less disposals and the net value of inventory, thus including gross fixed capital formation and changes in inventories.

Gross Fixed Capital Formation refers to the value of acquisitions less those disposals of fixed assets during a given period. Fixed assets are the assets produced through production activities with unit value above a specified amount and which could be used for over one year. Natural assets are not included.Gross fixed capital formation can be categorized into total tangible fixed capital formation and total intangible fixed capital formation. Total tangible fixed capital formation includes the value of the construction projects and installation projects completed and the equipment, apparatus and instruments purchased (less those disposed) as well as the value of land improved, the value of draught animals, breeding stock and animals for milk, for wool and for recreational purposes and the newly increased forest with economic value. Total intangible fixed capital formation includes the prospecting of minerals and the acquisition of computer software minus the disposal of them.

Changes in Inventories refers to the market value of the change in the physical volume of inventory of resident units during a given period, i.e. the difference between the values at the beginning and at the end of the period minus the gains due to the change in prices. The changes in inventories can have a positive or a negative value. A positive value indicates an increase in inventory while a negative value indicates a decrease in inventory. The inventory includes raw materials, fuels and reserve materials purchased by the production units as well as the inventory of finished products, semi-finished products and work-in-progress.

Net Export of Goods and Services refers to the exports of goods and services subtracting the imports of goods and services. Exports include the value of various goods and services sold or gratuitously transferred by resident units to non-resident units. Imports include the value of various goods and services purchased or gratuitously acquired resident units from non-resident units. Because the provision of services and the use of them happen simultaneously, the acquisition of services by resident units from abroad is usually treated as import while the acquisition of services by non-resident units in this country is usually treated as export. The exports and imports of goods are calculated at FOB.

Three Strata of Industry Classification of economic activities into three strata of industry is a common practice in the world, although the grouping varies to some extent form country to country. In China economic activities are categorized into the following three strata of industry:

Primary industry refers to agriculture, forestry, animal husbandry and fishery and services in support of these industries.

Secondary industry refers to mining and quarrying, manufacturing, production and supply of electricity, water and gas, and construction.

Tertiary industry refers to all other economic activities not included in the primary or secondary industries.

Labourers Remuneration refers to the total payment of various forms to labourers for the productive activities they are engaged in. It includes wages, bonuses and allowances, which the labourers earn in cash and in kind. It also includes the free medical services provided to the labourers and the medicine expenses, transport subsidies and social insurance, and housing fund paid by the employers. As regards the individual economy, since labourers remuneration is not easily distinguishable from the operating profit, both parts are treated as labourer remuneration.

Net Taxes on Production refers to taxes on production less subsidies on production. The taxes on production refers to the various taxes, extra charges and fees levied on the production units on their production, sale and business activities as well as on the use of some factors of production, such as fixed assets, land and labour in the production activities they are engaged in. In contrast to taxes on production, subsidies on production refer to the unilateral government transfer to the production units and are therefore regarded as negative taxes on production. They include subsidies on the loss due to implementation of government policies, price subsidies, etc.

Depreciation of Fixed Assets refers to the depreciation of fixed assets in a given period, drawn in accordance with the stipulated depreciation rate for the purpose of compensating the wear-and-tear loss of the fixed assets or the depreciation of fixed assets imputed in accordance with the stipulated unified depreciation rate in the national economic accounting system. It reflects the value of transfer of the fixed assets in the production of the current period. The depreciation of fixed assets in various enterprises and institutions managed as enterprises refers to the depreciation expenses actually drawn. In government agencies and institutions not managed as enterprises which do not draw the depreciation expenses, as well as for the houses of residents, the depreciation of fixed assets is the imputed depreciation, which is calculated in accordance with the stipulated unified depreciation rate. In principle, the depreciation of fixed assets should be calculated on the basis of the re-purchased value of the fixed assets. However, currently the conditions in China do not facilitate the revaluation of all the fixed assets. Therefore, only the above-mentioned methods can be adopted at present.

Operating Surplus refers to the balance of the value added created by the resident units after deducting the labourers remuneration, net taxes on production and the depreciation of fixed assets. It is equivalent to the business profit of the enterprises plus subsidies to production, but the wages and welfare expenses paid from the profits should be deducted.

2

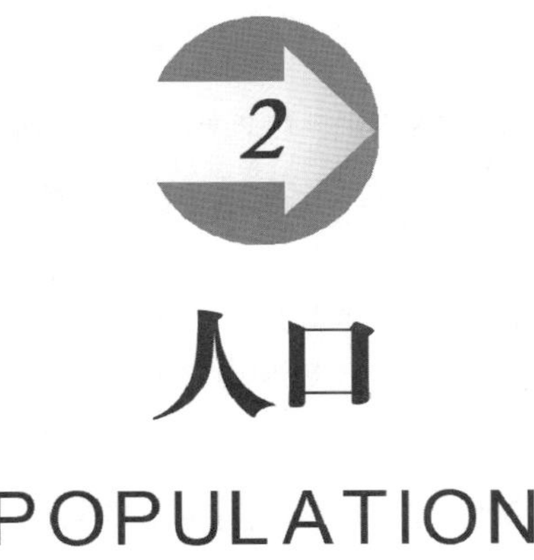

人口

POPULATION

◆31/41

资料整理及英文翻译: 龚　丹

简要说明

一、本篇资料的主要内容

本篇资料反映全省2010年及历年人口方面的基本情况，包括全省及11个设区市的主要人口统计数据，如：全省历年人口数、城镇人口、乡村人口等；2010年各设区市人口数、出生率、死亡率、自然增长率、家庭户规模等。

二、本篇的资料来源

本篇资料由省统计局人口和就业统计处整理。资料来源为公安年报、人口普查和年度人口变动情况抽样调查数据，2010年数据根据第六次人口普查数据推算。其中表2-1中2001-2009年总户数根据2000年第五次人口普查数据进行推算。

Brief Introduction

Ⅰ. Main Contents

Data in this chapter show the basic condition of population in 2010 as well as previous years for the whole province and 11 municipalities. They include the sizes of the provincial population, urban population and rural population over the years, as well as size of the population, birth rate, death rate, natural growth rate and household size by region in 2010.

Ⅱ.Sources of Data

Data in this chapter are prepared by the Division of Population and Employment, Jiangxi Provincial Bureau of Statistics. The data sources from statistics of Public Security Year Report, National Population Census and Annual Sample Survey on Population Changes. Data in 2010 were estimated on The Sixth National Population Census. Data in Table 2-1, total number of households is adjusted according to data from 5th Population Census.

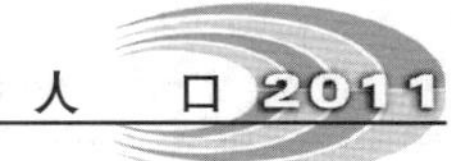

2-1　户数和人口数（年末数）
Households and Population (year-end)

年　份 Year	总户数(户) Total Number of Households (household)	总人口(人) Total Population (person)	按性别分 By Sex		按农业、非农业分 By Agricultural and Non-agricultural		按城乡分 By Residence	
			男 Male	女 Female	非农业人口 Non-agricultural	农业人口 Agricultural	城镇人口 Urban Population	乡村人口 Rural Population
1978	6153908	31828203	16427779	15400424	4594562	27233641	5331228	26496975
1979	6233041	32289778	16659570	15630208	4806203	27483575	5630294	26659484
1980	6364176	32701960	16866769	15835191	5080910	27621050	6145928	26556032
1981	6501985	33039235	17031186	16008049	5406181	27633054	6298459	26740776
1982	6584978	33483485	17265308	16218177	5533231	27950254	6512538	26970947
1983	6644902	33945033	17524255	16420778	5633184	28311849	6639648	27305385
1984	6851758	34578879	17872492	16706387	5870066	28708813	6801665	27777214
1985	6986097	35097971	18155525	16942446	6247793	28850178	6942379	28155592
1986	7266117	35757637	18500090	17257547	6365561	29392076	7112194	28645443
1987	7562209	36323111	18801109	17522002	6582218	29740893	7264622	29058489
1988	7857618	36838811	19053453	17785358	6745216	30093595	7408285	29430526
1989	8185762	37462196	19381113	18081083	6931147	30531049	7574856	29887340
1990	8524926	38106418	19727708	18378710	7083983	31022435	7754656	30351762
1991	8748781	38646374	19978326	18668148	7228163	31418211	8148201	30498173
1992	8877008	39130927	20259917	18871010	7407802	31723125	8537586	30593341
1993	8987115	39660405	20500789	19159616	7601785	32058620	8944215	30716190
1994	9165092	40154459	20586009	19568450	7889735	32264724	9350367	30804092
1995	9422399	40625406	20837093	19788313	8224854	32400552	9689159	30936247
1996	9611344	41054635	21184192	19870443	8423556	32631079	10092871	30961764
1997	9784924	41503338	21345274	20158064	8659324	32844014	10507815	30995523
1998	10040894	41912074	21364925	20547149	8877268	33034806	10918934	30993140
1999	10318396	42311742	21810874	20500868	9065485	33246257	11333623	30978119
2000	10645841	41485447	21570202	19915245	9410159	32075288	11487320	29998127
2001	10934368	41857676	21840587	20017089	9765396	32092280	12728919	29128757
2002	11226475	42224273	21813059	20411214	10159160	32065113	13596216	28628057
2003	11524786	42542255	21807160	20735095	10614293	31927962	14472875	28069380
2004	11808762	42835667	22064652	20771015	11192960	31642707	15240930	27594737
2005	12084036	43112439	21935609	21176830	11329949	31782490	15994715	27117724
2006	12375753	43391287	22194643	21196644	11607169	31784118	16783750	26607537
2007	12664544	43684125	22388114	21296011	11663661	32020464	17386282	26297843
2008	12794161	44001038	22584130	21416908	11990283	32010755	18198829	25802209
2009	12925542	44321581	22717106	21604475	12046606	32274975	19138059	25183522
2010	11887821	44622489	23031644	21590845	12065921	32556568	19660669	24961820

注：1.1983年以前的所有数据为公安年报数。
2.2000年的数据根据第五次人口普查数据推算。
3.1983-1999年的总户数、非农业人口、农业人口为公安年报数，2001年以后的农业人口、非农业人口根据公安年报数据推算；1982-1990年的城镇人口、乡村人口根据第四次人口普查数据修正，1991-1999年的城镇人口、乡村人口根据第五次人口普查和1995年1%人口抽样调查数据修正；其余数据为年度人口变动情况抽样调查推算数。
4.2010年的数据根据第六次人口普查数据推算。

a) Data before 1983 were taken from the annual reports of the Ministry of Public Security.
b) Data in 2000 were estimated on the fifth National Population Census.
c) Total number of households,non-agricultural population and agricultural population in 1983- 1999 were taken from the annual reports Ministry of Public Security.Agricultural population and non-agricultural population after 2001 were estimated on the annual reports of the Ministry of Public Security.Urban population and rural population in 1982-1990 were adjusted on the basis of the fourth National Population Census.Urban population and rural population in 1991-1999 were adjusted on the basis of the fifth National Population Census and the 1995 National 1% Population Sample Survey .The other data have been estimated from the annual national sample survey on population changes.
d) Data in 2010 were estimated on The Sixth National Population Census.

2-2 人口构成(年末数)

Population Composition (year-end)

单位：% (%)

年份 Year	以年末总人口为100 Total Population at Year-end=100					
	男 Male	女 Female	非农业人口 Non-agricultural Population	农业人口 Agricultural Population	城镇人口 Urban Population	乡村人口 Rural Population
1978	51.61	48.39	14.44	85.56	16.75	83.25
1979	51.59	48.41	14.88	85.12	17.44	82.56
1980	51.58	48.42	15.54	84.46	18.79	81.21
1981	51.55	48.45	16.36	83.64	19.06	80.94
1982	51.56	48.44	16.53	83.47	19.45	80.55
1983	51.63	48.37	16.60	83.40	19.56	80.44
1984	51.69	48.31	16.98	83.02	19.67	80.33
1985	51.73	48.27	17.80	82.20	19.78	80.22
1986	51.74	48.26	17.80	82.20	19.89	80.11
1987	51.76	48.24	18.12	81.88	20.00	80.00
1988	51.72	48.28	18.31	81.69	20.11	79.89
1989	51.74	48.26	18.50	81.50	20.22	79.78
1990	51.77	48.23	18.59	81.41	20.35	79.65
1991	51.69	48.31	18.70	81.30	21.08	78.92
1992	51.77	48.23	18.93	81.07	21.82	78.18
1993	51.69	48.31	19.17	80.83	22.55	77.45
1994	51.27	48.73	19.65	80.35	23.29	76.71
1995	51.29	48.71	20.25	79.75	23.85	76.15
1996	51.60	48.40	20.52	79.48	24.58	75.42
1997	51.43	48.57	20.86	79.14	25.32	74.68
1998	50.98	49.02	21.18	78.82	26.05	73.95
1999	51.55	48.45	21.43	78.57	26.79	73.21
2000	51.99	48.01	22.68	77.32	27.69	72.31
2001	52.18	47.82	23.33	76.67	30.41	69.59
2002	51.66	48.34	24.06	75.94	32.20	67.80
2003	51.26	48.74	24.95	75.05	34.02	65.98
2004	51.51	48.49	26.13	73.87	35.58	64.42
2005	50.88	49.12	26.28	73.72	37.10	62.90
2006	51.15	48.85	26.75	73.25	38.68	61.32
2007	51.25	48.75	26.70	73.30	39.80	60.20
2008	51.33	48.67	27.25	72.75	41.36	58.64
2009	51.26	48.74	27.18	72.82	43.18	56.82
2010	51.61	48.39	27.04	72.96	44.06	55.94

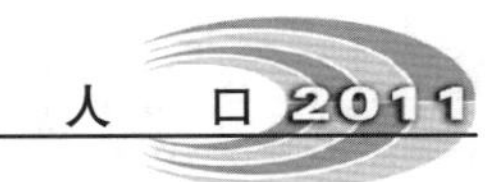

2-3 人口自然变动情况
Population Natural Change

年 份 Year	年平均人口(人) Average Population (person)	人口出生率 (‰) Birth Rate (‰)	人口死亡率 (‰) Death Rate (‰)	人口自然增长率 (‰) Natural Growth Rate(‰)	人口密度 (人/平方公里) Population Density (person/sq.km)
1978	31504121	27.01	7.39	19.62	191
1979	32058990	20.97	7.23	13.74	193
1980	32495869	18.57	6.38	12.19	196
1981	32870597	20.42	6.54	13.88	198
1982	33261360	19.18	6.07	13.11	201
1983	33714259	21.92	8.23	13.69	203
1984	34261956	25.30	6.80	18.50	207
1985	34838425	20.29	5.39	14.90	210
1986	35427804	24.15	5.53	18.62	214
1987	36040374	22.92	7.23	15.69	218
1988	36580961	19.90	5.80	14.10	221
1989	37150503	23.04	6.26	16.78	224
1990	37784307	24.59	7.54	17.05	228
1991	38376396	21.20	7.13	14.07	231
1992	38888651	19.53	7.07	12.46	234
1993	39395666	20.33	6.89	13.44	238
1994	39907432	19.38	7.00	12.38	241
1995	40389933	18.94	7.28	11.66	243
1996	40840020	17.53	7.02	10.51	246
1997	41278987	17.43	6.56	10.87	249
1998	41707706	16.85	7.05	9.80	251
1999	42111908	16.51	7.02	9.49	253
2000	41289734	15.55	6.07	9.48	249
2001	41671562	15.44	6.06	9.38	251
2002	42040975	14.74	6.02	8.72	253
2003	42383264	14.07	5.98	8.09	255
2004	42688961	13.61	5.99	7.62	257
2005	42974053	13.79	5.96	7.83	258
2006	43251863	13.80	6.01	7.79	260
2007	43537706	13.86	5.99	7.87	262
2008	43842582	13.92	6.01	7.91	264
2009	44161310	13.87	5.98	7.89	266
2010	44472035	13.72	6.06	7.66	267

2-4 各地区户数和人口数（2010年末）

Household and Population by Region (end of 2010)

地区	Region	户数（户）Number of Households (household)	人口数（人）Population (person)	男 Male	女 Female	家庭户规模（人/户）Average Family Household Size (person/household)	人口密度（人/平方公里）Population Density (person/sq.km)
全　省	**Provincial Total**	**11887821**	**44622489**	**23031644**	**21590845**	**3.65**	**267**
南昌市	Nanchang	1408033	5053270	2639323	2413947	3.39	683
景德镇市	Jingdezhen	440097	1589160	826999	762161	3.53	303
萍乡市	Pingxiang	488365	1856019	939517	916502	3.69	486
九江市	Jiujiang	1269340	4732450	2404085	2328365	3.64	251
新余市	Xinyu	354735	1139573	598390	541183	3.03	360
鹰潭市	Yingtan	303313	1126459	591616	534843	3.66	317
赣州市	Ganzhou	2139842	8382101	4264813	4117288	3.80	213
吉安市	Ji'an	1287830	4816149	2501026	2315123	3.66	191
宜春市	Yichun	1453902	5423280	2826071	2597209	3.61	290
抚州市	Fuzhou	1055739	3916584	2039365	1877219	3.64	208
上饶市	Shangrao	1686625	6587444	3400439	3187005	3.83	289

2-5 各地区人口自然变动情况（2010年）

Population Natural Change by Region (2010)

地区	Region	年平均人口（人）Average Population (person)	出生率（‰）Birth Rate (‰)	死亡率（‰）Death Rate (‰)	自然增长率（‰）Natural Growth Rate (‰)
全　省	**Provincial Total**	**44472035**	**13.72**	**6.06**	**7.66**
南昌市	Nanchang	5020586	13.68	6.05	7.63
景德镇市	Jingdezhen	1582875	13.58	5.93	7.65
萍乡市	Pingxiang	1851523	13.31	5.99	7.32
九江市	Jiujiang	4720708	13.51	6.06	7.45
新余市	Xinyu	1136565	13.31	6.00	7.31
鹰潭市	Yingtan	1120933	13.63	6.08	7.55
赣州市	Ganzhou	8357925	13.82	6.04	7.78
吉安市	Ji'an	4802938	13.76	6.02	7.74
宜春市	Yichun	5410506	13.77	6.08	7.69
抚州市	Fuzhou	3904917	13.75	6.07	7.68
上饶市	Shangrao	6562559	13.78	6.07	7.71

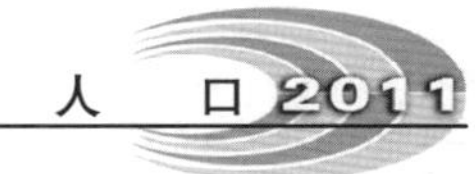

2-6 城乡人口分布(2010年11月1日零时)

Distribution of Population by Residence (2010-11-1 00:00)

地　区	Region	总人口(人) Total Population (person)	城镇 Urban		乡村 Rural	
			人数(人) Population (person)	占总人口比重(%) Percentage to Total Population (%)	人数(人) Population (person)	占总人口比重(%) Percentage to Total Population (%)
全　省	**Provincial Total**	**44567728**	**19636740**	**44.06**	**24930988**	**55.94**
南昌市	Nanchang	5042567	3313471	65.71	1729096	34.29
景德镇市	Jingdezhen	1587477	893908	56.31	693569	43.69
萍乡市	Pingxiang	1854512	1097315	59.17	757197	40.83
九江市	Jiujiang	4728763	2010670	42.52	2718093	57.48
新余市	Xinyu	1138873	701432	61.59	437441	38.41
鹰潭市	Yingtan	1125155	533323	47.40	591832	52.60
赣州市	Ganzhou	8368428	3140671	37.53	5227757	62.47
吉安市	Ji'an	4810339	1808206	37.59	3002133	62.41
宜春市	Yichun	5419592	1926123	35.54	3493469	64.46
抚州市	Fuzhou	3912309	1455379	37.20	2456930	62.80
上饶市	Shangrao	6579713	2756242	41.89	3823471	58.11

注：本表数据为第六次人口普查初步汇总数据。

a)Data in this table were the primarily summarized data of The Sixth National Population Census.

2-7 汉族和各少数民族人口(2010年11月1日零时)

Population of the Han Nationality and Ethnic Minority Groups (2010-11-1 00:00)

地　区	Region	总人口(人) Total Population (person)	汉族 the Han Nationality		少数民族 Ethnic Minority	
			人数(人) Population (person)	占总人口比重(%) Percentage to Total Population (%)	人数(人) Population (person)	占总人口比重(%) Percentage to Total Population (%)
全　省	**Provincial Total**	**44567728**	**44415418**	**99.66**	**152310**	**0.34**
南昌市	Nanchang	5042567	5022565	99.60	20002	0.40
景德镇市	Jingdezhen	1587477	1585898	99.90	1579	0.10
萍乡市	Pingxiang	1854512	1851015	99.81	3497	0.19
九江市	Jiujiang	4728763	4718157	99.78	10606	0.22
新余市	Xinyu	1138873	1134976	99.66	3897	0.34
鹰潭市	Yingtan	1125155	1120516	99.59	4639	0.41
赣州市	Ganzhou	8368428	8311185	99.32	57243	0.68
吉安市	Ji'an	4810339	4785452	99.48	24887	0.52
宜春市	Yichun	5419592	5414339	99.90	5253	0.10
抚州市	Fuzhou	3912309	3904504	99.80	7805	0.20
上饶市	Shangrao	6579713	6566811	99.80	12902	0.20

2-8 按年龄分组的人口构成(2010年11月1日零时)

Population Composition Grouped by Age (2010-11-1 00:00)

地 区	Region	总人口(人) Total Population (person)	0-14岁 0-14		15-64岁 15-64		65岁及以上 65+	
			人数(人) Population (person)	占总人口比重(%) Percentage to Total Population (%)	人数(人) Population (person)	占总人口比重(%) Percentage to Total Population (%)	人数(人) Population (person)	占总人口比重(%) Percentage to Total Population (%)
全 省	**Provincial Total**	**44567728**	**9762214**	**21.90**	**31417242**	**70.49**	**3388272**	**7.61**
南昌市	Nanchang	5042567	931136	18.47	3722486	73.82	388945	7.71
景德镇市	Jingdezhen	1587477	319364	20.12	1159176	73.02	108937	6.86
萍乡市	Pingxiang	1854512	366976	19.79	1331909	71.82	155627	8.39
九江市	Jiujiang	4728763	991178	20.96	3383314	71.55	354271	7.49
新余市	Xinyu	1138873	213994	18.79	832432	73.09	92447	8.12
鹰潭市	Yingtan	1125155	243054	21.60	798894	71.00	83207	7.40
赣州市	Ganzhou	8368428	2058522	24.60	5646804	67.48	663102	7.92
吉安市	Ji'an	4810339	1011164	21.02	3425632	71.21	373543	7.77
宜春市	Yichun	5419592	1186517	21.89	3821290	70.51	411785	7.60
抚州市	Fuzhou	3912309	880994	22.52	2759851	70.54	271464	6.94
上饶市	Shangrao	6579713	1559315	23.70	4535454	68.93	484944	7.37

2-9 每十万人拥有的各种受教育程度人口(2010年11月1日零时)

Population with Various Education Attainments Per 100 000 Persons (2010-11-1 00:00)

单位：人 (person)

地 区	Region	小 学 Primary School	初 中 Junior Secondary School	高 中 Senior Secondary School	大专及以上 Junior College and Above
全 省	**Provincial Total**	**30065**	**37668**	**12315**	**6857**
南昌市	Nanchang	22658	32403	15823	18845
景德镇市	Jingdezhen	29622	35207	13801	7946
萍乡市	Pingxiang	25399	42705	14412	6843
九江市	Jiujiang	26671	37390	15862	6934
新余市	Xinyu	26170	36598	14434	10837
鹰潭市	Yingtan	30350	38738	11165	5539
赣州市	Ganzhou	32393	37922	10743	4587
吉安市	Ji'an	31231	39384	11252	4986
宜春市	Yichun	28281	43010	11853	4626
抚州市	Fuzhou	34167	37255	10208	5410
上饶市	Shangrao	35446	35349	10365	3844

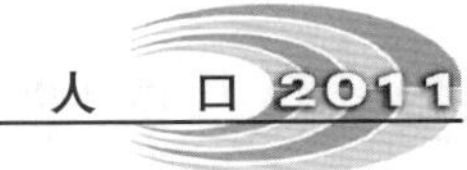

2-10 各种受教育程度人口(2010年11月1日零时)

Population with Various Education Attainments (2010-11-1 00:00)

地 区	Region	6岁及以上人口数(人) Population Aged 6 and Above (person)	未上过学 No Schooling		小 学 Primary School	
			人数(人) Population (person)	占6岁及以上人口比重(%) Percentage to Population Aged 6 and Above(%)	人数(人) Population (person)	占6岁及以上人口比重(%) Percentage to Population Aged 6 and Above(%)
全 省	**Provincial Total**	**40413742**	**1682207**	**4.16**	**13399346**	**33.16**
南昌市	Nanchang	4682315	157704	3.37	1142520	24.40
景德镇市	Jingdezhen	1447536	73162	5.05	470237	32.49
萍乡市	Pingxiang	1693235	36061	2.13	471027	27.82
九江市	Jiujiang	4295965	188653	4.39	1261232	29.36
新余市	Xinyu	1043538	40882	3.92	298048	28.56
鹰潭市	Yingtan	1014995	49719	4.90	341480	33.64
赣州市	Ganzhou	7544712	377527	5.00	2710822	35.93
吉安市	Ji'an	4330289	152383	3.52	1502323	34.69
宜春市	Yichun	4908411	151655	3.09	1532700	31.23
抚州市	Fuzhou	3547148	141907	4.00	1336708	37.68
上饶市	Shangrao	5905598	312554	5.29	2332249	39.49

2-10 续表 continued

地 区	Region	初 中 Junior Secondary School		高 中 Senior Secondary School		大专及以上 Junior College and Above	
		人数(人) Population (person)	占6岁及以上人口比重(%) Percentage to Population Aged 6 and Above(%)	人数(人) Population (person)	占6岁及以上人口比重(%) Percentage to Population Aged 6 and Above(%)	人数(人) Population (person)	占6岁及以上人口比重(%) Percentage to Population Aged 6 and Above(%)
全 省	**Provincial Total**	**16787840**	**41.54**	**5488361**	**13.58**	**3055988**	**7.56**
南昌市	Nanchang	1633934	34.90	797908	17.04	950249	20.29
景德镇市	Jingdezhen	558907	38.61	219086	15.14	126144	8.71
萍乡市	Pingxiang	791976	46.77	267267	15.78	126904	7.49
九江市	Jiujiang	1768077	41.16	750098	17.46	327905	7.63
新余市	Xinyu	416803	39.94	164383	15.75	123422	11.83
鹰潭市	Yingtan	435858	42.94	125620	12.38	62318	6.14
赣州市	Ganzhou	3173436	42.06	899037	11.92	383890	5.09
吉安市	Ji'an	1894484	43.75	541241	12.50	239858	5.54
宜春市	Yichun	2330952	47.49	642372	13.09	250732	5.11
抚州市	Fuzhou	1457525	41.09	399363	11.26	211645	5.97
上饶市	Shangrao	2325888	39.38	681986	11.55	252921	4.28

2-11 文盲人口(2010年11月1日零时)
Illiterate Population (2010-11-1 00:00)

地 区	Region	总人口(人) Total Population (person)	文盲人口(人) Illiterate Population (person)	占总人口比重(%) Pencentage to Total Population (%)
全 省	**Provincial Total**	**44567728**	**1399990**	**3.14**
南 昌 市	Nanchang	5042567	130902	2.60
景德镇市	Jingdezhen	1587477	61758	3.89
萍 乡 市	Pingxiang	1854512	28037	1.51
九 江 市	Jiujiang	4728763	163949	3.47
新 余 市	Xinyu	1138873	34618	3.04
鹰 潭 市	Yingtan	1125155	39742	3.53
赣 州 市	Ganzhou	8368428	312397	3.73
吉 安 市	Ji'an	4810339	123847	2.57
宜 春 市	Yichun	5419592	122537	2.26
抚 州 市	Fuzhou	3912309	115217	2.94
上 饶 市	Shangrao	6579713	266986	4.06

注：文盲人口指15岁及以上识字或识字很少的人口。
a)Illiterate population refer to those who can't read or barely read in population aged 15 and above.

2-12 按性别分的文盲人口(2010年11月1日零时)
Illiterate Population by Sex (2010-11-1 00:00)

单位：人 (person)

地 区	Region	文盲人口 Total Illiterate Population	男性文盲人数 Number of Male Illiterate Population	女性文盲人数 Number of Female Illiterate Population
全 省	**Provincial Total**	**1399990**	**300485**	**1099505**
南 昌 市	Nanchang	130902	29546	101356
景德镇市	Jingdezhen	61758	16459	45299
萍 乡 市	Pingxiang	28037	6639	21398
九 江 市	Jiujiang	163949	32906	131043
新 余 市	Xinyu	34618	9332	25286
鹰 潭 市	Yingtan	39742	10128	29614
赣 州 市	Ganzhou	312397	46077	266320
吉 安 市	Ji'an	123847	23522	100325
宜 春 市	Yichun	122537	31977	90560
抚 州 市	Fuzhou	115217	28415	86802
上 饶 市	Shangrao	266986	65484	201502

主要统计指标解释

人口数　指一定时点，一定地区范围内有生命的个人总和。

城镇人口和乡村人口　城镇人口是指居住在城镇范围内的全部常住人口；乡村人口是除上述人口以外的全部人口。

出生率（又称粗出生率）指在一定时期内（通常为一年）一定地区的出生人数与同期内平均人数（或期中人数）之比，用千分率表示。本资料中的出生率指年出生率，其计算公式为:

$$出生率 = \frac{年出生人数}{年平均人数} \times 1000‰$$

式中：出生人数指活产婴儿，即胎儿脱离母体时（不管怀孕月数），有过呼吸或其他生命现象。年平均人数指年初、年底人口数的平均数，也可用年中人口数代替。

死亡率（又称粗死亡率）　指在一定时期内（通常为一年）一定地区的死亡人数与同期平均人数（或期中人数）之比，用千分率表示。本资料中的死亡率指年死亡率，其计算公式为:

$$死亡率 = \frac{年死亡人数}{年平均人数} \times 1000‰$$

人口自然增长率　指在一定时期内（通常为一年）人口自然增加数（出生人数减死亡人数）与该时期内平均人数（或期中人数）之比，用千分率表示。计算公式为:

$$人口自然增长率 = \frac{本年出生人数 - 本年死亡人数}{年平均人数} \times 1000‰。$$

$$= 人口出生率 - 人口死亡率$$

Explanatory Notes on Main Statistical Indicators

Total Population　refers to the total number of people alive at a certain point of time within a given area.

Urban Population and Rural Population　Urban population refers to all people residing in cities and towns, while rural population refers to population other than urban population.

Birth Rate (or Crude Birth Rate)　refers to the ratio of the number of births to the average population (or mid-period population) during a certain period of time (usually a year), expressed in ‰. Birth rate in the chapter refers to annual birth rate. The following formula is used:

$$\text{Birth Rate} = \frac{\text{Number of Births}}{\text{Annual Average Population}} \times 1000‰$$

Number of births in the formula refers to live births, i.e. when a baby has breathed or showed any vital phenomena regardless of the length of pregnancy. Annual average population is the average of the number of population at the beginning of the year and that at the end of the year. Sometimes it is substituted by the mid-year population.

Death Rate (or Crude Death Rate)　refers to the ratio of the number of deaths to the average population (or mid-period population) during a certain period of time (usually a year), expressed in ‰. Death rate in the chapter refers to annual death rate.The following formula is used:

$$\text{Death Rate} = \frac{\text{Number of Deaths}}{\text{Annual Average Population}} \times 1000‰$$

Natural Growth Rate of Population　refers to the ratio of natural increase in population (number of births minus number of deaths) in a certain period of time (usually a year) to the average population (or mid-period population) of the same period, expressed in ‰. The following formula is applied:

$$\begin{matrix}\text{Natural Growth} \\ \text{Rate of Population}\end{matrix} = \frac{\text{Number of Births - Number of Deaths}}{\text{Annual Average Popultion}} \times 1000‰$$

Natural Growth Rate of Population = Birth Rate-Death Rate

就业人员和职工工资

EMPLOYMENT AND WAGE

◆43/64

资料整理及英文翻译：黄韶华　易鑫村　龚丹

简要说明

一、本篇资料的主要内容

本篇资料反映全省劳动经济方面的基本情况，包括11个设区市的主要劳动统计数据。如：就业人员、职工工资总额、职工平均工资等情况。

二、本篇资料的统计范围

《劳动统计报表制度》的调查范围为城镇辖区内独立核算法人单位（不包括乡镇企业、私营企业和个体工商户），自1998年起部分指标有所变动，职工人数为在岗职工；劳动力资源、全社会就业人员统计范围为城镇和乡村16岁以上人口，2002年及以后全社会就业人员、城镇和乡村就业人员的总计资料根据人口和劳动力调查资料推算，因此分地区、分类型、分行业的资料相加不等于总计；私营和个体工商户统计范围为全社会；《培训就业统计报表制度》的填报范围为全省就业服务和职业介绍机构。

三、本篇资料来源

1．就业基本情况及分组资料、职工工资总额等资料，是省统计局人口和就业处根据《劳动统计报表制度》、《人口变动情况抽样调查制度》、《劳动力调查制度》等资料，加工整理。

2．职业介绍服务机构、城镇登记失业人数是根据省人力资源和社会保障厅《培训就业统计报表制度》整理。

3．私营企业就业人数和个体劳动者根据省工商行政管理局报表整理。

四、本篇的统计调查方法

劳动统计采用全面调查方法，由各级统计部门和各直报单位逐级上报；劳动力调查采用抽样调查方法；培训、就业统计及私营企业和个体工商统计利用行政登记资料加工汇总。

Brief Introduction

I. Main Contents

Data in this chapter show the basic conditions of labour economy for the whole province, including main labour statistics on the 11 municipalities, such as number of employed persons, total wage bills and average wages of staff.

II. Scope of Statistics

The Reporting Form System on Labour Statistics covers independent corporate units within the urban areas (not including township enterprise, private units or self-employed individuals). Since 1998, some indicators varied, number of staff refers to working staff. Scope of statistics on labour force and whole society employment is refers to population above age 16 in urban and rural areas. Since 2002, statistics on whole society employment、urban and rural areas employment are complied according to Population and labour force survey data, thus the sum of region or category or sector does not necessarily equal the total number. Scope of Statistics on private and individual industrial and commercial households is the whole society. Scope of Training and Employment Statistics System is employment services and employment agencies in the whole province.

III. Sources of Data

1. Data on basic conditions of employment, data by groups, total wage bills of staff and workers are collected and compiled through The Reporting Form System on Labour System, The Sample Survey System on Demographic changes and The System of Labour Survey by Division of Population, and Employment Jiangxi Provincial Bureau of Statistics.

2. Data on the employment services and the exchanges of labour force and on the number of registered The Reporting Form System on Training and Employment Statistics, which provided by jiangxi Labour and Social Security Department.

3. Data on the number of employed persons in private enterprises and self-employed individuals are provided by the Provincial Administration for Industry and Commerce.

IV. Methodology of Survey

A complete reporting form from lower-level statistical bureaus to higher level statistical bureaus is used in the labour statistics. The Sampling Survey on Labour Force are conducted by using sampling methods. Statistics on training, employment, private enterprises and self-employed individuals are collected and complied on basis of administrative registering records.

3-1 劳动力资源

Labor Force Resources

单位：万人 (10000 persons)

年份 Year	劳动力资源总数 Total Number of Labor Force Resources	社会就业人数 Number of Employed Persons in Society	#职工人数 Number of Staff and Workers	国有经济单位 State-owned Units	城镇集体经济单位 Urban Collective-owned Units	其他各种经济单位 Units of Other Types of Ownership	劳动力资源总数占人口数的比重(%) Percentage of Total Number of Labor Force Resources to Population(%)	劳动力资源利用率(%) Utilization Ratio of Labor Force Resources (%)
1978	1448.1	1254.3	267.4	221.0	46.4		45.5	86.6
1979	1503.5	1307.0	269.6	219.6	50.0		46.6	86.9
1980	1559.6	1356.3	286.7	233.0	53.7		47.7	87.0
1981	1610.2	1409.8	301.9	242.2	59.7		48.7	87.6
1982	1638.9	1434.0	311.9	249.3	62.6		49.0	87.5
1983	1731.4	1498.2	311.1	245.6	65.5		51.2	86.5
1984	1824.8	1537.3	324.9	247.0	77.9		53.4	84.3
1985	1887.1	1584.8	341.6	261.4	80.1	0.1	54.5	84.0
1986	1934.6	1622.6	351.9	269.4	82.3	0.2	55.1	83.9
1987	1981.4	1668.4	365.3	281.4	83.7	0.2	55.7	84.2
1988	2055.3	1723.0	379.2	293.8	85.0	0.4	56.6	83.8
1989	2107.2	1760.4	380.1	298.3	81.3	0.5	57.0	83.5
1990	2175.3	1816.5	386.2	304.0	81.6	0.6	57.1	83.5
1991	2248.8	1874.5	398.9	313.9	83.9	1.1	58.2	83.4
1992	2354.0	1870.4	408.4	322.0	84.4	2.0	60.2	79.5
1993	2418.7	1903.7	412.0	326.9	80.4	4.7	61.0	78.7
1994	2636.1	2007.7	413.5	328.6	79.2	5.7	65.6	76.2
1995	2653.3	2100.5	411.3	332.7	71.4	7.2	63.3	79.2
1996	2735.4	2107.2	412.0	336.0	68.8	7.2	66.6	77.0
1997	2768.8	2120.6	409.4	334.0	67.6	7.8	66.7	76.6
1998	2809.1	2094.3	322.5	254.9	41.0	26.6	67.0	74.6
1999	2830.2	2089.0	305.9	242.8	36.3	26.8	66.9	73.8
2000	2898.2	2060.9	291.6	231.8	33.0	26.8	69.8	71.1
2001	2898.5	2054.8	279.3	222.2	27.9	29.2	69.2	70.9
2002	2911.6	2130.6	261.9	206.8	22.8	32.3	69.0	73.2
2003	3016.6	2168.2	256.7	196.1	20.0	40.6	70.9	71.9
2004	3073.5	2214.0	258.4	192.4	17.5	48.5	71.8	72.0
2005	3130.0	2276.7	264.8	191.3	17.6	55.9	72.6	72.7
2006	3210.4	2321.1	271.9	191.9	16.0	64.0	74.0	72.3
2007	3290.6	2369.6	275.0	190.5	16.3	68.2	75.3	72.0
2008	3353.0	2404.5	275.2	186.6	13.9	74.7	76.2	71.7
2009	3413.8	2445.2	273.8	187.4	12.6	73.8	77.0	71.6
2010	3417.6	2498.8	279.6	187.8	12.5	79.3	76.6	73.1

注：自1998年起,职工人数为在岗职工人数。

a) Since 1998,number of staff and workers refers to number of employed staff and workers.

3-2 三次产业社会就业人员数(年末数)

Number of Employed Persons by Three Strata of Industry (year-end)

年 份 Year	合 计 (万人) Total (10000 persons)	第一产业 Primary Industry	第二产业 Secondary Industry	第三产业 Tertiary Industry	构 成 (以合计数为100) Composition (Total=100) 第一产业 Primary Industry	第二产业 Secondary Industry	第三产业 Tertiary Industry
1978	1254.3	968.7	163.4	122.2	77.2	13.0	9.8
1979	1307.0	1015.3	163.9	127.8	77.7	12.5	9.8
1980	1356.3	1053.8	166.9	135.6	77.7	12.3	10.0
1981	1409.8	1093.4	172.7	143.7	77.6	12.2	10.2
1982	1434.0	1100.9	180.4	152.7	76.8	12.6	10.6
1983	1498.2	1133.6	195.3	169.3	75.7	13.0	11.3
1984	1537.3	1117.8	216.3	203.2	72.7	14.1	13.2
1985	1584.8	1057.2	320.5	207.1	66.7	20.2	13.1
1986	1622.6	1068.1	330.6	223.9	65.8	20.4	13.8
1987	1668.4	1098.3	339.3	230.8	65.8	20.4	13.8
1988	1723.0	1111.6	368.1	243.3	64.5	21.4	14.1
1989	1760.4	1146.4	367.0	247.0	65.1	20.9	14.0
1990	1816.5	1193.1	368.6	254.8	65.7	20.3	14.0
1991	1874.5	1224.2	388.7	261.6	65.3	20.7	14.0
1992	1870.4	1186.2	412.9	271.3	63.4	22.0	14.6
1993	1903.7	1085.9	462.5	355.3	57.3	24.3	18.4
1994	2007.7	1127.2	493.3	387.2	56.1	24.6	19.3
1995	2100.5	1071.7	525.1	503.7	51.0	25.0	24.0
1996	2107.2	1049.7	539.7	517.8	49.8	25.6	24.6
1997	2120.6	1000.9	549.8	569.9	47.2	25.9	26.9
1998	2094.3	975.5	548.8	570.0	46.6	26.2	27.2
1999	2089.0	969.3	530.7	589.0	46.4	25.4	28.2
2000	2060.9	960.9	502.8	597.2	46.6	24.4	29.0
2001	2054.8	949.6	482.6	622.6	46.2	23.5	30.3
2002	2130.6	964.5	483.8	682.3	45.3	22.7	32.0
2003	2168.2	910.7	568.0	689.5	42.0	26.2	31.8
2004	2214.0	907.7	598.4	707.9	41.0	27.0	32.0
2005	2276.7	907.5	619.5	749.7	39.9	27.2	32.9
2006	2321.1	907.4	639.5	774.2	39.1	27.5	33.4
2007	2369.6	900.8	663.3	805.5	38.0	28.0	34.0
2008	2404.5	900.1	675.0	829.4	37.4	28.1	34.5
2009	2445.2	892.6	710.1	842.5	36.5	29.0	34.5
2010	2498.8	888.6	741.1	869.1	35.6	29.6	34.8

3-3 社会就业人员数（年末数）

Number of Employed Persons in Society (year-end)

单位：万人 (10000 persons)

类　别	Type	2009	2010
总　计	**Total**	**2445.20**	**2498.76**
按经济类型分	**Classifed by Types of Ownership**		
城镇	Urban	766.58	802.02
#国有	State-owned	199.13	200.61
集体	Collective-owned	14.10	14.04
联营	Joint Ownership	0.59	0.40
股份合作	Cooperative	2.80	2.31
有限责任公司	Limited Liability Corporations	31.33	34.35
股份有限公司	Share-holding Corporations Ltd.	15.16	18.31
外商投资	Foreign Funded	11.58	12.34
港澳台投资	Funds from Hong Kong,Macao&Taiwan	9.00	10.06
私营和个体	Private Enterprises and Self-employed Individuals	230.32	247.54
乡村	Rural	1678.62	1696.74
#乡镇企业	Township and Village Enterprises	482.93	314.41
私营和个体	Private Enterprises and Self-employed Individuals	215.40	287.60
按国民经济行业分	**Classified by Sector**		
农、林、牧、渔业	Farming,Forestry,Animal Husbandry and Fishery	892.59	888.56
采矿业 制造业	Mining Manufacturing	} 516.97	} 541.26
电力、燃气及水的生产和供应业	Production and Distribution of Electricity,Gas and Water	10.60	11.11
建筑业	Construction	182.52	188.75
交通运输、仓储和邮政业	Traffic, Transport, Storage and Post	73.98	84.88
信息传输、计算机服务和软件业	Information Transmission, Computer Services and Software	18.51	26.24
批发和零售业	Wholesale and Retail Trades	352.84	391.88
住宿和餐饮业	Hotels and Catering Services	129.88	117.69
金融业	Financial Intermediation	10.37	11.10
房地产	Real Estate	14.39	18.85
租赁和商务服务业	Leasing and Business Services	19.46	21.14
科学研究、技术服务和地质勘查业	Scientific Research, Technical Service and Geologic Prospecting	5.89	6.27
水利、环境和公共设施管理业	Management of Water Conservancy, Environment and Public Facilities	5.38	6.03
居民服务和其他服务业	Services to Households and Other Services	96.66	67.37
教育	Education	46.67	47.90
卫生、社会保障和社会福利业	Health, Social Security and Social Welfare	16.55	17.79
文化、体育和娱乐业	Culture, Sports and Entertainment	8.54	8.44
公共管理和社会组织	Public Management and Social Organization	43.40	43.50

注：就业人员总计是根据人口变动抽样调查资料推算，因此，分地区、分经济类型、分行业资料相加不等于总计。下表同。

a) The total mumber of employed persons have been estimated in accordance with the data from the national sample survey on population changes. a result,the sum of the data by region by ownership and by sector is not equal to the total.The same applies to the following tables.

3-4 各地区社会就业人员数（2010年末）

Number of Employed Persons in Society at Year-end by Region (end of 2010)

单位：万人 (10000 persons)

地区	Region	合计 Total	第一产业 Primary Industry	第二产业 Secondary Industry	工业 Industry	建筑业 Construction	第三产业 Tertiary Industry	#交通运输、仓储和邮政业 Traffic, Transport, Storage and Post	#批发和零售业 Wholesale and Retail Trades
全省	**Provincial Total**	**2498.76**	**888.56**	**741.12**	**552.37**	**188.75**	**869.08**	**84.88**	**391.88**
南昌市	Nanchang	292.56	71.41	73.00	50.19	22.81	148.15	15.08	29.41
景德镇市	Jingdezhen	96.98	28.04	32.98	27.34	5.64	35.96	2.29	7.96
萍乡市	Pingxiang	106.40	28.42	47.19	39.82	7.37	30.79	3.57	11.71
九江市	Jiujiang	308.25	113.23	88.57	64.59	23.98	106.45	18.10	33.14
新余市	Xinyu	71.52	22.53	25.12	17.94	7.18	23.87	2.10	11.83
鹰潭市	Yingtan	70.87	28.01	18.91	13.12	5.79	23.95	1.82	8.31
赣州市	Ganzhou	480.15	195.26	148.23	117.33	30.90	136.66	10.41	65.90
吉安市	Ji'an	260.30	125.24	61.95	50.39	11.56	73.11	11.84	21.18
宜春市	Yichun	300.97	120.05	83.72	66.04	17.68	97.20	12.19	28.11
抚州市	Fuzhou	208.71	90.49	43.03	25.65	17.38	75.19	6.03	18.21
上饶市	Shangrao	395.69	126.99	138.08	99.39	38.69	130.62	10.50	34.30

3-5 城镇私营企业就业人数和城镇个体劳动者（2010年末）

Number of Employed Persons in Urban Private Enterprises and Urban Self-employed Individuals Laborers (end of 2010)

单位：人 (person)

行业	Sector	城镇私营企业就业人数 Number of Employed Persons in Urban Private Enterprises	城镇个体劳动者 Urban Self-employed Individual Laborers
总计	**Total**	**875299**	**1600105**
农、林、牧、渔业	Farming,Forestry,Animal Husbandry and Fishery	23206	13354
采矿业	Mining	6439	3462
制造业	Manufacturing	317730	215762
电力、燃气及水的生产和供应业	Production and Distribution of Electricity,Gas and Water	7118	886
建筑业	Construction	37715	2293
交通运输、仓储和邮政业	Traffic, Transport, Storage and Post	26879	74821
信息传输、计算机服务和软件业	Information Transmission, Computer Services and Software	20544	10432
批发和零售业	Wholesale and Retail Trades	227602	860072
住宿和餐饮业	Hotels and Catering Services	24382	196897
金融业	Financial Intermediation	1854	144
房地产业	Real Estate	65790	470
租赁和商务服务业	Leasing and Business Services	47928	18185
科学研究、技术服务和地质勘查业	Scientific Research, Technical Service and Geologic Prospecting	2110	452
水利、环境和公共设施管理业	Service and Geologic Management Prospecting of Water Conservancy, Environment and Public Facilities	828	51
居民服务和其他服务业	Services to Households and Other Services	32307	160082
教育	Education	453	233
卫生、社会保障和社会福利业	Health, Social Security and Social Welfare	1609	2309
文化、体育和娱乐业	Culture, Sports and Entertainment	6741	13904
其他	Others	24064	26296

3-6 各地区城镇就业人员数（2010年末）

Number of Employed Persons in Urban Areas (end of 2010)

单位：万人 (10000 persons)

地区	Region	合计 Total	单位就业人员 Employed Persons in Units of Types of Ownership	国有 State-owned	集体 Collective-owned	联营 Joint Ownership	股份合作 Cooperative
全省	**Provincial Total**	**802.02**	**297.40**	**200.61**	**14.04**	**0.40**	**2.31**
南昌市	Nanchang	161.68	67.83	44.25	4.20	0.13	0.24
景德镇市	Jingdezhen	41.61	17.44	10.90	0.79		0.08
萍乡市	Pingxiang	39.84	14.11	9.53	0.26		0.22
九江市	Jiujiang	93.13	33.95	20.95	2.33	0.20	0.26
新余市	Xinyu	30.72	10.07	4.48	0.18		0.08
鹰潭市	Yingtan	26.93	10.01	8.83	0.18		
赣州市	Ganzhou	97.2	42.41	25.85	1.37	0.02	0.22
吉安市	Ji'an	75.27	20.16	16.98	1.07		0.07
宜春市	Yichun	84.73	28.07	18.65	0.64		0.06
抚州市	Fuzhou	64.38	21.17	15.21	1.48		0.71
上饶市	Shangrao	86.53	29.96	22.75	1.53	0.03	0.37

3-6 续表 continued

单位：万人 (10000 persons)

地区	Region	有限责任公司 Limited Liability Corporations	股份有限公司 Shareholding Corporations Ltd.	外商投资经济 Foreign Funded	港澳台投资经济 Funds from Hong Kong, Macao&Taiwan	城镇私营企业就业人数 Number of Employed Persons in Urban Private Enterprises	城镇个体劳动者 Urban Selfviduals Laborers
全省	**Provincial Total**	**34.35**	**18.31**	**12.34**	**10.06**	**87.53**	**160.01**
南昌市	Nanchang	6.93	6.00	4.07	1.05	3.67	26.42
景德镇市	Jingdezhen	4.13	1.16	0.25	0.07	6.22	10.20
萍乡市	Pingxiang	1.16	1.42	0.11	0.02	8.89	12.91
九江市	Jiujiang	6.40	1.47	0.82	1.04	1.96	14.69
新余市	Xinyu	1.03	2.81	1.46	0.03	5.27	5.92
鹰潭市	Yingtan	0.50	0.27	0.03	0.06	4.23	4.85
赣州市	Ganzhou	4.88	0.77	2.07	6.65	19.38	33.38
吉安市	Ji'an	0.69	0.79	0.12	0.21	11.33	12.73
宜春市	Yichun	5.22	1.18	1.86	0.21	1.46	13.74
抚州市	Fuzhou	2.52	0.55	0.15	0.36	6.67	9.13
上饶市	Shangrao	0.90	1.89	1.40	0.33	18.45	16.04

3-7 城镇登记失业人数及登记失业率

Unemployed Persons and Unemployment Rate in Urban Areas

年 份 Year	城镇登记失业人数 (万人) Unemployed Persons in Urban Areas (10000 persons)	#失 业 青 年 Unemployed-Youth	占城镇登记失业人 数 (%) Percentage to Unemployed Persons in Urban Areas(%)	登记失业率 (%) Unemployment Rate (%)
1978	21.38			7.39
1979	15.17	13.35	88.0	5.31
1980	17.03	14.43	84.7	5.59
1981	14.58	11.61	79.6	4.57
1982	14.81	11.63	78.5	4.47
1983	13.26	10.60	79.9	3.98
1984	7.57	6.10	80.6	2.21
1985	5.21	4.74	91.0	1.45
1986	5.42	4.98	91.9	1.46
1987	5.56	4.83	86.9	1.45
1988	6.17	5.57	90.3	1.53
1989	6.95	6.60	95.0	1.69
1990	10.26	9.60	93.6	2.44
1991	10.56	10.14	96.0	2.40
1992	8.65	7.92	91.6	1.92
1993	8.65	8.29	95.8	1.82
1994	8.85	7.13	80.6	1.79
1995	8.66	7.48	86.3	1.57
1996	10.10	6.36	63.1	2.20
1997	14.22	8.52	60.0	2.32
1998	14.45	8.26	57.2	2.47
1999	15.50	5.95	38.4	2.60
2000	16.68	5.45	32.7	2.90
2001	17.28	3.39	19.6	3.30
2002	17.76	3.86	21.7	3.40
2003	21.62	4.21	19.5	3.80
2004	22.42	4.39	19.5	3.56
2005	22.84	3.87	16.90	3.48
2006	25.27	3.83	15.20	3.64
2007	24.34	2.41	9.90	3.37
2008	25.99	2.12	8.15	3.42
2009	27.30	1.36	4.98	3.44
2010	26.26	0.94	3.58	3.31

注：自1999年起失业青年为长期失业者。

a) Unemployed youth are the long-term umemployed since 1999.

3-8 在岗职工年末人数、工资（2010年）
Number and Wage of Employed Staff and Workers at Year-end (2010)

类别	Type	在岗职工人数（人）Number of Employed Staff and Workers (person)	在岗职工工资总额（万元）Total Wage Bill of Employed Staff and Workers (10000 yuan)	在岗职工平均工资（元）Average Wage of Employed Staff and Workers(yuan)
总计	**Total**	**2796206**	**8071398**	**29092**
按经济类型分	**Classified by Types of Ownership**			
国有单位	State-owned	1878304	5796975	30985
城镇集体单位	Collective-owned	124944	223793	18194
其他单位	Others	792958	2050630	26272
#股份合作	Cooperative	21861	53816	24643
联营	Joint Ownership	3867	9539	22860
有限责任公司	Limited Liability Corporations	331332	796978	24412
股份有限公司	Share-holding Corporations Ltd.	170731	608799	36320
港澳台商投资	Funds from Hong Kong,Macao&Taiwan	99448	189395	19319
外商投资	Foreign Funded	116316	278158	24440
其他	Others	49403	113945	23460
按隶属关系分	**Classified by Subordinative Relationship**			
中央	Central	191717	896093	46595
地方	Regional	2602069	7169203	27791
其他	Others	2420	6102	25030
按企业、事业、机关分	**Classified by Enterprises,Institutions and Agencies**			
企业	Enterprises	1537544	4331603	28436
事业	Institutions	867117	2555824	29673
机关	Agencies	387706	1176929	30494
按国民经济行业分	**Classified by Sector**			
农、林、牧、渔业	Farming,Forestry,Animal Husbandry and Fishery	118013	193430	16403
采矿业	Mining	85722	243407	28530
制造业	Manufacturing	697559	1771218	25733
电力、燃气及水的生产和供应业	Production and Distribution of Electricity,Gas and Water	90279	346347	38274
建筑业	Construction	255420	661145	26128
交通运输、仓储和邮政业	Traffic, Transport, Storage and Post	136806	556268	40876
信息传输、计算机服务和软件业	Information Transmission,Computer Services and Software	28567	98052	34846
批发和零售业	Wholesale and Retail Trades	75114	189016	25382
住宿和餐饮业	Hotels and Catering Services	15315	28880	18594
金融业	Financial Intermediation	87172	372424	43156
房地产业	Real Estate	20540	53642	26204
租赁和商务服务业	Leasing and Business Services	26484	60244	22711
科学研究、技术服务和地质勘查业	Scientific Research, Technical Service and Geologic Prospecting	48143	148519	30997
水利、环境和公共设施管理业	Service and Geologic Management Prospecting of Water Conservancy,Environment and Public Facilities	47362	100936	21490
居民服务和其他服务业	Environment and Public Facilities Services to Households and Other Services	4753	10769	22744
教育	Education	463373	1404664	30462
卫生、社会保障和社会福利业	Health, Social Security and Social Welfare	155204	498612	32644
文化、体育和娱乐业	Culture, Sports and Entertainment	29124	90831	31192
公共管理和社会组织	Public Management and Social Organization	411256	1242994	30373
按地区分	**Classified by Region**			
南昌市	Nanchang	632070	2205641	35038
景德镇市	Jingdezhen	157297	361726	23249
萍乡市	Pingxiang	131057	329393	25332
九江市	Jiujiang	307085	758222	24744
新余市	Xinyu	97489	302449	31455
鹰潭市	Yingtan	95738	267303	27917
赣州市	Ganzhou	412067	962667	23602
吉安市	Ji'an	186063	429604	23093
宜春市	Yichun	269997	643769	24190
抚州市	Fuzhou	201758	430137	21426
上饶市	Shangrao	284291	657717	23428

3-9 各种分组的在岗职工人数（2010年末）
Number of Employed Workers by Types of Groups (end of 2010)

单位：人 (person)

类别	Type	合计 Total	国有单位 State-owned Units	城镇集体单位 Urban Collective-owned Units	其他单位 Units of Other Types of Ownership
总计	**Total**	**2796206**	**1878304**	**124944**	**792958**
按企业、事业、机关分	**Grouped by Enterprises,Institutions and Agencies**				
企业	Enterprises	1537544	640097	114306	783141
#地方	Regional	1370229	472782	114306	783141
事业	Institutions	867117	850447	10408	6262
#地方	Regional	853669	836999	10408	6262
机关	Agencies	387706	387476	230	
#地方	Regional	376752	376522	230	
按国民经济行业分	**Grouped by Sector**				
农、林、牧、渔业	Farming,Forestry,Animal Husbandry and Fishery	118013	114663	331	3019
农业	Farming	52231	50950	21	1260
林业	Forestry	42001	41592	66	343
畜牧业	Animal Husbandry	3056	1666		1390
渔业	Fishery	2732	2584	122	26
农、林、牧、渔服务业	Services in Support of Agricultural	17993	17871	122	
采矿业	Mining	85722	59044	1952	24726
制造业	Manufacturing	697559	131331	10208	556020
电力、煤气及水的生产和供应业	Production and Distribution of Electricity,Gas and Water	90279	67964	287	22028
建筑业	Construction	255420	128315	65250	61855
房屋和土木工程建筑业	Construction of Building & Civil Engineering	225794	109407	62721	53666
建筑安装业	Architectural Installation	10082	3771	2315	3996
建筑装饰业	Architectural Decoration	4198	2947	118	1133
其他建筑业	Other Construction	15346	12190	96	3060
交通运输、仓储和邮政业	Traffic, Transport, Storage and Post	136806	118150	5234	13422
铁路运输业	Transport Via Railway	57462	56465	997	
道路运输业	Transprt Via Road	46642	35025	743	10874
城市公共交通业	Urban Public Traffic	9020	6886	740	1394
水上运输业	Water Transprot	3408	1366	1620	422
航空运输业	Air Transport	2587	2007		580
装卸搬运和其他运输服务业	Loading,Unloading,Portage and Other Transport Services	2247	1171	1061	15
仓储业	Storage	5502	5292	73	137
邮政业	Post	9938	9938		
信息传输、计算机服务和软件业	Information Transmission,Computer Services and Software	28567	16352	213	12002
电信和其他信息传输服务业	Telecom & Other Information Transmission Services	25856	15368	87	10401
计算机服务业	Computer Services	1815	984	126	705
软件业	Software Industry	896			896
批发和零售业	Wholesale and Retail Trades	75114	39857	7633	27624
批发业	Wholesale	42243	29397	2720	10126
零售业	Retail Trades	32871	10460	4913	17498
住宿和餐饮业	Hotel and Catering Services	15315	8390	486	6439
住宿业	Hotels	12742	7062	319	5361
餐饮业	Catering Services	2573	1328	167	1078
金融业	Finanacial Intermediation	87172	32646	16732	37794
银行业	Bank	67454	26979	16708	23767
证券业	Security Activities	737	426		311
保险业	Insurance	17837	4726	24	13087
其他金融活动	Other Financial Activities	1144	515		629
房地产业	Real Estate	20540	10667	205	9668
#房地产开发经营	Development and Management of Real Estate	12985	4010	84	8891
物业管理	Property Management	2460	1762	52	646
房地产中介服务	Agency Services For Real Estate	2056	1952		104
租赁和商务服务业	Leasing and Business Services	26484	17791	6675	2018
租赁业	Leasing	1718	833	17	868
商务服务业	Business Services	24766	16958	6658	1150

3-9 续表 continued

单位：人 (person)

类别	Type	合计 Total	国有单位 State-owned Units	城镇集体单位 Urban Collective-owned Units	其他单位 Units of Other Types of Ownership
科学研究、技术服务和地质勘查业	Scientific Research,Technical Service and Geologic Prospecting	48143	47183		960
研究与试验发展	Research and Experimental Development	10899	10899		
自然科学研究与试验发展	Natural Science Research and Experimental Development	5393	5393		
工程和技术研究与试验发展	Engineering and Technology Research and Experimental Development	2168	2168		
农业科学研究与试验发展	Agricultural Science Research and Experimental Development	2145	2145		
医学研究与试验发展	Medicine Research and Experimental Development	799	799		
社会人文科学研究与试验发展	Social Science and Humanities Research and Experimental Development	394	394		
专业技术服务业	Professional Technical Services	13820	12868		952
#气象服务	Meteorology Services	1514	1514		
地震服务	Seism Services	175	175		
海洋服务	Marine Services	5			5
测绘服务	Surveying & Mapping Services	1069	1069		
技术检测	Technology Examination	2839	2762		77
环境监测	Environment Monitor	960	957		3
工程技术与规划管理	Engineering Technology and Planning Management	6782	6003		779
科技交流和推广服务业	Services of Science and Technology Exchanges and Promotion	2717	2709		8
地质勘查业	Geologic Prospecting	20707	20707		
水利、环境和公共设施管理业	Management of Water Conservancy,Environment and Public Facilities	47362	42634	3200	1528
水利管理业	Management of Water Conservancy	8203	8113	15	75
环境管理业	Environment Management	23482	20399	2800	283
公共设施管理业	Management of Public Facilities	15677	14122	385	1170
居民服务和其他服务业	Services to Households and Other Services	4753	3345	526	882
居民服务业	Services to Households	2041	1453	61	527
其他服务业	Other Services	2712	1892	465	355
教育	Education	463373	453627	53	9693
#初等教育	Junior Education	210770	209205		1565
中等教育	Secondary Education	188930	181819		7111
高等教育	Senior Education	45698	44989		709
卫生、社会保障和社会福利业	Health, Social Security and Social Welfare	155204	147062	5816	2326
卫生	Health	148666	140617	5762	2287
社会保障业	Social Security	3706	3706		
社会福利业	Social Welfare	2832	2739	54	39
文化、体育和娱乐业	Culture, Sports and Entertainment	29124	28183	11	930
新闻出版社	Journalism and Publishing Activities	5565	5565		
广播、电视、电影和音像业	Broadcasting,Movies,Television and Audiovisual	10892	10657		235
文化艺术业	Activities Cultural and Art Activities	9899	9682		217
体育	Sports Activities	2196	1946		250
娱乐业	Entertainment	572	333	11	228
公共管理和社会组织	Public Management and Social Organization	411256	411100	132	24
#中国共产党机关	Organs of Communist Party of China	17583	17583		
国家机构	Government Agencies	380836	380756	80	
人民政协和民主党派	People's Political Consultative Conference and Democratic Parties	3180	3180		
群众社团、社会团体和宗教组织	Non-governmental Organizations,Social Organizations and Religion Organizations	8093	8017	52	24
按地区分	**Grouped by Region**				
南昌市	Nanchang	632070	408897	39329	183844
景德镇市	Jingdezhen	157297	94330	6796	56171
萍乡市	Pingxiang	131057	87528	2467	41062
九江市	Jiujiang	307085	189343	19936	97806
新余市	Xinyu	97489	42120	1840	53529
鹰潭市	Yingtan	95738	84190	1777	9771
赣州市	Ganzhou	412067	250392	12884	148791
吉安市	Ji'an	186063	161341	6225	18497
宜春市	Yichun	269997	178732	5793	85472
抚州市	Fuzhou	201758	142729	14455	44574
上饶市	Shangrao	284291	217408	13442	53441

3-10 工业企业在岗职工年末人数、工资（2010年）

Number and Wage of Employed Staff and Workers in Industrial Enterprises (2010)

类　　别	Type	在岗职工人数（人） Number of Employed Staff and Workers (person)	在岗职工工资总额（万元） Total Wage Bill of Employed Staff and Workers (10000 yuan)	在岗职工平均工资（元） Average Wage of Employed Staff and Workers (yuan)
总　　计	**Total**	**873560**	**2360972**	**27323**
按经济类型分	**Classified by Types of Ownership**			
国有单位	State-owned	258339	883738	34143
城镇集体单位	Collective-owned	12447	17232	14090
其他单位	Others	602774	1460002	24619
按国民经济行业分	**Classified by Sector**			
采矿业	Mining	85722	243407	28530
煤炭开采和洗选业	Mining and Washing of Coal	62788	186651	30037
黑色金属矿采选业	Mining of Ferrous Metal Ores	2375	4401	18857
有色金属矿采选业	Mining of Non-ferrous Metal Ores	16731	44281	26066
非金属矿采选业	Mining and Processing of Nonmetal Ores	3198	6553	20327
其他采矿业	Mining of Other Ores	630	1521	24140
制造业	Manufacturing	697559	1771218	25733
农副食品加工业	Processing of Food from Agricultural Products	22740	46246	20179
食品制造业	Manufecture of Foods	14138	28689	21791
饮料制造业	Manufecture of Beverage	15082	31564	21620
烟草制品业	Manufecture of Tobacco	9292	62990	67630
纺织业	Manufecture of Texile	47018	82767	17187
纺织服装、鞋、帽制造业	Manufecture of Textile Wearing Apparel,Footware, and Caps	28016	54003	19187
皮革、毛皮、羽毛(绒)及其制品业	Manufacture of Leather,Fur,Feather &Its Products	34828	61079	17359
木材加工及木、竹、藤、棕、草制品业	Processing of Timber, Manufacture of Wood,Bamboo, Rattan,Palm and Straw Products	6360	11370	17702
家具制造业	Manufacture of Furniture	5374	9892	18465
造纸及纸制品业	Manufacture of Paper and Paper Products	8343	18611	21893
印刷业和记录媒介的复制	Printing,Reproduction of Recording Media	7136	20855	29422
文教体育用品制造业	Manufacture of Articles for Culture,Education and Sport Activity	11207	20714	18756

3-10 续表 continued

类 别	Type	在岗职工人数（人）Number of Employed Staff and Workers (person)	在岗职工工资总额（万元）Total Wage Bill of Employed Staff and Workers (10000 yuan)	在岗职工平均工资（元）Average Wage of Employed Staff and Workers (yuan)
石油加工、炼焦及核燃料加工业	Processing of Petroleum,Coking,Processing of Nuclear Fuel	7429	27918	38087
化学原料及化学制品制造业	Manufacture of Chemical Raw	25951	59197	22448
医药制造业	Manufacture of Medicines	53647	122990	23246
化学纤维制造业	Manufacture of Chemical Fiber	5152	11449	21942
橡胶制品业	Manufacture of Rubber	3917	6177	15830
塑料制品业	Manufacture of Plastic	8423	15786	19388
非金属矿物制品业	Manufacture of Nonmetallic Mineral Products	53706	111435	20965
黑色金属冶炼及压延加工业	Manufacture and Processing of Ferrous Metals	58392	224994	39368
有色金属冶炼及压延加工业	Manufacture & Processing of Non-ferrous Metals	45977	179473	39261
金属制品业	Manufacture of Metal Products	12653	28932	22541
通用设备制造业	Manufacture of General Purpose Machinery	20773	48411	25235
专用设备制造业	Manufacture of Special Purpose Machinery	20443	45997	23688
交通运输设备制造业	Manufacture of Transport Equipment	52251	183719	35851
电气机械及器材制造业	Manufacture of Electrical Machinery & Equipment	50511	102859	21083
通信设备、计算机及其他电子设备制造业	Manufacture of Communication Equipment,Computer and Other Electronic Equipment	30368	57106	19778
仪器仪表及文化、办公用机械制造业	Manufacture of Measuring Instrument and Machinery for Cultural Activity & Office Work	13618	33061	25959
工艺品及其他制造业	Manufacture of Artwork, Other Manufacture	24810	62929	24744
废弃资源和废旧材料回收加工业	Recycling and Disposal of Waste	4	4	10750
电力、燃气及水的生产和供应业	Production and Distribution of Electricity,Gas and Water	90279	346347	38274
电力、热力的生产和供应业	Production and Supply of Electric Power and Heat Power	75189	307659	40731
燃气生产和供应业	Production and Distribution of Gas	2193	6997	34484
水的生产和供应业	Production and Distribution of Water	12897	31691	24512
按地区分	**Grouped by Region**			
南昌市	Nanchang	178396	544018	30587
景德镇市	Jingdezhen	68170	146537	21952
萍乡市	Pingxiang	60169	151471	25563
九江市	Jiujiang	102368	238368	23160
新余市	Xinyu	52772	163923	31548
鹰潭市	Yingtan	35750	136919	36306
赣州市	Ganzhou	147956	288500	19573
吉安市	Ji'an	27042	57381	21188
宜春市	Yichun	95830	222048	23699
抚州市	Fuzhou	49241	92967	18967
上饶市	Shangrao	55666	124068	23667

3-11 职工工资总额和平均工资

Total Wages Bill and Average Wage of Staff and Workers

年 份 Year	工资总额 (万元) Total Wages Bill (10000 yuan)	国有经济单位 State-owned Units	城镇集体经济单位 Urban Collective-owned Units	其他各种经济单位 Units of Other Types of Ownership	平均工资 (元) Average Wage (yuan)	国有经济单位 State-owned Units	城镇集体经济单位 Urban Collective-owned Units	其他各种经济单位 Units of Other Types of Ownership
1978	145123	122929	22194		552	562	500	
1979	161102	135538	25564		603	624	512	
1980	199674	167220	32454		713	733	625	
1981	210974	175632	35342		719	745	613	
1982	223632	185973	37659		732	758	625	
1983	230035	190050	39985		747	774	640	
1984	284282	230178	54067	37	894	949	716	949
1985	329858	266560	63213	86	997	1052	817	1132
1986	394647	321560	72890	197	1147	1215	919	1190
1987	431756	352660	78895	202	1215	1286	974	1312
1988	533074	440107	92403	564	1446	1539	1121	1675
1989	583499	486785	95917	798	1562	1658	1205	1809
1990	656975	551602	104213	1160	1729	1843	1300	2079
1991	719291	598920	118234	2137	1842	1946	1446	2329
1992	860275	724646	131368	4261	2154	2295	1606	2414
1993	1042007	883776	144510	13720	2580	2753	1842	3114
1994	1407031	1207665	176282	23084	3450	3720	2268	4214
1995	1621603	1393677	189980	37946	4211	4427	2990	5623
1996	1858269	1588203	218857	51209	4852	5050	3562	7275
1997	1944011	1666516	219199	58297	5089	5303	3636	7843
1998	1739295	1400368	152032	186895	5384	5473	3720	7104
1999	2057811	1675969	170518	211325	6749	6930	4692	7913
2000	2047372	1681669	151720	213983	7014	7249	4676	7798
2001	2255433	1864519	144576	246339	8026	8346	5149	8349
2002	2437527	2001095	133577	302855	9262	9607	5859	9444
2003	2710865	2161536	137779	411551	10521	10918	6905	10359
2004	3054546	2367213	136642	550691	11860	12291	7873	11569
2005	3583091	2726459	157004	699628	13688	14276	8952	13140
2006	4170749	3136396	160449	873904	15590	16491	10102	14220
2007	4994197	3703412	203353	1087433	18400	19624	12574	16344
2008	5732519	4204570	192028	1335921	21000	22608	13934	18247
2009	6713864	4900030	205362	1608472	24696	26247	16624	22088
2010	8071398	5796975	223793	2050630	29092	30985	18194	26272

注:自1998年起,职工工资为在岗职工工资。

a) Since 1998,wage of staff and workers refers to wage of employed staff and workers.

3-12 职工平均工资指数

Average Wage of Staff and Workers and Related Indices

(以上年为100) (preceding year=100)

年 份 Year	货币工资指数 Currency Wages Indices	国有经济单位 State-owned Units	城镇集体经济单位 Urban Collective-owned Units	其他各种经济单位 Units of Other Types of Ownership	实际工资指数 Actual Wages Indices	国有经济单位 State-owned Units	城镇集体经济单位 Urban Collectiv-owned Units	其他各种经济单位 Units of Other Types of Ownership
1978	106.8	105.4	102.0		106.6	105.2	101.8	
1979	109.2	111.0	102.4		107.0	108.7	100.3	
1980	118.2	117.5	122.1		112.0	111.4	115.7	
1981	100.8	101.6	98.1		97.1	97.9	94.5	
1982	101.8	101.7	102.0		98.7	98.6	98.9	
1983	102.0	102.1	102.4		100.1	100.2	100.5	
1984	119.7	122.6	111.9		116.7	119.5	109.1	
1985	111.5	110.9	114.1	119.3	102.5	101.9	104.9	109.7
1986	115.0	115.5	112.5	105.1	108.5	108.7	106.1	99.2
1987	105.9	105.8	106.0	108.0	98.1	98.1	98.2	100.1
1988	119.0	119.7	115.1	127.7	96.2	96.8	93.0	103.2
1989	108.0	107.7	107.5	108.0	92.2	91.9	91.7	92.2
1990	110.7	111.2	107.9	114.9	109.1	109.6	106.3	113.2
1991	106.5	105.6	111.2	112.0	102.0	101.1	106.5	107.3
1992	116.9	117.9	111.1	103.6	108.7	109.7	103.3	96.4
1993	115.9	115.9	111.5	127.8	100.1	100.1	96.3	110.4
1994	138.2	139.8	126.1	136.6	108.9	110.2	99.4	107.6
1995	122.1	119.0	131.8	133.4	104.4	101.8	112.7	114.1
1996	115.2	114.1	105.8	129.4	106.6	105.5	97.9	119.7
1997	104.9	105.0	102.1	107.8	101.8	101.9	99.1	104.7
1998	105.8	103.2	102.3	90.6	104.8	102.2	101.3	89.7
1999	125.4	126.6	126.1	111.4	127.2	128.4	127.9	112.9
2000	103.9	104.6	99.7	98.5	103.5	104.2	99.4	98.2
2001	114.4	115.1	110.1	107.0	114.9	115.7	110.7	107.5
2002	115.4	115.1	113.8	113.1	115.3	114.9	113.7	112.9
2003	113.6	113.6	117.9	109.7	112.7	112.7	117.0	108.8
2004	112.7	112.6	114.0	111.7	108.9	108.8	110.1	107.9
2005	115.4	116.2	113.7	113.6	113.5	114.3	111.8	111.7
2006	113.9	115.5	112.8	108.2	112.5	114.1	111.5	106.9
2007	118.0	119.0	124.5	114.9	112.6	113.5	118.8	109.6
2008	114.1	115.2	110.8	111.6	107.5	108.7	104.5	105.3
2009	117.6	116.1	119.3	121.1	118.4	116.9	120.1	122.0
2010	117.8	118.1	109.4	118.9	114.4	114.7	106.2	115.4

3-13 各种分组的在岗职工工资总额（2010年）
Total Wages Bill of Employed Staff and Workers by Types of Groups (2010)

单位：万元 (10000 yuan)

类别	Type	工资总额 Total Wages Bill	国有单位 State-owned Units	城镇集体单位 Urban Collective-owned Units	其他单位 Units of Other Types of Ownership
总计	**Total**	**8071398**	**5796975**	**223793**	**2050630**
按企业、事业、机关分	**Grouped by Enterprises,Institutions and Agencies**				
企业	Enterprises	4331603	2099207	204743	2027654
#地方	Regional	3542245	1309848	204743	2027654
事业	Institutions	2555824	2520354	18730	16741
#地方	Regional	2493204	2457733	18730	16741
机关	Agencies	1176929	1176608	321	
#地方	Regional	1132817	1132496	321	
按国民经济行业分	**Grouped by Sector**				
农、林、牧、渔业	Farming,Forestry,Animal Husbandry and Fishery	193430	186576	439	6416
农业	Farming	87461	84830	32	2600
林业	Forestry	61926	61231	106	590
畜牧业	Animal Husbandry	6187	3004		3183
渔业	Fishery	4092	3903	146	43
农、林、牧、渔服务业	Services in Support of Agricultural	33764	33608	155	
采矿业	Mining	243407	182022	3620	57765
制造业	Manufacturing	1771218	432629	13211	1325378
电力、煤气及水的生产和供应业	Production and Distribution of Electricity,Gas and Water	346347	269086	401	76860
建筑业	Construction	661145	399164	109973	152008
房屋和土木工程建筑业	Construction of Building & Civil Engineering	569110	332291	105076	131743
建筑安装业	Architectural Installation	21348	9959	4377	7012
建筑装饰业	Architectural Decoration	8742	6072	252	2418
其他建筑业	Other Construction	61945	50842	268	10835
交通运输、仓储和邮政业	Traffic, Transport, Storage and Post	556268	509020	7310	39938
铁路运输业	Transport Via Railway	318737	317261	1476	
道路运输业	Transprt Via Road	149874	119611	1498	28765
城市公共交通业	Urban Public Traffic	21589	16955	1199	3435
水上运输业	Water Transprot	7681	4139	1716	1826
航空运输业	Air Transport	18067	12501		5566
装卸搬运和其他运输服务业	Loading,Unloading,Portage and Other Transport Services	3531	2175	1311	45
仓储业	Storage	10817	10405	111	301
邮政业	Post	25972	25972		
信息传输、计算机服务和软件业	Information Transmission,Computer Services and Software	98052	47085	473	50495
电信和其他信息传输服务业	Telecom & Other Information Transmission Services	90026	44902	204	44920
计算机服务业	Computer Services	4146	2183	269	1695
软件业	Software Industry	3880			3880
批发和零售业	Wholesale and Retail Trades	189016	112803	9801	66412
批发业	Wholesale	123444	90021	2917	30506
零售业	Retail Trades	65572	22782	6884	35906
住宿和餐饮业	Hotel and Catering Services	28880	15918	749	12213
住宿业	Hotels	24345	13449	490	10406
餐饮业	Catering Services	4535	2468	259	1808
金融业	Financial Intermediation	372424	129221	52416	190787
银行业	Bank	301860	112423	52343	137093
证券业	Security Activities	3908	2384		1524
保险业	Insurance	59119	13125	72	45922
其他金融活动	Other Financial Activities	7536	1288		6248
房地产业	Real Estate	53642	27366	384	25892
#房地产开发经营	Development and Management of Real Estate	33892	9137	134	24621
物业管理	Property Management	5506	4412	143	951
房地产中介服务	Agency Services For Real Estate	5509	5260		249
租赁和商务服务业	Leasing and Business Services	60244	46219	7050	6975
租赁业	Leasing	8698	4964	35	3699
商务服务业	Business Services	51546	41255	7015	3276

3-13 续表 continued

单位：万元 (10000 yuan)

类别	Type	工资总额 Total Wages Bill	国有单位 State-owned Units	城镇集体单位 Urban Collective-owned Units	其他单位 Units of Other Types of Ownership
科学研究、技术服务和地质勘查业	Scientific Research,Technical Service and Geologic Prospecting	148519	145338		3181
研究与试验发展	Research and Experimental Development	34222	34222		
自然科学研究与试验发展	Natural Science Research and Experimental Development	16917	16917		
工程和技术研究与试验发展	Engineering and Technology Research and Experimental Development	9104	9104		
农业科学研究与试验发展	Agricultural Science Research and Experimental Development	4205	4205		
医学研究与试验发展	Medicine Research and Experimental Development	2471	2471		
社会人文科学研究与试验发展	Social Science and Humanities Research and Experimental Development	1526	1526		
专业技术服务业	Professional Technical Services	44851	41700		3151
#气象服务	Meteorology Services	4535	4535		
地震服务	Seism Services	518	518		
海洋服务	Marine Services	9			9
测绘服务	Surveying & Mapping Services	3231	3231		
技术检测	Technology Examination	11219	10938		281
环境监测	Environment Monitor	2556	2549		7
工程技术与规划管理	Engineering Technology and Planning Management	21623	19003		2621
科技交流和推广服务业	Services of Science and Technology Exchanges and Promotion	7104	7074		30
地质勘查业	Geologic Prospecting	62343	62343		
水利、环境和公共设施管理业	Management of Water Conservancy,Environment and Public Facilities	100936	94457	4075	2405
水利管理业	Management of Water Conservancy	21401	21228	32	142
环境管理业	Environment Management	41304	37506	3444	354
公共设施管理业	Management of Public Facilities	38231	35723	599	1909
居民服务和其他服务业	Services to Households and Other Services	10769	8360	978	1432
居民服务业	Services to Households	4916	4041	80	795
其他服务业	Other Services	5853	4319	898	637
教育	Education	1404664	1380806	76	23782
#初等教育	Junior Education	578412	574972		3440
中等教育	Secondary Education	558347	541045		17301
高等教育	Senior Education	221624	219142		2482
卫生、社会保障和社会福利业	Health, Social Security and Social Welfare	498612	479619	12674	6319
卫生	Health	478144	459429	12464	6252
社会保障业	Social Security	11101	11101		
社会福利业	Social Welfare	9367	9089	210	67
文化、体育和娱乐业	Culture, Sports and Entertainment	90831	88500	20	2311
新闻出版社	Journalism and Publishing Activities	21427	21427		
广播、电视、电影和音像业	Broadcasting,Movies,Television and Audiovisual	36522	36091		431
文化艺术业	Activities Cultural and Art Activities	24382	23788		594
体育	Sports Activities	7188	6598		591
娱乐业	Entertainment	1311	596	20	695
公共管理和社会组织	Public Management and Social Organization	1242994	1242787	145	62
#中国共产党机关	Organs of Communist Party of China	56244	56244		
国家机构	Government Agencies	1145491	1145429	62	
人民政协和民主党派	People's Political Consultative Conference and Democratic Parties	11161	11161		
群众社团、社会团体和宗教组织	Non-governmental Organizations,Social Organizations and Religion Organizations	24853	24709	82	62
按地区分	**Grouped by Region**				
南昌市	Nanchang	2205641	1553694	71540	580407
景德镇市	Jingdezhen	361726	248794	10073	102859
萍乡市	Pingxiang	329393	217072	4187	108134
九江市	Jiujiang	758222	505059	28696	224468
新余市	Xinyu	302449	135358	3893	163198
鹰潭市	Yingtan	267303	249110	2282	15910
赣州市	Ganzhou	962667	640607	28779	293281
吉安市	Ji'an	429604	383693	11954	33957
宜春市	Yichun	643769	468177	13715	161878
抚州市	Fuzhou	430137	326016	25307	78813
上饶市	Shangrao	657717	523053	23368	111297

3-14 各种分组的在岗职工平均工资（2010年）

Average Wage of Employed Staff and Workers by Types of Groups (2010)

单位：元 (yuan)

类别	Type	平均工资 Average Wage	国有单位 State-owned Units	城镇集体单位 Urban Collective-owned Units	其他单位 Units of Other Types of Ownership
总　计	**Total**	**29092**	**30985**	**18194**	**26272**
按企业、事业、机关分	**Grouped by Enterprises,Institutions and Agencies**				
企业	Enterprises	28436	32796	18198	26310
#地方	Regional	26135	27740	18198	26310
事业	Institutions	29673	29833	18242	26746
#地方	Regional	29405	29563	18242	26746
机关	Agencies	30494	30504	13935	
#地方	Regional	30207	30217	13935	
按国民经济行业分	**Grouped by Sector**				
农、林、牧、渔业	Farming,Forestry,Animal Husbandry and Fishery	16403	16283	13223	21328
农业	Farming	16612	16507	15000	21004
林业	Forestry	14934	14915	16030	16945
畜牧业	Animal Husbandry	20386	18341		22783
渔业	Fishery	15083	15210	12000	17120
农、林、牧、渔服务业	Services in Support of Agricultural	18696	18738	12626	
采矿业	Mining	28530	31038	18499	23372
制造业	Manufacturing	25733	32782	13229	24259
电力、煤气及水的生产和供应业	Production and Distribution of Electricity,Gas and Water	38274	39442	13986	34966
建筑业	Construction	26128	31109	17195	25011
房屋和土木工程建筑业	Construction of Building & Civil Engineering	25502	30543	17108	24882
建筑安装业	Architectural Installation	22063	26879	18834	19227
建筑装饰业	Architectural Decoration	19354	18558	21521	21440
其他建筑业	Other Construction	39486	40547	27927	35489
交通运输、仓储和邮政业	Traffic, Transport, Storage and Post	40876	43280	14073	30069
铁路运输业	Transport Via Railway	55714	56443	14755	
道路运输业	Transprt Via Road	32501	34538	20078	26793
城市公共交通业	Urban Public Traffic	23821	24274	17454	24693
水上运输业	Water Transprot	22308	29797	10513	43273
航空运输业	Air Transport	74751	68018		96124
装卸搬运和其他运输服务业	Loading,Unloading,Portage and Other Transport Services	14919	16849	12354	30267
仓储业	Storage	19624	19614	16250	21655
邮政业	Post	26068	26068		
信息传输、计算机服务和软件业	Information Transmission,Computer Services and Software	34846	28869	22288	43466
电信和其他信息传输服务业	Telecom & Other Information Transmission Services	35370	29298	23686	44736
计算机服务业	Computer Services	22844	22181	21333	24038
软件业	Software Industry	44548			44548
批发和零售业	Wholesale and Retail Trades	25382	28402	13184	24310
批发业	Wholesale	29583	30804	11104	30886
零售业	Retail Trades	20027	21712	14321	20586
住宿和餐饮业	Hotel and Catering Services	18594	18447	15409	19033
住宿业	Hotels	18720	18406	15367	19345
餐饮业	Catering Services	17945	18672	15491	17415
金融业	Financial Intermediation	43156	39743	31454	51400
银行业	Bank	45327	41851	31456	59366
证券业	Security Activities	54663	55323		53662
保险业	Insurance	33083	27891	30083	34948
其他金融活动	Other Financial Activities	67585	25056		103957
房地产业	Real Estate	26204	25807	18741	26797
房地产开发经营	Development and Management of Real Estate	26135	23114	15988	27568
物业管理	Property Management	22904	25183	27519	15848
房地产中介服务	Agency Services For Real Estate	26796	26948		23933
租赁和商务服务业	Leasing and Business Services	22711	25902	10621	34107
租赁业	Leasing	49170	57922	20941	41325
商务服务业	Business Services	20820	24286	10595	28490

3-14 续表 continued

单位：元 (yuan)

类　　别	Type	平均工资 Average Wage	国有单位 State-owned Units	城镇集体单位 Urban Collective-owned Units	其他单位 Units of Other Types of Ownership
科学研究、技术服务和地质勘查业	Scientific Research,Technical Service and Geologic Prospecting	30997	30949		33374
研究与试验发展	Research and Experimental Development	31643	31643		
自然科学研究与试验发展	Natural Science Research and Experimental Development	32106	32106		
工程和技术研究与试验发展	Engineering and Technology Research and Experimental Development	42068	42068		
农业科学研究与试验发展	Agricultural Science Research and Experimental Development	19540	19540		
医学研究与试验发展	Medicine Research and Experimental Development	29587	29587		
社会人文科学研究与试验发展	Social Science and Humanities Research and Experimental Development	38625	38625		
专业技术服务业	Professional Technical Services	32529	32469		33339
#气象服务	Meteorology Services	30070	30070		
地震服务	Seism Services	29936	29936		
海洋服务	Marine Services	17600			17600
测绘服务	Surveying & Mapping Services	30450	30450		
技术检测	Technology Examination	39628	39716		36506
环境监测	Environment Monitor	26572	26581		23667
工程技术与规划管理	Engineering Technology and Planning Management	31931	31666		33992
科技交流和推广服务业	Services of Science and Technology Exchanges and Promotion	26164	26131		37500
地质勘查业	Geologic Prospecting	30269	30269		
水利、环境和公共设施管理业	Management of Water Conservancy,Environment and Public Facilities	21490	22338	12907	15750
水利管理业	Management of Water Conservancy	25536	25604	21267	18880
环境管理业	Environment Management	17853	18656	12490	12902
公共设施管理业	Management of Public Facilities	24742	25718	15561	16216
居民服务和其他服务业	Services to Households and Other Services	22744	25053	18552	16435
居民服务业	Services to Households	24252	27868	13115	15407
其他服务业	Other Services	21615	22889	19264	17930
教育	Education	30462	30588	14093	24635
#初等教育	Junior Education	27588	27631		21856
中等教育	Secondary Education	29681	29883		24506
高等教育	Senior Education	48803	49022		35013
卫生、社会保障和社会福利业	Health, Social Security and Social Welfare	32644	33149	21954	27680
卫生	Health	32705	33235	21793	27861
社会保障业	Social Security	29897	29897		
社会福利业	Social Welfare	33086	33195	38944	17282
文化、体育和娱乐业	Culture, Sports and Entertainment	31192	31404	18000	24907
新闻出版社	Journalism and Publishing Activities	38566	38566		
广播、电视、电影和音像业	Broadcasting,Movies,Television and Audiovisual	33627	33959		18506
文化艺术业	Activities Cultural and Art Activities	24510	24446		27382
体育	Sports Activities	32898	34096		23632
娱乐业	Entertainment	22995	17997	18000	30491
公共管理和社会组织	Public Management and Social Organization	30373	30380	10947	25833
#中国共产党机关	Organs of Communist Party of China	32538	32538		
国家机构	Government Agencies	30214	30219	7775	
人民政协和民主党派	People's Political Consultative Conference and Democratic Parties	35252	35252		
群众社团、社会团体和宗教组织	Non-governmental Organizations,Social Organizations and Religion Organizations	30770	30882	15827	25833
按地区分	**Grouped by Region**				
南昌市	Nanchang	35038	37938	18422	32042
景德镇市	Jingdezhen	23249	26568	14854	18647
萍乡市	Pingxiang	25332	24831	16957	26939
九江市	Jiujiang	24744	26476	15167	23201
新余市	Xinyu	31455	32230	20305	31241
鹰潭市	Yingtan	27917	29570	13849	16138
赣州市	Ganzhou	23602	25875	22698	19867
吉安市	Ji'an	23093	23787	19418	18287
宜春市	Yichun	24190	26467	23790	19394
抚州市	Fuzhou	21426	22964	17551	17762
上饶市	Shangrao	23428	24203	17418	21735

3-15 公共就业服务工作情况（2010年）

Operating Conditions of Public Employment Service (2010)

单位：人 (person)

指 标	Item	本期办理就业登记人数 Registered Employed this Year	本期单位登记招聘人数 Registered Job Vacancies this year	本期登记求职人数 Registered Job-seekers this year	本期职业指导人数 Person times Vocational Guidance this Year	本期创业服务人数 Providing Imbark Service this Year	本期介绍成功人数 Placed Job-seekers this Year
合 计	**Total**	**1129855**	**1791722**	**1162481**	**608933**	**53385**	**647838**
市及以上公共就业(人才)服务机构	Public Employment Service Organizationgs at City and Above	408167	741284	358432	153156	14515	177584
区(县)公共就业(人才)服务机构	Public Employment Service Organizationgs at District(County)	510446	845049	591406	363235	33282	357838
街道公共就业服务机构	Public Employment Service Organizationgs at Street Communities	57166	59018	47283	23425	1844	23492
乡镇公共就业服务机构	Public Employment Service Organizationgs at Township	106909	114667	140587	57622	2909	75894
社区公共就业服务窗口	Public Employment Service Organizationgs at Community	26868	21561	21002	9929	750	9073
行政村公共就业服务窗口	Public Employment Service Organizationgs at Administrative Village	20299	10143	3771	1566	85	3957

3-16 城镇新增净增就业情况(年末数)

Situations of Newly Increased and Net Increased Employment in Urban Areas (year-end)

年 份 Year	新增就业人员(万人) Newly Increased Employed Persons (10000 persons)	净增就业人员(万人) Net Increased Employed Persons (10000 persons)
2003	35.00	26.60
2004	42.38	28.80
2005	43.16	29.36
2006	44.50	30.04
2007	45.15	32.48
2008	47.30	33.48
2009	47.51	32.62
2010	50.56	35.44

主要统计指标解释

就业人员 指从事一定社会劳动并取得劳动报酬或经营收入的人员。包括(1)在岗职工; (2)再就业的离退休人员;(3)私营业主;(4)个体户主;(5)私营企业和个体就业人员; (6)乡镇企业就业人员;(7)农村就业人员;(8)其他就业人员。

单位就业人员 各单位的就业人员是指在各级国家机关、政党机关、社会团体及企业、事业单位中工作，取得工资或其他形式的劳动报酬的全部人员。包括在岗职工、再就业的离退休人员、民办教师以及在各单位中工作的外方人员和港澳台方人员、兼职人员、借用的外单位人员和第二职业者。不包括离开本单位仍保留劳动关系的职工。

在岗职工 指在本单位工作并由单位支付工资的人员，以及有工作岗位，但由于学习、病伤产假等原因暂未工作，仍由单位支付工资的人员。

私营企业就业人员 指在工商管理部门注册登记的私营企业就业人员，包括私营企业投资者和雇工。

个体就业人员 指在工商管理部门注册登记，经批准从事个体工商经营的就业人员，包括个体户主和在个体工商户劳动的家庭帮工和雇工。

单位就业人员劳动报酬 指各单位在一定时期内直接支付给本单位全部就业人员的劳动报酬总额。包括在岗职工工资总额和本单位其他从业人员劳动报酬两部分。

在岗职工工资总额 指各单位在一定时期内直接支付给本单位全部在岗职工的劳动报酬总额。包括：计时工资(含计时标准工资)、计件工资、计件超额工资、奖金、津贴和补贴、加班加点工资、特殊情况下支付的工资等。

津贴和补贴 包括:(1)补偿职工特殊额外劳动消耗的津贴及岗位性津贴; (2)保健性津贴; (3)技术性津贴; (4)年功性津贴; (5)地区津贴;(6)其他津贴包括伙食补贴、上下班交通补贴、洗理卫生费、书报费等。以及为保证职工工资不受物价上涨或变动影响而支付的各种补贴，如副食价格补贴(含肉类等价格补贴)、粮、油、蔬菜等价格补贴，煤价补贴、房贴、水电贴、房改补贴等。

在岗职工平均工资 指在企业、事业、机关单位的在岗职工在一定时期内平均每人所得的货币工资额。

$$\text{在岗职工平均工资} = \frac{\text{报告期实际支付的全部在岗职工工资总额}}{\text{报告期全部在岗职工平均人数}}$$

货币工资指数 指报告期在岗职工平均工资与基期在岗职工平均工资的比率。

$$\text{货币工资指数} = \frac{\text{报告期在岗职工平均工资}}{\text{基期在岗职工平均工资}} \times 100\%$$

实际工资指数 指扣除物价变动因素后的在岗职工平均工资。

$$\text{实际工资指数} = \frac{\text{报告期在岗职工货币工资指数}}{\text{报告期居民消费价格指数}} \times 100\%$$

城镇新增就业人员 指报告期内城镇累计新就业人员数减去自然减员人数。

城镇净增就业人员 指报告期城镇净增加的就业人员总数，等于报告期末城镇就业人数减去期初城镇就业人数。

Explanatory Notes on Main Statistical Indicators

Employed Persons refer to persons who are engaged in gainful employment and thus receive remuneration payment or earn business income. They include 1)employed staff and workers, 2) re-employed retirees, 3) owners of private enterprises,4)owners of self-employed individuals, 5)persons employed in private enterprises and self-employed individuals, 6) persons employed in township enterprises,7)employed persons in rural areas, 8)other employed persons.

Persons Employed in Various Units refer to all the persons working in government agencies of various levels, political and party organizations, social organizations, enterprises and institutions, and receiving wages or other forms of payment. They include fully-employed staff and workers, re-employed retirees, teachers in the schools run by the local people, foreigners and Chinese compatriots from Hong Kong, Macao, and Taiwan working in various units, part-time employees,

employees of other units working temporarily at current posts, and employees holding the second job, but do not include persons who have left their working units while keeping their labour contract (employment relation) unchanged.

Employed Staff and Workers refer to persons who work in, and receive wages from their working units, including persons who have their work posts but are temporarily absent from work for reasons of study or on sick, injury or maternal leave and still receive wages from their working units.

Persons Employed in Private Enterprises refer to the persons employed in the private enterprises which have been registered at the departments of industrial and commercial administration, including investors of private enterprises and hired labourers.

Persons Employed in Self-Employed Individuals refer to persons employed in the self-employed individuals which have been registered at the departments of industrial and commercial administration and approved to be engaged in individual industrial or commercial business, including self-employed persons as well as helpers and hired labourers who work in individual households.

Earning of Persons Employed in Various Units refers to the total remuneration payment to all employees in various units during a certain period of time, including employed staff and workers and other employees.

Total Wage Bill of Employed Staff and workers refers to the total remuneration payment to all employed staff and workers in various units during a certain period of time. Including wage paid on a time basis (including standard wage paid on a time basis),wage paid on a piece basis, extra wage on a piece basis, bonus, allowance and subsidy, wage paid for working extra hours, wage paid in particular circumstance.

Allowance and Subsidy

Including1) allowance compensated for particular extra labour consume and position allowance to staff and workers,2)health care allowance,3)technical allowance,4)seniority allowance, 5)region allowance,6) other allowance including meals subsidy, traffic subsidy, hygiene subsidy, book and newspaper allowance, as well as all sorts of allowance which ensure the price rises or changes not affect the wage of staff and workers, i.e. non-staple food price subsidy(including meat and other foodstuffs price subsidy),grain, edible oil, vegetables and other food price subsidy, gas price subsidy, housing subsidy, water and electricity subsidy, housing reform subsidy.

Average Wage of Employed Staff and workers refer to average earning level in money terms per employee in the enterprise, institution and government organ during a certain period of time. Total Wage Bill of Employed Staff and Workers

$$\text{Staff and Workers} = \frac{\text{Total Wage Bill of Employed Staff and Workers at Reference Time}}{\text{Average Number of Employed Staff and Workers at Reference Time}}$$

Currency Wage Indices refers to the ratio of average wage of employed staff and workers at the reference period to that at the base period.

$$\text{Average Wage Indices} = \frac{\text{Average Wage of Employed Staff and Workers at Reference Time}}{\text{Average Wage of Employed Staff and Workers at Base Time}}$$

Average Real Wage Indices refers to the average wage of employed staff and workers after removing the effects of the price changes.

$$\text{Average Real Wage Indices} = \frac{\text{Average Wage Indices of Employed Staff and Workers at Reference Time}}{\text{Consumer Price Indices at Reference Time}}$$

Newly Increased Employed Persons in Urban Areas refer to the number of accumulated newly employed persons in urban areas minus natural wastages during the reporting period.

Net Increased Employed Persons in Urban Areas refer to the total number of net increased employed persons in urban areas during the reporting period, equal the number of employed persons in urban areas at the beginning of the period minus the number of employed persons in urban areas at the end of the period.

固定资产投资

INVESTMENT IN FIXED ASSETS

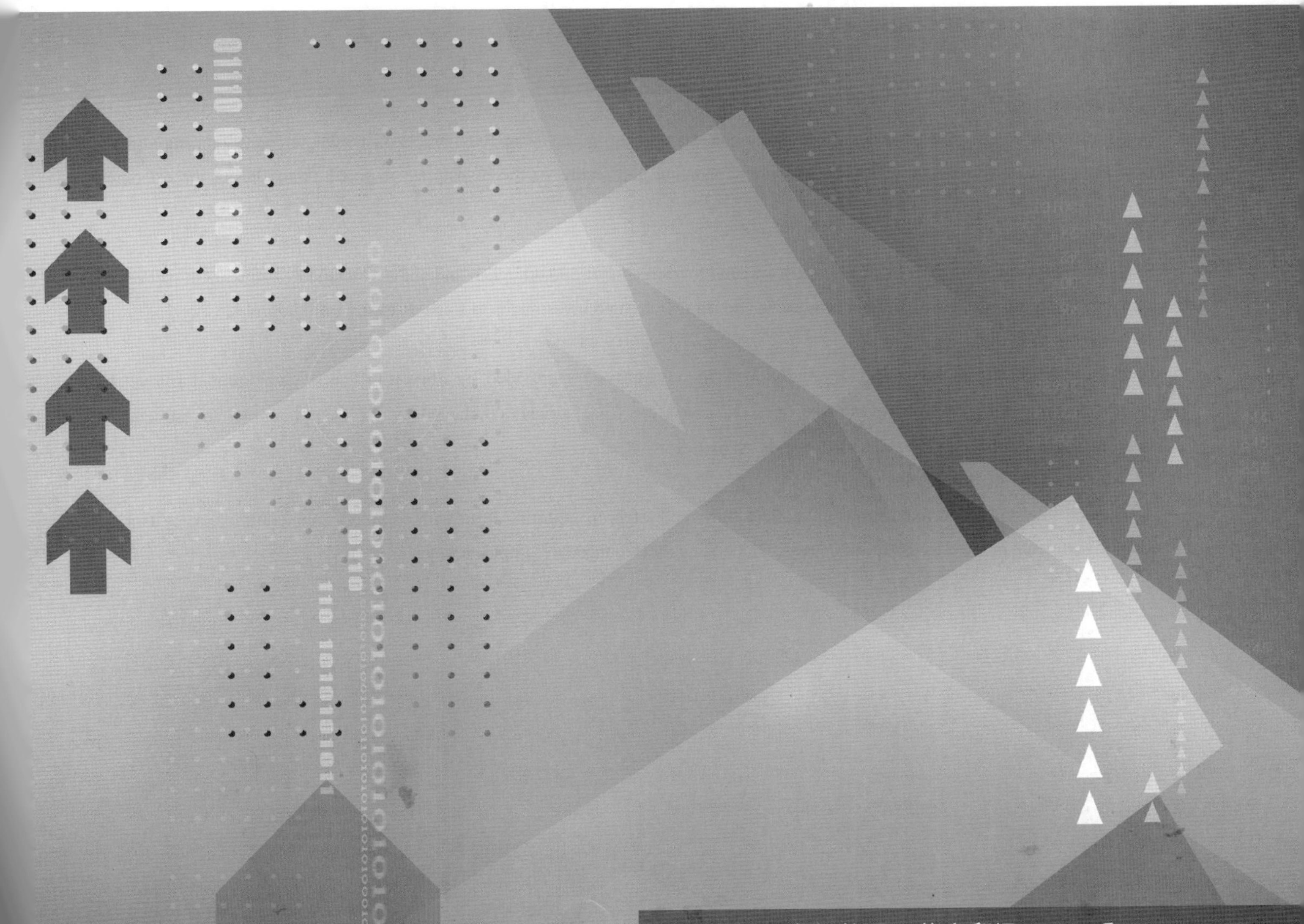

资料整理及英文翻译：石磊

简要说明

一、本篇资料的主要内容

本篇资料通过对一定时期全社会建造和购置固定资产活动的数量方面的描述，反映报告期内固定资产投资的规模和速度、固定资产投资的结构和比例关系、固定资产投资的资金来源及固定资产投资的效果等。

二、本篇资料的统计范围

固定资产投资统计的范围包括：城乡计划总投资50万元及以上建设项目投资（含房地产开发投资），农村农户固定资产投资。

三、本篇的资料来源

农户固定资产投资资料来自国家统计局江西调查总队；除此以外的固定资产投资统计资料均来自省统计局固定资产投资统计处统计调查。

四、本篇的统计调查方法

除农户固定资产投资统计采用抽样调查方法外，其他均为全面统计报表。

Brief Introduction

I. Main Contents

Statistics in this chapter describe activities on the construction and purchase of fixed assets of the whole country during a given period of time, and reflect the size, growth, structure, financing and results of the investment in fixed assets during the reference period.

II. Scope of Statistics

Statistics on the investment in fixed assets covers total investments of 500,000 yuan and above (include investments in real estate development) in capital construction projects in urban and rural areas, and investments in fixed assets by rural households.

III. Sources of Data

Data on investments in fixed assets by individuals in rural areas are provided by Survey Office of the National Bureau of Statistics of Jiangxi, other data on investments in fixed assets are from surveys conducted by the Department of Investment & Construction Statistics of Jiangxi Provincial Bureau of Statistics.

IV. Methodology of Data Collection

All data on investments in fixed assets are collected by the system of reporting form with complete enumeration, except data on individual investments in fixed assets in rural areas, which are collected through sample surveys.

4-1 全社会固定资产投资

Total Investment in Fixed Assets in the Whole Country

年 份 Year	全社会固定资产投资 Total Investment in Fixed Assets in the Whole Country		#房地产开发投资 Investment in Real Estate Development	
	绝对数 (万元) Absolute Figures (10000 yuan)	发展速度 (上年=100) Development Speed (preceding year=100)	绝对数 (万元) Absolute Figures (10000 yuan)	发展速度 (上年=100) Development Speed (preceding year=100)
1978	81316	157.7		
1979	83995	103.3		
1980	188219	224.1		
1981	170858	90.8		
1982	244972	143.4		
1983	280948	114.7		
1984	352080	125.3		
1985	440279	125.1		
1986	533527	121.2		
1987	587729	110.2		
1988	781751	133.0		
1989	732849	93.7		
1990	706532	96.4	28782	
1991	910773	128.9	47957	166.6
1992	1253607	137.6	76487	159.5
1993	1855038	148.0	137036	179.2
1994	2374548	128.0	187480	136.8
1995	2841825	119.7	258631	138.0
1996	3558519	125.2	263962	102.1
1997	3843045	108.0	251323	95.2
1998	4547650	118.3	271234	107.9
1999	4914811	108.1	335876	123.8
2000	5482004	111.5	423705	126.1
2001	6604942	120.5	635195	149.9
2002	9246027	140.0	1036441	163.2
2003	13799696	149.3	1774707	171.2
2004	18196590	131.9	2660196	149.9
2005	21689712	126.0	3010982	113.2
2006	26835744	123.7	3459564	114.9
2007	33019427	123.0	4354573	125.9
2008	47454333	143.7	5476570	125.8
2009	66431422	140.0	6345238	115.9
2010	87722717	132.1	7068222	111.4

注：1.本篇章各表均不含跨省中央项目和计划总投资50万元以下项目等其他投资。
2.农村农户投资为抽样调查数。

a) Central project transprovincially and other investment of under 500,000 yuan project don't add up to the total.

b) Rural investment source in the sample census.

4-2 全社会固定资产投资
Total Investment in Fixed Assets in the Whole Country

指　　标	Item	2005	2009	2010
投资总额(万元)	**Total Investment(10000 yuan)**	**21689712**	**66431422**	**87722717**
#住宅	Residential Buildings	2981903	7897548	8766585
按登记注册类型分	Grouped by Status of Registration			
内　资	Domestic Funds	18861799	58256952	79477186
国　有	State-owned	8799374	17109855	20961101
集　体	Collective-owned	323737	792866	1228057
股份合作	Share Holding Cooperative	284675	584173	965304
联　营	Joint-owned	55997	166689	198206
有限责任公司	Limited Liability Corporations	3928847	15614015	24374071
股份有限公司	Share Holding Enterprises	1646233	5950732	6119802
私　营	Private	3370384	16758782	23777561
其他内资	Others	452552	1279840	1853084
港、澳、台投资	Funds from Hong Kong，Macao and Taiwan	851464	2224828	2315059
外商投资	Foreign Funded	589298	3046558	2258513
个体经营	Individuals	1387151	2903084	3671959
按构成分	Grouped by Use of Funds			
建筑工程	Construction	12919653	34678240	43621800
安装工程	Installation	1225682	5021529	8186545
设备、工器具购置	Purchase of Equipment and Instruments	4700289	17763002	23408043
其他费用	Others	2844088	8968651	12506329
按建设性质分	Grouped by Type of Construction			
#新　建	New Construction	14083625	44491991	58726318
扩　建	Expansion	3854490	8213763	10306472
改建和技术改造	Reconstruction and Technical Rennovation	2989139	9809421	13434021
按产业分	Grouped by Industry			
第一产业	Primary Industry	718428	2301817	2507025
第二产业	Secondary Industry	7873135	36551750	50463710
#工　业	Industry	7799016	36343538	50030406
第三产业	Tertiary Industry	13098149	27577855	34751982

4-2 续表 continued

指 标	Item	2005	2009	2010
按行业分	Grouped by Sector			
农、林、牧、渔业	Farming, Forestry, Animal Husbandy and Fishery	718428	2301817	2507025
采矿业	Mining	445915	1757248	2648313
制造业	Manufacturing	6046162	31453977	44342871
电力、燃气及水的生产和供应业	Production and Supply of Electricity Gas and Water	1306939	3132313	3039221
建筑业	Construction	74119	208212	433305
交通运输、仓储和邮政业	Transport, Storage and Post Services	2940229	3810429	4887095
信息传输、计算机服务和软件业	Information Transmission, Computer Services and Software	695047	505420	664123
批发和零售业	Wholesale and Retail Trade	424433	1709560	2066588
住宿和餐饮业	Hotel and Catering Services	343996	1617233	2121116
金融业	Financial Intermediation	31569	217245	263532
房地产业	Real Estate	4024152	9251049	10946558
租赁和商务服务业	Leasing and Business Services	103658	579537	831308
科学研究、技术服务和地质勘查业	Scientific Reseach, Ploytechnic Services and Geological Prospecting	48915	278063	438812
水利、环境和公共设施管理业	Management of Water Conservancy, Environment and Public Facilities	2410248	5904064	8395886
居民服务和其他服务业	Services to Households and Other Services	27232	345439	548514
教 育	Education	856336	1116474	1121651
卫生、社会保障和社会福利业	Health Care, Social Security and Social Welfare	268741	531384	583889
文化、体育和娱乐业	Culture, Sports and Entertainment	211833	741635	843648
公共管理和社会组织	Public Management and Social Organizations	711759	970323	1039262
按城乡分	Grouped by Urban and Rural Areas			
城镇	Urban Area	19026581	60081185	78569409
#房地产开发	Real Estate Development	3010982	6345238	7068222
农村	Rural Area	2663131	6350237	9153308
非农户	Non-farm Households	1442071	3840087	6100511
农 户	Farm Households	1221060	2510150	3052797
资金来源合计(万元)	**Total Source of Funds(10000 yuan)**	**23295863**	**79136463**	**105678703**
上年末结余资金	Balance at last Year-end	904883	2861744	6348030
本年资金来源小计	Subtotal Sources of Funds This Year	22390980	76274719	99330673
国家预算内资金	State Budget	1257696	4543334	4723577
国内贷款	Domestic Loans	3052771	6969518	10592703
债券	Bonds	22714	9062	13955
利用外资	Foreign Investment	935337	1848335	1915712
自筹资金	Self-raising Funds	13865862	53590791	72124284
其他资金	Others	3256600	9313679	9960441
新增固定资产(万元)	**Newly Increased Fixed Assets(10000 yuan)**	**11990275**	**44866875**	**62043025**
施工房屋建筑面积(万平方米)	**Floor Space of Buildings under Construction(10000 sq.m)**	**11607.81**	**21250.06**	**23932.67**
#住宅	Residential Buildings	6864.51	12457.71	13578.81
竣工房屋建筑面积(万平方米)	**Floor Space of Buildings Completed(10000 sq.m)**	**5654.61**	**8917.26**	**9609.86**
#住宅	Residential Buildings	3646.36	5596.09	6016.13

4-3 全社会固定资产投资构成
Composition of Total Investments in Fixed Assets

单位：% (%)

指标	Item	2005	2009	2010
全社会固定资产投资	**Total Investment in Fixed Assets in the Whole Country**	**100.0**	**100.0**	**100.0**
#住宅	Residential Buildings	13.7	11.9	10.0
按登记注册类型分	Grouped by Status of Registration			
内　资	Domestic Funds	87.0	87.7	90.6
国　有	State-owned	40.6	25.8	23.9
集　体	Collective-owned	1.5	1.2	1.4
股份合作	Share Holding Cooperative	1.3	0.9	1.1
联　营	Joint-owned	0.3	0.2	0.2
有限责任公司	Limited Liability Corporations	18.1	23.5	27.8
股份有限公司	Share Holding Enterprises	7.6	9.0	7.0
私　营	Private	15.5	25.2	27.1
其他内资	Others	2.1	1.9	2.1
港、澳、台投资	Funds from Hong Kong，Macao and Taiwan	3.9	3.3	2.6
外商投资	Foreign Funded	2.7	4.6	2.6
个体经营	Individuals	6.4	4.4	4.2
按构成分	Grouped by Use of Funds			
建筑工程	Construction	59.6	52.2	49.7
安装工程	Installation	5.6	7.6	9.3
设备、工器具购置	Purchase of Equipment and Instruments	21.7	26.7	26.7
其他费用	Others	13.1	13.5	14.3
按建设性质分	Grouped by Type of Construction			
#新　建	New Construction	64.9	67.0	66.9
扩　建	Expansion	17.8	12.4	11.7
改建和技术改造	Reconstruction and Technical Rennovation	13.8	14.8	15.3
按产业分	Grouped by Industry			
第一产业	Primary Industry	3.3	3.5	2.9
第二产业	Secondary Industry	36.3	55.0	57.5
#工　业	Industry	36.0	54.7	57.0
第三产业	Tertiary Industry	60.4	41.5	39.6
按行业分	Grouped by Sector			
农、林、牧、渔业	Farming, Forestry, Animal Husbandy and Fishery	3.3	3.5	2.9
采矿业	Mining	2.1	2.6	3.0
制造业	Manufacturing	27.9	47.4	50.5
电力、燃气及水的生产和供应业	Production and Supply of Electricity Gas and Water	6.0	4.7	3.5
建筑业	Construction	0.3	0.3	0.5
交通运输、仓储和邮政业	Transport, Storage and Post Services	13.6	5.7	5.6
信息传输、计算机服务和软件业	Information Transmission, Computer Services and Software	3.2	0.8	0.7
批发和零售业	Wholesale and Retail Trade	2.0	2.6	2.3
住宿和餐饮业	Hotel and Catering Services	1.6	2.4	2.4
金融业	Financial Intermediation	0.1	0.3	0.3
房地产业	Real Estate	18.6	13.9	12.5
租赁和商务服务业	Leasing and Business Services	0.5	0.9	0.9
科学研究、技术服务和地质勘查业	Scientific Reseach, Ploytechnic Services and Geological Prospecting	0.2	0.4	0.5
水利、环境和公共设施管理业	Management of Water Conservancy, Environment and Public Facilities	11.1	8.9	9.6
居民服务和其他服务业	Services to Households and Other Services	0.1	0.5	0.6
教　育	Education	3.9	1.7	1.3
卫生、社会保障和社会福利业	Health Care, Social Security and Welfare	1.2	0.8	0.7
文化、体育和娱乐业	Culture, Sports and Entertainment	1.0	1.1	1.0
公共管理和社会组织	Public Management and Social Organizations	3.3	1.5	1.2
按城乡分	Grouped by Urban and Rural Areas			
城镇	Urban Area	87.7	90.4	89.6
#房地产开发	Real Estate Development	13.9	9.6	10.5
农村	Rural Area	12.3	9.6	10.4
非农户	Non-farm Households	6.7	5.8	6.9
农　户	Farm Households	5.6	3.8	3.5

4-4 城镇固定资产投资

Investment in Fixed Assets in Urban Area

指标	Item	2005	2009	2010
投资总额(万元)	**Total Investment(10000 yuan)**	**19026581**	**60081185**	**78569409**
#住宅	Residential Buildings	2286930	5954865	6401293
按登记注册类型分	Grouped by Status of Registration			
内资	Domestic Funds	17497316	54591510	73575916
国有	State-owned	8269328	15782284	18895812
集体	Collective-owned	194634	493205	733396
股份合作	Share Holding Cooperative	247943	549278	914377
联营	Joint-owned	41552	143941	183976
有限责任公司	Limited Liability Corporations	3774044	15316729	23729133
股份有限公司	Share Holding Enterprises	1585085	5846274	5842825
私营	Private	3057027	15373839	21670719
其他内资	Others	327703	1085960	1605678
港、澳、台投资	Funds from Hong Kong，Macao and Taiwan	812885	2190184	2282597
外商投资	Foreign Funded	581883	3016752	2198313
个体经营	Individuals	134497	282739	512583
按构成分	Grouped by Use of Funds			
建筑工程	Construction	11294658	30322971	37708467
安装工程	Installation	1144667	4798031	7550440
设备、工器具购置	Purchase of Equipment and Instruments	4072613	16725698	21913274
其他费用	Others	2514643	8234485	11397228
按建设性质分	Grouped by Type of Construction			
#新建	New Construction	11836477	39602273	51769770
扩建	Expansion	3730183	7693552	9443456
改建和技术改造	Reconstruction and Technical Rennovation	2743235	8971193	12271191
按产业分	Grouped by Industry			
第一产业	Primary Industry	192640	1111177	1168733
第二产业	Secondary Industry	7290756	35046291	47736731
#工业	Industry	7253727	34905556	47391794
第三产业	Tertiary Industry	11543185	23923717	29663945
资金来源合计(万元)	**Total Source of Funds(10000 yuan)**	**20610214**	**72339200**	**95997103**
上年末结余资金	Balance at last Year-end	900370	2798264	6154291
本年资金来源小计	Subtotal Sources of Funds This Year	19709844	69540936	89842812
国家预算内资金	State Budget	1127813	3986814	4183446
国内贷款	Domestic Loans	2877186	6730323	10216662
债券	Bonds	22555	5620	13955
利用外资	Foreign Investment	875631	1797865	1834834
自筹资金	Self-raising Funds	11798167	48244307	64357876
其他资金	Others	3008492	8776007	9236039
新增固定资产(万元)	**Newly Increased Fixed Assets(10000 yuan)**	**9778309**	**39755858**	**54604528**
施工房屋建筑面积(万平方米)	**Floor Space of Buildings under Construction(10000 sq.m)**	**8481.54**	**14751.19**	**16318.74**
#住宅	Residential Buildings	4174.05	7022.04	7290.61
竣工房屋建筑面积(万平方米)	**Floor Space of Buildings Completed(10000 sq.m)**	**3288.36**	**4597.96**	**5029.00**
#住宅	Residential Buildings	1566.61	1814.48	1912.37

4-5 城镇固定资产投资构成

Composition of Investment in Fixed Assets in Urban Area

单位：% (%)

指标	Item	2005	2009	2010
投资总额	**Total Investment**	**100.0**	**100.0**	**100.0**
#住宅	Residential Buildings	12.0	9.9	8.1
按登记注册类型分	Grouped by Status of Registration			
内 资	Domestic Funds	92.0	90.9	93.6
国 有	State-owned	43.5	26.3	24.0
集 体	Collective-owned	1.0	0.8	0.9
股份合作	Share Holding Cooperative	1.3	0.9	1.2
联 营	Joint-owned	0.2	0.2	0.2
有限责任公司	Limited Liability Corporations	19.9	25.5	30.2
股份有限公司	Share Holding Enterprises	8.3	9.7	7.4
私 营	Private	16.1	25.6	27.6
其他内资	Others	1.7	1.8	2.0
港、澳、台投资	Funds from Hong Kong，Macao and Taiwan	4.3	3.6	2.9
外商投资	Foreign Funded	3.0	5.0	2.8
个体经营	Individuals	0.7	0.5	0.7
按构成分	Grouped by Use of Funds			
建筑工程	Construction	59.4	50.5	48.0
安装工程	Installation	6.0	8.0	9.6
设备、工器具购置	Purchase of Equipment and Instruments	21.4	27.8	27.9
其他费用	Others	13.2	13.7	14.5
按建设性质分	Grouped by Type of Construction			
#新 建	New Construction	62.2	65.9	65.9
扩 建	Expansion	19.6	12.8	12.0
改建和技术改造	Reconstruction and Technical Rennovation	14.4	14.9	15.6
按产业分	Grouped by Industry			
第一产业	Primary Industry	1.0	1.9	1.5
第二产业	Secondary Industry	38.3	58.3	60.8
#工 业	Industry	38.1	58.1	60.3
第三产业	Tertiary Industry	60.7	39.8	37.7

4-6 分行业城镇固定资产投资
Investment in Fixed Assets in Urban Area by Sector

单位：万元 (10000 yuan)

行　　业	Sector	2005	2009	2010
总　计	**Total**	**19026581**	**60081185**	**78569409**
农、林、牧、渔业	**Agriculture, Forestry, Animal Husbandry and Fishery**	**192640**	**1111177**	**1168733**
采矿业	**Mining**	**323527**	**1428517**	**1923277**
#煤炭开采和洗选业	Mining and Washing of Coal	93675	414185	377870
黑色金属矿采选业	Mining and Processing of Ferrous Metal Ores	56569	213596	466356
有色金属矿采选业	Mining and Processing of Non-Ferrous Metal Ores	90044	442317	518419
非金属矿采选业	Mining and Processing of Nonmetal Ores	83239	342359	546382
制造业	**Manufacturing**	**5721050**	**30508532**	**42656946**
#石油加工、炼焦加工业	Processing of Petroleum, Coking	119265	345535	151746
非金属矿物制品业	Manufacture of Non-metallic Mineral Products	688539	4329097	5779948
黑色金属冶炼及压延加工业	Smelting and Pressing of Ferrous Metals	290629	967105	1107873
有色金属冶炼及压延加工业	Smelting and Pressing of Non-ferrous Metals	339906	2422579	3232071
通信设备、计算机及其他电子设备制造业	Manufacture of Communication Equipment, Computers and Other Electronic Equipment	203168	1811712	2401937
电力燃气水的生产供应业	**Production and Supply of Electricity, Gas and Water**	**1209150**	**2968507**	**2811571**
#电力、热力的生产和供应业	Production and Supply of Electric Power and Heat Power	1064638	1953628	1905836
水的生产和供应业	Production and Supply of Water	89254	728720	530988
建筑业	**Construction**	**37029**	**140735**	**344937**
交通运输、仓储和邮政业	**Transport, Storage and Post**	**2550004**	**3338729**	**4210252**
#铁路运输业	Railway Transport	238251	394366	195190
道路运输业	Road Transport	2213925	2413620	2897125
城市公共交通业	Urban Public Transport	36643	61109	352756
邮政业	Post	13487	29441	8161
信息传输、计算机服务和软件业	**Information Transmission, Computer Services and Software**	**664204**	**492150**	**627910**
#电信和其他信息传输服务业	Telecommunications and Other Information Transmission Services	624141	418958	343714
批发和零售业	**Wholesale and Retail Trades**	**357008**	**1610314**	**1943337**
住宿和餐饮业	**Hotels and Catering Services**	**332180**	**1535614**	**2015098**
金融业	**Financial Intermediation**	**31232**	**216838**	**258252**
房地产业	**Real Estate**	**3224560**	**7418459**	**8664045**
租赁和商务服务业	**Leasing and Business Services**	**97772**	**549606**	**763274**
科学研究、技术服务和地质勘查业	**Scientific Research, Ploytechnic Services and Geological Prospecting**	**39715**	**272363**	**438512**
水利、环境和公共设施管理业	**Management of Water Conservancy, Environment and Public Facilities**	**2324675**	**5254620**	**7242238**
水利管理业	Management of Water Conservancy	290286	465024	406163
环境管理业	Environmental Management	161440	358464	430611
公共设施管理业	Management of Public Facilities	1872949	4431132	6405464
居民服务和其他服务业	**Services to Households and Other Services**	**22189**	**150786**	**285950**
教育	**Education**	**780649**	**1077833**	**1077165**
卫生、社会保障和社会福利业	**Health, Social Security and Social Welfare**	**244788**	**491779**	**512881**
#卫生	Health	207643	446332	478016
文化、体育和娱乐业	**Culture, Sports and Entertainment**	**202425**	**720219**	**778059**
公共管理和社会组织	**Public Management and Social Organization**	**681784**	**794407**	**846972**

4-7 按行业和登记注册类型分城镇固定资产投资（2010年）

单位：万元

行业	Sector	合计 Total	内资 Domestic Funds	国有 State-owned
总 计	**Total**	**78569409**	**73575916**	**18895812**
农、林、牧、渔业	**Agriculture, Forestry, Animal Husbandry and Fishery**	**1168733**	**1130142**	**447707**
农业	Farming	336085	333085	67731
林业	Forestry	276532	271141	193218
畜牧业	Animal Husbandry	251342	226122	18839
渔业	Fishery	82631	79851	21196
农、林、牧、渔服务业	Services in Support of Agriculture	222143	219943	146723
采矿业	**Mining**	**1923277**	**1797305**	**354976**
#煤炭开采和洗选业	Mining and Washing of Coal	377870	342060	10000
黑色金属矿采选业	Mining and Processing of Ferrous Metal Ores	466356	400105	
有色金属矿采选业	Mining and Processing of Non-Ferrous Metal Ores	518419	518419	317092
非金属矿采选业	Mining and Processing of Nonmetal Ores	546382	522471	27884
制造业	**Manufacturing**	**42656946**	**39412400**	**2086962**
农副食品加工业	Processing of Food from Agricultural Products	1832442	1681891	98671
食品制造业	Manufacture of Foods	988567	909951	54400
饮料制造业	Manufacture of Beverages	528952	454201	14736
烟草制品业	Manufacture of Tobacco	28301	26801	912
纺织业	Manufacture of Textile	1499759	1343092	7202
纺织服装、鞋、帽制造业	Manufacture of Textile Wearing Apparel, Footware and Caps	2167527	1945027	46848
皮革毛皮羽毛(绒)及其制品业	Manufacture of Leather, Fur, Feather and Related Products	808776	687465	
木材加工及木竹藤棕草制品业	Processing of Timber, Manufacture of Wood, Bamboo, Rattan,Palm and Straw Products	716592	695765	19800
家具制造业	Manufacture of Furniture	651241	645230	14172
造纸及纸制品业	Manufacture of Paper and Paper Products	590209	555134	2350
印刷业和记录媒介的复制	Printing, Reproduction of Recording Media	702527	669865	95548
文教体育用品制造业	Manufacture of Articles For Culture, Education and Sport Activities	233371	187175	
石油加工、炼焦加工业	Processing of Petroleum, Coking	151746	151746	7127
化学原料及化学制品制造业	Manufacture of Raw Chemical Materials and Chemical Products	3898222	3756024	45770
医药制造业	Manufacture of Medicines	1485765	1410206	13900
化学纤维制造业	Manufacture of Chemical Fibers	31596	28958	
橡胶制品业	Manufacture of Rubber	226761	195656	
塑料制品业	Manufacture of Plastics	979275	896390	2987
非金属矿物制品业	Manufacture of Non-metallic Mineral Products	5779948	5426646	289794
黑色金属冶炼及压延加工业	Smelting and Pressing of Ferrous Metals	1107873	1102243	74751
有色金属冶炼及压延加工业	Smelting and Pressing of Non-ferrous Metals	3232071	3009669	466560
金属制品业	Manufacture of Metal Products	1902969	1868401	16518
通用设备制造业	Manufacture of General Purpose Machinery	1452440	1401829	48121
专用设备制造业	Manufacture of Special Purpose Machinery	1259501	1212432	49468
交通运输设备制造业	Manufacture of Transport Equipment	1904548	1852354	431889
电气机械及器材制造业	Manufacture of Electrical Machinery and Equipment	4734812	4012346	104117
通信设备、计算机及其他电子设备制造业	Manufacture of Communication Equipment, Computers and Other Electronic Equipment	2401937	1982350	15844
仪器仪表及文化、办公用机械制造业	Manufacture of Measuring Instruments and Machinery for Cultural Activity and Office Work	280336	262122	
工艺品及其他制造业	Manufacture of Artwork and Other Manufacturing	749992	727341	129177
废弃资源和废旧材料回收加工业	Recycling and Disposal of Waste	328890	314090	36300
电力、燃气及水的生产和供应业	**Production and Supply of Electricity, Gas and Water**	**2811571**	**2660765**	**1791173**
电力、热力的生产和供应业	Production and Supply of Electric Power and Heat Power	1905836	1796589	1356558
燃气生产和供应业	Production and Supply of Gas	374747	357817	120765
水的生产和供应业	Production and Supply of Water	530988	506359	313850
建筑业	**Construction**	**344937**	**331877**	**28488**
房屋和土木工程建筑业	Construction of Buildings and Civil Engineering	202945	202945	18764
建筑安装业	Building Installation	35534	35534	4625
建筑装饰业	Building Decoration	61079	52619	2419
其他建筑业	Other Construction	45379	40779	2680
交通运输、仓储和邮政业	**Transport, Storage and Post**	**4210252**	**4173172**	**2899400**
铁路运输业	Railway Transport	195190	195190	157300
道路运输业	Road Transport	2897125	2886202	2405701
城市公共交通业	Urban Public Transport	352756	352756	22586
水上运输业	Water Transport	56422	56422	24562

Investment in Fixed Assets in Urban Area by Sector and Registration Status (2010)

(10000 yuan)

集 体 Collective-owned	股份合作 Share Holding Cooperative	联 营 Joint-owned	有限责任公司 Limited Liability Corporations	股份有限公司 Share Holding Enterprises	私 营 Private	其 他 Others	港澳台商投资 Funds from Hong Kong, Macao and Taiwan	外商投资 Foreign Funded	个体经营 Individuals
733396	**914377**	**183976**	**23729133**	**5842825**	**21670719**	**1605678**	**2282597**	**2198313**	**512583**
26612	**12900**	**5500**	**197834**	**24180**	**332908**	**82501**	**13360**	**12951**	**12280**
6600	3000		90003	10660	120157	34934	3000		
2600			15938		46835	12550		3391	2000
3110		5500	58843	12670	111778	15382	8160	9560	7500
			23600		22016	13039			2780
14302	9900		9450	850	32122	6596	2200		
11350	**13186**	**8300**	**313845**	**86295**	**976483**	**32870**	**66251**	**8400**	**51321**
9350			42024	30101	247315	3270			35810
			88110	7054	302941	2000	66251		
	9500	8300	89585	31500	62432	10			
2000	3686		82946	17640	360725	27590		8400	15511
73890	**640851**	**46115**	**16576070**	**3893584**	**15265908**	**829020**	**1459478**	**1658370**	**126698**
16156	11134		568595	169456	770201	47678	82970	62954	4627
5208	4567		387940	36782	420799	255	33043	31053	14520
	39344	300	218429	30832	146340	4220	25790	48961	
			5500	20389			1500		
	36499	3600	696644	152069	425193	21885	101886	54521	260
3315	8018		806666	102882	955147	22151	129273	90347	2880
1000			240947	22030	417488	6000	70858	45543	4910
2876	22190		264237	59430	308174	19058	6637	4920	9270
			330279	12620	268159	20000		3000	3011
			275955	79109	194380	3340	33675	1400	
	5000	5942	255684	56156	248645	2890	26209	1253	5200
874			87724	29400	64302	4875	39405	6791	
			52866	19943	71810				
2327	96417		941194	724053	1810930	135333	31230	87168	23800
	9687		623769	99595	627009	36246	22585	52474	500
			19436	3848	5674		2638		
	3559		76809	33131	71526	10631	15977	15128	
800	3500		321921	170495	377834	18853	51580	26405	4900
5659	113893	13552	2395702	615448	1894052	98546	216363	122429	14510
	29393		657093	236116	104890		1600	4030	
	16266	2860	826138	238840	1374947	84058	148750	62912	10740
	1141	5990	877410	70158	826899	70285	9995	16703	7870
9491	11870	1260	675148	65857	535626	54456	8208	42028	375
5300	1350	776	500658	132372	497015	25493	26013	18556	2500
10649		3603	656273	148383	541101	60456	12671	31873	7650
3350	173800	5000	2249019	316487	1112236	48337	68024	648642	5800
2385	39936		889681	176935	840475	17094	265890	153127	570
			134338	30618	92117	5049	14938	3276	
4500	13287	3232	328757	26780	210298	11310	3170	16676	2805
			211258	13370	52641	521	8600	6200	
23002	**9200**	**15134**	**471415**	**178042**	**119920**	**52879**	**33876**	**116930**	
16170	5000	2600	228060	124051	36916	27234		109247	
560	4200		138373	30321	48298	15300	12400	4530	
6272		12534	104982	23670	34706	10345	21476	3153	
8405	**13164**	**33364**	**140540**	**24599**	**73526**	**9791**	**9400**		**3660**
4340	7907	33364	92020	12103	27695	6752			
1780	5257		7863	2680	13070	259			
			19015	5476	22929	2780	4800		3660
2285			21642	4340	9832		4600		
40367	**5111**	**5003**	**835324**	**213359**	**150468**	**24140**	**3592**	**19603**	**13885**
90			3100	34700					
8597	5111	2023	214212	153559	74700	22299	1980	8943	
3020			323640	920	2590				
			15170	6460	10230				

4-7 续表

单位：万元

行业	Sector	合计 Total	内资 Domestic Funds	国有 State-owned
航空运输业	Air Transport	175385	175385	170541
管道运输业	Transport Via Pipelines	129218	129218	1900
装卸搬运和其他运输服务业	Loading, Unloading and Other Transport Services	104233	80188	19247
仓储业	Storage	291762	289650	89402
邮政业	Post	8161	8161	8161
信息传输、计算机服务和软件业	**Information Transmission, Computer Services and Software**	**627910**	**500565**	**137464**
电信和其他信息传输服务业	Telecommunications and Other Information Transmission Services	343714	240397	133951
计算机服务业	Computer Services	150456	132839	1713
软件业	Software	133740	127329	1800
批发和零售业	**Wholesale and Retail Trades**	**1943337**	**1825020**	**126129**
批发业	Wholesale Trade	877970	856942	54478
零售业	Retail Trade	1065367	968078	71651
住宿和餐饮业	**Hotels and Catering Services**	**2015098**	**1825855**	**348173**
住宿业	Hotels	1379265	1262505	329464
餐饮业	Catering Services	635833	563350	18709
金融业	**Financial Intermediation**	**258252**	**251618**	**146706**
银行业	Bank	149744	147372	104074
证券业	Security Activities	9981	9981	
保险业	Insurance	17480	17480	4170
其他金融活动	Other Financial Activities	81047	76785	38462
房地产业	**Real Estate**	**8664045**	**7940629**	**1463003**
租赁和商务服务业	**Leasing and Business Services**	**763274**	**693624**	**138297**
租赁业	Leasing	87521	84721	
商务服务业	Business Services	675753	608903	138297
科学研究、技术服务和地质勘查业	**Scientific Reseach, Ploytechnic Services and Geological Prospecting**	**438512**	**436281**	**241833**
研究与试验发展	Research and Experimental Development	217900	217900	199161
专业技术服务业	Professional Technical Services	141853	140512	30761
科技交流和推广服务业	Services of Science and Technology Exchanges and Promotion	71533	70643	4685
地质勘查业	Geologic Prospecting	7226	7226	7226
水利、环境和公共设施管理业	**Management of Water Conservancy, Environment and Public Facilities**	**7242238**	**7207238**	**6345786**
水利管理业	Management of Water Conservancy	406163	406163	394243
环境管理业	Environmental Management	430611	430611	368588
公共设施管理业	Management of Public Facilities	6405464	6370464	5582955
居民服务和其他服务业	**Services to Households and Other Services**	**285950**	**259664**	**15296**
居民服务业	Services to Households	173460	155114	12668
其他服务业	Other Services	112490	104550	2628
教　育	**Education**	**1077165**	**1064601**	**832429**
卫生、社会保障和社会福利业	**Health, Social Security and Social Welfare**	**512881**	**506177**	**404714**
卫　生	Health	478016	471312	375949
社会保障业	Social Security	3785	3785	2521
社会福利业	Social Welfare	31080	31080	26244
文化、体育和娱乐业	**Culture, Sports and Entertainment**	**778059**	**712311**	**380916**
新闻出版业	Journalism and Publishing Activities	22449	22449	16129
广播、电视、电影和音像业	Broadcasting, Movies, Television and Audiovisual Activities	36735	36735	10964
文化艺术业	Cultural and Art Activities	213564	208234	150200
体　育	Sports Activities	133802	131642	131542
娱乐业	Entertainment	371509	313251	72081
公共管理和社会组织	**Public Management and Social Organization**	**846972**	**846672**	**706360**
#中国共产党机关	Organs of Communist Party of China	18757	18757	18757
国家机构	Government Agencies	744882	744882	678818
群众团体、社会团体和宗教组织	Non-Governmental Organizations, Social Organizations and Religion Organizations	8876	8576	6485
基层群众自治组织	Grass Roots Self-governing Organizations	74457	74457	2300

continued

(10000 yuan)

集 体 Collective-owned	股份合作 Share Holding Cooperative	联 营 Joint-owned	有限责任公司 Limited Liability Corporations	股份有限公司 Share Holding Enterprises	私 营 Private	其 他 Others	港澳台商投资 Funds from Hong Kong, Macao and Taiwan	外商投资 Foreign Funded	个体经营 Individuals
		2980	1864						
			127318						
3760			35226	2200	18754	1001		10660	13385
24900			114794	15520	44194	840	1612		500
960	**2893**	**1881**	**182417**	**68103**	**88492**	**18355**	**39909**	**74689**	**12747**
	2893		28141	48108	18758	8546	39217	62500	1600
960			76818	8276	36146	8926		6470	11147
		1881	77458	11719	33588	883	692	5719	
33541	**30565**	**14029**	**531484**	**162810**	**814670**	**111792**	**14004**	**15243**	**89070**
11441	25559	6000	289857	61238	350861	57508	2683	3575	14770
22100	5006	8029	241627	101572	463809	54284	11321	11668	74300
35095	**35685**	**4000**	**363920**	**146033**	**873390**	**19559**	**32289**	**44289**	**112665**
17549	32495	4000	293430	83324	484179	18064	32289	40146	44325
17546	3190		70490	62709	389211	1495		4143	68340
4615	**13896**		**31187**	**29638**	**13910**	**11666**	**2590**	**1282**	**2762**
2115	5358		10387	17068	2370	6000	1390	982	
			3481	5900	600				
	5660		2750	3920	980				
2500	2878		14569	2750	9960	5666	1200	300	2762
199827	**31746**	**10683**	**3138505**	**792883**	**2156816**	**147166**	**552561**	**160845**	**10010**
33767	**5161**		**219493**	**66234**	**183082**	**47590**	**22380**	**43080**	**4190**
			36230	7954	34155	6382		2800	
33767	5161		183263	58280	148927	41208	22380	40280	4190
3500			**84503**	**12081**	**76973**	**17391**		**890**	**1341**
			8999		1870	7870			
700			33562	10813	58085	6591			1341
2800			41942	1268	17018	2930		890	
149247	**25555**	**28302**	**339613**	**113178**	**112162**	**93395**	**2000**	**26200**	**6800**
5810			20		5560	530			
11251	2850		9360	13867	9900	14795			
132186	22705	28302	330233	99311	96702	78070	2000	26200	6800
19700	**60560**		**51273**	**2655**	**102832**	**7348**			**26286**
4700	60210		15621		57579	4336			18346
15000	350		35652	2655	45253	3012			7940
10130	**10300**	**9165**	**24533**	**2667**	**128609**	**46768**	**3020**	**1400**	**8144**
12685	**784**		**19978**	**5503**	**54497**	**8016**	**1500**		**5204**
8849	784		19978	5136	53497	7119	1500		5204
				367		897			
3836					1000				
16973	**2820**		**180787**	**18183**	**108210**	**4422**	**26387**	**13841**	**25520**
			5320		1000				
			19267	1436	4198	870			
3020			33925	5990	14209	890	5330		
					100				2160
13953	2820		122275	10757	88703	2662	21057	13841	23360
29730		**2500**	**26412**	**2798**	**37863**	**41009**		**300**	
9005			23562	483	50	32964			
					243	1848		300	
20725		2500	2850	2315	37570	6197			

4-8 按资金来源分城镇固定资产投资（2010年）

单位：万元

行业	Sector	资金来源合计 Total Source of Funds	上年末结余资金 Balance of Funds Forward Brought from the Previous Year	本年资金来源小计 Subtotal Sources of Funds This Year
总计	**Total**	**95997103**	**6154291**	**89842812**
按行业分	**By sector**			
农、林、牧、渔业	Farming, Forestry, Animal Husbandy and Fishery	1415734	95503	1320231
采矿业	Mining	1983375	56686	1926689
制造业	Manufacturing	46576013	1267416	45308597
电力、燃气及水的生产和供应业	Production and Supply of Electricity Gas and Water	3380025	207344	3172681
建筑业	Construction	351956	1490	350466
交通运输、仓储和邮政业	Transport, Storage and Post Services	7502369	603430	6898939
信息传输、计算机服务和软件业	Information Transmission, Computer Software and Services	687980	52653	635327
批发和零售业	Wholesale and Retail Trade	2192451	32210	2160241
住宿和餐饮业	Hotel and Catering Services	2296611	36013	2260598
金融业	Financial Intermediation	319905	2700	317205
房地产业	Real Estate	14916524	3026865	11889659
租赁和商务服务业	Leasing and Business Services	812741	113383	699358
科学研究、技术服务和地质勘查业	Scientific Reseach, Ploytechnic Services and Geological Prospecting	487416	55358	432058
水利、环境和公共设施	Management of Water Conservancy, Environment	8447803	357895	8089908
居民服务和其他服务业	Services to Households and Other Services	579507	7891	571616
教育	Education	1319333	111763	1207570
卫生、社会保障和社会福利业	Health Care, Social Security and Social Welfare	590371	50689	539682
文化、体育和娱乐业	Culture, Sports and Entertainment	1093751	46566	1047185
公共管理和社会组织	Public Management and Social Organizations	1043238	28436	1014802
按地区分	**By Region**			
南昌市	Nanchang	22388283	2568136	19820147
景德镇市	Jingdezhen	4944449	170845	4773604
萍乡市	Pingxiang	6212696	114937	6097759
九江市	Jiujiang	12809121	466715	12342406
新余市	Xinyu	6573384	250607	6322777
鹰潭市	Yingtan	2059669	31197	2028472
赣州市	Ganzhou	7484245	375266	7108979
吉安市	Ji'an	7490098	322309	7167789
宜春市	Yichun	6245580	284076	5961504
抚州市	Fuzhou	6659184	300396	6358788
上饶市	Shangrao	8482696	967046	7515650
不分地区	Not Classified by Region	4647698	302761	4344937

Investment in Fixed Assets in Urban Area by Sources of Funds (2010)

(10000 yuan)

国家预算内资金 State Budget	国内贷款 Domestic Loans	债券 Bonds	利用外资 Foreign Investment	#外商直接投资 Foreign Direct Investment	自筹资金 Self-raising Funds	#企事业单位自有资金 Fund of Enterprises	其他资金 Others
4183446	**10216662**	**13955**	**1834834**	**1190999**	**64357876**	**18818544**	**9236039**
98536	76949				950722	200130	194024
	71589		63400	62000	1727531	451737	64169
179660	2568819	978	1573364	1042435	39131198	11452966	1854578
565667	587908		16324	10143	1908985	716462	93797
740	1050		9400	4800	300455	73582	38821
420577	3866635	4434	12500		2233415	610369	361378
3599	20082		1546		580283	175324	29817
11820	30916		3733	800	2001452	871935	112320
6380	11062		24526	23165	2163254	670832	55376
10475	20250		500		277400	90888	8580
311813	1618386	3658	31845	28979	5044513	1875285	4879444
9673	16010		5800	3000	593825	196430	74050
12827	52000		300		357318	53890	9613
1787628	1069993	4885	45504	13777	4087883	707775	1094015
3412					554116	92798	14088
234418	71111		5040	145	763402	159178	133599
107168	36459		3500		345775	98047	46780
123050	78150		36552	1755	720935	181949	88498
296003	19293		1000		615414	138967	83092
539322	2138972	108	347034	180329	14454397	4959369	2340314
255817	237215		114066	104400	3541303	1048471	625203
31065	158669		88278	87220	5668637	1629840	151110
982211	743902	1 800	231638	50936	9983125	2919691	399730
376124	682009		382361	231674	4371957	1565228	510326
48877	153510		11900		1603377	46251	210808
380514	828407	1815	235085	169493	4612215	1247295	1050943
545795	429533	8304	301124	276910	5336486	2345901	546547
134843	495845		75379	59687	4740329	1532698	515108
210098	197663		32612	16350	4387402	1050256	1531013
667051	589796	1928	15357	14000	5051076	473544	1190442
11729	3561141				607572		164495

4-9 按行业分城镇投资建设项目和新增固定资产（2010年）

Projects Investment Construction and Newly Increased Fixed Assets in Urban Area by Sector (2010)

行业	Sector	施工项目(个) Number of Projects under Construction (unit)	全部建成投产(个) Number of Projects Completed and Put into Use (unit)	新增固定资产(万元) Newly Increased Fixed Assets (10000 yuan)
总计	**Total**	**16450**	**11335**	**54604528**
农、林、牧、渔业	**Agriculture, Forestry, Animal Husbandry and Fishery**	**402**	**244**	**828292**
农业	Farming	117	68	226610
林业	Forestry	65	41	195539
畜牧业	Animal Husbandry	113	69	182018
渔业	Fishery	33	17	57627
农、林、牧、渔服务业	Services in Support of Agriculture	74	49	166498
采矿业	**Mining**	**313**	**241**	**1390084**
#煤炭开采和洗选业	Mining and Washing of Coal	80	63	343942
黑色金属矿采选业	Mining and Processing of Ferrous Metal Ores	51	47	447638
有色金属矿采选业	Mining and Processing of Non-Ferrous Metal Ores	61	38	199681
非金属矿采选业	Mining and Processing of Nonmetal Ores	116	91	394923
制造业	**Manufacturing**	**8152**	**5875**	**32716550**
农副食品加工业	Processing of Food from Agricultural Products	417	299	1169164
食品制造业	Manufacture of Foods	231	161	655447
饮料制造业	Manufacture of Beverages	110	62	329164
烟草制品业	Manufacture of Tobacco	5	1	4400
纺织业	Manufacture of Textile	302	229	1250314
纺织服装、鞋、帽制造业	Manufacture of Textile Wearing Apparel, Footware and Caps	569	430	1717584
皮革毛皮羽毛(绒)及其制品业	Manufacture of Leather, Fur, Feather and Related Products	196	153	651028
木材加工及木竹藤棕草制品业	Processing of Timber, Manufacture of Wood, Bamboo, Rattan, Palm and Straw Products	206	164	640460
家具制造业	Manufacture of Furniture	155	117	415573
造纸及纸制品业	Manufacture of Paper and Paper Products	146	114	482337
印刷业和记录媒介的复制	Printing, Reproduction of Recording Media	158	128	501808
文教体育用品制造业	Manufacture of Articles For Culture, Education and Sport Activities	71	52	168056
石油加工、炼焦加工业	Processing of Petroleum, Coking	27	20	121003
化学原料及化学制品制造业	Manufacture of Raw Chemical Materials and Chemical Products	679	482	2862705
医药制造业	Manufacture of Medicines	262	203	1005220
化学纤维制造业	Manufacture of Chemical Fibers	15	11	34804
橡胶制品业	Manufacture of Rubber	63	53	184082
塑料制品业	Manufacture of Plastics	244	167	711358
非金属矿物制品业	Manufacture of Non-metallic Mineral Products	992	706	4790970
黑色金属冶炼及压延加工业	Smelting and Pressing of Ferrous Metals	99	69	618433
有色金属冶炼及压延加工业	Smelting and Pressing of Non-ferrous Metals	407	261	1992422
金属制品业	Manufacture of Metal Products	392	292	1452612
通用设备制造业	Manufacture of General Purpose Machinery	363	286	1117298

4-9 续表1 continued

行 业	Sector	施工项目（个）Number of Projects under Construction (unit)	全部建成投产（个）Number of Projects Completed and Put into Use (unit)	新增固定资产（万元）Newly Increased Fixed Assets (10000 yuan)
专用设备制造业	Manufacture of Special Purpose Machinery	327	232	1048988
交通运输设备制造业	Manufacture of Transport Equipment	365	267	1569111
电气机械及器材制造业	Manufacture of Electrical Machinery and Equipment	683	473	3836063
通信设备、计算机及其他电子设备制造业	Manufacture of Communication Equipment, Computers and Other Electronic Equipment	368	235	1885836
仪器仪表及文化、办公用机械制造业	Manufacture of Measuring Instruments and Machinery for Cultural Activity and Office Work	86	59	247208
工艺品及其他制造业	Manufacture of Artwork and Other Manufacturing	170	121	1051449
废弃资源和废旧材料回收加工业	Recycling and Disposal of Waste	44	28	201653
电力、燃气及水的生产和供应业	**Production and Supply of Electricity, Gas and Water**	**512**	**373**	**1749618**
电力、热力的生产和供应业	Production and Supply of Electric Power and Heat Power	237	169	817866
燃气生产和供应业	Production and Supply of Gas	78	54	388701
水的生产和供应业	Production and Supply of Water	197	150	543051
建筑业	**Construction**	**85**	**75**	**221746**
房屋和土木工程建筑业	Construction of Buildings and Civil Engineering	30	25	99651
建筑安装业	Building Installation	8	6	33273
建筑装饰业	Building Decoration	29	28	52594
其他建筑业	Other Construction	18	16	36228
交通运输、仓储和邮政业	**Transport, Storage and Post**	**631**	**345**	**2005081**
铁路运输业	Railway Transport	9	3	13100
道路运输业	Road Transport	475	257	1631571
城市公共交通业	Urban Public Transport	13	1	8275
水上运输业	Water Transport	17	8	49290
航空运输业	Air Transport	4	2	6180
管道运输业	Transport Via Pipelines	3	2	7430
装卸搬运和其他运输服务业	Loading, Unloading and Other Transport Services	29	19	70481
仓储业	Storage	77	49	210593
邮政业	Post	4	4	8161
信息传输、计算机服务和软件业	**Information Transmission, Computer Services and Software**	**219**	**138**	**411816**
电信和其他信息传输服务业	Telecommunications and Other Information Transmission Services	85	64	254250
计算机服务业	Computer Services	68	47	93953
软件业	Software	66	27	63613
批发和零售业	**Wholesale and Retail Trades**	**814**	**695**	**1646113**
批发业	Wholesale Trade	337	289	763986
零售业	Retail Trade	477	406	882127
住宿和餐饮业	**Hotels and Catering Services**	**689**	**571**	**1635145**
住宿业	Hotels	375	289	1071241
餐饮业	Catering Services	314	282	563904
金融业	**Financial Intermediation**	**93**	**72**	**134859**

4-9 续表2 continued

行 业	Sector	施工项目（个）Number of Projects under Construction (unit)	全部建成投产（个）Number of Projects Completed and Put into Use (unit)	新 增 固定资产（万元）Newly Increased Fixed Assets (10000 yuan)
银行业	Bank	57	41	72989
证券业	Security Activities	7	7	9612
保险业	Insurance	7	7	17480
其他金融活动	Other Financial Activities	22	17	34778
房地产业	**Real Estate**	**371**	**200**	**4864194**
租赁和商务服务业	**Leasing and Business Services**	**240**	**194**	**473247**
租赁业	Leasing	21	19	89836
商务服务业	Business Services	219	175	383411
科学研究、技术服务和地质勘查业	**Scientific Research, Ploytechnic Services and Geological Prospecting**	**124**	**90**	**411584**
研究与试验发展	Research and Experimental Development	17	10	231746
专业技术服务业	Professional Technical Services	74	51	118693
科技交流和推广服务业	Services of Science and Technology Exchanges and Promotion	29	25	53884
地质勘查业	Geologic Prospecting	4	4	7261
水利、环境和公共设施管理业	**Management of Water Conservancy, Environment and Public Facilities**	**2116**	**1128**	**3816749**
水利管理业	Management of Water Conservancy	199	128	293563
环境管理业	Environmental Management	130	79	232852
公共设施管理业	Management of Public Facilities	1787	921	3290334
居民服务和其他服务业	**Services to Households and Other Services**	**136**	**107**	**206231**
居民服务业	Services to Households	75	61	118033
其他服务业	Other Services	61	46	88198
教 育	**Education**	**602**	**380**	**770953**
卫生、社会保障和社会福利业	**Health, Social Security and Social Welfare**	**268**	**165**	**428429**
卫 生	Health	231	138	399911
社会保障业	Social Security	4	3	4248
社会福利业	Social Welfare	33	24	24270
文化、体育和娱乐业	**Culture, Sports and Entertainment**	**253**	**168**	**405888**
新闻出版业	Journalism and Publishing Activities	8	5	11282
广播、电视、电影和音像业	Broadcasting, Movies, Television and Audiovisual Activities	15	9	34483
文化艺术业	Cultural and Art Activities	88	52	107418
体 育	Sports Activities	27	14	50601
娱乐业	Entertainment	115	88	202104
公共管理和社会组织	**Public Management and Social Organization**	**430**	**274**	**487949**
#中国共产党机关	Organs of Communist Party of China	4	3	9413
国家机构	Government Agencies	387	241	436768
群众团体、社会团体和宗教组织	Non-Governmental Organizations, Social Organizations and Religion Organizations	9	5	2320
基层群众自治组织	Grass Roots Self-governing Organizations	30	25	39448

4-10 农村非农户固定资产投资

Non-farm Households Investment in Fixed Assets in Rural Area

指标	Item	2005	2009	2010
投资总额(万元)	**Total Investment(10000 yuan)**	**1442071**	**3840087**	**6100511**
#住宅	Residential Buildings	43763	131033	147309
按登记注册类型分	Grouped by Status of Registration			
内资	Domestic Funds	1364483	3665442	5901270
国有	State-owned	530046	1327571	2065289
集体	Collective-owned	129103	299661	494661
股份合作	Share Holding Cooperative	36732	34895	50927
联营	Joint-owned	14445	22748	14230
有限责任公司	Limited Liability Corporations	154803	297286	644938
股份有限公司	Share Holding Enterprises	61148	104458	276977
私营	Private	344951	1384943	2106842
其他内资	Others	124849	193880	247406
港、澳、台投资	Funds from Hong Kong，Macao and Taiwan	38579	34644	32462
外商投资	Foreign Funded	7415	29806	60200
个体经营	Individuals	31594	110195	106579
按构成分	Grouped by Use of Funds			
建筑工程	Construction	904499	2324697	3444063
安装工程	Installation	80546	223498	635607
设备、工器具购置	Purchase of Equipment and Instruments	310357	673742	1042443
其他费用	Others	146669	618150	978398
按建设性质分	Grouped by Type of Construction			
#新建	New Construction	1026088	2379568	3903751
扩建	Expansion	124307	520211	863016
改建和技术改造	Reconstruction and Technical Rennovation	245904	838228	1162830
按产业分	Grouped by Industry			
第一产业	Primary Industry	134164	771049	876177
第二产业	Secondary Industry	544723	1435755	2638629
#工业	Industry	540623	1425930	2623854
第三产业	Tertiary Industry	763184	1633283	2585705
资金来源合计(万元)	**Total Source of Funds(10000 yuan)**	**1464589**	**4287113**	**6628803**
上年末结余资金	Balance at last Year-end	4513	63480	193739
本年资金来源小计	Subtotal Sources of Funds This Year	1460076	4223633	6435064
国家预算内资金	State Budget	129883	556520	540131
国内贷款	Domestic Loans	143174	129480	263545
债券	Bonds		3 442	
利用外资	Foreign Investment	59706	50470	80878
自筹资金	Self-raising Funds	919288	3090685	4960071
其他资金	Others	207866	393036	590439
新增固定资产(万元)	**Newly Increased Fixed Assets(10000 yuan)**	**922024**	**2736336**	**4426588**
施工房屋建筑面积(万平方米)	**Floor Space of Buildings under Construction(10000 sq.m)**	**501.30**	**979.08**	**927.34**
#住宅	Residential Buildings	143.63	224.63	207.05
竣工房屋建筑面积(万平方米)	**Floor Space of Buildings Completed(10000 sq.m)**	**264.95**	**485.92**	**511.04**
#住宅	Residential Buildings	62.64	142.85	129.51

4-11 农村非农户固定资产投资构成
Composition of Non-farm Households Investment in Fixed Assets in Rural Area

单位：% (%)

指标	Item	2005	2009	2010
投资总额	**Total Investment**	**100.0**	**100.0**	**100.0**
#住宅	Residential Buildings	3.0	3.4	2.4
按登记注册类型分	Grouped by Status of Registration			
内资	Domestic Funds	94.6	95.4	96.7
国有	State-owned	36.8	34.6	33.9
集体	Collective-owned	9.0	7.8	8.1
股份合作	Share Holding Cooperative	2.5	0.9	0.8
联营	Joint-owned	1.0	0.6	0.2
有限责任公司	Limited Liability Corporations	10.7	7.7	10.6
股份有限公司	Share Holding Enterprises	4.2	2.7	4.5
私营	Private	23.9	36.1	34.5
其他内资	Others	8.7	5.0	4.1
港、澳、台投资	Funds from Hong Kong，Macao and Taiwan	2.7	0.9	0.5
外商投资	Foreign Funded	0.5	0.8	1.0
个体经营	Individuals	2.2	2.9	1.8
按构成分	Grouped by Use of Funds			
建筑工程	Construction	62.7	60.5	56.5
安装工程	Installation	5.6	5.8	10.4
设备、工器具购置	Purchase of Equipment and Instruments	21.5	17.6	17.1
其他费用	Others	10.2	16.1	16.0
按建设性质分	Grouped by Type of Construction			
#新建	New Construction	71.2	62.0	64.0
扩建	Expansion	8.6	13.5	14.1
改建和技术改造	Reconstruction and Technical Rennovation	17.1	21.8	19.1
按产业分	Grouped by Industry			
第一产业	Primary Industry	9.3	20.1	14.4
第二产业	Secondary Industry	37.8	37.4	43.2
#工业	Industry	37.5	37.1	43.0
第三产业	Tertiary Industry	52.9	42.5	42.4

4-12 分行业农村非农户固定资产投资

Non-farm Households Investment in Fixed Assets in Rural Area by Sector

单位：万元 (10000 yuan)

行业	Sector	2005	2009	2010
总计	**Total**	**1442071**	**3840087**	**6100511**
农、林、牧、渔业	**Agriculture, Forestry, Animal Husbandry and Fishery**	**134164**	**771049**	**876177**
采矿业	**Mining**	**122388**	**328731**	**725036**
#煤炭开采和洗选业	Mining and Washing of Coal	44672	99255	201730
黑色金属矿采选业	Mining and Processing of Ferrous Metal Ores	25271	96587	151115
有色金属矿采选业	Mining and Processing of Non-Ferrous Metal Ores	13760	23931	83481
非金属矿采选业	Mining and Processing of Nonmetal Ores	38685	103958	285710
制造业	**Manufacturing**	**322053**	**935579**	**1672689**
#石油加工、炼焦加工业	Processing of Petroleum, Coking	5000	1080	1780
非金属矿物制品业	Manufacture of Non-metallic Mineral Products	62269	246700	334556
黑色金属冶炼及压延加工业	Smelting and Pressing of Ferrous Metals	10734	10434	3520
有色金属冶炼及压延加工业	Smelting and Pressing of Non-ferrous Metals	14620	19712	65445
通信设备、计算机及其他电子设备制造业	Manufacture of Communication Equipment, Computers and Other Electronic Equipment	1700	9900	27650
电力燃气水的生产供应业	**Production and Supply of Electricity, Gas and Water**	**96182**	**161620**	**226129**
#电力、热力的生产和供应业	Production and Supply of Electric Power and Heat Power	88946	119323	178645
水的生产和供应业	Production and Supply of Water	3836	32009	37280
建筑业	**Construction**	**4100**	**9825**	**14775**
交通运输、仓储和邮政业	**Transport, Storage and Post**	**273368**	**274655**	**442136**
#铁路运输业	Railway Transport		410	17935
道路运输业	Road Transport	257260	260756	352378
城市公共交通业	Urban Public Transport		2268	2130
邮政业	Post			
信息传输、计算机服务和软件业	**Information Transmission, Computer Services and Software**	**30570**	**12370**	**36213**
#电信和其他信息传输服务业	Telecommunications and Other Information Transmission Services	30570	11270	36213
批发和零售业	**Wholesale and Retail Trades**	**67273**	**97374**	**109183**
住宿和餐饮业	**Hotels and Catering Services**	**21431**	**80719**	**106018**
金融业	**Financial Intermediation**	**337**	**407**	**5280**
房地产业	**Real Estate**	**129271**	**202682**	**311600**
租赁和商务服务业	**Leasing and Business Services**	**5382**	**14133**	**46296**
科学研究、技术服务和地质勘查业	**Scientific Reseach, Ploytechnic Services and Geological Prospecting**	**9200**	**5700**	**300**
水利、环境和公共设施管理业	**Management of Water Conservancy, Environment and Public Facilities**	**85361**	**647387**	**1153648**
水利管理业	Management of Water Conservancy	34791	177535	217904
环境管理业	Environmental Management	14276	38366	57995
公共设施管理业	Management of Public Facilities	36294	431486	877749
居民服务和其他服务业	**Services to Households and Other Services**	**2800**	**22278**	**26737**
教育	**Education**	**75687**	**38641**	**44486**
卫生、社会保障和社会福利业	**Health, Social Security and Social Welfare**	**23953**	**39605**	**48353**
#卫生	Health	**20371**	30167	20427
文化、体育和娱乐业	**Culture, Sports and Entertainment**	**8576**	**21416**	**63715**
公共管理和社会组织	**Public Management and Social Organization**	**29975**	**175916**	**191740**

4-13 农村农户固定资产投资

Farm Households Investment in Fixed Assets in Rural Area

指　　标	Item	2005	2009	2010
投资总额(万元)	**Total Investment(10000 yuan)**	**1221060**	**2510150**	**3052797**
按资金来源分	Grouped by Sources of Funds			
国内贷款	Domestic Loans	32411	109715	112496
自筹资金	Self-raising Funds	1148407	2255799	2806337
按构成分	Grouped by Use of Funds			
建筑工程	Construction	720496	2030572	2469270
#水　利	Water Conservancy	2304	3986	4094
房　屋	Building	712691	2006318	2368057
#住　宅	Residential Buildings	651210	1811650	2217983
安装工程	Installation	469		498
设备、工器具购置	Purchase of Equipment and Instruments	317318	363562	452326
#生产设备	Product Equipment	267474	331668	414539
其　它	Others	182776	116016	130703
按行业分	Grouped by Sector			
农业	Farming	391624	419591	462115
采矿业	Mining			
制造业	Manufacturing	3059	9866	13236
电力、燃气及水的生产和供应业	Production and Supply of Electricity Gas and Water	1607	2186	1521
建筑业	Construction	32990	57652	73593
交通运输、仓储和邮政业	Transport, Storage and Post Services	116857	197045	234707
信息传输、计算机服务和软件业	Information Transmission, Computer Software and Services	273	900	
批发和零售业	Wholesale and Retail Trade	152	1872	14068
住宿和餐饮业	Hotel and Catering Services	385	900	
金融业	Financial Intermediation			
房地产业	Real Estate	670321	1629908	1970913
租赁和商务服务业	Leasing and Business Services	504	15798	21738
科学研究、技术服务和地质勘查业	Scientific Reseach, Ploytechnic Services and Geological Prospecting			
水利、环境和公共设施管理业	Management of Water Conservancy, Environment and Public Facilities	212	2057	
居民服务和其他服务业	Services to Households and Other Services	2243	172375	235827
教　育	Education			
卫生、社会保障和社会福利业	Health Care, Social Security and Social Welfare			22655
文化、体育和娱乐业	Culture, Sports and Entertainment	832		1874
公共管理和社会组织	Public Management and Social Organizations			550
按具体投资项目分	Grouped by Project			
房　屋	Building	712691	2006318	2368057
#住　宅	Residential Buildings	651210	1811650	2217983
道　路	Road	516	1438	1298
桥　梁	Bridge			
设　备	Equipment	317318	363562	462326
水　利	Water Conservancy	2304	3986	4094
其　他	Others	188230	134846	217022
新增固定资产(万元)	**Newly Increased Fixed Assets(10000 yuan)**	**1289942**	**2374681**	**3011909**
施工房屋建筑面积(万平方米)	**Floor Space of Buildings under Construction(10000 sq.m)**	**2625**	**5519.80**	**6686.59**
#住宅	Residential Buildings	2547	5211.04	6081.16
#当年新开工	Started This Year	2455	5033.38	6394.70
竣工房屋建筑面积(万平方米)	**Floor Space of Buildings Completed(10000 sq.m)**	**2101**	**3833.38**	**4069.82**
#住宅	Residential Buildings	2017	3638.76	3974.25

注：本表资料来自国家统计局江西调查总队，为抽样调查数据。

a) Data in the table are provided by Survey Office of the National Bureau of Statistics in Jiangxi , Source in the sampl census.

4-14 各地区固定资产投资（2010年）

Investment in Fixed Assets by Region (2010)

单位：万元 (10000 yuan)

地 区	Region	合 计 Total	#工 业 Industry	按城乡分 城 镇 Urban Area	农村非农户 Non-Farm Households in Rural Area
全 省	**Provincial Total**	**84669920**	**50015648**	**78569409**	**6100511**
南 昌 市	Nanchang	19233503	7613314	18167794	1065709
景德镇市	Jingdezhen	4394675	3445184	4238752	155923
萍 乡 市	Pingxiang	6636946	5141928	5904649	732297
九 江 市	Jiujiang	8773904	6178358	8569868	204036
新 余 市	Xinyu	6583143	4751339	5871188	711955
鹰 潭 市	Yingtan	2419651	1606698	2163690	255961
赣 州 市	Ganzhou	6826238	3157453	6500695	325543
吉 安 市	Ji'an	7648579	5752543	6765370	883209
宜 春 市	Yichun	6436134	4763004	5527936	908198
抚 州 市	Fuzhou	6133977	3625167	5760214	373763
上 饶 市	Shangrao	8052144	3842317	7568227	483917
不分地区	Not Classified by Region	1531026	138343	1531026	

注：本表统计范围为计划总投资50万元及以上项目(含房地产开发投资)，不含农村农户投资(下表同)。

a)The statistical scope of this table is more than 500000 yuan project investment,including investment for real estate development,no-including farm households investment in fixed assets in rural area.The same applies to 4-14 table.

4-15 各地区固定资产投资增长速度（2010年）

Growth Rates of Investment in Fixed Assets by Region (2010)

单位：% (%)

地 区	Region	合 计 Total	#工 业 Industry	按城乡分 城 镇 Urban Area	农村非农户 Non-Farm Households in Rural Area
全 省	**Provincial Total**	**32.5**	**37.7**	**30.8**	**58.9**
南 昌 市	Nanchang	31.2	17.7	29.5	69.4
景德镇市	Jingdezhen	34.5	40.0	34.2	43.1
萍 乡 市	Pingxiang	32.2	31.6	27.8	83.9
九 江 市	Jiujiang	34.1	42.8	33.3	75.0
新 余 市	Xinyu	32.1	52.5	27.3	92.0
鹰 潭 市	Yingtan	32.6	55.1	36.1	9.0
赣 州 市	Ganzhou	30.7	40.0	31.2	22.0
吉 安 市	Ji'an	31.8	40.3	28.8	60.7
宜 春 市	Yichun	32.9	40.0	29.7	55.6
抚 州 市	Fuzhou	34.5	34.9	33.2	60.2
上 饶 市	Shangrao	33.5	49.5	33.2	39.1
不分地区	Not Classified by Region	31.8		31.8	

4-16 各地区按行业分城镇固定资产投资（2010年）

单位：万元

行业	Sector	全省 Total	南昌市 Nanchang	景德镇市 Jingdezhen
总计	**Total**	**78569409**	**18167794**	**4238752**
农、林、牧、渔业	**Agriculture, Forestry, Animal Husbandry and Fishery**	**1168733**	**84013**	**46969**
农业	Farming	336085	22020	22434
林业	Forestry	276532	12865	9970
畜牧业	Animal Husbandry	251342	27150	11225
渔业	Fishery	82631	17980	
农、林、牧、渔服务业	Services in Support of Agriculture	222143	3998	3340
采矿业	**Mining**	**1923277**	**49118**	**198311**
#煤炭开采和洗选业	Mining and Washing of Coal	377870		66840
黑色金属矿采选业	Mining and Processing of Ferrous Metal Ores	466356		12000
有色金属矿采选业	Mining and Processing of Non-Ferrous Metal Ores	518419	3286	3590
非金属矿采选业	Mining and Processing of Nonmetal Ores	546382	45832	112871
制造业	**Manufacturing**	**42656946**	**7049033**	**2726463**
农副食品加工业	Processing of Food from Agricultural Products	1832442	433449	80456
食品制造业	Manufacture of Foods	988567	246887	19064
饮料制造业	Manufacture of Beverages	528952	76252	16838
烟草制品业	Manufacture of Tobacco	28301	912	
纺织业	Manufacture of Textile	1499759	353644	26495
纺织服装、鞋、帽制造业	Manufacture of Textile Wearing Apparel, Footware and Caps	2167527	571042	60270
皮革毛皮羽毛(绒)及其制品业	Manufacture of Leather, Fur, Feather and Related Products	808776	47379	
木材加工及木竹藤棕草制品业	Processing of Timber, Manufacture of Wood, Bamboo, Rattan, Palm and Straw Products	716592	135130	9610
家具制造业	Manufacture of Furniture	651241	93338	34600
造纸及纸制品业	Manufacture of Paper and Paper Products	590209	126371	14433
印刷业和记录媒介的复制	Printing, Reproduction of Recording Media	702527	302855	51410
文教体育用品制造业	Manufacture of Articles For Culture, Education and Sport Activity	233371	41383	8100
石油加工、炼焦加工业	Processing of Petroleum, Coking	151746	11913	38049
化学原料及化学制品制造业	Manufacture of Raw Chemical Materials and Chemical Products	3898222	333957	302203
医药制造业	Manufacture of Medicines	1485765	326386	217984
化学纤维制造业	Manufacture of Chemical Fibers	31596	10462	
橡胶制品业	Manufacture of Rubber	226761	46980	
塑料制品业	Manufacture of Plastics	979275	191372	34550
非金属矿物制品业	Manufacture of Non-metallic Mineral Products	5779948	471468	474477
黑色金属冶炼及压延加工业	Smelting and Pressing of Ferrous Metals	1107873	162204	8860
有色金属冶炼及压延加工业	Smelting and Pressing of Non-ferrous Metals	3232071	194060	
金属制品业	Manufacture of Metal Products	1902969	449381	74268
通用设备制造业	Manufacture of General Purpose Machinery	1452440	414613	18216
专用设备制造业	Manufacture of Special Purpose Machinery	1259501	361424	90398
交通运输设备制造业	Manufacture of Transport Equipment	1904548	559237	447105
电气机械及器材制造业	Manufacture of Electrical Machinery and Equipment	4734812	510067	544880
通信设备、计算机及其他电子设备制造业	Manufacture of Communication Equipment, Computers and Other Electronic Equipment	2401937	385531	50655
仪器仪表及文化、办公用机械制造业	Manufacture of Measuring Instruments and Machinery for Cultural Activity and Office Work	280336	70848	7780
工艺品及其他制造业	Manufacture of Artwork and Other Manufacturing	749992	79683	94358
废弃资源和废旧材料回收加工业	Recycling and Disposal of Waste	328890	40805	1404
电力、燃气及水的生产和供应业	**Production and Supply of Electricity, Gas and Water**	**2811571**	**338178**	**449480**
电力、热力的生产和供应业	Production and Supply of Electric Power and Heat Power	1905836	214751	283046
燃气生产和供应业	Production and Supply of Gas	374747	44812	90841
水的生产和供应业	Production and Supply of Water	530988	78615	75593
建筑业	**Construction**	**344937**	**229814**	**3630**
房屋和土木工程建筑业	Construction of Buildings and Civil Engineering	202945	91622	3630
建筑安装业	Building Installation	35534	32634	
建筑装饰业	Building Decoration	61079	60179	
其他建筑业	Other Construction	45379	45379	
交通运输、仓储和邮政业	**Transport, Storage and Post**	**4210252**	**773902**	**115742**

Investment in Fixed Assets in Urban Area by Regin and Asector (2010)

(10000 yuan)

萍乡市 Pingxiang	九江市 Jiujiang	新余市 Xinyu	鹰潭市 Yingtan	赣州市 Ganzhou	吉安市 Ji'an	宜春市 Yichun	抚州市 Fuzhou	上饶市 Shangrao
5904649	**8569868**	**5871188**	**2163690**	**6500695**	**6765370**	**5527936**	**5760214**	**7568227**
15387	**51590**	**145630**	**35636**	**122528**	**148157**	**58799**	**223915**	**236109**
2181	16537	58672		21722	46559	26313	64332	55315
	6010	35922		38939	55526		32110	85190
13056	23493	18960	8300	21833	18622	12900	75486	20317
	5550	4 200	2780	11120	4400		23254	13347
150		27876	24556	28914	23050	19586	28733	61940
317740	**119889**	**471594**	**9090**	**147967**	**146778**	**32758**	**55458**	**374574**
164084	11981	111029		6676		1000		16260
89226	5000	248992		1200	103378		4200	2360
	87898		1000	125025	4 300	3500	7900	281920
64430	15010	111573	8 090	6886	38000	28258	41398	74034
4322551	**5435079**	**3640418**	**1418706**	**2798987**	**4758940**	**4087532**	**3324144**	**3095093**
103634	161637	141258	7520	152240	238565	137770	216336	159577
23868	51402	57649	27650	105091	119198	215845	76488	45425
12790	110686	51726		65857	34560	39591	58310	62342
7000				20389				
40720	246752	126281	17535	70389	159796	198037	148759	111351
180197	296184	26770	5000	227732	228565	117774	194056	259937
166079	94707		8000	69651	257036	56618	48859	60447
34840	110719	34576	6 750	29764	71655	100584	114043	68921
44859	57288	30707	1 000	91752	88140	91987	43510	74060
42410	102765	8800		82655	26533	69478	77306	39458
56872	8769	11670	11350	52639	56840	85962	50796	13364
24920	11218		5 000	42071	23100	13200	35533	28846
	14761	19755		7461	20700	5900	33207	
865046	809416	111447	46186	132921	299792	275216	308437	413601
149845	100612	25250	850	82942	236645	190214	63276	91761
1180	200	8080		1 730	1264	2000	6680	
13630	5850	15250		23850	10350	64068	28560	18223
74196	65008	84550	9110	58385	92669	110562	225514	33359
1406913	841556	185038	44094	230032	456701	1100619	333937	235113
184132	228453	433530	500	12480	7600	10100	16862	43152
15020	427604	142313	876558	310653	388763	207402	219358	450340
75499	174230	466981	53631	83896	128810	124436	169767	102070
188437	233404	79761	22381	47577	58969	141753	128927	118402
149124	87572	76037	12200	22700	148500	111856	84302	115388
116053	184961	119130	29290	47398	118211	51030	146387	85746
229452	561326	1194089	139521	281392	544082	253058	248818	228127
100945	221748	114254	40070	364765	824466	114650	67278	117575
2680	58339	12600	43300	390	15556	11020	20205	37618
12210	72998	35584	11210	62628	87004	67078	148299	78940
	94914	27332		17557	14870	119724	10334	1950
73985	**516185**	**198163**	**150715**	**158214**	**376768**	**56869**	**109378**	**245293**
45958	344893	106128	122190	96983	322630	14074	58320	158520
15195	102002	44855	22530	5334		21108	16770	11300
12832	69290	47180	5995	55897	54138	21687	34288	75473
			3800					**107693**
								107693
			2900					
			900					
79876	**420760**	**78831**	**58335**	**402178**	**106750**	**162155**	**316703**	**302337**

4-16 续表

单位：万元

行业	Sector	全省 Total	南昌市 Nanchang	景德镇市 Jingdezhen
铁路运输业	Railway Transport	195190		3100
道路运输业	Road Transport	2897125	93701	51913
城市公共交通业	Urban Public Transport	352756	330335	10076
水上运输业	Water Transport	56422	17090	8560
航空运输业	Air Transport	175385	172167	18
管道运输业	Transport Via Pipelines	129218		
装卸搬运和其他运输服务业	Loading, Unloading and Other Transport Services	104233	51469	2710
仓储业	Storage	291762	100979	39 365
邮政业	Post	8161	8161	
信息传输、计算机服务和软件业	**Information Transmission, Computer Services and Software**	**627910**	**433664**	**1600**
电信和其他信息传输服务业	Telecommunications and Other Information Transmission Services	343714	158018	1600
计算机服务业	Computer Services	150456	148556	
软件业	Software	133740	127090	
批发和零售业	**Wholesale and Retail Trades**	**1943337**	**1248329**	**63076**
批发业	Wholesale Trade	877970	644102	24360
零售业	Retail Trade	1065367	604227	38716
住宿和餐饮业	**Hotels and Catering Services**	**2015098**	**881696**	**42368**
住宿业	Hotels	1379265	528508	35585
餐饮业	Catering Services	635833	353188	6783
金融业	**Financial Intermediation**	**258252**	**215565**	**200**
银行业	Bank	149744	114077	200
证券业	Security Activities	9981	9381	
保险业	Insurance	17480	17480	
其他金融活动	Other Financial Activities	81047	74627	
房地产业	**Real Estate**	**8664045**	**2960965**	**292729**
租赁和商务服务业	**Leasing and Business Services**	**763274**	**552097**	**8**
租赁业	Leasing	87521	78511	
商务服务业	Business Services	675753	473586	8
科学研究、技术服务和地质勘查业	**Scientific Research, Ploytechnic Services and Geological Prospecting**	**438512**	**305026**	**55861**
研究与试验发展	Research and Experimental Development	217900	148619	51061
专业技术服务业	Professional Technical Services	141853	84590	4800
科技交流和推广服务业	Services of Science and Technology Exchanges and Promotion	71533	64591	
地质勘查业	Geological Prospecting	7226	7226	
水利、环境和公共设施管理业	**Management of Water Conservancy, Environment and Public Facilities**	**7242238**	**1640206**	**158993**
水利管理业	Management of Water Conservancy	406163	22373	19185
环境管理业	Environmental Management	430611	33812	8750
公共设施管理业	Management of Public Facilities	6405464	1584021	131058
居民服务和其他服务业	**Services to Households and Other Services**	**285950**	**238215**	**3010**
居民服务业	Services to Households	173460	150402	3010
其他服务业	Other Services	112490	87813	
教育	**Education**	**1077165**	**445708**	**27759**
卫生、社会保障和社会福利业	**Health, Social Security and Social Welfare**	**512881**	**176178**	**9668**
卫生	Health	478016	161734	9668
社会保障业	Social Security	3785	1 264	
社会福利业	Social Welfare	31080	13180	
文化、体育和娱乐业	**Culture, Sports and Entertainment**	**778059**	**365816**	**27620**
新闻出版业	Journalism and Publishing Activities	22449	21219	
广播、电视、电影和音像业	Broadcasting, Movies, Television and Audiovisual Activities	36735	26951	4 900
文化艺术业	Cultural and Art Activities	213564	48701	7305
体育	Sports Activities	133802	51785	6920
娱乐业	Entertainment	371509	217160	8495
公共管理和社会组织	**Public Management and Social Organization**	**846972**	**180271**	**15265**
#中国共产党机关	Organs of Communist Party of China	18757	6 431	
国家机构	Government Agencies	744882	139944	15265
群众团体、社会团体和宗教组织	Non-Governmental Organizations, Social Organizations and Religion Organizations	8876	4158	
基层群众自治组织	Grass Roots Self-governing Organizations	74457	29738	

continued

(10000 yuan)

萍乡市 Pingxiang	九江市 Jiujiang	新余市 Xinyu	鹰潭市 Yingtan	赣州市 Ganzhou	吉安市 Ji'an	宜春市 Yichun	抚州市 Fuzhou	上饶市 Shangrao
		8000				8000	4300	90
72736	347919	67491	36435	331725	79605	124943	306933	283989
	3658		1512		6655		370	150
	9619				3530	12 200		5423
							3 200	
				6070			1900	
	2642		100	26007	3500	13100		4705
7140	56922	3340	20288	38376	13460	3912		7980
2950	**1209**	**1039**	**12356**	**68048**	**3005**	**8928**	**21665**	**73446**
	1209	1039	6756	68048	3005	8928	21665	73446
			1900					
2950			3700					
236074	**69263**	**32938**	**20239**	**46157**	**19881**	**38178**	**82810**	**86392**
64754	27368	17078	19339	21308	18333	9658	18760	12910
171320	41895	15860	900	24849	1548	28520	64050	73482
348730	**117226**	**92618**	**23725**	**82683**	**144746**	**65990**	**49560**	**165756**
174723	109516	46528	22625	74448	144746	61090	47560	133936
174007	7710	46090	1100	8235		4900	2000	31820
	4525	**8367**	**4 103**	**11681**	**4193**	**1600**		**8018**
	405	8367	3 303	11681	4193			7518
						600		
	4120		800			1 000		500
173048	**589172**	**341397**	**184930**	**1351274**	**329504**	**541634**	**845332**	**1054060**
25301	**27000**		**11693**	**48724**	**55940**	**10960**	**500**	**31051**
			3410					5600
25301	27000		8283	48724	55940	10960	500	25451
47525		**6942**	**104**	**10264**	**700**	**1830**	**4640**	**5620**
9100							3 500	5620
38425			104	10264	700	1830	1140	
		6942						
178658	**948296**	**608530**	**148668**	**880814**	**436276**	**357811**	**512374**	**1371612**
10147	31381	25160	20634	44556	17035	13665	121901	80126
7210	153711	39661	6800	24688	13119	46884	34504	61472
161301	763204	543709	121234	811570	406122	297262	355969	1230014
438	**990**	**130**	**680**	**8810**		**2100**	**11692**	**19885**
316				8810			6992	3930
122	990	130	680			2 100	4700	15955
47157	**31412**	**84277**	**12125**	**158718**	**20836**	**59751**	**66489**	**122933**
7311	**53649**	**34504**	**10180**	**71702**	**14937**	**9874**	**19660**	**105218**
6311	52062	34114	10180	64968	14927	9874	15800	98378
	441			2080				
1000	1146	390		4654	10		3860	6840
18740	**56240**	**88174**	**12040**	**84187**	**18765**	**10700**	**59377**	**36400**
						1 230		
				2654	1200		410	620
	7725	51567		36634	17460	4922	21470	17780
1000	21391		6940	14561	105	100	16000	15000
17740	27124	36607	5100	30338		4448	21497	3000
9178	**127383**	**37636**	**46565**	**47759**	**179194**	**20467**	**56517**	**126737**
	9000					800	2 526	
9178	116640	37636	46478	40827	176224	18382	52731	91577
	243		87	3668		300	420	
	1500			3264	2970	985	840	35160

4-17 各地区按登记注册类型分的城镇固定资产投资（2010年）

Investment in Fixed Assets in Urban Area by Region and Status of Registration (2010)

单位：万元 (10000 yuan)

地区	Region	合计 Total	内资 Domestic Funds	国有 State-owned	集体 Collective-owned	股份合作 Share Holding Cooperative	联营 Joint-owned
全　省	**Provincial Total**	**78569409**	**73575916**	**18895812**	**733396**	**914377**	**183976**
南 昌 市	Nanchang	18167794	16354121	4131781	479009	188678	35430
景德镇市	Jingdezhen	4238752	4097869	1071581	23238	10690	5000
萍 乡 市	Pingxiang	5904649	5852512	366696	6504	119890	
九 江 市	Jiujiang	8569868	8156057	2038891	44027	203730	8223
新 余 市	Xinyu	5871188	5211202	1168114	41846	16087	
鹰 潭 市	Yingtan	2163690	2155063	853555		3 000	
赣 州 市	Ganzhou	6500695	5915083	2108330	23503	110311	13748
吉 安 市	Ji'an	6765370	6024773	1351918	4860	1496	4210
宜 春 市	Yichun	5527936	5288207	732411	5778	25101	7637
抚 州 市	Fuzhou	5760214	5601666	1089082	33078	6900	29276
上 饶 市	Shangrao	7568227	7388337	2600375	71553	228494	80452
不分地区	Not Classified by Region	1531026	1531026	1383078			

4-17 续表 continued

单位：万元 (10000 yuan)

地区	Region	有限责任公司 Limited Liability Corporations	股份有限公司 Share Holding Enterprises	私营 Private	其他 Others	港澳台商投资 Funds from Hong Kong, Macao and Taiwan	外商投资 Foreign Funded	个体经营 Individuals
全　省	**Provincial Total**	**23729133**	**5842825**	**21670719**	**1605678**	**2282597**	**2198313**	**512583**
南 昌 市	Nanchang	6878723	1171755	3051433	417312	792829	716439	304405
景德镇市	Jingdezhen	1557055	242880	908606	278819	36636	76226	28021
萍 乡 市	Pingxiang	1454789	410706	3445482	48445	14400	35856	1881
九 江 市	Jiujiang	2240395	932096	2667913	20782	294637	114274	4900
新 余 市	Xinyu	2178709	217696	1533783	54967	91752	499182	69052
鹰 潭 市	Yingtan	618543	82314	584481	13170	2427		6200
赣 州 市	Ganzhou	1844079	204529	1543706	66877	263919	288875	32818
吉 安 市	Ji'an	1561778	304527	2732200	63784	435666	294041	10890
宜 春 市	Yichun	2305376	565859	1507262	138783	171672	58359	9698
抚 州 市	Fuzhou	1748244	1036127	1556079	102880	71111	46732	40705
上 饶 市	Shangrao	1220194	647636	2139774	399859	107548	68329	4013
不分地区	Not Classified by Region	121248	26700					

4-18 各地区按构成分城镇固定资产投资（2010年）

Investment in Fixed Assets in Urban Area by Region and Use of Funds (2010)

单位：万元 (10000 yuan)

地　区	Region	合计 Total	建筑、安装工程 Construction and Installation	设备、工器具购置 Purchase of Equipment and Instruments	其他费用 Others
全　省	**Provincial Total**	**78569409**	**45258907**	**21913274**	**11397228**
南昌市	Nanchang	18167794	9054304	6369352	2744138
景德镇市	Jingdezhen	4238752	2557955	1151222	529575
萍乡市	Pingxiang	5904649	3730023	1383119	791507
九江市	Jiujiang	8569868	4714873	2612770	1242225
新余市	Xinyu	5871188	3387305	1539077	944806
鹰潭市	Yingtan	2163690	1288805	567436	307449
赣州市	Ganzhou	6500695	4336179	1137446	1027070
吉安市	Ji'an	6765370	3469597	2335271	960502
宜春市	Yichun	5527936	3076011	1767015	684910
抚州市	Fuzhou	5760214	3480303	1186577	1093334
上饶市	Shangrao	7568227	4784218	1822597	961412
不分地区	Not Classified by Region	1531026	1379334	41392	110300

4-19 各地区按建设性质分城镇固定资产投资（2010年）

Investment in Fixed Assets in Urban Area by Region and Type of Construction (2010)

单位：万元 (10000 yuan)

地　区	Region	合计 Total	#新建 New Construction	#扩建 Expansion	#改建和技术改造 Reconstruction Technical Rennovation
全　省	**Provincial Total**	**78569409**	**51769770**	**9443456**	**12271191**
南昌市	Nanchang	18167794	7198127	1217097	6122477
景德镇市	Jingdezhen	4238752	3609915	394836	108964
萍乡市	Pingxiang	5904649	3674804	966976	1239216
九江市	Jiujiang	8569868	6849601	883919	682466
新余市	Xinyu	5871188	3061850	1580097	1096745
鹰潭市	Yingtan	2163690	1925184	89865	79729
赣州市	Ganzhou	6500695	4184951	705111	1039170
吉安市	Ji'an	6765370	6165493	399957	177590
宜春市	Yichun	5527936	3971220	1055967	443517
抚州市	Fuzhou	5760214	4127745	1076972	499466
上饶市	Shangrao	7568227	5469854	1072659	781851
不分地区	Not Classified by Region	1531026	1531026		

4-20 各地区城镇工业投资（2010年）
Investment in Industry in Urban Area by Region (2010)

单位：万元 (10000 yuan)

地　区	Region	合　计 Total	采 矿 业 Mining	制 造 业 Manufacturing	电力、燃气及水的生产和供应业 Production and Supply of Electricity, Gas and Water
全　省	**Provincial Total**	**47391794**	**1923277**	**42656946**	**2811571**
南 昌 市	Nanchang	7436329	49118	7049033	338178
景德镇市	Jingdezhen	3374254	198311	2726463	449480
萍 乡 市	Pingxiang	4714276	317740	4322551	73985
九 江 市	Jiujiang	6071153	119889	5435079	516185
新 余 市	Xinyu	4310175	471594	3640418	198163
鹰 潭 市	Yingtan	1578511	9 090	1418706	150715
赣 州 市	Ganzhou	3105168	147967	2798987	158214
吉 安 市	Ji'an	5282486	146778	4758940	376768
宜 春 市	Yichun	4177159	32758	4087532	56869
抚 州 市	Fuzhou	3488980	55458	3324144	109378
上 饶 市	Shangrao	3714960	374574	3095093	245293
不分地区	Not Classified by Region	138343			138343

4-21 各地区城镇投资建设项目和新增固定资产（2010年）
Projects Investment Construction and Newly Increased Fixed Assets in Urban Area by Region (20010)

地　区	Region	施工项目（个） Number of Projects under Construction (unit)	#新 开 工 Started this Year	全部建成投产（个） Number of Projects Completed and Put into Use (unit)	新　增固定资产（万元） Newly Increased Fixed Assets (10000 yuan)
全　省	**Provincial Total**	**16450**	**11597**	**11335**	**54604528**
南 昌 市	Nanchang	5163	4262	4245	12999334
景德镇市	Jingdezhen	723	496	343	2725098
萍 乡 市	Pingxiang	1247	904	1009	4585451
九 江 市	Jiujiang	1394	799	829	6098632
新 余 市	Xinyu	678	521	516	5074878
鹰 潭 市	Yingtan	494	262	296	1355037
赣 州 市	Ganzhou	1503	901	962	4420931
吉 安 市	Ji'an	1168	905	793	5191549
宜 春 市	Yichun	1078	701	613	3774137
抚 州 市	Fuzhou	1676	1099	972	3189291
上 饶 市	Shangrao	1312	743	756	4609235
不分地区	Not Classified by Region	14	4	1	580955

主要统计指标解释

全社会固定资产投资 是以货币形式表现的在一定时期内全社会建造和购置固定资产的工作量以及与此有关的费用的总称。该指标是反映固定资产投资规模、结构和发展速度的综合性指标,又是观察工程进度和考核投资效果的重要依据。全社会固定资产投资按登记注册类型可分为国有、集体、个体、联营、股份制、外商、港澳台商、其他等。

城镇固定资产投资 指城镇各种登记注册类型的企业、事业、行政单位及个体户进行的计划总投资(或实际需要总投资)50 万元及 50 万元以上的建设项目投资、房地产开发投资、城镇和工矿区私人建房投资。县城及以上区域内发生的投资，县及县以上各级政府及主管部门直接领导、管理的建设项目和企业事业单位的投资均为城镇固定资产投资。

房地产开发投资 指各种登记注册类型的房地产开发公司、商品房建设公司及其他房地产开发法人单位和附属于其他法人单位实际从事房地产开发或经营活动的单位统一开发的包括统代建、拆迁还建的住宅、厂房、仓库、饭店、宾馆、度假村、写字楼、办公楼等房屋建筑物和配套的服务设施，土地开发工程（如道路、给水、排水、供电、供热、通讯、平整场地等基础设施工程）的投资；不包括单纯的土地交易活动。

农村投资 包括在农村区域范围内进行固定资产投资活动的企业、事业、行政单位及农村个人投资。

固定资产投资的资金来源 根据固定资产投资的资金来源不同，分为国家预算内资金、国内贷款、利用外资、自筹资金和其他资金。

(1)国家预算内资金: 分为财政拨款和财政安排的贷款两部分。包括中央财政的基本建设基金(分经营性基金和非经营性基金两部分)、专项支出(如煤代油专项等)、收回再贷、贴息资金，财政安排的挖潜改造和新产品试制支出、城建支出、商业部门简易建筑支出、不发达地区发展基金等资金中用于固定资产投资的资金；地方财政中由国家统筹安排的资金等。

(2)国内贷款：指报告期固定资产投资单位向银行及非银行金融机构借入的用于固定资产投资的各种国内借款，包括银行利用自有资金及吸收的存款发放的贷款、上级主管部门拨入的国内贷款、国家专项贷款、地方财政专项资金安排的贷款、国内储备贷款、周转贷款等。

(3)利用外资: 指报告期收到的用于固定资产建造和购置的国外资金(包括设备、材料、技术在内)。包括对外借款(外国政府、国际金融组织贷款、出口信贷、外国银行商业贷款、对外发行债券和股票)、外商直接投资及外商其他投资。不包括我国自有外汇资金(国家外汇、地方外汇、留成外汇、调剂外汇和中国银行自有资金发行的外汇贷款等)。计算利用外资时，需要折算成人民币，折算中所使用的外汇汇率按现汇计算，即按使用外汇时的汇率计算。

(4)自筹资金：指固定资产投资单位报告期收到的，由各地区、各部门及企、事业单位筹集用于固定资产投资的预算外资金，包括中央各部门、各级地方和企、事业单位的自筹资金。

(5)其他资金: 指在报告期收到的除以上各种资金之外其他用于固定资产投资的资金，包括企业或金融机构通过发行各种债券筹集到的资金、群众集资、个人资金、无偿捐赠的资金及其他单位拨入的资金等。

固定资产投资按国民经济行业分 根据建设项目建成投产后的主要产品或主要用途及社会经济活动性质来确定国民经济行业。一般情况下，一个建设项目或一个企业、事业单位只能属于一种国民经济行业。

固定资产投资按隶属关系分 是按建设单位或企业、事业、行政单位的主管上级机关确定的。

（1）中央：是指中共中央、人大常委会和国务院各部、委、局、总公司以及直属机构直接领导的建设项目和企业、事业、行政单位。这些单位的固定资产投资计划由国务院各部门直接编制和下达，建设中所需物资、主要设备以及建设中的问题都由中央有关部门安排和解决。

（2）地方：是由省（自治区、直辖市)、地区（州、盟、省辖市)、县（旗、县级市）三级政府及业务主管部门直接领导和管理的建设项目、企业、事业、行政单位。地方项目还包括不隶属以上各级政府及主管部门的建设项目和企业、事业单位，如外商投资企业和无主管部门的企业等。

固定资产投资按建设性质分 根据整个建设项目情况来确定。建设项目的性质一般分为新建、扩建、改建和技术改造、迁建、恢复。房地产开发单位、农村投资、城镇工矿区私人建房投资不划分建设性质。

(1)新建：一般指从无到有开始建设的企业、事业和行政单位或建设项目。现有企业、事业、行政单位一般不属于新建。但如有的单位原有基础很小，经过建设后新增的固定资产价值超过该企、事业、行政单位原有固定资产价值(原值)三倍以上的也应作为新建。

(2)扩建：指在厂内或其他地点，为扩大原有产品的生产能力(或效益)或增加新的产品生产能力，而增建主要的生产车间(或主要工程)、分厂、独立的生产线。行政、事业单位在原单位增建业务用房(如学校增建教学用房、医院增建门诊部、病房等)也作为扩建。

现有企、事业单位为扩大原有主要产品生产能力或增加新的产品生产能力，增建一个或几个主要生产车间(或主要工程)、分厂，同时进行一些更新改造工程的，也应作为扩建。

(3)改建和技术改造：指现有企业、事业单位，对原有设施进行技术改造或更新(包括相应配套的辅助性生产、生活福利设施）的建设项目。现有企业、事业单位为适应市场变化的需要，而改变企业的主要产品种类(如军工企业转产民用品等）的建设项目，应作为改建。原有产品生产作业线由于各工序(车间)之间能力不平衡，为填平补齐充分发挥原有生产能力而增建不增加本企业主要产品设计能力的车间，也应作为改建。技术改造是指企业、事业单位在现有基础上，用先进的技术代替落后的技术，用先进的工艺和装备代替落后的工艺和装备，以改变企业落后的技术经济面貌，实现以内涵为主的扩大再生产，达到提高产品质量、促进产品更新换代、节约能源、降低消耗、扩大生产规模、全面提高社会经济效益的目的。技术改造具体包括以下内容：机器设备和工具的更新改造；生产工艺改革、节约能源和原材料的改造；厂房建筑和公共设施的改造；劳动条件和生产环境的改造等。

固定资产投资按构成分 固定资产投资活动按其工作内容和实现方式分为建筑安装工程，设备、工具、器具购置，其他费用三个部分。

(1)建筑安装工程(建筑安装工作量)：指各种房屋、建筑物的建造工程和各种设备、装置的安装工程。包括各种房屋建造工程；各种用途设备基础和各种工业窑炉的砌筑工程及金属结构工程；为施工而进行的各种准备工作和临时工程以及完工后的清理工作等；铁路、道路的铺设，矿井的开凿及石油管道的架设等；水利工程；防空地下建筑等特殊工程；列入房屋工程预算内的暖气、卫生、通风、照明、煤气等设备的价值及装设油饰工程；列入建筑工程预算内的各种管道(蒸汽、压缩空气、石油、给排水等管道)、电力、电讯电缆导线等的敷设工程；以及各种机械设备的安装工程；为测定安装工程质量，对设备进行的试运工作；房地产开发单位进行的商品房屋开发建设工程、土地开发工程。

在安装工程中，不包括被安装设备本身的价值。

(2)设备、工具、器具购置：指建设单位或企、事业单位购置或自制的，达到固定资产标准的设备、工具、器具的价值。新建单位及扩建单位的新建车间，按照设计或计划要求购置或自制的全部设备、工具、器具，不论是否达到固定资产标准均计入“设备、工具、器具购置”中。

(3)其他费用：指在固定资产建造和购置过程中发生的，除上述几项内容以外的各种应分摊计入固定资产的费用。

施工项目 指报告期内进行过建筑或安装施工活动的项目。凡是报告期内施过工的建设项目，不论施工时间长短，均作为施工项目统计。施工项目个数可以反映一定时期固定资产投资的实际规模，与同期全部建成投产项目个数相比，可以从建设速度的角度反映固定资产投资的效果。根据建设项目施工活动的不同性质，施工项目又分为：本年正式施工项目、本年收尾项目和以前年度全部停缓建项目。

全部建成投产项目 工业项目指设计文件规定形成生产能力的主体工程及其相应配套的辅助设施全部建成，经负荷试运转，证明具备生产设计规定合格产品的条件，并经过验收鉴定合格或达到竣工验收标准，与生产性工程配套的生活福利设施可以满足近期正常生产的需要，正式移交生产的建设项目。非工业项目指设计文件规定的主体工程和相应的配套工程全部建成，能够发挥设计规定的全部效益，经验收鉴定合格或达到竣工验收标准，正式移交使用的建设项目。

房屋建筑面积 指房屋建筑物勒脚以上外墙外围的水平截面面积，包括房屋建筑物的有效面积和结构面积。该指标是从实物形态上反映建设规模和建设成果的重要指标之一，也是检查工程形象进度、计算工程造价、分析投资效果、研究施工任务和建筑材料之间平衡情况的重要依据。

住宅建筑面积 指施工和竣工房屋建筑面积中供居住用的房屋建筑面积。

施工面积 指报告期内施工的全部房屋建筑面积。包括本期新开工的面积和上期开工跨入本期继续施工的房屋面积，以及上期已停建在本期恢复施工的房屋面积。本期竣工和本期施工后又停缓建的房屋，其建筑面积仍计入本期房屋施工面积中。

竣工面积 指在报告期内房屋建筑按照设计要求已经全部完工，达到住人和使用条件，经验收鉴定合格(或达到竣工验收标准)，正式移交使用单位的各栋房屋建筑面积的总和。

新增固定资产 指报告期内已经完成建造和购置过程，并已交付生产或使用单位的固定资产价值。该指标是表示固定资产投资成果的价值指标，也是反映建设进度，计算固定资产投资效果的重要指标。

Explanatory Notes on Main Statistical Indicators

Total Investment in Fixed Assets in the Whole Country refers to the volume of activities in construction and purchases of fixed assets of the whole country and related fees, expressed in monetary terms during the reference period. It is a comprehensive indicator which shows the size, structure and growth of the investment in fixed assets, providing a basis for observing the progress of construction projects and evaluating results of investment. Total investment in fixed assets in the whole country includes, by type of ownership, the investment by State-owned units, collective-owned units, individuals, joint ownership units, share-holding units, as well as investments by entrepreneurs from foreign countries and from Hong Kong,

Macao and Taiwan, and by other units.

Urban Investment in Fixed Assets refers to construction projects involving a total planned (or required) investment of 500,000 yuan and over by enterprises of various types of ownership, institutions, administrative units and individuals in urban areas, investment in real estate development, and private investment in housing construction in urban areas and industrial and mining areas. In other words, all investments that take place in county towns and urban areas, investment in construction projects under the direct leadership and management of government agencies at and above county levels and investments by enterprises and institutions at and above county levels are covered in urban investment in fixed assets.

Investment in Real Estate Development refers to investment by real estate development companies, commercialized buildings construction companies and other real estate development units of various types of ownership in the construction of buildings, such as residential buildings, factory buildings, warehouses, hotels, guesthouses, holiday villages, office buildings, and the complementary service facilities and land development projects, such as roads, water supply, water drainage, power supply, heating supply, telecommunications, land leveling and other infrastructural projects. It does not include activities in pure land transactions.

Investment in Rural Areas refers to investment in fixed assets by enterprises, institutions, administrative units and individuals in rural areas.

Sources of Funds for Investment in Fixed Assets are categorized as funds from the State budget, domestic loans, foreign investment, self-raised funds, and others, depending on the sources of investment.

(1) Fund from the State budget consists of budgetary appropriation and loans from the State budget. More specifically, it includes, from the budget of the central government, capital construction fund (operation fund and non-operational fund), special expenses (e.g. expenses on substituting petroleum with coal), loans from repayment, discount fund, expenses on innovation and trial production of new products, expenses on urban construction, expenses on temporary construction from business departments, development fund for less developed areas, as well as local budgetary fund transferred from the central budget.

(2) Domestic loans refer to loans of various forms borrowed by investing units from banks and non-bank financial institutions during the reference period for the purpose of investment in fixed assets, including loans issued by banks from their self-owned funds and deposit, loans appropriated by higher authorities, special loans by government, loans arranged by local government from special funds, domestic reserve loan, and working loan.

(3) Foreign investment refers to foreign funds received during the reference period for the construction and purchase of investment in fixed assets (covering equipment, materials and technology), including foreign borrowings (loans from foreign governments and international financial institutions, export credit, commercial loans from foreign banks, issue of bonds and stocks overseas), foreign direct investment and other foreign investments. Excluded from this category is capital in foreign exchanges owned by China (foreign exchanges owned by the central and local governments, foreign exchanges retained by enterprises, foreign exchanges by enterprises through the regulating mechanism, loans in foreign exchanges issued by the Bank of China with its own fund, etc.). In calculating the utilization of foreign capital, foreign currencies are converted into Chinese Renminbi applying the current exchange rate when the foreign capitals are actually used.

(4) Self-raised funds refer to extra-budgetary funds for investment in fixed assets received during the reference period by investing units from central government ministries, local governments, enterprises and institutions, including their self-raised funds.

(5) Others refer to funds for investment in fixed assets received from sources other than those listed above, including capital raised through issuing bonds by enterprises or financial institutions, funds raised from individuals and through donations, and funds transferred from other units.

Investment in Fixed Assets by Sector The classification of construction projects by sector is determined by the major products or the purpose of the projects when they are put into production or use, and by the nature of their social economic activities. In general, one project or one enterprise or institution can only be classified into one sector.

Investment in Fixed Assets by Jurisdiction of Management refers to the classification of investment by the competent authorities under which investment is made by construction units, enterprises, institutions or administrative units.

(1) Central investment refers to the investment in projects or by enterprises, institutions or administrative units which are under the direct leadership and management of the State Council and of the national commissions, ministries, agencies and State-owned large corporations. Various ministries and departments of the State Council prepare and implement plans for investment in fixed assets by those departments, and arrange and ensure the supply of materials and key equipment required for the projects.

(2) Local investment refers to the investment in projects or by enterprises, institutions or administrative units which are under the direct leadership and management of departments under the provincial, prefecture and county governments. Also included are projects by foreign-invested enterprises and enterprises without competent managing authorities.

Investment in Fixed Assets by Type of Construction Construction projects in general can be classified, by the type of construction, into new construction, expansion, reconstruction and technical transformation, moving and restoration. However, investment by type of construction is not applied to investment by real-estate development units, investment in rural areas and private investment in housing construction in urban areas and in industrial and mining areas.

(1) New construction in general refers to construction projects, which start from scratch, of enterprises, institutions, administrative agencies. Construction in existing enterprises,

institutions or agencies is generally not considered as new construction. In case the size of the existing unit is quite small, and the value of newly added fixed assets is more than three times of the the original value, the expansion will be considered as new construction.

(2) Expansion refers to construction of new major production workshop, branch factory or independent production line within a factory or in other locations, for the purpose of increasing the production capacity (or improving efficiency) or adding new production capacity. Newly constructed accommodation for the operation of institutions and administrative organizations (such as newly constructed buildings for teaching in schools, buildings for clinics or wards in hospitals, etc.) are also classified as expansion.

Also included in expansion are investments by existing enterprises or institutions in building major production line(s) or branch factory(ies) along with some work on innovation, for the purpose of expanding the production capacity of original products or producing new products.

(3) Reconstruction and technical transformation refers to construction projects by existing enterprises or institutions in innovation or technical transformation of the old facilities (including auxiliary production equipment and welfare facilities). Also considered as reconstruction is the construction of new workshops by the existing enterprises or institutions to change the variety of products to meet the market demand (such as the production of civil products by defence industries), or to bring the designed production capacity into full play through a more balanced production process on production lines. Technical transformation refers to replacement of old technology or equipment by new technology or equipment, in order to expand the reproduction through improvement of technology contents in production, to improve product quality, to promote new products, to save energy, to reduce consumption, to expand the production scale and to improve overall social-economic efficiency. Contents of technical transformation include: updating of machinery, equipment and tools; reforming production process by using energy or materials saving technology; construction of factory workshops and transformation of public facilities; improvement of working conditions and environment, etc.

Investment in Fixed Assets by Structure By their contents and the mode of implementation, investment activities are classified into 3 categories, i.e. construction and installation, purchase of equipment and instrument, and other expenses.

(1) Construction and installation (work volume of construction and installation) refers to the construction of houses and buildings and the installation of various kinds of equipment and instruments. They include construction of houses; equipment foundations, industrial kilns and stoves, and metal structure work; preparation works and temporary works for project construction, and clearing up works post project construction; pavement of railways and roads, drilling of mines and putting up of oil pipes; construction of water conservancy; construction of underground air-raid shelters and construction of other special projects; value of equipment for heating, sanitation, ventilation, lighting, gas, painting, etc. that are covered by the budget of housing projects; laying out of various pipelines (for steam, compressed air, petroleum, tap water and sewage) and wiring and cabling for electric power and for communications; installation of various machinery and equipment; testing operation for pre-testing the quality of installation projects, and land and other development work conducted by real estate developers for commercialized housing. The value of equipment installed is itself not included in the value of installation projects.

(2) Purchase of equipment and instruments refers to the total value of equipment, tools, and instruments purchased or self-produced which come up to the cut-off point for fixed assets by the construction units or investing enterprises or institutions. Equipment, tools and instruments purchased or self-produced for new workshops by newly established or expanded units are categorized as "purchase of equipment and instruments" no matter whether they come up to the cut-off point for fixed assets.

(3) Other expenses refer to expenses arising during the construction or purchase of fixed assets other than those mentioned above.

Projects under Construction refer to projects with construction and installation activities undertaken in the reference period. All projects that have construction activities undertaken during the reference period are reported as projects under construction irrespective of the length of construction work. The number of projects under construction can reflect the actual size of investment in fixed assets during a given period, and when compared with the number of projects completed and put into use during the same period, it demonstrates the results of investment in fixed assets from the angle of the speed of the construction. Depending on the nature of construction activities, projects under construction can also be classified into projects beginning construction in current year, winding-up projects in current year and stopped or suspended projects in previous years (with resumption of work in current year).

Projects Completed and Put into Use Industrial projects refer to the major projects and anxilliary facilities having been completed in accordance with the design documents, resulting in forming production capacity and having checked and accepted after relevant tests, while the living and welfare facilities having been completed and being capable of ensuring normal production. Non-industrial projects refer to the major projects and anxilliary facilities which have been completed in accordance with the design documents ; have been checked, accepted after relevant examination; and have been formally delivered for use..

Floor Space of Buildings under Construction refers to the total floor space of the horizontal section of outer walls above the plinth of the building, including the effective area and the area occupied by the structure. This indicator is one of the important indicators in physical terms to reflect the scale and accomplishment of the construction industry and also an important basis for monitoring the progress, calculating the cost, analyzing the efficiency and studying the supply of building materials in relation to the construction projects.

Floor Space of Residential Buildings refers to the floor space of the residential buildings among the total space of buildings under construction or completed.

Floor Space under Construction refers to total floor space of all buildings under construction during the reference period, including floor space of newly started buildings during the reference period, floor space of construction extended from the previous period to the current period, and floor space of construction suspended during the previous period and resumed in the current period. Floor space of construction completed in the current period, and floor space of construction started and then suspended in the current period are also included in the floor space under construction of the current year.

Floor Space Completed refers to the floor space of all buildings completed in the reference period, which have been appraised and accepted (or come up to the designed standards) and have been transferred to owner units.

Newly Increased Fixed Assets refer to the newly increased value of fixed assets, constructed or purchased, that have been transferred to the investors. This is an indicator that demonstrates the results of investment in fixed assets in monetary terms, and an important indicator to reflect the speed of construction and to calculate the efficiency of investment.

5

对外经济贸易

FOREIAN ECONOMIC RELATIONS AND TRADE

◆101/122

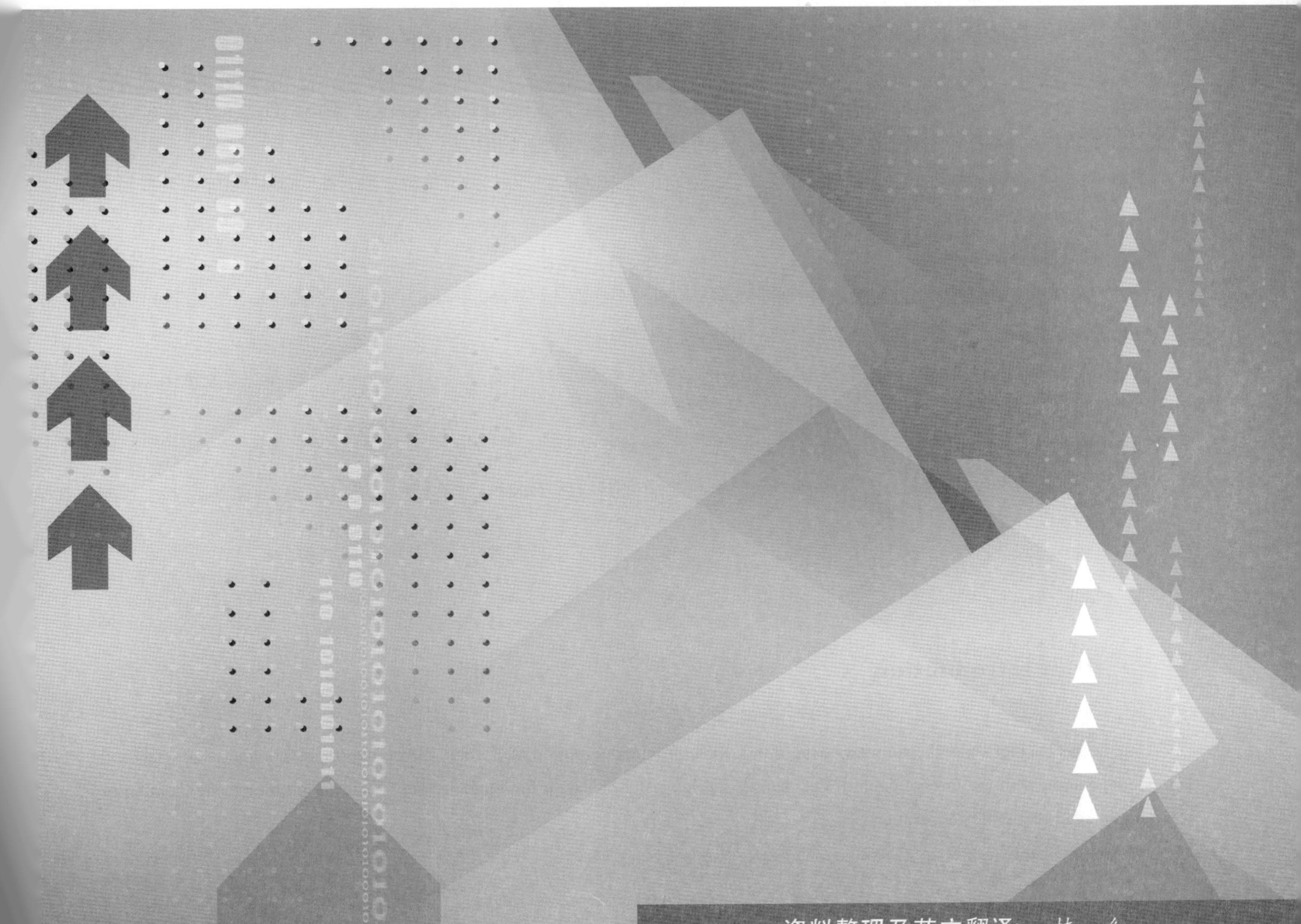

资料整理及英文翻译：林　红

简要说明

本篇资料综合反映全省对外贸易、外商直接投资、对外经济合作、外出交流、与国外结成友好城市，重点反映对外经济贸易的近期发展状况。

一、对外贸易部分

对外贸易统计的主要内容包括：进出口货物的金额、品种、国别(地区)、经营单位、境内目的地、境内货源地、贸易方式、类别等项目。

对外贸易统计的范围是按照联合国的国际贸易统计原则制定的，即凡能引起中华人民共和国关境内物质资源存量增加或减少的进出口货物，除制度另有规定者外，均列入该项统计。

对外贸易统计的资料来源于南昌海关，调查方法是全面调查。

历年出口商品分类金额和历年进口商品分类金额按照联合国《国际贸易标准分类》(SITC)进行统计。进出口商品分类金额按照海关合作理事会制定的《商品名称和编码协调制度》(HS)目录进行统计。

全省对各国(地区)进出口总额表中，出口货物按中华人民共和国关境外最终目的国(地区)，进口货物按中华人民共和国关境外原产国(地区)统计。各地区进出口商品总值分别按境内经营单位所在地和目的地、货源地列示。经营单位所在地是指境内进出口企业的报关注册登记地；境内货源地是指出口货物在中华人民共和国关境内的产地或原始发货地；境内目的地则指进口货物在中华人民共和国关境内的消费、使用地或最终运抵地。

二、外商直接投资统计部分

外商直接投资统计的主要内容包括：外商直接投资、外商投资企业登记注册情况。

统计范围是凡经工商行政管理机关核准登记，在江西所有利用外资的单位和部门，经批准设立的中外合资经营企业、合作经营企业、外资企业、外商投资股份制企业、合作开发项目等具有法人资格的独立核算企业(包括港澳台地区投资企业)，在江西从事经营活动的外国及港澳台地区企业及外国公司在江西境内设立的分支机构。

外商直接投资统计的资料来源于省商务厅，其中，外商投资企业的登记注册情况资料来源于省工商行政管理局外资局，调查方法是全面调查。

三、对外经济合作部分

对外经济合作统计的主要内容包括：对外承包工程、对外劳务合作、对外设计咨询的合同数、合同金额、完成营业额等。

统计范围是对外承包工程、对外劳务合作、对外设计咨询。

该制度统计单位是经各级商务主管部门批准的从事对外承包和劳务合作业务并具有法人地位的对外承包劳务企业。

资料来源是省商务厅，调查方法是全面调查。

四、其他

外出交流、与国外结成友好城市部分的统计资料来源是省外侨办、省教育厅。

Brief Introduction

Data in this chapter show the summary data of the whole province foreign trade foreign direct investment contracted projects and labors cooperation with the foreign countries exchange, foreign sister city with foreign countries, Focusing on the recent situation of foreign trade and economic cooperation.

I. Foreign Trade

Data on foreign trade include: varieties of imports and exports, amount (weight), value, countries (regions), imports and exports corporations, destination within territory, origin of goods within territory, means of trade, types of taxes and so on.

The coverage of foreign trade statistics is designed according to principle on international trade by United Nations, that is: all imports or exports that will lead to stock changes of material resources with the territory of People's Republic of China; excluding goods by escape clause.

Sources of data on foreign trade are from General Administration of Customs of the People's Republic of China through comprehensive reporting system.

Customs statistics on value term imports and exports by categories are using the UN Standard International Trade Classification (SITC). However, the Harmonized Commodity Description and Coding System (HS) stipulated by the Customs Cooperation Council is used in the classification of the import and export commodities.

In the table on provincial total imports and exports with related countries and regions, the export commodities are calculated at the customs of the countries (regions) of destination and the import commodities are calculated at the customs of the countries (regions) of origin. The total values of the import and export commodities by region are calculated respectively at the provinces where the import or export corporations are situated and at the provinces of destination or provinces of origin within the boundary of the People's Republic of China. The province where the import or export corporations are situated refers to the province where the import or export corporations have applied to and have been registered at the customs. The province of origin within the boundary of the Peoples Republic of China refers to the province where the export commodities are produced or originally delivered. The province of destination within the boundary of the Peoples Republic of China refers to the province where the import commodities are consumed, used or transported to the destination.

II. Statistics on Utilization of Foreign Capitals

Utilization of foreign capitals includes: foreign loans, foreign direct investments and other foreign investments, and the basic condition of registration of foreign funded enterprises.

The statistics cover all the units and departments which have utilized foreign capital and all the Sino-foreign joint ventures, Sino-foreign cooperative enterprises, ventures exclusively with foreign investment, foreign-funded stock companies, Sino-foreign cooperative development projects and other corporate enterprises (including the enterprises funded by the entrepreneurs from Hong Kong, Macao and Taiwan) with independent accounting system which have been approved by the Jiangxi provincial government to set up in the boundary of Jiangxi.

Data on utilization of foreign capitals are from Department of Commerce of Jiangxi Province, of which, data on basic condition of registration of foreign funded enterprises are from Jiangxi Administration for Industry and Commerce through comprehensive reporting system.

III. Foreign Economic Cooperation

Data on foreign economic cooperation include: contracted projects, labors services cooperation, design and consultation services, contracted volume, complete business turnover, business turnover by countries (regions) and so on.

The statistics cover contracted projects, labors services cooperation and design and consultation service with foreign countries.

The statistical unit in the scheme is the corporate enterprise engaged in contracted projects and labors services cooperation with foreign countries and has been approved by the department of commerce at various levels.

Data on foreign economic cooperation are from Department of Commerce of Jiangxi Province through comprehensive reporting system.

IV. Others

Statistical of data on exchange and foreign sister city with foreign countries are from Overseas Chinese Affairs of Jiangxi Province, and Jiangxi Provincial Office of Education.

5-1 海关货物进出口总额
Total Value of Imports and Exports

年 份 Year	人 民 币 (万元) 10000 yuan				美 元 (万美元) USD 10000			
	进出口总额 Total Imports & Exports	出口总额 Total Exports	进口总额 Total Imports	差 额 Balance	进出口总额 Total Imports & Exports	出口总额 Total Exports	进口总额 Total Imports	差 额 Balance
1989	232715	174932	57783	117149	62487	46948	15539	31409
1990	322283	257970	64313	193657	71934	58023	13911	44112
1991	408347	270925	137422	133503	76568	50814	25754	25060
1992	531711	355773	175938	179835	96533	64707	31826	32881
1993	665418	350031	315387	34644	116740	61409	55331	6078
1994	1126963	690113	436850	253263	130457	80014	50443	29571
1995	1080209	845224	234985	610239	129044	101035	28009	73026
1996	928914	709206	219708	489498	111672	85243	26429	58814
1997	1105121	924093	181028	743065	133284	111438	21846	89592
1998	1033368	844234	189134	655100	124720	101870	22850	79020
1999	1087884	750259	337625	412634	131387	90611	40776	49835
2000	1344664	991414	353250	638164	162399	119736	42663	77073
2001	1267519	860333	407186	453147	153119	103930	49189	54741
2002	1402687	871005	531682	339323	169468	105232	64236	40996
2003	2092670	1246410	846260	400150	252799	150569	102230	48339
2004	2923218	1651484	1271734	379750	353195	199539	153656	45883
2005	3338761	2005931	1332830	673101	405938	244004	161934	82070
2006	4948598	3000716	1947882	1052834	619356	375307	244049	131258
2007	7230425	4168726	3061698	1107028	944886	544473	400413	144060
2008	9545118	5412965	4132153	1280812	1361793	772666	589127	183539
2009	8727529	5033213	3694316	1338897	1277878	736849	541029	195820
2010	14626337	9079759	5546578	3533181	2160007	1341606	818400	523206

5-2 按贸易方式分海关货物进出口总额（2010年）
Total Value of Imports and Exports by Customs Regime (2010)

单位：万美元 (USD 10000)

贸 易 方 式	Customs Regime	进出口总额 Total Imports & Exports	出口总额 Total Exports	进口总额 Total Imports
总 计	**Total**	**2160007**	**1341606**	**818400**
一般贸易	Ordinary Trade	1422767	792229	630538
国家间、国际组织无偿援助和赠送的物资	Aid and Donation between Countries and from International Associations	291	291	
其他境外捐赠物资	Other Donation Abroad			
来料加工装配贸易	Trade for Processing and Assembling with Customer's Materials	67762	44615	23147
进料加工贸易	Trade for Processing with Imported Materials	421629	296767	124862
加工贸易进口设备	Processing Equipments	116		116
对外承包工程出口货物	Goods for Contracted Foreign Projects	4021	4021	
租赁贸易	Rental Trade	95		95
外商投资企业作为投资进口的设备、物品	Foreign Funded Equipments and Goods	20607		20607
出料加工贸易	Give Makings Treatment	1		1
保税监管场所进出境货物	Inbound and Outbound Goods in Bonded Supervision Area	14689	396	14293
海关特殊监管区域物流货物	Logistic Good Customs in Particular Supervision Areas	5408	4730	678
海关特殊监管区域进口设备	Imported Equipment in Particular Supervision Areas	3559		3559
其 他	Others	199061	198557	504

5-3 海关进出口货物分类金额（2010年）

Value of Imports and Exports by HS Section and Division (2010)

单位：万美元 (USD 10000)

商品类别	Section & Division	进出口总额 Total Imports & Exports	出口总额 Total Exports	进口总额 Total Imports
总计	**Total**	**2160007**	**1341606**	**818400**
活动物;动物产品	**Live Animals & Animal Products**	**5806**	**5236**	**570**
活动物	Live Animals	1867	1867	
肉及食用杂碎	Meat and Edible Haslets	92	92	
鱼、甲壳动物、软体动物及其他水生无脊动物	Fish;Shellfish;Molluscs and Other Aquatic Invertebrates	2052	1696	356
乳品；蛋品；天然蜂蜜;其他食用动物产品	Dairy Products;Eggs;Natural Honey;Other Edible Animal Products	627	457	170
其他动物产品	Other Animal Products	1168	1124	44
植物产品	**Vegetables; Fruits and Cereals**	**5424**	**5303**	**121**
活树及其他活植物;鳞茎、根及类似品;插花及装饰用簇叶	Live Trees and other Live Plants;Bulbs;Roots and Similar Goods; Floral and Decorative Leaf Clusters	1	1	
食用蔬菜、根及块茎	Edible Vegetables; Roots and Stem Tubers	786	785	1
食用水果及坚果;甜瓜或柑桔属水果的果皮	Edible Fruits and Nuts; Muskmelon and Peels of Citrus Fruits	1385	1384	1
咖啡、茶、马黛茶及调味香料	Coffee; Tea and Spices	2579	2540	39
谷物	Cereals			
制粉工业产品;麦芽;淀粉;菊粉;面筋	Milling Products; Malt; Starch; Inulin and Gluten	44	43	1
含油子仁及果实;杂项子仁及果实;工业用或药用植物;稻草、秸秆及饲料	Oil Seeds and Kernels and Oleaginous Fruits;Other Seeds and Kernels and Fruits; Plants for Industrial and Medicinal Use; Straws and Forage	286	285	1
虫胶;树胶、树脂及其他植物液、汁	Lac; Rubber; Resin and Other Plant Juices	177	177	
编结用植物材料;其他植物产品	Plaiting Plant Materials; Other Plant Products	166	88	78
动植物油、脂及其分解产品;精制的食用油脂;动、植物蜡	**Animal and Vegetable Oils; Fats and Wax; Refined Edible Oils and Fats**	**12**	**8**	**4**
食品；饮料、酒及醋;烟草、烟草及烟草代用品的制品	**Food; Beverages; Liquor and Vinegar;Tobacco and Tobacco Substitutes**	**14994**	**14615**	**379**
肉、鱼、甲壳动物、软体动物及其他水生无脊椎动物的制品	Meat; Fish and Shellfish Products Mollusks and Other Aquatic Products	8685	8685	
糖及糖食	Sugar and Sugar Products	425	389	36
可可及可可制品	Cocoa and Cocoa Products	52	51	1
谷物、粮食粉、淀粉或乳的制品;糕饼点心	Cereals; Grain; Starches or Milk and Pastry Products	1796	1795	1
蔬菜、水果、坚果或植物其他部分的制品	Products of Vegetables; Fruits and Nuts	1598	1597	1
杂项食品	Miscellaneous Food	137	130	7
饮料、酒及醋	Beverages; Liquor and Vinegar	138	3	135
食品工业的残渣及废料;配制的动物饲料	Waste Residues of Food Industry and Configuration of Animal Feed	2163	1965	198
矿产品	**Minerals**	**392858**	**5152**	**387706**
盐;硫酸;泥土及石料;石膏料、石灰及水泥	Salt; Sulphur; Clay and Rock; Plaster Stone; Lime and Cement	6888	5134	1754
矿砂、矿渣及矿灰	Ore; Slag and Mortar	378512		378512
矿物燃料、矿物油及其 蒸馏产品;沥青物质;矿物蜡	Mineral Fuels; Lubricants; Asphalt;Mineral Wax	7458	18	7440

5-3 续表1 continued

单位: 万美元 (USD 10000)

商品类别	Section & Division	进出口总额 Total Imports & Exports	出口总额 Total Exports	进口总额 Total Imports
化学工业及其相关工业的产品	**Chemicals and Related Products**	**238482**	**199156**	**39326**
无机化学品;贵金属、稀土金属、放射性元素及其同位素的有机及无机化合物	Inorganic Chemicals;Precious Metals;Rare Earth; Radioactive Elements and Isotopes of Organic and Inorganic Compounds	80361	47378	32983
有机化学品	Organic Chemicals	32621	30875	1746
药品	Medicinal and Pharmaceutical Products	2615	2375	240
肥料	Fertilizers	1216	1215	1
鞣料浸膏及染料浸膏;鞣酸及其他衍生物;染料、颜料及其他着色料;油漆及清漆;油灰及其他类似胶粘剂;墨水、油墨	Tanning and Dyeing Extracts;Tannic Acid;Coloring and Dyeing Materials; Paint and Lacquer; Putty and other similar Adhesive; Ink and Printing Ink	2179	1642	537
精油及香膏;芳香料制品及化妆盥洗品	Essential Oils and Perfumed Materials; Cosmetics Washing Goods	1358	1316	42
肥皂、有机表面活性剂、洗涤剂、润滑剂、人造蜡、调制蜡、光洁剂、蜡烛及类似品、塑型用膏、"牙科用蜡"及牙科用熟石膏制剂	Soap;Organic Surfactant;Detergent;Lubricant;Man-made Wax; Modulated Wax,Lacquer;Candles and Similar Goods;Remodeling Paste;"Dental Wax"and Plaster Preparation of Dental Use	2071	1438	633
蛋白类物质; 改性淀粉;胶; 酶	Protein like Substances; Modified Starch;Gel and Enzymes	1752	890	862
烟火制品; 火柴;引火合金; 易燃材料制品	Explosives and Matches Products;Inflammable Material Products	10844	10757	87
照相及电影用品	Photographic and Film Supplies	21	5	16
杂项化学产品	Miscellaneous Chemical Products	103444	101265	2179
塑料及其制品; 橡胶及其制品	**Plastics and Related Products;Rubber and Related Products**	**76129**	**49086**	**27043**
塑料及其制品	Plastics and Related Products	56718	38741	17977
橡胶及其制品	Rubber and Related Products	19411	10345	9066
生皮、皮革、毛皮及其制品;鞍具及挽具;旅行用品、手提包及类似品; 动物肠线(蚕胶丝除外)制品	**Raw Hides; Leather; Furs and Related Products; Saddle;Travel Articles; Handbags and Similar Containers**	**48847**	**46122**	**2725**
生皮及皮革	Raw Hides and Leather	2799	92	2707
皮革制品;鞍具及挽具;旅行用 品、手提包及类似容器;动物肠线制品	Leather Products;Saddle;Travel Articles;Handbags and Similar Containers	45756	45740	16
毛皮、人造毛皮及其制品	Furs; Artificial Furs and Related Products	292	290	2
木及木制品;木炭;软木及软木制品;稻草、秸秆、针茅或其他编结材料制品;蓝筐及柳条编结品	**Wood and Wooden Products; Charcoal; Cork and Related Products; Straws;Plaited Products; Baskets and Wickerwork**	**9258**	**9068**	**190**
木及木制品;木炭	Wood and Wooden Products, Charcoal	8878	8693	185
软木及软木制品	Cork and Related Products			
稻草、秸秆、针茅或其他编结材料制品;篮筐及柳条编结品	Straws;Plaited Products; Baskets and Wickerwork	380	375	5
木浆及其他纤维状纤维素浆;纸及纸板的废碎品;纸、纸板及其制品	**Paper Pulp and Cellulose Pulp; Paper and Waste Paper; Paperboard and Related Products**	**37469**	**21464**	**16005**
木浆及其他纤维状纤维;纸及纸板的废碎品	Paper Pulp and Cellulose Pulp; Paper and Paper Board Waste	14886		14886

5-3 续表2 continued

单位：万美元 (USD 10000)

商品类别	Section & Division	进出口总额 Total Imports & Exports	出口总额 Total Exports	进口总额 Total Imports
纸及纸板;纸浆、纸或纸板制品	Paper and Paperboard; Articles of Paper Pulp or Paper and Paperboard Products	20868	19815	1053
书籍、报纸、印刷图画及其他印刷品;手稿、打字稿及设计图纸	Books,Newspaper and Other Prints; Manuscript,Design Drawings	1715	1649	66
纺织原料及纺织制品	**Textile Materials and Products**	**216421**	**206214**	**10207**
蚕丝	Natural Silk	270	219	51
羊毛、动物细毛或粗毛;马毛纱线及其机织物	Wool; Wool Yarn and Woolen Woven Fabrics	320	19	301
棉花	Cotton	10752	8796	1956
其他植物纺织纤维;纸纱线及其机织物	Other Textile Fibres Yarn and Related Woven Fabrics	3496	3454	42
化学纤维长丝	Man-Made Filament	4682	2885	1797
化学纤维短纤	Man-Made Short Fibres	10013	9196	817
絮胎、毡呢及无纺织物;特种纱线;线、绳、索、缆及其制品	Wadding; Felt and Adhesive-Bond Fabrics;Special Yarn; Thread; Rope; Cable and Related Products	2944	2476	468
地毯及纺织材料的其他铺地制品	Carpets and Related Products	2637	2637	
特种机织物；簇绒织物；花边；装饰毯；装饰带；刺绣品	Special Woven Fabrics; Lace; Embroidery	3913	2867	1046
浸渍、涂布、包覆或层压的纺织物；工业用纺织制品	Coated Textiles; Textile Products for Industrial Use	2503	1098	1405
针织物及钩编织物	Knitwear and Crocheted Fabrics	3954	1879	2075
针织或钩编的服装及衣着附件	Knitted or Crocheted Garments&Clothing Accessories	118778	118772	6
非针织或非钩编的服装及衣着附件	Garments Not Knitted or Crocheted	34564	34422	142
其他纺织制成品；旧衣着及旧纺织品；碎织物	Other Textile Products; Secondhand Garments	17595	17494	101
鞋、帽、伞、杖、鞭及其零件；已加工的羽毛及其制品；人造花；人发制品	**Footwear; Headgear; Umbrellas; Canes; Whips;Processed Feather; Artificial Flowers; Wigs**	**64498**	**64245**	**253**
鞋靴、护腿和类似品及其零件	Parts of Footwear; Gaiters	44280	44088	192
帽类及其零件	Headgear And Accessories	3921	3921	
雨伞、阳伞、手仗、鞭子、马鞭及其零件	Umbrellas; Canes; Whips and Accessories	7365	7365	
已加工羽毛、羽绒及其制品；人造花；人发制品	Processed Feathers and Related Products;Artificial Flowers; Wigs	8932	8871	61
石料、石膏、水泥、石棉、云母及类似材料的制品；陶瓷产品；玻璃及其制品	**Gypsum; Cement; Asbestos; Mica; Ceramic Glass**	**85279**	**83552**	**1727**
石料、石膏、水泥、石棉、云母及类似材料的制品	Gypsum; Cement; Asbestos; Mica and Related Products	8547	8032	515
陶瓷产品	Ceramics	51650	51384	266
玻璃及其制品	Glass and Glassware	25082	24136	946
天然或养殖珍珠、宝石或半宝石、贵金属、包贵金属及其制品；仿首饰；硬币	**Natural or Cultivated Pearls;Precious or Semi-Precious Stones; Jewelry of Precious Metal or Rolled Precious Metal; Artificial Jewelry; Coins**	**17606**	**9425**	**8181**

5-3 续表3 continued

单位: 万美元 (USD 10000)

商品类别	Section & Division	进出口总额 Total Imports & Exports	出口总额 Total Exports	进口总额 Total Imports
贱金属及其制品	**Base Metals and Related Products**	**290895**	**156463**	**134432**
钢铁	Iron and Steel	72175	71286	889
钢铁制品	Iron and Steel Products	29700	28568	1132
铜及其制品	Copper and Related Products	131483	2802	128681
镍及其制品	Nickel and Related Products	48	33	15
铝及其制品	Aluminum and Related Products	6201	5590	611
铅及其制品	Lead and Related Products	93	5	88
锌及其制品	Zinc and Related Products	1884	1818	66
锡及其制品	Tin and Related Products	117	47	70
其他贱金属、金属陶瓷及其制品	Other Base Metals and Related Products	11656	9972	1684
贱金属工具、器具、利口器、餐匙、餐叉及其零件	Tools and Apparatus of Base Metals;Spoon and Accessories	17675	17072	603
贱金属杂项制品	Miscellaneous Products of Base Metals and Accessories	19863	19270	593
机器、机械器具、电气设备及其零件;录音机及放声机、电视图像、声音的录制和重放设备及其零件、附件	**Machinery; Electric Equipment and Accessories; Recorders; Video Recorder and Accessories**	**419122**	**257969**	**161153**
锅炉、机器机械器具及其零件等	Boilers;Machinery and Accessories	134519	53335	81184
电机、电气设备及其零件;录音机及放声机、电视图像、声音的录制和重放设备及其零件、附件	Electric Equipment and Accessories;Recorders;Video Recorder and Accessories	284603	204634	79969
车辆、船舶及有关运输设备	**Locomotives; Vehicles; Ship and Related Transportation Equipment**	**79796**	**71435**	**8361**
光学、照相、电影、计量、检验、医疗或外科用仪器及设备、精密仪器及设备;上述物品的零件、附件	**Optical; Photographic; Film; Measuring and Checking and Medical Instruments and Equipment; Precision Instruments and Equipment; (Clocks; Musical Instruments;) Related Parts and Accessories**	**45226**	**25829**	**19397**
光学、照相、电影、计量、检验、医疗或外科用仪器及设备、精密仪器及设备;零件、附件	Optical; Photographic; Film; Measuring and Checking and Medical Instruments and Equipment; Precision Instruments and Equipment; Clocks; Musical Instruments; Related Parts and Accessories	37915	18597	19318
钟表及其零件	Clocks and Accessories	6165	6098	67
乐器及其零件、附件	Musical Instruments; Related Parts and Accessories	1141	1129	12
其它及其零件、附件	Other parts and Accessories	5	5	
杂项制品	**Miscellaneous Products**	**111333**	**110773**	**560**
家具、寝具、褥垫、弹簧床垫、软座垫及类似的填充制品;未列名灯具及照明装置;发光标志、发光名牌及类似品;活动房屋	Furniture and Lighting Fixtures;Luminous Signs&similar Goods; Prefabricated Houses	52025	51774	251
玩具、游戏品、运动用品及其零件、附件	Toys, Games, Sporting Goods and Accessories	31446	31441	5
杂项制品	Miscellaneous Products	27862	27558	304
艺术品、收藏品及古物	**Works of Art, Collectibles and Antiques**	**318**	**318**	
其它	**Others**	**234**	**173**	**60**

5-4 按国别(地区)分海关货物进出口总额（2010）

Volume of Imports and Exports by Country (Region) of Origin/Destination (2010)

单位：万美元 (USD 10000)

国别（地区）	Country (Region)	进出口总额 Total	出口总额 Exports	进口总额 Imports
合 计	**Total**	**2160007**	**1341606**	**818400**
亚 洲	Asia	862009	600855	261154
#孟加拉国	Bangladesh	11442	11227	215
中国香港	Hong Kong, China	111391	106306	5085
中国澳门	Macao, China	893	888	5
中国台湾	Taiwan, China	100306	44727	55579
印 度	India	51573	34262	17311
印度尼西亚	Indonesia	40902	23702	17200
伊 朗	Iran	37490	24748	12742
以色列	Israel	10767	10725	41
日 本	Japan	100711	66097	34614
马来西亚	Malaysia	53335	47464	5871
蒙 古	Mongolia	379	379	
巴基斯坦	Pakistan	18470	8802	9668
菲律宾	Philippines	22330	14780	7550
沙特阿拉伯	Saudi Arabia	16617	16153	464
新加坡	Singapore	24783	22549	2234
韩 国	Korea Rep.	71047	50517	20530
斯里兰卡	Sri Lanka	7855	7847	8
叙利亚	Syria	4115	4115	
泰 国	Thailand	21572	15883	5689
土耳其	Turkey	7025	5925	1100
阿拉伯联合酋长国	United Arab Emirates	23083	23026	57
也 门	Republic of Yemen	3500	3461	39
越 南	Vietnam	27513	26829	684
非 洲	Africa	164790	97005	67784
#阿尔及利亚	Algeria	10485	10485	
埃 及	Egypt	10978	10975	3
科特迪瓦	Cote d'lvoire	756	756	
尼日利亚	Nigeria	4143	3461	682
南 非	South Africa	35286	14263	21023
多 哥	Togo	3989	3989	
民主刚果	Congo DR	24527	1320	23207

5-4 续表 continued

单位: 万美元 (USD 10000)

国别（地区）	Country (Region)	进出口总额 Total	出口总额 Exports	进口总额 Imports
欧洲	Europe	433733	320467	113266
#比利时	Belgium	32077	24781	7296
丹麦	Denmark	2320	1850	470
英国	United Kingdom	28061	23270	4791
德国	Germany	134826	86488	48338
法国	France	20598	13513	7085
意大利	Italy	66608	54178	12429
荷兰	Netherlands	47488	45693	1794
希腊	Greece	2875	2786	89
西班牙	Spain	24495	18238	6256
奥地利	Austria	1955	388	1567
芬兰	Finland	5644	2178	3466
波兰	Poland	6541	5424	1117
瑞典	Sweden	5550	3069	2481
瑞士	Switzerland	11928	564	11364
爱沙尼亚共和国	Estonia	119	118	1
俄罗斯联邦	Russia	10687	9211	1476
乌克兰	Ukraine	8807	8807	
捷克共和国	Czech	1865	1047	818
拉丁美洲	Latin America	346491	96961	249530
#阿根廷	Argentina	9629	7327	2302
巴西	Brazil	76867	19880	56987
智利	Chile	120371	11117	109254
古巴	Cuba	1264	1264	
危地马拉	Guatemala	1035	1035	
牙买加	Jamaica	472	472	
墨西哥	Mexico	20845	7694	13151
巴拿马	Panama	17372	17372	
秘鲁	Peru	70483	4623	65860
委内瑞拉	Venezuela	5952	4033	1919
北美洲	North America	256511	206863	49648
#加拿大	Canada	26721	14861	11860
美国	United States	229790	192002	37788
大洋洲及太平洋群岛	Oceanic and Pacific Islands	96464	19455	77008
#澳大利亚	Australia	92835	16033	76802
新西兰	New Zealand	2177	1972	205
巴布亚新几内亚	Papua New Guinea	833	832	1
其他	Others	9		9

5-5 海关主要商品出口总额

Main Export Commodities in Value

单位：万美元 (USD 10000)

品名	Item	2009	2010
机电产品	Mechanical and Electrical Products	193255	453974
高新技术产品	High and New-tech Products	139154	270905
服装及衣着附件	Clothing and Accessories	123835	162684
鞋　类	Shoes	33107	44088
纺织纱线、织物及制品	Spinning Yarn,Fabric and the Products	32444	50377
农产品	Agriculture Products	25555	25807
钢　材	Rolled Steel	25318	60569
家具及其零件	Furniture and Parts	22639	35783
旅行用品及箱包	Articles, Chests and Bags for Travel	16018	43390
医药品	Medical and Pharmaceutical Products	13394	14254
塑料制品	Plastic Articles	10354	31013
纸及纸板	Paper and Paperboard in Rolls	9736	7306
钨及其化合物	Tungsten & its Compounds	9568	16475
烤　鳗	River Eels Processed or Preserved	8299	7433
烟花、爆竹	Fireworks and Firecrackers	7776	10692
灯具、照明装置及类似品	Lamps and lighting fittings	6980	12643
体育用具及设备	Articles and Equipment of Sports	5095	13698
玻璃制品	Glass ware	4806	18160
轮　胎	Tyres	4662	6321
稀土金属及化合物	Rare Earth Metals & Compounds	4246	10807
玩　具	Toys	4045	8166
伞	Umbrellas	3945	6494
铁合金	Ferroalloy	3576	11837
家用或装饰用木制品	Wood Products for household Use or Decoration	3564	3526
打火机	Porket lighters,gas-filled	3304	3344
未锻造的铝及铝材	Unwrought aluminium and aluminium products	2938	3901
茶　叶	Tea	2276	2513
活　猪	Live Hogs	2159	1853
家用陶瓷器皿	Porcelain and Pottery Ware for Household Use	1896	2207
床垫、寝具及类似品	Mattess, Bedclothing and Analogs	1487	2922
未锻造的铜及铜材	Unwrought Copper and its Alloys	1410	2524
蔬菜及水果制品	Vegetables and Fruits	1331	2520
氟　石	Fluorite	620	4220

5-6 海关主要商品进口总额

Main Import Commodities in Value

单位：万美元 (USD 10000)

品　名	Item	2009	2010
机电产品	Mechanical and Electrical Products	173219	192106
铜矿砂	Copper Ores	139333	237430
高新技术产品	High and New-tech Products	84730	117090
未锻造铜及铜材	Unwrought Copper and its Alloys	67372	120110
铁矿砂	Iron Ore	47811	125510
纺织纱线、织物及制品	Spinning Yarn,Fabric and the Products	8365	9222
纸　浆	Paper Pulp	7233	14088
初级形状的塑料	Plastics of Primary Pattern	4431	6165
钴矿砂	Cobalt Ores	4226	7967
天然橡胶	Natural Rubber	1894	3686
合成橡胶	Synthetic Rubber	1797	1724
塑料制品	Plastic Articles	1633	2107
铌、钽、钒矿砂及精矿	Niobium;Tantalum & Vanadium Ores	1566	5263
废塑料	Waste,parings and scrap,of plastics	1465	3414
废　纸	Waste Paper	1437	798
牛皮革及马皮革	Bovine or equine leather	1434	2016
钢　材	Rolled Steel	768	908
成品油	Petroleum Products Refined	763	442
服装及衣着附件	Clothing and Accessories	212	185
棉　花	Cotton, not Carded or Combed	60	495
医药品	Medical and Pharmaceutical Products	41	249

5-7 各地区海关进出口总额
Total Value of Imports and Exports by Region

单位：万美元 (USD 10000)

地区	Region	进出口总额 Total		出口总额 Exports		进口总额 Imports	
		2009	2010	2009	2010	2009	2010
全 省	**Provincial Total**	**1277878**	**2160007**	**736849**	**1341606**	**541029**	**818400**
南昌市	Nanchang	347961	530657	213041	367613	134921	163044
景德镇市	Jingdezhen	56172	80914	48133	77599	8039	3315
萍乡市	Pingxiang	25552	45342	24902	44818	650	524
九江市	Jiujiang	70957	181505	46228	121235	24729	60270
新余市	Xinyu	238034	360828	104736	201260	133298	159568
鹰潭市	Yingtan	214293	396328	19030	36242	195263	360086
赣州市	Ganzhou	121174	163000	97874	131038	23300	31962
吉安市	Ji'an	52414	112928	44154	99424	8261	13504
宜春市	Yichun	39284	65990	32929	55767	6355	10223
抚州市	Fuzhou	47665	55856	47444	54512	221	1344
上饶市	Shangrao	64372	166658	58379	152097	5993	14561

5-8 对外经济合作
Economic Cooperation with Foreign Countries or Regions

指标	Item	2000	2005	2006	2007	2008	2009	2010
合同数（份）	**Number of Contracts (unit)**	**168**	**106**	**142**	**227**	**255**	**223**	**198**
对外承包工程	Contracted Projects	27	32	43	111	102	67	102
对外劳务合作	Labor Services	141	74	99	116	153	156	96
合同额（万美元）	**Contracted Value (USD 10000)**	**9503**	**28518**	**40682**	**50981**	**76473**	**106694**	**139228**
对外承包工程	Contracted Projects	5149	19963	28477	47981	68826	85355	135697
对外劳务合作	Labor Services	4354	8555	12205	3000	7647	21339	3531
营业额（万美元）	**Value of Turnover Fulfilled (USD 10000)**	**10949**	**21167**	**30817**	**44766**	**56216**	**75552**	**110916**
对外承包工程	Contracted Projects	6382	14817	21572	39966	50594	52886	104334
对外劳务合作	Labor Services	4567	6350	9245	4800	5622	22666	6582

5-9 外商直接投资情况

Utilization of Direct Foreign Investments

年 份 Year	项目数(个) Number of Projects (unit)	合同外资金额(万美元) Total Amount of Contracted Foreign Investment (USD10000)	实际使用外资(万美元) Total Amount of Foreign Investment Actually Utilized (USD 10000)
1984	18	708	80
1985	29	2781	517
1986	8	2093	458
1987	15	1990	394
1988	35	1760	563
1989	24	513	587
1990	54	2855	621
1991	162	5562	1949
1992	906	58990	9653
1993	1293	90983	20817
1994	536	39158	26168
1995	522	53966	28818
1996	369	39485	30068
1997	395	64444	47768
1998	334	41919	46493
1999	245	35136	32080
2000	272	26478	22724
2001	308	52660	39575
2002	591	153387	108725
2003	759	233094	161234
2004	964	311289	205238
2005	940	387645	242258
2006	982	403068	280657
2007	867	544615	310358
2008	689	492550	360368
2009	821	490484	402354
2010	1092	749447	510084

5-10 各地区外商直接投资情况

Utilization of Direct Foreign Investments by Region

地 区	Region	项目数(个) Number of Projects (unit)		合同外资金额(万美元) Total Amount of Contracted Foreign Investment (USD 10000)		实际使用外资(万美元) Total Amount of Foreign Investment Actually Utilized (USD 10000)	
		2009	2010	2009	2010	2009	2010
全 省	**Provincial Total**	**821**	**1092**	**490484**	**749447**	**402354**	**510084**
南昌市	Nanchang	145	304	151741	235619	125089	147655
景德镇市	Jingdezhen	17	23	10764	13832	10072	12136
萍乡市	Pingxiang	39	45	16111	25100	12434	15378
九江市	Jiujiang	172	173	59012	102966	52072	66534
新余市	Xinyu	12	38	17923	50360	42831	53106
鹰潭市	Yingtan	30	28	13732	12469	11079	11975
赣州市	Ganzhou	166	195	97717	95814	77193	83560
吉安市	Ji'an	78	102	42886	46686	34481	44005
宜春市	Yichun	46	39	30679	49535	32614	36150
抚州市	Fuzhou	47	56	8907	30065	13599	15160
上饶市	Shangrao	69	89	41012	87001	34890	50425

5-11 外商在赣直接投资情况（2010年）

Utilization of Direct Foreign Investments in Jiangxi (2010)

类别	Type	项目数（个） Number of Projects (unit)	合同外资金额（万美元） Total Amount of Contracted Foreign Investment (USD10000)	实际使用外资（万美元） Total Amount of Foreign Investment Actually Utilized (USD 10000)
总计	**Total**	**1092**	**749447**	**510084**
按投资方式分	**By Form**			
合资经营企业	Joint venture Enterprises	92	68593	51098
合作经营企业	Cooperative Operation Enterprises	3	2431	3976
外资企业	Foreign Investment Enterprise	994	676142	454789
外商投资股份制企业	Foreign Investment Share	3	2281	221
按国民经济行业分	**By Sector**			
农、林、牧、渔业	Agriculture, Forestry, Animal Husbandry and Fishery	98	58183	53861
采矿业	Mining	7	9573	6109
制造业	Manufacturing	710	484185	329597
#食品制造业	Manufacture of Foods	9	2972	2490
饮料制造业	Manufacture of Beverages	3	578	3692
纺织业	Manufacture of Textile	18	12363	10961
纺织服装、鞋、帽制造业	Manufacture of Textile Wearing Apparel, Footware and Caps	195	81216	51877
家具制造业	Manufacture of Furniture	12	5967	4498
石油加工及炼焦业	Processing of Petroleum, Coking			
化学原料及化学制品制造业	Manufacture of Raw Chemical Materials and Chemical Products	16	14356	12012
医药制造业	Manufacture of Medicines	10	9703	6735
塑料制品业	Manufacture of Plastics	26	10342	8955
非金属矿物制品业	Manufacture of Non-metallic Mineral Products	44	35041	21057
有色金属冶练及压延加工业	Smelting and Pressing of Non-ferrous Metals	29	19847	11703
通用设备制造业	Manufacture of General Purpose Machinery	10	8734	7752
交通运输设备制造业	Manufacture of Transport Equipment	17	6237	7792
电气机械及器材制造业	Manufacture of Electrical Machinery and Equipment	83	91778	83342
通信设备、计算机及其他电子设备制造业	Manufacture of Communication Equipment,Computers and Other Electronic Equipment	81	58444	45009
电力、燃气及水的生产和供应业	Production and Supply of Electricity, Gas and Water	12	24735	13821
建筑业	Construction	20	23481	9336
交通运输、仓储和邮政业	Transport, Storage and Post	3	1379	2454
#道路运输业	Road Transport		-51	1860
信息传输、计算机服务和软件业	Information Transmission, Computer Services and Software	46	23837	10334
#计算机服务业	Computer Services	7	1528	1238
软件业	Software Industry	37	21317	8116
批发和零售业	Wholesale and Retail Trades	32	10940	7550
批发业	Wholesale Trade	23	4585	4946
零售业	Retail Trade	9	6355	2604
住宿和餐饮业	Hotels and Catering Services	20	15577	4629
住宿业	Hotels	5	2872	1627
餐饮业	Catering Services	15	12705	3002
金融业	Financial Intermediation			877
房地产业	Real Estate	10	11260	20462

5-11 续表 continued

类别	Type	项目数(个) Number of Projects (unit)	合同外资金额(万美元) Total Amount of Contracted Foreign Investment (USD 10000)	实际使用外资(万美元) Total Amount of Foreign Investment Actually Utilized (USD 10000)
租赁和商务服务业	Leasing and Business Services	89	49223	19386
#商务服务业	Business Services	89	44943	14085
科学研究、技术服务和地质勘查业	Scientific Research, Technical Service and Geologic Prospecting	13	11972	8052
水利、环境和公共设施管理业	Management of Water Conservancy, Environment and Public Facilities	12	10581	13739
居民服务和其他服务业	Services to Households and Other Services	12	7346	2852
教育	Education	1	1601	2717
卫生、社会保障和社会福利业	Health, Social Security and Social Welfare			
文化、体育和娱乐业	Culture, Sports and Entertainment	7	5574	4308
其他	Others			
按投资国别(地区)分	**By Country (Region)**			
亚 洲	Asia	990	654423	433524
中国香港	Hong Kong, China	732	505028	324005
中国澳门	Macao, China	31	24896	12461
中国台湾	Taiwan, China	192	105648	71009
印度尼西亚	Indonesia	1	-92	296
日 本	Japan	11	5113	4528
马来西亚	Malaysia	3	2843	912
菲律宾	Philippines	3	837	289
新加坡	Singapore	11	2936	7821
韩 国	Korea Rep.	2	3933	5125
泰 国	Thailand	1	434	935
非 洲	Africa	12	2501	2134
欧 洲	Europe	22	10470	9201
#英 国	United Kingdom	4	5039	2036
德 国	Germany	3	2872	1972
法 国	France	2	1193	1100
意大利	Italy	2	1544	330
荷 兰	Netherlands	2	311	40
西班牙	Spain	3	-1174	566
拉丁美洲	Latin America	25	48921	30590
北美洲	North America	31	22841	24072
#加拿大	Canada	3	-486	2121
美 国	United States	28	22627	20268
大洋洲及太平洋群岛	Oceanic and Pacific Islands	18	5997	7516
#澳大利亚	Australia	7	1426	4309
新西兰	New Zealand	2	372	171
投资性公司投资	Investment Companies	5	4294	3047

注：利用外资项目中，存在多个国家投资同一项目，故按投资国别、地区分的项目个数之和不等于合计数。

a) Among the projects of utilization of foreign investments,there exists the same project with investments from different countries,so the number of projects by country or region is not equal to the total.

5-12 外商投资企业年底注册登记情况（2010年）

Registration Status of Foreign Funded Enterprises at Year-end (2010)

类别	Type	企业法人数（户） Number of Enterprises Corporate (unit)	投资总额（万美元） Total Investment (USD 10000)	注册资本（万美元） Registered Capital (USD 10000)	#外方 Foreign Investor
总计	**Total**	**5295**	**4391304**	**2813363**	**2429580**
按投资方式分	**By Form**				
合资经营企业	Joint venture Enterprises	1 451	1469818	835885	528700
合作经营企业	Cooperative Operation Enterprises	96	132695	75014	59207
外资企业	Foreign Investment Enterprise	3732	2683242	1811436	1811436
外商投资股份制企业	Foreign Investment Share	16	105549	91028	30237
按国民经济行业分	**By Sector**				
农、林、牧、渔业	Agriculture, Forestry, Animal Husbandry and Fishery	430	236259	176786	162189
采矿业	Mining	33	66977	53683	26904
制造业	Manufacturing	3166	2574866	1614294	1384959
#食品制造业	Manufacture of Foods	79	44730	28153	24840
饮料制造业	Manufacture of Beverages	42	80886	38922	35193
纺织业	Manufacture of Textile	236	96904	72767	68672
纺织服装、鞋、帽制造业	Manufacture of Textile Wearing Apparel, Footware and Caps	699	240121	187795	175734
家具制造业	Manufacture of Furniture	41	14680	10083	9263
石油加工及炼焦业	Processing of Petroleum, Coking	11	18662	9979	5446
化学原料及化学制品制造业	Manufacture of Raw Chemical Materials and Chemical Products	121	97369	53593	42613
医药制造业	Manufacture of Medicines	39	42848	27157	19817
塑料制品业	Manufacture of Plastics	80	36404	22625	21234
非金属矿物制品业	Manufacture of Non-metallic Mineral Products	197	176193	104769	90065
黑色金属冶炼及压延加工业	Smelting and Pressing of Ferrous Metals	10	33265	25061	5778
通用设备制造业	Manufacture of General Purpose Machinery	67	62661	45204	35818
交通运输设备制造业	Manufacture of Transport Equipment	93	123048	90216	50611
电气机械及器材制造业	Manufacture of Electrical Machinery and Equipment	167	244274	129071	114243
通信设备、计算机及其他电子设备制造业	Manufacture of Communication Equipment,Computers and Other Electronic Equipment	255	234104	162361	149537
电力、燃气及水的生产和供应业	Production and Supply of Electricity, Gas and Water	74	92846	58971	50095
建筑业	Construction	137	152991	97125	88946
交通运输、仓储和邮政业	Transport, Storage and Post	40	21657	13412	11132
#道路运输业	Road Transport	17	7162	4143	3049
信息传输、计算机服务和软件业	Information Transmission, Computer Services and Software	68	127314	82953	82150
批发和零售业	Wholesale and Retail Trades	356	241712	151523	136986
批发业	Wholesale Trade	241	171461	106800	97161
零售业	Retail Trade	115	70251	44723	39825
住宿和餐饮业	Hotels and Catering Services	133	57688	39006	35976
住宿业	Hotels	70	45711	28970	27275
餐饮业	Catering Services	63	11977	10036	8701
金融业	Financial Intermediation	7	18608	16208	12678
房地产业	Real Estate	443	388531	258531	228108

5-12 续表 continued

类别	Type	企业法人数(户) Number of Enterprises Corporate (unit)	投资总额(万美元) Total Investment (USD 10000)	注册资本(万美元) Registered Capital (USD 10000)	#外方 Foreign Investor
租赁和商务服务业	Leasing and Business Services	135	90548	68425	64547
#商务服务业	Business Services	134	90535	68412	64541
科学研究、技术服务和地质勘查业	Scientific Research, Technical Service and Geologic Prospecting	63	62183	48996	44619
水利、环境和公共设施管理业	Management of Water Conservancy,Environment and Public Facilities	54	82933	57526	48969
居民服务和其他服务业	Services to Households and Other Services	41	28526	18266	9131
教育	Education	8	8071	5114	4812
卫生、社会保障和社会福利业	Health, Social Security and Social Welfare	2	1841	763	542
文化、体育和娱乐业	Culture, Sports and Entertainment	35	86971	22339	12111
其他	Others	70	50782	29442	24726
按投资国别(地区)分	**By Country (Region)**				
亚 洲	Asia	4346	3094844	2082789	1810318
中国香港	Hong Kong, China	3104	2367417	1592191	1398000
中国澳门	Macao, China	109	61872	47197	41393
中国台湾	Taiwan, China	729	268427	214108	193789
印度尼西亚	Indonesia	22	9637	5470	4192
日 本	Japan	101	93025	61376	32948
马来西亚	Malaysia	32	29634	13223	10074
菲律宾	Philippines	44	26162	16890	14685
新加坡	Singapore	92	157615	77968	64187
韩 国	Korea Rep.	42	13333	10075	8127
泰 国	Thailand	19	8717	4696	4116
非 洲	Africa	41	41901	22659	17619
欧 洲	Europe	196	169669	86313	71267
#比利时	Belgium	4	1627	813	438
英 国	United Kingdom	37	29898	22503	20391
德 国	Germany	19	34215	14408	10450
法 国	France	23	9656	5187	4502
意大利	Italy	23	19635	9149	5046
荷 兰	Netherlands	6	2691	2319	1769
西班牙	Spain	16	4925	3317	2679
瑞 典	Sweden	3	248	190	190
拉丁美洲	Latin America	231	680997	371102	339306
北美洲	North America	307	267856	161148	121431
#加拿大	Canada	56	17683	14712	11932
美 国	United States	244	245599	143510	107848
大洋洲及太平洋群岛	Oceanic and Pacific Islands	114	70864	49204	43998
#澳大利亚	Australia	57	37861	25644	22460
新西兰	New Zealand	15	7486	5427	4652
其他	Others	60	65173	40148	25641

5-13 外出交流情况
Development of Exchange Abroad

指标	Item	2000	2001	2002	2003	2004
外出交流批数(批)	Batch of Persons Exchange Abroad (batch)	2056	2029	1426	1149	1579
外出交流人数(人次)	Number of Persons Exchange Abroad (person-time)	6625	6863	5360	4085	5726
友好访问	Friendly Visit	318	359	412	284	484
科学技术	Scientific Technology	47	147	44	90	76
经济贸易	Economic Trade	2510	1873	3093	2319	3610
劳务	Labor Service	2787	3155	755	3	2
留学进修培训	Study Abroad & Refresher Training	334	360	354	388	680
留学生、学者	Overseas Students and Scholars	206	211	198	157	45
参加会议	Conference Participation	89	159	141	625	290
文化体育	Culture & Sports	211	140	273	198	395
考察	Investigation					
其他	Others	123	459	90	21	144

注：从2004年始，留学生、学者仅指国家公派、单位公派等的录取人数。
a) The number of overseas students and scholars only refer to those supported by the government and unit since 2004.

5-13 续表 continued

指标	Item	2005	2006	2007	2008	2009	2010
外出交流批数(批)	Batch of Persons Exchange Abroad (batch)	1534	1817	1689	1207	938	1231
外出交流人数(人次)	Number of Persons Exchange Abroad (person-time)	5760	6912	6175	4966	3285	4526
友好访问	Friendly Visit	299	317	333	359	277	398
科学技术	Scientific Technology	113	279	136	227	168	233
经济贸易	Economic Trade	3779	4493	3845	2326	1588	2145
劳务	Labor Service			5			
留学进修培训	Study Abroad & Refresher Training	864	943	856	898	703	778
留学生、学者	Overseas Students and Scholars	26	35	82	107	54	120
参加会议	Conference Participation	263	225	177	108	114	170
文化体育	Culture & Sports	265	505	616	542	275	556
考察	Investigation				262	5	
其他	Others	151	115	125	137	101	126

5-14 江西与国外结成友好城市一览
List of Foreign Sister Cities with Jiangxi

国别	Country Region	城市(州、县)	Sister City (State, Prefecture)	缔结日期 Date of Conclusion
马其顿	Macedonia	斯科普里市	Skopje	1984.03.20
德国	Germany	黑森州	Hesse	1985.04.03
美国	United States	肯塔基州	Kentucky	1985.10.06
美国	United States	犹他州	Utah	1986.07.10
日本	Japan	歧阜县	Gifu	1988.06.21
墨西哥	Mexico	托卢卡市	Toluca	1988.08.16
日本	Japan	高松市	Takamatsu-shi	1990.09.28
日本	Japan	冈山县	Okayama	1992.06.01
摩洛哥	Morocco	萨非市	Safi	1993.10.15
美国	United States	罗马市	Rome	1993.11.07
澳大利亚	Australia	沃拉格尔市	Wollongong	1993.12.09
美国	United States	麦卡伦市	McAllen	1994.10.27
斯洛文尼亚	Slovenia	科佩尔市	Koper	1995.04.05
日本	Japan	佐贺县有田町	Arita-cho, Saga	1996.08.28
日本	Japan	玉野市	Tamano-shi	1996.10.05
芬兰	Finland	瓦尔济考斯基市	Valkeakoski	1997.11.20
芬兰	Finland	托亚拉市	Toijala	1997.11.20
日本	Japan	冈山县真庭市	Yubara-cho, Gifu	2001.01.16
美国	United States	路易维尔市	Louisville	2003.12.19
日本	Japan	冈山县浅口市	Kamogata-cho, Okayama	2004.10.29
俄罗斯	Russia	雅罗斯拉夫尔州	Jarraud Slavic	2005.02.28
美国	United States	索拉洛郡	Solano	2005.10.13
日本	Japan	和歌山县清水町	Shimizu-cho, Wakayama	2006.04.03
韩国	Korea Rep.	南海郡市	Namhae	2006.04.13
菲律宾	Philippines	保和省	Bohol	2006.05.08
芬兰	Finland	卡亚尼市	Kajaani	2006.06.26
日本	Japan	歧阜县安八町	Anpachi-cho, Gifu	2006.08.25
法国	France	第戎市	Dijon	2006.10.17
日本	Japan	濑户市	Seto-shi	2006.11.23
韩国	Korea Rep.	庆尚北道尚州市	Sangju-si,Gyeongsangbuk-do	2007.04.03
智利	Chile	科皮亚波市	Copiapo	2007.06.11
阿根廷	Argentina	拉普拉塔市	Laplata	2007.06.11
韩国	Korea Rep.	利川市	Lcheon	2007.08.07
韩国	Korea Rep.	罗州市	Naju-si	2007.08.13
南非	South Africa	艾古莱尼市	Ekurhuleni	2007.08.23
美国	United States	埃荣顿市	Overton	2007.09.25
巴西	Brazil	索罗卡巴市	Sorocaba	2007.09.29
韩国	Korea Rep.	堤川市	Jye Chun	2008.02.13
希腊	Greece	希俄斯市	Chios	2008.04.02
波兰	Poland	莱基奥诺沃市	Legionowo	2008.06.11
法国	France	中央大区	Centre	2008.07.08
法国	France	奥赛市	Auxerre	2008.09.10
德国	Germany	威斯巴登市	Wiesbaden	2008.09.18
美国	United States	萨凡纳市	Savannah	2008.10.15
阿根廷	Argentina	基尔梅斯市	Quilmes	2008.12.05
埃塞俄比亚	Ethiopia	阿姆哈拉区	Amhara	2009.03.25
塞拉利昂	Sierra Leone	弗里敦市	Freetown	2009.04.08
韩国	Korea Rep.	太白市	Taebaek	2009.09.15
澳大利亚	Australia	奥本市	Auburn	2009.09.24
德国	Germany	派尼区	Piney	2009.10.13
英国	United Kingdom	巴斯—东北萨莫塞特郡	Bath and North East Somerset	2009.10.20
巴西	Brazil	南马托格罗索州	Mato Grosso do Sul	2009.10.23
匈牙利	Hugary	蒂萨新城	Tiszaujvaros	2009.12.02
美国	United States	罕斯维尔市	Hansiweier	2009.12.07
法国	France	图尔市	Tours	2010.01.06
南非	South Africa	新堡市	Newcastle	2010.01.26
美国	United States	不伦瑞克市	Brunswick	2010.01.28
美国	United States	威斯康星州门县市	Men of Wisconsin	2010.02.24
津巴布韦	Zimbabwe	穆塔雷市	Mutare	2010.04.28
荷兰	Holland	代尔夫特市	Delfe	2010.05.12
希腊	Greece	维欧提亚省	Vea tia	2010.07.06
美国	United States	奥林匹亚市	Olympia	2010.08.18

主要统计指标解释

进出口总额 指实际进出我国国境的货物总金额。包括对外贸易实际进出口货物，来料加工装配进出口货物，国家间、联合国及国际组织无偿援助物资和赠送品，华侨、港澳台同胞和外籍华人捐赠品，租赁期满归承租人所有的租赁货物，进料加工进出口货物，边境地方贸易及边境地区小额贸易进出口货物(边民互市贸易除外)，中外合资企业、中外合作经营企业、外商独资经营企业进出口货物和公用物品，到、离岸价格在规定限额以上的进出口货样和广告品(无商业价值、无使用价值和免费提供出口的除外)，从保税仓库提取在中国境内销售的进口货物，以及其他进出口货物。该指标可以观察一个国家在对外贸易方面的总规模。我国规定出口货物按离岸价格统计，进口货物按到岸价格统计。

商品经营单位所在地进、出口额 指在所在地海关注册登记的有进出口经营权的企业实际进、出口额。

商品目的地进口额和商品货源地出口额 目的地进口额指进口货物的消费、使用或最终抵运地的实际进口额；货源地出口额指出口货物的产地或原始发货地的实际出口额。

外商直接投资 指外国企业和经济组织或个人(包括华侨、港澳台胞以及我国在境外注册的企业)按我国有关政策、法规，用现汇、实物、技术等在我国境内开办外商独资企业、与我国境内的企业或经济组织共同举办中外合资经营企业、合作经营企业或合作开发资源的投资(包括外商投资收益的再投资)，以及经政府有关部门批准的项目投资总额内企业从境外借入的资金。

对外承包工程 指各对外承包公司以招标议标承包方式承揽的下列业务：(1)承包国外工程建设项目；(2)承包我国对外经援项目；(3)承包我国驻外机构的工程建设项目；(4)承包我国境内利用外资进行建设的工程项目；(5)与外国承包公司合营或联合承包工程项目时我国公司分包部分；(6)对外承包兼营的房屋开发业务。对外承包工程的营业额是以货币表现的本期内完成的对外承包工程的工作量，包括以前年度签订的合同和本年度新签订的合同在报告期内完成的工作量。

对外劳务合作 指以收取工资的形式向业主或承包商提供技术和劳动服务的活动。我国对外承包公司在境外开办的合营企业，中国公司同时又提供劳务的，其劳务部分也纳入劳务合作统计。劳务合作营业额按报告期内向雇主提交的结算数(包括工资、加班费和奖金等)统计。

对外设计咨询 指以服务成果向业主收费的技术服务项目。包括承担地形地貌测绘，地质资源勘探与普查，建设区域规划，提供设计文件、图纸、生产工艺技术资料和工程技术经济咨询，工程项目的可行性考察、研究和评估，进行技术指导和培训人员等；也包括承担国(境)内利用外资建设工程项目中的设计咨询项目内收取外币部分。

Explanatory Notes on Main Statistical Indicators

Total Value of Imports and Exports refer to the real value of commodities imported into and exported from the boundary of China. They include the actual imports and exports through foreign trade, imported and exported goods under the processing and assembling trades and materials, supplies and gifts as aid given gratis between governments and by the United Nations and other international organizations, and contributions donated by overseas Chinese, compatriots in Hong Kong and Macao and Chinese with foreign citizenship, leasing commodities owned by tenant at the expiration of leasing period, the imported and exported commodities processed with imported materials, commodities trading in border areas (excluding mutual exchange goods), the imported and exported commodities and articles for public use of the Sino-foreign joint ventures, cooperative enterprises and ventures exclusively with foreign own investment. Also included are import or export of samples and advertising goods for whose CIF or FOB value are beyond the permitted ceiling (excluding goods of no trading or use value and free commodities for export), imported goods sold in China from bonded warehouses and other imported or exported goods. The indicator of the total imports and exports at customs can be used to observe the total size of external trade in a country. In accordance with the stipulation of the Chinese government, imports are calculated at CIF, while exports are calculated at FOB.

Import Export Value by Location of China' s Foreign Trade Managing Units refers to actual value of imports and exports carried out by corporations which have been registered by the local customhouse and are vested with right to run import export business.

Import Value of Commodities by the Places of their Destination and Export Value of Commodities by the Places of their Origin in China: The former indicator refers to the value of import commodities of the places of their consumption, utilization or the places of their final destination. The latter indicator refers to the value of export commodities of the places of their origin or the places of the commodities dispatched.

Direct Foreign Investment refers to the investments inside China by foreign enterprises and economic organizations or individuals (including overseas Chinese, compatriots from Hong Kong, Macao and Taiwan, and Chinese enterprises registered abroad), following the relevant policies and laws of China, for the establishment of ventures exclusively with foreign own investment, Sino-foreign joint ventures and cooperative enterprises or for co-operative exploration of resources with enterprises or economic organizations in China. It includes the re investment of the foreign entrepreneurs with the profits gained from the investment and the funds that enterprises borrow from abroad in the total investment of projects which are approved by the relevant department of the government.

Contracted Projects refer to projects undertaken by Chinese contractors (project contracting companies) through bidding process. They include: (1) overseas civil engineering construction projects financed by foreign investors; (2) overseas projects financed by the Chinese government through its foreign aid programs; (3) construction projects of Chinese diplomatic missions, trade offices and other institutions stationed abroad; (4) construction projects in China financed by foreign investment; (5) sub-contracted projects to be taken by Chinese contractors through a joint umbrella project with foreign contractor(s); (6) housing development projects. The business income from international contracted projects is the work volume of contracted projects completed during the reference period, expressed in monetary terms, including completed work on projects signed in previous years.

Labor Cooperation refers to the activities of providing technology and labour services to employers or contractors in the forms of receiving salaries and wages. Labour services providing by contractual joint ventures of Chinese international contracting corporations should be included in the statistics of service co-operation with foreign countries. The business income of labour service cooperation is the income in the form of wages and salaries, overtime pay, bonuses and other remuneration received from the employers during the reference period.

Design Consultation refers to projects with charges for technical services from overseas operators. It includes geographic and topographic mapping, geological resource prospecting and survey, planning of construction areas, provision of design documents, blueprints, materials on production process and techniques, as well as engineering, technical and economic consultation, and feasibility study, research and evaluation of projects. Also included under this category are the above-mentioned services of foreign-financed projects in China that are paid in foreign currencies.

6

能源

ENERGY

◆123/140

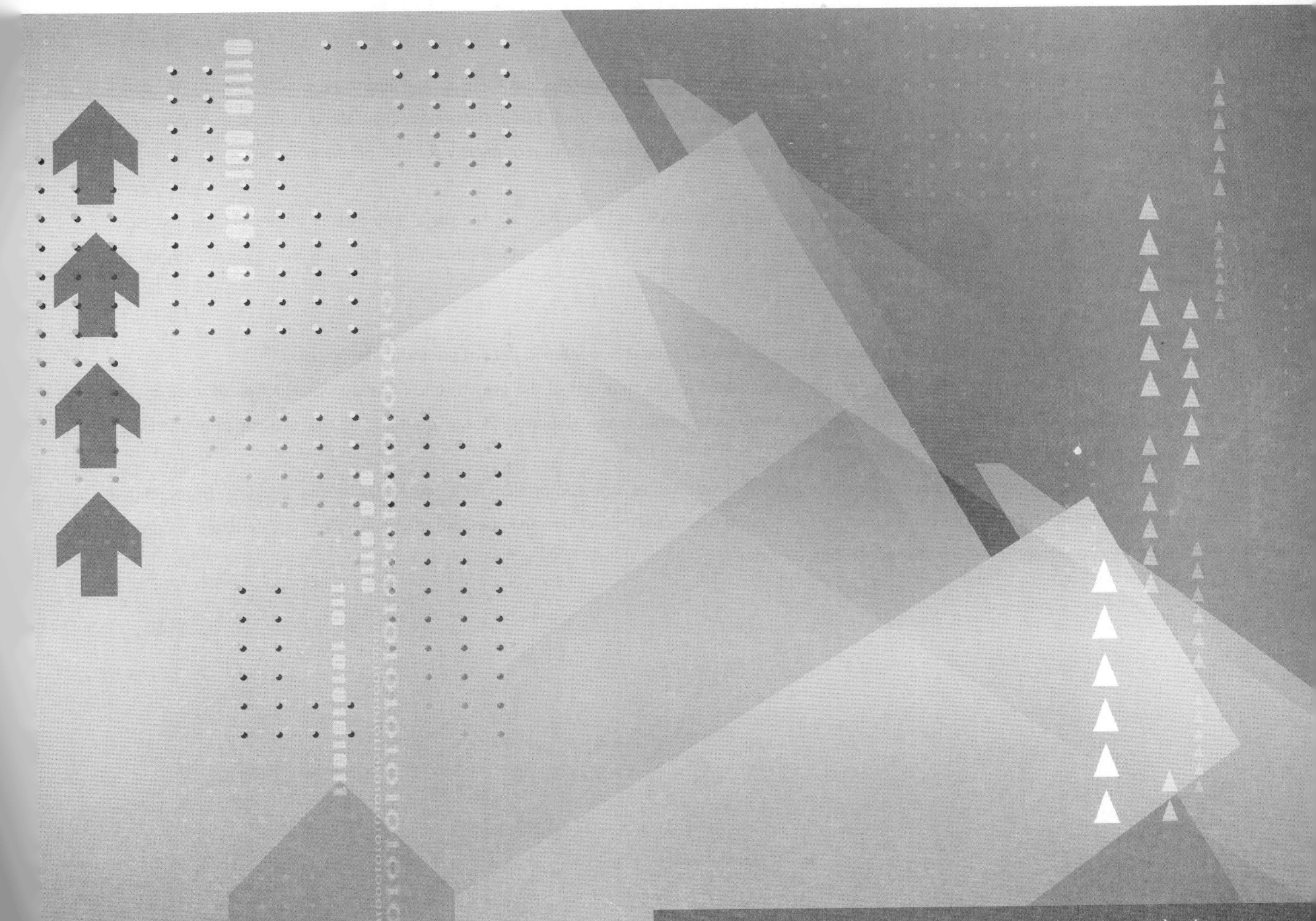

资料整理及英文翻译：方颖　章鹏

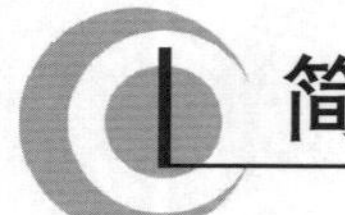

简要说明

一、本篇资料的主要内容

本篇包括的主要内容有能源生产、消费及品种构成，能源生产和消费弹性系数，综合能源平衡表和主要能源品种的单项平衡表，分行业、分主要能源品种的消费量，生活用能源消费量等。

二、本篇资料的来源

本篇资料来源于全省能源平衡表和规模以上工业企业能源报表。能源平衡表的编制范围为辖区内除军队系统以外的全部能源生产和消费活动的单位。

三、关于数据口径与计算的说明

1.一次能源生产量与工业统计数字一致。

2.能源生产与消费弹性系数分别以能源生产、消费增长速度与国内生产总值增长速度相比求得。

3.能源平衡表中的库存量、进口量、出口量和消费量，根据有关部门和企业提供的数据综合评估得出。电力折算标准煤系数按平均发电煤耗计算。

。

Brief Introduction

I. Main Contents

Data in this chapter cover mainly the energy production and consumption and their composition, the elasticity ratio of energy production and consumption, the overall balance of energy and the balance by different types of energy, the consumption of energy by sector and by types of energy, efficiency of energy conversion and the consumption of energy for non-production uses.

II. Source of Data

Data in this chapter comes from the province energy balance and energy-scale industrial enterprises above Designated Size. Energy balance for the establishment of the area in addition to the military system other than the total energy production and consumption activities of the units.

III. Notes on Coverage and Calculation of Data:

(1) The data on the production of primary energy are the same as the concerned data of the industrial statistics.

(2) The elasticity ratio of energy production is calculated as the quotient of the growth rate of energy production divided by the growth rate of GDP; and the elasticity ratio of energy consumption is calculated as the quotient of the growth rate of energy consumption divided by the growth rate of GDP.

(3)The storage,import and export in the energy balance tables are comprehensively evaluated based on data from related departments and enterprises. The coefficient for conversion of electric power into the standard coal equivalent is calculated according to the average consumption of coal for generating electricity.

6-1　能源生产总量及构成

Total Production of Energy and Its Composition

年　份 Year	能源生产总量 (万吨标准煤) Total Energy Production (10000 tons of SCE)	占能源生产总量的比重（%） As Percentage of Total Energy Production(%)			
		原　煤 Raw Coal	原　油 Crude Oil	天然气 Natural Gas	水　电 Hydro Power
1995	1868.8	88.0			12.0
1996	1573.2	88.5			11.5
1997	1410.0	83.7			16.3
1998	1394.7	78.6			21.4
1999	1154.5	85.7			14.3
2000	1293.2	76.1			23.9
2001	1242.7	71.0			29.0
2002	1252.2	77.0			23.0
2003	1450.4	71.7			17.5
2004	1730.4	79.7			20.3
2005	2101.5	82.3			17.7
2006	2268.5	83.5		0.1	16.4
2007	2271.6	87.2		0.3	12.5
2008	2395.0	87.0		0.2	12.8
2009	2528.8	89.1		0.2	10.7
2010	2204.4	86.1		0.2	13.7

注：电力折算标准煤的系数根据当年平均发电煤耗计算。下表同。

a) The coefficient for conversion of electric power into SCE (standard coal equivalent) is calculated on the basis of the data on average coal consumption in generating electric power in the same year. The same applies to the tables following.

6-2　能源消费总量及构成

Total Consumption of Energy and Its Composition

年　份 Year	能源消费总量 (万吨标准煤) Total Energy Composition (10000 tons of SCE)	占能源消费总量的比重（%） As Percentage of Total Energy Composition(%)			
		煤　炭 Raw Coal	石　油 Crude Oil	天然气 Natural Gas	水　电 Hydro Power
1995	2391.7	79.8	10.0		10.2
1996	2154.7	78.4	12.0		9.6
1997	2132.4	75.2	12.9		11.9
1998	2028.4	73.3	16.3		10.4
1999	2123.3	73.6	17.8		8.7
2000	2505.0	70.5	17.3		12.2
2001	2628.0	71.5	17.0		11.5
2002	2933.0	68.7	21.8		9.5
2003	3426.0	74.5	22.2		3.2
2004	3814.0	72.6	16.9		10.5
2005	4286.0	72.4	17.2		10.5
2006	4660.1	73.2	16.9	0.2	8.0
2007	5052.5	75.9	15.5	0.3	5.6
2008	5383.0	73.7	14.8	0.6	5.7
2009	5812.5	73.8	13.6	0.5	4.7
2010	6354.9	74.4	13.7	1.0	4.8

6-3 综合能源平衡表
Overall Energy Balance Sheet

单位：万吨标准煤 (10000 tons of SCE)

指标	Item	1990	1995	2000	2005	2009	2010
可供消费的能源总量	**Total Energy Available for Consumption**	**1704.54**	**2416.50**	**2371.75**	**4283.48**	**5809.24**	**6344.33**
一次能源生产量	Primary Energy Output	1282.42	1868.76	1293.23	2101.48	2528.80	2204.40
外省(区、市)调入量	Transferred in from Other Provinces	808.97	858.96	1157.24	2324.09	3289.07	4267.74
进口量	Imports	0.09		229.73	197.63	262.63	328.98
本省(区、市)调出量(−)	Sent Out to Other Provinces(-)	303.53	377.28	225.80	309.00	953.54	887.59
出口量(−)	Exports (-)	8.15					
年初年末库存差额	Stock Changes in the Year	-75.26	-6.84	-82.65	-57.98	65.50	21.00
能源消费总量	**Total Energy Consumption**	**1732.29**	**2391.66**	**2505.00**	**4286.01**	**5812.54**	**6354.87**
在总量中	Consumption by Sector						
农、林、牧、渔、水利业	Agriculture, Forestry, Animal Husbandry, Fishery and Water Conservancy	132.87	150.91	151.00	246.22	156.26	132.58
工业	Industry	1264.22	1835.44	1751.76	3034.97	4336.59	4757.89
建筑业	Construction	8.88	14.44	7.72	19.29	45.36	57.40
交通运输、仓储和邮政业	Transport, Storage and Post	65.93	82.98	177.97	328.52	387.43	417.93
批发、零售业和住宿、餐饮业	Wholesale and Retail Trades,Hotels and Catering Services	10.81	17.39	30.59	68.66	125.33	142.17
其他	Others	25.60	27.99	44.46	98.10	160.93	185.07
生活消费	Household Consumption	223.98	262.51	341.50	490.25	600.60	661.83
在总量中	Consumption by Usage						
终端消费	End-use Consumption	1617.12	2236.96	2320.40	3982.09	5461.79	5926.33
#工业	Industry	1149.05	1680.74	1567.16	2731.05	3988.18	4331.49
加工转换损失量	Losses During the Process of Enery Conversion	74.40	93.24	130.64	151.15	178.57	246.45
#炼焦	Coking	9.71	8.77	24.88	1.40	12.77	62.64
炼油	Petroleum Refining	2.46	6.75	24.91	22.57	23.94	4.13
损失量	Energy Losses	40.77	61.46	53.96	152.77	172.18	182.09
#输变电损失量	Losses in Transmission	40.68	61.46	53.96	148.28	169.88	179.96
平衡差额	**Balance**	**-27.75**	**24.84**	**-133.25**	**-2.53**	**-3.30**	**-10.55**

注：电力、热力按等价热值计算，因此加工转换损失量中不包括发电、供热损失量。下表同。

a) Electric power and heat are converted on the basis of equal caloric value. Therefore, losses during the process of energy conversion do not include losses in power generation and heating. The same applies to the tables following.

6-4 煤炭平衡表
Coal Balance Sheet

单位：万吨 (10000 tons)

指标	Item	1990	1995	2000	2005	2009	2010
可供量	**Total Energy Available for Consumption**	**2218.37**	**3080.40**	**2245.84**	**4224.84**	**5356.11**	**6016.24**
生产量	Output	2027.11	2877.90	1813.76	2565.05	3414.00	2912.22
外省(市、区)调入量	Transferred in from Other Provinces	491.22	552.67	649.08	1834.39	2419.92	3599.37
进口量	Imports						
本省(市、区)调出量(-)	Sent Out to Other Provinces(-)	178.29	346.92	111.96	97.90	610.95	389.23
出口量(-)	Exports (-)	4.78					
年初年末库存差额	Stock Changes in the Year	-116.89	-3.25	-105.04	-76.70	133.14	-106.12
消费量	**Total Energy Consumption**	**2265.87**	**3039.37**	**2468.63**	**4242.90**	**5356.11**	**6016.24**
在消费量中	Consumption by Sector						
农、林、牧、渔、水利业	Agriculture, Forestry, Animal Husbandry, Fishery and Water Conservancy	54.20	59.86	12.10	4.00	24.00	23.00
工业	Industry	1852.93	2631.57	2263.78	3963.06	5101.85	5759.18
建筑业	Construction	2.29	5.58			3.50	3.00
交通运输、仓储和邮政业	Transport, Storage and Post	38.66	24.10	11.42	2.56	3.76	3.06
批发、零售业和住宿、餐饮业	Wholesale and Retail Trades,Hotels and Catering Services	11.41	14.00	5.20	10.00	15.00	16.00
其他	Others	2.51	1.89		1.00	15.00	24.00
生活消费	Household Consumption	303.87	302.37	176.13	262.28	193.00	188.00
在消费量中	Consumption by Usage						
中间消费(用于加工转换)	Intermediate Consumption (Consumed in Conversion)	882.27	1131.58	1261.89	2577.04	3161.82	3372.82
#发电	Power Generation	720.53	871.85	906.11	1869.31	2184.31	2648.31
炼焦	Coking	161.74	228.71	247.94	323.06	552.32	920.48
终端消费	End-use Consumption	1254.79	1715.65	1076.66	1508.94	1953.32	2042.62
#工业	Industry	841.85	1307.85	871.81	1229.10	1699.06	1785.56
洗选损耗	Losses in Coal Washing and Dressing	128.81	192.14	130.08	156.92	240.97	300.83
平衡差额	**Balance**	**-47.50**	**41.03**	**-222.79**	**-18.06**		

注：生产量为原煤产量。

a) Data on output refer to the output of raw coal.

6-5 石油平衡表
Petroleum Balance Sheet

单位：万吨 (10000 tons)

指　　标	Item	1990	1995	2000	2005	2009	2010
可供量	**Total Energy Available for Consumption**	**132.89**	**168.30**	**297.33**	**510.20**	**543.44**	**597.89**
外省(市、区)调入量	Movong In from Other Provinces	244.24	275.19	249.59	481.82	698.91	721.82
进口量	Imports	0.06		160.81	138.34	183.84	230.28
本省(市、区)调出量(-)	Sending Out to Other Provinces(-)	109.04	110.24	103.36	106.58	334.35	354.02
出口量(-)	Exports (-)	3.06					
年初年末库存差额	Stock Changes in the Year	0.69	3.35	-9.71	-3.38	-4.96	-0.19
消费量	**Total Energy Consumption**	**133.09**	**168.31**	**304.46**	**511.29**	**543.49**	**597.89**
在消费量中:	Consumption by Sector						
农、林、牧、渔、水利业	Agriculture, Forestry, Animal Husbandry, Fishery and Water Conservancy	25.82	18.24	61.25	100.00	48.80	50.00
工　业	Industry	62.96	95.55	105.96	126.07	142.18	160.68
建筑业	Construction	2.27	1.91	1.48	5.48	18.05	23.43
交通运输、仓储和邮政业	Transport, Storage and Post	26.27	38.27	105.17	211.49	238.16	253.73
批发、零售业和住宿、餐饮业	Wholesale and Retail Trades,Hotels and Catering Services	0.18	0.34	2.12	9.98	16.51	17.06
其他	Others	8.01	6.30	4.08	16.79	20.29	20.57
生活消费	Non-Production Consumption	7.58	7.70	24.40	41.48	59.51	72.42
在消费量中:	Consumption by Usage						
中间消费(用于加工转换)	Intermediate Consumption (Consumed in Conversion)	8.63	13.75	28.56	8.91	7.88	7.86
#发　电	Power Generation	8.63	9.07	11.56	2.65	0.96	0.86
供　热	Heating		4.68	17.00	6.26	6.92	7.00
终端消费	End-use Consumption	119.34	146.45	253.08	474.96	525.80	591.66
#工　业	Industry	49.21	73.69	54.58	89.74	126.09	155.94
炼油损失量	Losses in Petroleum Refining	5.06	8.11	19.26	24.28	8.20	-3.12
损 失 量	Other Losses	0.06		3.56	3.14	1.61	1.49
平衡差额	**Balance**	**-0.20**	**-0.01**	**-7.13**	**-1.09**	**-0.05**	

6-6 电力平衡表
Electricity Balance Sheet

单位：亿千瓦小时 (100 million kwh)

指 标	Item	1990	1995	2000	2005	2009	2010
可供量	**Total Energy Available for Consumption**	**127.65**	**181.21**	**233.85**	**413.98**	**609.22**	**700.51**
发电量	Output	121.41	176.48	226.77	395.49	524.43	637.59
水电、风电	Hydropower，Windpower	27.77	55.13	77.96	89.88	76.62	87.84
火电	Thermal Power	93.64	121.35	148.81	305.61	447.81	549.75
外省(市、区)调入量	Transferred in from Other Provinces	6.51	5.36	7.12	19.75	84.79	62.92
本省(市、区)调出量(-)	Sent Out to Other Provinces(-)	0.27	0.63	0.04	1.26		
消费量	**Total Energy Consumption**	**127.65**	**181.21**	**233.85**	**413.98**	**609.22**	**700.51**
在消费量中	Consumption by Sector						
农、林、牧、渔、水利业	Agriculture,Forestry,Animal Husbandry, Fishery and Water Conservancy	14.34	21.62	21.92	23.59	19.63	13.00
工 业	Industry	99.05	133.64	173.98	290.60	416.62	496.72
建 筑 业	Construction	0.93	2.03	0.80	2.74	5.95	6.69
交通运输、仓储和邮政业	Transport, Storage and Post	1.19	3.03	3.42	4.35	10.64	13.28
批发、零售业和住宿、餐饮业	Wholesale and Retail Trades,Hotels and Catering Services	0.90	2.07	2.98	9.56	18.96	21.73
其他	Others	2.77	4.32	7.52	17.61	34.12	38.27
生活消费	Household Consumption	8.47	14.50	23.23	65.53	103.30	110.82
在消费量中	Consumption by Usage						
终端消费	End-use Consumption	118.55	166.11	221.67	378.14	561.33	648.14
#工 业	Industry	89.95	118.54	161.80	254.76	368.73	444.35
输配损失量	Losses in Transmission	9.10	15.10	12.18	35.84	47.89	52.37

6-7 能源消费量
Consumption of Energy by Sector

单位：万吨标准煤 (10000 tons of SCE)

行业	Sector	1990	1995	2000	2005	2009	2010
消费总量	**Total Consumption**	**1732.29**	**2391.66**	**2505.00**	**4286.01**	**5812.50**	**6354.87**
农、林、牧、渔、水利业	**Agriculture, Forestry, Animal Husbandry, Fishery and Water Conservancy**	**132.87**	**150.91**	**151.00**	**246.22**	**156.26**	**132.58**
工业	**Industry**	**1264.22**	**1835.45**	**1751.76**	**3034.97**	**4336.59**	**4757.89**
#煤炭开采和洗选业	Mining and Washing of Coal	115.91	150.04	165.95	224.03	213.41	211.87
黑色金属矿采选业	Mining and Processing of Ferrous Metal Ores	2.74	12.64	5.41	12.84	24.55	29.99
有色金属矿采选业	Mining and Processing of Non-Ferrous Metal Ores	48.27	63.60	46.01	72.82	37.75	36.60
非金属矿采选业	Mining and Processing of Non-metal Ores	6.21	18.02	20.86	18.28	45.69	33.26
其他采矿业	Mining of Other Ores	0.06	0.23	0.08	4.26		
农副食品加工业	Processing of Food from Agricultural Products	20.12	22.11	27.87	15.43	28.39	44.47
食品制造业	Manufacture of Foods	3.06	10.52	17.70	40.90	66.35	53.75
饮料制造业	Manufacture of Beverages	16.32	17.63	10.34	14.71	23.36	18.96
烟草制品业	Manufacture of Tobacco	2.42	2.62	2.49	2.75	2.67	3.23
纺织业	Manufacture of Textile	48.08	53.06	37.07	45.63	52.36	75.76
纺织服装、鞋、帽制造业	Manufacture of Textile Wearing Apparel, Footware and Caps	1.64	3.48	0.68	5.55	10.59	14.17
皮革、毛皮、羽毛(绒)及其制品业	Manufacture of Leather, Fur, Feather and Related Products	1.78	5.14	1.04	2.27	7.02	13.14
木材加工及木、竹、藤、棕、草制品业	Processing of Timber, Manufacture of Wood, Bamboo, Rattan, Palm, and Straw Products	11.90	18.17	14.83	28.89	40.58	42.13
家具制造业	Manufacture of Furniture	0.88	0.70	0.93	0.74	3.24	4.41
造纸及纸制品业	Manufacture of Paper and Paper Products	38.67	58.86	35.57	55.47	62.76	71.94
印刷业和记录媒介的复制	Printing, Reproduction of Recording Media	1.20	1.70	1.77	3.01	4.77	4.74
文教体育用品制造业	Manufacture of Articles For Culture, Education and Sport Activities	0.63	0.27	0.38	2.23	4.74	5.43
石油加工、炼焦及核燃料加工业	Processing of Petroleum, Coking, Processing of Nuclear Fuel	53.45	65.68	145.55	169.66	168.93	222.24
化学原料及化学制品制造业	Manufacture of Raw Chemical Materials and Chemical Products	154.02	185.56	171.93	247.56	230.13	294.72
医药制造业	Manufacture of Medicines	23.02	55.37	20.31	34.06	41.89	50.33
化学纤维制造业	Manufacture of Chemical Fibres	14.83	28.56	32.57	64.97	40.72	25.78
橡胶制品业	Manufacture of Rubber	7.66	7.54	2.74	10.73	12.71	14.40
塑料制品业	Manufacture of Plastics	3.54	3.43	1.71	7.33	14.78	23.26
非金属矿物制品业	Manufacture of Non-metallic Mineral Products	248.61	426.95	313.35	607.07	952.79	985.47
黑色金属冶炼及压延加工业	Smelting and Pressing of Ferrous Metals	232.43	349.39	323.10	787.28	1512.63	1578.17
有色金属冶炼及压延加工业	Smelting and Pressing of Non-ferrous Metals	31.80	51.41	102.17	137.80	252.05	256.67
金属制品业	Manufacture of Metal Products	9.80	9.72	5.20	22.79	24.64	25.40
通用设备制造业	Manufacture of General Purpose Machinery	16.52	17.13	10.95	18.18	13.87	23.60
专用设备制造业	Manufacture of Special Purpose Machinery	7.95	8.14	10.38	13.63	6.71	13.16
交通运输设备制造业	Manufacture of Transport Equipment	13.36	17.41	17.34	29.57	31.42	60.44
电气机械及器材制造业	Manufacture of Electrical Machinery and Equipment	8.23	8.80	7.69	15.19	26.38	62.46
通信设备、计算机及其他电子设备制造业	Manufacture of Communication Equipment, Computers and Other Electronic Equipment	5.65	5.90	6.68	4.41	7.28	21.20
仪器仪表及文化、办公用机械制造业	Manufacture of Measuring Instruments and Machinery for Cultural Activity and Office Work	1.64	2.06	3.61	1.83	2.33	2.69
工艺品及其他制造业	Manufacture of Artwork and Other Manufacturing	14.25	15.50	6.83	10.99	7.30	9.14
电力、热力的生产和供应业	Production and Supply of Electric Power and Heat Power	84.97	131.78	164.68	268.00	336.09	404.40
燃气生产和供应业	Production and Supply of Gas	2.30	4.15	1.37	5.05	6.55	3.63
水的生产和供应业	Production and Supply of Water	6.90	0.14	13.70	20.74	15.92	15.26
建筑业	**Construction**	**8.88**	**14.44**	**7.72**	**19.29**	**45.36**	**57.40**
交通运输、仓储和邮政业	**Transport, Storage and Post**	**65.93**	**82.98**	**177.97**	**328.52**	**387.43**	**417.93**
批发、零售业和住宿、餐饮业	**Wholesale and Retail Trades, Hotels and Catering Services**	**10.81**	**17.39**	**30.59**	**68.66**	**125.33**	**142.17**
其他	**Others**	**25.60**	**27.99**	**44.46**	**98.10**	**160.93**	**185.07**
生活消费	**Non-Production Household Consumption**	**223.98**	**262.51**	**341.50**	**490.25**	**600.60**	**661.83**
城镇	Urban	120.75	185.97	231.33	257.89	320.65	363.28
乡村	Rural	103.23	76.54	110.17	232.36	279.95	298.55

6-8 煤炭消费量
Coal Consumption

单位：万吨 (10000 tons)

行业	Sector	1990	1995	2000	2005	2009	2010
消费总量	**Total Consumption**	**2265.87**	**3039.37**	**2468.63**	**4242.90**	**5356.11**	**6016.24**
农、林、牧、渔、水利业	**Agriculture, Forestry, Animal Husbandry, Fishery and Water Conservancy**	**54.20**	**59.86**	**12.10**	**4.00**	**24.00**	**23.00**
工业	**Industry**	**1852.93**	**2631.57**	**2263.78**	**3963.06**	**5101.85**	**5759.18**
#煤炭开采和洗选业	Mining and Washing of Coal	182.33	288.92	200.13	310.24	365.52	367.29
黑色金属矿采选业	Mining and Processing of Ferrous Metal Ores	0.42	8.92	0.86	2.00	4.59	5.81
有色金属矿采选业	Mining and Processing of Non-Ferrous Metal Ores	13.90	14.31	4.76	5.22	14.04	3.91
非金属矿采选业	Mining and Processing of Non-metal Ores	3.87	16.28	22.40	6.88	20.00	15.18
其他采矿业	Mining of Other Ores						
农副食品加工业	Processing of Food from Agricultural Products	26.03	35.86	18.59	6.98	14.95	11.40
食品制造业	Manufacture of Foods	6.58	9.82	7.72	49.56	110.21	61.64
饮料制造业	Manufacture of Beverages	17.53	23.63	14.48	13.16	23.42	12.04
烟草制品业	Manufacture of Tobacco	1.98	1.89	2.23	2.98	0.61	1.31
纺织业	Manufacture of Textile	47.21	55.16	32.80	24.48	22.40	12.30
纺织服装、鞋、帽制造业	Manufacture of Textile Wearing Apparel, Footware and Caps	1.14	1.59	0.03	2.57	2.92	3.68
皮革、毛皮、羽毛(绒)及其制品业	Manufacture of Leather, Fur, Feather and Related Products	1.09	1.53	0.64	0.52	0.96	1.01
木材加工及木、竹、藤、棕、草制品业	Processing of Timber, Manufacture of Wood,Bamboo, Rattan, Palm, and Straw Products	12.82	22.94	18.09	13.66	5.41	3.41
家具制造业	Manufacture of Furniture	0.38	0.41	0.07	0.32	0.86	0.42
造纸及纸制品业	Manufacture of Paper and Paper Products	43.20	77.27	60.49	26.41	56.38	60.18
印刷业和记录媒介的复制	Printing, Reproduction of Recording Media	0.24	0.65	0.25	0.98	0.40	0.34
文教体育用品制造业	Manufacture of Articles For Culture, Education and Sport Activities	0.13	0.49	0.12	0.43	0.60	0.67
石油加工、炼焦及核燃料加工业	Processing of Petroleum, Coking, Processing of Nuclear Fuel	90.60	150.65	125.50	422.53	366.59	387.56
化学原料及化学制品制造业	Manufacture of Raw Chemical Materials and Chemical Products	146.91	188.77	179.20	133.94	159.52	152.40
医药制造业	Manufacture of Medicines	24.08	65.86	19.20	28.78	30.37	20.71
化学纤维制造业	Manufacture of Chemical Fibres	17.98	31.96	20.32	63.35	44.93	28.50
橡胶制品业	Manufacture of Rubber	9.56	10.74	4.86	6.57	7.37	6.53
塑料制品业	Manufacture of Plastics	2.39	1.67	0.90	1.26	3.75	1.61
非金属矿物制品业	Manufacture of Non-metallic Mineral Products	316.22	469.52	360.31	637.98	854.29	1031.44
黑色金属冶炼及压延加工业	Smelting and Pressing of Ferrous Metals	152.40	210.85	290.36	317.96	723.02	853.66
有色金属冶炼及压延加工业	Smelting and Pressing of Non-ferrous Metals	12.09	38.19	24.17	29.31	66.94	63.89
金属制品业	Manufacture of Metal Products	3.69	5.53	2.39	4.19	3.71	3.39
通用设备制造业	Manufacture of General Purpose Machinery	4.46	5.88	4.99	6.72	3.32	4.07
专用设备制造业	Manufacture of Special Purpose Machinery	3.16	3.56	2.32	1.19	2.38	1.73
交通运输设备制造业	Manufacture of Transport Equipment	5.04	6.06	6.86	9.09	8.17	8.97
电气机械及器材制造业	Manufacture of Electrical Machinery and Equipment	11.93	15.26	12.90	3.91	5.75	7.90
通信设备、计算机及其他电子设备制造业	Manufacture of Communication Equipment, Computers and Other Electronic Equipment	2.45	2.98	2.03	0.59	1.29	1.13
仪器仪表及文化、办公用机械制造业	Manufacture of Measuring Instruments and Machinery for Cultural Activity and Office Work	0.81	0.98	0.66	0.23	0.06	0.16
工艺品及其他制造业	Manufacture of Artwork and Other Manufacturing	1.12	5.53	8.04	1.31	1.29	1.57
电力、热力的生产和供应业	Production and Supply of Electric Power and Heat Power	685.20	853.31	857.12	1825.03	2173.16	2613.88
燃气生产和供应业	Production and Supply of Gas	1.92	2.55	1.83	2.60	0.09	9.11
水的生产和供应业	Production and Supply of Water		0.01	0.04		0.05	0.03
建筑业	**Construction**	**2.29**	**5.58**			**3.50**	**3.00**
交通运输、仓储和邮政业	**Transport, Storage and Post**	**38.66**	**24.10**	**11.42**	**2.56**	**3.76**	**3.06**
批发、零售业和住宿、餐饮业	**Wholesale and Retail Trades, Hotels and Catering Services**	**11.41**	**14.00**	**5.20**	**10.00**	**15.00**	**16.00**
其他	**Others**	**2.51**	**1.89**		**1.00**	**15.00**	**24.00**
生活消费	**Non-Production Household Consumption**	**303.87**	**302.37**	**176.13**	**262.28**	**193.00**	**188.00**
城镇	Urban	165.12	242.38	95.64	74.00	37.00	35.00
乡村	Rural	138.75	59.99	80.49	188.28	156.00	153.00

6-9 电力消费量
Electricity Consumption

单位：亿千瓦小时 (100 million kwh)

行业	Sector	1990	1995	2000	2005	2009	2010
消费总量	**Total Consumption**	**127.65**	**181.21**	**233.85**	**413.98**	**609.22**	**700.51**
农、林、牧、渔、水利业	**Agriculture, Forestry, Animal Husbandry, Fishery and Water Conservancy**	**14.34**	**21.62**	**21.92**	**23.59**	**19.63**	**13.00**
工　业	**Industry**	**99.05**	**133.64**	**173.98**	**290.60**	**416.62**	**496.72**
#煤炭开采和洗选业	Mining and Washing of Coal	8.28	6.27	7.54	8.67	11.40	11.70
黑色金属矿采选业	Mining and Processing of Ferrous Metal Ores	0.51	0.09	0.07	2.07	4.57	6.12
有色金属矿采选业	Mining and Processing of Non-Ferrous Metal Ores	8.63	12.21	2.88	16.39	7.57	8.79
非金属矿采选业	Mining and Processing of Non-metal Ores	0.57	1.55	0.90	2.14	4.77	3.35
其他采矿业	Mining of Other Ores	0.05		0.01	1.03		
农副食品加工业	Processing of Food from Agricultural Products	1.58	1.78	4.26	2.22	3.68	8.05
食品制造业	Manufacture of Foods	0.42	0.42	1.01	1.40	3.20	5.91
饮料制造业	Manufacture of Beverages	0.85	1.03	0.89	1.17	2.00	2.75
烟草制品业	Manufacture of Tobacco	0.23	0.26	0.32	0.45	0.51	0.53
纺织业	Manufacture of Textile	4.42	5.23	5.00	6.36	8.93	17.41
纺织服装、鞋、帽制造业	Manufacture of Textile Wearing Apparel, Footware and Caps	0.16	0.65	0.15	0.86	1.90	3.18
皮革、毛皮、羽毛(绒)及其制品业	Manufacture of Leather, Fur, Feather and Related Products	0.23	1.01	0.17	0.41	1.56	3.21
木材加工及木、竹、藤、棕、草制品业	Processing of Timber, Manufacture of Wood,Bamboo, Rattan, Palm, and Straw Products	0.61	0.73	1.52	3.67	8.70	8.19
家具制造业	Manufacture of Furniture	0.09	0.10	0.19	0.12	0.64	1.04
造纸及纸制品业	Manufacture of Paper and Paper Products	2.91	3.41	3.00	7.63	9.42	14.08
印刷业和记录媒介的复制	Printing, Reproduction of Recording Media	0.27	0.32	0.33	0.50	1.22	1.24
文教体育用品制造业	Manufacture of Articles For Culture, Education and Sport Activities	0.11	0.05	0.07	0.46	1.21	1.43
石油加工、炼焦及核燃料加工业	Processing of Petroleum, Coking, Processing of Nuclear Fuel	1.31	1.65	4.05	4.62	4.51	5.93
化学原料及化学制品制造业	Manufacture of Raw Chemical Materials and Chemical Products	13.37	14.98	16.76	24.60	28.00	49.75
医药制造业	Manufacture of Medicines	1.95	3.35	1.52	3.01	4.07	6.44
化学纤维制造业	Manufacture of Chemical Fibres	0.69	3.48	1.95	3.97	3.17	2.59
橡胶制品业	Manufacture of Rubber	0.40	0.30	0.36	1.15	1.77	2.15
塑料制品业	Manufacture of Plastics	0.42	0.55	0.34	1.52	3.03	5.81
非金属矿物制品业	Manufacture of Non-metallic Mineral Products	7.81	12.08	16.34	33.53	68.64	57.69
黑色金属冶炼及压延加工业	Smelting and Pressing of Ferrous Metals	11.69	14.61	26.37	48.57	72.03	58.61
有色金属冶炼及压延加工业	Smelting and Pressing of Non-ferrous Metals	3.64	5.08	18.25	24.61	48.01	46.04
金属制品业	Manufacture of Metal Products	0.91	0.86	1.78	4.47	5.48	5.80
通用设备制造业	Manufacture of General Purpose Machinery	1.78	1.92	1.78	2.77	2.53	5.50
专用设备制造业	Manufacture of Special Purpose Machinery	1.05	1.25	1.94	2.92	1.25	3.20
交通运输设备制造业	Manufacture of Transport Equipment	1.89	2.24	2.73	4.96	3.97	11.41
电气机械及器材制造业	Manufacture of Electrical Machinery and Equipment	0.93	1.01	1.10	2.82	5.26	15.34
通信设备、计算机及其他电子设备制造业	Manufacture of Communication Equipment, Computers and Other Electronic Equipment	0.45	0.59	0.62	0.93	1.75	5.85
仪器仪表及文化、办公用机械制造业	Manufacture of Measuring Instruments and Machinery for Cultural Activity and Office Work	0.19	0.24	0.29	0.38	0.62	0.73
工艺品及其他制造业	Manufacture of Artwork and Other Manufacturing	0.12	0.60	0.15	2.17	1.65	2.21
电力、热力的生产和供应业	Production and Supply of Electric Power and Heat Power	18.84	30.97	45.68	62.04	83.34	56.77
燃气生产和供应业	Production and Supply of Gas	0.03	0.60	0.03	0.25	1.50	0.76
水的生产和供应业	Production and Supply of Water	1.51	2.00	3.04	4.86	4.43	4.39
建筑业	**Construction**	**0.93**	**2.03**	**0.80**	**2.74**	**5.95**	**6.69**
交通运输、仓储和邮政业	**Transport, Storage and Post**	**1.19**	**3.03**	**3.42**	**4.35**	**10.64**	**13.28**
批发、零售业和住宿、餐饮业	**Wholesale and Retail Trades, Hotels and Catering Services**	**0.90**	**2.07**	**3.08**	**9.56**	**18.96**	**21.73**
其他	**Others**	**2.77**	**4.32**	**7.52**	**17.61**	**34.12**	**38.27**
生活消费	**Non-Production Household Consumption**	**8.47**	**14.50**	**23.23**	**65.53**	**103.30**	**110.82**
城　镇	Urban	4.51	9.48	15.68	40.81	57.39	61.48
乡　村	Rural	3.96	5.02	7.55	24.72	45.91	49.34

6-10 能源生产量
Energy Production

能源品种	Type of Energy	1990	1995	2000	2005	2009	2010
一次能源生产量（万吨标准煤）	**Primary Energy Output(10000 tons of SCE)**	**1282.42**	**1868.76**	**1293.23**	**2101.48**	**2528.80**	**2204.40**
原煤(万吨)	Raw Coal(10000 tons)	2027.11	2877.9	1813.76	2565.05	3414.00	2912.22
洗精煤(万吨)	Cleaned Coal(10000 tons)	144.84	204.01	125.84	192.72	133.69	126.10
其他洗煤(万吨)	Other Washed Coal(10000 tons)	189.72	130.48	52.10	91.97	347.43	429.78
焦炭(万吨)	Coke(10000 tons)	119.96	162.74	177.5	396.7	656.83	678.44
燃料油(万吨)	Fuel Oil(10000 tons)	42.36	43.27	54.27	39.53	22.07	20.89
汽油(万吨)	Gasoline(10000 tons)	47.82	63.75	81.75	86.10	96.57	108.07
煤油(万吨)	Kerosene(10000 tons)	1.10	2.12	2.41	4.67		
柴油(万吨)	Diesel Oil(10000 tons)	46.12	82.84	125.82	132.53	187.47	190.85
液化石油气(万吨)	Liquefied Petroleum Gas(10000 tons)	4.53	6.94	16.92	26.90	22.75	24.27
炼厂干气(万吨)	Refinery Gas(10000 tons)	3.98	4.64	9.43	12.21	15.35	14.84
焦炉煤气(亿立方米)	Coke Oven Gas(100 million cu.m)	3.72	6.06	7.03	11.89	17.91	15.71
电力(亿千瓦小时)	Electricity(100 million kwh)	121.41	176.48	226.77	395.49	524.43	637.59

6-11 平均每天能源消费量
Average Daily Energy Consumption by Type of Energy

能源品种	Type of Energy	1990	1995	2000	2005	2009	2010
合计（吨标准煤）	**Total(ton of SCE)**	**47460**	**65525**	**68630**	**117425**	**159248**	**174106**
煤炭(吨)	Coal(ton)	62079	83270	67634	116244	146743	164828
焦炭(吨)	Coke(ton)	4308	5147	5642	12407	19463	21167
原油(吨)	Crude Oil (ton)	4249	6317	9073	10083	12375	12875
燃料油(吨)	Fuel Oil(ton)	641	732	937	852	604	648
汽油(吨)	Gasoline(ton)	1159	1152	1602	1767	2115	2335
煤油(吨)	Kerosene(ton)	145	87	62	196	210	233
柴油(吨)	Diesel Oil(ton)	1245	1584	2871	8276	8032	8842
电力(万千瓦小时)	Electricity(10000 kwh)	3497	4965	6407	11342	16691	19192

6-12 人均生活能源消费量
Annual per Capita Energy Consumption of Households

能源品种	Type of Energy	1990	1995	2000	2005	2009	2010
生活消费能源(千克标准煤)	**Consumption for Households(Kg of SCE)**	**59.68**	**64.99**	**82.71**	**114.08**	**136.00**	**148.82**
煤 炭(千克)	Coal(kg)	80.97	74.86	42.66	61.03	43.70	42.27
汽 油(千克)	Petrol(kg)			0.97	2.79	4.00	5.49
天然气(立方米)	Natural Gas(cu.m)				0.01	0.12	0.35
液化石油气(千克)	Liquefied Petroleum Gas(kg)	0.89	1.62	4.94	5.64	7.72	8.95
煤气(立方米)	Coal Gas(cu.m)	0.24		1.52	2.54	4.53	4.61
电力(千瓦小时)	Electricity(kwh)	22.57	35.90	56.26	152.49	233.92	249.19

6-13 能源生产弹性系数
Elasticity Ratio of Energy Production

年 份 Year	能源生产比上年增长(%) Growth Rate of Energy Production over Preceding Year (%)	电力生产比上年增长(%) Growth Rate of Electricity Production over Preceding Year (%)	地区生产总值比上年增长(%) Growth Rate of Gross Domestic Product (GDP) over Preceding Year (%)	能源生产弹性系数 Elasticity Ratio of Energy Production	电力生产弹性系数 Elasticity Ratio of Electricity Production
1985	2.52	15.43	14.8	0.17	1.04
1986	-3.94	13.74	6.7		2.05
1987	5.63	8.98	8.3	0.68	1.08
1988	6.75	12.54	11.4	0.59	1.10
1989	-0.09	3.50	6.1		0.57
1990	-2.86	1.42	4.5		0.32
1991	5.51	7.04	8.2	0.67	0.86
1992	-0.60	10.52	14.8		0.71
1993	1.57	5.08	13.7	0.11	0.37
1994	10.79	13.01	17.0	0.63	0.77
1995	22.50	3.45	14.5	1.55	0.24
1996	-15.82	3.94	13.4		0.29
1997	-10.37	-1.89	11.5		
1998	-1.09	0.69	8.2		0.08
1999	-17.22	8.90	7.8		1.14
2000	12.02	7.73	8.0	1.50	0.97
2001	-3.91	6.85	8.8		0.78
2002	0.76	14.73	10.5	0.07	1.40
2003	15.83	22.64	13.0	1.22	1.74
2004	19.30	13.85	13.2	1.46	1.05
2005	21.45	1.89	12.8	1.68	0.15
2006	7.95	11.98	12.3	0.65	0.97
2007	0.13	12.73	13.2	0.01	0.96
2008	5.43	-1.21	13.2	0.41	
2009	5.59	6.33	13.1	0.43	0.48
2010	-12.83	21.58	14.0		1.54

6-14 能源消费弹性系数

Elasticity Ratio of Energy Consumption

年 份 Year	能源消费比上年增长(%) Growth Rate of Energy Consumption over Preceding Year (%)	电力消费比上年增长(%) Growth Rate of Electricity Consumption over Preceding Year (%)	地区生产总值比上年增长(%) Growth Rate of Gross Domestic Product (GDP) over Preceding Year (%)	能源消费弹性系数 Elasticity Ratio of Energy Consumption	电力消费弹性系数 Elasticity Ratio of Electricity Consumption
1985	4.75	14.11	14.8	0.32	0.95
1986	11.19	11.10	6.7	1.67	1.66
1987	8.07	11.53	8.3	0.97	1.39
1988	8.75	11.76	11.4	0.77	1.03
1989	0.76	4.61	6.1	0.12	0.76
1990	-2.08	4.10	4.5		0.91
1991	3.53	6.22	8.2	0.43	0.76
1992	4.35	9.37	14.8	0.29	0.63
1993	3.99	6.20	13.7	0.29	0.45
1994	6.45	10.37	17.0	0.38	0.61
1995	15.50	4.30	14.5	1.07	0.30
1996	-9.90	4.97	13.4		0.37
1997	-1.03	-2.18	11.5		
1998	-4.88	0.83	8.2		0.10
1999	5.23	3.35	7.8	0.67	0.42
2000	4.01	7.98	8.0	0.50	1.00
2001	4.91	6.23	8.8	0.56	0.71
2002	11.61	11.32	10.5	1.11	1.08
2003	16.81	15.54	13.0	1.29	1.20
2004	11.33	21.80	13.2	0.86	1.65
2005	12.38	6.37	12.8	0.97	0.50
2006	8.73	9.49	12.3	0.71	0.77
2007	8.42	13.86	13.2	0.64	1.05
2008	6.54	5.94	13.2	0.50	0.45
2009	7.98	11.42	13.1	0.61	0.87
2010	9.33	14.98	14.0	0.67	1.07

6-15 规模以上工业主要能源分行业消费量（2010年）

单位：吨

行业	sector	原煤 Raw Coal	洗精煤 Cleaned Coal
总计	**Total**	**51456824**	**9337790**
煤炭开采和洗选业	Mining and Washing of Coal	8659447	622270
黑色金属矿采选业	Mining and Processing of Ferrous Metal Ores	58126	
有色金属矿采选业	Mining and Processing of Non-Ferrous Metal Ores	38420	689
非金属矿采选业	Mining and Processing of Non-metal Ores	151817	
农副食品加工业	Processing of Food from Agricultural Products	114031	
食品制造业	Manufacture of Foods	891991	356
饮料制造业	Manufacture of Beverages	120414	
烟草制品业	Manufacture of Tobacco	5558	7497
纺织业	Manufacture of Textile	123005	
纺织服装、鞋、帽制造业	Manufacture of Textile Wearing Apparel, Footware and Caps	36536	
皮革、毛皮、羽毛(绒)及其制品业	Manufacture of Leather, Fur, Feather and Related Products	10053	
木材加工及木、竹、藤、棕、草制品业	Processing of Timber, Manufacture of Wood, Bamboo, Rattan, Palm, and Straw Products	34132	
家具制造业	Manufacture of Furniture	4190	
造纸及纸制品业	Manufacture of Paper and Paper Products	631799	
印刷业和记录媒介的复制	Printing, Reproduction of Recording Media	2971	
文教体育用品制造业	Manufacture of Articles For Culture, Education and Sport Activities	6411	
石油加工、炼焦及核燃料加工业	Processing of Petroleum, Coking, Processing of Nuclear Fuel	421380	3465118
化学原料及化学制品制造业	Manufacture of Raw Chemical Materials and Chemical Products	1521290	13461
医药制造业	Manufacture of Medicines	209626	
化学纤维制造业	Manufacture of Chemical Fibres	285007	
橡胶制品业	Manufacture of Rubber	65349	
塑料制品业	Manufacture of Plastics	16093	
非金属矿物制品业	Manufacture of Non-metallic Mineral Products	8958549	9652
黑色金属冶炼及压延加工业	Smelting and Pressing of Ferrous Metals	2601661	5126868
有色金属冶炼及压延加工业	Smelting and Pressing of Non-ferrous Metals	461854	6067
金属制品业	Manufacture of Metal Products	33460	
通用设备制造业	Manufacture of General Purpose Machinery	37178	3392
专用设备制造业	Manufacture of Special Purpose Machinery	17036	251
交通运输设备制造业	Manufacture of Transport Equipment	87948	1756
电气机械及器材制造业	Manufacture of Electrical Machinery and Equipment	69455	9272
通信设备、计算机及其他电子设备制造业	Manufacture of Communication Equipment, Computers and Other Electronic Equipment	11283	
仪器仪表及文化、办公用机械制造业	Manufacture of Measuring Instruments and Machinery for Cultural Activity and Office Work	1637	
工艺品及其他制造业	Manufacture of Artwork and Other Manufacturing	13867	
废弃资源和废旧材料回收加工业	Recycling and Disposal of Waste	3419	
电力、热力的生产和供应业	Production and Supply of Electric Power and Heat Power	25751572	
燃气生产和供应业	Production and Supply of Gas		71143
水的生产和供应业	Production and Supply of Water	260	

Main Energy Consumption of Industial Enterprises above Designated Size by Sector (2010)

(ton)

其他洗煤 Other Washed Coal	焦 炭 Coke	原 油 Crude Oil	汽 油 Gasoline	煤 油 Kerosene	柴 油 Diesel Oil	燃料油 Fuel Oil
339509	**7726097**	**4699235**	**41907**	**4709**	**290913**	**227960**
			2319		4114	
			237		14816	
	2588		884	1081	8117	
	399		238	37	79529	
	175		1782		2387	68
			1516		1471	19
			398		1384	
			190		1117	
			2081	57	2986	42
			1053	23	1440	43
			709		602	1 780
			997		951	
			98		174	
			1068	2	1929	
			757	82	738	
			165		322	
		4699235	231		2376	127398
17117	15618		2371	93	15761	827
	364		971		1559	29
			21		806	
			893		1484	9535
			424		748	40
10199	273		2447	5	21063	10
310334	7586871		572	15	8367	877
178	96798		3385	669	73236	80422
	5502		742	3	2708	66
	5038		994	193	1704	642
	2311		622	20	1207	19
	9870		2585	2364	19348	5985
	291		1449	3	2801	97
			933	8	935	7
			211	32	152	
1680			386		837	40
			68		838	14
			5919	22	11671	
			1451		935	
			739		297	

6-16 各地区能源消费总量及用电量（2010年）
The Energy Consumption and Electrical by Region(2010)

地　区	Region	能源消费总量（万吨标准煤） Total Energy Composition (10000 tons of SCE)	规模以上工业能源消费量（当量值）（万吨标准煤） Energy Consumption of Industrial Enterprises above Designated Size by Region (equivalent value) (10000 tons of SCE)	全社会用电量（亿千瓦时） Society Electrical (100million kwh)	工业用电量（亿千瓦时） Electrical Industry (100million kwh)
全　省	**Provincial Total**	**6354.9**	**4123.3**	**700.5**	**496.7**
南昌市	Nanchang	1669.9	440.6	114.0	64.1
景德镇市	Jingdezhen	359.4	170.4	33.2	24.7
萍乡市	Pingxiang	1076.6	627.8	47.8	38.2
九江市	Jiujiang	809.2	574.4	86.3	62.0
新余市	Xinyu	980.2	692.6	76.4	67.8
鹰潭市	Yingtan	273.5	151.5	29.2	23.0
赣州市	Ganzhou	766.8	257.4	89.8	59.9
吉安市	Ji'an	523.7	259.6	45.8	31.6
宜春市	Yichun	811.8	595.9	84.9	62.4
抚州市	Fuzhou	379.2	81.2	29.5	16.7
上饶市	Shangrao	719.0	271.9	77.5	53.4

6-17 各地区规模以上工业主要能源消费量（2010年）
Main Energy Consumption of Industrial Enterprises above Designated Size by Region (2010)

单位：君　　　　(ton)

地　区	Region	原　煤 Raw Coal	洗精煤 Cleaned Coal	其他洗煤 Other Washed Coal	焦　炭 Coke	原　油 Crude Oil	汽　油 Gasoline	煤　油 Kerosene	柴　油 Diesel Oil	燃料油 Fuel Oil
全　省	**Provincial Total**	**51456824**	**9337790**	**339509**	**7726097**	**4699235**	**41907**	**4709**	**290913**	**227960**
南昌市	Nanchang	3712590	1167092	310110	1173484		13229	1152	43030	12536
景德镇市	Jingdezhen	2421631	1112672		12791		1248	1318	2725	101827
萍乡市	Pingxiang	8631110	3042575		1729535		1871	10	9094	5943
九江市	Jiujiang	5763250		16949	991291	4699235	4927	56	89622	26126
新余市	Xinyu	4921425	3572499		3694498		1428	504	31946	360
鹰潭市	Yingtan	1844982			9849		2260	1	57230	63319
赣州市	Ganzhou	3208650	1470		20063		3113	1334	13363	855
吉安市	Ji'an	4516461	378	1680	9083		3494	30	7031	490
宜春市	Yichun	11563424	418680	10769	4651		5788	48	18329	121
抚州市	Fuzhou	372070	16630		13848		3060	65	5314	3346
上饶市	Shangrao	4501232	5794		67004		1490	191	13228	13038

主要统计指标解释

能源生产总量 指一定时期内，全国或地区一次能源生产量的总和。该指标是观察全国或地区能源生产水平、规模、构成和发展速度的总量指标。一次能源生产量包括原煤、原油、天然气、水电、核能及其他动力能(如风能、地热能等)发电量，不包括低热值燃料生产量、生物质能、太阳能等的利用和由一次能源加工转换而成的二次能源产量。

能源消费总量 指一定时期内，全国或地区各行业和居民生活消费的各种能源的总和。该指标是观察能源消费水平、构成和增长速度的总量指标。能源消费总量包括原煤和原油及其制品、天然气、电力，不包括低热值燃料、生物质能和太阳能等的利用。能源消费总量分为终端能源消费量、能源加工转换损失量和能源损失量三部分。

(1)终端能源消费量：指一定时期内，全国或地区生产和生活消费的各种能源在扣除了用于加工转换二次能源消费量和损失量以后的数量。

(2)能源加工转换损失量：指一定时期内，全国或地区投入加工转换的各种能源数量之和与产出各种能源产品之和的差额。该指标是观察能源在加工转换过程中损失量变化的指标。

(3)能源损失量：指一定时期内，能源在输送、分配、储存过程中发生的损失和由客观原因造成的各种损失量，不包括各种气体能源放空、放散量。

能源生产弹性系数 是研究能源生产增长速度与国民经济增长速度之间关系的指标。计算公式：

$$\text{能源生产弹性系数}=\frac{\text{能源生产总量年平均增长速度}}{\text{国民经济年平均增长速度}}$$

国民经济年平均增长速度，可根据不同的目的或需要，用国民生产总值、国内生产总值等指标来计算，本年鉴是采用国内生产总值指标计算的。

电力生产弹性系数 是研究电力生产增长速度与国民经济增长速度之间关系的指标。一般来说，电力的发展应当快于国民经济的发展，也就是说电力应超前发展。计算公式为：

$$\text{电力生产弹性系数}=\frac{\text{电力生产量年平均增长速度}}{\text{国民经济年平均增长速度}}$$

能源消费弹性系数 反映能源消费增长速度与国民经济增长速度之间比例关系的指标。计算公式为：

$$\text{能源消费弹性系数}=\frac{\text{能源消费量年平均增长速度}}{\text{国民经济年平均增长速度}}$$

电力消费弹性系数 反映电力消费增长速度与国民经济增长速度之间比例关系的指标。计算公式为：

$$\text{电力消费弹性系数}=\frac{\text{电力消费量年平均增长速度}}{\text{国民经济年平均增长速度}}$$

Explanatory Notes on Main Statistical Indicators

Total Energy Production refers to the total production of primary energy by all energy producing enterprises in the country or region in a given period of time. It is a comprehensive indicator to show the level, scale, composition and pace of development of energy production of the country or region. The production of primary energy includes that of coal, crude oil, natural gas, hydro-power and electricity generated by nuclear energy and other means such as wind power and geothermal power. However, it does not include the production of fuels of low calorific value, bio-energy, solar energy and secondary energy converted from primary energy.

Total Energy Consumption refers to the total consumption of energy of various kinds by the production sectors and the households in the country or region in a given period of time. It is a comprehensive indicator to show the scale, composition and pace of increase of energy consumption. Total energy consumption includes that of coal, crude oil and their products, natural gas and electricity. However, it does not include the consumption of fuel of low calorific value, bio-energy and solar energy. Total energy consumption can be divided into three parts: end-use energy consumption; loss during the process of energy conversion; and energy loss.

(1)End-use Energy Consumption: It refers to the total energy consumption by the production sectors and the households in the country or region in a given period of time. It does not include the consumption during the conversion of primary energy into secondary energy and the loss in the process of energy conversion.

(2)Loss During the Process of Energy Conversion: It refers to the total input of various kinds of energy for conversion, minus the total output of various kinds of energy in the country or region in a given period of time. It is an indicator to show the loss that occurs during the process of energy conversion.

(3)Energy Loss: It refers to the total of the loss of energy during the course of energy transport, distribution and storage and the loss caused by any objective reason in a given period of time. The loss of various kinds of gas due to gas discharges and stocktaking is not included.

Elasticity Ratio of Energy Production is an indicator to show the relationship between the growth rate of energy production and the growth rate of the national economy. The formula is:

$$\text{Elasticity Ratio of Energy Production} = \frac{\text{Average Annual Growth Rate of Energy Production}}{\text{Average Annual Growth Rate of National Economy}}$$

The average annual growth rate of the national economy can be measured by indicators such as the Gross National Product and the Gross Domestic Product, depending on the purposes or needs. The Gross Domestic Product has been used in the calculation of the ratio in this Yearbook.

Elasticity Ratio of Electricity Production is an indicator to show the relationship between the growth rate of electricity production and the growth rate of the national economy. Generally speaking, the growth rate of electricity production should be higher than that of the national economy.

Its formula is:

$$\text{Elasticity Ratio of Electricity Production} = \frac{\text{Average Annual Growth Rate of Electricity Production}}{\text{Average Annual Growth Rate of National Economy}}$$

Elasticity Ratio of Energy Consumption is an indicator to show the relationship between the growth rate of energy consumption and the growth rate of the national economy. The formula is:

$$\text{Elasticity Ratio of Energy Consumption} = \frac{\text{Average Annual Growth Rate of Energy Consumption}}{\text{Average Annual Growth Rate of National Economy}}$$

Elasticity Ratio of Electricity Consumption is an indicator to show the relationship between the growth rate of electricity consumption and the growth rate of the national economy. The formula is:

$$\text{Elasticity Ratio of Electricity Consumption} = \frac{\text{Average Annual Growth Rate of Electricity Consumption}}{\text{Average Annual Growth Rate of National Economy}}$$

财政

GOVERNMENT FINANCE

◆141/148

资料整理及英文翻译：鲁赣风

简要说明

一、主要内容

本篇包括全省财政收支和预算外资金收支资料。

二、统计口径

2007 年起，财政收支科目实施了较大改革，特别是财政支出项目口径变化很大，与往年数据不可比。

三、资料来源

资料来源于省财政厅的财政总决算报表，由省统计局国民经济核算处编辑整理。

。

Brief Introduction

I. Main Contents

The data in this chapter present provincial government revenue and expenditure situation, the extra-budgetary revenue and expenditure.

II. Scope of Statistics

Due to the adjustment on classifications of revenue and expenditure accounts since 2007, the relative data are not compared with data in preceding years.

III. Sources of Data

The data are based on final provincial financial accounts, which are provided by the Department of National Accounts of the provincial Bureau of Statistics.

7-1 财 政 收 入

Government Revenue

单位：万元 (10000 yuan)

年 份 Year	财政总收入 Total Government Revenue	一般预算收入 Local Government Budgetary Revenue	税收收入 Taxes	#增值税 Value-added Tax	#营业税 Business Tax	#企业所得税 Company Income Tax	#农业各税 Agricultural and Related Tax	非税收入 Other Revenue	上交中央收入 Revenue Handed in the Central Government	财政总收入占GDP比重(%) Ratio to Gross Domestic Product (%)
1994	886126	492907	421932	106344	111482	38491	71210	70975	393219	9.4
1995	1052156	641328	524945	110526	151464	56004	80324	116383	410828	9.0
1996	1235752	770936	635070	126810	194011	63139	109217	135866	464816	8.8
1997	1349161	905924	712721	119902	216962	81443	121168	193203	443237	8.4
1998	1456586	971561	769453	123145	250849	73469	116764	202108	485025	8.5
1999	1549806	1051371	812280	125302	249255	86842	122925	239091	498435	8.4
2000	1716931	1115536	856481	150826	263986	95048	132402	259055	601395	8.6
2001	2001639	1319790	1021023	172324	266187	226086	130304	298767	681849	9.2
2002	2345064	1405457	1040551	187248	334960	105994	196621	364906	939607	9.6
2003	2858087	1681670	1230510	230683	431628	97428	232469	451160	1176417	10.2
2004	3508081	2057667	1450860	254350	553126	135045	205895	606807	1450414	10.1
2005	4259007	2529236	1707228	338739	628395	173966	202958	822008	1729771	10.5
2006	5186139	3055214	2087123	411759	755107	246651	228561	968091	2130925	10.8
2007	6652189	3898510	2818573	530534	973988	379803	320037	1079937	2753679	11.5
2008	8169872	4886476	3579635	642916	1181937	474319	459576	1306841	3283396	11.7
2009	9288753	5813012	4300204	667374	1534987	462744	683846	1512808	3475741	12.1
2010	12262376	7780922	5851073	847892	2043822	637192	1073836	1929849	4481454	13.0

注：1.1994-2009年企业所得税含退税。
2.1994-1997年国有资产经营收益体现为国有企业上缴利润。
3.1997年地方财政收入和非税收入包含当年纳入基金预算收入的城市教育附加费、矿产资源补偿费、排污费和城市水资源费收入。
4.从2002年开始，上交中央收入包含上划所得税。
5.农业税收包含农业税、农业特产税(2006年含烟叶税部分)、耕地占用税、契税。
6.以上数据根据江西省历年财政总决算整理得出。

a) From 1994 to 2006,Company income tax indudes tax rebate for it.
b) From 1994 to 1997,the operating income of State-owned enterprises reflects the profits the state-owned enterprises handed in.
c) In 1997,the local government revenue and non-tax income indude extra-charges for urban education,compensation for mineral resources,fee on sewage treatment and on urban water resource,which has brought into the income of funds budget at current year.
d) Since 2002,revenue handed in the central government has induded income tax divided above.
e) Agricultural tax includes Agricultural tax,tax on special Agricultural,products(inducle tobacco tax in 1996),tax on the occupancy of cultivated land, and contract tax.
f) Data above are collected according to Jiangxi annual general final budget of public finance.

7-2 地方财政收入
Government Revenue of the Local Government

单位：万元 (10000 yuan)

项　　目	Item	2007	2008	2009	2010
总　　计	**Total**	**3898510**	**4886476**	**5813012**	**7780922**
税收收入	**Tax revence**	**2818573**	**3579635**	**4300204**	**5851073**
#增值税	Value Added Tax	530534	642916	667374	847892
营业税	Business Tax	973988	1181937	1534987	2043822
企业所得税	Company Income Tax	379803	474319	462744	637192
企业所得税退税	Tax Rebate for Company Income Tax	1697	1909		
个人所得税	Individual Income Tax	148271	159861	163954	202683
资源税	Resources Tax	53694	88994	108670	129069
固定资产投资方向调节税	Tax on the Adjustment of the Investment in the Fixed Assets	13	4		
城市维护建设税	Tax on City Maintenance and Construction	170098	199612	234170	307547
房产税	Tax on Real Estates	57824	68003	77672	91334
印花税	Stamp Tax	31799	43780	47678	62339
城镇土地使用税	Tax on the Use of Urban Land	44021	122809	124491	156654
土地增值税	Land Value Added Tax	101421	123275	163282	257207
车船税	Tax on the Use of Vehicles and Ships	8767	16458	31336	41498
烟叶税	Tobacco Tax	7585	12624	11628	10480
耕地占用税	Tax on The Occupancy of Cultivated Land	50805	117996	229160	357445
契　税	Contract Tax	261647	328956	443058	705911
非税收入	**Non Tax Revenue**	**1079937**	**1306841**	**1512808**	**1929849**
#国有资本经营收入	Profit from State-owned Assets	98825	124056	167689	240752
行政性收费收入	Income from Administrative Fees	426512	481582	563583	709133
罚没收入	Penalty and Confiscatory Income	268902	267190	297586	304785
专项收入	Special Revenue	165149	269731	220068	354497
国有资源(资产)有偿使用收入	Revenue of Compensable Use of State-owned Resources	50032	81104	131788	200901
其他收入	Other Revences	70517	83178	132094	119781

7-3 财政支出

Government Expenditure of the Local Government

单位：万元 (10000 yuan)

项目	Item	2007	2008	2009	2010
总计	**Total**	**9050582**	**12100730**	**15623742**	**19232633**
一般公共服务	General Public Services	1466833	1767447	1934186	2187548
国防	National Defence	17387	21587	32497	40877
公共安全	Public Security	651465	752927	862164	1074864
教育	Education	1738076	2068578	2519286	2974961
科学技术	Science and Technology	87373	111406	134021	182628
文化体育与传媒	Culture,Sports and Media	157990	187795	229317	283833
社会保障和就业	Social Seaurity and Employment	1261449	1865249	2193351	2330159
医疗卫生	Health Care and Medical Services	580717	796197	1205455	1500167
环境保护	Environment Protection	133386	318377	431419	491411
城乡社区事务	Community Affairs in Urban and Rural Areas	515325	636174	797080	1024679
农林水事务	Agriculture,Forestry and Water Conservancy	1035666	1478653	2034071	2323354
交通运输	Transport	309884	414926	1129603	1073072
采掘电力信息等事务	Mining Power Management Affairs		706293	796459	1175299
粮油物资储备管理等事务	Grain and Oil Reserve Management		459944	621292	452079
金融监管支出	Expenditure on Financial Supervision		4888	5235	10633
地震灾后恢复重建支出	Expenditure on Rebuilding After Earthquake		20000	40000	1825
国债还本付息支出	Expenditure on National Debt Repay Capital with Interest		12220	20545	66273
其他支出	Other Expenditures	1095031	478069	637761	2038971

7-4 财政收支总额及增长速度

Government Revenue and Expenditure and Growth Rates

年 份 Year	财政收入 (万元) Government Revenue (10000 yuan)	财政支出 (万元) Government Expenditure (10000 yuan)	收支差额 (万元) Balance (10000 yuan)	比上年增长(%) Growth Rate over preceding year(%) 财政收入 Government Revenue	比上年增长(%) Growth Rate over preceding year(%) 财政支出 Government Expenditure
1978	122246	162701	-40455	60.4	35.5
1979	117771	176302	-58531	-3.7	8.4
1980	124667	159884	-35217	5.9	-9.3
1981	131822	140292	-8470	5.7	-12.3
1982	123283	155407	-32124	-6.5	10.8
1983	135281	174677	-39396	9.7	12.4
1984	150126	219439	-69313	11.0	25.6
1985	211843	297263	-85420	41.1	35.5
1986	240552	366258	-125706	13.6	23.2
1987	282110	377878	-95768	17.3	3.2
1988	322931	423518	-100587	14.5	12.1
1989	374886	487126	-112240	16.1	15.0
1990	406155	507559	-101404	8.3	4.2
1991	448050	603651	-155601	10.3	18.9
1992	493882	683826	-189944	10.2	13.3
1993	656721	818983	-162262	33.0	19.8
1994	886707	920290	-33583	35.0	12.4
1995	1052172	1103381	-51209	18.7	19.9
1996	1235782	1318475	-82693	17.5	19.5
1997	1349160	1526026	-176866	9.2	15.7
1998	1456584	1752605	-296021	8.0	14.8
1999	1549809	2078293	-528484	6.4	18.6
2000	1716943	2234722	-517779	10.8	7.5
2001	2001638	2837144	-835506	16.6	27.0
2002	2344259	3413843	-1069584	17.1	20.3
2003	2858122	3820981	-962859	21.9	11.9
2004	3508096	4540598	-1032502	22.7	18.8
2005	4259007	5639525	-1380518	21.4	24.2
2006	5186139	6964361	-1778222	21.8	23.5
2007	6652189	9050582	-2398393	28.3	30.0
2008	8169872	12100730	-3930858	22.8	33.7
2009	9288753	15623742	-6334989	13.7	29.1
2010	12262376	19232633	-6970257	32.0	23.1

7-5 各地区地方财政一般预算收入（2010年）

Local Government Budgetary Revenue by Region (2010)

单位：万元 (10000 yuan)

地 区	Region	一般预算收入 Local Government Budgetary Revenue	增值税 Value-added Tax	营业税 Business Tax	企业所得税 Company Income Tax	个人所得税 Personal Income Tax	农业税收 Agricultural and Related Tax	其他收入 Other Revenue
全 省	**Provincial Total**	**7780922**	**847892**	**2043822**	**637192**	**202683**	**1073836**	**2975497**
南 昌 市	Nanchang	1464650	109989	542595	125197	67728	171444	447697
景德镇市	Jingdezhen	387567	30604	85666	18135	8283	114249	130630
萍 乡 市	Pingxiang	411109	53827	130146	19836	6360	58215	142725
九 江 市	Jiujiang	710634	81482	200095	52440	16394	128603	231620
新 余 市	Xinyu	499948	49236	124335	38767	11552	48752	227306
鹰 潭 市	Yingtan	295084	71541	60090	12420	13213	30823	106997
赣 州 市	Ganzhou	790079	84412	223246	69089	25328	80502	307502
吉 安 市	Ji'an	570967	70926	144811	29797	18727	71216	235490
宜 春 市	Yichun	662957	92125	162074	53938	13216	160929	180675
抚 州 市	Fuzhou	554271	39426	163140	29538	7982	110116	204069
上 饶 市	Shangrao	725628	95089	177277	40458	12379	98987	301438

注：本表财政收入不含中央两税收入。
The local Government Revenue in the table do not include the Value-added tax and consumption tax of the central Government.

7-6 各地区地方财政一般预算支出（2010年）

Local Government Budgetary Expenditure by Region (2010)

单位：万元 (10000 yuan)

地 区	Region	一般预算支出 Local Government Budgetary Expenditure	一般公共服务 General Public Services	教 育 Education	社会保障和就业 Social Seaurity and Employment	医疗卫生 Health Care and Medical	农林水事务 Agriculture, Forestry and Water	其他支出 Other Expenditure
全 省	**Provincial Total**	**19232633**	**2187548**	**2974961**	**2330159**	**1500167**	**2323354**	**7916444**
南 昌 市	Nanchang	2320305	231185	348327	312662	208879	179255	1039997
景德镇市	Jingdezhen	778735	119832	97707	113834	46276	70745	330341
萍 乡 市	Pingxiang	866977	98806	93152	114334	61219	78575	420891
九 江 市	Jiujiang	1665230	207113	239684	231746	162057	221972	602658
新 余 市	Xinyu	776911	87972	84762	75023	36684	61048	431422
鹰 潭 市	Yingtan	574568	65965	58152	69947	38078	57226	285200
赣 州 市	Ganzhou	2396873	252081	407618	390998	238052	338247	769877
吉 安 市	Ji'an	1583585	170167	250298	170658	152193	286000	554269
宜 春 市	Yichun	1716084	175779	286468	264487	155640	278685	555025
抚 州 市	Fuzhou	1394453	133457	203362	191739	120450	227260	518185
上 饶 市	Shangrao	1916792	228810	360688	218340	215175	304169	589610

主要统计指标解释

财政收入 国家财政参与社会产品分配所取得的收入，是实现国家职能的财力保证。财政收入所包括的内容几经变化，目前主要包括：

1. 各项税收：包括增值税、营业税、消费税、土地增值税、城市维护建设税、资源税、城市土地使用税、印花税、固定资产投资方向调节税、个人所得税、企业所得税、关税和耕地占用税等。

2. 专项收入：包括征收排污费、征收城市水资源费收入、教育费附加收入等。

3. 其他收入：包括基本建设贷款归还收入、国家能源交通重点建设基金收入、国家预算调节基金等。

4. 国有企业计划亏损补贴：这项为负收入，冲减财政收入。

财政支出 国家财政将筹集起来的资金进行分配使用，以满足经济建设和各项事业的需要，主要包括一般公共服务、外交、国防、教育、公共安全、科学技术、文化体育与传媒、社会保障和就业、医疗卫生、环境保护、城乡社区事务、农林水事务、交通运输、工业商业金融等事务和其他支出等科目。

Explanatory Notes on Main Statistical Indicators

Government Revenue refers to income for the government finance through participating in the distribution of social products. It is the financial guarantee to ensure government functioning. The contents of government revenue have changed several times. Now it includes the following main items:

(1) Various tax revenues, including value added tax, business tax, consumption tax, land value added tax, tax on city maintenance and construction, resources tax, tax on use of urban land, enterprise income tax, personal income tax, tariff, stamp tax on security transactions, tax on purchase of motor vehicles, tax on agriculture and animal husbandry and tax on occupancy of cultivated land, etc.

(2) Special revenues, including revenues from the fee on sewage treatment, fee on urban water resources and extra-charges for education, etc.

(3) Other revenues, including revenue from the repayment of capital construction loan, funds for national key construction projects in energy industry and transportation, and national budget adjustment funds.

(4) Subsidies for the losses of State-owned enterprises. This is an item of negative revenue, counteracting revenues.

Government Expenditure refers to the distribution and use of the funds the government finance has raised, so as to meet the needs of economic construction and various causes. It includes expenditure for capital construction, innovation funds of the enterprises, geological prospecting expenses, expenditures for science and technology promotion, expenditure for supporting rural production, operating expenses of the departments of farming, forestry, water conservancy and meteorology etc., operating expenses of the departments of industry, transport and commerce, operating expenses of the departments of culture, education, science and public health, pension for the disabled or for the families of the bereaved and relief funds for social welfare, expenditures for national defence, administrative expenses, expenditure for price subsidies

价格指数

PRICE INDICES

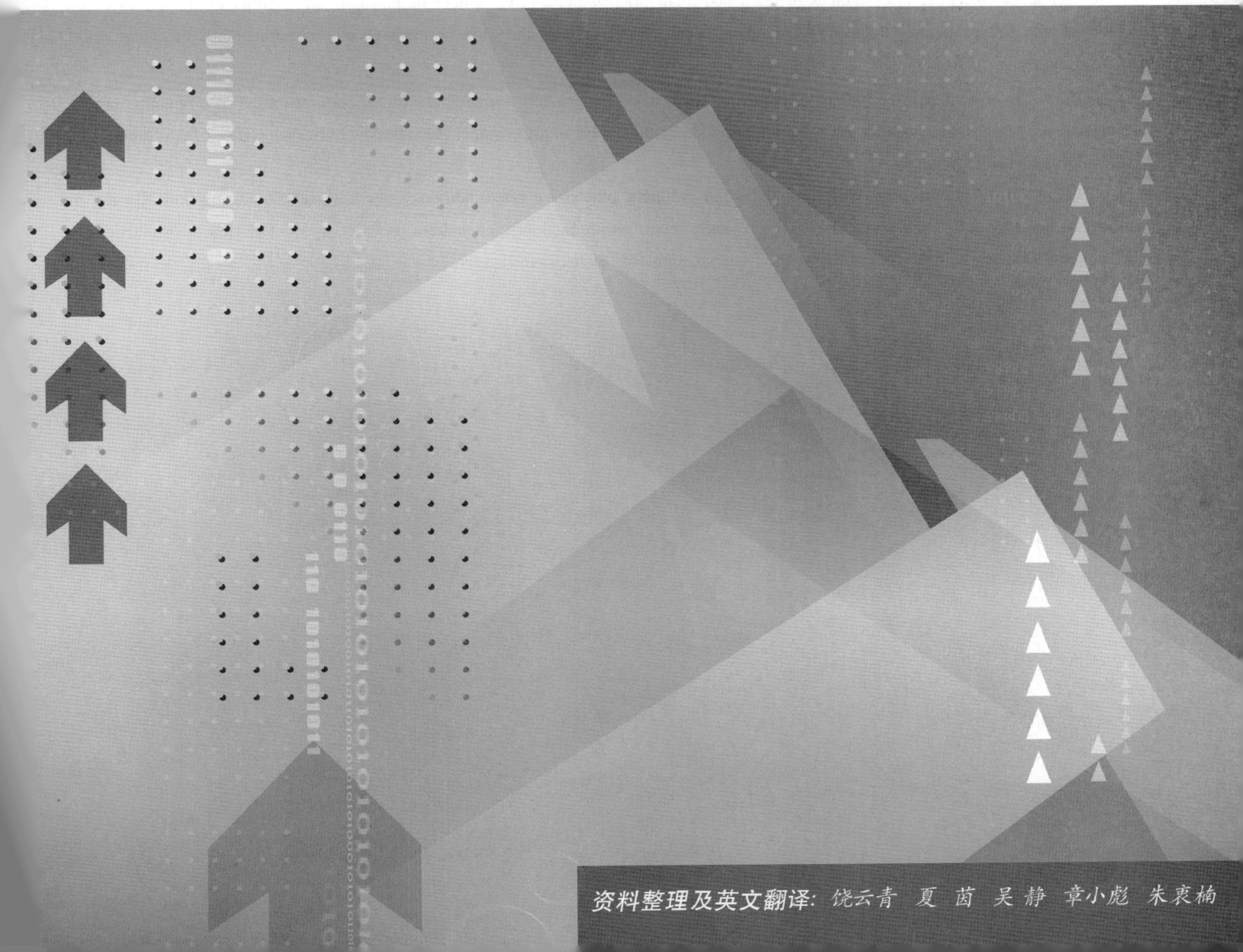

资料整理及英文翻译：饶云青　夏　茵　吴　静　章小彪　朱衷楠

简要说明

一、本篇资料的主要内容

本篇资料反映了全省生产、投资、流通、消费等环节价格变动状况，主要包括居民消费、商品零售、生产资料、工业品出厂、原材料燃料动力购进、固定资产投资等价格指数。

二、本篇资料的来源

1.居民消费、商品零售和农业生产资料价格指数来源于消费价格统计调查年报，由国家统计局江西调查总队消费价格调查处整理提供。

2.工业品出厂、原材料燃料动力购进、固定资产投资等价格指数来源于生产价格统计调查年报，由国家统计局江西调查总队生产投资价格调查处整理提供。

。

Brief Introduction

I. Main Content

Data on the price indices in this chapter show the changing trend in production, investment, circulation and consumption, including mainly consumer price indices of residents, retail price indices, price indices of means of production, production price indices of industrial products, purchasing price indices of raw materials, fuels and power, price indices of investment in fixed assets.

II. Source of Data

(1) Data on consumer price indices of residents, retail price indices and price indices of agricultural means of production are based on yearly report on consumer price and are provided by the Division of Consumer Price Survey of Survey Office of the National Bureau of Statistics in Jiangxi.

(2) Data on production price indices of industrial products, purchasing price indices of raw materials, fuels and power, price indices of investment in fixed assets are based on yearly report on production price and are provided by the Division of Production Investment Price Survey of Survey Office of the National Bureau of Statistics in Jiangxi.

8-1 各 种 价 格 指 数

Price Indices

(上年=100) (preceding year=100)

年 份 Year	商品零售价格指数 Retail Price Index	城 市 Urban Areas	农 村 Rural Areas	居民消费价格指数 Consumer Price Index	城 市 Urban Areas	农 村 Rural Areas
1978	100.1	100.2	100.1		100.2	
1979	101.3	102.2	100.8		102.1	
1980	104.3	106.6	102.9		106.0	
1981	104.6	104.0	105.2		103.8	
1982	102.9	103.0	102.1		103.1	
1983	101.4	102.0	100.6		101.9	
1984	102.5	102.3	102.9	102.1	102.6	101.5
1985	108.3	109.0	107.8	109.0	108.8	109.1
1986	105.8	105.7	106.2	106.6	106.0	107.4
1987	106.9	108.2	105.7	106.6	107.9	105.1
1988	121.8	124.7	119.4	121.8	123.7	119.7
1989	118.6	117.1	119.5	118.5	117.2	119.7
1990	101.3	100.3	102.2	102.1	101.5	102.8
1991	102.4	104.0	101.2	102.8	104.4	101.3
1992	105.6	107.2	103.9	105.7	107.5	103.5
1993	111.1	112.6	110.1	114.6	115.8	112.5
1994	123.9	122.9	125.4	126.9	126.9	126.7
1995	115.9	115.0	116.9	116.9	116.9	117.0
1996	106.6	106.4	106.7	108.4	108.1	108.6
1997	99.6	100.1	99.3	102.0	103.0	102.1
1998	98.8	98.5	98.9	101.0	101.0	101.0
1999	96.8	97.3	96.3	98.6	99.1	98.1
2000	98.5	98.6	98.5	100.3	102.1	99.1
2001	98.4	98.3	98.4	99.5	99.8	99.2
2002	100.2	100.1	100.3	100.1	100.2	99.9
2003	100.1	99.4	100.7	100.8	100.9	100.6
2004	103.0	101.9	104.0	103.5	103.3	103.5
2005	100.9	100.3	101.4	101.7	101.5	102.2
2006	101.2	101.0	101.4	101.2	100.9	101.6
2007	104.0	103.5	105.1	104.8	104.4	105.8
2008	106.1	106.0	106.4	106.0	105.9	106.3
2009	99.1	99.1	99.0	99.3	99.4	99.2
2010	102.7	102.6	102.9	103.0	102.9	103.3

8-2 各 种 价 格 指 数（2010年）

Price Indices (2010)

类 别	Type	以1978年价格为100 year of 1978=100	以1980年价格为100 year of 1980=100	以1985年价格为100 year of 1985=100	以1990年价格为100 year of 1990=100	以1995年价格为100 year of 1995=100	以2005年价格为100 year of 2005=100
商品零售价格指数	Retail Price Index	424.0	403.0	333.2	201.1	116.7	113.6
城 市	Urban Areas	444.0	410.4	336.8	201.0	113.4	112.7
农 村	Rural Areas	402.5	390.1	334.3	204.3	120.4	115.6
居民消费价格指数	Consumer Price Index			415.0	247.9	134.1	115.1
城 市	Urban Areas	585.1	541.9	445.7	264.8	137.4	114.0
农 村	Rural Areas			387.4	233.1	133.2	117.1

注：1986-1993年零售、消费价格指数中城市、农村口径为城镇、农村。

a) Statistic standards of retail and consumer price index from 1986-1993 are urban and rural areas.

8-3 商品零售价格分类指数（2010年）

Retail Price Indices by Category (2010)

(上年=100) (preceding year=100)

类别	Type	全省 Province Indices	城市 Urban Areas	农村 Rural Areas
商品零售价格总指数	**Retail Price Index**	**102.7**	**102.6**	**102.9**
食品类	**Food**	**106.0**	**106.0**	**105.8**
粮食	Grain	107.4	107.8	106.3
淀粉	Starches and Tubers	110.3	104.3	122.5
干豆类及豆制品	Beans and Bean Products	107.0	106.8	107.1
油脂	Oil or Fat	102.6	101.9	105.4
肉禽及其制品	Meat, Poultry and Their Products	101.0	101.2	100.4
蛋	Eggs	108.8	108.8	108.6
水产品	Aquatic Products	103.5	104.5	101.5
菜	Vegetables	117.7	117.3	118.3
调味品	Flavoring	102.5	102.5	102.8
糖	Carbohydrate	114.5	113.2	116.4
干鲜瓜果	Dried and Fresh Melons and Fruits	115.3	114.5	118.1
糕点饼干面包	Cake, Biscuit and Bread	103.1	103.3	102.5
液体乳及乳制品	Milk and Its Products	103.5	104.0	101.9
在外用膳食品	Outward Dinner Food	101.0	100.7	101.7
其它食品	Other Foods	101.0	100.4	101.7
饮料、烟酒	**Beverages, Tobacco and Liquor**	**100.3**	**100.0**	**101.1**
茶及饮料	Tea and Beverages	100.5	99.8	102.6
烟草	Tobacco	100.0	99.8	100.4
酒	Liquor	100.6	100.3	101.3
服装、鞋帽类	**Garments, Shoes and Hats**	**99.1**	**98.8**	**99.1**
服装	Garments	99.2	98.9	99.4
鞋袜帽	Footgear and Hats	98.9	98.9	98.7
其它	Others	98.3	98.1	98.5
纺织品类	**Textiles**	**101.9**	**102.5**	**99.8**
衣着材料	Cotton Cloth	104.3	105.3	101.0
床上用品	Blend Cloth	99.8	100.2	98.9
家用电器及音像器材	**Household Appliances, Music and Video Equipment**	**96.1**	**96.2**	**95.5**
家庭设备	Household Appliances	95.5	95.4	96.1
文娱用耐用消费品	Culture and Recreat Durable Consumable	95.9	96.2	94.8
音像器材类	Household Appliances and Hifi	102.4	102.4	100.0
文化办公用品	**Cultural and Office Appliances**	**97.9**	**97.7**	**98.9**
日用品	**Articles for Daily Use**	**100.3**	**100.3**	**100.5**
日用百货	General Merchandise for Daily Use	101.1	100.9	101.5
日用杂品	Miscellaneous for Daily Use	100.5	100.7	100.1
洗涤用品	Washing	100.0	100.0	99.9
其它日用品	Other Daily Use Articles	99.5	99.3	100.0
体育娱乐用品	**Sports and Recreation Articles**	**98.7**	**98.4**	**100.0**

8-3 续表 continued

(上年=100) (preceding year=100)

类别	Type	全省 Province Indices	城市 Urban Areas	农村 Rural Areas
体育用品	Sports Articles	100.0	100.2	99.4
娱乐用品	Recreation Articles	97.8	97.0	100.4
交通、通信用品	**Transportation and Communication Appliances**	**95.3**	**94.7**	**97.7**
交通运输机械	Transportation Equipments	99.1	98.7	100.6
通讯器材类	Communication Equipments	90.1	88.8	94.8
家具	**Furniture**	**99.7**	**99.4**	**100.6**
化妆品类	**Cosmetics**	**100.9**	**101.4**	**99.3**
金银珠宝类	**Gold, Silver and Jewelry**	**116.6**	**117.1**	**115.2**
中西药品及医疗保健用品类	**Traditional Chinese and Western Medicines and Health Care Articles**	**102.8**	**102.9**	**102.0**
医疗器具及用品	Medical Apparatus and Article	100.2	100.0	101.6
中药材及中成药	Traditional Chinese Medicinal Materials and Medicines	109.1	109.0	108.4
西药	Western Medicines	99.3	99.6	98.1
保健器具及用品	Medical Apparatus and Articles	100.1	100.0	100.7
书报杂志及电子出版物类	**Books, Newspapers, Magazines and Electronic Publications**	**100.8**	**100.9**	**100.5**
教材及参考书	Teaching Material and Reference Book	100.6	100.8	100.2
书报杂志	Books and Magazines	101.4	101.6	101.0
电子音像制品	Electronic Publications	99.3	99.2	99.6
燃料类	**Fuels**	**112.4**	**112.8**	**111.0**
煤炭及制品类	Coal and Coal Products	106.1	108.2	103.2
石油及制品类	Petroleum and Related Products	115.1	114.5	117.3
建筑材料及五金电料类	**Building Materials and Hardware**	**105.3**	**106.0**	**104.2**
建筑装璜材料	Building Decoration Materials	105.8	106.6	104.4
五金电料类	Hardware	103.2	103.3	102.8
农业生产资料价格指数	**Price Indices of Agricultural Means of Production**	**101.9**		**101.9**
农用手工工具	Farm Handtools	103.4		103.4
饲料	Forage	103.7		103.7
产品畜	Production Livestock	99.2		99.2
半机械化农具	Semi-mechanized Farm Tools	106.2		106.2
机械化农具	Mechanized Farm Machinery	103.2		103.2
化学肥料	Chemical Fertilizer	96.4		96.4
农药及农药器械	Pesticide and Its Appliances	100.7		100.7
化学农药	Chemical Pesticides	100.7		100.7
农药器械	Pesticides Appliances	100.4		100.4
农用机油	Oil for Farm Machinery	108.7		108.7
其他农业生产资料	Other Means of Agricultural Production	111.1		111.1
农用种子	Farm Seed	116.2		116.2
其他	Others	103.2		103.2
农业生产服务	Service of Agricultural Production	102.9		102.9

8-4 居民消费价格分类指数（2010年）

Consumer Price Indices by Category (2010)

(上年=100) (preceding year=100)

类别	Type	全省 Province Indices	城市 Urban Areas	农村 Rural Areas
居民消费价格总指数	**Consumer Price Index**	**103.0**	**102.9**	**103.3**
服务项目价格指数	**Price Index of Services**	**101.6**	**101.4**	**102.3**
食品	**Food**	**105.6**	**105.6**	**105.6**
粮食	Grain	107.5	107.9	106.2
淀粉	Starches and Tubers	113.8	103.9	124.3
干豆类及豆制品	Beans and Bean Products	105.9	104.8	108.3
油脂	Oil or Fat	104.1	102.6	106.6
肉禽及其制品	Meal, Poultry and Processed Products	100.4	100.5	100.1
食用畜肉及副产品	Meat and Sideline Product	99.6	99.9	99.0
禽	Pourtry	103.7	103.8	103.4
加工肉禽	Meat and Pourty Products	100.6	99.8	101.9
蛋	Eggs	108.3	108.1	108.6
水产品	Aquatic Products	103.2	104.1	100.8
鱼	Fish	103.0	104.3	100.3
其它水产品	Other Aquatic Products	103.8	103.8	103.9
菜	Vegetables	117.9	117.6	118.8
调味品	Flavoring	102.7	102.8	102.6
糖	Carbohydrate	114.1	112.9	115.5
茶及饮料	Tea and Beverages	100.5	99.6	102.2
茶叶	Tea	101.7	100.2	104.6
饮料	Beverages	100.1	99.4	101.4
干鲜瓜果	Dried and Fresh Melons and Fruits	115.9	114.7	119.3
糕点饼干面包	Cake, Biscuit and Bread	102.9	102.9	102.9
液体乳及乳制品	Milk and Its Products	103.1	103.7	101.4
在外用膳食品	Outward Dinner Food	101.3	101.0	101.9
其它食品	Other Foods	100.7	100.3	101.4
烟酒及用品	**Tobacco, Liquor and Articles**	**100.3**	**100.0**	**100.6**
烟草	Tobacco	100.1	99.8	100.5
酒	Liquor	100.8	100.6	101.0
吸烟饮酒用品	Articles for Smoking and Drinking	100.1	100.2	100.0
衣着	**Clothing**	**98.8**	**98.4**	**99.6**
服装	Garments	98.5	98.2	99.5
男式服装	Clothing for Men	98.4	98.1	99.0
女式服装	Clothing for Women	98.2	97.9	99.3
儿童服装	Clothing for Children	100.7	100.6	100.8
衣着材料	Clothing Material	102.7	104.7	101.1
鞋袜帽	Footgear and Hats	98.7	98.7	98.7
鞋	Shoes	98.6	98.6	98.3
袜子	Hose	100.5	100.6	100.5
帽子	Hats	95.6	90.2	100.6
衣着加工服务	Clothing Manufacturing Services	105.1	103.0	109.6
家庭设备用品及维修服务	**Household Facilities, Articles and Services**	**99.3**	**99.0**	**100.0**
耐用消费品	Durable Consumer Goods	97.0	96.6	98.0

8-4 续表 continued

(上年=100) (preceding year=100)

类别	Type	全省 Province Indices	城市 Urban Areas	农村 Rural Areas
家具	Furniture	99.8	99.2	100.7
家庭设备	Household Facilities	95.9	95.7	96.3
室内装饰品	Interior Decorations	101.1	101.7	99.9
床上用品	Bed Articles	99.5	99.9	98.4
家庭日用杂品	Daily Use Household Articles	100.4	100.0	101.3
家庭服务及加工维修服务	Household Services and Maintenance and Renovation	106.4	105.6	108.5
医疗保健和个人用品	**Health Care and Personal Articles**	**102.7**	**102.5**	**103.0**
医疗保健	Health Care	102.3	102.2	102.4
医疗器具及用品	Medical Instrument and Articles	100.8	100.3	101.6
中药材及中成药	Traditional Chinese Medicine	109.9	109.8	109.9
西药	Western Medicine	99.0	99.4	98.1
保健器具及用品	Health Care Appliances and Articles	100.0	100.0	100.4
医疗保健服务	Health Care Services	100.4	100.4	100.3
个人用品及服务	Personal Articles and Services	103.4	103.0	104.1
化妆美容用品	Cosmetics	100.6	101.1	99.0
清洁化妆用品	Sanitation Articles	100.0	99.2	101.3
个人饰品	Personal Ornaments	107.2	108.0	105.4
个人服务	Personal Services	104.6	103.0	107.7
交通和通讯	**Transportation and Communication**	**99.0**	**98.3**	**100.7**
交通	Transportation	102.0	101.7	102.3
交通工具	Transportation Facility	99.8	99.3	100.4
车用燃料及零配件	Fuels and Parts	110.5	111.7	109.1
车辆使用及维修	Fees for Vehicles Use and Maintenance	101.9	101.6	102.2
市区公共交通	Incity Traffic Fare	103.0	102.2	104.9
城市间交通	Intercity Traffic Fare	100.5	100.3	100.7
通信	Communication	96.7	96.3	98.4
通信工具	Communication Facility	85.7	82.4	93.6
通信服务	Communication Service	98.8	98.6	99.6
娱乐教育文化用品及服务	**Recreation, Education and Culture Articles**	**100.4**	**100.2**	**100.9**
文娱用耐用消费品及服务	Durable Consumer Goods for Cultural and Recreational Use and Services	95.4	95.1	95.9
教育	Education	101.3	100.9	102.1
教材及参考书	Teaching Materials and Reference Books	100.9	101.4	100.0
学杂托幼费	Tuition and Child Care	101.3	100.8	102.3
文化娱乐	Cultural and Recreational Articles	101.4	101.6	100.8
文化娱乐用品	Cultural Articles	100.0	99.6	100.9
书报杂志	Newspapers and Magazines	101.5	101.9	100.7
文娱费	Expenditure on Culture and Recreation	102.4	102.9	100.8
旅游	Touring	101.4	101.4	101.4
居住	**Residence**	**106.9**	**107.4**	**105.7**
建房及装修材料	Building and Building Decoration Materials	104.6	105.4	103.9
租房	Renting	105.6	106.8	101.9
自有住房	Private Housing	103.3	102.9	104.8
水、电、燃料	Water, Electricity and Fuels	110.2	110.4	109.7

8-5　各市、县商品零售价格分类指数（2010年）

(上年=100)

类　　别	Type	南昌市 Nan chang	景德镇市 Jing dezhen	萍乡市 Ping xiang	九江市 Jiu jiang	新余市 Xin yu
商品零售价格总指数	**Retail Price Index**	**103.0**	**102.6**	**103.3**	**102.6**	**102.8**
食品类	Food	104.9	106.5	105.5	107.3	106.0
饮料、烟酒	Beverages, Tobacco and Liquor	99.7	99.8	100.2	100.7	100.2
服装、鞋帽类	Garments, Shoes and Hats	102.1	100.6	97.1	98.6	91.8
纺织品类	Textiles	103.8	98.2	100.1	97.9	108.5
家用电器及音像器材	Household Appliances, Music and Video Equipment	95.8	97.0	97.4	94.3	97.1
文化办公用品	Cultural and Office Appliances	96.3	100.0	100.6	94.7	99.5
日用品	Articles for Daily Use	100.4	100.9	101.2	100.4	99.0
体育娱乐用品	Sports and Recreation Articles	97.7	100.5	100.6	95.9	97.5
交通、通信用品	Transportation and Communication Appliances	94.2	95.1	97.2	91.7	98.1
家具	Furniture	99.9	98.7	99.7	100.9	100.0
化妆品类	Cosmetics	102.5	100.1	100.7	98.9	102.4
金银珠宝类	Gold, Silver and Jewelry	117.7	110.2	120.7	117.0	113.8
中西药品及医疗保健用品类	Traditional Chinese and Western Medicines and Health Care Articles	103.0	105.2	103.0	100.6	105.3
书报杂志及电子出版物类	Books, Newspapers, Magazines and Electronic Publications	101.0	100.0	100.1	100.0	102.5
燃料类	Fuels	113.5	109.4	112.4	116.9	119.9
建筑材料及五金电料类	Building Materials and Hardware	107.3	102.4	112.7	101.8	103.5
农业生产资料价格指数	**Price Indices of Agricultural Means of Production**					

8-6　各市、县居民消费价格分类指数（2010年）

(上年=100)

类　　别	Type	南昌市 Nan chang	景德镇市 Jing dezhen	萍乡市 Ping xiang	九江市 Jiu jiang	新余市 Xin yu
居民消费价格总指数	**Consumer Price Index**	**103.3**	**103.0**	**103.2**	**103.2**	**102.9**
服务项目价格指数	Price Index of Services	102.4	101.1	101.2	100.3	100.8
食品	Food	104.6	106.2	105.5	107.2	106.4
烟酒及用品	Tobacco, Liquor and Articles	99.9	99.4	100.7	100.3	99.8
衣着	Clothing	102.3	100.5	97.3	98.7	94.4
家庭设备用品及维修服务	Household Facilities, Articles and Services	97.6	99.1	99.6	97.9	100.0
医疗保健和个人用品	Health Care and Personal Articles	103.2	103.3	102.7	103.0	103.4
交通和通讯	Transportation and Communication	98.7	99.7	102.3	92.7	99.4
娱乐教育文化用品及服务	Recreation, Education and Culture Articles	99.3	101.0	99.5	101.6	100.8
居住	Residence	110.1	104.4	107.5	107.0	107.5

Retail Price Indices by Category and Region (2010)

(preceding year=100)

鹰潭市 Ying tan	赣州市 Gan zhou	宜春市 Yi chun	上饶市 Shang rao	吉安市 Ji'an	抚州市 Fuzhou	井冈山市 Jing gangshan	瑞昌市 Rui chang	信丰县 Xin feng	宁都县 Ning du	上高县 Shang gao	铅山县 Yan shan	泰和县 Taihe	南城县 Nan cheng
102.7	**102.7**	**103.1**	**102.9**	**102.8**	**101.7**	**104.0**	**102.9**	**103.1**	**103.0**	**102.1**	**103.5**	**102.3**	**102.7**
105.8	107.4	106.6	105.3	107.7	107.0	108.1	105.8	106.4	104.1	105.6	106.8	107.1	105.7
100.8	98.7	100.9	100.3	101.6	100.0	99.8	100.4	101.7	101.5	100.3	101.4	100.0	102.1
94.5	92.3	97.4	99.3	93.2	92.2	100.2	100.3	99.6	100.8	95.1	100.0	98.5	98.3
104.8	98.3	101.2	106.0	97.5	100.3	100.7	100.0	96.3	103.0	99.9	100.0	99.8	100.0
98.2	97.8	96.8	99.9	93.2	93.4	100.1	98.9	93.7	87.8	93.4	99.6	97.4	96.8
99.1	98.7	100.2	99.5	99.6	98.0	100.7	100.0	100.2	97.6	99.5	96.9	100.0	97.3
99.5	99.8	99.4	100.3	100.7	100.0	100.8	100.2	100.9	100.1	99.4	100.5	100.0	102.7
97.7	100.8	100.6	100.0	99.8	98.4	101.3	100.0	100.5	99.0	100.1	100.6	100.0	99.8
97.1	96.1	95.6	98.5	96.8	94.9	96.7	98.3	95.7	101.3	96.4	95.6	99.9	97.4
97.1	100.0	100.0	107.5	95.7	82.6	104.8	100.1	99.4	107.3	102.3	100.1	100.0	94.6
100.3	100.9	99.4	101.9	103.4	101.2	100.0	99.5	97.4	98.2	98.6	99.7	100.0	101.5
106.5	123.7	119.4	100.0	120.0	117.3	109.8	112.0	111.6	121.7	119.4	127.1	100.0	108.8
102.4	103.9	103.9	101.9	99.9	101.2	105.4	102.4	104.4	111.5	102.6	103.1	88.3	102.5
102.4	102.0	98.9	101.1	101.5	100.0	100.9	101.3	99.6	100.8	101.0	100.7	100.0	100.0
114.3	106.2	110.0	109.7	115.1	112.4	110.5	110.9	108.1	111.7	115.3	111.0	106.6	115.4
106.9	106.0	108.0	98.8	103.6	102.3	103.9	100.8	107.9	104.0	102.5	104.2	106.6	100.9
							103.2	**104.1**	**102.8**	**101.0**	**101.0**	**100.7**	**103.8**

Consumer Price Indices by Category and Region (2010)

(preceding year=100)

鹰潭市 Ying tan	赣州市 Gan zhou	宜春市 Yi chun	上饶市 Shang rao	吉安市 Ji'an	抚州市 Fuzhou	井冈山市 Jing gangshan	瑞昌市 Rui chang	信丰县 Xin feng	宁都县 Ning du	上高县 Shang gao	铅山县 Yan shan	泰和县 Taihe	南城县 Nan cheng
103.1	**103.1**	**103.0**	**103.1**	**102.8**	**103.0**	**103.5**	**103.0**	**103.5**	**103.6**	**103.2**	**103.8**	**103.3**	**102.9**
101.2	101.5	102.1	98.5	101.0	103.9	100.1	101.4	101.9	103.3	104.6	103.3	101.7	100.8
105.7	107.6	106.7	105.4	107.8	106.7	107.8	105.5	106.1	103.7	105.5	106.5	106.9	105.6
100.6	99.1	100.8	101.2	101.8	100.0	100.0	100.3	101.2	101.8	100.2	101.3	99.9	100.4
94.9	92.2	97.3	99.3	93.9	93.0	100.1	100.4	99.5	102.6	95.3	100.1	98.5	97.9
100.0	99.4	99.2	103.2	99.2	99.2	101.5	99.3	103.0	99.8	99.3	100.2	99.7	98.0
101.7	103.7	103.7	100.4	102.9	102.3	101.8	102.4	103.0	106.8	105.6	103.6	95.2	103.8
99.7	98.9	98.3	93.6	96.7	99.4	99.4	100.9	100.9	100.6	100.1	100.6	100.7	100.2
101.5	101.4	102.3	101.4	99.3	100.8	99.7	101.4	99.2	102.4	102.8	100.9	100.5	99.4
108.7	105.0	104.3	107.8	106.3	105.5	104.9	103.8	105.8	106.6	107.2	106.9	108.6	106.1

8-7 工业品出厂价格指数

Producer Price Indices for Manufactured Goods

(上年＝100) (preceding year=100)

类别	Type	2005	2006	2007	2008	2009	2010
全部工业品	**Total Industry Products**	**108.8**	**109.7**	**106.2**	**106.4**	**93.0**	**115.3**
按轻重工业分	**Grouped by Light & Heavy Industries**						
轻工业	Light Industry	99.2	101.6	105.0	105.4	99.5	104.3
以农产品为原料	Agricultural Products as Raw Materials	100.6	101.7	104.0	104.7	99.9	105.4
以非农产品为原料	Non-agricultural Products as Raw Materials	98.0	101.6	106.3	106.2	99.0	103.2
重工业	Heavy Industry	113.3	113.8	106.8	106.9	89.6	121.3
采掘	Mining	145.5	117.9	106.6	110.5	92.0	123.0
原料	Raw Materials	115.6	119.8	106.5	104.2	90.8	123.7
加工	Processing	104.2	104.7	107.1	109.5	88.0	118.8
按部类分	**Grouped by Category of Industry**						
生产资料	Means of Production	110.8	111.5	106.6	107.0	91.3	117.9
采掘	Mining	142.2	114.0	107.2	110.1	92.8	121.5
原料	Raw Materials	115.1	120.9	106.2	102.6	91.2	124.3
加工	Processing	101.7	103.3	106.8	109.9	91.2	113.8
生活资料	Consumer Goods	100.5	101.5	104.1	103.5	100.7	103.1
食品	Food	100.3	100.4	103.3	105.1	101.5	103.5
衣着	Clothing	100.7	104.0	106.6	102.7	100.7	103.3
一般日用品	Articles for Daily Use	101.6	101.9	102.3	102.0	100.3	102.4
耐用消费品	Durable Consumer Goods	99.7	99.4	105.4	101.7	97.8	102.1
按工业部门分	**Grouped by Industrial Department**						
冶金工业	Metallurgical Industry	120.7	122.7	110.7	106.3	82.9	131.8
电力工业	Power Industry	104.6	106.2	102.3	102.3	103.4	102.2
煤炭及炼焦工业	Coal Industry and Coking Industry	125.0	102.4	108.6	129.7	93.2	115.4
石油工业	Petroleum Industry	122.8	115.4	103.8	118.4	101.0	115.4
化学工业	Chemical Industry	106.1	104.1	102.9	111.0	100.4	108.4
机械工业	Machine Building Industry	100.3	102.8	103.5	100.8	95.9	103.4
建筑材料工业	Building Materials Industry	93.0	102.4	106.7	111.2	98.2	104.9
森林工业	Timber Industry	102.9	102.2	103.5	104.3	100.3	104.1
食品工业	Food Industry	100.9	100.2	104.3	106.5	100.8	103.9
纺织工业	Textile Industry	98.7	103.7	100.5	102.6	96.2	117.4
缝纫工业	Tailoring Industry	101.0	104.2	107.2	101.9	101.2	103.4
皮革工业	Leather Industry	100.4	99.8	103.6	106.1	97.7	102.7
造纸工业	Paper Industry	102.8	101.2	101.4	105.0	95.6	103.5
文教艺术用品工业	Industry of Cultural, Educational & Handicrafts Articles	99.8	100.4	99.6	100.9	98.8	103.8
其他工业	Others Industry	105.7	104.9	101.8	102.9	105.0	105.3

8-8 按工业行业分工业品出厂价格指数

Producer Price Indices for Manufactured Goods by Sector

(上年=100) (preceding year=100)

行业	Sector	2009	2010
煤炭开采和洗选业	**Mining and Washing of Coal**	**99.1**	**117.5**
烟煤和无烟煤的开采洗选	Mining and Washing of Bituminous Coal and Anthracite	99.1	117.5
黑色金属矿采选业	**Mining and Processing of Ferrous Metal Ores**	**103.8**	**122.6**
铁矿采选	Mining and Processing of Iron Ores	103.8	122.6
有色金属矿采选业	**Mining and Processing of Non-Ferrous Metal Ores**	**77.6**	**130.2**
常用有色金属矿采选	Mining and Processing of Frequently Used Non-Ferrous Metal Ores	78.1	133.9
贵金属矿采选	Mining and Processing of Precious Metal Ores	106.5	155.5
稀有稀土金属矿采选	Mining and Processing of Rare Earth and Rare Metals Ores	72.1	127.0
非金属矿采选业	**Mining and Processing of Nonmetal Ores**	**97.8**	**105.0**
土砂石开采	Mining of Soil,Sand and Stone	98.3	105.3
化学矿采选	Mining of Chemical Ores	100.0	100.0
采盐	Mining and Processing of Salt Ores	88.1	126.0
石棉及其它非金属矿采选产品	Mining and Processing of Asbestos and Other Nonmetal Ores	96.1	100.7
农副食品加工业	**Processing of Food from Agricultural Products**	**100.5**	**106.5**
谷物磨制	Polishing of Grain	102.6	108.3
饲料加工	Processing of Feed	98.6	105.8
植物油加工	Processing of Vegetable Oil	93.4	109.9
制糖	Processing of Sugar	93.6	100.1
屠宰及肉类加工	Slaughtering and Processing if Meat	101.1	109.6
水产品加工	Processing of Aquatic Products	100.9	101.2
蔬菜、水果和坚果加工	Processing of Vegetables, Fruits and Nuts	111.8	97.5
其他农副食品加工	Processing of Other Food from Agricultural Products	103.0	102.6
食品制造业	**Manufacture of Foodstuff**	**104.0**	**102.8**
焙烤食品制造	Manufacture of Baking Foodstuff	107.3	102.0
糖果、巧克力及蜜饯制造	Manufacture of Sweet,Chocolate and Candied Fruit	101.3	103.0
方便食品制造	Manufacture of Convenience Food	102.5	102.8
液体乳及乳制品制造	Manufacture of Milk Gel and Dairy Products	101.8	103.2
罐头制造	Manufacture of Cans	94.4	107.6
调味品、发酵制品制造	Manufacture of Condiments and Fermentation Products	104.8	108.3
其他食品制造	Manufacture of Other Foodstuff	104.8	102.2
饮料制造业	**Manufacture of Beverages**	**100.4**	**100.8**
酒的制造	Manufacture of Liquor	100.2	102.2
软饮料制造	Manufacture of Soft Drink	99.9	97.7
精制茶加工	Processing of Refined Tea	102.8	102.8
烟草制品业	**Manufacture of Tobacco**	**99.4**	**100.0**
卷烟制造	Manufacture of Cigarettes	99.4	100.0
纺织业	**Manufacture of Textile**	**96.8**	**111.4**
棉、化纤纺织及印染精加工	Processing and Dyeing of Cotton and Chemical Fiber Textile	95.1	117.5
毛纺织和染整精加工	Processing and Dyeing of Wool Textile	93.9	103.0
麻纺织	Flax Textile	100.7	106.0
丝绢纺织及精加工	Processing of Silk Textile	108.1	144.0
纺织制成品制造	Manufacture of Textile Products	99.3	106.6
针织品、编织品及其制品制造	Manufacture of Knitwear and Woven Products	97.6	103.0
纺织服装、鞋、帽制造业	**Manufacture of Textile Wearing Apparel, Footware, and Caps**	**103.9**	**103.7**
纺织服装制造	Manufacture of Textile Wearing Apparel	104.1	103.5
鞋制造	Manufacture of Shoes	96.1	111.6
皮革、毛皮、羽毛(绒)及其制品业	**Manufacture of Leather, Fur, Feather and Related Products**	**97.6**	**104.3**

8-8 续表1 continued

(上年＝100) (preceding year=100)

行 业	Sector	2009	2010
皮革鞣制加工	Processing of Leather	95.0	100.6
皮革制品制造	Manufacture of Leather Products	97.9	102.9
毛皮鞣制及制品加工	Manufacture and Processing of Fur Products	96.7	123.5
羽毛(绒)加工及制品制造	Manufacture and Processing of Feather Products	95.0	121.9
木材加工及木、竹、藤、棕、草制品业	**Processing of Timber,Manufacture of Wood,Bamboo,Rattan,Palm, and Straw Products**	**100.2**	**104.2**
锯材、木片加工	Processing of Lumber and Wood Chips	100.1	107.8
人造板制造	Manufacture of Plywood	97.4	104.1
木制品制造	Manufacture of Wood Products	103.0	102.3
竹、藤、棕、草制品制造	Manufacture of Penny,Vines Coir and Grass Products	109.5	104.7
家具制造业	**Manufacture of Furniture**	**100.8**	**103.0**
木质家具制造	Manufacture of Wood Furniture	101.2	103.2
金属家俱制造	Manufacture of Metal Furniture	84.3	108.3
其他家具制造	Manufacture of Other Furniture	102.8	98.6
造纸及纸制品业	**Manufacture of Paper and Paper Products**	**95.6**	**103.5**
造纸	Manufacture of Paper	95.0	103.3
纸制品制造	Manufacture of Paper Products	97.2	103.9
印刷业和记录媒介的复制	**Printing, Reproduction of Recording Media**	**97.8**	**104.7**
印刷	Printing	99.0	104.9
装订及其他印刷服务活动	Binding and Other Printing Service Activities		110.0
记录媒介的复制	Copy of Record Media	76.6	96.2
文教体育用品制造业	**Manufacture of Articles For Culture,Education and Sport Activity**	**99.3**	**100.6**
文化用品制造	Manufacture of Culture Articles	100.5	100.6
体育用品制造	Manufacture of Sport Articles	91.5	99.4
乐器制造	Manufacture of Music Instruments	101.3	102.5
玩具制造	Manufacture of Toys	98.0	102.8
石油加工、炼焦及核燃料加工业	**Processing of Petroleum, Coking, Processing of Nuclear Fuel**	**96.5**	**114.5**
精炼石油产品的制造	Manufacture of Refined Petroleum Products	101.0	115.5
炼焦	Coking	80.2	111.0
化学原料及化学制品制造业	**Manufacture of Raw Chemical Materials and Chemical Products**	**101.7**	**109.0**
基础化学原料制造	Manufacture of Basic Chemical Material	87.8	108.0
肥料制造	Manufacture of Fertilizers	88.7	100.1
农药制造	Manufacture of Pesticides	92.8	104.4
涂料、油墨、颜料及类似产品制造	Manufacture of Coating,Ink and Paint Products	86.7	108.4
合成材料制造	Manufacture of Synthetic Materials	96.1	109.7
专用化学产品制造	Manufacture of Specialized Chemical Products	114.3	112.5
日用化学产品制造	Manufacture of Daily Used Chemical Products	102.7	106.2
医药制造业	**Manufacture of Medicines**	**101.8**	**101.6**
化学药品原药制造	Manufacture of Chemical Original Drug	95.6	98.6
化学药品制剂制造	Manufacture of Chemical Agents	105.5	102.3
中药饮片制造	Manufacture of Herbal Medicine	90.1	131.0
中成药制造	Manufacture of Proprietary Chinese Medicine	102.3	100.8
兽用药品制造	Manufacture of Veterinary Drugs	102.7	101.7
生物、生化制品的制造	Manufacture of Biotechnology and Biochemical Products	99.5	100.1
卫生材料及医药用品制造	Manufacture of Sanitation Materials and Medical Supplies	101.6	99.8
化学纤维制造业	**Manufacture of Chemical Fibers**	**91.7**	**128.1**
纤维素纤维原料及纤维制造	Manufacture of Cellulose Fibers and Fibers	92.2	136.1
合成纤维制造	Manufacture of Synthetic Fibers	82.5	115.7
橡胶制品业	**Manufacture of Rubber**	**98.8**	**101.1**
轮胎制造	Manufacture of Tire	97.9	103.5
橡胶板、管、带的制造	Manfuacture of Rubber Plates, Pipes and Belts	89.4	83.6
橡胶零件制造	Manufacture of Rubber Parts	101.7	95.9
再生橡胶制造	Manufacture of Renewable Rubber	98.6	99.4

8-8 续表2 continued

(上年＝100) (preceding year=100)

行 业	Sector	2009	2010
橡胶靴鞋制品	Manufacture of Rubber Boots and Shoes	102.6	100.0
其他橡胶制品	Manufacture of Other Rubber Products	100.6	99.5
塑料制品业	**Manufacture of Plastics**	**97.4**	**105.1**
塑料薄膜制造	Manufacture of Plastic Film	96.0	101.6
塑料板、管、型材的制造	Manufacture of Plastic Plates, Piles and Profiles	100.3	110.1
塑料丝、绳及编织品的制造	Manufacture of Plastic Wire, Ropes and Woven Products	97.2	103.5
泡沫塑料制造	Manufacture of Foam	90.4	106.5
塑料包装箱及容器制造	Manufacture of Plastic Packaging Boxes and Containers	97.7	104.2
日用塑料制品	Manufacture of Daily Used Plastic	105.8	105.2
其他塑料制品制造	Manufacture of Other Plastic Products	92.8	110.4
非金属矿物制品业	**Manufacture of Non-metallic Mineral Products**	**98.7**	**104.8**
水泥、石灰和石膏的制造	Manufacture of Cement, Lime and Gypsum	95.2	105.7
水泥及石膏制品制造	Manufacture of Cement and Gypsum	103.8	105.4
砖瓦、石材及其他建筑材料制造	Manufacture of Brick, Stone and Other Construction Materials	100.0	102.6
玻璃及玻璃制品制造	Manufacture of Glass and Its Products	92.7	110.6
陶瓷制品制造	Manufacture of Ceramic Products	103.2	103.8
耐火材料制品制造	Manufacture of Refractory Products	98.5	100.3
石墨及其他非金属矿物制品制造	Manufacture of Graphite and Other Non-metallic Mineral Products	105.6	99.1
黑色金属冶炼及压延加工业	**Smelting and Pressing of Ferrous Metals**	**82.2**	**113.5**
炼铁	Ironmaking	104.6	108.8
炼钢	Steelmaking	90.9	103.9
钢压延加工	Smelting and Pressing of Steel	81.7	114.0
铁合金冶炼	Smelting of Alloy Iron	80.1	99.8
有色金属冶炼及压延加工业	**Smelting and Pressing of Non-ferrous Metals**	**82.4**	**141.3**
常用有色金属冶炼	Smelting of Frequently Used Non-Ferrous Metal	82.0	144.3
贵金属冶炼	Smelting of Precious Metal	93.2	129.5
稀有稀土金属冶炼	Smelting of Rare Earth and Rare Metals	75.3	139.6
有色金属合金制造	Non-Ferrous Metaling Alloy Manufacturing	82.5	111.5
有色金属压延加工	Pressing of Non-Ferrous Metal	84.6	139.7
金属制品业	**Manufacture of Metal Products**	**87.5**	**105.5**
结构性金属制品制造	Manufacture of Structural Metal Products	92.9	103.8
金属工具制造	Manufacture of Metal Tools	98.5	100.7
集装箱及金属包装容器制造	Manufacture of Containers and Metal Packaging	99.0	100.6
金属丝绳及其制品的制造	Manufacture of Metal Wire, Ropes and Its Products	80.6	110.3
建筑、安全用金属制品制造	Manufacture of Metal Products for Construction and Safety	108.9	98.1
搪瓷制品制造	Manufacture of Enamel Products	109.8	104.4
不锈钢及类似日用金属制品制造	Manufacture of Stainless Steel and Daily Metal Products	100.0	100.0
其他金属制品制造	Manufature of Other Metal Products	78.7	110.2
通用设备制造业	**Manufacture of General Purpose Machinery**	**96.7**	**100.4**
锅炉及原动机制造	Manufacture of Boilers and Original Motivation	100.3	103.4
金属加工机械制造	Manufacture of Metal Processing Machinery	96.0	92.2
起重运输设备制造	Manufacture of Handling Equipment	102.4	101.0
泵、阀门、压缩机及类似机械的制造	Manufacture of Pumps, Valves, Compressors	99.2	98.5
轴承、齿轮、传动和驱动部件的制造	Manufacture of Bearings, Gears,Transmission and Drive Components	102.6	102.9
风机、衡器、包装设备等通用设备制造	Manufacture of Fans, Weighing,Packaging Equipment and Other General Equipment	91.3	105.0
通用零部件制造及机械修理	Manufacture of General Components and Mechanical Repair	95.1	99.7
金属铸、锻加工	Processing of Metal Casting and Forging	92.7	98.5
专用设备制造业	**Manufacture of Special Purpose Machinery**	**100.4**	**100.7**
矿山、冶金、建筑专用设备制造	Manufacture of Special Equipment for Mining,Metallurgy, Construction	103.1	100.0

8-8 续表3 continued

(上年＝100) (preceding year=100)

行　　业	Sector	2009	2010
化工、木材、非金属加工专用设备制造	Manufacture of Special Equipment for Chemicals, Wood, Non-metallic Processing	94.4	98.9
食品、饮料、烟草及饲料生产专用设备制造	Manufacture of Special Equipment for Food, Beverage,Tobacco and Feed Production	102.6	99.9
印刷、制药、日化生产专用设备制造	Manufacture of Special Equipment for Printing, Pharmaceuticals, Chemicals Production	99.6	99.7
纺织、服装和皮革工业专用设备制造	Manufacture of Special Equipment for Textiles, Clothing and Leather Industry	97.9	100.3
农、林、牧、渔专用机械制造	Manufacture of Special Equipment for Agriculture,Forestry, Animal Husbandry, Fishery	91.8	98.8
医疗仪器设备及器械制造	Manufacture of Medical Equipment and Instrument	101.1	101.8
环保、社会公共安全及其他专用设备制造	Manufacture of Special Equipment for Environmental,Social Public Safety and Others	98.0	99.8
交通运输设备制造业	**Manufacture of Transport Equipment**	**99.0**	**99.5**
铁路运输设备制造	Manufacture of Equipment for Railway Transport	109.9	99.1
汽车制造	Manufacture of Automobiles	99.1	99.4
摩托车制造	Manufacture of Motorcycles	99.3	99.7
自行车制造	Manufacture of Bicycles	92.5	100.1
船舶及浮动装置制造	Manufacture of Shipping and Floating Devices	98.6	101.0
电气机械及器材制造业	**Manufacture of Electrical Machinery and Equipment**	**92.5**	**108.3**
电机制造	Manufacture of Electrical Motors	99.5	99.3
输配电及控制设备制造	Manufacture of Power Distribution and Control Equipment	92.1	100.4
电线、电缆、光缆及电工器材制造	Manufacture of Wires, Cables,Fiber-optic Cables and Electrical Equipment	76.7	134.2
电池制造	Manufacture of Electric Cells	102.5	95.2
家用电力器具制造	Manufacture of Household Electrical Apparatus	97.5	103.3
非电力家用器具制造	Manufacture of Household Nonelectrical Apparatus		100.0
照明器具制造	Manufacture of Lighting Devices	95.7	98.8
通信设备、计算机及其他电子设备制造业	**Manufacture of Communication Equipment,Computers and Other Electronic Equipment**	**98.1**	**99.3**
通信设备制造	Manufacture of Communication Equipment	89.8	95.5
广播电视设备制造	Manufacture of Communication Broadcasting and TV Equipment	97.9	102.7
电子计算机制造	Manufacture of Computers	100.1	101.3
电子器件制造	Manufacture of Electronic Devices	99.3	102.0
电子元件制造	Manufacture of Electronic Components	98.7	98.1
家用视听设备制造	Manufacture of Household Audio-visual Equipment	93.8	98.4
其他电子设备制造	Manufacture of Other Electronic Equipment	100.0	100.0
仪器仪表及文化、办公用机械制造业	**Manufacture of Measuring Instruments and Machinery for Cultural Activity and Office Work**	**98.9**	**99.8**
通用仪器仪表制造	Manufacture of General Measuring Instruments and Machinery	100.7	100.1
专用仪器仪表制造	Manufacture of Special Measuring Instruments and Machinery	100.0	113.2
光学仪器及眼镜制造	Manufacture of Optical Equipment and Glasses	98.6	102.1
文化、办公用机械制造	Manufacture of Machinery for Cultural Activity and Office Work	93.8	91.4
工艺品及其他制造业	**Manufacture of Artwork and Other Manufacturing**	**107.8**	**100.8**
工艺美术品制造	Manufacture of Artwork	109.5	100.5
日用杂品制造	Manufacture of Groceries for Daily Use	98.9	102.7
废弃资源和废旧材料回收加工业	**Recycling and Processing of Deserted Resources and Waste**	**100.0**	**100.3**
金属废料和碎屑的加工处理	Metal Waste and Fragment Treatment and Processing		100.3
非金属废料和碎屑的加工处理	Nonmetal Waste and Fragment Treatment and Processing	100.0	100.0
电力、热力的生产和供应业	**Production and Supply of Electric Power and Heat Power**	**103.4**	**102.2**
电力生产	Production of Electric Power	105.9	101.6
电力供应	Supply of Electric Power	102.3	102.5
热力生产和供应	Production and Supply of Heat Power	109.5	105.0
燃气生产和供应业	**Production and Supply of Gas**	**102.5**	**108.5**
燃气生产和供应业	Production and Supply of Gas	102.5	108.5
水的生产和供应业	**Production and Supply of Water**	**103.8**	**108.1**
自来水的生产和供应	Production and Supply of Water	103.8	106.3
污水处理及再生利用	Sewage Treatment and Recycling	100.0	137.2

8-9 原材料、燃料、动力购进价格指数
Indices of Purchasing Prices of Raw Materials, Fuels and Power

(上年=100) (preceding year=100)

类别	Type	2005	2006	2007	2008	2009	2010
全部原材料	**General Index**	**110.0**	**108.6**	**107.9**	**114.2**	**90.7**	**111.8**
燃料、动力类	Fuel and Power	112.8	108.7	103.8	113.3	96.3	106.6
黑色金属材料类	Ferrous Metals	105.3	95.0	110.7	131.1	85.5	108.0
钢　材	Steel	106.9	94.6	106.6	122.3	84.8	105.3
其　他	Others	103.7	95.5	116.3	142.9	86.5	111.4
有色金属材料和电线类	Nonferrous Metals and Wire	125.7	144.0	118.9	102.1	74.9	135.0
化工原料类	Raw Chemical Materials	109.0	101.7	106.7	117.9	85.3	111.9
木材及纸浆类	Timber and Paper Pulp	107.7	106.6	106.2	107.3	97.9	106.6
建筑材料及非金属矿类	Building Materials and Nonmetal Ores	113.1	108.4	106.0	114.4	103.1	104.5
其它工业原材料及半成品类	Other Industrial Raw Materials and Semifinished Products	103.6	106.5	108.4	108.6	95.6	108.3
农副产品类	Agricultural Products	100.6	105.3	105.8	107.3	98.8	119.8
纺织原料类	Textile Materials	102.4	102.9	102.3	103.6	97.2	112.7

8-10 固定资产投资价格指数
Price Indices of Investment in Fixed Assets

(上年=100) (preceding year=100)

类别	Type	2005	2006	2007	2008	2009	2010
固定资产投资	**Investment in Fixed Assets**	**100.5**	**103.2**	**105.4**	**108.1**	**96.1**	**104.8**
建筑安装工程	**Construction and Installation**	**99.2**	**103.1**	**106.9**	**110.9**	**93.9**	**105.6**
人工费	Labor Costs	107.6	113.2	109.4	110.7	105.0	106.7
材料费	Material Costs	97.1	100.3	106.7	111.5	89.9	105.6
钢　材	Steel	96.5	96.2	107.8	116.4	83.5	105.1
木　材	Wood	98.2	101.0	104.3	102.8	101.6	104.3
水　泥	Cement	92.1	100.0	106.9	107.9	97.1	106.5
地方建筑材料	Local Building Materials	102.2	111.2	104.9	105.7	101.6	106.0
化工材料	Chemical Materials	105.9	105.0	107.2	103.3	88.1	113.7
电　料	Electric Materials	102.4	120.7	101.2	101.6	106.4	107.7
其他材料	Other Materials	102.2	100.5	105.6	101.9	105.2	102.3
机械使用费	Machinery Costs	100.7	105.1	103.7	104.4	103.1	103.2
设备、工器具购置	**Purchase of Equipment,Tools and Instruments**	**100.3**	**100.9**	**100.5**	**100.5**	**97.4**	**102.0**
其他费用	**Others**	**107.2**	**107.7**	**106.2**	**107.5**	**104.7**	**105.4**

主要统计指标解释

居民消费价格指数 是反映一定时期内城乡居民所购买的生活消费品价格和服务项目价格变动趋势和程度的相对数，是对城市居民消费价格指数和农村居民消费价格指数进行综合汇总计算的结果。该指数可以观察和分析消费品的零售价格和服务项目价格变动对城乡居民实际生活费支出的影响程度。

商品零售价格指数 是反映一定时期内城乡商品零售价格变动趋势和程度的相对数。商品零售价格的变动直接影响到城乡居民的生活支出和国家的财政收入，影响居民购买力和市场供需的平衡，影响到消费与积累的比例关系。因此，该指数可以从一个侧面对上述经济活动进行观察和分析。

工业品出厂价格指数 是反映一定时期内全部工业产品出厂价格总水平的变动趋势和程度的相对数，包括工业企业售给本企业以外所有单位的各种产品和直接售给居民用于生活消费的产品。该指数可以观察出厂价格变动对工业总产值及增加值的影响。

固定资产投资价格指数 是反映一定时期内固定资产投资品及项目的价格变动趋势和程度的相对数。固定资产投资额是由建筑安装工程投资完成额、设备工器具购置投资完成额和其他费用投资完成额三部分组成的。编制固定资产投资价格指数应首先分别编制上述三部分投资的价格指数，然后采用加权算术平均法求出固定资产投资价格总指数。

该指数可以准确地反映固定资产投资中涉及的各类投资品和取费项目价格变动趋势和变动幅度，消除按现价计算的固定资产投资指标中的价格变动因素，真实地反映固定资产投资的规模、速度、结构和效益，为国家科学地制定、检查固定资产投资计划并提高宏观调控水平，为完善国民经济核算体系提供科学的、可靠的依据。

Explanatory Notes on Main Statistical Indicators

Consumer Price Indices reflect the trend and degree of changes in prices of consumer goods and services purchased by urban and rural households during a given period. They are obtained by combining the Urban Consumer Price Indices and the Rural Consumer Price Indices. The Indices enable the observation and analysis of the degree of impact of the changes in the prices of retailed goods and services on the actual living expenses of urban and rural residents.

Retail Price Indices reflect the trend and degree of change in retail prices of commodities during a given period. The change in retail prices of commodities directly affect the living expenses of urban and rural residents, government revenue, purchasing power of residents and the equilibrium of market supply and demand, and the ratio of consumption to accumulation. Therefore, the retail price indices are useful from an oblique perspective for observing and analyzing the changes of the above economic activities.

Producer Price Indices for Manufactured Goods reflect the trend and degree of changes in general ex-factory prices of all manufactured goods during a given period, including sales of manufactured goods by an industrial enterprise to all units outside the enterprise, as well as sales of consumer goods to residents. It can be used to analyze the impact of ex-factory prices on gross output value and value-added of the industrial sector.

Price Indices of Investment in Fixed Assets reflect the trend and degree of changes in prices of investment goods and projects in fixed assets during a given period. The investment in fixed assets consists of three components, namely the investment in construction and installation, the investment in purchases of equipment and instrument, and the investment in other items. Price indices of investment in fixed assets are calculated as the weighted arithmetic mean of the price indices of the three components of investment in fixed assets.

Removing the factor of price change in the aggregates of investment at current prices, this indicator shows the changes in the prices of commodities and fees involved in the investment of fixed assets, and can be used to observe the actual size, growth, structure, and efficiency of investment in fixed assets and provides reliable and scientific data for government planning, management, decision-making, and further improving the current national accounting system.

人民生活

PEOPLE'S LIVELIHOOD

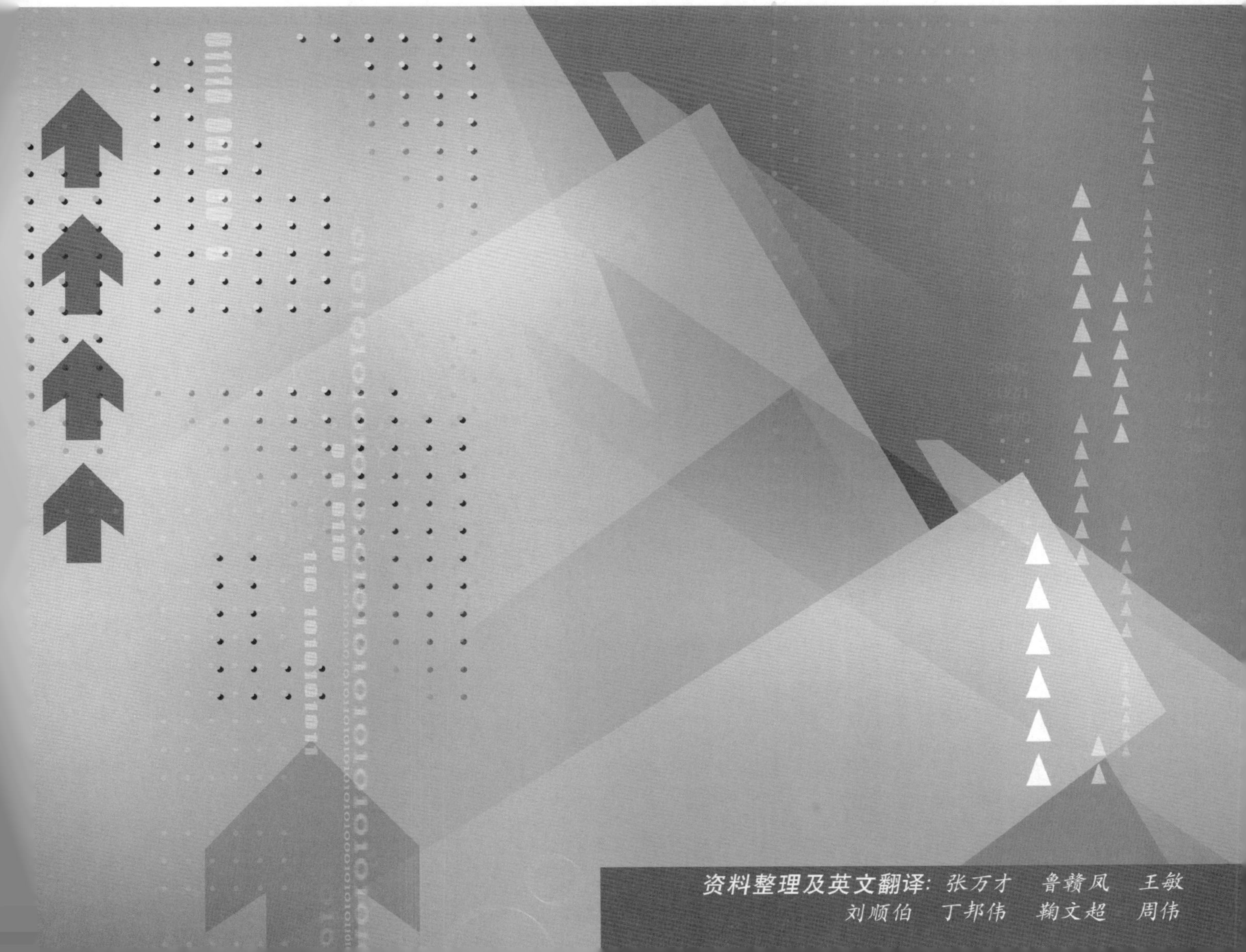

资料整理及英文翻译：张万才　鲁赣凤　王敏
刘顺伯　丁邦伟　鞠文超　周伟

简要说明

一、本篇资料的主要内容

本篇资料反映了全省城镇、农村居民的家庭收支、人口就业、居住、耐用消费品拥有、生产和生活等方面的情况。

二、本篇资料的来源

1. 本篇资料中城镇居民家庭相关资料来源于城镇住户调查年报，由国家统计局江西调查总队城镇住户调查处整理提供。

2. 本篇资料中农民家庭相关资料来源于农村住户调查年报，由国家统计局江西调查总队农村住户调查处整理提供。

。

Brief Introduction

I. Content

Data in this chapter show the basic conditions of the people's livelihood for the whole province, including income and expenditure of the households, employment, housing condition, consumption and possession of the major consumer goods, etc.

II. Source of Data

(1) Data in this chapter are based on the data collected by the sample survey on urban households and are prepared and provided by the Division of Urban Household Survey of Survey Office of the National Bureau of Statistics in Jiangxi.

(2) Data in this chapter are based on the data collected by the sample survey on rural households and are prepared and provided by the Division of Rural Household Survey of Survey Office of the National Bureau of Statistics in Jiangxi.

9-1 人民物质文化生活情况
People's Material and Cultural Life

指标	Item	1978	2000	2005	2009	2010
就业(人)	**Employment (person)**					
城镇住户每一就业者赡养人数	Number of Dependents per Employee of Urban Household		1.79	1.90	1.83	1.87
农村住户每一劳动力负担人口	Number of Dependents per Laborer of Rural Household	2.50	1.46	1.38	1.35	1.35
收入(元)	**Income(yuan)**					
职工平均工资	Average Wage of Staff and Workers	552	7014	13688	24696	29092
城镇住户可支配性收入	Disposable Income of Urban Households	305.36	5103.60	8619.72	14021.54	15481.12
农村住户纯收入	Net Income of Rural Households	140.70	2135.30	3265.53	5075.01	5788.56
消费(亿元)	**Consumption(100 million yuan)**					
国内支出总消费	Total Domestic Consumption Expenditure	56.88	1269.58	2117.30	3545.84	4489.22
居民消费	Resident Consumption		989.20	1642.20	2750.72	3545.46
农业居民消费	Agricultural Households Consumption		574.63	816.84	877.74	1102.46
非农业居民消费	Non-agricultural Households Consumption		414.57	825.36	1872.98	2443.00
政府消费	Government Consumption Expenditure		280.38	475.10	795.12	943.76
储蓄(元)	**Saving(yuan)**					
平均每人储蓄存款年末余额	Per Capita Balance of Saving Deposit at Year-end	13	2997	6385	11532	13746
居住(平方米)	**Residence(sq.m)**					
城镇住户人均建筑面积	Per Capita Building Space of Urban Households			37.15	38.60	38.88
农村住户人均居住面积	Per Capita Living Space of Rural Households		27.79	34.10	39.53	40.26
交通、通讯	**Traffic and Communication**					
城镇住户每百户摩托车拥有量(辆)	Number of Motor Cycles per 100 Urban Households(unit)		12.96	24.38	20.34	20.77
城镇住户每百户汽车拥有量(辆)	Number of Automobiles per 100 Urban Households(unit)		0.39	0.73	4.31	5.31
城镇居民每百户拥有移动电话(台)	Number of Mobile Telephones per 100 Urban Households(set)		14.37	136.26	175.17	181.18
农村住户每百户自行车拥有量(辆)	Number of Bicycles per 100 Rural Households (unit)		116.12	96.90	83.47	84.86
农村住户每百户摩托车拥有量(辆)	Number of Motor Cycles per 100 Rural Households(unit)		17.47	43.39	58.29	60.49
农村住户每百户拥有移动电话(台)	Number of Mobile Telephones per 100 Rural Households(set)		1.43	64.82	127.35	140.98
教育	**Education**					
每万人中有普通高等学校在校学生(人)	Students Enrollment of Regular Higher Education Institutions per 10000 Population(person)	6.86	35.29	152.15	183.09	187.75
每万人中有中等学校在校学生(人)	Students Enrollment of Secondary Schools per 10000 Population(person)	540.69	702.41	809.75	783.06	787.68
每万人中有小学在校学生(人)	Students Enrollment of Primary Schools per 10000 Population(person)	1614.20	1018.85	891.0.6	953.82	954.72
学龄儿童入学率(%)	Enrollment Rate of School-Age Children(%)	94.15	99.58	99.01	99.89	99.93
卫生	**Health**					
每万人中有卫生技术人员(人)	Number of Medical Technical Personnels per 10000 Population(person)	22.1	29.7	26.9	33.2	34.7
#医生	Doctors	9.6	13.1	11.5	12.7	13.3
每万人中有病床数(张)	Number of Hospital Beds per 10000 Population (bed)	22.7	21.9	19.7	27.8	28.7
#医院卫生院	Hospital Beds	20.5	20.1	18.5	23.6	23.1
文化(台/套)	**Culture(set)**					
城镇住户每百户拥有彩色电视机	Number of Color TV per 100 Urban Households		106.01	139.31	146.05	148.00
城镇住户每百户拥有照相机	Number of Cameras per 100 Urban Households		25.48	37.35	31.69	33.82
城镇住户每百户拥有组合音响	Number of Hi-Fi Stereo Component Players per 100 Urban Households		16.00	24.64	28.02	27.82
城镇住户每百户拥有家用电脑	Number of Computers per 100 Urban Households		4.56	32.03	54.91	59.91
农村住户每百户拥有彩色电视机	Number of Color TV per 100 Rural Households		30.16	82.33	103.84	106.86
农村住户每百户拥有照相机	Number of Cameras per 100 Rural Households		2.08	1.84	2.45	2.69

9-2 居民消费水平

Household Consumption Expenditure

本表绝对数按当年价格计算，指数按可比价格计算.

Level in this table are calculated at current prices,while indices are calculated at constant prices

年份 Year	绝对数(元) Level(yuan)			指数(上年=100) Index(Preceding Year=100)			指数(1978=100) Index(year of 1978=100)		
	全体居民 All Households	农村居民 Rural Household	城镇居民 Urban Household	全体居民 All Households	农村居民 Rural Household	城镇居民 Urban Household	全体居民 All Households	农村居民 Rural Household	城镇居民 Urban Household
1978	181	161	281	115.7	115.7	109.7	100.0	100.0	100.0
1979	203	179	323	110.7	109.7	113.4	110.7	109.7	113.4
1980	211	183	340	99.7	98.0	101.0	110.4	107.5	114.5
1981	230	194	394	104.1	101.3	110.8	114.9	108.9	126.9
1982	266	235	403	112.4	117.7	99.5	129.1	128.2	126.3
1983	282	253	410	104.5	106.1	100.3	134.9	136.0	126.7
1984	311	279	448	107.6	107.6	106.6	145.2	146.3	135.1
1985	367	327	535	108.7	107.9	109.7	157.8	157.9	148.2
1986	395	346	590	101.6	101.0	101.6	160.3	159.5	150.6
1987	427	365	675	103.7	101.7	107.0	166.2	162.2	161.1
1988	506	421	842	104.7	101.7	111.7	174.0	165.0	179.9
1989	580	480	971	100.0	101.6	96.5	174.0	167.6	173.6
1990	666	577	1017	104.5	104.8	103.6	181.8	175.6	179.8
1991	706	605	1105	103.6	103.2	104.6	188.3	181.2	188.1
1992	770	634	1295	106.7	105.1	110.0	200.9	190.4	206.9
1993	887	712	1566	105.9	105.0	107.8	212.8	199.9	223.0
1994	1182	923	2165	105.8	105.2	106.3	225.1	210.3	237.0
1995	1559	1266	2632	106.8	107.6	104.2	240.4	226.3	247.0
1996	1857	1553	2942	112.2	115.7	104.4	269.7	261.8	257.9
1997	1930	1569	3200	104.4	103.1	106.7	281.6	269.9	275.2
1998	1973	1599	3267	101.6	101.4	101.7	286.1	273.7	279.9
1999	2056	1637	3482	104.4	103.9	105.0	298.7	284.4	293.9
2000	2396	1793	4488	116.6	114.9	117.2	348.3	326.8	344.5
2001	2500	1801	4845	104.8	101.2	108.0	365.0	330.7	372.1
2002	2651	1879	5138	106.0	104.3	106.0	386.9	344.9	394.4
2003	2739	1964	5127	102.9	104.0	99.6	392.5	353.6	387.3
2004	3353	2342	6300	111.6	109.8	110.8	438.0	388.3	429.1
2005	3821	2576	7329	109.6	108.1	109.5	480.0	419.8	469.9
2006	4173	2810	7950	125.0	120.1	129.2	600.0	504.2	607.1
2007	4702	3061	9200	108.4	105.9	110.3	650.4	533.9	669.6
2008	5753	3096	9642	114.8	105.4	93.4	746.7	562.7	625.4
2009	6229	3443	10033	112.3	113.4	108.9	838.5	638.1	681.1
2010	7972	4397	12593	111.9	114.8	108.3	938.3	732.5	737.6

9-3 城乡居民储蓄存款年末余额

Balance of Savings Deposit of Urban and Rural Residents at Year-end

单位：万元 (10000 yuan)

年份 Year	合计 Total	定期 Time Deposits	活期 Demand Deposits
1978	41577		
1980	77127		
1985	348463	242277	106186
1986	480440	352393	128047
1987	646801	469971	176830
1988	811381	575035	236346
1989	1064999	824379	240620
1990	1427897	1150788	277109
1991	1862639	1528733	333906
1992	2378005	1904617	473388
1993	3216531	2505990	710541
1994	4581242	3550830	1030412
1995	6139568	4805479	1334089
1996	7770406	6148175	1622231
1997	9282412	7401216	1881196
1998	10692222	8317135	2375087
1999	11624907	8705993	2918914
2000	12431536	8852991	3578545
2001	14295157	9865993	4429164
2002	17066270	11250187	5816083
2003	20154504	12787336	7367168
2004	23477204	14657742	8819462
2005	27528875	17122721	10406154
2006	31516842	18871788	12645054
2007	33608099	19087521	14520578
2008	41661949	24311107	17350842
2009	50926656	28372310	22554346
2010	61132432	32744630	28387802

9-4 各地区居民消费水平（2010年）

Household Consumption Expenditure by Region (2010)

地区	Region	绝对数(元) Level(yuan)			指数(上年=100) Index(preceding year=100)		
		全体居民 All Households	农村居民 Rural Household	城镇居民 Urban Household	全体居民 All Households	农村居民 Rural Household	城镇居民 Urban Household
南昌市	Nanchang	20261	11780	29980	110.7	119.2	102.5
景德镇市	Jingdezhen	10835	8012	13024	107.7	117.7	102.8
萍乡市	Pingxiang	8764	4988	16975	102.9	101.9	103.4
九江市	Jiujiang	7680	4261	12303	113.3	109.8	117.5
新余市	Xinyu	11169	5005	15013	102.4	101.2	98.3
鹰潭市	Yingtan	9069	4827	13053	114.3	117.9	109.9
赣州市	Ganzhou	5555	4371	7391	109.7	108.2	109.8
吉安市	Ji'an	5468	3890	10722	108.3	107.6	108.9
宜春市	Yichun	6815	5712	9580	114.2	114.0	114.3
抚州市	Fuzhou	4320	3104	7862	102.2	101.8	101.3
上饶市	Shangrao	5102	3340	11550	113.4	116.9	108.1

9-5 各地区城乡居民储蓄存款年末余额（2010年）

Balance of Savings Deposit of Urban and Rural Residents at Year-end by Region (2010)

单位：万元 (10000 yuan)

地区	Region	合计 Total	定期 Time Deposits	活期 Demand Deposits
南昌市	Nanchang	14175807	8106708	6069099
景德镇市	Jingdezhen	2485978	1469102	1016876
萍乡市	Pingxiang	2368654	1214312	1154342
九江市	Jiujiang	5808405	2970797	2837608
新余市	Xinyu	2414353	1314197	1100156
鹰潭市	Yingtan	1710735	986497	724238
赣州市	Ganzhou	9076342	4125620	4950722
吉安市	Ji'an	5733233	3112815	2620418
宜春市	Yichun	6453816	3338590	3115226
抚州市	Fuzhou	4363029	2347234	2015795
上饶市	Shangrao	6538072	3755779	2782293

9-6 城镇住户基本情况

Basic Condition of Urban Households

年份 Year	调查户数(户) Number of Households Surveyed (houshold)	家庭人口数(人) Household Size (person)	就业人口(人) Employed Population (person)	平均每户人口数(人) Average Household Size (person)	平均每户就业人口数(人) Average Number of Employed Persons per Household (person)	平均每户就业面(%) Proportion of Employment per Household (%)
1986	1000	4024.36	2154.74	4.02	2.15	53.48
1987	1000	3982.45	2143.89	3.98	2.14	53.83
1988	1280	4755.00	2554.70	3.72	2.00	53.72
1989	1280	4668.66	2556.73	3.65	2.00	54.72
1990	1280	4612.26	2525.10	3.60	1.97	54.75
1991	1280	4533.51	2507.11	3.54	1.96	55.30
1992	1280	4419.19	2479.57	3.45	1.94	56.11
1993	1280	4317.27	2457.96	3.37	1.92	56.93
1994	1180	3870.41	2245.89	3.28	1.90	58.03
1995	1180	3777.63	2224.19	3.20	1.88	58.88
1996	1180	3757.83	2221.32	3.18	1.88	59.12
1997	1180	3693.40	2242.00	3.13	1.90	60.70
1998	1180	3631.62	2210.20	3.08	1.87	60.86
1999	1314	4023.70	2385.53	3.06	1.82	59.29
2000	1280	3943.31	2205.98	3.08	1.72	55.94
2001	1280	3892.75	2151.10	3.04	1.68	55.26
2002	1280	3801.60	2048.00	2.97	1.60	53.87
2003	1280	3801.60	2035.20	2.97	1.59	53.54
2004	1280	3724.80	1996.80	2.91	1.56	53.61
2005	1280	3699.20	1945.60	2.89	1.52	52.60
2006	1280	3660.80	1958.40	2.86	1.53	53.50
2007	1280	3648.00	2022.40	2.85	1.58	55.44
2008	1280	3712.00	2060.80	2.90	1.61	55.52
2009	1280	3686.40	2009.60	2.88	1.57	54.51
2010	1230	3493.20	1869.60	2.84	1.52	53.52

9-6 续表 continued

年 份 Year	平均每一就业者赡养人数(人) Number of Dependents per Employee (person)	平均每人每年总收入(元) Per Capita Total Annual Income (yuan)	平均每人每年可支配收入(元) Per Capita Annual Disposable Income (yuan)	可支配收入指数 Index of Disposable Income 以上年为100 (preceding year=100)	以1978年为100 (year of 1978=100)	平均每人每年消费性支出(元) Per Capita Annual Consumption Expenditure (yuan)
1986	1.87	744.12	729.84	118.0	171.9	630.96
1987	1.86	808.20	791.88	100.6	172.9	703.20
1988	1.83	965.16	937.80	95.7	165.5	876.48
1989	1.83	1116.84	1081.92	98.4	161.2	977.88
1990	1.83	1224.48	1187.88	107.5	173.3	983.76
1991	1.81	1327.32	1295.40	104.5	181.0	1110.24
1992	1.78	1589.28	1584.96	113.8	206.0	1275.96
1993	1.76	1986.72	1984.80	108.1	222.8	1585.68
1994	1.72	2778.96	2776.80	110.2	245.6	2201.04
1995	1.70	3380.88	3376.56	104.0	255.5	2712.48
1996	1.69	3782.28	3780.24	103.6	264.6	2942.16
1997	1.65	4090.68	4071.36	104.6	276.7	3199.56
1998	1.64	4274.28	4251.48	103.4	286.0	3266.76
1999	1.69	4746.24	4720.56	112.0	320.3	3482.28
2000	1.79	5129.52	5103.60	105.9	339.2	3623.52
2001	1.81	5545.68	5506.08	108.1	366.7	3894.48
2002	1.86	6521.28	6335.64	114.8	421.0	4549.32
2003	1.87	7153.68	6901.44	108.0	454.7	4914.60
2004	1.87	7876.68	7559.64	106.0	482.0	5337.84
2005	1.90	9042.48	8619.72	112.3	541.3	6109.44
2006	1.87	10014.61	9551.12	110.0	595.4	6645.54
2007	1.80	11754.16	11221.87	112.5	669.8	7810.73
2008	1.80	13463.58	12866.44	108.3	725.4	8717.37
2009	1.83	15047.19	14021.54	109.6	795.0	9739.99
2010	1.87	16558.01	15481.12	107.3	853.0	10618.69

注：可支配收入指数均按可比价计算，2002年之后人均每年实际收入指标为人均每年家庭总收入。后同。

a) Disposable Income indices are calculated by constant price.Per Capita Total Annual Income after 2002 refers to total Income of household. The same applies to the tables following.

9-7 城镇住户分组基本情况（2010年）

Basic Condition of Urban Households by Level of Income (2010)

指 标	Item	合 计 Total	最低收入户 Lowest Income Households	#更低收入户 Poor Households
调查户数(户)	Number of Households Surveyed (household)	1230	123	62
平均每户家庭人口数(人)	Average Household Size (person)	2.84	3.29	3.16
平均每户有收入人口数(人)	Average Number of Persons with Income per Household (person)	2.09	1.81	1.68
平均每户就业人口数(人)	Average Number of Employed Persons per Household (person)	1.52	1.45	1.38
平均每户就业面(%)	Proportion of Employment per Household (%)	53.52	44.07	43.67
平均每一就业者赡养人数(含就业者本人)(人)	Number of Dependents per Employee (including the employee himself or herself)(person)	1.87	2.27	2.29
平均每人每年家庭总收入(元)	Per Capita Annual Total Income (yuan)	16558	6547	5594
平均每人每年可支配收入(元)	Per Capita Annual Disposable Income (yuan)	15481	6064	5066
平均每人每年消费性支出(元)	Per Capita Annual Consumption Expenditure (yuan)	10619	5238	4985

9-7 续表1 continued

指 标	Item	低收入户 Low Income Households	中等偏下收入户 Lower Middle Income Households	中等收入户 Middle Income Households
调查户数(户)	Number of Households Surveyed (household)	123	246	246
平均每户家庭人口数(人)	Average Household Size (person)	3.23	3.06	2.76
平均每户有收入人口数(人)	Average Number of Persons with Income per Household (person)	2.02	2.11	2.17
平均每户就业人口数(人)	Average Number of Employed Persons per Household (person)	1.53	1.63	1.40
平均每户就业面(%)	Proportion of Employment per Household (%)	47.37	53.27	50.72
平均每一就业者赡养人数(含就业者本人)(人)	Number of Dependents per Employee (including the employee himself or herself)(person)	2.11	1.88	1.97
平均每人每年家庭总收入(元)	Per Capita Annual Total Income (yuan)	9654	12390	16330
平均每人每年可支配收入(元)	Per Capita Annual Disposable Income (yuan)	9040	11595	15164
平均每人每年消费性支出(元)	Per Capita Annual Consumption Expenditure (yuan)	6537	8595	10575

9-7 续表2 continued

指 标	Item	中等偏上收入户 Upper Middle Households	高收入户 High Income Households	最高收入户 Highest Income Households
调查户数(户)	Number of Households Surveyed(household)	246	123	123
平均每户家庭人口数(人)	Average Household Size(person)	2.61	2.48	2.40
平均每户有收入人口数(人)	Average Number of Persons with Income per Household(person)	2.17	2.12	2.07
平均每户就业人口数(人)	Average Number of Employed Persons per Household(person)	1.54	1.54	1.51
平均每户就业面(%)	Proportion of Employment per Household(%)	59.00	62.10	62.92
平均每一就业者赡养人数(含就业者本人)(人)	Number of Dependents per Employee(including the employee himself or herself)(person)	1.69	1.61	1.59
平均每人每年家庭总收入(元)	Per Capita Annual Total Income(yuan)	20469	25987	36045
平均每人每年可支配收入(元)	Per Capita Annual Disposable Income(yuan)	19100	24321	34029
平均每人每年消费性支出(元)	Per Capita Annual Consumption Expenditure (yuan)	12511	16277	20846

9-8 城镇住户分市、县基本情况（2010年）

Basic Condition of Urban Households by City and County (2010)

指标	Item	合计 Total	南昌市 Nanchang	九江市 Jiujiang	景德镇市 Jingdezhen	赣州市 Ganzhou	萍乡市 Pingxiang
调查户数(户)	Number of Households Surveyed(household)	1230	300	100	100	100	50
平均每户家庭人口数(人)	Average Household Size(person)	2.84	2.77	2.62	2.79	2.83	3.29
平均每户有收入人口数(人)	Average Number of Persons with Income per Household(person)	2.09	2.19	2.06	2.07	2.18	2.58
平均每户就业人口数(人)	Average Number of Employed Persons per Household(person)	1.52	1.52	1.55	1.49	1.66	1.77
平均每户就业面(%)	Proportion of Employment per Household(%)	53.52	54.87	59.16	53.41	58.66	53.80
平均每人每年家庭总收入(元)	Per Capita Annual Total Income(yuan)	16558	19820	16722	17673	15588	17960
平均每人每年可支配收入(元)	Per Capita Annual Disposable Income(yuan)	15481	18276	15764	16657	14203	16381
平均每人每年消费性支出(元)	Per Capita Annual Consumption Expenditure (yuan)	10619	13899	10823	11475	10662	11775
平均每人建筑面积(平方米)	Per Capita Floor Space (sq.m)	38.88	30.97	33.29	31.91	38.25	38.71

9-8 续表1 continued

指标	Item	宜春市 Yichun	上饶市 Shangrao	吉安市 Ji'an	抚州市 Fuzhou	新余市 Xinyu	鹰潭市 Yingtan	井冈山市 Jinggangshan
调查户数(户)	Number of Households Surveyed(household)	50	50	50	50	50	50	30
平均每户家庭人口数(人)	Average Household Size(person)	2.84	2.80	2.88	2.64	2.95	2.95	2.77
平均每户有收入人口数(人)	Average Number of Persons with Income per Household(person)	1.99	2.31	2.19	2.01	2.05	1.91	2.04
平均每户就业人口数(人)	Average Number of Employed Persons per Household(person)	1.34	1.53	1.58	1.37	1.65	1.40	1.43
平均每户就业面(%)	Proportion of Employment per Household(%)	47.18	54.64	54.86	51.89	55.93	47.46	51.62
平均每人每年家庭总收入(元)	Per Capita Annual Total Income(yuan)	15056	16772	16372	15087	18819	17172	15778
平均每人每年可支配收入(元)	Per Capita Annual Disposable Income(yuan)	14333	15535	15547	14445	17358	15618	15401
平均每人每年消费性支出(元)	Per Capita Annual Consumption Expenditure (yuan)	10098	10099	8893	7474	12709	10929	8950
平均每人建筑面积(平方米)	Per Capita Floor Space (sq.m)	44.83	39.87	41.31	37.55	37.39	33.03	29.20

9-8 续表2 continued

指标	Item	瑞昌市 Ruichang	信丰县 Xinfeng	泰和县 Taihe	上高县 Shanggao	铅山县 Yanshan
调查户数(户)	Number of Households Surveyed(household)	50	50	50	50	50
平均每户家庭人口数(人)	Average Household Size(person)	3.04	3.13	2.63	2.88	2.69
平均每户有收入人口数(人)	Average Number of Persons with Income per Household(person)	2.03	1.79	1.84	1.85	1.85
平均每户就业人口数(人)	Average Number of Employed Persons per Household(person)	1.60	1.37	1.51	1.47	1.29
平均每户就业面(%)	Proportion of Employment per Household(%)	52.63	43.77	57.41	51.04	47.96
平均每人每年家庭总收入(元)	Per Capita Annual Total Income(yuan)	11838	14215	14912	13027	13254
平均每人每年可支配收入(元)	Per Capita Annual Disposable Income(yuan)	11711	13383	13916	12669	12737
平均每人每年消费性支出(元)	Per Capita Annual Consumption Expenditure (yuan)	7754	7986	8930	8650	8257
平均每人建筑面积(平方米)	Per Capita Floor Space (sq.m)	47.48	53.68	47.11	43.56	46.88

9-9 城镇住户平均每人每年现金收支
Per Capital Annual Cash Income and Expenditure of Urban Households

单位：元 (yuan)

指 标	Item	2009	2010
家庭总收入	**Total Income of Households**	**15047.19**	**16558.01**
#可支配收入	Disposable Income	14021.54	15481.12
工资性收入	Income of Wages and Salaries	9789.79	10613.83
#工资及补贴收入	Wages and Subsidies	9621.35	10434.46
其它劳动收入	Other Income	168.43	179.37
经营净收入	Net Business Income	1153.45	1266.21
财产性收入	Income from Property	239.83	344.77
转移性收入	Income from Transfers	3864.13	4333.20
#养老金或离退休金	Pension or Retirement Annuities	2794.32	3281.38
赡养收入	Alimony Income	273.85	287.01
捐赠收入	Donated Income	442.15	373.47
出售财物收入	**Income from Properties Sale**	**26.18**	**160.32**
借贷收入	**Loan Income**	**2510.95**	**4439.01**
#提取储蓄存款	Withdrawal of Savings Deposits	2245.33	4310.42
借入款	Borrowed Money	109.71	55.49
住房贷款	Loans for Housing	72.24	37.45
家庭总支出	**Total Expenditure of Households**	**12836.76**	**13922.69**
#消费性支出	Consumption Expenditure	9739.99	10618.69
购房建房支出	Expenditure for Housing Purchase and Building	621.09	555.09
个人所得税	Individual Income Tax	24.79	31.03
捐赠支出	Contribution Expenditure	1018.79	1205.35
赡养支出	Alimony Expenditure	398.21	417.88
借贷支出	**Expenditure for Lending**	**4472.10**	**6923.65**
#存入储蓄款	Money Deposited in Bank	3979.87	6462.79
借出款	Lending Money	21.18	23.96
归还借款	Money Returned to the Borrower	66.88	60.30
归还住房贷款	Housing Loan Returned	202.05	222.70

9-10 城镇住户平均每人每年现金收支（2010年）

单位：元

指 标	Item	合 计 Total	最 低 收入户 Lowest Income Households	#更 低 收入户 Poor Households
家庭总收入	**Total Income of Households**	**16558.01**	**6547.30**	**5593.72**
#可支配收入	Disposable Income	15481.12	6064.10	5065.76
工资性收入	Income of Wages and Salaries	10613.83	4211.28	3779.29
#工资及补贴收入	Wages and Subsidies	10434.46	4051.52	3548.96
其它劳动收入	Other Income	179.37	159.77	230.33
经营净收入	Net Business Income	1266.21	488.93	312.30
财产性收入	Income from Property	344.77	69.68	81.89
转移性收入	Income from Transfers	4333.20	1777.40	1420.23
#养老金或离退休金	Pension or Retirement Annuities	3281.38	1056.05	631.08
赡养收入	Alimony Income	287.01	215.78	202.39
捐赠收入	Donated Income	373.47	49.76	24.91
出售财物收入	**Income from Properties Sale**	**160.32**	**2.08**	**2.76**
借贷收入	**Loan Income**	**4439.01**	**1823.56**	**1816.63**
#提取储蓄存款	Withdrawal of Savings Deposits	4310.42	1528.96	1293.65
借入款	Borrowed Money	55.49	271.24	522.98
住房贷款	Loans for Housing	37.45	23.36	
家庭总支出	**Total Expenditure of Households**	**13922.69**	**6503.92**	**6364.67**
#消费性支出	Consumption Expenditure	10618.69	5237.68	4985.38
购房建房支出	Expenditure for Housing Purchase and Building	555.09	336.78	550.59
个人所得税	Individual Income Tax	31.03	0.98	
捐赠支出	Contribution Expenditure	1205.35	358.06	273.49
赡养支出	Alimony Expenditure	417.88	151.99	104.86
借贷支出	**Expenditure for Lending**	**6923.65**	**1954.84**	**1209.92**
#存入储蓄款	Money Deposited in Bank	6462.79	1888.02	1173.75
借出款	Lending Money	23.96	0.60	
归还借款	Money Returned to the Borrower	60.30	14.64	8.95
归还住房贷款	Housing Loan Returned	222.70	12.73	

Per Capital Annual Cash Income and Expenditure of Urban Households (2010)

(yuan)

低收入户 Low Income Households	中等偏下户 Lower Middle Income Households	中等收入户 Middle Income Households	中等偏上户 Upper Middle Income Households	高收入户 High Income Households	最高收入户 Highest Income Households
9654.40	**12390.02**	**16329.88**	**20468.57**	**25987.35**	**36044.78**
9040.03	11594.60	15163.58	19100.35	24320.80	34029.40
6311.60	8901.34	10235.41	13346.54	16552.28	20639.27
6249.51	8776.16	10036.03	13010.43	16475.57	20410.43
62.09	125.18	199.39	336.10	76.72	228.84
528.21	574.28	779.30	1581.32	2382.78	4651.01
228.49	98.38	195.79	327.93	611.17	1672.79
2586.11	2816.02	5119.38	5212.78	6441.12	9081.71
2013.98	2275.52	4190.08	4190.33	4703.55	5832.85
143.58	152.76	387.66	330.47	489.42	444.75
158.84	159.60	314.64	366.14	483.19	1761.73
1.48	**3.78**	**5.98**	**3.30**	**1073.73**	**880.03**
1353.88	**2852.10**	**3764.49**	**6085.12**	**4951.65**	**14410.68**
1352.05	2834.47	3757.97	6046.00	4892.98	13552.51
	6.73	0.68	1.13	49.96	169.40
					402.96
7815.94	**10531.73**	**13234.20**	**16741.47**	**20600.29**	**32156.01**
6536.95	8594.84	10575.38	12510.83	16276.52	20845.95
	158.14		934.86	177.53	3433.99
0.84	5.46	13.45	30.80	84.48	175.98
587.85	746.72	1060.58	1535.03	1368.09	4014.27
152.12	265.44	436.04	321.08	971.78	1264.19
3222.99	**4587.98**	**6492.70**	**9235.86**	**10389.12**	**18653.49**
3034.68	4495.98	6278.08	8648.59	9092.11	16753.14
	0.40	12.47	13.82	5.99	216.43
108.91	3.08	21.00	49.86	146.40	232.43
10.09	46.08	55.06	285.51	747.11	1058.09

9-11 城镇住户平均每人每年消费性支出（2010年）

单位：元

类别	Type	合计 Total	最低收入户 Lowest Income Households	#更低收入户 Poor Households
消费性支出	**Consumption Expenditure**	**10618.69**	**5237.68**	**4985.38**
食品	Food	4195.38	2580.40	2512.63
#粮食	Grain	627.62	452.68	458.03
油脂类	Oil or Fat	164.49	119.93	121.14
肉禽及其制品类	Meat,Poultry and Related Products	916.40	611.49	580.06
蛋类	Eggs	89.11	63.28	65.14
水产品类	Aquatic Products	254.69	161.84	154.17
蔬菜类	Vegetables	581.89	410.08	410.77
干鲜瓜果类	Dried and Fresh Melons and Fruits	345.92	213.87	205.61
奶及奶制品	Milk and Dairy Products	171.04	101.45	98.09
在外饮食	Outward Dinner	589.09	201.72	205.86
衣着	Clothing	1138.84	470.13	475.50
居住	Residence	1109.82	718.51	717.51
家庭设备用品及服务	Household Appliances and Services	854.60	336.50	295.07
#耐用消费品	Durable Consumer Goods	410.08	112.83	108.57
医疗保健	Health Care and Medical Services	524.22	242.93	183.30
交通和通信	Transport and Communications	1270.28	299.41	267.04
#交通	Transport	733.03	93.56	84.73
通信	Communications	537.25	205.84	182.30
教育文化娱乐服务	Education, Cultural and Recreation Services	1179.89	484.76	419.26
#文化娱乐用品	Cultural and Recreational Articles	278.67	78.39	45.80
文化娱乐服务	Education, Cultural and Recreation Services	427.41	88.30	56.23
教育	Education	473.81	318.06	317.22
其他商品和服务	Other Goods and Services	345.66	105.05	115.08

Per Capitia Consumption Expenditure of Urban Households (2010)

(yuan)

低收入户 Low Income Households	中等偏下户 Lower Middle Income Households	中等收入户 Middle Income Households	中等偏上户 Upper Middle Income Households	高收入户 High Income Households	最高收入户 Highest Income Households
6536.95	**8594.84**	**10575.38**	**12510.83**	**16276.52**	**20845.95**
3094.48	3853.47	4536.67	4629.61	5517.51	6268.76
532.84	606.33	680.56	666.40	770.92	759.78
143.14	162.87	173.61	169.78	205.50	199.91
778.40	864.84	996.60	1031.03	1125.52	1104.99
72.63	82.55	94.93	98.87	111.86	115.09
196.32	244.30	275.05	287.79	346.96	310.07
465.19	562.82	629.48	633.47	722.18	722.88
263.85	330.18	372.31	387.36	437.57	478.80
128.72	159.96	186.87	192.93	210.64	250.17
197.90	423.39	604.03	671.74	1013.36	1577.75
643.72	1002.70	1142.50	1378.64	1698.29	2204.30
638.95	808.41	924.70	1317.55	1335.12	2908.34
412.21	684.09	807.51	925.89	1301.64	2270.37
168.41	293.93	375.44	414.03	525.32	1472.57
405.38	381.62	607.19	684.50	700.78	800.23
482.65	706.72	936.09	1738.89	3481.63	3059.79
149.25	242.11	386.85	1093.31	2642.57	2064.40
333.40	464.61	549.24	645.58	839.06	995.39
620.92	922.75	1278.89	1440.07	1703.21	2459.81
152.05	180.39	254.08	343.84	502.90	728.60
162.28	294.80	492.26	500.72	763.66	1064.35
306.59	447.56	532.55	595.50	436.65	666.86
238.63	235.09	341.83	395.68	538.34	874.34

9-12 城镇住户平均每人每年消费性支出和构成

Per Capitia Consumption Expenditure and Expenditure Percentage of Urban Households

类别	Type	消费性支出（元） Consumption Expenditure(yuan)		构成（%） Percentage (%)	
		2009	2010	2009	2010
消费性支出	**Consumption Expenditure**	**9739.99**	**10618.69**	**100.00**	**100.00**
食品	Food	3881.56	4195.38	39.85	39.51
#粮食	Grain	324.87	353.11	3.34	3.33
油脂类	Oil or Fat	170.61	164.49	1.75	1.55
肉禽及其制品类	Meat,Poultry and Related Products	872.34	916.40	8.96	8.63
蛋类	Eggs	79.25	89.11	0.81	0.84
水产品类	Aquatic Products	236.96	254.69	2.43	2.40
蔬菜类	Vegetables	486.46	581.89	4.99	5.48
干鲜瓜果类	Dried and Fresh Melons and Fruits	297.25	345.92	3.05	3.26
奶及奶制品	Milk and Dairy Products	180.77	171.04	1.86	1.61
在外饮食	Outward Dinner	565.32	589.09	5.80	5.55
衣着	Clothing	1053.01	1138.84	10.81	10.72
居住	Residence	935.44	1109.82	9.60	10.45
家庭设备用品及服务	Household Appliances and Services	761.85	854.60	7.82	8.05
#耐用消费品	Durable Consumer Goods	324.85	410.08	3.34	3.86
医疗保健	Health Care and Medical Services	550.25	524.22	5.65	4.94
交通和通信	Transport and Communications	1145.16	1270.28	11.76	11.96
#交通	Transport	676.56	733.03	6.95	6.90
通信	Communications	468.60	537.25	4.81	5.06
教育文化娱乐服务	Education, Cultural and Recreation Services	1066.94	1179.89	10.95	11.11
#文化娱乐用品	Cultural and Recreational Articles	247.33	278.67	2.54	2.62
文化娱乐服务	Education, Cultural and Recreation Services	395.61	427.41	4.06	4.03
教育	Education	424.00	473.81	4.35	4.46
其他商品和服务	Other Goods and Services	345.78	345.66	3.56	3.26

9-13 城镇住户平均每百户主要消费品年末拥有量

Ownership of Major Consumer Good Per 100 Urban Households at Year-end

品　　名	Item	2005	2009	2010
摩托车(辆)	Motorcycle(set)	24.38	20.34	20.77
家用汽车(辆)	Family Car(unit)	0.73	4.31	5.31
洗衣机(台)	Washing Machine(unit)	95.29	92.45	93.84
电冰箱(台)	Refrigerator(unit)	90.66	95.25	96.57
彩色电视机(台)	Color Television Set(unit)	139.31	146.05	148.00
家用电脑(台)	Computer(unit)	32.03	54.91	59.91
组合音响(套)	Hi-Fi Stereo Component System(set)	24.64	28.02	27.82
摄像机(架)	Pickup Camera(unit)	2.35	4.27	4.45
照相机(架)	Camera(unit)	37.35	31.69	33.82
中高档乐器(件)	Medium and High Grade Musical Instrumen	8.67	6.75	6.70
微波炉(台)	Microwave Oven(unit)	38.93	53.45	55.86
空调器(台)	Air Conditioner(unit)	72.41	101.99	107.67
淋浴热水器(台)	Shower Heater(unit)	81.77	91.07	92.28
健身器材(套)	Body Building Equipment(piece)	1.77	2.99	3.17
移动电话(部)	Mobile Telephone(unit)	136.26	175.17	181.18

9-14 农村居民家庭基本情况

Basic Statistics on Rural Households

年 份 Year	平均每户常住人口(人) Average Permanent Population Per Household (person)	平均每户整半劳动力(人) Average Number of Full Semi Labour Force Per Household (person)	平均每个劳动力负担人口(人) Average Number of Dependents Per Laborer Force (person)	平均每人纯收入(元) Per Capita Average Net Income (yuan)	平均每人住房面积(平方米) Per Capita Floor Space of Residential Buildings (sq.m)
1978	5.68	2.77	2.50	140.7	
1979	5.67	2.26	2.50	156.5	
1980	5.91	2.5	2.36	181.24	9.09
1981	6.06	2.78	2.18	226.87	10.05
1982	5.97	2.63	2.27	269.71	11.57
1983	5.92	2.9	2.04	301.76	13.92
1984	5.94	3.02	1.97	334.11	15.55
1985	5.79	3.09	1.87	377.31	16.20
1986	5.72	3.04	1.88	395.63	17.50
1987	5.61	3.02	1.85	429.29	18.47
1988	5.48	3.01	1.82	488.16	19.35
1989	5.38	3.02	1.78	558.64	19.94
1990	5.28	3.00	1.76	669.90	20.58
1991	5.09	2.92	1.74	702.53	20.08
1992	5.01	2.94	1.70	768.41	20.70
1993	4.92	3.02	1.63	869.81	22.91
1994	4.86	3.10	1.57	1218.19	21.61
1995	4.79	3.12	1.54	1537.36	22.70
1996	4.71	3.02	1.56	1869.63	24.00
1997	4.61	3.00	1.54	2107.28	24.33
1998	4.56	2.99	1.52	2048.00	25.31
1999	4.50	2.99	1.50	2129.45	26.90
2000	4.44	3.03	1.46	2135.30	27.79
2001	4.43	3.01	1.47	2231.60	28.25
2002	4.39	3.01	1.46	2334.20	29.24
2003	4.36	3.05	1.43	2457.53	30.55
2004	4.33	3.08	1.41	2952.56	31.35
2005	4.34	3.14	1.38	3265.53	34.10
2006	4.30	3.15	1.37	3584.72	35.91
2007	4.29	3.17	1.35	4097.82	36.78
2008	4.29	3.16	1.36	4697.19	37.56
2009	4.29	3.17	1.35	5075.01	39.53
2010	4.29	3.18	1.35	5788.56	40.26

9-15 平均每百户农民家庭主要生产用固定资产拥有量

Ownership of Major Fixed Assets for Production Per 100 Rural Households

指　　标	Item	2005	2009	2010
生产性固定资产原值（元）	**Productive Original Value of Fixed Assets (yuan)**	**461347**	**611282**	**625712**
农　业	Farming	247120	326966	328301
林　业	Forestry	675	685	1152
牧　业	Animal Husbandry	96014	115759	118505
渔　业	Fishing	506	2950	2844
采矿业	Mining	1024	1555	1469
制造业	Manufacturing	18556	27451	28298
电力煤气与水的生产及供应	Production and Supply of Electric Power and Heat Power	3576	2147	2024
建筑业	Construction	1989	6334	6801
交通运输业、仓储和邮政业	Traffic, Transport, Storage and Post	64341	85833	86620
批发和零售贸易业	Wholesale and Retail Trade	18835	23084	24793
住宿和餐饮业	Hotels and Catering Services	1759	1494	1266
居民服务与其他服务业	Services to Households and Other Services	4673	10686	14351
教　育	Education	408	653	653
卫生、社会保障和福利业	Health, Social Security and Social Welfare	686	3322	4449
文化、体育和娱乐业	Culture, Sports and Entertainment	45	822	598
其　他	Others	1140	1541	3588
主要生产性固定资产数量	**Amount of Major Productive Fixed Assets**			
房屋及建筑物（平方米）	Housing and Building (aq.m)	3074.61	3103.49	3043.84
汽　车（辆）	Automobile (unit)	0.97	1.75	2.02
大中型拖拉机（台）	Large and Medium Tractor (unit)	0.12	0.69	0.53
小型和手扶拖拉机（台）	Small and Walking Tractor (unit)	2.39	4.35	5.24
机动脱粒机（台）	Motorized Thresher (unit)	21.16	26.98	27.79
收割机（台）	Harvester (unit)	1.15	0.55	0.63
农用动力机械（台）	Farm Power Plant (unit)	13.89	18.45	20.34
胶轮大车（架）	Cart with Rubber Tires (unit)	8.08	9.88	10.12
水　泵（台）	Pump (unit)	16.21	22.61	23.29
役　畜（头）	Draught Animal (head)	41.26	32.33	30.83
产品畜（头）	Commodity Animal (head)	18.84	12.90	11.10

9-16 农村住户人口与就业情况

Population and Employment of Rural Households

单位：人 (person)

指　　标	Item	2005	2009	2010
农村住户人口状况	**Population of Rural Households**			
家庭常住人口	Number of Permanent Residents	10629	10509	10501
6岁及以下	6 and Under	757	742	781
7-15岁	Aged 7 - 15	1269	1005	997
16-18岁	Aged 16 - 18	763	472	410
19-22岁	Aged 19 - 22	992	961	857
23-25岁	Aged 23 - 25	664	658	685
26-30岁	Aged 26 - 30	887	926	909
31-40岁	Aged 31 - 40	1448	1432	1443
41-50岁	Aged 41 - 50	1807	1663	1656
51-60岁	Aged 51 - 60	1473	1791	1778
61岁及以上	61 and Above	569	859	985
在校学生人数	Students Enrollment	1835	1650	1646
#7-15岁以下在校学生人数	Aged 7 - 15 Enrollment	1234	991	983
农村住户劳动力素质状况	**Labor Force Quality of Rural Households**			
整半劳动力数	Number of Full/Semi Labour Force	7691	7763	7786
#男劳动力人数	Number of Male Labour Force	4054	4103	4140
整劳动力	Number of Full Labour Force	5352	5025	4866
劳动力文化程度	Education of Labor Force			
不识字或识字很少	Can Not Read or Read Very Little	457	379	380
小学程度	Primary School	2407	2317	2319
初中程度	Junior High School	3869	3913	3889
高中程度	Senior High School	732	806	824
中　专	Specialized	170	213	223
大专及以上	Junior College and over	56	135	151

9-16 续表 continued

单位：人 (person)

指 标	Item	2005	2009	2010
农村住户劳动力就业情况	**Employment of Rural Labor Force**			
就业劳动力人数	Number of Employed Labor Force	7653	7737	7765
#男劳动力人数	Male Labor Force	4043	4099	4137
整劳动力人数	Full Labor Force	5324	5001	4848
就业地点	Place of Employment			
乡 内	the Village	5406	5192	5257
县内乡外	the County but Outside the Village	107	282	250
省内县外	the Province but Outside the County	178	344	275
国内省外	China but outside the Province	1953	1908	1979
国 外	Abroad	9	11	4
行业分布	Sector of Employment			
第一产业就业劳动力	Primary Industry	4661	4394	4432
农 业	Farming	4595	4327	4400
林 业	Forestry	16	19	7
牧 业	Animal Husbandry	45	46	23
渔 业	Fishery	5	2	2
非农产业就业劳动力	Non-agricultural Industries	2992	3343	3333
第二产业就业劳动力	Secondary Industry	1827	2157	2259
采矿业	Mining and Quarrying	49	71	81
制造业	Manufacturing	1422	1704	1793
电力煤气及水的生产供应业	Production and Supply of Electricity, Gas & Water	18	23	22
建筑业	Construction	338	359	363
第三产业就业劳动力	Tertiary Industry	1165	1186	1074
交通运输仓储及邮电通讯业	Transport,Storage and Post	79	181	178
批发和零售贸易	Wholesale and Retail Trades	176	192	168
住宿和餐饮业	Hotels and Catering Services	112	128	116
居民服务和其他服务业	Services to Households and Other Services	239	268	263
教 育	Education	61	48	68
卫生、社会保障和社会福利业	Health,Social Security and Social Welfare	40	32	33
文化、体育和娱乐业	Culture,Sports and Entertainment	10	54	38
其 他	Others	448	283	210

9-17 平均每百户农民家庭主要耐用消费品拥有量

Ownership of Major Durable Consumer Goods Per 100 Rural Households

品　　名	Item	2005	2009	2010
自行车(辆)	Bicycle(unit)	96.90	83.47	84.86
洗衣机(台)	Washing Machine(unit)	7.02	11.59	14.08
电冰箱(台)	Refrigerator(unit)	10.53	34.70	45.84
摩托车(辆)	Motorcycle(unit)	43.39	58.29	60.49
黑白电视(台)	Black and White TV Set(unit)	35.39	15.06	13.02
彩色电视(台)	Color TV Set(unit)	82.33	103.84	106.86
抽油烟机(台)	Smoke Absorber(unit)	1.80	2.65	3.76
吸尘器(台)	Vacuam Cleaner(unit)	0.04	0.24	0.24
空调机(台)	Air Conditioner(unit)	2.00	6.20	10.24
热水器(台)	Water Heater(unit)	4.12	11.14	16.33
微波炉(台)	Oven(unit)	0.65	1.43	2.69
电话机(部)	Telephone(unit)	61.92	53.84	50.90
移动电话(部)	Mobile Telephone(unit)	64.82	127.35	140.98
摄像机(台)	Pickup Camera(unit)	0.08	0.53	0.94
影碟机(台)	Video Disc Player(unit)	29.43	29.47	32.16
照相机(架)	Camera(unit)	1.84	2.45	2.69
家用计算机(台)	Computer(unit)	2.00	3.35	5.22
中高档乐器(件)	Medium and High Grade Musical Instrument(unit)	0.16	0.12	0.16

9-18 农民人均食品消费量

Peasants' Per Capita Consumption on Living Consumer Goods

单位：公斤 (kg)

类别	Type	2005	2009	2010
粮食	Grain	244.71	219.00	213.52
稻谷	Rice	235.53	210.53	209.78
薯类	Tubers	2.43	1.54	1.24
豆类及豆制品	Soybeans and Related Products	4.93	5.07	4.88
蔬菜及菜制品	Presh Vegetable and Related Products	136.40	136.21	132.54
油脂类	Oil	7.00	6.94	7.49
植物油	Vegetable Oil	5.62	5.98	6.57
肉禽及其制品	Meats,Poultry and Related Products	20.91	19.16	18.86
#猪肉	Pork	15.31	13.03	12.31
牛肉	Beef	0.26	0.27	0.37
羊肉	Mutton	0.04	0.03	0.03
家禽	Poultry	3.75	4.03	4.14
肉禽制品	Related Products	1.54	1.79	2.02
蛋类及蛋制品	Eggs and Related Products	3.50	3.53	3.28
奶和奶制品	Milk and Dairy Products	1.05	6.61	3.18
水产品	Aquatic Products	5.43	5.56	5.23
食糖	Sugar	1.02	0.90	0.83
酒和饮料	Liquor and Beverages	9.72	11.38	11.45
水果及水果制品	Fruits and Related Products	12.01	15.59	12.60
坚果及果制品	Nuts and Related Products	1.15	1.32	1.14

9-19 农民家庭平均每人总收入

Per Capita Total Income in Rural Households

单位：元 (yuan)

指标	Item	2005	2009	2010
全年总收入	**Annual Total Income**	**4348.43**	**6552.68**	**7468.53**
工资性收入	Income From Wages and Salaries	1318.58	2018.98	2394.62
在非企业组织中劳动得到的收入	Income for Working in Non-enterprise Organization	120.97	191.03	211.25
在本地劳动得到的收入	Income From Township Enterprises	303.33	606.71	728.17
常住人口外出从业得到的收入	Income of Permanent Person for Working in Other Place	894.28	1221.24	1455.20
家庭经营收入	Income from Household Operations	2840.29	4092.91	4508.73
第一产业	Primary Industry	2410.31	3295.98	3625.34
第二产业	Secondary Industry	148.03	314.12	343.12
第三产业	Tertiary Industry	281.96	482.81	540.28
财产性收入	Property Income	36.49	80.41	100.21
转移性收入	Transfer Income	153.06	360.38	464.96

9-20 农民家庭平均每人现金收入

Per Capita Cash Income in Rural Households

单位：元 (yuan)

指　　标	Item	2005	2009	2010
全年现金收入	**Annual Total Cash Income**	**3596.87**	**5627.58**	**6462.14**
工资性收入	Income from Wages and Salaries	1318.58	2017.87	2394.61
在非企业组织中劳动得到收入	Incomes from Working in the Non-business Organizations	120.97	190.94	211.25
在本乡地域内劳动得到收入	Incomes from Working Inside the Village	303.33	606.00	728.16
在企业中劳动得到收入	Incomes from Working in Enterprises	118.58	199.05	236.48
外出从业得到收入	Income from Working Somewhere Away from Home	894.28	1220.94	1455.20
在乡外县内从业得到收入	In the County but Outside the Village	34.26	76.82	121.29
在县外省内从业得到收入	In the Province but Outside the County	72.82	116.28	139.86
在省外国内从业得到收入	In China but outside the Province	782.48	1022.06	1187.34
在国外从业得到收入	Abroad	4.72	5.77	6.71
家庭经营现金收入	Cash Income from Household Operations	2093.12	3183.22	3532.45
第一产业现金收入	Cash Income from Primary Industry	1663.20	2386.29	2649.12
#出售农产品收入	Farming Products	974.02	1563.45	1773.29
出售林业产品收入	Forestry Products	50.39	89.82	95.63
出售牧业产品收入	Animal Husbandry Products	548.02	576.84	610.14
出售渔业产品收入	Fishery Products	52.90	77.20	84.30
第二产业现金收入	Cash Income from Secondary Industry	148.03	314.12	343.05
出售工业产品收入	Industrial Products	30.39	71.47	62.93
出售建筑业产品收入	Construction Products	0.00	3.10	3.50
第三产业现金收入	Cash Income from Tertiary Industry	281.89	482.81	540.28
出售其他产品收入	Other Products	1.73	0.55	1.04
交通、运输、邮电业收入	Transport,Storage and Post	77.45	128.39	145.12
批零贸易业、饮食业收入	Wholesale , Retail and Catering Trades	115.78	208.49	234.17
社会服务业收入	Social Services	41.75	65.70	73.30
文教卫生业收入	Culture , Education and Health	13.90	27.74	30.41
其他行业收入	Other Sectors	31.29	51.94	56.24
财产性收入	Income from Properties	35.60	71.33	78.13
转移性收入	Income from Transfers	149.57	355.15	456.95

9-21 农民家庭平均每人总支出

Per Capita Total Expenditures in Rural Households

单位：元 (yuan)

指　　标	Item	2005	2009	2010
全年总支出	**Annual Total Expenditure**	**3776.49**	**5306.19**	**5904.31**
家庭经营费用支出	Expenditure for Household Business	931.69	1297.21	1484.45
第一产业	Primary Industry	829.88	1053.46	1210.92
第二产业	Secondary Industry	29.54	82.93	93.15
第三产业	Tertiary Industry	72.27	160.82	180.38
购置生产性固定资产支出	Expenditure on Purchasing Productive Fixed Assets	110.60	148.54	133.27
税费支出	Expenditure of Tax	16.01	15.38	7.54
第一产业	Primary Industry	4.63	0.04	0.00
第二产业	Secondary Industry	0.34	4.58	2.91
第三产业	Thertiary Industry	2.04	2.04	1.17
其他各项收费	Others	9.00	8.72	3.46
生活消费支出	Living Expenditure	2483.70	3532.66	3911.61
食品	Food	1220.53	1609.20	1812.66
衣着	Clothing	124.52	162.58	174.61
居住	Residence	326.20	725.11	782.72
家庭设备、用品及服务	Household Facilities,Articles and services	96.36	181.91	205.27
交通和通讯	Transportation and Communications	229.59	295.76	331.81
文化、教育、娱乐用品及服务	Cultural,Education and Recreational Article and Services	276.26	254.77	285.23
医疗保健	Medical Articles	154.68	232.78	243.84
其他商品和服务	Other Commodities and Services	55.57	70.53	75.48
财产性支出	Property Expenditure	9.56	21.10	34.82
转移性支出	Transfer Expenditure	222.77	288.57	332.24

9-22 农民家庭平均每人生活消费支出

Per Capita Living Expenditure of Rural Households

单位：元 (yuan)

指　标	Item	2005	2009	2010
全年生活消费支出	**Annual Living Expenditure for Consumption**	**2483.70**	**3532.66**	**3911.61**
#货币性消费	Consumption Paid in Money	1946.19	2934.10	3269.06
食品	Food	1220.53	1609.20	1812.66
#货币性消费	Consumption Paid in Money	727.55	1039.00	1212.20
衣着	Clothing	124.52	162.58	174.61
#货币性消费	Consumption Paid in Money	124.43	162.16	174.43
居住	Residence	326.20	725.11	782.72
#货币性消费	Consumption Paid in Money	281.99	697.36	744.24
家庭设备、用品及服务	Household Facilities, Articles and services	96.36	181.91	205.27
#货币性消费	Consumption Paid in Money	96.34	181.74	201.84
医疗保健	Medical Articles	154.68	232.78	243.84
#货币性消费	Consumption Paid in Money	154.68	232.78	243.84
交通和通讯	Transportation and Communications	229.59	295.76	331.81
#货币性消费	Consumption Paid in Money	229.59	295.76	331.81
文化、教育、娱乐用品及服务	Cultural,Educational and Recreational Article and Services	276.26	254.77	285.23
#货币性消费	Consumption Paid in Money	276.26	254.77	285.23
其他商品和服务	Other Commodities and Services	55.57	70.53	75.48
#货币性消费	Consumption Paid in Money	55.35	70.53	75.48

9-23 农民家庭平均每人纯收入

Per Capita Annual Net Income in Rural Households

单位：元 (yuan)

指 标	Item	2005	2009	2010
全年纯收入	**Annual Net Income**	**3265.53**	**5075.01**	**5788.56**
工资性收入	Income of Wage	1318.58	2018.98	2394.62
在非企业组织中	Income for Working in Non-enterprise	120.97	191.03	211.25
在本地劳动得到的收入	Income from Township Enterprises	303.33	606.71	728.17
常住人口外出从业得到的收入	Income of Permanent Person for Working in Other Place	894.28	1221.24	1455.20
家庭经营收入	Income from Household Business Operation	1821.70	2685.31	2919.42
第一产业	Primary Industry	1514.55	2165.17	2341.39
种植业收入	Planting	1194.90	1761.88	1910.08
林业收入	Forestry	64.96	105.75	125.02
牧业收入	Animal Husbandry	214.41	245.47	257.70
渔业收入	Fishery	40.28	52.07	48.59
第二产业	Secondary Industry	114.15	220.48	240.92
第三产业	Tertiary Industry	193.00	299.65	337.11
财产性收入	Property Income	36.49	80.41	100.21
转移性收入	Transfer Income	88.76	290.31	374.31

9-24 农民家庭平均每人按纯收入水平分组的户数构成

Composition of Rural Households by Per Capita Annual Net Income

单位：%　　　　(%)

分　组	Group	2005	2009	2010
600元以下的户	600 yuan and below	1.59	0.78	0.45
600-1000元的户	600-1000 yuan	5.43	1.22	0.53
1000-1500元的户	1000-1500 yuan	4.53	3.47	3.47
1500--2000元的户	1500-2000 yuan	8.37	4.45	1.80
2000-2500元的户	2000-2500 yuan	12.98	6.00	4.49
2500-3000元的户	2500-3000 yuan	13.80	6.45	5.06
3000-3500元的户	3000-3500 yuan	13.06	8.37	6.78
3500-4000元的户	3500-4000 yuan	9.51	8.61	7.39
4000-5000元的户	4000-5000 yuan	14.41	14.98	14.86
5000元以上的户	5000 yuan and over	16.33	45.67	55.18

9-25 按收入高低五等分分组农民家庭基本情况（2010年）

Basic Indicators of Rural Households of Five Groups Divided Equally by Income Lever (2010)

指　　标	Item	低收入组 Low Income Households	中低收入组 Lower Middle Income Households	中等收入组 Middle Income Households	中高收入组 Upper Middle Income Households	高收入组 High Income Households
占调查总户数比重(%)	Percentage of Households (%)	20	20	20	20	20
平均每户常住人口(人)	Average Number of Permanent Residents Per Household(Person)	5.00	4.63	4.33	4.02	3.44
平均每户整半劳动力(人)	Average Number of Able-bodied and Semi-able-bodied Laborers Per Household(Person)	3.39	3.30	3.22	3.13	2.84
平均每一劳动力负担人口(人)	Average Number of Persons Supported by A Laborer(Person)	1.48	1.41	1.34	1.28	1.21
平均每户生产性固定资产原值(元)	Average Original Value of Productive Fixed Assets Per Household(yuan)	5544.03	4193.63	6450.94	5941.40	9155.59
平均每人家庭纯收入(元)	Per Capita Net Income(yuan)	2202.26	4007.79	5380.64	7231.80	12229.97
工资性收入	Income of Wage	933.46	1834.70	2449.22	3226.54	4233.05
家庭经营收入	Income from Household Business Operation	1023.11	1870.58	2484.59	3519.90	6935.71
第一产业	Primary Industry	894.43	1642.41	2087.57	2852.46	5109.58
第二产业	Secondary Industry	66.16	139.79	113.52	267.31	760.81
第三产业	Tertiary Industry	62.52	88.38	283.51	400.13	1065.32
财产性收入	Property Income	48.29	40.47	91.56	82.43	287.86
转移性收入	Transfer Income	197.39	262.05	355.26	402.92	773.35
平均每人生活消费支出(元)	Per Capita Living Expenditure(yuan)	2492.98	3171.22	3835.80	4533.41	6340.92
食品消费支出	Food Expenditure	1326.72	1602.79	1841.08	2093.07	2438.65
衣着消费	Clothing Expenditure	108.97	142.08	169.96	212.76	275.16
居住消费	Residence Expenditure	427.13	584.74	639.50	910.85	1597.08
家庭设备、用品及服务	Household,Facilities,Articles and Services	114.56	148.91	196.53	242.08	381.09
交通和通讯	Transport and Communication	162.39	245.69	382.01	354.18	604.88
文教娱乐用品及服务	Cultural,Educational and Recreational Articles and Services	152.14	206.02	289.63	373.00	477.37
医疗保健	Medicines and Health Care	150.56	183.26	255.88	261.91	424.80
其他商品和服务消费	Other Commodities and Services	50.51	57.73	61.21	85.55	141.90

9-26 各地区农村居民主要指标（2010年）

指 标	Item	南昌市 Nanchang	景德镇市 Jingdezhen
调查户数(户)	Number of Households Surveyed(household)	400	190
常住人口(人)	Number of Permanent Residents(person)	1591	784
整半劳动力数(人)	Number of Full/Semi Labour Force	1123	577
每百劳动力中(人)	Among Per 100 Labor Force(person)		
文盲或半文盲	Illiterate and Semiliterate	5.35	2.43
小学程度	Primary School	30.81	26.00
初中程度	Junior High School	50.17	52.34
高中程度	Senior High School	9.08	13.17
中 专	Secondary School	3.43	3.64
大专及以上	Junior College and over	1.16	2.43
平均每人使用住房面积(平方米)	Per Capita Use Living Space (sq.m)	45.29	49.71
平均每人总支出(元)	Per Capita Total Expenditure (yuan)	8329.00	5918.74
平均每人生活消费支出(元)	Per Capita Living Expenditures (yuan)	3992.21	4200.39
食品	Food	1936.35	1947.90
衣着	Clothing	202.43	284.45
居住	Residence	552.49	611.11
家庭设备用品及服务	Household,Facilities,and Services Articles	203.98	236.37
医疗保健	Medicines and Health Care	280.31	277.81
交通及通讯	Transport and Communication	436.88	396.07
文教娱乐用品及服务	Cultural,Educational and Recreational Articles and Services	291.92	336.29
其他商品和服务	Other Commodities and Services	87.84	110.39
平均每人生产费用支出(元)	Per Lapita Productive Expenditure (yuan)	3559.63	1069.52
全年纯收入(元)	Net Income (yuan)	7193.25	6520.60
工资性纯收入	Net Income from Wages and Salaries	2687.38	3095.62
家庭经营纯收入	Net Income from Household Operations	3623.81	2810.37
财产性纯收入	Net Income from Properties	393.41	292.50
转移性纯收入	Net Income from Transfers	488.65	322.11
全年总收入	Total Income	11023.51	7820.12
工资性收入	Income from Wages and Salaries	2687.38	3095.62
#在企业中劳动得到收入	Earning Money by Working at Enterprises	576.27	576.42
外出从业得到收入	Earning Money by Working outside	1272.75	1125.54
家庭经营收入	Income from Household Operations	7348.27	3942.14
财产性收入	Income from Properties	393.41	292.50
转移性收入	Income from Transfers	594.46	489.86

Major Indicators of Rural Households by Region (2010)

萍乡市 Pingxiang	九江市 Jiujiang	新余市 Xinyu	鹰潭市 Yingtan	赣州市 Ganzhou	吉安市 Ji'an	宜春市 Yichun	抚州市 Fuzhou	上饶市 Shangrao
170	780	140	180	1260	890	700	780	795
748	3356	486	723	5719	3728	2821	3214	3420
517	2513	397	547	4130	2719	2105	2476	2609
2.57	3.98	6.05	3.11	4.53	10.70	1.19	6.74	7.36
15.56	25.23	24.69	28.34	26.71	30.27	23.09	34.09	28.90
56.19	46.60	49.12	50.27	51.38	43.88	57.48	46.04	46.15
18.95	16.24	14.36	11.88	12.18	11.22	13.06	9.21	13.49
3.07	2.94	2.77	3.29	3.08	1.99	3.47	2.14	2.72
3.67	5.01	3.02	3.11	2.13	1.95	1.71	1.70	1.38
49.56	40.84	49.67	55.58	32.52	38.88	41.13	31.96	35.92
7648.74	5462.98	7304.09	5391.91	4322.65	5140.72	5906.80	5053.56	3681.08
4762.18	4131.29	4878.70	4027.51	3196.51	3494.51	3675.71	3330.60	2756.82
1848.96	1716.79	2100.76	1852.74	1459.39	1668.76	1691.53	1613.53	1413.57
301.78	363.05	305.29	430.96	120.03	164.52	181.66	175.38	189.48
600.02	734.78	914.50	474.60	649.35	538.19	635.41	534.25	302.78
316.77	212.08	300.83	252.17	187.61	197.91	214.46	214.86	144.16
326.69	239.29	425.28	205.13	221.19	219.72	252.58	168.87	130.54
484.31	396.49	502.50	423.37	278.26	270.45	334.52	264.52	225.56
614.93	329.98	273.62	283.26	213.52	368.34	292.18	292.97	232.32
268.71	138.83	55.92	105.28	67.15	66.61	73.37	66.22	118.40
1951.76	958.34	1809.29	1042.12	828.72	1262.83	1576.14	1436.68	684.12
7219.10	5583.85	7301.21	6248.88	4181.75	5569.58	5799.21	5847.81	5317.16
3574.25	2929.88	3884.34	3151.50	1945.10	2321.32	2333.96	1655.46	2892.89
3199.43	2252.78	2933.42	2778.82	1929.97	2757.30	3020.78	3786.33	2095.48
216.68	164.61	70.74	82.29	93.97	123.80	114.06	115.10	91.53
228.75	236.58	412.72	236.26	212.71	367.16	330.41	290.92	237.26
9414.13	6700.00	9366.20	7531.81	5123.68	7013.08	7627.09	7417.62	6102.93
3574.25	2929.88	3884.34	3151.50	1945.10	2319.29	2333.96	1655.46	2877.29
1071.10	280.90	269.54	219.30	109.67	195.81	450.82	227.00	114.12
1080.92	1643.24	2235.80	2222.01	1110.96	1195.13	1022.72	903.00	1526.20
5226.86	3308.41	4889.70	3936.47	2821.32	4128.10	4740.18	5317.18	2838.44
216.68	164.61	70.74	82.29	93.97	123.80	114.06	115.10	91.53
396.34	297.09	521.43	361.55	263.28	441.88	438.89	329.89	295.67

主要统计指标解释

一、城镇住户

城镇家庭人口　指居住在一起，经济上合在一起共同生活的家庭成员。凡计算为家庭人口的成员其全部收支都包括在本家庭中。

城镇就业面　指就业人口占家庭人口的百分比。

城镇就业者负担人数　指家庭人口与就业人口之比。

城镇家庭总收入　指家庭成员在调查期得到的工资性收入、经营净收入、财产性收入、转移性收入之和，不包括出售财物收入和借贷收入。

城镇家庭可支配收入　指家庭成员可用于最终消费支出和其它非义务性支出以及储蓄的总和，即居民家庭可以用来自由支配的收入。它是家庭总收入扣除交纳的所得税、个人交纳的社会保障支出以及记账补贴后的收入。计算公式为：

可支配收入=家庭总收入-交纳所得税-个人交纳的社会保障支出-记账补贴

城镇家庭总支出　指除借贷支出以外的全部家庭支出。包括消费性支出、购房建房支出、转移性支出、财产性支出、社会保障支出。

城镇家庭消费性支出　指家庭用于日常生活的支出，包括食品、衣着、家庭设备用品及服务、医疗保健、交通和通信、娱乐教育文化服务、居住、其他商品和服务等八大类支出。

城镇家庭服务性消费支出　指家庭用于支付社会提供的各种文化和生活方面的非商品性服务费用。

二、农村住户

农村住户　指农村常住户。农村常住户指长期(一年以上)居住在乡镇(不包括城关镇)行政管理区域内的住户，以及长期居住在城关镇所辖行政村范围内的农村住户。户口不在本地而在本地居住一年及以上的住户也包括在本地农村常住户范围内；有本地户口，但举家外出谋生一年以上的住户，无论是否保留承包耕地都不包括在本地农村住户范围内。

常住人口　指全年经常在家或在家居住6个月以上，而且经济和生活与本户连成一体的人口。外出从业人员在外居住时间虽然在6个月以上，但收入主要带回家中，经济与本户连为一体，仍视为家庭常住人口；在家居住，生活和本户连成一体的国家职工、退休人员也为家庭常住人口。但是现役军人、中专及以上(走读生除外)的在校学生、以及常年在外(不包括探亲、看病等)且已有稳定的职业与居住场所的外出从业人员，不算家庭常住人口。家庭常住人口主要作为计算农村住户平均每人收入、消费和积累水平及分析家庭人口状况的依据。

整、半劳动力　整劳动力指男子18周岁到50周岁，女子18周岁到45周岁；半劳动力指男子16周岁到17周岁，51周岁到60周岁；女子16周岁到17周岁，46周岁到55周岁，同时具有劳动能力的人。虽然在劳动年龄之内，但已丧失劳动能力的人，不应算为劳动力；超过劳动年龄，但能经常参加劳动，计入半劳动力数内。常住人口中的职工，若这些职工为劳动力，就包括在本户的整半劳动力中。

总收入　指调查期内农村住户和住户成员从各种来源渠道得到的收入总和。按收入的性质划分为工资性收入、家庭经营收入、财产性收入和转移性收入。

工资性收入　指农村住户成员受雇于单位或个人，靠出卖劳动而获得的收入。

家庭经营收入　指农村住户以家庭为生产经营单位进行生产筹划和管理而获得的收入。农村住户家庭经营活动按行业划分为农业、林业、牧业、渔业、工业、建筑业、交通运输业邮电业、批发和零售贸易餐饮业、社会服务业、文教卫生业和其他家庭经营。

财产性收入　指金融资产或有形非生产性资产的所有者向其他机构单位提供资金或将有形非生产性资产供其支配，作为回报而从中获得的收入。

转移性收入　指农村住户和住户成员无须付出任何对应物而获得的货物、服务、资金或资产所有权等，不包括无偿提供的用于固定资本形成的资金。一般情况下，是指农村住户在二次分配中的所有收入。

现金收入　指农村住户和住户成员在调查期内得到以现金形态表现的收入。按来源分成工资性收入、家庭经营现金收入、财产性收入、转移性收入。

纯收入　指农村住户当年从各个来源得到的总收入相应地扣除所发生的费用后的收入总和。计算方法：

纯收入=总收入-税费支出-家庭经营费用支出-生产性固定资产折旧-赠送农村亲友支出

纯收入主要用于再生产投入和当年生活消费支出，也可用于储蓄和各种非义务性支出。“农民人均纯收入”按人口平均的纯收入水平，反映的是一个地区或一个农户农村居民的平均收入水平。

总支出　指农村住户用于生产、生活和再分配的全部支出。家庭经营费用支出、购置生产性固定资产支出、生产性固定资产折旧、税费支出、生活消费支出、财产性支出和转移性支出。

Explanatory Notes on Main Statistical Indicators

I. Urban Households

Population of Urban Households refer to members of households living and sharing economically together in the urban areas. All the income and expenditure of all the members of such households are included in the income and expenditure of the household.

Proportion of Urban Employment refers to the proportion of employed population to the population of urban households.

Number of Dependents per Urban Employee refers to the ratio between number of persons in an urban household and the number of employed persons.

Total Income of Urban Households refers to the sum of wage and salary; net business income; income from properties; and income from transfers of members of the households. Income from selling of properties and income from borrowing are not included..

Disposable Income of Urban Households refers to the actual income at the disposal of members of the households which can be used for final consumption, other non-compulsory expenditure and savings. This equals to total income minus income tax, personal contribution to social security and subsidy for keeping diaries in being a sample household. The following formula is used:

Disposable income = total household income - income tax - personal contribution to social security - subsidy for keeping diaries for a sampled household

Total Expenditure of Urban Households refers to all expenditure of households except expenditure on lending. It includes expenditure on consumption; on purchasing or building houses; on transfers; on properties; and on social security.

Consumption Expenditure of Urban Households refers to total expenditure of households for consumption in daily life, including expenditure on the eight categories of food; clothing; household appliances and services; health care and medical services; transport and communications; recreation, education and cultural services; housing; and miscellaneous goods and services.

Expenditure of Urban Households on Consumption of Services refers to expenditure of households on various kinds of non-commercial services provided in life and culture by society.

II. Rural Household

Rural Households refer to usual resident households in rural areas. Usual resident households in rural areas are households residing on a long term basis(for more than one year) in the areas under the administration of township governments (not including county towns), and in the areas under the administration of villages in county towns. Households residing in the current addresses for over one year with their household registration in other places are still considered as resident households of the locality. For households with their household registration in one place but all members of the households having moved away to make a living in another place for over one year, they will not be included in the rural households of the area where they are registered, irrespective of whether they still keep their contracted land.

Usual Resident Population refers to persons staying at home regularly or for over 6 months during a year and integrated with the household economically and in terms of living.. Members of the household staying away from the household for over 6 months but keeping a close economic relation with the household by sending the majority of income to the household are regarded as usual resident of the household. Government staff and workers or retirees living as close members of the household are also considered as usual resident. However, servicemen, students of secondary technical schools or schools of higher education and persons with stable jobs and residence outside the household (excluding those visiting relatives or seeking medical service) are not included as resident population of the household. Resident population is used in calculating income, consumption, accumulation on per capita basis of rural households and in analyzing composition of rural households.

Full/Semi Labour Force Full labour force refers to persons capable of work, aged 18-50 for males and 18-45 for females. Semi labour force refers to persons capable of work, aged 16-17 and 51-60 for males and 16-17 and 46-55 for females. Persons at their working ages but not capable of work are not to be included as labour force. Persons not at working ages but participating regularly in work are included in semi labour force. For staff and workers who are usual residents, are included as full or semi labour force of the household if they are in the labour force.

Total Income refers to the sum of income earned from various sources by the rural households and their members during the reference period, and is classified as income from wages and salaries, income from household operations, income from properties and income from transfers.

Income from Wages and Salaries refers to income from labour earned by the members of rural households employed by other units or individuals.

Income from Household Operations refers to income by the rural households as units of production and operation. Operations by rural households are classified according to their economic activities namely agriculture, forestry, animal husbandry, fishery, manufacturing, construction, transportation, post and telecommunications, wholesale, retail and catering, social service, culture, education, health, and other household operations.

Income from Properties refers to the income received as returns by owners of financial assets or tangible non-productive assets by providing capitals or tangible non-productive assets to other institutional units.

Income from Transfers refers to the receipt by rural households and their members of goods, services, capital or rights of assets without giving or repaying accordingly, excluding capital provided to them for the formation of fixed assets. In general, it refers to all income received by rural households through redistribution.

Cash Income refers to income received by rural households and their members in the form of cash during the reference period. It is classified, by source of income, into income from wages and salaries, cash income from household operations, income from properties and income from transfers.

Net Income refers to the total income of rural households from all sources minus all corresponding expenses. The formula for calculation is as follows:

Net income = total income - taxes and fees paid - household operation expenses - taxes and fees depreciation of fixed assets for production - gifts to non-rural relatives

Net income is mainly used as input for reinvestment in production and as consumption expenditure of the year, and also used for savings and non-compulsory expenses of various forms. "Per capita net income of farmers" is the level of net income averaged by population, reflecting the average income level of rural households in a given area.

Total Expenditure refers to total expenses of rural households on production, consumption and redistribution, including expenditure on household operations,; purchase of productive fixed assets; depreciation of productive fixed assets; taxes and fees; expenses on household consumption; expenses on properties; and expenses on transfers.

10

城市建设

MUNICIPAL CONSTRUCTION

◆199/214

资料整理及英文翻译：涂姗华

简要说明

一、主要内容

本篇反映江西省城市公用事业概况，主要包括：城市建设、供水、供气、供热、市政设施、公共交通、城市绿化、环境卫生等资料。

二、统计范围

包括全省所有设市城市在建成区范围内所有的城市规划管理、投资、建设或经营管理相关设施的单位。

三、资料来源

设区市和县级市城市公用事业基本情况资料由省建设厅提供，由省统计局固定资产投资处编辑整理。

Brief Introduction

I. Main Contents

Data in this chapter present the basic conditions of public facilities of urban construction of Jiangxi provincial cities, mainly include supply of water, gas and heating; municipal infrastructure; public transportation; urban greenery; and environmental, sanitation.

II. Scope of Statistics

Data in this chapter cover all units under the jurisdiction of cities which are engaged in urban planning and management, investment, construction and operation of relevant facilities.

III. Sources of Data

Data on basic conditions and overall level of urban public facilities are collected by the Jiangxi Provincial Bureau of Housing and Urban-Rural Development, and provided by the Department of Investment ＆Construction Statistics of Jiangxi Provincial Bureau of Statistics.

10-1 城市公用事业和建设基本情况

Basic Statistics on City Public Utilities and Construction

指　　标	Item	2000	2005	2009	2010
用水普及率(%)	Rate of Population with Access to Tap Water (%)	93.3	92.6	98.00	97.43
供水管道长度(公里)	Length of Gas Supply Pipelines (km)	3968	6079	8920.17	9526.55
公共车辆(汽、电车)运营数(辆)	Operating Public Buses (Buses and Trolley Buses) (unit)	4031	5818	6358	7048
平均每万人拥有(标台)	Number of Public Transportation Vehicles per 10000 Population (standardized)	3.0	8.0	9.8	9.3
排水管道长度(公里)	Length of Drainpipes (km)	2074	3564	6563	7340
道路长度(公里)	Length of Roads (km)	3033	3916	5312.7	5742
道路面积(万平方米)	Area of Roads (10000 sq.m)	3293	6667	9362	11330.3
人工煤气供应量(万立方米)	Coal Gas Supply (10000 cu.m)	39463	31707	37898	58207.88
#家庭用量	Used by Residential Households	12299	10906	11383	18320.6
天然气供应量(万立方米)	Natural Gas Supply(10000 cu.m)			6186.71	11263.09
#家庭用量	Used by Residential Households			2929.73	3383.86
液化石油气供应量(吨)	Total Liquefied Petroleum Gas Supply (ton)	164698	174521	179792	188847.33
#家庭用量	Used by Residential Households	162783	154998	149527.04	151656.2
燃气普及率(%)	Rate of Population with Accessto Gas (%)	69.2	80.6	92.22	92.36
绿化覆盖面积(公顷)	Coverage Area of Afforestation (hectare)	20044	27381	43879	48924
公园数(个)	Number of Parks (unit)	109	125	209	238
公园面积(公顷)	Area of Parks and Zoos (hectare)	1820	2259	5270	6442
污水处理率(%)	Rate of Sewage Disposal (%)		34.92	74.9	80.83
生活垃圾清运量(万吨)	Volume of Garbage Disposal (10000 tons)	197	264	280.78	284
生活垃圾无害化处理率(%)	Rate of Garbages innocuously Treated (%)		48.87	84.4	85.89
市政公用设施建设固定资产投资(万元)	Investment in Public Utilities and Municipal Construction (10000 yuan)	152077	794496	1960119	4210145
#供水	Water Supply	15535	41276	63939	95408
燃气	Gas Supply	4972	25530	35931	66967
公共交通	Public Traffic	9781	22289	30442	
轨道交通	Rail Transit			90424	112894
道路桥梁	Roads & Bridges	60596	354638	1054677	2539040
排水	Drainage	11905	83160	132432	177934
防洪	Flood Protecting	15755	13661	25318	173535
园林绿化	Parks, Gardens and Green Areas	11427	85816	296733	948889
市容环境卫生	Environmental Sanitation	4921	13419	19768	61536
其他	Others	17185	154707	210455	33942

10-2 城市人口和面积（2010年）
Basic Statistics on City Population and Area (2010)

单位：平方公里、万人 (sq.km,10000 persons)

城市	City	市区面积 City Area	城区面积 Urban Area	城区人口 Population of Urban Area	建成区面积 Developed Area	城市建设用地面积 Area of Land for Urban Construction	#居住用地 Land for Residence
合计	**Total**	**32825.83**	**1719.32**	**762.29**	**933.78**	**966.32**	**278.27**
南昌市	Nanchang	622.00	215.00	202.45	201.50	201.50	50.64
景德镇市	Jingdezhen	580.00	160.00	45.15	72.84	67.84	18.76
乐平市	Leping	1974.00	49.21	16.66	18.50	20.44	6.13
萍乡市	Pingxiang	1065.00	42.10	36.67	42.10	42.10	12.50
九江市	Jiujiang	1572.30	114.97	62.06	89.47	92.04	29.52
瑞昌市	Ruichang	1423.11	21.52	15.23	15.00	15.00	6.31
新余市	Xinyu	1789.00	160.00	36.10	53.00	53.00	18.60
鹰潭市	Yingtan	137.50	57.65	14.36	23.68	29.00	8.65
贵溪市	Guixi	2480.00	90.00	11.51	22.30	22.30	5.19
赣州市	Ganzhou	528.28	85.13	49.78	76.30	76.30	18.59
瑞金市	Ruijin	2449.00	83.00	27.18	20.33	32.05	8.40
南康市	Nankang	1844.96	50.00	20.20	25.60	25.28	6.62
吉安市	Ji'an	1381.53	218.20	28.81	35.03	35.03	8.84
井冈山市	Jinggangshan	1297.50	7.31	2.40	7.29	5.99	2.47
宜春市	Yichun	2532.36	88.00	35.22	50.00	50.00	11.90
丰城市	Fengcheng	2845.00	39.00	31.02	39.00	38.20	7.87
樟树市	Zhangshu	1290.99	46.00	21.55	21.56	21.45	7.05
高安市	Gaoan	2439.00	34.13	19.18	21.70	20.48	5.53
抚州市	Fuzhou	2153.30	81.30	49.33	50.30	57.22	17.55
上饶市	Shangrao	339.00	55.80	31.07	38.28	49.02	23.85
德兴市	Dexing	2082.00	21.00	6.36	10.00	12.08	3.30

10-2 续表 continued

单位：平方公里、万人 (sq.km,10000 persons)

城市	City	#公共设施用地 Land for Public Utilities	#工业用地 Land for Industry	#仓储用地 Land for Storage	#对外交通用地 Land for External Transportation	#道路广场用地 Land for Roads and Squares	#市政公用设施用地 Land for Municipal Public Utilities	#绿地 Land for Afforestation
合计	**Total**	**142.49**	**193.07**	**24.23**	**53.17**	**129.16**	**30.70**	**106.18**
南昌市	Nanchang	33.04	37.45	3.32	20.22	28.63	3.96	22.52
景德镇市	Jingdezhen	6.57	18.93	3.05	5.00	6.70	3.07	5.76
乐平市	Leping	2.77	5.11	0.77	1.08	1.21	0.79	2.35
萍乡市	Pingxiang	4.40	7.65	1.03	1.82	6.30	2.30	6.10
九江市	Jiujiang	10.56	23.44	1.70	2.15	13.31	2.51	7.87
瑞昌市	Ruichang	1.45	2.26	0.31	0.28	2.84	0.48	1.03
新余市	Xinyu	7.30	11.05	1.53	1.15	7.85	2.30	3.10
鹰潭市	Yingtan	2.50	2.85	1.00	2.30	2.80	0.55	8.35
贵溪市	Guixi	3.49	8.57	0.27	0.80	2.32	0.28	1.36
赣州市	Ganzhou	16.67	11.50	2.10	5.60	9.50	1.50	8.29
瑞金市	Ruijin	6.62	5.30	1.10	1.21	4.12	2.32	2.95
南康市	Nankang	5.18	3.48	0.78	1.14	3.24	0.97	3.18
吉安市	Ji'an	5.81	7.40	1.21	1.08	5.75	1.83	2.96
井冈山市	Jinggangshan	0.93	0.97	0.25	0.15	0.16	0.49	0.57
宜春市	Yichun	9.41	7.10	1.25	2.25	6.25	1.80	9.00
丰城市	Fengcheng	4.81	15.23	0.97	1.06	4.72	1.51	1.93
樟树市	Zhangshu	2.76	4.21	0.97	0.50	3.17	0.39	2.38
高安市	Gaoan	2.96	6.15	0.26	0.89	2.75	0.75	1.15
抚州市	Fuzhou	9.80	6.73	1.07	2.68	9.08	1.52	8.48
上饶市	Shangrao	3.63	5.68	0.98	1.36	7.08	1.12	5.13
德兴市	Dexing	1.83	2.01	0.31	0.45	1.38	0.26	1.72

10-3 市政公用设施建设固定资产投资（2010年）
Basic Statistics on Investment in Public Utilities and Municipal Construction (2010)

单位：万元 (10000 yuan)

城市	City	本年完成投资合计 Total Investment this year	供水 Water Supply	燃气 Gas Supply	道路桥梁 Roads & Bridges	排水 Drain	#污水处理及其再生利用 Sewage Disposal & Reuse
合计	**Total**	**4210145**	**95408**	**66967**	**2539040**	**177934**	**48760**
南昌市	Nanchang	283754	4882		110760		
景德镇市	Jingdezhen	127913	1046		55042	3700	1200
乐平市	Leping	86169	16100		33721	3110	3110
萍乡市	Pingxiang	94715	5920	1500	68735	3560	2300
九江市	Jiujiang	1326866	12300	37863	850717	44834	14200
瑞昌市	Ruichang	20839	223		7436		
新余市	Xinyu	355090	1560	8087	157839	85270	18970
鹰潭市	Yingtan	55809	2626		53183		
贵溪市	Guixi	26560		1000	19906	2480	
赣州市	Ganzhou	685581			632024	17080	
瑞金市	Ruijin	4485			2595		
南康市	Nankang	56048	4000		40830		
吉安市	Ji'an	154704	10026	1283	61568	1500	
井冈山市	Jinggangshan	9540	300		4720	300	
宜春市	Yichun	225759	1218	2099	183128	3900	1080
丰城市	Fengcheng	44646	115	130	20508	430	200
樟树市	Zhangshu	61533	356	200	37810	29	
高安市	Gaoan	20366	7326	1500	1679	71	
抚州市	Fuzhou	414079	16857	12070	100087	8560	7700
上饶市	Shangrao	148379	10468	1235	95336	900	
德兴市	Dexing	7310	85		1416	2210	

10-3 续表 continued

单位：万元 (10000 yuan)

城市	City	防洪 Flood Protecting	园林绿化 Parks, Gardens and Green Areas	市容环境卫生 Environmental Sanitation	#垃圾处理 Garbage Disposal	其他 Others	本年新增固定资产 Newly Increased Fixed Assets
合计	**Total**	**173535**	**948889**	**61536**	**48524**	**33942**	**2843733**
南昌市	Nanchang		52223	2526	193	469	27505
景德镇市	Jingdezhen		56454	11671	10850		
乐平市	Leping	3900	23750	3600	2800	1988	45852
萍乡市	Pingxiang		15000				66890
九江市	Jiujiang		360188	20964	20000		1326179
瑞昌市	Ruichang		13100	80			20583
新余市	Xinyu	16080	84635	1619	543		212589
鹰潭市	Yingtan						
贵溪市	Guixi		1796	1378			4188
赣州市	Ganzhou		36477				469176
瑞金市	Ruijin		1890				2500
南康市	Nankang		1190	10028	9600		36618
吉安市	Ji'an		77367	2600		360	151470
井冈山市	Jinggangshan		4000	220			3860
宜春市	Yichun	247	34878	289	46		184337
丰城市	Fengcheng		21771	1692	1692		44446
樟树市	Zhangshu	500	20105	2533	800		30947
高安市	Gaoan		2090			7700	20366
抚州市	Fuzhou	152808	102172			21525	76283
上饶市	Shangrao		38204	336		1900	116045
德兴市	Dexing		1599	2000	2000		3899

10-4　市政设施水平（2010年）
Basic Statistics on Municipal Infrastructure in Cities (2010)

城　市	City	人口密度(人/平方公里) Population Density (person/sq.km)	人均日生活用水量(升) Per Capita Daily Consumption of Tap Water for Residential Use (liter)	用水普及率(%) Rate of Population with Access to Tap Water (%)	燃气普及率(%) Rate of Population with Access to Gas (%)	人均城市道路面积(平方米) Per Capita Area of Roads (sq.m)	排水管道密度(公里/平方公里) Density of drainpipe (km/sq.km)
合　计	**Total**	**4786**	**184.35**	**97.43**	**92.36**	**13.77**	**7.86**
南昌市	Nanchang	9881	266.84	99.79	94.00	8.50	6.15
景德镇市	Jingdezhen	2831	183.46	99.67	96.75	16.06	8.87
乐平市	Leping	3422	88.97	99.58	91.98	12.22	10.11
萍乡市	Pingxiang	8798	118.86	100.00	94.68	16.01	5.84
九江市	Jiujiang	5485	141.55	100.00	97.30	21.10	9.53
瑞昌市	Ruichang	7342	139.75	97.28	91.14	17.96	9.20
新余市	Xinyu	2381	200.05	100.00	98.82	21.36	11.15
鹰潭市	Yingtan	2761	184.77	94.72	56.53	18.78	2.58
贵溪市	Guixi	1346	148.32	95.79	85.88	14.66	5.87
赣州市	Ganzhou	7996	138.82	100.00	97.36	10.15	6.07
瑞金市	Ruijin	3377	71.81	88.48	66.39	5.53	2.75
南康市	Nankang	5460	122.66	97.80	85.35	12.36	10.39
吉安市	Ji'an	1458	178.89	94.63	91.17	16.06	9.05
井冈山市	Jinggangshan	4993	215.90	64.11	45.21	20.14	4.94
宜春市	Yichun	4986	148.83	90.11	95.03	13.79	7.60
丰城市	Fengcheng	7956	274.30	82.47	87.37	16.05	5.87
樟树市	Zhangshu	4711	97.28	92.94	99.22	14.61	8.26
高安市	Gaoan	5883	138.90	100.00	87.55	11.41	5.85
抚州市	Fuzhou	6231	197.41	99.88	99.09	18.09	11.31
上饶市	Shangrao	5977	149.58	99.70	91.33	20.58	13.87
德兴市	Dexing	3219	132.55	93.93	84.76	10.93	9.60

10-4　续表　continued

城　市	City	污水处理率(%) Treatment Rate of Polluted Water (%)	#污水处理厂集中处理率 Intensive Treatment Rate of Polluted Water by Sewage Factories	人均公园绿地面积(平方米) Per Capita Park Green Land (sq.m)	建成区绿化覆盖率(%) Rate of Afforestation Covered Area to Developed Area (%)	建成区绿地率(%) Rate of Green Area to Developed Area (%)	生活垃圾处理率(%) Treatment Rate of Garbage Disposal (%)	#生活垃圾无害化处理率 Treatment Rate of Consumption Wastes
合　计	**Total**	**80.83**	**76.86**	**13.04**	**46.62**	**43.20**	**100.00**	**85.89**
南昌市	Nanchang	75.00	75.00	9.01	42.76	40.26	100.00	100.00
景德镇市	Jingdezhen	99.92	60.33	15.65	53.57	51.26	100.00	100.00
乐平市	Leping	80.00	80.00	15.97	48.11	44.00	100.00	
萍乡市	Pingxiang	92.24	80.61	12.07	46.72	44.85	100.00	100.00
九江市	Jiujiang	98.01	95.64	18.11	56.39	53.77	100.00	100.00
瑞昌市	Ruichang	100.00	100.00	11.58	42.20	37.93	100.00	
新余市	Xinyu	100.00	95.69	15.80	49.17	47.75	100.00	100.00
鹰潭市	Yingtan	77.90	77.90	12.69	47.34	42.10	100.00	100.00
贵溪市	Guixi	36.60	36.60	14.12	36.86	35.96	100.00	100.00
赣州市	Ganzhou	83.25	64.37	12.18	45.09	38.02	100.00	100.00
瑞金市	Ruijin	59.51	59.51	14.98	37.63	30.99	100.00	
南康市	Nankang	51.93	51.93	11.21	41.88	39.92	100.00	100.00
吉安市	Ji'an	80.29	80.29	13.36	42.22	39.22	100.00	100.00
井冈山市	Jinggangshan	93.57	93.57	41.92	53.91	48.42	100.00	100.00
宜春市	Yichun	92.83	92.83	14.52	42.46	39.82	100.00	100.00
丰城市	Fengcheng	68.61	68.61	12.02	52.92	46.90	100.00	
樟树市	Zhangshu	85.15	85.15	12.41	42.44	37.43	100.00	
高安市	Gaoan	31.20	31.20	11.85	43.46	39.63	100.00	
抚州市	Fuzhou	92.99	92.99	16.62	48.01	43.46	100.00	100.00
上饶市	Shangrao	90.24	90.24	15.38	48.35	44.28	100.00	100.00
德兴市	Dexing	41.85	41.85	13.02	47.40	43.50	100.00	

10-5 城市人工煤气生产、供应和使用情况（2010年）

Basic Statistics on Produce,Supply and Use of Gaswork Gas in Cities (2010)

城 市	City	生产能力（万立方米/日） Productive Capacity (10000 cu.m/day)	储气能力（万立方米） Capacity of Gas storage (10000 cu.m)	供气管道长度(公里) Length of Gas Supply Pipelines (km)	自制气量（万立方米） Volume of Home-made Gas(10000 cu.m)	外购气量（万立方米） Volume of Outsourcing Gas(10000 cu.m)	供气总量（万立方米） Volume of Gas Supply (10000 cu.m)
合 计	**Total**	**160.00**	**54.20**	**2119.74**	**2265.00**	**52527.21**	**58207.88**
南 昌 市	Nanchang	40.00	16.20	1041.51		11788.00	16784.88
景德镇市	Jingdezhen	108.00	20.00	418.84		22709.21	22709.21
萍 乡 市	Pingxiang		7.00	220.00		15642.00	15642.00
新 余 市	Xinyu	12.00	11.00	439.39	2265.00	2388.00	3071.79

10-5 续表 continued

城 市	City	销售气量 Volume of Gas Sale	#居民家庭 for Households	燃气损失量 Volume of Gas Loss	用气户数（户） Households with Access to Gas (household)	#家庭用户 Residential Households	用气人口（万人） Population with Access to Gas(10000 persons)
合 计	**Total**	**50123.18**	**18320.60**	**8084.70**	**443871**	**442105**	**149.78**
南 昌 市	Nanchang	11477.09	11434.50	5307.79	216140	215678	75.49
景德镇市	Jingdezhen	20460.09	955.10	2249.12	61084	60585	18.18
萍 乡 市	Pingxiang	15415.00	3378.00	227.00	58587	58187	21.00
新 余 市	Xinyu	2771.00	2553.00	300.79	108060	107655	35.11

10-6 城市天然气供应和使用情况（2010年）

Basic Statistics on Supply and Use of Natural Gas in Cities (2010)

城市	City	储气能力（万立方米）Capacity of Gas storage (10000 cu.m)	供气管道长度(公里) Length of Gas Supply Pipelines (km)	外购气量（万立方米）Volume of Outsourcing Gas (10000 cu.m)	供气总量（万立方米）Volume of Gas Supply (10000 cu.m)	销售气量 Volume of Gas Sale
合计	**Total**	**338.97**	**3220.03**	**11788.53**	**11263.09**	**10646.83**
南昌市	Nanchang	91.20	651.69	1500.00	1406.50	1406.50
景德镇市	Jingdezhen	39.00	43.53	1586.25	1586.31	1377.27
萍乡市	Pingxiang		22.62	1830.30	1830.30	1830.30
九江市	Jiujiang	24.20	550.55	1292.55	1289.52	1286.62
新余市	Xinyu		13.49			
贵溪市	Guixi	5.20	28.90	76.72	71.02	68.93
赣州市	Ganzhou	57.00	406.65	1686.00	1686.00	1588.00
瑞金市	Ruijin	7.00	35.70	10.87	10.92	10.76
南康市	Nankang	10.80	53.00	52.00	49.60	49.60
吉安市	Ji'an	36.00	390.72	770.00	730.00	703.00
宜春市	Yichun	28.00	386.92	1210.28	1210.28	1015.17
丰城市	Fengcheng	9.87	194.09	960.00	581.65	577.11
樟树市	Zhangshu	16.00	77.16	122.28	122.28	120.68
抚州市	Fuzhou	12.00	166.84	203.00	200.43	194.69
上饶市	Shangrao	2.70	198.17	488.28	488.28	418.20

10-6 续表 continued

城市	City	#居民家庭 for Households	燃气损失量 Volume of Gas Loss	用气户数（户）Households with Access to Gas (household)	#家庭用户 Residential Households	用气人口（万人）Population with Access to Gas(10000 persons)
合计	**Total**	**3383.86**	**616.26**	**414847**	**371204**	**156.78**
南昌市	Nanchang	382.21		67039	66585	23.30
景德镇市	Jingdezhen	0.31	209.04	203	29	0.40
萍乡市	Pingxiang	4.66		3903	3113	1.12
九江市	Jiujiang	460.96	2.90	43616	41666	13.06
新余市	Xinyu					
贵溪市	Guixi	14.12	2.09	2595	2580	0.90
赣州市	Ganzhou	775.90	98.00	79189	78751	35.47
瑞金市	Ruijin	9.80	0.16	3532	3518	1.96
南康市	Nankang	38.80		1863	1855	0.80
吉安市	Ji'an	475.00	27.00	36233	35198	15.78
宜春市	Yichun	355.63	195.11	42256	42041	16.90
丰城市	Fengcheng	524.20	4.54	37872	17851	19.31
樟树市	Zhangshu	85.87	1.60	8555	8527	3.50
抚州市	Fuzhou		5.74	40215	40124	14.00
上饶市	Shangrao	256.40	70.08	47776	29366	10.28

10-7 城市液化石油气供应和使用情况（2010年）

Basic Statistics on Supply and Use of Liquefied Petroleum Gas in Cities (2010)

城市	City	储气能力(吨) Capacity of Gas storage (ton)	供气管道长度(公里) Length of Gas Supply Pipelines (km)	外购气量(吨) Volume of Outsourcing Gas (ton)	供气总量(吨) Volume of Gas Supply (ton)	
						销售气量 Volume of Gas Sale
合 计	**Total**	**16636.10**	**377.05**	**192122.00**	**188847.33**	**186164.33**
南昌市	Nanchang	1101.00	295.55	48800.00	48730.90	48730.90
景德镇市	Jingdezhen	858.00		26289.00	26177.43	26177.43
乐平市	Leping	334.00		1635.00	1634.00	1632.00
萍乡市	Pingxiang	925.00		5995.00	4920.00	4911.00
九江市	Jiujiang	4760.00		18511.00	18375.00	18331.00
瑞昌市	Ruichang	560.00		5700.00	5530.00	5520.00
新余市	Xinyu	1360.00		1600.00	1569.00	1553.00
鹰潭市	Yingtan	610.00	52.00	9000.00	8000.00	8000.00
贵溪市	Guixi	100.00		3600.00	3550.00	3500.00
赣州市	Ganzhou	540.00		5800.00	5500.00	5500.00
瑞金市	Ruijin	200.00		3500.00	3440.00	3400.00
南康市	Nankang	710.00		7800.00	7800.00	7800.00
吉安市	Ji'an	2375.00		5282.00	5282.00	5282.00
井冈山市	Jinggangshan	87.00		380.00	380.00	380.00
宜春市	Yichun	250.00		11830.00	11830.00	10420.00
丰城市	Fengcheng	150.00		1850.00	1850.00	1850.00
樟树市	Zhangshu	100.10		2400.00	2400.00	2400.00
高安市	Gaoan	410.00	29.50	7388.00	7117.00	7113.00
抚州市	Fuzhou	637.00		11180.00	11180.00	11180.00
上饶市	Shangrao	49.00		10982.00	10982.00	9884.00
德兴市	Dexing	520.00		2600.00	2600.00	2600.00

10-7 续表 continued

城市	City	#居民家庭 for Households	燃气损失量 Volume of Gas Loss	用气户数(户) Households with Access to Gas (household)	#家庭用户 Residential Households	用气人口(万人) Population with Access to Gas(10000 persons)
合 计	**Total**	**151656.20**	**2683.00**	**1323960**	**1284787**	**453.46**
南昌市	Nanchang	46548.20		288317	288282	100.91
景德镇市	Jingdezhen	11900.00		84150	83135	25.25
乐平市	Leping	1422.00	2.00	15100	14950	15.49
萍乡市	Pingxiang	4785.00	9.00	35869	35797	12.95
九江市	Jiujiang	14153.00	44.00	172700	149500	48.30
瑞昌市	Ruichang	5410.00	10.00	40570	36800	14.40
新余市	Xinyu	1553.00	16.00	7421	7421	2.54
鹰潭市	Yingtan	600.00		66660	66000	9.00
贵溪市	Guixi	3450.00	50.00	25800	23850	9.50
赣州市	Ganzhou	5100.00		121500	121500	30.80
瑞金市	Ruijin	3200.00	40.00	31500	31000	16.65
南康市	Nankang	7800.00		41601	41601	22.50
吉安市	Ji'an	3910.00		36840	36840	13.23
井冈山市	Jinggangshan	290.00		2686	2128	1.65
宜春市	Yichun	7600.00	1410.00	62091	59168	24.80
丰城市	Fengcheng	1850.00		26000	26000	7.80
樟树市	Zhangshu	2400.00		41500	41500	18.00
高安市	Gaoan	7113.00	4.00	49490	49490	17.58
抚州市	Fuzhou	11180.00		96400	96400	36.20
上饶市	Shangrao	9192.00	1098.00	61997	57657	20.18
德兴市	Dexing	2200.00		15768	15768	5.73

10-8 城市公共交通和出租车情况（2010年）

Basic Statistics on Public Transportation and Taxi in Cities (2010)

城市	City	公共交通 Public Transportation 运营车数（辆）Number of Public Vehicles Under Operation (unit)	公交专用车道长度（公里）Lengh of roads for Public Vehicles Only (km)	标准运营车数（标台）Number of Standard Vehicles Under Operation (standardized)
合　计	**Total**	**6242**	**14**	**7048**
南昌市	Nanchang	2490		3151
景德镇市	Jingdezhen	384		459
乐平市	Leping	85		75
萍乡市	Pingxiang	289		324
九江市	Jiujiang	484	4	544
瑞昌市	Ruichang	35		35
新余市	Xinyu	416		402
鹰潭市	Yingtan	150		153
贵溪市	Guixi	59		54
赣州市	Ganzhou	452	6	452
瑞金市	Ruijin	68		50
南康市	Nankang	100	4	92
吉安市	Ji'an	242		257
井冈山市	Jinggangshan	6		7
宜春市	Yichun	263		260
丰城市	Fengcheng	91		91
樟树市	Zhangshu	71		70
高安市	Gaoan	43		43
抚州市	Fuzhou	250		259
上饶市	Shangrao	229		235
德兴市	Dexing	35		35

10-8 续表 continued

城市	City	运营线路总长度（公里）Network Length (km)	客运总量（万人次）Number of Passengers Carried by Bus (10000 person-times)	出租车 Taxi 运营车数（辆）Number of Taxi under Operation (unit)	客运总量（万人次）Number of Passengers Carried by Taxi (10000 person-times)
合　计	**Total**	**9578**	**121444**	**10748**	**43367**
南昌市	Nanchang	3371	53918	3813	16652
景德镇市	Jingdezhen	420	7534	595	1989
乐平市	Leping	127	751	110	303
萍乡市	Pingxiang	253	6000	600	3021
九江市	Jiujiang	585	8500	1478	6104
瑞昌市	Ruichang	60	210	210	630
新余市	Xinyu	795	5870	531	3136
鹰潭市	Yingtan	296	2255	271	1100
贵溪市	Guixi	91	744	138	560
赣州市	Ganzhou	724	6564	692	2253
瑞金市	Ruijin	93	576	71	296
南康市	Nankang	161	1122	24	10
吉安市	Ji'an	576	10506	376	1707
井冈山市	Jinggangshan	200	340	27	55
宜春市	Yichun	544	4679	404	825
丰城市	Fengcheng	123	1270	160	624
樟树市	Zhangshu	301	511	120	297
高安市	Gaoan	44	498	180	386
抚州市	Fuzhou	486	4576	328	1372
上饶市	Shangrao	242	3742	511	1661
德兴市	Dexing	86	1278	99	386

10-9 城市道路和桥梁情况（2010年）
Basic Statistics on Urban Roads and Bridges (2010)

城　市	City	道路长度（公里）Length of Roads(km)	道路面积（万平方米）Area of Roads (10000 sq.m)	#人行道 Sidewalk	桥梁数（座）Number of Bridges(unit)	#立交桥 Crossroads
合　计	**Total**	**5742.0**	**11330.3**	**2535**	**565**	**57**
南昌市	Nanchang	964.8	1806.3	443	147	13
景德镇市	Jingdezhen	350.3	727.6	107	30	1
乐平市	Leping	161.8	205.8	53	3	1
萍乡市	Pingxiang	221.0	593.0	148	28	2
九江市	Jiujiang	816.5	1330.8	236	77	12
瑞昌市	Ruichang	258.5	283.7	58	37	
新余市	Xinyu	355.7	813.8	246	29	10
鹰潭市	Yingtan	127.0	299.0	79	24	6
贵溪市	Guixi	102.7	177.5	41	9	5
赣州市	Ganzhou	255.1	690.6	167	14	2
瑞金市	Ruijin	126.3	155.1	23	10	
南康市	Nankang	183.5	337.5	133	20	
吉安市	Ji'an	244.7	511.1	132	14	
井冈山市	Jinggangshan	36.0	73.5	23	17	
宜春市	Yichun	281.2	605.0	94	20	
丰城市	Fengcheng	238.2	498.0	79	7	2
樟树市	Zhangshu	150.2	316.5	102	22	
高安市	Gaoan	137.3	229.1	48	11	
抚州市	Fuzhou	378.9	916.2	230	24	3
上饶市	Shangrao	301.7	686.3	82	13	
德兴市	Dexing	50.6	73.9	11	9	

10-9 续表 continued

城　市	City	道路照明灯盏数（盏）Number of Street Lights (units)	安装路灯的道路长度（公里）Length of Roads with Lights (km)	防洪堤长度（公里）Length of Flood Protecting Embankments (km)	#百年一遇标准 100 Years Once standard	#五十年一遇标准 50 Years Once standard
合　计	**Total**	**623361**	**4083**	**435**	**14**	**268**
南昌市	Nanchang	56800	770			
景德镇市	Jingdezhen	48567	309	10		
乐平市	Leping	6510	93	14		14
萍乡市	Pingxiang	34500	131	32		32
九江市	Jiujiang	32257	383	43		
瑞昌市	Ruichang	6459	44	17		10
新余市	Xinyu	49135	326	51		51
鹰潭市	Yingtan	11875	115			
贵溪市	Guixi	7349	96	3		3
赣州市	Ganzhou	19800	185			
瑞金市	Ruijin	2482	19	99	10	70
南康市	Nankang	5001	151	20		
吉安市	Ji'an	57450	236	23		6
井冈山市	Jinggangshan	1437	29			
宜春市	Yichun	17919	189	16		16
丰城市	Fengcheng	22249	192			
樟树市	Zhangshu	5397	85	7		7
高安市	Gaoan	9487	100	37		
抚州市	Fuzhou	184448	354	31	4	27
上饶市	Shangrao	32043	227	24		24
德兴市	Dexing	12196	49	8		8

10-10 城市排水和污水处理情况（2010年）
Basic Statistics on Urban Drainage and Sewage Disposal (2010)

城市	City	污水排放量（万立方米）Discharged Volume of Sewage (10000 cu.m)	排水管道长度（公里）Length of Drainpipes (km)	#污水管道 Sewage Pipes	污水处理厂 Sewage Treatment Plant 座数（座）Units (unit)	#二、三级 Second or Third Grade	日处理能力（万立方米）Daily Disposal Capacity (10000 cu.m)	#二、三级 Second or Third Grade
合　计	**Total**	**70453**	**7340**	**2482**	**30**	**30**	**202.0**	**202.0**
南昌市	Nanchang	27297	1239	342	4	4	94.0	94.0
景德镇市	Jingdezhen	3945	646	393	1	1	8.0	8.0
乐平市	Leping	925	187	76	1	1	2.0	2.0
萍乡市	Pingxiang	2450	246	25	1	1	8.0	8.0
九江市	Jiujiang	6238	853	247	3	3	17.0	17.0
瑞昌市	Ruichang	828	138	8	1	1	2.5	2.5
新余市	Xinyu	3687	591	228	2	2	12.0	12.0
鹰潭市	Yingtan	1765	61	23	1	1	5.0	5.0
贵溪市	Guixi	1101	131	38	1	1	1.1	1.1
赣州市	Ganzhou	3402	463	125	1	1	6.0	6.0
瑞金市	Ruijin	1220	56	13	1	1	2.0	2.0
南康市	Nankang	1402	266	24	1	1	2.0	2.0
吉安市	Ji'an	2364	317	189	2	2	5.0	5.0
井冈山市	Jinggangshan	171	36	24	2	2	1.1	1.1
宜春市	Yichun	2456	380	154	1	1	8.0	8.0
丰城市	Fengcheng	2813	229	202	1	1	5.5	5.5
樟树市	Zhangshu	815	178	30	1	1	2.0	2.0
高安市	Gaoan	1234	127	27	1	1	2.0	2.0
抚州市	Fuzhou	3139	569	99	2	2	9.8	9.8
上饶市	Shangrao	2551	531	188	1	1	8.0	8.0
德兴市	Dexing	650	96	27	1	1	1.0	1.0

10-10 续表 continued

城市	City	处理量（万立方米）Treated Volume (10000 cu.m)	#二、三级 Second or Third Grade	其他污水处理装置 Other Disposal Equipment 日处理能力（万立方米）Daily Disposal Capacity (10000 cu.m)	处理量（万立方米）Treated Volume (10000 cu.m)	污水处理总量（万立方米）Treated Volume of Sewage (10000 cu.m)	污水处理厂干污泥产生量（吨）Output of Dewatered Sludge (ton)	污水处理厂干污泥处置量（吨）Treated Volume of Dewatered Sludge (ton)
合　计	**Total**	**54152**	**54152**	**24.3**	**2796**	**56948**	**121703**	**121649**
南昌市	Nanchang	20473	20473			20473	35189	35189
景德镇市	Jingdezhen	2380	2380	5.5	1562	3942	5013	5013
乐平市	Leping	740	740			740	470	470
萍乡市	Pingxiang	1975	1975	1.0	285	2260	8054	8000
九江市	Jiujiang	5966	5966	11.8	148	6114	11731	11731
瑞昌市	Ruichang	828	828			828	1060	1060
新余市	Xinyu	3528	3528	4.0	159	3687	4593	4593
鹰潭市	Yingtan	1375	1375			1375		
贵溪市	Guixi	403	403			403	250	250
赣州市	Ganzhou	2190	2190	2.0	642	2832	2968	2968
瑞金市	Ruijin	726	726			726	1500	1500
南康市	Nankang	728	728			728	1000	1000
吉安市	Ji'an	1898	1898			1898	6720	6720
井冈山市	Jinggangshan	160	160			160	373	373
宜春市	Yichun	2280	2280			2280	9213	9213
丰城市	Fengcheng	1930	1930			1930	1752	1752
樟树市	Zhangshu	694	694			694	2770	2770
高安市	Gaoan	385	385			385	400	400
抚州市	Fuzhou	2919	2919			2919	13190	13190
上饶市	Shangrao	2302	2302			2302	14641	14641
德兴市	Dexing	272	272			272	816	816

10-11 城市园林绿化情况（2010年）

Basic Statistics on Urban Parks, Gardens and Green Areas (2010)

单位：公顷 (hectare)

城市	City	绿化覆盖面积 Coverage Area of Afforestation	#建成区 Developed Area	绿地面积 Area of Green Areas	#建成区 Developed Area
合计	**Total**	**48924**	**43536**	**42288**	**40342**
南昌市	Nanchang	8619	8616	8113	8113
景德镇市	Jingdezhen	7469	3902	4623	3734
乐平市	Leping	899	890	881	814
萍乡市	Pingxiang	1968	1967	1889	1888
九江市	Jiujiang	5045	5045	4811	4811
瑞昌市	Ruichang	720	633	594	569
新余市	Xinyu	2863	2606	2586	2531
鹰潭市	Yingtan	1121	1121	998	997
贵溪市	Guixi	822	822	802	802
赣州市	Ganzhou	3730	3440	3101	2901
瑞金市	Ruijin	803	765	634	630
南康市	Nankang	1182	1072	1098	1022
吉安市	Ji'an	2011	1479	1605	1374
井冈山市	Jinggangshan	407	393	368	353
宜春市	Yichun	2123	2123	1991	1991
丰城市	Fengcheng	2064	2064	1829	1829
樟树市	Zhangshu	982	915	807	807
高安市	Gaoan	986	943	897	860
抚州市	Fuzhou	2785	2415	2261	2186
上饶市	Shangrao	1851	1851	1965	1695
德兴市	Dexing	474	474	435	435

10-11 续表 continued

单位：公顷 (hectare)

城市	City	公园绿地面积 Area of Park Green Areas	公园个数（个） Number of Parks(unit)	公园面积 Area of Parks
合计	**Total**	**10733**	**238**	**6442**
南昌市	Nanchang	1915	26	736
景德镇市	Jingdezhen	709	11	481
乐平市	Leping	269	8	153
萍乡市	Pingxiang	447	13	308
九江市	Jiujiang	1142	13	589
瑞昌市	Ruichang	183	3	69
新余市	Xinyu	602	18	431
鹰潭市	Yingtan	202	9	121
贵溪市	Guixi	171	4	127
赣州市	Ganzhou	829	22	721
瑞金市	Ruijin	420	4	115
南康市	Nankang	306	5	178
吉安市	Ji'an	425	10	359
井冈山市	Jinggangshan	153	5	68
宜春市	Yichun	637	10	295
丰城市	Fengcheng	373	11	303
樟树市	Zhangshu	269	11	112
高安市	Gaoan	238	2	60
抚州市	Fuzhou	842	20	818
上饶市	Shangrao	513	22	336
德兴市	Dexing	88	11	62

10-12 城市市容环境卫生情况（2010年）
Basic Statistics on Urban Sanitation in Cities (2010)

城市	City	道路清扫保洁面积（万平方米）Area under Cleaning Program (10000 sq.m)	#机械化 Mechanisation	生活垃圾 Residential Garbage 清运量（万吨）Collection & Transport Volume (10 000 tons)	#密闭车（箱）Hermetic Vehicles (Compartment)	处理量（万吨）Disposal Volume (10 000 tons)	无害化处理厂(场)数（座）Number of Innocent Treatment Plants (unit)
合计	**Total**	**9911**	**2249**	**284.00**	**235.08**	**284.00**	**13**
南昌市	Nanchang	2447	621	74.37	74.37	74.37	1
景德镇市	Jingdezhen	364	75	14.56		14.56	1
乐平市	Leping	122		5.00		5.00	
萍乡市	Pingxiang	346	70	15.33	15.33	15.33	1
九江市	Jiujiang	784	148	17.60	10.80	17.60	1
瑞昌市	Ruichang	186	42	4.61	4.61	4.61	
新余市	Xinyu	845	182	13.82	13.82	13.82	1
鹰潭市	Yingtan	150	30	6.93	3.80	6.93	1
贵溪市	Guixi	106	35	5.50	5.00	5.50	
赣州市	Ganzhou	647	194	35.60	35.60	35.60	1
瑞金市	Ruijin	220	125	3.90	3.60	3.90	
南康市	Nankang	283	21	6.57	6.57	6.57	1
吉安市	Ji'an	316	260	11.66	11.00	11.66	1
井冈山市	Jinggangshan	105	12	2.90	2.40	2.90	1
宜春市	Yichun	605	182	8.89	8.54	8.89	1
丰城市	Fengcheng	495	1	10.60		10.60	
樟树市	Zhangshu	147		5.45	5.45	5.45	
高安市	Gaoan	115	32	6.39	5.48	6.39	
抚州市	Fuzhou	846	120	17.79	14.11	17.79	1
上饶市	Shangrao	686	87	12.40	12.40	12.40	1
德兴市	Dexing	96	12	4.13	2.20	4.13	

10-12 续表 continued

城市	City	日无害化处理能力（吨）Daily Innocent Treatment Capacity (ton)	无害化处理量（万吨）Volume of Wastes Disposed (10000 tons)	粪便 Excrement and Urine 清运量（万吨）Collection & Transport Volume (10000 tons)	处理量（万吨）Disposal Volume (10000 tons)	公共厕所（座）Number of Public Lavatories (unit)	市容环卫专用车辆设备总数（辆）Number of Special Vehicles for Environmental Sanitation (unit)
合计	**Total**	**6066**	**243.92**	**40.41**	**5.20**	**1785**	**899**
南昌市	Nanchang	1600	74.37	0.60	0.60	291	236
景德镇市	Jingdezhen	360	14.56			204	30
乐平市	Leping					62	10
萍乡市	Pingxiang	461	15.33	1.50	1.50	142	68
九江市	Jiujiang	500	17.60	35.20		248	87
瑞昌市	Ruichang					36	12
新余市	Xinyu	635	13.82			85	68
鹰潭市	Yingtan	250	6.93			19	23
贵溪市	Guixi		5.50			17	7
赣州市	Ganzhou	375	35.60	2.10	2.10	102	64
瑞金市	Ruijin					50	24
南康市	Nankang	200	6.57			41	22
吉安市	Ji'an	300	11.66			119	32
井冈山市	Jinggangshan	35	2.90			4	11
宜春市	Yichun	300	8.89	0.51	0.51	102	46
丰城市	Fengcheng			0.27	0.27	48	38
樟树市	Zhangshu			0.10	0.10	51	26
高安市	Gaoan			0.13	0.12	30	36
抚州市	Fuzhou	650	17.79			20	15
上饶市	Shangrao	400	12.40			104	32
德兴市	Dexing					10	12

主要统计指标解释

供水综合生产能力 指按供水设施取水、净化、送水、出厂输水干管等环节设计能力计算的综合生产能力。包括在原设计能力的基础上，经挖、革、改增加的生产能力。计算时，以四个环节中最薄弱的环节为主确定能力。

年末供水管道长度 指从送水泵至用户水表之间所有管道的长度。不包括新安装尚未使用、水厂内以及用户建筑物内的管道。

全年供水总量 指报告期供水企业(单位)供出的全部水量。包括有效供水量和漏损水量。

生活用水量 包括公共服务用水和居民家庭用水。公共服务用水指为城市社会公共生活服务的用水。包括行政事业单位、部队营区和公共设施服务、社会服务业、批发零售贸易业、旅馆饮食业以及其他公共服务业等单位的用水。居民家庭用水指城市范围内所有居民家庭的日常生活用水。包括城市居民、农民家庭、公共供水站用水。

用水普及率 指城市用水人口数与城市人口总数的比率。计算公式:

$$用水普及率=\frac{城市用水人口数}{城市人口总数}\times100\%$$

人工煤气生产能力 指报告期末人工煤气生产厂制气、净化、输送等环节的综合生产能力，不包括备用设备能力。一般按设计能力计算，如果实际生产能力大于设计能力时，应按实际测定的生产能力计算。测定时应以制气、净化、输送三个环节中最薄弱的环节为主。

供气管道长度 指报告期末从气源厂压缩机的出口或门站出口至各类用户引入管之间的全部已经通气投入使用的管道长度。不包括煤气生产厂、输配站、液化气储存站、灌瓶站、储配站、气化站、混气站、供应站等厂(站)内的管道。

全年供气总量 指全年燃气企业(单位)向用户供应的燃气数量。包括销售量和损失量。

燃气普及率 指报告期末使用燃气的城市人口数与城市人口总数的比率。计算公式为:

$$燃气普及率=\frac{城市用气人口数}{城市人口总数}\times100\%$$

年末道路长度 指年末道路长度和与道路相通的桥梁、隧道的长度，按车行道中心线计算。在统计时只统计路面宽度在3.5米(含3.5米)以上的各种铺装道路，包括开放型工业区和住宅区道路在内。

城市桥梁 指为跨越天然或人工障碍物而修建的构筑物。包括跨河桥、立交桥、人行天桥以及人行地下通道等。按使用年限分为永久性桥和半永久性桥。

城市排水管道长度 指所有排水总管、干管、支管、检查井及连接井进出口等长度之和。

城市污水日处理能力 指污水处理厂(或污水处理装置)每昼夜处理污水量的设计能力。

年末运营车数 指年末城市用于公共交通运营业务的全部车辆数。新购、新制和调入的运营车辆，自投入之日起开始计算；调出、报废和调作他用的运营车辆，自上级主管机关批准之日起不再计入。

城市绿地面积 指报告期末用作园林和绿化的各种绿地面积。包括公园绿地、生产绿地、防护绿地、附属绿地和其他绿地的面积。

公园绿地 城市中向公众开放的以游憩为主要功能，有一定的游憩设施和服务设施，同时兼有健全生态、美化景观，防灾减灾等综合作用的绿化用地。包括综合公园，社区公园、专类公园、带状公园和街旁绿地。其中综合公园、专类公园和带状公园面积之和为公园面积。

清扫保洁面积 指报告期末对城市道路和公共场所（主要包括城市行车道、人行道、车行隧道、人行过街地下通道、道路附属绿地、地铁站、高架路、人行过街天桥、立交桥、广场、停车场及其他设施等）进行清扫保洁的面积。一天清扫多次的，按清扫保洁面积最大的一次计算。

市容环卫专用车辆 指用于环境卫生作业、监察的专用车辆和设备，包括用于道路清扫、冲洗、洒水、除雪、垃圾粪便清运、市容监察以及与其配套使用的车辆和设备。

每万人拥有公共交通车辆 指报告期末城区内每万人平均拥有的公共交通车辆标台数。计算公式:

$$每万人拥有公共交通车辆=\frac{公共交通运营车标台数}{城市人口总数}$$

生活垃圾清运量 指报告期内收集和运送到垃圾处理厂(场)的生活垃圾数量。生活垃圾指城市日常生活或为城市日常生活提供服务的活动中产生的固体废物以及法律行政规定的视为城市生活垃圾的固体废物。包括：居民生活垃圾、商业垃圾、集市贸易市场垃圾、街道清扫垃圾、公共场所垃圾和机关、学校、厂矿等单位的生活垃圾。

Explanatory Notes on Main Statistical Indicators

Production Capacity of Water Supply refers to the designed overall production capacity of water facilities, covering the four segments of water collection, purification, conveyance, and outflow through trunk pipelines. Increased capacity through transformation and innovation projects is included as well. The capacity is determined mainly on the weakest of the above-mentioned four segments.

Length of Water Supply Pipelines at the Year-end refers to the total length of all the pipelines between the water pumps and the user water meters, excluding pipelines newly installed but not used yet, pipeline in the water factory,and pipeline in the user's buildings.

Annual Volume of Water Supply refers to the total volume of water supplied by water-works (units) during the reference period, including both the effective water supply and loss during the water supply.

Consumption of Water for Residential Use refers to water consumption of households for daily life and water consumption of public service facilities. The latter refers to water consumption for urban public services, including the consumption of government agencies and public institutions, military barracks, public facilities, wholesale and retail outlets, restaurants, hotels, and other units providing public services. Household water consumption refers to consumption of water for daily life of all households within the boundary of cities, including households of urban residents and farmers, and public water supply stations.

Coverage Rate of Urban Population with Access to Tap Water refers to the ratio of the urban population with access to tap water to the total urban population. The formula is:

$$\text{Coverage of urban population with access to tap water} = \frac{\text{Urban population with access to tap water}}{\text{Urban population}} \times 100\%$$

Production Capacity of Gaswork Gas refers to the overall production capacity of the urban gasworks in gas generation, purification and delivery at the end of the reference period, excluding capacity of the reserved facilities. In general, it is determined by the designed capacity, and when actual production capacity is larger than the designed capacity, the capacity is determined by the actual measurement on the weakest segment in the production, purification and delivery.

Length of Gas Pipelines refers to the total length of pipelines in use between the outlet of the compressor of gas-work or outlet of gas stations and the leading pipe of users, excluding pipelines within gasworks, delivery stations, LPG storage stations, refilling stations, gas-mixing stations and supply stations.

Volume of Gas Supply refers to the total volume of gas provided to users by gas-producing enterprises (units) in a year, including the volume sold and the volume lost.

Coverage Rate of Urban Population with Access to Gas refers to the ratio of the urban population with access to gas to the total urban population at the end of the reference period. The formula is:

$$\text{Coverage rate of urban population with access to gas} = \frac{\text{Urban population with access to gas}}{\text{Urban population}} \times 100\%$$

Length of Paved Roads at Year-end refers to the length of roads with paved surface including bridges and tunnels connected with roads by the end of the year. Length of the roads is measured by the central lines for vehicles for paved roads with a width of 3.5 meters and over, including roads in open-ended factory compounds and residential quarters.

Urban Bridges refer to bridges built to cross over natural or man-made barriers, including bridges over rivers, overpasses for traffic and for pedestrians, underpasses for pedestrians, etc. Both permanent and semi-permanent bridges are included.

Length of Urban Sewage Pipes refers to the total length of general drainage, trunks, branch and inspection wells, connection wells, inlets and outlets, etc.

Daily Disposal Capacity of Urban Sewage refers to the designed 24-hour capacity of sewage disposal by the sewage treatment works or facilities.

Number of Vehicles under Operation at Year-end refers to the total number of vehicles under operation by public transport enterprises (units) at the end of the year, based on the records of operational vehicles by the enterprises (units).

Area of Urban Green Areas refers to the total area occupied for green projects at the end of the reference period, including park green land, production green land, protection green land, green land attached to institutions, and other green areas.

Park Green Area refers to green areas open to the public for amusement and rest with the facilities of amusement, rest and services. Its function includes perfecting ecology, beautifying landscape, and preventing and reducing disaster. Park green areas include comprehensive park, community park, topic park, belt-shaped park and green area nearby street. Total areas of comprehensive park, topic park and belt-shaped is the area of park.

Area Cleaned refers to the area which are regularly cleaned, as at the end of the reference period, at urban roads and public places (mainly including urban roadways, pedestrian walkways, vehicular tunnels, pedestrian underpasses, underground railway stations, lifted roads, pedestrians walk bridges, overpasses, plazas, carparks and other facilities). If there are several times of cleaning in a day at a location, the area of that time of cleaning with the largest area cleaned will be taken.

Vehicles Dedicated to Urban Cleanliness and Environmental Sanitation refer to vehicles and facilities dedicated for use in the operation, management and monitoring of environmental hygiene work. They include vehicles for road cleaning, washing, showering, ice removal, disposal of garbage and human wastes, cleanliness monitoring and related activities.

Public Transportation Vehicles per 10000 Population refers to the number of public transportation vehicles, at the end of the reference period, per 10000 population in the city district. The formula for calculation is:

$$\text{Public Transportation Vehicles per 10000 Population} = \frac{\text{Number of Public Transportation Vehicles}}{\text{City District Population}}$$

Consumption Wastes Transported refers to volume of consumption wastes collected and transported to disposal factories or sites. Consumption wastes are solid wastes produced from urban households or from service activities for urban households, and solid wastes regarded by laws and regulations as urban consumption wastes, including those from households, commercial activities, markets, cleaning of streets, public sites, offices, schools, factories, mining units and other sources.

11

林业建设和生态环境

PORESTRY CONSTRUCTION AND ECOLOGY

◆215/255

资料整理及英文翻译：张 辉 方建洲 张家琦

简要说明

本篇资料由林业建设、环境保护、水资源和气象三个部分组成。

林业建设部分反映全省森林生态建设和林业发展的情况。主要包括森林资源、生态建设、产业发展、固定资产投资、国有林场以及森林主要灾害的情况。资料来源于省林业厅年报数据。由省统计局农业处整理提供。

环境保护统计资料包括工业废水、生活污水排放及治理情况；工业废气排放及处理情况；工业固体废物的产生、处理及利用情况；城市生活垃圾清运及处理情况；烟尘、粉尘排放及达标情况；以及工业污染治理项目和完成投资额等。资料来源于省环保局，由省统计局科技环保处整理提供。

水资源资料主要包括水资源总量、供水量及用水量，资料来源于省水文局；气象资料主要包括各设区市平均气温、降水量、日照等方面的资料，资料来源于省气象局。由省统计局综合处整理提供。

。

Brief Introduction

This chapter includes three parts: urban construction; environment protection; water resources and meteorological.

Data in this chapter show the basic condition of the construction of forest ecology and forestry development. They include the condition of the forest resources, ecology construction, industrial development, investments in fixed assets, state-owned farms, and forest disaster. Data source from the Forestry department of Jiangxi Province. Data are provided by ….

Data on environment protection include discharge and treatment of industrial and consumption waste water; emission treatment and utilization of industrial waste gas; collection and disposal of consumption wastes in cities; industrial waste air and dust meeting discharge standards; projects on industrial pollution treatment and funds invested. Data source from Bureau of Environmental Protection. Data are provided by the Division of Science and Environmental Protection of Jiangxi Statistics Bureau.

Data on water resources include total amount of water resources,supply and ues.Data source from Jiangxi Hydrological Bureau. Data on meteorological include annual average temperature,precipitation and sunshine hours by region.Data source from Jiangxi Meteorological Bureau. Data are provided by the Division of Integrated Statistics of Jiangxii Statistics Bureau.

11-1 森林资源情况
Condition of Forest Resourses

指　　标	Item	1949	1964	1977	1983	1988
全省林业用地总面积(千公顷)	**Total Forest Land Area (1000 hectares)**			**10578.31**	**10456.00**	**10496.20**
有林地面积	Soil Surface of Forest	6736.00	6226.00	5462.25	5532.00	5992.40
用材林	Timber Forest		4715.55	3748.89	3413.00	3555.70
防护林	Protection Forest		346.68	51.07	120.00	191.90
薪炭林	Fuel Forest			223.34	385.00	577.20
特种用材林	Forest for Special Purpose				19.00	32.00
经济林	Economic Forest		767.98	982.70	1085.00	1101.60
#油茶林	Camellia Oleifera			906.12	945.00	972.00
竹　林	Bamboo Forest		395.79	456.25	510.00	534.00
稀疏林	Sparse Forest		1474.00	676.39	1566.00	1421.30
灌木林	Shrubbery		327.00	690.75	272.00	107.20
未成林造林地	Immature Forest Land			350.97	232.00	426.90
荒山宜林地	Barren			3109.20	2854.00	2342.20
其他	Others			288.75		206.20
活立木总蓄积量(万立方米)	**Total Standing Forest Stock (10000 cu.m)**	**51926.80**	**40010.80**	**30084.90**	**25375.70**	**24219.19**
杉木林	Fir Forest			5176.96	5662.30	6376.39
马尾松	Redpine			7907.72	5639.60	3997.69
阔叶树及其它	Broadleafe Tree and Others			17000.23	14073.80	13845.11
毛竹林蓄积量(万株)	**Mao Bamboo Reserves (10000 units)**		**55225.02**	**69189.27**	**88025.40**	**95737.00**
森林覆盖率(%)	**Forest Coverage Rate (%)**	**40.30**	**37.30**	**37.22**	**34.73**	**36.88**

注：本表数据为林业普查年份数据。
a)The data in the table were the figures of general survey of forest.

11-1 续表 continued

指　　标	Item	1991	1996	1999	2004	2010
全省林业用地总面积(千公顷)	**Total Forest Land Area (1000 hectares)**	**10483.40**	**10453.20**	**10628.75**	**10626.47**	**10720.22**
有林地面积	Soil Surface of Forest	6727.70	8897.80	9506.55	9413.00	9278.57
用材林	Timber Forest	4148.80	5902.10	3813.91	3800.88	5858.17
防护林	Protection Forest	255.80	352.00	3439.84	3521.63	3193.41
薪炭林	Fuel Forest	610.70	608.00	186.20	67.35	75.78
特种用材林	Forest for Special Purpose	30.40	44.80	362.22	449.96	547.81
经济林	Economic Forest	1130.40	1363.50	961.55	749.29	814.88
#油茶林	Camellia Oleifera	986.40	1011.50	742.50	696.76	699.19
竹　林	Bamboo Forest	551.60	627.30	742.82	823.88	986.45
稀疏林	Sparse Forest	1165.50	441.70	168.39	138.70	111.59
灌木林	Shrubbery	105.60	217.60	397.05	490.47	122.57
未成林造林地	Immature Forest Land	562.20	211.20	143.77	317.01	230.11
荒山宜林地	Barren	1811.40	531.30	121.64	127.75	60.64
其他	Others	111.00	153.60	291.35	139.54	90.53
活立木总蓄积量(万立方米)	**Total Standing Forest Stock (10000 cu.m)**	**24590.10**	**27695.69**	**28992.72**	**35357.23**	**44530.55**
杉木林	Fir Forest	7013.65	8168.95	10262.04	12464.90	14528.74
马尾松	Redpine	3933.33	5131.51	8895.39	11115.11	11653.61
阔叶树及其它	Broadleafe Tree and Others	13643.12	14395.23	9835.29	11777.23	18348.20
毛竹林蓄积量(万株)	**Mao Bamboo Reserves (10000 units)**	**105065.00**	**108556.00**	**136984.00**	**150209.02**	**190860.33**
森林覆盖率(%)	**Forest Coverage Rate (%)**	**40.93**	**55.24**	**59.70**	**60.05**	**63.10**

11-2　造林面积和营林情况

单位：千公顷

年　份 Year	造林总面积 Total Afforested Area	#公有经济造林 Public Ownership	#人工造林 by Human	按林种用途分 用材林 for Timber	经济林 for Economic	防护林 for Protection
1978	241.73	195.95	241.73	115.76	95.24	0.45
1979	165.48	138.94	165.48	79.25	65.20	0.31
1980	225.85	177.09	225.85	136.51	80.56	2.95
1981	192.87	139.88	192.87	95.07	64.39	4.73
1982	161.04	113.48	161.04	72.92	64.96	1.47
1983	244.10	161.51	244.10	118.97	67.38	2.59
1984	286.34	213.91	161.86	161.00	61.48	5.14
1985	409.05	314.53	409.05	247.87	32.87	14.42
1986	294.73	188.60	294.73	178.64	23.66	10.40
1987	310.87	224.55	310.87	188.32	24.95	10.97
1988	310.03	251.70	310.03	180.14	19.24	14.55
1989	235.47	200.64	235.47	153.65	14.86	5.09
1990	276.19	259.07	276.19	185.70	12.57	11.07
1991	506.00	358.47	389.10	331.00	20.60	68.60
1992	435.00	367.20	372.30	277.07	50.73	81.40
1993	243.27	190.60	215.40	159.13	44.07	27.80
1994	251.93	232.82	229.90	145.03	55.16	37.89
1995	250.09	221.57	227.10	143.98	54.76	37.30
1996	191.43	172.02	171.00	89.98	58.43	29.73
1997	81.00	73.78	68.60	46.92	25.11	7.18
1998	53.07	46.58	47.10	23.70	21.81	7.05
1999	36.72	33.07	30.80	12.57	12.09	11.48
2000	35.23	30.58	28.20	13.45	10.32	11.29
2001	37.15	25.17	28.30	10.32	6.40	20.11
2002	162.28	77.95	162.28	20.50	19.63	121.64
2003	219.75	84.53	219.75	21.30	24.46	172.98
2004	58.10	15.49	58.10	19.58	3.62	33.85
2005	47.59	16.60	47.59	20.74	3.91	22.14
2006	63.60	20.77	63.60	36.35	4.39	22.38
2007	157.42	31.52	147.58	95.25	20.30	41.16
2008	267.03	71.24	234.60	147.43	32.91	84.85
2009	228.63	63.47	209.02	120.39	23.28	82.53
2010	200.78	47.86	170.86	103.88	32.51	59.73

注：2002以前年末实有封山育林面积含封山护林面积
a)Before the 2002,the areas of sealing a mountain pass and afforest include the protection at the end of year.

Condition of Afforested Area and Silviculture

(1000 hectares)

According to the Way of Using		年末实有封山育林面积 Area Fenced off for Afforestation	更新造林面积 Area of Slash Reforestation	低产低效林改造面积 Reconstrueted Area of Forest of Poor Output	零星(四旁)植树(万株) Scattered Tree-planting (10000 units)
薪炭林 for Firewood	特种用途林 for Special Using				
	30.28		18.08		3595.88
	20.73	987.47	17.51	65.79	3936.19
	5.83	552.20	17.94	41.28	3564.75
	28.67	1273.27	22.48	23.44	3822.08
13.95	7.74	1484.87	20.83	19.70	4484.91
43.13	12.03	427.33	19.29	26.47	4356.24
46.18	12.54	1873.2	24.39	30.52	5812.56
106.06	7.83	2224.00	30.47	38.60	5164.97
76.40	5.63	2735.00	34.80	39.40	5874.00
80.69	5.94	2623.73	33.80	37.20	5174.70
85.43	10.67	2856.55	33.84	100.37	5315.55
57.85	4.02	2589.97	29.73	30.77	4794.95
64.61	2.24	2412.47	31.85	28.13	5724.62
85.47	0.33	2923.00	33.40	48.73	7248.00
23.67	2.13	3363.87	34.53	60.27	6594.90
12.20	0.10	3052.53	31.87	117.33	6986.90
13.27	0.58	2888.47	35.24	183.00	7356.00
13.17	0.88	2649.81	29.82	187.03	6662.00
12.41	0.88	2394.93	33.42	168.41	7088.00
1.56	0.23	2492.51	39.80	246.03	9929.00
0.46	0.05	2309.50	32.85	257.93	7770.00
0.57	0.01	2739.50	25.00	220.11	8201.00
0.10	0.08	1463.06	22.60	247.06	7739.00
0.24	0.08	1881.40	17.10	180.16	6738.00
0.17	0.34	1402.12	11.70	62.77	6255.00
0.55	0.45	430.07	1.11	5.90	6746.00
0.99	0.06	627.21	1.40	43.13	7422.00
0.33	0.47	610.10	7.20	26.50	5226.00
0.25	0.23	605.56	8.50	11.43	9020.60
0.55	0.17	718.20	17.82	6.90	18172.60
0.31	1.55	409.83	28.25	55.91	1383.00
1.72	0.72	459.60	24.35	44.53	15378.67
2.12	2.54	621.19	39.01	37.48	12032.94

11-3 各地区造林面积和营林情况(2010年)

Condition of Afforested Area and Silviculture by Region (2010)

单位：千公顷 (1000 hectares)

地 区	Region	造林总面积 Total Afforested Area	按经济成份分 Grouped by Economic Setor 公有经济造林 Public Ownership	国有经济造林 State-owned Economy	集体经济造林 Collective Economy	非公有经济造林 Non-public Ownership	按造林方式分 Grouped by Approach 人工造林 Manual Planting	无林地和疏林地本年新封 Non-forest and scattered woodland
全 省	**Provincial Total**	**200.78**	**47.86**	**26.26**	**21.60**	**152.92**	**170.88**	**29.90**
南昌市	Nanchang	7.38	2.09	0.13	1.96	5.29	6.51	0.87
景德镇市	Jingdezhen	3.62	1.23	0.70	0.53	2.39	2.76	0.87
萍乡市	Pingxiang	12.97	8.57	6.67	1.90	4.40	10.04	2.92
九江市	Jiujiang	29.57	4.33	0.91	3.42	25.25	25.68	3.90
新余市	Xinyu	6.01	1.99	0.41	1.57	4.03	4.81	1.20
鹰潭市	Yingtan	7.03	0.93	0.53	0.40	6.09	5.11	1.91
赣州市	Ganzhou	38.27	10.00	4.53	5.47	28.27	34.97	3.30
吉安市	Ji'an	17.36	6.26	5.65	0.61	11.10	11.49	5.87
宜春市	Yichun	31.15	6.18	2.99	3.19	24.97	28.35	2.80
抚州市	Fuzhou	11.65	1.58	0.92	0.67	10.06	9.11	2.53
上饶市	Shangrao	35.77	4.71	2.83	1.88	31.06	32.04	3.73

11-3 续表 continued

单位：千公顷 (1000 hectares)

地 区	Region	按林种用途分 According to the Way of Using 用材林 For Timber	经济林 For Economic	防护林 For Protection	薪炭林 For Firewood	特种用途林 For Special Using	年末实有封山育林面积 Area Fenced off for Afforestation	更新造林面积 Area of Slash Reforestation	低产低效林改造面积 Reconstructed Area of Forest of Poor Output	零星(四旁)植树(万株) Scattered Tree-planting (10000 units)
全 省	**Provincial Total**	**103.88**	**32.51**	**59.73**	**2.12**	**2.54**	**621.19**	**39.01**	**37.48**	**12032.94**
南昌市	Nanchang	3.90	1.80	1.68			8.02	0.94	0.58	744.54
景德镇市	Jingdezhen	2.05	0.28	1.29			3.82	1.28	0.10	25.14
萍乡市	Pingxiang	8.22	2.53	2.22			90.56		0.32	961.00
九江市	Jiujiang	15.79	4.49	8.39	0.21	0.71	88.26	0.93	1.78	1246.85
新余市	Xinyu	2.42	0.78	2.82			3.94	0.52	0.10	199.37
鹰潭市	Yingtan	3.04	0.80	3.19			8.77			311.00
赣州市	Ganzhou	22.89	8.45	5.35	1.29	0.28	60.38	12.51	6.86	1957.15
吉安市	Ji'an	10.58	0.31	6.47			51.17	17.70	3.91	2274.10
宜春市	Yichun	15.53	5.53	8.20	0.40	1.49	140.23	4.56	5.96	1550.30
抚州市	Fuzhou	5.15	1.09	5.19	0.22		125.84	0.46	12.05	479.90
上饶市	Shangrao	14.32	6.45	14.94		0.06	40.20	0.12	5.83	2283.60

11-4　林业重点工程建设情况

Condition of Forestry Engineering Construction of Key

单位：千公顷　　(1000 hectares)

指　　标	Item	2005	2006	2007	2008	2009	2010
本年完成造林面积	**Total Afforested Area in Current Year**	**42.57**	**48.55**	**60.74**	**62.54**	**96.50**	**65.11**
退耕还林工程	Grain for Green Program	34.78	43.33	53.33	46.83	34.52	37.85
人工造林	Manual Planting Afforestation	33.33	43.33	53.33	23.71	18.24	19.39
无林地和疏林地新封	Non-forest and Scattered Land	1.45			23.13	16.28	18.46
长江流域防护林工程	Shelterbelt Forestry Project of the Yangtze Basin	7.34	4.43	7.40	14.01	40.17	13.88
人工造林	Grain for Green Program	5.34	3.39	3.67	8.77	38.13	7.96
无林地和疏林地新封	Non-forest and Scattered Land	2.00	1.04	3.73	5.24	2.04	5.92
珠江流域防护林工程	Shelterbelt Forestry Project of the Pearl River Basin	0.45	0.78		1.69	5.22	3.38
人工造林	Grain for Green Program	0.45	0.45		0.37	5.22	2.48
无林地和疏林地新封	Non-forest and Scattered Land		0.33		1.32		0.90
速生丰产用材林基地建设工程	Projects on Fast-growing and High-yielding Timber Forests Bases					16.60	10.00
人工造林	Grain for Green Program					16.60	10.00

11-5　各地区林业重点工程建设情况(2010年)

Condition of Forestry Engineering Construction of Key by Region

单位：千公顷　　(1000 hectares)

地　　区	Region	本年完成造林面积 Total Afforested Area in Current Year	退耕还林工　程 Grain for Green Program	长江流域防护林工程 Shelterbelt Forestry Project of the Yangtze Basin	珠江流域防护林工程 Shelterbelt Forestry Project of the Pearl River Basin	速生丰产用材林基地建设工程 Projects on Fast-growing and High-yielding Timber Forests Bases
全　省	**Provincial Total**	**65.11**	**37.85**	**13.88**	**3.38**	**10.00**
南 昌 市	Nanchang	1.49	1.24	0.25		
景德镇市	Jingdezhen	2.85	1.80	0.43		0.62
萍 乡 市	Pingxiang	6.76	4.93	0.79		1.04
九 江 市	Jiujiang	7.09	3.40	3.31		0.38
新 余 市	Xinyu	1.91	1.67	0.24		
鹰 潭 市	Yingtan	3.58	2.80	0.78		
赣 州 市	Ganzhou	9.61	5.67	0.56	3.38	
吉 安 市	Ji'an	11.17	6.95	3.32		0.90
宜 春 市	Yichun	5.19	3.53	0.85		0.81
抚 州 市	Fuzhou	8.40	4.53	0.58		3.29
上 饶 市	Shangrao	7.06	1.33	2.77		2.96

11-6 自然保护区和森林公园基本情况

Basic Condition of Natural Reserve and Forest Park

指 标	Item	2005	2006	2007	2008	2009	2010
自然保护区	**Natural Reserve**						
数 量(个)	Quantity (unit)	142	148	158	168	184	195
国家级	National	5	5	6	8	8	8
省 级	Provincial	21	21	20	18	18	28
县 级	County-level	116	122	132	142	158	159
面 积(公顷)	Area(hectare)	992539	1029301	1061359	1085891	1117384	1151641
国家级	National	85019	85019	97268	144435	144435	144434
省 级	Provincial	297327	297327	282678	235512	235512	337192
县 级	County-level	610193	646955	681413	705944	737438	670015
湿地公园	**Wetland Park**						
数 量(个)	Quantity(unit)			1	4	6	33
面 积(公顷)	Area(hectare)			1504	51506	55793	105300
森林公园	**Forest Park**						
数 量(个)	Quantity (unit)	79	92	105	108	110	155
国家级	National	33	36	39	41	43	43
省 级	Provincial	42	52	60	61	61	100
县 级	County-level	4	4	6	6	6	12
面 积(公顷)	Area (hectare)	394652	429296	468903	467051	471865	496573
国家级	National	305253	330652	334540	340867	346261	357220
省 级	Provincial	85578	94823	106519	98341	97761	111699
县 级	County-level	3820	3820	27844	27844	27844	27654

11-7 各地区森林资源情况(2010年)
Condition of Forest Resources by Region(2010)

地 区	Region	林业用地面积(千公顷) Area of Afforested Land (1000 hectare)	活立木总蓄积(万立方米) Total Standing Forest Stock (10000 cu.m)	毛竹林蓄积量(万株) Mao Bamboo Reserves (10000 units)	森林覆盖率(%) Forest Coverage Rate (%)
全 省	**Provincial Total**	**10720.22**	**44530.55**	**190860.33**	**63.10**
南昌市	Nanchang	138.85	522.06	1065.33	21.96
景德镇市	Jingdezhen	352.39	1788.92	2324.18	65.05
萍乡市	Pingxiang	249.35	840.97	7132.71	66.02
九江市	Jiujiang	1061.94	4454.62	9317.65	54.92
新余市	Xinyu	183.67	670.44	3756.50	56.49
鹰潭市	Yingtan	201.92	785.54	5800.99	57.38
赣州市	Ganzhou	3039.12	11921.65	34720.72	76.24
吉安市	Ji'an	1756.01	8238.44	27982.58	67.61
宜春市	Yichun	1067.80	5132.36	41542.45	56.97
抚州市	Fuzhou	1297.26	4972.93	35691.01	64.54
上饶市	Shangrao	1371.91	5202.62	21526.21	61.67

11-8 各地区自然保护基本情况(2010年)
Basic Condition of Natural Reserve by Region(2010)

地 区	Region	自然保护区个数(个) Quantity of Natural Reserve (unit)	#国家级 National	自然保护区面积(千公顷) Area of Natural Reserve (1000 hectares)	#国家级 National	自然保护区占辖区面积比重(%) Percentage to Natural Reserve Area (%)
全 省	**Provincial Total**	**195**	**8**	**1151.64**	**144.44**	**6.9**
南昌市	Nanchang	12	1	128.99	33.30	17.43
景德镇市	Jingdezhen	7		45.62		8.69
萍乡市	Pingxiang	3		17.89		4.67
九江市	Jiujiang	44	2	221.03	34.90	11.75
新余市	Xinyu	3		2.73		0.86
鹰潭市	Yingtan	3		12.86		3.62
赣州市	Ganzhou	30	1	216.11	13.41	5.49
吉安市	Ji'an	33	1	103.17	21.45	4.08
宜春市	Yichun	25	1	80.90	11.50	4.33
抚州市	Fuzhou	17	1	123.82	13.87	6.58
上饶市	Shangrao	18	1	198.52	16.01	8.71

11-9 国家级、省级自然保护区(2010年)

名称	Name	级别	Level	类型	Type
鄱阳湖自然保护区	Poyang Lake Natural Reserve	国家级	National	湿地生态	Wetland Ecology
井冈山自然保护区	Jinggangshan Natural Reserve	国家级	National	森林生态	Forest Ecology
桃红岭梅花鹿自然保护区	Taohong Range Sike Natural Reserve	国家级	National	野生动物	Wild Animal
武夷山自然保护区	Wuyi Mountain Natural Reserve	国家级	National	森林生态	Forest Ecology
九连山自然保护区	Jiulian Mountain Nature Reserve	国家级	National	森林生态	Forest Ecology
官山自然保护区	Guanshan Nature Reserve	国家级	National	野生动物	Wild Animal
鄱阳湖南矶湿地自然保护区	Poyang Lake Southern Rockies Wetland Nature Reserve	国家级	National	湿地生态	Wetland Ecology
马头山自然保护区	Matou Tiger Nature Reserve	国家级	National	野生植物	Wild Plant
庐山自然保护区	Lushan Mountain Nature Reserve	省 级	Provincial	森林生态	Forest Ecology
云居山自然保护区	Yunju Mountain Nature Reserve	省 级	Provincial	森林生态	Forest Ecology
青岚湖自然保护区	Qinglan Lake Nature Reserve	省 级	Provincial	湿地生态	Wetland Ecology
九岭山自然保护区	Jiuling Mountain Nature Reserve	省 级	Provincial	森林生态	Forest Ecology
阳岭自然保护区	Yang Range Nature Reserve	省 级	Provincial	森林生态	Forest Ecology
水浆自然保护区	Water Slurry Nature Reserve	省 级	Provincial	森林生态	Forest Ecology
鸳鸯湖自然保护区	Yuanyang Lake Nature Reserve	省 级	Provincial	野生动物	Wild Animal
瑶里自然保护区	Yaoli Nature Reserve	省 级	Provincial	森林生态	Forest Ecology
三十把自然保护区	Sanshiba Nature Reserve	省 级	Provincial	森林生态	Forest Ecology
华南虎自然保护区	South China Tiger Nature Reserve	省 级	Provincial	野生动物	Wild Animal
岩泉自然保护区	Yanquan Nature Reserve	省 级	Provincial	野生植物	Wild Plant
都昌候鸟自然保护区	Duchang Migratory Birds Nature Reserve	省 级	Provincial	湿地生态	Wetland Ecology
峤岭自然保护区	Qiao Range Nature Reserve	省 级	Provincial	森林生态	Forest Ecology
羊狮幕自然保护区	Yangshimu Nature Reserve	省 级	Provincial	森林生态	Forest Ecology
阳际峰自然保护区	Yangji Mountain Nature Reserve	省 级	Provincial	森林生态	Forest Ecology
赣江源自然保护区	Ganjiang River Source Nature Reserve	省 级	Provincial	森林生态	Forest Ecology
齐云山自然保护区	Qishan Mountiain Nature Reserve	省 级	Provincial	森林生态	Forest Ecology
老虎脑自然保护区	Laohunao Nature Reserve	省 级	Provincial	野生动物	Wild Animal
修河源五梅山自然保护区	Xiu River Wumei Mountain Nature Reserve	省 级	Provincial	森林生态	Forest Ecology
黄字号黑麂自然保护区	Huangzhihao Muntiacus Crinifrons Nature Reserve	省 级	Provincial	野生动物	Wild Animal
桃江源自然保护区	Taojiangyuan Nature Reserve	省 级	Provincial	森林生态	Forest Ecology
铜钹山自然保护区	Tongbo Mountain Nature Reserve	省 级	Provincial	森林生态	Forest Ecology
南风面自然保护区	Nanfengmian Nature Reserve	省 级	Provincial	森林生态	Forest Ecology
七溪岭自然保护区	Qixi Range Nature Reserve	省 级	Provincial	森林生态	Forest Ecology
高天岩自然保护区	Gaotianyan Nature Reserve	省 级	Provincial	森林生态	Forest Ecology
五指峰自然保护区	Wuzhi Mountain Nature Reserve	省 级	Provincial	森林生态	Forest Ecology
章江源自然保护区	Zhang River Nature Reserve	省 级	Provincial	森林生态	Forest Ecology
抚河源自然保护区	Fu River Nature Reserve	省 级	Provincial	森林生态	Forest Ecology

National and Provincial Natural Reserves (2010)

主要保护对象	Main Protection	地点	Location	面积 Area (公顷) (hectare)	建立时间 Foundation Time
越冬候鸟及湿地生态	Rare birds Wintering and Wetland Ecology	新建、永修、星子	Xinjian, Yongxiu, Xingzi	22400	1988
中亚热带常绿阔叶林及珍稀动植物	Subtropical Evergreen Broad-leaved Forest, Rare Plants and Animals	井冈山	Jinggang-shan	21449	2000
野生梅花鹿南方亚种	Sika South Asian Species	彭泽	Pengze	12500	2001
中亚热带常绿阔叶林及珍稀动植物	Subtropical Evergreen Broad-leaved Forest, Rare Plants and Animals	铅山	Yanshan	16007	2002
中亚热带常绿阔叶林及珍稀动植物	Subtropical Evergreen Broad-leaved Forest, Rare Plants and Animals	龙南	Longnan	13412	2003
白颈长尾雉	Syrmaticus ellioti	宜丰、铜鼓	Yifeng, Tonggu	11501	2007
湿地生态及候鸟	Wetland Ecology and Migrant Birds	新建	Xinjian	33300	2008
珍稀植物	Rare Plants	资溪	Zixi	13867	2008
森林生态系统、珍稀野生动植物和冰川迹地	Forest Ecosystem, Rare Plants and Animals, Glacial Sites	庐山区	Lushan	30459	1981
中亚热带常绿阔叶林及珍稀动植物	Subtropical Evergreen Broad-leaved Forest, Rare Plants and Animals	永修	Yongxiu	2480	1997
越冬候鸟及湿地生态	Rare birds Wintering and Wetland Ecology	进贤	Jinxian	1000	1997
中亚热带常绿阔叶林及珍稀动植物	Subtropical Evergreen Broad-leaved Forest, Rare Plants and Animals	靖安	Jing'an	11541	1997
中亚热带常绿阔叶林及珍稀动植物	Subtropical Evergreen Broad-leaved Forest, Rare Plants and Animals	崇义	Congyi	1880	1997
珍稀植物	Rare Plants	永丰	Yongfeng	2000	1997
鸳鸯及湿地生态	Mandarin Duck and Wetland Ecology	婺源	Wuyuan	917	1997
中亚热带常绿阔叶林及珍稀动植物	Subtropical Evergreen Broad-leaved Forest, Rare Plants and Animals	浮梁	Fuliang	3627	2001
中亚热带常绿阔叶林及珍稀动植物	Subtropical Evergreen Broad-leaved Forest, Rare Plants and Animals	万载	Wanzai	2100	2001
华南虎栖息地	Rare Animals and Their Habitats	宜黄	Yihuang	58300	2001
珍稀植物	Rare Plants	黎川	Lichun	2460	2001
越冬候鸟及湿地生态	Rare birds Wintering and Wetland Ecology	都昌	Duchang	41100	2004
中亚热带常绿阔叶林及珍稀动植物	Subtropical Evergreen Broad-leaved Forest, Rare Plants and Animals	安义	Anyi	4490	2004
中亚热带常绿阔叶林及珍稀动植物	Subtropical Evergreen Broad-leaved Forest, Rare Plants and Animals	芦溪	Luxi	7006	2004
中亚热带常绿阔叶林及珍稀动植物	Subtropical Evergreen Broad-leaved Forest, Rare Plants and Animals	贵溪	Guixi	10946	2004
赣江源头森林生态	Forest Ecology of Ganjiang River Source	石城、瑞金	Shicheng, Ruijin	16101	2004
中亚热带常绿阔叶林及珍稀动植物	Subtropical Evergreen Broad-leaved Forest, Rare Plants and Animals	崇义	Congyi	17105	2004
华南虎栖息地	Rare Animals and Their Habitats	乐安	Le'an	22000	2004
中亚热带常绿阔叶林及珍稀动植物	Subtropical Evergreen Broad-leaved Forest, Rare Plants	修水	Xiushui	14485	2010
黑麂等野生动物及其栖息地	Muntiacus Crinifrons and Their Habitats	浮梁	Fuliang	17356	2010
中亚热带常绿阔叶林及珍稀动植物	Subtropical Evergreen Broad-leaved Forest, Rare Plants and Animals	全南	Quannan	15427	2010
中亚热带常绿阔叶林及珍稀动植物	Subtropical Evergreen Broad-leaved Forest, Rare Plants and Animals	广丰	Guangfeng	10800	2010
中亚热带常绿阔叶林及珍稀动植物	Subtropical Evergreen Broad-leaved Forest, Rare Plants and Animals	遂川	Suichun	4205	2010
中亚热带常绿阔叶林及珍稀动植物	Subtropical Evergreen Broad-leaved Forest, Rare Plants and Animals	永新	Yongxin	10500	2010
中亚热带常绿阔叶林及珍稀动植物	Subtropical Evergreen Broad-leaved Forest, Rare Plants and Animals	莲花	Lianhua	7267	2010
中亚热带常绿阔叶林及珍稀动植物	Subtropical Evergreen Broad-leaved Forest, Rare Plants and Animals	上犹	Shangyou	3000	2010
中亚热带常绿阔叶林及珍稀动植物	Subtropical Evergreen Broad-leaved Forest, Rare Plants and Animals	崇义	Congyi	10452	2010
中亚热带常绿阔叶林及珍稀动植物	Subtropical Evergreen Broad-leaved Forest, Rare Plants and Animals	广昌	Guangchang	8188	2010

11-10 国家级森林公园(2010年)
National Forest Park (2010)

公园名称	Name	所在地	Location	面积(公顷) Area (hectare)	建立时间	Foundation Time
三爪仑国家示范森林公园	Sanzhualun National Forest Park	靖安县	Jing'an	12133	1993.03	Mar.1993
庐山山南国家森林公园	South Lushan Moutain National Forest Park	星子县	Xingzi	3347	1993.05	May.1993
梅岭国家森林公园	Meiling National Forest Park	湾里区	Wanli	11173	1993.05	May.1993
三百山国家森林公园	Sanbaishan National Forest Park	安远县	Anyuan	3330	1993.05	May.1993
马祖山国家森林公园	Muzhushan National Forest Park	庐山区	Lushan	667	1993.05	May.1993
鄱阳湖口国家森林公园	Poyanghukou National Forest Park	湖口县	Hukou	1280	1993.05	May.1993
灵岩洞国家森林公园	Lingyan cave National Forest Park	婺源县	Wuyuan	3000	1993.05	May.1993
明月山国家森林公园	Mingyue Moutain National Forest Park	宜春市	Yichun	7842	1994.12	Dec.1994
翠微峰国家森林公园	Cuiwei Moutain National Forest Park	宁都县	Ningdu	7867	1999.01	Jan.1999
天柱峰国家森林公园	Tianzhu Moutain National Forest Park	铜鼓县	Tonggu	10512	2000.02	Feb.2000
泰和国家森林公园	Taihe National Forest Park	泰和县	Taihe	3000	2000.12	Dec.2000
鹅湖山国家森林公园	Erhu Moutain National Forest Park	铅山县	Yanshan	7950	2000.12	Dec.2000
龟峰国家森林公园	Guifeng National Forest Park	弋阳县	Yiyang	7400	2000.12	Dec.2000
上清国家森林公园	Shangqing National Forest Park	鹰潭市	Yingtan	11800	2000.12	Dec.2000
梅关国家森林公园	Meiguan National Forest Park	大余县	Dayu	5300	2001.11	Nov.2001
永丰国家森林公园	Yongfeng National Forest Park	永丰县	Yongfeng	7600	2001.11	Nov.2001
阁皂山国家森林公园	Gezao Moutain National Forest Park	樟树市	Zhangshu	6860	2001.11	Nov.2001
三叠泉国家森林公园	Sandiequan National Forest Park	庐山区	Lushan	1651	2001.11	Nov.2001
武功山国家森林公园	Wugong Moutain National Forest Park	安福县	Anfu	24190	2002.12	Dec.2002
铜钹山国家森林公园	Tongbo Moutain National Forest Park	广丰县	Guangfeng	19500	2002.12	Dec.2002
阳岭国家森林公园	Yangling National Forest Park	崇义县	Congyi	6890	2003.12	Dec.2003
天花井国家森林公园	Tianhuajing National Forest Park	九江市	Jiujiang	685	2003.12	Dec.2003
五指峰国家森林公园	Wuzhi Moutain National Forest Park	上犹县	Shangyou	24533	2003.12	Dec.2003
柘林湖国家森林公园	Talin Lake National Forest Park	永修县	Yongxiu	16450	2004.12	Dec.2004
陡水湖国家森林公园	Doushui Lake National Forest Park	上犹县	Shangyou	22667	2004.12	Dec.2004
万安国家森林公园	Wan'an National Forest Park	万安县	Wan'an	16333	2004.12	Dec.2004
三湾国家森林公园	Sanwan National Forest Park	永新县	Yongxin	15513	2004.12	Dec.2004
安源国家森林公园	Anyuan National Forest Park	安源区	Anyuan	7866	2004.12	Dec.2004
九连山国家森林公园	Jiulianshan National Forest Park	龙南县	Longnan	20063	2005.12	Dec.2005
岩泉国家森林公园	Yanquan National Forest Park	黎川县	Lichuan	4885	2005.12	Dec.2005
云碧峰国家森林公园	Yunbi Moutain National Forest Park	上饶市	Shangrao	873	2005.12	Dec.2005
景德镇国家森林公园	Jingdezhen National Forest Park	景德镇市	Jingdezhen	3796	2005.12	Dec.2005
瑶里国家森林公园	Yaoli National Forest Park	浮梁县	Fuliang	4471	2005.12	Dec.2005
清凉山国家森林公园	Qingliang Moutain National Forest Park	资溪县	Zixi	3398	2006.12	Dec.2006
峰山国家级森林公园	Fengshan National Forest Park	赣州市	Ganzhou	20735	2006.12	Dec.2006
九岭山国家级森林公园	Jiulingshan National Forest Park	武宁县	Wu'ning	1266	2006.12	Dec.2006
岑山国家级森林公园	Censhan National Forest Park	横峰县	Hengfeng	955	2008.01	Jan.2008
五府山国家级森林公园	Wufu Moutain National Forest Park	上饶县	Shangrao	1715	2008.01	Jan.2008
军峰山国家级森林公园	Junfeng Moutain National Forest Park	南丰县	Nanfeng	1217	2008.01	Jan.2008
碧湖潭国家森林公园	Bihutan National Forest Park	湘东区	Xiangdong	6800	2008.12	Dec.2008
怀玉山国家森林公园	Huaiyu Moutain National Forest Park	玉山县	Yushan	3354	2008.12	Dec.2008
仰天岗国家森林公园	Yangtiangang National Forest Park	新余市	Xinyu	1334	2009.08	Aug.2009
圣水堂国家森林公园	Shengshuitang National Forest Park	安义县	Anyi	4060	2009.12	Dec.2009

11-11 林业产业分行业产值情况

Gross Output Value Composition of Forestry Industry

单位：万元，%　　　　(10000 yuan,%)

年 份 Year	林业产业 总 产 值 Gross Output Value of Forestry Industy	第一产业 Primary Industry	第二产业 Secondary Industry	第三产业 Tertiary Industry	林业产业产值构成 Composition of Gross Output Value of Forestry Industry 第一产业 Primary Industry	第二产业 Secondary Industry	第三产业 Tertiary Industry
1978	108783	58723	50060				
1979	138980	85897	53083				
1980	154705	96038	58667				
1981	172859	104083	68776				
1982	173737	103454	70283				
1983	188016	114129	73887				
1984	205881	124571	81310				
1985	228646	141190	87456				
1986	240486	144880	95606				
1987	265163	157209	107954				
1988	343359	188566	148451	6342	54.9	43.2	1.8
1989	376858	189588	167569	19701	50.3	44.5	5.2
1990	434156	239624	171426	23106	55.2	39.5	5.3
1991	508578	288951	198135	21492	56.8	39.0	4.2
1992	598287	315804	257455	25028	52.8	43.0	4.2
1993	659138	326678	308840	23620	49.6	46.9	3.6
1994	870888	379679	462656	28553	43.6	53.1	3.3
1995	826746	414590	384248	27908	50.1	46.5	3.4
1996	936747	485916	420539	30292	51.9	44.9	3.2
1997	1154003	544138	578773	31092	47.2	50.2	2.7
1998	1171651	695593	436399	39659	59.4	37.2	3.4
1999	1246367	782388	426359	37620	62.8	34.2	3.0
2000	1282913	790813	445288	46812	61.6	34.7	3.6
2001	1532871	824407	665322	43142	53.8	43.4	2.8
2002	1804839	1042920	714677	47242	57.8	39.6	2.6
2003	2195668	1428024	663979	103665	65.0	30.2	4.7
2004	3071029	1617867	1024077	429085	52.7	33.3	14.0
2005	3837166	1833047	1401960	602159	47.8	36.5	15.7
2006	4832087	2207180	1828333	796574	45.7	37.8	16.5
2007	6103350	2796135	2233699	1073516	45.8	36.6	17.6
2008	7602225	3532148	2677858	1392219	46.5	35.2	18.3
2009	9183321	4097649	3210495	1875177	44.6	35.0	20.4
2010	10529719	4533001	3611699	2385019	43.0	34.3	22.7

11-12 各地区林业产业产值(2010年)

Gross Output Value Composition of Forestry Industry by Region(2010)

单位：万元 (10000 yuan)

地区	Region	林业产业总产值 Gross Output Value of Forestry Industry	第一产业 Primary Industry	第二产业 Secondary Industry	第三产业 Tertiary Industry
全省	**Provincial Total**	**10529719**	**4533001**	**3611699**	**2385019**
南昌市	Nanchang	801785	177740	488447	135598
景德镇市	Jingdezhen	244647	131984	38036	74627
萍乡市	Pingxiang	380371	243199	87355	49817
九江市	Jiujiang	1230113	358392	186933	684788
新余市	Xinyu	417134	189788	176066	51280
鹰潭市	Yingtan	267898	111342	134852	21704
赣州市	Ganzhou	1868226	1097406	611804	159016
吉安市	Ji'an	1470380	519255	505695	445430
宜春市	Yichun	1165593	508425	480165	177003
抚州市	Fuzhou	1472683	721732	573844	177107
上饶市	Shangrao	1164556	473738	328502	362316

注：全省数据包含省直单位数据。

a)The data of provincial total include the provincial units' data.

11-13 林业系统营林固定资产投资资金来源

Source of Funds of Investment in Fixed Assets for Silviculture Performance in Forest System

单位：万元 (10000 yuan)

年份 Year	合计 Total	上年底结余资金 Unspent Capitals from Last Year	国家预算内资金 State Budgetary Appropriations	#国债资金 National Debts	#中央财政专项资金 Central Funds Earmarked for Environment Protection	国内贷款 Domestic Loans	利用外资 Foreign Capitals	自筹资金 Enterprise Fundraising	其他资金 Other Funds
1978	2010		700		700				1310
1979	3299		1115		1115			836	1348
1980	3503		540		540			1489	1474
1981	3710		468		468			1493	1749
1982	3767		492		492			1015	2260
1983	4700		826		826			1384	2490
1984	5324		819		819	124		2681	1700
1985	6973		774		774	471		1321	4407
1986	8324		784		784			1756	5784
1987	6611		708		708				5903
1988	6509		975		975	574		2626	2334
1989	4807		990		990	881		844	2092
1990	3532		2444		2444	243		384	461
1991	3524		2095		2095	30		564	835
1992	4957		1874		1874	690		1232	1161
1993	4676		1244		1244	638		1661	1133
1994	21897		1377		1377	7217	3077	5615	4611
1995	14460		1505		1505	4780	90	5789	2296
1996	61125		1234		1234	13195	3472	20635	22589
1997	56083		1344		1344	14959	4013	15702	20065
1998	57874		2064	1700	364	15300	2523	17349	20638
1999	68072		4019	1950	2069	21393	2935	22462	17263
2000	83862		13961	5200	7614	15409	3738	24311	26443
2001	41003		11359	7140	4219	7816	3313	6805	11710
2002	62495		38289	16744	19165	3323	3814	6880	10189
2003	75661		36696	20010	14836	12250	7619	4936	14160
2004	137207		79187	8897	67831	15189	15792	6093	20946
2005	103703		64635	9044	52758	10375	8395	6360	13938
2006	164764		104747	6741	87795	10805	20216	8237	20759
2007	132861		93786	9461	67824	6307	7763	10937	14068
2008	269632		153068	15849	116735	38691	8504	7488	61881
2009	339813		161587	18702	130333	18702	4976	18009	155241
2010	472986		203121	2171	147446	3000	2016	56215	208634

11-14 各地区营林固定资产投资资金来源(2010年)

Source of Funds of Investment in Fixed Assets for Silviculture Performance in Forest System by Region(2010)

单位：万元 (10000 yuan)

地 区	Region	合 计 Total	国家预算内资金 State Budgetary Appropriations	#国债资金 National Debts	#中央财政专项资金 Central Funds Earmarked for Environment Protection	国内贷款 Domestic Loans	利用外资 Foreign Capitals	自筹资金 Enterprise Fundraising	其他资金 Other Funds
全　省	**Provincial Total**	**472986**	**203121**	**2171**	**147446**	**3000**	**2016**	**56215**	**208634**
南昌市	Nanchang	41652	8191	58	1768			11345	22116
景德镇市	Jingdezhen	13405	7379	50	4750		79	423	5524
萍乡市	Pingxiang	12847	7914		5806		282		4651
九江市	Jiujiang	37839	22650		18706			1768	13421
新余市	Xinyu	48200	4983		3782				43217
鹰潭市	Yingtan	9541	5287		3487			159	4095
赣州市	Ganzhou	70030	44285		31926				25745
吉安市	Ji'an	50820	27245		20503		186	452	22937
宜春市	Yichun	94210	25378		20625	3000	287	41285	24260
抚州市	Fuzhou	39049	21509	2063	14881		1059		16481
上饶市	Shangrao	55393	28300		21212		123	783	26187

注：国债资金未列省直单位资金479万元。
a)National debt fund didn't include the provincial units' 4790000 yuan.

11-15 各地区营林固定资产投资完成情况(2010年)

Completed Investment in Fixed Assets for Silviculture Performance in Forest System by Region(2010)

单位：万元 (10000 yuan)

地 区	Region	本年完成投资 Completed Investment During the Year	#国家投资 State Investment	#国债资金 National Debt	本年新增固定资产 New Increased Fixed Assets
全　省	**Provincial Total**	**285369**	**195643**	**4779**	**129033**
南昌市	Nanchang	37228	24481		196
景德镇市	Jingdezhen	5822	1893	50	
萍乡市	Pingxiang	8430	6582	80	
九江市	Jiujiang	30373	21771	531	3615
新余市	Xinyu	43482	7261		172
鹰潭市	Yingtan	5111	4844		5111
赣州市	Ganzhou	44551	43712	2103	35745
吉安市	Ji'an	31255	24321		10987
宜春市	Yichun	39252	25378		39252
抚州市	Fuzhou	34466	32391	1815	28672
上饶市	Shangrao	5399	3009	200	5283

11-16 林业系统营林固定资产投资完成情况
Completed Investment in Fixed Assets for Silviculture Performance in Forest System

单位：万元 (10000 yuan)

年 份 Year	本年完成投资 Completed Investment During the Year	#国家投资 State Investment	#国债资金 National Debt	本年新增固定资产 New Increased Fixed Assets
1978	2010	700		
1979	3299	1115		
1980	3503	540		
1981	3710	468		315
1982	3767	492		525
1983	4700	826		336
1984	5324	819		346
1985	6973	774		765
1986	8324	839		680
1987	6611	708		679
1988	6509	905		1622
1989	4802	990		1284
1990	3532	2444		839
1991	3524	2092		1024
1992	4957	1874		2053
1993	4676	1244		1400
1994	6682	1377		3363
1995	8405	1505		5192
1996	7221	1208		
1997	9728	1370		6783
1998	5732	1722	1700	2957
1999	8332	4134	2320	3308
2000	12075	8166	3051	4295
2001	12660	8578	5837	2926
2002	32413	28413	12997	14419
2003	43210	37198	16689	11771
2004	48558	38707	8573	16251
2005	39470	28062	7892	11386
2006	69039	50087	4195	24585
2007	90055	69440	9059	31175
2008	165130	127243	16039	84914
2009	232054	146682	14206	122694
2010	285369	195643	4779	129033

11-17 各地区森林病虫害防治情况(2010年)
Condition of Forest Pets Prevention by Region(2010)

地区	Region	合计 Total 发生面积(千公顷) Occurrence Area (1000 hectares)	防治面积(千公顷) Prevention Area (1000 hectares)	防治率(%) Prevention Rate (%)	森林病害 Forest Disease 发生面积(千公顷) Occurrence Area (1000 hectares)	防治面积(千公顷) Prevention Area (1000 hectares)
全省	**Provincial Total**	**385.44**	**268.31**	**69.6**	**55.39**	**33.86**
南昌市	Nanchang	5.53	1.49	27.0	0.18	0.06
景德镇市	Jingdezhen	17.43	17.83	100.0	0.53	0.53
萍乡市	Pingxiang	15.85	1.77	11.2	4.77	0.33
九江市	Jiujiang	27.60	20.34	73.7	4.08	3.31
新余市	Xinyu	8.57	0.37	4.4	1.58	
鹰潭市	Yingtan	6.91	4.93	71.2	0.17	0.13
赣州市	Ganzhou	107.54	97.43	90.6	14.38	14.20
吉安市	Ji'an	62.64	29.29	46.8	2.23	1.06
宜春市	Yichun	67.23	67.72	100.0	7.08	7.08
抚州市	Fuzhou	24.22	13.13	54.2	10.96	5.06
上饶市	Shangrao	41.92	14.00	33.4	9.43	2.11

11-17 续表 Continued

地区	Region	防治率(%) Prevention Rate (%)	森林虫害 Forest Pet Plague 发生面积(千公顷) Occurrence Area (1000 hectares)	防治面积(千公顷) Prevention Area (1000 hectares)	防治率(%) Prevention Rate (%)
全省	**Provincial Total**	**61.1**	**330.05**	**234.45**	**71.0**
南昌市	Nanchang	32.0	5.35	1.44	26.8
景德镇市	Jingdezhen	100.0	16.90	17.30	100.0
萍乡市	Pingxiang	7.0	11.08	1.44	13.0
九江市	Jiujiang	81.1	23.52	17.04	72.4
新余市	Xinyu		6.99	0.37	5.3
鹰潭市	Yingtan	74.5	6.74	4.80	71.2
赣州市	Ganzhou	98.7	93.16	83.23	89.3
吉安市	Ji'an	47.7	60.41	28.23	46.7
宜春市	Yichun	100.0	60.16	60.64	100.0
抚州市	Fuzhou	46.2	13.25	8.07	60.9
上饶市	Shangrao	22.3	32.49	11.89	36.6

11-18 森林病虫害防治情况
Condition of Forest Pets Prevention

年 份 Year	合 计 Total			森林病害 Forest Disease			森林虫害 Forest Pet Plague		
	发生面积 (千公顷) Occurrence Area (1000 hectares)	防治面积 (千公顷) Prevention Area (1000 hectares)	防治率 (%) Prevention Rate (%)	发生面积 (千公顷) Occurrence Area (1000 hectares)	防治面积 (千公顷) Prevention Area (1000 hectares)	防治率 (%) Prevention Rate (%)	发生面积 (千公顷) Occurrence Area (1000 hectares)	防治面积 (千公顷) Prevention Area (1000 hectares)	防治率 (%) Prevention Rate (%)
1984	305.63	153.35	50.2	16.79	8.39	50.0	288.84	144.97	50.2
1985	200.39	88.88	44.4	30.13	4.33	14.4	170.25	84.55	49.7
1986	224.07	95.80	42.8	9.00	3.53	39.3	215.07	92.33	42.9
1987	256.93	128.00	49.8	8.80	4.33	49.2	248.13	123.67	49.8
1988	212.93	82.23	38.6	9.33	4.00	42.9	203.59	78.23	38.4
1989	400.31	209.62	52.4	10.57	2.83	26.8	389.74	206.79	53.1
1990	126.87	68.17	53.7	19.71	6.53	33.1	107.15	61.64	57.5
1991	133.70	77.80	58.2	6.08	3.79	62.4	127.62	74.01	58.0
1992	136.01	91.26	67.1	10.77	6.81	63.2	125.23	79.33	63.3
1993	177.20	110.77	62.5	9.60	7.11	74.0	167.60	103.67	61.9
1994	163.16	104.01	63.7	27.57	14.67	53.2	135.59	89.35	65.9
1995	174.35	110.54	63.4	32.79	21.29	64.9	141.57	89.25	63.0
1996	187.35	119.28	63.7	35.84	16.44	45.9	151.51	101.51	67.0
1997	179.27	113.42	63.3	48.58	21.94	45.2	130.69	91.48	70.0
1998	136.89	88.31	64.5	43.31	25.53	58.9	93.59	62.79	67.1
1999	189.83	120.77	63.6	19.77	11.59	58.6	170.06	109.19	64.2
2000	205.58	129.93	63.2	28.73	15.41	53.7	176.85	114.51	64.8
2001	188.85	143.67	76.1	27.29	15.18	55.6	161.56	128.47	79.5
2002	175.27	114.06	65.1	25.27	13.90	55.0	150.00	100.16	66.8
2003	215.85	135.14	62.6	29.23	18.88	64.6	186.63	116.26	62.3
2004	190.49	122.97	64.6	20.65	12.39	60.0	169.85	111.25	65.5
2005	405.59	265.99	65.6	82.86	47.81	57.7	322.73	218.17	67.6
2006	409.86	178.50	43.6	71.33	27.40	38.4	334.53	151.10	45.2
2007	403.23	245.19	60.8	52.82	23.89	45.2	350.41	221.30	63.2
2008	387.35	239.43	61.8	57.45	44.01	76.6	329.89	195.41	59.2
2009	376.56	252.79	67.1	61.47	37.45	60.9	315.09	215.40	68.4
2010	385.40	268.31	69.6	55.39	33.86	61.1	330.05	234.45	71.0

11-19 森林火灾发生情况及森林防火专业队建设情况

Forest Fires and Construction of Prevention of Forest Fire Team

指　标	Item	2005	2006	2007	2008	2009	2010
森林火灾次数(次)	Forest Fires(unit)	355	130	326	572	394	79
一般火灾	Ordinary Fires	60	33	100	97	91	24
较大火灾	Biggish Fires	295	97	226	475	303	55
重大火灾	Major Fires						
特大火灾	Severe Fires						
火场总面积(公顷)	Total Area of Fires(hectare)	9321	2053	4542	13732	8184	1338
受害森林面积(公顷)	Destructed Forest Area(hectare)	4626	1073	2054	6934	3300	729
#天然林	Natural Forest	529	27	17	31	21	37
人工林	Man-made Forest	4098	1046	2037	6904	3279	692
损失林木	Timber Loss						
成林蓄积(立方米)	Mature Forest Stock(cu.m)	84834	23943	24396	92565	55022	4253
幼林株数(万株)	Sapling Forest(10000 units)	403.00	103.48	204.73	659.88	432.47	109.50
人员伤亡(人)	Casualties(person)						
轻伤	Minor			10		19	
重伤	Severe	1		2		1	
死亡	Deaths	6		7	6	1	1
直接经济损失(万元)	Economic Loss(10000 yuan)	1275	438	488	1999	1275	210
森林防火扑火队伍建设(个)	Construction of Prevention of Forest Fire Team(unit)						
专业队	Professional	96	103	107	109	110	109
半专业	Semi-professional	247	288	294	461	848	1027
村级扑火应急队	Village-level Fires Emergency Team	5224	5378	8015	8246	8699	9015

11-20 各地区森林火灾情况(2010年)

Forest Fires by Region(2010)

地区	Region	森林火灾次数(次) Forest Fires (case)	#一般火灾 Ordinary Fires	#较大火灾 Biggish Fires	火场总面积(公顷) Total Area of Fires(hectare)
全省	**Provincial Total**	**79**	**24**	**55**	**1338**
南昌市	Nanchang	5	2	3	126
景德镇市	Jingdezhen	1		1	5
萍乡市	Pingxiang	6		6	40
九江市	Jiujiang	12	6	6	160
新余市	Xinyu				
鹰潭市	Yingtan	2		2	20
赣州市	Ganzhou	22	3	19	569
吉安市	Ji'an	4		4	50
宜春市	Yichun	6	2	4	51
抚州市	Fuzhou	11	8	3	195
上饶市	Shangrao	10	3	7	122

11-20 续表 continued

地区	Region	受害森林面积(公顷) Destructed Forest Area(hectare)	天然林 National Forest	人工林 Man-made Forest	人员伤亡(人) Casualties (person)	#死亡 Deaths	直接经济损失(万元) Economic Loss (10000 yuan)
全省	**Provincial Total**	**729.2**	**37.5**	**691.8**	**1**	**1**	**210.34**
南昌市	Nanchang	53.7	28.0	25.7			74.00
景德镇市	Jingdezhen	4.5		4.5			0.64
萍乡市	Pingxiang	16.0		16.0			5.80
九江市	Jiujiang	43.3	1.0	42.3			15.85
新余市	Xinyu						
鹰潭市	Yingtan	4.9		4.9			14.00
赣州市	Ganzhou	377.4		377.4			58.17
吉安市	Ji'an	24.4	8.5	15.9			7.06
宜春市	Yichun	14.9		14.9			14.90
抚州市	Fuzhou	130.5		130.5	1	1	2.20
上饶市	Shangrao	59.7		59.7			17.72

11-21 各地区国有林场情况(2010年)

Condition of State-owned Farms by Region(2010)

地 区	Region	个 数 Units	活立木蓄积量(万立方米) Total Standing Forest Stock (10000 cu.m)	经营面积(千公顷) Operation Area (1000 hectares)	#联营面积 Area of Affiliation	有林地面积(千公顷) Soil Surface of Forest (1000 hectares)
全 省	**Provincial Total**	**421**	**9264**	**1714.89**	**573.12**	**1482.25**
南 昌 市	Nanchang	15	77	14.45	2.83	11.25
景德镇市	Jingdezhen	31	507	95.64	28.85	77.91
萍 乡 市	Pingxiang	10	326	58.68	20.41	47.56
九 江 市	Jiujiang	17	246	66.36	52.93	56.91
新 余 市	Xinyu	8	123	18.36	8.73	15.56
鹰 潭 市	Yingtan	9	300	36.32	3.38	33.20
赣 州 市	Ganzhou	105	2547	483.57	98.07	426.12
吉 安 市	Ji'an	97	3152	483.11	257.28	432.42
宜 春 市	Yichun	49	580	120.55	34.56	104.90
抚 州 市	Fuzhou	45	623	114.86	25.47	95.08
上 饶 市	Shangrao	34	778	222.07	40.61	180.52

注：全省数据含省直单位数据。
a)The data of provincial total include the provincial unit's data.

11-21 续表 continued

地 区	Region	生态公益林补偿面积(千公顷) Ecological Public Wetfare Forest Compensation Area (1000 hectares)	中 央 Center Government	省 级 Provincial	商品木竹采伐量 Commercial Timber and Bamboo Cutting Volume: 木材(立方米) Timber (cu.m)	毛竹(万根) Mao Bamboo (10000 units)
全 省	**Provincial Total**	**766.04**	**531.00**	**235.04**	**1381800**	**1321.05**
南 昌 市	Nanchang	6.93	4.24	2.70	7782	0.83
景德镇市	Jingdezhen	64.07	45.38	18.69	25004	38.74
萍 乡 市	Pingxiang	15.76	4.47	11.29	38537	6.43
九 江 市	Jiujiang	34.10	13.79	20.31	43216	26.96
新 余 市	Xinyu	10.48	2.83	7.65	54331	13.34
鹰 潭 市	Yingtan	26.81	17.79	9.02	58925	83.55
赣 州 市	Ganzhou	231.53	208.61	22.92	187313	214.72
吉 安 市	Ji'an	162.55	99.89	62.65	604435	109.94
宜 春 市	Yichun	64.05	41.92	22.13	146783	205.66
抚 州 市	Fuzhou	53.59	28.11	25.48	185074	93.89
上 饶 市	Shangrao	95.26	63.93	31.33	30199	526.99

11-22 环保系统机构和人员基本情况

Basic Statistics on Institutions and Personnels of Environmental Protection

指　　标	Item	1990	1995	2000	2005	2009	2010
环保机构(个)	Environmental Protection Institutions(unit)	223	279	344	343	404	411
省　级	Provincial	3	8	9	14	11	11
地、市级	Municipal	34	40	49	58	72	69
县　级	County	196	231	245	265	309	320
乡镇级	Township			41	6	12	11
环保人员(人)	Environmental Protection Personnel(person)	1758	2200	3338	4072	4908	5271
环境监理所(个)	Environment Supervision Agencies(unit)				94	101	103
省　级	Provincial				1	1	1
地、市级	Municipal				11	11	11
县　级	County				82	89	91
环境监理人员(人)	Personnel of Environment Supervision(person)				1242	1478	1596
环境监测站(个)	Environment Monitoring Stations(unit)	83	88	90	90	107	110
省　级	Provincial	1	1	1	1	1	1
地、市级	Municipal	10	11	11	11	12	12
县　级	County	72	76	78	78	94	97
环境监测人员(人)	Personnel of Environment Monitoring(person)	910	944	1076	1125	1329	1422

11-23 工业“三废”排放及处理利用情况
Discharge and Treatment of Industrial Waste Gas, Waste Water & Solid Wastes

指　　标	Item	2000	2005	2009	2010
工业废水	**Industrial Waste Water**				
工业用水总量(万吨)	Industrial Water Use (10000 tons)	329408	557544	561725	666813
工业用水量重复利用率(%)	Re-use Rate of Industrial WasteWater (%)	55.05	61.25	75.13	76.83
工业废水排放总量(万吨)	Industrial Waste Water Discharge (10000 tons)	42083	53972	61603	72526
工业废水排放达标量(万吨)	Industrial Waste Water Meeting Discharge Standards (10000 tons)	28796	49726	58198	68307
工业废水排放达标率(%)	Percentage of Industrial Waste Water Meeting Discharge Standards (%)	68.34	92.13	94.47	94.18
工业废气	**Industrial Waste Gas**				
工业废气排放总量(亿标立方米)	Industrial Waste Air Emission (100 billion cu.m)	2220	4378	8286	9812
燃料燃烧中废气排放量	Fuels Buring	1360	2138	4710	5248
生产工艺中废气排放量	Production Process	860	2240	3575	4564
工业二氧化硫去除量(万吨)	Industry Sulphur Dioxide Removed (10000 tons)	53	72	149	162.8
工业二氧化硫排放量(万吨)	Industry Sulphur Dioxide Emission (10000 tons)	29	55	45	47
燃料燃烧中排放量	Fuels Buring	22	45	34	36
#排放达标量	Industrial Waste Gas Meeting Emission Standards		36	33	34
生产工艺中排放量	Production Process	3	10	10	11
#排放达标量	Industrial Waste Gas Meeting Emission Standards		9	9	10.6
工业烟尘	Industrial Soot				
工业烟尘去除量(万吨)	Industrial Soot Removed (10000 tons)	289	522	741	834.9

11-23 续表 continued

指　　标	Item	2000	2005	2009	2010
工业烟尘排放量(万吨)	Industrial Soot Emission (10000 tons)	22	23	14	14
#排放达标量	Industrial Waste Air Meeting Emission Standards		19	13	13
工业粉尘	Industrial Dust				
工业粉尘去除量(万吨)	Industrial Dust Removed (10000 tons)	122	270	567	463.9
工业粉尘排放量(万吨)	Industrial Dust Emission (10000 tons)	34	35	26	22
#排放达标量	Industrial Waste Gas Meeting Emission Standards		26	25	21.5
工业固体废物	**Industrial Solid Wastes**				
工业固体废物产生量(万吨)	Industrial Solid Wastes Produced (10000 tons)	4814.97	7006.71	8898.00	9407.30
#危险废物	Hazardous Wastes	1.71	3.28	6.45	8.98
工业固体废物综合利用量(万吨)	Industrial Solid Wastes Utilized (10000 tons)	702.24	1898.51	3703	4379.14
#危险废物	Hazardous Wastes	1.60	3.25	6.18	7.87
工业固体废物综合利用率(%)	Ratio of Industrial Solid Wastes Utilized (%)	14.64	27.10	41.58	46.54
工业固体废物贮存量(万吨)	Industrial Solid Wastes in Stocks (10000 tons)	3861.40	572.84	786.00	557.14
#危险废物贮存量	Hazardous Wastes in Stocks	0.86	0.01	0.04	0.04
工业固体废物处置量(万吨)	Industrial Solid Wastes Treated (10000 tons)	98.71	4590.95	4416.00	4486.55
#危险废物处置量	Hazardous Wastes Treated	0.01	0.06	0.39	1.25
工业固体废物排放量(万吨)	Industrial Solid Wastes Discharged (10000 tons)	28.70	10.28	13.99	13.23
重点调查工业企业汇总数(个)	Aggregate Number of Focused Investigated Industrial Enterprises (unit)	1069	1154	2986	3323
“三废”综合利用产品产值(万元)	Output Value of Products Made from Utilization of Waste Gas, Waste Water & Solid Wastes (10000 yuan)	40455	178811	470277	593473

11-24 各地区工业“三废”排放及处理利用情况（2010年）

指标	Item	全省 Total	南昌市 Nanchang
工业废水	**Industrial Waste Water**		
工业用水总量(万吨)	Industrial Water Use (10000 tons)	666812.95	59028.46
工业用水量重复利用率(%)	Re-use Rate of Industrial WasteWater (%)	76.83	75.51
工业废水排放量(万吨)	Industrial Waste Water Discharge (10000 tons)	72525.86	10533.56
#排放达标量	Industrial Waste Water Meeting Discharge Standards	68306.53	9928.40
工业废水排放达标率(%)	Percentage of Industrial Waste Water Meeting Discharge Standards (%)	94.18	94.25
废水治理设施数(套)	Facilities for Treatment of Waste Water (set)	2014	219
废水治理设施处理能力(万吨/日)	Waste Water Treatment Facilities Capacity (10000 tons/day)	597.28	72.52
污水排放口(个)	Outfall of Waste Water (unit)	2387	312
工业废气	**Industrial Waste Gas**		
工业废气排放总量(万标立方米)	Total Volume of Industrial Waste Gas Emission (10000 cu.m)	98116859	9095973
#燃料燃烧中废气排放量	Fuels Buring	52476604	4454028
生产工艺中废气排放量	Production	45640255	4641945
废气治理设施数(套)	Facilities for Treatment of Waste Gas (set)	4141	517
#脱硫设施数	Desulfurization Facilities	318	43
废气治理设施处理能力(万标立方米/时)	Emission Control Facilities Treatment Capacity (10000 cu.m/hour)	24315.64	1943.52
#脱硫设施脱硫能力(吨/时)	Desulfurization Facilities (ton/hour)	777.99	75.43
废气治理设施运行费用(万元)	Waste Gas Treatment Faacilities Operating Cost (10000 yuan)	243783	28074
二氧化硫去除量(吨)	Sulphur Dioxide Removed (ton)	1627852	52134
二氧化硫排放量(吨)	Sulphur Dioxide Emission (ton)	470954	30636
燃料燃烧中排放量	Fuels Buring	360418	21349
#排放达标量	Industrial Waste Gas Meeting Discharg Standards	341255	19601
生产工艺中排放量	Production Process	110536	9288
#排放达标量	Industrial Waste Gas Meeting Discharg Standards	105660	9142
氮氧化物排放量(吨)	Nitrogen Oxides Emission (ton)	220914	19118
#排放达标量	Industrial Waste Gas Meeting Discharg Standards	204063	15732
烟尘去除量(吨)	Volume of Industrial Soot Removed (ton)	8349036	127397
烟尘排放量(吨)	Volume of Industrial Soot Emission (ton)	138955	6264
#排放达标量	Industrial Soot Meeting Discharge Standards	132482	5996
粉尘去除量(吨)	Volume of Industrial Dust Removed (ton)	4639038	7988
粉尘排放量(吨)	Volume of Industrial Dust Emission (ton)	223628	9773
#排放达标量	Industrial Dust Meeting Discharge Standards	215147	9733
工业固体废物	**Industrial Solid Wastes**		
固体废物产生量(万吨)	Volume of Industrial Solid Wastes Produced (10000 tons)	9407.31	216.88
#危险废物(吨)	Hazardous Wastes (ton)	89814.05	4397.20
冶炼废渣	Smelting Slag	768.45	38.05
粉煤灰	Pulverized Coal Ash	829.71	78.72
炉　渣	Slag	483.26	25.88
尾　矿	Miltailing	5786.76	
固体废物综合利用量(万吨)	Industrial Solid Wastes Utilized (10000 tons)	4379.14	203.04
#危险废物(吨)	Hazardous Wastes (ton)	78680.21	399.58
冶炼废渣	Smelting Slag	762.06	38.05
粉煤灰	Pulverized Coal Ash	774.82	71.81
炉　渣	Slag	475.10	22.90
尾　矿	Miltailing	1093.35	
固体废物综合利用率(%)	Ratio of Industrial Solid Wastes Utilized (%)	46.54	93.62
固体废物贮存量(万吨)	Industrial Solid Wastes in Stocks (10000 tons)	557.14	11.17
固体废物处置量(万吨)	Industrial Solid Wastes Treated (10000 tons)	4486.55	2.07
固体废物排放量(万吨)	Industrial Solid Wastes Discharged (10000 tons)	13.23	0.65
“三废”综合利用产品产值(万元)	Output Value of Products Made from Utilization of Waste Gas, Waste Water & Solid Wastes (10000 yuan)	593473.10	27475.60

Discharge and Treatment of Industrial Waste Gas, Waste Water & Solid Wastes by Region (2010)

景德镇市 Jingdezhen	萍乡市 Pingxiang	九江市 Jiujiang	新余市 Xinyu	鹰潭市 Yingtan	赣州市 Ganzhou	吉安市 Ji'an	宜春市 Yichun	抚州市 Fuzhou	上饶市 Shangrao
22739.14	72527.88	160974.00	200325.15	44080.41	20957.22	21377.86	23935.28	9064.23	31803.33
73.32	95.28	62.09	92.35	85.01	45.23	37.73	63.23	37.99	73.51
5296.41	1807.81	8784.49	5681.10	4725.30	10483.06	11201.71	4286.02	4542.66	5183.74
5060.38	1687.43	8086.33	5185.41	4675.52	10273.97	10367.38	4262.23	4446.73	4332.76
95.54	93.34	92.05	91.27	98.95	98.01	92.55	99.44	97.89	83.58
93	103	173	119	36	310	251	310	116	284
15.69	93.52	60.03	154.78	14.73	41.96	31.99	38.63	16.27	57.16
80	61	275	123	15	323	406	368	251	173
3770035	7595367	17595278	13599517	3919963	8553648	7878808	14150965	2757391	9199914
2917449	1511741	9473299	5440237	2243530	3132284	4381147	11980243	1995738	4946908
852586	6083626	8121979	8159280	1676433	5421364	3497661	2170722	761653	4253006
190	200	625	313	108	662	514	479	122	411
7	8	62	15	19	61	41	19	11	32
1229.86	1876.87	3398.91	3583.11	445.66	1038.35	1251.53	1988.57	123.81	7435.46
1.77	1.72	450.38	7.50	135.80	11.52	8.35	12.40	55.31	17.81
2989	15492	39492	49843	50472	8449	8974	27955	1395	10649
7581	12047	79520	39270	1204054	14957	54054	69278	7804	87154
37722	42358	66817	45654	25501	29559	48141	86721	22366	35480
34013	23263	62090	17708	13660	22640	38762	83944	17938	25053
33685	21492	57143	16730	12796	22201	37319	82732	16937	20619
3709	19096	4727	27946	11841	6919	9379	2777	4428	10427
3702	18384	4579	27739	11711	6749	8263	1304	4421	9665
14190	17011	45013	13587	5825	16425	27554	32850	4026	25316
14148	16199	38511	13402	5779	16174	26156	31255	3931	22775
660735	690514	1084513	657668	471387	196978	676147	2491643	5240	1286813
8230	16018	23141	4124	2261	20471	12213	16698	21805	7729
7835	15100	21931	3714	2200	20132	11405	16364	21339	6464
6635	563046	772105	996915	248719	1232323	157143	367344	1327	285493
604	69258	14797	17467	920	79615	11980	7796	8470	2948
603	65139	13434	16930	917	78155	11604	7757	8373	2502
153.89	410.39	753.45	1038.96	293.44	954.90	353.95	630.63	81.50	4519.34
832.41	685.72	18625.84	5639.48	20185.00	413.34	1881.29	19907.84	4132.19	13113.76
	200.43	58.66	427.30	0.43	13.42	0.49	0.29	2.45	26.92
68.24	89.28	119.05	84.29	48.80	16.53	70.41	152.91	1.52	99.95
35.82	45.04	151.63	52.09	8.36	19.48	24.70	77.94	14.62	27.70
7.10	5.01	250.95	313.96	166.85	562.04	138.10	101.99	28.47	4212.30
141.11	361.84	461.29	883.12	271.37	784.54	341.79	611.71	70.75	248.58
698.00	663.40	17886.91	8.33	20079.00	221.34	1824.39	20310.84	3823.90	12764.52
	200.43	58.90	427.30	2.23	11.12	0.48	0.36	2.45	20.73
64.86	62.79	117.23	84.29	43.44	16.57	60.07	152.45	1.52	99.79
35.82	38.54	147.01	52.09	8.31	19.43	30.95	78.47	14.54	27.03
	5.01	41.98	159.84	156.22	460.90	132.81	101.97	20.40	14.23
91.70	88.17	61.18	85.00	92.48	82.10	96.57	97.00	86.81	5.50
0.96	50.77	36.35	162.82	23.92	54.20	5.89	19.78	4.04	187.22
11.82	2.39	256.74	0.67	8.06	117.53	5.96	0.53	5.51	4075.26
	1.22	0.02			0.04	0.30	0.28	1.20	9.52
42317.30	16377.30	40412.60	126569.60	166831.80	49116.50	10875.60	73270.10	6275.20	33951.50

11-25　各地区工业污染治理项目情况（2010年）

指　　标	Item	全　省 Total	南昌市 Nanchang
工业污染治理项目建设情况	**Construction of Industrial Pollution Treatment Projects**		
汇总工业企业(个)	Number of Industrial Enterprises (unit)	119	18
本年施工项目(个)	Construction Projects This Year (unit)	136	14
废水治理项目	Projects for Treatment of Waste Water	78	11
废气治理项目	Projects for Treatment of Waste Gas	47	3
固体废物治理项目	Projects for Treatment of Solid Wastes	3	
其他治理项目	Other Treatment Projects	8	
工业污染治理项目本年完成投资额	**Investment Completed This Year of Industrial Pollution Treatment Projects**		
本年完成投资额(万元)	Investment Completed This Year (10000 yuan)	63775.4	6564.8
废水治理项目	Projects for Treatment of Waste Water	19864.9	6351.8
废气治理项目	Projects for Treatment of Waste Gas	39593.8	213.0
固体废物治理项目	Projects for Treatment of Solid Wastes	48.0	
其他治理项目	Other Treatment Projects	4268.7	
工业污染本年竣工项目及处理能力情况	**Industrial Pollution Treatment Projects Completed This Year and Treatment Capacity**		
本年竣工项目(个)	Projects Completed This Year (unit)	103	8
废水治理项目	Projects for Treatment of Waste Water	53	6
废气治理项目	Projects for Treatment of Waste Gas	43	2
固体废物治理项目	Projects for Treatment of Solid Wastes	2	
噪声治理项目	Projects for Treatment of Noise Pollution		
其他治理项目	Other Treatment Projects	5	
治理废水(吨/日)	Treatment of Waste Water (ton/day)	253525	51450
治理废气(万标立方米/时)	Treatment of Waste Gas (10000 cu.m/hour)	257.7	20.2
治理固体废物(吨/日)	Treatment of Solid Wastes (ton/day)	3	

11-26　各地区城镇生活污染情况（2010年）

指　　标	Item	全　省 Total	南昌市 Nanchang
城镇生活污水排放量(万吨)	Urban Consumption Waste Water Discharge(10000 tons)	88135	27685
城镇生活污水中COD产生量(吨)	COD Produced from Urban Consumption Waste Water(ton)	402901	71189
城镇生活污水中COD排放量(吨)	COD Discharged from Urban Consumption Waste Water(ton)	313299	32007
城镇生活污水中氨氮产生量(吨)	Ammonia Nitrogen Produced from Urban Consumption Waste Water(ton)	31538	5537
城镇生活污水中氨氮排放量(吨)	Ammonia Nitrogen Discharged from Urban Consumption Waste Water(ton)	25893	3928
煤炭消费总量(万吨)	Coal Consumption(10000 tons)	6333.84	692.83
#生活及其他煤炭消费量	Living and Other Consumption of Coal	367.60	44.00
生活及其他煤炭含硫率(%)	Sulphur Rate of Living and Other Coal Consumption(%)	1.44	1.50
生活及其他煤炭含灰率(%)	Ash Rate of Living and Other Coal Consumption(%)	24.22	25.00
生活及其他SO2排放量(吨)	Volume of Sulphur Dioxide Emission by Consumption (ton)	86118	10464
生活及其他烟尘排放量(吨)	Volume of Soot Emission by Consumption (ton)	25384	661

Basic Statistics on Industrial Pollution Treatment Projects by Region (2010)

景德镇市 Jingdezhen	萍乡市 Pingxiang	九江市 Jiujiang	新余市 Xinyu	鹰潭市 Yingtan	赣州市 Ganzhou	吉安市 Ji'an	宜春市 Yichun	抚州市 Fuzhou	上饶市 Shangrao
7	7	19	6	7	17	15	14	3	6
7	7	27	9	7	17	19	15	2	12
5	2	12	2	4	12	13	8	2	7
1	4	15	6	2	3	4	5		4
1				1			1		
	1		1		2	2	1		1
2829.7	4957.2	11053.0	3309.7	10669.0	2871.0	5228.1	14105.1	780.2	1407.6
2651.7	410.0	3956.7	315.0	559.0	2016.0	1555.6	530.0	780.2	738.9
170.0	4547.2	7096.3	2957.7	10100.0	360.0	72.0	13445.1		632.0
8				10			30		
			37.0		495.0	3600.0	100.0		36.7
6	4	24	8	5	9	18	14	1	6
4		10	1	3	5	12	8	1	3
1	4	14	6	2	3	4	4		3
1							1		
			1		1	2	1		
7040	3200	152480	400	515	4020	17605	1000	15115	700
2.0	5.5	39.8	176.6		0.1	8.5	1.0		4.2
3									

Basic Statistics on Urban Consumption Waste by Region (2010)

景德镇市 Jingdezhen	萍乡市 Pingxiang	九江市 Jiujiang	新余市 Xinyu	鹰潭市 Yingtan	赣州市 Ganzhou	吉安市 Ji'an	宜春市 Yichun	抚州市 Fuzhou	上饶市 Shangrao
3747	3656	7528	2979	2393	11220	6464	8404	6426	7635
21077	20564	42344	14727	10857	63111	36358	45874	36280	40521
17449	17502	35154	10589	8801	57400	33123	37518	31242	32514
1639	1599	3293	1145	860	4909	2828	3568	2822	3337
1639	1260	2857	791	860	4175	2543	3179	1927	2734
598.55	521.17	671.95	861.62	214.38	429.32	508.30	1153.25	123.77	558.70
14.30	37.00	7.24	16.11	29.41	70.36	19.78	50.78	31.13	47.49
1.22	1.09	2.08	0.87	3.00	1.16	1.77	1.24	1.80	1.10
30.00	21.08	21.43	16.70	24.00	23.50	28.78	25.54	29.48	21.64
2787	6070	2700	3341	15000	13241	5462	6884	9347	10822
165	3427	2274	286	353	7036	1561	2638	3487	3496

11-27 重点调查工业企业“三废”排放及处理情况（2010年）

行　　业	Sector	工业用水总量（万吨） Industry Water Use (10000 tons)	工业用水重复利用率（%） Re-use Rate of Industrial Waste Water (%)
总　　计	**Total**	**647008.23**	**77.54**
煤炭开采和洗选业	Mining and Washing of Coal	1708.61	32.19
黑色金属矿采选业	Mining and Processing of Ferrous Metal Ores	5404.49	52.99
有色金属矿采选业	Mining and Processing of Non-Ferrous Metal Ores	26708.70	69.35
非金属矿采选业	Mining and Processing of Nonmetal Ores	6189.28	87.06
其他采矿业	Mining of Other Ores	22.28	15.15
农副食品加工业	Processing of Food from Agricultural Products	1219.39	13.66
食品制造业	Manufacture of Foods	2172.54	34.46
饮料制造业	Manufacture of Beverages	1966.41	16.80
烟草制品业	Manufacture of Tobacco	201.03	53.27
纺织业	Manufacture of Textile	2651.21	9.09
纺织服装、鞋、帽制造业	Manufacture of Textile Wearing Apparel, Footware, and Caps	315.92	40.35
皮革、毛皮、羽毛(绒)及其制品业	Manufacture of Leather, Fur, Feather and Related Products	252.12	6.63
木材加工及木、竹、藤、棕、草制品业	Processing of Timber, Manufacture of Wood,Bamboo, Rattan,Palm, and Straw Products	1093.68	47.11
家具制造业	Manufacture of Furniture	53.23	24.20
造纸及纸制品业	Manufacture of Paper and Paper Products	23366.41	27.06
印刷业和记录媒介的复制	Printing, Reproduction of Recording Media	1004.54	97.06
文教体育用品制造业	Manufacture of Articles For Culture, Education and Sport Activity	211.29	25.30
石油加工、炼焦及核燃料加工业	Processing of Petroleum, Coking, Processing of Nuclear Fuel	18271.45	92.78
化学原料及化学制品制造业	Manufacture of Raw Chemical Materials and Chemical Products	110716.44	91.22
医药制造业	Manufacture of Medicines	10593.36	77.48
化学纤维制造业	Manufacture of Chemical Fibers	7792.40	66.55
橡胶制品业	Manufacture of Rubber	561.75	77.03
塑料制品业	Manufacture of Plastics	71.82	12.14
非金属矿物制品业	Manufacture of Non-metallic Mineral Products	13635.17	68.22
黑色金属冶炼及压延加工业	Smelting and Pressing of Ferrous Metals	249406.58	96.35
有色金属冶炼及压延加工业	Smelting and Pressing of Non-ferrous Metals	46579.60	84.38
金属制品业	Manufacture of Metal Products	131.64	35.26
通用设备制造业	Manufacture of General Purpose Machinery	514.86	35.17
专用设备制造业	Manufacture of Special Purpose Machinery	62.84	17.59
交通运输设备制造业	Manufacture of Transport Equipment	1366.98	43.13
电气机械及器材制造业	Manufacture of Electrical Machinery and Equipment	2326.02	42.08
通信设备、计算机及其他电子设备制造业	Manufacture of Communication Equipment,Computers and Other Electronic Equipment	582.79	17.17
仪器仪表及文化、办公用机械制造业	Manufacture of Measuring Instruments and Machinery for Cultural Activity and Office Work	98.39	22.49
工艺品及其他制造业	Manufacture of Artwork and Other Manufacturing	50.77	5.44
废弃资源和废旧材料回收加工业	Recycling and Disposal of Waste	68.62	25.94
电力、热力的生产和供应业	Production and Distribution of Electric Power and Heat Power	107662.33	39.11

Discharge and Treatment of Industrial Waste Gas, Waste Water & Solid Wastes of Focused Investigated Industrial Enterprises (2010)

工业废水 排放量 (万吨) Industry Waste Water Discharge (10000 tons)	#排放达标量 Industrial Waste Water Meeting Discharge Standards	工业废水排放达标率 (%) Percentage of Industrial Waste Water Meeting Discharge Standards (%)	废水治理设施数 (套) Number of Facilities for Treatment of Waste Water (set)	废水治理设施处理能力 (万吨/日) Waste Water Treatment Facilities Capacity (10000 tons/day)	污水排放口 (个) Sewage Outfall (unit)	固体废物产生量 (万吨) Volume of Industrial Solid Wastes Produced (10000 tons)	固体废物综合利用量 (万吨) Volume of Industrial Solid Wastes Utilized (10000 tons)	固体废物综合利用率 (%) Utilization Rate of Industrial Solid Wastes (%)	固体废物贮存量 (万吨) Volume of Industrial Wastes in Stocks (10000 tons)
66792.54	**63844.49**	**95.59**	**2014**	**597.28**	**2387**	**9067.69**	**4130.31**	**45.54**	**481.62**
1371.90	1359.44	99.09	83	8.06	52	203.61	190.29	93.46	11.78
2110.11	2085.65	98.84	25	5.52	26	252.63	184.14	72.89	63.11
7244.82	7152.97	98.73	195	75.49	117	5445.74	843.99	15.50	233.85
649.85	637.33	98.07	47	3.34	39	117.59	90.91	76.89	17.06
17.61	17.61	100.00	2	0.14	1	1.96	1.96	100.00	
879.89	701.24	79.70	62	2.42	173	6.55	6.27	95.64	
1076.76	889.94	82.65	75	8.27	93	21.97	21.91	99.72	
1208.58	965.28	79.87	39	6.53	74	9.69	9.41	97.10	
55.47	54.39	98.04	5	0.32	4	0.89	0.48	54.25	
2064.76	1991.67	96.46	66	8.11	85	5.25	5.05	96.08	0.06
172.20	171.13	99.38	7	0.25	14	1.81	1.81	100.00	
153.21	119.88	78.25	10	0.60	14	0.23	0.23	99.85	
437.35	421.34	96.34	44	1.19	111	15.72	15.64	99.49	
37.00	36.96	99.89	1	0.10	2	0.10	0.10	100.00	
15260.28	14568.11	95.46	178	51.05	163	49.51	43.43	87.72	0.52
22.29	22.29	100.00	3	0.11	6	0.08	0.01	14.70	
146.72	144.09	98.21	4	0.33	8	0.71	0.71	100.00	
1083.19	922.52	85.17	19	4.08	15	8.34	8.33	99.95	
7487.31	7301.39	97.52	306	34.00	327	212.30	197.61	93.08	11.97
1858.77	1777.13	95.61	108	6.34	137	14.75	14.11	95.65	0.01
1966.53	1793.95	91.22	9	10.18	7	12.15	11.40	93.84	
85.21	82.82	97.19	8	1.26	17	1.86	1.86	99.99	
57.21	55.67	97.31	4	0.05	13	0.18	0.17	97.04	
2329.07	2141.24	91.94	221	29.32	422	251.51	251.27	99.66	0.50
6025.79	6024.34	99.98	116	265.24	40	1133.06	1062.70	93.79	67.81
6096.55	5968.97	97.91	142	21.20	136	278.79	214.02	76.76	20.07
63.15	56.90	90.11	17	0.37	33	1.28	0.85	66.86	
281.93	276.29	98.00	22	0.56	49	4.25	4.07	95.72	
39.90	37.77	94.66	6	0.11	16	0.36	0.36	99.34	
614.64	613.23	99.77	40	2.30	54	6.48	6.00	92.53	
1228.49	858.54	69.89	29	2.52	54	1.91	1.81	94.73	0.03
402.58	394.50	97.99	19	2.03	21	1.28	1.17	91.04	
70.72	70.72	100.00	5	0.13	4	0.12	0.11	96.09	
39.06	38.21	97.81	9	0.15	7	0.14	0.12	91.88	
44.25	37.93	85.71	6	0.52	9	1.98	1.93	97.15	
2770.49	2734.75	98.71	62	42.02	15	992.23	925.40	93.26	54.84

11-27 续表1

行　　　业	Sector	固体废物处置量(万吨) Volume of Industrial Solid Wastes Treated (10000 tons)	固体废物排放量(万吨) Volume of Industrial Solid Wastes Discharged (10000 tons)
总　　计	**Total**	**4454.48**	**12.46**
煤炭开采和洗选业	Mining and Washing of Coal	1.22	0.32
黑色金属矿采选业	Mining and Processing of Ferrous Metal Ores	3.51	1.86
有色金属矿采选业	Mining and Processing of Non-Ferrous Metal Ores	4360.62	7.29
非金属矿采选业	Mining and Processing of Nonmetal Ores	10.26	
其他采矿业	Mining of Other Ores		
农副食品加工业	Processing of Food from Agricultural Products	0.22	0.07
食品制造业	Manufacture of Foods	0.05	0.01
饮料制造业	Manufacture of Beverages	0.22	0.06
烟草制品业	Manufacture of Tobacco		0.41
纺织业	Manufacture of Textile	0.14	0.01
纺织服装、鞋、帽制造业	Manufacture of Textile Wearing Apparel, Footware, and Caps		
皮革、毛皮、羽毛(绒)及其制品业	Manufacture of Leather, Fur, Feather and Related Products		
木材加工及木、竹、藤、棕、草制品业	Processing of Timber, Manufacture of Wood, Bamboo, Rattan, Palm, and Straw Products	0.03	0.05
家具制造业	Manufacture of Furniture		
造纸及纸制品业	Manufacture of Paper and Paper Products	5.41	0.15
印刷业和记录媒介的复制	Printing, Reproduction of Recording Media	0.07	
文教体育用品制造业	Manufacture of Articles For Culture, Education and Sport Activity		
石油加工、炼焦及核燃料加工业	Processing of Petroleum, Coking, Processing of Nuclear Fuel		
化学原料及化学制品制造业	Manufacture of Raw Chemical Materials and Chemical Products	1.63	1.09
医药制造业	Manufacture of Medicines	0.61	0.03
化学纤维制造业	Manufacture of Chemical Fibers	0.74	0.01
橡胶制品业	Manufacture of Rubber		
塑料制品业	Manufacture of Plastics	0.01	
非金属矿物制品业	Manufacture of Non-metallic Mineral Products	10.16	0.11
黑色金属冶炼及压延加工业	Smelting and Pressing of Ferrous Metals	2.55	
有色金属冶炼及压延加工业	Smelting and Pressing of Non-ferrous Metals	44.64	0.06
金属制品业	Manufacture of Metal Products	0.42	
通用设备制造业	Manufacture of General Purpose Machinery	0.18	
专用设备制造业	Manufacture of Special Purpose Machinery		
交通运输设备制造业	Manufacture of Transport Equipment	0.48	
电气机械及器材制造业	Manufacture of Electrical Machinery and Equipment	0.07	
通信设备、计算机及其他电子设备制造业	Manufacture of Communication Equipment, Computers and Other Electronic Equipment	0.11	
仪器仪表及文化、办公用机械制造业	Manufacture of Measuring Instruments and Machinery for Cultural Activity and Office Work		
工艺品及其他制造业	Manufacture of Artwork and Other Manufacturing		0.01
废弃资源和废旧材料回收加工业	Recycling and Disposal of Waste	0.03	0.02
电力、热力的生产和供应业	Production and Distribution of Electric Power and Heat Power	11.10	0.90

continued

"三废"综合利用产品产值(万元) Output Value of Products Made from Utilization of Waste Gas, Waste Water & Solid Wastes (10000 yuan)	工业废气排放总量(万标立方米) Total Volume of Industrial Waste Gas Emission (10000 cu.m)	#燃料燃烧过程中排放的 Fuels Burning	#生产工艺过程中排放的 Production	废气治理设施数(套) Facilities for Treatment of Waste Gas (set)	#脱硫设施数 Desulfurization Facilities	废气治理设施运行能力(万标立方米/时) Emission Control Facilities Treatment Capacity (10000 cu.m/hour)	#脱硫设施脱硫能力(吨/时) Desulfurization Facilities (ton/hour)	废气治理设施运行费用(万元) Waste Gas Treatment Facilities Operating Cost (10000 yuan)	二氧化硫去除量(吨) Sulphur Dioxide Removed (ton)
593473.1	**98116859**	**52476604**	**45640255**	**4141**	**318**	**24315.64**	**777.99**	**243782.7**	**1627851.66**
7449.5	74519	73811	708	20	1	419.17		87.2	43.90
44.0	30171	15076	15095						
25549.6	63560	14158	49402	16	6	8.69	0.41	959.6	2004.58
951.0	778865	573158	205707	15		76.44		249.8	
50.0	25500		25500						
1126.5	485805	284316	201489	111	4	128.73	12.07	339.1	76.39
1701.4	498024	477211	20813	82	11	89.53	1.09	504.5	3173.65
1886.6	335928	334692	1236	64	13	70.82	0.25	519.8	1305.15
187.0	113871	20589	93282	27	2	4.25	0.12	122.6	99.54
1972.6	412354	365654	46700	87	10	83.03	50.72	496.9	615.59
200.0	24693	24693		4		2.28		10.1	2.14
150.0	9680	9640	40	18		6.67		38.5	
1791.1	883042	423706	459336	117	3	99.17	0.01	431.0	239.00
37.0	1612	1612		1		0.40		9.8	3.00
8912.2	1827425	1827425		150	10	155.99	5.12	3110.2	6938.06
53.0	1126	1126							
213.7	1810	1810		1		0.05		1.0	
3376.3	1474871	719834	755037	18	7	103.96	4.89	3723.2	40030.96
25997.0	4391048	2779782	1611266	491	69	650.68	442.73	7604.9	6448.85
4349.6	635113	513097	122016	185	26	155.40	1.08	1105.7	955.94
5894.1	654198	497148	157050	15	2	106.19	0.13	1333.0	2011.71
144.8	76673	75894	779	15	2	9.90	0.15	169.8	612.14
25.5	9859	9859		4	2	2.40	0.02	7.5	23.14
106875.6	34684309	12093790	22590519	1736	14	10074.07	0.23	21138.4	2561.46
163393.0	23952542	8415227	15537315	271	13	6635.71	2.30	80524.5	21870.04
213664.2	3096785	1286369	1810416	350	75	939.10	193.07	45586.2	1227244.54
182.3	517852	102248	415604	6		5.35		12.3	
1736.0	322166	36353	285813	46	2	18.82	0.01	329.2	12.01
120.0	34421	14456	19965	13		4.83		38.4	0.43
928.4	278658	100141	178517	74	9	164.80	0.30	1135.0	89.61
1639.8	208296	34131	174165	92	1	39.83		416.5	
1030.0	341504	89431	252073	31	1	59.93	2.00	246.8	
471.0	1222	1170	52	3	3	1.20	10.20	60.0	
	3840	3480	360	5		1.60		8.8	6.00
13.0	20794	20794		7		4.84		82.8	
10397.3	21234723	21234723		66	32	4191.83	51.09	73379.6	311483.83

11-27 续表2

行业	Sector	#燃料燃烧过程中去除量 Sulphur Dioxide Removed from Fuel Burning	二氧化硫排放量(吨) Sulphur Dioxide Emission (ton)
总计	**Total**	**338458.69**	**435628.25**
煤炭开采和洗选业	Mining and Washing of Coal	43.90	726.34
黑色金属矿采选业	Mining and Processing of Ferrous Metal Ores		0.01
有色金属矿采选业	Mining and Processing of Non-Ferrous Metal Ores	791.34	523.04
非金属矿采选业	Mining and Processing of Nonmetal Ores		3651.87
其他采矿业	Mining of Other Ores		130.80
农副食品加工业	Processing of Food from Agricultural Products	76.39	1589.49
食品制造业	Manufacture of Foods	3003.85	5176.64
饮料制造业	Manufacture of Beverages	647.15	2708.87
烟草制品业	Manufacture of Tobacco	99.54	337.63
纺织业	Manufacture of Textile	615.59	2188.66
纺织服装、鞋、帽制造业	Manufacture of Textile Wearing Apparel, Footware, and Caps	2.14	349.06
皮革、毛皮、羽毛(绒)及其制品业	Manufacture of Leather, Fur, Feather and Related Products		269.76
木材加工及木、竹、藤、棕、草制品业	Processing of Timber, Manufacture of Wood,Bamboo, Rattan, Palm, and Straw Products	238.00	3709.33
家具制造业	Manufacture of Furniture	3.00	19.83
造纸及纸制品业	Manufacture of Paper and Paper Products	6938.06	14908.12
印刷业和记录媒介的复制	Printing, Reproduction of Recording Media		3.91
文教体育用品制造业	Manufacture of Articles For Culture, Education and Sport Activity		71.46
石油加工、炼焦及核燃料加工业	Processing of Petroleum, Coking, Processing of Nuclear Fuel	125.96	10294.43
化学原料及化学制品制造业	Manufacture of Raw Chemical Materials and Chemical Products	5104.97	28268.50
医药制造业	Manufacture of Medicines	703.81	5622.33
化学纤维制造业	Manufacture of Chemical Fibers	2011.71	3314.48
橡胶制品业	Manufacture of Rubber	612.14	701.55
塑料制品业	Manufacture of Plastics	23.14	74.25
非金属矿物制品业	Manufacture of Non-metallic Mineral Products	817.19	83811.58
黑色金属冶炼及压延加工业	Smelting and Pressing of Ferrous Metals	801.57	63524.70
有色金属冶炼及压延加工业	Smelting and Pressing of Non-ferrous Metals	4207.35	28069.62
金属制品业	Manufacture of Metal Products		338.44
通用设备制造业	Manufacture of General Purpose Machinery	12.01	567.23
专用设备制造业	Manufacture of Special Purpose Machinery	0.43	220.29
交通运输设备制造业	Manufacture of Transport Equipment	89.61	981.63
电气机械及器材制造业	Manufacture of Electrical Machinery and Equipment		333.02
通信设备、计算机及其他电子设备制造业	Manufacture of Communication Equipment,Computers and Other Electronic Equipment		55.30
仪器仪表及文化、办公用机械制造业	Manufacture of Measuring Instruments and Machinery for Cultural Activity and Office Work		12.21
		6.00	61.58
废弃资源和废旧材料回收加工业	Recycling and Disposal of Waste		89.15
电力、热力的生产和供应业	Production and Distribution of Electric Power and Heat Power	311483.83	171449.22

continued

#燃料燃烧过程中排放的 Fuels Burning	#排放达标量 Industrial Waste Water Meeting Discharge Standards	#生产工艺过程中排放量 Production	#排放达标量 Industrial Waste Water Meeting Discharge Standards	烟尘去除量 Volume of Industrial Soot Removed	烟尘排放量 Volume of Industrial Soot Emission	#排放达标量 Industrial Soot Meeting Discharge Standards	粉尘去除量 Volume of Industrial Dust Removed	粉尘排放量 Volume of Industrial Dust Emission	#排放达标量 Industrial Dust Meeting Discharge Standards
333339.96	**320816.70**	**102288.29**	**98437.07**	**8349035.62**	**123002.58**	**118742.65**	**4639038.03**	**203493.67**	**197696.20**
726.34	683.81			2546.12	346.77	346.76	22.80	64.82	64.78
		0.01			0.71	0.66		88.77	55.66
100.60	100.37	422.44	422.44	453.91	373.00	372.37	1371.40	301.41	301.01
3651.87	3609.09			59003.89	2226.63	2216.65	118.00	5.90	5.35
32.00	22.40	98.80	95.80		0.06	0.04		632.60	430.20
1588.49	1272.24	1.00	1.00	3113.42	1476.60	1395.34	668.95	139.26	136.03
5169.44	4829.68	7.20	1.73	19673.76	2519.25	2461.48		1.56	1.04
2708.87	2352.09			6318.07	1828.79	1763.62	32.62	9.26	9.25
337.63	328.21			516.92	242.47	235.00	4051.31	83.03	83.03
2188.66	1974.31			9189.98	2744.26	2602.70	80.96	32.89	32.89
349.06	343.53			246.89	116.78	113.66			
269.76	256.80			225.61	211.36	202.50			
3554.96	3389.91	154.37	154.33	6326.19	3156.13	3101.81	22110.62	2618.80	2497.94
19.83	19.43			36.62	14.78	14.75		12.16	12.16
14908.04	13982.09	0.08	0.02	77909.44	7049.64	6575.63	9.91	28.06	28.06
3.91	3.91				0.93	0.93			
71.46	35.97			0.10	12.02	12.02			
3337.69	3257.18	6956.74	6554.44	19140.11	1802.10	1800.87	3034.25	6087.99	4733.62
26160.67	24723.36	2107.83	2066.90	375884.11	14339.78	13684.92	50331.02	3754.83	3560.96
5571.11	5254.74	51.22	51.22	35984.53	3096.28	2841.07	19.88	47.12	47.12
3314.48	3314.46			13325.07	619.13	619.13	3.56	9.02	9.02
701.55	578.76			2455.70	448.43	446.58	19.12	34.21	24.81
74.25	65.44			329.43	86.96	86.62		4.20	4.20
54084.93	48745.29	29726.65	28194.44	1059169.25	44817.49	42966.85	3328663.10	170481.25	167793.06
17310.90	16821.26	46213.79	46186.43	98789.51	6281.57	6251.18	1025328.44	17592.57	15787.12
13090.51	11130.83	14979.10	14580.91	28523.91	6581.32	6323.35	202605.65	791.74	786.97
338.41	177.68	0.03	0.03	449.71	385.21	96.50	4.57	10.19	10.19
442.15	369.58	125.08	105.33	301.25	351.89	346.85	218.81	219.55	208.47
220.29	219.81			9.01	142.60	141.02			
981.63	961.23			10897.51	375.97	375.53	312.68	418.38	53.58
333.02	332.70			154.98	230.72	226.90	14.15	10.31	5.91
55.30	55.10			14.65	115.89	115.52	16.24	13.80	13.77
12.21	12.21				1.40	1.40			
61.58	59.93			212.23	166.01	165.36			
89.15	84.15			340.30	44.59	41.99			
171449.22	171449.17			6517493.46	20785.07	20785.07			

11-28 水资源总量（2010年）

Water Resources (2010)

地区	Region	水资源总量（亿立方米）Total Amount of Water Resources (100 million cu.m)	年降水量 Annual Precipitation 年降水深（毫米）(mm)	年降水量（亿立方米）(100 million cu.m)	地表水资源量 Surface Water Resources 年径流深（毫米）Annual Flow Depth(mm)	年径流量（亿立方米）Annual Flow (100 million cu.m)	地下水资源量（亿立方米）Groundwater Resources (100 million cu.m)
全省	**Province Total**	**2275.50**	**2086.21**	**3482.89**	**1350.80**	**2255.19**	**486.82**
南昌市	Nanchang	103.83	2026.61	150.03	1352.70	100.14	18.64
景德镇市	Jingdezhen	84.57	2504.95	131.46	1611.50	84.57	18.50
萍乡市	Pingxiang	50.97	2076.27	79.46	1331.90	50.97	13.56
九江市	Jiujiang	217.04	1830.68	344.59	1128.80	212.47	36.90
新余市	Xinyu	40.34	2178.13	68.92	1274.80	40.34	10.44
鹰潭市	Yingtan	70.42	2714.97	96.49	1971.70	70.07	9.71
赣州市	Ganzhou	426.83	1757.36	692.05	1083.90	426.83	110.43
吉安市	Ji'an	321.11	1934.23	488.80	1270.70	321.11	67.01
宜春市	Yichun	245.52	2143.50	400.19	1297.30	242.21	61.38
抚州市	Fuzhou	330.36	2407.03	452.93	1755.50	330.33	82.62
上饶市	Shangrao	384.51	2535.96	577.97	1650.40	376.15	57.63

11-29 供水量（2010年）

Water Supply (2010)

单位：亿立方米 (100 million cu.m)

地区	Region	总供水量 Total Water Supply	地表水源供水量 Surface Water	蓄水 Storage	引水 Diversion	提水 Carry	地下水源供水量 Groundwater
全省	**Province Total**	**239.75**	**229.84**	**96.54**	**50.53**	**82.77**	**9.91**
南昌市	Nanchang	30.87	29.67	4.72	10.58	14.37	1.20
景德镇市	Jingdezhen	8.40	7.80	2.67	0.45	4.68	0.60
萍乡市	Pingxiang	7.92	6.99	2.62	2.94	1.43	0.93
九江市	Jiujiang	26.88	26.29	7.74	1.68	16.87	0.59
新余市	Xinyu	8.18	7.95	4.50	2.87	0.58	0.23
鹰潭市	Yingtan	6.22	5.95	2.35	0.84	2.76	0.27
赣州市	Ganzhou	28.26	26.38	14.53	8.16	3.69	1.88
吉安市	Ji'an	36.22	35.45	19.51	7.69	8.25	0.77
宜春市	Yichun	38.18	36.48	15.44	5.43	15.61	1.70
抚州市	Fuzhou	23.08	22.44	7.43	6.46	8.55	0.64
上饶市	Shangrao	25.54	24.44	15.03	3.43	5.98	1.10

11-30 用 水 量 (2010年)

Water Use (2010)

单位：亿立方米 (100 million cu.m)

地 区	Region	总用水量 Total	农田灌溉 Irrigated	林牧渔畜 Agricultural	规模以上工业 Industrial above Designated Size	规模以下工业 Industrial below Designated Size	城镇公共 Urban Publical	城镇居民生活 Urban Residential	农村居民生活 Rural Residential	生态环境 Ecological Protection
全 省	**Province Total**	**239.75**	**147.00**	**7.51**	**47.02**	**10.33**	**4.07**	**11.66**	**8.27**	**3.89**
南 昌 市	Nanchang	30.87	16.71	0.66	4.82	2.69	1.10	1.83	0.56	2.50
景德镇市	Jingdezhen	8.40	3.88	0.13	2.76	0.61	0.14	0.54	0.23	0.11
萍 乡 市	Pingxiang	7.92	3.48	0.28	2.24	0.75	0.25	0.56	0.28	0.08
九 江 市	Jiujiang	26.88	13.96	0.35	8.97	0.89	0.35	1.28	0.90	0.18
新 余 市	Xinyu	8.18	2.93	0.10	3.47	0.90	0.15	0.38	0.16	0.09
鹰 潭 市	Yingtan	6.22	3.61	0.27	1.53	0.10	0.14	0.34	0.18	0.05
赣 州 市	Ganzhou	28.26	18.82	1.39	2.23	1.12	0.64	1.97	1.85	0.24
吉 安 市	Ji'an	36.22	26.44	0.99	5.82	0.52	0.25	1.12	0.94	0.14
宜 春 市	Yichun	38.18	20.89	1.07	12.04	1.19	0.43	1.30	1.07	0.19
抚 州 市	Fuzhou	23.08	17.92	1.21	1.12	0.73	0.28	0.92	0.77	0.13
上 饶 市	Shangrao	25.54	18.36	1.06	2.02	0.83	0.34	1.42	1.33	0.18

注：1.规模以上工业指独立核算国有工业和年产品销售收入500万元以上非国有工业。
2.城镇公共用水指建筑业用水和服务业用水。
3.生态环境用水指城镇环境用水和农村环境用水。

a) Industrial enterprises above designated size refer to state-owned industrial enterprises with independent accounting system and non-state-owned industrial enterprises with annual revenue from products sale over 5 million yuan..

b) Urban publical water use refer to water use of construction and services.

c) Ecological water use refer to water use of urban and rural areas.

11-31 废 污 水 排 放 量 (2010年)

Discharge of Waste Water (2010)

单位：万吨/年 (10000 tons/year)

地 区	Region	合 计 Total	第二产业 Secondary Industry	工 业 Industry	建筑业 Construction	第三产业 Tertiary Industry	城镇居民生活 Urban Household Consumption
全 省	**Province Total**	**329471**	**220196**	**217876**	**2320**	**21825**	**87450**
南 昌 市	Nanchang	68240	48590	47970	620	5925	13725
景德镇市	Jingdezhen	16865	11765	11765		1050	4050
萍 乡 市	Pingxiang	22845	17595	17375	220	1050	4200
九 江 市	Jiujiang	35500	23575	23495	80	2325	9600
新 余 市	Xinyu	20415	16890	16770	120	675	2850
鹰 潭 市	Yingtan	13315	9940	9880	60	825	2550
赣 州 市	Ganzhou	40295	21545	21325	220	3975	14775
吉 安 市	Ji'an	26100	16500	16320	180	1200	8400
宜 春 市	Yichun	33927	22152	21832	320	2025	9750
抚 州 市	Fuzhou	20975	12800	12580	220	1275	6900
上 饶 市	Shangrao	30994	18844	18564	280	1500	10650

11−32 各地区气象台站及主要技术装备情况（2010年）
Weather Stations and Machinery in Cities by Region (2010)

地　区	Region	国家基准气侯站（个）National Reference Climatological Station (unit)	国家基本气象站（个）Basic Synoptic Station (unit)	国家一般气象站（个）General Synoptic (unit)	区域气象观测站（个）Number of Regional Observatory (unit)	农业气象观测站（个）Agrometeorological Observatory (unit)	生态气象观测站（个）Ecometeorological Observatory (unit)	紫外线观测站（个）Ultraviolet Radiation Observatory (unit)	天气雷达（部）Weather Radar (unit)	闪电定位仪（个）Lightning Orientation (unit)
全　省	**Province Total**	**4**	**22**	**61**	**1531**	**18**	**6**	**12**	**6**	**12**
南昌市	Nanchang		1	4	90	1	1	1	1	1
景德镇市	Jingdezhen		1	1	43	1		1		1
萍乡市	Pingxiang		1	1	50	1	1	1		
九江市	Jiujiang		3	8	183	2	1	2	1	2
新余市	Xinyu			2	41	1		1		
鹰潭市	Yingtan		1	2	38	1		1		1
赣州市	Ganzhou		4	13	299	3	1	1	1	2
吉安市	Ji'an	1	3	8	220	2	1	1	1	1
宜春市	Yichun	1	3	6	155	2		1	1	1
抚州市	Fuzhou	1	2	8	143	1		1		2
上饶市	Shangrao	1	3	8	269	3	1	1	1	1

11−33 各地区气候基本情况（2010年）
Climate by Region (2010)

地　区	Region	年平均气温 Annual Average Temperature (℃)/△T	年降水量 Annual Precipitation (mm)/△R	年日照时数 Annual Sunshine Hours (h)/△S	年平均相对湿度 Annual Average Relative Humidity (%)/△U	重大灾害性天气(站次) Great calamity weather(time) 暴雨 Storm	大风 Gale	冰雹 Hail	大雾 Fog	大雪 Heavy snow	雷暴 Thunderstorm
合　计	**Total**	—	—	—	—	**854**	**182**	**37**	**1577**	**148**	**4459**
全省平均	**Province Average**	**18.5/0.7**	**2151.3/511.8**	**1552.7/-130.6**	**75/-3**	—	—	—	—	—	—
南昌市	Nanchang	18.5/0.9	2211.1/586.7	1783.9/-36.5	73/-4	76			14	1	65
景德镇市	Jingdezhen	18.0/0.6	2571.5/745.1	1724.1/-73.3	76/-2	27	1		19	6	128
萍乡市	Pingxiang	18.3/1.0	1968.2/365.0	1524.6/71.8	79/-3	6	1	1	23	9	51
九江市	Jiujiang	17.9/0.7	1743.4/271.1	1609.0/-116.9	70/-7	63	81	15	389	11	517
新余市	Xinyu	18.9/1.0	2169.6/566.7	1330.8/-268.0	71/-8	18	3	1	16	2	111
鹰潭市	Yingtan	18.6	2643.4	1644.3	76	35	3		26	6	124
赣州市	Ganzhou	19.9/0.5	1326.6/-134.6	1519.9/-258.5	73/-3	87	9	1	254	28	987
吉安市	Ji'an	19.1/0.7	2208.7/689.9	1448.8/-191.5	81/2	162	53	9	227	16	455
宜春市	Yichun	18.0/0.8	2137.0/507.0	1392.7/-170.5	80/0	99	10	4	185	21	605
抚州市	Fuzhou	18.7/0.8	2409.7/594.1	1469.5/-171.3	73/-8	110	17	4	268	22	690
上饶市	Shangrao	17.8/0.1	2767.2/927.5	1723.9/-91.0	78/0	171	4	2	156	26	726

注：△T、△R、△S、△U分别表示本年度平均气温、降水量、日照时数、平均相对湿度与近三十年情况比较的偏差值，其中鹰潭为新建站点，无历史记录，这几项空缺。

a) △T,△R,△S and △U indicate differences of annual average temperature, precipitation and sunshine hours at current year compared with nearly 30 years.Data of Yingtan are not available because it is newly established.

主要统计指标解释

林业用地面积 指用来发展林业的土地，包括郁闭度0.2以上的乔木林地以及竹林地、灌木林地、疏林地、采伐迹地、火烧迹地、未成林造林地、苗圃地和县级以上人民政府规划的宜林地面积。

造林总面积 指报告期内在荒山、荒地、沙丘、退耕地等一切可以造林的土地上，采用人工播种、飞机播种、植苗造林、分植造林等方法新植成片乔木林和灌木林，经过检查验收符合《造林技术规程》要求的单位面积株数，并按《中华人民共和国森林法实施条例》规定，成活率达 85%以上(含85%，年降雨量在400毫米以下且无浇灌条件的地区造林成活率达 70%以上)的总面积。四旁植树如一侧在四行以上，连片面积 0.066 公顷(一亩)以上，应统计在造林面积内。造林面积，通常按所有制(国有、国有集体合作、集体和个人)、造林方式(人工、飞机播种)、主要林种用途(用材林、经济林、防护林、薪炭林、特种用途林)分组进行统计。

活立木总蓄积量 指一定范围土地上全部树木蓄积的总量，包括森林蓄积、疏林蓄积、散生木蓄积和四旁树蓄积。

森林覆盖率 指一个国家或地区森林面积占土地面积的百分比。在计算森林覆盖率时，森林面积包括郁闭度 0.20 以上的乔木林地面积和竹林地面积、国家特别规定的灌木林地面积、农田林网以及林旁、路旁、水旁、宅旁林木的覆盖面积。森林覆盖率表明一个国家或地区森林资源的丰富程度和生态平衡状况，是反映林业生产发展水平的主要指标。

自然保护区 指对有代表性的自然生态系统、珍稀濒危野生动植物物种的天然分布、水源涵养区、有特殊意义的自然历史遗迹等保护对象所在的陆地、陆地水体或海域，依法划出一定面积进行特殊保护和管理的区域。以县及县以上各级政府正式批准建立的自然保护区为准。风景名胜区、文物保护区不计在内。

林业产业总产值 指一定时期内（通常为1年）以货币表现的林业物质生产部门和非物质生产部门的生产总值，包括林业第一、第二、第三产业的生产总值。林业产业总产值的现行统计范围为：第一产业（农林牧渔业）中全社会的林业产值，种植业中全社会的花卉产值和茶、桑、果产值，畜牧业中全社会的狩猎业产值，林业系统的其他种植业产值、牧业产值和渔业产值；第二产业中采掘业之中全社会的木竹采运业产值，制造业之中全社会的木材加工及竹、藤、棕、草制品业产值和林产化学产品制造业产值，林业系统其他采掘业产值和制造业产值、电力煤气及水的生产供应业产值、建筑业产值；第三产业中全社会的森林旅游产值，林业系统的批发及零售贸易及餐饮业产值、交通运输仓储及邮电通讯业产值、房地产业产值、除森林旅游业外的其他社会服务业产值及其他第三产业产值。

工业废水排放量 指经过企业厂区所有排放口排到企业外部的工业废水量。包括生产废水、外排的直接冷却水、超标排放的矿井地下水和与工业废水混排的厂区生活污水，不包括外排的间接冷却水(清污不分流的间接冷却水应计算在内)。

工业废水排放达标量 指报告期内废水中各项污染物指标都达到国家或地方排放标准的外排工业废水量，包括未经处理外排达标的，经废水处理设施处理后达标排放的，以及经污水处理厂处理后达标排放的。

工业废气排放量 指报告期内企业厂区内燃料燃烧和生产工艺过程中产生的各种排入大气的含有污染物的气体的总量，以标准状态(273K，101325Pa)计算。

工业烟尘排放量 指企业厂区内燃料燃烧过程中产生的烟气中夹带的颗粒物排放量。

生活及其他烟尘排放量 指除工业生产活动以外的所有社会、经济活动及公共设施的经营活动中燃烧所排放的烟尘纯重量。以生活及其他煤炭消费量为基础进行测算。

工业粉尘排放量 指企业在生产工艺过程中排放的能在空气中悬浮一定时间的固体颗粒物排放量。如钢铁企业的耐火材料粉尘、焦化企业的筛焦系统粉尘、烧结机的粉尘、石灰窑的粉尘、建材企业的水泥粉尘等。不包括电厂排入大气的烟尘。

工业固体废物综合利用量 指报告期内企业通过回收、加工、循环、交换等方式，从固体废物中提取或者使其转化为可以利用的资源、能源和其他原材料的固体废物量(包括当年利用往年的工业固体废物贮存量)，如用作农业肥料、生产建筑材料、筑路等。综合利用量由原产生固体废物的单位统计。

供水总量 指各种水源工程为用户提供的包括输水损失在

内的毛供水量之和，不包括海水直接利用量。

地表水源供水量 指地表水体工程的取水量，按蓄、引、提、调四种形式统计。从水库、塘坝中引水或提水，均属蓄水工程供水量；从河道或湖泊中自流引水的，无论有闸或无闸，均属引水工程供水量；利用扬水站从河道或湖泊中直接取水的，属提水工程供水量；跨流域调水指水资源一级区或独立流域之间的跨流域调配水量，不包括在蓄、引、提水量中。

地下水源供水量 指水井工程的开采量，按浅层淡水、深层承压水和微咸水分别统计。城市地下水源供水量包括自来水厂的开采量和工矿企业自备井的开采量。

用水量 指各类用水户取用的包括输水损失在内的毛用水量，按农田灌溉、林牧渔畜、工业、城镇公共、居民生活、生态环境六大类统计。工业用水为取用的新水量，不包括企业内部的重复利用水。

Explanatory Notes on Main Statistical Indicators

Forest Land Area Refer to areas of forestry development, including arbor forest that over 0.2 canopy density, bamboo forest land, bush forest land, sparse forest land, cutting blanks, the burns, immature forest land, seedling nursery site, and suitable for planting of the planning of governments at and above county level.

Total area of afforestation Refers to the total area of land suitable for afforestation, including barren hills, idle land, sand dunes, “grain for green” land, on which acres of arbores or bushes are planted through manual planting, airplane planting, plant seedlings, etc. in accordance with the required density standards of the Technical Procedures of Afforestation, and with a survival rate of over 85% in line with the Implementing Rules of the Forest Law of the People’s Republic of China (or a survival rate of 75% in areas with less that 400 mm of annual rainfall and without irrigation facilities). Included in the this category are trees planted alone the roadsides, riversides, or next to houses that occupy an area over 0.066 hectares, or where more than 4 lines of trees are planted. Total area of afforestation is further classified by ownership (state-owned, state-collective, collective or private), by approach of planting (manual, airplane), and by type of forests (timber, by-products, protection, fuel, special use, etc.).

Total standing forest stock Refer to total stock of all trees on certain range land, including forest stock, sparse forest stock, sporadic trees stock, and scattered trees stock.

Forest coverage rate Refer to the percentage of the area of land in the area of forest of a country or region. While counting the forest coverage rate, the areas of forest include the arbor forest areas that over 0.2 canopy density, areas of bamboo forest land, areas of bush forest land of nation special provision, areas of farmland shelterbelt network, beside forests, road, water, house. Forest coverage rate indication that the degree of abundance of forest resource and ecological balance of a country or region. Forest coverage rate is the main item to mirror the development of forestry.

Nature Reserves Refer to certain areas of land, waters or sea that are representative in natural ecological systems, or are natural habitats for rare or endangered wild animals or plants, or water conservation zones, or the location of important natural or historic relics, which are demarked by law and put under special protection and management. Nature reserves are designated by the formal approval of governments at and above county level (including those approved by relevant departments or “revolutionary committees” before 1980). Scenic spots and cultural preservation zones are not included.

Gross output value of forestry Refer to the total value of products of productive departments and nonproductive departments during a given period of time (usually a year), including the primary Industry, the secondary Industry, and the tertiary Industry. The current Statistics of gross output value of Forestry include the output value of forestry in the whole country, the output value of flower, tea, mulberry and fruit in planting, the output value of hunting in animal husbandry, the output value of the other planting, animal husbandry and fishery of the forestry system; the output value of the bamboo and timber’s cutting and transport in extractive industry, the processing of timber, the products of bamboo, rattan, palm, grass and forestry chemical, the output value of the other extractive industry, manufacturing, the production and supply of electric power and heat power, the construction; the output value of the forestry tourist, wholesale and retail trades and catering, transport, storage and post, real estate, and the other social services except the forestry tourist.

Waste Water Discharged by Industry refers to the volume of waste water discharged by industrial enterprises through all their outlets, including waste water from production process, directly cooled water, groundwater from mining wells which does not meet discharge standards and sewage from households mixed with waste water produced by industrial activities, but excluding indirectly cooled water discharged (It should be included if the discharge is not separated from waste water).

Industrial Waste Water Meeting Discharge Standards refers to volume of industrial waste water discharge which, with or without treatment, reaches national or local standards with regard to all pollutants.

Industrial Waste Air Emission refers to the discharge into atmosphere of waste air containing pollutants generated from fuel burning and production processes in enterprises within a given period of time. It is calculated at standard status (273K, 101325Pa)

Industrial Soot Emission refers to the volume of soot in smoke emitted in the process of fuel burning in the premises of enterprises.

Soot Emission by Consumption and Others refers to the net volume of soot emitted by fuel burning from all social and economic activities and operations of public facilities other than industrial activities. It is calculated on the basis of coal consumption by households and others.

Industrial Dust Emission refers to volume of dust emitted by production process of enterprises and suspended in the air for a given period of time, including dust from refractory material of iron and steel works, dust from coke-screening systems and sintering machines of coke plants, dust from lime kilns and dust from cement production in building material enterprises, but excluding soot and dust emitted from power plants.

Industrial Solid Wastes Utilized refers to volume of solid wastes from which useful materials can be extracted or which can be converted into usable resources, energy or other materials by means of reclamation, processing, recycling and exchange (including utilizing in the year the stocks of industrial solid wastes of the previous year). Examples of such utilizations include fertilizers, building materials and road materials. The information shall be collected by the producing units of the wastes.

Water Supply refers to gross water supply by supply systems from sources to consumers, including losses during distribution.

Surface Water Supply refers to withdrawals by surface water supply system, broken down with storage, flow, pumping and transfer. Supply from storage projects includes withdrawals from reservoirs; supply from flow includes withdrawals from rivers and lakes with natural flows no matter if there are locks or not; supply from pumping projects includes withdrawals from rivers or lakes with pumping stations; and supply from transfer refers to water supplies transferred from first-level regions of water resources or independent river drainage areas to others, and should not be covered under supplies of storage, flow and pumping.

Groundwater Supply refers to withdrawals from supplying wells, broken down with shallow layer freshwater, deep layer freshwater and slightly brackish water. Groundwater supply for urban areas includes water mining by both waterworks and own wells of enterprises.

Water Consumption refers to water used including lose during transportation. Water consumption is divided into farmland irrigation, forestry husbandry fishing and farming, industry, public affair, livelihoods, ecological environment. Industry water consumption refers to newly using, do not include reusing.

12

农业

AGRICULTURE

◆257/305

资料整理及英文翻译：杨建萍　方建洲　胡霖

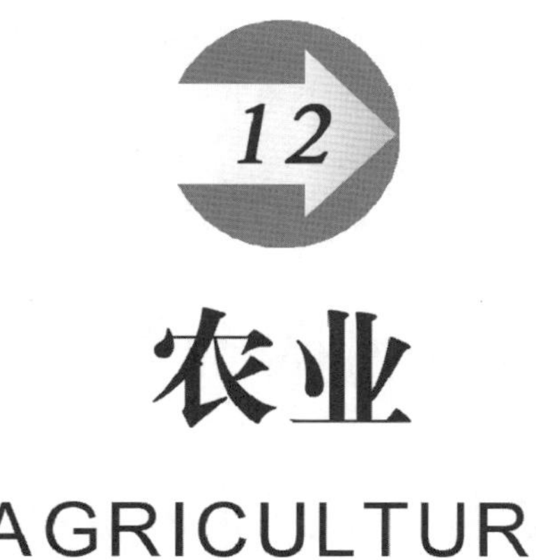

简要说明

一、本篇资料反映全省农业生产和农村经济的基本情况。主要包括农村基层组织、乡村劳动力、耕地、主要农产品面积和产量、农村基础设施以及农林牧渔综合计算等方面的统计资料。

二、本篇资料主要来源于江西省《农林牧渔业、农业产值综合、乡村社会经济统计报表制度》，其统计范围包括各市、县(区)各种经济类型的全部农林牧渔业以及各非农行业附属的农林牧渔业生产单位。

三、本篇资料中的农村基层组织、乡村劳动力、主要农产品面积和产量以及农林牧渔业总产值和增加值等由省统计局农业处提供；林业、渔业、农机和水利情况则分别根据省林业厅、省农业厅、省水利厅和省国土资源厅等部门资料整理提供。

四、部分指标依据2006年全国第二次农业普查资料进行了修正。

。

Brief Introduction

Ⅰ. The data in this chapter show the basic conditions of agricultural production and rural economy for the whole province, including mainly rural grassroots units, rural employed labors force, cultivated land, areas and output of major products, rural infrastructure, and Comprehensive Statistical of farming, forestry, animal husbandry and fishery.

Ⅱ. Data in this chapter mainly come from the Comprehensive Statistical Reporting on Farming, Forestry, Animal Husbandry and Fishery, the Comprehensive Statistical Reporting on Agricultural Output, and the Rural Social and Economic Survey of Jiangxi Province. Statistics on agriculture includes all productive units of farming, forestry, animal husbandry and fishery and units engaged in farming, forestry, animal husbandry and fishery in non-agricultural sectors with various types of ownership in cities, counties and districts of Jiangxi Province.

Ⅲ. Data on rural grassroots units, employed labor force, agricultural production and area, gross output value and value-added of farming, forestry, animal husbandry, and fishery are provided by Statistical Bureau. Data on forestry, fishery, agricultural machinery, and water conservancy are provided by Forestry, Agriculture, Water Conservancy department of Jiangxi province, and department of land and resources of jiangxi province.

Ⅳ. Some Indicators have been adjusted according to the Second National Agricultural Census in 2006.

12-1　农村乡(镇)基本情况

Basic Conditions of Township and Town of Country

指　　标	Iterm	2009	2010
乡镇政府(个)	Number of Township and Town Governments(unit)	1404	1402
镇政府	Number of Town Governments(unit)	777	777
乡政府	Number of Township Governments(unit)	627	625
村民委员会(个)	Number of Villagers' Committees(unit)	17227	17246
村民小组(个)	Number of Villagers' Group(unit)	200653	200785
通汽车的村委会个数(个)	Number of Villages Which is Accessible by Automobile(unit)	17154	17174
占村委会总个数比重(%)	Rate to Total Number of Villages(%)	99.6	99.6
自来水受益村委会个数(个)	Number of Villages Benifited by Tap Water(unit)	6953	7985
占村委会总个数比重(%)	Rate to Total Number of Villages(%)	40.4	46.3
通电话的村委会个数(个)	Number of Villages with Telephones(unit)	17183	17198
占村委会总个数比重(%)	Rate to Total Number of Villages(%)	99.7	99.7
通广播的村委会个数(个)	Number of Villages with Radio(unit)	12231	12811
占村委会总个数比重(%)	Rate to Total Number of Villages(%)	71.0	74.3

12-2　各地区乡(镇)组织情况（2010年）

Organizing Conditions of Township and Town by Region (2010)

地　区	Region	乡(镇)政府个数(个) Number of Township and Town Governments (unit)	#镇政府 Number of Town Governments	村民委员会(个) Number of Villagers' Committees (unit)	村民小组(个) Number of Villagers' Group (unit)	乡村总户数(户) Number of Total Rural Households (households)	乡村总人口(人) Total Rural Population (person)
全　省	**Provincial Total**	**1402**	**777**	**17246**	**200785**	**8673136**	**34788439**
南昌市	Nanchang	76	45	1179	9740	700051	2799075
景德镇市	Jingdezhen	39	25	506	4233	267340	1026018
萍乡市	Pingxiang	46	28	639	9591	342130	1420576
九江市	Jiujiang	182	101	1797	23573	906926	3721422
新余市	Xinyu	26	16	400	3787	222876	754753
鹰潭市	Yingtan	33	20	353	4052	211749	824783
赣州市	Ganzhou	283	138	3460	48870	1727821	7177146
吉安市	Ji'an	214	112	2535	26692	972092	3835944
宜春市	Yichun	157	104	2273	26536	1084008	4123269
抚州市	Fuzhou	151	88	1796	17297	770820	3047644
上饶市	Shangrao	195	100	2308	26414	1467323	6057809

12-3 各地区乡(镇)劳动力（2010年）

Laborers of Township and Town by Region (2010)

单位：人 (person)

地区	Region	合计 Total	农林牧渔业 Farming,Forestry, Animal, Husbandry and Tishery	工业 Industry	建筑业 Construction
全省	**Provincial Total**	**17611480**	**8514118**	**3472280**	**1583339**
南昌市	Nanchang	1413104	693193	196513	133787
景德镇市	Jingdezhen	540783	205796	113993	64103
萍乡市	Pingxiang	722210	282297	234783	62370
九江市	Jiujiang	1851515	889229	312964	154667
新余市	Xinyu	404490	206304	52601	39015
鹰潭市	Yingtan	431919	225779	77840	40364
赣州市	Ganzhou	3708302	1901369	788860	274000
吉安市	Ji'an	1948523	960811	490702	169039
宜春市	Yichun	2016169	1006256	393127	143597
抚州市	Fuzhou	1527519	908445	188336	141934
上饶市	Shangrao	3046926	1234639	622561	360463

12-3 续表 continued

单位：人 (person)

地区	Region	交通运输仓储及邮政业 Transport, Storage and Post	信息传输和计算机软件业 Information Transmission, Computer Services and Software	批发零售和住宿餐饮业 Wholesale, Retail, Trades Hotels and Catering Services	其他行业 Others
全省	**Provincial Total**	**453683**	**101454**	**1062144**	**2424462**
南昌市	Nanchang	54085	10050	130819	194657
景德镇市	Jingdezhen	14586	2355	29508	110442
萍乡市	Pingxiang	25671	4589	49793	62707
九江市	Jiujiang	43005	10291	91259	350100
新余市	Xinyu	10966	2085	27303	66216
鹰潭市	Yingtan	10842	2364	34330	40420
赣州市	Ganzhou	66039	14601	164459	498974
吉安市	Ji'an	50269	13143	102217	162342
宜春市	Yichun	53135	8773	103918	307363
抚州市	Fuzhou	41388	5863	97370	144183
上饶市	Shangrao	83697	27340	231168	487058

12-4 农、林、牧、渔业总产值和商品产值

Gross Output Value，and Commodity Output Value of Farming, Forestry, Animal Husbandry and Fishery

本表按当年价格计算

Data in this table are calculated at current prices.

单位：万元 (10000 yuan)

年份 Year	农林牧渔业总产值 Gross Output Value of Farming,Forestry, Animal Husbandry and Fishery	农业产值 Output Value of Farming	林业产值 Output Value of Forestry	牧业产值 Output Value of Animal Husbandry	渔业产值 Output Value of Fishery	服务业产值 Output Value of Services	农林牧渔业商品产值 Commodity Output Value of Farming, Forestry, Animal Husbandry and Fishery	农林牧渔业商品率(%) Commodity Rate of Farming, Forestry, Animal Husbandry and Fishery(%)
1978	492900	364752	58723	63025	6400		175842	35.7
1979	665189	481718	85897	90597	6977		253118	38.1
1980	681508	482402	96038	95168	7900		279874	41.1
1981	742600	522463	104083	104682	11372		305367	41.1
1982	831511	586907	103454	127796	13354		364929	43.9
1983	860800	594400	114129	135497	16774		402457	46.8
1984	983498	665510	124571	170557	22860		479589	48.8
1985	1145040	740353	141190	228397	35100		566795	49.5
1986	1247893	768670	144880	291666	42677		646039	51.8
1987	1443474	890020	157209	343928	52317		803109	55.6
1988	1741810	962597	188566	518391	72256		1042194	59.8
1989	1979302	1111245	189588	597366	81103		1210169	61.1
1990	2119055	1202955	195286	620351	100463		1372256	64.8
1990	2552437	1534586	239624	674764	103463		1372256	53.8
1991	2715836	1612274	288951	688523	126088		1483574	54.6
1992	2983528	1683513	315804	830611	153600		1735728	58.2
1993	3601064	1961358	314875	1095139	229692		2165316	60.1
1994	5278602	2762704	375230	1776561	364107		3368228	63.8
1995	6317137	3316376	414590	2095348	490823		4053816	64.2
1996	7334888	3863193	463328	2311829	696538		4751920	66.9
1997	7855119	3946088	468592	2558551	881888		5180617	66.0
1998	7348844	3615365	476187	2383146	874146		4824857	65.7
1999	7502895	3881699	495903	2239960	885333		4824974	64.3
2000	7602670	3872737	511086	2217976	1000871		4923589	64.8
2000	7413543	3446961	579735	2217976	1000871	168000	4497813	60.7
2001	7674396	3583299	605300	2261129	1042668	182000	4812927	62.7
2002	7918643	3664496	649332	2339367	1099548	165900	5093507	64.3
2003	8416300	3837127	704801	2540056	1185493	148823	5598337	66.5
2004	10549211	4910558	790778	3249823	1431346	166706	6836789	64.8
2005	11429925	5104715	873713	3650964	1625621	174912	7797125	68.2
2006	12252714	5571936	1046051	3440455	1643115	551157	8364442	68.3
2007	14269333	6212597	1264574	4355792	1822009	614361	9673395	67.8
2008	16804990	6943243	1507654	5560144	2115976	677973	11427251	68.0
2009	17338215	7297223	1617850	5414950	2311804	696388	12638262	72.9
2010	19005843	8013643	1867952	5840500	2555809	727939	13893271	73.1

注：1990年数为按老口径计算的数据，自2000年后按新的国民经济行业分类计算,后同。

a)The data of 1990 was calculated on old basis.The data since 2000 is calculated on the new classification standards for national economic.

12-5 农、林、牧、渔业总产值构成

Gross Output Value Composition of Farming, Forestry, Animal Husbandry and Fishery

本表按当年价格计算

Data in this table are calculated at current prices.

单位：% (%)

年份 Year	农林牧渔业总产值 Gross Output Value of Farming,Forestry, Animal Husbandry and Fishery	农业产值 Output Value of Farming	林业产值 Output Value of Forestry	牧业产值 Output Value of Animal Husbandry	渔业产值 Output Value of Fishery	服务业产值 Output Value of Services
1978	100.0	74.0	11.9	12.8	1.3	
1979	100.0	72.5	12.9	13.6	1.0	
1980	100.0	70.7	14.1	14.0	1.2	
1981	100.0	70.4	14.0	14.1	1.5	
1982	100.0	70.6	12.4	15.4	1.6	
1983	100.0	69.1	13.3	15.7	1.9	
1984	100.0	67.7	12.7	17.3	2.3	
1985	100.0	64.7	12.3	19.9	3.1	
1986	100.0	61.6	11.6	23.4	3.4	
1987	100.0	61.7	10.9	23.8	3.6	
1988	100.0	55.3	10.8	29.8	4.1	
1989	100.0	56.1	9.6	30.2	4.1	
1990	100.0	56.8	9.2	29.3	4.7	
1990	100.0	60.1	9.4	26.4	4.1	
1991	100.0	59.4	10.6	25.4	4.6	
1992	100.0	56.5	10.6	27.8	5.1	
1993	100.0	54.5	8.7	30.4	6.4	
1994	100.0	52.3	7.1	33.7	6.9	
1995	100.0	52.4	6.6	33.2	7.8	
1996	100.0	52.7	6.3	31.5	9.5	
1997	100.0	50.2	6.0	32.6	11.2	
1998	100.0	49.2	6.5	32.4	11.9	
1999	100.0	51.7	6.6	29.9	11.8	
2000	100.0	50.9	6.7	29.2	13.2	
2000	100.0	46.5	7.8	29.9	13.5	2.3
2001	100.0	46.7	7.9	29.5	13.6	2.3
2002	100.0	46.3	8.2	29.5	13.9	2.1
2003	100.0	45.6	8.4	30.2	14.1	1.7
2004	100.0	46.5	7.5	30.8	13.6	1.6
2005	100.0	44.7	7.7	31.9	14.2	1.5
2006	100.0	45.5	8.5	28.1	13.4	4.5
2007	100.0	43.5	8.9	30.5	12.8	4.3
2008	100.0	41.3	9.0	33.1	12.6	4.0
2009	100.0	42.1	9.3	31.2	13.3	4.0
2010	100.0	42.2	9.8	30.7	13.5	3.8

12-6 农、林、牧、渔业总产值指数

Indices of Gross Output Value of Farming,Forestry,Animal Husbandry and Fishery

本表按可比价格计算。

Data in this table are calculated at constant pieces.

年 份 Year	以1978年为100 (year of 1978=100)						以上年为100 (preceding year=100)					
	农林牧渔业总产值 Gross Output Value of Farming, Forestry, Animal Husbandry and Fishery	农业产值 Output Value of Farming	林业产值 Output Value of Forestry	牧业产值 Output Value of Animal Husbandry	渔业产值 Output Value of Fishery	服务业产值 Output Value of Services	农林牧渔业总产值 Gross Output Value of Farming, Forestry, Animal Husbandry and Fishery	农业产值 Output Value of Farming	林业产值 Output Value of Forestry	牧业产值 Output Value of Animal Husbandry	渔业产值 Output Value of Fishery	服务业产值 Output Value of Services
1978	100	100	100	100	100	100	102.8	101.6	105.7	107.2	98.9	
1979	114.8	115.0	112.4	116.5	113.6		114.8	115.0	112.4	116.5	113.6	
1980	111.2	109.3	108.7	120.6	127.4		96.9	95.1	96.8	103.6	112.2	
1981	115.6	111.2	127.3	122.6	150.7		103.9	101.7	117.1	101.8	118.3	
1982	127.4	122.4	124.8	148.7	170.0		110.2	110.1	98.0	121.1	112.8	
1983	129.4	122.7	128.2	152.7	213.2		101.5	100.2	102.7	102.7	125.4	
1984	143.3	135.4	144.5	169.0	240.9		110.8	110.3	112.7	110.7	112.9	
1985	153.6	140.4	153.7	200.8	291.5		107.2	103.7	106.4	118.8	121.0	
1986	157.7	138.0	154.9	232.9	337.4		102.6	98.3	100.8	116.0	115.7	
1987	171.6	150.8	169.3	247.9	387.9		108.8	109.3	109.3	106.4	115.0	
1988	176.3	147.5	176.9	282.1	445.1		102.7	97.8	104.5	113.8	114.8	
1989	185.8	156.8	177.6	296.5	485.3		105.4	106.3	100.4	105.1	109.0	
1990	198.0	167.7	184.0	315.5	532.0		106.5	106.9	103.6	106.4	109.6	
1991	210.0	176.0	199.4	337.6	584.6		106.1	105.0	108.3	107.0	109.9	
1992	223.8	181.4	212.9	378.7	712.1		106.6	103.0	106.8	112.2	121.8	
1993	240.1	185.2	194.2	456.3	972.1		107.3	102.1	91.2	120.5	136.5	
1994	264.7	193.4	209.7	537.7	1243.1		110.2	104.5	108.0	117.8	127.9	
1995	278.4	193.9	210.3	590.9	1562.5		105.2	100.2	100.3	109.9	125.7	
1996	301.8	208.4	221.5	609.2	2087.5		108.4	107.5	105.3	103.1	133.6	
1997	322.9	221.3	218.1	644.1	2510.9		107.0	106.2	98.5	105.7	120.3	
1998	310.2	203.8	220.4	623.6	2656.1		96.1	92.1	101.1	96.8	105.8	
1999	325.4	226.2	216.8	600.3	2847.3		104.9	111.0	98.4	96.3	107.2	
2000	334.5	230.3	234.4	599.1	3103.6	335.0	102.8	101.8	108.1	99.8	109.0	100.6
2001	344.5	238.1	237.2	608.7	3261.9	364.8	103.0	103.4	101.2	101.6	105.1	108.9
2002	358.3	244.5	251.2	628.8	3539.2	332.3	104.0	102.7	105.9	103.3	108.5	91.1
2003	368.1	243.3	268.7	651.4	3819.9	296.1	102.7	99.5	107.0	103.6	107.9	89.1
2004	397.6	269.3	280.8	685.9	4125.4	307.9	108.0	110.7	104.5	105.3	108.0	104.0
2005	424.6	278.5	293.2	770.3	4451.3	316.8	106.8	103.4	104.4	112.3	107.9	102.9
2006	450.5	293.5	346.8	794.2	4780.5	356.4	106.1	105.4	118.3	103.1	107.4	112.5
2007	469.4	303.5	377.0	818.0	5067.3	383.8	104.2	103.4	108.7	103.0	106.0	107.7
2008	491.9	315.3	406.8	859.7	5340.9	399.5	104.8	103.9	107.9	105.1	105.4	104.1
2009	514.5	323.5	430.8	909.6	5725.4	413.1	104.6	102.6	105.9	105.8	107.2	103.4
2010	535.1	327.1	458.8	962.4	6137.6	434.2	104.0	101.1	106.5	105.8	107.2	105.1

12-7 农、林、牧、渔业总产值

Gross Output Value of Farming,Forestry,Animal Husbandry and Fishery

单位：万元 (10000 yuan)

行　业	Sector	2009	2010	2010年比2009年增长（%） Increase Rate in 2010 over 2009(%)
农林牧渔业总产值	**Gross Output Value of Farming,Foretry, Animal Husbands and Fishery**	**17338215**	**19005843**	**4.0**
农业产值	**Output Value of Farming**	**7297223**	**8013643**	**1.1**
谷物及其他作物	Cereal and Other Cereal	4613500	4996710	0.3
谷物	Cereal	3431146	3573949	-1.9
薯类	Tubers	112462	126879	-4.2
油料	Oil-bearing Crops	426733	506595	6.9
豆类	Soybeans	116530	142839	8.1
棉花	Cotton	201214	251579	8.5
麻类	Fiber Crops	12111	11479	-5.2
糖料	Sugar Crops	44860	46406	-4.9
烟草	Tobacco	45681	39867	-13.0
其他农作物	Other Cereal	222763	297118	16.4
蔬菜、食用菌及花卉、盆景园艺产品	Vegetable, Edible Fungi and Gardening Cereal	1709111	2007780	4.1
水果、坚果、茶、饮料和香料作物	Fruit, Nut, Tea, Drink and Spicery Cereal	921127	952334	-0.4
中药材	Chinese Traditional Medicinal Materials	53485	56818	2.0
林业产值	**Output Value of Forestry**	**1617850**	**1867952**	**6.5**
林木的培育和种植	Forest Cultivated and Planted	669102	715037	5.6
竹木采运	Bamboo and timber's Cutting and Transport	338409	406533	9.6
林产品	Forestry Products	610339	746382	5.8
牧业产值	**Output Value of Animal Husbandry**	**5414950**	**5840500**	**5.8**
牲畜饲养	Livestock Raised	431816	468898	4.1
猪的饲养	Hogs Raised	3553235	3723836	4.9
家禽饲养	Poultry Raised	1302013	1475272	6.8
狩猎和捕捉动物	Animal Hutted and Caught	13125	14078	2.9
其他畜牧业	Other Animal Husbandry	114761	158415	26.6
渔业产值	**Output Value of Fishery**	**2311804**	**2555809**	**7.2**
鱼类	Fish	1665364	1863289	7.0
甲壳类	Carapace	233447	241147	8.8
贝类	Shell-fish	58738	63672	5.7
其他渔业	Other Fishery	354256	387700	7.3
农林牧渔服务业产值	**Services Output Value of Farming, Forestry, Animal Husbandry and Fishery**	**696388**	**727939**	**5.1**

注：增长速度由当年可比价格产值除以上年现行价格产值所得。

a) The growth is equal to the output value that caculated at current year's constant prices divided by the output value that caculated at last year's current prices.

12-8 各地区农、林、牧、渔业总产值（2010年）
Gross Output Value of Farming, Forestry, Animal Husbandry and Fishery by Region (2010)

本表按当年价格计算
Data in this table are calculated at current prices.

单位：万元 (10000 yuan)

地 区	Region	农林牧渔业总产值 Gross Output Value of Farming,Forestry, Animal Husbandry and Fishery	#农业产值 Output Value of Farming	#林业产值 Output Value of Forestry	#牧业产值 Output Value of Animal Husbandry	#渔业产值 Output Value of Fishery
全 省	**Provincial Total**	**19005843**	**8013643**	**1867952**	**5840500**	**2555809**
南 昌 市	Nanchang	2046590	758538	23304	802655	423403
景德镇市	Jingdezhen	575807	326503	40079	148854	39909
萍 乡 市	Pingxiang	669669	256591	47164	321880	39727
九 江 市	Jiujiang	1657157	768921	91010	351509	402088
新 余 市	Xinyu	649474	310511	89029	178684	54937
鹰 潭 市	Yingtan	526739	203629	30904	226068	57929
赣 州 市	Ganzhou	3377855	1560450	211299	1208637	334517
吉 安 市	Ji'an	2453433	1180712	261397	740516	228267
宜 春 市	Yichun	2969817	1336403	251075	1067084	292538
抚 州 市	Fuzhou	2193137	1232744	113145	615122	188203
上 饶 市	Shangrao	2503809	1031494	204277	722543	493493

12-9 各地区粮食作物和多种经营产值（2010年）
Output Value of Grain Crops and Multi deal by Region (2010)

本表按当年价格计算
Data in this table are calculated at current prices.

地 区	Region	农林牧渔业总产值（万元） Gross Output Value of Farming, Forestry, Animal Husbandry and Fishery(10000yuan)			构 成 (%) Composition (%)	
			粮食作物 Grain Crops	多种经营 Multi-dealing	粮食作物 Grain Crops	多种经营 Multi-dealing
全 省	**Provincial Total**	**19005843**	**3843667**	**15162176**	**20.2**	**79.8**
南 昌 市	Nanchang	2046590	457398	1589192	22.3	77.7
景德镇市	Jingdezhen	575807	123909	451898	21.5	78.5
萍 乡 市	Pingxiang	669669	111066	558603	16.6	83.4
九 江 市	Jiujiang	1657157	316885	1340272	19.1	80.9
新 余 市	Xinyu	649474	149088	500386	23.0	77.0
鹰 潭 市	Yingtan	526739	131430	395309	25.0	75.0
赣 州 市	Ganzhou	3377855	563662	2814193	16.7	83.3
吉 安 市	Ji'an	2453433	729046	1724387	29.7	70.3
宜 春 市	Yichun	2969817	834856	2134961	28.1	71.9
抚 州 市	Fuzhou	2193137	544773	1648364	24.8	75.2
上 饶 市	Shangrao	2503809	664972	1838837	26.6	73.4

12-10 农林牧渔业商品产值和商品率

Commodity Output Value and Commdity Rate of Farming, Forestry, Animal Husbandry and Fishery

本表按当年价格计算

Data in this table are calculated at current prices.

行业	sector	农林牧渔业商品产值(万元) Commodity Output Value of Farming, Forestry, Animal Husbandry and Fishery (10000 yuan)		农林牧渔业商品率 (%) Commdity Rate of Farming, Forestry, Animal Husbandry and Fishery (%)	
		2009	2010	2009	2010
合计	**Total**	**12638262**	**13668685**	**72.9**	**73.1**
#粮食作物产值	Output Value of Grain Crops	2429632	2638559	66.4	68.6
多种经营产值	Output Value of Multi-dealing	10208630	11030126	74.6	75.7
农业	Farming	5014497	5529834	68.7	69.0
林业	Forestry	727389	792299	45.0	46.2
牧业	Animal Husbandry	4766911	5072835	88.0	89.3
渔业	Fishery	1931562	2070173	83.6	84.1
服务业	Services	197903	203543	27.2	28.0

12-11 各地区农林牧渔业商品产值和商品率（2010年）

Commodity Output Value and Commdity Rate of Farming, Forestry, Animal Husbandry and Fishery by Region (2010)

本表按当年价格计算

Data in this table are calculated at current prices.

地区	Region	农林牧渔业商品产值(万元) Commodity Output Value of Farming, Forestry, Animal Husbandry and Fishery (10000 yuan)	#农业 Farming	#林业 Forestry	#牧业 Animal Husbandry	#渔业 Fishery	农林牧渔业商品率(%) Commdity Rate of Farming, Forestry, Animal Husbandry and Fishery (%)
全省	**Provincial Total**	**13668685**	**5529834**	**792299**	**5072835**	**2070173**	**73.1**
南昌市	Nanchang	1580847	487820	7512	679069	389627	77.2
景德镇市	Jingdezhen	424626	223300	20433	125450	34981	73.7
萍乡市	Pingxiang	437971	128346	23126	252735	30378	65.4
九江市	Jiujiang	1159469	474434	40645	279222	343146	70.0
新余市	Xinyu	464335	198599	69541	136079	43803	71.5
鹰潭市	Yingtan	369695	119019	24807	175976	41913	70.2
赣州市	Ganzhou	2312326	910275	107152	970368	286750	68.5
吉安市	Ji'an	1766943	795159	174997	591395	184705	72.0
宜春市	Yichun	2098549	790037	137294	923453	238809	70.7
抚州市	Fuzhou	1688239	912908	81659	507082	171422	77.0
上饶市	Shangrao	1809884	669643	130881	596861	371915	72.3

12-12　农、林、牧、渔业中间消耗
Intermediate Consumption of Farming,Forestry,Animal Husbandry and Fishery

单位：万元　　　　(10000 yuan)

行　　业	Sector	2009	2010
农林牧渔业中间消耗总计	**Total Intermediate Consumption of Farming,Forestry, Animal Husbandry and Fishery**	**6353998**	**6936037**
农业中间消耗	**Intermediate Consumption of Farming**	**2369542**	**2668437**
物质消耗	Material Consumption	2145661	2399218
用种量	Quantity of Seeds Used	393833	433823
役畜用饲料	Feedstuff for Service-lovestock	120297	129626
肥料	Fertilizer	958838	1075928
燃料	Fuel	120466	129679
农药	Pesticide	151065	176854
农用塑料薄膜	Plastic Film for Farming	73666	85369
用电量	Consumption of Electricity	118178	135628
小农具购置	Small Dead Stock	81470	88956
办公用品购置	Office Stationary Purchased	7081	8655
其他	Others	120767	134700
生产服务支出	Production and Services Expenditure	223881	269219
林业中间消耗	**Intermediate Consumption of Forestry**	**368731**	**418305**
物质消耗	Material Consumption	276964	319619
用种量	Quantity of Seeds Used	93135	107888
肥料	Fertilizer	64320	75396
燃料	Fuel	19047	22601
农药	Pesticide	15965	18927
用电量	Consumption of Electricity	10727	12895
小农具购置	Small Dead Stock	20616	22658
办公用品购置	Office Stationary Purchased	7231	8715

12-12 续表 continued

单位：万元 (10000 yuan)

行 业	Sector	2009	2010
其他物质消耗	Other Material Consumption	45923	50539
生产服务支出	Production and Services Expenditure	91767	98686
牧业中间消耗	**Intermediate Consumption of Animal Husbandry**	**2598494**	**2769820**
物质消耗	Material Consumption	2469546	2635198
用种量	Quantity of Seeds Used	410667	427979
饲料、饲草	Feedstuff,Forage Grass	1818053	1948885
燃料	Fuel	86468	90650
用电量	Consumption of Electricity	17311	19340
畜牧用药品	Leechdom for Livestock	70265	74085
其他	Others	66782	74259
生产服务支出	Production and Services Expenditure	128948	134622
渔业中间消耗	**Intermediate Consumption of Fishery**	**703830**	**758207**
物质消耗	Material Consumption	606062	655279
饲料	Feedstuff	429424	468251
燃料	Fuel	24711	27733
用电量	Consumption of Electricity	15184	16116
办公用品购置	Office Stationary Purchased	7228	8337
其他	Others	129515	134842
生产服务支出	Production and Services Expenditure	97768	102928
农林牧渔服务业中间消耗	**Intermediate Consumption of Services of Farming,Forestry, Animal Husbandry and Fishery**	**313401**	**321268**
物质消耗	Material Consumption	193979	199287
生产服务支出	Production and Services Expenditure	119422	121981

12-13 主要农业机械年末拥有量和机耕情况

Major Agricultural Machinery at the Year-end and Condition of Tractor-ploughing

指 标	Item	1990	2000	2005	2009	2010
农业机械总动力(万瓦特)	**Total Power of Agricultural Machinery(10000 watts)**	**667717**	**902307**	**1781260**	**3358930**	**3805000**
柴油发动机动力	Power of Diesel Motor	410637	620228	1333070	2619050	2978000
汽油发动机动力	Power of Pectol Motor	80651	63401	93690	144270	161000
电动机动力	Power of Electromotor	176429	211399	348130	595610	666000
其他机械动力	Power of Other Engine		7279	6370		
农业机械与设备	**Agricultural Machinery and Equiment**					
大中型拖拉机(台)	Large and Medium Agricultural Tractors(unit)	19324	22725	88300	15200	16700
(万瓦特)	(10000 watts)	49449	54001	171440	34960	38490
小型拖拉机(台)	Mini-Tractors(unit)	91682	78634	147000	328400	390300
(万瓦特)	(10000 watts)	76492	65329	119880	394080	469800
大中型配套农具(部)	Number of Large and Medium Agricultural Tractor Towing Farm Machinery(unit)	10190	3037	7000	19800	20500
小型配套农具(部)	Number of Mini-Tractor Towing Farm Machinery(unit)	67319	105813	145900	231600	286100
农用排灌动力机械(台)	Agricultural Irrigation and Drainage Engines(unit)	130713	253881	622700	1020400	1164000
(万瓦特)	(10000 watts)	150864	213168	435150	748030	880000
#柴油机(台)	Diesel Engines(unit)	67476	144926	436800	681400	742000
(万瓦特)	(10000 watts)	68615	111667	300300	469490	510650
电动机(台)	Electromotors(unit)	60446	90423	184200	339000	401000
(万瓦特)	(10000 watts)	80923	103744	159350	278540	329480
农用水泵(台)	Agricultural Water Pumps(unit)	118122	223295	503900	703400	731000
节水灌溉机械(套)	Water-saving Irrigration Machine(set)	4816	7033	13680	38200	50900
机动脱粒机(台)	Motorized Thrashing Machine(unit)	42047	253864	547800	896700	931400
机动喷雾(粉)机(部)	Motorized Spraying Machine(unit)	6942	24589	73000	130500	158800
(万瓦特)	(10000 watts)	1155	3676	13660	32480	39520
农用运输车(辆)	Agricultural Transport Cars(unit)	22811	57489	116500	201500	203800
(万瓦特)	(10000 watts)	27037	92667	248960	483100	517000
农业机耕情况	**Condition of Agricultural Tractor-ploughing**					
当年实际机耕面积(千公顷)	Real Tractor-ploughing Areas in Current Year(1000 hectares)	640.6	1029.4	1864.4	2579.4	2898.8

12-14 农村小水电和农业电气化、化学化、水利化情况
Rual Small Hydropower and Agricultural Electrization, Chamization, Adequate Irrigation

指 标	Item	1990	2000	2005	2009	2010
农村小水电情况	**Rual Small Hydropower Condition**					
乡镇(场)及以下办水电站个数(个)	Number of Hydropower Stations under Town (Township)(unit)	4623	2069	1816	2519	2570
发电能力(千瓦)	Gegerating Capacity(kw)	219709	344232	608540	1047974	1104406
农业电气化情况	**Agricultural Electrization**					
农村用电量(万千瓦小时)	Electricity Consumed in Rural Areas(10000 kwh)	159927	339255	451319	654143	715738
通电的村民委员会个数(个)	Number of Villagers' Committees with Electricity(unit)	18957	20242	17188	17225	17245
通电的村委会占村委会总数比重(%)	Percentage of Villagers' Committees with Electricity in Total Villagers'Committees(%)	91.1	97.6	99.7	99.9	99.9
农业化学化情况	**Agricultural Chamization**					
农用化肥施用量(实物量)(万吨)	Quantity of Chemical Fertilizers Used for Farming (Material) (10000 tons)	285.6	343.4	384.5	410.1	415.1
氮 肥	Nitrogenous Fertilizer	150.5	150.2	144.1	134.4	135
磷 肥	Phosphorus Fertilizer	90.0	88.2	90.8	80.7	81.2
钾 肥	Kalium Fertilizer	26.7	40.0	48.8	52.2	53.3
复 合 肥	Compound Fertilizer	18.4	65.0	100.8	142.8	145.6
农用化肥施用量(折纯量)(万吨)	Quantity of Chemical Fertilizers Used for Farming (net)(10000 tons)	83.6	106.9	129.4	135.8	137.6
氮 肥	Nitrogenous Fertilizer	46.1	47.5	47.7	43.3	43.4
磷 肥	Phosphorus Fertilizer	17.8	19.6	25.4	21.7	22.1
钾 肥	Kalium Fertilizer	13.3	17.2	20.8	20.8	21.1
复 合 肥	Compound Fertilizer	6.4	22.7	35.5	50.0	50.9
农用塑料薄膜使用量(吨)	Quantity of Plastic Film for Farming Consumed(ton)	16428	28599	45010	43719	45491
农药使用量(吨)	Quantity of Pesticide Consumed(ton)	36482	51406	75305	97593	106530
农业水利化情况	**Agricultural Adequate Irrigation**					
有效灌溉面积(千公顷)	Irrigated Areas(1000 hectares)	1836.7	1903.4	1831.4	1840.4	1852.4
旱涝保收面积(千公顷)	Farmland of Stable Yields Despite of Drought or Waterlogging(1000 hectares)	1365.9	1544.1	1475.5	1486.1	1497.2

12-15 水利灌溉设施年末建成达到情况

Construction Condition of Water Conservancy for Irrigation at the End of Year

指 标	Item	1990	2000	2005	2009	2010
工程座数	**Number of Projects**					
蓄水工程(座)	Water Storage Project(unit)	265967	256664	252733	258685	258727
大型水库	Large-scale Reservoir	18	23	25	26	26
中型水库	Medium-scale Reservoir	193	209	227	240	240
小(一)型水库	Small(1)-scale Reservoir	1307	1328	1343	1451	1451
小(二)型水库	Small(2)-scale Reservoir	7969	8042	7799	8092	8092
塘 坝	Embankment	256480	247062	243339	248876	248918
引水工程(处)	Diversion Projectset)	98388	97907	96711	96065	96125
机电灌站(处)	Mechanical and Electrical Irrigation Station(set)	24460	26572	25986	26650	26649
水轮泵站(处)	Water-wheel and Pump Station(set)	1237	1147	1113	712	746
机电井(眼)	Mechanical and Electrical Well(unit)	2036	2248	4233	5349	5361
引水工程总库容(万立方米)	**Total Holding Capacity of Diversion Project (10000 cu.m)**	**2527166**	**2948757**	**3011598**	**3121703**	**3122496**
大型水库	Large-scale Reservoir	1325400	1664860	1701136	1741258	1741558
中型水库	Medium-scale Reservoir	437727	495538	535591	566483	566483
小(一)型水库	Small(1)-scale Reservoir	369672	372721	379489	407885	407905
小(二)型水库	Small(2)-scale Reservoir	214169	221578	215895	221169	221248
塘 坝	Embankment	180198	194060	179487	184910	185302
有效灌溉面积(千公顷)	**Irrigated Areas(1000 hectares)**	**1836.8**	**1903.4**	**1831.4**	**1840.4**	**1852.4**
蓄水工程	Water Storage Project	930.0	974.3	950.0	950.9	957.0
大型水库	Large-scale Reservoir	80.2	81.3	81.1	82.3	82.3
中型水库	Medium-scale Reservoir	204.9	214.6	224.2	228.9	229.7
小(一)型水库	Small(1)-scale Reservoir	242.5	247.7	240.5	248.5	251.8
小(二)型水库	Small(2)-scale Reservoir	201.2	210.8	205.8	201.0	202.3
塘 坝	Embankment	201.2	219.9	198.4	190.3	190.9
引水工程	Diversion Project	488.6	503.4	477.6	483.9	487.3
30万亩以上	300000 mu and over	54.9	57.3	58.2	52.0	52.0
1-30万亩	10000-100000 mu	93.2	94.4	83.8	93.5	94.8
1万亩以下	under 10000 mu	340.5	351.7	335.6	338.4	340.5
机电泵井提灌	Mechanical and Electrical Well Pump Irrigation	414.0	423.9	403.8	404.6	407.1
其 他	Others	4.2	1.8			1

12-16 各地区农村小水电和农业电气化、化学化、水利化情况（2010年）

指 标	Item	全 省 Provincial Total	南昌市 Nanchang
农村小水电情况	**Rual Small Hydropower Condition**		
乡镇(场)及以下办水电站个数(个)	Number of Hydropower Stations under Town(Township)(unit)	2570	12
发电能力(千瓦)	Gegerating Capacity(kw)	1104406	1565
农业电气化情况	**Agricultural Electrization**		
农村用电量(万千瓦小时)	Electricity Consumed in Rural Areas(10000 kw per hour)	715738	115903
通电的村民委员会个数(个)	Number of Villagers' Committees with Electricity(unit)	17245	1179
通电的村委会占村委会总数比重(%)	Percentage of Villagers' Committees with Electricity in Total Villagers'Committees(%)	100.0	100.0
农业化学化情况	**Agricultural Chamization**		
农用化肥施用量(实物量)(吨)	Quantity of Chemical Fertilizers Used for Farming (material) (tôn)	4151175	384778
氮 肥	Nitrogenous Fertilizer	1349799	114240
磷 肥	Phosphorus Fertilizer	811505	88570
钾 肥	Kalium Fertilizer	533286	55563
复 合 肥	Compound Fertilizer	1456585	126405
农用化肥施用量(折纯量)(吨)	Quantity of Chemical Fertilizers Used for Farming (net)(ton)	1376198	149186
氮 肥	Nitrogenous Fertilizer	433891	37309
磷 肥	Phosphorus Fertilizer	221361	27788
钾 肥	Kalium Fertilizer	212102	26640
复 合 肥	Compound Fertilizer	508844	57449
农用塑料薄膜使用量(吨)	Quantity of Plastic Film for Farming Consumed(ton)	45491	2047
农药使用量(吨)	Quantity of Pesticide Consumed(ton)	106530	12005
农业水利化情况	**Agricultural Adequate Irrigation**		
有效灌溉面积(千公顷)	Irrigated Areas(1000 hectares)	1852.4	193.0
旱涝保收面积(千公顷)	Farmland of Stable Yields Despite of Drought or Waterlogging(1000 hectares)	1497.2	159.6

Rual Small Hydropower and Agricultural Electrization,Chamization, Adequate Irrigation by Region (2010)

景德镇市 Jingdezheng	萍乡市 Pingxiang	九江市 Jiujiang	新余市 Xinyu	鹰潭市 Yingtan	赣州市 Ganzhou	吉安市 Ji'an	宜春市 Yichun	抚州市 Fuzhou	上饶市 Shangrao
17	109	260	10	28	591	270	542	307	424
3851	54412	118072	1485	10120	221116	183364	179031	158352	173038
22051	44853	79000	26448	8013	88129	65378	95088	41634	129241
506	639	1797	400	353	3459	2535	2273	1796	2308
100.0	100.0	100.0	100.0	100.0	100.0	100.0	100.0	100.0	100.0
85925	97791	425138	113413	99258	737264	521919	587666	548587	549436
25741	43911	165587	37109	26214	278317	141151	174493	172723	170313
12149	22010	77811	29858	29899	134767	87329	129982	120163	78967
8002	11850	55556	17876	15481	83180	55858	93791	75634	60495
40033	20020	126184	28570	27664	241000	237581	189400	180067	239661
32415	36203	161155	28532	30262	224109	175174	208097	199470	131595
9524	14902	65130	10131	7524	63966	47927	66516	68410	42552
3037	8764	26249	6392	9563	29589	22876	32463	37159	17481
3841	5122	22514	4714	4797	36063	23075	39444	30848	15044
16013	7415	47262	7295	8378	94491	81296	69674	63053	56518
1253	905	3379	1327	1374	11082	6080	8267	5404	4373
1529	3126	10405	3340	4827	14684	12492	10935	14973	18214
53.3	23.2	181.4	47.4	51.4	261.5	293.2	280.9	214.1	238.9
44.1	33.5	118.3	41.0	43.4	224.3	217.0	232.0	177.2	206.9

12-17 堤防、水闸、除涝、水土保持及解决饮水困难情况

Condition of Dike,Sluice,Waterlogging Control,Water and Soil Conversation and Easing the Shortage of Drinking Water

指　　标	Item	1990	2000	2005	2009	2010
堤防长度(公里)	Dike Projects(km)	9259.06	9868.00	9719.73	9791.27	9837.40
堤防保护耕地面积(千公顷)	Area of Cultivated Land Protected by Dike (1000 hectares)	629.28	677.84	762.28	761.02	762.85
堤防保护人口(万人)	Population Protected by Dike(10000 persons)	936.10	1118.71	1165.12	1202.44	1198.56
水闸工程设施(座)	Sluice Projects(set)	365	394	641	1181	1181
大型水闸	Large-scale Sluice	3	3	3	30	30
中型水闸	Medium-scale Sluice	31	34	49	271	271
小型水闸	Small-scale Sluice	331	357	589	880	880
除涝面积	Area of Waterlogging Control	313.86	337.95	350.63	370.61	375.72
除涝标准3-5年一遇的	Once 3-5 Years	143.52	157.73	164.96	180.02	180.59
除涝标准5年以上的	Once over 5 Years	170.34	180.22	185.67	190.59	195.13
水土流失治理面积(千公顷)	Area of Soil Erosion under Control(1000 hectares)	1223.45	2759.98	3666.28	4348.84	4514.04
#小流域综合治理	Small Water Basin Comprehensive Management	184.63	630.39	859.60	1052.59	520.23
采取水平梯田措施治理	Horizontal Terrace	73.49	179.60	195.53	221.55	225.15
采取沟坝地措施治理	Dyke	21.03	55.76	63.33	70.39	71.51
采取水保林措施治理	Forestry Conversed by Water	1091.82	2221.67	1821.49	2073.99	2126.54
采取种草措施治理	Planting Grass	9.19	55.49	84.70	113.05	123.28
采取其他措施治理	Others	27.93	247.46	1501.23	1869.86	1967.56

12-18　农作物播种面积和产量（2010年）

Total Sown Areas and Output of Farm Crops (2010)

类　别	Type	播种面积（千公顷）Sown Area (1000 hectares)	单　产（千克/公顷）Yield per Unit (kg/hectare)	总产量(粮食：万吨；其他：吨) Total Output (Grain:10000 tons; Others:ton)	总产量比上年增长(%) Total Growth Over Last Year (%)
总　计	**Total**	**5457.70**			
粮食作物	Grain Crops	3639.13	5371	1954.70	-2.4
谷　物	Cereal	3350.04	5581	1869.73	-7.0
稻　谷	Rice	3318.44	5600	1858.30	-2.4
早　稻	Early Rice	1401.07	5035	705.50	-11.1
中稻及一季晚稻	Middle-season and Late Rice	391.90	6609	259.00	-1.4
二季晚稻	Second season Late Rice	1525.47	5859	893.80	5.2
小　麦	Wheat	10.39	2031	2.11	10.5
杂　谷	Mixed Cereal	21.21	4394	9.32	6.1
#玉　米	Corn	18.18	4642	8.44	15.8
大(米)麦	Barley	0.24	1667	0.04	-20.0
豆类合计	Total Legume	154.03	1813	27.92	3.8
大　豆	Soybean	99.06	2062	20.43	3.7
杂　豆	Mixed bean	54.97	1363	7.49	4.3
薯类(按折粮计算)	Tubers (converted into grain)	135.06	4224	57.05	-4.2
油料折油(含油茶籽)	Oil-bearing (include tea-oil seeds)			364717	-1.6
油料合计	Total Oil-bearing	731.71	1470	1075715	5.4
#花　生	Peanuts	152.37	2677	407959	6.8
油 菜 籽	Rape Seeds	546.95	1167	638423	4.7
芝　麻	Sesame	31.58	900	28434	2.9
棉　花	Cotton	79.74	1640	130773	4.5
麻类合计	Total Fiber Crops	6.39	1595	10194	-5.1
黄红麻	Jute and Ambary Hemp	0.21	5348	1123	24.6
苎　麻	Ramee	6.18	1468	9071	-7.8
甘　蔗	Sugarcane	13.56	43583	590981	-5.0
烟叶合计	Tabacco Total	17.64	2131	37591	-13.3
烤　烟	Flue-cured Tobacco	16.98	2132	36198	-12.6
晒　烟	Sun-cured Tobacco	0.66	2111	1393	-27.5
中 药 材	Traditional Chinese Medicinal Materials	20.13	2539	51107	-32.7
蔬菜、瓜类	Vegetables and Melons	593.88	21664	12865862	2.2
#蔬　菜	Vegetables	521.19	21399	11153105	2.5
其他作物	Other Crops	355.52	11439	4066863	2.3
#莲　子	Lotus Seeds	10.84	1222	13251	15.3
青 饲 料	Succulence	68.91	12233	843010	9.5

注：本表粮食作物均为农产量抽样调查数，后同。

a) Data of Grain Crops in this table are estimated from sample surveys, The same applies to the tables following.

12-19 农作物播种面积

单位：千公顷

年 份 Year	合 计 Total	粮食作物 Grain Crops	#稻 谷 Cereal	#小 麦 Wheat	棉 花 Cotton	油 料 Oil-bearing	#花 生 Peanut
1978	5701.1	3820.8	3380.3	121.2	114.3	270.8	46.2
1979	5699.5	3844.0	3386.8	136.1	98.9	329.7	46.4
1980	5553.7	3775.3	3383.7	121.3	108.5	324.0	47.7
1981	5542.8	3758.3	3362.7	116.3	104.7	360.5	48.7
1982	5578.3	3743.9	3339.5	104.0	100.9	370.3	49.6
1983	5465.3	3714.1	3323.7	98.4	82.6	351.7	48.6
1984	5456.7	3714.1	3326.9	98.7	81.1	348.0	52.3
1985	5419.1	3650.9	3264.9	94.2	66.3	372.0	64.2
1986	5438.7	3629.8	3250.7	86.8	61.5	414.5	80.3
1987	5482.7	3647.9	3268.7	83.7	62.2	449.8	89.7
1988	5396.3	3588.7	3210.5	80.1	65.2	440.9	93.3
1989	5555.3	3693.9	3297.7	78.2	66.1	507.1	91.9
1990	5759.7	3700.9	3286.6	74.9	70.3	686.5	91.7
1991	5829.7	3589.7	3146.1	71.9	114.6	800.7	92.0
1992	5844.9	3446.2	2981.5	72.5	135.1	913.9	117.9
1993	5721.0	3360.1	2865.1	74.0	151.3	840.9	131.1
1994	5753.4	3434.4	2939.5	73.1	163.3	853.8	138.5
1995	5949.5	3510.0	3019.4	59.1	131.8	1057.0	130.3
1996	6105.3	3570.6	3055.4	72.3	107.4	1055.3	140.0
1997	6037.6	3586.5	3087.4	72.5	102.2	1003.3	142.6
1998	5804.0	3421.1	3034.6	63.3	108.4	947.7	151.8
1999	5871.0	3548.2	3050.0	61.5	69.2	900.4	163.5
2000	5650.8	3322.0	2832.0	51.4	69.0	858.1	179.9
2001	5534.7	3265.2	2808.3	38.3	70.5	778.7	183.4
2002	5355.1	3188.0	2786.7	28.5	55.0	704.2	176.7
2003	4997.4	3051.1	2685.3	20.6	65.5	632.7	166.8
2004	5258.1	3425.4	3095.9	19.1	62.5	566.2	134.5
2005	5328.9	3519.0	3187.7	15.9	63.9	577.0	135.1
2006	5255.6	3547.1	3271.1	12.4	65.7	585.8	132.6
2007	5215.0	3525.3	3196.3	11.2	68.3	583.5	132.1
2008	5330.9	3578.1	3255.5	10.2	66.6	658.8	142.0
2009	5376.4	3604.6	3282.1	9.9	75.5	716.4	146.4
2010	5457.7	3639.1	3318.4	10.4	79.7	731.7	152.4

Total Sown Areas of Farm Crops

(1000 hectares)

#油菜籽 Rape Seeds	#芝 麻 Sesame	黄红麻 Jute and Ambary Hemp	苎 麻 Ramee	甘 蔗 Sugarcane	烤 烟 Flue-cured Tobacco	晒 烟 Sun-cured Tobacco	蔬 菜 Vegetables
174.3	50.3	5.2	1.3	19.5	3.8	4.1	69.9
214.1	69.3	5.1	1.4	18.8	2.1	3.8	65.1
217.7	58.7	6.4	2.1	19.1	1.1	3.1	70.2
252.2	59.6	10.1	2.7	24.1	2.3	3.3	71.1
255.9	64.7	7.9	2.5	23.7	2.8	3.7	128.7
246.1	57.1	4.7	2.3	21.1	1.8	3.0	159.5
238.3	57.4	5.4	2.6	30.1	2.1	3.8	185.9
245.9	61.9	16.3	9.5	37.7	2.3	4.8	207.1
273.0	61.1	9.7	28.9	38.9	1.7	4.3	211.3
302.9	57.2	7.7	37.3	36.7	3.2	4.9	222.3
300.1	47.5	6.9	21.1	36.1	11.7	6.5	238.3
358.9	56.3	7.7	12.0	31.8	10.5	6.7	243.5
540.9	54.0	8.3	6.6	35.6	14.8	5.9	269.2
657.2	51.3	8.3	5.3	41.8	28.1	6.5	272.3
741.5	54.5	6.9	6.4	50.4	31.1	6.9	317.9
648.8	61.1	6.9	5.0	43.4	37.4	6.5	371.6
653.8	61.4	5.9	7.0	38.5	16.0	5.5	399.1
864.1	62.4	4.4	8.6	40.2	9.8	5.1	436.1
853.6	61.8	3.9	9.1	37.0	11.8	4.9	484.7
801.1	59.7	3.0	8.5	41.8	23.7	4.9	508.1
745.3	50.6	2.8	7.5	38.6	13.9	3.2	491.6
685.4	51.4	1.8	7.3	33.6	11.8	3.1	525.9
629.2	49.0	1.7	9.0	28.4	11.5	2.7	560.1
547.7	47.0	1.3	9.9	25.9	12.1	2.6	605.0
482.9	42.4	1.0	8.9	26.0	11.3	2.1	625.0
428.1	36.1	0.6	8.3	24.4	9.7	1.8	548.3
400.5	29.1	1.1	7.3	18.6	7.8	1.0	552.9
409.7	30.6	0.5	7.3	17.7	10.6	1.0	543.6
418.7	31.7	0.5	7.3	15.1	14.7	0.9	505.5
414.3	35.8	0.3	7.4	14.1	14.7	0.8	500.5
482.3	29.8	0.4	7.8	14.0	19.8	0.7	512.9
538.5	30.8	0.2	7.2	13.6	17.5	0.7	509.7
547.0	31.6	0.2	6.2	13.6	17.0	0.7	521.2

12-20 主要农产品产量

年 份 Year	粮 食 (万吨) Grain (10000ton)	棉 花 (吨) Cotton (ton)	油料折油 (吨) Oil-bearing (ton)	油料合计 (吨) Total Oil-bearing (ton)	#花 生 Peanuts	#油菜籽 Rape Seeds	#芝 麻 Sesame	黄红麻 (吨) Jute and Ambary Hemp (ton)
1978	1125.74	34796	66271	134940	51686	68399	14855	4793
1979	1296.50	43542	103540	199216	60588	100639	37989	7529
1980	1240.04	43039	67804	137605	50502	71999	15104	10775
1981	1268.71	46909	104690	198344	56713	116275	25356	14993
1982	1408.74	65621	105360	259958	62974	159804	37180	11567
1983	1460.45	47932	93031	228752	62424	141353	24975	6427
1984	1549.18	69141	104260	245317	74155	144974	26188	8257
1985	1533.54	62199	122268	288842	103050	156691	29101	29875
1986	1453.77	54558	115323	315869	135578	156664	23627	18301
1987	1562.77	59187	135282	356974	157779	171632	27563	14080
1988	1535.43	32495	122547	328348	138059	174773	15516	10456
1989	1589.62	50050	148379	376519	150739	198755	27025	13423
1990	1658.20	56995	196114	548851	151909	371383	25559	18846
1991	1625.70	108998	226176	621726	149377	444558	27791	20472
1992	1566.00	148368	257389	741627	215142	490178	36307	17984
1993	1517.10	156222	260851	778140	257203	480746	40191	18327
1994	1603.50	174714	282747	836078	309554	483500	42966	17547
1995	1607.40	118547	346693	1035823	302510	690239	42971	13597
1996	1766.30	123071	339313	1010393	331169	634898	44277	9017
1997	1767.70	132390	365379	1056276	332669	681332	42244	7984
1998	1555.50	76092	282503	843455	334317	477853	31165	6555
1999	1732.70	63417	318638	943803	365179	546651	31907	4254
2000	1614.60	68025	325212	967297	403832	529998	33407	4437
2001	1600.00	80510	300390	905295	408616	463306	32333	4142
2002	1549.50	66891	277100	824182	407900	383506	30824	2882
2003	1450.30	76148	252998	759765	368282	364761	24603	1552
2004	1803.40	84812	257237	745278	317971	400887	23035	1793
2005	1853.86	87196	262238	761229	316617	416814	25318	909
2006	1896.52	95015	276246	779766	321554	428286	27094	898
2007	1904.21	107641	285360	841699	332692	429588	26885	1108
2008	1958.10	111915	317434	911919	367891	516281	26398	1404
2009	2002.56	125104	370794	1020240	381959	609619	27626	901
2010	1954.70	130773	364717	1075715	407959	638423	28434	1123

注：本表1990年以后粮食产量为农产量抽样调查数。

Output of Major Farm Products

苎 麻 (吨) Ramee (ton)	甘 蔗 (吨) Sugarcane (ton)	烤 烟 (吨) Flue-cured Tobacco (ton)	晒 烟 (吨) Sun-cured Tobacco (ton)	水 果 (吨) Fruits (ton)	肉 类 总产量 (吨) Output of Meat (ton)	生猪年末存栏 (万头) Hogs on Hand at the End of the Year (10000 heads)	水产品总产量 (万吨) Gross Output of Aquatic Products (10000 tons)
773	682908	2601	3540	29229	262704	944.3	5.93
1212	790784	1726	3266	60190	313749	1004.7	6.73
1252	857362	950	2758	56126	380490	1018.0	7.55
1627	1167281	2542	3265	70870	411140	1006.6	8.58
2050	1204245	3439	4184	73356	441368	1023.3	9.40
1732	1021939	2033	2777	89348	458122	1079.4	11.55
2495	1499874	2758	4046	89485	547967	1138.8	13.01
5106	1971006	2914	5880	107543	642514	1232.5	16.02
13211	1720310	1664	4287	161274	777126	1344.1	19.28
33475	1907887	3525	5928	172879	838692	1387.6	22.59
19212	1735822	7699	5890	146135	978268	1454.5	25.59
10581	1494895	9155	6173	229708	1040340	1486.5	28.12
6039	1942913	17175	5942	232983	1117438	1547.3	30.68
5166	2299461	31454	6686	334161	1239667	1589.6	33.93
6592	2561426	38246	7867	140914	1410488	1656.6	41.32
5727	2311395	46106	7980	208141	1676110	1781.0	55.49
8644	2041521	15186	6433	303658	1976564	1867.1	69.48
11141	2000272	10179	5730	427637	2193984	1951.0	84.04
12224	1857833	14870	6422	503928	2219302	1978.7	100.10
11288	2205930	31444	7527	676384	2275735	1979.8	115.08
9921	1863799	15906	3660	454628	2147125	1799.6	118.35
9692	1720059	14156	3304	703877	1982708	1554.3	122.12
11397	1368109	15092	3065	423403	1923111	1473.5	127.12
13034	1237046	16635	3095	577314	1931396	1406.5	132.26
12729	1308464	17232	2555	652276	1967198	1309.4	138.20
10165	1182490	15470	2434	777691	2013931	1362.7	146.06
10774	857182	15442	1387	1023742	2200265	1421.3	156.34
10944	783147	19761	1469	1302821	2448110	1485.4	168.66
10992	701340	29955	1321	1609336	2402215	1344.1	179.95
11149	660864	32751	1111	2181603	2473363	1420.1	196.06
11416	642066	46724	1070	2753566	2616319	1530.6	190.39
9837	622022	41411	1922	3270764	3009138	1680.1	205.30
9071	590981	36198	1393	2971285	3082029	1756.3	215.34

a) Data of Grain Crops since 1990 in this table are estimated from sample surveys.

12-21 各地区农作物播种面积（2010年）

单位：公顷

类别	Type	全省 Provincial Total	南昌市 Nanchang	景德镇市 Jingdezheng
总计	**Total**	**5457700**	**532714**	**155671**
粮食作物	Grain Crops	3639130	364855	93370
谷物	Cereal	3350040	350476	85506
稻谷	Rice	3318440	349118	83829
早稻	Early Rice	1401070	157325	30406
中稻及一季晚稻	Middle-season and Late Rice	391900	21751	20725
二季晚稻	Second season Late Rice	1525470	170042	32698
小麦	Wheat	10388	183	129
杂谷	Mixed Cereal	21212	1175	1548
#玉米	Corn	18181	1175	1358
大(米)麦	Barley	239		10
豆类合计	Total Legume	154033	9743	4628
大豆	Soybean	99062	8699	3133
杂豆	Mixed bean	54971	1044	1495
薯类(按折粮计算)	Tubers (converted into grain)	135060	4636	3236
油料合计	Total Oil-bearing	731709	78969	24094
#花生	Peanuts	152374	16201	2707
油菜籽	Rape Seeds	546945	56046	19143
芝麻	Sesame	31582	6722	2244
棉花	Cotton	79736	1825	894
麻类合计	Total Fiber Crops	6393	53	1
黄红麻	Jute and Ambary Hemp	213		
苎麻	Ramee	6180	53	1
甘蔗	Sugarcane	13555	998	949
烟叶合计	Tabacco Total	17639		
烤烟	Flue-cured Tobacco	16976		
晒烟	Sun-cured Tobacco	663		
中药材	Traditional Chinese Medicinal Materials	20131	57	307
蔬菜、瓜类	Vegetables and Melons	593881	35435	28609
#蔬菜	Vegetables	521189	31544	26574
其他作物	Other Crops	355517	50522	7447
#莲子	Lotus Seeds	10841		
青饲料	Succulence	68906	1959	1753

Total Sown Areas of Farm Crops by Region (2010)

(hectare)

萍乡市 Pingxiang	九江市 Jiujiang	新余市 Xinyu	鹰潭市 Yingtan	赣州市 Ganzhou	吉安市 Ji'an	宜春市 Yichun	抚州市 Fuzhou	上饶市 Shangrao
139271	**527794**	**138063**	**149662**	**764111**	**922894**	**902666**	**603271**	**783838**
81409	273117	100576	116242	515006	651601	615380	408449	581389
69906	237442	92892	109921	471372	604716	555465	380091	548068
67085	219646	92739	109467	468607	599233	549972	378598	542331
22082	69783	41374	49393	204830	274462	239546	159929	225843
20967	78289	4547	8328	40696	36966	50903	45662	63532
24036	71574	46818	51746	223081	287805	259523	173007	252956
309	6251		169	37		826	22	2462
2512	11545	153	285	2728	5483	4667	1471	3275
2166	10476	153	255	2698	1675	3631	1439	1965
			7			28	12	182
4961	12514	4858	3377	24797	25984	30689	12959	19523
2468	8138	2788	1790	10581	16236	21975	10011	13243
2493	4376	2070	1587	14216	9748	8714	2948	6280
6542	23161	2826	2944	18837	20901	29226	15399	13798
17517	127640	10898	9366	46107	142872	126010	35685	112551
1390	8084	3224	4085	31238	21963	36891	12660	13931
15779	115559	7495	4840	14668	118860	81485	22107	90963
9	3963	177	421	201	2012	7634	918	7281
26	59045	2955	4	9	164	9436	2410	2968
	1267	2686	14	20	34	2053	92	173
			5	20	25		78	85
	1267	2686	9		9	2053	14	88
20	647	57	663	316	969	2055	3763	3118
122				8173	2642	257	6310	135
				8074	2599	60	6142	101
122				99	43	197	168	34
1262	3315	2	42	1172	5205	3597	4864	308
26775	45663	12639	13819	116457	97265	78973	81054	57192
23876	39373	9374	11973	106617	89633	68911	61405	51909
12140	17100	8250	9512	76851	22142	64905	60644	26004
1	31	1		4913	85	86	5584	140
3399	6706	5112	947	15113	6571	12391	6829	8126

12-22 各地区主要农作物单位播种面积产量（2010年）

单位：千克/公顷

类别	Type	全省 Provincial Total	南昌市 Nanchang	景德镇市 Jingdezheng
粮食作物	Grain Crops	5371	6053	6162
谷物	Cereal	5581	6188	6398
稻谷	Rice	5600	6192	6452
早稻	Early Rice	5035	5807	5449
中稻及一季晚稻	Middle-season and Late Rice	6609	7343	7183
二季晚稻	Second season Late Rice	5859	6402	6921
小麦	Wheat	2031	1448	1271
杂谷	Mixed Cereal	4394	5734	3922
#玉米	Corn	4642	5734	3703
大(米)麦	Barley	1667		1100
豆类合计	Total Legume	1813	1574	1844
大豆	Soybean	2062	1582	1987
杂豆	Mixed bean	1363	1508	1545
薯类(按折粮计算)	Tubers (converted into grain)	4224	5258	6083
油料合计	Total Oil-bearing	1470	1368	1225
#花生	Peanuts	2677	3164	3338
油菜籽	Rape Seeds	1167	929	934
芝麻	Sesame	900	699	1158
棉花	Cotton	1640	2101	1586
麻类合计	Total Fiber Crops	1595	4830	1000
黄红麻	Jute and Ambary Hemp	5348		
苎麻	Ramee	1468	4830	1000
甘蔗	Sugarcane	43583	40423	49789
烟叶合计	Tabacco Total	2131		
烤烟	Flue-cured Tobacco	2132		
晒烟	Sun-cured Tobacco	2111		
其他作物	Other Crops			
#莲子	Lotus Seeds	1222		

Output of Unit of Major Farm Crops Sown Area by Region (2010)

(kg/hectare)

萍乡市 Pingxiang	九江市 Jiujiang	新余市 Xinyu	鹰潭市 Yingtan	赣州市 Ganzhou	吉安市 Ji'an	宜春市 Yichun	抚州市 Fuzhou	上饶市 Shangrao
6735	5619	5861	5506	5345	5750	6144	6435	5244
7250	5828	6176	5674	5593	5954	6390	6514	5374
7366	6052	6177	5682	5603	5969	6413	6518	5399
6502	5311	5419	5044	5364	5691	5971	5750	4864
8114	6693	6920	6456	5871	6626	6648	7012	6135
7506	6074	6776	6166	5773	6150	6776	7097	5693
3466	2098		2734	2270		1841	2273	1788
4617	3588	5405	4449	4016	4291	4493	5527	3930
4704	3649	5405	4651	4039	2933	4772	5574	4501
			2286			2464	2500	1516
2269	1899	1333	1728	1516	1644	2202	2543	1791
2993	1951	1527	1842	2141	1867	2302	2633	1781
1553	1803	1072	1598	1051	1273	1950	2237	1811
4617	5484	3298	3550	4177	4956	5605	7759	4958
1530	1499	1198	2034	2111	1113	1517	1875	1541
1975	2061	2315	3025	2599	2248	2738	2730	3036
1496	1474	728	1281	1083	910	1026	1415	1361
1556	1082	734	1126	1139	735	852	1156	956
731	1628	1285	2500	1111	1335	1592	1719	2079
	1789	1264	4857	5800	2118	1337	5837	4260
			4600	5800	2000		5808	5647
	1789	1264	5000		2444	1336	6000	2920
20200	27853	24772	38508	47658	46670	51892	50449	32477
1180				2063	2269	1595	2174	3415
				2066	2283	1717	2139	3416
1180				1848	1395	1558	3470	3412
1000	4677			1187	812	1616	1206	2300

12-23　各地区主要农作物总产量（2010年）

单位：吨

类别	Type	全省 Provincial Total	南昌市 Nanchang	景德镇市 Jingdezheng
粮食作物	Grain Crops	19547000	2208546	575320
谷　物	Cereal	18697300	2168839	547101
稻　谷	Rice	18583000	2161837	540865
早　稻	Early Rice	7055000	913591	165685
中稻及一季晚稻	Middle-season and Late Rice	2590000	159708	148870
二季晚稻	Second season Late Rice	8938000	1088538	226310
小　麦	Wheat	21132	265	164
杂　谷	Mixed Cereal	93168	6737	6072
#玉　米	Corn	84400	6737	5028
大(米)麦	Barley	402		11
豆类合计	Total Legume	279200	15333	8535
大　豆	Soybean	204310	13759	6225
杂　豆	Mixed bean	74890	1574	2310
薯类(按折粮计算)	Tubers	570500	24374	19684
油料合计	Total Oil-bearing	1075715	108044	29521
#花　生	Peanuts	407959	51265	9037
油菜籽	Rape Seeds	638423	52083	17886
芝　麻	Sesame	28434	4696	2598
棉　花	Cotton	130773	3835	1418
麻类合计	Total Fiber Crops	10194	256	1
黄红麻	Jute and Ambary Hemp	1123		
苎　麻	Ramee	9071	256	1
甘　蔗	Sugarcane	590981	40342	47250
烟叶合计	Tabacco Total	37591		
烤　烟	Flue-cured Tobacco	36198		
晒　烟	Sun-cured Tobacco	1393		
其他作物	Other Crops	4066863	995235	132555
#莲　子	Lotus Seeds	13251		

Total Output of Major Farm Crops by Region (2010)

(ton)

萍乡市 Pingxiang	九江市 Jiujiang	新余市 Xinyu	鹰潭市 Yingtan	赣州市 Ganzhou	吉安市 Ji'an	宜春市 Yichun	抚州市 Fuzhou	上饶市 Shangrao
548251	1534716	589511	639980	2752844	3746760	3781054	2628220	3048950
506787	1383926	573714	623696	2636565	3600458	3549650	2475792	2945589
494118	1329385	572887	621966	2625524	3576930	3527158	2467612	2928316
143573	370627	224199	249144	1098698	1561873	1430322	919569	1098487
170133	523997	31467	53764	238915	244941	338428	320167	389741
180412	434761	317221	319058	1287911	1770116	1758408	1227876	1440088
1071	13114		462	84		1521	50	4401
11598	41427	827	1268	10957	23528	20971	8130	12872
10188	38229	827	1186	10896	4913	17326	8021	8844
			16			69	30	276
11258	23765	6476	5834	37600	42725	67583	32954	34957
7386	15875	4257	3298	22657	30319	50592	26359	23583
3872	7890	2219	2536	14943	12406	16991	6595	11374
30206	127025	9321	10450	78679	103577	163821	119474	68404
26805	191381	13056	19050	97313	159077	191149	66898	173421
2745	16660	7462	12357	81193	49370	101015	34556	42299
23601	170388	5457	6201	15891	108217	83630	31281	123788
14	4289	130	474	229	1478	6504	1061	6961
19	96130	3798	10	10	219	15023	4142	6169
	2267	3396	68	116	72	2744	537	737
			23	116	50	1	453	480
	2267	3396	45		22	2743	84	257
404	18021	1412	25531	15060	45223	106638	189838	101262
144				16862	5994	410	13720	461
				16679	5934	103	13137	345
144				183	60	307	583	116
152939	157493	104951	94948	48343	150504	1080081	646797	503017
1	145	10		5832	69	139	6733	322

12-24 茶叶、水果生产情况
Production Conditions of Tea,Fruits

指　　标	Item	2009	2010	2010年比2009年增长（%）Increase Rate in 2010 over 2009(%)
产　量(吨)	**Output(ton)**			
茶 叶	Tea	26359	29808	13.1
#红茶	Black Tea	3680	4167	13.2
绿茶	Green Tea	19658	22867	16.3
水 果	Fruits	3270764	2971285	-9.2
柑桔类	Citrus	2993721	2685960	-10.3
#柑	Hesperidium	293674	319484	8.8
桔	Orange	1414180	1189478	-15.9
橙	Orange	1248721	1132390	-9.3
柚	Grapefruit	37146	44608	20.1
梨	Pear	117653	116830	-0.7
桃	Peach	45745	48270	5.5
其他水果	Other Fruits	113645	120225	5.8
面　积(公顷)	**Area(hectare)**			
年末茶园面积	Area of Tea Plantations at the End of Year	50821	56771	11.7
#当年采摘	Picked in Current Year	40266	43156	7.2
当年新增	Newly Added in Current Year	5880	4579	-22.1
年末果园面积	Area of Orchard at the End of Year	374546	373621	-0.2
柑桔园	Orange Plantation	296364	300602	1.4
梨园	Pear Plantation	26233	25652	-2.2
桃园	Peach Plantation	10816	9953	-8.0
其他果园	Other Plantation	41133	37414	-9.0
当年新增	Newly Added in Current Year	22116	11236	-49.2

12-25 各地区茶叶、水果产量（2010年）
Output of Tea,Fruits by Region (2010)

单位：吨　　　(ton)

地　区	Region	茶叶 Tea	#红茶 Black Tea	#绿茶 Green Tea	水果 Fruits	#柑桔 Orange	#梨 Pear
全　省	**Provincial Total**	**29808**	**4167**	**22867**	**2971285**	**2685960**	**116830**
南昌市	Nanchang	1467	13	1446	23604	17873	1972
景德镇市	Jingdezhen	4061	2447	1454	9706	2929	1796
萍乡市	Pingxiang	285		263	11847	8992	635
九江市	Jiujiang	5337	923	3176	112045	67788	19659
新余市	Xinyu	148		148	39448	28185	4120
鹰潭市	Yingtan	104		2	42601	25434	9658
赣州市	Ganzhou	2267		2267	1475546	1404357	13666
吉安市	Ji'an	1957	450	1479	295119	271935	8304
宜春市	Yichun	1583	127	1194	91401	68214	6806
抚州市	Fuzhou	2462	55	1719	822049	764299	41206
上饶市	Shangrao	10137	152	9719	47919	25954	9008

12-26 各地区茶园、果园面积（2010年）

Area of Tea Plantations,Orchard by Region (2010)

单位：公顷 (hectare)

地 区	Region	年末茶园面积 Area of Tea Plantations at the End of Year	年末果园面积 Area of Orchard at the End of Year	#柑 桔 Orange	#当年新增面积 Areas Newly Added in Current Year
全 省	**Provincial Total**	**56771**	**373621**	**300602**	**11236**
南昌市	Nanchang	1442	5725	3452	197
景德镇市	Jingdezhen	7266	4588	1328	140
萍乡市	Pingxiang	442	3499	2755	20
九江市	Jiujiang	6430	19033	7045	801
新余市	Xinyu	323	5152	3593	66
鹰潭市	Yingtan	403	6118	2917	3
赣州市	Ganzhou	8081	178513	154615	5457
吉安市	Ji'an	5870	36231	31076	982
宜春市	Yichun	5550	13893	9336	377
抚州市	Fuzhou	3954	85741	77504	2944
上饶市	Shangrao	17010	15128	6981	249

12-27 各地区主要林产品产量(2010年)

Output of Major Forest Products by Region(2010)

地 区	Region	木材（万立方米） Output of Timber (10000 cu.m)	原木 Logs	竹材产品（万根） Output of Bamboo (10000 units)	毛竹 Mao Bamboo	竹笋干（吨） Dried Bamboo Shoots(ton)	油茶籽（吨） Tea-oil Seeds (ton)	油桐籽（吨） Tung-oil Seeds (ton)	松脂（吨） Rosin (ton)
全 省	**Provincial Total**	**340.74**	**321.95**	**6198.69**	**5691.07**	**8659**	**179697**	**12663**	**71982**
南昌市	Nanchang	3.29	2.86	42.79	38.88	41	1981	21	90
景德镇市	Jingdezhen	11.48	11.37	64.03	57.83	25	622	30	9568
萍乡市	Pingxiang	1.50	1.50	48.05	46.00	20	15505	402	674
九江市	Jiujiang	20.26	19.54	129.53	107.69	315	8142	210	4084
新余市	Xinyu	7.03	6.56	35.46	31.46	656	15043	3386	1946
鹰潭市	Yingtan	7.50	4.77	104.70	102.66	704	1032	223	162
赣州市	Ganzhou	64.15	62.45	920.83	854.06	1086	32826	5166	15526
吉安市	Ji'an	110.82	104.38	1801.13	1730.65	561	27287	530	34339
宜春市	Yichun	53.55	50.55	1795.26	1588.17	605	43573	2230	3622
抚州市	Fuzhou	32.61	32.61	758.92	657.03	2531	10084	86	1141
上饶市	Shangrao	28.55	25.36	497.99	476.64	2115	23602	379	830

12-28 主要林产品产量
Output of Major Forest Products

年份 Year	木材(万立方米) Output of Timber (10000 cu.m)	原木 Logs	竹材产品(万根) Output of Bamboo (10000 units)	毛竹 Mao Bamboo	竹笋干(吨) Dried Bamboo Shoots (ton)	油茶籽(吨) Tea-oil Seeds (ton)	油桐籽(吨) Tung-oil Seeds (ton)	松脂(吨) Rosin (ton)
1978	192.21		1532.76		440	122398	4940	38600
1979	243.88		1482.43		1035	191660	5620	46900
1980	280.29		1826.30		725	125205	3800	37850
1981	257.12		1739.24		1305	206955	6100	45700
1982	262.95		1821.23		1544	105021	6500	44450
1983	256.43		1822.21		10770	102272	7400	53450
1984	312.74		1728.02		2000	135115	8800	50650
1985	276.34		1583.38		3290	163441	7682	30257
1986	285.05		2051.70		3458	100958	7600	36671
1987	245.41		2147.10		6173	139804	5507	41357
1988	236.82		2519.37		3917	124063	6562	37208
1989	253.22		2622.09		5077	172038	5916	38821
1990	296.91		2014.50		5451	136402	6295	43370
1991	247.34	243.50	2911.20	2686.11	7474	167556	7151	39347
1992	278.33	275.88	3582.41	3180.79	4585	148410	9210	28771
1993	263.42	253.67	2179.05	1982.94	6190	119108	9206	37788
1994	268.73	254.70	3199.84	2856.53	7025	152144	10328	28461
1995	269.11	265.14	2706.20	961.65	6834	149655	13048	31819
1996	276.48	265.78	3613.84	3469.55	8355	162715	11339	29945
1997	268.65	263.27	4103.37	3817.88	13256	221622	13046	40475
1998	249.68	236.60	3062.41	2849.34	13842	156819	13829	35254
1999	254.99	250.66	3302.52	3008.67	19317	187094	15344	40718
2000	237.93	232.42	3698.72	3096.87	11041	194763	13973	41638
2001	319.76	309.46	4024.18	3722.37	10492	171726	15448	46387
2002	279.87	263.72	4086.50	3287.80	10019	189586	14252	48801
2003	354.24	301.51	4472.37	3646.23	8600	163191	12681	54758
2004	459.07	363.60	4953.37	4379.40	6815	193170	10252	75892
2005	503.17	396.48	6043.19	5299.23	6921	189020	16160	93164
2006	483.03	424.51	6750.90	6021.59	7624	230365	12526	97098
2007	491.56	434.22	11406.81	10771.52	18013	208332	18778	80722
2008	610.23	578.02	10755.45	9835.83	7536	191377	7848	48214
2009	339.79	314.81	7423.01	6732.78	9979	268966	12433	57306
2010	340.74	321.95	6198.69	5691.07	8659	179697	12663	71982

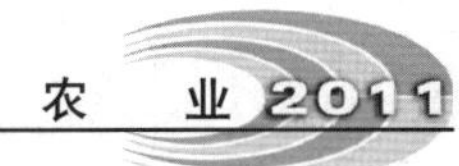

12-29 牧业生产情况
Production Condition of Animal Husbandry

指标	Item	2009	2010	2010年比2009年增长（%）Increase Rate in 2010 over 2009(%)
当年出栏肉猪头数(头)	Number of Slaughtered Fattened Hogs in Current Year(head)	28145469	28975408	2.9
当年出售和自宰肉用牛(头)	Cattles for Sale and Butchering in Current Year(head)	1375431	1396200	1.5
当年出售和自宰肉用羊(只)	Sheep for Sale and Butchering in Current Year(head)	909523	903800	-0.6
当年出售和自宰肉用兔(只)	Rabbits for Sale and Butchering in Current Year(head)	2960873	3194769	7.9
当年出售和自宰肉用禽(万羽)	Poultry for Sale and Butchering in Current Year(10000 heads)	37874.9	40048.7	5.7
肉类总产量(吨)	Total Output of Meat(ton)	3009140	3082029	2.4
#猪　肉	Pock	2307886	2338892	1.3
牛　肉	Beef	156259	159500	2.1
羊　肉	Mutton	13822	14190	2.7
兔　肉	Rabbit Meat	4930	5304	7.6
禽　肉	Meat of Poultry	517166	555118	7.3
牛奶产量(吨)	Output of Milk(ton)	118847	122447	3.0
家禽产蛋量(吨)	Output of Eggs(ton)	505580	511488	1.2
蜂蜜产量(吨)	Output of Honey(ton)	11191	11535	3.1
牛年末存栏头数(头)	Number of Cattle at the End of Year(head)	3098632	3157444	1.9
#奶牛	Number of Cow	34333	35405	3.1
能繁殖母牛	Number of Cow with Fertility	1715968	1666899	-2.9
当年生仔牛	Number of Cow Born in Current Year	816149	808216	-1.0
生猪年末存栏头数(头)	Number of Hogs at the End of Year(head)	16800510	17563336	4.5
#能繁殖母猪	Number of Female Hogs with Fertility	1735242	1808303	4.2
羊年末存栏只数(只)	Number of Sheep and goats at the End of Year(head)	700040	635174	-9.3
兔年末存栏只数(只)	Number of Rabbits at the End of Year(head)	1420910	1527452	7.5
家禽年末只数(万羽)	Number of Poultry at the End of Year(10000 heads)	18141.5	19142.5	5.5
养蜂年末箱数(箱)	Number of Boxes for Beekeeping at the End of Year(box)	362370	371348	2.5
年末桑园面积(公顷)	Area of Mulberry Plantation at the End of Year(hectare)	13000	13262	2.0
蚕　茧(吨)	Pods(ton)	8375	7550	-9.9

12-30 各地区牧业生产情况（2010年）

指标	Item	全省 Provincial Total	南昌市 Nanchang	景德镇市 Jingdezheng
当年出栏肉猪头数(头)	Number of Slaughtered Fattened Hogs in Current Year(head)	28975408	3177715	547008
当年出售和自宰肉用牛(头)	Cattles for Sale and Butchering in Current Year(head)	1396200	56195	20125
当年出售和自宰肉用羊(只)	Sheep for Sale and Butchering in Current Year(head)	903800	23438	11316
当年出售和自宰肉用兔(只)	Rabbits for Sale and Butchering in Current Year(head)	3194769	20359	109173
当年出售和自宰肉用禽(万羽)	Poultry for Sale and Butchering in Current Year(10000 heads)	40048.7	4315.8	505.4
肉类总产量(吨)	Total Output of Meat(ton)	3082029	329743	56830
#猪　肉	Pock	2338892	260530	44339
牛　肉	Beef	159500	6551	2332
羊　肉	Mutton	14190	386	203
兔　肉	Rabbit Meat	5304	38	219
禽　肉	Meat of Poultry	555118	59065	9314
牛奶产量(吨)	Output of Milk(ton)	122447	47424	214
家禽产蛋量(吨)	Output of Eggs(ton)	511488	149102	9104
蜂蜜产量(吨)	Output of Honey(ton)	11535	227	230
牛年末头数(头)	Number of Cattle at the End of Year(head)	3157444	234190	49316
能繁殖母牛	Number of Cow with Fertility	1666899	121468	23157
当年生仔牛	Number of Cow Born in Current Year	808216	52483	13108
生猪年末头数(头)	Number of Hogs at the End of Year(head)	17563336	1959870	379092
#能繁殖母猪	Number of Female Hogs with Fertility	1808303	215332	32194
羊年末只数(只)	Number of Sheep and goats at the End of Year(head)	635174	21698	12532
兔年末只数(只)	Number of Rabbits at the End of Year(head)	1527452	9218	17285
家禽年末只数(万羽)	Number of Poultry at the End of Year(10000 heads)	19142.5	3121.2	372.1
养蜂年末箱数(箱)	Number of Boxes for Beekeeping at the End of Year(box)	371348	3133	12869
年末桑园面积(公顷)	Area of Mulberry Plantation at the End of Year(hectare)	13262	5	9
蚕　茧(吨)	Pods(ton)	7550	9	3

Production Condition of Animal Husbandry by Region (2010)

	萍乡市 Pingxiang	九江市 Jiujiang	新余市 Xinyu	鹰潭市 Yingtan	赣州市 Ganzhou	吉安市 Ji'an	宜春市 Yichun	抚州市 Fuzhou	上饶市 Shangrao
	1381455	1989359	750135	1248651	5392935	3529480	5555206	2736660	2666804
	14147	27175	52820	34111	300076	463382	255300	64465	108404
	211818	166027	12050	17217	85130	39190	210000	12575	115039
	13987	91763	5711	186739	1516845	75348	1121453	11321	42070
	903.1	1709.6	404.8	972.1	10093.3	7071.2	3509.4	7381.6	3182.4
	135772	189705	73270	118890	606909	441522	540566	307145	281678
	115827	158650	60504	98781	433285	284301	450928	215885	215863
	1623	3123	6041	3829	32748	53651	29656	7368	12577
	3314	2454	206	284	1307	659	3324	261	1792
	46	176	12	383	2077	159	2064	24	106
	14480	25017	6402	14694	137158	100994	53680	83404	50910
	6092	1258	171	376	47734	2048	771	16013	346
	8206	58038	9991	18199	57344	45866	62202	36003	57433
	169	828	124	975	1450	1468	2985	1188	1892
	85025	99790	86793	75999	662216	741931	563826	300586	257772
	30811	40681	50730	43227	390802	484923	246178	122381	112541
	8499	15364	32424	24605	205111	218715	125846	57904	54157
	699430	1184788	427311	627546	3190166	2178630	3306193	1636871	1973439
	70218	104693	57168	71416	290616	227007	428425	159321	151913
	172292	138056	9604	9036	66296	35701	98596	13232	58131
	19600	67467	3960	113650	463769	75395	673992	6770	76345
	532.2	1038.8	270.8	479.8	4260.5	2608.6	2170.2	2271.9	2016.4
	8840	21630	6300	15583	75305	41662	93944	24683	67399
	280	6225			1340	1420	1520	2095	368
	42	4380			820	1120	33	1062	81

12-31 渔业生产情况

Production Condition of Fishery

指　　标	Item	2009	2010	2010年比2009年增长（%） Increase Rate in 2010 over 2009(%)
渔业乡(个)	Number of Fishery Townships(unit)	28	27	-3.6
渔业村(个)	Number of Fishery Villages(unit)	346	355	2.6
渔业户(户)	Number of Fishery Households(household)	345913	338264	-2.2
渔业人口(万人)	Population of Fishery(10000 persons)	159.44	154.79	-2.9
渔业劳动力(万人)	Laborers of Fishery(10000 persons)	96.38	96.18	-0.2
专业劳动力	Speciality Laborers	44.28	43.55	-1.6
捕捞专业劳动力	Laborers of Catch	6.52	6.48	-0.6
养殖专业劳动力	Laborers of Culture	31.70	31.15	-1.7
其他专业劳动力	Laborers of logistics	6.06	5.92	-2.3
兼业劳动力	Laborers of Concurrent Post	42.87	42.50	-0.9
已养殖面积(千公顷)	Cultured Area(1000 hectares)	417.06	425.46	2.0
#池　塘	Pond	147.20	148.62	1.0
水　库	Reservoir	145.37	154.19	6.1
湖　泊	Lake	107.27	103.70	-3.3
养殖亩产(千克/公顷)	Per Unit Area Yield of Culture(kg/hectare)	4365	4374	0.2
#池　塘	Pond	6636	6800	2.5
水　库	Reservoir	2963	2918	-1.5
湖　泊	Lake	2470	2545	3.0
水产品总产量(吨)	Total Output of Aquatic Products(ton)	2052625	2153405	4.9
#养殖产量	Cultured Output	1820350	1860892	2.2
#池　塘	Pond	976843	1010613	3.5
水　库	Reseroir	430671	449943	4.5
湖　泊	Lake	264929	263961	-0.4
水产品总产量中：鱼　类	Fish	1806064	1882809	4.2
甲壳类	Carapace	124872	146630	17.4
贝　类	Shell-fish	77493	77488	0.0
珍珠产量(千克)	Output of Pearls(kg)	971500	985300	1.4
鱼苗产量(亿尾)	Output of Frys(100 millon fries)	245.39	261.58	6.6
鱼种产量(吨)	Output of Advanced Frys(ton)	210468	221042	5.0

12-32 各地区渔业生产情况（2010年）
Production Condition of Fishery by Region (2010)

地 区	Region	渔业劳动力（人）Laborers of Fishery (person)	专业劳动力 Speciality Laborers	捕捞劳动力 Laborers of Catch	养殖劳动力 Laborers of Culture	其他劳动力 Laborers of Logistics	兼业劳动力 Laborers of Concurrent Post	养殖面积（公顷）Cultured Area (hectare)	养殖单产（千克/公顷）Per Unit Area Yield of Culture (kg/hectare)
全 省	**Provincial Total**	**961818**	**435510**	**64849**	**311453**	**59208**	**424982**	**425463**	**4374**
南昌市	Nanchang	78577	44075	8116	31431	4528	23085	55975	5008
景德镇市	Jingdezhen	3439	2429	395	1592	442	882	6946	3501
萍乡市	Pingxiang	22151	8663	429	7477	757	13292	5147	5953
九江市	Jiujiang	74498	43208	14889	23949	4370	26000	79741	3757
新余市	Xinyu	15859	6756	1179	4426	1151	7721	11833	3194
鹰潭市	Yingtan	15991	12151	5699	1834	4618	2632	7528	5210
赣州市	Ganzhou	283745	121769	5389	102665	13715	151674	46064	5034
吉安市	Ji'an	94513	28076	2074	22842	3160	56131	44000	3804
宜春市	Yichun	124788	50815	5440	39325	6050	39634	48703	5318
抚州市	Fuzhou	61066	17989	1558	13788	2643	40170	37211	3613
上饶市	Shangrao	187191	99579	19681	62124	17774	63761	82315	4328

12-32 续表 continued

地 区	Region	水产品总产量(吨) Total Output of Aquatic Products (ton)	#养殖产量 Cultured Output	水产品产量中 Among Output of Aquatic Procducts: 鱼类 Fish	甲壳类 Carapace	贝类 Shell-fish	珍珠产量（千克）Output of Pearl (kg)	鱼苗产量（万尾）Output of Fry (10000 fries)	鱼种产量（吨）Output of Advanced Fry (ton)
全 省	**Provincial Total**	**2153405**	**1860892**	**1882809**	**146630**	**77488**	**985300**	**2615800**	**221042**
南昌市	Nanchang	345688	280342	284974	28897	26955	79000	296700	30944
景德镇市	Jingdezhen	27910	24316	23971	2882	742	12000	111000	774
萍乡市	Pingxiang	32540	30640	30595	739	722		80000	3773
九江市	Jiujiang	369373	299581	311069	48545	7116	551000	398400	17610
新余市	Xinyu	41580	37800	38216	1022	1542	10200	24700	3226
鹰潭市	Yingtan	43716	39224	39087	2270	1505	10100	144000	5185
赣州市	Ganzhou	249900	231900	231099	4262	5946		487800	31227
吉安市	Ji'an	179500	167359	168164	2604	3263	46000	218300	14643
宜春市	Yichun	295000	259025	257168	17324	12292	58000	360700	41609
抚州市	Fuzhou	145008	134440	132138	1695	3719	118000	235000	24097
上饶市	Shangrao	423190	356265	366328	36390	13686	101000	259200	47954

12-33 各地区农村经济效益（2010年）

指标	Item	全省 Provincial Total	南昌市 Nanchang
每一农业劳动力创造农林牧渔业总产值(元)	Gross Output of Farming,Forestry,Animal Husbandry and Fishery Created by Per Rural Laborer(yuan)	22323	29524
每一农业劳动力创造农林牧渔业增加值(元)	Value-added of Farming,Forestry,Animal Husbandry and Fishery Created by Per Rural Laborer(yuan)	14176	17392
每一农业劳动力创造农林牧渔业商品产值(元)	Commodity Output of Farming,Forestry,Animal Husbandry and Fishery Created by Per Rural Laborer(yuan)	16054	22805
每一农业劳动力生产的主要农产品(千克)	Major Farm Products Producted by Per Rural Laborer(kg)		
粮食	Grain	2295.83	3186.05
棉花	Cotton	15.36	5.53
油料	Oil-bearing	126.34	155.86
糖料	Sugar	69.41	58.20
肉类总产量	Total Output of Meat	361.99	475.69
水产品产量	Output of Aquatic Products	252.92	498.69
农林牧渔业中间消耗占农林牧渔业总产值(%)	Percentage of Intermediate Consumption of Farming,Forestry,Animal Husbandry and Fishery in Gross Output of Farming,Forestry,Animal Husbandry and Fishery(%)	36.49	41.09
农林牧渔业商品率(%)	Commdity Rate of Farming, Forestry, Animal Husbandry and Fishery(%)	73.1	77.2

12-34 各地区按人口平均的主要农产品产量（2010年）

指标	Item	全省 Provincial Total	南昌市 Nanchang	景德镇市 Jingdezheng	萍乡市 Pingxiang
粮食(千克/人)	Grain(kg/person)	439.53	455.27	363.47	294.74
棉花(千克/人)	Cotton(kg/person)	2.94	0.79	0.90	0.01
花生(千克/人)	Peanut(kg/person)	2.43	10.57	5.71	1.48
油菜籽(千克/人)	Rape Seeds(kg/person)	14.36	10.74	11.30	12.69
芝麻(千克/人)	Sesame(kg/person)	0.64	0.97	1.64	0.01
生猪出栏(头/人)	Slaughtered Fattened Hogs(kg/person)	0.65	0.66	0.35	0.74
生猪存栏(头/人)	Hogs on Hand(kg/person)	0.39	0.40	0.24	0.38
肉类总产量(千克/人)	Total Output of Meat(kg/person)	69.30	67.97	35.90	72.99
水产品产量(千克/人)	Output of Aquatic Products(kg/person)	48.42	71.26	17.63	17.49
水果产量(千克/人)	Output of Fruits(kg/person)	66.81	4.87	6.13	6.37
#柑桔	Oranges	60.40	3.68	1.85	4.83

Rural Economic Efficiency by Region (2010)

景德镇市 Jingdezheng	萍乡市 Pingxiang	九江市 Jiujiang	新余市 Xinyu	鹰潭市 Yingtan	赣州市 Ganzhou	吉安市 Ji'an	宜春市 Yichun	抚州市 Fuzhou	上饶市 Shangrao
27980	23722	18636	31481	23330	17765	25535	29514	24142	20280
380879	423241	980368	378445	328081	2118943	1429970	1649178	1200517	1518961
20633	15515	13039	22507	16374	12161	18390	20855	18584	14659
2795.58	1942.11	1725.90	2857.49	2834.54	1447.82	3899.58	3757.55	2893.10	2469.51
6.89	0.07	108.10	18.41	0.04	0.01	0.23	14.93	4.56	5.00
143.45	94.95	215.22	63.29	84.37	51.18	165.57	189.96	73.64	140.46
229.60	1.43	20.27	6.84	113.08	7.92	47.07	105.98	208.97	82.02
276.15	480.95	213.34	355.15	526.58	319.20	459.53	537.20	338.10	228.15
135.62	115.27	415.39	201.55	193.62	131.43	186.82	293.17	159.62	342.76
33.85	36.80	40.84	41.73	37.71	37.27	41.72	44.47	45.26	39.33
73.7	65.4	70.0	71.5	70.2	68.5	72.0	70.7	77.0	72.3

Output of Major Rural Products per Person by Region (2010)

九江市 Jiujiang	新余市 Xinyu	鹰潭市 Yingtan	赣州市 Ganzhou	吉安市 Ji'an	宜春市 Yichun	抚州市 Fuzhou	上饶市 Shangrao
322.35	517.14	570.94	327.51	776.83	693.29	671.99	464.60
20.19	3.33	0.01	0.00	0.05	2.75	1.06	0.94
3.50	6.55	11.02	9.66	10.24	18.52	8.84	6.45
35.79	4.79	5.53	1.89	22.44	15.33	8.00	18.86
0.90	0.11	0.42	0.03	0.31	1.19	0.27	1.06
0.42	0.66	1.11	0.64	0.73	1.02	0.70	0.41
0.25	0.37	0.56	0.38	0.45	0.61	0.42	0.30
39.85	64.28	106.06	72.20	91.54	99.12	78.53	42.92
77.58	36.48	39.00	29.73	37.22	54.09	37.08	64.49
23.53	34.61	38.00	175.55	61.19	16.76	210.18	7.30
14.24	24.72	22.69	167.08	56.38	12.51	195.42	3.95

12-35 商品粮基地县农村经济情况（2010年）

地　区	Region	乡村人口（人）Rural Population (person)	农作物总播种面积（公顷）Total Sown Areas of Farm Crops (hectare)	#粮　食 Grain	粮食总产量（吨）Total Output of Grain (ton)	棉花总产量（吨）Total Output of Cotton (ton)
47个粮食基地	**Base of Commodity Grain**					
南昌县	Nanchang	766598	175047	124588	788575	
新建县	Xinjian	571087	134097	99403	616892	189
进贤县	Jinxian	695597	138081	85830	482980	243
浮梁县	Fuliang	247471	44227	26555	160844	168
乐平市	Leping	679602	100548	61353	384746	1192
莲花县	Lianhua	224850	38729	21801	130050	17
修水县	Xiushui	287981	63554	36105	235032	9366
永修县	Yongxiu	725279	69712	46718	216256	471
都昌县	Duchang	695703	103634	67108	388518	7045
渝水区	Yushui	359960	69682	53213	319429	3092
余江县	Yujiang	297028	54506	41690	231256	10
贵溪市	Guixi	436043	81714	64249	350842	
信丰县	Xinfeng	590877	73269	48402	264983	
宁都县	Ningdu	692854	99932	69268	392955	
于都县	Yudu	789569	74184	49976	247208	
兴国县	Xingguo	627030	78711	55370	277535	
瑞金市	Ruijing	523933	59669	34998	186657	3
吉安县	Ji'an	377166	104326	75123	425953	
吉水县	Jishui	403137	118819	87969	547346	
峡江县	Xiajing	129149	54810	38260	226535	74
新干县	Xingan	250185	85383	56502	330326	145
永丰县	Yongfeng	354019	80825	61206	323107	
泰和县	Taihe	426761	133306	87366	500002	
万安县	Wan'an	258039	57519	43991	262320	
安福县	Anfu	300343	87352	56290	319328	
永新县	Yongxin	418289	69053	46729	285337	
袁州区	Yuanzhou	734134	99995	72608	374304	113
奉新县	Fengxin	228142	60864	43790	303394	1437
万载县	Wanzai	452575	67119	45863	253889	48
上高县	Shanggao	259639	73616	46420	284353	865
宜丰县	Yifeng	191754	43216	38650	244868	402
丰城市	Fengcheng	1034402	223988	157908	931748	331
樟树市	Zhangshu	412443	131218	82361	539259	286
高安市	Gao'an	610275	171721	106324	722072	9129
临川区	Linchuan	702689	144650	88736	600020	1857
南城县	Nancheng	243892	52323	37605	270808	164
南丰县	Nanfeng	229024	44321	28281	216898	
崇仁县	Chongren	282762	65944	39373	269652	2110
乐安县	Le'an	281763	47584	40919	241346	
金溪县	Jinxi	242804	65834	47880	300103	
东乡县	Dongxiang	328005	64342	47055	255567	
上饶县	Shangrao	728984	44541	30357	162430	35
玉山县	Yushan	469157	50643	36988	200493	189
弋阳县	Yiyang	321257	48487	37231	200112	12
余干县	Yugan	855721	156058	125973	581113	1
鄱阳县	Poyang	1391683	238456	178722	1010984	5446
万年县	Wannian	302172	51203	38928	222203	297

Conditions of Rural Economy of Base of Commodity Grain (2010)

油料总产量(吨) Total Output of Oil-bearing (ton)	肉类总产量(吨) Total Output of Meat (ton)	农业机械总动力(万千瓦特) Total Power of Agricultural Machinery (10000 kw)	有效灌溉面积(公顷) Irrigated Area (hectare)	化肥施用量(折纯量,吨) Consumption of Chemical Firtilizer (net,ton)	农村用电量(万千瓦小时) Electricity Consumed in Rural Area (10000 kwh)	农林牧渔总产值(当年价格)(万元) Gross Output Value of Farming, Forestry, Animal Husbandry and Fishery (at current prices) (10000 yuan)
11275	128646	137.7	71540	59972	41735	646472
28200	73439	101.6	48470	33025	14930	580505
42926	80503	97.0	44520	28563	22132	531303
5258	12217	51.9	16520	7044	5937	152691
22730	31624	94.2	29930	21972	13417	350461
13945	15595	37.8	8750	8709	1796	92903
17281	35979	49.5	34310	34760	5346	179181
11975	16081	27.7	18880	13994	11030	164842
21462	19380	59.8	30600	27713	6247	249050
7543	34978	68.8	23770	10929	8268	310993
11949	83311	26.0	17070	8981	3020	243203
6288	29589	37.6	25970	19741	3651	228689
12387	61235	54.2	18860	17448	6434	303539
9482	58344	49.8	31520	24910	6288	326387
15603	39650	40.7	25720	18784	9362	255228
6123	58160	47.9	20910	14065	5399	308921
11808	42539	30.2	19610	10286	5169	208415
19753	88651	63.7	28060	14027	5712	266039
16071	41036	67.2	30220	28039	4620	283429
12186	10034	24.3	16470	12888	3527	114157
20558	73022	45.0	25810	17983	4101	202816
4672	21761	45.9	30020	17027	3281	250342
20834	72446	67.4	39370	24805	6467	348039
9403	16736	35.8	17780	9440	2339	131795
22510	37481	39.9	30450	14869	14666	216619
21305	29099	45.6	22840	8725	3849	200120
13446	84196	66.0	29900	17404	12489	364480
14532	11718	53.0	22900	15931	7616	175511
6993	36486	30.0	18820	9044	6589	209540
14368	64128	47.5	19860	16840	9999	308486
1005	21049	56.5	19000	14078	7951	210000
40579	83593	113.4	65980	49138	20803	661228
42287	88762	89.5	33820	33922	6596	395841
51048	137215	115.3	53630	47717	18248	486182
19028	51202	89.9	48800	37219	9537	558444
3676	23478	41.3	16200	10151	5333	199053
5664	11049	27.2	18100	39045	4902	317452
18873	68384	16.0	19000	27827	2903	229147
1568	10457	27.8	19540	10698	1767	121498
4988	14610	36.9	21100	24161	3924	149735
8077	90116	59.3	26080	22892	4075	233347
6469	13555	36.7	36700	4378	31109	161818
12044	17958	29.0	18060	9860	5078	162590
4764	21129	29.6	16150	12142	7819	157876
20943	30656	71.2	33500	36185	12478	367523
94902	29883	121.0	52460	31921	22695	620275
7989	62833	10.3	19180	6528	3129	202840

12-36 生猪调出奖励大县农村经济情况（2010年）
Conditions of Rural Economy of County Which are Rewarded for Lare Hog-contributed (2010)

地　区	Region	乡村人口（人）Rural Population (person)	农作物总播种面积（公顷）Total Sown Areas of Farm Crops (hectare)	#粮　食 Grain	粮食总产量（吨）Total Output of Grain (ton)	棉花总产量（吨）Total Output of Cotton (ton)	油料总产量（吨）Total Output of Oil-bearing (ton)
12个生猪大县（市、区）	**Large Hog-raising County (County-level City、District)**	**6649186**	**1417836**	**961350**	**5790727**	**11311**	**300246**
南昌县	Nanchang	766598	175047	124588	788575		11275
新建县	Xinjiang	571087	134097	99403	616892	189	28200
进贤县	Jinxian	695597	138081	85830	482980	243	42926
余江县	Yujiang	297028	54506	41690	231256	10	11949
南康市	Nankang	689793	65842	40661	233395		15533
新干县	Xingan	250185	85383	56502	330326	145	20558
袁州区	Yuanzhou	734134	99995	72608	374304	113	13446
上高县	Shanggao	259639	73616	46420	284353	865	14368
丰城市	Fengcheng	1034402	223988	157908	931748	331	40579
樟树市	Zhangshu	412443	131218	82361	539259	286	42287
高安市	Gao'an	610275	171721	106324	722072	9129	51048
东乡县	Dongxiang	328005	64342	47055	255567		8077

12-36 续表　continued

地　区	Region	肉类总产量（吨）Total Output of Meat (ton)	农业机械总动力（万千瓦）Total Power of Agricultural Machinery (10000 kw)	有效灌溉面积（公顷）Irrigated Area (hectare)	化肥施用量（折纯量,吨）Consumption of Chemical Firtilizer (net,ton)	农村用电量（万千瓦小时）Electricity Consumed in Rural Area (10000 kwh)	农林牧渔总产值（当年价格）(万元) Gross Output Value of Farming, Forestry, Animal Husbandry and Fishery(at current prices)(10000 yuan)
12个生猪大县（市、区）	**Large Hog-raising County (County-level City、District)**	**1050398**	**949**	**457890**	**354529**	**166405**	**4918059**
南昌县	Nanchang	128646	137.7	71540	59972	41735	646472
新建县	Xinjiang	73439	101.6	48470	33025	14930	580505
进贤县	Jinxian	80503	97.0	44520	28563	22132	531303
余江县	Yujiang	83311	26.0	17070	8981	3020	243203
南康市	Nankang	63467	50.9	21210	18092	8277	264196
新干县	Xingan	73022	45.0	25810	17983	4101	202816
袁州区	Yuanzhou	84196	66.0	29900	17404	12489	364480
上高县	Shanggao	64128	47.5	19860	16840	9999	308486
丰城市	Fengcheng	83593	113.4	65980	49138	20803	661228
樟树市	Zhangshu	88762	89.5	33820	33922	6596	395841
高安市	Gao'an	137215	115.3	53630	47717	18248	486182
东乡县	Dongxiang	90116	59.3	26080	22892	4075	233347

12-37　乡镇企业主要经济指标（2010年）

Main Economic Indicators of Township Enterprises (2010)

指　　标	Item	企业个数（个）Number of Enterprises (unit)	从业人员（人）Number of Employed Persons (person)	增加值（万元）Value-added (10000-yuan)	营业收入（万元）Business Income (10000-yuan)	利润总额（万元）Total Profits (10000-yuan)	上交税金（万元）Taxes Payable (10000-yuan)
总　计	**Total**	**158080**	**3144062**	**20912602**	**66386224**	**4550081**	**2482923**
按登记注册类型分组	**Grouped by Status of Registration**						
内资企业小计	Domestic-funded Enterprises	157217	3003525	19909713	63094670	4288807	2361576
#集体企业	Collective-owned Enterprises	2320	63612	314205	1099594	39718	35597
股份合作企业	Share-Holding Cooperative Enterprises	10338	103124	854796	2487919	167731	72983
联营企业	Joint-operation Enterprises	5025	46805	158320	478705	35558	15490
有限责任公司	Limited Liability Corporations	17007	531110	4992660	16415712	1174613	674965
股份有限公司	Share-holding Corporation Ltd.	8956	100864	882849	3337388	269077	133844
私营企业	Private Enterprises	113571	2158010	12706883	39275352	2602110	1428697
港、澳、台商投资企业	Enterprises with Investment from Hong Kong,Macao and Taiwan	648	99875	569997	1865425	132889	68508
外商投资企业	Enterprises with Foreign Investment	215	40662	432892	1426129	128385	52839
按国民经济行业分组	**Grouped by Sector**						
农林牧渔业	Farming,Forestry,Animal Husbandry and Fishery	10521	119217	422397	1395943	104269	37532
工业	Industry	64407	1905583	15604323	50811467	3554568	1825767
#采矿业	Mining	11320	210236	1435829	4535351	442576	287047
制造业	Manufacture	50291	1661820	13971609	45681726	3059711	1508387
建筑业	Construction	10200	323076	1163907	3670517	236614	139683
交通运输仓储业	Transport and Storage	14190	139911	664283	2194796	121505	77949
批发零售业	Wholesale and Retail Trades	22672	227295	1137772	3886647	205563	194853
住宿及餐饮业	Hotels and Catering Services	16105	170316	735799	2103797	111806	88274
#餐饮业	Catering Services	10473	99293	226483	658950	40784	28349
社会服务业	Social Services	10306	111133	335034	815211	86495	56547
其　他	Others	9679	147531	849087	1507846	129261	62318

注：本表不含个体工商户数据。以下同。

a) The data in this table do not include the industrial and commercial unit.The same applies to the following table.

12-38 各地区乡镇企业单位数和从业人数（2010年）

Number of Enterprises and Employed Persons of Township Enterprises by Region (2010)

地区	Region	单位数（个）Number of Enterprises (unit)	集体 Collective-owned	个私 Private	从业人数（人）Number of Employed Persons (person)	集体 Collective-owned	个私 Private
全省	**Provincial Total**	**158080**	**2320**	**155760**	**3144062**	**63612**	**3080450**
南昌市	Nanchang	19469	25	19444	340077	4458	335619
景德镇市	Jingdezhen	4633	64	4569	92543	4833	87710
萍乡市	Pingxiang	15899	211	15688	310011	11491	298520
九江市	Jiujiang	16926	577	16349	206850	22846	184004
新余市	Xinyu	6907	297	6610	89192	2395	86797
鹰潭市	Yingtan	1394	29	1365	28465	682	27783
赣州市	Ganzhou	30796	650	30146	484927	8037	476890
吉安市	Ji'an	13010	297	12713	367720	5477	362243
宜春市	Yichun	17264		17264	626565		626565
抚州市	Fuzhou	13577	169	13408	223904	3335	220569
上饶市	Shangrao	18205	1	18204	373808	58	373750

12-39 各地区乡镇企业总产值和增加值（2010年）

Gross Output Value and Value-added of Township Enterprises by Region (2010)

本表按当年价格计算

Data in this table are calculated at current prices.

单位：万元 (10000 yuan)

地区	Region	总产值 Gross Output Value	集体 Collective-owned	个私 Private	增加值 Value-added	集体 Collective-owned	个私 Private
全省	**Provincial Total**	**69423145**	**1141494**	**68281651**	**20912602**	**314205**	**20598397**
南昌市	Nanchang	9544239	161638	9382601	3039043	55889	2983154
景德镇市	Jingdezhen	2603725	84509	2519216	711522	25560	685962
萍乡市	Pingxiang	10846936	181191	10665745	3738328	59726	3678602
九江市	Jiujiang	1126513	149655	976858	310324	35511	274813
新余市	Xinyu	3158282	333393	2824889	764896	65547	699349
鹰潭市	Yingtan	1216853	6637	1210216	224481	1216	223265
赣州市	Ganzhou	6957806	143281	6814525	1948185	49092	1899093
吉安市	Ji'an	9557364	59793	9497571	2568303	15858	2552445
宜春市	Yichun	9677966		9677966	3157388		3157388
抚州市	Fuzhou	3092483	20627	3071856	844127	5590	838537
上饶市	Shangrao	11640978	770	11640208	3606005	216	3605789

12-40 农村贫困人口分布情况
Distribution of Poverty-stricken Population

单位：人 (person)

县(市、区)	County(County level City,District)	2009	2010
全 省	**Provincial Total**	**864946**	**620807**
南 昌 市	**Nanchang City**	**24319**	**15171**
湾 里 区	Wanli	1328	818
青山湖区	Qingshanhu	128	80
青云谱区	Qingyunpu	65	51
高新开发区	High and New Development Zone	122	76
经济技术开发区	Economic Technologe Development Zone	25	17
红谷滩新区	Honggutan New Area	52	28
桑海技术开发区	Sanghai Technologe Development Zone	13	11
南 昌 县	Nanchang	6260	3894
新 建 县	Xinjian	6691	4124
安 义 县	Anyi	3010	1889
进 贤 县	Jinxian	6625	4183
景德镇市	**Jingdezhen City**	**12502**	**7800**
昌 江 区	Changjiang	1713	1029
浮 梁 县	Fuliang	4741	2898
乐 平 市	Leping	6048	3873
萍 乡 市	**Pingxiang City**	**24410**	**13189**
湘 东 区	Xiangdong	1558	186
莲 花 县	Lianhua	12449	11837
上 栗 县	Shangli	5342	574
芦 溪 县	Luxi	4561	506
安 源 区	Anyauan	400	55
萍乡市开发区	Development Zone	100	31
九 江 市	**Jiujiang City**	**111807**	**66603**
庐 山 区	Lushan	743	36
共 青 区	Gongqing	252	12
浔 阳 区	Xunyang	30	21
九 江 县	Jiujiang	6100	268
武 宁 县	Wuning	7960	4747
修 水 县	Xiushui	41215	39337
永 修 县	Yongxiu	7168	269
德 安 县	De'an	1459	973
星 子 县	Xingzi	5400	3478
都 昌 县	Duchang	21109	12283
湖 口 县	Hukou	5110	312
彭 泽 县	Pengze	8080	425
瑞 昌 市	Ruichang	7181	4442
新 余 市	**Xinyu City**	**6329**	**3948**
渝 水 区	Yushui	3195	1913
分 宜 县	Fenyi	2056	1353
仙女湖区	Xiannvhu	256	164
九江市开发区	Development Zone	759	479
仰 天 岗	Yangtianggang	63	39
鹰 潭 市	**Yingtan City**	**9946**	**6205**
月 湖 区	Yuehu	626	395
龙虎山景区	Longhu Mountain Scenic spot	390	249
余 江 县	Yujiang	3513	2152
贵 溪 市	Guixi	5417	3409
赣 州 市	**Ganzhou City**	**261025**	**194691**
章 贡 区	Zhanggong	1171	118
赣州市开发区	Development Zone	1021	109
赣 县	Gan	19897	19108
信 丰 县	Xinfeng	5685	818
大 余 县	Dayu	7314	623
上 犹 县	Shangyou	13156	13072
崇 义 县	Chongyi	2442	308
安 远 县	Anyuan	15335	14318
龙 南 县	Long'nan	10316	1353
定 南 县	Ding'nan	6886	969
全 南 县	Quannan	3383	627
宁 都 县	Ningdu	29231	28433
于 都 县	Yudu	30759	29890
兴 国 县	Xingguo	34161	32060
会 昌 县	Huichang	21251	20671
寻 乌 县	Xunwu	15379	13725
石 城 县	Shicheng	10535	6596
瑞 金 市	Ruijin	17050	9967
南 康 市	Nankang	16053	1926
吉 安 市	**Ji'an City**	**127840**	**98167**
吉 州 区	Jizhou	2382	237
青 原 区	Qingyuan	3543	701
吉 安 县	Ji'an	14139	13444
吉 水 县	Jishui	5268	3301
峡 江 县	Xiajiang	1473	998
新 干 县	Xingan	3392	379
永 丰 县	Yongfeng	9151	1294
泰 和 县	Taihe	5662	3485
遂 川 县	Suichuan	25267	23304
万 安 县	Wan'an	17805	16676
安 福 县	Anfu	7553	4424
永 新 县	Yongxin	24516	23008
井冈山市	Jinggangshan	7689	6916
宜 春 市	**Yichun City**	**41447**	**20635**
袁 州 区	Yuanzhou	9967	5594
奉 新 县	Fengxin	2177	1358
万 载 县	Wanzai	8917	4663
上 高 县	Shanggao	1774	1207
宜 丰 县	Yifeng	1662	1037
靖 安 县	Jing'an	1826	1239
铜 鼓 县	Tonggu	1915	1207
丰 城 市	Fengcheng	5251	1525
樟 树 市	Zhangshu	7525	1895
高 安 市	Gaoan	433	910
抚 州 市	**Fuzhou City**	**66203**	**43712**
临 川 区	Linchuan	4895	486
南 城 县	Nancheng	3281	641
黎 川 县	Lichuan	4419	1419
南 丰 县	Nanfeng	3091	754
崇 仁 县	Chongren	2705	1460
乐 安 县	Le'an	21815	20639
宜 黄 县	Yihuang	3385	1299
金 溪 县	Jinxi	4776	1818
资 溪 县	Zixi	1665	1086
东 乡 县	Dongxiang	2067	995
广 昌 县	Guangchang	14104	13115
上 饶 市	**Shangrao City**	**179118**	**150686**
信 州 区	Xinzhou	1975	363
上 饶 县	Shangrao	35261	32651
广 丰 县	Guangfeng	2150	406
玉 山 县	Yushan	4779	942
铅 山 县	Qianshan	4339	719
横 峰 县	Hengfeng	11025	10818
弋 阳 县	Yiyang	5285	3211
余 干 县	Yugan	37316	35908
鄱 阳 县	Poyang	62036	58567
万 年 县	Wannian	4691	2637
婺 源 县	Wuyuan	2358	485
德 兴 市	Dexing	6212	3630
上饶市开发区	Development Zone	1691	349

12-41 农村重点村扶贫资金使用效益情况

Efficiency of Aid-the-poor Funds Utilization for the Key Poverty-stricken Village

指　　标	Item	2009	2010	2010年比2009年增长（%） Increase Rate in 2010 over 2009(%)
当年扶持种养业情况	**Condition of Aiding Crop Cultivation,Aquiculture and Poultry Raising in Current Year**			
开发桑果茶园(千公顷)	Development of Silkworm and Orchard Tea Plantation(1000 hectares)	21.50	13.80	-35.8
造育林面积(千公顷)	Area of Afforesting(1000 hectares)			
经济作物播种面积(千公顷)	Sown Area of Economic Crops(1000 hectares)	5.03	5.63	11.9
粮食作物播种面积(千公顷)	Sown Area of Grain Crops(1000 hectares)	15.00	15.80	5.3
饲养家畜(万头)	Feeding Livestock(10000 heads)	7.30	13.90	90.4
饲养家禽(万羽)	Feeding Poultry(10000 heads)	486.00	573.00	17.9
当年扶持基础设施情况	**Condition of Aiding infrastructure in Current Year**			
新增灌溉面积(千公顷)	Newly Irrigated Areas (1000 hectares)	12.00	12.40	3.3
排 灌 站(座)	Irrigation and Drainage Pumping Stations (set)	168	172	2.4
(千瓦)	(kw)	9180	10095	10.0
小 水 库(座)	Small-scale Reservoirs(set)	198	206	4.0
(万立方米)	(10000 cu.m)	196.00	270.00	37.8
小水电站(座)	Small-scale Hydropower Stations(set)	8		
(千瓦)	(kw)	960		
公　　路(条)	Roads(road)	2412	1648	-31.7
(公里)	(km)	4826	4266	-11.6
桥　　梁(座)	Bridges(set)	1016	882	-13.2
(米)	(m)	8987	7892	-12.2
学　　校(平方米)	Schools(sq.m)	29584	22568	-23.7
卫 生 院(所)	Health-care Stations(unit)	727	704	-3.2

注：重点村指2002年全省确定的“十五”期间1200个扶贫开发工作重点村。

a) The key poverty-stricken villages are those which confirmed as one of the 1200 key anti-poverty and development strategy villages during the tenth five-year plan period (2001-2005).

主要统计指标解释

农林牧渔总产值 以货币表现的农林牧渔业的全部产品总量和对农林牧渔业生产活动进行的各种支持性服务活动的价值。它反映一定时期内农林牧渔业生产总规模和总成果，是观察农林牧渔业生产水平和发展速度的重要指标，同时也是计算农林牧渔业劳动生产率和农林牧渔业增加值的基础资料。

农林牧渔业总产值的计算，一般采用“产品法”，即凡有产品产量的，都按产品价格乘产量的办法求得每种产品产量的产值，然后相加求得各业的产值，最后各业相加求出农林牧渔业总产值。

农林牧渔业增加值 指农、林、牧、渔及农林牧渔服务业在一定时期内生产货物或提供服务活动而增加的价值。它反映了农业生产经营活动的最终成果和对社会的贡献。

农业增加值的计算方法有两种：（1）生产法，是从生产角度进行计算的一种方法。即用农业总产出减去农业中间消耗求得。(2)分配法，是从分配角度进行计算的一种方法。即通过农业生产单位在生产经营和劳务活动过程中形成的不含中间消耗的各种收入来计算。具体包括农业劳动者收入、福利基金、利税、固定资产折旧及大修理和其他。一般采用生产法计算。

耕地面积 指可以用来种植农作物，经常进行耕锄的田地，包括熟地、当年新开荒地、连续撂荒未满三年的耕地和当年的休闲地（轮歇地），还包括以种植农作物为主并附带种植桑树、茶树、果树和其他林木的土地以及沿海、沿湖地区已围垦利于的“海涂”、“湖田”等面积。不包括属于专业性的桑园、茶园、果园、果木苗圃、林地、芦苇地、天然或人工草地面积。

农作物播种面积 指实际播种或移植有农作物的面积。凡是实际种植有农作物的面积，不论种植在耕地上还是种植在非耕地上，均包括在农作物播种面积中，在播种季节基本结束后，因遭灾而重新改种和补种的农作物面积，也包括在内。播种面积的大小，反映农作物的生产规模和耕地的利用程度。

农作物总产量 指在一定时期内（通常是一年）生产的各种农作物产品总产量。无论是种植在耕地上或非耕地上的农作物产量，都包括在内。有的农作物收割期较长，虽在当年冬季就开始收割，但需跨年延到来年春季才能收完的，仍计算为本年农作物总产量。它是衡量农业生产成果，统筹安排城乡人民生活，研究生产、积累和消费比例关系及编制国民经济计划的基本数据。

粮食产量 指全社会的产量。包括国有经济经营的、集体统一经营的和农民家庭经营的粮食产量，还包括工矿企业办的农场和其他生产单位的产量。粮食除包括稻谷、小麦、玉米、高粱、谷子及其他杂粮外，还包括薯类和豆类。

猪、牛、羊肉产量 指当年出栏并已屠宰、除去头蹄下水后带骨肉（即胴体重）的重量。

期初（末）畜禽存栏头（只）数 指报告期初（末）农村各种合作经济组织和国营农场、农民个人、机关、团体、学校、工矿企业、部队等单位以及城镇居民饲养的大牲畜、猪、羊、家禽等畜禽的存栏数。

农用化肥施用量 指本年内实际用于农业生产的化肥数量，包括氮肥、磷肥、钾肥和复合肥。化肥施用量要求按折纯量计算数量。折纯量是指把氮肥、磷肥、钾肥分别按含氮、含五氧化二磷、含氧化钾的百分之一百成份进行折算后的数量。复合肥按其所含主要成分折算。

有效灌溉面积 指具有一定的水源，地块比较平整，灌溉工程或设备已经配套，在一般年景下当年能够进行正常灌溉的耕地面积。

农业机械总动力 指主要用于农、林、牧、渔业的各种动力机械的动力总和。包括耕作机械、排灌机械。收获机械、农用运输机械、植物保护机械、牧业机械、林业机械、渔业机械和其他农业机械〔内燃机按引擎马力折成瓦（特）计算、电动机按功率折成瓦（特）计算〕。不包括专门用于乡、镇、村、组办工业、基本建设、非农业运输、科学试验和教学等非农业生产方面用的动力机械与作业机械。

Explanatory Notes on Main Statistical Indicators

Gross Out Value of Agriculture refer to the total volume of products of farming, forestry, animal husbandry and fishery and the value of various services supporting the production of farming, forestry, animal husbandry and fishery in monetary terms, which reflects the total scale and total results of farming, forestry, animal husbandry and fishery production during a given period of time. It is an important indicator to observe the production level and development speed of farming, forestry, animal husbandry and fishery. It is also the foundation for calculating the labor productivity and value-added of farming, forestry, animal husbandry and fishery.

Generally, the gross output value of farming, forestry, animal husbandry, and fishery is calculated with the production approach. Where applicable, the gross output value of each single product is obtained by multiplying the output of each product by its price. These values are then summed up to obtain the output value of each sector. The sum of output values of all sectors is the gross output value of farming, forestry, animal husbandry, and fishery.

Value-added of Farming, Forestry, Animal Husbandry and Fishery refers to the value-added of goods produced or services provided by farming, forestry, animal husbandry and fishery in a given period of time. It shows the final results of the activities of production and management of agriculture and its contributions to the society.

The value-added of agriculture is calculated with two approaches:

(1) Production of approach is a method from the production angle, i.e. total output of agriculture minus intermediate consumption of agriculture. The value-added of agriculture is usually calculated with the production approach as no complete accounting records of the rural households are available;

(2) Distribution approach is a method from the distribution angle, i.e. various incomes from the activities of production and management of the productive units of agriculture without intermediate consumption, including incomes of the rural laborers, welfare funds, profit and tax, depreciation of fixed assets and major overhaul and others.

Cultivated Area (Area under cultivation) refers to farmland which is plowed constantly for growing crops, including cultivated land, newly cultivated land in the current year, farmland left without cultivation for less than three years and fallow land in the current year, rotation land of grass and crops, farmland with some fruit trees, mulberry trees and other trees and cultivated seashore land, lake land, and etc. The land of mulberry fields, tea plantations, orchards, nurseries of young plants, forest land, reed land, natural and man-made grassland and other land are not included in cultivated land.

Sown Area of Crops refers to area of land sown or transplanted with crops regardless of being in cultivated area or non cultivated area. Area of land re-sown due to natural disasters is also included. It refers the scale of crops and the use of cultivated area.

Total Output of Crops refers to the total output of farm crops of various kinds during a given period of time (usually a year). It covers the output of crops in both cultivated and uncultivated area. Crops with an extensive reaping period beginning in the winter of the current year are included in the total output of crops of the current year, even if harvest is extended until the spring of the following year. It is the basic figure to examine the production results of agriculture, make overall arrangements in the life of urban and rural households, study the proportionate relationships between production, accumulation and consumption and work out a plan of national economy.

Grain Yield refers to the yield in the whole country including grains produced by state farm, collective units, industrial enterprises and mines. Grain includes rice, wheat, corn, sorghum, millet and other miscellaneous grains as well as tubers and beans.

Output of Pork, Beef, and Mutton refers to the meat of slaughtered hogs, cattle, sheep and goats with head, feet, and offal taken away.

Number of Livestock or Poultry in Stock at Beginning (or End) refers to the total number of large animals, pigs, sheep, fowls, etc. raised by rural cooperative organizations, state farms, rural individuals, government agencies, schools, Industrial and mining enterprises, army, and urban residents at the beginning (or end) of the reference period.

Consumption of Chemical Fertilizers in Agriculture refers to the quantity of chemical fertilizers applied in agriculture in the year, including nitrogenous fertilizer, phosphate fertilizer, potash fertilizer, and compound fertilizer. The consumption of chemical fertilizers is required in calculation to convert the gross weight into weight containing 100% effective component (e.g.100% nitrogen content in nitrogenous fertilizer,100% phosphorous pentoxide contents in phosphate fertilizer,100% potassium oxide contents in potash fertilizer). Compound fertilizer is converted with its major component.

Irrigated Area refers to areas that are effectively irrigated, i.e. level land which has water source and complete sets of irrigation facilities to lift and move adequate water for irrigation purpose under normal conditions.

Total Power of Farm Machinery refers to total mechanical power of machinery used in farming, forestry, animal husbandry, and fishery, including ploughing, irrigation and drainage, harvesting, transport, plant protection, stock breeding, forestry and fishery. The power of internal combustion engines is required to convert horsepower into watts and the power of electric motors is required to be converted into watts. Machinery employed for non agricultural purposes, such as the machines used in township run and village-run Industry, construction, non agricultural transport, scientific experiments and teaching, is exclude.

工业

INDUSTRY

◆307/370

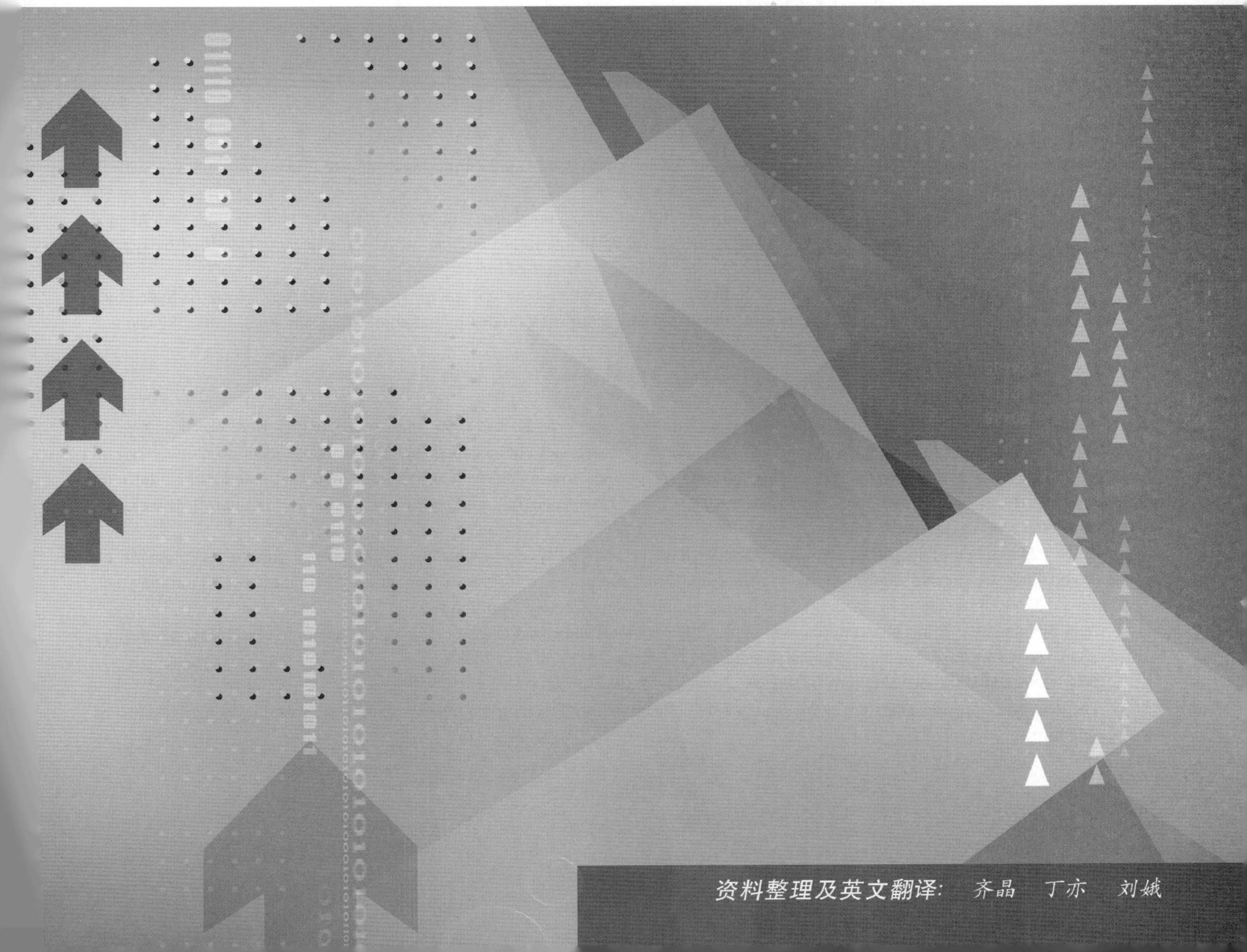

资料整理及英文翻译：齐晶　丁亦　刘娥

简要说明

一、本篇资料的主要内容

本篇资料反映全省规模以上工业经济方面的基本情况，包括11个设区市的主要工业经济统计数据:

1.规模以上工业企业单位数和总产值，以及按企业登记注册类型、轻重工业、企业规模、工业行业大类和按地区分组的主要经济指标和经济效益指标;

2.规模以上国有及国有控股、外商投资、港澳台商投资和私营工业企业主要经济指标和经济效益指标;

3.规模以上主要工业产品产量。

二、本篇资料的统计范围

工业统计调查范围为全省境内的全部工业企业。1997年以前，工业的统计范围按隶属关系划分，分为乡及乡以上独立核算工业企业和非独立核算生产单位、村办工业、城镇合作工业、农村合作工业、城镇个体工业、农村个体工业六大部分。(1984年以前村办工业不在工业统计范围内）。

1998年及以后年份，工业统计调查范围由按隶属关系划分，改变为按企业规模划分，分为全部国有及年主营业务收入在500万元以上非国有工业企业和年主营业务收入在500万元以下非国有工业企业两部分。本篇资料中的统计范围为年主营业务收入在500万元以上工业企业。

本篇资料中工业行业分类按2002年《国民经济行业分类标准》划分；企业大中小型划分按2003年《统计上大中小型企业划分办法（暂行）》标准执行。

三、本篇的资料来源和统计调查方法

本篇工业企业统计数据主要是根据工业统计月度报表中有关资料整理汇总的。

Brief Introduction

I. Main Contents

Data in this chapter reflect the basic conditions of the industrial sector, presenting main industrial economic indicators of 11 municipalities city.

(1) The number and the gross industrial output value of all State-owned industrial enterprises and the non-State-owned enterprises that are above designated size; as well as their main economic indicators and efficiency indicators classified by type of registration, by light and heavy industries, by size of the enterprises, by branch of industry and by region.

(2) Main economic indicators and efficiency indicators of State-owned industrial enterprises and enterprises where the State holds the majority of shares; foreign-funded industrial enterprises and enterprises funded by entrepreneurs from Hong Kong, Macao and Taiwan; and private enterprises, classified by branch of industry.

(3) Output of Industrial products.

II. Scopes of Statistics

Industrial statistics cover all industrial enterprises within the province. Before 1997, industrial statistics were based on type of ownership, consisting of following six parts: corporate industrial enterprises above county level with independent accounting system and production units with dependent accounting system, village industrial enterprises; urban joint industrial enterprises, rural joint industrial enterprises, urban individual industrial enterprises, and rural industrial enterprises (village industrial enterprises were not included in the scope of industrial statistics before 1984).

Since 1998, scope of industrial statistics changed from the basis of type of ownership to the size of enterprises, they are: all State-owned industrial enterprises and those non-State industrial enterprises with revenue from principal business over 5 million yuan, and non-state industrial enterprises with revenue from principle business below 5 million yuan.

Data by industries in this chapter are based on the 2002 National Industrial Classification of all Economic Activities, and data by size of enterprises are based on the Preliminary Standards of Enterprises by Size in 2003.

III. Sources of Data and Methods of Survey

The data on enterprises statistics in this Chapter are collated mainly based on the relevant data in the monthly industrial statistics reporting forms.

13-1 规模以上工业企业单位数及工业总产值（2010年）

Number and Gross Industrial Output Value of Industrial Enterprises above Designated Size (2010)

类别	Type	企业单位数（个） Number of Enterprises (unit)	#亏损企业 Loss Enterprises	工业总产值（万元） Gross Industrial Output Value (10000yuan)
总计	**Total**	**7976**	**378**	**138356056**
按登记注册类型及隶属关系分	**By Registration Status and Jurisdiction of Management**			
国有企业	State-owned Enterprises	298	52	13149656
中央企业	Central enterprises	13	5	1766721
地方企业	Local enterprises	285	47	11382935
集体企业	Collective-owned Enterprises	117	5	1020817
股份合作企业	Cooperative Enterprises	154	3	1556481
联营企业	Joint Ownership Enterprises	15		107435
有限责任公司	Limited Liability Corporations	1898	113	36335284
股份有限公司	Share-holding Corporations Limited	280	20	9186873
私营企业	Private Enterprises	4349	109	53492060
港、澳、台商投资企业	Enterprises with Funds from Hong Kong,Macao and Taiwan	526	33	9875956
外商投资企业	Foreign Funded Enterprises	339	43	13631494
#国有控股企业	State-owned Holding Enterprises	533	90	34063560
按轻、重工业分	**Grouped by Light & Heavy Industries**			
轻工业	Light Industry	3223	137	42957466
重工业	Heavy Industry	4753	241	95398590
按企业规模分	**Grouped by Size of Enterprises**			
大型企业	Large Enterprises	38	4	30143238
中型企业	Medium-sized Enterprises	599	48	26716063
小型企业	Small Enterprises	7339	326	81496755
按工业行业分	**Grouped by Sector**			
#煤炭开采和洗选业	Mining and Washing of Coal	237	9	2011658
黑色金属矿采选业	Mining and Processing of Ferrous Metal Ores	110	2	1311704
有色金属矿采选业	Mining and Processing of Non-Ferrous Metal Ores	152	13	1894587

13-1 续表1 continued

类别	Type	企业单位数（个） Number of Enterprises (unit)	#亏损企业 Loss Enterprises	工业总产值（万元） Gross Industrial Output Value (10000yuan)
非金属矿采选业	Mining and Processing of Nonmetal Ores	131	3	1097154
农副食品加工业	Processing of Food from Agricultural Products	464	11	6667487
食品制造业	Manufacture of Foods	176	7	2414575
饮料制造业	Manufacture of Beverages	114	5	1299966
烟草制品业	Manufacture of Tobacco	1		935683
纺织业	Manufacture of Textile	464	20	5181305
纺织服装、鞋、帽制造业	Manufacture of Textile Wearing Apparel,Footware and Caps	361	15	3287388
皮革、毛皮、羽毛(绒)及其制品业	Manufacture of Leather, Fur, Feather and Related Products	136	3	1814675
木材加工及木、竹、藤、棕、草制品业	Processing of Timber, Manufacture of Wood, Bamboo, Rattan, Palm and Straw Products	297	11	2159615
家具制造业	Manufacture of Furniture	75		733393
造纸及纸制品业	Manufacture of Paper and Paper Products	170	4	1702481
印刷业和记录媒介的复制	Printing, Reproduction of Recording Media	89	8	899387
文教体育用品制造业	Manufacture of Articles For Culture, Education and Sport Activities	71		720119
石油加工、炼焦及核燃料加工业	Processing of Petroleum,Coking,Processing of Nuclear Fuel	22	3	3639550
化学原料及化学制品制造业	Manufacture of Raw Chemical Materials and Chemical Products	870	33	10705316
医药制造业	Manufacture of Medicines	256	18	4546902
化学纤维制造业	Manufacture of Chemical Fibers	11		364782
橡胶制品业	Manufacture of Rubber	54	3	652927
塑料制品业	Manufacture of Plastics	219	5	1928795
非金属矿物制品业	Manufacture of Non-metallic Mineral Products	929	45	10510148
黑色金属冶炼及压延加工业	Smelting and Pressing of Ferrous Metals	91	4	9260545

13-1 续表2 continued

类 别	Type	企业单位数（个）Number of Enterprises (unit)	亏损企业 Loss Enterprises	工业总产值（万元）Gross Industrial Output Value (10000yuan)
有色金属冶炼及压延加工业	Smelting and Pressing of Non-ferrous Metals	538	28	24891915
金属制品业	Manufacture of Metal Products	227	7	2567272
通用设备制造业	Manufacture of General Purpose Machinery	261	13	2472846
专用设备制造业	Manufacture of Special Purpose Machinery	159	4	1739252
交通运输设备制造业	Manufacture of Transport Equipment	230	11	7191014
电气机械及器材制造业	Manufacture of Electrical Machinery and Equipment	358	19	10666604
通信设备、计算机及其他电子设备制造业	Manufacture of Communication Equipment, Computers and Other Electronic Equipment	213	19	3774114
仪器仪表及文化、办公用机械制造业	Manufacture of Measuring Instruments and Machinery for Cultural Activity and Office Work	66	9	564445
工艺品及其他制造业	Manufacture of Artwork and Other Manufacturing	123	4	1106640
废弃资源和废旧材料回收加工业	Recycling and Disposal of Waste	26		340543
电力、热力的生产和供应业	Production and Supply of Electric Power and Heat Power	191	30	6869272
燃气生产和供应业	Production and Supply of Gas	25	1	216834
水的生产和供应业	Production and Supply of Water	59	11	215163
按地区分	**By Region**			
南 昌 市	Nanchang	1156	91	27655020
景德镇市	Jingdezhen	437	17	6856175
萍 乡 市	Pingxiang	801	9	10130211
九 江 市	Jiujiang	904	48	14765470
新 余 市	Xinyu	371	11	11884955
鹰 潭 市	Yingtan	183	28	11648989
赣 州 市	Ganzhou	891	70	12678857
吉 安 市	Ji'an	777	17	11329400
宜 春 市	Yichun	853	29	12305034
抚 州 市	Fuzhou	832	13	7387777
上 饶 市	Shangrao	771	45	11714168

13-2 规模以上工业企业增加值

Value-added of Industrial Enterprises above Designated Size

单位：万元 (10000 yuan)

类别	Type	2010	2010年比2009年增长（%）Growth Rate of 2010 to 2009 (%)
总计	**Total**	**31018933**	**21.73**
按登记注册类型及隶属关系分	**By Registration Status and Jurisdiction of Management**		
国有企业	State-owned Enterprises	3169297	11.10
中央企业	Central Enterprises	853674	12.50
地方企业	Local Enterprises	2315623	10.49
集体企业	Collective-owned Enterprises	246888	7.59
股份合作企业	Cooperative Enterprises	384203	16.63
联营企业	Joint Ownership Enterprises	24442	22.06
有限责任公司	Limited Liability Corporations	7953055	19.08
股份有限公司	Share-holding Corporations Limited	2133087	11.16
私营企业	Private Enterprises	11579822	23.70
港、澳、台商投资企业	Enterprises with Funds from Hong Kong, Macao and Taiwan	2327417	31.51
外商投资企业	Foreign Funded Enterprises	3200722	37.52
#国有控股企业	State-owned Holding Enterprises	8675555	15.46
按轻、重工业分	**Grouped by Light & Heavy Industries**		
轻工业	Light Industry	10727790	27.43
重工业	Heavy Industry	20291143	18.77
按企业规模分	**Grouped by Size of Enterprises**		
大型企业	Large Enterprises	7001295	18.04
中型企业	Medium-sized Enterprises	6184051	19.79
小型企业	Small Enterprises	17833587	25.35
按工业行业分	**Grouped by Sector**		
#煤炭开采和洗选业	Mining and Washing of Coal	780943	7.27
黑色金属矿采选业	Mining and Processing of Ferrous Metal Ores	340332	2.08
有色金属矿采选业	Mining and Processing of Non-Ferrous Metal Ores	649881	12.44
非金属矿采选业	Mining and Processing of Nonmetal Ores	287565	25.34
农副食品加工业	Processing of Food from Agricultural Products	1198451	23.08
食品制造业	Manufacture of Foods	520384	22.89
饮料制造业	Manufacture of Beverages	417040	12.39
烟草制品业	Manufacture of Tobacco	628165	9.44
纺织业	Manufacture of Textile	1172821	17.37
纺织服装、鞋、帽制造业	Manufacture of Textile Wearing Apparel,Footware and Caps	675113	32.43
皮革、毛皮、羽毛(绒)及其制品业	Manufacture of Leather, Fur, Feather and Related Products	492251	22.96
木材加工及木、竹、藤、棕、草制品业	Processing of Timber, Manufacture of Wood,Bamboo, Rattan, Palm and Straw Products	518468	19.99
家具制造业	Manufacture of Furniture	151411	46.30

13-2 续表 continued

单位：万元 (10000 yuan)

类 别	Type	2010	2010年比2009年增长（%）Growth Rate of 2010 to 2009 (%)
造纸及纸制品业	Manufacture of Paper and Paper Products	437809	28.93
印刷业和记录媒介的复制	Printing, Reproduction of Recording Media	316666	20.76
文教体育用品制造业	Manufacture of Articles For Culture, Education and Sport Activities	203896	39.86
石油加工、炼焦及核燃料加工业	Processing of Petroleum,Coking,Processing of Nuclear Fuel	779644	14.31
化学原料及化学制品制造业	Manufacture of Raw Chemical Materials and Chemical Products	2673321	27.01
医药制造业	Manufacture of Medicines	1160946	21.18
化学纤维制造业	Manufacture of Chemical Fibers	62781	22.06
橡胶制品业	Manufacture of Rubber	129792	34.44
塑料制品业	Manufacture of Plastics	472362	30.68
非金属矿物制品业	Manufacture of Non-metallic Mineral Products	2657251	29.10
黑色金属冶炼及压延加工业	Smelting and Pressing of Ferrous Metals	1592535	15.46
有色金属冶炼及压延加工业	Smelting and Pressing of Non-ferrous Metals	3684598	3.34
金属制品业	Manufacture of Metal Products	581198	30.39
通用设备制造业	Manufacture of General Purpose Machinery	696585	32.61
专用设备制造业	Manufacture of Special Purpose Machinery	410280	23.73
交通运输设备制造业	Manufacture of Transport Equipment	1427668	28.17
电气机械及器材制造业	Manufacture of Electrical Machinery and Equipment	2452019	47.08
通信设备、计算机及其他电子设备制造业	Manufacture of Communication Equipment, Computers and Other Electronic Equipment	807018	33.21
仪器仪表及文化、办公用机械制造业	Manufacture of Measuring Instruments and Machinery for Cultural Activity and Office Work	102611	15.93
工艺品及其他制造业	Manufacture of Artwork and Other Manufacturing	270184	35.93
废弃资源和废旧材料回收加工业	Recycling and Disposal of Waste	74756	40.78
电力、热力的生产和供应业	Production and Supply of Electric Power and Heat Power	2037248	15.95
燃气生产和供应业	Production and Supply of Gas	66703	-2.52
水的生产和供应业	Production and Supply of Water	88237	7.09
按地区分	**By Region**		
南 昌 市	Nanchang	6509234	21.01
景德镇市	Jingdezhen	1600227	22.49
萍 乡 市	Pingxiang	2278953	22.44
九 江 市	Jiujiang	3606116	22.44
新 余 市	Xinyu	2703746	30.92
鹰 潭 市	Yingtan	1908495	20.00
赣 州 市	Ganzhou	2909336	21.01
吉 安 市	Jian	2504333	27.31
宜 春 市	Yichun	2885763	24.86
抚 州 市	Fuzhou	1601454	22.49
上 饶 市	Shangrao	2661547	22.59

13-3 各地区规模以上工业企业单位数（2010年）

单位：个

分类	Item	全省 Total	南昌市 Nanchang	景德镇市 Jingdezhen
总计	**Total**	**7976**	**1156**	**437**
按登记注册类型及隶属关系分	**By Registration Status and Jurisdiction of Management**			
国有企业	State-owned Enterprises	298	52	37
中央企业	Central Enterprises	13	4	1
地方企业	Local Enterprises	285	48	36
集体企业	Collective-owned Enterprises	117	18	17
股份合作企业	Cooperative Enterprises	154	32	6
联营企业	Joint Ownership Enterprises	15	2	1
有限责任公司	Limited Liability Corporations	1898	391	149
股份有限公司	Share-holding Corporations Limited	280	59	15
私营企业	Private Enterprises	4349	450	178
港、澳、台商投资企业	Enterprises with Funds from Hong Kong,Macao and Taiwan	526	63	17
外商投资企业	Foreign Funded Enterprises	339	89	17
#国有控股企业	State-owned Holding Enterprises	533	103	52
按轻、重工业分	**Grouped by Light & Heavy Industries**			
轻工业	Light Industry	3223	660	173
重工业	Heavy Industry	4753	496	264
按企业规模分	**Grouped by Size of Enterprises**			
大型企业	Large Enterprises	38	16	5
中型企业	Medium-sized Enterprises	599	88	34
小型企业	Small Enterprises	7339	1052	398

13-4 各地区规模以上工业企业总产值（2010年）

单位：万元

分类	Item	全省 Total	南昌市 Nanchang	景德镇市 Jingdezhen
总计	**Total**	**138356056**	**27655020**	**6856175**
按登记注册类型及隶属关系分	**By Registration Status and Jurisdiction of Management**			
国有企业	State-owned Enterprises	13149656	1960727	1370009
中央企业	Central enterprises	1766721	1279394	5025
地方企业	Local enterprises	11382935	681333	1364984
集体企业	Collective-owned Enterprises	1020817	145386	151466
股份合作企业	Cooperative Enterprises	1556481	459232	16185
联营企业	Joint Ownership Enterprises	107435	7023	10439
有限责任公司	Limited Liability Corporations	36335284	10172447	2465837
股份有限公司	Share-holding Corporations Limited	9186873	1892941	611723
私营企业	Private Enterprises	53492060	5745018	1881826
港、澳、台商投资企业	Enterprises with Funds from Hong Kong,Macao and Taiwan	9875956	1620685	203349
外商投资企业	Foreign Funded Enterprises	13631494	5651561	145341
#国有控股企业	State-owned Holding Enterprises	34063560	11108076	2539988
按轻、重工业分	**Grouped by Light & Heavy Industries**			
轻工业	Light Industry	42957466	11634486	2026703
重工业	Heavy Industry	95398590	16020534	4829471
按企业规模分	**Grouped by Size of Enterprises**			
大型企业	Large Enterprises	30143238	9932993	1844169
中型企业	Medium-sized Enterprises	26716063	4604353	1293618
小型企业	Small Enterprises	81496755	13117674	3718388

Number of Industrial Enterprises above Designated Size by Region (2010)

(unit)

萍乡市 Pingxiang	九江市 Jiujiang	新余市 Xinyu	鹰潭市 Yingtan	赣州市 Ganzhou	吉安市 Ji'an	宜春市 Yichun	抚州市 Fuzhou	上饶市 Shangrao
801	**904**	**371**	**183**	**891**	**777**	**853**	**832**	**771**
11	46	5	10	26	29	25	18	39
	3		3		1			1
11	43	5	7	26	28	25	18	38
14	12	12	3	6	6	15	6	8
50	21	1	1	4		12	6	21
1	5	1				1	2	2
90	167	95	79	149	102	234	303	139
46	32		6	11	13	29	18	51
576	509	237	71	449	535	474	416	454
9	72	5	5	181	63	33	48	30
4	40	15	8	65	29	30	15	27
18	78	22	17	77	49	36	26	55
105	440	80	63	328	339	341	425	269
696	464	291	120	563	438	512	407	502
3	5	2	1	2		3		1
12	76	38	18	76	63	89	38	67
786	823	331	164	813	714	761	794	703

Gross Output Value of Industrial Enterprises above Designated Size by Region (2010)

(10000 yuan)

萍乡市 Pingxiang	九江市 Jiujiang	新余市 Xinyu	鹰潭市 Yingtan	赣州市 Ganzhou	吉安市 Ji'an	宜春市 Yichun	抚州市 Fuzhou	上饶市 Shangrao
10130211	**14765470**	**11884955**	**11648989**	**12678857**	**11329400**	**12305034**	**7387777**	**11714168**
330488	942232	70064	6038839	752740	252317	565577	120024	746641
	208058		45949		32238			196057
330488	734174	70064	5992890	752740	220079	565577	120024	550584
126825	79161	194818	3945	48454	40718	112539	18689	98815
588037	145485	1548	2017	24185		88802	19621	211370
17676	52689	6435				1130	12043	
1105611	1989803	5774632	2757320	2155307	1540481	3722317	2832054	1819476
852371	3878308		241384	225764	188979	317678	248467	729258
6909021	5801225	2506462	2493336	5470291	7202651	5789387	3532039	6160806
104212	1010420	209639	64538	2305822	1102386	1016518	480444	1757944
95971	866149	3121357	47611	1696294	1001868	691086	124397	189860
606343	4128096	3883484	6519174	1787358	770585	1154427	287700	1278328
1050695	5060385	3824215	487572	3883928	3820216	5131733	3060681	2976852
9079516	9705085	8060740	11161416	8794929	7509185	7173301	4327096	8737316
1829057	4017012	5487499	5891672	298444		716784		125608
477120	3184849	2163446	1076736	2487268	3027092	4109675	1169208	3122700
7824034	7563609	4234010	4680582	9893145	8302308	7478574	6218569	8465860

13-5 工 业 产 品 产 量（2010年）
Output of Industrial Products (2010)

品名	Item	2010	2010年比2009年增长（%）Increase Rate in 2010 over 2009(%)
原煤（万吨）	Coal (10000 tons)	2830.21	-4.99
洗精煤（万吨）	Coal Washing (10000 tons)	95.18	11.28
硫铁矿生产量(折含硫 35%)(万吨)	Pyrite Ore (converted into 35% sulphur) (10000 tons)	175.09	16.05
钨精矿折含量（万吨）	Scheelite Presentation of Content (10000 tons)	5.71	8.14
原盐（万吨）	Salt (10000 tons)	205.33	3.91
配混合饲料（万吨）	Mixed Feed (10000 tons)	587.70	36.99
乳制品（万吨）	Milk Products (10000 tons)	28.17	50.52
罐头（万吨）	Canned Food (10000 tons)	6.87	47.63
软饮料（万吨）	Soft Drinks (10000 tons)	189.57	41.30
白酒（万千升）	White Spirit (10000 kiloliter)	12.63	9.97
啤酒（万千升）	Beer (10000 kiloliter)	123.70	9.94
精制茶（吨）	Refined Tea (ton)	42661.32	22.66
卷烟（亿支）	Cigarettes (100 million pieces)	559	5.67
纱（万吨）	Yarn (10000 tons)	74.68	21.69
布（万米）	Cloth (10000 m)	80516.52	36.03
纯棉布	Cotton Cloth	51084.80	40.39
棉混纺交织布	Cotton Blended Cloth	26176.37	24.88
纯化纤布	Chemical Fiber Cloth	3255.35	76.68
印染布（万米）	Printed Fabric (10000 m)	21124.85	109.76
丝（吨）	Silk (ton)	3591.30	-2.34
服装（万件）	Garments (10000 pieces)	114669.81	11.65
皮鞋（万双）	Shoes (10000 pairs)	10623.89	39.52
人造板（万立方米）	Manmade Plates (10000 cu.m)	430.12	14.18
机制纸及纸板（万吨）	Machine-made Paper and Paperboards (10000 tons)	186.59	34.17
家具（万件）	Furniture (10000 pieces)	1085.58	105.16
原油加工量（万吨）	Processed Crude Oil (10000 tons)	468.43	4.08
焦炭（万吨）	Coke (10000 tons)	798.84	23.82
硫酸（万吨）	Sulfuric Acid (10000 tons)	227	6.29
烧碱（万吨）	Caustic Soda (10000 tons)	27.28	26.45
电石（折300升/千克)(万吨)	Calcium Carbide (convert to 300 L/kg) (10000 tons)	2.14	-1.37
合成氨（万吨）	Synthetic Ammonia (10000 tons)	27.57	-39.42
化学肥料（折有效成份100%)(万吨)	Chemical Fertilizer (10000 tons)	113.42	-1.83
氮肥	Nitrogen Fertilizer	97.22	-4.12
磷肥	Phosphate Fertilizer	16.20	14.54
化学农药（吨）	Chemical Pesticide (ton)	21212.91	41.54
纯苯（吨）	Benzene (ton)	28580	42.05
油漆（吨）	Paint (ton)	20091.57	31.24
塑料树脂及共聚物（万吨）	Primary Plastic (10000 tons)	11.13	-2.72
肥皂（万吨）	Soap (10000 tons)	0.33	-7.78
合成洗涤剂（吨）	Synthetic Detergents (ton)	24448.58	1.35
火柴（万件）	Match (10000 pieces)	5.19	101.53
化学原料药（吨）	Chemical Medicines (ton)	42821.76	34.19
中成药（吨）	Traditional Chemical Medicine (ton)	81244.12	28.62
化学纤维（万吨）	Chemical Fiber (10000 tons)	17.92	33.40
粘胶纤维	Viscose Fiber	12.36	24.83
合成纤维	Synthetic Fiber	5.56	57.48
轮胎外胎（万条）	Tires (10000 tires)	556.89	33.27
塑料制品（吨）	Plastic Articles (ton)	458764.91	47.66
水泥（万吨）	Cement (10000 tons)	6220.54	3.90
平板玻璃（万重量箱）	Plate Glass (10000 weight boxes)	435.88	-3.10
日用玻璃制品（万吨）	Glass Products for Daily Use (10000 tons)	1.53	52.16
玻璃保温容品（万个）	Glass Proof Container (10000 units)	85365.98	14.69
日用陶瓷（万件）	Ceramics for Daily Use (10000 units)	406805.57	54.30

13-5 续表 continued

品 名	Item	2010	2010年比2009年增长（%） Increase Rate in 2010 over 2009(%)
耐火材料制品（万吨）	Fire-resistant Products (10000 tons)	24.52	1.00
生 铁（万吨）	Pig Iron (10000 tons)	1673.94	15.69
粗钢（万吨）	Crude Steel (10000 tons)	1834.03	13.15
钢材（万吨）	Rolled Steel (10000 tons)	1951.55	18.40
#中小型型材	Rolled Steel,Medium and Small	1.58	-54.82
棒 材	Steel Bar	110.15	26.02
钢 筋	Corrugated Steel Bar	542.34	-8.73
线 材	Wire Rod	497.90	7.75
厚 钢 板	Thick Steel Plate	140.99	69.56
中 板	Medium Steel Plate	157.59	4.92
热轧窄钢带	Hot Roll Narrow Steel Belt	8.10	-13.54
冷轧窄钢带	Non Hot Roll Narrow Steel Belt	25.89	21.27
电工钢板	Electrical Steel	10.90	26.67
无缝钢管	Seamless Steel Pipe	33.35	-24.08
焊接钢管	Welded Steel Pipe	4.87	-3.97
十种有色金属（万吨）	Ten Kinds of Non-ferrous Metals (10000 tons)	111.71	14.80
#铜	Refined Copper	93.61	12.30
铁 合 金（万吨）	Ferroalloy (10000 tons)	1.50	-71.16
搪瓷制品（吨）	Enamelware Products (ton)	494.80	35.56
工业锅炉（蒸发量吨）	Industrial Boilers (evaporation ton)	1718.45	50.17
金属切削机床（台）	Metal Cutting Machine Tools (unit)	3103.00	77.92
#数控机床	CNC Machine Tools (unit)	658.00	5.11
泵（万台）	Pumps (10000 units)	10.12	16.08
风 机（万台）	Fans (10000 units)	1.31	40.62
气体压缩机（台）	Gas Compressor (unit)	23975441	52.98
轴 承（万套）	Rolling Bearings (10000 units)	8403.24	10.48
矿山设备（吨）	Mining Equipment (ton)	93046.09	17.77
印 刷 机（吨）	Printing Presses (ton)	3046.80	7.81
小型拖拉机（万台）	Small Tractors (10000 units)	1.75	12.99
汽 车（万辆）	Motor Vehicles (10000 units)	37.28	30.96
#载货汽车	Trucks	22.41	39.37
民用钢质船舶（万总吨）	Civil Steel Vessels (10000 tons)	17.52	50.38
发电设备（万千瓦）	Power Generating Equipment (10000 kw)	27.81	14.63
交流电动机（万千瓦）	AC Motors (10000 kw)	447.50	30.09
变压器（万千伏安）	Transformers (10000 KVA pm)	2205.82	-3.24
通信及电子网络用电缆（对千米）	Cable for Communications and Electronic Network (couples·km)	775306.50	21.80
原电池及原电池组（万只）	Primary Cells and Batteries (10000 units)	1113.46	-18.94
冷 柜（台）	Freezers (unit)	206488	125.39
家用电冰箱（万台）	Household Refrigerators (10000 units)	126.40	38.49
房间空气调节调器（万台）	Air Conditioners (10000 units)	171.21	29.00
电风扇（万台）	Fans (10000 units)	68.43	64.75
灯 泡（万只）	Light Bulbs (10000 units)	42641.84	75.20
电话单机（万部）	Telephone Sets (10000 units)	0.83	-97.48
彩色电视机（万台）	Color Television Sets (10000 units)	67.66	-26.90
照 相 机（万台）	Cameras (10000 units)	0.58	-78.34
发电量总计（亿千瓦小时）	Electricity (100 million kwh)	617.03	24.18
火力发电	Thermal Power	545.36	21.60
水力发电	Hydro Power	70.43	46.79

13-6 主要工业产品产量

年　份 Year	化学纤维 (万吨) Chemical Fiber (10000 tons)	纱 (吨) Yarn (ton)	布 (万米) Cloth (10000 m)	机制纸及纸板 (万吨) Machine-made Paper and Paperboards (10000 tons)	日用瓷 (万件) Ceramics for Daily Use (10000 units)	火　柴 (万件) Match (10000 units)
1978	0.42	42373	20173	9.26	32095	54.37
1979	0.78	51695	24773	11.02	29635	55.27
1980	1.33	61791	30011	12.69	33087	64.85
1981	1.62	68151	32491	12.71	33504	79.80
1982	1.34	73379	33222	12.94	35983	89.50
1983	0.76	61419	27505	14.94	35286	99.49
1984	1.09	63725	23080	18.41	36807	122.65
1985	1.30	72161	26009	22.17	35041	132.85
1986	1.50	79782	30817	22.79	40166	126.34
1987	1.77	86317	34240	24.89	45899	120.54
1988	1.84	86666	33219	25.62	43759	131.78
1989	1.95	87099	32015	25.56	47315	162.00
1990	2.00	80749	30566	25.59	44969	176.65
1991	2.37	86729	27897	26.36	53083	192.41
1992	2.54	96433	29194	31.03	55837	203.02
1993	4.13	90595	29670	36.54	53063	188.28
1994	5.33	101349	34041	36.29	54702	150.62
1995	5.11	109652	35784	41.07	48652	122.49
1996	4.80	105556	33256	38.24	60053	126.27
1997	6.33	110362	36086	35.49	57016	76.18
1998	6.42	107994	25088	23.39	38213	53.71
1999	7.65	109102	26315	27.96	52391	25.82
2000	7.08	99512	21710	24.02	57470	15.76
2001	7.74	79652	17948	26.04	55737	5.49
2002	8.59	112105	20491	28.18	56791	8.81
2003	10.02	148731	22095	24.66	44588	15.11
2004	14.59	186303	32187	35.51	58966	24.41
2005	18.07	204424	28057	67.00	61893	6.15
2006	20.76	255128	34137	91.35	54902	3.78
2007	27.63	390421	46424	106.21	116774	1.33
2008	16.87	445644	47026	113.73	160380	1.84
2009	13.50	620191	67651	139.64	259118	2.58
2010	17.92	746779	80517	186.59	406806	5.19

Output of Major Industrial Products

合成洗涤剂 (吨) Synthetic Detergents (ton)	卷 烟 (万箱) Cigarettes (10000 boxes)	粗 钢 (万吨) Crude Stell (10000 tons)	生 铁 (万吨) Pig Iron (10000 tons)	钢 材 (万吨) Rolled Steel (10000 tons)	发 电 量 (亿千瓦小时) Electricity (100 million kwh)
5098	19.14	25.64	35.84	24.50	45.31
7047	20.79	27.65	27.90	37.54	51.11
6298	22.32	38.76	31.45	46.65	57.21
8181	24.17	42.71	30.86	46.03	59.86
9198	26.88	43.08	30.14	44.44	62.75
9662	31.03	48.69	33.06	44.33	64.39
10538	33.52	59.84	35.42	49.23	71.83
12778	32.11	77.42	57.43	60.98	83.75
13905	29.91	91.71	80.30	76.40	94.30
13392	32.89	106.02	84.02	90.92	102.77
15595	39.17	105.91	84.85	94.04	115.66
16377	43.11	105.83	78.57	93.44	119.71
17083	47.02	112.09	89.03	92.32	121.41
21700	49.58	109.68	84.05	95.27	129.96
25100	49.49	133.06	97.83	109.76	143.63
29984	50.09	148.68	120.72	119.61	153.13
34600	46.42	150.94	150.16	129.84	170.57
45194	43.76	149.73	136.63	126.36	176.34
42063	38.63	173.02	133.86	139.87	183.29
38626	35.54	173.80	149.48	154.79	179.82
38267	38.31	222.94	192.43	179.23	181.06
24696	41.20	267.03	248.24	228.60	187.80
34257	50.99	319.86	304.69	282.90	201.06
24400	54.57	399.83	338.26	375.63	216.16
14563	55.95	548.21	453.04	531.64	247.99
17141	60.44	599.53	496.40	655.37	320.94
6377	64.46	748.00	638.16	774.90	327.77
11210	81.81	963.20	819.84	1017.82	349.27
20453	89.80	1162.97	949.60	1235.77	403.53
18385	95.80	1306.15	1045.30	1349.50	464.98
20130	100.80	1240.94	1036.30	1277.21	466.87
24123	105.80	1620.88	1446.96	1647.40	496.42
24449	111.80	1834.03	1673.94	1951.55	617.03

13-6 续表

年 份 Year	原 煤 (万吨) Coal (10000 tons)	焦 炭 (万吨) Coke (10000 tons)	原油加工量 (万吨) Processed Crude Oil (10000 tons)	硫 酸 (万吨) Sulfuric (10000 tons)	烧 碱 (万吨) Caustic (10000 tons)	化学肥料 (万吨) Chemical Fertilizer (10000 tons)	化学农药 (吨) Chemical Pesticide (ton)
1978	1435.50	88.75		2.68	2.32	15.97	13539
1979	1567.61	85.85		2.84	2.76	18.37	15163
1980	1490.31	79.39	10.31	4.00	3.07	25.73	17405
1981	1553.13	70.86	36.50	3.79	3.09	23.74	13587
1982	1634.62	73.44	48.17	4.25	3.34	22.76	11783
1983	1707.62	77.02	69.66	5.24	2.91	23.12	6766
1984	1875.37	79.35	70.30	4.69	3.24	23.67	5508
1985	1938.15	83.40	83.37	3.81	3.74	19.41	2753
1986	1863.67	87.51	121.61	29.03	4.43	24.21	3362
1987	1970.23	109.36	134.91	36.77	5.26	28.37	2574
1988	2049.19	120.54	143.55	39.83	5.17	29.92	3077
1989	2063.31	115.31	150.86	43.27	5.36	30.48	4209
1990	2027.11	119.96	155.10	43.59	5.88	31.07	5146
1991	2122.98	145.31	180.98	46.93	6.12	32.49	5819
1992	2087.81	146.26	208.82	47.49	6.59	33.04	5151
1993	2104.22	160.60	230.52	49.40	7.24	29.44	4100
1994	2267.18	177.60	202.32	52.00	8.53	31.78	4589
1995	2877.90	166.53	230.56	57.10	9.97	38.44	5997
1996	2437.72	167.02	234.37	54.27	9.74	37.86	5793
1997	2064.42	170.58	246.51	59.72	9.57	44.73	6257
1998	2107.46	177.87	248.80	61.43	10.51	52.22	7495
1999	1730.73	182.11	280.70	62.77	12.76	54.55	12810
2000	1813.76	184.48	327.62	79.92	16.24	43.43	13796
2001	1634.05	187.91	296.99	87.75	18.65	46.88	14428
2002	1375.04	223.63	296.87	78.95	18.87	55.96	12710
2003	951.66	236.35	311.90	103.29	19.91	47.90	9657
2004	1232.64	323.73	361.10	110.13	25.60	50.67	15177
2005	1620.80	397.50	364.88	113.19	24.62	47.61	14425
2006	2121.70	492.61	415.49	134.53	30.03	55.80	17173
2007	2379.80	557.11	394.26	139.97	33.36	53.80	16126
2008	2592.36	524.19	409.16	185.15	34.03	54.20	21212
2009	2982.47	626.06	450.07	213.56	24.49	48.71	21612
2010	2830.21	798.85	468.43	227.00	27.28	113.42	21213

continued

化学原料药 (吨) Chemical Medicines (ton)	交流电动机 (万千瓦) AC Motors (10000 kw)	金属切削机床 (台) Metal-cutting Machine Tools (unit)	汽车 (辆) Motor Vehicles (unit)	电视机 (万台) Television Sets (10000 units)	照相机 (万台) Cameras (10000 units)	水泥 (万吨) Cement (10000 tons)
847	52.74	2619	991	0.25	1.00	155.56
998	60.40	1938	1087	0.78	1.20	189.70
860	36.02	4012	1463	2.51	1.40	201.00
698	34.95	5297	679	9.03	3.40	227.05
932	48.64	5124	369	11.30	4.60	248.20
973	60.57	5482	1909	12.83	5.50	280.97
1012	61.95	3977	2978	17.44	7.51	303.96
8472	81.20	5	7060	31.40	10.55	354.19
8520	96.33	4784	3811	9.57	14.75	400.35
9080	104.48	6428	8074	22.69	19.00	443.71
11334	114.20	6875	11065	32.94	23.83	503.00
10582	98.56	7063	9821	38.20	29.60	504.54
10140	88.45	4727	9711	43.88	9.00	469.13
12750	97.48	4686	14443	48.90	16.17	566.91
15442	118.09	6055	25301	61.90	14.20	689.25
13910	136.07	7043	38678	59.16	13.15	811.63
14799	127.51	4905	45321	63.64	17.97	905.80
24318	106.33	5646	52479	52.56	21.75	1005.59
7697	78.79	4014	63166	32.16	21.78	1062.16
5487	64.31	3073	90943	17.31	17.32	1105.39
4389	46.35	2163	121987	6.50	29.34	1133.38
1631	48.51	2693	119915	31.27	18.87	1315.02
1842	61.73	3559	133562	19.80	17.84	1382.00
1182	70.52	3047	159407	30.16	28.81	1574.00
2327	93.06	3281	207453	44.86	34.87	1966.00
2457	119.82	4023	185199	64.10	41.47	2172.00
1832	160.72	5087	183962	72.62	15.49	2976.00
5801	157.81	4272	207112	89.11	6.73	3477.01
8009	205.84	5020	233893	64.22	4.38	4206.31
13133	274.75	3774	221832	39.06	1.99	4956.97
16108	301.81	1548	211942	44.62	1.93	5271.59
28306	343.99	959	284659	90.97	2.69	6153.20
42822	447.50	3103	372776	67.66	0.58	6220.54

13-7 规模以上工业企业经济指标

指 标	Item	2000	2001
企业单位数(个)	Number of Enterprises (unit)	3548	3283
#亏损企业	Loss Enterprises	1250	1135
资产总计(万元)	Total Assets (10000 yuan)	18358562	19327549
流动资产合计(万元)	Total Working Capitals (10000 yuan)	7302030	7482694
流动资产年平均余额(万元)	Annual Average Balance of Working Capitals (10000 yuan)	7082303	7448744
固定资产合计(万元)	Total Fixed Assets (10000 yuan)	8918184	9426658
固定资产原值(万元)	Original Value of Fixed Assets (10000 yuan)	11543905	12345658
固定资产净值年平均余额(万元)	Annual Average Balance of Net Value of Fixed Assets (10000 yuan)	7635813	8028311
负债总计(万元)	Total Liabilities (10000 yuan)	12538729	12827411
流动负债合计(万元)	Total Working Liabilities (10000 yuan)	8031375	8304867
长期负债合计(万元)	Total Long-term Liabilities (10000 yuan)	4304673	4417273
所有者权益(万元)	Owners' Equity (10000 yuan)	5749725	6419158
主营业务收入(万元)	Revenue from Principal Business (10000 yuan)	8970030	9736008
#主营业务税金及附加	Taxes and Other Charges on Principal Business	223525	254856
营业费用	Operating Expenses	348333	414143
利润总额(万元)	Total Profits (10000 yuan)	125262	134872
利润和税金总额(万元)	Total Profits and Taxes (10000 yuan)	805410	901489
全部从业人员年平均人数(人)	Annual Average Empolyed Persons (person)	1088214	1006489
工业总产值(万元)	Gross Industrial Output Value (10000 yuan)	9323234	10160151
工业增加值(万元)	Value Added of Industry (10000 yuan)	2698133	3082230
总资产贡献率(%)	Ratio of Total Assets to Output Value (%)	6.19	6.24
资本保值增值率(%)	Changing Rate of Net Assets (%)	108.93	111.64
资产负债率(%)	Assets-Liability Ratio (%)	68.30	66.37
流动资产周转率(次)	Ratio of Turnover Working Capitals (time)	1.27	1.31
成本费用利润率(%)	Ratio of Profits to Cost (%)	1.44	1.42
全员劳动生产率(元/人)	Overall Labor Productivity (yuan/person)	24794	30624
产品销售率(%)	Proportion of Products Sold (%)	97.27	97.60
工业经济效益综合指数(%)	Aggregate Index of Industrial Economic Efficiency (%)	81.77	86.70

Economic Indicator of Industrial Enterprises above Designated Size

2002	2003	2004	2005	2006	2007	2008	2009	2010
3076	3051	4019	4403	5333	6028	6226	7329	7976
945	766	1056	859	888	748	667	522	378
20186707	22687483	26341487	30583375	36714081	46887884	52936108	67355232	84248635
8083948	9424790	10560275	12656554	16213919	20587012	23706799	27942172	35674934
7864189	8882273	10126344	12314279	14948281	18589124	22335838	25972911	33403461
9848235	10911809	12202601	14655077	16908182	21166814	23455507	29125803	40946770
12909539	14262655	15892098	18244585	21675254	26444034	29209657	35698853	50445601
8427155	9233975	10377592	12209640	14661330	18410782	20429710	25238668	34540414
13168071	15025558	17155063	19322205	22388278	27793878	30671736	38348158	47004353
8660017	10285580	11920829	13523982	16715860	21437692	23700600	30188108	36151172
4128921	4559627	4991329	5027121	5313642	5738950	6971136	8160049	10853181
6825559	7425979	9168985	10961595	14036300	19092849	22264371	29007074	37244282
11432603	14942837	21865899	29091272	41737387	62411363	82819433	98141565	141966804
296939	340780	391459	495427	606686	802634	995491	1385549	1672718
456096	548482	638788	860647	1091098	1296073	1520240	1887424	2511101
231011	514116	718782	1124119	1941917	3077476	3155831	4967457	8568128
1094632	1561040	2068626	2796022	4237080	6079370	6818608	9426976	14459522
957232	961219	1017715	1121126	1257972	1407253	1481676	1698449	1971755
11887991	14723335	22119791	29788802	42454878	61941823	82087339	97004723	138356056
3626837	4467808	6270619	8823017	12880910	18222355	23235213	26107510	31018933
7	8.31	9.07	10.43	12.81	14.18	15.72	16.97	20.36
106.33	108.80	123.47	119.55	128.05	136.02	121.44	123.86	125.74
65.23	66.23	65.13	63.18	60.98	59.28	57.94	56.93	55.79
1.45	1.68	2.16	2.36	2.79	3.36	3.71	3.78	4.51
2.09	3.65	3.45	4.14	5.04	5.40	4.12	5.59	6.69
37889	46481	61615	78698	102394	129489	162992	168029	206437
97.95	98.01	98.14	98.48	98.46	98.58	98.55	98.82	98.98
96.11	111.96	128.84	146.43	174.67	202.00	221.86	233.83	275.13

13-8 规模以上工业企业主要经济指标（2010）

单位：万元

项　　　目	Item	主营业务收入 Revenue from Principal Business	主营业务税金及附加 Taxes and Other Charges on Principal Business
总　　　计	**Total**	**141966804**	**1672718**
按登记注册类型及隶属关系分	**By Registration Status and Jurisdiction of Management**		
国有企业	State-owned Enterprises	15968895	495759
中央企业	Central Enterprises	1774310	438420
地方企业	Local Enterprises	14194585	57340
集体企业	Collective-owned Enterprises	987192	9000
股份合作企业	Cooperative Enterprises	1573362	14449
联营企业	Joint Ownership Enterprises	111946	520
有限责任公司	Limited Liability Corporations	36916468	226884
股份有限公司	Share-holding Corporations Limited	9339033	437919
私营企业	Private Enterprises	53384652	377494
港、澳、台商投资企业	Enterprises with Funds from Hong Kong,Macao and Taiwan	9846053	27028
外商投资企业	Foreign Funded Enterprises	13839203	83665
#国有控股企业	State-owned Holding Enterprises	37613661	1019678
按轻、重工业分	**Grouped by Light & Heavy Industries**		
轻工业	Light Industry	42889231	654499
重工业	Heavy Industry	99077573	1018220
按企业规模分	**Grouped by Size of Enterprises**		
大型企业	Large Enterprises	34037656	957564
中型企业	Medium-sized Enterprises	26540704	186106
小型企业	Small Enterprises	81388444	529048
按工业行业分	**Grouped by Sector**		
#煤炭开采和洗选业	Mining and Washing of Coal	1971234	34597
黑色金属矿采选业	Mining and Processing of Ferrous Metal Ores	1311611	44070
有色金属矿采选业	Mining and Processing of Non-Ferrous Metal Ores	1877725	16104
非金属矿采选业	Mining and Processing of Nonmetal Ores	1094295	13960
农副食品加工业	Processing of Food from Agricultural Products	6660029	22306
食品制造业	Manufacture of Foods	2407859	11133
饮料制造业	Manufacture of Beverages	1297202	54080
烟草制品业	Manufacture of Tobacco	939995	434126
纺织业	Manufacture of Textile	5194212	15942
纺织服装、鞋、帽制造业	Manufacture of Textile Wearing Apparel,Footware and Caps	3229489	9550
皮革、毛皮、羽毛(绒)及其制品业	Manufacture of Leather, Fur, Feather and Related Products	1813005	7446
木材加工及木、竹、藤、棕、草制品业	Processing of Timber, Manufacture of Wood,Bamboo, Rattan, Palm and Straw Products	2152375	10608
家具制造业	Manufacture of Furniture	734560	3432

Main Economic Indicators of Industrial Enterprises above Designated Size (2010)

(10000 yuan)

主营业务成本 Cost of Principal Business	营业费用 Operating Expenses	资产合计 Total Assets	流动资产 Total Working Capitals	#产成品 Finished Products	流动资产年平均余额 Annual Average Balance of Working Capitals
120964717	**2511101**	**84248635**	**35674934**	**3602129**	**33403461**
13639905	192105	14353612	7401046	460811	5923048
1117092	23493	2454095	847736	29449	849885
12522812	168612	11899517	6553310	431362	5073163
813357	13666	348716	144706	15320	129724
1223183	25571	765133	261518	33304	278707
87496	817	31791	10899	575	11624
32544252	528007	23972344	9294052	933440	8819214
7735295	229279	6854937	2945693	323310	3045301
44892680	1030121	19097127	7601357	1117110	7824787
8445773	175092	5300033	2131997	259621	2038078
11582776	316443	13524944	5883667	458637	5332979
32765564	651394	35482546	16005336	1111008	13937070
35167915	1306864	23231859	10107671	1148739	9404965
85796802	1204237	61016776	25567263	2453390	23998496
29467949	598493	28399475	13980799	985673	12322602
22260851	724357	21987022	9102443	963275	8390131
69235917	1188252	33862138	12591692	1653181	12690728
1464977	33801	1387893	418118	25091	409470
1017911	26349	442785	167557	15906	177525
1555027	13052	1352601	519788	73235	523443
905855	32560	503700	176893	14040	160276
5878103	126466	2227369	1120213	115340	1012024
1928373	125696	1063531	364563	42948	332886
909345	81643	1091096	531689	58352	510494
333732	20360	754611	503794	15949	576581
4440672	91730	1890506	718912	103822	705456
2668113	89319	1139857	535921	112119	512338
1571450	19712	573375	214323	22953	220503
1820525	44776	1013120	372131	57624	381415
629712	10386	199831	82324	9176	74683

13-8 续表1

单位：万元

项　　目	Item	主营业务收入 Revenue from Principal Business	主营业务税金及附加 Taxes and Other Charges on Principal Business
造纸及纸制品业	Manufacture of Paper and Paper Products	1685681	10011
印刷业和记录媒介的复制	Printing, Reproduction of Recording Media	895762	5948
文教体育用品制造业	Manufacture of Articles For Culture, Education and Sport Activities	704858	4890
石油加工、炼焦及核燃料加工业	Processing of Petroleum,Coking,Processing of Nuclear Fuel	3659368	398350
化学原料及化学制品制造业	Manufacture of Raw Chemical Materials and Chemical Products	10729951	115057
医药制造业	Manufacture of Medicines	4526649	23798
化学纤维制造业	Manufacture of Chemical Fibers	387891	974
橡胶制品业	Manufacture of Rubber	634480	4816
塑料制品业	Manufacture of Plastics	1930371	9021
非金属矿物制品业	Manufacture of Non-metallic Mineral Products	10532991	81348
黑色金属冶炼及压延加工业	Smelting and Pressing of Ferrous Metals	9994005	27690
有色金属冶炼及压延加工业	Smelting and Pressing of Non-ferrous Metals	27727386	104276
金属制品业	Manufacture of Metal Products	2543259	14033
通用设备制造业	Manufacture of General Purpose Machinery	2458359	14885
专用设备制造业	Manufacture of Special Purpose Machinery	1713595	10495
交通运输设备制造业	Manufacture of Transport Equipment	7325194	77097
电气机械及器材制造业	Manufacture of Electrical Machinery and Equipment	10663549	31962
通信设备、计算机及其他电子设备制造业	Manufacture of Communication Equipment,Computers and Other Electronic Equipment	3769107	13673
仪器仪表及文化、办公用机械制造业	Manufacture of Measuring Instruments and Machinery for Cultural Activity and Office Work	641529	2959
工艺品及其他制造业	Manufacture of Artwork and Other Manufacturing	1136407	6223
废弃资源和废旧材料回收加工业	Recycling and Disposal of Waste	332220	3869
电力、热力的生产和供应业	Production and Supply of Electric Power and Heat Power	6849161	28045
燃气生产和供应业	Production and Supply of Gas	225362	4077
水的生产和供应业	Production and Supply of Water	216081	1869
按地区分	**By Region**		
南 昌 市	Nanchang	27601718	578806
景德镇市	Jingdezhen	6785621	64118
萍 乡 市	Pingxiang	10499877	170940
九 江 市	Jiujiang	15076025	429395
新 余 市	Xinyu	12302557	69607
鹰 潭 市	Yingtan	14565990	33446
赣 州 市	Ganzhou	12586844	72399
吉 安 市	Ji'an	11224658	80786
宜 春 市	Yichun	12211960	97694
抚 州 市	Fuzhou	7339535	32924
上 饶 市	Shangrao	11772019	42604

continued

(10000 yuan)

主营业务成本 Cost of Principal Business	营业费用 Operating Expenses	资产合计 Total Assets	流动资产 Total Working Capitals	#产成品 Finished Products	流动资产年平均余额 Annual Average Balance of Working Capitals
1419817	28014	940588	291762	42722	273942
701260	17245	573421	202408	19107	189057
620476	16480	235983	96654	9898	81489
3068193	43100	1499453	736761	84980	708647
8883604	165346	6220003	2215355	301257	2075279
3396721	472827	2691086	1333387	144656	1232315
328882	3371	804129	395110	21134	255074
532718	13530	307177	146142	22505	147637
1618395	32578	641859	250802	32671	242263
8271798	189945	6832732	2198241	270805	2237592
9134737	68429	6694948	2449093	261249	2574130
25248781	123349	12099497	7270963	641303	5992484
2096910	44957	1045414	447374	63353	443913
2046707	55604	1486279	717725	83289	743182
1428310	27968	1103748	379245	55964	385181
6086539	241217	7419213	3993942	305664	4043501
9037466	138476	7641603	3737527	422064	3555323
3295193	35899	1790442	701233	100528	652291
542732	12591	586859	350166	24420	294446
918621	35964	457920	167104	16511	165453
278143	4934	174746	55084	5501	53283
6560089	3792	8229001	1513072	1277	1194607
170345	10852	320597	69655	3416	77742
154486	8784	811663	229905	1302	187540
23443543	718347	18720175	8653421	731636	7856632
5434008	142517	4853747	1969737	326468	2255185
7933441	144660	3965184	1076464	162221	1427078
12973819	211946	9505048	3565621	334895	3492667
10697621	157366	10416643	4110366	296627	3858443
13408420	84006	8412727	5111241	266542	3796467
11238247	164980	6574815	3379201	461541	2780203
9260662	254814	5205778	1208241	171456	1813241
9876900	362252	6802272	2770338	380062	2345716
6390217	113963	2680012	1188121	140057	1092635
10307839	156252	7112235	2642183	330623	2685194

13-8 续表2

单位：万元

项　　目	Item	固定资产合计 Total Fixed Assets	固定资产原值 Original Value of Fixed Assets
总　　计	**Total**	**40946770**	**50445601**
按登记注册类型及隶属关系分	**By Registration Status and Jurisdiction of Management**		
国有企业	State-owned Enterprises	6884179	8297586
中央企业	Central Enterprises	1313033	1783376
地方企业	Local Enterprises	5571146	6514211
集体企业	Collective-owned Enterprises	169621	198726
股份合作企业	Cooperative Enterprises	395445	463814
联营企业	Joint Ownership Enterprises	13677	16695
有限责任公司	Limited Liability Corporations	11927270	15448982
股份有限公司	Share-holding Corporations Limited	3120780	4181238
私营企业	Private Enterprises	8795511	10300074
港、澳、台商投资企业	Enterprises with Funds from Hong Kong,Macao and Taiwan	2720800	3226191
外商投资企业	Foreign Funded Enterprises	6919488	8312296
#国有控股企业	State-owned Holding Enterprises	17242420	22588422
按轻、重工业分	**Grouped by Light & Heavy Industries**		
轻工业	Light Industry	11461091	14003781
重工业	Heavy Industry	29485679	36441820
按企业规模分	**Grouped by Size of Enterprises**		
大型企业	Large Enterprises	13477932	18158561
中型企业	Medium-sized Enterprises	10811406	12894830
小型企业	Small Enterprises	16657433	19392211
按工业行业分	**Grouped by Sector**		
#煤炭开采和洗选业	Mining and Washing of Coal	632488	611237
黑色金属矿采选业	Mining and Processing of Ferrous Metal Ores	213629	247818
有色金属矿采选业	Mining and Processing of Non-Ferrous Metal Ores	441178	532073
非金属矿采选业	Mining and Processing of Nonmetal Ores	295601	312358
农副食品加工业	Processing of Food from Agricultural Products	961686	1133328
食品制造业	Manufacture of Foods	483845	601309
饮料制造业	Manufacture of Beverages	483733	584988
烟草制品业	Manufacture of Tobacco	158713	298206
纺织业	Manufacture of Textile	888319	1241376
纺织服装、鞋、帽制造业	Manufacture of Textile Wearing Apparel,Footware and Caps	495242	628563
皮革、毛皮、羽毛(绒)及其制品业	Manufacture of Leather, Fur, Feather and Related Products	301319	336116
木材加工及木、竹、藤、棕、草制品业	Processing of Timber, Manufacture of Wood,Bamboo, Rattan, Palm and Straw Products	490229	585627
家具制造业	Manufacture of Furniture	99717	111071

continued

(10000 yuan)

固定资产净值年平均余额 Annual Average Balance of Net value of Fixed Asssets	负债合计 Total Liabilities	流动负债合计 Total Working Liabilities	长期负债合计 Total Long-term Liabilities	所有者权益合计 Total Owners' Equities	利润总额 Total Profits	#盈利企业的利润额 Profits of Profit-making Enterprises	#亏损企业的亏损额 Losses of Loss Enterprises	利润税金总额 Total Profits and Taxes
34540414	**47004353**	**36151172**	**10853181**	**37244282**	**8568128**	**8962838**	**394711**	**14459522**
5538302	7715091	6030186	1684905	6638521	952545	1030031	77486	1912247
1184130	1625620	1118054	507566	828475	63111	127813	64702	643301
4354172	6089471	4912132	1177339	5810046	889434	902218	12784	1268947
143030	188307	135149	53158	160408	70683	70756	72	113758
332637	329368	237382	91987	435764	153994	154202	209	224271
11834	9555	7096	2459	22236	13000	13000		17685
10334259	15477431	11090567	4386864	8494914	1735816	1851522	115706	3030598
2713967	4284144	3497341	786803	2570793	288653	404087	115434	1013061
7328660	8834351	7019782	1814569	10262776	3624354	3646521	22167	5721671
2288948	2311761	1855418	456343	2988272	725310	730805	5494	1033746
5848777	7854345	6278252	1576093	5670599	1003773	1061915	58142	1392485
14816331	22320360	16820528	5499832	13162186	1456208	1775785	319577	3613390
9645935	11736935	9153124	2583812	11494924	2962694	3050729	88035	4855644
24894479	35267418	26998049	8269369	25749358	5605434	5912109	306676	9603878
11584480	18192590	14625455	3567135	10206885	1604750	1729164	124414	3459956
9036430	12462617	9151597	3311020	9524405	1792960	1928407	135447	2877641
13919504	16349146	12374120	3975026	17512992	5170418	5305267	134850	8121924
476468	713614	438768	274846	674279	209563	210781	1218	365765
193490	206764	176815	29949	236021	146138	146621	483	258390
361009	583950	423214	160736	768651	186633	188110	1477	298327
224220	188327	120443	67883	315374	76459	76654	195	130367
862155	1034091	807732	226359	1193278	339228	339985	757	458869
422742	445880	323852	122028	617651	171139	176567	5427	250420
423271	595921	537517	58404	495176	132802	140016	7214	247694
143801	323938	323938		430673	86500	86500		628241
798151	897647	694309	203338	992859	304815	350638	45823	471949
428826	448653	369234	79419	691204	180825	181929	1104	264497
265443	186482	156128	30354	386894	136905	137033	128	200061
429895	414135	301106	113030	598985	141754	143843	2089	223610
85034	73592	59448	14145	126239	38252	38252		61019

13-8 续表3

单位：万元

项　　目	Item	固定资产合计 Total Fixed Assets	固定资产原值 Original Value of Fixed Assets
造纸及纸制品业	Manufacture of Paper and Paper Products	596512	549020
印刷业和记录媒介的复制	Printing, Reproduction of Recording Media	276977	454130
文教体育用品制造业	Manufacture of Articles For Culture, Education and Sport Activities	127700	128900
石油加工、炼焦及核燃料加工业	Processing of Petroleum,Coking,Processing of Nuclear Fuel	755312	1071572
化学原料及化学制品制造业	Manufacture of Raw Chemical Materials and Chemical Products	3255809	3482427
医药制造业	Manufacture of Medicines	1098340	1421796
化学纤维制造业	Manufacture of Chemical Fibers	503061	476183
橡胶制品业	Manufacture of Rubber	139605	188546
塑料制品业	Manufacture of Plastics	322189	439321
非金属矿物制品业	Manufacture of Non-metallic Mineral Products	3756749	4003117
黑色金属冶炼及压延加工业	Smelting and Pressing of Ferrous Metals	3578070	5439649
有色金属冶炼及压延加工业	Smelting and Pressing of Non-ferrous Metals	5052264	5861845
金属制品业	Manufacture of Metal Products	483036	549900
通用设备制造业	Manufacture of General Purpose Machinery	565460	699062
专用设备制造业	Manufacture of Special Purpose Machinery	618910	614300
交通运输设备制造业	Manufacture of Transport Equipment	2543362	3250651
电气机械及器材制造业	Manufacture of Electrical Machinery and Equipment	3770550	4763458
通信设备、计算机及其他电子设备制造业	Manufacture of Communication Equipment,Computers and Other Electronic Equipment	882836	869565
仪器仪表及文化、办公用机械制造业	Manufacture of Measuring Instruments and Machinery for Cultural Activity and Office Work	222612	274043
工艺品及其他制造业	Manufacture of Artwork and Other Manufacturing	243951	264180
废弃资源和废旧材料回收加工业	Recycling and Disposal of Waste	78979	85112
电力、热力的生产和供应业	Production and Supply of Electric Power and Heat Power	5476158	7542855
燃气生产和供应业	Production and Supply of Gas	203804	221157
水的生产和供应业	Production and Supply of Water	448826	570746
按地区分	**By Region**		
南昌市	Nanchang	8492294	11019571
景德镇市	Jingdezhen	2087926	2388207
萍乡市	Pingxiang	2018935	2361374
九江市	Jiujiang	4914863	6089983
新余市	Xinyu	5706146	7535218
鹰潭市	Yingtan	3955552	4626530
赣州市	Ganzhou	2888076	3488128
吉安市	Ji'an	2642901	3159585
宜春市	Yichun	3450654	4072159
抚州市	Fuzhou	1216166	1442032
上饶市	Shangrao	3573257	4262816

continued

(10000 yuan)

固定资产净值年平均余额 Annual Average Balance of Net Value of Fixed Asssets	负 债 合 计 Total Liabilities	流动负债 合 计 Total Working Liabilities	长期负债 合 计 Total Long-term Liabilities	所有者权益 合 计 Total Owners' Equities	利润总额 Total Profits	#盈利企业的利润额 Profits of Profit-making Enterprises	#亏损企业的亏损额 Losses of Loss Enterprises	利润税金总 额 Total Profits and Taxes
386490	392804	181072	211732	547784	119138	119629	491	180653
261002	191346	150127	41219	382075	84141	85185	1043	120545
110904	84158	78872	5285	151825	33330	33330		51855
459090	1113652	857536	256116	385801	-38473	45311	83783	472400
2514943	3037656	2293605	744051	3182347	798748	824559	25811	1202886
939605	1248140	1045815	202325	1442946	293352	296316	2964	514336
333125	620224	226739	393485	183905	29220	29220		35570
133041	123239	104841	18399	183938	36204	36544	340	58058
290461	221213	187040	34173	420646	127552	127827	275	193450
2987423	3444715	2360502	1084213	3388017	987595	995678	8083	1460788
3259076	4897521	4056583	840938	1797426	329591	331961	2370	531898
4093140	5980714	5326181	654533	6118783	1488434	1492425	3991	2369819
406877	468579	394802	73777	576835	165379	166112	733	242231
494191	749460	629178	120283	736819	168889	172144	3255	246355
437804	446646	388239	58407	657102	108065	108519	454	164045
2239666	4431336	3913013	518323	2987877	450984	468548	17564	746688
3337695	4816145	4063097	753048	2825458	847302	867149	19847	1106183
628374	759610	600255	159355	1030832	175484	180097	4613	263180
181111	284596	230689	53907	302263	49519	51426	1907	65037
210839	158460	109213	49247	299460	88332	88501	168	129137
69101	56007	40527	15480	118738	28321	28321		50087
5082731	6808336	3792690	3015646	1420666	5693	149274	143581	330646
187102	167785	135873	31912	152812	21536	21824	287	33519
382118	389020	252182	136838	422644	18779	26016	7237	30948
7382850	11160808	8492570	2668238	7559367	1262538	1359079	96541	2602629
1582579	2847146	2276046	571100	2006601	261380	279852	18472	526934
1639701	1757689	1351511	406179	2207495	1137785	1149399	11614	1765007
4067765	6063661	4286374	1777287	3441388	813240	945570	132330	1611162
4998549	6648342	5324774	1323569	3768301	893553	922218	28665	1180834
3151669	3667987	3239807	428180	4744740	753042	790641	37600	1021030
2477175	3735727	2872247	863480	2839088	588768	610631	21863	1092364
2247397	1897128	1389720	507409	3308650	778773	799426	20653	1297789
2941458	3913480	2835840	1077640	2888793	993823	997102	3279	1589001
1024521	1269409	972633	296776	1410603	309137	311251	2114	543418
3026751	4042977	3109653	933325	3069257	776091	797669	21579	1229352

13-8 续表4

单位：%

项目	Item	企业亏损面 Ratio to Loss Enterprises	经济效益综合指数 Aggregate Index of Economic Efficiency
总计	**Total**	**4.74**	**275.13**
按登记注册类型及隶属关系分	**By Registration Status and Jurisdiction of Management**		
国有企业	State-owned Enterprises	17.45	243.17
中央企业	Central Enterprises	38.46	401.03
地方企业	Local Enterprises	16.49	229.33
集体企业	Collective-owned Enterprises	4.27	300.73
股份合作企业	Cooperative Enterprises	1.95	341.27
联营企业	Joint Ownership Enterprises		459.11
有限责任公司	Limited Liability Corporations	5.95	276.48
股份有限公司	Share-holding Corporations Limited	7.14	295.25
私营企业	Private Enterprises	2.51	347.34
港、澳、台商投资企业	Enterprises with Funds from Hong Kong,Macao and Taiwan	6.27	238.56
外商投资企业	Foreign Funded Enterprises	12.68	259.99
#国有控股企业	State-owned Holding Enterprises	16.89	253.53
按轻、重工业分	**Grouped by Light & Heavy Industries**		
轻工业	Light Industry	4.25	255.93
重工业	Heavy Industry	5.07	295.62
按企业规模分	**Grouped by Size of Enterprises**		
大型企业	Large Enterprises	10.53	302.17
中型企业	Medium-sized Enterprises	8.01	224.81
小型企业	Small Enterprises	4.44	325.94
按工业行业分	**Grouped by Sector**		
#煤炭开采和洗选业	Mining and Washing of Coal	3.80	246.17
黑色金属矿采选业	Mining and Processing of Ferrous Metal Ores	1.82	477.49
有色金属矿采选业	Mining and Processing of Non-Ferrous Metal Ores	8.55	319.59
非金属矿采选业	Mining and Processing of Nonmetal Ores	2.29	354.01
农副食品加工业	Processing of Food from Agricultural Products	2.37	356.63
食品制造业	Manufacture of Foods	3.98	315.75
饮料制造业	Manufacture of Beverages	4.39	290.04
烟草制品业	Manufacture of Tobacco		1177.88
纺织业	Manufacture of Textile	4.31	285.81
纺织服装、鞋、帽制造业	Manufacture of Textile Wearing Apparel, Footware and Caps	4.16	260.65
皮革、毛皮、羽毛(绒)及其制品业	Manufacture of Leather, Fur, Feather and Related Products	2.21	286.02
木材加工及木、竹、藤、棕、草制品业	Processing of Timber, Manufacture of Wood,Bamboo, Rattan,Palm and Straw Products	3.70	267.59
家具制造业	Manufacture of Furniture		337.47

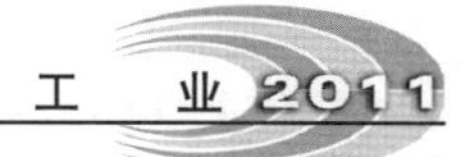

continued

(%)

总资产贡献率 Ratio of Total Assets to Output Value	资本保值增值率 Changing Rate of Net Assets	资产负债率 Assets-Liability Ratio	流动资产周转率(次) Ratio of Turnover Working Capitals (time)	成本费用利润率 Ratio of Profits to Cost	全员劳动生产率(元/人) Overall Labor Productivity (yuan/person)	产品销售率 Proportion of Products Sold
20.36	**125.74**	**55.79**	**4.51**	**6.69**	**206437**	**98.98**
16.07	131.58	53.75	2.47	6.57	199698	98.90
31.65	111.28	66.24	2.17	4.90	434735	99.89
12.85	135.09	51.17	2.52	6.73	184238	98.75
35.01	118.10	54.00	7.55	8.30	145987	97.80
33.05	132.60	43.05	6.31	11.93	213024	99.14
59.42	120.75	30.06	11.66	14.46	225606	100.33
14.74	109.96	64.56	4.36	5.06	244330	99.26
18.28	133.45	62.50	3.43	3.45	283432	98.94
36.38	126.25	46.26	8.34	7.67	207636	99.12
23.60	141.22	43.62	5.40	8.16	109189	98.64
12.40	135.19	58.07	2.67	8.04	225735	98.13
12.16	114.85	62.91	2.56	4.14	247567	99.05
24.72	128.70	50.52	4.83	7.78	148851	98.44
18.86	124.47	57.80	4.39	6.23	249986	99.23
13.86	109.56	64.06	2.67	5.11	316475	99.25
16.37	120.68	56.68	3.17	7.44	154187	98.34
28.93	141.11	48.28	7.88	7.13	202884	99.10
28.27	133.05	51.42	5.43	12.98	78623	98.72
62.83	106.01	46.70	8.03	13.48	313940	99.99
25.46	128.53	43.17	3.88	11.32	245078	98.39
31.55	119.90	37.39	7.37	7.84	249589	99.50
24.97	133.34	46.43	7.14	5.49	289737	98.99
27.67	124.88	41.92	7.37	7.96	196513	99.76
24.69	118.76	54.62	2.52	12.64	215127	96.77
89.31	122.08	42.93	1.86	20.68	1439880	100.59
30.55	124.88	47.48	8.17	6.43	134907	99.03
29.76	131.87	39.36	7.34	6.31	109235	95.91
41.42	140.54	32.52	9.60	8.37	62833	99.39
25.83	110.55	40.88	6.63	7.33	142072	98.77
36.88	135.98	36.83	9.90	5.81	173754	99.50

13-8 续表5

单位：%

项　　目	Item	企业亏损面 Ratio to Loss Enterprises	经济效益综合指数 Aggregate Index of Economic Efficiency
造纸及纸制品业	Manufacture of Paper and Paper Products	2.35	305.74
印刷业和记录媒介的复制	Printing, Reproduction of Recording Media	8.99	321.26
文教体育用品制造业	Manufacture of Articles For Culture, Education and Sport Activities		227.90
石油加工、炼焦及核燃料加工业	Processing of Petroleum,Coking,Processing of Nuclear Fuel	13.64	392.44
化学原料及化学制品制造业	Manufacture of Raw Chemical Materials and Chemical Products	3.79	339.39
医药制造业	Manufacture of Medicines	7.03	269.71
化学纤维制造业	Manufacture of Chemical Fibers		217.91
橡胶制品业	Manufacture of Rubber	5.56	254.16
塑料制品业	Manufacture of Plastics	2.28	339.17
非金属矿物制品业	Manufacture of Non-metallic Mineral Products	4.84	310.35
黑色金属冶炼及压延加工业	Smelting and Pressing of Ferrous Metals	4.40	282.40
有色金属冶炼及压延加工业	Smelting and Pressing of Non-ferrous Metals	5.20	454.84
金属制品业	Manufacture of Metal Products	3.08	342.77
通用设备制造业	Manufacture of General Purpose Machinery	4.98	269.95
专用设备制造业	Manufacture of Special Purpose Machinery	2.52	256.65
交通运输设备制造业	Manufacture of Transport Equipment	4.78	217.52
电气机械及器材制造业	Manufacture of Electrical Machinery and Equipment	5.31	302.11
通信设备、计算机及其他电子设备制造业	Manufacture of Communication Equipment,Computers and Other Electronic Equipment	8.92	240.38
仪器仪表及文化、办公用机械制造业	Manufacture of Measuring Instruments and Machinery for Cultural Activity and Office Work	13.64	174.77
工艺品及其他制造业	Manufacture of Artwork and Other Manufacturing	3.25	281.83
废弃资源和废旧材料回收加工业	Recycling and Disposal of Waste		545.38
电力、热力的生产和供应业	Production and Supply of Electric Power and Heat Power	15.71	274.42
燃气生产和供应业	Production and Supply of Gas	4.00	267.09
水的生产和供应业	Production and Supply of Water	18.64	151.96
按地区分	**By region**		
南 昌 市	Nanchang	7.87	303.43
景德镇市	Jingdezhen	3.89	243.84
萍 乡 市	Pingxiang	1.12	414.41
九 江 市	Jiujiang	5.31	250.33
新 余 市	Xinyu	2.96	324.33
鹰 潭 市	Yingtan	15.30	322.16
赣 州 市	Ganzhou	7.86	240.91
吉 安 市	Ji'an	2.19	346.07
宜 春 市	Yichun	3.40	277.69
抚 州 市	Fuzhou	1.56	277.31
上 饶 市	Shangrao	5.84	305.15

continued

(%)

总资产贡献率 Ratio of Total Assets to Output Value	资本保值增值率 Changing Rate of Net Assets	资产负债率 Assets-Liability Ratio	流动资产周转率(次) Ratio of Turnover Working Capitals (time)	成本费用利润率 Ratio of Profits to Cost	全员劳动生产率(元/人) Overall Labor Productivity (yuan/person)	产品销售率 Proportion of Products Sold
23.01	129.69	41.76	6.62	7.96	205707	98.97
24.06	123.54	33.37	4.72	10.91	242033	98.84
22.89	128.25	35.66	7.35	5.05	84356	98.24
35.73	118.25	74.27	5.28	-1.19	397848	99.17
25.84	150.75	48.84	6.15	8.56	251804	98.86
21.78	115.37	46.38	3.64	7.14	207029	98.08
6.20	153.67	77.13	1.40	8.31	199818	93.78
20.14	111.28	40.12	4.76	6.41	173656	97.99
37.01	141.78	34.46	9.32	7.49	173981	99.03
25.42	125.73	50.41	5.51	11.26	204254	99.06
9.69	87.20	73.15	4.24	3.47	290568	100.18
23.94	146.62	49.43	4.58	5.76	491975	99.29
28.13	147.05	44.82	6.84	7.46	246799	98.61
20.73	132.48	50.43	4.10	7.66	196175	98.08
17.65	124.64	40.47	5.22	7.16	170170	98.75
11.41	129.07	59.73	1.90	6.69	180888	98.67
17.15	150.87	63.03	3.30	8.91	262868	98.53
18.12	146.49	42.43	6.27	5.11	132652	99.11
13.48	144.98	48.49	2.23	8.39	83922	101.25
33.72	124.34	34.60	7.62	8.83	112565	99.54
36.29	122.44	32.05	6.83	9.74	547342	98.58
6.44	64.84	82.74	4.79	0.08	309334	99.78
12.20	117.35	52.34	3.58	11.22	207206	98.89
5.59	118.28	47.93	1.01	9.00	93133	98.69
16.14	105.64	59.62	3.49	4.97	298160	98.03
12.08	110.62	58.66	3.30	4.48	217206	98.98
52.87	108.46	44.33	11.09	13.61	189442	99.80
20.28	139.19	63.79	4.87	5.94	163638	98.65
13.85	138.18	63.82	3.41	7.92	316997	99.76
14.78	146.03	43.60	3.41	5.46	322288	99.53
19.68	125.23	56.82	4.19	5.00	167944	99.17
29.87	143.96	36.44	10.54	7.89	184556	98.96
27.90	123.14	57.53	5.28	9.38	158663	99.44
23.99	122.89	47.37	7.07	4.64	170631	98.87
22.16	145.70	56.85	5.46	7.18	227567	99.02

13-8 续表6

项　　　目	Item	全部从业人员年平均人数(人) Annual Average Empolyed Persons (person)
总　　　计	**Total**	**1971755**
按登记注册类型及隶属关系分	**By Registration Status and Jurisdiction of Management**	
国有企业	State-owned Enterprises	193724
中央企业	Central Enterprises	11956
地方企业	Local Enterprises	181768
集体企业	Collective-owned Enterprises	20572
股份合作企业	Cooperative Enterprises	21496
联营企业	Joint Ownership Enterprises	1401
有限责任公司	Limited Liability Corporations	437516
股份有限公司	Share-holding Corporations Limited	95359
私营企业	Private Enterprises	757930
港、澳、台商投资企业	Enterprises with Funds from Hong Kong,Macao and Taiwan	266098
外商投资企业	Foreign Funded Enterprises	177659
#国有控股企业	State-owned Holding Enterprises	404799
按轻、重工业分	**Grouped by Light & Heavy Industries**	
轻工业	Light Industry	849040
重工业	Heavy Industry	1122715
按企业规模分	**Grouped by Size of Enterprises**	
大型企业	Large Enterprises	280216
中型企业	Medium-sized Enterprises	509761
小型企业	Small Enterprises	1181778
按工业行业分	**Grouped by Sector**	
#煤炭开采和洗选业	Mining and Washing of Coal	94387
黑色金属矿采选业	Mining and Processing of Ferrous Metal Ores	14185
有色金属矿采选业	Mining and Processing of Non-Ferrous Metal Ores	32878
非金属矿采选业	Mining and Processing of Nonmetal Ores	14981
农副食品加工业	Processing of Food from Agricultural Products	64204
食品制造业	Manufacture of Foods	42157
饮料制造业	Manufacture of Beverages	24570
烟草制品业	Manufacture of Tobacco	4684
纺织业	Manufacture of Textile	127817
纺织服装、鞋、帽制造业	Manufacture of Textile Wearing Apparel,Footware and Caps	99553
皮革、毛皮、羽毛(绒)及其制品业	Manufacture of Leather, Fur, Feather and Related Products	93372
木材加工及木、竹、藤、棕、草制品业	Processing of Timber, Manufacture of Wood,Bamboo, Rattan,Palm and Straw Products	49950
家具制造业	Manufacture of Furniture	14562

continued

产值利税率 (%) Ratio of Profits and Taxes to Output Value (%)	销售利税率 (%) Ratio of Profits and Taxes to Sales (%)	资金利税率 (%) Ratio of Profits and Taxes to Funds (%)	人均实现利税 (元) Profits and Taxes Per Capita (yuan)	人均实现利润 (元) Profits Per Capita (yuan)	人均占有固定资产原值 (元) Original Value of Fixed Assets Per Capita (yuan)	人均实现工业增加值 (元) Added Value of Industry Per Capita (yuan)
10.45	**10.19**	**21.28**	**73333**	**43454**	**255841**	**157316**
14.54	11.97	16.68	98710	49170	428320	163599
36.41	36.26	31.63	538057	52786	1491616	714013
11.15	8.94	13.46	69811	48932	358380	127394
11.14	11.52	41.71	55298	34359	96600	120012
14.41	14.25	36.68	104331	71638	215767	178732
16.46	15.80	75.39	126228	92791	119163	174466
8.34	8.21	15.82	69268	39674	353107	181777
11.03	10.85	17.59	106237	30270	438473	223690
10.70	10.72	37.76	75491	47819	135897	152782
10.47	10.50	23.89	38848	27257	121241	87465
10.22	10.06	12.45	78380	56500	467879	180161
10.61	9.61	12.57	89264	35974	558016	214318
11.30	11.32	25.49	57190	34895	164937	126352
10.07	9.69	19.64	85542	49927	324587	180733
11.48	10.17	14.47	123475	57268	648020	249854
10.77	10.84	16.51	56451	35173	252958	121313
9.97	9.98	30.52	68726	43751	164094	150905
18.18	18.56	41.29	38752	22203	64759	82738
19.70	19.70	69.64	182157	103023	174704	239924
15.75	15.89	33.73	90738	56765	161832	197664
11.88	11.91	33.91	87022	51037	208503	191953
6.88	6.89	24.48	71470	52836	176520	186663
10.37	10.40	33.14	59402	40596	142636	123439
19.05	19.09	26.53	100812	54050	238090	183906
67.14	66.83	87.21	1341249	184671	636648	1341087
9.11	9.09	31.39	36924	23848	97121	91758
8.05	8.19	28.10	26568	18164	63139	67814
11.02	11.03	41.17	21426	14662	35997	52719
10.35	10.39	27.56	44767	28379	117243	103797
8.32	8.31	38.20	41903	26268	76275	103977

13-8　续表7

项　　　目	Item	全部从业人员年平均人数(人) Annual Average Empolyed Persons (person)
造纸及纸制品业	Manufacture of Paper and Paper Products	27833
印刷业和记录媒介的复制	Printing, Reproduction of Recording Media	13619
文教体育用品制造业	Manufacture of Articles For Culture, Education and Sport Activities	27394
石油加工、炼焦及核燃料加工业	Processing of Petroleum,Coking,Processing of Nuclear Fuel	11737
化学原料及化学制品制造业	Manufacture of Raw Chemical Materials and Chemical Products	144039
医药制造业	Manufacture of Medicines	75332
化学纤维制造业	Manufacture of Chemical Fibers	4940
橡胶制品业	Manufacture of Rubber	9990
塑料制品业	Manufacture of Plastics	37804
非金属矿物制品业	Manufacture of Non-metallic Mineral Products	181692
黑色金属冶炼及压延加工业	Smelting and Pressing of Ferrous Metals	67661
有色金属冶炼及压延加工业	Smelting and Pressing of Non-ferrous Metals	115561
金属制品业	Manufacture of Metal Products	34494
通用设备制造业	Manufacture of General Purpose Machinery	43879
专用设备制造业	Manufacture of Special Purpose Machinery	34965
交通运输设备制造业	Manufacture of Transport Equipment	97874
电气机械及器材制造业	Manufacture of Electrical Machinery and Equipment	128997
通信设备、计算机及其他电子设备制造业	Manufacture of Communication Equipment,Computers and Other Electronic Equipment	92011
仪器仪表及文化、办公用机械制造业	Manufacture of Measuring Instruments and Machinery for Cultural Activity and Activity and Office Work	22397
工艺品及其他制造业	Manufacture of Artwork and Other Manufacturing	33593
废弃资源和废旧材料回收加工业	Recycling and Disposal of Waste	2368
电力、热力的生产和供应业	Production and Supply of Electric Power and Heat Power	71039
燃气生产和供应业	Production and Supply of Gas	3941
水的生产和供应业	Production and Supply of Water	11295
按地区分	**By Region**	
南 昌 市	Nanchang	294025
景德镇市	Jingdezhen	101356
萍 乡 市	Pingxiang	166732
九 江 市	Jiujiang	249674
新 余 市	Xinyu	107078
鹰 潭 市	Yingtan	67446
赣 州 市	Ganzhou	241658
吉 安 市	Ji'an	197176
宜 春 市	Yichun	260041
抚 州 市	Fuzhou	129414
上 饶 市	Shangrao	157155

continued

产值利税率 (%) Ratio of Profits and Taxes to Output Value (%)	销售利税率 (%) Ratio of Profits and Taxes to Sales (%)	资金利税率 (%) Ratio of Profits and Taxes to Funds (%)	人均实现利税 (元) Profits and Taxes Per Capita (yuan)	人均实现利润 (元) Profits Per Capita (yuan)	人均占有固定资产原值 (元) Original Value of Fixed Assets Per Capita (yuan)	人均实现工业增加值 (元) Added Value of Industry Per Capita (yuan)
10.61	10.72	27.35	64906	42805	197255	157298
13.40	13.46	26.78	88512	61782	333453	232518
7.20	7.36	26.95	18929	12167	47054	74431
12.98	12.91	40.45	402487	-32779	912986	664262
11.24	11.21	26.21	83511	55454	241770	185597
11.31	11.36	23.68	68276	38941	188737	154111
9.75	9.17	6.05	72004	59149	963933	127087
8.89	9.15	20.69	58117	36240	188735	129922
10.03	10.02	36.31	51172	33740	116210	124950
13.90	13.87	27.96	80399	54355	220324	146250
5.74	5.32	9.12	78612	48712	803956	235370
9.52	8.55	23.50	205071	128801	507251	318844
9.44	9.52	28.47	70224	47944	159419	168493
9.96	10.02	19.91	56144	38490	159316	158751
9.43	9.57	19.93	46917	30907	175690	117340
10.38	10.19	11.88	76291	46078	332126	145868
10.37	10.37	16.05	85753	65684	369269	190083
6.97	6.98	20.55	28603	19072	94507	87709
11.52	10.14	13.68	29038	22110	122357	45814
11.67	11.36	34.32	38442	26295	78641	80429
14.71	15.08	40.93	211516	119598	359424	315693
4.81	4.83	5.27	46544	801	1061791	286779
15.46	14.87	12.66	85051	54647	561171	169253
14.38	14.32	5.43	27399	16626	505309	78121
9.41	9.43	17.08	88517	42940	374783	221384
7.69	7.77	13.73	51988	25788	235626	157882
17.42	16.81	57.55	105859	68240	141627	136684
10.91	10.69	21.31	64531	32572	243917	144433
9.94	9.60	13.33	110278	83449	703713	252502
8.76	7.01	14.70	151385	111651	685961	282966
8.62	8.68	20.78	45203	24364	144341	120391
11.46	11.56	31.96	65819	39496	160242	127010
12.91	13.01	30.05	61106	38218	156597	110973
7.36	7.40	25.67	41991	23887	111428	123747
10.49	10.44	21.52	78225	49384	271249	169358

13-9 规模以上国有控股工业企业经济指标

指　　标	Item	2000	2001
企业单位数(个)	Number of Enterprises (unit)	2506	1981
#亏损企业	Loss Enterprises	1053	826
资产总计(万元)	Total Assets (10000 yuan)	16329797	16880605
流动资产合计(万元)	Total Working Capitals (10000 yuan)	6429562	6386346
流动资产年平均余额(万元)	Annual Average Balance of Working Capitals (10000 yuan)	6254565	6401691
固定资产合计(万元)	Total Fixed Assets (10000 yuan)	8051655	8339684
固定资产原值(万元)	Original Value of Fixed Assets (10000 yuan)	10499338	11050373
固定资产净值年平均余额(万元)	Annual Average Balance of Net Value of Fixed Assets (10000 yuan)	6848173	7049304
负债总计(万元)	Total Liabilities (10000 yuan)	11278672	11320340
流动负债合计(万元)	Total Working Liabilities (10000 yuan)	7103967	7167866
长期负债合计(万元)	Total Long-term Liabilities (10000 yuan)	4008410	4078151
所有者权益(万元)	Owners' Equity (10000 yuan)	4981017	5479285
主营业务收入(万元)	Revenue from Principal Business (10000 yuan)	7221113	7463900
#主营业务税金及附加	Taxes and Other Charges on Principal Business	200331	225670
营业费用	Operating Expenses	221515	243865
利润总额(万元)	Total Profits (10000 yuan)	84322	78683
利润和税金总额(万元)	Total Profits and Taxes (10000 yuan)	672393	726457
全部从业人员年平均人数(人)	Annual Average Empolyed Persons (person)	889644	759204
工业总产值(万元)	Gross Industrial Output Value (10000 yuan)	7373147	7685343
工业增加值(万元)	Value Added of Industry (10000 yuan)	2148119	2377795
总资产贡献率(%)	Ratio of Total Assets to Output value (%)	5.94	5.87
资本保值增值率(%)	Changing Rate of Net Assets (%)	106.21	110.00
资产负债率(%)	Assets-Liability Ratio (%)	69.07	67.06
流动资产周转率(次)	Ratio of Turnover Working Capitals (time)	1.15	1.17
成本费用利润率(%)	Ratio of Profits to Cost (%)	1.20	1.08
全员劳动生产率(元／人)	Overall Labor Productivity (yuan/person)	24146	31320
产品销售率(%)	Proportion of Products Sold (%)	97.67	98.27
工业经济效益综合指数(%)	Aggregate Index of Industrial Economic Efficiency (%)	78.28	83.43

Economic Indicators of State-holding Industrial Enterprises above Designated Size

2002	2003	2004	2005	2006	2007	2008	2009	2010
1519	1071	1228	804	706	563	558	543	533
639	407	487	275	211	132	167	113	90
17046385	17829549	18535069	19449500	22034893	25536051	27779963	30315254	35482546
6711016	7383855	7049250	7746481	9484535	10740181	11648204	11717577	16005336
6524880	6914411	6958141	7580170	8715402	9779786	11716916	12022835	13937070
8473690	8722765	8885846	9774636	10594485	11845860	12942695	13743754	17242420
11289157	11826568	12082458	12736501	14518366	16135879	17349041	18408048	22588422
7168488	7369675	7468066	7966635	9013638	10390006	11498190	12217311	14816331
11421660	12371281	12892114	13494055	14642855	16628458	17686025	18992890	22320360
7342960	8184216	8483766	8945439	10499799	12217947	12977761	14209841	16820528
3757087	4099168	4271286	4115752	3953683	4232824	4708263	4783049	5499832
5431649	5222322	5625517	5655984	7106514	8907593	10093937	11322364	13162186
8484138	9980005	12766815	15262090	19498190	24560686	27229935	26985648	37613661
262013	288983	321418	359035	417856	494431	546687	903562	1019678
282917	297947	306376	340005	395913	456021	481064	551091	651394
133192	262938	373966	571611	1066988	1267392	376295	829164	1456208
854150	1072265	1313172	1622508	2421762	2712624	1919325	2737783	3613390
661102	565081	498973	470614	461026	423776	407662	397412	404799
8678614	9466047	12788918	15315489	19697841	23304461	25881696	25068428	34063560
2703277	2835212	3438354	4167351	5326312	6233268	6803306	6295047	8675555
6.63	7.53	8.33	9.74	12.39	12.00	9.07	10.91	12.16
99.13	96.15	107.72	100.54	97.20	125.34	114.57	113.81	114.85
67.00	69.39	69.56	69.38	66.45	65.12	63.66	62.65	62.91
1.30	1.44	1.83	2.01	2.24	2.51	2.32	2.24	2.56
1.62	2.76	3.10	4.00	5.98	5.60	1.43	3.29	4.14
40890	50174	68909	88551	115532	147089	186782	185579	247567
98.34	98.79	98.82	99.49	99.10	98.69	99.24	98.73	99.05
92.55	104.49	123.96	142.87	174.30	198.01	198.06	207.17	253.53

13-10 国有控股工业企业主要经济指标（2010年）

单位：万元

项 目	Item	企业单位数（个） Number of Enterprises (unit)	#亏损企业 Loss Enterprises	工业总产值 Gross Industrial Output Value
总 计	**Total**	**533**	**90**	**34063560**
按登记注册类型及隶属关系分	**By Registration Status and Jurisdiction of Management**			
国有企业	State-owned Enterprises	298	52	13149656
中央企业	Central Enterprises	13	5	1766721
地方企业	Local Enterprises	285	47	11382935
集体企业	Collective-owned Enterprises			
股份合作企业	Cooperative Enterprises	3	1	42610
联营企业	Joint Ownership Enterprises	4		30835
有限责任公司	Limited Liability Corporations	181	30	12427604
股份有限公司	Share-holding Corporations Limited	30	4	4948605
私营企业	Private Enterprises			
港、澳、台商投资企业	Enterprises with Funds from Hong Kong, Macao and Taiwan	5	1	271015
外商投资企业	Foreign Funded Enterprises	12	2	3193236
按轻、重工业分	**Grouped by Light & Heavy Industries**			
轻工业	Light Industry	147	30	3571039
重工业	Heavy Industry	386	60	30492521
按企业规模分	**Grouped by Size of Enterprises**			
大型企业	Large Enterprises	29	4	23591988
中型企业	Medium-sized Enterprises	192	23	6430923
小型企业	Small Enterprises	312	63	4040648
按工业行业分	**Grouped by Sector**			
#煤炭开采和洗选业	Mining and Washing of Coal	20	4	638036
黑色金属矿采选业	Mining and Processing of Ferrous Metal Ores	2		22209
有色金属矿采选业	Mining and Processing of Non-Ferrous Metal Ores	34	2	525882
非金属矿采选业	Mining and Processing of Nonmetal Ores	10	1	77169
农副食品加工业	Processing of Food from Agricultural Products	25	3	280581
食品制造业	Manufacture of Foods	8	2	103026
饮料制造业	Manufacture of Beverages	9	2	134657
烟草制品业	Manufacture of Tobacco	1		935683
纺织业	Manufacture of Textile	4	1	62525
纺织服装、鞋、帽制造业	Manufacture of Textile Wearing Apparel,Footware and Caps	4	1	283528
皮革、毛皮、羽毛(绒)及其制品业	Manufacture of Leather, Fur, Feather and Related Products			
木材加工及木、竹、藤、棕、草制品业	Processing of Timber, Manufacture of Wood,Bamboo, Rattan, Palm and Straw Products	4	1	16287
家具制造业	Manufacture of Furniture			
造纸及纸制品业	Manufacture of Paper and Paper Products	5		14139

Main Indicators of State-holding Industrial Enterprises (2010)

(10000 yuan)

工业增加值 Value Added of Industry	主营业务收入 Revenue from Principal Business	主营业务税金及附加 Taxes and Other Charges on Principal Business	主营业务成本 Cost of Principal Business	营业费用 Operating Expenses	资产合计 Total Assets	流动资产 Total Working Capitals	#产成品 Finished Products	流动资产年平均余额 Annual Average Balance of Working Capitals
8675555	**37613661**	**1019678**	**32765564**	**651394**	**35482546**	**16005336**	**1111008**	**13937070**
3433925	15968895	495759	13639905	192105	14353612	7401046	460811	5923048
924953	1774310	438420	1117092	23493	2454095	847736	29449	849885
2508972	14194585	57340	12522812	168612	11899517	6553310	431362	5073163
13680	42969	425	37516		39598	8673	68	8319
6675	31010	75	25965	163	14203	1012		3583
3136797	12946333	61612	11992605	115413	13338721	4580330	311587	4544860
1319174	5056162	415285	4150657	176634	4137022	2011346	175884	1875084
46092	262060	1253	226857	10172	204461	122697	13029	101228
719211	3306231	45269	2692059	156907	3394929	1880234	149631	1480949
1391739	3636481	457393	2479640	214495	3630538	1946552	222940	1724651
7283815	33977180	562285	30285924	436899	31852008	14058785	888069	12212419
5911189	27248699	948855	23598434	481264	22936414	11852758	789849	10032554
1758519	6332711	41503	5597904	118771	8189960	2835771	220584	2771473
1005846	4032250	29320	3569226	51359	4356172	1316808	100576	1133044
251234	591572	6899	442910	10374	920915	284711	10835	271698
6502	24501	337	13605	798	23394	17837	230	9545
199017	517421	10009	363497	4915	774604	234141	28979	289011
23131	77209	1115	65504	3021	30319	16162	850	11190
53555	322077	1350	287301	5666	216697	125582	12459	79937
28608	96657	2403	67600	11818	141424	44279	4089	44310
43833	133629	7613	98456	13946	142628	54504	6296	65711
680616	939995	434126	333732	20360	754611	503794	15949	576581
15401	59535	134	55157	1041	35067	15684	5046	13823
62575	267664	188	231739	16906	152261	127317	38012	68176
4028	16935	41	14677	296	27611	12911	1455	11009
4002	13951	35	13042	97	4261	2792	92	1351

13-10 续表1

单位：万元

项目	Item	企业单位数(个) Number of Enterprises (unit)	#亏损企业 Loss Enterprises	工业总产值 Gross Industrial Output Value
印刷业和记录媒介的复制	Printing, Reproduction of Recording Media	13	2	200349
文教体育用品制造业	Manufacture of Articles For Culture, Education and Sport Activities			
石油加工、炼焦及核燃料加工业	Processing of Petroleum,Coking,Processing of Nuclear Fuel	2	1	2995883
化学原料及化学制品制造业	Manufacture of Raw Chemical Materials and Chemical Products	27	5	764908
医药制造业	Manufacture of Medicines	13	3	704625
化学纤维制造业	Manufacture of Chemical Fibers			
橡胶制品业	Manufacture of Rubber			
塑料制品业	Manufacture of Plastics	5		19366
非金属矿物制品业	Manufacture of Non-metallic Mineral Products	51	12	876387
黑色金属冶炼及压延加工业	Smelting and Pressing of Ferrous Metals	3		4534755
有色金属冶炼及压延加工业	Smelting and Pressing of Non-ferrous Metals	29	2	7775572
金属制品业	Manufacture of Metal Products	6		84647
通用设备制造业	Manufacture of General Purpose Machinery	14	2	336188
专用设备制造业	Manufacture of Special Purpose Machinery	10	1	85353
交通运输设备制造业	Manufacture of Transport Equipment	25	5	4485927
电气机械及器材制造业	Manufacture of Electrical Machinery and Equipment	11	2	901970
通信设备、计算机及其他电子设备制造业	Manufacture of Communication Equipment,Computers and Other Electronic Equipment	10	2	263803
仪器仪表及文化、办公用机械制造业	Manufacture of Measuring Instruments and Machinery for Cultural Activity and Office Work	6		190599
工艺品及其他制造业	Manufacture of Artwork and Other Manufacturing	1		64594
废弃资源和废旧材料回收加工业	Recycling and Disposal of Waste	2		5968
电力、热力的生产和供应业	Production and Supply of Electric Power and Heat Power	134	27	6513602
燃气生产和供应业	Production and Supply of Gas	4	1	26523
水的生产和供应业	Production and Supply of Water	41	8	138819
按地区分	**By Region**			
南昌市	Nanchang	103	24	11108076
景德镇市	Jingdezhen	52	11	2539988
萍乡市	Pingxiang	18	5	606343
九江市	Jiujiang	78	13	4128096
新余市	Xinyu	22	4	3883484
鹰潭市	Yingtan	17	6	6519174
赣州市	Ganzhou	77	6	1787358
吉安市	Ji'an	49	6	770585
宜春市	Yichun	36	2	1154427
抚州市	Fuzhou	26	6	287700
上饶市	Shangrao	55	7	1278328

continued

(10000 yuan)

工业增加值 Value Added of Industry	主营业务收入 Revenue from Principal Business	主营业务税金及附加 Taxes and Other Charges on Principal Business	主营业务成本 Cost of Principal Business	营业费用 Operating Expenses	资产合计 Total Assets	流动资产 Total Working Capitals	#产成品 Finished Products	流动资产年平均余额 Annual Average Balance of Working Capitals
77469	203476	2139	141845	1680	273440	109216	6977	89910
717559	3006074	393357	2497111	37530	1175225	563432	64426	550821
295608	755279	3925	670831	14710	869719	322549	38818	294992
161979	745915	4065	527309	120179	798887	456242	40110	371833
6970	16275	98	10726	768	15155	9037	531	5501
266170	862155	7607	693025	25549	1513244	467105	48210	530096
797610	5079931	11103	4772383	45674	4065614	1847674	169923	1561319
1344961	10550137	34153	9526092	47948	7320149	4633069	205494	3435830
43088	81887	270	70378	1608	56824	34642	8406	25982
218200	335455	1174	292377	7491	442023	223957	24102	248851
36664	85143	265	71269	2563	123970	59445	6121	51014
953757	4652138	62740	3825843	201965	5710125	3236603	207190	3161353
113142	925062	4395	808433	28142	952472	647925	120831	598742
58282	241757	697	190022	7764	375058	192086	30426	150441
24548	270945	1319	239307	4529	273162	155977	12950	137252
17563	63552	30	54807	2720	18583	7167	721	6138
1469	5506	2	3622	5	5713	3740	32	1752
2094512	6493915	26276	6257082	2267	7580205	1423095	149	1114004
12372	36412	312	27585	3075	126894	20895		30771
61130	141501	1502	98300	5992	562292	151767	1302	128127
3352759	11348797	508832	9422533	321202	11433544	5581588	380705	4877700
569363	2628785	22483	2320219	94778	3061738	1427888	204812	1620503
196369	594389	7053	496214	10481	697919	196558	9467	239504
1123183	4161424	398439	3527264	42354	3014256	1129107	114893	969795
787832	4276211	11373	4013910	45036	3901209	1611737	130039	1388923
1197271	9314016	26967	8401480	63670	6895014	4181656	143674	3070342
448106	1774664	23466	1540308	18096	1413848	618756	64637	541305
226386	761892	5000	688640	11332	1250808	218462	5935	243847
365830	1123856	8224	928114	12889	1840938	432057	13230	384650
86412	275761	1323	235896	10856	325096	91766	7134	112326
322044	1353868	6519	1190987	20699	1648176	515761	36483	488178

13-10 续表2

单位：万元

项　　目	Item	固定资产合计 Total Fixed Assets	固定资产原值 Original Value of Fixed Assets	固定资产净值年平均余额 Annual Average Balance of Net value Asssets
总　　计	**Total**	17242420	22588422	14816331
按登记注册类型及隶属关系分	**By Registration Status and Jurisdiction of Management**			
国有企业	State-owned Enterprises	6884179	8297586	5538302
中央企业	Central enterprises	1313033	1783376	1184130
地方企业	Local enterprises	5571146	6514211	4354172
集体企业	Collective-owned Enterprises			
股份合作企业	Cooperative Enterprises	23061	33346	21530
联营企业	Joint Ownership Enterprises	7443	9317	6523
有限责任公司	Limited Liability Corporations	6895027	9660144	6209932
股份有限公司	Share-holding Corporations Limited	1856481	2581891	1638776
私营企业	Private Enterprises			
港、澳、台商投资企业	Enterprises with Funds from Hong Kong,Macao and Taiwan	74369	96706	66743
外商投资企业	Foreign Funded Enterprises	1501861	1909431	1334525
按轻、重工业分	**Grouped by Light & Heavy Industries**			
轻工业	Light Industry	1453054	1998705	1273329
重工业	Heavy Industry	15789366	20589716	13543002
按企业规模分	**Grouped by Size of Enterprises**			
大型企业	Large Enterprises	10578158	14233543	9004050
中型企业	Medium-sized Enterprises	4116071	5177166	3547758
小型企业	Small Enterprises	2548192	3177713	2264523
按工业行业分	**Grouped by Sector**			
#煤炭开采和洗选业	Mining and Washing of Coal	419678	405578	316153
黑色金属矿采选业	Mining and Processing of Ferrous Metal Ores	11208	13110	10251
有色金属矿采选业	Mining and Processing of Non-Ferrous Metal Ores	239357	299334	200811
非金属矿采选业	Mining and Processing of Nonmetal Ores	16200	19999	13814
农副食品加工业	Processing of Food from Agricultural Products	105125	118449	93681
食品制造业	Manufacture of Foods	60643	76619	53823
饮料制造业	Manufacture of Beverages	62052	77169	53735
烟草制品业	Manufacture of Tobacco	158713	298206	143801
纺织业	Manufacture of Textile	15692	20256	13773
纺织服装、鞋、帽制造业	Manufacture of Textile Wearing Apparel, Footware and Caps	66047	84204	56859
皮革、毛皮、羽毛(绒)及其制品业	Manufacture of Leather, Fur, Feather and Related Products			
木材加工及木、竹、藤、棕、草制品业	Processing of Timber, Manufacture of Wood, Bamboo, Rattan,Palm and Straw Products	13626	14774	10998
家具制造业	Manufacture of Furniture			
造纸及纸制品业	Manufacture of Paper and Paper Products	2560	2562	1833

continued

(10000 yuan)

负债合计 Total Liabilities	流动负债合计 Total Working Liabilities	长期负债合计 Total Long-term Liabilities	所有者权益合计 Total Owners' Equities	利润总额 Total Profits			利润税金总额 Total Profits and Taxes
					#盈利企业的利润额 Profits of Profit-making Enterprises	#亏损企业的亏损额 Losses of Loss Enterprises	
22320360	16820528	5499832	13162186	1456208	1775785	319577	3613390
7715091	6030186	1684905	6638521	952545	1030031	77486	1912247
1625620	1118054	507566	828475	63111	127813	64702	643301
6089471	4912132	1177339	5810046	889434	902218	12784	1268947
20054	10910	9144	19544	2190	2383	193	3786
2172	1479	694	12031	3947	3947		4854
10094678	6991940	3102739	3244043	264869	373078	108209	713196
2521422	2046297	475125	1615600	5705	120008	114303	593007
123521	104799	18722	80940	6560	6689	129	13193
1843422	1634918	208504	1551507	220391	239649	19258	373108
2033398	1686393	347005	1597140	182308	245297	62990	828609
20286962	15134135	5152827	11565046	1273900	1530488	256588	2784781
13911580	11056517	2855062	9024835	1144729	1269142	124414	2881840
5284655	3697631	1587024	2905305	205785	322539	116754	463928
3124125	2066379	1057746	1232047	105694	184104	78410	267623
589774	362625	227149	331141	50494	51043	549	112950
9456	8179	1277	13938	7281	7281		8549
307375	214693	92682	467229	77008	77031	22	128389
23518	15479	8039	6801	5485	5558	73	11339
134637	92871	41766	82061	16835	16903	68	21056
87773	65064	22709	53650	2954	6696	3742	9794
87893	75394	12499	54735	-790	5107	5897	11304
323938	323938		430673	86500	86500		628241
99526	80240	19286	-64459	-43230	351	43580	-42389
133018	109546	23473	19243	12189	12252	64	15389
20698	15098	5601	6912	-1208	337	1545	-652
1752	1078	674	2509	638	638		1230

13-10 续表3

单位：万元

项　　目	Item	固定资产合计 Total Fixed Assets	固定资产原值 Original Value of Fixed Assets	固定资产净值年平均余额 Annual Average Balance of Net value Asssets
印刷业和记录媒介的复制	Printing, Reproduction of Recording Media	134545	221429	126623
文教体育用品制造业	Manufacture of Articles For Culture, Education and Sport Activities			
石油加工、炼焦及核燃料加工业	Processing of Petroleum,Coking,Processing of Nuclear Fuel	596618	861020	368096
化学原料及化学制品制造业	Manufacture of Raw Chemical Materials and Chemical Products	474247	551694	374788
医药制造业	Manufacture of Medicines	325952	427684	284151
化学纤维制造业	Manufacture of Chemical Fibers			
橡胶制品业	Manufacture of Rubber			
塑料制品业	Manufacture of Plastics	7708	11413	6858
非金属矿物制品业	Manufacture of Non-metallic Mineral Products	820205	855810	623821
黑色金属冶炼及压延加工业	Smelting and Pressing of Ferrous Metals	2193105	3358587	1999919
有色金属冶炼及压延加工业	Smelting and Pressing of Non-ferrous Metals	3376407	3921176	2656308
金属制品业	Manufacture of Metal Products	24746	30840	22096
通用设备制造业	Manufacture of General Purpose Machinery	141953	192905	125831
专用设备制造业	Manufacture of Special Purpose Machinery	61446	66357	48721
交通运输设备制造业	Manufacture of Transport Equipment	1927712	2510161	1707177
电气机械及器材制造业	Manufacture of Electrical Machinery and Equipment	299561	379564	275277
通信设备、计算机及其他电子设备制造业	Manufacture of Communication Equipment,Computers and Other Electronic Equipment	169296	183503	128505
仪器仪表及文化、办公用机械制造业	Manufacture of Measuring Instruments and Machinery for Cultural Activity and Office Work	103435	144174	89258
工艺品及其他制造业	Manufacture of Artwork and Other Manufacturing	10421	11267	8935
废弃资源和废旧材料回收加工业	Recycling and Disposal of Waste	2576	2778	2258
电力、热力的生产和供应业	Production and Supply of Electric Power and Heat Power	5011966	6944043	4660592
燃气生产和供应业	Production and Supply of Gas	80667	87535	74056
水的生产和供应业	Production and Supply of Water	308954	396225	263526
按地区分	**By Region**			
南 昌 市	Nanchang	5049317	7032745	4592507
景德镇市	Jingdezhen	1162674	1340438	843583
萍 乡 市	Pingxiang	327906	379696	273559
九 江 市	Jiujiang	1646450	2205065	1380425
新 余 市	Xinyu	2154172	3174268	1950758
鹰 潭 市	Yingtan	3345127	3925393	2628211
赣 州 市	Ganzhou	616017	796275	546238
吉 安 市	Ji'an	789170	1019689	711525
宜 春 市	Yichun	1109416	1356803	969569
抚 州 市	Fuzhou	142896	197462	129151
上 饶 市	Shangrao	899276	1160589	790807

continued

(10000 yuan)

负债合计 Total Liabilities	流动负债合计 Total Working Liabilities	长期负债合计 Total Long-term Liabilities	所有者权益合计 Total Owners' Equities	利润总额 Total Profits	#盈利企业的利润额 Profits of Profit-making Enterprises	#亏损企业的亏损额 Losses of Loss Enterprises	利润税金总额 Total Profits and Taxes
92556	71869	20687	180884	36380	37057	678	49522
946341	727706	218635	228884	-70876	11354	82230	416947
556134	416394	139739	313586	18240	37832	19592	38550
385998	327308	58690	412890	42898	43232	333	83888
8469	7109	1360	6686	249	249		1498
972121	629970	342151	541122	74815	78797	3981	112128
2824908	2344431	480478	1240706	90043	90043		178663
3148229	2882028	266201	4171919	686928	687436	508	891717
34889	31840	3050	21935	5161	5161		8964
286950	236943	50007	155074	9314	11591	2278	15645
62757	54161	8595	61213	2513	2918	406	6061
3574372	3180317	394055	2135753	271434	287803	16370	488948
624802	557800	67002	327670	27250	27449	199	43145
154547	116992	37555	220512	16782	17284	502	20008
149527	118612	30916	123634	13332	13332		17213
8462	5573	2889	10120	5865	5865		6729
182	125	57	5531	1580	1580		1582
6332205	3512905	2819300	1248000	1306	131192	129886	307906
90012	72892	17120	36883	2727	3014	287	3216
247542	161351	86191	314750	6111	12900	6789	15858
7829639	5802381	2027258	3603905	480190	553990	73800	1444438
2137819	1746535	391284	923919	48850	67036	18186	141501
463229	328385	134844	234690	28004	37231	9227	75783
2510334	1760011	750323	503922	-45006	80772	125777	480357
2732861	2160346	572516	1168348	79445	104374	24930	160349
2745227	2481104	264123	4149787	609434	643088	33655	776096
897808	635840	261968	516041	92539	93720	1181	204884
457754	280273	177481	793054	10701	25834	15133	44284
1302084	794737	507347	538854	67995	68184	189	139008
217764	143663	74101	107332	12693	14105	1411	24798
1025841	687254	338587	622335	71362	87452	16089	121892

13-10 续表4

单位：%

项目	Item	企业亏损面 Ratio to Loss Enterprises	经济效益综合指数 Aggregate Index of Economic Efficiency
总计	**Total**	**16.89**	**253.53**
按登记注册类型及隶属关系分	**By Registration Status and Jurisdiction of Management**		
国有企业	State-owned Enterprises	17.45	243.17
中央企业	Central Enterprises	38.46	401.03
地方企业	Local Enterprises	16.49	229.33
集体企业	Collective-owned Enterprises		
股份合作企业	Cooperative Enterprises	33.33	308.18
联营企业	Joint Ownership Enterprises		653.42
有限责任公司	Limited Liability Corporations	16.57	245.83
股份有限公司	Share-holding Corporations Limited	13.33	297.11
私营企业	Private Enterprises		
港、澳、台商投资企业	Enterprises with Funds from Hong Kong,Macao and Taiwan	20.00	381.83
外商投资企业	Foreign Funded Enterprises	16.67	308.56
按轻、重工业分	**Grouped by Light & Heavy Industries**		
轻工业	Light Industry	20.41	239.14
重工业	Heavy Industry	15.54	257.94
按企业规模分	**Grouped by Size of Enterprises**		
大型企业	Large Enterprises	13.79	305.61
中型企业	Medium-sized Enterprises	11.98	175.12
小型企业	Small Enterprises	20.19	221.50
按工业行业分	**Grouped by Sector**		
#煤炭开采和洗选业	Mining and Washing of Coal	20.00	152.08
黑色金属矿采选业	Mining and Processing of Ferrous Metal Ores		371.64
有色金属矿采选业	Mining and Processing of Non-Ferrous Metal Ores	5.88	247.73
非金属矿采选业	Mining and Processing of Nonmetal Ores	10.00	281.39
农副食品加工业	Processing of Food from Agricultural Products	12.00	281.60
食品制造业	Manufacture of Foods	25.00	190.66
饮料制造业	Manufacture of Beverages	22.22	177.98
烟草制品业	Manufacture of Tobacco		1177.88
纺织业	Manufacture of Textile	25.00	-322.68
纺织服装、鞋、帽制造业	Manufacture of Textile Wearing Apparel,Footware and Caps	25.00	261.61
皮革、毛皮、羽毛(绒)及其制品业	Manufacture of Leather, Fur, Feather and Related Products		
木材加工及木、竹、藤、棕、草制品业	Processing of Timber, Manufacture of Wood,Bamboo,Rattan,Palm and Straw Products	25.00	88.48
家具制造业	Manufacture of Furniture		
造纸及纸制品业	Manufacture of Paper and Paper Products		250.02

continued

(%)

总资产贡献率 Ratio of Total Assets to Output Value	资本保值增值率 Changing Rate of Net Assets	资产负债率 Assets-Liability Ratio	流动资产周转率(次) Ratio of Turnover Working Capitals (time)	成本费用利润率 Ratio of Profits to Cost	全员劳动生产率(元/人) Overall Labor Productivity (yuan/person)	产品销售率 Proportion of Products Sold
12.16	**114.85**	**62.91**	**2.56**	**4.14**	**247567**	**99.05**
16.07	131.58	53.75	2.47	6.57	199698	98.90
31.65	111.28	66.24	2.17	4.90	434735	99.89
12.85	135.09	51.17	2.52	6.73	184238	98.75
19.16	165.83	50.64	5.91	5.45	240608	100.00
38.60	149.19	15.29	35.94	14.82	206640	100.00
7.00	84.52	75.68	2.83	2.09	271950	100.02
16.67	137.62	60.95	2.73	0.12	321898	98.95
8.70	161.97	60.41	2.11	2.69	475164	97.06
12.57	116.36	54.30	1.96	7.22	326595	96.22
25.87	119.19	56.01	2.03	6.10	175744	98.45
10.65	114.27	63.69	2.63	3.96	260012	99.12
14.39	116.48	60.65	2.53	4.54	323136	99.20
7.75	106.79	64.53	2.29	3.35	143809	98.64
8.36	124.24	71.72	3.42	2.76	203405	98.85
13.05	134.31	64.04	2.37	9.60	43342	96.78
41.40	181.66	40.42	1.61	42.61	110074	108.11
19.08	126.80	39.68	2.26	18.34	129222	98.48
35.16	40.88	77.57	4.98	7.71	184427	99.51
15.91	217.91	62.13	4.29	5.57	222140	99.38
8.69	97.26	62.06	2.51	3.29	164411	97.81
10.42	121.22	61.62	2.64	-0.64	155500	95.66
89.31	122.08	42.93	1.86	20.68	1439880	100.59
-110.50		283.82	4.28	-42.30	70994	98.75
12.09	115.60	87.36	2.53	4.82	272807	83.59
-1.71	255.28	74.97	1.73	-7.27	76782	103.09
29.93	82.11	41.11	5.03	4.79	148588	98.67

13-10 续表5

单位：%

项　　目	Item	企业亏损面 Ratio to Loss Enterprises	经济效益综合指数 Aggregate Index of Economic Efficiency
印刷业和记录媒介的复制	Printing, Reproduction of Recording Media	15.38	302.62
文教体育用品制造业	Manufacture of Articles For Culture, Education and Sport Activities		
石油加工、炼焦及核燃料加工业	Processing of Petroleum,Coking,Processing of Nuclear Fuel	50.00	461.57
化学原料及化学制品制造业	Manufacture of Raw Chemical Materials and Chemical Products	18.52	208.30
医药制造业	Manufacture of Medicines	23.08	209.41
化学纤维制造业	Manufacture of Chemical Fibers		
橡胶制品业	Manufacture of Rubber		
塑料制品业	Manufacture of Plastics		197.84
非金属矿物制品业	Manufacture of Non-metallic Mineral Products	23.53	204.29
黑色金属冶炼及压延加工业	Smelting and Pressing of Ferrous Metals		245.12
有色金属冶炼及压延加工业	Smelting and Pressing of Non-ferrous Metals	6.90	427.39
金属制品业	Manufacture of Metal Products		210.99
通用设备制造业	Manufacture of General Purpose Machinery	14.29	176.19
专用设备制造业	Manufacture of Special Purpose Machinery	10.00	122.47
交通运输设备制造业	Manufacture of Transport Equipment	20.00	216.16
电气机械及器材制造业	Manufacture of Electrical Machinery and Equipment	18.18	257.68
通信设备、计算机及其他电子设备制造业	Manufacture of Communication Equipment,Computers and Other Electronic Equipment	20.00	135.48
仪器仪表及文化、办公用机械制造业	Manufacture of Measuring Instruments and Machinery for Cultural Activity and Office Work		125.37
工艺品及其他制造业	Manufacture of Artwork and Other Manufacturing		567.12
废弃资源和废旧材料回收加工业	Recycling and Disposal of Waste		585.21
电力、热力的生产和供应业	Production and Supply of Electric Power and Heat Power	20.15	277.28
燃气生产和供应业	Production and Supply of Gas	25.00	144.34
水的生产和供应业	Production and Supply of Water	19.51	121.57
按地区分	**By Region**		
南昌市	Nanchang	23.30	289.62
景德镇市	Jingdezhen	21.15	196.90
萍乡市	Pingxiang	27.78	154.77
九江市	Jiujiang	16.67	286.10
新余市	Xinyu	18.18	261.34
鹰潭市	Yingtan	35.29	336.37
赣州市	Ganzhou	7.79	250.43
吉安市	Ji'an	12.24	185.67
宜春市	Yichun	5.56	182.79
抚州市	Fuzhou	23.08	168.52
上饶市	Shangrao	12.73	198.05

continued

(%)

总资产贡献率 Ratio of Total Assets to Output Value	资本保值增值率 Changing Rate of Net Assets	资产负债率 Assets-Liability Ratio	流动资产周转率(次) Ratio of Turnover Working Capitals (time)	成本费用利润率 Ratio of Profits to Cost	全员劳动生产率(元/人) Overall Labor Productivity (yuan/person)	产品销售率 Proportion of Products Sold
20.38	140.23	33.85	1.81	22.03	196805	100.10
38.87	101.47	80.52	5.69	-2.68	511609	99.23
5.85	97.64	63.94	2.16	2.51	213645	97.88
12.21	120.02	48.32	1.78	6.14	172596	97.78
9.77	93.82	55.88	1.95	1.89	190314	98.57
9.93	120.04	64.24	2.02	9.74	147015	97.49
6.00	112.61	69.48	2.93	1.81	264573	100.74
14.88	138.63	43.01	2.67	6.99	499871	99.03
18.71	153.44	61.40	2.90	6.70	125926	101.57
5.32	116.94	64.92	1.86	2.89	161729	94.90
5.08	77.18	50.62	1.45	3.06	84881	98.84
9.60	134.93	62.60	1.48	6.24	194016	97.97
5.78	104.49	65.60	1.57	3.04	300342	100.67
6.07	108.88	41.21	1.23	7.52	72881	95.46
7.21	104.37	54.74	1.90	5.04	56852	101.54
40.15	104.78	45.54	9.12	9.83	537024	100.00
48.87	126.54	3.19	1.53	41.22	463571	98.92
6.46	62.93	83.54	4.83	0.02	314530	99.80
3.24	96.62	70.93	1.86	7.71	91890	100.00
4.53	119.60	44.02	1.02	4.34	74762	99.00
14.44	96.86	68.48	2.18	4.63	310126	98.32
5.81	112.26	69.82	1.71	1.89	205206	100.79
13.37	104.95	66.37	3.59	4.92	63530	97.50
18.82	112.22	83.28	3.95	-1.19	302293	97.81
5.91	102.73	70.05	2.93	1.89	293543	100.86
13.84	141.86	39.81	2.67	7.00	352112	99.10
16.24	96.50	63.50	2.70	5.68	222050	100.45
5.39	112.93	36.60	3.81	1.43	151885	99.62
9.51	125.25	70.73	3.16	6.64	115257	99.26
8.98	138.04	66.98	3.35	4.76	97080	100.15
9.67	142.59	62.24	2.85	5.57	143853	98.27

13-10 续表6

项　　目	Item	全部从业人员年平均人数(人) Annual Average Empolyed Persons (person)
总　　计	**Total**	**404799**
按登记注册类型及隶属关系分	**By Registration Status and Jurisdiction of Management**	
国有企业	State-owned Enterprises	193724
中央企业	Central Enterprises	11956
地方企业	Local Enterprises	181768
集体企业	Collective-owned Enterprises	
股份合作企业	Cooperative Enterprises	521
联营企业	Joint Ownership Enterprises	439
有限责任公司	Limited Liability Corporations	134444
股份有限公司	Share-holding Corporations Limited	45228
私营企业	Private Enterprises	
港、澳、台商投资企业	Enterprises with Funds from Hong Kong,Macao and Taiwan	1678
外商投资企业	Foreign Funded Enterprises	28765
按轻、重工业分	**Grouped by Light & Heavy Industries**	
轻工业	Light Industry	59780
重工业	Heavy Industry	345019
按企业规模分	**Grouped by Size of Enterprises**	
大型企业	Large Enterprises	214794
中型企业	Medium-sized Enterprises	131562
小型企业	Small Enterprises	58443
按工业行业分	**Grouped by Sector**	
#煤炭开采和洗选业	Mining and Washing of Coal	54306
黑色金属矿采选业	Mining and Processing of Ferrous Metal Ores	685
有色金属矿采选业	Mining and Processing of Non-Ferrous Metal Ores	17308
非金属矿采选业	Mining and Processing of Nonmetal Ores	1426
农副食品加工业	Processing of Food from Agricultural Products	3524
食品制造业	Manufacture of Foods	2150
饮料制造业	Manufacture of Beverages	3521
烟草制品业	Manufacture of Tobacco	4684
纺织业	Manufacture of Textile	2931
纺织服装、鞋、帽制造业	Manufacture of Textile Wearing Apparel, Footware and Caps	3438
皮革、毛皮、羽毛(绒)及其制品业	Manufacture of Leather, Fur, Feather and Related Products	
木材加工及木、竹、藤、棕、草制品业	Processing of Timber, Manufacture of Wood,Bamboo, Rattan, Palm and Straw Products	697
家具制造业	Manufacture of Furniture	
造纸及纸制品业	Manufacture of Paper and Paper Products	320

continued

产值利税率 (%) Ratio of Profits and Taxes to Output Value (%)	销售利税率 (%) Ratio of Profits and Taxes to Sales (%)	资金利税率 (%) Ratio of Profits and Taxes to Funds (%)	人均实现利税 (元) Profits and Taxes Per Capita (yuan)	人均实现利润 (元) Profits Per Capita (yuan)	人均占有固定资产原值 (元) Original Value of Fixed Assets Per Capita (yuan)	人均实现工业增加值 (元) Added Value of Industry Per Capita (yuan)
10.61	**9.61**	**12.57**	**89264**	**35974**	**558016**	**214318**
14.54	11.97	16.68	98710	49170	428320	177259
36.41	36.26	31.63	538057	52786	1491616	773631
11.15	8.94	13.46	69811	48932	358380	138032
8.88	8.81	12.68	72660	42038	640029	262578
15.74	15.65	48.03	110574	89916	212235	152059
5.74	5.51	6.63	53048	19701	718525	233316
11.98	11.73	16.88	131115	1261	570861	291672
4.87	5.03	7.85	78620	39096	576318	274686
11.68	11.28	13.25	129709	76618	663804	250030
23.20	22.79	27.64	138610	30496	334343	232810
9.13	8.20	10.81	80714	36923	596771	211113
12.22	10.58	15.14	134168	53294	662660	275203
7.21	7.33	7.34	35263	15642	393515	133665
6.62	6.64	7.88	45792	18085	543729	172107
17.70	19.09	19.21	20799	9298	74684	46263
38.49	34.89	43.19	124803	106293	191380	94921
24.41	24.81	26.21	74179	44493	172945	114985
14.69	14.69	45.35	79518	38465	140243	162206
7.50	6.54	12.13	59749	47773	336121	151971
9.51	10.13	9.98	45554	13740	356368	133061
8.39	8.46	9.46	32104	-2243	219168	124490
67.14	66.83	87.21	1341249	184671	636648	1453065
-67.80	-71.20	-153.61	-144623	-147492	69109	52544
5.43	5.75	12.31	44762	35453	244922	182009
-4.00	-3.85	-2.96	-9352	-17334	211966	57785
8.70	8.82	38.63	38434	19931	80063	125063

13-10 续表7

项 目	Item	全部从业人员年平均人数(人) Annual Average Empolyed Persons (person)
印刷业和记录媒介的复制	Printing, Reproduction of Recording Media	3731
文教体育用品制造业	Manufacture of Articles For Culture, Education and Sport Activities	
石油加工、炼焦及核燃料加工业	Processing of Petroleum,Coking,Processing of Nuclear Fuel	7513
化学原料及化学制品制造业	Manufacture of Raw Chemical Materials and Chemical Products	12130
医药制造业	Manufacture of Medicines	14003
化学纤维制造业	Manufacture of Chemical Fibers	
橡胶制品业	Manufacture of Rubber	
塑料制品业	Manufacture of Plastics	347
非金属矿物制品业	Manufacture of Non-metallic Mineral Products	21049
黑色金属冶炼及压延加工业	Smelting and Pressing of Ferrous Metals	36388
有色金属冶炼及压延加工业	Smelting and Pressing of Non-ferrous Metals	35528
金属制品业	Manufacture of Metal Products	2229
通用设备制造业	Manufacture of General Purpose Machinery	7236
专用设备制造业	Manufacture of Special Purpose Machinery	3440
交通运输设备制造业	Manufacture of Transport Equipment	56925
电气机械及器材制造业	Manufacture of Electrical Machinery and Equipment	9547
通信设备、计算机及其他电子设备制造业	Manufacture of Communication Equipment,Computers and Other Electronic Equipment	11706
仪器仪表及文化、办公用机械制造业	Manufacture of Measuring Instruments and Machinery for Cultural Activity and Office Work	11164
工艺品及其他制造业	Manufacture of Artwork and Other Manufacturing	411
废弃资源和废旧材料回收加工业	Recycling and Disposal of Waste	49
电力、热力的生产和供应业	Production and Supply of Electric Power and Heat Power	66248
燃气生产和供应业	Production and Supply of Gas	1087
水的生产和供应业	Production and Supply of Water	9078
按地区分	**By Region**	
南昌市	Nanchang	113543
景德镇市	Jingdezhen	39745
萍乡市	Pingxiang	29759
九江市	Jiujiang	37786
新余市	Xinyu	37784
鹰潭市	Yingtan	34548
赣州市	Ganzhou	25766
吉安市	Ji'an	16296
宜春市	Yichun	33584
抚州市	Fuzhou	8858
上饶市	Shangrao	27130

continued

产值利税率 (%) Ratio of Profits and Taxes to Output Value (%)	销售利税率 (%) Ratio of Profits and Taxes to Sales (%)	资金利税率 (%) Ratio of Profits and Taxes to Funds (%)	人均实现利税 (元) Profits and Taxes Per Capita (yuan)	人均实现利润 (元) Profits Per Capita (yuan)	人均占有固定资产原值 (元) Original Value of Fixed Assets Per Capita (yuan)	人均实现工业增加值 (元) Added Value of Industry Per Capita (yuan)
24.72	24.34	22.87	132732	97506	593484	207636
13.92	13.87	45.37	554968	-94338	1146040	955090
5.04	5.10	5.76	31780	15037	454818	243700
11.91	11.25	12.79	59907	30635	305423	115674
7.74	9.21	12.12	43176	7161	328890	200853
12.79	13.01	9.72	53270	35543	406580	126453
3.94	3.52	5.02	49099	24745	922993	219196
11.47	8.45	14.64	250990	193348	1103686	378227
10.59	10.95	18.64	40216	23155	138359	193304
4.65	4.66	4.18	21621	12871	266590	301547
7.10	7.12	6.08	17619	7304	192897	106580
10.90	10.51	10.04	85893	47683	440959	167546
4.78	4.66	4.94	45193	28543	397574	118510
7.58	8.28	7.17	17092	14336	156759	49788
9.03	6.35	7.60	15418	11942	129142	21989
10.42	10.59	44.64	163725	142691	274146	427326
26.51	28.74	39.46	322939	322490	566898	299816
4.73	4.74	5.33	46478	197	1048189	316162
12.13	8.83	3.07	29585	25086	805293	113815
11.42	11.21	4.05	17469	6731	436467	67338
13.00	12.73	15.25	127215	42291	619390	295285
5.57	5.38	5.74	35602	12291	337260	143254
12.50	12.75	14.77	25465	9410	127590	65986
11.64	11.54	20.44	127126	-11911	583567	297248
4.13	3.75	4.80	42438	21026	840109	208509
11.90	8.33	13.62	224643	176402	1136214	346553
11.46	11.54	18.84	79517	35915	309041	173914
5.75	5.81	4.64	27175	6567	625730	138921
12.04	12.37	10.26	41391	20246	404003	108930
8.62	8.99	10.27	27995	14330	222919	97552
9.54	9.00	9.53	44929	26304	427788	118704

13-11 规模以上集体企业经济指标

Economic Indicators of Collective-owned Industrial Enterprises above Designated Size

指　　标	Item	2000	2005	2009	2010
企业单位数(个)	Number of Enterprises (unit)	476	130	123	117
#亏损企业	Loss Enterprises	80	25	9	5
资产总计(万元)	Total Assets (10000 yuan)	788828	229162	333247	348716
流动资产合计(万元)	Total Working Capitals (10000 yuan)	339498	111332	133534	144706
流动资产年平均余额(万元)	Annual Average Balance of Working Capitals (10000 yuan)	313842	106523	116576	129724
固定资产合计(万元)	Total Fixed Assets (10000 yuan)	295016	98718	157077	169621
固定资产原值(万元)	Original Value of Fixed Assets (10000 yuan)	353776	119780	193836	198726
固定资产净值年平均余额(万元)	Annual Average Balance of Net value of Fixed Assets (10000 yuan)	260054	85953	139721	143030
负债总计(万元)	Total Liabilities (10000 yuan)	524042	161107	216428	188307
流动负债合计(万元)	Total Working Liabilities (10000 yuan)	382372	126517	170004	135149
长期负债合计(万元)	Total Long-term Liabilities (10000 yuan)	118493	20693	46424	53158
所有者权益(万元)	Owners' Equity (10000 yuan)	264786	68054	116819	160408
主营业务收入(万元)	Revenue from Principal Business (10000 yuan)	639739	361711	989257	987192
#主营业务税金及附加	Taxes and Other Charges on Principal Business	9083	3078	12028	9000
营业费用	Operating Expenses	28613	7522	13100	13666
利润总额(万元)	Total Profits (10000 yuan)	16296	10666	45470	70683
利润和税金总额(万元)	Total Profits and Taxes (10000 yuan)	45840	27309	83013	113758
全部从业人员年平均人数(人)	Annual Average Empolyed Persons (person)	89896	22005	21476	20572
工业总产值(万元)	Gross Industrial Output Value (10000 yuan)	721640	380504	1010095	1020817
工业增加值(万元)	Value Added of Industry (10000 yuan)	202119	135072	261173	246888
总资产贡献率(%)	Ratio of Total Assets to Output Value (%)	7.45	12.60	28.01	35.01
资本保值增值率(%)	Changing Rate of Net Assets (%)	105.66	111.03	123.43	118.10
资产负债率(%)	Assets-Liability Ratio (%)	66.43	70.30	64.95	54.00
流动资产周转率(次)	Ratio of Turnover Working Capitals (time)	2.04	3.40	8.49	7.55
成本费用利润率(%)	Ratio of Profits to Cost (%)	2.65	3.08	4.99	8.30
全员劳动生产率(元／人)	Overall Labor Productivity (yuan/person)	22484	61383	138373	145987
产品销售率(%)	Proportion of Products Sold (%)	96.13	97.92	98.46	97.80
工业经济效益综合指数(%)	Aggregate Index of Industrial Economic Efficiency (%)	94.86	142.90	279.09	300.73

13-12 规模以上股份制工业企业经济指标
Economic Indicators of Share-holding Industrial Enterprises above Designated Size

指　　标	Item	2000	2005	2009	2010
企业单位数(个)	Number of Enterprises (unit)	199	972	1867	2178
#亏损企业	Loss Enterprises	46	199	168	133
资产总计(万元)	Total Assets (10000 yuan)	4344536	13787559	26555955	30827281
流动资产合计(万元)	Total Working Capitals (10000 yuan)	1711422	5440497	10379516	12239744
流动资产年平均余额(万元)	Annual Average Balance of Working Capitals (10000 yuan)	1641880	5306044	9628778	11864514
固定资产合计(万元)	Total Fixed Assets (10000 yuan)	2280284	6832539	12266659	15048050
固定资产原值(万元)	Original Value of Fixed Assets (10000 yuan)	2897780	8683898	15747134	19630220
固定资产净值年平均余额(万元)	Annual Average Balance of Net value of Fixed Assets (10000 yuan)	1949481	5537290	10715886	13048225
负债总计(万元)	Total Liabilities (10000 yuan)	2869565	9321612	17064244	19761575
流动负债合计(万元)	Total Working Liabilities (10000 yuan)	1795625	6133381	12828981	14587907
长期负债合计(万元)	Total long-term liabilities (10000 yuan)	1074924	2966084	4235263	5173667
所有者权益(万元)	Owners' Equity (10000 yuan)	1416631	4424947	9491711	11065706
主营业务收入(万元)	Revenue from Principal Business (10000 yuan)	2058324	11225035	33689564	46255501
#主营业务税金及附加	Taxes and Other Charges on Principal Business	16177	124353	576562	664802
营业费用	Operating Expenses	94606	293763	608007	757286
利润总额(万元)	Total Profits (10000 yuan)	70249	281401	1201317	2024469
利润和税金总额(万元)	Total Profits and Taxes (10000 yuan)	216345	850327	2843542	4043659
全部从业人员年平均人数(人)	Annual Average Empolyed Persons (person)	215719	346472	463910	532875
工业总产值(万元)	Gross Industrial Output Value (10000 yuan)	2126128	11348631	33551616	45522156
工业增加值(万元)	Value Added of Industry (10000 yuan)	648393	3056479	8515485	10086142
总资产贡献率(%)	Ratio of Total Assets to Output Value (%)	7.13	7.62	13.37	15.48
资本保值增值率(%)	Changing Rate of Net Assets (%)	141.23	100.48	121.98	114.65
资产负债率(%)	Assets-Liability Ratio (%)	66.05	67.61	64.26	64.10
流动资产周转率(次)	Ratio of Turnover Working Capitals (time)	1.25	2.12	3.50	4.13
成本费用利润率(%)	Ratio of Profits to Cost (%)	3.52	2.62	3.86	4.75
全员劳动生产率(元/人)	Overall Labor Productivity (yuan/person)	30057	88217	212776	251328
产品销售率(%)	Proportion of Products Sold (%)	97.75	98.90	99.07	99.20
工业经济效益综合指数(%)	Aggregate Index of Industrial Economic Efficiency (%)	99.44	135.03	243.42	279.43

13-13 规模以上外商及港、澳、台投资工业企业经济指标

Economic Indicators of Industrial Enterprises with Funds From Foreign, Hong Kong,Macao and Taiwan above Designated Size

指标	Item	2000	2005	2009	2010
企业单位数(个)	Number of Enterprises (unit)	161	497	778	865
#亏损企业	Loss Enterprises	48	105	76	76
资产总计(万元)	Total Assets (10000 yuan)	1535865	4342147	13999595	18824976
流动资产合计(万元)	Total Working Capitals (10000 yuan)	699168	1909426	6110547	8015663
流动资产年平均余额(万元)	Annual Average Balance of Working Capitals (10000 yuan)	659581	1800592	5617267	7371056
固定资产合计(万元)	Total Fixed Assets (10000 yuan)	651389	1992323	5957569	9640287
固定资产原值(万元)	Original Value of Fixed Assets (10000 yuan)	792979	2312068	6420720	11538486
固定资产净值年平均余额(万元)	Annual Average Balance of Net Value of Fixed Assets (10000 yuan)	595971	1656889	5025862	8137725
负债总计(万元)	Total Liabilities (10000 yuan)	964810	2256224	7821366	10166105
流动负债合计(万元)	Total Working Liabilities (10000 yuan)	652390	1565627	6656584	8133669
长期负债合计(万元)	Total Long-term Liabilities (10000 yuan)	310447	449254	1164782	2032436
所有者权益(万元)	Owners' Equity (10000 yuan)	564655	1828112	6178229	8658871
主营业务收入(万元)	Revenue from Principal Business (10000 yuan)	902503	4347580	15423242	23685256
#主营业务税金及附加	Taxes and Other Charges on Principal Business	10834	34229	76887	110693
营业费用	Operating Expenses	48151	187397	389632	491534
利润总额(万元)	Total Profits (10000 yuan)	35482	222587	958374	1729082
利润和税金总额(万元)	Total Profits and Taxes (10000 yuan)	81449	393455	1424263	2426230
全部从业人员年平均人数(人)	Annual Average Empolyed Persons (person)	58244	175763	358288	443757
工业总产值(万元)	Gross Industrial Output Value (10000 yuan)	970094	4474476	15434975	23507450
工业增加值(万元)	Value Added of Industry (10000 yuan)	228297	1292092	4279320	5528139
总资产贡献率(%)	Ratio of Total Assets to Output Value (%)	7.29	9.90	12.73	15.46
资本保值增值率(%)	Changing Rate of Net Assets (%)	128.36	102.77	117.08	137.21
资产负债率(%)	Assets-Liability Ratio (%)	62.82	51.96	55.87	54.00
流动资产周转率(次)	Ratio of Turnover Working Capitals (time)	1.37	2.41	2.75	3.38
成本费用利润率(%)	Ratio of Profits to Cost (%)	4.11	5.48	6.82	8.09
全员劳动生产率(元/人)	Overall Labor Productivity (yuan/person)	39197	73513	126741	155849
产品销售率(%)	Proportion of Products Sold (%)	96.60	97.16	98.76	98.34
工业经济效益综合指数(%)	Aggregate Index of Industrial Economic Efficiency (%)	107.76	146.38	194.42	230.85

13-14　规模以上私营工业企业经济指标

Economic Indicators of Private Industrial Enterprises above Designated Size

指　　标	Item	2000	2005	2009	2010
企业单位数(个)	Number of Enterprises (unit)	252	2079	4062	4349
#亏损企业	Loss Enterprises	38	291	203	109
资产总计(万元)	Total Assets (10000 yuan)	280103	4618283	14734800	19097127
流动资产合计(万元)	Total Working Capitals (10000 yuan)	135471	2136102	6569730	7601357
流动资产年平均余额(万元)	Annual Average Balance of Working Capitals (10000 yuan)	135133	2017743	5507745	7824787
固定资产合计(万元)	Total Fixed Assets (10000 yuan)	116574	1989683	5972615	8795511
固定资产原值(万元)	Original Value of Fixed Assets (10000 yuan)	141489	2272513	7033813	10300074
固定资产净值年平均余额(万元)	Annual Average Balance of Net value of Fixed Assets (10000 yuan)	103881	1779826	5159483	7328660
负债总计(万元)	Total Liabilities (10000 yuan)	176173	2378298	6774087	8834351
流动负债合计(万元)	Total Working Liabilities (10000 yuan)	128931	2048337	5664742	7019782
长期负债合计(万元)	Total Long-term Liabilities (10000 yuan)	37505	294330	1109345	1814569
所有者权益(万元)	Owners' Equity (10000 yuan)	103930	2239923	7960713	10262776
主营业务收入(万元)	Revenue from Principal Business (10000 yuan)	333975	7176739	36090652	53384652
#主营业务税金及附加	Taxes and Other Charges on Principal Business	4011	82945	271528	377494
营业费用	Operating Expenses	19971	250797	700085	1030121
利润总额(万元)	Total Profits (10000 yuan)	5450	289789	2102084	3624354
利润和税金总额(万元)	Total Profits and Taxes (10000 yuan)	21757	647106	3491553	5721671
全部从业人员年平均人数(人)	Annual Average Empolyed Persons (person)	33823	315183	644267	757930
工业总产值(万元)	Gross Industrial Output Value (10000 yuan)	355569	7500600	36293038	53492060
工业增加值(万元)	Value Added of Industry (10000 yuan)	101405	2368465	9982724	11579822
总资产贡献率(%)	Ratio of Total Assets to Output Value (%)	9.90	15.21	28.67	36.38
资本保值增值率(%)	Changing Rate of Net Assets (%)	197.87	175.04	138.76	126.25
资产负债率(%)	Assets-Liability Ratio (%)	62.90	51.50	45.97	46.26
流动资产周转率(次)	Ratio of Turnover Working Capitals (time)	2.47	3.56	6.55	8.34
成本费用利润率(%)	Ratio of Profits to Cost (%)	1.70	4.37	6.55	7.67
全员劳动生产率(元／人)	Overall Labor Productivity (yuan/person)	29981	75146	165730	207636
产品销售率(%)	Proportion of Products Sold (%)	96.70	97.73	98.98	99.12
工业经济效益综合指数(%)	Aggregate Index of Industrial Economic Efficiency (%)	118.07	174.17	287.34	347.34

13-15 工业园区主要经济指标(2010年)

项　　目	Item	本年实际累计开发面积(平方公里) Actually Total Area Developed This Year (sq.km)	投产工业企业数(个) Number of Industrial Enterprises Completed and Put into Use (unit)	招商实际到位资金(万元) Actually Introduced Funds (10000 yuan)	
				绝对数 Value	比上年增长(%) Rate of Increase over Preceding Year
全省总计	**Provincical Total**	**505.21**	**8108**	**19735124**	**38.47**
重点园区合计	**Main Park Total**	**251.48**	**4421**	**13026599**	**46.77**
南昌昌东工业园区	Nanchang Changdong Industrial Park	9.58	357	353680	6.26
江西南昌小蓝经济开发区	Jiangxi Nanchang Xiaolan Economic Development Zone	6.60	254	552055	7.98
江西新建长堎工业园区	Jiangxi Xinjian Changleng Industrial Park	3.50	113	176130	55.86
南昌经济技术开发区	Nanchang Economic-Technological Devolopment Zone	16.00	275	913248	129.40
南昌高新技术产业开发区	Nanchang High-tech Industry Development Zone	11.70	309	499771	13.98
景德镇高新技术产业开发区	Jingdezhen High-tech Industry Development Zone	11.34	110	528639	27.66
江西乐平工业园区	Jiangxi Leping Industrial Park	5.59	82	208223	60.48
萍乡经济技术开发区	Jiangxi Pingxiang Economic Development Zone	5.60	121	439334	8.53
江西永修云山经济开发区	Jiangxi Yongxiu Yunshan Economic Development Zone	8.40	82	635879	110.87
江西湖口金砂湾工业园区	Jiangxi Hukou Jinshawan Industrial Park	5.20	39	749951	40.21
江西瑞昌工业园区	Jiangxi Ruichang Industrial Park	5.00	98	363137	54.12
九江经济技术开发区	Jiangxi Jiujiang Economic Development Zone	14.50	193	696632	161.02
新余高新技术产业开发区	Xinyu High-tech Industry Development Zone	4.90	152	1020209	54.63
江西鹰潭工业园区	Jiangxi Yingtan Industrial Park	4.10	71	294384	30.42
江西贵溪工业园区	Jiangxi Guixi Industrial Park	4.00	74	282888	106.91
江西赣州沙河工业园区	Jiangxi Ganzhou Shahe Industrial Park	5.40	98	53220	-4.71
江西赣县经济开发区	Jiangxi Ganxian Economic Development Zone	7.60	97	256191	74.87
江西龙南经济技术开发区	Jiangxi Longnan Economic-Technological Devolopment Zone	9.00	120	227666	19.29
江西于都工业园区	Jiangxi Yudu Industrial Park	3.80	104	27200	-45.07
赣州经济技术开发区	Ganzhou Economic-Technological Devolopment Zone	9.50	184	616697	65.26
井冈山经济技术开发区	Jinggangshan Economic-Technological Devolopment Zone	5.10	87	434348	69.07
江西吉安工业园区	Jiangxi Ji'an Industrial Park	6.00	87	259296	17.43
江西泰和工业园区	Jiangxi Taihe Industrial Park	6.00	119	225400	43.81
江西宜春经济开发区	Jiangxi Yichun Economic Development Zone	14.84	128	381779	131.40
江西奉新工业园区	Jiangxi Fengxin Industrial Park	3.42	91	341258	34.48
江西上高工业园区	Jiangxi Shanggao Industrial Park	7.24	127	266029	23.68
江西丰城工业园区	Jiangxi Fengcheng Industrial Park	8.80	78	466390	52.38
江西樟树工业园区	Jiangxi Zhangshu Industrial Park	9.27	106	173157	36.44
江西高安工业园区	Jiangxi Gao'an Industrial Park	8.00	128	418139	41.56
江西抚州金巢经济开发区	Jiangxi Fuzhou Jinchao Economic Development Zone	10.20	148	327019	37.24
江西上饶经济开发区	Jiangxi Shangrao Economic Development Zone	9.50	177	357200	42.35
江西广丰工业园区	Jiangxi Guangfeng Industrial Park	7.80	162	253494	-4.15
江西横峰工业园区	Jiangxi Hengfeng Industrial Park	4.00	50	227956	10.69

Main Economic Indicators of Industrial Park (2010)

工业增加值 (万元) Value-added of Industry (10000 yuan)		出口交货值 (万元) Delivery Value of Industry Export (10000 yuan)		主营业务收入 (万元) Revenue from Principal Business (10000 yuan)		利税总额 (万元) Total Profits and Taxes (10000 yuan)		从业人员 (人) Number of Employed Persons (person)	
绝对数 Value	比上年增长(%) Rate of Increase over Preceding Year	绝对数 Value	比上年增长(%) Rate of Increase over Preceding Year	绝对数 Value	比上年增长(%) Rate of Increase over Preceding Year	绝对数 Value	比上年增长(%) Rate of Increase over Preceding Year	绝对数 Value	比上年增长(%) Rate of Increase over Preceding Year
23098809	**21.60**	**9007272**	**35.66**	**98327211**	**43.02**	**9733009**	**55.86**	**1644763**	**17.60**
16199215	**20.54**	**6656928**	**35.10**	**68245523**	**40.33**	**6824651**	**53.54**	**982930**	**15.35**
913045	15.19	278139	19.32	3367042	23.79	334125	23.67	42022	0.42
738205	23.57	159641	48.72	3017537	34.39	213692	76.22	49030	19.42
411249	24.62	83650	136.18	1641987	34.47	152821	50.24	16983	7.37
1032738	17.94	382706	2.25	4192793	25.81	277663	38.39	45557	9.35
1924233	15.09	753505	101.78	6830383	25.79	929041	18.91	75476	-1.15
404841	14.25	121775	46.46	1672182	30.95	141171	34.76	22103	2.68
380805	27.24	59190	18.12	1439861	42.47	115539	23.23	16584	4.20
660972	22.04	114167	56.53	3108814	28.20	359357	28.64	47559	32.33
294112	28.16	73425	414.76	1181039	43.23	132394	44.23	18078	51.70
305118	23.66	72671	63.70	1958732	83.91	102813	117.12	14121	25.62
322504	27.51	287234	36.09	1403412	46.29	203675	132.21	29890	26.79
519356	28.62	182327	27.93	2237542	42.46	205624	57.84	44704	20.20
1256561	48.13	998954	2.81	4579686	66.11	575276	96.78	41871	27.77
336444	14.66	44376	110.89	2079364	54.45	98144	93.26	16910	37.31
357464	6.58	35745	38.54	2479586	46.69	57197	-6.11	10214	10.61
236708	21.18	146524	36.40	1063446	47.03	109245	41.46	19918	18.07
289197	13.33	297403	125.50	1410083	38.24	72947	35.03	21498	22.61
276228	24.81	259715	30.79	1073240	51.46	79092	34.77	32737	13.55
262592	19.02	301512	20.74	1039490	31.71	99383	43.33	21454	15.51
448211	15.92	412684	27.15	2072378	45.32	190850	59.22	44435	15.17
423934	35.88	158224	58.34	1682365	48.13	168222	61.34	25619	12.72
229082	18.25	193329	22.15	1033557	33.58	124816	39.97	25930	9.55
225431	17.65	140270	52.82	979424	35.79	109493	28.04	20545	8.18
248316	54.92	27734	193.31	1008185	83.13	124679	103.34	26179	29.04
317299	28.09	80735	-8.27	1402123	41.45	178589	28.64	23489	7.21
350596	32.74	259010	24.52	1422184	44.97	260254	77.37	38261	8.84
521356	17.95	47600	79.23	2116335	37.95	241351	51.59	24836	8.28
302501	42.62	2551	-37.46	1140688	61.32	125913	79.32	26724	27.58
384123	27.05	34251	46.22	1608212	43.27	171039	54.00	31880	24.56
357557	34.75	53047	46.43	1552139	53.02	114230	101.03	20568	14.98
718855	38.09	413236	90.56	2842587	45.98	362425	159.76	41674	17.81
554339	3.08	138992	-5.61	2262450	28.93	267312	83.89	37474	19.13
195244	12.09	42608	-5.34	1346680	57.24	126280	189.75	8607	33.52

主要统计指标解释

工业 指从事自然资源的开采，对采掘品和农产品进行加工和再加工的物质生产部门。具体包括：(1)对自然资源的开采，如采矿、晒盐等(但不包括禽兽捕猎和水产捕捞)；(2)对农副产品的加工、再加工，如粮油加工、食品加工、缫丝、纺织、制革等；(3)对采掘品的加工、再加工，如炼铁、炼钢、化工生产、石油加工、机器制造、木材加工等，以及电力、自来水、煤气的生产和供应等；(4)对工业品的修理、翻新，如机器设备的修理、交通运输工具(如汽车)的修理等。

工业统计调查单位为独立核算法人工业企业。

独立核算法人工业企业指从事工业生产经营活动的单位。独立核算法人工业企业应同时具备以下条件：①依法成立，有自己的名称、组织机构和场所，能够承担民事责任；②独立拥有和使用资产，承担负债，有权与其他单位签订合同；③独立核算盈亏，并能够编制资产负债表。

本年鉴中涉及的企业登记注册类型：

国有及国有控股企业 指国有企业加上国有控股企业。国有企业(即原全民所有制工业或国营工业)指企业全部资产归国家所有，并按《中华人民共和国企业法人登记管理条例》规定登记注册的非公司制的经济组织。包括国有企业、国有独资公司和国有联营企业。1957 年以前的公私合营和私营工业，后均改造为国营工业，1992 年改为国有工业，这部分工业的资料不单独分列时，均包括在国有企业内。国有控股企业是对混合所有制经济的企业进行的“国有控股”分类。它是指这些企业的全部资产中国有资产(股份)相对其他所有者中的任何一个所有者占资(股)最多的企业。该分组反映了国有经济控股情况。

集体企业 指企业资产归集体所有，并按《中华人民共和国企业法人登记管理条例》规定登记注册的经济组织。是社会主义公有制经济的组成部分。包括城乡所有使用集体投资举办的企业，以及部分个人通过集资自愿放弃所有权并依法经工商行政管理机关认定为集体所有制的企业。

股份合作企业 指以合作制为基础，由企业职工共同出资入股，吸收一定比例的社会资产投资组建，实行自主经营，自负盈亏，共同劳动，民主管理，按劳分配与按股分红相结合的一种集体经济组织。

联营企业 指两个及两个以上相同或不同所有制性质的企业法人或事业单位法人，按自愿、平等、互利的原则，共同投资组成的经济组织。联营企业包括：

国有联营企业指国有企业与国有企业间的联营；

集体联营企业指集体企业与集体企业间的联营；

国有与集体联营企业指国有企业与集体企业间的联营。

有限责任公司 指根据《中华人民共和国公司登记管理条例》规定登记注册，由两个以上，五十个以下的股东共同出资，每个股东以其所认缴的出资额对公司承担有限责任，公司以其全部资产对其债务承担责任的经济组织。

有限责任公司包括国有独资公司以及其他有限责任公司。

股份有限公司 指根据《中华人民共和国企业法人登记管理条例》规定登记注册，其全部注册资本由等额股份构成并通过发行股票筹集资本，股东以其认购的股份对公司承担有限责任，公司以其全部资产对其债务承担责任的经济组织。

私营企业 指由自然人投资设立或由自然人控股，以雇佣劳动为基础的营利性经济组织。包括按照《公司法》、《合伙企业法》、《私营企业暂行条例》规定登记注册的私营有限责任公司、私营股份有限公司、私营合伙企业和私营独资企业。

港、澳、台商投资企业 指企业注册登记类型中的港、澳、台资合资、合作、独资经营企业和股份有限公司之和。

外商投资企业 指企业注册登记类型中的中外合资、合作经营企业、外资企业和外商投资股份有限公司之和。

“三资”企业系指港、澳、台商投资企业和外资企业的简称。

轻工业 指主要提供生活消费品和制作手工工具的工业。按其所使用的原料不同，可分为两大类：(1)以农产品为原料的轻工业，是指直接或间接以农产品为基本原料的轻工业。主要包括食品制造、饮料制造、烟草加工、纺织、缝纫、皮革和毛皮制作、造纸以及印刷等工业；(2)以非农产品为原料的轻工业，是指以工业品为原料的轻工业。主要包括文教体育用品、化学药品制造、合成纤维制造、日用化学制品、日用玻璃制品、日用金属制品、手工工具制造、医疗器械制造、文化和办公用机械制造等工业。

重工业 指为国民经济各部门提供物质技术基础的主要生产资料的工业。按其生产性质和产品用途，可以分为下列三类：(1)采掘(伐)工业，是指对自然资源的开采，包括石油开采、煤炭开采、金属矿开采、非金属矿开采等工业；(2)原材料工业，指向国民经济各部门提供基本材料、动力和燃料的工业。包括金属冶炼及加工、炼焦及焦炭、化学、化工原料、水泥、人造板以及电力、石油和煤炭加工等工业；(3)加工工业，是指对工业原材料进行再加工制造的工业。包括装备国民经济各部门的机械设备制造工业、金属结构、水泥制品等工业，以及为农业提供的生产资料如化肥、农药等工业。

根据上述划分原则，修理业中以重工业产品为修理作业对象的划为重工业，反之划为轻工业。

工业总产值

(1)定义：

工业总产值是以货币形式表现的，工业企业在一定时期内生产的工业最终产品或提供工业性劳务活动的总价值量。它反映一定时间内工业生产的总规模和总水平。

(2)计算原则：

工业生产的原则，即凡是企业在报告期生产的经检验合格的产品，不管是否在报告期销售，均包括在内。

最终产品的原则，即凡是计入工业总产值的产品，必须是本企业生产的经检验合格的，不需要再进行任何加工的最终产品。如果企业有中间产品(半成品)对外销售，则对外销售的中间产品应视为企业的最终产品。

工厂法原则，即工业总产值是以工业企业作为基本计算(核算)单位，即按企业的最终产品计算工业总产值。按这种方法计算的工业总产值，不允许同一产品价值在企业内部重复计算，不能把企业内部各个车间(分厂)生产的成果相加，但允许企业间的重复计算。

(3)内容及计算方法：

1995 年全国工业普查对工业总产值(原规定)的内容及计算原则和方法做了某些修订，修订后的工业总产值(新规定)包括三项内容：即本期生产成品价值、对外加工费收入、在制品半成品期末期初差额价值三部分。

本期生产成品价值：指企业本期生产，并在报告期内不再进行加工，经检验、包装入库的全部工业成品(半成品)价值合计，包括企业生产的自制设备及提供给本企业在建工程、其他非工业部门和福利部门等单位使用的成品价值。本期生产成品价值为按自备原材料生产的产品的数量乘以本期不含增值税(销项税额)的产品实际销售平均单价计算；会计核算中按成本价格转帐的自制设备和自产自用的成品，按成本价格计算生产成品价值。生产成品价值中不包括用定货者来料加工的成品(半成品)价值。

对外加工费收入：指企业在报告期内完成的对外承接的工业品加工(包括用定货者来料加工产品)的加工费收入和对外工业修理作业所取得的加工费收入。对外加工费收入按不含增值税(销项税额)的价格计算，可根据会计“产品销售收入”科目的有关资料取得。

对于本企业对内非工业部门提供的加工修理、设备安装的劳务收入，如果企业会计核算基础较好，能取得这部分资料，而且这部分价值所占比重较大，应包括在对外加工费收入中。

自制半成品在制品期末期初差额价值：指企业报告期在制品期末减期初的差额价值，本指标一般可以从会计核算资料中取得。如果会计产品成本核算中不计算半成品、在制品的成本，则总产值中也不包括这部分价值，反之则包括。

(4)工业总产值统计范围变化和计算方法修订情况：

1984 年以前工业总产值不包括村办工业，村办工业总产值划归农业。1984 年以后工业总产值包括村办工业。

1995 年工业普查对工业总产值计算方法做了修订，即从 1995 年始按新修订(新规定)方法计算工业总产值。新规定与原规定的区别如下：

全价与加工费的计算原则不同：新规定为凡自备原材料，不论其生产繁简程度如何，一律按全价计算工业总产值；凡来料加工，允许按加工费计算工业总产值。原规定则视生产加工的繁简程度不同，规定哪些行业按全价，哪些行业按加工费计算工业总产值。

自制半成品、在产品期末期初差额价值的计算原则不同：新规定要求，凡会计产品成本核算时计算了成本的差额价值，总产值中就应包括，否则可不包括；原规定则按生产周期六个月的界限区分，凡生产周期六个月以上的企业，总产值计算中应包括这部分差额价值，否则可不包括。

计算价格不同：新规定按不含增值税(销项税额)的价格计算；原规定则按含增值税(销项税额)的价格计算。

工业增加值　指工业企业在报告期内以货币表现的工业生产活动的最终成果。

工业增加值有两种计算方法：一是生产法，即工业总产出减去工业中间投入加上应交增值税；二是收入法，即从收入的角度出发，根据生产要素在生产过程中应得到的收入份额计算，具体构成项目有固定资产折旧、劳动者报酬、生产税净额、营业盈余，这种方法也称要素分配法。本年鉴中的工业增加值是以生产法计算的。

生产法工业增加值的计算方法为：

工业增加值=工业总产出-工业中间投入+应交增值税

(1)工业总产出：指工业企业在一定时期内工业生产活动的总成果。工业总产出包括：成品生产价值，对外加工费收入，自制半成品、在产品期末期初差额价值。1995 年后用新规定计算的工业总产值代替。

(2)工业中间投入：指工业企业在工业生产活动中消耗的外购物质产品和对外支付的服务费用。服务费用包括支付给物质生产部门(工业、农业、批发零售贸易业、建筑业、运输邮电业)的服务费用和支付给非物质生产部门(如保险、金融、文化教育、科学研究、医疗卫生、行政管理等)的服务费用。工业中间投入的确定须遵循以下原则：必须从外部购入的，并已计入工业总产出的产品和服务价值；必须是本期投入生产，并一次性消耗掉(包括本期摊销的低值易耗品等)的产品和服务价值。

工业中间投入包括直接材料费用、制造费用中的工业中间投入、管理费用中的工业中间投入、销售费用中的工业中间投入和利息支出五部分。

资产总计　指企业拥有或控制的能以货币计量的经济资源，包括各种财产、债权和其他权利。资产按流动性分为流动资产、长期投资、固定资产、无形资产、递延资产和其他资产。该指标根据企业会计“资产负债表”中“资产总计”项目的期末数增列。

流动资产 指企业可以在一年内或者超过一年的一个生产周期内变现或者耗用的资产，包括现金及各种存款、短期投资，应收及预付款项、存货等。

流动资产平均余额 指企业在报告期内全部流动资产的平均余额。

固定资产原价 指企业在建造、购置、安装、改建、扩建、技术改造某项固定资产时所支出的全部货币总额。它一般包括买价、包装费、运杂费和安装费等。

固定资产净值年平均余额 指固定资产净值在报告期内余额的平均数。计算公式为：

$$\text{固定资产净值年平均余额}=\frac{\text{1至12月各月月初、月末固定资产净值之和}}{24}$$

该指标根据“资产负债表”中“固定资产原价”、“累计折旧”指标的期初、期末数计算填列。

固定资产净值指固定资产原价减去历年已提折旧额后的净额。计算公式为：

固定资产净值=固定资产原价-累计折旧

负债合计 指企业所承担的能以货币计量，将以资产或劳务偿付的债务，偿还形式包括货币、资产或提供劳务。负债一般按偿还期长短分为流动负债和长期负债。根据会计“资产负债表”中“负债合计”的年末数填列。

所有者权益 指企业投资人对企业净资产的所有权。企业净资产等于企业全部资产减去全部负债后的余额，包括企业投资人对企业的最初投入的实际到位的资产及资本公积金、盈余公积金和未分配利润。所有者权益合计数小于零，表示企业资不抵债。

主营业务收入 指企业销售产品和提供劳务等主要经营业务取得的收入。

主营业务成本 指企业销售产品和提供劳务等主要经营业务过程中的实际成本。

主营业务税金及附加 指企业销售产品和提供劳务等主要经营业务应负担的城市维护建设税、消费税、资源税和教育费附加。

利润总额 指企业生产经营活动的最终成果，是企业在一定时期内实现的盈亏相抵后的利润总额(亏损以“-”号表示)，它等于营业利润加上补贴收入加上投资收益加上营业外净收入再加上以前年度损益调整。

本年应交增值税 指企业在报告期内应交纳的增值税额。它等于本年销项税额加上出口退税加上进项税额转出数减去本年进项税额。小规模纳税企业直接按全年计税销售额乘以征收率计算取得。

从业人员平均人数 是指报告期内每天拥有的从业人员人数。其计算公式为：

$$\text{季平均人数}=\frac{\text{季内各月平均人数之和}}{3}$$

$$\text{月平均人数}=\frac{\text{报告月内每天实有人数之和}}{\text{报告月日历日数}}$$

$$\text{年平均人数}=\frac{\text{年内各月平均人数之和}}{12}$$

工业增加值率 指在一定时期内工业增加值占同期工业总产值的比重，反映降低中间消耗的经济效益。计算公式为：

工业增加值率（%）=工业增加值（现价）/工业总产值（现价）×100%

总资产贡献率 反映企业全部资产的获利能力，是企业经营业绩和管理水平的集中体现，是评价和考核企业盈利能力的核心指标。计算公式为：

$$\text{总资产贡献率(\%)}=\frac{\text{利润总额+税金总额+利息支出}}{\text{平均资金总额}}\times100\%$$

公式中：税金总额为产品销售税金及附加与应交增值税之和；平均资产总额为期初期末资产之和的算术平均值。

资产负债率 该指标既反映企业经营风险的大小，也反映企业利用债权人提供的资金从事经营活动的能力。计算公式为：

$$\text{资产负债率(\%)}=\frac{\text{负债总额}}{\text{资产总额}}\times100\%$$

资产与负债均为报告期期末数。

流动资产周转次数 指一定时期内流动资产完成的周转次数，反映投入工业企业流动资金的周转速度。计算公式为：

$$\text{流动资产周转次数}=\frac{\text{产品销售收入}}{\text{全部流动资产平均余额}}$$

公式中：全部流动资产平均余额为期初和期末的流动资产之和的算术平均值。

成本费用利润率 反映企业投入的生产成本及费用的经济效益，同时也反映企业降低成本所取得的经济效益。计算公式为：

$$\text{成本费用利润率(\%)}=\frac{\text{利润总额}}{\text{成本费用总额}}\times100\%$$

公式中：成本费用总额为产品销售成本、销售费用、管理费用、财务费用之和。

产品销售率 该指标反映工业产品已实现销售的程度，是分析工业产销衔接情况，研究工业产品满足社会需求的指标。计算公式为：

$$\text{产品销售率(\%)}=\frac{\text{工业销售产值}}{\text{工业总产值(现价)}}\times100\%$$

全员劳动生产率 指根据产品的价值量指标计算的平均每一就业人员在单位时间内的产品生产量。是考核企业经济活动的重要指标，是企业生产技术水平、经营管理水平、职工技术熟练程度和劳动积极性的综合表现。目前，我国的全员劳动生产率是将工业企业的增加值除以同一时期全部就业人员的平均人数来计算的。计算公式为：

$$全员员劳动生产率=\frac{工业增加值}{全部从业人员平均人数}$$

资本保值增值率 该指标反映企业净资产的变动状况，是企业发展能力的集中体现。计算公式为：

$$资本保值增值率（\%）=\frac{报告期期末所有者权益}{上年同期期末所有者权益}\times100\%$$

工业经济效益综合指数 是综合衡量地区工业经济效益总体水平的一种特殊相对数，是反映一定时期工业经济运行质量的主要指标。工业经济效益综合指数由总资产贡献率、资本保值增值率、资产负债率、流动资产周转率、成本费用利润率、全员劳动生产率和产品销售率的实际数值分别除以该项指标的全国标准值，并乘以各自的权数，加总后除以总权数求得。该指标可从静态水平和动态趋势上较为全面地反映各地区工业经济效益的变化情况，并可在一定程度上消除地区对比的不可比因素。

Explanatory Notes on Main Statistical Indicators

Industry refers to the material production sector which is engaged in the extraction of natural resources and processing and reprocessing of minerals and agricultural products, including (1) extraction of natural resources, such as mining, salt production (but not including hunting and fishing); (2) processing and reprocessing of farm and sideline produces, such as rice husking, flour milling, wine making, oil pressing, silk reeling, spinning and weaving, and leather making; (3) manufacture of industrial products, such as steel making, iron smelting, chemicals manufacturing, petroleum processing, machine building, timber processing; water and gas production and electricity generation and supply; (4)repairing of industrial products such as the repairing of machinery and means of transport (including cars).

In industrial statistics surveys, the units of enquiry are corporate industrial enterprises with independent accounting systems.

Corporate industrial enterprises with independent accounting systems refer to enterprises engaging in industrial production activities, which meet the following requirements: (1) They are established legally, having their own names, organizations, location and able to take civil liability; (2) They possess and use their assets independently, assume liabilities and are entitled to sign contracts with other units; (3) They are financially independent and compile their own balance sheets.

Enterprises covered in the industrial statistics in the Yearbook include the following categories by their registration:

State-owned and State-holding Enterprises refer to state-owned enterprises plus State-holding enterprises. State-owned enterprises (originally known as State-run enterprises with ownership by the whole society) are non-corporate economic entities registered in accordance with the Regulation of the People's Republic of China on the Management of Registration of Legal Enterprises, where all assets are owned by the State. Included in this category are State-owned enterprises, State-funded corporations and State-owned joint-operation enterprises. Joint State-private industries and private industries, which existed before 1957, were transformed into state-run industries since 1957, and into State-owned industries after 1992. Statistics on those enterprises are included in the State-owned industries instead of being grouped them separately. State-holding enterprises are a sub-classification of enterprises with mixed ownership, referring to enterprises where the percentage of State assets (or shares by the State) is larger than any other single share holder of the same enterprise. This sub-classification illustrates the control of the State over a particular industry.

Collective-owned Enterprises refer to economic entities registered in accordance with the Regulation of the People's Republic of China on the Management of Registration of Legal Enterprises, where assets are owned collectively. Collective enterprises constitute an integral part of the socialist economy with public ownership. They include urban and rural enterprises invested collectively, and some enterprises registered in industrial and commercial administration agency as collective units where funds are pooled together by individuals who voluntarily give up their right of ownership.

Share-holding Cooperative Enterprises refer to economic units set up on a cooperative basis, with funding partly from employees of the enterprise and partly from outside investment, where the operation and management is decided by all the members who also participate in the production, and the distribution of income is based both on work (labour input) and on shares (capital input).

Joint-operation Enterprises refer to economic units that are established by joint investment by two or more corporate enterprises or institutions of the same or different types of ownership on voluntary, equal and mutual-beneficial basis. They include:

a) State-owned joint-operation enterprises (joint operation between State-owned enterprises);

b) Collective joint-operation enterprises (joint operation between collective enterprises; and

c) State-collective joint-operation enterprises (joint operation between state and collective enterprises).

Limited Liability Corporations refer to economic units registered in accordance with the Regulation of the People's Republic of China on the Management of Registration of Corporations, with capital from 2 to 49 investors, each investor bears limited liability to the corporation depending on his/her holding of shares, and the corporation bears liability to its debt to the maximum of its total assets.

Share-holding Corporations Ltd. refer to economic units registered in accordance with the Regulation of the People's Republic of China on the Management of Registration of Corporate Enterprises, with total registered capital divided into equal shares and raised through issuing stocks. Each investor bears limited liability to the corporation depending on the holding of shares, and the corporation bears liability to its debt to the maximum of its total assets.

Private Enterprises refer to economic units invested or controlled (by holding the majority of the shares) by natural persons who hire labours for profit-making activities. Included in this category are private limited liability corporations, private share-holding corporations Ltd., private partnership enterprises and private sole investment enterprises registered in accordance with the Corporation Law, Partnership Enterprise Law and Tentative Regulation on Private Enterprises.

Enterprises with Funds from Hong Kong, Macao and Taiwan refers to all industrial enterprises registered as the joint-venture, cooperative, sole (exclusive) investment industrial enterprises and limited liability corporations with funds from Hong Kong, Macao and Taiwan.

Foreign Funded Enterprises refer to all industrial enterprises registered as the joint-venture, cooperative, sole (exclusive) investment industrial enterprises and limited liability corporations with foreign funds.

Enterprises with Hong Kong, Macao, Taiwan and Foreign Fund refer to all the enterprises with funds from Hong Kong, Macao, Taiwan and foreign funded enterprises.

Light Industry refers to the industry that produces consumer goods and hand tools. It consists of two categories, depending on the materials used:

(1) Industries using farm products as raw materials. These are the branches of light industry which directly or indirectly use farm products as basic raw materials, including the manufacture of food and beverages, tobacco processing, textile, clothing, fur and leather manufacturing, paper making, printing, etc.

(2) Industries using non-farm products as raw materials. These are the branches of light industry which use manufactured goods as raw materials, including the manufacture of cultural, educational articles and sports goods, chemicals, synthetic fibre, chemical products for daily use, glass products for daily use, metal products for daily use, hand tools, medical apparatus and instruments, and the manufacture of cultural and office machinery.

Heavy Industry refers to the industry which produces capital goods, and provides various sectors of the national economy with necessary material and technical basis for production. It consists of the following three branches according to the purpose of production or the use of products:

(1) Mining, quarrying and logging industry, which refers to the industry that extracts natural resources, including extraction of petroleum, coal, metal and non-metal ores.

(2) Raw materials industry refers to the industry that provides various sectors of the national economy with raw materials, fuels and power. It includes smelting and processing of metals, coking and coke chemistry, chemical materials and building materials such as cement, plywood, and power, petroleum refining and coal dressing.

(3) Manufacturing industry which refers to the industry that processes raw materials. It includes machine-building industries which equip sectors of the national economy; industries producing metal structure and cement products; and industries producing means of agricultural production, such as chemical fertilizers and pesticides.

In accordance with the above principles of classification, the repairing trades, which are engaged primarily in repairing products of heavy industry, are classified as heavy industry while those which are engaged in repairing products of light industry are classified as light industry.

Gross Industrial Output Value

(1) Definition: Gross industrial output value is the total volume of final industrial products produced and industrial services provided during a given period. It reflects the total achievements and overall scale of industrial production during a given period.

(2) Principles for calculation:

Statistics on industrial production follow the principle that all products produced by the enterprises and accepted through quality check during the reference period are to be included no matter whether they are sold or not during the reference period.

Determination of final products follows the principle that all products that are included in the calculation of gross industrial output value are the final products of the enterprise which have been accepted through quality check and require no further processing. If an enterprise has intermediate (semi-finished) products to sell, these intermediate products are considered as the final products of the enterprise.

Gross industrial output value is calculated following the principle of factory approach, i.e. industrial enterprise is used as the basic accounting unit in calculating the gross industrial output value. By this approach, value of the same product is not to be double-counted, and the output value of different workshops (branch factories) within the enterprise should not be added. However, this approach allows the possibility of double counting between enterprises.

(3) Content and method of calculation: The old definition of gross industrial output value was modified during the 1995 National Industrial Census. The revised (new) definition of gross industrial output value consists of 3 components: value of the finished products during the reference period, income from processing for external parties, and value of change in semi-finished products between the end and the beginning of the reference period.

Value of finished products during the reference period: refers to the value of all finished (semi-finished) industrial products that are produced during the reference period without the need for further processing, checked for acceptance, packed and put into the warehouse of the enterprise, including the value of own-produced equipment and the value of products provided to the projects under construction of the enterprise, and to other non-industrial or welfare units. Value of finished products during the reference period is calculated by the quantity of products produced using own materials multiplied by the average unit prices at which products are sold (excluding value-added tax). Own-produced equipment and products produced for own use are valued at cost prices as in the case of enterprise accounting. Value of finished products does not include the value of finished products (semi-finished products) that are produced using the materials from the clients who place the orders.

Income from external processing: refers to income from contracted external processing of industrial products (including processing of industrial products using materials from the clients), and the income from industrial repairing work provided to other parties. Income from external processing is calculated using information from the item "products sales income" in the enterprise accounting at the prices with value-added tax excluded.

For income from services such as processing, repairing and installation of equipment provided to non-industrial units within the enterprise, if the accounting work of the enterprise is good enough to separate it from other records, and the share of such services is significant, it should also be included in the income from external processing.

Value of change in semi-finished products between the end and the beginning of the reference period: refers to the value of change in semi-finished products between the end and the beginning of the reference period, which generally can be obtained from accounting records of enterprises. If the enterprise accounting excludes the cost of semi-finished products, then it should not be included in the gross industrial output value, and the reverse if otherwise.

(4) Changes in the scope and method of calculation of the gross industrial output value

Prior to 1984, the value of rural industry run by villages was classified into agriculture instead of industry. Since 1984, it has been included in the gross industrial output value. Method of calculation for the gross industrial output value was modified in the industrial census in 1995. The difference in the new method as compared with the old one is outlined below:

Principle in using full value vs. processing fee: The new

method stipulates that all products produced using own materials are to be calculated with full value in reporting the gross industrial output value irrespective of the complexity of production, and for external processing, it allows calculation using processing fee. In the old method, however, the use of full value or processing fee was determined by the degree of complexity of production in different branches of industries.

Principle in determining the value of change in semi-finished products: The new method requires that value of change in semi-finished products should be included in the gross industrial output value if it is included in the accounting record of the enterprise, otherwise it should not be included. In the old method, it is determined by the type of enterprises in terms of production cycle. If the production cycle is over 6 months, the value of change in semi-finished products is included in the gross industrial output value, otherwise it is not.

Difference in prices: The new method uses prices excluding value-added tax in the calculation of gross industrial output value, while the old method used prices including value-added tax.

Value-added of Industry refers to the final results of industrial production of industrial enterprises in money terms during the reference period.

Industrial value-added can be calculated by two approaches: the production approach, i.e. gross industrial output value minus intermediate input plus value-added tax, and the income approach, i.e. income for various factors used in the course of production, including depreciation of fixed assets, remuneration of labourers, net of production tax, and operating surplus. Value-added of industry in the Yearbook is calculated by the production approach as follows:

Value-added of industry = gross industrial output - industrial intermediate input + value-added tax

(1) Gross industrial output: refers to the total achievements of industrial production activities during a given period. Gross industrial output includes value of finished products, income from external processing, and value of change in semi-finished products between the end and the beginning of the reference period. Since 1995, the gross industrial output value obtained by the new method is used in the calculation.

(2) Industrial intermediate input: refers to purchased goods and paid services consumed during the industrial production of enterprises. Fees paid for services include fees paid for the services provided by material production sectors (industry, agriculture, wholesale and retail trade, construction, transport, post and telecommunications) and by non-material production sectors (insurance, banking, culture, education, scientific research, health and medical care, public administration, etc.). The determination of industrial intermediate input follows the principle that the goods and services must be purchased from outside and included in the gross industrial output, and that the goods and services are inputted into production and consumed (include low-value consumables) during the reference period.

Industrial intermediate input includes 5 components, namely direct consumption of materials, industrial intermediate input in manufacturing cost, industrial intermediate input in management cost, industrial intermediate input in marketing cost and expenditure on interest.

Total Assets refer to all economic resources, in monetary term, these are owned or controlled by enterprises, including properties, creditor's equity and other economic rights of all forms. Classified by the degree of liquidity, total assets include working capitals, long-term investment, fixed assets, intangible assets, deferred assets and other assets. Data on this indicator can be obtained by the year-end figures of total assets in the Assets and Liability Table of accounting records of enterprises.

Working Capital refers to capital that an enterprise can cash or use during one year or one production cycle that may exceed one year, including cash and savings deposits of various forms, short-term investment, money receivable and prepaid money, inventories, etc.

Annual Average Value of Working Capital refers to the average value of all working capital of the enterprise during the reference period.

Original Value of Fixed Assets refers to the total value, in monetary terms, that an enterprise spent on fixed assets, through construction, purchase, installation, transformation, expansion or technical upgrading. Generally, it covers cost of purchase, packing, transportation and installation, etc.

Annual Average of Net Value of Fixed Assets refers to the average of the net value of fixed assets during the reference period, calculated with the following formula:

$$\text{Annual Average of Net Value of Fixed Assets} = \frac{\text{sum of net value of fixed assets at the beginning and at the end of each month from January to December}}{24}$$

Information on this indicator can be obtained from the beginning and ending figures of the original value of fixed assets and cumulative depreciation from the Assets and Liability Table of enterprises.

Net value of fixed assets refers to the original value of fixed assets minus depreciation over the years, i.e.:

Net value of fixed assets = original value of fixed assets - cumulative depreciation

Total Liabilities refer to payable liabilities of enterprises that have to be repaid in terms of money, assets or labour services. In terms of payment, it can be divided into liquid liabilities and long-term liabilities. Data on this item is obtained from the ending figures on total liabilities from the Assets and Liability Table from the enterprises.

Owner's Equity refers to the ownership of net assets of enterprise by its investors. Net assets equal total assets minus total liabilities of the enterprise, including the actual assets invested into the enterprise by investors, accumulation of capital and operating surplus and non-distributed profits. The enterprise's assets are less than its liabilities if the sum of owner's equity is smaller than zero.

Revenue from Principal Business is obtained by deducting depreciation over years from the original value of fixed assets.

Cost of Principal Business refers to the revenue from the sales of products by industrial enterprises and the revenue from services provided and etc.

Tax and Extra Charges from Principal Business refers to the actual cost of products of industrial enterprises and industrial services provided, etc.

Total Profits refer to the final achievement of production and operation activities of the enterprises, represented by total profits after deducting losses (loss is expressed by the negative figure). It is the sum of profits from operation, income from subsidies, investment earnings, net income from activities other than operation, and adjustment of profits and losses of previous years.

Value-added Tax Payable in the Current Year refers to the amount of the value-added tax which should be paid by the enterprises during the reference period. It is the sum of tax on sales, export rebate, and transferred tax on purchases of the current year, minus the tax on purchases of the current year. Value-added tax payable of small-size enterprises is determined by the taxable sales of the year multiplied by the tax rate.

Average Annual Number of Employed Persons Employed persons refer to all those who are employed in enterprises and receive remunerations there from, including currently working employees, retirees who are re-employed, teachers of local-run schools, as well as foreigners, staff from Hong Kong, Macao and Taiwan, part-time employees and persons with second job who are employed by the enterprise, and employees of other units temporarily working in the enterprises, but excluding former employees who left the enterprise with their employment records still being kept by the enterprises.

Average number of employed persons refers to the number of employee everyday during the reference period, calculated with the following formula:

$$\text{Monthly average number} = \frac{\text{sum of actual employees everyday in reference month}}{\text{number of calendar dates in reference month}}$$

$$\text{Quarterly average number} = \frac{\text{sum of monthly average number in reference quarter}}{3}$$

$$\text{Annual average number} = \frac{\text{sum of monthly average number in reference year}}{12}$$

Ratio of Value-added to Gross Industrial Output Value refers to the ratio of value added of industry in a given period to the gross output value in the same period, which reflects the economic efficiency of cutting down the intermediate input. It is calculated as follows:

Ratio of Value-added to Gross Industrial Output Value (%) =Value Added of Industry (at Current Prices)/Gross Output Value (at Current Prices) ×100%

Ratio of Profits, Taxes and Interests to Average Assets reflects the profit-making capability of all assets of the enterprise and is a key indicator manifesting the performance and management and evaluating the profit-making potential of the enterprise. It is calculated as follows:

$$\text{Ratio of Profits, Taxes and Interests to Average Assets (\%)} = \frac{\text{total profits + total taxes + interest payment}}{\text{average assets}} \times 100\%$$

In the above formula, total taxes is the sum of tax and extra charges on the sales of products and value-added tax payable; and average assets is the arithmetic mean of the sum of beginning assets and ending assets.

Ratio of Debts to Assets reflects both the operation risk and the capability of the enterprise in making use of the capital from the creditors. It is calculated as follows:

$$\text{Ratio of Debts to Assets (\%)} = \frac{\text{total debts}}{\text{total assets}} \times 100\%$$

Both assets and debts are figures at the end of the reference period.

Turnover of Working Capital refers to the number of times of turnover of working capital in a given period of time, which reflects the speed of the turnover of working capital of industrial enterprises, and is calculated as follows:

$$\text{Turnover of Working Capital} = \frac{\text{sales revenue of products}}{\text{average balance of total working capital}}$$

In the above formula, average balance of total working capital refers to the arithmetic mean of the sum of working capital at the beginning and at the end of the reference period.

Ratio of Profits to Total Industrial Costs refers to the ratio of profits realized in a given period to the total costs in the same period, which reflects the economic efficiency of input cost and is calculated as follows:

$$\text{Ratio of Profits to Total Industrial Cost (\%)} = \frac{\text{total profits}}{\text{total costs}} \times 100\%$$

Total costs in the above formula are the sum of cost of products sold, marketing cost, management cost and financial cost.

Sales Ratio of Products is an indicator reflecting the actual sale of industrial products, analyzing the production-selling and supply-demand relations. It is calculated as:

$$\text{Sales Ratio of Products (\%)} = \frac{\text{value of industrial sales}}{\text{gross industrial output value (current prices)}} \times 100\%$$

Overall Labor Productivity refers to the average output per employed person in industrial enterprises in value terms. At present, the value added and the average number of staff and workers of an industrial enterprises in a given period are used to calculate the overall labor productivity. It is calculated as:

$$\text{Overall Labor Productivity} = \frac{\text{Value Added of Industry}}{\text{Average Number of Staff and Workers}}$$

Changing Rate of Net Assets refers to the changes of an enterprise's net assets. It epitomizes the growth capability of an enterprise .Its calculating formula is:

$$\text{Changing Rate of Net Assets} = \frac{\text{Ownership equity at the end of the reporting period}}{\text{Ownership equity at same period of the previous year}} \times 100\%$$

Aggregate Index of Industrial Economic Efficiency is a special kind of relative figure to comprehensively measure overall economic efficiency of regional industry, showing the quality of industrial economic efficiency of the reference period. Industrial comprehensive index of economic efficiency is calculated with 7 items of ratio of total assets to industrial output value, ratio of creditors' equity of current year to that of previous year, ratio of liabilities to assets, turnover ratio of output value, circulating funds, ratio of profits to cost, overall labor productivity, ratio of sales to products. The actual figure of every indicator above is divided by responding national standard numerical value, and the results multiply correlative weight coefficients, then the total number is divided by general weight coefficient. The index comprehensively reflects the changes of regional industrial economic efficiency in static and dynamic status, eliminating the incomparable factors at a certain extent.

14

建筑业

CONSTRUCTION

◆371/386

资料整理及英文翻译：洪英灏

简要说明

一、本篇资料的主要内容

本篇资料反映全省建筑业概况和发展情况。包括建筑业企业基本情况和生产经营情况。主要指标有企业个数、从业人员数、建筑业总产值、房屋建筑面积、自有机械设备、资产负债、损益及分配、劳动生产率等。

二、本篇的统计范围

根据建筑业发展的实际情况，建筑业统计范围从2002年年报起由原具有建筑业资质等级四级及四级以上的独立核算建筑业企业调整为具有建筑业资质的独立核算建筑业企业。

三、本篇的资料来源

本篇建筑业企业统计数据是根据国家统计局制定的《建筑业统计报表制度》搜集资料，整理汇总的。

四、本篇的统计调查方法

由各级统计部门采取全面调查的方法布置、收集，是逐级上报的全面报表。

。

Brief Introduction

I. Main Contents

Data in this chapter show the general situation and the development of the construction industry for the whole province. They cover the situation of production and management of the construction enterprises, including the number of enterprises; number of employed persons; gross output value and value added of the construction industry; floor space of buildings under construction; profits and taxes ; and labour productivity etc. They also cover main indicators on the situation of prospecting and designing institutions and personnel.

II. Scope of Statistics

In view of the development of the construction industry, starting from 2002 the scope of construction statistics has been adjusted to include all the construction enterprises of various types of ownership with qualification certificates and independent accounting systems, replacing the previous criteria that required construction enterprises of various types of ownership to have qualification certificates at or above Class 4 with independent accounting systems.

III. Sources of Data

Data on construction enterprises are collected in accordance with the Reporting Form System of Construction Statistics stipulated by the National Bureau of Statistics.

IV.Methods of Survey

The annual reporting forms on construction statistics are designed in accordance with local situations for comprehensive collection by statistical bureaus of each municipality and conveyance level by level upwards.

14-1 建筑业主要经济指标

Main Economic Indicators on Construction

指　　标	Item	2009	2010
企业个数(个)	**Number of Enterprises(unit)**	**1429**	**1391**
建筑业合同情况(万元)	**Construction Contract(10000 yuan)**		
签订的合同额	Contract Value Signed	21366781	29450264
上年结转合同额	Contract Value on Hand last Year	7490112	10482006
本年新签合同额	Contract Value Newly Signed this Year	13876669	18968258
承包工程完成情况(万元)	**Conditions Finished of Contracted Projects(10000 yuan)**		
直接从建设单位承揽工程完成的产值	Completed Output Value of Projects Constracted Directly from Investors	13068343	16589619
自行完成施工产值	Own-completed output Value	12954142	16345356
分包出去工程的产值	Output Value of out-sourced Projects	114201	244263
从建设单位以外承揽工程完成的产值	Completed Output Value of Projects Constracted from Non-investors	292072	569342
建筑业总产值(万元)	**Gross Output Value(10000 yuan)**	**13246214**	**16914698**
#装饰装修产值	Building Decoration	509099	646452
在外省完成的产值	Output in Other Provinces	3366756	4643854
建筑工程产值	Construction	11721381	15235067
安装工程产值	Installation	875617	1006093
其他产值	Others	649216	673538
竣工产值(万元)	**Buildings Completed Output Value of Construction(10000yuan)**	**8285527**	**9879037**
房屋建筑施工及竣工面积(万平方米)	**Floor Space of Buildings Under Construction and Completed(10000 sq.m)**		
房屋建筑施工面积	Floor Space of Buildings Under Construction	12015.73	13669.67
#本年新开工面积	Floor Space Started this Year	6357.90	7763.31
实行投标承包面积	Floor Space of Enter a Bid Contract	8908.64	10813.91
#本年新开工	Started this Year	5420.76	6700.25
房屋建筑竣工面积	Floor Space of Buildings Completed	5944.11	6488.09
厂房、仓库	Factory and Warehouse Buildings	861.65	1011.29
住　宅	Residential Buildings	3829.76	4011.32
办公用房	Official Buildings	489.91	552.76
批发和零售用房	Wholesale and Retail Buildings	88.65	105.56
住宿和餐饮用房	Accommodation and Dining Buildings	48.13	56.48
居民服务业用房	Inhabitant Service Buildings	103.95	81.90
教育用房	Education Buildings	228.92	253.45
文化、体育用房	Buildings for Culture,Sports, and Amusement	46.06	55.25
卫生医疗用房	Public Health and Medical Buildings	50.51	62.69
科研用房	Scientific Research Buildings	4.37	2.97
其他用房	Other Buildings	192.19	294.42

14-1 续表1 continued

指 标	Item	2009	2010
竣工房屋价值(万元)	**Value of Floor Space (10000 yuan)**	**4564381**	**5252408**
厂房、仓库	Factory and Warehouse Buildings	661052	701339
住 宅	Residential Buildings	2865329	3289745
办公用房	Official Buildings	438344	497243
批发和零售用房	Wholesale and Retail Buildings	75570	84702
住宿和餐饮用房	Accommodation and Dining Buildings	43976	55982
居民服务业用房	Inhabitant Service Buildings	58339	59570
教育用房	Education Buildings	181493	225518
文化、体育用房	Buildings for Culture,Sports, and Amusement	41384	62587
卫生医疗用房	Public Health and Medical Buildings	40702	51613
科研用房	Scientific Research Buildings	5829	3399
其他用房	Other Buildings	152363	220710
年末自有机械设备	**Year-end Self-own Machinery and Equipment**		
净 值(万元)	Net Value of Machinery and Equipment Owned(10000 yuan)	529997	567475
总台数(台)	Number of Machinery and Equipment Owned(set)	170201	185616
总功率(万千瓦)	Total Power of Machinery and Equipment Owned (10000 kw)	254.57	261.22
劳动人员情况(万人)	**Labourers(10000 persons)**		
计算劳动生产率的平均人数	Staff and Workers Annual Average	79.66	90.38
期末从业人数	Number of Persons Engaged	77.30	86.10
#管理人员	Manager in Employed Persons at the Year-end	7.51	7.47
工程技术人员	Technologist in Employed Persons at the Year-end	10.79	12.49
年末资产负债(万元)	**Year-end Assets and Liabilities(10000 yuan)**		
流动资产合计	Total Circulating Funds	5728613	6330677
#存 货	Stock	1161895	1348936
长期投资	Long-term Investment	332514	542310
固定资产合计	Total Fixed Assets	1774046	2232447
固定资产原值	Original Value of Fixed Assets	2051954	2326120
#生产经营用	Used by Production	1274238	1482079
累计折旧	Total Depreciation	607764	658427
#本年折旧	Depreciation This Year	157063	164909
在建工程	Under Construction Project	168291	178192
无形及递延资产小计	Total Intangible and Deferred Assets	249768	290559
#无形资产	Intangible Assets	203305	201798
其他资产	Other Assets	29603	54782
资产合计	Total Assets	8136923	9494729
流动负债合计	Liquid Liabilities	4612451	5104727
长期负债合计	Long-term Liabilities	240860	342106
负债合计	Total Liabilities	4862538	5457239
所有者权益合计	Total Creditors Equity	3273052	4003941
#实收资本	Capitals Hold	2333351	2851538
国家资本	State-owned	766942	956670
集体资本	Collective-owned	413648	379489
法人资本	Institutional Units	493335	631116
个人资本	Individuals	637148	834597
港澳台资本	Funds from Hong Kong,Macao and Taiwan	20478	38676
外商资本	Foreign Funds	1800	10990
损益及分配(万元)	**Loss-profit and Allocation(10000 yuan)**		
工程结算收入	Revenue of Project Settlement Accounts	11232462	13552639

14-1 续表2 continued

指 标	Item	2009	2010
工程结算成本	Costs of Project Settlement Accounts	9862212	11912264
工程结算税金及附加	Taxes and Extra Charges on Project Settle Accounts	458945	571069
工程结算利润	Profits of Project Settlement Accounts	823835	962077
其他业务收入	Other Revenue from Business	69072	102367
其他业务利润	Other Profit from Business	28973	34885
经营费用	Running Expenses	86042	92090
管理费用	Management Fee	336595	372461
#税金	Taxes	27770	28844
财产保险费	Premium of Property	1802	2635
差旅费	Travel Expense	20816	21863
工会经费	Trade Union Outlays	6563	6578
财务费用	Financial Expenses	68138	69199
#利息支出	Expenses of Interest	32084	40157
营业利润	Profits of Business	450426	557853
营业外收入	Nonoperating Income	7110	8014
营业外支出	Nonoperating Expense	7553	8423
利润总额	Total Profits	422008	562790
#应交所得税	Income Tax Payable	66634	82278
应付利润	Profits Payable	158872	192581
劳动、待业保险费	Labor and Unemployment Insurance	36624	38260
住房公积金及住房补贴	Housing Accumulation Fund and Allowance	21272	22905
工资、福利费(万元)	**Wages,Welfare (10000 yuan)**		
本年应付工资总额	Payable Total Wages this Year	1336176	1494289
#主营业务应付工资总额	Payable Total Wages of Main Business	1289849	1406722
本年应付福利费总额	Payable Total Welfare this Year	111111	115384
#主营业务应付福利费总额	Payable Total Wages of Main Business	107031	110963
其他	**Others**		
劳动生产率(按总产值计算)(元/人)	Overall Labor Productivity (In Terms of Gross Output Value)(yuan/person)	166287	187151
利税总额(万元)	Total Pre-Tax Profits(10000 yuan)	908724	1162702
产值利润率(%)	Ratio of Profit to Gross Output Vaiue(%)	3.2	3.3
产值利税率(%)	Ratio of Pre-tax Profit to Gross Output Value(%)	6.9	6.9
资产负债率(%)	Assets-Liability Ratio(%)	59.8	57.5
技术装备率(元/人)	Value of Machinery per Laborer(yuan/person)	6857	6591
动力装备率(千瓦/人)	Power of Machinery per Laborer(kw/person)	3.3	3.0
房屋建筑面积竣工率(%)	Rate of Floor Space of Buildings Completed(%)	49.5	47.5

注：建筑业统计范围为具有建筑业资质等级的独立核算建筑业企业。
a) Statistics of Construction refers to enterprises with qualification and with independent accounting.

14-2 按登记注册类型分的建筑业企业主要经济指标（2010年）

指　　标	Item	合　计 Total	内资企业 Domestic Funded
企业个数(个)	**Number of Enterprises(unit)**	**1391**	**1378**
建筑业合同情况(万元)	**Construction Contract(10000 yuan)**		
签订的合同额	Contract Value Signed	29450264	28921417
上年结转合同额	Contract Value on Hand last Year	10482006	10405347
本年新签合同额	Contract Value Newly Signed this Year	18968258	18516070
承包工程完成情况(万元)	**Conditions Finished of Contracted Projects(10000 yuan)**		
直接从建设单位承揽工程完成的产值	Contracted Directly from Fabricative Units Output Value Finished of Projects	16589619	16451949
自行完成施工产值	Output Value Self-Finished of Buildings Under Construction	16345356	16241443
分包出去工程的产值	Output Value of Projects Subcontracted	244263	210506
从建设单位以外承揽工程完成的产值	Contracted Directly Exceptant Fabricative Units Output Value Finished of Projects	569342	528799
建筑业总产值(万元)	**Gross Output Value (10000 yuan)**	**16914698**	**16770242**
#装饰装修产值	Building Decoration	646452	640074
在外省完成的产值	Output in Other Provinces	4643854	4643854
建筑工程产值	Construction	15235067	15096019
安装工程产值	Installation	1006093	1001020
其他产值	Others	673538	673203
竣工产值(万元)	**Buildings Completed Output Value of Construction(10000 yuan)**	**9879037**	**9856026**
房屋建筑施工及竣工面积(万平方米)	**Floor Space of Buildings Under Construction and Completed(10000 sq.m)**		
房屋建筑施工面积	Floor Space of Buildings Under Construction	13669.67	13662.47
#本年新开工面积	Floor Space Started this Year	7763.31	7756.11
实行投标承包面积	Floor Space of Enter a bid Contract	10813.91	10806.71
#本年新开工	Started this Year	6700.25	6693.05
房屋建筑竣工面积	Floor Space of Buildings Completed	6488.09	6488.09
厂房、仓库	Factory and Warehouse Buildings	1011.29	1011.29
住　宅	Residential Buildings	4011.32	4011.32
办公用房	Official Buildings	552.76	552.76
批发和零售用房	Wholesale and Retail Buildings	105.56	105.56
住宿和餐饮用房	Accommodation and Dining Buildings	56.48	56.48
居民服务业用房	Inhabitant Service Buildings	81.90	81.90
教育用房	Education Buildings	253.45	253.45
文化、体育用房	Buildings for Culture,Sports, and Amusement	55.25	55.25
卫生医疗用房	Public Health and Medical Buildings	62.69	62.69
科研用房	Scientific Research Buildings	2.97	2.97
其他用房	Other Buildings	294.42	294
竣工房屋价值(万元)	**Value of Floor Space (10000 yuan)**	**5252408**	**5252408**
厂房、仓库	Factory and Warehouse Buildings	701339	701339
住　宅	Residential Buildings	3289745	3289745
办公用房	Official Buildings	497243	497243
批发和零售用房	Wholesale and Retail Buildings	84702	84702
住宿和餐饮用房	Accommodation and Dining Buildings	55982	55982
居民服务业用房	Inhabitant Service Buildings	59570	59570
教育用房	Education Buildings	225518	225518
文化、体育用房	Buildings for Culture,Sports, and Amusement	62587	62587
卫生医疗用房	Public Health and Medical Buildings	51613	51613
科研用房	Scientific Research Buildings	3399	3399
其他用房	Other Buildings	220710	220710
年末自有机械设备	**Year-end Self-own Machinery and Equipment**		
净　值(万元)	Net Value of Machinery and Equipment Owned (10000yuan)	567475	560779
总台数(台)	Number of Machinery and Equipment Owned (set)	185616	185110
总功率(万千瓦)	Total Power of Machinery and Equipment Owned (10000kw)	261.22	259.37
劳动人员情况(万人)	**Labourers(10000 persons)**		
计算劳动生产率的平均人数	Staff and Workers Annual Average	90.38	89.98
期末从业人数	Number of Persons Engaged at the Year-end	86.10	85.86
#管理人员	Manager in Employed Persons at the Year-end	7.47	7.45
工程技术人员	Technologist in Employed Persons at the Year-end	12.49	12.43

Main Economic Indicators on Construction Enterprises by Registrtion Status (2010)

国有企业 State-owned	集体企业 Collective-owned	股份合作企业 Cooperative	联营企业 Joint Ownership Units	有限责任公司 Limited liability Enterprises	股份有限公司 Share-holding Corporations Ltd	私营企业 Private Enterprise	其他企业 Others	港澳台商投资企业 Funded from Hong Kong, Macao and Taiwan	外商投资企业 Foreign Funded
181	**207**	**24**	**6**	**440**	**105**	**408**	**7**	**10**	**3**
10027673	3504916	263659	68097	8705802	2801422	3534723	15125	20187	508660
3868695	1085899	64431	13728	3778187	872201	720369	1837	6883	69776
6158978	2419017	199228	54369	4927615	1929221	2814354	13288	13304	438884
4552663	2376980	200491	66562	4837983	1629380	2772707	15183	16551	121119
4371247	2370902	200491	66562	4823349	1628110	2765600	15183	16551	87362
181416	6078			14634	1270	7107			33757
246214	83814	9601	3904	56352	28600	97981	2332	298	40245
4617461	**2454716**	**210092**	**70466**	**4879701**	**1656710**	**2863581**	**17515**	**16849**	**127607**
79263	90783	4066	267	272384	25932	164745	2634	6378	
2011519	276582	11336	1117	1446756	514611	381934			
4083087	2261305	183982	66269	4438814	1456064	2591464	15035	11442	127607
321394	142518	12794	2550	247170	130590	143954	49	5073	
212980	50893	13316	1647	193717	70056	128163	2431	335	
2175985	**1731910**	**142987**	**41561**	**2890979**	**829846**	**2032544**	**10213**	**4508**	**18503**
2315.73	3571.34	206.29	47.55	3876.81	816.22	2816.41	12.12	7.20	
1203.12	1846.78	104.71	40.85	2196.51	675.05	1684.97	4.12	7.20	
1963.57	2948.28	112.87	36.60	3254.87	634.75	1855.76		7.20	
991.05	1571.28	91.18	35.47	1990.23	547.88	1465.94		7.20	
691.89	1653.44	113.17	38.77	2007.52	513.29	1459.40	10.62		
97.99	179.26	37.49	17.63	296.11	94.26	288.55			
417.89	1239.63	57.16	10.27	1227.81	265.16	782.78	10.62		
70.40	83.13	8.23	8.99	174.69	64.26	143.06			
6.57	23.43	4.79		31.42	14.10	25.25			
7.83	14.98	0.43		22.65	3.62	6.98			
27.93	9.53			27.07	2.46	14.91			
27.94	45.24	4.11	1.53	94.82	29.57	50.24			
11.17	2.86			27.12	3.38	10.71			
3.56	23.56	0.11		24.48	3.93	7.06			
	1.08	0.67		0.17		1.05			
20.61	30.75	0.17	0.34	81.18	32.56	128.81			
701554	**1318281**	**94541**	**30285**	**1617681**	**408367**	**1072671**	**9028**		
82202	122045	36262	14580	193306	55207	197738			
434609	1018714	41649	6309	980211	224980	574245	9028		
80610	67680	8227	8217	170863	43086	118561			
5745	16895	4284		21724	12612	23443			
7737	16779	595		14957	8866	7048			
21762	5598			19924	2087	10199			
33471	33149	1962	981	93640	27365	34951			
17748	3146			29163	4114	8416			
3377	19201	88		20625	3021	5301			
	1244	1315		135		706			
14293	13833	160	198	73133	27029	92064			
120089	67942	4383	1194	196626	60118	110285	143	217	6478
51076	27131	5358	797	47729	16263	36699	57	139	367
61.53	30.72	23.70	0.92	74.61	24.02	43.73	0.15	0.03	1.82
20.98	16.92	1.91	0.39	24.48	6.79	18.26	0.23	0.09	0.32
19.30	15.85	1.76	0.38	24.50	6.30	17.55	0.24	0.07	0.17
1.82	1.34	0.06	0.01	2.28	0.46	1.48	0.01	0.01	0.01
2.22	1.94	0.22	0.04	3.84	1.20	2.96	0.01	0.01	0.05

14-2 续表

指　　标	Item	合　计 Total	内资企业 Domestic Funded
年末资产负债(万元)	**Year-end Assets and Liabilities(10000 yuan)**		
流动资产合计	Total Circulating Funds	6330677	6273232
#存　货	Stock	1348936	1340888
长期投资	Long-term Investment	542310	417932
固定资产合计	Total Fixed Assets	2232447	2139521
固定资产原值	Original Value of Fixed Assets	2326120	2289757
#生产经营用	Used by Production	1482079	1453524
累计折旧	Total Depreciation	658427	635223
#本年折旧	Depreciation this Year	164909	159683
在建工程	Under Construction Project	178192	162391
无形及递延资产小计	Total Intangible and Deferred Assets	290559	289787
#无形资产	Intangible Assets	201798	201038
其他资产	Other Assets	54782	54782
资产合计	Total Assets	9494729	9188201
流动负债合计	Liquid Liabilities	5104727	4926529
长期负债合计	Long-term Liabilities	342106	332483
负债合计	Total Liabilities	5457239	5265190
所有者权益合计	Total Creditors Equity	4003941	3916241
#实收资本	Capitals Hold	2851538	2795522
国家资本	State-owned	956670	954270
集体资本	Collective-owned	379489	379489
法人资本	Institutional Units	631116	627166
个人资本	Individuals	834597	834597
港澳台资本	Funds from Hong Kong,Macao and Taiwan	38676	
外商资本	Foreign Funds	10990	
损益及分配(万元)	**Loss-profit and Allocation(10000 yuan)**		
工程结算收入	Revenue of Project Settlement Accounts	13552639	13370561
工程结算成本	Costs of Project Settlement Accounts	11912264	11741678
工程结算税金及附加	Taxes and Extra Charges on Project Settle Accounts	571069	565688
工程结算利润	Profits of Project Settlement Accounts	962077	955950
其他业务收入	Other Revenue from Business	102367	102255
其他业务利润	Other Profit from Business	34885	34863
经营费用	Running Expenses	92090	92048
管理费用	Management Fee	372461	
#税金	Taxes	28844	28770
财产保险费	Premium of Property	2635	2634
差旅费	Travel Expense	21863	21778
工会经费	Trade Union Outlays	6578	6399
财务费用	Financial Expenses	69199	68518
#利息支出	Expenses of Interest	40157	39506
营业利润	Profits of Business	557853	556805
营业外收入	Nonoperating Income	8014	8019
营业外支出	Nonoperating Expense	8423	8421
利润总额	Total Profits	562790	552745
#应交所得税	Income Tax Payable	82278	79593
应付利润	Profits Payable	192581	192473
劳动、待业保险费	Labor and Unemployment Insurance	38260	38076
住房公积金及住房补贴	Housing Accumulation Fund and Allowance	22905	22809
工资、福利费(万元)	**Wages,Welfare (10000 yuan)**		
本年应付工资总额	Payable Total Wages this Year	1494289	1484799
#主营业务应付工资总额	Payable Total Wages of Main Business	1406722	1397240
本年应付福利费总额	Payable Total Welfare this Year	115384	114752
#主营业务应付福利费总额	Payable Total Wages of Main Business	110963	110331
其他	**Others**		
劳动生产率(按总产值计算)(元/人)	Overall Labor Productivity (In Terms of Gross Output Value)(yuan/person)	187151	186382
利税总额(万元)	Total Pre-Tax Profits(10000 yuan)	1162702	1147203
产值利润率(%)	Ratio of Profit to Gross Output Value(%)	3.3	3.3
产值利税率(%)	Ratio of Pre-tax Profit to Gross Output Value(%)	6.9	6.8
资产负债率(%)	Assets-Liability Ratio(%)	57.5	57.3
技术装备率(元/人)	Value of Machinery Per Laborer(yuan/person)	6591	6531
动力装备率(千瓦/人)	Power of Machinery Per Laborer(kw/person)	3.0	3.0
房屋建筑面积竣工率(%)	Rate of Floor Space of Buildings Completed(%)	47.5	47.5

continued

国有企业 State-owned	集体企业 Collective-owned	股份合作企业 Cooperative	联营企业 Joint Ownership Units	有限责任公司 Limited liability Enterprises	股份有限公司 Share-holding Corporations Ltd	私营企业 Private Enterprise	其他企业 Others	港澳台商投资企业 Funded from Hong Kong, Macao and Taiwan	外商投资企业 Foreign Funded
2200572	539573	138856	2297	2100813	476021	813143	1957	34609	22835
475160	176379	56502	1165	275048	148077	208017	540	927	7121
158346	42021	7040	6166	99693	32023	72642		2922	121457
513153	221513	24294	8018	655547	251234	464194	1568	10905	82022
671668	227487	25271	4355	691905	211054	455766	2251	12383	23979
462054	158309	15905	3291	377650	159586	275360	1369	5834	22721
224060	53059	8942	1294	177634	58099	111328	807	1704	21501
43820	10840	2361	273	34602	24145	43115	527	285	4942
34545	28048	104	239	37831	20833	40790		5258	10543
104171	72453	3984	115	55595	17361	36108		773	
64198	60202	3705	115	33025	16160	23633		760	
17205	3703	64		17289	5027	11495			
2997083	879578	174238	16595	2931098	781667	1402718	5224	80215	226313
1888301	436218	114967	4646	1567053	389542	525335	467	19137	159061
129551	19791	1466	31	89590	40370	51683		9623	
2020314	456153	116433	4677	1657660	429913	579573	467	32989	159061
975594	423254	57805	11918	1272294	351754	820565	3058	20447	67253
692302	300026	43562	9288	925221	227672	595263	2187	45026	10990
670032			1330	244515	38392			2400	
	286829	38986	2747	41753	9042		131		
22269	13197	2960	5212	302572	94207	184693	2056	3950	
		1616		336381	86030	410569			
								38676	
									10990
3675222	2013923	146935	27363	3953738	1392831	2147386	13163	17592	164486
3314537	1786035	117414	21206	3487461	1205844	1796212	12969	15798	154788
135640	78746	10944	852	186183	51655	100362	1307	456	4925
192361	123910	16834	4261	274035	118476	225007	1066	1358	4769
28966	8088	1193	97	37300	10518	16055	39	112	
8278	4514	702	71	13912	2130	5243	13	22	
13672	15936	1173	1043	21953	15781	22347	144	36	5
4239	4737	301	24	7926	5118	6405	21	22	51
746	466	8		418	295	700	2	1	
4725	2476	273	50	6023	2390	5831	10	27	58
1966	751	37	10	1948	675	1005	8	4	174
15769	8681	590	123	20155	10713	12436	51	371	310
9351	4297	409	60	12144	6864	6336	46	364	286
72290	74909	10521	3256	173071	69663	152172	923	552	496
2230	339	40		2727	1901	782	1	-5	
2739	704	43		3613	348	975		2	
74056	84844	11638	2646	160094	65379	153257	830	549	9496
14573	12329	667	114	24661	9503	17658	88	63	2621
31934	32593	1863	1330	62690	21797	39934	332	91	18
12341	5414	3655	40	9059	2970	4556	42	9	174
8934	2756	761	16	4546	2362	3393	42	8	88
386539	246257	20112	2627	462224	101799	264308	934	699	8791
371445	211402	18817	2143	446081	96504	249915	934	693	8789
31786	21311	1565	159	34596	8667	16620	49	45	586
30835	20587	1431	144	33804	7578	15902	49	45	586
220103	145068	110042	180221	199297	243849	156787	74564	196379	401786
213935	168327	22883	3523	354202	122152	260024	2158	1028	14471
1.6	3.5	5.5	3.8	3.3	3.9	5.4	4.7	3.3	7.4
4.6	6.9	10.9	5.0	7.3	7.4	9.1	12.3	6.1	11.3
67.4	51.9	66.8	28.2	56.6	55.0	41.3	8.9	41.1	70.3
6224	4288	2492	3158	8024	9547	6285	608	2911	38676
3.2	1.9	13.5	2.4	3.0	3.8	2.5	0.6	0.5	10.8
29.9	46.3	54.9	81.5	51.8	62.9	51.8	87.6		

14-3 各地区建筑业企业主要经济指标（2010年）

指标	Item	全省 Total	南昌市 Nanchang
企业个数(个)	**Number of Enterprises(unit)**	**1391**	**439**
建筑业合同情况(万元)	**Construction Contract(10000 yuan)**		
签订的合同额	Contract Value Signed	29450264	15283015
上年结转合同额	Contract Value on Hand last Year	10482006	6545585
本年新签合同额	Contract Value Newly Signed this Year	18968258	8737430
承包工程完成情况(万元)	**Conditions Finished of Contracted Projects(10000 yuan)**		
直接从建设单位承揽工程完成的产值	Contracted Directly from Fabricative Units Output Value Finished of Projects	16589619	7735810
自行完成施工产值	Output Value Self-Finished of Buildings Under Construction	16345356	7513542
分包出去工程的产值	Output Value of Projects Subcontracted	244263	222268
从建设单位以外承揽工程完成的产值	Contracted Directly Exceptant Fabricative Units Output Value Finished of Projects	569342	410135
建筑业总产值(万元)	**Gross Output Value (10000 yuan)**	**16914698**	**7923677**
#装饰装修产值	Building Decoration	646452	359943
在外省完成的产值	Output in Other Provinces	4643854	2611915
建筑工程产值	Construction	15235067	7175578
安装工程产值	Installation	1006093	495645
其他产值	Others	673538	252454
竣工产值(万元)	**Buildings Completed Output Value of Construction(10000 yuan)**	**9879037**	**4515788**
房屋建筑施工及竣工面积(万平方米)	**Floor Space of Buildings Under Construction and Completed(10000 sq.m)**		
房屋建筑施工面积	Floor Space of Buildings Under Construction	13669.67	6226.84
#本年新开工面积	Floor Space Started this Year	7763.31	2646.92
实行投标承包面积	Floor Space of Enter a bid Contract	10813.91	5044.23
#本年新开工	Started This Year	6700.25	2302.50
房屋建筑竣工面积	Floor Space of Buildings Completed	6488.09	2167.65
厂房、仓库	Factory and Warehouse Buildings	1011.29	296.14
住　宅	Residential Buildings	4011.32	1387.56
办公用房	Official Buildings	552.76	161.32
批发和零售用房	Wholesale and Retail Buildings	105.56	37.48
住宿和餐饮用房	Accommodation and Dining Buildings	56.48	16.49
居民服务业用房	Inhabitant Service Buildings	81.90	34.08
教育用房	Education Buildings	253.45	66.58
文化、体育用房	Buildings for Culture,Sports, and Amusement	55.25	19.47
卫生医疗用房	Public Health and Medical Buildings	62.69	21.18
科研用房	Scientific Research Buildings	2.97	1.74
其他用房	Other Buildings	294.42	125.59
竣工房屋价值(万元)	**Value of Hoor Space (10000 yuan)**	**5252408**	**2065447**
厂房、仓库	Factory and Warehouse Buildings	701339	224740
住　宅	Residential Buildings	3289745	1358527
办公用房	Official Buildings	497243	173483
批发和零售用房	Wholesale and Retail Buildings	84702	25510
住宿和餐饮用房	Accommodation and Dining Buildings	55982	23528
居民服务业用房	Inhabitant Service Buildings	59570	30591
教育用房	Education Buildings	225518	80486
文化、体育用房	Buildings for Culture,Sports, and Amusement	62587	28437
卫生医疗用房	Public Health and Medical Buildings	51613	20336
科研用房	Scientific Research Buildings	3399	2558
其他用房	Other Buildings	220710	97251
年末自有机械设备	**Year-end Self-own Machinery and Equipment**		
净　值(万元)	Net Value of Machinery and Equipment Owned(10000 yuan)	567475	194901
总台数(台)	Number of Machinery and Equipment Owned(set)	185616	51177
总功率(万千瓦)	Total Power of Machinery and Equipment Owned (10000 kw)	261.22	99.16
劳动人员情况(万人)	**Labourers(10000 persons)**		
计算劳动生产率的平均人数	Staff and Workers Annual Average	90.38	35.81
期末从业人数	Number of Persons Engaged at the Year-end	86.10	33.26
#管理人员	Manager in Employed Persons at the Year-end	7.47	3.64
工程技术人员	Technologist in Employed Persons at the Year-end	12.49	4.18

Main Economic Indicators on Construction by Region (2010)

景德镇市 Jingdezhen	萍乡市 Pingxiang	九江市 Jiujiang	新余市 Xinyu	鹰潭市 Yingtan	赣州市 Ganzhou	吉安市 Ji'an	宜春市 Yichun	抚州市 Fuzhou	上饶市 Shangrao
54	**95**	**142**	**60**	**40**	**124**	**106**	**129**	**85**	**117**
1047274	667737	3587813	1865313	1336130	1270988	746607	844134	1173744	1627508
779996	109135	1005332	577574	336934	252098	155104	115009	219223	386015
267278	558602	2582481	1287739	999196	1018890	591503	729125	954521	1241493
383651	468305	2047274	588106	652045	1127646	611261	694024	1019568	1261929
383651	468305	2040483	585768	652045	1123028	604646	693927	1019568	1260391
		6791	2338		4 618	6615	97		1 538
107	1306	14514	6675		7755		1942	2018	124892
383758	**469611**	**2054997**	**592443**	**652045**	**1130783**	**604646**	**695869**	**1021586**	**1385283**
14063	20974	41520	8169	21526	38338	32103	31883	49167	28766
172170		867907	186902	410053	50634	26892	60080	165188	92113
290490	406196	1974890	559555	616480	954757	554018	620831	924520	1157751
81746	55427	32111	14884	26406	21432	27835	58288	64230	128089
11522	7988	47996	18004	9159	154594	22793	16750	32836	99443
282954	**175682**	**892869**	**285684**	**204410**	**566613**	**490811**	**574506**	**813317**	**1076403**
403.91	292.42	1340.43	390.95	450.56	677.12	794.09	889.37	1096.13	1107.86
161.73	177.45	990.55	294.28	169.33	425.37	611.57	705.29	771.93	808.87
361.82	212.49	987.35	342.58	443.00	439.32	593.38	792.85	803.11	793.78
107.30	161.82	839.56	285.49	165.77	332.11	455.54	658.43	682.53	709.20
140.36	179.50	759.43	212.12	96.61	353.40	496.65	640.24	654.85	787.28
38.39	131.76	58.77	34.18	11.58	48.16	86.29	100.50	60.03	145.50
72.35	28.04	558.77	127.20	64.97	207.64	308.09	465.35	460.79	330.57
13.77	15.88	42.13	30.08	3.17	19.59	28.77	35.92	63.08	139.06
	0.20	1.68		2.03	24.40	0.89	6.45	11.43	21.00
3.60		12.09	2.50	3.96	5.52	5.02	1.97	1.04	4.28
4.78		21.23	3.47		6.12	5.21	0.94	2.08	3.98
3.84	1.61	24.55	4.55	1.55	24.23	32.55	9.07	25.85	59.07
0.30		14.05	1.57	6.50	1.17	3.93	4.13	1.69	2.45
	1.00	4.31	0.89	1.32	5.86	8.16	7.09	5.48	7.40
						0.01	0.33		0.88
3.34	1.01	21.84	7.68	1.53	10.72	17.74	8.49	23.40	73.09
110605	**108618**	**519025**	**155515**	**86137**	**263099**	**336401**	**423983**	**548887**	**634692**
22283	54046	42155	31429	6812	35281	63435	67603	47581	105974
58796	35935	378727	93995	55055	152935	198901	305270	380645	270960
11945	16035	33142	16272	3285	13691	24219	23650	64304	117218
	150	1140		1282	17301	599	4927	11486	22308
4081		7174	2516	4480	3862	4475	1710	708	3449
4318		9256	1534		5291	2436	510	2058	3579
3279	1107	17484	3810	1807	20129	22789	5794	24919	43914
184		9506	1048	11531	2708	2492	3623	890	2169
	693	3259	925	1157	4129	6142	5490	3756	5727
						35	200		606
5719	652	17183	3987	728	7773	10878	5208	12541	58790
13988	11980	112124	28005	7554	44863	32826	39130	46846	35259
5651	8115	39661	11058	1366	15031	12471	13699	17607	9780
9.01	11.72	38.46	12.64	0.47	21.41	15.25	19.66	21.33	12.12
2.17	2.81	9.94	2.52	2.96	7.22	6.49	4.86	7.23	8.39
2.32	2.87	9.95	2.48	2.99	7.14	4.69	4.85	7.29	8.28
0.08	0.17	0.92	0.22	0.12	0.61	0.42	0.44	0.40	0.44
0.34	0.52	1.23	0.79	0.43	1.20	0.81	0.98	0.85	1.16

14-3 续表

指标	Item	全省 Total	南昌市 Nanchang
年末资产负债(万元)	**Year-end Assets and Liabilities(10000 yuan)**		
流动资产合计	Total Circulating Funds	6330677	3380614
#存货	Stock	1348936	655294
长期投资	Long-term Investment	542310	399577
固定资产合计	Total Fixed Assets	2232447	969704
固定资产原值	Original Value of Fixed Assets	2326120	1070516
#生产经营用	Used by Production	1482079	635571
累计折旧	Total Depreciation	658427	315873
#本年折旧	Depreciation this Year	164909	58327
在建工程	Under Construction Project	178192	76161
无形及递延资产小计	Total Intangible and Deferred Assets	290559	122385
#无形资产	Intangible Assets	201798	72956
其他资产	Other Assets	54782	36898
资产合计	Total Assets	9494729	4913372
流动负债合计	Liquid Liabilities	5104727	2875030
长期负债合计	Long-term Liabilities	342106	168433
负债合计	Total Liabilities	5457239	3046091
所有者权益合计	Total Creditors Equity	4003941	1865715
#实收资本	Capitals Hold	2851538	1302431
国家资本	State-owned	956670	663593
集体资本	Collective Owned	379489	176005
法人资本	Institutional Units	631116	229924
个人资本	Individuals	834597	216835
港澳台资本	Funds from Hong Kong,Macao and Taiwan	38676	6074
外商资本	Foreign Funds	10990	10000
损益及分配(万元)	**Loss-profit and Allocation(10000 yuan)**		
工程结算收入	Revenue of Project Settlement Accounts	13552639	6613366
工程结算成本	Costs of Project Settlement Accounts	11912264	5971498
工程结算税金及附加	Taxes and Extra Charges on Project Settle Accounts	571069	242410
工程结算利润	Profits of Project Settlement Accounts	962077	365432
其他业务收入	Other Revenue from Business	102367	59123
其他业务利润	Other Profit from Business	34885	19050
经营费用	Running Expenses	92090	35019
管理费用	Management Fee	372461	173857
#税金	Taxes	28844	10976
财产保险费	Premium of Property	2635	1156
差旅费	Travel Expense	21863	10123
工会经费	Trade Union Outlays	6578	2765
财务费用	Financial Expenses	69199	38338
#利息支出	Expenses of Interest	40157	23541
营业利润	Profits of Business	557853	172651
营业外收入	Nonoperating Income	8014	4072
营业外支出	Nonoperating Expense	8423	5107
利润总额	Total Profits	562790	192767
#应交所得税	Income Tax Payable	82278	33209
应付利润	Profits Payable	192581	64260
劳动、待业保险费	Labor and Unemployment Insurance	38260	19352
住房公积金及住房补贴	Housing Accumulation Fund and Allowance	22905	12172
工资、福利费(万元)	**Wages,Welfare (10000 yuan)**		
本年应付工资总额	Payable Total Wages this Year	1494289	637846
#主营业务应付工资总额	Payable Total Wages of Main Business	1406722	593092
本年应付福利费总额	Payable Total Welfare this Year	115384	59447
#主营业务应付福利费总额	Payable Total Wages of Main Business	110963	57725
其他	**Others**		
劳动生产率(按总产值计算)(元/人)	Overall Labor Productivity (In Terms of Gross Output Value)(yuan/person)	187151	221281
利税总额(万元)	Total Pre-Tax Profits(10000 yuan)	1162702	446153
产值利润率(%)	Ratio of Profit to Gross Output Value(%)	3.3	2.4
产值利税率(%)	Ratio of Pre-tax Profit to Gross Output Value(%)	6.9	5.6
资产负债率(%)	Assets-Liability Ratio(%)	57.5	62.0
技术装备率(元/人)	Value of Machinery per Laborer(yuan/person)	6591	5859
动力装备率(千瓦/人)	Power of Machinery per Laborer(kw/person)	3.0	3.0
房屋建筑面积竣工率(%)	Rate of Floor Space of Buildings Completed(%)	47.5	34.8

continued

景德镇市 Jingdezhen	萍乡市 Pingxiang	九江市 Jiujiang	新余市 Xinyu	鹰潭市 Yingtan	赣州市 Ganzhou	吉安市 Ji'an	宜春市 Yichun	抚州市 Fuzhou	上饶市 Shangrao
121190	120839	859104	430291	101490	356251	186216	296479	266513	211690
20218	21956	221041	37381	8491	90349	61088	70099	99742	63277
7460	12514	18109	4282	32	18410	10396	17580	9411	44538
54500	52640	308482	82972	61527	102266	112101	132092	102855	253308
55771	72286	243185	86947	72148	130855	129030	131014	124363	210006
27399	29074	204643	69011	52373	101512	77945	102411	89476	92666
12124	26115	67007	22350	12224	52666	39296	29522	28859	52391
2915	5127	22635	3084	928	21717	15244	4678	7218	23037
5989	3733	16352	6363	632	17118	12507	17468	1918	19949
37169	5901	44114	3674	10430	16076	23301	5527	9754	12229
26362	4535	37273	1980	10323	15407	15268	3652	6706	7338
463	174	2431	60	75	1584	3727	1245	68	8058
220842	193136	1232438	521455	173553	499076	335741	453112	389474	562529
82800	76106	824671	356566	64837	209093	108599	175858	165896	165271
19660	1941	57451	4568	164	23803	7391	19570	18270	20856
102471	78049	882202	361134	65001	236268	115990	195488	184191	190355
118321	114019	350118	160146	108552	261692	219751	257496	204435	343697
101323	84477	236521	100435	79135	172021	140243	190196	154314	290442
32860	829	55646	26150	35116	42256	28328	13559	22048	36284
32456	9924	41513	15321	1315	18715	27504	10052	28941	17744
26387	32520	70099	25377	3091	35074	38040	34181	24678	111745
7719	41204	69264	33587	39613	75653	46371	128804	77656	97890
1900					323		3600		26779
								990	
284095	360082	1817124	445247	650709	597294	592998	627771	742261	821693
241159	274269	1627304	378424	598953	524840	476737	525356	673807	619919
15327	24433	63522	18822	27559	42589	23477	32257	32667	48006
13456	58206	122011	45474	21871	43749	84601	53748	34393	119137
996	2888	6201	4462	4347	3260	7289	1408	111	12285
296	1083	1625	592	2322	1541	3545	1205	101	3526
1386	3276	5096	3018	2234	2146	8216	12120	1765	17812
6694	8794	54421	13705	8110	15741	26182	19299	16150	29509
559	1123	2294	903	631	1502	2833	2229	1451	4344
21	23	434	600	27	130	68	93	18	67
378	540	2258	967	527	1800	977	1633	575	2084
197	260	436	634	65	708	246	564	171	532
1272	1790	7011	2336	544	2856	2135	3832	2286	6801
349	1516	4550	1099	71	2160	857	2696	1351	1966
5794	48851	62431	30028	15539	27674	59861	31966	16157	86901
53	64	1053	400	4	865	20	95	136	1252
4	2100	551	4	29	167	89	72	213	88
3832	46213	51965	29645	15931	25741	52010	32600	14232	97855
1215	4567	7294	6760	2098	5724	5353	5279	2511	8269
879	10378	29954	13238	9751	14689	10483	13317	7162	18470
718	1261	4172	2190	1943	3731	1998	685	802	1408
851	894	2267	1831	269	2676	335	730	622	259
62691	42501	128685	46451	81315	103635	81537	92883	110701	106045
59242	42273	123514	44368	81313	101552	62227	91592	107638	99911
1373	3940	9724	5762	2185	6803	4756	4762	7146	9486
1002	3936	9174	5513	2185	6677	4599	4616	6820	8716
177059	167199	206778	235452	220211	156633	93210	143236	141345	165125
19717	71769	117780	49370	44122	69832	78320	67087	48349	150204
1.0	9.8	2.5	5.0	2.4	2.3	8.6	4.7	1.4	7.1
5.1	15.3	5.7	8.3	6.8	6.2	13.0	9.6	4.7	10.8
46.4	40.4	71.6	69.3	37.5	47.3	34.5	43.1	47.3	33.8
6035	4171	11273	11308	2529	6288	7002	8067	6425	4260
3.9	4.1	3.9	5.1	0.2	3.0	3.3	4.1	2.9	1.5
34.8	61.4	56.7	54.3	21.4	52.2	62.5	72.0	59.7	71.1

14-4 劳务分包建筑业企业主要指标
Main Indicators of Labour Subcontractors in Construction Industry

指　　标	Item	2009	2010
企业个数(个)	Number of Construction Enterprises (unit)	55	47
建筑业总产值(万元)	Gross Output Value of Construction (10000 yuan)	13786	14481
#装饰装修产值	Output Value of Fitment	366	290
计算劳动生产率的平均人数(人)	Staff and Workers Annual Average (person)	2252	3004
年末从业人员(人)	Number of Employed Persons at the Year-end (person)	2297	3031
#管理人员	Manager in Employed Persons at the Year-end	260	162
工程技术人员	Technologist in Employed Persons at the Year-end	263	206
现场施工工人(人)	Builder in Employed Persons at the Year-end (person)	1568	1071
固定资产原值(万元)	Original Value of Fixed Assets (10000 yuan)	4860	12451
#本年折旧	Draw Depreciation this Year	211	577
资产总计(万元)	Total Assets (10000 yuan)	25430	43955
负债合计(万元)	Total Liabilities (10000 yuan)	9337	10406
实收资本(万元)	Capitals Hold (10000 yuan)	14361	30902
营业收入(万元)	Total Revenue (10000 yuan)	12507	13734
#工程结算收入	Revenue of Project Settlement Accounts	12263	13136
工程结算成本(万元)	Costs of Project Settlement Accounts (10000 yuan)	10268	12687
工程结算税金及附加(万元)	Taxes and Extra Charges on Project Settle Accounts (10000 yuan)	567	1520
费用合计(万元)	Total Charges (10000 yuan)	1563	1236
劳动、待业保险费(万元)	Premium of Unemployment and Labour (10000 yuan)	67	191
营业利润(万元)	Profits of Business (10000 yuan)	792	942
利润总额(万元)	Total Profits (10000 yuan)	819	888
从业人员劳动报酬(万元)	Labour Reward of Employed Persons(10000 yuan)	2734	2884

主要统计指标解释

建筑业统计单位 指从事房屋、构筑物建造和设备安装活动的法人企业。建筑业法人企业应同时具备的条件是：① 依法成立，有自己的名称、组织机构和场所，能够承担民事责任；②独立拥有和使用资产，承担负债，有权与其他单位 签订合同；③独立核算盈亏，能够编制资产负债表。

建筑业总产值 是以货币形式表现的建筑业企业在一定时期内生产的建筑业产品和提供的服务的总和。建筑业总产值包括：

⑴建筑工程产值：指列入建筑工程预算内的各种工程价值。

⑵安装工程产值：指设备安装工程价值，不包括被安装设备本身的价值。

⑶其他产值：建筑业总产值中除建筑工程、安装工程以外的产值。包括房屋构筑物修理产值、非标准设备制造产值、总包企业向分包企业收取的管理费以及不能明确划分的施工活动所完成的产值。

a.房屋构筑物修理产值：指房屋和构筑物修理所完成的产值，但不包括被修理房屋、构筑物本身价值和生产设备的修理产值。

b.非标准设备制造产值：指加工制造没有定型的非标准生产设备的加工费和原材料价值(如化工厂、炼油厂用的各种罐、槽，矿井生产统一使用的各种漏斗、三角槽、阀门等)以及附属加工厂为本企业承建工程制作的非标准设备的价值。

建筑业增加值 指建筑业企业在报告期内以货币形式表现的建筑业生产经营活动的最终成果。

从 2004 年第一次全国经济普查开始，建筑业现价增加值按生产法和分配法(收入法)两种方法计算，以收入法的计算结果为准，即从收入的角度出发，根据生产要素在生产过程中应得的收入份额计算。具体计算方法：经济普查年度建筑业增加值按照《经济普查年度 GDP 核算方案》计算，非经济普查年度建筑业增加值按照《非经济普查年度 GDP 核算方案》计算。

房屋建筑施工面积 指在报告期内施工的全部房屋建筑面积，包括本期新开工的房屋面积、上期施工跨入本期继续施工的房屋面积、上期停缓建在本期恢复施工的房屋面积、本期竣工的房屋面积及本期施工后又停缓建的房屋面积。

房屋建筑竣工面积 指在报告期内房屋建筑按照设计要求全部完工，达到了住人和使用条件，经验收鉴定合格，正式移交使用单位的房屋建筑面积。

自有机械设备年末总台数 指归本企业所有，属于本企业固定资产的生产性机械设备年末总台数。包括施工机械、生产设备、运输设备以及其他设备。

自有机械设备年末总功率 指本企业自有施工机械、生产设备、运输设备以及其他设备等列为在册固定资产的生产性机械设备年末总功率，按设定能力或查定能力计算。包括机械本身的动力和为该机械服务的单独动力设备，如电动机等。计算单位用千瓦，动力换算可按 1 马力＝0.735 千瓦折合成千瓦数。电焊机、变压器、锅炉不计算动力。

工程结算收入 指企业承包工程实现的工程价款结算收入，以及向发包单位收取的除工程价款以外的按规定列作营业收入的各种款项，如临时设施费、劳动保险费、施工机械调迁费等以及向发包单位收取的各种索赔款。

工程结算利润 指已结算工程实现的利润，如亏损以“－”号表示。计算公式为：

工程结算利润＝工程结算收入－工程结算成本－工程结算税金及附加

Explanatory Notes on Main Statistical Indicators

Statistical Unit in Construction refers to corporate enterprise engaged in the construction of buildings and structures and in the installation of equipment. A corporate construction enterprise should meet the following 3 requirements:①being set up in line with relevant legal basis, having its full name, organization and location, and capable of taking civil liabilities;②independently possessing and using its assets and assuming its liabilities, and entitled to sign contracts with other institutions; and ③ making independent accounts of its profits and losses, and capable of compiling its own balance sheet

Gross Output Value of Construction refers to total of construction products and services, expressed in money terms, produced or rendered by construction and installation enterprises during a given period of time. It includes:

(1) Output value of construction projects: the value of projects covered by the project budgets;

(2) Output value of installation projects: the value of the installation of equipment, (excluding the value of the equipment to be installed);

(3) Other output values: the output value of construction industry apart from that of construction projects and installation projects. It includes: output value of repair of buildings and structures; output value of non-standard equipment manufacturing; overhead expenses received by contracted enterprises from the sub-contracted enterprises and the completed output value of construction activities for which there is no clear definition.

a. Output value of repair of buildings and structures: the value created through the repairs of buildings or structures. It does not include the value of buildings or structures being repaired and the value of the repair of production equipment;

b. Output value of manufactured non-standard equipment: the value of non-standard production equipment, including raw materials and manufacturing cost, made for the construction project (i.e., chemical plant; kettles or tanks used by refineries; various fillers, triangle tanks, valves used by mines). It also includes the output value of equipment manufactured by subsidiary workshops.

Value-added of Construction refers to the final result of the activities of production and operation of enterprises of the construction industry in monetary terms during the reference period.

Starting from the 2004 economic census, value-added of construction is calculated by both production approach and income approach, with the figures from the income approach as the final figures., Under the income approach,, calculation starts from the perspective of income and is based on the share of income derived from the production process by the relevant factors of production.. Specifically, value-added of construction for the Census years is calculated in accordance with the *Programme of Compi*lation of GDP and National Accounts for the Year of Economic Census, and value-added of construction for other years is calculated in accordance with the Programme of Compilation of GDP and National Accounts for the Non Economic Census Years.

Floor Space of Buildings Under Construction refers to floor space of buildings under construction during the reference period, including newly started buildings, buildings started earlier and continued during the reference period, and buildings suspended earlier but restarted during the reference period, buildings completed during the reference period, and buildings under construction and then suspended during the reference period.

Floor Space of Buildings Completed refers to the floor space of buildings that are completed in the reference period in accordance with the requirements of the design, up to the standard for putting them into use, and have been checked and accepted by concerned departments as qualified ones.

Total Number of Machinery and Equipment Owned by the End of Year refers to the number of machines and equipment owned by the enterprises, and listed as the fixed assets of the enterprises by the end of the year, including machinery and equipment for construction, production and transportation.

Total Power of Machinery and Equipment Owned by the End of Year refers to the total power of machinery and equipment owned by the enterprises, and listed as the fixed assets of the enterprises by the end of the year, including machinery and equipment for construction, production and transportation. The power of the machinery is calculated on basis of the designed or verified capacity, covering the power of the machinery/equipment and the separate power equipment serving the machinery/equipment (such as electric motors), but excluding welders, transformers and boilers. The unit used for the calculation of power is kilowatt, with horsepower converted to kilowatt by 1 horsepower=0.735 kilowatt.

Income from Settlement of Projects refers to the income received by the construction enterprise from the contracted project through settlement procedures, and other charges to the contractee as operational costs in addition to the value of the project, such as temporary facility fee, labour insurance premium, moving cost of construction equipment, as well as various types of claims to the contractee.

Profit from Settlement of Projects refers to profit realized through settled projects. It is calculated with the following formula:

Profit from Settlement of Projects=Income from Settlement of Projects−Settled Cost−Settled Taxes and Other Cost.

15

交通运输、邮电通讯业

TRANSPORTATION,POSTAL AND TELECOMMUNICATIONS

◆387/396

资料整理及英文翻译：周红　魏健

简要说明

一、本篇资料的主要内容

本篇资料反映了全省交通运输业和邮电通讯业发展的基本状况，主要包括各种运输方式的线路里程、各种运输方式完成的货物运输量和旅客运输量及周转量、邮政和电信基本情况、民用汽车拥有量等方面的内容。

二、本篇资料的来源

本篇资料中，交通运输资料分别来源于南昌铁路局、省交通厅、东方航空公司江西分公司、省公安厅交警总队，邮电通信业资料来源于省通信管理局和省邮政管理局。

。

Brief Introduction

Ⅰ.Main Contents

Data in this chapter present the development of transportation, post and telecommunication in Jiangxi province. They cover mainly the length of the routes of various means of transportation, freight traffic and passenger traffic accomplished by various means of transportation and turnover, basic conditions of post and telecommunications, and the possession of civil motor vehicles etc.

Ⅱ.Sources of Data

Data on transportation in this chapter are from Nanchang Railway Bureau, Jiangxi Provincial Communications Department, China Eastern Airlines Jiangxi Branch, and Jiangxi Provincial Department of Public Security Traffic Administrative Bureau. Data on post and telecommunication services come from Jiangxi Communication Administration, and Provincial Postal Administration.

15-1 运输线路长度

Length of Transportation Routes

单位：公里 (km)

指　　标	Item	1978	1980	1990	1995	2000	2005	2009	2010
铁路营业里程	Length of Railways in Operation	1184	1335	1581	1579	2197	2307	2612	2734
公路通车里程	Length of Highways	30245	29651	33203	34915	60292	62300	137011	140597
等级公路	Expressway and Class I to IV Highways		12096	18561	20942	34999	43523	92237	101455
高速公路	Expressway					421	1559	2433	3088
一级公路	First Class Highways			15	15	314	565	1278	1386
二级公路	Second Class Highways		169	1105	1999	6471	8555	9192	9340
三级公路	Third Class Highways		521	2156	2571	5581	6193	6433	6670
等外公路	Highways Below Class IV		17559	14642	13973	25293	18777	44775	39142
内河通航里程	Length of Navigable Inland Waterways	6630	4937	4937	4937	5537	5560	5716	5638
等级航道	Standard Waterways					2343	2271	2427	2349
等外航道	Substandard Waterways					3194	3289	3289	3289

注：1.2000年的公路通车里程根据公路普查作了调整。
2.公路通车里程从2006年开始包括村道。

a) The total Length of highways is adjusted according to the Highways Census in 2000.

b) The total length of highways have included the village road since 2006.

15-2 交通运输工具年末实有数

Actual Number of Transportation Facilities at Year-end

指　　标	Item	1990	1995	2000	2005	2009	2010
民用汽车合计(辆)	Total Civil Motor Vehicles (unit)	110432	168979	247000	483613	1180840	1476011
#载货汽车	Trucks	74424	92904	131147	198925	334191	401679
载客汽车	Passenger Vehicles	29473	61934	100794	271758	722377	956480
其他汽车	Other Vehicles	6535	14141	15059	12930	124272	117852
摩托车(辆)	Motorcycles(unit)	51630	173426	891179	2423762	3839919	4172862
汽车挂车(辆)	Trailers (unit)	5209	1460	1190	4699	26208	39684
运输船舶(艘)	Transport Vessels (unit)	8687	6719	4856	5545	4083	4221
机动船(艘)	Motor Vessels (unit)	8051	6215	4511	5418	4047	4184
(净载重量吨)	(Dead Weight Cargo Tonnage)	333989	322261	356441	1123023	1627980	1962783
(客位)	(Number of Seats)	13362	14059	16172	17345	13680	11811
驳　船(艘)	Barges (unit)	636	504	345	127	36	37
(净载重量吨)	(Dead Weight Cargo Tonnage)	76267	87794	74504	33073	17340	17560
补充资料:	Supplementary Information:						
汽车驾驶员(人)	Drivers (person)	168842	364366	791545	1089366	3561287	3911886

注：其他汽车从2006年起，将农业运输车放入民用汽车中其他汽车。

a) Since 2006,Other vehicles inclued farm vehicles.

15-3 公路里程年底到达数（2010年）

Length of Highways at Year-end (2010)

单位：公里 (km)

地区	Region	合计 Total	等级公路 Expressway and Class I to IV Highway	高速公路 Expressway	一级 First Class
全省	**Provincial Total**	**140634**	**101494**	**3088**	**1386**
#南昌市	Nanchang	9748	7843	41	106
景德镇市	Jingdezhen	4118	3260		43
萍乡市	Pingxiang	6069	4351		51
九江市	Jiujiang	17678	11289	48	178
新余市	Xinyu	4007	2976		43
鹰潭市	Yingtan	3633	2498		19
赣州市	Ganzhou	25709	17987	227	249
吉安市	Ji'an	20041	17432		157
宜春市	Yichun	16428	11440		240
抚州市	Fuzhou	12657	9067		162
上饶市	Shangrao	17774	10579		138
省高管局	Jiangxi Expressway Administration Bureau	2772	2772	2772	

15-3 续表 continued

单位：公里 (km)

地区	Region	二级 Second Class	三级 Third Class	四级 Fourth Class	等外公路 Highway Below Class IV
全省	**Provincial Total**	**9340**	**6670**	**81008**	**39142**
#南昌市	Nanchang	579	474	6642	1905
景德镇市	Jingdezhen	372	359	2486	858
萍乡市	Pingxiang	344	173	3782	1719
九江市	Jiujiang	701	885	9477	6389
新余市	Xinyu	307	273	2353	1032
鹰潭市	Yingtan	142	366	1970	1136
赣州市	Ganzhou	1815	718	14977	7722
吉安市	Ji'an	1555	770	14950	2610
宜春市	Yichun	1467	828	8904	4988
抚州市	Fuzhou	550	850	7505	3590
上饶市	Shangrao	1507	973	7961	7195
省高管局	Jiangxi Expressway Administration Bureau				

15-4 全社会运输量

Total Freight Traffic and Passenger Traffic

单位：万吨、万人 (10000 tons, 10000 persons)

指标	Item	2009	2010	2010年比2009年增长(%) Increase Rate in 2010 over 2009(%)
货物运输量	**Freight Traffic**	**85718**	**100339**	**17.1**
民航	Civil Aviation	2	2	10.5
铁路	Railways	5229	5379	2.9
公路	Highways	75200	88445	17.6
水运	Waterways	5287	6513	23.2
内河	Inland Waterways	4895	6081	24.2
沿海	Coastal	359	412	14.8
远洋	Ocean	33	20.0	-39.4
旅客运输量	**Passenger Traffic**	**70674**	**76633**	**8.4**
民航	Civil Aviation	178	186	4.5
铁路	Railways	5470	5588	2.2
公路	Highways	64770	70628	9.0
水运	Waterways	256	231	-9.8
内河	Inland Waterways	256	231	-9.8

15-5 全社会运输周转量

Total Freight Ton-kilometers and Passenger-kilometers

单位：万吨公里、万人公里 (10000 ton-km, 10000 passenger-km)

指标	Item	2009	2010	2010年比2009年增长(%) Increase Rate in 2010 over 2009(%)
货物周转量	**Freight Ton-kilometers**	**23509074**	**27386993**	**16.5**
民航	Civil Aviation	1903	1923	1.1
铁路	Railways	6756730	7059000	4.5
公路	Highways	15364575	18501965	20.4
水运	Waterways	1385866	1824105	31.6
内河	Inland Waterways	829092	1147431	38.4
沿海	Coastal	478549	602711	25.9
远洋	Ocean	78225	73963	-5.4
旅客周转量	**Passenger-kilometers**	**8072337**	**9127645**	**13.1**
民航	Civil Aviation	170974	171654	0.4
铁路	Railways	5105255	5648000	10.6
公路	Highways	2792169	3304835	18.4
水运	Waterways	3939	3156	-19.9
内河	Inland Waterways	3939	3156	-19.9

15-6 交通运输主要经济技术指标
Principal Economic and Technical Indicators of Transportation

指标	Item	1995	2000	2005	2009	2010
铁路	**Railway Transport**					
货车周转时间(天)	Turning Around Time of Freight Cars Locomotives(day)	1.78	1.85	2.60	2.41	2.61
平均每日装车数(辆)	Average Daily Loading Coaches (coach)	1272	1456	2155	4015	4111.7
货车平均静载重(吨)	Average Static Load of Freight Cars Locomotives (ton)	58.9	58.9		61.2	61.8
货物列车旅行速度(公里/小时)	Running Speed of Freight Trains (km/hour)	26.4	38.9	28.0	32.3	30.7
货运机车平均日产量(万吨公里)	Average Daily Ton-kilometers of Freight Locomotives (10000 ton-km)	77.7	107.0	106.0	110.1	109.7
内燃机车每万吨公里耗油(公斤)	Oil Consumption of Diesel Locomotives per 10000 ton-km(kg)	21.5	22.8	22.9	27.1	30
公路	**Highways Transport**					
载货汽车工作率(%)	Work Rate of Trucks(%)	52.6	72.1	81.0	78.6	69.0
载货汽车实载率(%)	Carry Rate of Trucks(%)	64.4	95.3	79.0	165.6	170.0
载客汽车工作率(%)	Work Rate of Passenger Vehicles(%)	66.8	85.0	95.0	98.2	95.0
载客汽车实载率(%)	Carry Rate of Passenger Vehicles(%)	55.4	78.4	84.0	68.4	67.0
载货汽车每百车公里耗汽油(升)	Gasoline Consumption of per 100 Trucks/km (L)	30.6	20.0	16.3	16.8	16.0
载货汽车每百吨公里耗汽油(升)	Gasoline Consumption of Trucks per 100 Ton-km (L)	7.8	6.0	7.3	6.4	4.0
载货汽车每百车公里耗柴油(升)	Diesel Consumption of per 100 Trucks/km (L)	34.4	17.0	18.4	23.1	21.5
载货汽车每百吨公里耗柴油(升)	Diesel Consumption of Trucks per 100 Ton-km (L)	3.7	5.0	6.3	2.9	2.9
载客汽车每百车公里耗汽油(升)	Gasoline Consumption of per 100 Passenger Vehicles/km(L)	27.3	14.0	15.7	12.3	12.6
载客汽车每百吨公里耗汽油(升)	Gasoline Consumption of Passenger Vehicles per 100 ton-km(L)	12.7	8.7	11.3	9.3	10.7

15-7 铁路重要车站、九江港主要指标

Principal Indicators of Important Railway Stations and Jiujiang Port

指 标	Item	1980	1990	2000	2005	2009	2010
南 昌 站	**Nanchang Station**						
货物发送量(万吨)	Volume of Freight Dispatched (10000 tons)	3.26	3.62	1.30	0.40	0.4	12.4
旅客发送量(万人)	Number of Passenger Dispatched(10000 persons)	327.83	397.63	867.72	1217.70	1764.3	1860.7
平均每日装车数(车)	Daily Loading Coach (coach)	2.0	4.5	0.7	0.4	0.2	5.2
平均每日卸车数(车)	Daily UnLoading Coach (coach)	13.3	11.9	8.5	8.9	9.3	34.8
南昌南站	**Southern Nanchang Station**						
货物发送量(万吨)	Volume of Freight Dispatched (10000 tons)	71.92	76.20	189.59	317.60	278.60	263
旅客发送量(万人)	Number of Passenger Dispatched(10000 persons)	2.43	2.00	0.73			
平均每日装车数(车)	Daily Loading Coach (coach)	79.1	41.5	94.0	151.5	139.1	127.5
平均每日卸车数(车)	Daily UnLoading Coach (coach)	244.5	165.9	304.0	443.1	475.0	555.6
平均每日办理车数(车)	Daily Transaction Coach (coach)		1038.0	786.0	672.6	262.0	
向 塘 站	**Xiangtang Station**						
货物发送量(万吨)	Volume of Freight Dispatched (10000 tons)	9.48	14.17	7.45	19.90	23.5	21.2
旅客发送量(万人)	Number of Passenger Dispatched(10000 persons)	62.81	61.51	82.41	82.40	70.0	63.4
平均每日装车数(车)	Daily Loading Coach (coach)	5.4	7.3	3.6	9.3	13.6	10.9
平均每日卸车数(车)	Daily unLoading Coach (coach)	20.2	20.9	18.0	19.7	31.1	21.9
平均每日办理车数(车)	Daily Transaction Coach (coach)	3692	4726	11769	14644	12069	12495.2
鹰 潭 站	**Yingtan Station**						
货物发送量(万吨)	Volume of Freight Dispatched (10000 tons)	51.08	67.01	222.45	300.40	436.9	397.5
旅客发送量(万人)	Number of Passenger Dispatched(10000 persons)	122.87	150.57	363.97	376.60	450.5	459.9
平均每日装车数(车)	Daily Loading Coach (coach)	41.7	31.3	109.6	140.0	204.9	188.9
平均每日卸车数(车)	Daily unLoading Coach (coach)	57.0	39.9	174.0	283.3	234.0	240.4
平均每日办理车数(车)	Daily Transaction Coach (coach)	3552	5208	10473	10527	9001	8773.4
长航九江港务局	**Jiujiang Port Authority**						
旅客吞吐量(万人)	Volume of Passenger Traffic(10000 persons)	272.62	188.00	92.00	2.18		88.42
货物吞吐量(万吨)	Volume of Freight Handled(10000 tons)	622	445	623	928	596	

15-8 邮政电信业务主要指标

Principal Indicators of Postal and Telecommunications Services

指　　标	Item	1995	2000	2005	2009	2010
邮政业务总量	Business Volume of Postal Services		5.45	17.64	31.14	36.85
电信业务总量	Business Volume of Telecommunications		75.9	241.8	593.1	661.2
邮路总长度(公里)	Length of Postal Routes(km)	46182	119905	75355	92561	98020
#航空邮路	Aviation Routes	3788	73487	23431	22808	28150
铁路邮路	Railway Routes	5262	6507	7078	7113	7113
农村投递路线总长度(公里)	Length of Rural Delivery Routes(km)	120365	118555	114673	100488	97950
自备火车车厢(辆)	Owned Postal Railway Carriage(unit)	18	19	18	18	20
邮政汽车(辆)	Postal Cars(unit)	498	1098	1149	1448	2060
函　　件(万件)	Number of Letters(10000 pcs)	23254	14010	8983	17414	17971
包　　裹(万件)	Package(10000 pcs)		247	182	132	121
报刊期发数(万份)	Issue of Newspapers and Magazines(10000 copies)	516	375	333	363	361
报刊累计数(万份)	Total Number of Newspapers and Magazines Subscribed(10000 copies)	56016	48881	46048	52492	54433
特快专递(万件)	Pieces of Express Mail Services(10000 pcs)	157	283	517	921	2351
邮政储蓄年末收储余额(亿元)	Postal Saving Deposit Balance(100 million yuan)	41.2	132.6	497.0	835	1098
集　　邮(万枚)	Stamps for Collection(10000 stamps)	9278	11127	3328	2924	2540
固定电话用户(万户)	Fixed Telephone Subscribers(10000 Subscribers)	74.09	354.09	829.00	748.5	709.6
#城市电话用户	Urban Fixed Telephone Subscribers	63.06	234.34	478.60	448.0	439.7
#住宅电话	Household Fixed Telephone Subscribers	45.70	191.39	345.40	257.4	235.6
农村电话用户	Rural Fixed Telephone Subscribers	11.03	119.75	350.60	300.5	269.8
#住宅电话	Household Fixed Telephone Subscribers		109	316	265.5	233.9
公用电话	Public Telephone	1.86	4.33	60.30	67.0	64.1
移动电话用户(万户)	Number of Mobile Telephone Subscribers (10000 Subscribers)		140	798	1547	1811
计算机互连网用户(万户)	Number of Internet Services Subscribers (10000 Subscribers)		26.95	315.60	245.9	253.4
长途光缆线路长度(公里)	Length of Long-distance Optical Cable Lines(km)			16252	20989	21201
本地中继线光缆线路长度(公里)	Length of Local Optical Cable Lines(km)			110587	197879	247494
长途电话交换机容量(路端)	Capacity of Long Distance Telephone Exchanges (circuit)	118311	190330	400094	542000	554829
局用交换机容量(万门)	Capacity of Office Telephone Exchanges(10000 line)	174	439	1096	1208.5	567.1
移动电话交换机容量(万门)	Capacity of Mobile Telephone Exchanges (10000 line)			951	3589	3333
已通电话行政村(个)	Number of Adminstrative Village with Telephone(unit)		18876	17354	17227	17246

注：1.2003年以后"固定电话用户"包括小灵通用户。

2.局用交换机容量包括接入网数据。

3.2009年互联网用户口径变化为宽带用户数。

a) The fixed telephone subscribers includes PHS subscribers since 2003.

b) The capacity of office telephone exchanges includes the access network.

c) Internet subscriber is adjusted to DSL subscriber in 2009.

主要统计指标解释

铁路营业里程 指办理客货运输业务的铁路正线总长度。凡是全线或部分建成双线及以上的线路，以第一线的实际长度计算；复线、站线、段管线、岔线和特别用途线以及不计算运费的联络线都不计算营业里程。铁路营业里程是反映铁路运输业基础设施发展水平的重要指标，也是计算客货周转量、运输密度和机车车辆运用效率指标的基础资料。

公路里程 也称“公路通车里程”，是指实际达到《公路工程[WTB2]技术标准 JTJ01-88》规定的等级公路，并经主管部门的正式验收支付使用的公路里程数。它包括大中城市的郊区公路以及通过小城镇街道的公路里程，也包括桥梁、渡口的长度，但不包括城市的街道以及厂矿、林区和农业生产用道的里程。两条或多条公路共同经由同一路段，只计算一次，不重复计算里程长度。公路里程是反映公路建设发展规模的重要指标，也是计算运输网密度等指标的基础资料。

内河航道里程 也称“内河通航里程”，是指在枯水季节水深在0.3米及以上，能通航运输船舶及排筏的天然河流、湖泊水库、运河及通航渠道的长度。包括全年季节性通航累计三个月以上的航道，但不包括仅供零散流放竹木排的河道。内河航道里程是反映内河水运网规模、水平和发展情况的主要指标。

货（客）运量 指运输业实际运送的货物（旅客）数量。货运按吨计算，客运按人计算。货物不论运输距离长短，货物类别，均按实际重量统计；旅客不论行程远近或票价多少，均按一人一次作为客运量统计。半票价、小孩票，也按一人统计。货（客）运量是反映运输业为国民经济和人民生活服务的数量指标，也是制定和检查运输生产计划、研究运输展规模和速度的重要指标。

货物（旅客）周转量 指运输业运送的货物（旅客）数量与其相应运输距离的乘积之总和，通常以吨公里和人公里为计算单位。计算货物周转量通常按发出站与到达站之间的最短距离，也就是计费距离计算。它是反映运输业生产总成果的重要指标，也是编制和检查运输生产计划、计算运输效率、劳动生产率以及核算运输单位成本的主要基础资料。

铁路货运机车平均日产量 指平均每台货运机车在一昼夜内所完成的总重吨公里数。它既包括载运货物的重量，也包括车辆本身的自重，它是从时间和牵引能力两方面反映了机车运用效率的综合性指标。计算公式为：

$$货运机车平均日产量 = \frac{货运总重吨公里数}{货运机车台日数}$$

邮电业务总量 指以货币表现的邮电部门为用户传递信息和提供其他邮电服务的总量。它用各种邮电分类业务量，如函件件数、电报份数、长话张数、市内电话和农村电话的年均户数、订销报刊累计份数等，分别乘以相应的不变单价加总后再加上出租电路和设备的收入、代用户维护电话交换机和线路等设备的收入、其他业务收入求得。邮电业务总量综合反映了一定时期邮电工作的总成果，是研究邮电业务量构成和发展趋势的重要指标。

Explanatory Notes on Main Statistical Indicators

Length of Railways in Operation refers to the total length of the trunk line for passenger and freight transportation (including both full operation and temporary operation). The calculation is based on the actual length of the first line if this line has a full or partial double (or more). Not included are double tracks, station sidings, tracks under the charge of stations, branch lines, special-purpose lines and non-payable connecting lines. The length of railways in operation is an important indicator to show the development of the infrastructure of railway transport. It is also essential data to calculate volume of passenger freight transport, traffic density and utilization efficiency of locomotives and carriages.

Length of Highways refers to the length of highways which are built in conformity with the grades specified by the highway engineering standard [Highways WTBZ-Technical Standard JTJ01-88]formulated by the Ministry of Communications, and have been formally checked and accepted by the departments of highways and put into use. The length of highways includes that of the suburb highways at large and medium-sized cities, highways passing through streets at small cities and towns, and also the length of bridges and ferry piers. It does not include the length of streets in big and medium-sized cities and highways built for the production purpose at factories, mines, forest areas and agricultural areas. If two or more highways go the same section of the way, the length of the section is only calculated for once and no duplication is allowed. The length of highways is an indicator to show the development of the scale of highway construction and to provide essential information to calculate the transport network density.

Length of Navigable Inland Waterways is an indicator reflecting the size and development of inland water network. It refers to the length of the natural rivers, lakes, reservoirs, canals, and ditches open to navigation during a given period, which enables transportation by ships and rafts. It includes the channels open to navigation for over an accumulated period of 3 months in a year, yet this does not include the river courses which are only used to float odd logs and bamboo rafts. This indicator can reflect the scale, level and development situation of the inland waterway network.

Freight (Passenger) Traffic refers to the volume of freight (passenger) transported with various means within a specific period of time. This indicator reflects the service of the transport industry towards the national economy and people's living conditions, as well as an important indicator used in formulating and monitoring transport production plans and research into the scale and pace of transport development. Freight transport is calculated in tons and passenger traffic is calculated in terms of number of persons. Freight transport is calculated in terms of the actual weight of the goods and takes no account of the type of freight and distance of travel. Passenger traffic is calculated by the principle that one person can be counted only once in one trip and takes no account of the travelling distance and ticket price. The passengers who travel with a half price ticket or a child's ticket is also calculated as one person.

Freight Ton-kilometres (Passenger-kilometres) refers to the sum of the product of the volume of transported cargo (passengers) multiplied by the transport distance. It is an important indicator to reflect the achievement of the transportation industry. This is an important indicator to show the total results of the transport industry; to prepare and examine the transport plan; and to serve as the main basic data for calculating the efficiency, labour productivity and unit cost of transport. Normally, the shortest distance between the departure station and the destination station (i.e., the payable distance) is the basis in calculating the freight ton-kilometres.

Average Daily Haul of Freight Locomotives refers to the average total ton-kilometres accomplished by each freight transport locomotive over one day and night during a given period of time. It includes both the weight of the goods carried and the dead weight of the train itself. It is a comprehensive indicator reflecting the locomotive efficiency in terms of both time and the pulling force.

$$\begin{array}{c}\text{Average daily haul of}\\ \text{freight transport locomotive}\\ \text{(ton - kilometre)}\end{array} = \frac{\begin{array}{c}\text{Total ton - kilometres}\\ \text{of freight}\end{array}}{\begin{array}{c}\text{Daily number of freight}\\ \text{transport locomotive}\end{array}}$$

Business Volume of Post and Telecommunications refers to the total amount of postal and telecommunication services, expressed in value terms, provided by the post and telecommunications departments for society. Postal and telecommunication services can be classified as letters, parcels, remittance, issue of newspapers and magazines, fast mail service, express mail service, savings deposits, stamps for collection, facsimiles, long-distance telephone service, leasing of telephone lines, mobile telephone service, data transmission, income from leasing, maintenance, etc. The accounting approach is to multiply the service products of all types with their average unit price (constant price) to get the total business value, and to add to it income from other services such as leasing of telephone lines and equipment and maintenance of telephone switchboards and lines on behalf of customers. This indicator reflects the overall results of postal and telecommunication services during a given period, and is important for studying the composition of business service and the trend of development of postal and telecommunication services.

国内贸易和旅游

DOMESTIC TRADE AND TOURISM

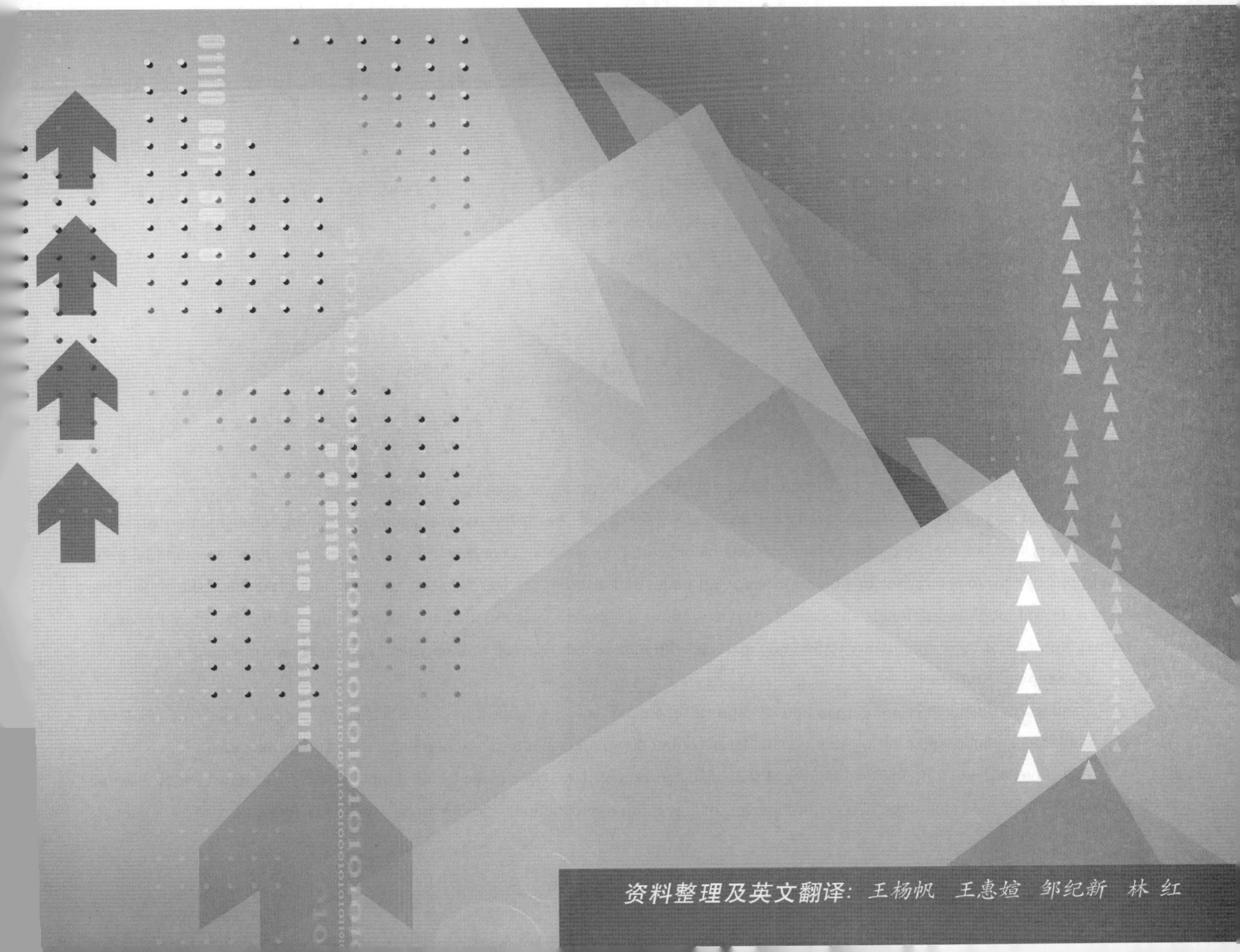

资料整理及英文翻译：王杨帆　王惠媗　邹纪新　林 红

简要说明

一、本篇资料的主要内容

本篇资料主要反映全省国内贸易基本情况、零售市场的发展和批发和零售业商品流转情况、住宿和餐饮业经营情况以及主要财务状况；旅游的历年概况等。主要内容包括：社会消费品零售总额及其分组指标；城乡个体私营批发零售贸易、餐饮业基本情况；限额以上批发和零售业、住宿和餐饮业基本情况、商品流转和经营情况、财务状况；亿元商品交易市场成交情况；旅游统计资料等。

二、本篇资料的统计范围

从事批发和零售业、住宿和餐饮业的法人企业、产业活动单位和个体户，以及年成交额在亿元以上的商品交易市场。

根据国家统计局对社会消费品零售总额指标调整的要求，我们对社会消费品零售总额进行了调整，即：1993年以后社会消费品零售总额指标不包括农业生产资料；1997年以后社会消费品零售总额指标不包括居民购买住房；2003年以后社会消费品零售总额指标不包括有各种经济类型的制造业法人企业、产业活动单位和个体工业、直接售给城乡居民（包括本企业职工）和社会集团的商品以及农民在田间地头出售的农产品。

限额以上批发和零售业、住宿和餐饮业统计限额标准：批发业，年末从业人员20人及以上，年销售额2000万元及以上；零售业，年末从业人员60人及以上，年销售额500万元及以上；住宿业，有星级标志的宾馆、饭店；餐饮业，年末从业人员40人及以上，年营业额200万元及以上。

国际旅游和国内旅游资料。

三、本篇的资料来源

本篇资料国内贸易部分是江西省统计局贸易外经处根据国家统计局制定的《批发和零售业、住宿和餐饮业统计报表制度》进行搜集和加工整理而得；旅游资料来自省旅游局。

四、本篇的统计调查方法

本篇资料中限额以上批发和零售业、住宿和餐饮业法人企业资料和限额以下批发和零售业、住宿和餐饮企业及个体户的资料采用全面调查和抽样调查的方法，逐级汇总上报；城乡个体私营批发零售贸易、餐饮业基本情况资料由省工商局提供；国际、国内旅游收入和旅游人数等指标采取抽样调查方法取得。

。

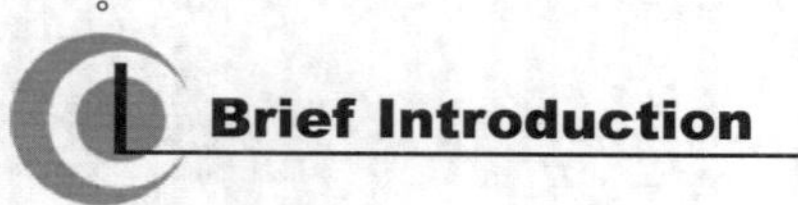

Brief Introduction

I. Main Contents

Data in this chapter reflect the development for the whole province of domestic market, development of retail trade, and circulation of commodities through wholesale and retail trades, and the operation, management and financial situation of hotels catering services and annual tourism. Main contents include total retail sales of consumer goods and its indicators by group; the basic conditions of private enterprises in wholesale and retail trades and catering services in urban and rural areas; the basic statistics of the wholesale and retail trades, hotels and catering services above designated size; circulation of commodities (in operation and financial terms); turnover of large commodity transaction markets with transaction over 100 million yuan;. statistical information of tourism.

II. Scope of Statistics

Included in this chapter are corporation enterprises, economic active establishments and self-employed individuals of wholesale and retail trades; hotels and catering services and large commodity markets with transaction value over 100 million yuan.

Based on requests from national bureau of statistics, adjustments have been made for total retail sales of consumer goods. Starting from 1993, this indicator does not include means of agricultural production; starting from 1997, this indicator does not include purchase of houses by residents. Since 2003, this indicator does not include commodities sold to urban and rural households (including their own employees) and institutions directly by manufacturing corporations, establishments and individual manufacturers, nor farm products sold by farmers in the fields.

Criteria for wholesale and retail sale trades, hotels and catering services above designated size are as follows: wholesale trade, having 20 or more employees at year-end with annual sales over 20 million yuan; retail trade, having 60 or more employees at year-end with annual sales over 5 million yuan; hotels, certified hotels with star-ranking; catering services, having 40 or more employees with annual income over 2 million yuan.

Statistical information of home and aboard tourism.

III. Sources of Data

Data on domestic trade in this chapter are collected and processed in accordance with The Statistical Reporting Form System on Wholesale and Retail Trades, Hotels and Catering Services of the National Bureau of Statistics by the Department of Trade and External Economic Relations of Jiangxi Provincial Bureau of Statistics. Dta on tourism are provided by Tourism Bureau of Jiangxi Province.

IV. Methods of Survey

Data on basic conditions for all corporate enterprises of wholesale and retail trades, hotels and catering services above designated size and enterprises and individual enterprises below the designated size are collected through comprehensive reporting form system and sample surveys. Data are reported to their next higher level. Data on private enterprises in wholesale and retail trades and catering services in urban and rural areas are offered by Jiangxi Administration for Industry and Commerce.Data on revenue and population of home and aboard tourism are collected from sample surveys.

16-1 社会消费品零售总额

Total Retail Sales of Consumer Goods

单位：万元 (10000 yuan)

年 份 Year	社会消费品零售总额 Total Retail Sales of Consumer Goods	按行业分 Gruped by Sector				按所在地分 Grouped by Location		
		批发零售贸易业 Wholesale and Retail Trades	住宿餐饮业 Hotels and Catering Services	制造业 Manufacturing Industry	其他行业 Others	市 City	县 County	县以下 Below County Level
1980	454837	394464	14716	11925	33732	136117	124878	193842
1981	537447	444442	14937	25399	52669	160661	144047	232739
1982	576394	465837	15716	25243	69598	171527	164334	240533
1983	619871	481525	17573	37663	83110	187029	179720	253122
1984	703276	537889	22029	45474	97884	230731	200969	271576
1985	857101	624672	29833	67896	134700	284121	241686	331294
1986	964954	689294	35031	70309	170320	318128	275034	371792
1987	1087661	774577	40786	62469	209829	363857	323673	400131
1988	1400335	949004	60001	112202	279128	505161	390082	505092
1989	1527447	1032102	64918	106617	323810	552336	423994	551117
1990	1519351	992798	67288	123838	335427	565455	416650	537246
1991	1691914	1104809	76691	124733	385681	652942	452991	585981
1992	1976150	1252247	95006	140292	488605	773815	552926	649409
1993	2436197	1558161	133924	182450	561662	993276	647603	795318
1994	3309488	2170230	190318	225022	723918	1417590	842239	1049659
1995	4108625	2621800	240923	339499	906403	1754824	1032896	1320905
1996	4904426	3097082	324083	415364	1067896	2136075	1160310	1608041
1997	5585484	3393320	434171	422694	1335299	2509674	1328683	1747127
1998	6050877	3663941	487089	455056	1444791	2783772	1416479	1850626
1999	6504678	3976504	529461	472388	1526325	3024481	1504438	1975759
2000	7048677	4332119	601080	482100	1633378	3336519	1597858	2114300
2001	7633414	4719534	668622	505988	1739270	3689149	1712064	2232201
2002	8327099	5208415	750374	533849	1834461	4062171	1867732	2397196
2003	9232088	8120182	852549		259357	4553077	2066072	2612939
2004	10744928	9516427	1064138		164363	5545548	2358081	2841299
2005	12448931	11020953	1270375		157603	6449814	2737685	3261432
2006	14481923	12805426	1512142		164355	7594410	3170514	3716999
2007	17189295	15175878	1834720		178697	9097512	3736589	4355194
2008	21417862	18879278	2335508		203076	11464236	4583190	5370436
2009	24844266	21855608	2785850		202808	13305829	5317196	6221240

16-1 续表 continued

单位：万元 (10000 yuan)

年 份 Year	社会消费品零售总额 Total Retail Sales of Consumer Goods	按行业分 Gruped by Sector				按所在地分 Grouped by Location		
		批发业 Wholesale Trades	零售业 Retail Trades	住宿业 Hotels Services	餐饮业 Catering Services	城镇 City and Town	城区 County Proper	乡村 Below County Level
2010	29562073	4740892	21340866	358522	3121793	24659839	14614792	4902234

注：2010年国家统计制度作了修订，社会消费品零售总额统计分组发生变化。

a)Data classify of Total Retail Sales of Consumer Goods have changed due to national statistical system in 2010 revised.

16-2 各地区社会消费品零售总额（2010年）
Total Retail Sales of Consumer Goods by Region (2010)

单位：万元 (10000 yuan)

地　区	Region	社会消费品零售总额 Total Retail Sales of Consumer Goods	按行业分 Gruped by Sector 批发业 Wholesale Trades	零售业 Retail Trades	住宿业 Hotels Services	餐饮业 Catering Services
全　省	**Provincial Total**	**29562073**	**4740892**	**21340866**	**358522**	**3121793**
南昌市	Nanchang	7564112	1005934	5542027	95792	920359
景德镇市	Jingdezhen	1416531	652936	584484	11021	168090
萍乡市	Pingxiang	1590614	166020	1219748	15355	189491
九江市	Jiujiang	2868928	166692.7	2467904	36297	198034
新余市	Xinyu	1127381	199168	724715	12654	190845
鹰潭市	Yingtan	866374	152468	589545	8690	115670
赣州市	Ganzhou	3753530	616346	2786820	32614	317751
吉安市	Ji'an	2028251	351818	1457849	50761	167822
宜春市	Yichun	2678561	588390	1805368	16569	268234
抚州市	Fuzhou	2366773	308770	1810592	17072	230338
上饶市	Shangrao	3301019	532350	2351815	61696	355158

16-2 续表 continued

单位：万元 (10000 yuan)

地　区	Region	按所在地分 Grouped by Location 城镇 City and Town	城区 County Proper	乡村 Below County Level
全　省	**Provincial Total**	**24659839**	**14614792**	**4902234**
南昌市	Nanchang	7163675	5506974	400437
景德镇市	Jingdezhen	1192826	1074996	223705
萍乡市	Pingxiang	1337493	727441	253121
九江市	Jiujiang	2142502	1132915	726426
新余市	Xinyu	993488	664154	133893
鹰潭市	Yingtan	816409	665204	49965
赣州市	Ganzhou	2940738	1334872	812792
吉安市	Jian	1429037	547734	599213
宜春市	Yichun	2342990	1044579	335571
抚州市	Fuzhou	1868244	725107	498529
上饶市	Shangrao	2432436	1190817	868583

16-3 消费品市场情况
Consumable Markets in Urban and Rural Areas

年 份 Year	消费品市场数 (个) Number of Consumable Markets (unit)		
	总 计 Total	城市市场 Urban Areas	农村市场 Rural Areas
1978	1192		
1979	1346	96	1250
1980	1401	104	1297
1981	1425	125	1300
1982	1475	125	1350
1983	1598	124	1454
1984	1858	201	1624
1985	2094	209	1775
1986	2234	256	1978
1987	2350	290	2060
1988	2440	321	2119
1989	2419	288	2131
1990	2406	299	2107
1991	2508	350	2158
1992	2567	367	2200
1993	2686	412	2274
1994	2720	426	2294
1995	2777	488	2289
1996	2852	559	2293
1997	2898	525	2373
1998	2936	568	2368
1999	2885	586	2299
2000	2374	440	1934
2001	2623	588	2035
2002	2522	515	2007
2003	2508	521	1987
2004	2009	589	1420
2005	2161	703	1458
2006	1602	553	1049
2007	1677	522	1155
2008	1396	468	928
2009	1668	588	1080
2010	1931	765	1166

16-4 亿元以上商品交易市场摊位成交额情况（2010年）
Classification of Commodity Exchange Markets of Transaction Value over 100 Million Yuan (2010)

类　　别	Classification	摊位数（个）Number of Booths (unit)	成交额（万元）Turnover (10000yuan)
全　省	**Total**	**62956**	**12378711**
食品、饮料、烟酒类	Food,Beverages,Tobacco and Liquor	22567	5767766
#食品类	Food	20463	5205897
#粮油类	Grain and Oil	1688	1346778
肉禽蛋类	Meat,Poultry and Eggs	4256	742716
水产品类	Aquatic Products	1522	301693
蔬菜类	Vegetables	7231	1040396
干鲜果品类	Dried and Fresh Melons and Fruits	4280	1253496
饮料类	Beverages	988	236230
烟酒类	Tobacco and Liquor	1116	325639
服装、鞋帽、针纺织品类	Clothing,shoes,Hats and Textiles	14832	2204731
#服装类	Clothing	8953	1171799
鞋帽类	Footwear and Hats	2911	423809
针纺织品类	Knitwear and Textiles	2968	609123
化妆品类	Cosmetics	916	121923
金银珠宝类	Gold Silver and Jeweller	37	4141
日用品类	Articles for Daily Use	3081	371557
#洗涤用品类	Washing Articles	1145	161415
儿童玩具类	Children Toys	634	103151
五金、电料类	Hardware & Electrical Materials	1105	247251
体育、娱乐用品类	Sports & Recreational Articles	158	8925
书报杂志类	Newspapers and Magazines	104	7061
电子出版物及音像制品类	E-journal and Video Products	199	11894
家用电器和音像器材类	Household Appliances and Video Equipments	1639	289615
中西药品类	Traditional Chinese and Western Medicine	463	135270
#西药类	Western Medicine	18	7330
中草药及中成药类	Traditional Chinese	423	122138
文化办公用品类	Cultural and Official Goods	1120	229575
家俱类	Furniture	2073	208803
通讯器材类	Communication Appliances	144	42285
木材及制品类	Wood and Wooden Products	411	35887
化工材料及制品类	Raw Chemical Materials and Related Products	315	26699
#化肥类	Fertilizer	34	1663
金属材料类	Metal Materials	1018	645020
建筑及装潢材料类	Building and Decoration Materials	6559	960899
机电产品及设备类	Mechanical & Electrical Products	604	335969
#农机类	Agricultural Machinery	181	57729
汽车类	Automobile	1375	575993
种子饲料类	Seed and Feedstuff	201	15503
棉麻类	Cotton and Hemp	111	2005
其他类	Others	3924	129939

16-5 限额以上批发零售贸易业商品购进、销售、库存总额(2010)

单位：万元

指标	Item	购进总额 Total Purchases	#进口 Imports
总计	**Total**	**15850637**	**74524**
批发业	**Wholesale Trade**	**10614253**	**31779**
按登记注册类型分	**By Types of Registration**		
内资企业	Domestic Funded Enterprises	10297293	31779
国有企业	State-owned Enterprises	4026296	10124
集体企业	Collective-owned Enterprises	19579	
股份合作企业	Cooperative Enterprises	111071	
有限责任公司	Limited Liability Corporations	4318594	20672
国有独资公司	State Sole Funded Corporations	281163	
其他有限责任公司	Other Limited Liability Corporations	4037431	20672
股份有限公司	Share-holding Corporations Ltd.	247259	
私营企业	Private Enterprises	1462955	982
#私营有限责任公司	Private Limited Liability Corporations	1186875	982
私营股份有限公司	Private Share-holding Corporations Ltd.	51189	
其他企业	Other Enterprises	104409	
港澳台商投资企业	Enterprises with Funds from Hong Kong, Macao and Taiwan	72206	
与港澳台商合资经营企业	Joint-venture Enterprises		
港澳台商独资企业	Enterprises with Sole Funds		
港澳台商投资股份有限公司	Share-holding Corporations Ltd. with Funds	72206	
外商投资企业	Foreign Funded Enterprises	244754	
#中外合资经营企业	Joint-venture Enterprises	93871	
外资企业	Enterprises with Sole Foreign Funds	100999	
按国民经济行业分	**By Sector**		
农畜产品批发业	Wholesale of Farm Produce and Livestock Products	205827	
食品、饮料及烟草制品批发业	Wholesale of Food, Beverages and Tobaccos	2373088	
#米、面制品及食用油批发业	Wholesale of Rice, Flour and Edible Oil	97028	
烟草制品批发业	Whole of Tobaccos	1872293	
纺织、服装及日用品批发业	Wholesale of Textiles, Garments and Daily Consumer Articles	219433	15739
#服装批发业	Wholesale of Garments	123410	13379
文化、体育用品及器材批发业	Wholesale of Culture, Sports Appliances and Equipments	24502	
医药及医疗器材批发业	Wholesale of Medicines and Medical Appliances	1183372	
矿产品、建材及化工产品批发业	Wholesale of Mineral Products, Building Materials and Chemical Products	3806952	16039
#煤炭及制品批发业	Wholesale of Coal and Related Products	1095296	
石油及制品批发业	Wholesale of Petrolem and Related Products	974768	1534
金属及金属矿批发业	Wholesale of Metal Materials	1459532	11705
建材批发业	Wholesale of Building Materials	100828	45
化肥批发业	Wholesale of Chemical Fertilizer	50161	
机械设备、五金交电及电子产品批发业	Wholesale of Machinery, Hardware and Electronic Equipment	1333630	
#汽车、摩托车及零配件批发业	Wholesale of Motor Vehicles, Motorcycles and Parts	253274	
家用电器批发业	Wholesale of Household Electrical Appliances	541585	
计算机、软件及辅助设备批发业	Wholesale of Computer, Software and Assistant Appliances	66960	
贸易经纪与代理	Trade Broker and Agency	4102	
其他批发业	Other Wholesale not Classified Elsewhere	1463347	

Total Purchases,Sales and Inventory of Enterprise above Designated Size in Wholesale and Retail Sale Trades(2010)

(10000 yuan)

销售总额 Total Sales	批发 Wholesale Trade	#出口 Exports	零售 Retail Trade	年末库存总额 Inventory (year-end)
20192887	**12698879**	**600130**	**7494008**	**1152296**
14520535	**12003882**	**600130**	**2516653**	**705107**
14172601	11668399	518117	2504203	689674
4728892	4468965	177384	259927	306140
20142	19504		637	4875
114643	114643			5161
4633545	4551304	239299	82242	188523
380136	376977		3160	16726
4253409	4174327	239299	79082	171797
2950096	845221	2366	2104875	75363
1607714	1551192	99068	56522	107913
1310223	1256048	95725	54176	82805
54271	53461	3343	810	1991
110675	110675			1464
75962	66512		9450	556
75962	66512		9450	556
271971	268971	82013	3000	14878
99747	99747	82013		9075
119602	119602			3243
165497	164773		724	108703
2862272	2838459	15	23812	212284
93578	91146		2431	77945
2341448	2329448		12000	100621
246391	240303	197981	6088	10407
142357	136690	109200	5667	7271
29808	29808			485
1277355	1186950	26554	90405	86420
6975395	4624143	164066	2351252	175448
1143017	1143017			16341
4017246	1677039		2340207	99673
1496826	1491759	123522	5066	36029
126694	123946	5487	2748	5014
51650	51018		632	10204
1458863	1416847	207926	42016	74298
259889	254345	87623	5543	17517
631617	619378		12239	22178
70534	49734		20800	2410
4082	4082			76
1500873	1498518	3588	2356	36988

16-5 续表

单位：万元

指标	Item	购进总额 Total Purchases	#进口 Imports
零售业	**Retail Trade**	**5236384**	**42745**
按登记注册类型分	**By Types of Registration**		
内资企业	Domestic Funded Enterprises	5008918	42745
国有企业	State-owned Enterprises	154708	
股份合作企业	Cooperative Enterprises	43697	
有限责任公司	Limited Liability Corporations	2754452	26239
国有独资公司	State Sole Funded Corporations		
其他有限责任公司	Other Limited Liability Corporations	2754452	26239
股份有限公司	Share-holding Corporations Ltd.	504552	1103
私营企业	Private Enterprises	1471574	15383
私营独资企业	Private-funded Enterprises	199422	
私营合伙企业	Private Share-holding Corporations Ltd.	73167	
私营有限责任公司	Private Limited Liability Corporations	1102785	
私营股份有限公司	Private Share-holding Corporations Ltd.	96200	15383
其他企业	Other Enterprises	51908	20
港澳台商投资企业	Enterprises with Funds from Hong Kong, Macao and Taiwan	9752	
#与港澳台商合资经营企业	Joint-venture Enterprises	5395	
港澳台商独资企业	Enterprises with Sole Funds	4357	
外商投资企业	Foreign Funded Enterprises	217714	
中外合资经营企业	Joint-venture Enterprises	53698	
中外合作经营企业	Cooperation Enterprises		
外资企业	Enterprises with Sole Foreign Funds	164017	
外商投资股份有限公司	Share-holding Corporations Ltd. with Foreign Funds		
按国民经济行业分	**By Sector**		
综合零售业	Integrated Retail	1429000	
#百货零售业	Retail of General Merchandise	775016	
超级市场零售业	Retail of Supermarkets	596764	
食品、饮料及烟草制品专门零售业	Retail of Food, Beverages and Tobaccos	38958	
纺织、服装及日用品专门零售业	Special Retail of Textiles, Garments and Daily Consumer Articles	62518	
#服装零售业	Retail of Garments	44289	
文化、体育用品及器材专门零售业	Retail of Culture, Sports Appliances and Equipments	466460	
#图书零售业	Retail of Books	399126	
医药及医疗器材专门零售业	Retail of Medicines and Medical Appliances	336045	20
#药品零售业	Retail of Medicines	336045	20
汽车、摩托车、燃料及零配件专门零售业	Retail of Motor Vehicles, Motorcycles, Fuel and Parts	2246182	42725
#汽车零售业	Retail of Motor Vehicles	2072994	42725
机动车燃料零售业	Retail of Fuel of Motor Vehicles	151659	
家用电器及电子产品专门零售业	Special Retail of Household Electric Appliances and Electronic Products	486370	
#家用电器零售业	Retail of Household Electric Appliances	350832	
计算机、软件及辅助设备零售业	Retail of Computer, Software and Assistant Appliances	98997	
通讯设备零售业	Retail of Communication Equipments	33841	
五金、家具及室内装修材料专门零售业	Special Retail of Hardware, Furniture and Decoration Materials	128508	
无店铺及其他零售业	Non-shop and Other Retails	42344	

continued

(10000 yuan)

销售总额 Total Sales	批 发 Wholesale Trade	#出 口 Exports	零 售 Retail Trade	年末库存总额 Inventory (year-end)
5672352	**694997**		**4977355**	**447188**
5411993	690741		4721252	427221
159644	27598		132046	14409
39376	198		39178	7609
2918900	417069		2501830	199778
2918900	417069		2501830	199778
620650	106203		514447	47636
1591586	139271		1452316	145029
195087	5696		189392	30241
77060	1641		75419	12205
1149355	129405		1019950	89901
170085	2529		167556	12682
53052	50		53002	9928
9952	415		9538	407
5497			5497	282
4456	415		4041	125
250407	3841		246566	19560
72575	3841		68733	5624
177832			177832	13936
1694086	112990		1581096	122037
964438	96616		867822	52855
668052	11597		656456	64174
39505	1436		38068	4476
67497	9840		57657	19026
48107	9134		38972	16995
461415	167504		293911	30049
384863	159884		224980	18702
365554	52225		313329	35192
365554	52225		313329	35192
2348123	281352		2066771	159025
2166278	264991		1901287	147644
161070	15716		145354	9201
506057	51845		454212	65845
359503	10306		349197	50470
111066	29208		81858	9955
32623	11667		20956	5376
144979	17805		127175	6490
45138			45138	5048

16-6 限额以上批发零售贸易业主要财务指标（2010年）

单位：万元

类别	Type	资产合计 Total Assets	流动资产合计 Working Capitals	固定资产原价 Original Value of Fixed Assets
总计	**Total**	**7106006**	**4687129**	**1651676**
批发业	**Wholesale Trade**	**4522660**	**3102447**	**978758**
按登记注册类型分	**By Types of Registration**			
内资企业	Domestic Funded Enterprises	4446211	3071190	967030
国有企业	State-owned Enterprises	1346562	897527	395027
集体企业	Collective-owned Enterprises	12983	7843	2721
股份合作企业	Cooperative Enterprises	24956	14505	7576
有限责任公司	Limited Liability Corporations	1872790	1516794	164030
国有独资公司	State Sole Funded Corporations	149446	108000	31257
其他有限责任公司	Other Limited Liability Corporations	1723344	1408794	132772
股份有限公司	Share-holding Corporations Ltd.	617099	244203	351713
私营企业	Private Enterprises	559315	380696	44412
#私营独资企业	Private-funded Enterprises	72032	15336	6089
私营有限责任公司	Private Limited Liability Corporations	458323	350050	31315
港澳台商投资企业	Enterprises with Funds from Hong Kong, Macao and Taiwan	7267	7117	193
#港澳台商独资企业	Enterprises with Sole Funds			
外商投资企业	Foreign Funded Enterprises	69182	24141	11536
#中外合资经营企业	Joint-venture Enterprises	36688	2364	6152
外资企业	Enterprises with Sole Foreign Funds	21763	12758	3094
按国民经济行业分	**By Sector**			
农畜产品批发业	Wholesale of Farm Produce and Livestock Products	267323	186912	69284
食品、饮料及烟草制品批发业	Wholesale of Food, Beverages and Tobaccos	1301858	828141	313451
#米、面制品及食用油批发业	Wholesale of Rice, Flour and Edible Oil	150286	53228	21620
烟草制品批发业	Wholesale of Tobaccos	826545	580826	237125
纺织、服装及日用品批发业	Wholesale of Textiles, Garments and Daily Consumer Articles	84022	63924	13790
#服装批发业	Wholesale of Garments	54913	37544	12807
文化、体育用品及器材批发业	Wholesale of Culture, Sports Appliances and Equipments	2553	2434	185
医药及医疗器材批发业	Wholesale of Medicines and Medical Appliances	557242	457401	39113
矿产品、建材及化工产品批发业	Wholesale of Mineral Products, Building Materials and Chemical Products	1485319	836980	503895
#煤炭及制品批发业	Wholesale of Coal and Related Products	231605	209292	13402
石油及制品批发业	Wholesale of Petrolem and Related Products	817884	360621	429527
金属及金属矿批发业	Wholesale of Metal Materials	303638	182653	47423
建材批发业	Wholesale of Building Materials	57794	36505	4004
化肥批发业	Wholesale of Chemical Fertilizer	28675	22807	2995
机械设备、五金交电及电子产品批发业	Wholesale of Machinery, Hardware and Electronic Equipment	528734	452512	27968
#汽车、摩托车及零配件批发业	Wholesale of Motor Vehicles, Motorcycles and Parts	85407	45179	6641
家用电器批发业	Wholesale of Household Electrical Appliances	290325	267627	12040
计算机、软件及辅助设备批发业	Wholesale of Computer, Software and Assistant Appliances	24285	20419	1752
贸易经纪与代理	Trade Broker and Agency	261	76	200
其他批发业	Other Wholesale not Classified Elsewhere	295348	274067	10872

Main Financial Indicators of Enterprises above Designated Size in Wholesale and Retail Trade (2010)

(10000 yuan)

负债合计 Total Liabilities	所有者权益合计 Total Owners' Equities	主营业务收入 Revenue from Principal Business	主营业务成本 Cost of Principal Business	主营业务税金及附加 Taxes and Other Charges on Principal Business	主营业务利润 Profits from Principal Business	营业利润 Profits	利润总额 Total Profits	本年应交增值税 Valued Added Payable	利税总额 Total Pre-Tax Profits
4492527	**2613478**	**18469682**	**16426030**	**231337**	**1503215**	**629620**	**708996**	**493731**	**1434064**
2836088	**1686573**	**13291222**	**11942315**	**197156**	**915982**	**405453**	**553462**	**420840**	**1171458**
2801280	1644931	12969823	11642620	196810	895341	394354	542055	417332	1156196
602026	744536	4240672	3673490	102231	459989	250743	263141	106775	472147
8190	4794	20057	17809	137	1424	277	526	192	855
16951	8005	112306	103831	400	4156	2431	2366	750	3516
1437932	434858	4236389	3953147	76864	227495	22674	151167	208610	436640
12930	136515	326516	241417	19348	65751	48056	48331	14637	82316
1425002	298342	3909873	3711730	57515	161745	-25382	102836	193973	354324
337415	279684	2730992	2381795	3396	135933	95393	75142	47316	125854
389582	169732	1527186	1418328	13765	59712	20830	48433	52556	114754
28925	43107	213705	181310	3422	20697	18785	21538	5354	30315
342907	115416	1242777	1178099	10026	30865	-2626	22980	46346	79352
13343	-6076	69693	65859	101	3632	-55	-131	669	639
21466	47717	251706	233836	245	17008	11154	11538	2839	14622
4186	32502	89743	86970	102	2671	1996	1996	103	2202
9384	12379	111215	99701	140	10758	7748	8145	2350	10635
236266	31057	161863	150666	696	7298	-5708	3404	1210	5310
480020	821839	2589817	1913893	146355	525044	319743	350187	123923	620465
137853	12433	75677	69201	35	3542	-2472	1237	968	2240
121009	705536	2102171	1547156	117854	443789	289800	289713	100215	507782
57764	26258	229435	219932	1342	6838	1166	2449	2121	5912
37158	17755	135896	130660	400	4451	354	1453	561	2414
1684	869	25230	22706	21	2504	1070	1070	182	1272
408739	148503	1177542	1023781	2853	147976	37388	18818	21669	43340
918800	566519	6333047	5854957	16305	241025	134338	128963	69178	214446
195498	36108	1049989	1036348	607	10220	3851	4139	2806	7552
445563	372321	3674851	3305734	3681	168590	91161	86654	57929	148264
189091	114547	1308675	1252925	10922	43652	30658	29421	5990	46334
38037	19757	125079	95654	468	9548	2719	2441	1818	4726
17343	11332	48166	45531	189	1930	1097	1416	48	1654
450591	78143	1309739	1245834	2831	58039	20291	30571	25755	59157
49739	35668	237042	230840	168	5995	3314	1807	577	2551
276520	13805	564862	526881	638	37226	15476	15597	7544	23780
17334	6952	67427	64057	135	2925	735	734	225	1094
99	162	4082	3429	101	451	88	12	51	164
282125	13222	1460467	1507115	26653	-73194	-102924	17988	176751	221392

16-6 续表

单位：万元

类 别	Type	资产合计 Total Assets	流动资产合计 Working Capitals	固定资产原价 Original Value of Fixed Assets
零售业	**Retail Trade**	**2583346**	**1584682**	**672918**
按登记注册类型分	**By Types of Registration**			
内资企业	Domestic Funded Enterprises	2486034	1523571	636967
国有企业	State-owned Enterprises	68285	42003	23866
股份合作企业	Cooperative Enterprises	33731	11857	8087
有限责任公司	Limited Liability Corporations	1232448	773342	254552
国有独资公司	State Sole Funded Corporations			
其他有限责任公司	Other Limited Liability Corporations	1232448	773342	254552
股份有限公司	Share-holding Corporations Ltd.	415245	210444	161672
私营企业	Private Enterprises	678371	455279	165251
私营独资企业	Private-funded Enterprises	73146	39369	24382
私营合伙企业	Private Partnership Enterprises	37949	15579	13494
私营有限责任公司	Private Limited Liability Corporations	437439	315897	94142
私营股份有限公司	Private Share-holding Corporations Ltd.	129838	84435	33233
其他企业	Other Enterprises	29951	16266	14439
港澳台商投资企业	Enterprises with Funds from Hong Kong, Macao and Taiwan	8948	2220	5743
#与港澳台商合资经营企业	Joint-venture Enterprises	2859	2099	243
港澳台商独资企业	Enterprises with Sole Funds	6088	121	5500
外商投资企业	Foreign Funded Enterprises	88364	58891	30207
中外合资经营企业	Joint-venture Enterprises	30072	26913	4787
外资企业	Enterprises with Sole Foreign Funds	58293	31978	25421
外商投资股份有限公司	Share-holding Corporations Ltd. with Foreign Funds			
按国民经济行业分	**By Sector**			
综合零售业	Integrated Retail	901442	507490	319382
#百货零售业	Retail of General Merchandise	596185	324846	206647
超级市场零售业	Retail of Supermarkets	283060	172553	104496
食品、饮料及烟草制品专门零售业	Retail of Food, Beverages and Tobaccos	21510	9910	11444
纺织、服装及日用品专门零售业	Special Retail of Textiles, Garments and Daily Consumer Articles	42078	24274	9499
#服装零售业	Retail of Garments	36375	20216	8577
文化、体育用品及器材专门零售业	Retail of Culture, Sports Appliances and Equipments	361721	164057	113081
#图书零售业	Wholesale of Coal and Related Products	294148	133278	80382
医药及医疗器材专门零售业	Retail of Medicines and Medical Appliances	177830	132037	41005
药品零售业	Retail of Medicines	177830	132037	41005
汽车、摩托车、燃料及零配件专门零售业	Retail of Motor Vehicles, Motorcycles, Fuel and Parts	756305	500114	128104
#汽车零售业	Retail of Motor Vehicles	716144	478914	114034
机动车燃料零售业	Retail of Fuel of Motor Vehicles	29580	15718	11372
家用电器及电子产品专门零售业	Special Retail of Household Electric Appliances and Electronic Products	260344	210951	35197
#家用电器零售业	Retail of Household Electric Appliances	196572	166685	23017
计算机、软件及辅助设备零售业	Retail of Computer, Software and Assistant Appliances	47937	31297	10902
通讯设备零售业	Retail of Communication Equipments	14330	11508	1197
五金、家具及室内装修材料专门零售业	Special Retail of Hardware, Furniture and Decoration Materials	33130	17820	10946
无店铺及其他零售业	Non-shop and Other Retails	28987	18028	4259

continued

(10000 yuan)

负债合计 Total Liabilities	所有者权益合计 Total Owners' Equities	主营业务收入 Revenue from Principal Business	主营业务成本 Cost of Principal Business	主营业务税金及附加 Taxes and Other Charges on Principal Business	主营业务利润 Profits from Principal Business	营业利润 Profits	利润总额 Total Profits	本年应交增值税 Valued Added Payable	利税总额 Total Pre-Tax Profits
1656440	**926906**	**5178460**	**4483716**	**34182**	**587233**	**224167**	**155534**	**72891**	**262607**
1601932	884101	4954744	4294043	33590	556061	212944	144085	66194	243869
45275	23010	167904	142129	1402	20582	3961	3197	2726	7325
14974	18757	36699	29685	409	6560	4695	1263	1332	3004
782768	449680	2594796	2273964	12666	282948	95128	68307	28630	109603
782768	449680	2594796	2273964	12666	282948	95128	68307	28630	109603
283985	131261	555122	483097	3957	60239	18751	20973	10341	35271
440282	238090	1524450	1300455	14414	179793	89272	49702	19401	83517
35469	37676	188450	139450	2279	38291	25209	9192	2830	14301
9982	27967	75358	65502	796	7705	1663	2458	906	4159
302458	134982	1106277	963489	10046	114881	56934	32460	12792	55298
92373	37465	154364	132014	1294	18917	5466	5593	2873	9759
24658	5293	48840	44012	433	3997	1119	991	610	2034
4516	4432	8506	6582	260	1664	985	985	378	1623
927	1932	4698	3324	61	1313	664	664	227	952
3588	2500	3808	3259	199	350	321	321	150	671
49992	38373	215209	183091	331	29509	10237	10464	6320	17115
10554	19518	62361	51032	74	11255	3189	3279	1510	4863
39438	18854	152849	132059	257	18254	7048	7185	4810	12252
619785	281658	1531098	1251647	9632	243744	110764	52794	26945	89371
423547	172638	837432	713674	5262	114192	40363	31316	14649	51227
181762	101298	630792	486710	3928	118550	65655	17776	12050	33753
4679	16830	38274	32552	358	4948	2144	2305	532	3195
26863	15215	64118	54534	609	8847	-1723	842	940	2390
23896	12479	46421	39657	459	6586	-2776	-568	580	471
122158	239563	425958	330201	2731	91694	30320	34441	6675	43846
97799	196350	358017	277716	1176	79125	23589	26880	4942	32998
147664	30166	317739	280974	1007	34159	5344	3887	5868	10762
147664	30166	317739	280974	1007	34159	5344	3887	5868	10762
507966	248339	2152161	1975183	11602	141238	55794	44877	23042	79520
481759	234385	1963619	1812354	10451	119891	50588	40424	20048	70923
18780	10801	167932	146430	581	17966	3721	3051	2749	6380
194628	65716	477200	427613	3004	35625	17360	11215	4837	19056
161562	35010	341278	304954	2094	30713	8318	5988	3506	11587
25510	22428	103607	92307	630	3399	8540	4697	1050	6377
7068	7262	29760	27980	273	1508	497	525	247	1045
19501	13629	129600	102031	2900	20725	1559	2024	3010	7935
13196	15791	42311	28980	2340	6254	2605	3150	1043	6532

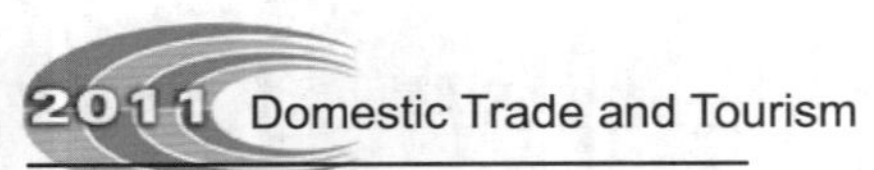

16-7 限额以上餐饮业主要财务指标（2010年）

单位：万元

类　　别	Type	资产合计 Total Assets	流动资产合计 Working Capitals	固定资产原价 Original Value of Fixed Assets
总　　计	**Total**	**318850**	**83960**	**154372**
按登记注册类型分组	**By Types of Registration**			
内资企业	Domestic Funded Enterprises	284983	73074	134666
国有企业	State-owned Enterprises	6333	1615	5645
集体企业	Collective-owned Enterprises	79	16	19
股份合作企业	Cooperative Enterprises	6894	2864	2453
有限责任公司	Limited Liability Corporations	58860	22098	26636
其他有限责任公司	Other Limited Liability Corporations	58860	22098	26636
股份有限公司	Share-holding Corporations Ltd.	3275	1020	2279
私营企业	Private Enterprises	198990	43147	92367
私营独资企业	Private Limited Liability Corporations	101912	16246	44077
私营合伙企业	Private Partnership Enterprises	18309	4580	7624
私营有限责任公司	Private Limited Liability Corporations	53961	20318	31574
私营股份有限公司	Private Share-holding Corporations Ltd.	24808	2004	9091
其他企业	Other Enterprises	8408	1803	3865
港澳台商投资企业	Enterprises with Funds from Hong Kong, Macao and Taiwan	17864	5227	10792
#与港澳台商合资经营企业	Joint-venture Enterprises	4386	2060	1085
港澳台商独资企业	Enterprises with Sole Funds	9338	2066	7676
外商投资企业	Foreign Funded Enterprises	16003	5659	8914
中外合资经营企业	Joint-venture Enterprises	158	80	69
外资企业	Enterprises with Sole Foreign Funds	12811	2909	8324
外商投资股份有限公司	Share-holding Corporations Ltd. with Foreign Funds	3034	2670	522
按国民经济行业分组	**By Sector**			
正餐服务业	Dinner	301024	78500	144875
快餐服务业	Snack	15949	5080	8587

Main Financial Indicators of Enterprises above Designated Size in Catering Services (2010)

(10000 yuan)

负债合计 Total Liabilities	所有者权益合计 Total Owners Equity	主营业务收入 Revenue from Principal Business	主营业务成本 Cost of Principal Business	主营业务税金及附加 Taxes and Other Charges on Principal Business	主营业务利润 Profits from Principal Business	营业利润 Profits	利润总额 Total Profits	利税总额 Total Pre-Tax Profits
142489	**176361**	**345008**	**207588**	**15553**	**337039**	**34019**	**35223**	**50776**
127796	157187	284774	180912	12655	85776	26382	27910	40565
1750	4583	4077	1724	155	2197	723	22	177
44	35	555	332	29	195	168	168	197
3340	3554	8311	4660	485	2557	817	1030	1514
37024	21837	38609	23522	1891	12589	1206	753	2644
37024	21837	38609	23522	1891	12589	1206	753	2644
877	2398	8062	5145	347	2571	1192	402	749
83107	115882	213653	137812	9326	62634	21066	24470	33797
32153	69759	117570	75495	5169	33754	14889	12651	17819
7369	10940	21344	12813	925	7395	2093	8671	9596
22041	31920	55970	36049	2540	16864	3303	2376	4916
21545	3263	18769	13455	693	4622	782	774	1466
1153	7255	10223	6874	359	2656	1002	857	1216
8112	9752	15027	11008	658	2796	749	810	1468
284	4102	6122	4485	232	1406	498	559	791
5248	4090	5587	4177	228	1182	97	98	326
6582	9421	45207	15669	2240	248468	6888	6502	8743
58	100	236	176	12	48	29	29	41
5165	7646	41387	14068	2055	246433	6148	5804	7860
1359	1675	3584	1425	173	1987	712	670	842
136381	164643	286203	182608	12795	86826	25980	28805	41600
5797	10152	49237	18520	2348	248086	6636	5852	8200

16-8 限额以上住宿业主要财务指标（2010年）

单位：万元

类别	Type	资产合计 Total Assets	流动资产合计 Working Capitals	固定资产原价 Original Value of Fixed Assets
总计	**Total**	**1146990**	**306366**	**669667**
按登记注册类型分组	**By Types of Registration**			
内资企业	Domestic Funded Enterprises	1074919	292747	625919
国有企业	State-owned Enterprises	271786	66448	158054
集体企业	Collective-owned Enterprises	4219	1312	2873
股份合作企业	Cooperative Enterprises	44762	3481	47835
联营企业	Joint Ownership Enterprises			
国有联营企业	State Joint Ownership Enterprises			
有限责任公司	Limited Liability Corporations	331385	112041	147052
其他有限责任公司	Other Limited Liability Corporations	325090	107630	146337
股份有限公司	Share-holding Corporations Ltd.	94462	13567	69076
私营企业	Private Enterprises	316637	90269	194761
私营独资企业	Private - Funded Enterprises	53854	14087	35555
私营合伙企业	Private Partnership Enterprises	19773	7103	16184
私营有限责任公司	Private Limited Liability Corporations	185766	59737	104184
私营股份有限公司	Private Share-holding Corporations Ltd.	57245	9342	38837
其他企业	Other Enterprises	11670	5630	6270
港澳台商投资企业	Enterprises with Funds from Hong Kong, Macao and Taiwan	21590	6689	16060
与港澳台商合资经营企业	Joint-venture Enterprises	8085	2121	7222
与港澳台商合作经营企业	Cooperation Enterprises	123	23	80
港澳台商独资企业	Enterprises with Sole Funds	13382	4545	8758
港澳台商独资股份有限公司	Share-holding Corporations Ltd. with Funds			
外商投资企业	Foreign Funded Enterprises	50481	6930	27688
中外合资经营企业	Joint-venture Enterprises	3609	353	785
中外合作经营企业	Cooperation Enterprises	23111	4046	15157
外资企业	Enterprises with Sole Foreign Funds	16347	1310	11196
外商投资股份有限公司	Share-holding Corporations Ltd. with Foreign Funds	7414	1221	550
按国民经济行业分组	**By Sector**			
旅游饭店	Tourism Hotel	918875	222067	583437
一般旅馆	General Hotel	197707	70898	82124
其他住宿服务	Other Residential Services	30409	13400	4106

Main Financial Indicators of Star-ranking Hotels (2010)

(10000 yuan)

负债合计 Total Liabilities	所有者权益合计 Total Owners Equity	主营业务收入 Revenue from Principal Business	主营业务成本 Cost of Principal Business	主营业务税金及附加 Taxes and Other Charges on Principal Business	主营业务利润 Profits from Principal Business	营业利润 Profits	利润总额 Total Profits	利税总额 Total Pre-Tax Profits
614220	**532771**	**395642**	**185864**	**28151**	**176340**	**17344**	**7615**	**35767**
576917	498002	369710	168163	27364	169285	16860	7179	34542
125023	146762	80898	33929	4114	38780	886	252	4366
2108	2111	4488	2435	290	1763	133	-22	268
27491	17271	19943	10583	1030	8192	2715	2100	3130
233846	97539	112408	48302	13237	57319	-1063	-624	12612
231728	93362	111162	47794	13188	56711	-878	-439	12748
23895	70567	31254	14443	973	15621	6489	-655	318
158225	158412	115914	56224	7487	45288	7482	5982	13469
21356	32497	24864	14020	2777	8096	964	1086	3863
6319	13454	12442	5937	554	4614	1208	790	1344
85649	100117	61909	27961	3498	25835	5400	3998	7496
44901	12343	16700	8306	658	6743	-90	109	767
6329	5341	4805	2247	234	2321	218	146	379
12741	8849	8472	3954	455	4063	-303	-350	105
4729	3356	2822	717	144	1961	247	180	324
2	121	539	499	11	30	9	9	19
8010	5372	5111	2739	301	2072	-559	-539	-238
24561	25920	17460	13747	333	2992	786	787	1119
593	3016	5541	4549	30	912	294	295	325
8908	14203	2168	1536	36	596	80	80	116
12646	3701	8121	6430	154	1198	173	174	328
2414	5000	1630	1232	112	286	239	239	351
496305	422570	325733	149204	23876	149640	12777	3178	27054
106332	91375	64795	33747	4142	24815	4430	4520	8662
11583	18826	5113	2914	133	1884	137	-82	51

16-9 各地区限额以上批发零售贸易业基本情况（2010年）
Basic Conditions of Domestic Trade by Region (2010)

地　区	Region	法人企业(个) Number of Corporation Unit	批发企业 Wholesale Trade	零售企业 Retail Trade	产业活动单位(个) Number of Economic Active Units(unit)	年末从业人数(人) Persons Employed (person)
全　省	**Provincial Total**	**1187**	**449**	**738**	**2174**	**121169**
南昌市	Nanchang	384	178	206	684	42127
景德镇市	Jingdezhen	46	12	34	92	3406
萍乡市	Pingxiang	49	6	43	94	3908
九江市	Jiujiang	94	17	77	196	10770
新余市	Xinyu	50	25	25	56	3721
鹰潭市	Yingtan	44	26	18	62	2008
赣州市	Ganzhou	82	19	63	286	10790
吉安市	Ji'an	85	13	72	215	8038
宜春市	Yichun	87	46	41	185	16709
抚州市	Fuzhou	149	76	73	163	8339
上饶市	Shangrao	117	31	86	141	11353

16-9 续表 continued

地　区	Region	销售合计(万元) Total Purchase Value(10000yuan)	批发额(万元) Wholesale Value(10000yuan)	#出口 Exports	零售额(万元) Retail Value(1000 yuan)
全　省	**Provincial Total**	**20192887**	**12698879**	**600130**	**7494008**
南昌市	Nanchang	10199054	6599875	524309	3599179
景德镇市	Jingdezhen	488857	270048	71043	218809
萍乡市	Pingxiang	439563	179407	1435	260156
九江市	Jiujiang	1145591	575200		570392
新余市	Xinyu	606309	302100		304209
鹰潭市	Yingtan	1127389	977915		149474
赣州市	Ganzhou	1366419	556236		810183
吉安市	Ji'an	794566	578353		216213
宜春市	Yichun	1734116	1226886	3343	507229
抚州市	Fuzhou	998838	619891		378947
上饶市	Shangrao	1292185	812966		479218

16-10 限额以上餐饮业经营情况（2010年）

Business of Catering Services above Designated Size (2010)

单位：万元 10000 yuan

类别	Type	法人企业（个）Number of Corporation (unit)	从业人数（人）Persons Employed (person)	营业额 Business Revenue	#客房收入 Revenue from Hotel Rooms	#餐费收入 Revenue from Meals	#商品销售收入 Revenue from Commodities
总计	**Total**	**353**	**28200**	**344369**	**20370**	**284651**	**37747**
按登记注册类型分	**By Types of Registration**						
内资企业	Domestic Funded Enterprises	333	25278	284068	19711	227822	34966
国有企业	State-owned Enterprises	7	640	4061	982	2895	143
集体企业	Collective-owned Enterprises	1	74	555	259	297	
股份合作企业	Cooperative Enterprises	11	709	8162	382	6693	1070
有限责任公司	Limited Liability Corporations	45	3216	38695	4313	29887	4292
其他有限责任公司	Other Limited Liability Corporations	45	3216	38695	4313	29887	4292
股份有限公司	Share-holding Corporations Ltd.	7	670	8129	658	6186	1286
私营企业	Private Enterprises	240	18955	213180	12834	173030	26351
私营独资企业	Private - Funded Enterprises	127	9839	117042	4278	99338	12633
私营合伙企业	Private Partnership Enterprises	32	2211	21346	892	17613	2770
私营有限责任公司	Private Limited Liability Corporations	59	5442	55890	6836	42668	6285
私营股份有限公司	Private Share-holding Corporations Ltd.	22	1463	18903	829	13411	4663
其他企业	Other Enterprises	20	927	10001	205	7685	1824
港澳台商投资企业	Enterprises with Funds from Hong Kong, Macao and Taiwan	10	1105	15007	660	12576	1739
#与港澳台商合资经营企业	Joint-venture Enterprises	5	490	6102	114	4980	976
港澳台商独资企业	Enterprises with Sole Funds	3	408	5587	545	4800	241
外商投资企业	Foreign Funded Enterprises	10	1817	45294		44253	1042
中外合资经营企业	Joint-venture Enterprises	1	30	276		166	111
中外合作经营企业	Cooperation Enterprises						
外资企业	Enterprises with Sole Foreign Funds	5	1574	41397		41239	158
外商投资股份有限公司	Share-holding Corporations Ltd. with Foreign Funds	4	213	3621		2848	773
按国民经济行业分组	**By Sector**						
正餐服务业	Dinner	334	25827	285554	20370	226403	37284
快餐服务业	Snack	10	2026	49247		48680	463

16-11 限额以上住宿业经营情况（2010年）
Business of Star-ranking Hotels (2010)

单位：万元　　10000 yuan

类　别	Type	法人企业（个）Number of Corporation (unit)	从业人数（人）Persons Employed (person)	营业额 Business Revenue	#客房收入 Revenue from Hotel Rooms	#餐费收入 Revenue from Meals	#商品销售收入 Revenue from Commodities
总　计	**Total**	**380**	**41874**	**422783**	**224024**	**158880**	**19874**
按登记注册类型分	**By Types of Registration**						
内资企业	Domestic Funded Enterprises	362	39309	396896	208902	150218	19174
国有企业	State-owned Enterprises	76	9537	85365	44505	33237	3904
集体企业	Collective-owned Enterprises	8	576	4525	2168	2287	65
股份合作企业	Cooperative Enterprises	13	1903	23133	11757	9961	675
联营企业	Joint Ownership Enterprises						
国有联营	State Joint Ownership Enterprises						
有限责任公司	Limited Liability Corporations	84	12793	114596	61340	42847	4155
其他有限责任公司	Other Limited Liability Corporations	82	12650	113184	60308	42492	4155
股份有限公司	Share-holding Corporations Ltd.	26	2016	46890	25965	16264	4200
私营企业	Private Enterprises	146	11947	117666	61001	43177	6071
私营独资企业	Private - Funded Enterprises	35	2524	24572	11739	9876	1776
私营合伙企业	Private Partnership Enterprises	20	1074	13526	8487	3650	1265
私营有限责任公司	Private Limited Liability Corporations	72	6556	62557	33425	21224	2588
私营股份有限公司	Private Share-holding Corporations Ltd.	19	1793	17011	7350	8427	442
其他企业	Other Enterprises	9	537	4720	2166	2446	102
港澳台商投资企业	Enterprises with Funds from Hong Kong, Macao and Taiwan	9	959	8499	4991	3314	21
与港澳台商合资经营企业	Joint-venture Enterprises	3	338	2828	1286	1503	
与港澳台商合作经营	Cooperation Enterprises	1	68	539	508	31	
港澳台商独资企业	Enterprises with Sole Funds	5	553	5132	3197	1780	21
港澳台商独资股份有限公司	Share-holding Corporations Ltd. with Funds						
外商投资企业	Foreign Funded Enterprises	9	1606	17389	10131	5348	679
中外合资经营企业	Joint-venture Enterprises	3	361	5541	3153	1594	443
中外合作经营企业	Cooperation Enterprises	2	485	2304	1223	517	132
外资企业	Enterprises with Sole Foreign Funds	3	570	8136	4719	2902	69
外商投资股份有限公司	Share-holding Corporations Ltd. with Foreign Funds	1	190	1408	1036	335	37
按国民经济行业分	**By Sector**						
旅游饭店	Tourism Hotel	281	33995	351401	180121	136811	15848
一般旅馆	General Hotel	92	7323	66130	40851	20414	3495
其他住宿服务	Other Residential Hotel	7	556	5253	3052	1654	532

16-12 城乡个体批发和零售贸易、住宿餐饮业基本情况
Basic Conditions of Individual Wholesale and Retail Trades,Hotel and Catering Services in Both Urban and Rural Areas

指 标	Item	2000	2009	2010
户数合计(户)	**Units(unit)**	**340190**	**571029**	**742972**
城 镇	Urban Areas	171011	365851	472175
农 村	Rural Areas	169179	205178	270797
人数合计(人)	**Persons(person)**	**797020**	**1368994**	**1726322**
城 镇	Urban Areas	397949	853434	1056969
农 村	Rural Areas	399071	515560	669353
销售额(营业收入)(万元)	**Revenue of Business (10000 yuan)**	**2282493**	**10322936**	**14583507**
城 镇	Urban Areas	1253638	7007535	9941210
农 村	Rural Areas	1028855	3315401	4642297

16-13 私营批发和零售贸易、住宿餐饮企业基本情况（2010年）
Basic Conditions of Private Enterprises in Wholesale and Retail Trade,Hotel and Catering Services in both Urban and Rural Areas (2010)

类 别	Type	户数(户) Number of Households (household)	投资者(人) Employers (person)	雇工人数(人) Persons Employed (person)	注册资本金(万元) Registration Funds (10000 yuan)
合 计	**Total**	**58026**	**124836**	**644714**	**8466445**
按经营地区分	**By Region**				
城 镇	Urban Areas	20573	47322	204662	2743170
农 村	Rural Areas	37453	77514	440052	5723275
按注册登记分	**By Status Registration**				
独资企业	Enterprises with Sole Funds	3906	3996	36166	264915
合伙企业	Cooperative Enterprises	1379	3173	12681	56526
有限责任公司	Limited Liability Cororations	52674	117545	595768	8072348
股份有限公司	Share--holding Corporations Ltd.	67	122	99	72656

16-14 旅游业发展情况
Development of Tourism

年 份 Year	旅游总收入(亿元) Total Tourism Earnings (100 million yuan)	占全国旅游总收入比重(%) As Percentage of Total National Tourism Earnings(%)	为全省地区生产总值(%) As Percentage of the Province's GDP (%)	为全省地区生产总值中第三产业(%) As Percentage of Tertiary Industry in the Province's GDP(%)
1991	4.30	1.23	0.90	3.04
1992	4.81	1.03	0.84	2.79
1993	5.31	0.47	0.73	2.47
1994	6.33	0.38	0.67	2.14
1995	8.39	0.40	0.67	2.14
1996	50.15	2.02	3.31	10.27
1997	79.35	2.55	4.63	13.64
1998	81.64	2.37	4.41	12.35
1999	111.29	2.78	5.67	15.03
2000	134.6	2.98	6.72	16.47
2001	161.4	3.23	7.42	18.31
2002	191.1	3.43	7.80	19.85
2003	197.47	4.04	6.98	18.93
2004	240.81	3.52	6.97	19.65
2005	320.02	4.16	7.89	22.67
2006	390.89	4.37	8.37	25.00
2007	463.67	4.23	8.43	26.44
2008	559.38	4.83	8.63	27.90
2009	675.61	5.20	8.83	25.62
2010	818.32	5.21	8.66	26.22

16-15 国际旅游收入情况
Income from International Turism

单位：万美元 (USD 10000)

指 标	Item	2009	2010
合 计	**Total**	**28975**	**34630**
长途交通	Long Distance Transportation	7476	11324
民 航	Civil Aviation	5766	7792
铁 路	Railway	956	1420
汽 车	Highway	493	1281
轮 船	Waterway	261	831
游 览	Sightseeing	1420	1281
住 宿	Accommodation	3361	3498
餐 饮	Food and Beverage	2579	3047
娱 乐	Entertainment	1999	2009
购 物	Shopping	7591	9281
邮电通讯	Post and Communication Services	666	623
市内交通	Local Transportation	638	693
其 他	Others	3245	2874

16-16 入境旅游情况
Development of Oversea Visitor Arrivals

指　　标	Item	2000	2005	2009	2010
旅游人数(人次)	**Number of Oversea Visitor Arrivals (Person-time)**	**163057**	**372513**	**964299**	**1140792**
外国人	Foreigners	55411	136270	387577	399449
#印度尼西亚	Indonesia	239	1982	11933	12251
日本	Japan	12282	23945	34096	34956
马来西亚	Malaysia	1256	3639	13865	12113
菲律宾	Philippines	270	1794	10206	8320
新加坡	Singapore	2018	8271	18748	20249
韩国	Korea Rep.	1183	10809	37849	36240
泰国	Thailand	2559	1716	10509	4271
英国	United Kingdom	2966	11543	21159	21613
德国	Germany	3080	5943	20729	21689
法国	France	1212	6488	16825	15299
意大利	Italy	464	3320	9989	9132
荷兰	Netherlands	417			
西班牙	Spain	195	3757	7790	5551
瑞典	Sweden	195	1131	6147	6705
瑞士	Switzerland	236	364	6249	6748
俄罗斯	Russia	419	2329	13443	16502
加拿大	Canada	1069	4380	11631	10886
美国	United States	11997	27235	43696	52339
澳大利亚	Australia	640	4622	11810	11888
新西兰	New Zealand	164	1486	4129	2911
港澳同胞	Chinese Compatriots from Hong Kong and Macao	69375	154885	433115	534537
台湾同胞	Chinese Compatriots fromTaiwan Province	38271	81358	143607	206806
旅游外汇收入(万美元)	**Foreign Exchange Earnings from International Tourism (USD 10000)**	**6234**	**10395**	**28975**	**34630**

注：外国人包括了华侨人数。
a) Overseas Chinese are included in foreigners.

16-17 各地区入境旅游情况（2010年）

Development of Oversea Visitor Arrivals by Region (2010)

地　区	Region	旅游人数（人次） Number of Oversea Visitor Arrivals (Person-time)	外国人 Foreigners	香港同胞 Hong Kong Compatriots	澳门同胞 Macao Compatriots	台湾同胞 Taiwan Compatriots	旅游收汇（万美元） Foreign Exchange Earnings from International Tourism (USD 10000)
全　省	**Provincial Total**	**1140792**	**399449**	**374668**	**159869**	**206806**	**34630**
南昌市	Nanchang	120524	86552	17142	1856	14974	3069
景德镇市	Jingdezhen	194867	74930	54899	26673	38365	6484
萍乡市	Pingxiang	44000	14173	10941	9051	9835	1225
九江市	Jiujiang	250467	141770	48484	13489	46724	9047
新余市	Xinyu	13706	6612	2378	1918	2798	294
鹰潭市	Yingtan	55361	1938	36287	8645	8491	1029
赣州市	Ganzhou	120037	4214	78152	19289	18382	3056
吉安市	Ji'an	123769	21403	45783	28314	28269	3381
宜春市	Yichun	54140	25254	12348	5505	11033	1571
抚州市	Fuzhou	51702	12135	14129	9997	15441	1714
上饶市	Shangrao	112219	10468	54125	35132	12494	3760

16-18 各地区“春节、五一、十一”旅游情况（2010年）

Development of Tourism by Region in Spring Festival, May Day or National Day Holidays (2010)

地　区	Region	旅游人数（万人次） Number of Visitors (10000 person-times)			旅游收入（万元） Tourism Earnings (10000 yuan)		
		春节 Spring Festival	五一 Labor Day	十一 National Day	春节 Spring Festival	五一 Labor Day	十一 National Day
全　省	**Provincial Total**	**321.9**	**539.2**	**1398.4**	**104459**	**211204**	**512439**
南昌市	Nanchang	74.9	87.6	334.1	31648	34024	95010
景德镇市	Jingdezhen	22.4	55.8	110.5	2719	13459	28700
萍乡市	Pingxiang	9.0	30.7	91.3	3025	7429	31955
九江市	Jiujiang	34.3	60.1	152.2	9300	33600	82100
新余市	Xinyu	19.7	33.3	58.2	4065	6314	15587
鹰潭市	Yingtan	24.1	26.9	97.5	16500	7670	19900
赣州市	Ganzhou	36.2	42.6	116.9	9853	10677	34407
吉安市	Ji'an	18.6	67.0	129.4	7083	48060	58900
宜春市	Yichun	34.0	31.5	125.8	6423	7855	45971
抚州市	Fuzhou	18.5	22.2	56.9	5164	5416	21209
上饶市	Shangrao	30.2	81.5	125.6	8678	36700	78700

16-19 主要星级饭店基本情况（2010年）

Basic Conditions of Main Star-rated Hotels (2010)

名　　称	Name	星级	Star-rated	评星时间 Time	客房总数(间) Total Rooms (room)	床位总数(张) Total Beds (bed)	地　址	Address	邮政编码 Postal Code
江西宾馆	Jiangxi Hotel	五 星	Five	2003	228	407	南昌市	Nanchang	330006
凯莱大酒店	Gloria Grand Hotel Co.Ltd	五 星	Five	2003	327	442	南昌市	Nanchang	330008
嘉莱特和平国际酒店	Galatic Peace International Hotel	五 星	Five	2007	252	337	南昌市	Nanchang	330002
锦峰大酒店	Jinfeng Hotel	五 星	Five	2007	167	307	南昌市	Nanchang	330002
泰耐克国际大酒店	Trilec International Hotel	五 星	Five	2009	209	299	南昌市	Nanchang	330038
园中源大酒店	Yuanzhongyuan Hotel	五 星	Five	2009	190	320	南昌市	Nanchang	330096
瑞都大酒店	Ruidu Hotel	四 星	Four	2004	115	212	南昌市	Nanchang	330002
富豪酒店	Jiangxi Regal Hotel	四 星	Four	2004	219	410	南昌市	Nanchang	330002
七星商务酒店	Senven Star Commercial Hotel	四 星	Four	2005	230	352	南昌市	Nanchang	330006
赣江宾馆	Ganjiang Hotel	四 星	Four	2005	312	589	南昌市	Nanchang	330003
江西饭店	Jiangxi Hotel	四 星	Four	2006	301	535	南昌市	Nanchang	330006
锦都皇冠酒店	Jindu Crown Hotel	四 星	Four	2006	214	333	南昌市	Nanchang	330002
民航花园酒店	Jiangxi Civil Aviation Garden Hotel	四 星	Four	2006	138	250	南昌市	Nanchang	330025
皇廷大酒店	Nanchang Palace Hotel	四 星	Four	2006	221	358	南昌市	Nanchang	330002
白鹿会馆	Jiangxi Shida Bailu Hotel	四 星	Four	2006	87	164	南昌市	Nanchang	330022
华悦国际大酒店	Huayue Hotel	四 星	Four	2006	118	172	南昌市	Nanchang	330002
泽源大酒店	Zeyuan Hotel	四 星	Four	2006	67	128	南昌市	Nanchang	330077
国贸酒店	International Trade Hotel	四 星	Four	2007	243	409	南昌市	Nanchang	330002
洪都宾馆	Jiangxi Hongdu Hotel Co.Ltd	四 星	Four	2007	277	505	南昌市	Nanchang	330006
鄱阳湖大酒店	Poyanghu Hotel	四 星	Four	2008	270	481	南昌市	Nanchang	330002
鑫峰假日酒店	Xinfeng Holiday hotel	四 星	Four	2008	142	241	南昌市	Nanchang	330038
百瑞四季酒店	Braim Seasons Hotel	四 星	Four	2009	244	430	南昌市	Nanchang	330046
京西宾馆	Jingxi Hotel	四 星	Four	2009	178	331	南昌市	Nanchang	330046
玉泉岛大酒店	Yuquan Island Hotel	四 星	Four	2009	106	212	南昌市	Nanchang	333200
青山湖宾馆	QSH Hotel	三 星	Three	1992	260	347	南昌市	Nanchang	330006
环湖宾馆	Lake Side Hotel	三 星	Three	1996	172	292	南昌市	Nanchang	330006
抚州大饭店	Fuzhou Hotel	三 星	Three	1998	110	230	南昌市	Nanchang	330003
华宇商务酒店	Huayu Business Hotel	三 星	Three	2000	167	289	南昌市	Nanchang	330002
锦昌大酒店	Jinchang Hotel	三 星	Three	2003	144	237	南昌市	Nanchang	330002
铁路大酒店	Nanchang Railway Hotel	三 星	Three	2003	129	218	南昌市	Nanchang	330002
明园大酒店	Mingyuan Hotel	三 星	Three	2004	150	283	南昌市	Nanchang	330002
北京宾馆	Beijing Hotel	三 星	Three	2006	112	206	南昌市	Nanchang	330029
核工宾馆	Hegong Hotel	三 星	Three	2006	132	271	南昌市	Nanchang	330046
金袁州宾馆	Jinyuanzhou Hotel	三 星	Three	2006	131	242	南昌市	Nanchang	330006
金悦宾馆	Jinyue Hotel	三 星	Three	2006	88	170	南昌市	Nanchang	330003
东城宾馆	Nanchang Dongcheng Hotel	三 星	Three	2007	140	240	南昌市	Nanchang	330029
军山湖大酒店	Junshan Lake Hotel,Jinxian County	三 星	Three	2007	150	194	南昌市	Nanchang	331700
银龙大酒店	Yinlong Hotel	三 星	Three	2008	117	206	南昌市	Nanchang	330001
唯客酒店	Weike Hotel	三 星	Three	2008	357	600	南昌市	Nanchang	330002
阳光假日酒店	Sunshine Holiday Hotel	三 星	Three	2009	116	160	南昌市	Nanchang	330077
百胜酒店	Baisheng Hotel	三 星	Three	2009	125	224	南昌市	Nanchang	330029
体育宾馆	Sports Hotel	三 星	Three	2009	137	280	南昌市	Nanchang	330006
旺辉酒店	Wanghui Hotel	三 星	Three	2010	200	357	南昌市	Nanchang	330002
金鼎商务酒店	Jinding Business Hotel	三 星	Three	2010	66	114	南昌市	Nanchang	330500
景德镇大酒店	Jingdezhen Hotel	四 星	Four	2005	127	238	景德镇市	Jingdezhen	333000
开门子大酒店	Jingdezhen Kaimenzi Grand Hotel	四 星	Four	2005	148	220	景德镇市	Jingdezhen	333000
朗逸酒店	Langyi Hotel	四 星	Four	2008	181	319	景德镇市	Jingdezhen	333000
合资宾馆	Joint Venture Hotel,China	三 星	Three	1991	143	275	景德镇市	Jingdezhen	333000
金叶大酒店	Jinye Hotel	三 星	Three	2003	198	410	景德镇市	Jingdezhen	333000
景德镇宾馆	Jingdezhen Hotel	三 星	Three	2004	69	140	景德镇市	Jingdezhen	333000

16-19 续表1 continued

名称	Name	星级	Star-rated	评星时间 Time	客房总数(间) Total Rooms (room)	床位总数(张) Total Beds (bed)	地址	Address	邮政编码 Postal Code
良友宾馆	Liangyou Hotel	三 星	Three	2006	75	141	景德镇市	Jingdezhen	333000
新昌江大酒店	Xinchangjiang Hotel	三 星	Three	2006	99	154	景德镇市	Jingdezhen	333000
昌河宾馆	Changhe Hotel	三 星	Three	2006	58	71	景德镇市	Jingdezhen	333000
财政宾馆	Caizheng hotel	三 星	Three	2006	93	168	景德镇市	Jingdezhen	333000
瓷都宾馆	Porcelain Capital Hotel	三 星	Three	2008	133	242	景德镇市	Jingdezhen	333000
昌南半岛酒店	Changnan Bandao Hotel	三 星	Three	2007	67	128	景德镇市	Jingdezhen	333000
佳佳基大酒店	Leping Jiajiaji Hotel	三 星	Three	2007	91	165	景德镇市	Jingdezhen	333000
蓝波湾花园酒店	Blue Golf Hotel	四 星	Four	2005	131	221	萍乡市	Pingxiang	337000
萍钢宾馆	Pinggang Hotel	四 星	Four	2006	80	154	萍乡市	Pingxiang	337019
安源宾馆	Anyuan Hotel	三 星	Three	1999	132	244	萍乡市	Pingxiang	337000
鑫海岸商务酒店	Xinhaian Business Hotel	三 星	Three	2003	84	150	萍乡市	Pingxiang	337000
豪门国际大酒店	International Noble Hotel	三 星	Three	2005	103	184	萍乡市	Pingxiang	337000
天鹅宾馆	Swan Hotel	三 星	Three	2008	108	192	萍乡市	Pingxiang	337000
赣星世纪大酒店	Ganxing Century Hotel	三 星	Three	2008	94	157	萍乡市	Pingxiang	331700
远洲国际大酒店	S&N International Hotel, Jiujiang China	五 星	Five	2007	420	630	九江市	Jiujiang	332000
西湖宾馆	Lushan Xihu Hotel	四 星	Four	2001	57	152	庐山	Lushan	332900
星河大酒店	Xinhe Hotel	四 星	Four	2004	90	156	九江市	Jiujiang	332000
天沐温泉度假村	Tianmu Spa Resort	四 星	Four	2005	112	201	星子县	Xingzi	332802
雅格泰大酒店	Agartha Hotel	四 星	Four	2006	213	368	九江市	Jiujiang	332000
龙湾温泉度假村	Longwang Hotsprings Resort, Lushan China	四 星	Four	2006	125	238	星子县	Xingzi	332802
国脉宾馆	Lushan Guomai Hotel	四 星	Four	2006	89	163	庐山	Lushan	332900
国际阳光温泉度假村	International Sunshine Hopsprings Resort	四 星	Four	2008	96	165	庐山	Lushan	332800
花旗假日大酒店	Citi Holiday Hotel	四 星	Four	2008	123	251	九江市	Jiujiang	332005
北戴河宾馆	Beidaihe Hotel	四 星	Four	2008	70	130	永修县	Yongxiu	330317
金轩益君大酒店	Jinxuanyijun Hotel	四 星	Four	2009	166	314	九江市	Jiujiang	332000
共青茶山迎宾馆	Gongqing Tea Mount Hotel	预 四	Four	2010	116	184	修水县	Xiushui	332020
五丰宾馆	Wufeng Hotel	三 星	Three	1995	78	160	九江市	Jiujiang	332000
九江宾馆	Jiujiang Hotel	三 星	Three	1996	121	261	九江市	Jiujiang	332000
白鹿宾馆	Bailu Hotel	三 星	Three	1997	212	393	九江市	Jiujiang	332000
新世纪宾馆	Xinshiji Hotel	三 星	Three	2001	40	72	庐山	Lushan	332900
良璐宾馆	Lushan Lianglu Hotel	三 星	Three	2001	48	90	庐山	Lushan	332900
飞云宾馆	Lushan Feiyun Hotel	三 星	Three	2002	49	95	庐山	Lushan	332900
经纬宾馆	Jingwei Hotel	三 星	Three	2002	56	111	庐山	Lushan	332900
电力宾馆	Lushan Electric Power Hotel	三 星	Three	2002	84	164	庐山	Lushan	332900
信息宾馆	Xinxi Hotel	三 星	Three	2002	68	129	九江市	Jiujiang	332000
中景假期酒店	Zhongjing Holiday Hotel	三 星	Three	2003	135	259	九江市	Jiujiang	332000
欧迪大酒店	Audit Hotel	三 星	Three	2004	83	164	九江市	Jiujiang	332000
石钟山宾馆	Shizhongshan Hotel	三 星	Three	2004	39	74	湖口县	Hukou	332500
景山大酒店	Jingshan Hotel	三 星	Three	2009	85	160	武宁县	Wuning	332300
花园大酒店	Garden Hotel	三 星	Three	2010	92	161	九江市	Jiujiang	332000
柘林湖醉酒湾大酒店	Zhelin River Zhuijiuwan Hotel	三 星	Three	2010	57	106	永修县	Yongxiu	330317
庐山颐园宾馆	Lushan Jiyuan Hotel	三 星	Three	2010	63	128	庐山	Lushan	332900
都昌大酒店	Duchang Hotel	三 星	Three	2010	65	116	都昌县	Duchang	332600
体育宾馆	Lushan Sports Hotel	三 星	Three	2004	39	77	庐山	Lushan	332900
鑫缔宾馆	Lushan Xindi Hotel	三 星	Three	2005	71	137	庐山	Lushan	332900
如琴湖饭店	Lushan Ruqinhu Hotel	三 星	Three	2005	65	123	庐山	Lushan	332900
庐山宾馆	Lushan Hotel	三 星	Three	2005	68	136	庐山	Lushan	332900

16-19 续表2 continued

名称	Name	星级	Star-rated	评星时间 Time	客房总数(间) Total Rooms (room)	床位总数(张) Total Beds (bed)	地址	Address	邮政编码 Postal Code
皇家大酒店	Royal Hotel	三星	Three	2005	108	206	瑞昌市	Ruichang	332200
黄金假日酒店	Gold Holiday hotel	三星	Three	2006	112	205	九江市	Jiujiang	332000
天翔商务大酒店	Tianxiang Business Hotel	三星	Three	2006	113	197	九江市	Jiujiang	332000
天山宾馆	Tianshan Hotel	三星	Three	2006	45	92	庐山	Lushan	332900
龙城大酒店	Longcheng Hotel	三星	Three	2006	50	87	彭泽县	Pengze	332700
德安宾馆	De'an Hotel	三星	Three	2006	90	150	德安县	De'an	330400
太极宾馆	Lushan Taiji Hotel	三星	Three	2007	33	64	庐山	Lushan	332900
白云宾馆	Lushan Baiyun Hotel	三星	Three	2007	87	174	庐山	Lushan	332900
江虹宾馆	Jianghong Hotel	三星	Three	2007	88	168	九江市	Jiujiang	332000
牯岭大酒店	Guling Hotel	三星	Three	2007	60	112	庐山	Lushan	332900
福泰118酒店	Jiujiang Fond 118 Hotel	三星	Three	2008	118	203	九江市	Jiujiang	332000
明星大酒店	Mingxing Hotel	三星	Three	2008	110	203	武宁县	Wuning	332300
云雾国际大酒店	Yunwu International Hotel	三星	Three	2009	57	115	庐山	Lushan	332900
兴隆宾馆	Xingrong Hotel	三星	Three	2009	55	112	庐山	Lushan	332900
北湖宾馆	Beihu Hotel	四星	Four	2008	50	56	新余市	Xinyu	338000
万年青商务酒店	Evergreen Business Hotel	三星	Three	2005	105	200	新余市	Xinyu	338000
金豪大酒店	Jinhao Hotel	三星	Three	2006	84	150	分宜县	Fenyi	336600
悦华商务酒店	Yuehua Business Hotel	三星	Three	2007	127	234	新余市	Xinyu	338000
望江国际酒店	Wangjiang International Hotel	三星	Three	2010	130	223	新余市	Xinyu	338000
华侨大厦	Overseas Chinese Hotel Co.Ltd	四星	Four	2006	239	478	鹰潭市	Yingtan	335000
鹰潭宾馆	Yingtan Hotel	三星	Three	2001	75	139	鹰潭市	Yingtan	335000
鹰潭饭店	Yingtan Restaurant	三星	Three	2003	110	220	鹰潭市	Yingtan	335000
瑞林山庄	Ruilin Villa	三星	Three	2004	35	71	鹰潭市	Yingtan	335004
东方宾馆	Dongfang Hotel	三星	Three	2005	67	147	鹰潭市	Yingtan	335000
余江大酒店	Yujiang Hotel	三星	Three	2006	100	195	余江县	Yujiang	335200
太子龙大酒店	Taizilong Hotel	三星	Three	2007	50	96	鹰潭市	Yingtan	335000
香江国际大酒店	Xiangjiang International Hotel	三星	Three	2007	130	229	鹰潭市	Yingtan	335000
赣电大厦	Gandian Hotel	四星	Four	2001	97	187	赣州市	Ganzhou	341000
希桥酒店	Uchoice Hotel	四星	Four	2007	87	162	上犹县	Shangyou	341200
章源宾馆	Zhangyuan Hotel	四星	Four	2008	120	200	大余县	Dayu	341500
山水大厦	Shanshui Hotel	四星	Four	2008	193	348	赣州市	Ganzhou	341000
美瑞欧大酒店	Mario Hotel	四星	Four	2008	56	104	瑞金市	Ruijin	342500
耀升国际饭店	Yaosheng International Hotel	四星	Four	2008	117	209	崇义县	Chongyi	341300
瑞金宾馆	Ruijin Hotel	四星	Four	2010	208	365	瑞金市	Ruijin	342500
明珠大酒店	Pearl Hotel	三星	Three	1995	87	163	赣州市	Ganzhou	341000
赣龙大酒店	Ganglong Hotel	三星	Three	1996	131	242	赣州市	Ganzhou	341000
赣南宾馆一号楼	No.1 Building of Gannan Hotel	三星	Three	1998	174	342	赣州市	Ganzhou	341000
铁龙大酒店	Tielong Hotel	三星	Three	2001	95	173	赣州市	Ganzhou	341000
海天大酒店	Haitian Hotel	三星	Three	2002	88	148	赣州市	Ganzhou	341000
将军宾馆	Jiangjun Hotel	三星	Three	2004	123	220	兴国县	Xingguo	342400
华龙大酒店	Hualong Hotel	三星	Three	2005	56	110	南康市	Nankang	341400
赣州宾馆	Ganzhou Hotel	三星	Three	2006	114	203	赣州市	Ganzhou	341000
瑞金大酒店	Ruijin Grand Hotel Co.Ltd	三星	Three	2006	117	196	瑞金市	Ruijin	342500
长正大酒店	Changzheng Hotel	三星	Three	2006	82	161	瑞金市	Ruijin	342500
梅苑宾馆	Meiyuan Hotel	三星	Three	2006	83	152	赣县	Ganxian	341100
会昌宾馆	Huichang Hotel	三星	Three	2006	68	121	会昌县	Huichang	342600
逸豪宾馆	Yihao Hotel	三星	Three	2007	64	88	赣州市	Ganzhou	341000
红都大酒店	Hongdu Hotel	三星	Three	2007	87	160	瑞金市	Ruijin	342500
福平酒店	Fuping Hotel	三星	Three	2009	70	112	龙南县	Longnan	341700
锦绣大酒店	Jingxiu Hotel	三星	Three	2009	102	184	信丰县	Xinfeng	341600

16-19 续表3 continued

名 称	Name	星级	Star-rated	评星时间 Time	客房总数(间) Total Rooms (room)	床位总数(张) Total Beds (bed)	地 址	Address	邮政编码 Postal Code
新赣南饭店	New Gannan Hotel	三 星	Three	2010	74	112	赣州市	Ganzhou	341000
中山大酒店	Zhongshan Hotel	三 星	Three	2010	154	294	瑞金市	Ruijin	342500
赣州中成大酒店	Ganzhou Zhongcheng Hotel	三 星	Three	2010	144	258	赣州市	Ganzhou	341000
京里大酒店	Jingli Hotel	三 星	Three	2010	106	187	瑞金市	Ruijin	342500
红井大酒店	Hongjing Hotel	三 星	Three	2010	90	165	瑞金市	Ruijin	342500
凤凰酒店	Fenghuang Hotel	三 星	Three	2010	59	84	定南县	Dingnan	341900
新联大酒店	Xinlian Hotel	三 星	Three	2010	63	104	于都县	Yudu	342300
白鹭宾馆	Bailu Hotel	四 星	Four	2004	136	248	吉安市	Ji'an	343000
文山国际大酒店	Wenshan International Hotel	四 星	Four	2004	162	291	吉安市	Ji'an	343000
黄洋界宾馆	Huangyangjie Hotel	四 星	Four	2005	96	200	井冈山市	Jinggangshan	343600
映山红宾馆	Yingshanhong Hotel	四 星	Four	2005	84	162	井冈山市	Jinggangshan	343600
天乐府大酒店	Eden Plaza Hotel	四 星	Four	2006	56	107	井冈山市	Jinggangshan	343600
锦江大酒店	Jinggangshan Jinjiang Hotel	四 星	Four	2006	115	206	井冈山市	Jinggangshan	343600
华拓国际大酒店	Everpop Grand Hotel	四 星	Four	2007	134	236	吉安市	Ji'an	343000
井秀山庄	Jingxiu Mountain Resort	四 星	Four	2007	86	199	井冈山市	Jinggangshan	343600
星期酒店	Sunyday Hotel	四 星	Four	2007	162	302	井冈山市	Jinggangshan	343600
米西宾馆	Mixi Hotel	三 星	Three	1997	98	190	吉安市	Ji'an	343000
金叶大厦	Jinye Hotel	三 星	Three	2000	195	390	井冈山市	Jinggangshan	343600
吉安宾馆	Ji'an Hotel	三 星	Three	2001	50	97	吉安市	Ji'an	343000
翠湖宾馆	Cuihu Hotel	三 星	Three	2001	89	177	井冈山市	Jinggangshan	343600
井冈山宾馆	Jinggangshan Hotel	三 星	Three	2003	154	310	井冈山市	Jinggangshan	343600
遂川宾馆	Suichuan Hotel	三 星	Three	2003	112	214	遂川县	Suichuan	343900
中煤宾馆	Zhongmei Hotel	三 星	Three	2004	100	200	井冈山市	Jinggangshan	343600
长青宾馆	Changqing Hotel	三 星	Three	2004	60	119	井冈山市	Jinggangshan	343600
圣地山庄	Shengdi Villa	三 星	Three	2005	49	95	井冈山市	Jinggangshan	343600
井峰宾馆	Jingfeng Hotel	三 星	Three	2006	51	102	井冈山市	Jinggangshan	343600
建业宾馆	Jianye Hotel	三 星	Three	2006	87	162	井冈山市	Jinggangshan	343600
林野大酒店	Linye Hotel	三 星	Three	2006	129	263	井冈山市	Jinggangshan	343600
峡江宾馆	Xiajiang Hotel	三 星	Three	2007	78	142	峡江县	Xiajiang	341400
文山酒店	Wenshan Hotel,Jishui	三 星	Three	2007	52	82	吉水县	Jishui	341600
新干宾馆	Xingan Hotel	三 星	Three	2007	66	126	新干县	Xingan	341300
良景大酒店	Liangjing Hotel	三 星	Three	2007	55	110	井冈山市	Jinggangshan	343600
武功山温泉山庄	Wugong Mountain Hotspring Resort	三 星	Three	2008	70	137	安福县	Anfu	343200
瑞峰宾馆	Ruifeng Hotel	三 星	Three	2009	129	249	井冈山市	Jinggangshan	343600
东方假日酒店	Oriental Holiday Hotel	三 星	Three	2009	127	263	井冈山市	Jinggangshan	343600
北苑宾馆	Beiyuan Hotel	三 星	Three	2010	50	100	井冈山市	Jinggangshan	343600
星街宾馆	Xingjie Hotel	三 星	Three	2010	65	136	井冈山市	Jinggangshan	343600
名骏名都大酒店	Mingjunmingdu Hotel	三 星	Three	2010	79	134	安福县	Anfu	343200
遂川龙泉大酒店	Suichuan Dragon Spring Hotel	三 星	Three	2010	45	84	遂川县	Suichuan	343900
皇冠大酒店	Crown Hotel	三 星	Three	2010	52	97	吉安县	Ji'an	343100
汤湖温泉度假村	Tanghu Hot Spring Resort	三 星	Three	2010	71	133	遂川县	Suichuan	343916
锦绣山庄	Jinxiu Villa	四 星	Four	2004	134	231	宜春市	Yichun	336000
德和大酒店	Dehe Hotel	四 星	Four	2005	215	399	宜春市	Yichun	336000
阳光大酒店	Sunshine Hotel	三 星	Three	2002	119	210	宜春市	Yichun	336000
青龙大酒店	Qinglong Hotel	三 星	Three	2002	340	900	宜春市	Yichun	336000
秀江宾馆	Xiujiang Hotel	三 星	Three	2003	94	107	宜春市	Yichun	336000
药都宾馆	Yaodu Hotel	三 星	Three	2006	152	281	樟树市	Zhangshu	331200
名典商旅酒店	Mingdian Business Trip Hotel	三 星	Three	2007	90	152	上高县	Shanggao	336400
瑞雪宾馆	Ruixue Hotel	三 星	Three	2007	135	245	高安市	Gaoan	330800
粮贸宾馆	Liangmao Hotel	三 星	Three	2007	75	107	宜丰县	Yifeng	336300

16-19 续表4 continued

名称	Name	星级	Star-rated	评星时间 Time	客房总数(间) Total Rooms (room)	床位总数(张) Total Beds (bed)	地址	Address	邮政编码 Postal Code
温汤山水疗养院	Wuntang ShanShui Resort	三星	Three	2007	160	330	宜春市	Yichun	336000
今日商务大酒店	Today Business Hotel	三星	Three	2009	81	136	丰城市	Fengcheng	331100
布兰登大酒店	Branden Hotel	三星	Three	2009	72	130	丰城市	Fengcheng	331100
浙商大酒店	Zheshang Hotel	三星	Three	2009	122	205	上高县	Shanggao	336400
永生现代连锁宾馆丰城店	Feng Cheng Forever Inn	三星	Three	2009	98	131	丰城市	Fengcheng	331100
汇丰澳斯特酒店	Huifeng Austel Hotel	三星	Three	2009	116	190	万载县	Wanzai	336100
新高安宾馆	New Gaoan Hotel	三星	Three	2010	98	170	高安市	Gaoan	330800
高安假日大酒店	Gaoan Holiday Hotel	三星	Three	2010	83	141	高安市	Gaoan	330800
临川大酒店	Linchuan Hotel	四星	Four	2007	122	241	抚州市	Fuzhou	344114
波尔度假酒店	Boer Holiday Hotel	四星	Four	2007	108	215	金溪县	Jinxi	344800
温泉宾馆	Hotspring Hotel	三星	Three	2001	56	102	抚州市	Fuzhou	344114
华洋酒店	Huayang Hotel	三星	Three	2002	123	228	抚州市	Fuzhou	344000
商城宾馆	Shangcheng Hotel	三星	Three	2006	95	172	抚州市	Fuzhou	344700
梦湖商务酒店	Menghu Business Hotel	三星	Three	2009	115	192	抚州市	Fuzhou	344000
狮子山生态旅游度假村	Shizi Mount Eco Villa	三星	Three	2009	50	92	资溪县	Zixi	335302
赣东宾馆	Gandong Hotel	三星	Three	2010	116	218	抚州市	Fuzhou	344000
京都国际酒店	Jingdu International Hotel	四星	Four	2006	122	226	上饶县	Shangrao	334100
永利国际大酒店	Yongli International Hotel	四星	Four	2007	209	338	广丰县	Guangfeng	334600
江湾大酒店	Jiangwan Hotel	四星	Four	2008	144	269	婺源县	Wuyuan	333200
华都国际大酒店	Huadu International Hotel	四星	Four	2009	310	521	上饶市	Shangrao	334000
和平国际大酒店	Peace International Hotel	四星	Four	2009	178	315	上饶市	Shangrao	334000
婺源宾馆	Wuyuan Hotel	四星	Four	2010	136	241	婺源县	Wuyuan	333200
婺源茶博府公馆	Wuyuan Chabofu Hotel	四星	Four	2010	106	212	婺源县	Wuyuan	333200
三清山天门山庄	Sqs Tianmen Villa	三星	Three	2000	97	202	玉山县	Yushan	334700
三清大酒店	Sanqing Hotel	三星	Three	2003	125	234	上饶市	Shangrao	334000
明珠大酒店	Mingzhu Hotel	三星	Three	2004	80	150	婺源县	Wuyuan	333200
鄱阳宾馆	Poyang Hotel	三星	Three	2004	108	200	上饶市	Shangrao	334000
万年宾馆	Wannian Hotel	三星	Three	2006	77	137	万年县	Wannian	335500
龟峰山庄	Guifeng Villa	三星	Three	2006	90	178	弋阳县	Yiyang	334416
广丰宾馆	Guangfeng Hotel	三星	Three	2006	136	232	广丰县	Guangfeng	334600
青云山庄	Qingyun Villa	三星	Three	2006	78	151	玉山县	Yushan	334700
余干宾馆	Yugan Hotel	三星	Three	2006	72	136	余干县	Yugan	335100
铅山宾馆	Yanshan Hotel	三星	Three	2007	93	177	铅山县	Qianshan	334500
三清山南星宾馆	Sqs Nanxing Hotel	三星	Three	2007	92	185	玉山县	Yushan	334700
三清山天伦宾馆	Sqs Tianlun Hotel	三星	Three	2007	82	163	玉山县	Yushan	334700
婺源花园大酒店	Wuyuan Garden Hotel	三星	Three	2008	106	212	婺源县	Wuyuan	333200
婺源紫阳大酒店	Wuyuan Ziyang Hotel	三星	Three	2009	84	162	婺源县	Wuyuan	333200
中山国际饭店	Zhongshan International Hotel	三星	Three	2009	97	166	上饶市	Shangrao	334000
三清山锦绣山庄	Sanqing Mount Jingxiu Villa	三星	Three	2009	70	150	玉山县	Yushan	334703
三清山宾馆	Sanqing Mount Hotel	三星	Three	2009	46	88	玉山县	Yushan	334700
横峰宾馆	Hengfeng Hotel	三星	Three	2009	83	148	横峰县	Hengfeng	334300
山水宾馆	Shanshui Hotel	三星	Three	2010	72	127	上饶市	Shangrao	334000
朱熹故里度假村	Zhuxi Home Village Resort	三星	Three	2010	89	163	婺源县	Wuyuan	333200
德兴大酒店	Dexing Hotel	三星	Three	2010	102	174	德兴市	Dexing	334200
玉龙大酒店	Yulong Hotel	三星	Three	2010	105	208	玉山县	Yushan	334700

主要统计指标解释

社会消费品零售总额　指批发和零售业、餐饮业、新闻出版业、邮政业和其他服务业等，售予城乡居民用于生活消费的商品和社会集团用于公共消费的商品之总量。社会消费品零售总额包括:

一、批发和零售业企业（单位）:

1.售予城乡居民的各种生活消费品;

2.售予入境旅游的外国人、华侨、港澳台同胞的各类商品;

3.售予行政事业单位、社会团体、军队和武警等机构的商品，以及以零售方式售予各类企业的商品。具体包括：用于非生产和社会交往的办公用品，如通讯设备、计算器具和设备、电讯网络设备、文印设备、音像视听器材和设备、纸张、本册、文具及装订文印材料、家具、日用电器、针纺织品、清洁卫生用品、文体用品、奖品、纪念品、礼品等；供内部人员乘坐的交通工具和燃料；用于办公设施修缮的各类配件、材料、工具等；用于取暖和防暑降温的设备、燃料、材料及食品等；专用于教学的用品和设备；非营利医疗机构的中、西药品、中药材和医疗设备器材；非专用的劳动保护用品；不对外营业的内部食堂用的餐具、炊具、设备、清洁卫生工具和食品、燃料等；军队、武警用于其人员生活的衣着品和个人用品；其他各类非生产性设备和用品。

二、餐饮业出售的主食、菜肴、烟酒饮料和其他商品。

三、新闻出版业、邮政业售予城乡居民、企事业单位、军队和武警等机构的书报杂志、音像制品、邮品等。

四、其他服务业出售的食品、烟酒饮料、服装鞋帽、日常生活用品、医药保健用品、艺术品、工艺美术品、玩具、殡葬用品以及其他消费品。

批发零售贸易业商品购、销、存总额　指各种登记注册类型的批发、零售业企业(单位)以本企业(单位)为总体的，从国内、国外市场购进的商品总量，销售和出口的商品总量、库存商品总量等情况。该指标可以反映商品流转过程中商品的购进、销售、库存之间的比例关系和存在的问题。

商品购进总额　指从本企业(单位)以外的单位和个人购进(包括从境外直接进口)作为转卖或加工后转卖的商品总额。它反映批发零售贸易业从国内、国外市场上购进商品的总量。商品购进总额包括：(1)从工农业生产者购进的商品；(2)从出版社、报社的出版发行部门购进的图书、杂志和报纸；(3)从各种登记注册类型的批发零售贸易企业(单位)购进的商品；(4)从其他单位购进的商品，如从机关、团体、企业等单位购进的剩余物资，从餐饮业、服务业购进的商品，从海关、市场管理部门购进的缉私和没收的商品，从居民手中收购的废旧商品等；(5)从国(境)外直接进口的商品。不包括企业(单位)为自身经营用和未通过买卖行为而收入的商品以及销售退回、商品升溢等。

商品销售总额　指对本企业(单位)以外的单位和个人出售(包括对境外直接出口)的商品总额。它反映批发零售贸易业在国内市场上销售商品以及出口商品的总量。商品销售总额包括：(1)售给城乡居民和社会集团消费用的商品；(2)售给工业、农业、建筑业、运输邮电业、批发零售贸易业、餐饮业、服务业等作为生产、经营使用的商品；(3)售给批发零售贸易业作为转卖或加工后转卖的商品；(4)对国(境)外直接出口的商品。不包括出售本企业(单位)自用的废旧包装用品；未通过买卖行为付出的商品；经本单位介绍，由买卖双方直接结算，本单位只收取手续费的业务；购货退出的商品以及商品损耗和损失等。

批发零售贸易业库存　指报告期末各种登记注册类型的批发零售贸易企业(单位)已取得所有权的商品。它反映批发零售贸易企业(单位)的商品库存情况和对市场商品供应的保证程度。期末库存包括：(1)存放在批发零售贸易业经营单位(如门市部、批发站、经营处)仓库、货场、货柜和货架中的商品；(2)挑选、整理、包装中的商品；(3)已记入购进而尚未运到本单位的商品，即发货单或银行承兑凭证已到而货未到的部分；(4)寄放他处的商品，如因购货方拒绝承付而暂时存放在购货方的商品和已办完加工成品收回手续而未提回的商品；(5)委托其他单位代销(未作销售或调出)尚未售出的商品；(6)代其他单位购进尚未交付的商品。不包括所有权不属于本单位的商品、拨付除批发零售贸易业以外的其他行业所属独立核算加工厂等加工生产尚未收回成品的商品、代国家物资储备部门保管的商品等。

库存总额采用的计算价格是：农副产品采购单位按购进价计算；批发单位按进货价计算；　零售单位按核算价格计算，即按什么价格核算就按什么价格计算。

餐饮业商品零售额 指餐饮企业、产业活动单位或个体户直接对居民和社会集团零售的各种商品。包括：(1)经烹饪、调制加工后出售的各种食品，如主食、炒菜、凉拌菜等；(2)不经加工直接转卖的各种外购商品，如卷烟、酒、饮料、熟食、水果等；(3)附设非独立核算的专门销售商品的小卖部出售的各种食品及其他商品。

亿元商品交易市场成交额 指年销售额达到亿元以上，经工商部门批准、专门从事商品批发、零售业务活动的市场。其市场所有摊位销售总额称为商品交易市场成交额。

连锁企业（或称连锁店、连锁公司） 指在核心企业或总店的领导下，由分散的、经营同类商品或服务的企业或活动单位，采取共同方针，实行集中采购和分散销售的有机结合，通过规范化经营，实现规模效益的经济联合组织形式。一般连锁店应由若干个分店组成。其经营特征：（1）经营同类商品；（2）使用统一商号；（3）统一采购配送，采购与销售相分离（部分商品可根据物流合理和保质保鲜原则，由供应商直接送货到门店，其余均由总部统一配送）。

连锁门店包括下列两种形式：

直营连锁：指正规连锁。连锁门店均由总部独资或控股开设，在总部的直接领导下统一经营。

加盟连锁：指特许连锁。各连锁门店（被特许人）通过合同形式，取得使用总部（特许人）商标、商号、经营技术和销售总部开发的商品的特许权，各加盟连锁门店为独立法人，在总部指导下统一经营。

旅游人数

(1)入境旅游人数：指报告期内来我国观光、度假、探亲访友、就医疗养、购物、参加会议或从事经济、文化、体育、宗教活动的外国人、港澳台同胞等入境游客。统计时，外国人、港澳台同胞每入境一次统计1人次。

(2)国内旅游人数：指在报告期内在中国（大陆）观光游览、度假、探亲访友、就医疗养、购物、参加会议或从事经济、文化、体育、宗教活动的中国（大陆）居民人数，其出游的目的不是通过所从事的活动谋取报酬。统计时，国内游客按每出游一次统计1人次。

国际旅游(外汇)收入 指入境游客在中国（大陆）境内旅行、游览过程中用于交通、参观游览、住宿、餐饮、购物、娱乐等全部花费。

国内旅游收入 指国内游客在国内旅行、游览过程中用于交通、参观游览、住宿、餐饮、购物、娱乐等全部花费。

星级饭店 指设备、设施、服务符合《旅游饭店星级的划分与评定》（GB/T14308-2003），通过相关旅游管理部门评定，并取得星级饭店称号的饭店（含预备星级饭店）。

Explanatory Notes on Main Statistical Indicators

Total Retail Sales of Consumer Goods refer to the sum of retail sales of commodities sold by wholesale, retail, catering, publishing, post and telecommunications and other service industries to urban and rural households for private consumption and to social institutions for public consumption. Retail sales of consumer goods include:

1) Sales by wholesale and retail units:

a) of consumer goods sold to urban and rural households

b) of commodities sold to foreigners, overseas Chinese and Chinese compatriots from Hong Kong, Macao and Taiwan visiting in China

c) of commodities sold to government agencies, institutions, social organizations, military and armed police units, and commodities sold to enterprises in the form of retail sales. More specifically, they include: office facilities and articles for non-production purposes such as communications equipment, computing equipment and instruments, TV and network equipment, printing and copying equipment, audio-visual equipment and instruments, paper, notebooks, stationeries, furniture, electric appliances, knitwear, sanitation and cleaning articles, cultural and sport articles, articles for prizes, souvenirs, etc.; transport vehicles and fuels for employees; materials, spare parts and tools for the maintenance of office facilities; equipment, fuels, materials and food for winter heating or summer cooling purposes; articles and equipment for teaching purpose; Chinese and western medicines and medical equipment and facilities purchased by non profit-making medical institutes; non-specialized work safety articles; cooking utensils, tableware, equipment, cleaning articles, food and fuels purchased by internal cafeterias; clothes and personal articles purchased by military or armed police units for their officials and soldiers; and other equipment and articles for non-production purposes.

2) Sales of stable food, cooked dishes, beverages,

tobaccos and other articles by catering units.

3) Sales of books, newspapers, magazines, audio-visual products and post products by publishing, post and telecommunications departments to urban and rural households and to enterprises, institutions, military and armed police units.

4) Sales of food, beverages, tobaccos, clothing, hats, footwear, articles for daily use, medicines, medical and health articles, work of art, handicrafts, toys, funeral articles and other articles by other service industries.

Purchase, Sales and Stock of Commodities by Wholesale and Retail Trades refer to the total volume of commodities purchased, total volume of sales and exports, and the stock of commodities by wholesale and retail enterprises (establishments) of different status of registration from domestic and overseas markets. This indictor reflects the relationship among purchase, sales and stock of commodities in the circulation of goods and reveals the existing problems.

Total Purchases of Commodities refer to the total value of purchases of commodities by the enterprises (establishments) from other establishments or individuals (including direct import from abroad) for the purpose of re-selling, either with or without further processing of the commodities purchased. This indicator is used to show the total value of purchases of commodities by wholesale and retail establishments from domestic and overseas markets. The total purchases include: (1) agricultural and industrial products purchased from producers; (2) books, magazines and newspapers purchased from distribution departments of the publishers; (3) commodities purchased from wholesale and retail establishments of different status of registration; (4) commodities purchased from other units, such as surplus materials purchased from government agencies, enterprises or institutions, commodities purchased from catering and service establishments, confiscated goods purchased from customs authorities or market management agencies, second-hand goods and wastes purchased from residents; and (5) commodities directly imported from abroad. Excluded are commodities purchased by enterprises (establishments) for use in their own business operation, commodities obtained without buying or selling procedures, rejected commodities, etc.

Total Sales of Commodities refer to value of commodities sold by the establishments to other establishments and individuals (including direct export). This indicator is used to show the total value of sales of commodities at domestic markets and export. The total sales include: (1) commodities sold to urban and rural residents and social groups for their consumption; (2) commodities sold to establishments in industry, agriculture, construction, transportation, post and telecommunications, wholesale and retail trades, catering trade and public utility for their production and operation; (3) commodities sold to wholesale and retail establishments for reselling, with or without further processing; and (4)commodities for direct export to other countries. Excluded are selling of waste packaging materials used by the establishments (units) themselves, commodities transferred without buying or selling procedures, commission income from brokerage in transactions whose settlement is directly handled by buyers and sellers, rejected commodities in the purchase, loss in commodities, etc.

Commodity Stock of Wholesale and Retail Enterprises refers to total commodities possessed by wholesale and retail enterprises (units) of various types of registration status at the end of the reference period, which reflects the commodity stock level of various wholesale and retail enterprises and the potential for market supply. It includes: (1) commodities located in storage, garages, counters, and shelves of operating units (such as sale stores, wholesale centers, and operating offices) of wholesale and retail enterprises; (2) commodities in the process of selecting, sorting, and packing; (3) commodities not arrived but recorded as purchase in the account, i.e. commodities not arrived but payment receipts for the commodities from the sellers or the banks arrived; (4) commodities deposited in other places rather than places mentioned above, for instance: commodities in the hold of purchasers temporarily due to the refusal of payment and commodities not taken back after going through the formalities; (5) commodities entrusted to other units to sell but not sold yet; (6) commodities purchased for other units but not delivered yet. Commodities not included as stock are those not owned by the enterprises (units), those allocated to financially independent factories rather than wholesale and retail enterprises for processing but not taken back yet, and finally those put in stock by wholesale and retail enterprises on behalf of the state material reserves units.

For the calculation of the value of commodities stock, the value is calculated at purchasing prices in agricultural goods purchasing units and wholesale units, and at the accounting prices in retail units.

Retail Sales of Commodities in Catering Industry: refer to retail sales to residents and social groups by catering enterprises, establishments and individual, including: (1) various food sold after cooking and processing, such as: staple food, cooked dishes, cold and dressed dishes and so on. (2) re-selling commodities without further processing, such as beverages, tobaccos, cooked food, fruits and so on. (3) food and other commodities sold in affiliated shops without independent accounting system.

Volume of Transaction at Large Commodity Markets (with transaction value over 100 million yuan) refers to markets approved by the industrial and commercial administration departments, which specialize in wholesale and retail of commodities with an annual sales of over 100 million yuan. The sum of sales of all sellers in the markets makes up the transaction value of the markets.

Chain Enterprises (also called chain stores or chain corporations) refer to a form of joint economic entities under which scattered enterprises or establishments engaged in providing homogeneous commodities or services, with the central leadership of core enterprise or headquarters and guided by common policies, conduct centralized purchase and distributed selling of commodities, in order to gain better efficiency through standardized operation. Consisting of a number of branch stores, the chain stores have in general following features: 1) homogeneous commodities, 2) unique name of stores, 3) centralized purchase and delivery which is separated from distributed selling operation (most commodities are delivered from the headquarters except some items which, from logistics, quality or freshness considerations, might be delivered by the suppliers directly).

Chain stores have two categories:

a) Chain stores under direct management: These are formal chain stores invested or controlled by the headquarters. They operate under the direct and unified management from the headquarters.

b) Chain stores through license arrangement: Through contracts, chain stores (their owners) obtain licenses from the headquarters to use designated trade marks, names, operation know-how, and to sell the commodity developed by the headquarters. Under this arrangement, each store in the chain is an independent legal entity and operates under the guidance from the headquarters.

Number of Tourists

Ⅰ. Total Number of International Tourists Arrival to China: The number of inbound tourism: Refers to the period of China's tourism, vacation, Visiting Relatives and Friends and to seek medical treatment in convalescence and shopping, attend meetings or engage in economic, cultural, sports, religious activities of foreigners, the tourists Hong Kong and Macao compatriots and other immigrants、 Statistics、foreigners、immigrants Hong Kong and Macao compatriots every time a number of statistics.

Ⅱ. Total Number of Domestic Tourists: That during the reporting period in China (mainland) for sightseeing、holiday、to visit relatives and friends and to seek medical treatment in convalescence and shopping、attend meetings or engage in economic、cultural、sports、religious activities in China (mainland) the number of inhabitants, is not the purpose of its trips through Engaged in activities to seek compensation. Statistics, the domestic tourist trips per statistical first time.

International Tourism (Exchange) Earnings That inbound tourists in China (mainland) in travel, Tour for the process of transportation, sightseeing, accommodation, food and beverage, shopping, entertainment and all other spending.

Domestic Tourism Earnings That domestic tourists travel in the country, Tour for the process of transportation, sightseeing, accommodation, food and beverage, shopping, entertainment and all other spending.

Tourist Hotel Refers to equipment, facilities, services in line with 《the stars of tourist hotels and Evaluation》(GB/T14308-2003), through the relevant tourism management departments to inform and obtain the title of the hotel-Tourist Hotels (including the preparation Tourist Hotel)

金融业

FINANCIAL INDUSTRY

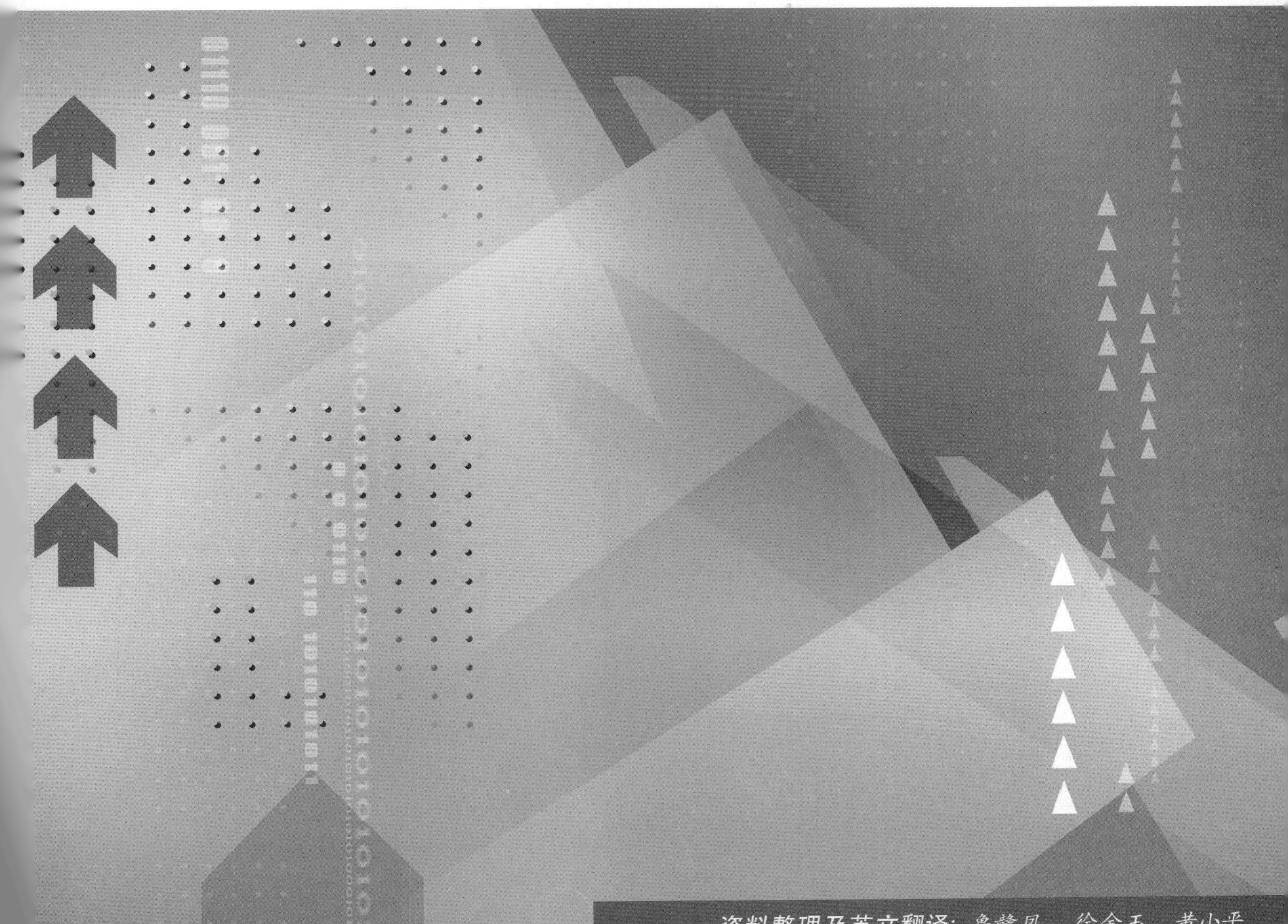

资料整理及英文翻译：鲁赣凤　徐金玉　黄小平

简要说明

本篇资料主要反映全省金融、保险、证券等方面的基本情况。

金融资料由中国人民银行南昌中心支行提供。

保险业务资料由江西省保险学会提供。

证券资料由江西省证监局提供。

。

Brief Introduction

The data in this chapter show the basic conditions of local government banking，insurance and stocks of the whole province.

The data on banking are provided by Nanchang Branch of the People's Bank of China.

The data on insurance are provided by Insurance Institute of Jiangxi Province.

The data on stocks are provided by Securities Regulatory Bureau of Jiangxi Province.

17-1 金融机构本外币信贷资金平衡表年末余额

Balance Sheet of Credit Funds of RMB and Foreign Currency of Financial Institutions at Year-end

单位：万元 (10000 yuan)

指　　标	Item	2009	2010
资金来源合计	**Funds Sources**	**67271122**	**85194951**
各项存款	Total Deposits	93528015	119077940
企业存款	Deposits by Enterprises	26238759	31148318
#活期存款	Current Deposits	18120490	22819325
定期存款	Time Deposits	8118268	8328993
储蓄存款	Savings Deposits	51221699	61395909
#活期存款	Current Deposits	22638837	28466540
定期存款	Time Deposits	28582862	32929369
信托存款	Trust Deposit		
委托存款	Designated Deposit	148402	179596
其他存款	Other Deposits	15919155	26354118
资金运用合计	**Funds Uses**	**67271122**	**85194951**
各项贷款	Total Loans	64161974	78432795
短期贷款	Short-term Loans	26702696	28518902
中长期贷款	Medium-term and Long-term Loans	34023545	47537530
信托贷款	Loans to Commercial Sector		
委托贷款	Loans to Agricultural Sector	4800	24900
其他贷款	Other Loans	316462	446055
票据融资	Note Financing	3091499	1886507
其他各项垫款	Others	22972	18901

注：本表统计口径包括中国人民银行、政策性银行、国有独资商业银行、邮政信汇局、其他商业银行、农村合作银行、城市信用社、农村信用社、信托投资公司、财务公司等金融机构。后同。

a) The statistical scope in the table include the People's Bank of China,policy banks,State-owned commercial banks,postal savings bureau,other commercial banks,rural cooperative banks,urban credit cooperatives,rural credit cooperatives,financial trust and investment companies,finance companies. The same applies to the following tables.

17-2 金融机构人民币信贷资金平衡表年末余额

Balance Sheet of Credit Funds of Financial Institutions at Year-end

单位：万元 (10000 yuan)

指　　标	Item	2006	2007	2008	2009	2010
资金来源合计	**Funds Sources**	**47522524**	**52061916**	**64436830**	**85911234**	**114970683**
各项存款	Total Deposits	52137571	59000625	72065639	92963922	118461828
企业存款	Deposits by Enterprises	12584464	15422545	18456070	25982585	30830249
活期存款	Current Deposits	9734263	11581344	13065365	17878843	22515585
定期存款	Time Deposits	2850201	3841201	5390705	8103742	8314664
财政存款	Fiscal Deposits	2238714	2826983	2759906	3375706	3396175
机关团体存款	Deposits by Government Departments and Organizations	2533915	3204693	4074566	5394435	11261215
储蓄存款	Savings Deposits	31516842	33608099	41661949	50926656	61132432
农业存款	Agricultural Deposits	1187503	1549479	1853664	2515590	3617321
其　他	Others	2076134	2388826	3259483	4620643	8044867
资金运用合计	**Funds Uses**	**47522524**	**52061916**	**64436830**	**85911234**	**114970683**
各项贷款	Total Loans	34608033	40267439	45448353	63469937	77571237
短期贷款	Short-term Loans	16575377	18798207	19492563	26666799	28450008
工业贷款	Loans to Industrial Sector	4569016	5227576	5109258	6090027	
商业贷款	Loans to Commercial Sector	3547668	3762897	3666720	4586945	
农业贷款	Loans to Agricultural Sector	3772941	4347152	4894001	6916852	
其他短期贷款	Other Short-term Loans	3733665	5460582	5822584	6365174	
中长期贷款	Medium-term and Long-term Loans	16236525	19750883	23139543	33683878	47190921
票据融资	Note Financing	1770028	1713120	2794819	3091489	1886507
其他各项垫款	Others	26102	5229	21428	22972	18901

17-3 四家大型银行人民币信贷收支表

Renminbi Balance of Credit on State-owned Commercial Banks

单位：万元 (10000 yuan)

指　　标	Item	2008	2009	2010
资金来源合计	**Funds Sources**	**41333496**	**53479279**	**65324945**
各项存款	Total Deposits	37899801	47898474	57732260
企业存款	Deposits by Enterprises	11690534	15456310	16010820
机关团体存款	Deposits by Government Departments and Organizations	2924323	3730938	7744845
储蓄存款	Savings Deposits	21824474	26379551	30876877
农业存款	Agricultural Deposits	20262	47510	50072
其他存款	Others Deposit	1440208	2284165	3049646
代理财政性存款	Fiscal Deposits	168643	180064	172647
资金运用合计	**Funds Uses**	**41333496**	**53479279**	**65324945**
各项贷款	Total Loans	21511922	29656385	35609730
短期贷款	Short-term Loans	5744209	8234395	9766469
中长期贷款	Medium-term and Long-term Loans	13570853	19051746	24895798
票据融资	Note Financing	2187960	2361345	946722
其他各项垫款	Others	8900	8900	742

17-4 各地区金融机构(含外资)本外币信贷主要指标 (2010年)

Main Indicators on RMB and Foreign Currency Trust of Financial Institutions (Foreign Capital Included) by Region(2010)

单位：亿元 (100 million yuan)

地　区	Region	各项存款 Savings Deposits in Various Forms			各项贷款 Loans in Various Forms		
		年末余额 Balance	比年初增减 Over Beginning of Year	增长(%) Growth Rate (%)	年末余额 Balance	比年初增减 Over Beginning of Year	增长(%) Growth Rate (%)
南昌市	Nanchang	4199.08	909.20	27.6	3506.30	574.18	19.6
景德镇市	Jingdezhen	403.53	82.80	25.8	227.64	47.50	26.4
萍乡市	Pingxiang	390.14	87.60	29.0	227.96	48.04	26.7
九江市	Jiujiang	1090.62	227.13	26.3	653.24	139.21	27.1
新余市	Xinyu	434.61	59.46	15.9	359.31	77.50	27.5
鹰潭市	Yingtan	366.07	106.34	40.9	220.37	34.85	18.8
赣州市	Ganzhou	1511.92	382.46	33.9	851.17	213.66	33.5
吉安市	Ji'an	861.78	161.50	23.1	375.15	62.96	20.2
宜春市	Yichun	991.78	207.46	26.5	509.04	103.67	25.6
抚州市	Fuzhou	657.67	116.70	21.6	325.39	71.44	28.1
上饶市	Shangrao	979.70	195.03	24.9	577.59	77.83	15.6

17-5 财产保险公司主要指标

Main Indicators of Property Insurance Companies

单位：万元 (10000 yuan)

指　　标	Item	保费收入 Premium Income		赔款支出 Indemnity Expenditure	
		2009	2010	2009	2010
合　　计	**Total**	**460730**	**717783**	**236613**	**321627**
企业财产保险	Enterprise Property Insurance	23783	32529	9958	15591
机动车辆保险	Motor Vehicle Insurance	356947	569583	190038	254292
货物运输保险	Freight Transport Insurance	4890	6337	1718	2298
责任保险	Liability Insurance	18041	22490	7476	8644
信用保证保险	ExportCredit Insurance	2577	6831	329	610
农业保险	Agriculture Insurance	20087	36073	12760	24468
其它财产保险	Other Insurance	34405	43939	14334	15724

17-6 人寿保险公司主要指标

Main Indicators of Life Insurance Companies

单位：万元 (10000 yuan)

指　　标	Item	2007	2008	2009	2010
保费收入合计	**Total Premium Income**	**843649**	**1361624**	**1410623**	**1814804**
团体业务	Group Business	74224	58428	67509	61673
人寿保险	Life Insurance	26983	20342	21540	23175
意外伤害保险	Accident Injury Insurance	19235	8508	9515	13249
健康保险	Health Insurance	28006	29578	36454	25249
个人业务	Personal Business	769425	1303093	1343247	1753131
人寿保险	Life Insurance	740451	1253220	1281201	1668886
意外伤害保险	Accident Injury Insurance	6428	18842	22519	18644
健康保险	Health Insurance	22546	31031	39527	65601
赔款支出合计	**Total Indemnity Expenditure**	**252246**	**307563**	**321740**	**297479**
团体业务	Group Business	30235	30727	39037	40806
年金给付	Annuity Payment	5225	3841	9408	5046
满期给付	Mature Payment	2247	1717	1740	5037
死伤医疗给付	Payment for Death ,Injury and Medical Treatment	2647	7039	8122	12928
赔　　款	Payment	20116	18130	19767	17795
个人业务	Personal Business	222010	276836	282703	256673
年金给付	Annuity Payment	8300	10639	21460	29061
满期给付	Mature Payment	195541	239745	231314	191523
死伤医疗给付	Payment for Death ,Injury and Medical Treatment	12428	14772	17605	22380
赔　　款	Payment	5741	11680	12323	13709

17-7 各地区保险业务情况（2010年）

Insurance Business Conditions by Region (2010)

单位：万元 (10000 yuan)

地 区	Region	全部业务 Insurance Total Business		财产保险业务 Property Insurance Business		人身保险业务 Life Insurance Business	
		保费收入 Premium Income	比上年增长(%) Growth Rate over Preceding year (%)	保费收入 Premium Income	比上年增长(%) Growth Rate over Preceding year (%)	保费收入 Premium Income	比上年增长(%) Growth Rate over Preceding year (%)
南昌市	Nanchang	678591	47.1	161704	55.5	516888	44.6
景德镇市	Jingdezhen	88228	35.2	23700	48.9	64528	30.7
萍乡市	Pingxiang	94543	11.2	28281	46.9	66262	7.5
九江市	Jiujiang	224711	31.6	60809	53.2	163902	25.1
新余市	Xinyu	104411	24.8	30913	59.6	73499	14.3
鹰潭市	Yingtan	83460	24.2	22559	67.2	60901	13.4
赣州市	Ganzhou	357417	30.5	96646	59.3	260770	22.3
吉安市	Ji'an	245366	23.2	58443	54.9	186923	15.8
宜春市	Yichun	276716	42.0	95404	63.1	181312	33.0
抚州市	Fuzhou	166758	29.5	40146	51.2	126613	23.8
上饶市	Shangrao	212386	45.9	73834	60.0	138552	39.3

17-7 续表 continued

地 区	Region	保险密度（元） Density of Insurance (yuan)			保险深度（%） Deep of Insurance (%)		
		全部业务 Total Insurance Business	财产险 Property Insurance	人身险 Life Insurance	全部业务 Total Insurance Business	财产险 Property Insurance	人身险 Life Insurance
南昌市	Nanchang	1441.26	343.44	1097.82	3.07	0.73	2.34
景德镇市	Jingdezhen	556.34	149.45	406.89	1.91	0.51	1.40
萍乡市	Pingxiang	505.42	151.19	354.23	1.82	0.54	1.27
九江市	Jiujiang	466.48	126.24	340.25	2.18	0.59	1.59
新余市	Xinyu	911.41	269.84	641.57	1.65	0.49	1.16
鹰潭市	Yingtan	743.88	201.07	542.81	2.44	0.66	1.78
赣州市	Ganzhou	422.26	114.18	308.08	3.19	0.86	2.33
吉安市	Ji'an	504.98	120.28	384.70	3.41	0.81	2.59
宜春市	Yichun	502.70	173.32	329.39	3.18	1.10	2.08
抚州市	Fuzhou	424.46	102.19	322.28	2.65	0.64	2.01
上饶市	Shangrao	322.94	112.27	210.67	2.36	0.82	1.54

注：保险密度=年保费收入/国民年平均人口；保险深度=年保费收入/年国内生产总值。

a) Density of insurance=The annualy premium income/The National annual owerage population.
Deep of insurance=The annualy premium income/The annual Gross Domestic Product.

17-8 上市公司数量

Summary for Number of Listed Companies

单位：个 (unit)

地　区	Region	2006	2007	2008	2009	2010
全　省	**Total**	**24**	**27**	**26**	**26**	**30**
南昌市	Nanchang	14	15	15	15	16
景德镇市	Jingdezhen	2	3	3	3	3
萍乡市	Pingxiang	1	1	1	1	1
九江市	Jiujiang	1	1	1	1	
新余市	Xinyu	1	1	1	1	2
鹰潭市	Yingtan	1	1	1	1	2
赣州市	Ganzhou	1	1	1	1	2
吉安市	Ji'an					
宜春市	Yichun	1	2	1	1	3
抚州市	Fuzhou					
上饶市	Shangrao	2	2	2	2	1

17-9 股票发行量和筹资额

Issued Share and Raised Capital

年份 Year	股票发行量(亿股) Issued Share (100million shares)	A股 A Shares	H股 H Shares	B股 B shares	股票筹资额(亿元) Raised Capital (100milln shares)	A股 A Shares	配股 Rights Issued	B股 B Shares
2006	4.4	4.4			14.49	14.49		
2007	14.43				141.61	141.61		
2008	0.28				3.10	3.10		
2009	2.50				20.86	20.86		
2010	10.74	10.74			153.00	153.00		

17-10 证券市场基本情况
General Statistics on Securities Markets

指　标	Item	2006	2007	2008	2009	2010
证券法人公司(个)	Securities Company corporation(unit)	2	2	2	2	2
证券营业部(个)	Security Exchange(unit)	60	60	60	87	122
投资者开户数(万户)	Total Investors (10000 units)	98.41	133.8	151.39	176.65	205.01
A股成交金额(亿元)	Stock A turnover value(100 million yuan)	2416.4	10698.83	7864.18	16066.59	16932.95
B股成交金额(亿元)	Stock B turnover value(100 million yuan)	5.80	48.34	10.15	18.93	19.25
上市公司总股本(亿股)	Total Share Capital of Listed Company(100 million shares)	108.86	128.58	136.22	151.25	183.13
A股	Stock A	91.55	111.27	118.31	133.94	162.81
B股	Stock B	3.44	3.44	3.44	3.44	3.44
流通股本(亿股)	Share Capital in Circulation(100 million shares)	52.93	61.19	74.48	113.03	141.31
股票市价总值(亿元)	Total Market Capitalization(100 million yuan)	874.96	3099.05	878.98	2717.56	3316.25
A股	Stock A	671.35	2319.99	711.62	2086.83	2948.79
B股	Stock B	31.03	37.50	13.83	45.68	65.80
股票流通市值(亿元)	Negotiable Market Capitalization(100 million yuan)	449.26	1562.91	491.63	1930.08	2857.14
A股	Stock A	245.65	783.85	324.27	1299.35	2489.68
B股	Stock B	31.03	37.50	13.83	45.68	65.80
期货投资者开户数(万户)	Total Investors of Future(10000 units)	0.27	0.57	0.94	1.32	1.69
期货总成交量(万手)	Trading Volume of Future(10000 transactions)	150.05	412.75	799.78	1196.37	1994.93
期货总成交额(亿元)	Trading Turnover of Future(100 million yuan)	799.66	2513.48	4416.9	7147.28	18384.63

主要统计指标解释

信贷资金 国家银行用于发放贷款的资金叫信贷资金。中国人民银行信贷资金的来源有各项存款、对国际金融机构负债、流通中货币、银行自有资金及当年结益等。信贷资金的运用有各项贷款、黄金占款、外汇占款、财政借款及在国际金融机构中的资产等。

存款 企业、机关、团体或居民根据可以收回的原则，把货币资金存入银行或其他信用机构保管并取得一定利息的一种信用活动形式。根据存款对象的不同可划分：企业存款、财政存款、机关团体存款、对外贸易存款、城乡居民储蓄存款和农村存款等科目，它是银行信贷资金的主要来源。

贷款 银行或其他信用机构根据必须归还的原则，按一定利率，为企业、个人等提供资金的一种信用活动形式。我国银行贷款，分流动资金贷款、固定资产贷款、城乡个体工商户贷款以及农业贷款等科目。

城乡居民储蓄存款 指某一时点城乡居民存入银行及农村信用社的储蓄金额，包括城镇居民储蓄存款和农民个人储蓄存款，不包括居民的手存现金和工矿企业、部队、机关、团体等单位存款。

保险金额 指保险人承担赔偿或者给付保险金责任的最高限额。

保费 指投保人为取得保险人在约定范围内所承担赔偿责任而支付给保险人的费用。

赔偿 指保险人根据保险合同的规定，向被保险人支付的赔偿保险责任损失的金额。

Explanatory Notes on Main Statistical Indicators

Credit Funds refer to the monetary funds accumulated and distributed in the means of credit by the financial institutions. The sources of credit funds include various deposits, financial bonds, liabilities to international financial institutions, currency in circulation, other items. The uses of credit funds include loans, securities and investment, position for bullion and silver purchase, position for foreign exchange purchase, advances to treasury, and assets with international financial institutions.

Deposit is a form of credit by which enterprises, institutions, organizations or households can put money into banks and other credit institutions for safekeeping and interest earning under the principle of free withdrawal. According to different depositors, deposits are divided into enterprise deposits, fiscal deposits, deposits of government agencies and organizations, savings deposits of rural and urban households, agricultural savings deposits, entrusted deposits and other deposits. Deposits are major sources of the credit funds of banks.

Loan is a form of credit by which banks and other credit institutions provide funds at certain interest rate to enterprises and individuals in the light of the principle of unconditional repayment. Loans from Chinese banks include short-term loan, medium- term and long-term loans, entrusted loans, and other loans.

Amount Insured refers to the maximum that the insurant will get for the claim of the case insured.

Premium is the fee paid by the insurant to the insurer to obtain the obligation of compensation from the insurance within the agreed terms.

Settled Claim is the compensation paid by the insurer to the insurant in accordance with the insurance contract.

18

房地产开发和其他服务业

REAL ESTATE DEVELOPMENT AND OTHER SERVICES

◆443/460

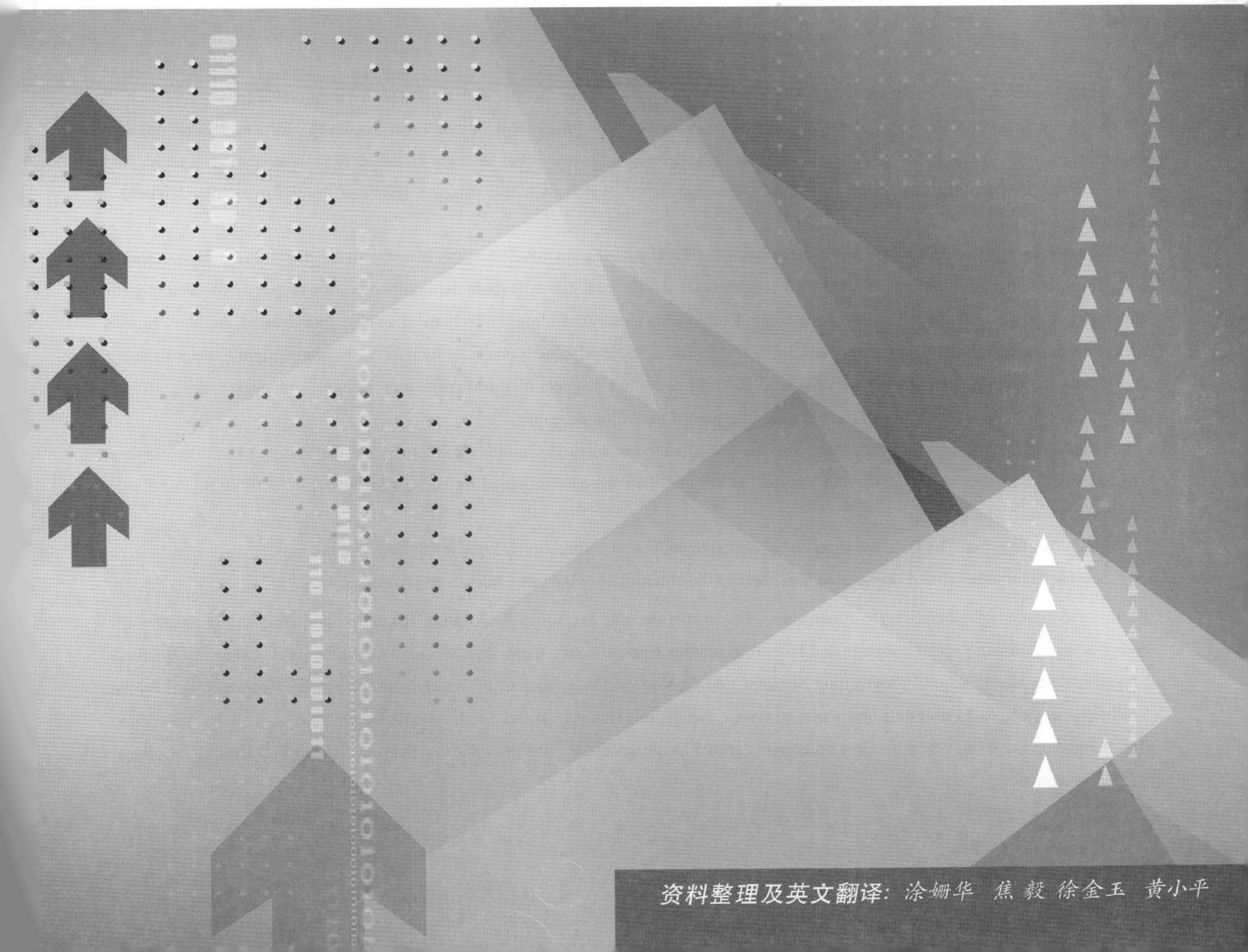

资料整理及英文翻译：涂姗华　焦毅　徐金玉　黄小平

简要说明

本篇资料主要分为房地产开发和限额以上其他服务业两部分。

房地产开发统计资料的主要内容包括：全省房地产开发建设方面的基本情况，包括11个设区市的主要房地产统计数据。如：房地产开发投资额、房屋施工面积、房屋竣工面积、商品房销售面积、商品房销售额、房地产开发投资资金来源等。

统计范围：房地产开发投资统计的统计范围为各种登记注册类型的房地产开发公司、商品房建设公司及其他房地产开发单位统一开发的包括统代建、拆迁还建的住宅、厂房、仓库、饭店、宾馆、度假村、写字楼、办公楼等房屋建筑物和配套的服务设施、土地开发工程，如道路、给水、排水、供电、供热、通讯、平整场地等基础设施工程。包括实际从事房地产开发或经营活动的附营房地产开发单位。

资料来源：根据国家统计局制定的《房地产开发投资统计报表制度》搜集资料，由省统计局固定资产投资处整理汇总。

统计调查方法：由各级统计部门采取全面调查方法，是逐级上报的全面报表。

限额以上服务业指营业收入100万元（含100万元）以上的服务业企业。

本篇中其他服务业企业范围是：仓储、邮政业，信息传输、计算机服务和软件业，租赁和商务服务业，科学研究、技术服务和地质勘查业，水利、环境和公共设施管理业，居民服务和其他服务业，教育，卫生、社会保障和社会福利业，文化、体育和娱乐等行业中执行企业会计准则或企业会计制度的法人单位。该部分资料由省统计局服务业处整理汇总。

。

Brief Introduction

This chapter include mainly two parts of Real Estate Statistic and other Service Enterprises above Designated Size.

Main Contents of Real Estate Statistic: Datas in this chapter show the general situation and the development of real estate, They cover the situation of real estate of the 11 cities in the whole Jiangxi Province. For instance,the value of real estate development, floor space under construction, floor space completed, floor space sold, value of house sold,the sourse of funds for the development of construction.

Scope of Statistics: The scope of the development of real estate statistics covers the investment by the real estate development companies, commercial buildings construction companies and other real estate development units of various types of ownership in the construction of house buildings, such as residential buildings, factory buildings, warehouses, hotels, guesthouses, holiday villages, office buildings, and the complementary service facilities and land development projects, such as roads, water supply, water drainage, power supply, heating, telecommunications, land leveling and other projects of infrastructure. It includes practical in the real estate development or business activities of the business of real estate development unit.

Sources of Data: Datas on Real Estate Statistic are collected in accordance with the Reporting Form System of the Development of Real Estate Statistics stipulated by the National Bureau of Statistics and provided by Fixed Assets Investment Division of Jiangxi Provincial Bureau of statistics.

Methods of Survey The Data are from comprehensive collection and report by local level statistical bureans.

Service Enterprises above Designated Size refer to the enterprises of business sales over 10 million yuan.

Scope of Statistics of other Service Enterprises: The corporate unit executing Accounting Standards and Accounting System for enterprises in following sectors:Storage and Post; Information Transmission，Computer Services and Software; Leasing and Business Services; Scientific Research, Ploytechnic Services and Geological; Management of Water Conservancy, Environment and Public Facilities; Services to Households and Other Services; Education; Health、Social Security and Social Welfare; Culture, Sports and Entertainment. Datas on other Service Enterprises above Designated Size are provided by Service Division of Jiangxi Provincial Bureau of statistics.

18-1 房地产开发与经营主要指标

Main Indicators of Enterprises for Real Estate Development

指　　标	Item	2000	2005	2009	2010
企业个数(个)	**Number of Enterprises**	**539**	**1824**	**2050**	**2141**
投资额和新增固定资产(万元)	**Investment and Newly Increased Fixed Assets (10000 yuan)**				
投资额	Investment	423705	3010982	6345238	7068222
#商品房建设投资额	Construction of Commercialized Buildings	290590	2144740		
土地开发投资额	Land Development	75072	230638	282800	
按隶属关系分	Grouped by Administrative Relationship				
中　央	Central Investment	8476	63165	31422	132468
地　方	Local Investment	415229	2947817	6313816	6935754
按登记注册类型分	Grouped by Registration Status				
内　资	Domestic Funds	319440	2596827	5734556	6355494
#国　有	State-Owned Units	143139	201199	369975	378676
集　体	Collective-Owned Units	39137	33198	24336	20283
股份合作	Cooperative Units	16395	49932	67904	31746
联　营	Joint Ownership Units	627	4280	10088	10683
有限责任公司	Limited liability Corporations	29918	1053487	2739145	3037481
股份有限公司	Share-holding Corporations Ltd.	16114	333554	670758	779993
私　营	Private Enterprises	73810	854028	1788963	2033226
其　他	Others	300	67149	63387	63406
港澳台商投资	Funds from Hong Kong,Macao and Taiwan	63317	243112	498275	552561
外商投资	Foreign Funds	40948	171043	112407	160167
按构成分	Grouped by Use of Funds				
建筑工程	Construction	294410	2089989	4774615	4920441
安装工程	Installation	10658	97839	368774	422486
设备工器具购置	Purchase of Equipment and Instruments	2704	23842	73628	135226
其他费用	Others	115933	799312	1128221	1590069
#土地购置费	Land Purchase	66281	593283	664315	1098952
按工程用途分	Grouped by Use of Projects				
住　宅	Residential Buildings	264555	2081628	5091670	5447742
#经济适用房	Economically Affordable Housing	83853	107090	154825	113973

18-1 续表 continued

指 标	Item	2000	2005	2009	2010
别墅、高档公寓	Villas、High-grade Apartments	14316	55694	154728	181581
办公楼	Office Buildings	14324	44861	115995	110064
商业营业用房	Houses for Bussiness Use	67984	456512	631837	781411
其 他	Others	76842	427981	505736	729005
本年新增固定资产	Newly Increased Fixed Assets this Year	294124	1486566	2836786	3898732
土地开发(万平方米)	**Land Space Developed (10000 sq.m)**				
本年完成开发土地面积	Land Space Developed this Year	258.67	947.46	649.93	
本年购置土地面积	Land Space Purchased this Year	287.81	1517.92	694.48	777.15
资金来源(万元)	**Sources of Funds(10000 yuan)**				
本年资金来源小计	Sources of Funds this Year	444086	3295995	8766713	10081606
国家预算内资金	State Budgetary Appropriation	620			
国内贷款	Domestic Loans	71414	460301	1239645	1464036
#银行贷款	Bank Loans		449328	1192863	1412902
非银行金融机构贷款	Non-banking Financial Institutions Loans		10973	46782	51134
债 券	Bonds	700			
利用外资	Foreign Investment	33925	38527	44553	28979
#外商直接投资	Foreign Direct Investment	32997	25605	37003	28979
自筹资金	Self-raising Funds	134697	1448201	3148617	3912925
#企事业单位自有资金	Enterprises and Institutions Self-own Fund	68906	969826	1544569	1688924
其他资金来源	Others	202730	1348966	4333898	4675666
#定金及预付款	Deposit and Advance Payment	164019	1091048	2551787	2542706
个人按揭贷款	Individual Credit		43322	1179611	1460827
房屋施工、竣工和销售、出租情况(平方米)	**Floor Space of Buildings Under Construction and Completed、 On Sale and for Rent(sq.m)**				
房屋施工面积	Floor Space under Construction	8966158	45081594	67555972	72299393
#新开工面积	Started this Year	4909155	24908244	23009630	23449792
房屋竣工面积	Floor Space Completed	4027996	15615388	16468025	18177356
商品房销售面积	Floor Space of Commercialized Buildings Sold	2866853	16501188	22809083	24697318
商品房销售额(万元)	Total Sales of Commercialized Buildings(10000 yuan)	272008	2522496	6028009	7764058
商品房出租面积	Floor Space of Commercialized Buildings for Rent	46719	1689358	388584	236631
商品房待售面积	Eloor Space of Commercialized Bulidings Lying Idle	1028965	2288859	3270084	3579863

18-2 房地产开发房屋施工、竣工、销售与出租情况（2010年）

Residential Buildings under Construction，Completed，Sale and for Rent of Real Estate Development (2010)

指标	Item	合计 Total	住宅 Residential Budildings	#90平方米及以下住房 Housing of 90 Squre Metres and Below	#经济适用房 Economically Affordable Housing
房屋施工面积(平方米)	Floor Space under Construction(sq.m)	72299393	60646175	11761434	1957105
#新开工面积	Started this Year	23449792	19564677	3200069	383316
房屋竣工面积(平方米)	Floor Space Completed(sq.m)	18177356	15504625	3105120	865708
房屋竣工价值(万元)	Value of Buildings Completed(10000 yuan)	3011224	2479175	494283	88434
商品房销售面积(平方米)	Floor Space of Commercialized Buildings Sold (sq.m)	24697318	22657204	4562209	1025621
#现房销售面积	Floor Space of Marketable Housing Sold	8727225	7910579	1900247	864677
期房销售面积	Floor Space of Futures Marketable Housing Sold	15970093	14746625	2661962	160944
出租房屋面积(平方米)	Floor Space for Rent(sq.m)	236631	38231	38231	6531
不可销售面积(平方米)	Floor Space Unsalable(sq.m)	172728	117403	46899	25600
待售面积(平方米)	Floor Space Lying Idle (sq.m)	3579863	2671023	506882	113242
商品房销售额(万元)	Total Sales of Commarcialized Buildings(10000 yuan)	7764058	6703400	1371779	163526
#现房销售额	Sale of Marketable Housing	2547754	2138558	445876	138327
期房销售额	Sale of Futures Marketable Housing	5216304	4564842	925903	25199

18-2 续表 continued

指标	Item	#别墅、高档公寓 Villas, High-grade Apartments	#办公楼 Office Buildings	#商业营业用房 Houses for Bussiness Use	其他 Other
房屋施工面积(平方米)	Floor Space under Construction(sq.m)	1825017	1142464	7340913	3169841
#新开工面积	Started this Year	549548	418222	2501321	965572
房屋竣工面积(平方米)	Floor Space Completed(sq.m)	303108	234134	1739742	698855
房屋竣工价值(万元)	Value of Buildings Completed(10000 yuan)	62785	50195	369923	111931
商品房销售面积(平方米)	Floor Space of Commercialized Buildings Sold (sq.m)	295038	190164	1508452	341498
#现房销售面积	Floor Space of Marketable Housing Sold	117628	111845	590330	114471
期房销售面积	Floor Space of Futures Marketable Housing Sold	177410	78319	918122	227027
出租房屋面积(平方米)	Floor Space for Rent(sq.m)		8604	189196	600
不可销售面积(平方米)	Floor Space Unsalable(sq.m)		3150	10832	41343
待售面积(平方米)	Floor Space Lying Idle (sq.m)	177961	49215	693192	166433
商品房销售额(万元)	Total Sales of Commarcialized Buildings(10000 yuan)	154965	157001	805870	97787
#现房销售额	Sale of Marketable Housing	48519	93501	289036	26659
期房销售额	Sale of Futures Marketable Housing	106446	63500	516834	71128

18-3 按登记注册类型分的房地产开发投资（2010年）

单位:万元

指标	Item	合计 Total	内资 Domestic Funds	国有 State-Owned Units
投资总额	**Total Investment**	**7068222**	**6355494**	**378676**
按构成分	Grouped by Use of Funds			
建筑工程	Construction	4920441	4448151	254026
安装工程	Installation	422486	362824	16549
设备工器具购置	Purchase of Equipment and Instruments	135226	119631	3134
其他费用	Others	1590069	1424888	104967
按工程用途分	Grouped by Use of Projects			
住　宅	Residential Buildings	5447742	4916067	294963
#90平方米及以下住房	Housing of 90 square metres and below	1053252	917917	94940
经济适用房	Economically Affordable Housing	113973	113939	50434
别墅、高档公寓	Villas、High-grade Apartments	181581	158167	329
办公楼	Office Buildings	110064	89324	1214
商业营业用房	Houses for Bussiness Use	781411	691410	44024
其　他	Others	729005	658693	38475
本年资金来源合计	**Total Sources of Funds**	**13065368**	**11280718**	**594707**
上年末结余资金	Surplus Funds Last Year	2983762	2439718	113484
本年资金来源小计	Sources of Funds this Year	10081606	8841000	481223
国内贷款	Domestic Loans	1464036	1161477	73496
#银行贷款	Bank Loans	1412902	1111743	73496
非银行金融机构贷款	Non-banking Financial Institutions Loans	51134	49734	
利用外资	Foreign Investment	28979	6756	
#外商直接投资	Foreign Direct Investment	28979	6756	
自筹资金	Self-raising Funds	3912925	3737674	178638
#企事业单位自有资金	Enterprises and Institutions Self-own Fund	1688924	1600873	27606
其他资金来源	Others	4675666	3935093	229089
#定金及预付款	Deposit and Advance Payment	2542706	2167904	99515
个人按揭贷款	Individual Credit	1460827	1275240	35406

Investment in Real Estate Development by Registration Status (2010)

(10000 yuan)

集　体 Collective-Owned Units	私营及个体投资 Private & Self-employed	联　营 Joint Ownership Units	股份有限公司 Share-holding Corporations Ltd.	其他内资 Others	港澳台商投资 Funds from Hong Kong, Macao and Taiwan	外商投资 Foreign Funds
20283	**2033226**	**10683**	**779993**	**63406**	**552561**	**160167**
18744	1477800	8533	597903	60448	366270	106020
889	121331	150	19557	1352	49147	10515
	30964	450	11586		11744	3851
650	403131	1550	150947	1606	125400	39781
18472	1562168	9583	620854	43978	391712	139963
4472	301919	470	85592	2407	99710	35625
2650	50073		5540		30	4
	40480		3462		23414	
	16509		6660	9124	15925	4815
920	262844	908	88313	9259	85368	4633
891	191705	192	64166	1045	59556	10756
23313	**3602090**	**12615**	**1210898**	**118684**	**1209335**	**575315**
1780	633286	120	143340	46340	445767	98277
21533	2968804	12495	1067558	72344	763568	477038
870	404553	3000	157307	6056	132752	169807
600	390084	3000	154287	6056	132352	168807
270	14469		3020		400	1000
	4400			217	22223	
	4400			217	22223	
9771	1133331	4428	563603	23811	90460	84791
1790	416796	4428	240464	6496	36022	52029
10892	1426520	5067	346648	42260	518133	222440
3105	830589	2957	216558	16908	278376	96426
2846	473453	2110	101992	8296	136048	49539

18-4 各地区房地产开发和经营指标（2010年）

指　　标	Item	全　省 Total	南昌市 Nanchang	景德镇市 Jingdezhen
企业个数(个)	**Number of Enterprises (unit)**	**2141**	**524**	**151**
投资额和新增固定资产(万元)	**Investment And Newly Increased Fixed Assets(10000 yuan)**			
投资额	**Investment**	**7068222**	**2301463**	**257166**
按登记注册类型分	Grouped by Registration Status			
内　资	Domestic Funds	6355494	1750494	231090
#国　有	State-Owned Units	378676	192685	3486
集　体	Collective-Owned Units	20283	10	2901
私营及个体	Individuals	2033226	266413	124212
联　营	Joint Ownership Units	10683		
股份有限公司	Share-holding Corporations Ltd.	779993	183135	8136
其他内资	Others	63406	17020	10
港澳台商投资	Funded by Entrepreneurs from Hong Kong, Macao and Taiwa	552561	414512	26076
外商投资	Enterprises with Foreign Investment	160167	136457	
按构成分	Grouped by Use of Funds			
建筑工程	Construction	4920441	1367509	151861
安装工程	Installation	422486	211294	29934
设备工器具购置	Purchase of Equipment and Instruments	135226	73819	1100
其他费用	Others	1590069	648841	74271
#土地购置费	Land Purchase	1098952	460006	68719
按工程用途分	Grouped by Use of Projects			
住　宅	Residential Buildings	5447742	1712677	211859
#90平方米及以下住房	Housing of 90 Square Metres and below	1053252	551605	67451
经济适用房	Economically Affordable Housing	113973	34000	17806
别墅、高档公寓	Villas, High-grade Apartments	181581	88258	11018
办公楼	Office Buildings	110064	74651	1251
商业营业用房	Houses for Bussiness Use	781411	250587	16340
其　他	Others	729005	263548	27716
本年新增固定资产(万元)	**Newly Increased Fixed Assets this Year (10000 yuan)**	**3898732**	**1195071**	**77767**
土地开发情况(公顷)	**Land Space Developed(Hectare)**			
本年购置土地面积	Land Space Purchased this Year	7771503	1644536	797277
资金来源(万元)	**Source of Funds(10000 yuan)**			
本年资金来源小计(万元)	**Source of Funds this Year (10000 yuan)**	**10081606**	**3651644**	**286489**
国内贷款	Domestic Loans	1464036	799246	34394
#银行贷款	Bank Loans	1412902	778881	34394
非银行金融机构贷款	Non-banking Financial Institutions Loans	51134	20365	
利用外资	Foreign Investment	28979		
#外商直接投资	Foreign Direct Investment	28979		
自筹资金	Self-raising Funds	3912925	958333	197086
#企事业单位自有资金	Enterprises and Institutions Self-own Fund	1688924	430276	89374
其他资金来源	Others	4675666	1894065	55009
#定金及预付款	Deposit and Advance Payment	2542706	1062026	27787
个人按揭贷款	Individual Credit	1460827	569749	23992
房屋施工、竣工和销售、出租情况	**Floor Space of Buildings Under Construction and Completed, on Sale and for Rent**			
房屋施工面积(平方米)	**Floor Space of Buildings under Construction(sq.m)**	**72299393**	**21461797**	**3451958**
住　宅	Residential Buildings	60646175	17433310	2918291
#90平方米及以下住房	Housing of 90 square metres and below	11761434	5442976	422764
经济适用房	Economically Affordable Housing	1957105	812574	146834
别墅、高档公寓	Villas, High-grade Apartments	1825017	694441	41390
办公楼	Office Buildings	1142464	804014	15447
商业营业用房	Houses for Bussiness Use	7340913	2050018	403081
其　他	Others	3169841	1174455	115139

Development and Operating Indicators for Real Estate by Region (2010)

萍乡市 Pingxiang	九江市 Jiujiang	新余市 Xinyu	鹰潭市 Yingtan	赣州市 Ganzhou	吉安市 Ji'an	宜春市 Yichun	抚州市 Fuzhou	上饶市 Shangrao
145	**209**	**106**	**70**	**238**	**140**	**161**	**201**	**196**
164655	**460642**	**244349**	**130420**	**1004813**	**318474**	**498006**	**746339**	**941895**
159288	436912	234147	130420	944332	310332	488800	736019	933660
100	12405	11530	1253	49825	12133	36108	10456	48695
1463	800	940			3460	4060	6649	
56973	135960	126896	38836	392874	154268	164995	178749	393050
				3683		2287		4713
4980	8636	12699	10445	47279	32805	50910	304841	116127
	412			14794	1240			29930
	23730	3944		51824	6782	7138	10320	8235
5367		6258		8657	1360	2068		
136210	309532	184859	85966	731916	224647	359653	624847	743441
9015	20457	21154	2306	45395	26531	11706	13736	30958
471	8190	909	401	2495	2115	2700	14975	28051
18959	122463	37427	41747	225007	65181	123947	92781	139445
14685	91634	8111	26295	165655	31462	83081	75795	73509
128197	382119	188539	112905	683883	257433	410342	667338	692450
11645	114133	14736	29188	58237	31574	50837	57347	66499
610	33665	34	798	10202	1426	4325	135	10972
3161	6650	10291	20634	21071	8801	3278	300	8119
374	2283	1627	634	6573	3610	2306	3525	13230
18676	38907	26007	6291	139947	26194	36649	48543	173270
17408	37333	28176	10590	174410	31237	48709	26933	62945
43702	**497267**	**201992**	**68691**	**699609**	**203642**	**370153**	**166171**	**374667**
288985	689051	206311	242347	2238447	267880	788166	253651	354852
240252	**968487**	**354180**	**179227**	**1401906**	**446430**	**699167**	**906930**	**946894**
27188	43028	56600	5674	138266	67322	82890	65794	143634
27188	41161	56600	5274	133066	61662	82450	63604	128622
	1867		400	5200	5660	440	2190	15012
	5756			22223	1000			
	5756			22223	1000			
83654	655589	63260	110395	454435	137728	219091	536425	496929
71649	158595	46009	39251	202585	111352	150848	244562	144423
129410	264114	234320	63158	786982	240380	397186	304711	306331
70284	170092	124705	43450	447736	123179	230715	126521	116211
37700	71225	104213	14519	236794	85098	146511	77356	93670
1412375	**5168558**	**4856939**	**1482297**	**10602155**	**4830499**	**6353110**	**6038654**	**6641051**
1260822	4598773	4084493	1277956	8176161	4273814	5714810	5279019	5628726
231284	1258342	166057	196829	1119943	381485	718918	1298660	524176
8100	310702	15254	33783	340814	34425	79589	11174	163856
25154	42303	144611	14736	341969	258318	58790	7400	195905
3031	9854	38277	16204	119359	1633	29454	46012	59179
126828	493718	425772	88559	1499664	383949	446258	605369	817697
21694	66213	308397	99578	806971	171103	162588	108254	135449

18-4 续表

指　　标	Item	全　省 Total	南昌市 Nanchang	景德镇市 Jingdezhen
房屋新开工面积(平方米)	**Floor Space Started this Year(sq.m)**	**23449792**	**5090995**	**516578**
住　宅	Residential Buildings	19564677	4166924	474184
#90平方米及以下住房	Housing of 90 Square Metres and Below	3200069	1185347	108165
经济适用房	Economically Affordable Housing	383316	350	27200
别墅、高档公寓	Villas、High-grade Apartments	549548	401521	13055
办公楼	Office Buildings	418222	315772	300
商业营业用房	Houses for Bussiness Use	2501321	387335	41904
其　他	Others	965572	220964	190
房屋竣工面积(平方米)	**Floor Space Completed(sq.m)**	**18177356**	**3991231**	**557169**
住　宅	Residential Buildings	15504625	3140425	469942
#90平方米及以下住房	Housing of 90 Square Metres and Below	3105120	988621	118689
经济适用房	Economically Affordable Housing	865708	196999	77784
别墅、高档公寓	Villas、High-grade Apartments	303108	34190	
办公楼	Office Buildings	234134	155347	
商业营业用房	Houses for Bussiness Use	1739742	514270	80602
其　他	Others	698855	181189	6625
竣工房屋价值(万元)	**Value of Buildings Completed(10000 yuan)**	**3011224**	**696453**	**62957**
住　宅	Residential Buildings	2479175	534918	52820
#90平方米及以下住房	Housing of 90 Square Metres and Below	494283	166681	14998
经济适用房	Economically Affordable Housing	88434	29124	7671
别墅、高档公寓	Villas、High-grade Apartments	62785	5875	
办公楼	Office Buildings	50195	34150	
商业营业用房	Houses for Bussiness Use	369923	99283	9550
其　他	Others	111931	28102	587
商品房销售面积(平方米)	**Floor Space Sold of Commercialized Buildings(sq.m)**	**24697318**	**5208441**	**1077789**
住　宅	Residential Buildings	22657204	4893017	1035503
#90平方米及以下住房	Housing of 90 Squre Metres and Below	4562209	2153300	159401
经济适用房	Economically Affordable Housing	1025621	515483	11587
别墅、高档公寓	Villas、High-grade Apartments	295038	47718	7076
办公楼	Office Buildings	190164	125720	3200
商业营业用房	Houses for Bussiness Use	1508452	162283	38874
其　他	Others	341498	27421	212
商品房出租面积(平方米)	**Floor Space for rent(sq.m)**	**236631**	**92692**	
住　宅	Residential Buildings	38231		
#90平方米及以下住房	Housing of 90 Squre Metres and Below	38231		
经济适用房	Economically Affordable Housing	6531		
别墅、高档公寓	Villas、High-grade Apartments			
办公楼	Office Buildings	8604	8604	
商业营业用房	Houses for Bussiness Use	189196	84088	
其　他	Others	600		
商品房待售面积(平方米)	**Floor Space Lying Idle (sq.m)**	**3579863**	**609931**	**311033**
住　宅	Residential Buildings	2671023	481353	204871
#90平方米及以下住房	Housing of 90 Square Metres and Below	506882	263342	15300
经济适用房	Economically Affordable Housing	113242	6328	54369
别墅、高档公寓	Villas、High-grade Apartments	177961	25509	
办公楼	Office Buildings	49215	17881	10607
商业营业用房	Houses for Bussiness Use	693192	68429	88930
其　他	Others	166433	42268	6625
商品房销售额(万元)	**Floor Space Sales(10000 yuan)**	**7764058**	**2378018**	**258149**
住　宅	Residential Buildings	6703400	2118999	238458
#90平方米及以下住房	Housing of 90 Square Metres and Below	1371779	747672	39604
经济适用房	Economically Affordable Housing	163526	94288	1512
别墅、高档公寓	Villas、High-grade Apartments	154965	67032	1631
办公楼	Office Buildings	157001	121320	1000
商业营业用房	Houses for Bussiness Use	805870	123317	18631
其　他	Others	97787	14382	60

continued

萍乡市 Pingxiang	九江市 Jiujiang	新余市 Xinyu	鹰潭市 Yingtan	赣州市 Ganzhou	吉安市 Ji'an	宜春市 Yichun	抚州市 Fuzhou	上饶市 Shangrao
552111	**2462047**	**1261839**	**546055**	**4482785**	**2057494**	**2441279**	**1767828**	**2270781**
498496	2222797	1039626	506441	3307093	1782388	2153094	1534935	1878699
54093	589594	31487	71862	392043	141211	208438	203509	214320
4852	220702	5800		81567	31145			11700
19235	3322	46939		20600	38876	4500		1500
	5336	4500	3850	49974		11340	19582	7568
45372	211196	115404	21431	722137	205440	208680	180859	361563
8243	22718	102309	14333	403581	69666	68165	32452	22951
289617	**2149264**	**1040778**	**326270**	**3749898**	**1134737**	**2042255**	**1048383**	**1847754**
244782	1954332	914241	257598	3111212	1004409	1912869	917951	1576864
55699	519345	46200	65249	551293	104344	261500	226686	167494
	177511		33783	247771	2080	64729	10210	54841
	2673	40543		152904	72798			
	4876			45980		5198	16500	6233
42574	144927	99371	25650	328939	113102	86495	86311	217501
2261	45129	27166	43022	263767	17226	37693	27621	47156
40455	**480991**	**157279**	**55114**	**546878**	**193021**	**312777**	**137315**	**327984**
29802	428812	132988	41186	435074	166184	285521	113044	258826
5797	111850	7746	7259	83346	10860	34453	28292	23001
	8880		2200	29332	166	4943	1730	4388
	830	9607		32516	13957			
	1743			7853		741	4380	1328
10347	38796	21866	5161	64085	23651	21267	16497	59420
306	11640	2425	8767	39866	3186	5248	3394	8410
702537	**2928881**	**1512625**	**354830**	**3822066**	**1730627**	**2744295**	**2289329**	**2325898**
680106	2785359	1451923	338729	3096139	1565587	2603745	2152612	2054484
67481	668281	56729	59064	314928	171994	343181	340120	227730
2790	238730	11600	28140	27792	72140	54259	2500	60600
9343	3142	13687	32534	57016	80440	9699		34383
	990	194	2088	43537		834	5800	7801
19475	123499	44287	8320	517909	150283	88514	113517	241491
2956	19033	16221	5693	164481	14757	51202	17400	22122
		31164	**21296**		**70948**			**20531**
					21700			16531
					21700			16531
								6531
		31164	21296		48648			4000
					600			
132559	**37600**	**451965**	**49030**	**229539**	**456041**	**534267**	**186263**	**581635**
101215	19757	324963	46483	166170	222983	475145	122800	505283
22809	1535	19973	7900	2501	38001	67407	27718	40396
		12900			5624			34021
4363		62472	3010	12663	23454	9150	5250	32090
3529	2596	5200		1627		834		6941
16907	15247	98088	2547	34410	214016	51427	58951	44240
10908		23714		27332	19042	6861	4512	25171
179445	**851797**	**365365**	**117641**	**1314511**	**439427**	**650027**	**578647**	**631031**
167467	803187	338299	103743	920329	371388	598046	526020	517464
19629	179528	14482	12508	117569	31974	75656	82228	50929
298	37741	1717	2865	4622	7836	4278	480	7889
2930	2215	5550	19752	25295	16745	3573		10242
	95	59	956	29170		380	348	3673
10997	44197	22419	11953	313014	65540	41924	48611	105267
981	4318	4588	989	51998	2499	9677	3668	4627

18-5 赣房景气指数
Housing Prosperous Index in Jiangxi

指　　数	Index	2000	2005	2006	2007	2008	2009	2010
赣房景气指数	**Housing Prosperous Index**	**100.03**	**98.20**	**98.81**	**101.37**	**99.13**	**97.49**	**98.28**
开发投资指数	Development and Investment	102.70	102.99	97.91	104.56	102.09	99.07	97.92
资金来源指数	Source of Funds	99.83	100.38	97.68	100.91	98.43	101.72	97.76
土地开发面积指数	Land Space Developed	105.06	99.20	100.94	101.65	100.62	97.75	99.80
施工面积指数	Floor Space Under Construction	94.77	99.64	96.75	101.44	98.04	103.13	91.69
待售面积指数	Floor Space Lying Idle	100.18	95.78	101.07	106.39	101.63	90.10	101.55
销售价格指数	Selling Price	98.11	94.34	97.84	94.89	94.96	97.31	98.96

18-6 分季度赣房景气指数
Housing Prosperous Index by Quart in Jiangxi

指　　数	Index	2000	2005	2006	2007	2008	2009	2010
一 季 度	The First Quarter·	98.75	96.26	101.85	97.63	101.31	97.32	98.65
二 季 度	The Second Quarter	100.59	95.31	102.62	98.84	101.36	96.2	98.92
三 季 度	The Third Quarter	101.14	95.77	101.13	100.82	100.49	96.65	98.65
四 季 度	The Fourth Quarter	100.03	98.20	98.81	101.37	99.13	97.49	98.28

18-7 赣房景气指数状况(2010年)

Condition of Housing Prosperous Index in Jiangxi(2010)

指数	Index	一季度 The First Quarter 指数值 Index Value	比上年同期增减 Fluctuation over the same period of Preceding Year	景气状况 Prosperity Condition	二季度 The Second Quarter 指数值 Index Value	比上年同期增减 Fluctuation over the same period of Preceding Year	景气状况 Prosperity Condition
赣房景气指数	**Housing Prosperous Index**	**98.65**	**1.33**	**不景气Depression**	**98.92**	**2.72**	**不景气Depression**
开发投资指数	Development and Investment	102.04	6.92	景气 Prosperity	101.72	8.33	景气 Prosperity
资金来源指数	Source of Funds	101.28	1.17	景气 Prosperity	99.87	-0.46	不景气Depression
土地开发面积指数	Area of Land Developed	99.65	3.64	不景气Depression	100.29	4.41	景气 Prosperity
施工面积指数	Floor Space Under Construction	103.95	5.53	景气 Prosperity	100.59	3.71	景气 Prosperity
待售面积指数	Area of Land Lying Idle	92.10	-5.83	景气 Prosperity	95.90	0.63	景气 Prosperity
销售价格指数	Selling Price	97.06	0.32	不景气Depression	97.25	0.99	不景气Depression

18-7 续表 continued

指数	Index	三季度 The Third Quarter 指数值 Index Value	比上年同期增减 Fluctuation over the same period of Preceding Year	景气状况 Prosperity Condition	四季度 The Fourth Quarter 指数值 Index Value	比上年同期增减 Fluctuation over the same period of Preceding Year	景气状况 Prosperity Condition
赣房景气指数	**Housing Prosperous Index**	**98.65**	**2.00**	**不景气Depression**	**98.28**	**0.79**	**不景气Depression**
开发投资指数	Development and Investment	99.78	2.53	不景气Depression	97.92	-1.15	不景气Depression
资金来源指数	Source of Funds	98.44	-3.00	不景气Depression	97.76	-3.96	不景气Depression
土地开发面积指数	Land Space Developed	99.71	2.97	不景气Depression	99.80	2.05	不景气Depression
施工面积指数	Floor Space Under Construction	97.77	0.10	不景气Depression	91.69	-11.44	不景气Depression
待售面积指数	Floor Space Lying Idle	97.70	4.79	景气 Prosperity	101.55	11.45	不景气Depression
销售价格指数	Selling Price	98.63	2.51	不景气Depression	98.96	1.65	不景气Depression

18-8 限额以上其他服务业主要经济指标（2010年）

单位：亿元

行　　业	Sector	资产合计 Total Assets	固定资产原价 Original Value of Fixed Assets
总　计	**Total**	**904.61**	**673.09**
仓储和邮政业	**Storage and Post**	**153.77**	**50.28**
仓储业	Storage	121.76	21.53
邮政业	Post	32.01	28.75
信息传输、计算机服务和软件业	**Information Transmission, Computer Services and Software**	**373.31**	**506.17**
电信和其他信息传输服务业	Telecommunications and Other Information Transmission Services	345.92	496.49
计算机服务业	Computer Services	3.03	1.63
软件业	Software	24.36	8.05
租赁和商务服务业	**Leasing and Business Services**	**221.28**	**62.88**
租赁业	Leasing	3.12	2.97
商务服务业	Business Services	218.16	59.91
科学研究、技术服务和地质勘查业	**Scientific Research, Ploytechnic Services and Geological Prospecting**	**45.97**	**6.18**
研究与试验发展	Research and Experimental Development	0.19	0.09
专业技术服务	Professional Technical Services	24.82	4.27
科技交流和推广服务业	Services of Science and Technology Exchanges and Promotion	4.03	1.48
地质勘查业	Geological Prospecting	16.93	0.34
水利、环境和公共设施管理业	**Management of Water Conservancy, Environment and Public Facilities**	**53.34**	**19.08**
水利管理业	Management of Water Conservancy	6.21	0.74
环境管理业	Environmental Management	0.81	0.73
公共设施管理业	Management of Public Facilities	46.32	17.61
居民服务和其他服务业	**Services to Households and Other Services**	**10.81**	**6.37**
居民服务业	Services to Households	4.65	3.42
其他服务业	Other Services	6.16	2.95
教育	**Education**	**6.12**	**4.59**
卫生、社会保障和社会福利业	**Health, Social Security and Social Welfare**	**3.25**	**2.20**
卫生	Health	3.02	2.17
社会保障业	Social Security		
社会福利业	Social Welfare	0.23	0.03
文化、体育和娱乐业	**Culture, Sports and Entertainment**	**36.76**	**15.34**
新闻出版业	Journalism and Publishing Activities	21.96	8.17
广播、电视、电影和音像业	Broadcasting, Movies, Television and Audiovisual Activities	6.97	1.63
文化艺术业	Cultural and Art Activities	1.22	0.48
体育	Sports Activities	0.08	0.04
娱乐业	Entertainment	6.53	5.02

Main Indicators of Above-Norm Service Industry (2010)

(100 million yuan)

累计折旧 Total Depreciation	负债合计 Total Liabilities	实收资本 Capitals Hold	营业收入 Operating Income	营业成本 Operating Costs	营业利润 Profits of Business	利润总额 Total Profits	从业人员年平均人数(人) Annual Average Empolyed Persons (person)
293.08	**492.67**	**191.36**	**458.70**	**297.77**	**52.77**	**57.48**	**128932**
16.72	**96.67**	**32.63**	**71.15**	**62.73**	**-3.68**	**0.89**	**24792**
6.34	87.61	25.40	49.91	45.70	-2.78	1.74	6191
10.38	9.06	7.23	21.24	17.03	-0.90	-0.85	18601
252.95	**190.96**	**50.64**	**211.28**	**113.69**	**34.44**	**33.26**	**34414**
249.70	178.75	38.96	186.71	95.11	32.46	31.12	29240
0.34	0.74	0.96	6.65	5.50	0.39	0.39	1738
2.91	11.47	10.72	17.92	13.08	1.59	1.75	3436
9.24	**125.61**	**71.12**	**108.81**	**80.60**	**9.37**	**10.10**	**31146**
1.53	1.86	1.01	2.30	1.55	0.19	0.18	1203
7.71	123.75	70.11	106.51	79.05	9.18	9.92	29943
2.41	**31.03**	**8.98**	**20.49**	**12.96**	**5.29**	**5.31**	**11847**
0.01	0.05	0.05	0.14	0.08	0.02	0.02	105
1.94	16.71	6.19	17.28	10.68	4.94	4.96	8260
0.31	1.35	2.03	1.77	1.19	0.23	0.24	2431
0.15	12.92	0.71	1.30	1.01	0.10	0.09	1051
4.44	**31.25**	**10.86**	**10.93**	**5.74**	**1.42**	**2.12**	**6295**
0.08	4.60	2.14	0.50	0.29	0.19	0.18	102
0.19	0.28	0.41	0.37	0.23	0.06	0.06	502
4.17	26.37	8.31	10.06	5.22	1.17	1.88	5691
1.48	**5.33**	**3.21**	**12.19**	**8.55**	**1.73**	**1.69**	**6434**
0.78	1.37	1.79	3.33	1.85	0.69	0.64	3185
0.70	3.96	1.42	8.86	6.70	1.04	1.05	3249
0.75	**0.81**	**0.90**	**1.67**	**0.99**	**0.25**	**0.21**	**2212**
0.43	**1.14**	**1.76**	**1.87**	**1.18**	**0.27**	**0.21**	**2268**
0.42	0.97	1.73	1.86	1.18	0.26	0.21	2203
0.01	0.17	0.03	0.01		0.01		65
4.66	**9.87**	**11.26**	**20.31**	**11.33**	**3.68**	**3.69**	**9524**
3.02	2.94	7.57	13.56	8.53	1.71	1.71	5392
0.55	3.58	1.17	1.90	0.64	0.55	0.58	1183
0.08	0.13	0.73	0.74	0.46	0.12	0.11	250
0.02		0.02	0.07	0.02	0.03	0.03	54
0.99	3.22	1.77	4.04	1.68	1.27	1.26	2645

主要统计指标解释

房地产业 是指从事房地产开发、建设、经营、租赁及维修等活动的经济部门。按照国民经济行业划分的规定，房地产业包括房地产开发与经营、房地产管理和房地产经纪与代理业三部分内容。

房地产开发业 是房地产业的一个重要组成部分，是指进行商品房屋建设和土地开发及经营活动的企业和单位。

房地产开发投资额 是以货币形式表现的房地产开发企业（单位）在一定时期内进行房屋建设及土地开发所完成的工作量及有关费用的总称。

商品房建设投资额 指房地产开发企业(单位)开发建设的供出售、出租用的商品住宅、厂房、仓库、饭店、度假村、写字楼、办公楼等房屋工程及其配套的服务设施所完成的投资额(含拆迁、回迁还建用房)。

建筑工程 指各种房屋、建筑物的建造工程，又称建筑工作量。这部分投资额必须兴工动料，通过施工活动才能实现。

安装工程 指各种设备、装置的安装工程，又称安装工作量。

设备、工器具购置 指工业企业生产的产品转化为固定资产的购置活动，包括建设单位或企、事业单位购置或自制的，达到固定资产标准的设备、工具、器具的价值。

商品住宅 指房地产开发企业(单位)建设并出售、出租给使用者，仅供居住用的房屋。

经济适用房 指根据地方经济适用房计划安排建设的政策性住宅。经济是指房屋建筑造价和销售价格低于一般商品住宅；适用是指适合中低收入家庭购买使用。经济适用房主要是由地方政府统一下达投资计划，房地产公司开发，对外销售；用地一般采用行政划拨或招标投标方式，免收土地出让金；对各种经批准的收费减半征收，开发利润不超过3%；销售价格实行政府指导价。该指标可以分析房地产投资结构，反映中低收入家庭商品住宅的供求平衡情况。

别墅、高档公寓 指建筑造价和销售价格明显高于一般商品住宅的商品住宅。别墅一般指地处郊区，独立成栋的商品住宅；高档公寓一般指地处市内高尚社区，高层或多层的商品住宅。别墅、高档公寓的确定标准：一是经有房地产投资计划审批权的主管部门审批建设的别墅、高档公寓开发项目；二是销售价格高于当地同等地段商品住宅平均销售价格一倍以上的别墅、公寓开发项目。该指标可以分析房地产投资结构，反映高收入家庭商品住宅的供求平衡情况。

办公楼 指企业、事业、机关、团体、学校、医院等单位使用的各类办公用房(又称写字楼)。

本年新增固定资产 指在报告期已经完成建造和开发过程并交付使用的房屋和土地开发面积的价值。指房地产开发公司进行开发经营活动的最终成果，即为社会提供的固定资产，而且是在报告期内新增加的。不是反映房地产开发企业本身固定资产的增加。

本年资金来源合计 指房地产开发企业(单位)在本年内收到的可用于房地产开发和经营的各种资金来源数之和，包括上年末结余资金、本年度内拨入、借入或以各种方式筹集的资金。

上年末结余资金 指上年资金来源中没有形成投资额而结余的资金。包括尚未用到工程上去的材料价值、未开始安装的需要安装设备价值及结存的现金和银行存款等。可根据有关财务数字填报。上年末结余资金不能出现负数，即不能把上年应付工程、材料款作为上年末结余资金的负数来处理。

本年资金来源小计 指房地产开发企业(单位)实际拨入的，用于房地产开发的各种货币资金。包括国内贷款、利用外资、自筹资金和其他资金。

国内贷款 指报告期房地产开发企业(单位)向银行及非银行金融机构借入的用于房地产开发与经营的各种国内借款，包括银行利用自有资金及吸收的存款发放的贷款、上级主管部门拨入的国内贷款、国家专项贷款(包括煤代油贷款、劳改煤矿专项贷款等)，地方财政专项资金安排的贷款、国内储备贷款、周转贷款等。

银行贷款 指向各商业银行、政策性银行借入的用于房地产开发与经营的各项贷款。

利用外资 指报告期收到的用于房地产开发与经营的境外资金(包括外国及港澳台地区)，包括外商直接投资、对外借款(外国政府贷款、国际金融组织贷款、出口信贷、外国银行商业贷款、对外发行债券和股票)及外商其他投资(包括补偿贸易和加工装配由外商提供的设备价款、国际租赁)。不包括我国自有外汇资金(包括国家外汇、地方外汇、留成外汇、调剂外汇和中国银行自有资金发行的外汇贷款等)。各类外资按报告期的外汇牌价(中间价)折成人民币“万元”计算。

自筹资金 指各地区、各部门及企事业单位筹集用于房地产开发与经营的预算外资金。

其他资金来源 指在报告期收到的除以上各种资金之外其他用于房地产开发与经营的资金。包括国家预算内资金、债券、社会集资、个人资金、无偿捐赠的资金及用征地迁移补偿费、移民费等进行房地产开发的资金。

房屋施工面积 指报告期内施工的全部房屋建筑面积。包括本期新开工的面积和上年开工跨入本期继续施工的房屋面积，以及上期已停建在本期恢复施工的房屋面积。本期竣工和本期施工后又停建缓建的房屋面积仍包括在施工面积中，多层建筑应填各层建筑面积之和。

房屋竣工面积 指报告期内房屋建筑按照设计要求已全部完工，达到住人和使用条件，经验收鉴定合格或达到竣工验收标准，可正式移交使用的各栋房屋建筑面积的总和。

竣工房屋价值 指在报告期内竣工房屋本身的建造价值。竣工房屋的价值一般按房屋设计和预算规定的内容计算。包括竣工房屋本身的基础、结构、屋面、装修以及水、电、卫等附属工程的建筑价值，也包括作为房屋建筑组成部分而列入房屋建筑工程预算内的设备(如电梯、通风设备等)的购置和安装费用；不包括厂房内的工艺设备、工艺管线的购置和安装，工艺设备基础的建造；办公和生活用家具的购置等费用；购置土地的费用；迁移补偿费和场地平整的费用及城市建设配套投资。竣工房屋价值一般按结算价格计算。

出租房屋面积 指在报告期期末房屋开发单位出租的商品房屋的全部面积。

商品房销售面积 指报告期内出售商品房屋的合同总面积(即双方签署的正式买卖合同中所确定的建筑面积)。由现房销售建筑面积和期房销售建筑面积两部分组成。

商品房销售额 指报告期内出售商品房屋的合同总价款(即双方签署的正式买卖合同中所确定的合同总价)。该指标与商品房销售面积同口径，由现房销售额和期房销售额两部分组成。

空置面积 指报告期末已竣工的可供销售或出租的商品房屋建筑面积中，尚未销售或出租的商品房屋建筑面积，包括以前年度竣工和本期竣工的房屋面积，但不包括报告期已竣工的拆迁还建、统建代建、公共配套建筑、房地产公司自用及周转房等不可销售或出租的房屋面积。

本年完成开发土地面积 指报告期内对土地进行开发并已完成七通一平等前期开发工程，具备进行房屋建筑物施工或出让条件的土地面积。

本年购置土地面积 指在本年内通过各种方式获得土地使用权的土地面积。

Explanatory Notes on Main Statistical Indicators

Real Estate Industry refers to those engaged in real estate development,construction,management,leasing and maintenance activities in the sectors of the economy. In accordance with the provisions of the national economy sectors, the real estate industry including real estate development and management, property management and real estate brokers and agents part of the contents of the three.

Real Estate Development Industry is an important component of real estate industry ,refers to enterprises and units engaged in housing construction and land development and management.

Value of Real Estate Development Investment is in the form of money in real estate development enterprises (units) in a certain period for housing construction and land development by the workload and related costs.

Construction of Commercialized Buildings refer to the amount of commercial housing construction investment in real estate development enterprises (units) for the development and construction of the sale, rental of goods used in housing, factories, warehouses, hotels, resorts, office buildings, office buildings and other housing projects and supporting services and facilities by the amount of investment(include the demolition, relocation builings).

Construction refers to the construction of houses and buildings,also called work volume of construction.This part of investment can only be realized under construction.

Installation refers to the installation of various kinds of equipment and instruments,also called work volume of installation.

Purchase of Equipment and Instruments Purchase of equipment and instruments refers to the total value of equipment, tools, and instruments purchased or self-produced which come up to the cut-off point for fixed assets by the construction units or investing enterprises or institutions.

Residential Buildings refers to buildings built and sod, least to users, only used for living .

Economically Affordable Housing refers to housing constructed according to the State Plan for economically affordable housing. The features of houses of this category are low cost of construction and low prices, and therefore are affordable to mid-income and low income households. Economically affordable housing projects are developed by real estate companies under the State Investment Plan, with the land provided through government allocation or tendering procedures. Developers are exempted from land utilization fees and enjoy another 50% exemption of all other legitimate fees, while their profits are limited to less than 3%, and the completed houses are sold under government-guided prices. This indicator helps to analyze the investment structure of the real estate industry and the demand and supply of housing for mid-income and low income households

Villas、High-grade Apartments refers to commercial houses whose construction costs and marketing prices are significantly higher than ordinary housing.Villas are independent structures generally located in the suburbs;high-grade apartments are multi-story buildings located in elegant urban neighborhoods.Criteria for villas and high-grade apartments include:1）projects for the construction of villas or high-grade apartments have to be approved by comprtent departments in charge of real estate development and investment plans,and 2)prices for projects on villas or high-grade apartments are higher by over 100% compared with the average prices of ordinary commercial housing projects in similar location.This indicator helps to analyze the investment structure of the real estate industry and the demand and supply of housing for high-income households.

Office Buildings refers to office space for enterprise, business, institutions, organizations, schools, hospitals and other units .

Newly Increased Fixed Assets This year refer to the newly increased value of fixed assets,constructed or purchased,that have been transferred to the investors.This is an indicator that demonstrates the results of investment in fixed assets in monetary terms,and an important indicator to reflect the speed of construction and to calculate the efficiency of investement.

Total source of funds refers to the various funds received by real estate enterprises in this year for the purpose of construction and purchase of investment in real estate. It includes balance of funds brought forward from the previous year, funds appropriated and brought in this year, and funds collected by various ways.

Surplus Funds Last Year refers to the surplus funds which didn't form the investment in fixed assets in the sources of funds in previous year. It includes material values that will be used in the projects, facilities values that must be and will be installed, and surplus cashes and deposits in bank.

Sources of Funds This Year refers to the monetary funds received by investing enterprises during the reference period for the purpose of investment in fixed assets. It includes funds from domestic loans, foreign investment, self-raised funds, and others.

Domestic Loans refer to loans of various forms borrowed by investing units from banks and non-bank financial institutions during the reference period, including loans issued by banks from their self-owned funds and deposit, loans appropriated by higher responsible authorities, special loans by government (including loan for substituting petroleum with coal, special loan for reform-through-labour coal mines), loans arranged by local government from special funds, domestic reserve loan, and working loan, etc.

Bank Loans refers to loans for real estate development and management brought from commercial banks and policy banks.

Foreign Investment refers to foreign funds received during the reference period for investment in fixed assets (covering equipment, materials and technology), including foreign direct investment, foreign borrowings (loans from foreign governments and international financial institutions, export credit, commercial loans from foreign banks, issuance of bonds and stocks overseas), and other foreign investment (covering facilities' funds provided by foreign investment by compensation trade and processing & assembly, as well as international lease).

Self-raising Funds refer to extra-budgetary funds for investment in fixed assets received by investing units from central government ministries, local governments, enterprises and institutions during the reference period.

Others Sources of Funds refer to funds for investment in fixed assets received from the sources other than those listed above, including funds raised from social and individuals, through donations, and funds transferred from other units.

Floor Space under Construction refers to total floor space of all buildings under construction during the reference period, including floor space of newly started buildings during the reference period, floor space of construction extended from the previous period to the current period, and floor space of construction suspended during the previous period and resumed in the current period. Floor space of construction completed in the current period, and floor space of construction started and then suspended in the current period are also included in the floor space under construction of the current year.

Floor Space Completed refers to the floor space of all buildings completed in the reference period, which have been appraised and accepted (or come up to the designed standards) and have been transferred to owner units.

Value of Buildings Completed refers to the intrinsic construction value of buildings completed in the reference period. It is figured by the rules of buildings design and budget, which not only includes the construction value of foundations, structure, furnishings, subsidiary projects such as water, electricity, toilet, etc. but also includes purchase and installation expenditures of facilities (such as lift, ventilation, etc.) listed into buildings budget as component of building construction. It excludes the purchase and installation of technical facilities, leads and lines in factories, construction of technical facilities' basis, expenditures of environment projects such as water, eructate, electricity, toilet, road projects, wall fended to earth outside, purchase of furniture in office or house, purchase of lands, as well as expenditures of move compensation and land leveling etc.

Floor Space of Buildings for rent refers to the total area for rent in the end of the reference period.

Floor Space of Commercialized Buildings Sold refers to total contracted area of commercialized housing (i.e. area of floor space as designated in the formal contracts signed by both sides) during the reference time. It constitutes floor space of completed housing and floor space of future housing.

Total Sales of Commercialized Buildings Sold refers to the total contracted value (i.e. value of sales/purchase for selling/purchase of commercialized housing as designated in the contract signed by both sides) during the reference time. This indicator has the same coverage as the area of commercialized housing sold, which constitutes floor space of completed housing and floor space of housing yet to be completed.

Floor Space Lying Idle refers he area has not yet sold or rent, including the housing area completed in the current period the previous year, but does not include demolition re-construction,united construction and the building of agents, public supporting the construction, real estate companies, such as swing space for personal use and not for sale or rental of housing area. has been completed in the reporting period.

Land Space Developed This Year refers to the land area of land development and prophase development projects completed, which can carry out construction or remise.

Land Space Purchased This Year refers to the land area accessible by various means in current year.

科技、教育、文化

SCI-TECH,EDUCATION AND CULTURE

◆461/498

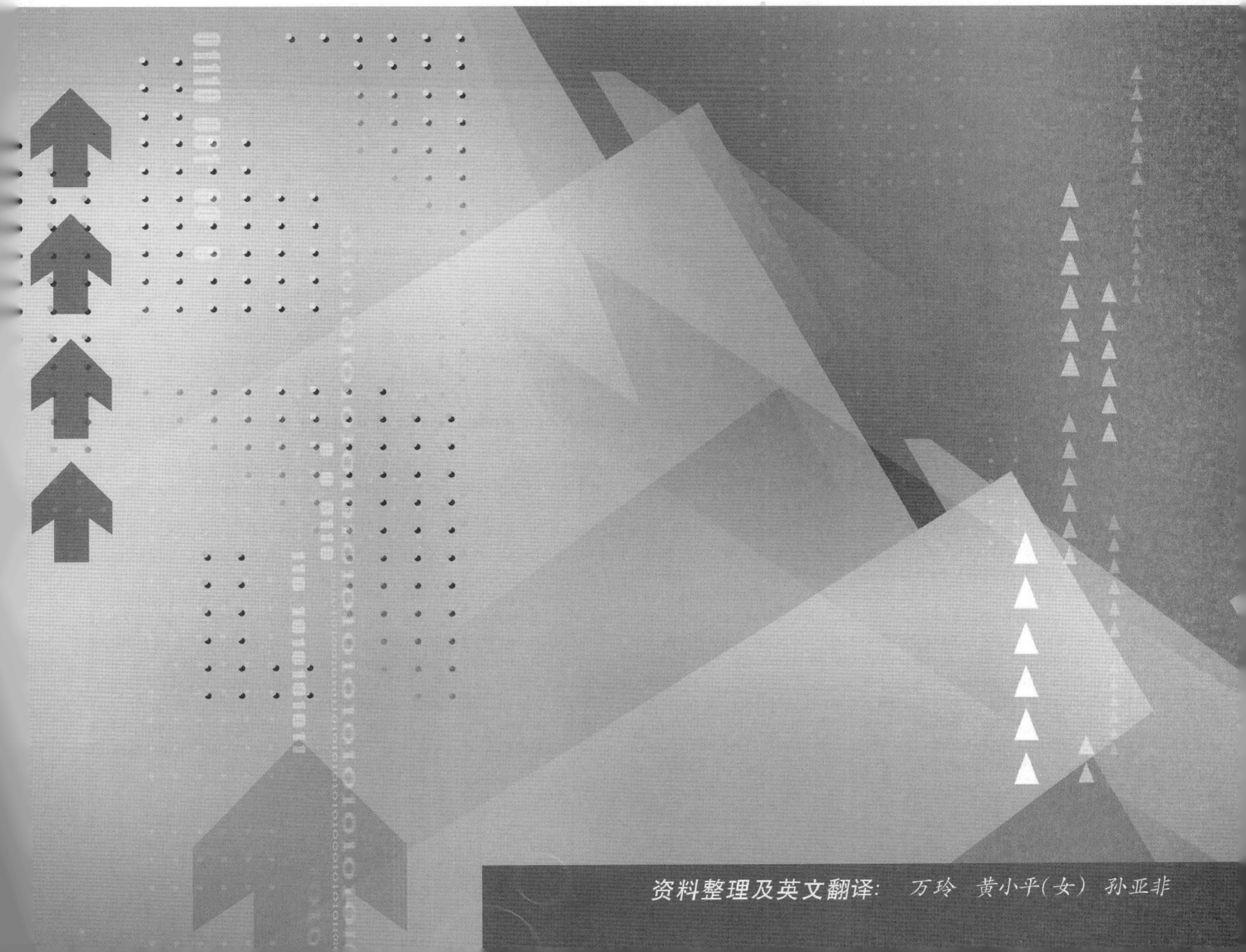

资料整理及英文翻译：万玲　黄小平(女)　孙亚非

简要说明

本篇资料主要分为科技、教育、文化三部分。

科技统计资料主要内容包括：国有企事业单位专业技术人员情况；独立核算的科研机构、高校及各类企事业单位的科技活动人员、科技活动经费筹集及支出、研究与试验发展（R&D）活动、科技成果及奖励等情况；职务及非职务专利申请和授权情况；全省技术市场技术合同成交情况；科协系统科技活动情况；高新技术产业主要经济指标等。

统计范围：科技活动统计资料基本包括了全社会有科技活动的企事业单位，具体包括规模以上工业企业、独立核算的科研机构、普通高等学校、具有一级资质的建筑企业以及从事软件开发活动的企业等。

资料来源：全省综合资料、各类企业资料和高新技术企业资料由省统计局调查提供；独立核算的科研机构资料、技术市场资料由省科技厅调查提供；高校科技活动资料由省教育厅调查提供；国防科研机构资料由省国防科工委调查提供；专业技术人员资料由省委组织部门和省人事厅调查提供；科协系统科技活动资料由省科协调查提供；专利由省知识产权局等部门调查提供。

统计调查方法：规模以上工业企业、独立核算的科研机构、高校的科技活动资料采用全数调查取得，建筑业和软件业为第二次R&D资源情况资料。

教育统计资料包括研究生教育、高等教育(普通教育本专科、成人教育本专科)、中等教育(高中阶段教育和初中阶段教育)、初等教育(小学)、学前教育、特殊教育(盲聋哑和弱智儿童学校等)以及教育经费等资料。主要指标包括学校数、在校学生数、招生数、毕业生数、教职工数和专任教师数等。资料来源于省教育厅，技工学校资料来源于省劳动和社会保障厅。

文化统计资料主要包括艺术表演团体、艺术表演场所、公共图书馆、博物馆、文化馆、文化站、文物、文化产业、新闻出版、广播电视等资料，资料来源于省文化厅、省新闻出版局、省广播电视厅、省统计局。

Brief Introduction

This chapter includes three parts: technology, education and culture.

Data on technology mainly include: condition of professional scientific and technological personnel of state-owned enterprises and institutions; scientific and technological institutions with independent accounting system, scientific and technological personnel in universities and colleges and various enterprises or institutions, funds raising and expenditure on scientific and technological activities, activities of R&D and scientific and technological achievements and prizes; condition on applied and certified patent applications by services and non-services both domestically and overseas; the situation of signed technological contracts on technological market; scientific and technological activities within scientific and technological system; major economic indicators of high and new-tech industry.

Statistical scope: data on scientific and technological activities include all institutions of the society engaged in those activities, they are mainly: industrial enterprises above designed size, scientific and technological institutions with independent accounting system, universities and colleges, the construction enterprises with first grade and enterprises engaged in software development and so on.

Sources of data: data on provincial level, various enterprises, medical and health care institutions and agricultural undertakings are from Jiangxi Bureau of Statistics; data on scientific and technologic research institutions, technological markets and high and new-tech industrial zones are from Bureau of Science and Technology; data on scientific and technological activities in universities and colleges are from Ministry of Education; data on scientific research institutions for defense are from Commission of Science, Technology and Industry for Provincial Defense. Department of Organization of the Communist Party of Jiangxi and Jiangxi Bureau of Statistics provide the data on the number of scientific and technological personnel. Jiangxi Science Association provides data on the scientific and technological activities. Data on supervision and checking of the products quality and patents are provided by Inspection and Quarantine and State Intellectual Property Office.

Statistical methodology: data on industrial enterprises above designed size, scientific and technological institutions with independent accounting system and scientific and technological activities of universities and colleges are collected through the 2rd R&D survey.

Changes of the statistical scope of data on scientific and technological activities: before 2000, data only included large and medium-sized industrial enterprises, scientific research institutions with independent accounting system, and universities and colleges. Since 2000 (inclusive), data include: small industrial enterprises, construction sector.

The data on education cover the situations on postgraduates, higher education (universities and colleges), secondary education (senior and junior high schools), elementary education (primary schools), preschool education, special education (schools for the blind, deaf-mutes, and the retarded) and expenditure on education. The main indicators cover the number of schools, the number of students enrolled, the number of new students enrolled, the number of graduates, the number of staff and workers, the number of full-time teachers, sources and outlay of education fund, education expenditure from the state budget. The data are mainly provided by Bureau of Education. Data on the technical training schools are provided by the Bureau of Labor and Social Security.

Data on culture industry include show groups, art places, public libratory, museums, culture centers, culture satiations, relics, publishing and broadcasting. Data source from Jiangxi Bureau of Culture, Bureau of Press and Publication, Bureau of Broadcasting, Jiangxi Bureau of Statistics.

19-1 科技活动人员情况（2010年）

Scientific Research Personnel (2010)

项目	Item	总计 Total	企业 Enterprises	#大中型 Large and Mediumsized Enterprises	科研机构 Science Institutions	高等院校 High Educations	其他 Others
科技活动人员(人)	Scientific Research Personnel(person)	102626	54608	42980	7366	30121	10531
#大学本科及以上学历	University Graduate and Above	47681	14690	11149	4587	26063	2341

19-2 研究与试验发展(R&D)情况（2010年）

Basic Statistics on Research and Experimental Development (2010)

项目	Item	总计 Total	企业 Enterprises	#大中型 Large and Mediumsized Enterprises	科研机构 Science Institutions	高等院校 High Educations	其他 Others
研究与试验发展(R&D)机构和人员	**Institutions and Personnel on R&D**						
单位数(个)	Number of Institutions (unit)	8681	8189	820	115	116	261
#有R&D活动单位	R&D Institutions	649	443	171	71	50	85
R&D人员(人)	R&D Personnel (person)	53470	31327	25874	4592	10839	6712
#研究人员	Research Personnel (person)	29128	14040	11558	2875	8926	3287
全时人员	Full-time	31571	19445	16226	3688	4766	3672
非全时人员	Non Full-time	21899	11882	9648	904	6073	3040
R&D人员折合全时当量(人年)	Full-time Equivalent of R&D Personnels (person-year)	34822.9	22260.7	18561.4	4095.0	5058.0	3409
研究与试验发展(R&D)经费支出(万元)	**Expenditure on R&D(10000yuan)**						
R&D经费内部支出	R&D Interal Expenditure	871527.1	681516.9	589365.7	93819.0	74107.9	22083
日常性支出	Routine	697913.9	575849.2	496688.2	61475.0	45666.3	14923
人员劳务费	Labour	174079.8	130963.4	112770.6	19670.0	11808.1	11638
资产性支出	Asset	173617.2	105667.7	92677.5	32344.0	28441.6	7164
仪器和设备	Instruments and Facilities	155503.3	101303.4	89610.2	22541.0	24798.6	6860
政府资金	Government Funded	173102.8	36997.7	31425.5	83158.0	34856.1	18091
企业资金	Enterprises Funded	673327.7	638802.7	553175.9	92.0	31696.6	2736
境外资金	Overseas Fund	2446.9	2185.9	2100.4		213.0	48
其他资金	Other funds	22649.8	3530.6	2663.9	10569.0	7342.2	1208
R&D经费外部支出	R&D Exteral Expenditure	69347.1	63350.0	59547.2	2982.0	2913.9	101
研究与试验发展(R&D)产出	**Output on R&D**						
专利申请数(件)	Numbers of Patent Applications (unit)	2788	1719	1221	92	963	14
发明专利	Inventions	1017	672	445	48	287	10
专利授权数(件)	Numbers of Patent Applications Granted (unit)	456			42	408	6
发明专利	Inventions	74			16	55	3
有效发明专利数(件)	Number of Valid Patent Applications (unit)	1427	676	462	29	694	28
发表科技论文(篇)	Number of S&T Paper Published (piece)	29001	1402	984	1638	22482	3479
出版科技著作(种)	Number of S&T Works published (copy)	721	1		38	621	61

19-3　研究与试验发展(R&D)项目(课题)情况(2010年)
R&D Projects (2010)

指　标	Item	项目(课题)数（项） Number of Projects (item)	项目(课题)参加人员折合全时当量(人年) Full-time Equivalent of Project Personnel (person-year)	#研究人员 Personnel	项目(课题)经费内部支出(万元) Expenditure (10000 yuan)
总　计	**Total**	**16572**	**29235.8**	**15344.4**	**693969.6**
按执行部门分	**Grouped by Operating Department**				
企　业	Enterprise	2649	18319.5	8453.0	562717.6
#大中型	Large and Medium-sized Enterprises	1917	15242.1	6949.3	488207.9
科研机构	Science Institution	684	3807.0	2520.0	54601.0
高等院校	High Education	12579	5035.9	4137.6	64260.6
其　他	Others	660	2073	234	12390

19-4　研究机构情况(2010年)
Scientific Research Institutions (2010)

指　标	Item	机构数（个） Number of Institutions (unit)	R&D人员（人） R&D Personnel (person)	博士毕业 Doctors Graduates	硕士毕业 Master Graduates	R&D经费支出（万元） Expenditure on R&D Graduates (10000 yuan)	科研用仪器设备原价（万元） Prime Cost of Research Instruments (10000 yuan)
总　计	**Total**	**698**	**18275**	**899**	**2387**	**382635.9**	**430013.8**
按执行部门分	**Grouped by Operating Department**						
企　业	Enterprise	400	11467	187	991	271237.2	267943.0
#大中型	Large and Medium-sized Enterprises	184	9706	93	740	243823.3	248122.8
科研机构	Science Institution	115	4592	120	835	93819.0	82379.0
高等院校	High Education	139	1475	575	447	14486.1	69768.0
其　他	Others	44	741	17	114	3094	9924

19-5 规模以上工业企业科技活动情况(2010年)
S&T Activities of Industrial Enterprises above Designated Size(2010)

指标	Item	总计 Total	大中型 Large and Medium	小型 Small
企业基本情况	Basic statistics			
年末从业人员数(人)	Annual Average Employed Persons(person)	1037109	615052	422057
主营业务收入(万元)	Revenue Principal Business(10000 yuan)	94748674	62720713	32027961
科技活动人员情况(人)	Personnel in S&T Activities(person)			
科技活动人员合计	Number of S&T Personnel	50831	42980	7851
#参加科技项目人员	Project	35610	29618	5992
科技管理和服务人员	Management and Services	15221	13362	1859
#女性	Female	9973	8468	1505
#高中级技术职称人员	Senior and Medium	14988	12630	2358
#全时人员	Full-time	32092	27488	4604
科技活动费用情况(万元)	S&T Expenditure(10000 yuan)			
企业内部用于科技活动的经费支出	Internal Expenditure on S&T Activities	793579	681161	112417
人员人工费(包含各种补贴)	On Labour	168372	144558	23815
原材料费	On Raw Material Cost	336844	281659	55186
折旧费用与长期费用摊销	On Depreciation and Long-term Deferred Expenses	60023	53019	7005
无形资产摊销	On Amortization of Intangible Assets	38595	34759	3836
其他费用	On Others	189744	167167	22577
委托外单位开展科技活动的经费支出	Expenditure on Entrust S&T Activities	73777	69732	4045
#对国内研究机构支出	On Domestic Research Institution	41125	39108	2017
对国内高等学校支出	On Domestic Institution of Higher Learning	18872	17371	1501
对境外支出	On Overseas	8101	7957	144
当年形成的用于科技活动的固定资产	Present Year Fixed Assets on S&T Activites	168368	140360	28008
#仪器和设备	Instruments and Facilities	122335	103518	18818
使用来自政府部门的研究开发资金	R&D Fund from Government Departments	46138	39102	7036
科技项目情况	S&T Projects			
全部科技项目数(项)	Number of S&T Projects(unit)	3760	2927	833
全部科技项目经费内部支出(万元)	Internal Expenditure on S&T Projects(10000 yuan)	707025	603908	103117
企业办科技机构情况	S&T institutions by Enterprises			
机构数(个)	Number of Institutions(unit)	424	203	221
机构人员合计(人)	Number of Personnel(person)	19145	15843	3302
#博士毕业	Doctor Graduates	334	166	168
硕士毕业	Master Graduates	1603	1177	426
本科毕业	Under-graduates	11501	9806	1695
机构经费支出(万元)	Institutional Expenditure(10000 yuan)	347133	303303	43830
仪器和设备原价(万元)	Prime Cost of Instruments and Facilities(10000 yuan)	267159	249775	17385
#进口	Exports	23963	23250	713
科技活动产出及相关情况	Output of S&T Activities			
自主知识产权情况	Intellectual Property Rights			
专利申请数(件)	Number of Patent Applications Examined(unit)	1672	1221	451
#发明专利	Inventions	653	445	208
有效发明专利数(件)	Numbers of Patent Applications Granted (unit)	657	462	195
#境外授权	Overseas	27	22	5
专利所有权转让及许可数(件)	Number of Patent Ownership Transfer and Application Grant (unit)	57	34	23
专利所有权转让与许可收入(万元)	Input on Patent Ownership Transfer and Application Grant (10000 yuan)	543	232	311
新产品生产及销售情况	Production and Marketing of New Product			
新产品产值(万元)	Output of New Product(10000 yuan)	8198251	7834975	363276
新产品销售收入(万元)	Sales Revenue of New Product(10000 yuan)	7979111	7620428	358683
#出口	Exports	1019759	1002028	17732
其他情况	Others			
发表科技论文(篇)	S&T Paper Published(unit)	1144	984	160
拥有注册商标(件)	Registered Trademark (unit)	3618	3143	475
#境外注册	Overseas Registered	530	525	5
形成国家或行业标准(项)	Industrial or National Standard(unit)	186	101	85
其他相关情况(万元)	Other relvances(10000 yuan)			
政府相关政策落实情况	Government Policy Implement			
研究开发费用加计扣除减免税	Total R&D Expenditure minus Tariff Reductions	43524	41817	1707
高新技术企业减免税	Tariff Reductions on High-tech Enterprises	35078	34334	744
技术获取和技术改造情况	Technica Acquisition and Renovation			
引进国外技术经费支出	Expenditure on Acquisition of Foreign Technology	73585	73512	73
引进技术的消化吸收经费支出	Expenditure on Assimilation of Technology	7876	7081	795
购买国内技术经费支出	Expenditure on Purchase of Domestic Technology	42691	41375	1317
技术改造经费支出	Expenditure on Technical Renovation	482216	455698	26518

19-6 地方企事业单位专业技术人员(一)

Professional Technical Personnel in Local Institutions and Enterprises (I)

单位：人 (person)

类　　别	Type	2000	2005	2006	2007	2008	2009	2010
总　　计	**Total**	**693530**	**693932**	**696871**	**703924**	**705195**	**709372**	**695946**
工程技术人员	Engineering	91360	74607	74637	72574	68416	69264	67728
农业技术人员	Agriculture	19470	19733	19899	20558	20032	19950	20391
卫生技术人员	Health Care	99631	110834	111257	113665	119150	122430	119861
科学研究人员	Scientific Research	2333	3840	3236	3269	3261	3104	2840
教学人员	Teaching	360818	399404	407887	407970	416673	419753	414664
其他人员	Others	119918	85514	79955	85888	77663	74871	70462

19-7 地方企事业单位专业技术人员(二)

Professional Technical Personnel in Local Institutions and Enterprises (II)

类　　别	Type	人　数 (人) Personnel (person)		比　重 (%) Percentage (%)		平均每万人口专业技术人员（人） Professional Technical Staff per 10000 Population (person)		平均每万在岗职工专业技术人员(人) Professional Technical Staff per 10000 Staff and Workers (person)	
		2009	2010	2009	2010	2009	2010	2009	2010
总　　计	**Total**	**709372**	**695946**	**100**	**100**	**160**	**156**	**2591**	**2489**
工程技术人员	Engineering	69264	67728	9.8	9.7	16	15	253	242
农业技术人员	Agriculture	19950	20391	2.8	2.9	5	5	73	73
卫生技术人员	Health Care	122430	119861	17.3	17.2	27	27	447	429
科学研究人员	Scientific Research	3104	2840	0.4	0.4	1	1	11	10
教学人员	Teaching	419753	414664	59.2	59.6	94	93	1533	1483
其他人员	Others	74871	70462	10.6	10.1	17	16	274	252

19-8 地方企事业单位分行业专业技术人员（2010年）
Professional Technical Personnel in Local Institutions and Enterprises by Sector (2010)

单位：人 (person)

行业	Sector	合计 Total	事业单位 Institutions	企业单位 Enterprises
总计	**Total**	**695946**	**620468**	**75478**
农、林、牧、渔业	Agriculture,Forestry,Animal Husbandry and Fishery	30290	21899	8391
采掘业	Mining	16683		16683
制造业	Manufacturing	18254	206	18048
电力、燃气及水的生产和供应业	Production and Supply of Electric Power,Gas and Water	1586	92	1494
建筑业	Construction	5726	70	5656
交通运输、仓储和邮政业	Transport,Storage and Post	12967	7781	5186
信息传输、计算机服务和软件业	Information Transmission,Computer Services and Software	766	714	52
批发和零售业	Wholesale and Retail Trade	2437	109	2328
住宿餐饮业	Hotel and Catering	605	325	280
金融业	Financial Intermediation	11066		11066
房地产业	Real Estate	3161	2429	732
租赁和商务服务业	Leasing and Business Services	1159	207	952
科学研究、技术服务和地质勘查业	Scientific Research,Technical Service and Geologic Prospecting	16279	15240	1039
水利、环境和公共设施管理业	Management of Water Conservancy,Environment and Public Facilities	10032	9495	537
居民服务和其他服务业	Services to households and Other Services	5871	4445	1426
教育	Education	407644	407644	
卫生、社会保障和社会福利业	Health, Social Security and Social Welfare	120680	120612	68
文化、体育和娱乐业	Culture, Sports and Entertainment	13866	12326	1540
公共管理和社会组织	Public Management and Social Organization	16874	16874	

19-9 地方企业单位按专业技术职务分专业技术人员（2010年）
Technical Personnel in Local Stated-owned Enterprises by Rank (2010)

单位：人 (person)

类别	Type	合计 Total	工程技术人员 Engineering	农业技术人员 Agriculture	科学研究人员 Scientific Research	卫生技术人员 Health Care	教学人员 Teaching	其他人员 Others
总计	**Total**	**75478**	**31186**	**3321**	**73**	**4406**	**1079**	**35413**
高级职务	Senior	4827	2765	20	4	435	171	1432
#正高级	High Senior	308				134	76	98
中级职务	Middle	20292	8649	867	14	1688	350	8724
初级职务	Junior	42835	16167	1716	31	2243	506	22172
未聘任专业技术职务	Un-titled	7524	3605	718	24	40	52	3085

19-10 地方事业单位按学历分专业技术人员（2010年）
Technical Personnel in Local Institutions by Schooling and Profession (2010)

单位：人 (person)

类别	Type	合计 Total	工程技术人员 Engineering	农业技术人员 Agriculture	科学研究人员 Scientific Research	卫生技术人员 Health Care	教学人员 Teaching	其他人员 Others
总计	**Total**	**620468**	**36542**	**17070**	**2767**	**115455**	**413585**	**35049**
研究生	Postgraduate	18409	1030	106	725	2648	13494	406
大学本科	Undergraduate	206826	13964	2930	1330	28660	148761	11181
大学专科	Junior College	238339	13483	6601	523	42046	161120	14566
中专	Junior Secondary School	134841	6311	5527	153	35969	81804	5077
高中及以下	Senior Secondary School and below	22053	1754	1906	36	6132	8406	3819

19-11 地方事业单位按年龄分专业技术人员（2010年）
Technical Personnel in Local Institutions by Age and Profession (2010)

单位：人 (person)

年龄（岁） Age (year old)	合计 Total	工程技术人员 Engineering	农业技术人员 Agriculture	科学研究人员 Scientific Research	卫生技术人员 Health Care	教学人员 Teaching	其他人员 Others
总计 Total	**620468**	**36542**	**17070**	**2767**	**115455**	**413585**	**35049**
35岁及以下 35 and below	251912	16531	5445	1002	50703	165124	13107
36-40	110181	6746	4112	433	19565	71899	7426
41-45	93815	6075	3442	502	18613	59041	6142
46-50	78328	4104	2195	445	15303	51726	4555
51-54	51924	1875	1094	229	7035	39368	2323
55岁及以上 55 and over	34308	1211	782	156	4236	26427	1496

19-12 地方企业单位按学历分专业技术人员（2010年）

Technical Personnel in Local Enterprises by Schooling and Profession (2010)

单位：人 (person)

类 别	Type	合 计 Total	工程技术人员 Engineering	农业技术人员 Agriculture	科学研究人员 Scientific Research	卫生技术人员 Health Care	教学人员 Teaching	其他人员 Others
总 计	**Total**	**75478**	**31186**	**3321**	**73**	**4406**	**1079**	**35413**
研究生	Postgraduate	1208	688		6	15	19	480
大学本科	Undergraduate	20865	10253	362	17	1086	392	8755
大学专科	Junior College	26300	10659	1102	21	1463	374	12681
中 专	Junior Secondary School	15082	6144	1242	22	1590	183	5901
高中及以下	Senior Secondary School and below	12023	3442	615	7	252	111	7596

19-13 地方企业单位按年龄分专业技术人员（2010年）

Technical Personnel in Local Enterprises by Age amd Profession (2010)

单位：人 (person)

年 龄（岁）	Age (year old)	合 计 Total	工程技术人员 Engineering	农业技术人员 Agriculture	科学研究人员 Scientific Research	卫生技术人员 Health Care	教学人员 Teaching	其他人员 Others
总 计	**Total**	**75478**	**31186**	**3321**	**73**	**4406**	**1079**	**35413**
35岁及以下	35 and below	23578	12914	557	27	1955	282	7843
36-40	36-40	14515	5979	552	13	666	139	7166
41-45	41-45	15532	5432	841	10	798	229	8222
46-50	46-50	12799	4051	773	16	632	249	7078
51-54	51-54	5716	1689	466	4	205	126	3226
55岁及以上	55 and over	3338	1121	132	3	150	54	1878

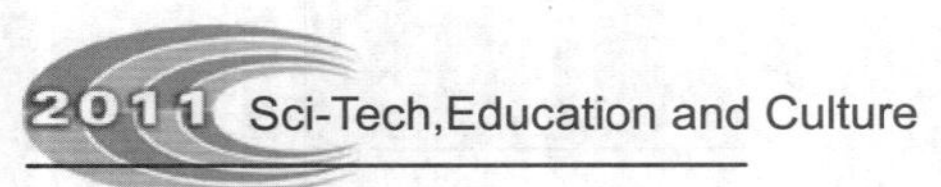

19-14 政府部门属科技机构情况（2010年）

Government Administratied Science Institutions (2010)

类别	Type	机构数（个）Number of Institutions (unit)	从业人员 总数（人）Total Number of Employees (person)	#单位在职科技活动人员 Personnel Engaged in S&T Activities	经费收入 总额（千元）Total Income (1000yuan)	经费支出 总额（千元）Total Expenditures (1000yuan)	#科技经费支出 On Science and Technology
总计	**Total**	**112**	**9075**	**5092**	**1032454**	**956455**	**736304**
按隶属关系分	**Grouped by Jurisdiction of Management**						
省级部门属	Provincial Department Administratied	56	6092	3568	865674	799054	620089
地市级部门属	Municipal Departments Administratied	56	2983	1524	166780	157401	116215
按国民经济行业分	**Group by Sector**						
农、林、牧、渔业	Agriculture,Forestry,Animal Husbandry and Fishery	45	4867	2003	341439	313296	243663
采矿业	Mining	1	153	32	6653	7076	4990
制造业	Manufacturing	18	912	662	100886	93326	82052
建筑业	Construction	2	127	86	27661	26256	21280
交通运输、仓储和邮政业	Transport,Storage and Post	1	208	137	120355	77361	8865
信息传输、计算机服务和软件业	Information Transmission, Computer Services and Software	1	84	73	7164	8403	8403
科学研究、技术服务和地质勘查业	Scientific Research,Technical Service and Geologic Prospecting	35	2081	1577	274174	278123	236272
水利、环境和公共设施管理业	Management of Water Conservancy, Environment and Public Facilities	5	353	280	108149	106041	95143
卫生、社会保障和社会福利业	Health, Social Security and Social Welfare	4	290	242	45973	46573	35636
按学科领域分	**Grouped by Field of Study**						
自然科学领域	Natural Science	5	293	257	35792	34884	32091
农业科学领域	Agriculture Science	45	5079	2051	397270	356764	282985
医学科学领域	Medical Science	8	539	450	75671	73111	57301
工程科学与技术领域	Engineering Science and Technology	39	2655	1888	449779	402641	297463
社会、人文科学领域	Social and Human Science	15	509	446	73942	89055	66464
按地区分	**Grouped by Region**						
南昌市	Nanchang	56	5710	3502	821510	759265	602094
景德镇市	Jingdezhen	6	297	213	15944	13322	9076
萍乡市	Pingxiang	7	200	156	23298	16987	13990
九江市	Jiujiang	10	1100	331	66936	68162	40172
新余市	Xinyu	2	49	32	3639	3639	1713
鹰潭市	Yingtan	2	26	20	1202	1904	1730
赣州市	Ganzhou	10	790	358	40010	39536	34099
吉安市	Ji'an	5	310	128	14541	14389	7306
宜春市	Yichun	4	188	124	21895	17248	14449
抚州市	Fuzhou	6	174	103	6797	6795	5080
上饶市	Shangrao	4	231	125	16682	15208	6595

19-15 县以上政府部门属自然科学研究与开发机构情况（2010年）

County and above Departments Administratied Natural Science Research and Development Institutions (2010)

类别	Type	机构数（个） Number of Institutions (unit)	从业人员 总数（人） Total Number of Employees (person)	#单位在职科技活动人员 Personnel Engaged in S&T Activities	经费收入 总额（千元） Total Income (1000yuan)	经费支出 总额（千元） Total Expenditures (1000yuan)	#科技经费支出 On Science and Technology
总计	**Total**	**98**	**8551**	**4629**	**956991**	**866078**	**669764**
按隶属关系分	**Grouped by Jurisdiction of Management**						
省级部门属	Provincial Department Administratied	53	5793	3290	806274	724230	565674
地市级部门属	Municipal Departments Administratied	45	2758	1339	150717	141848	104090
按国民经济行业分	**Group by Sector**						
农、林、牧、渔业	Agriculture,Forestry,Animal Husbandry and Fishery	45	4867	2003	341439	313296	243663
采矿业	Mining	1	153	32	6653	7076	4990
制造业	Manufacturing	18	912	662	100886	93326	82052
建筑业	Construction	2	127	86	27661	26256	21280
交通运输、仓储和邮政业	Transport,Storage and Post	1	208	137	120355	77361	8865
信息传输、计算机服务和软件业	Information Transmission, Computer Services and Software	1	84	73	7164	8403	8403
科学研究、技术服务和地质勘查业	Scientific Research,Technical Service and Geologic Prospecting	21	1557	1114	198711	187746	169732
水利、环境和公共设施管理业	Management of Water Conservancy, Environment and Public Facilities	5	353	280	108149	106041	95143
卫生、社会保障和社会福利业	Health, Social Security and Social Welfare	4	290	242	45973	46573	35636
按学科领域分	**Grouped by Field of Study**						
自然科学领域	Natural Science	4	249	216	32123	31348	29828
农业科学领域	Agriculture Science	45	5079	2051	397270	356764	282985
医学科学领域	Medical Science	8	539	450	75671	73111	57301
工程科学与技术领域	Engineering Science and Technology	39	2655	1888	449779	402641	297463
社会、人文科学领域	Social and Human Science	2	29	24	2148	2214	2187
按地区分	**Grouped by Region**						
南昌市	Nanchang	52	5367	3183	758441	680905	545416
景德镇市	Jingdezhen	5	272	191	15004	12382	8136
萍乡市	Pingxiang	6	184	142	22642	16304	13307
九江市	Jiujiang	9	1077	314	65486	66812	39172
新余市	Xinyu	1	30	18	2580	2580	932
鹰潭市	Yingtan	1	13	10	562	565	481
赣州市	Ganzhou	9	767	340	38499	38025	33468
吉安市	Ji'an	4	299	117	13776	13631	6548
宜春市	Yichun	3	163	109	18797	14456	11993
抚州市	Fuzhou	5	161	93	6190	6238	4744
上饶市	Shangrao	3	218	112	15014	14180	5567

19-16 高等学校科技人力资源情况（2010年）
Basic Statistics on Higher Education for Human Resource (2010)

单位：人 (person)

类别	Type	合计 Total	自然科学 Natural Science	工程与技术 Engineering and Technology	医药科学 Medical Science	农业科学 Agricultural Science	其他 Others
合计	**Total**	**18518**	**3180**	**6248**	**7342**	**430**	**1318**
教师	Teacher	11665	2814	5038	2934	339	540
教授	Professor	1811	407	641	664	58	41
副教授	Associate Professor	3103	811	1224	801	116	151
讲师	Lecturer	4497	1096	2114	918	138	231
助教	Assistant	2134	467	988	545	25	109
其他	Others	120	33	71	6	2	8
其他技术职务系列人员	Others Technical Position Personnel	6853	366	1210	4408	91	778
高级	Senior	1116	129	265	575	53	94
中级	Medium	2431	147	485	1532	20	247
初级	Junior	2605	60	300	2032	17	196
其他	Others	225	15	65	82	1	62
辅助人员	Assistant	476	15	95	187		179

注：本表数据为高校理工院校。
a) The data refers to polytechnic colleges.

19-17 高等学校科技项目情况（2010年）
Statistics on Scientific Projects in Schools of Higher Education (2010)

类别	Type	课题数(项) Number of Project (item)	当年投入(万元) Input this Year (10000 yuan)	当年支出经费(万元) Expenditures this Year (10000 yuan)	当年投入人员(人年) Staff Input this Year (person-year)	高级职务 Senior Title	中级职务 Middle Title	初级职务 Junior Title	其他 Others
总计	**Total**	**7182**	**85548**	**79659**	**4404**	**1966**	**1698**	**708**	**32**
基础研究	Basic Research	2088	21205	18591	1330	558	526	237	9
应用研究	Applied Research	3485	36520	34803	2231	1016	815	378	22
试验发展	Experimental Development	555	9336	9016	378	170	157	50	1
R&D成果应用	R&D Production Application	83	2435	2399	70	41	22	7	
其他科技服务	Other Scientific Services	971	16052	14850	395	181	178	36	

注：本表数据为高校理工院校。
a) The data refers to polytechnic colleges.

19-18 科协系统科技活动情况（2010年）

Basic Statistics on S&T Activities of S&T Associations (2010)

指标	Item	科协合计 Total Number of Associations	省科协 Provincial Associations	市科协 Prefectural Associations	县科协 County Associations	省学会合计 Total Number of Learned Societies
机构与人员	**Number of Associations or Academic Societies and Personnel**					
机构数(个)	Number of Associations (unit)	113	6	11	96	124
人员数(人)	Number of Personnel (person)	688	34	141	513	4841
举办学术交流活动	**Academic Exchange**					
次数(次)	Number of Academic Meetings (time)	269	22	145	102	282
参加人数(人次)	Number of Participants (person-time)	27512	10650	8517	8345	31619
科普活动	**S&T Popularization Activities**					
科普讲座次数(次)	Number of S&T Popularization Lectures (time)	2618	129	430	2059	581
听讲人次(人次)	Number of Participants (person-time)	1291960	9350	181890	1100720	336129
科普展览次数(次)	Number of S&T Popularization Exhibitions (time)	5062	70	314	4678	298
参观人次(人次)	Number of Participants (person-time)	2263174	205000	369492	1688682	682526
咨询服务	**Advisory Services**					
完成技术咨询合同(项)	Technical Advisory Contracts Completed (piece)	274	164	59	51	153
咨询合同实现金额(万元)	The Amount of Technical Advisory Contracts Completed (10000 yuan)	7590	2622	218	4750	254
出版	**S&T Media**					
科技期刊种数(种)	Number of S&T Journals (kind)	203	2	64	137	25
科技期刊年发行总数(万册)	Printed Copies (10000 copies)	27	3	7	17	54
科技报纸种数(种)	Number of S&T Newspapers (kind)					3
科技报纸年发行总数(万份)	Printed Copies (10000 copies)					3000
科技图书种数(种)	Number of S&T Books (kind)	1		1		10
科技图书年发行总数(万册)	Printed Copies (10000 copies)	1000		1000		9800

19-19 技术市场基本情况（2010年）

Basic Statistics on Technology Market (2010)

类别	Type	项数(项) Item (item)	成交额(万元) Total Turnover (10000 yuan)
总计	**Total**	**2250**	**230479.09**
按签订的技术合同类别分	**Grouped by Signed Technological Contracts**		
技术开发合同	Technological Development Contract	1138	176202.25
技术转让合同	Technological Transfer Contract	317	25255.16
技术咨询合同	Technological Consultation Contract	232	2149.80
技术服务合同	Technological Service Contract	563	26871.88

19-20 专利申请受理量和批准量

Patents Application Accepted and Granted

单位：项 (unit)

类别	Type	受理量 Number of Patent Applications Examined				授权量 Number of Patent Applications Granted			
		2000	2005	2009	2010	2000	2005	2009	2010
总计	**Total**	**1557**	**2815**	**5224**	**6307**	**1072**	**1361**	**2915**	**4351**
按总类分	**Grouped by Types**								
发明	Inventions	267	713	1502	1968	67	142	386	411
实用新型	Utility Models	806	1280	2439	2947	690	717	1515	2588
外观设计	Designs	484	822	1283	1392	315	502	1014	1352
按申请者分	**Grouped by Applicants**								
个人	Individuals	1303	2180	3011	2960	854	1089	1784	2313
大专院校	Universities and Colleges	6	62	587	855	6	12	147	428
科研单位	Research Institutions	18	19	67	90	11	11	23	58
工矿企业	Industrial and Mining Enterprises	222	546	1549	2375	193	247	953	1539
机关团体	Government Agencies and Organizations	8	8	10	27	8	2	8	13

19-21 获国家级、省级科技奖项数

National-level and Provincial-level S&T Awards

单位：项 (item)

类别	Type	2005	2006	2007	2008	2009	2010
国家级科技进步奖	National-level S&T Advancement Award	4	4	3	6	6	8
省级奖项合计	Total Provincial-level Awards	79	111	105	96	110	102
自然科学奖	Natural Science Award	8	15	12	11	13	11
一等奖	First Prize	1		1		2	2
二等奖	Second Prize	3	5	4	3	3	3
三等奖	Third Prize	4	10	7	8	8	6
技术发明奖	Technology Invention Award	2	2	2	1	5	5
一等奖	First Prize	1					1
二等奖	Second Prize		2	2		3	1
三等奖	Third Prize	1			1	2	3
科技进步奖	S&T Advancement Award	69	94	91	84	92	86
一等奖	First Prize	4	3	6	5	4	5
二等奖	Second Prize	17	24	23	24	31	19
三等奖	Third Prize	48		62	55	57	62

19-22 各类全日制学校基本情况（2010年）

Total Enrollment of Full-time Schools by Type of School (2010)

单位：人 (person)

类 别	Type	学校数（所） Number of Schools (unit)	在校学生数 Total Enrollment	招生数 New Enrollment	毕业生数 Graduates	教职工数 Teachers and Staff	#专任教师 Full-time Teachers
研究生	Post-graduates		21313	7983	4568		4602
普通高等学校	Regular Institutions of Higher Education	85	816484	256064	225943	70753	49028
普通中等专业学校	Regular Specialized Secondary School	66	238744	85028	70542	8542	5830
中等技术学校	Technical Schools	61	224231	79452	66148	7695	5158
中等师范学校	Teacher Training Schools	5	14513	5576	4394	847	672
普通中学	Regular Secondary Schools	2559	2739595	940212	799223	184385	167285
高(完)中	Senior Secondary Schools	452	739649	256536	262464		46860
初 中	Junior Secondary Schools	2107	1999946	683676	536759		120425
职业中学	Secondary Vocational Schools	319	366939	129746	112952	16396	12121
高(完)中	Senior Secondary Vocational Schools	318	366414	129501	112663	16352	12077
初 中	Junior Secondary Vocational Schools	1	525	245	289	44	44
技工学校	Technical Schools	100	169564	60388	51359	10263	8431
小 学	Primary Schools	12772	4260215	748368	678534	209950	202897
特殊教育学校	Special Education Schools	70	23741	3609	2476	944	843
幼儿园	Kindergartens	8518	1235056	812046	369099	69186	43349
工读学校	Schools for Juvenile Delinquents	1				4	

注：普通初中含九年一贯制学校。

a) Junior secondary schools include Grade 1-9 school system schools.

19-23 各类全日制学校在校学生数

Total Enrollment of Full-time Schools by Type of School

类 别	Type	1980	1990	2000	2005	2009	2010
研究生(人)	Post-graduates (person)	58	479	2118	9860	17990	21313
普通高等学校(人)	Regular Institutions of Higher Education (person)	35623	56608	144293	646086	793488	816484
普通中等专业学校(人)	Regular Specialized Secondary School (person)	40800	61675	160022	261404	231772	238744
中等技术学校	Technical Schools	25163	34921	128726	247872	217784	224231
中等师范学校	Teacher Training Schools	15637	26754	31296	13532	13988	14513
普通中学(万人)	Regular Secondary Schools (10000 persons)	154.86	181.06	259.22	286.15	266.48	273.96
高(完)中	Senior Secondary Schools	28.01	26.23	38.53	84.92	77.24	73.96
初 中	Junior Secondary Schools	126.85	154.83	220.69	201.23	189.24	199.99
职业中学(万人)	Secondary Vocational Schools (10000 persons)	0.51	11.69	12.71	26.69	39.43	36.69
高(完)中	Senior Secondary Vocational Schools	0.15	9.17	10.72	26.56	39.37	36.64
初 中	Junior Secondary Vocational Schools	0.36	2.52	1.99	0.13	0.0621	0.05
技工学校(人)	Technical Schools (person)	13370	34237	34617	101252	179760	169564
小 学(万人)	Primary Schools (10000 persons)	529.3	450.44	422.68	384.16	422.75	426.02
特殊教育学校(人)	Special Education Schools (person)	485	1195	13142	18805	22355	23741
幼 儿 园(万人)	Kindergartens (10000 persons)	30.61	36.26	62.06	71.68	112.2232	123.51

19-24 各类全日制学校毕业生数

Graduates in Full-time Schools by Type of School

类别	Type	1980	1990	2000	2005	2009	2010
研究生(人)	Post-graduates (person)		215	409	1772	5018	4568
普通高等学校(人)	Regular Institutions of Higher Education (person)	3363	13616	24449	97781	213303	225943
中等专业学校(人)	Regular Specialized Secondary School (person)	11296	21040	45776	48084	71946	70542
中等技术学校	Technical Schools	2898	11717	33151	45086	68194	66148
中等师范学校	Teacher Training Schools	8398	9323	12625	2998	3752	4394
普通中学(万人)	Regular Secondary Schools (10000 persons)	34.82	49.02	73.79	98.22	79.82	79.92
高(完)中	Senior Secondary Schools	15.83	8.39	9.19	23.96	27.91	26.25
初中	Junior Secondary Schools	18.99	40.63	64.60	74.25	51.91	53.68
职业中学(万人)	Secondary Vocational Schools (10000 persons)	0.12	3.03	4.62	6.48	10.91	11.30
高(完)中	Senior Secondary Vocational Schools	0.08	2.39	3.88	6.41	10.89	11.27
初中	Junior Secondary Vocational Schools	0.04	0.64	0.74	0.07	0.03	0.03
技工学校(人)	Technical Schools(person)	297	9457	14740	26155	45663	51359
小学(万人)	Primary Schools (10000 persons)	60.89	86.02	85.61	64.88	69.48	67.85
特殊教育(人)	Special Education Schools (person)	65	98	1073	1551	2143	2476

19-25 各类学校教师负担学生数

Student-Teacher Ratio by Level of Regular Schools

年份 Year	普通高等学校 Regular Institutions of Higher Education		中等学校 Secondary Education		小学 Primary Education	
	教师数(万人) Teachers (10000 persons)	平均每个教师负担学生数(人) Student-Teacher Ratio(person)	教师数(万人) Teachers (10000 persons)	平均每个教师负担学生数(人) Student-Teacher Ratio(persons)	教师数(万人) Teachers (10000 persons)	平均每个教师负担学生数(人) Student-Teacher Ratio(person)
1978	0.43	5.07	8.54	20.55	19.85	25.88
1980	0.53	6.72	7.98	20.15	20.39	25.96
1985	0.80	5.61	8.99	19.05	21.17	27.06
1986	0.88	5.61	9.76	19.15	21.63	26.46
1987	0.92	5.66	10.38	18.99	21.68	25.30
1988	0.92	5.73	11.30	17.38	22.08	23.02
1989	0.94	5.69	11.63	16.78	22.16	21.46
1990	0.91	6.24	12.16	16.64	22.41	20.10
1991	0.91	6.21	12.68	16.55	22.42	19.20
1992	0.90	6.56	13.12	16.19	22.44	18.68
1993	0.90	7.91	13.22	15.80	22.48	18.43
1994	0.93	8.42	13.45	15.88	22.72	18.54
1995	0.95	8.71	13.72	16.37	22.80	18.88
1996	0.97	8.86	14.19	17.05	22.92	19.35
1997	0.98	9.10	14.61	17.62	23.08	19.69
1998	0.96	9.96	15.03	17.95	22.88	19.79
1999	1.01	11.08	15.43	18.27	22.48	19.57
2000	1.04	14.11	15.78	18.47	22.30	18.95
2001	1.22	16.38	16.34	18.59	21.44	18.91
2002	1.59	16.97	16.70	19.30	20.59	19.27
2003	2.19	16.61	17.16	19.72	19.85	19.67
2004	3.04	16.10	17.76	19.38	19.44	19.87
2005	3.86	16.74	18.22	19.16	19.35	19.85
2006	4.22	18.25	18.48	18.14	19.55	20.45
2007	4.50	17.31	18.66	17.56	19.80	21.08
2008	4.75	16.08	19.04	17.39	19.80	21.41
2009	4.86	16.31	19.28	18.00	20.15	20.98
2010	4.90	16.65	19.36	18.16	20.29	21.00

19-26 普通高等学校分学科学生、专任教师情况（2010年）
Basic Statistics on Students and Full-time Teacher in Regular Institutions of Higher Education by Field of Study (2010)

单位：人 (person)

类别	Type	在校学生数 Total Enrollment	招生数 New Enrollment	毕业生数 Graduates	专任教师 Full-time Teachers	#正、副高级 Senior and Sub-sinior	#中级 Midedle	#初级 Junior
总计	**Total**	**816484**	**256046**	**225943**	**49028**	**17711**	**17807**	**10932**
#女	Female	368791	113236	104760	20091	6035	7407	5457
哲学	Philosophy	328	80	79	1917	885	634	297
经济学	Economics	37231	10486	9945	3805	1368	14556	781
法学	Law	21538	6907	6226	2139	812	787	429
教育学	Education	51745	18305	16122	4404	1466	1365	957
文学	Literature	125766	36091	34171	10592	3213	3898	2960
#外语	Foreign Language	50961	13978	15761	4131	1029	1560	1233
艺术	Art	53970	16544	13563	3224	792	1184	1091
历史学	History	1715	607	297	659	291	235	103
理学	Science	34107	10104	6940	6658	2655	2393	1257
工学	Engineering	292540	92359	82823	13308	4742	4906	2995
农学	Agriculture	8938	2877	1833	944	445	339	116
医学	Medicine	64468	20160	19937	2941	1287	906	549
管理学	Management	178108	58070	47570	3804	1243	1473	909
总计中:	Total							
本科	Full Undergraduate Courses	398888	115635	81573	31064	12259	11758	5866
专科	Specialized Undergraduate Courses	417596	140411	144370	17656	5356	5960	4977

注：1.此表包括8所成人高等学校专科学生数。
2.专科教师中包括其他机构教师。
a) Students from eight adult institutions of higher education are included.
b) Specialized undergraduate courses teachers include teachers from other institutions.

19-27 中等职业学校基本情况（2010年）
Basic Statistics on Schools, Students and Full-time Teacher in Vocational Secondary Education by Type of School(2010)

单位：人 (person)

类别	Type	学校数(所) Number of Schools (unit)	在校学生数 Total Enrollment	招生数 New Enrollment	毕业生数 Graduates	教职工数 Teachers and Staff	#专任教师 Full-time Teachers
总计	**Total**	**473**	**618065**	**219951**	**188419**	**27658**	**20035**
#女	Female		318003	112449	94169	10695	8010
全日制	Full-time		616155	219986	187929		
非全日制	Part-time		1910	65	490		
按办学类型分:	Grouped by School Types						
普通中等专业学校	Regular Specialized Secondary School	66	238744	85028	70542	8542	5830
中等技术学校	Technical Schools	61	224231	79452	66148	7695	5158
中等师范学校	Teacher Training Schools	5	14513	5576	4394	847	672
成人中等专业学校	Adult Specialized Secondary School	89	12907	5422	5214	1876	1505
职业高中学校	Vocational Junior Secondary School	318	366414	129501	112663	16352	12077
按举办部门分:	Grouped by Administrative Department						
中央部门	Central Department	1	328	152	49	43	16
地方部门	Regional Department	279	440589	167029	127799	18256	13885
教育部门	Educational Department	221	292185	109449	77555	12711	10079
非教育部门	Non-educational Department	58	148404	57580	50244	5545	3806
民办	Non-public	193	177148	52770	60571	9359	6134

注:教职工、专任教师中不包括教学点，各项相加不等于总数。
a)The data Teachers and Staff and Full-time teachers do not include those from teaching stations,and the subentry figures do not add up to the total.

19-28 普通中等专业学校分科学生数（2010年）

Number of Students in Regular Specialized Secondary School by Field of Study (2010)

单位：人 (person)

类别	Type	在校学生数 Total Enrollment	招生数 New Enrollment	#招收初中毕业生数 Junior Secondary	#招收应届毕业生数 Gurrent yeae	毕业生数 Graduates	专任教师 Full-time Teachers
总计	**Total**	**238744**	**85028**	**78238**	**69700**	**70542**	**5830**
#女	Female	140389	49511	46050	42184	41465	2576
农林牧渔类	Farming,Forestry,Husbandry and Fishing	14038	6352	3483	3139	577	61
资源与环境类	Resources and Environment	1519	994	837	639	518	32
能源与新能源类	Energy and New Energy	1584	514	495	180	893	229
土木水利工程类	Civil and Hydraulic Engineering	7749	3658	3047	2631	1436	54
加工制造类	Manufacturing	38024	12940	12776	11273	15422	492
交通运输类	Communication & Transportation	4118	2039	1999	1870	615	12
信息技术类	Information Technologies	34578	11465	11112	9920	10671	741
医药卫生类	Medicine and Health	66382	21980	20579	17737	20129	472
财经商贸类	Finance Economics and Trade	19710	6390	5989	5575	6269	269
旅游服务类	Tourism and Service	6714	2528	2503	2140	1644	63
文化艺术与体育类	Culture, Arts and Physical Education	8903	2472	2352	1961	2718	366
公共管理与服务类	Public Affairs and Services	3956	1306	1003	1037	1568	51
教育类	Education	26655	10758	10413	10226	6551	362
其他	Others	4814	1632	1650	1372	1531	2626

注：专任教师其他中包括文化基础课、实习指导课老师。
a) Number of full-time teachers include the number of teachers of basic culture and intern guide.

19-29 各地区中等专业学校基本情况（2010年）

Basic Statistics on Regular Specialized Secondary School by Region (2010)

单位：人 (person)

地区	Region	学校数(所) Number of Schools(unit)	在校学生数 Total Enrollment	招生数 New Enrollment	毕业生数 Graduates	教职工数 Teachers and Staff	#专任教师 Full-time Teachers
全省	**Provincial Total**	**66**	**238744**	**85028**	**70542**	**8542**	**5830**
南昌市	Nanchang	29	99202	35369	28709	3800	2400
景德镇市	Jingdezhen	4	4737	1452	1769	523	371
萍乡市	Pingxiang	2	10965	5502	3133	458	365
九江市	Jiujiang	4	15523	5548	4936	380	262
新余市	Xinyu	5	8166	3747	4084	975	711
鹰潭市	Yingtan	1	5079	1955	1177	125	63
赣州市	Ganzhou	4	26401	9654	9614	574	437
吉安市	Ji'an	8	19097	7049	3884	575	432
宜春市	Yichun	1	19583	3889	4669	121	48
抚州市	Fuzhou	1	8377	3352	1055	135	105
上饶市	Shangrao	7	21614	7511	7512	876	636

19-30 普通中学基本情况（2010年）
Basic Statistics on Regular Secondary Schools (2010)

单位：人 (person)

类别	Type	学校数（所）Number of Schools (unit)	在校学生数 Total Enrollment	初中 Junior Secondary Schools	高中 Senior Secondary School	招生数 New Enrollment	初中 Junior Secondary Schools
全省	**Provincial Total**	**2559**	**2739595**	**1999946**	**739649**	**940212**	**683676**
#女	Female		1216779	912786	303993	417223	311912
民办	Non-public	273	247569	146487	101082	90074	52018
按城乡分	**Grouped by Residence**						
城市	Cities	226	360059	213863	146196	121158	72321
县镇	Counties and Towns	708	1290847	758905	531942	451230	265071
农村	Rural Areas	1625	1088689	1027178	61511	367824	346284
按地区分	**Grouped by Region**						
南昌市	Nanchang	268	302063	215993	86070	104872	73824
景德镇市	Jingdezhen	99	91823	68480	23343	30336	23170
萍乡市	Pingxiang	113	106510	78124	28386	38209	25680
九江市	Jiujiang	307	295867	204510	91357	98296	68615
新余市	Xinyu	49	58096	39305	18791	18893	13622
鹰潭市	Yingtan	69	66040	48469	17571	21910	17203
赣州市	Ganzhou	451	527746	398640	129106	184831	144531
吉安市	Ji'an	300	276393	188663	87730	92688	61658
宜春市	Yichun	239	312207	230756	81451	106199	78506
抚州市	Fuzhou	213	254553	187794	66759	88444	64203
上饶市	Shangrao	451	448297	339212	109085	155534	112664

19-30 续表 continued

单位：人 (person)

类别	Type	高中 Senior Secondary Schools	毕业学生数 Graduates	初中 Junior Secondary Schools	高中 Senior Secondary Schools	教职工数 Teachers and Staff	#专任教师 Full-time Teachers
全省	**Provincial Total**	**256536**	**799223**	**536759**	**262464**	**184385**	**167285**
#女	Female	105311	347912	242514	105398	64637	59223
民办	Non-public	38056	76547	39098	37449	18257	12608
按城乡分	**Grouped by Residence**						
城市	Cities	48837	104265	56462	47803	26033	23126
县镇	Counties and Towns	186159	400528	210359	190169	82573	73863
农村	Rural Areas	21540	294430	269938	24492	75779	70296
按地区分	**Grouped by Region**						
南昌市	Nanchang	31048	89277	69282	19995	19773	17434
景德镇市	Jingdezhen	7166	24314	14878	9436	7108	6517
萍乡市	Pingxiang	12529	38382	26440	11942	8274	7696
九江市	Jiujiang	29681	91200	52752	38448	19361	17821
新余市	Xinyu	5271	17486	9248	8238	4569	4315
鹰潭市	Yingtan	4707	17431	10100	7331	4935	4479
赣州市	Ganzhou	40300	128056	79039	49017	33693	30726
吉安市	Ji'an	31030	90852	62921	27931	19873	18451
宜春市	Yichun	27693	86499	58394	28105	19972	18655
抚州市	Fuzhou	24241	78234	55249	22985	15770	14588
上饶市	Shangrao	42870	137492	98456	39036	31057	26603

19-31 职业中学基本情况（2010年）
Basic Statistics on Vocational Secondary Schools (2010)

单位：人 (person)

地区	Region	学校数(所) Number of Schools (unit)	在校学生数 Total Enrollment	初中 Junior Secondary Schools	高中 Senior Secondary School	招生数 New Enrollment	初中 Junior Secondary Schools
全省	**Provincial Total**	**319**	**366939**	**525**	**366414**	**129746**	**245**
#女	Female		172318	271	172047	61369	103
南昌市	Nanchang	22	9031		9031	2054	
景德镇市	Jingdezhen	17	4671		4671	1020	
萍乡市	Pingxiang	29	27758		27758	10381	
九江市	Jiujiang	33	36292		36292	10067	
新余市	Xinyu	17	52161		52161	12070	
鹰潭市	Yingtan	10	20379		20379	7457	
赣州市	Ganzhou	50	75914		75914	32029	
吉安市	Ji'an	45	28291		28291	12587	
宜春市	Yichun	29	45369		45369	13043	
抚州市	Fuzhou	27	31181		31181	12436	
上饶市	Shangrao	40	35892	525	35367	16602	245

19-31 续表 continued

单位：人 (person)

地区	Region	高中 Senior Secondary Schools	毕业生数 Graduates	初中 Junior Secondary Schools	高中 Senior Secondary Schools	教职工数 Teachers and Staff	#专任教师 Full-time Teachers
全省	**Provincial Total**	**129501**	**112952**	**289**	**112663**	**16396**	**12121**
#女	Female	61266	50751	141	50610	6101	4620
南昌市	Nanchang	2054	4468		4468	590	493
景德镇市	Jingdezhen	1020	1980		1980	345	247
萍乡市	Pingxiang	10381	5942		5942	1579	1252
九江市	Jiujiang	10067	10092		10092	1653	1301
新余市	Xinyu	12070	20346		20346	2412	1529
鹰潭市	Yingtan	7457	6905		6905	926	580
赣州市	Ganzhou	32029	21850		21850	3418	2413
吉安市	Ji'an	12587	7659		7659	993	750
宜春市	Yichun	13043	12556		12556	1809	1501
抚州市	Fuzhou	12436	8509		8509	1251	1043
上饶市	Shangrao	16357	10466	289	10328	1420	1012

19-32 职业中学高中阶段分科学生情况（2010年）
Students Statistics in Senior Secondary Schools by Field of Study (2010)

单位：人 (person)

类 别	Type	在校学生数 Total Enrollment	招生数 New Enrollment	毕业生数 Graduates
总 计	**Total**	**366414**	**129501**	**112663**
#女	Female	172047	61266	50610
农林牧渔类	Farming,Forestry,Husbandry and Fishing	25756	11502	3160
土木水利工程类	Civil and Hydraulic Engineering	4953	1464	1791
加工制造类	Manufacturing	83256	28003	25684
交通运输类	Communication & Transportation	6185	2327	1849
信息技术类	Information Technologies	127463	44082	46588
医药卫生类	Medicine and Health	6825	2553	1403
财经商贸类	Finance Economics and Trade	21379	6156	8084
旅游服务类	Tourism and Service	10487	3257	2170
文化艺术与体育类	Culture, Arts and Physical Education	21256	8475	5421
公共管理与服务类	Public Affairs and Services	9707	2920	3967
教育类	Education	15406	6403	2467
其他	Others	33468	12359	10079

19-33 小学、特殊教育、工读学校基本情况（2010年）
Basic Statistics on Primary Schools, Special Education and Schools for Juvenile Delinquents (2010)

单位：人 (person)

类 别	Type	学校数(所) Number of Schools (unit)	在校学生数 Total Enrollment	招生数 New Enrollment	毕业生数 Graduates	教职工数 Teachers and Staff	#专任教师 Full-time Teachers
小 学	**Primary Schools**	**12772**	**4260215**	**748368**	**678534**	**209950**	**202897**
#女	Female		1916535	337385	307675	101348	98720
民 办	Non-public	61	87240	13539	21256	6176	4270
按城乡分	Grouped by Residence						
城 市	Cities	225	350931	60203	57115	17024	15984
县 镇	Counties and Towns	786	1017575	175242	179804	45636	43279
农 村	Rural Areas	11761	2891709	512923	441615	147290	143634
按地区分	Grouped by Region						
南昌市	Nanchang	1047	436642	73813	75614	22492	21292
景德镇市	Jingdezhen	496	141407	24797	22948	7263	7034
萍乡市	Pingxiang	425	146373	27414	23805	8012	7777
九江市	Jiujiang	1332	436959	82308	65733	21174	20613
新余市	Xinyu	155	90914	17514	13855	5528	5368
鹰潭市	Yingtan	356	106667	18547	16991	5375	5099
赣州市	Ganzhou	2592	924366	157194	144705	41588	39703
吉安市	Ji'an	1253	377147	70503	60600	19354	19010
宜春市	Yichun	1579	478116	84069	78404	24206	23880
抚州市	Fuzhou	1334	406980	65409	63202	20092	19760
上饶市	Shangrao	2203	714644	126800	112677	34866	33361
特殊教育	**Special Education**	**70**	**23741**	**3609**	**2476**	**944**	**843**
#女	Female		7179	1169	726	668	614
工读学校	**Schools for Juvenile Delinquents**	**1**				**4**	

19-34 平均每万人口在校学生数

Number of Students Per 10000 Population by Level

指　　标	Item	1980	1990	2000	2005	2009	2010
各类学校在校学生占全省人口比重(%)	Schools of All Types of Students in the Proportion of the Population of the Province (%)	21.21	17.28	17.57	18.51	22.31	22.34
平均每万人口在校学生数	Number of Students Per 10000 population by Level						
普通高等学校(人)	Regular Institutions of Higher Education (person)	10.91	14.98	35.29	149.86	179.03	187.98
中等学校(人)	Secondary Education (person)	491.67	530.97	702.41	809.75	783.06	788.66
中等专业学校	Specialized Secondary Schools	12.48	16.18	38.57	60.63	52.29	53.57
普通中学	Regular Secondary Schools	473.55	475.13	624.84	663.73	601.24	614.71
职业中学	Vocational Secondary Schools	1.55	30.68	30.65	61.90	88.96	82.33
技工学校	Technical Schools	4.09	8.98	8.35	23.49	40.56	38.05
小　学(人)	Primary Schools (person)	1618.56	1182.05	1018.85	891.06	953.82	955.90

注：普通高等学校包括研究生。后同。

a) Number of regular institutions of higher education include the number of post-graduates. The same applies to the tables following.

19-35 各类学校学生构成情况

Composition of Students by Type of School

单位：%

类　　别	Type	1980	1990	2000	2005	2009	2010
各类学校学生占学生总数比重	**Schools of All Types of Students in Poportion of Students**						
普通高等学校	Regular Institutions of Higher Education	0.5	0.9	2.0	8.2	9.3	9.7
中 等 学 校	Sceondary Education	23.2	30.7	40.0	43.8	40.9	40.9
中等专业学校	Specialized Secondary Schools	0.6	0.9	2.2	3.3	2.7	2.8
普 通 中 学	Regular Secondary Schools	22.3	27.5	35.5	35.8	31.4	31.8
职 业 中 学	Vocational Secondary Schools	0.1	1.8	1.8	3.3	4.6	4.3
技 工 学 校	Technical Schools	0.2	0.5	0.5	1.3	2.1	2.0
小　　学	Primary Schools	76.3	68.4	58.0	48.1	49.8	49.5

19-36 初中毕业生、小学毕业生升学率

Proportion of Students Entering into Junior and Senior Secondary Schools

年 份 Year	初 中 Junior Secondary School			小 学 Primary School		
	毕业生数 (万人) Graduates (10000 persons)	高级中等学校招生人数(万人) New Enrollment of Senior Secondary Schools (10000 persons)	升学率 (%) Rate of Entering the Higher School (%)	毕业生数 (万人) Graduates (10000 persons)	初级中等学校招生数(万人) New Enrollment of Junior Secondary Schools (10000 persons)	升学率 (%) Rate of Entering the Higher School (%)
1978	41.77	20.69	49.53	72.03	56.36	78.25
1979	39.55	21.36	54.01	61.41	45.49	74.08
1980	19.03	10.78	56.65	60.89	41.23	67.71
1981	33.88	15.22	44.92	64.86	41.13	63.41
1982	31.71	12.40	39.10	67.30	39.89	59.27
1983	29.99	12.64	42.15	69.90	41.20	58.94
1984	28.75	14.26	49.60	67.85	42.58	62.76
1985	30.04	13.42	44.67	71.75	45.50	63.41
1986	34.07	14.68	43.09	76.41	50.10	65.57
1987	37.32	15.14	40.57	83.68	52.55	62.80
1988	40.35	15.46	38.31	88.94	54.07	60.79
1989	41.18	14.88	36.13	86.96	53.83	61.90
1990	41.27	15.88	38.48	86.02	56.65	65.86
1991	43.41	16.38	37.73	85.44	57.66	67.49
1992	45.83	17.10	37.31	79.45	57.18	71.97
1993	47.51	18.36	38.64	71.50	57.87	80.94
1994	48.44	19.26	39.76	67.99	58.23	85.64
1995	46.99	20.57	43.78	70.05	63.08	90.04
1996	51.27	20.96	40.88	73.70	68.44	92.86
1997	55.51	21.38	38.52	77.20	72.88	94.39
1998	59.55	21.99	36.92	80.35	75.70	94.21
1999	62.28	25.53	40.99	83.90	78.57	93.65
2000	65.34	26.57	40.67	85.61	81.23	94.89
2001	65.49	30.53	46.62	85.47	81.00	94.77
2002	67.15	38.81	57.80	82.15	81.25	98.91
2003	68.66	43.30	63.06	75.74	75.96	100.29
2004	72.42	48.69	67.23	67.68	67.72	100.06
2005	74.32	57.88	77.88	64.88	64.53	99.46
2006	69.48	57.63	82.94	53.84	53.54	99.44
2007	62.06	54.81	88.32	54.28	54.73	100.82
2008	60.09	55.90	93.03	65.48	66.83	102.06
2009	51.90	51.67	99.56	69.48	69.69	100.30
2010	53.68	49.05	91.37	67.85	68.39	100.80

注：高级中等学校招生人数包括中等职业教育学校和高(完)中招生数。

a) Number of new Enroument of Senior Secondary Schools in 2009 include the number of Secondary Vocational Educations and Senior Secondary Schools.

19-37 小学学龄儿童数和入学率

Number of School-age Children and Rate of Entering the Primary Schools

单位：万人 (10000 persons)

年份 Year	学龄儿童数 School-age Children	#农村 Rural	已入学学龄儿童数 School-age Children Enrollment	#农村 Rural	入学率（%） Rate of Entering the Primary Schools(%)	#农村 Rural
1978	436.66	391.79	411.10	366.48	94.15	93.54
1979	441.58	398.05	410.82	367.76	93.03	92.39
1980	443.15	397.47	415.07	369.60	93.66	92.99
1981	445.81	398.40	416.46	368.27	93.42	92.44
1982	456.45	406.80	426.33	376.98	93.40	92.67
1983	462.17	413.08	437.56	388.56	94.67	94.06
1984	458.27	409.40	440.82	392.12	96.19	95.78
1985	464.66	412.84	450.19	398.32	96.89	96.48
1986	459.05	409.02	445.54	395.65	97.06	96.73
1987	435.42	385.39	423.66	373.92	97.30	97.02
1988	403.31	355.63	392.06	344.68	97.21	96.92
1989	378.45	328.56	370.01	320.33	97.77	97.50
1990	358.31	318.24	351.99	312.00	98.24	98.04
1991	349.80	264.94	343.78	260.00	98.28	98.14
1992	351.62	261.22	347.18	257.64	98.74	98.63
1993	363.71	258.84	359.45	255.31	98.83	98.64
1994	370.48	255.01	367.15	252.49	99.10	99.01
1995	389.04	257.54	386.78	255.89	99.42	99.36
1996	404.23	252.15	402.80	251.07	99.65	99.57
1997	413.80	244.25	411.99	243.08	99.56	99.52
1998	416.12	238.82	414.31	237.74	99.57	99.55
1999	405.52	223.09	403.96	222.11	99.61	99.56
2000	390.24	206.64	388.58	205.57	99.58	99.49
2001	370.61	208.59	359.15	204.23	96.91	96.41
2002	355.09	186.25	349.84	183.33	98.53	98.44
2003	350.83	205.58	347.34	203.57	99.01	99.00
2004	349.19	202.63	345.84	200.59	99.04	98.99
2005	348.46	233.24	345.02	230.92	99.01	99.00
2006	364.24	256.56	362.93	255.61	99.64	99.63
2007	378.85	246.15	378.22	245.69	99.83	99.81
2008	390.71	248.94	390.42	248.74	99.93	99.92
2009	396.68	267.64	396.26	267.35	99.89	99.89
2010	403.69	273.26	403.40	273.08	99.93	99.93

19-38 幼儿园基本情况

Basic Statstics on Kindergartens

单位：人 (person)

年份 Year	幼儿园数（所） Number of Kindergartens(unit)	入园幼儿数 New Enrollment	在园幼儿数 Total Enrollment	教职工数 Teachers and Staff	#教师 Teachers
1978	2104		105914	6278	4159
1979	3854		172476	8304	6509
1980	7204		306055	13565	11184
1981	6364		300231	14366	11853
1982	5488		300630	15638	12693
1983	1857		296400	16000	12923
1984	4987		310300	15257	13454
1985	5208		323021	14778	12998
1986	5866	190318	318347	17744	14147
1987	5406	194370	329718	18229	14259
1988	4547	182034	327540	18471	14579
1989	4520	187932	330680	18953	14574
1990	4827	208294	362621	19798	15492
1991	4141	283249	394487	20013	15780
1992	4490	294967	450005	21050	16983
1993	3856	337689	491055	21365	17271
1994	4123		505530	21058	17755
1995	4600	419190	525330	22284	18976
1996	5084	462715	584601	23757	19822
1997	5986	496134	609026	26124	21764
1998	6626	518683	619048	26879	22321
1999	7602	514200	626009	29179	24124
2000	6573	500453	620624	26472	21154
2001	2894	428073	488380	18519	12335
2002	3469	475561	574756	21526	14275
2003	4478	504672	633073	26515	17612
2004	4370	507222	658093	28406	18228
2005	4870	526960	716760	32367	20742
2006	5848	594627	806287	37453	24235
2007	6245	648555	881690	41853	27093
2008	6620	649104	924488	47920	30447
2009	8326	728337	1123138	60102	39541
2010	8518	812046	1235056	69186	43349

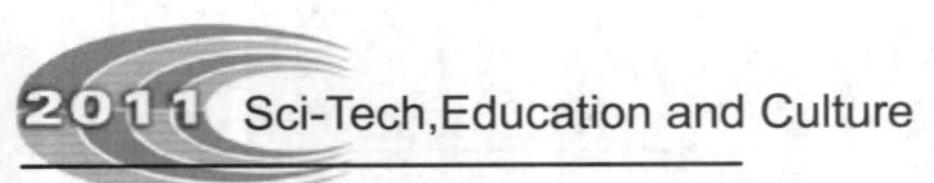

19-39 幼儿园基本情况（2010年）

Basic Statstics on Kindergartens (2010)

单位：人 (person)

类 别	Type	园数(所) Number of Kindergarten	入园幼儿数 New Enrollment	在园幼儿数 Total Enrollment	离园幼儿数 Dropout	教职工数 Teachers and Staff	#教 师 Teachers
全 省	**Provincial Total**	**8518**	**812046**	**1235056**	**369099**	**69186**	**43349**
#女	Female		346238	531400	152156	63237	42274
民 办	Non-public	8084	530604	869576	205541	60208	37145
按城乡分	**Grouped by Residence**						
城 市	Cities	776	53347	127765	37078	12802	7395
县 镇	Counties and Towns	2379	242527	422077	106763	29626	19487
农 村	Rural Areas	5363	516172	685214	225258	26758	16467
按地区分	**Grouped by Region**						
南 昌 市	Nanchang	501	48166	89654	21661	8468	4857
景德镇市	Jingdezhen	483	32309	41503	5333	2698	1679
萍 乡 市	Pingxiang	458	47972	61916	21520	3451	2093
九 江 市	Jiujiang	682	71774	111259	20503	6930	4076
新 余 市	Xinyu	196	16367	35160	10539	2917	1699
鹰 潭 市	Yingtan	90	18100	23868	9517	1486	899
赣 州 市	Ganzhou	2441	189944	291691	82739	15106	9769
吉 安 市	Ji'an	1218	102228	150321	48575	7801	4815
宜 春 市	Yichun	1003	112560	160158	71751	8090	5062
抚 州 市	Fuzhou	356	47301	81104	21930	3999	2805
上 饶 市	Shangrao	1090	125325	188422	55031	8240	5595

19-40 成人教育基本情况（2010年）

Basic Statistics on Adult Educations (2010)

单位：人 (person)

类 别	Type	学校数(所) Number of Schools(unit)	在校学生数 Total Enrollment	招生数 New Enrollment	毕业生数 Graduates	教职工数 Teachers and Staff	#专任教师 Full-time Teachers
成人高等学校	Institutions of Higher Education for Adults	**9**	**120348**	**47336**	**37056**	**2302**	**1445**
广播电视大学	Radio and Televison College	1	1411	499	141	292	221
职工高等学校	Institutions of Higher Education for Workers	3	1586	723	629	322	206
管理干部学院	School of Management Cadres off-job Courses	2	2537	1021	469	741	370
教育学院	Educational School	3	7240	3726	1735	947	648
业余大学	Amateur College		35091	11832	7189		
#普通高等学校办	Amateur College Managed by Institutions of Higher Education		33133	11036	6842		
函授部	Correspondence Education Department		74650	26141	21167		
#普通高等学校办	Correspondence Department Managed by Institutions of Higher Education		71089	24909	20349		
脱产班	Off-job Training		10607	3941	8700		
#普通高等学校办	Adult Full-time Class Managed by Institutions of Higher Education		3352		6891		
成人中等专业学校	Adult Specialized Secondary School	89	12907	5422	5214	1876	1505
成人中学	Secondary School for Adult	20	8500		1700	95	26
成人小学	Primary School for Adult	289	11210		12521	212	85
#扫盲班	Literacy Courses	145	248		270	60	21
成人技术培训学校	Technical Training Schools for Adult	468	100491		103756	1012	421

19-41 成人教育基本情况

Basic Statistics on Adult Educations

单位：人 (person)

类别	Type	1990	2000	2005	2009	2010
成人高等学校	**Adult Institutions of Higher Education**					
学校数(所)	Number of Schools(unit)	28	18	11	10	9
在校学生数	Total Enrollment	37525	85953	101254	120365	120348
招生数	New Enrollment	14191	39761	43504	41281	47336
毕业生数	Graduates	11156	20461	39916	39502	37056
教职工数	Teachers and Staff	4732	4015	2704	2298	2302
#专任教师	Full-time Teachers	2165	1875	1389	1413	1445
成人中等专业学校	**Adult Specialized Secondary School**					
在校学生数	Total Enrollment	28215	27552	14605	13571	12907
招生数	New Enrollment	11318	7839	2603	7012	5422
毕业生数	Graduates	6822	12946	8449	3106	5214
成人中学	**Adult Institutions of Secondary Education**					
在校学生数	Total Enrollment	33492	4563	3003	339	8500
招生数	New Enrollment	25627	3891			
毕业生数	Graduates	16125	4713	16217	269	1700
成人初等学校	**Adult Institutions of Primary Education**					
在校学生数	Total Enrollment	277810	176278	118917	28808	11458
招生数	New Enrollment	205164	135331			
毕业生数	Graduates	122310	230159	134392	25254	12791
成人技术培训学校	**Adult Technical Training Schools**					
在校学生数	Total Enrollment	107932	1563308	389930	250182	100491
招生数	New Enrollment	89438	1495816			
毕业生数	Graduates	96023	1512540	487906	251731	103756

注：成人高等学校在校学生数、招生数、毕业生数包括普通高等学校的成人在校学生数、招生数和毕业生数。

a) Number of total Enrollment,New Enrollment,Graduates of Adult Institutions of Higher Education in 2009 do not include the number of institutions of Higher Education.

19-42 文化事业机构与人员数

Number of Institutions and Staff Personnel for Cultural Undertakings

指　　标	Item	1980	1990	2000	2005	2009	2010
机构数(个)	**Number of Institutions (unit)**						
艺术表演团体	Art Performance Troupes	118	86	79	79	83	103
艺术表演场所	Art Performance Places	59	77	62	57	50	55
文化馆(站)	Cultural Centers (Station)	739	2084	1988	1544	1822	1834
文 化 馆	Cultural Centers	102	101	101	101	103	103
文 化 站	Cultural Stations	637	1983	1887	1433	1719	1719
群众艺术馆	Mass Art Centers	11	12	12	12	12	12
图　书　馆	Libraries	49	104	104	104	108	108
博　物　馆	Museums	52	82	81	82	103	102
文物保护管理所	Agencies of Historical Relics Preservation	10	33	44	68	66	65
文物科研机构	Scientific and Research Historical Relics Agencies				2	2	2
文物商店	Cultural Relic Shops	3	4	4	4	4	4
其他文物机构	Other Historical Relics Agencies		1	2	2	2	2
人员数(人)	**Number of Staff (person)**						
艺术表演团体	Art Performance Troupes	7747	4384	3949	3495	3594	4082
艺术表演场所	Art Performance Places	107	874	919	709	543	604
文 化 馆(站)	Cultural Centers (Station)	2296	5119	4080	3869	3623	3960
文 化 馆	Cultural Centers	1434	1484	1486	1378	1327	1664
文 化 站	Cultural Stations	862	3635	2594	2491	2296	2296
群众艺术馆	Mass Art Centers	244	369	340	322	337	337
图　书　馆	Libraries	475	1277	1462	1373	1426	1426
博　物　馆	Museums	764	1134	1324	1435	1908	1917
文物保护管理所	Agencies of Historical Relics Preservation	292	510	242	554	217	217
文物科研机构	Scientific and Research Historical Relics Agencies				42	44	44
文物商店	Cultural Relic Shops	47	136	126	42	69	69
其他文物机构	Other Historical Relics Agencies		280	292	292	319	316

19-43 各地区文化事业单位数（2010年）

Number of Institutions for Cultural undertakings by Region (2010)

单位：个 (unit)

地区	Region	艺术表演团体 Art Performance Troupes	艺术表演场所 Art Performance Places	群众艺术馆文化馆 Cultural Centers and Mass Art Centers	公共图书馆 Public Libraries	#总藏量（万册） Total Collections (10000 copies)	博物馆 Museums	文物保护管理所 Agencies of Historical Relics Preservation
全　省	**Provincial Total**	**103**	**55**	**115**	**108**	**1473.5661**	**102**	**65**
南昌市	Nanchang	10	5	10	10	156.1425	8	2
景德镇市	Jingdezhen	4	3	6	6	67.5092	6	2
萍乡市	Pingxiang	4	4	6	6	65.7036	2	6
九江市	Jiujiang	6	7	15	12	157.4734	15	12
新余市	Xinyu	2	1	3	3	51.312	2	1
鹰潭市	Yingtan	2	2	4	4	34.2074	3	5
赣州市	Ganzhou	27	9	19	18	179.8212	15	11
吉安市	Ji'an	12	7	14	13	204.3694	14	7
宜春市	Yichun	10	4	11	10	108.4828	11	7
抚州市	Fuzhou	4	3	13	12	88.5937	9	6
上饶市	Shangrao	16	6	13	13	91.6897	12	6
省　级	Provincial	6	4	1	1	268.2612	5	

注：文物保护管理所包括其它文物机构。

a) Data on agency of historical relics preservations include data on other historical relics institutions.

19-44 文化产业机构基本情况（2010年）

Basic Statistics on Cultural Industry Institutions (2010)

单位：个 (unit)

指标	Item	合计 Total	文化部门 Culture Department	国有经济 State-owned Units	集体经济 Collective-owned Units	其他经济 Other Ownerships	其他部门 Other Departments
总　计	**Total**	**10923**	**2671**	**2402**	**5**	**264**	**8252**
文化产业	Cultural Industry	10919	2667	2399	4	264	8252
艺术业	Art Industry	164	154	143	1	10	10
图书馆业	Museum Industry	108	108	108			
群众文化业	Mass Art Industry	1923	1923	1922		1	
艺术教育业	Art Education Industry	4	4	4			
文化市场经营业	The Cultural Market Management Industry	8247	17	12	1	4	8230
文艺科研	Art Research	14	14	14			
文物业	Cultural Relic Industry	205	205	179		26	
其他文化产业	Other Cultural Industries	254	242	17	2	223	12
非文化产业	Non-cultural Industries	4	4	3	1		

注：有关文化产业的指标仅含文化厅本系统的数据。后同。

a) Data on indicators of cultural industry include only data from culture system.The same applies to the tables following.

19-45　文化产业从业人员基本情况（2010年）

Basic Statistics on Employed Persons of Cultural Industry (2010)

单位:人　　(person)

指标	Item	合计 Total	文化产业 Cultural Industry	艺术业 Art Industry	图书馆业 Library	群众文化业 Mass Culture	艺术教育业 Art Education
总　计	**Total**	**55212**	**55137**	**4753**	**1426**	**3960**	**200**
#高级职称	Senior Title	769	768	318	70	139	57
中级职称	Middle Title	2441	2433	1149	283	546	63
文化部门	**Cultural Department**	**15939**	**15864**	**4473**	**1426**	**3960**	**200**
#高级职称	Senior Title	767	766	316	70	139	57
中级职称	Middle Title	2400	2392	1112	283	546	63
国有经济	State-owned Units	15662	4263	4263	1426	3960	200
#高级职称	Senior Title	763	312	312	70	139	57
中级职称	Middle Title	2381	1096	1096	283	546	63
集体经济	Collective owned Units	49	32				
#高级职称	Senior Title						
中级职称	Middle Title	3	3				
其他经济	Other Ownerships	228	228				
#高级职称	Senior Title	4	4				
中级职称	Middle Title	16	16				
其他部门	**Other Departments**	**39273**	**39273**				

19-45　续表　continued

单位: 人　　(person)

指标	Item	文化市场经营业 Cultural Market Management	文艺科研 Art research	文物业 Cultural Relic	其他文化产业 Other Cultural Industries	非文化产业 Non-cultural Industry
总　计	**Total**	**39209**	**121**	**2563**	**2905**	**75**
#高级职称	Senior Title		26	136	22	1
中级职称	Middle Title		38	325	29	8
文化部门	**Cultural Department**	**264**	**121**	**2515**	**2905**	**75**
#高级职称	Senior Title		26	136	22	1
中级职称	Middle Title		38	321	29	8
国有经济	State-owned Units	243	121	2515	2876	58
#高级职称	Senior Title		26	136	22	1
中级职称	Middle Title		38	321	26	8
集体经济	Collective owned Units	3			29	17
其他经济	Other Ownerships	18				
#高级职称	Senior Title					
中级职称	Middle Title					
其他部门	**Other Departments**	**38945**		**48**		

19-46 文化产业机构人员情况（2010年）

Basic Statistics on Personnel of Cultural Industry Institutions (2010)

单位：人 (person)

指标	Item	合计 Total	文化部门 Culture Department	国有经济 State-owned Units	集体经济 Collective-owned Units	其他经济 Other Ownerships	其他部门 Other Departments
总计	**Total**	**55212**	**15939**	**15662**	**49**	**228**	**39273**
文化产业	Cultural Industry	55137	15864	156045	32	228	39273
艺术业	Art Industry	4753	4473	4263		210	280
图书馆业	Museum Industry	1426	1426	1426			
群众文化业	Mass Art Industry	3960	3960	3960			
艺术教育业	Art Education Industry	200	200	200			
文化市场经营业	The Cultural Market Management Industry	39209	264	243	3	18	38945
文艺科研	Art Research	121	121	121			
文物业	Cultural Relic Industry	2563	2515	2515			48
其他文化产业	Other Cultural Industries	2905	2905	2876			
非文化产业	Non-cultural Industries	75	75	58			

19-47 各地区文化产业法人单位主营业务收入、增加值(2010年)

Legual Unit of Culture Industry Revenue from Principal Business and Value-added by Region(2010)

单位：万元 (10000 yuan)

地区	Region	主营业务收入 Revenue from Principal Business	增加值 Value-added by Region	增加值占地区生产总值比重（%） Value-added as Percentage of GDP (%)
全省	**Total**	**8443148**	**2294878**	**2.43**
南昌市	Nanchang	3430511	723430	3.28
景德镇市	Jingdezhen	527371	127109	2.75
萍乡市	Pingxiang	347328	167613	3.22
九江市	Jiujiang	548951	189977	1.84
新余市	Xinyu	333999	95794	1.52
鹰潭市	Yingtan	373249	105009	3.04
赣州市	Ganzhou	756111	205109	1.83
吉安市	Ji'an	754152	205313	2.85
宜春市	Yichun	347987	100092	1.15
抚州市	Fuzhou	334275	130224	2.07
上饶市	Shangrao	689213	189236	2.10

注：全省文化产业法人单位增加值包括文化产业中无财务数据单位增加值，无财务数据单位增加值根据国家统计局提供的推算系数得出。下表同。

a) Legual Unit of Culture Industry Value-add include Value-added of units with no financial data. Value-added of units with no financial data is projected with coefficients provided by NBS.

19-48 文化产业法人单位主营业务收入、增加值(2010年)

Legual Unit of Culture Industry Revenue from Principal Business and Value-added by Region(2010)

单位：万元 (10000 yuan)

分类	Sector	主营业务收入 Revenue from Principal Business	增加值 Value-added by Region
总计	**Total**	**8443148**	**2294878**
按部门分	**By Department**		
文化部门	Cultural Department	366061	160143
广电部门	Broadcasting and TV Department	391098	167686
新闻出版部门	Journalism and Publishing Department	2755398	618665
旅游部门	Tourist Department	783877	272069
其他	Others	4146714	1020343
按层次分	**By Structural Levels**		
核心层	Core	3252155	836707
新闻服务	News Service	1990	1315
出版发行和版权服务	Publishing Distribution and Copyright Service	2724222	597452
广播、电视、电影服务	Broadcasting TV and Film Service	391098	167686
文化艺术服务	Cultural Art Service	134845	70253
外围层	Margin	1325261	547355
网络文化服务	Internet Service	29185	19897
文化休闲娱乐服务	Entertainment and Recreation Service	1064859	437568
其他文化服务	Other Cultural Services	231216	89889
相关层	Periphery	3865732	854843
文化用品、设备及相关文化产品的生产	Manufaction of Cultural Goods Equipment and Related Product	3270595	768749
文化用品、设备及相关文化产品的销售	Distribution of Cultural Goods Equipment and Related Product	595137	86094
构成(%)	**Composition (%)**	**100.00**	**100.00**
按部门分	**By Department**		
文化部门	Cultural Department	4.34	6.98
广电部门	Broadcasting and TV Department	4.63	7.31
新闻出版部门	Journalism and Publishing Department	32.63	26.96
旅游部门	Tourist Department	9.28	11.86
其他	Others	49.11	44.46
按层次分	**By Structural Levels**		
核心层	Core	38.52	36.46
新闻服务	News Service	0.02	0.06
出版发行和版权服务	Publishing Distribution and Copyright Service	32.27	26.03
广播、电视、电影服务	Broadcasting TV and Film Service	4.63	7.31
文化艺术服务	Cultural Art Service	1.60	3.06
外围层	Margin	15.70	23.85
网络文化服务	Internet Service	0.35	0.87
文化休闲娱乐服务	Entertainment and Recreation Service	12.61	19.07
其他文化服务	Other Cultural Services	2.74	3.92
相关层	Periphery	45.79	37.25
文化用品、设备及相关文化产品的生产	Manufaction of Cultural Goods Equipment and Related Product	38.74	33.50
文化用品、设备及相关文化产品的销售	Distribution of Cultural Goods Equipment and Related Product	7.05	3.75

19-49 报纸、杂志、图书出版种数
Publication of Newspapers, Magazines and Books

单位：种 (item)

指 标	Item	1980	1990	2000	2005	2009	2010
报 纸	Newspapers Published	6	28	65	65	63	63
综合报	General Newspapers	2	18	28	31	29	29
专业报	Special Newspapers	4	10	37	34	34	34
期 刊	Magazines Published	84	141	167	163	163	163
综 合	General Magazines	6	1	1	1	5	5
哲学、社会科学	Philosophy and General Social Sciences	10	33	52	42	39	39
自然科学、技术	Natural Sciences and Technology	47	63	78	73	71	71
文化、教育	Culture and Education	9	27	21	28	29	29
少年儿童读物	Children's Books	2	3	7	8	7	7
文学、艺术	Literature and Art	10	13	8	9	10	10
画 刊	Picture Books		1		2	2	2
图 书	Books	362	1264	2158	3011	3672	3869
#课 本	Textbooks	134	329	583	839	703	689

19-50 报纸、杂志、图书出版数量
Pieces of Newspapers, Magazines and Books Published

单位：万份 (10000 copies)

指 标	Item	1980	1990	2000	2005	2009	2010
报 纸	Newspapers Published	17048	58930	39929	62263	68850	70449
综合报	General Newspapers	16506	38936	33273	56059	55737	60771
专业报	Special Newspapers	542	19994	6657	6204	13113	9678
期 刊	Magazines Published	584	2714	9060	5623	6381	7060
综 合	General Magazines	23	54	2	48	195	46
哲学社会科学	Philosophy and General Social Sciences	18	933	3239	755	598	577
自然科学技术	Natural Sciences and Technology	119	241	830	506	396	576
文化、教育	Culture and Education	210	679	2401	1143	1659	1696
少年儿童读物	Children's Books	30	417	1850	2416	3179	3715
文学艺术	Literature and Art	184	384	738	667	303	420
画 刊	Picture Books		6		89	51	30
图 书	Books	8474	19216	20300	16907	15949	16039
#课 本	Textbooks	4861	10935	10490	9953	7731	6945

19-51 广播、电视事业

Basic Statistics on Radio and Television Stations

指　　标	Item	1980	2000	2005	2009	2010
广播台(站)	All Number of Broadcasting Stations (station)					
广播电台(座)	Number of Stations (set)	3	10	12	12	12
节目套数(套)	Number of Programs (set)	3	72	109	103	103
全年广播剧播出部数(部)	Pieces of Radio Seplay Programs (piece)			230	1519	2359
全年广播剧播出集数(集)	Episodes of Radio Seplay Programs (episode)			10168	28885	30027
中短波转播发射台(座)	FM&AM Radio Broadcasting Stations (set)	17	15	15	16	16
广播人口覆盖率(%)	Radio Coverage of Population (%)	38.5	89.49	93.22	96.12	96.78
#农村广播人口覆盖率(%)	Radio Coverage of Rural Population (%)				95.42	96.23
电视台(座)	Television Stations (set)	1	12	12	12	12
节目套数(套)	Number of Programs (set)		42	122	113	113
全年电视剧播出部数(部)	Pieces of TV Series Broadcast (piece)			10495	8759	9318
全年电视剧播出集数(集)	Episodes of TV Series Broadcast (episode)			217656	227340	247239
全年动画电视播出部数(部)	Pieces of Cartoons Broadcast (piece)			949	698	782
全年动画电视播出集数(集)	Episodes of Cartoons Broadcast (episode)			8858	28004	28192
电视转播发射机台数(座)	TV Transmission Facilities (set)	58	493	349	354	301
电视人口覆盖率(%)	TV Coverage of Household (%)	50.5	92.67	95.44	97.47	97.96
#农村电视人口覆盖率	TV Coverage of Rural Household				96.94	97.55
广播电视卫星收转站(座)	TV Transmission Stations and Relaying Stations (set)		8315	9668	345839	329759
有线电视入户率(%)	CATV Coverage of Household (%)			26.90	31.81	34.00
#农村	Rural				20.71	21.56

注：1.1995年以前中短波广播发射台数是指广播发射台及转播台数。
2.2000年以前电视台是指无线电视台，2001年无线电视台与有线电视台合并。

a) Before 1995,number of FM&AM Radio Broadcasting Stations refer to the number of both radio broadcasting stations and transmission stations.

b) Before 2000,number of TV Stations refer to number of Wireless TV. Wirless TV and CATV Merged in 2001.

19-52 测绘生产完成情况

Statistics on Projects Completed by Surveying and Mapping Departments

年　份 Year	大地测量 Geodesy		测图合计	地图数字化	地图编制 Cartography		
	GPS测量 (点) Global Positioning System Survey (point)	水准测量 (公里) Leveling (kilometer)	(幅) Mapping (unit)	(幅) Digital Map (unit)	地形图 (幅) Topographic Map (unit)	专题地图 (幅/册) Special Map (unit/Volume)	地图集 (册) Atlas (Volume)
2001	528	336	1941	1416	440	61	2
2002	500	481	2219	1091		372	
2003	189	100	2068	1887		23	1
2004	796	5031	3051	2754		44	
2005	576	800	2509			36	
2006	1840	200	6418	999		35	
2007	1940	286	6127	288	10	30	1
2008	2150	400	13360	286	41	33	1
2009	632	1978	5114		25	607	2
2010	1009	2022	6971	4579	58	66	1

19-53 测绘资料提供情况

Statistics on Output of Surveying and Mapping Materials

年份 Year	地形图合计 (张) Topographic Map (unit)	1:10000 (scale)	1:50000 (scale)	大地成果(点) Geodetic Results (point)	航摄成果(片) Aerial Photograph (piece)	挂图(张) Wall Map (unit)	地图集 (册) Atlas (volume)
2000	8904	7266	1638	377	281		
2001	10704	8785	1919	1611		66	217
2002	8294	7287	1007	173	120	40	48
2003	10048	8656	1392	47372	8411		
2004	5868	3959	1909	563	29000		
2005	5815	4231	1584	1327	48126	5	
2006	7926	5058	2868	17010	15865	112	20
2007	15035	12754	2281	24221	22631		
2008	17352	15336	2016	7929	12355		
2009	5523	4909	614	5554	22803		
2010	5469	4441	1028	31121	5329	628	731

19-54 各地区产品质量监督抽查情况（2010年）

Results of Supervision and Sampling Check on the Quality of Products by Region (2010)

地区	Region	抽查产品 (种) Production Supervised (kinds)	抽查企业 (家) Number of Enterprises Supervised (units)	抽查产品 (批) Production Supervised(times)	不合格产品 (批) Production Unqualified (times)
全　省	**Provincial Total**	**467**	**10255**	**12115**	**2667**
省本级	Provincial class	82	3693	4158	627
景德镇市	Jingdezhen	64	382	743	57
萍乡市	Pingxiang	39	1154	1285	156
九江市	Jiujiang	44	456	533	88
新余市	Xinyu	28	234	267	27
鹰潭市	Yingtan	25	127	127	24
赣州市	Ganzhou	45	1570	1715	237
吉安市	Ji'an	27	799	863	508
宜春市	Yichun	21	414	430	45
抚州市	Fuzhou	28	401	408	45
上饶市	Shangrao	64	1025	1586	853

主要统计指标解释

科技活动 指在自然科学、农业科学、医药科学、工程与技术科学、人文与社会科学领域(简称科学技术领域)中，与科技知识的产生、发展、传播和应用密切相关的有组织的活动。可分为研究与试验发展(R&D)、研究与试验发展成果应用及相关的科技服务三类活动。该定义是联合国教科文组织考虑成员国特别是发展中国家开展科技统计工作的需要，而对科技活动所作的统计界定。

科技活动人员 指直接从事科技活动、以及专门从事科技活动管理和为科技活动提供直接服务，累计的实际工作时间占全年制度工作时间10%及以上的人员。(1)直接从事科技活动的人员包括：在独立核算的科学研究与技术开发机构、高等学校、各类企业及其他事业单位内设的研究室、实验室、技术开发中心及中试车间(基地)等机构中从事科技活动的研究人员、工程技术人员、技术工人及其它人员；虽不在上述机构工作，但编入科技活动项目(课题)组的人员；科技信息与文献机构中的专业技术人员；从事论文设计的研究生等。(2)专门从事科技活动管理和为科技活动提供直接服务的人员，包括：独立核算的科学研究与技术开发机构、科技信息与文献机构、高等学校、各类企业及其他事业单位主管科技工作的负责人，专门从事科技活动的计划、行政、人事、财务、物资供应、设备维护、图书资料管理等工作的各类人员，但不包括保卫、医疗保健人员、司机、食堂人员、茶炉工、水暖工、清洁工等为科技活动提供间接服务的人员。该指标用来反映投入科技活动人力的规模。

研究与试验发展(R&D) 指在科学技术领域，为增加知识总量，以及运用这些知识去创造新的应用进行的系统的创造性的活动，包括基础研究、应用研究、试验发展三类活动。国际上通常采用R&D活动的规模和强度指标反映一国的科技实力和核心竞争力。

基础研究 指为了获得关于现象和可观察事实的基本原理的新知识(揭示客观事物的本质、运动规律，获得新发现、新学说)而进行的实验性或理论性研究，它不以任何专门或特定的应用或使用为目的。其成果以科学论文和科学著作为主要形式。用来反映知识的原始创新能力。

应用研究 指为获得新知识而进行的创造性研究，主要针对某一特定的目的或目标。应用研究是为了确定基础研究成果可能的用途，或是为达到预定的目标探索应采取的新方法(原理性)或新途径。其成果形式以科学论文、专著、原理性模型或发明专利为主。用来反映对基础研究成果应用途径的探索。

试验发展 指利用从基础研究、应用研究和实际经验所获得的现有知识，为产生新的产品、材料和装置，建立新的工艺、系统和服务，以及对已产生和建立的上述各项作实质性的改进而进行的系统性工作。其成果形式主要是专利、专有技术、具有新产品基本特征的产品原型或具有新装置基本特征的原始样机等。在社会科学领域，试验发展是指把通过基础研究、应用研究获得的知识转变成可以实施的计划(包括为进行检验和评估实施示范项目)的过程。人文科学领域没有对应的试验发展活动。主要反映将科研成果转化为技术和产品的能力，是科技推动经济社会发展的物化成果。

专业技术人员 指从事专业技术工作和专业技术管理工作的人员，即企事业单位中已经聘任专业技术职务从事专业技术工作和专业技术管理工作的人员，以及未聘任专业技术职务，现在专业技术岗位上工作的人员。包括工程技术人员，农业技术人员，科学研究人员，卫生技术人员，教学人员，经济人员，会计人员，统计人员，翻译人员，图书资料、档案、文博人员，新闻出版人员，律师、公证人员，广播电视播音人员，工艺美术人员，体育人员，艺术人员及企业政治思想工作人员，共十七个专业技术职务类别。用来反映科技人力资源情况。

新产品 指采用新技术原理、新设计构思研制、生产的全新产品，或在结构、材质、工艺等某一方面比原有产品有明显改进，从而显著提高了产品性能或扩大了使用功能的产品。既包括政府有关部门认定并在有效期内的新产品，也包括企业自行研制开发，未经政府有关部门认定，从投产之日起一年之内的新产品。用来反映科技产出及对经济增长的直接贡献。

专利 是专利权的简称，是对发明人的发明创造经审查合格后，由专利局依据专利法授予发明人和设计人对该项发明创造享有的专有权。包括发明、实用新型和外观设计。反映拥有自主知识产权的科技和设计成果情况。

普通高等学校 指按照国家规定的设置标准和审批程序批准举办的，通过全国普通高等学校统一招生考试，招收高中毕业生为主要培养对象，实施高等教育的全日制大学、独立设置的学院和高等专科学校、高等职业学校和其他机构。

大学、独立设置的学院主要实施本科层次以上教育，高等专科学校、高等职业学校实施专科层次教育，其他机构是承担国家普通招生计划任务不计校数的机构。包括普通高等学校分校和批准筹建的普通高等学校等。

成人高等学校 指按照国家规定的设置标准和审批程序批准举办的，通过全国成人高等学校统一招生考试，招收具有高中毕业或同等学历的在职从业人员为主要培养对象，利用函授、业余、脱产等多种形式对其实施高等学历教育的学校。包括职工高等学校、农民高等学校、管理干部学院、教育学院、独立函授学院、广播电视大学、其他机构等。其他机构是承担国家成人招生计划任务不计校数的机构。

小学学龄儿童净入学率 指调查范围内已入小学学习的学龄儿童占校内外学龄儿童总数(包括弱智儿童，不包括盲聋哑儿童)的比重。计算公式为：

$$\text{小学学龄儿童净入学率}=\frac{\text{已入学的小学学龄儿童数}}{\text{校内外小学学龄儿童总数}}\times 100\%$$

国家财政性教育经费 包括国家财政预算内教育经费，各级政府征收用于教育的税费，企业办学校教育经费，校办产业、勤工俭学和社会服务收入用于教育的经费。

文化事业机构 指从事专业文化工作和为专业文化工作服务的独立建制的单位。不包括这些单位另外举办独立核算的其他机构和各部门的业余文化组织。该指标主要反映文化事业机构发展规模水平。

艺术表演团体 指从事戏曲、音乐、舞蹈、杂技等专业艺术表演，有独立帐户的单位，不包括半工半艺、半农半艺和民间职业剧团。该指标主要反映全国专业艺术表演团体发展规模水平。

艺术表演观众人数(人次) 指售票、包场演出或民族地区免费演出的艺术表演观众人次数，不包括彩排审查和内部观摩演出的观看人次数。该指标主要反映全国观看专业艺术表演团体演出的效益规模。

Explanatory Notes on Main Statistical Indicators

Scientific and Technological Activities (S&T Activities) refer to organized activities which are closely related with the creation, development, dissemination and application of the scientific and technical knowledge in the fields of natural sciences, agricultural science, medical science, engineering and technological science, humanities and social sciences (referred to as scientific and technological fields). S&T activities can be classified into 3 categories: research and development (R&D) activities, application of R&D results, and related S&T services. This statistical definition is made by UNICHIEF for scientific and technological activities to meet the need of carrying out statistical work in this field for its member countries particularly the developing countries.

Personnel Engaged in S&T Activities refer to personnel directly engaged in S&T activities, in the management of S&T activities, and in providing direct service to S&T activities, with over 10% of the total working hours in a year spent on S&T activities. (1) Personnel directly engaged in S&T activities include researchers, engineers, technicians and other related personnel engaged in S&T activities in independent-accounting R&D institutions, institutions of higher learning, and in research institutes, laboratories, technology development centres and central experiment workshops under enterprises and institutions. Also included are people working in S&T research project teams, professional and technical personnel working in S&T information archiving institutes, and graduate students working on the design of their thesis. (2) Personnel engaged in the management of S&T activities and in providing direct service to S&T activities include senior management people responsible for S&T activities in independent-accounting R&D institutions, S&T information archiving institutes, institutions of higher learning and in enterprises and institutions where S&T activities are undertaken. Also included are people responsible for the planning, administration, personnel management, financial management, logistics supply, equipment maintenance, information and library management that are related with S&T activities. People providing indirect services are excluded, such as security, medical service, drivers, plumbers, cleaners and those providing catering and related service. This indicator reflects the size of personnel engaged in S&T activities.

Research and Development (R&D) refers to systematic and creative activities in the field of science and technology aiming at increasing the knowledge and using the knowledge for new application. R&D includes 3 categories of activities: basic research, applied research and experimentation for development. The scale and intensity of R&D are widely used internationally to reflect the strength of S&T and the core competitiveness of a country in the world.

Basic Research refers to empirical or theoretical research aiming at obtaining new knowledge on the fundamental principles regarding phenomena or observable facts to reveal the intrinsic nature and underlying laws and to acquire new discoveries or new theories. Basic research takes no specific or designated application as the aim of the research. Results of basic research are mainly released or disseminated in the form of scientific papers or monographs. This indicator reflects the innovation capacity for original knowledge.

Applied Research refers to creative research aiming at obtaining new knowledge on a specific objective or target. Purpose of the applied research is to identify the possible uses of results from basic research, or to explore new (fundamental) methods or new approaches. Results of applied research are expressed in the form of scientific papers, monographs, fundamental models or invention patents. This indicator reflects the exploration of ways to apply the results of basic research.

Experiments and Development refer to systematic activities aiming at using the knowledge from basic and applied researches or from practical experience to develop new products, materials and equipment, to establish new production process, systems and services, or to make substantial improvement on the existing products, process or services. Results of experiment and development activities are embodied in patents, exclusive technology, and monotype of new products or equipment. In social sciences, experiment and development activities refer to the process of converting the knowledge from basic or applied researches into feasible programmes (including conduct of demonstration projects for assessment and evaluation). There are no experiment and development activities in the science of humanities. This indicator reflects the capability of transferring the results of S&T into technique and products, and measures the realization of S&T in spearheading the economic and social development.

Professional and Technical Personnel refer to persons engaged in professional and technical work or in the management of professional and technical activities, i.e., people with professional or technical positions who are engaged in professional and technical work or in the management of professional and technical activities, and people without professional or technical positions but are working on professional or technical posts. They include professionals and technicians working in 17 categories of technical occupations including engineering, agriculture, scientific researches, medical service, teaching, economic research and application, accounting, statistics, translation, libraries, archives, cultural and museum service, journalism and publication, lawyers, notarization service, radio and television broadcasting, handicraft and fine arts, sports, performing art, and political workers in enterprises. This indicator reflects the condition of human resources in S&T.

New Products refer to brand new products produced with new technology and new design, or products that represent noticeable improvement in terms of structure, material, or production process for improving significantly the character or function of the older versions. They include new products certified by relevant government agencies within the period of certification, as well as new products designed and produced by enterprises within a year without certification by government agencies. This indicator reflects the direct contribution of S&T output to economic growth.

Patent is an abbreviation for the patent right and refers to the exclusive right of ownership by the inventors or designers for the creation or inventions, given from the patent offices after due process of assessment and approval in accordance with the Patent Law. Patents are granted for inventions, utility models and designs. This indicator reflects the achievements of S&T and design with independent intellectual property.

Regular Institutions of Higher Learning refer to educational establishments set up according to the government evaluation and approval procedures, enrolling graduates from senior secondary schools and providing higher education courses and training for senior professionals. They include full-time universities, colleges, institutions of higher professional education, institutions of higher vocational education and others.

Universities and colleges primarily provide undergraduate courses; institutions of higher professional education and institutions of higher vocational education primarily provide professional trainings; and others refer to educational establishments, which are responsible for enrolling higher education students under the State Plan but not enumerated in the total number of schools, including: branch schools of universities and colleges, and universities and colleges that have been approved and under plan for construction.

Institutions of Higher Learning for Adults refer to educational establishments, set up in line with relevant rules approved by the government, enrolling staff and workers with senior secondary school or equivalent education, and providing higher education courses in many forms of correspondence, spare time, or full time for adults. Professionals thus trained receive a qualification equivalent to graduates studying regular courses at regular universities, colleges and professional colleges. Institutions of higher learning for adults include schools of higher education for staff and workers, schools of higher education for peasants, colleges for management cadres, pedagogical colleges, independent correspondence colleges, Radio and TV universities and other educational establishments. Other educational establishments have undertakings to enrol adult students but not enumerated in the schools under the State Plan.

Enrolment Rate of Primary School Age Children refers to the proportion of school age children enrolled at schools to the total number of school age children both in and outside schools (including retarded children, but excluding blind, deaf and mute children). The formula is:

$$\begin{array}{c}\text{Enrolment Rate}\\ \text{of Primary}\\ \text{School-age Children}\end{array} = \frac{\begin{array}{c}\text{Total Primary School-age}\\ \text{Children at Schools}\end{array}}{\begin{array}{c}\text{Total Primary School-age}\\ \text{Children Whether or}\\ \text{Not Attending School}\end{array}} \times 100\%$$

Government Appropriation for Education refers to State budgetary fund for education, taxes and fees collected by governments at all levels that are used for education purpose, education fund for enterprise-run schools, income from school-run enterprises, work-study programme and social services that are used for education purpose.

Cultural Institutions refer to units which have their own organizational system and independent accounting system and specialize in cultural work or service cultural work. They do not include other establishments run by these units with separate accounting system and amateur cultural groups established by various departments. The statistics reflect the scale and level of development of institutions engaged in cultural undertakings.

Art Troupes refer to the troupes which are engaged in drama, opera, music, dance, acrobatics or other art performance, have independent accounts with banks and have self-supporting accounting system. Troupes which are engaged partly in industrial or agricultural activities, partly in art performance and the professional troupes organized by the mass are not included. The statistics reflect the scale and level of development of professional art troupes nationally.

Number of Audience at Art Performance refers to the number of spectators at commercial shows, privately organized shows or free shows given in ethnic minority areas, and does not include the number of spectators at rehearsals and internal viewings. This indicator mainly reflects the scale and effects of viewing of performances given by professional art troupes across the country.

卫生、体育、社会福利和其他

PUBLIC HEALTH, SPORTS, SOCIAL WELFARE AND OTHERS

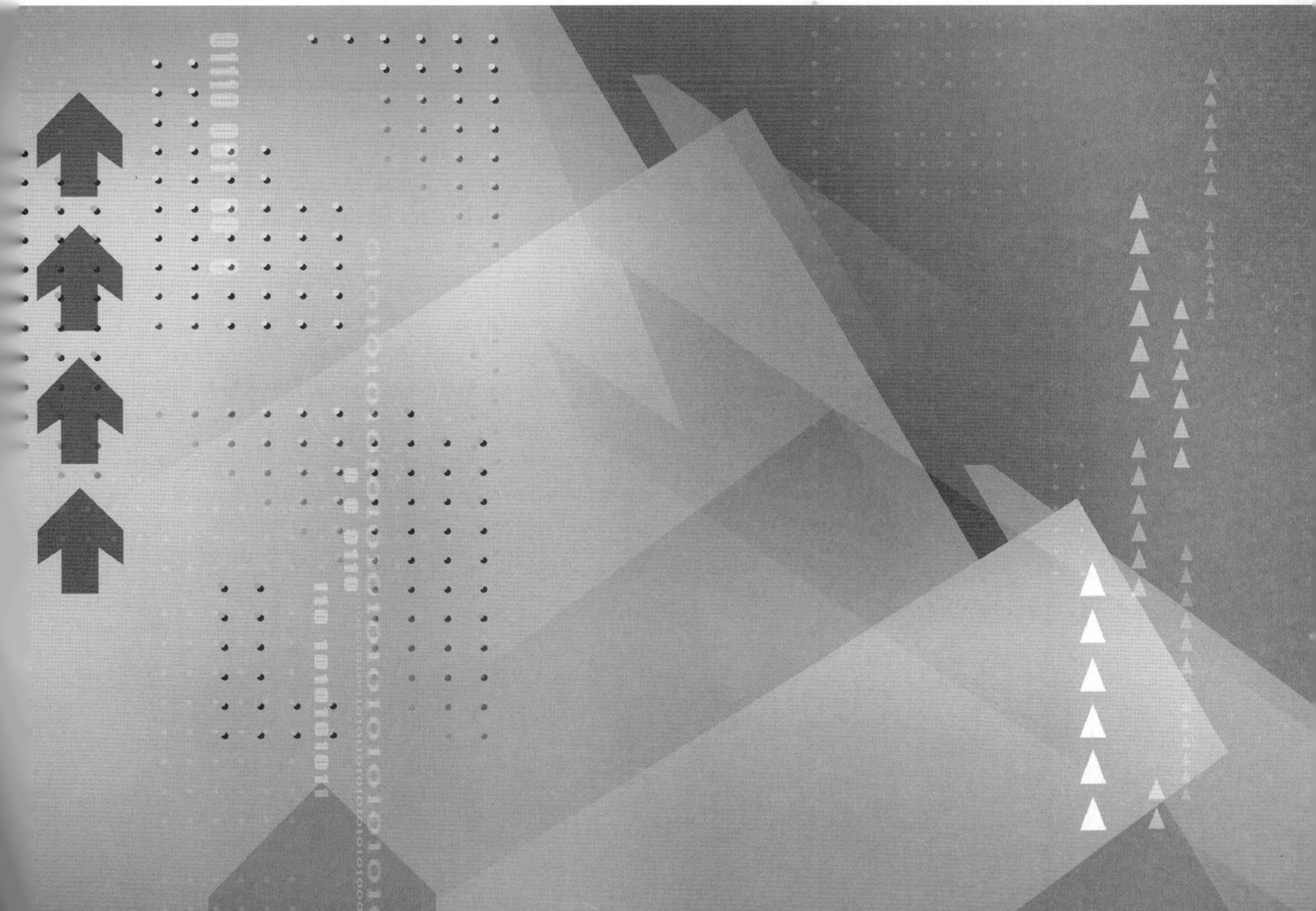

资料整理及英文翻译：万 玲 黄韶华 孙亚非 曹淳隽

简要说明

本篇资料主要分为卫生、体育、社会福利及其他三部分。

卫生统计资料包括卫生机构、人员、床位数；医院门诊诊疗人次及入院人数；医院住院治疗情况；医院病床使用情况等，资料来源于省卫生厅。

体育统计资料包括举办运动会次数；全民健身活动人数；健身设施和俱乐部；国际国内比赛中获奖情况；少年儿童业余体校情况等，资料来源于省体育局。

社会福利及其他统计资料主要包括社会福利企事业机构、人员情况、优抚、福利类收养情况；社会救济情况；城镇社区服务情况；社会捐赠情况；福利彩票发行情况；婚姻登记情况等，资料来源于省民政厅。计划生育及育龄妇女节育、晚婚情况，资料来源于省人口和计划生育委员会。社会活动参与（包括全省人大代表和政协委员情况，工会组织情况，共青团组织情况，妇联系统组织情况），资料来源分别为省人大、省政协、省总工会、团省委、省妇联。

公检法司（包括律师、公证、调解工作情况，各类事故伤亡情况），资料来源分别为省司法厅、省安全生产监督管理局。

以上资料均由省统计局科技环保处整理提供。

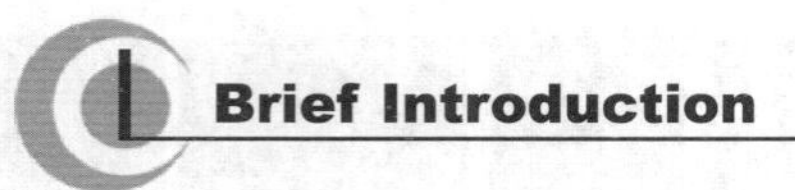

Brief Introduction

Data in this chapter show statistics on public health, sports, social welfare and other statistic data.

Data on public health include mainly the number of institutions, personnel, hospital beds, number of patients treated and in-patients, hospital inpatient treatment; use of hospital beds, etc. Data source from Jiangxi Public Heath Department.

Data on sports cover the number of games held, mass sports, the number of fitness facilities and clubs; domestic and international competition prizes; amateur sports schools, etc. Data source from Jiangxi Sport Bureau.

Data on social welfare and other statistic data include: condition of institutions and personnel, budget, social welfare relief, urban welfare facilities, social donations, lottery, marriage registration, etc. Data source from Civil Administration Office in Jiangxi Province. Data on family planning and reproductive, later marriage, are from National Population and Family Planning Commission of Jiangxi. Data on participation (cover mainly information on representatives to Provincial People's Congress, CPPCC Provincial Committee, and Trade Unions Communist Youth League, Women's Federations). are separately from Provincial People's Congress, CPPCC Provincial Committee, the Provincial Federation of Trade Unions, Provincial Party Committee and Provincial Women's Federation.

Data on public security (mainly cover statistics on lawyers, notarization and mediation, various accidents casualties). Are separately from Department of Justice of Jiangxi Province, Administration of Work Safety of Jiangxi Province.

Data above are provided by Division of Science,Technology and Environment ,Jiangxi Bureau of Statistics.

20-1 卫生机构、床位及人员数

Number of Health Institutions, Beds and Personnels

年份 Year	机构数 (个) Number of Institutions (unit)	#医院 卫生院 Hospitals and Health Centers	床位数 (张) Number of Beds (unit)	#医院 卫生院 Hospitals and Health Centers	人员数 (人) Number of Personnels (person)	#卫生技术人员 Medical Technical Personnel	#医生 Doctor
1978	5178	2107	72289	65237	87018	70247	30430
1979	5268	2157	74314	67398	92090	73868	31054
1980	5373	2189	76924	69716	97831	79014	32675
1981	5474	2195	78630	70876	111364	90812	37021
1982	5615	2199	81011	72471	115000	93392	38578
1983	5624	2205	82098	72963	119748	97661	40628
1984	5587	2217	82623	73510	126059	100673	40865
1985	5538	2206	84134	75203	127679	102209	43322
1986	5597	2221	86431	76779	131342	105401	45012
1987	5614	2234	89227	79304	134846	108065	46109
1988	5583	2253	90151	80342	138238	111765	48801
1989	5613	2283	92194	82059	141587	114402	50525
1990	5632	2305	92274	82601	144583	116786	51994
1991	5632	2308	92745	83190	146418	117903	51893
1992	5620	2321	93291	83619	147375	118708	52304
1993	5389	2276	93315	82625	147217	118318	52619
1994	5432	2304	94372	83911	149247	120503	54212
1995	5423	2313	93669	83625	151246	122649	55095
1996	7966	2302	88509	81323	147057	118700	50876
1997	8056	2310	90251	82489	148605	120072	51864
1998	7972	2305	91641	83349	149356	121119	52498
1999	7953	2298	91230	82326	152264	122321	53147
2000	8048	2282	90930	83300	151985	123192	54437
2001	7594	2266	91091	83484	151518	122858	53717
2002	11286	2146	90019	83817	139076	114513	46756
2003	11401	2083	85537	79790	141287	117755	49289
2004	12080	2047	84036	78211	141244	118196	46468
2005	10664	2007	85086	79292	138697	115986	46093
2006	10210	2032	88260	81585	142682	119761	51436
2007	9456	2028	94862	85502	153238	126598	51828
2008	8229	2036	105156	93890	168472	139764	55187
2009	7102	2077	123086	104700	176720	146990	56325
2010	7172	2092	127915	103075	184139	154733	59264

注：1.从1996年起卫生年报统计口径变动，机构数中包括个体机构。
2.2002年卫生年报统计口径调整，数据变化较大。后同。
3.2007年卫生年报统计口径变动。后同。

a) Statistical standards in health report have changed since 1996, individual institutions are included in total number of institutions.
b) Statistical standards in health report have changed since 2002, there have been great amount of changes in data. The same applies to the following tables.
c) Statistical standards in health report have changed since 2007. The same applies to the following tables.

20-2 卫生机构、床位、人员数（2010年）

Number of Health Institutiors, Beds and Personnels by Type (2010)

类别	Type	机构数 (个) Total (unit)	#国有 State-owned	床位数 (张) Beds (unit)	#国有 State-owned	人员数 (人) Personnel (person)	#卫生技术人员 Medical Technical Personnel
全 省	**Provincial Total**	**7172**	**2943**	**127915**	**116411**	**184139**	**154733**
医 院	Hospital	505	376	77820	70659	102902	86020
#综合医院	General Hospital	330	259	56196	51942	74440	62708
中医医院	Hospital Specialized in Traditional Chinese Medicine	96	88	12448	12034	17676	15016
中西医结合医院	Combined Chinese and Western Medicine Hospital	7	4	719	570	1216	980
专科医院	Specialized Hospital	72	25	8458	6113	9570	7316
疗养院	Sanatoriums	3	3	1810	1810	549	288
社区卫生服务中心(站)	Health Service Center for Community	700	288	4224	2858	8865	7645
卫生院	Township Hospital	1587	1433	35255	32306	42851	36566
门诊部	Outpatient Department	34	13	117	89	455	354
诊所、卫生所、医务室、护理站	Clinic, Medical Center, Nursing Station	3801	293			7385	7172
急救中心(站)	Emergency Center	8	8			241	144
采供血机构	Institution for Blood Collection and Supplyment	13	12			615	439
妇幼保健院(所、站)	MCH Center	111	111	5594	5594	9305	7943
专科疾病防治院(所、站)	Specialized Disease Prevention &Treatment Institute	109	107	3095	3095	2676	2106
疾病预防控制中心(防疫站)	Disease Prevention & Control Center	113	113			4971	3786
卫生监督所	Health Supervision Institution	109	109			2338	1680
医学科学研究机构	Research Institution of Medical Science	5	5			416	229
医学在职培训机构	Medical-service Training Institution	3	3			20	3
健康教育所(站、中心)	Health Education Center	6	6			64	28
其他卫生机构	Other Health Institutions	65	63			486	330

20-3 卫生机构人员数

Number of Employed Persons in Health Institutions

单位：人 (person)

类别	Type	1990	1995	2000	2005	2009	2010
全 省	**Provincial Total**	**144583**	**151246**	**151985**	**138697**	**176720**	**184139**
卫生技术人员	Medical Technical Personnel	116786	122649	123192	115986	146990	154733
执业医师	Certified Doctors	51994	55095	54437	39522	48057	50737
执业助理医师	Certified Assistant Doctors				10179	8268	8527
注册护士	Registerd Nurses	1774	1227	1764	35679	52830	57703
药剂师(士)	Pharmacists	1237	1057	611	11379	11693	12223
技师(士)	Technical Personnel					9883	10584
#检验师	Chemist	891	677	444	6254	6874	7229
其 他	Others	5921	5914	4351	12973	16259	14959
其他技术人员	Other Technical Personnel	1229	2329	4340	5787	6579	6523
管理人员	Managerial Personnel		4464	5004	6233	8014	7644
工勤技能人员	Ground Skilled Staff	10498	10812	12903	10691	15137	15239
平均每千人中有卫生技术人员	Number of Medical Technical Personnel Per 1000 Population	3.06	3.02	2.97	2.69	3.32	3.47
#医 生	Doctors	1.36	1.36	1.31	1.15	1.27	1.33

注：2007年卫生统计口径改变,故指标有所变化。

a) New statisic standard in health care varies in 2007, thus the indicators vary accordingly.

20-4 各地区卫生事业基本情况（2010年）

Basic Statistics on Health Institutions by Region (2010)

地　区	Region	机构数（个）Total (unit)	#医院 Hospitals	床位数（张）Number of Beds (unit)	人员数（人）Number of Personnel (person)
全　省	**Provincial Total**	**7172**	**505**	**127915**	**184139**
南昌市	Nanchang	798	93	20025	34880
景德镇市	Jingdezhen	378	32	5602	7770
萍乡市	Pingxiang	264	33	6708	10821
九江市	Jiujiang	791	62	16366	20726
新余市	Xinyu	217	13	3962	5737
鹰潭市	Yingtan	368	26	2980	4569
赣州市	Ganzhou	1645	60	19900	27961
吉安市	Ji'an	652	49	12254	17566
宜春市	Yichun	807	40	15021	20988
抚州市	Fuzhou	451	40	9419	12599
上饶市	Shangrao	801	57	15678	20522

20-5 各地区卫生技术人员数（2010）

Technical Personnel in Health Institutions by Region (2010)

单位：人　　(person)

地　区	Region	合计 Total	医生 Doctors	执业医师 Certified Doctors	执业助理医师 Certified Assistant Doctors	注册护士 Registerd Nurses	其他 Others
全　省	**Provincial Total**	**154733**	**59264**	**50737**	**8527**	**57703**	**14959**
南昌市	Nanchang	27980	10330	9513	817	11693	2144
景德镇市	Jingdezhen	6334	2358	2087	271	2565	423
萍乡市	Pingxiang	8986	3365	2830	535	3447	845
九江市	Jiujiang	17241	7061	6045	1016	6302	1686
新余市	Xinyu	5094	1944	1721	223	2134	303
鹰潭市	Yingtan	4023	1684	1498	186	1377	475
赣州市	Ganzhou	24102	9037	7198	1839	7886	3630
吉安市	Ji'an	15044	5833	5079	754	5239	1639
宜春市	Yichun	17934	6656	5587	1069	6706	1324
抚州市	Fuzhou	10789	4202	3675	527	4010	853
上饶市	Shangrao	17206	6794	5504	1290	6344	1637

20-6 各类医院机构、床位及人员数（2010年）
Beds and Personnel in Health Institutions by Specializtions (2010)

类别	Type	机构数 (个) Number of Institutions (unit)	床位数 (张) Number of Beds (unit)	人员数 (人) Number of Personnel (person)	#卫生技术人员 Medical Technical Personnel	执业医师 Certified Doctors	执业助理医师 Certified Assistant Doctors
全省	**Provincial Total**	**505**	**77820**	**102902**	**86020**	**28638**	**2158**
综合医院	General Hospital	330	56195	74440	62708	20777	1523
中医医院	Hospital Specialized in Traditional Chinese Medicine	96	12448	17676	15016	5367	446
中西医结合医院	Combined Chinese and Western Medicine Hospital	7	719	1216	980	349	29
专科医院	Specialized Hospital	72	8458	9570	7316	2145	160
口腔医院	Stomatological Hospital	4	41	260	222	110	9
眼科医院	Ophtalmology Hospital	3	105	177	112	32	1
肿瘤医院	Tumor Hospital	3	1974	1936	1608	537	37
妇产(科)医院	Obstetrics and Gynecology Hospital	7	293	435	320	93	16
儿童医院	Children's Hospital	2	1210	1400	1164	330	8
精神病医院	Psychiatry Hospital	12	2706	1823	1326	320	10
传染病医院	Hospital for Infectious Diseases	3	359	284	325	68	1
皮肤病医院	Dermatology Hospital	4	137	486	345	124	5
结核病医院	Tuberculosis Hospital	2	440	720	544	143	1
骨科医院	Orthopedics Hospital	4	340	473	348	91	35
康复医院	Rehabilitation Hospital	2	75	34	24	11	3
美容医院	Plastic Surgery Hospital	3	38	173	97	25	4
其他专科医院	Other Specialized Hospitals	22	703	1243	906	248	28

20-7 各类医疗机构病床使用情况（2010年）
Bed Utilization of Medical Institutions (2010)

类别	Type	实际开放总床日数(日) Actual Number of Bed-opening Days (day)	病床周转次数(次) Hospital Bed Turnover (time)	病床工作日(日) Hospital Bed Using Days (day)	病床使用率(%) Utilization Rate (%)	出院者平均住院日(日) Average Staying Days in Hospital (day)	出院者占用总床日数(日) Total Number of Bed-occupying Days (day)
全省	**Provincial Total**	**43405805**	**42.0**	**293.9**	**80.5**	**6.6**	**32960072**
医院	Hospital	27882093	33.1	319.6	87.6	9.2	23323113
综合医院	General Hospital	20311499	34.4	321.3	88.0	8.8	16942422
中医医院	Hospital Specialized in Traditional Chinese Medicine	4304552	34.9	319.3	87.5	8.9	3668824
中西医结合医院	Combined Chinese and Western Medicine Hospital	250605	24.9	278.5	76.3	10.8	184317
专科医院	Specialized Hospital	3015437	22.0	312.2	85.5	13.9	2527550
口腔医院	Stomatological Hospital	11325	18.6	192.1	52.6	10.3	5948
眼科医院	Ophtalmology Hospital	38325	19.1	202.1	55.4	4.9	9833
肿瘤医院	Tumor Hospital	704545	25.6	335.5	91.9	13.0	641350
妇产(科)医院	Obstetrics and Gynecology Hospital	91636	36.5	166.7	45.7	4.9	44943
儿童医院	Children's Hospital	441650	49.1	353.0	96.7	7.0	415797
精神病医院	Psychiatry Hospital	905218	5.8	362.2	99.2	63.4	982414
传染病医院	Hospital for Infectious Diseases	131035	10.3	112.3	30.8	10.7	39702
皮肤病医院	Dermatology Hospital	49945	26.9	216.3	59.3	7.9	29246
结核病医院	Tuberculosis Hospital	160600	25.9	333.2	91.3	12.4	141372
骨科医院	Orthopedics Hospital	124100	28.2	301.5	82.6	10.4	99973
康复医院	Rehabilitation Hospital	27080	25.0	271.1	74.3	5.1	9484
美容医院	Plastic Surgery Hospital	10130	4.3	19.7	5.4	4.6	548
其他专科医院	Other Specialized Hospitals	229853	22.7	183.5	50.3	7.0	99828
疗养院	Sanitarium	587650	23.0	209.1	57.3	4.6	170689
社区卫生服务中心(站)	Health Service Center for Community	1158472	16.7	142.7	39.1	5.8	309384
卫生院	Township Hospital	11145129	67.6	259.7	71.2	3.6	7455598
#中心卫生院	Center Township Hospital	5343481	64.2	264.4	72.5	3.8	3614298
乡卫生院	Rural Township Hospital	5772203	71.1	256.0	70.2	3.4	3833599
门诊部	Clinic	30122	19.3	142.7	39.1	7.3	11633
妇幼保健院(所、站)	Maternity and Child Care Center (Station)	1994739	51.2	280.5	76.8	5.3	1479631
#妇幼保健院	Maternity and Child Care Center	1703382	52.4	293.9	80.5	5.5	1340054
专科疾病防治院(所、站)	Specialized Disease Prevention & Treatment Institute	607600	23.2	161.1	44.2	5.4	210024
#专科疾病防治所(站、中心)	Specialized Disease Prevention & Treatment Station	548450	23.5	141.2	39.7	4.5	159649

20-8 各类医疗机构门诊诊疗情况（2010年）

Out-patient Clinics in Hospitals in Medical Institutions(2010)

类别	Type	诊疗人次 (人次) Visits (person-time)	#门、急诊 Clinics	门急诊人次占总人次 (%) Percentage of Out-patients in Total Number (%)	观察室留观病人 (人) Patients in Observation Room (person)	观察室病死率 (%) Observation Room mortality (%)	健康检查 (人) Health Examine (person)
全　省	**Provincial Total**	**90423736**	**86990608**	**96.20**	**2102857**	**0.02**	**7147607**
医　院	Hospital	42638636	41555821	97.46	1178112	0.03	2013439
综合医院	General Hospital	30823873	29916543	97.06	899602	0.04	1476320
中医医院	Hospital Specialized in Traditiona Chinese Medicine	8840255	8685927	98.25	187130	0.01	396830
中西医结合医院	Combined Chinese and Western Medicine Hospital	475327	473175	99.55	21745		46548
专科医院	Specialized Hospital	2499181	2480176	99.24	69635		93741
口腔医院	Stomatological Hospital	163622	163622	100.00			52
眼科医院	Ophtalmology Hospital	38733	38223	98.68	523		4278
肿瘤医院	Tumor Hospital	262284	262284	100.00	503	0.20	3836
妇产(科)医院	Obstetrics and Gynecology Hospital	146227	138115	94.45	43		7460
儿童医院	Children's Hospital	802085	802085	100.00	52435		38559
精神病医院	Psychiatry Hospital	229725	229725	100.00	34		
传染病医院	Hospital for Infectious Diseases	72584	72584	100.00	14292		6803
皮肤病医院	Dermatology Hospital	298447	298387	99.98			
结核病医院	Tuberculosis Hospital	116452	116452	100.00	87		2000
骨科医院	Orthopedics Hospital	101419	100082	98.68	802		16152
康复医院	Rehabilitation Hospital	14730	12430	84.39			
美容医院	Plastic Sergury Hospittal	21804	21804	100.00			
其他专科医院	Other Specialized Hospitals	220154	213468	96.96	1419		14601
疗养院	Sanitarium	52798	52798	100.00	96		45
社区卫生服务中心(站)	Health Service Center for Community	7206291	6525696	90.56	307519		1144012
卫生院	Township Hospital	23447167	22263064	94.95	373758	0.01	3421153
#中心卫生院	Center Township Hospital	10744208	10228005	95.20	149822	0.01	1444787
乡卫生院	Rural Township Hospital	12649739	11983039	94.73	223857	0.01	1967115
门诊部	Clinic	323981	322000	99.39	12771	0.01	5238
诊所、卫生所、医务室	Clinic, Medical Center, Nursing Station	10116379	9707703	95.96			
妇幼保健院(所、站)	Maternity and Child Care Center (Station)	5536141	5481238	99.01	223878		546015
#妇幼保健院	Maternity and Child Care Center	4736918	4697840	99.18	196865		380829
专科疾病防治院(所、站)	Specialized Disease Prevention & Treatment Institute	1017507	997452	98.03	6723		17705
#专科疾病防治所(站、中心)	Specialized Disease Prevention & Treatment Station	978414	961285	98.25	6723		17705

20-9 各类医疗机构住院治疗情况（2010年）

Basic Statistics on Inpatients Treatments in inedical Institutions(2010)

类　　别	Type	入院人数（人） Inpatients (person)	出院人数（人） Out-patients (person)	住院病人手术人次（人次） Inpatients Operation (person-time)	危重病人抢救成功率(%) Critically Ill Patients Survival Rate (%)	治愈率(%) Cure Rate (%)	好转率(%) Improve-ment Rate (%)	死亡率(%) Mortality Rate (%)
全　省	**Provincial Total**	**4996701**	**5000375**	**740224**	**91.67**	**73.18**	**24.73**	**0.23**
医　院	Hospital	2536195	2524817	656563	91.48	57.50	39.18	0.43
综合医院	General Hospital	1923731	1915016	498332	91.17	57.86	38.65	0.47
中医医院	Hospital Specialized in Traditional Chinese Medicine	411177	411108	102513	92.10	58.80	38.33	0.31
中西医结合医院	Combined Chinese and Western Medicine Hospital	17216	17118	6033	90.50	72.33	25.99	0.60
专科医院	Specialized Hospital	184071	181575	49685	94.09	49.33	47.89	0.33
口腔医院	Stomatological Hospital	579	577	496		91.16	3.12	
眼科医院	Ophtalmology Hospital	2010	2004	2868		91.77	7.29	
肿瘤医院	Tumor Hospital	50842	49326	15347	73.37	44.14	53.07	0.63
妇产(科)医院	Obstetrics and Gynecology Hospital	9153	9159	2490	86.05	84.89	14.36	0.05
儿童医院	Children's Hospital	59626	59462	11462	96.78	33.95	62.20	0.27
精神病医院	Psychiatry Hospital	15804	15490	317	78.18	50.15	47.03	0.23
传染病医院	Hospital for Infectious Diseases	3704	3701	403	82.47	50.39	45.34	0.35
皮肤病医院	Dermatology Hospital	3652	3686	69		83.45	15.84	
结核病医院	Tuberculosis Hospital	11469	11374	692	93.65	5.28	90.18	0.55
骨科医院	Orthopedics Hospital	9707	9592	3884	74.55	88.71	11.02	0.15
康复医院	Rehabilitation Hospital	1857	1852			92.76	7.24	
其他专科医院	Other Specialized Hospitals	14637	14321	10884	100.00	90.57	8.73	
疗养院	Sanitarium	37266	37041	231	77.42	99.40	0.55	0.04
社区卫生服务中心	Health Service Center for Community	50028	53001			80.12	18.43	0.12
卫生院	Township Hospital	2055728	2065447			89.59	9.55	0.02
#中心卫生院	Center Township Hospital	928823	939599			89.62	9.57	0.03
乡卫生院	Rural Township Hospital	1125106	1124185			89.55	9.55	0.01
门诊部	Clinic	1614	1595	392	97.59	74.80	24.83	0.25
妇幼保健院(所、站)	Maternity and Child Care Center (Station)	280627	279897	80412	96.42	87.76	11.47	0.06
#妇幼保健院	Maternity and Child Care Center	245101	244410	72592	96.70	87.49	11.65	0.06
专科疾病防治院(所、站)	Specialized Disease Prevention & Treatment Institute	35243	38577	2626	76.42	80.16	19.28	0.15
#专科疾病防治所(站、中心)	Specialized Disease Prevention & Treatment Station	31741	35262	2227	98.08	84.53	15.06	0.01

20-10 各地区医院门诊诊疗情况（2010年）
Out-patient Clinics in Hospitals by Region (2010)

地区	Region	诊疗人次（人次）Visits (person-time)	#门、急诊 Clinics	门急诊人次占总人次（%）Percentages of Out-patients in Total Number (%)	观察室留观病人（人）Patients in Observation Room (person)	观察室病死率（%）Observation Room Mortality (%)	健康检查（人）Health Examine (person)
全省	**Provincial Total**	**42638636**	**41555821**	**97.46**	**1178112**	**0.03**	**2013439**
南昌市	Nanchang	10019953	9767439	97.48	239408	0.05	414408
景德镇市	Jingdezhen	1765555	1756056	99.46	186552		63714
萍乡市	Pingxiang	2399695	2115272	88.15	63916		114830
九江市	Jiujiang	4324531	4172648	96.49	60713	0.02	233208
新余市	Xinyu	1650923	1607580	97.37	60812		176431
鹰潭市	Yingtan	1049751	1037927	98.87	61670		64335
赣州市	Ganzhou	6676113	6589237	98.70	119276	0.12	274365
吉安市	Ji'an	3912307	3854862	98.53	63497	0.02	186706
宜春市	Yichun	3886710	3826307	98.45	232671	0.01	167955
抚州市	Fuzhou	3230820	3168289	98.06	43162	0.04	187946
上饶市	Shangrao	3722278	3660204	98.33	46435	0.02	129541

20-11 各地区医院病床使用情况（2010年）
Utilization of Hospital Beds by Region (2010)

地区	Region	医院 Total			#政府办医院 Government-conducted Hospital		
		病床周转次数（次）Hospital Bed Turnover (time)	病床使用率（%）Utilization Rate (%)	出院者平均住院日（日）Average Staying Days in Hospital (day)	病床周转次数（次）Hospital Bed Turnover (time)	病床使用率（%）Utilization Rate (%)	出院者平均住院日（日）Average Staying Days in Hospital (day)
全省	**Provincial Total**	**33.05**	**87.6**	**9.2**	**35.3**	**93.5**	**9.4**
南昌市	Nanchang	30.34	91.6	10.5	32.2	99.8	10.8
景德镇市	Jingdezhen	29.08	77.6	9.3	31.0	81.3	9.1
萍乡市	Pingxiang	27.03	87.3	9.9	36.1	96.1	9.5
九江市	Jiujiang	32.88	93.7	10.1	34.2	99.3	10.4
新余市	Xinyu	28.14	93.7	12.2	37.0	110.1	11.2
鹰潭市	Yingtan	27.59	82.8	10.1	32.9	99.7	10.9
赣州市	Ganzhou	33.05	87.9	9.5	34.4	91.2	9.5
吉安市	Ji'an	36.11	78.5	7.4	35.8	81.0	7.8
宜春市	Yichun	35.54	95.8	9.5	36.8	101.9	9.7
抚州市	Fuzhou	42.08	78.5	7.1	43.0	79.0	7.1
上饶市	Shangrao	36.68	83.2	7.8	39.9	91.1	7.8

20-12 各地区育龄妇女节育、晚婚情况（2010年）
Birth-Control and Later-Marriage of Childbearing-age Women by Region (2010)

地区	Region	已婚育龄妇女人数（人） Married Childbearing-age Women (person)	采取各种节育措施人数（人） Number of Women Taking Birth-Control (person)	节育率（%） Birth-Control Rate (%)	晚婚人数（人） Number of Later-Marriage (person)	晚婚率（%） Later-Marriage Rate (%)
全省	**Provincial Total**	**10095406**	**9453912**	**93.65**	**140179**	**42.95**
南昌市	Nanchang	1138121	1059938	93.13	17027	47.21
景德镇市	Jingdezhen	363266	341546	94.02	3567	34.66
萍乡市	Pingxiang	407629	379105	93.00	7051	53.63
九江市	Jiujiang	1083271	1013823	93.59	17932	45.54
新余市	Xinyu	262642	238611	90.85	3190	48.58
鹰潭市	Yingtan	261592	243662	93.15	3514	38.89
赣州市	Ganzhou	1894814	1796865	94.83	26510	42.57
吉安市	Ji'an	1021799	953780	93.34	16323	46.91
宜春市	Yichun	1178683	1096876	93.06	15769	42.07
抚州市	Fuzhou	902988	847517	93.86	10148	35.68
上饶市	Shangrao	1580601	1482189	93.77	19148	39.16

20-13 各地区计划生育情况（2010年）
Basic Statistics on Family Planning by Region (2010)

地区	Region	现有一孩育龄妇女人数（人） Married Childbearing-age Women with One Child (person)	现有一孩育龄妇女占已婚育龄妇女比重(%) Percentage of Married Childbearing-age Women with One Child in Total Married Women (%)	累计领取独生子女证人数（人） Number of Women Receiving Single-Child Permit (person)	领取独生子女证人数占一孩育龄妇女比重(%) Percentage of Women Receiving Single-Child Permit in Married Childbearing-age Women with One Child (%)	出生政策符合率（%） Birth-Control Rate (%)
全省	**Provincial Total**	**3963536**	**39.26**	**1981170**	**49.98**	**83.02**
南昌市	Nanchang	554280	48.70	317786	57.33	88.78
景德镇市	Jingdezhen	171562	47.23	103885	60.55	79.26
萍乡市	Pingxiang	192920	47.33	95575	49.54	86.00
九江市	Jiujiang	439316	40.55	211875	48.23	83.71
新余市	Xinyu	148436	56.52	92304	62.18	91.71
鹰潭市	Yingtan	107152	40.96	58186	54.30	82.15
赣州市	Ganzhou	621005	32.77	335436	54.02	80.70
吉安市	Ji'an	421852	41.29	228913	54.26	79.16
宜春市	Yichun	428623	36.36	200157	46.70	89.95
抚州市	Fuzhou	339986	37.65	166329	48.92	85.16
上饶市	Shangrao	538404	34.06	170724	31.71	78.07

注：国家人口计生委在2008年将“计划生育率”指标改为“出生政策符合率”。
a)"Birth-Control Rate" instead of " Plan-Birth" after 2008.

20-14 体育事业基本情况

Basic Statistics on Sports

指 标	Item	1990	1995	2000	2005	2009	2010
群众体育活动次数(次)	Mass Sport Event (time)				1920	97020	13105
群众体育活动人数(万人)	Population Paticpated in Mass Sport Event (10000 persons)				287.8	321.07	521.82
青少年俱乐部(个)	Youth Club (unit)				64	93	108
等级裁判员发展人数(人)	Ranked Referees Developed (person)	2008	1523	2223	1465	2531	567
等级运动员发展人数(人)	Ranked Athletes Developed (person)	1517	1222	1624	785	354	195
在国际国内比赛中获奖牌数(枚)	Medals Won in National and International Competitions (piece)	90	88	71	80	92	95
金 牌	Gold	28	24	25	44	40	36
银 牌	Silver	33	40	27	21	25	26
铜 牌	Bronze	29	24	19	15	27	33

注:“群众体育活动”2007年以前为“举办全民健身活动”。

a)Before 2007, mass sport event refered to national fit-keeping event.

20-15 少年儿童业余体育学校基本情况

Basic Statistics on Amateur Sports School for Children and Adolescents

指 标	Item	1990	1995	2000	2005	2009	2010
学 校 数(所)	Number of Schools (unit)	133	99	105	92	85	89
在校学生数(人)	Total School Enrollments (person)	7122	5174	7417	8955	7613	10113
专职教练员人数(人)	Full-time Coaches (person)	400	398	439	436	449	462
#专科以上	Above Specialized Courses			238	330	362	410

20-16 历届全省人民代表大会的代表人数

Number of Deputies to All the Previous Provincial People's Congresses

届 别	Congress	年 份 Year	代表总数 (人) Total Number of Deputies (person)	#女代表 Female Deputies	占代表总数(%) As Percentage to Total Deputies (%)	#少数民族代表 Ethnic Minority Deputies	占代表总数(%) As Percentage to Total Deputies (%)
一 届	First Congress	1954	404				
二 届	Second Congress	1958	500	76	15.2		
三 届	Third Congress	1963	613	129	21.0	7	1.1
五 届	Fifth Congress	1978	1200	261	21.8	9	0.8
六 届	Sixth Congress	1983	958	184	19.2	17	1.8
七 届	Seventh Congress	1988	583	99	17.0	15	2.6
八 届	Eighth Congress	1993	615	108	17.6	12	2.0
九 届	Ninth Congress	1998	603	136	22.6	11	1.8
十 届	Tenth Congress	2003	604	146	24.2	14	2.3
十一届	Eleventh Congress	2008	608	148	24.3	16	2.6

注：1968年1月成立的江西省革命委员会作为江西省第四届人民代表大会的届次计算。

a) Revolutionary Committee of Jiangxi Province which was founded in Jun.1968 is complied as 4th Provincial People's Congresses.

20-17 历届全省政治协商会议的委员人数

Number of Deputies to All the Previous Provincical People's Political Consultative Conferences

届 别	Congress	年 份 Year	委员总数 (人) Total Number of Deputies (person)	#中国共产党委员 Deputies from the Communist Party of China	占委员总数(%) As Percentage to Total Deputies (%)	#少数民族委员 Ethnic Minority Deputies	占委员总数(%) As Percentage to Total Deputies (%)
一 届	First Congress	1955	159	50	31.5	6	3.8
二 届	Second Congress	1959	571	227	39.8	11	1.9
三 届	Third Congress	1964	601	266	44.3	10	1.7
四 届	Fourth Congress	1978	752	340	45.3	12	1.6
五 届	Fifth Congress	1983	760	259	34.1	17	2.2
六 届	Sixth Congress	1988	755	258	36.0	22	2.9
七 届	Seventh Congress	1993	704	281	39.9	17	2.4
八 届	Eighth Congress	1998	649	274	42.2	19	2.9
九 届	Ninth Congress	2003	683	273	40.0	16	2.4
十 届	Tenth Congress	2008	690	276	40.0	13	1.9

20-18 工会组织情况

Basic Statistics on Trade Unions

年份 Year	工会基层组织数（万个） Number of Grassroots Trade Unions (10000 units)	全省已建工会组织的基层单位的职工和会员人数（万人） Membership and Staff and Workers in Grassroot Trade Unions (10000 persons)				工会专职工作人员人数（万人） Full-time Staff (10000 persons)
		职工人数 Staff and Workers	#女职工 Female	会员人数 Membership	#女会员 Female	
1980	1.28	193.33	57.67	162.17		0.70
1985	1.78	260.16	90.84	229.87	77.46	1.55
1986	1.87	265.37	90.04	234.39	79.74	1.28
1987	1.95	274.43	96.85	243.38	84.88	1.29
1988	2.01	283.54	101.39	250.24	89.69	1.29
1989	2.10	293.33	102.66	260.64	93.71	1.45
1990	2.14	299.93	107.36	271.76	97.41	1.56
1991	2.16	305.12	111.02	278.47	100.88	1.60
1992	2.19	311.86	115.47	282.70	102.99	1.66
1993	2.14	300.12	111.29	272.28	99.72	1.58
1994	2.14	312.54	116.58	289.86	102.84	1.61
1995	2.01	306.17	112.10	281.77	100.15	0.91
1996	2.14	318.51	120.94	286.57	107.94	1.37
1997	1.76	243.00	91.08	222.57	81.72	1.40
1998	1.70	251.32	94.22	232.77	86.34	1.18
1999	1.56	242.01	88.92	230.59	80.78	1.16
2000	1.82	267.12	82.61	237.31	74.71	1.79
2001	3.84	288.89		273.76		1.79
2002	2.21	513.82	152.96	363.01	116.65	1.44
2003	2.24	288.55	100.68	260.36	92.68	1.04
2004	3.08	373.30	116.26	347.41	109.06	0.97
2005	3.77	391.00	139.14	375.89	131.48	1.11
2006	4.11	459.93	157.68	438.81	149.97	1.32
2007	4.60	517.76	158.07	495.92	151.9	1.55
2008	5.17	572.04	203.97	551.60	199.17	1.80
2009	5.54	600.01	218.20	581.00	212.82	2.60
2010	5.92	647.36	242.81	611.04	231.69	3.80

注：2001年为工会四季度报表数据,空白指标数据未作统计。

a) In 2001,the data is fourth quarter of Trade Union.Blanks have no Statistic.

20-19 共青团组织情况
Basic Statistics on the Communist Youth League

年份 Year	基层团支部（万个） Grassroot CYL Branch (10000 units)	共青团员（万人） CYL Members (10000 persons)	#女团员 Female	专职团干部（人） Full-time Cadres (person)
1978	11.10	133.22	49.87	4342
1979	11.51	125.81		
1980	10.56	124.04	41.80	4732
1981	8.75	123.62	46.22	5323
1982	6.47	124.05	45.27	5713
1983	6.26	126.96	46.66	5839
1984	6.12	131.67	46.23	5903
1985	6.48	152.69	53.00	6473
1986	6.64	169.37	56.83	6729
1987	6.75	183.48	60.62	6542
1988	6.78	181.34	58.23	6337
1989	6.88	161.66	50.39	6074
1990	6.75	162.03	53.60	6725
1991	6.77	160.19	55.06	7156
1992	6.39	157.53	52.54	6821
1993	6.55	156.32	53.66	6801
1994	10.31	238.38	83.32	10339
1995	10.40	248.42	85.93	8752
1996	12.00	219.78	81.46	7855
1997	11.13	222.37	78.98	9759
1998	8.52	212.80	72.73	7909
1999	6.98	187.68	68.39	7362
2000	6.80	187.98	68.53	7015
2001	6.83	182.30	68.27	6627
2002	7.49	191.29	79.50	7444
2003	3.83	194.10	42.81	7444
2004	6.15	213.63	68.73	15680
2005	6.41	246.62	71.42	10370
2006	6.42	248.61	72.41	10370
2007	6.42	248.71	72.41	10370
2008	6.42	248.79	72.42	10470
2009	6.53	250.75	83.57	11812
2010	6.51	240.12	81.76	11756

20-20 妇联系统组织情况

Basic Statistics of Women's Federations

单位：个 (unit)

年份 Year	基层妇代会 Grassroot Women's Conference	城市 Urban	农村 Rural	机关、事业单位妇委会 Women's Federations of Institutions and Agencies
1987	23635	1938	21697	718
1988	21214	2274	18940	980
1989	23870	2146	21724	1714
1990	22941	1843	21098	1555
1991	22849	2132	20717	1733
1992	22931	2086	20845	2366
1993	22477	1656	20821	1766
1994	22898	2159	20739	2481
1995	22871	2054	20817	2408
1996	22643	2237	20406	2494
1997	22815	2226	20589	2610
1998	22802	2211	20591	2982
1999	22297	2081	20216	2836
2000	22727	2445	20282	3484
2001	21519	1747	19772	
2002	19691	1695	17996	3069
2003	19189	2181	17008	2252
2004	18591	2761	15830	2539
2005	17474	2010	15464	4333
2006	18753	1830	16923	3737
2007	18695	2250	16445	3714
2008	18805	2627	16178	3911
2009	19878	2397	17481	4523
2010	19881	2399	17483	4521

20-21 各地区城镇社区服务情况（2010年）

Basic Conditions of Urban Community Service by Region (2010)

单位：个 (unit)

地区	Region	城镇社区服务设施 Urban Community Service Facilities	从业人员数（人） Number of Employed Persons (person)	城镇便民利民服务网点 Convenience Stores in Urban Areas	社区服务志愿者组织数 Voluntary Organizations for Community Services	社区服务志愿者人数(人) Volunteers for Community Services (person)
全省	**Provincial Total**	**3079**	**25268**	**3935**	**1582**	**9732**
南昌市	Nanchang	346	278	887	102	269
景德镇市	Jingdezhen	95		248		
萍乡市	Pingxiang	54	1062	16	357	656
九江市	Jiujiang	307	420	8	8	28
新余市	Xinyu	51	826	42	6	70
鹰潭市	Yingtan	377	5388	256	141	518
赣州市	Ganzhou	354	1429	1219	381	824
吉安市	Ji'an	302	5520	213	109	1201
宜春市	Yichun	647	4405	59	15	876
抚州市	Fuzhou	436	4361	906	55	2736
上饶市	Shangrao	110	1579	81	408	2554

20-22 社会福利事业基本情况
Basic Statistics on Social Welfare

指 标	Item	1990	2000	2005	2009	2010
优抚类收养性单位(个)	Residential Institutions for Serviceman (unit)	285	271	273	273	226
#光荣院	Homes for Disabled Veterans		268	270	270	223
收养人数(人)	Number of Persons Adopted or Housed (person)		9105	12060	11367	10970
#光荣院	Residential Institutions for Serviceman		8570	11562	10647	10225
福利类收养性单位(个)	Residental Institutions of Social Welfare (unit)		2318	1793	1808	1693
#社会福利院	Social Welfare Homes	92	91	99	105	102
收养性老年福利机构	Residental Institutions for Aging Population	1978	1953	1689	1697	1585
#农村	Rural		1219	1337	1346	1359
收养人数(人)	Number of Persons Adopted or Housed (person)	3968	6316	81011	199053	143402
#社会福利院	Social Welfare Homes		4717	9530	11682	11279
收养性老年福利机构	Residental Institutions for Aging Population		41929	70918	186829	120612
#农村	Rural		26317	56036	180799	114335
收养性社会福利单位床位数(张)	Number of Beds in Residental Institutions (unit)		65787	108390	202893	148910
福利企业单位(个)	Social Welfare Enterprises (unit)	212	731	391	341	334
年末职工人数(人)	Number of Staff & Workers at Year-end (person)	12536	16513	14493	31812	24048
#残疾职工人数	Number of Disabled Staff & Workers at Year-end	4411	6426	7349	19557	12689
社会救济总人数(人)	Total Number of Social Salvation (person)					
城镇居民最低生活保障人数(人)	Number of Persons Receiving Minimum Living Allowance in Urban Areas (person)		98099	1000819	984454	981136
城市医疗救助人数(人次)	Number of Persons Receiving Medical Salvation (person-time)			102191	268375	207136
城市资助参保医疗人数(人次)	Number of Persons Receiving Medical Salvation in Urban (person-time)				983869	1053390
城镇临时救济人数(人次)	Number of Persons Receiving Temporary Relief in Urban Areas (person-time)		41620	28422	10651	6035
农村居民最低生活保障人数(人)	Number of Persons Receiving Minimum Living Allowance in Rural Areas (person)		89295	1245909	1527522	1497473
农村医疗救助人数(人次)	Number of Persons Receiving Medical Salvation (person-time)			234569	437124	416141
农村资助参加合作医疗人数(人次)	Number of Persons Receiving Cooperative Medical Services in Rural (person-time)				1606284	1652254
农村五保户集中、分散供养人数(人)	Number of Persons Receiving Livelihood Guaranteed in Five Aspects in Rural Areas (person)			214495	228641	228607
农村临时救济人数(人次)	Number of Poor Persons Receiving Temporary Relief in Rural Areas (person-time)		275933	216227	53006	29111

注：1.从1995年按2006年新口径调整福利企业数据。
2.2005年前农村居民最低生活保障为农村定期救济人数。
3.2005年农村定期救济人数中包括农村五保户供养人数。

a) Data of welfare enterprises are adjusted according to 2006's new statistic standard since 1995.
b) Persons receiving minimum living allowance in urban areas refered to regular receivers before 2005.
c) Poor persons receiving regular relief in rural areas included those receiving livelihood guaranteed in five aspects in rural areas before 2005.

20-23 各地区社会捐赠情况（2010年）

Basic Statistics on Social Donations by Region (2010)

地 区	Region	直接接收捐赠 Directly accepting donations			间接接收捐赠 Indirectly accepting donations			受益人次 数（人次） Beneficiaries (person-time)	社会捐赠接收工作站、点(个) Social Donations Receiving Centers(stations) (unit)	#社会捐赠接收工作站 Social Donations Receiving Stations
		捐赠款（万元） Donations (10000 yuan)	捐赠衣被（万件） Donated Clothing (10000 pieces)	#棉衣被 Cotton Clothing	捐赠款（万元） Donations (10000 yuan)	捐赠衣被（万件） Donated Clothing (10000 pieces)	#棉衣被 Cotton Clothing			
全 省	**Provincial Total**	**17111.8**	**6.6**	**3.0**	**553.3**			**2429296**	**482**	**214**
省本级	Provincial	3770.8								
南昌市	Nanchang	1324.3						11671	243	23
景德镇市	Jingdezhen	637.0						2300	2	1
萍乡市	Pingxiang	763.5							20	13
九江市	Jiujiang	1729.3			400.0			19313	67	54
新余市	Xinyu	587.1						2542		
鹰潭市	Yingtan	1865.4						74945	41	41
赣州市	Ganzhou	383.2	1.7	0.2				17445	22	8
吉安市	Ji'an	207.9			153.3			25280	69	60
宜春市	Yichun	209.0						1000	1	1
抚州市	Fuzhou	5364.3	4.9	2.8				2274800	16	13
上饶市	Shangrao	270.0							1	

20-24 各地区福利彩票发行情况（2010年）

Statistics on Welfare Lottery by Region (2010)

地 区	Reigon	机构数（个） Number of Institutions (unit)	年末职工人数(人) Number of Staff and Workers at Year-end (person)	增加值（万元） Value Added (10000 yuan)	收 入（万元） Revenues (10000 yuan)	支 出（万元） Expenditures (10000 yuan)
全 省	**Provincial Total**	**52**	**211**	**3340**	**16391**	**16219**
省本级	Provincial	1	39	3035	14739	15098
南昌市	Nanchang	1	11	95	337	200
景德镇市	Jingdezhen	4	10	10	99	99
萍乡市	Pingxiang	2	12	3	100	100
九江市	Jiujiang	6	21	44	240	240
新余市	Xinyu	2	6	17	39	39
鹰潭市	Yingtan	4	9	26	32	32
赣州市	Ganzhou	13	45	81	217	217
吉安市	Ji'an	3	5	4	13	13
宜春市	Yichun	5	20	14	502	108
抚州市	Fuzhou	3	11	3	54	54
上饶市	Shangrao	8	22	8	20	20

20-25 社会保障情况

Situations of Social Security

单位：万人 (10000 persons)

年份 Year	养老保险 Pension Insurance		失业保险 Unemployment Insurance		医疗保险参保人数 Number of Joining Medical Care Insurance
	职工人数 Number of Staff and Workers	离退休、退职人数 Number of Retired Persons	参加失业保险人数 Number of Joining Unemployment Insurance	领取失业保险金人数 Number of Beneficiaries of Unemployment Insurance	
1990	144.65	29.21	153.96		
1991	146.59	30.05	158.29	0.01	
1992	204.22	42.40	167.15	0.08	
1993	205.92	45.20	166.60	0.16	
1994	199.96	45.21	170.92	0.43	
1995	193.32	45.09	183.44	0.14	
1996	203.25	47.45	183.03	0.56	
1997	196.14	48.50	152.24	0.39	
1998	235.67	64.06	182.76	0.80	
1999	246.53	66.72	209.60	0.96	
2000	254.85	72.58	231.59	0.81	61.44
2001	250.60	78.16	234.53	2.52	71.62
2002	257.13	82.65	226.67	5.16	106.60
2003	262.51	88.44	215.54	5.91	188.21
2004	271.83	99.92	226.56	10.18	250.42
2005	281.96	105.48	230.74	10.61	276.74
2006	303.34	111.63	241.05	9.98	313.34
2007	356.53	118.50	251.46	8.73	403.42
2008	421.87	128.46	266.29	6.79	503.16
2009	446.02	135.91	275.47	6.41	515.12
2010	462.08	145.52	265.33	10.69	532.13

20-26 各地区社会保障情况

Situations of Social Security by Region

单位：人 (person)

地区	Region	养老保险 Pension Insurance		医疗保险参保人数 Number of Joining Medical Care Insurance	工伤保险参保人数 Number of Joining Work Injury Insurance	生育保险参保人数 Number of Joining Maternity Insurance
		职工人数 Number of Staff and Workers	离退休、退职人数 Number of Retired Persons			
全省	**Provincial Total**	**4620761**	**1455205**	**5321340**	**3717143**	**1699702**
南昌市	Nanchang	830584	280510	732460	648781	407005
景德镇市	Jingdezhen	260860	84494	262656	242956	49440
萍乡市	Pingxiang	231523	62450	465663	313401	103952
九江市	Jiujiang	532833	151006	558669	415883	26205
新余市	Xinyu	180086	57866	266531	200265	127605
鹰潭市	Yingtan	112181	28408	124552	99330	39205
赣州市	Ganzhou	457754	138411	578633	275293	131406
吉安市	Ji'an	412470	89528	555207	454459	294058
宜春市	Yichun	438336	113495	658116	366106	176400
抚州市	Fuzhou	318378	81581	364617	246860	130417
上饶市	Shangrao	451745	172320	590095	311745	178095

20-27 各地区行政事业单位离退休费和企业单位养老金平均水平(2010年)

Average Expenditure for Retired Persons in Administrative Department and Average Pension in Enterprise by Region(2010)

单位：元/人月 (yuan/person·month)

地 区	Region	行政事业单位离退休费和企业单位养老金平均水平 Average Expenditure for Retired Persons in Administrative Department and Average Pension of Enterprise	企业单位养老金平均水平 Average Pension of Enterprise
全 省	**Provincial Total**	**1450**	**1124**
南昌市	Nanchang	1684	1186
景德镇市	Jingdezhen	1361	1089
萍乡市	Pingxiang	1332	1099
九江市	Jiujiang	1358	1065
新余市	Xinyu	1511	1065
鹰潭市	Yingtan	1365	1081
赣州市	Ganzhou	1382	1089
吉安市	Ji'an	1375	1112
宜春市	Yichun	1381	1085
抚州市	Fuzhou	1276	1070
上饶市	Shangrao	1226	856

20-28 劳动争议处理基本情况(2010年)

Basic Situations of Disposal of Labor Disputes(2010)

指 标	Item	合计 Total	国有企业 State-owned Enterprises	集体企业 Collective-owned Enterprises	港澳台及外资企业 Enterprises with Funds from Hong Kong, Macao&Taiwan and Foreign Funded Enterprises	民营企业 Private Enterprises	其他 Others
案件受理情况	**Situations of Cases Accepted**						
案件数(件)	Number of Cases (case)	10907	1339	537	193	8281	97
#劳动者申诉案件数	Number of Casess Appealed by Laborer	10902	1339	537	193	8277	96
劳动者当事人人数(人)	Number of Laborers Involved(Person)	14501	2210	843	217	10634	109
#集体争议数	Number of Collective Disputes	3917	1012	279	23	2565	11
争议原因(件)	**Reasons of Disputes(case)**						
#劳动报酬	Earning	2231	208	82	45	1788	37
保 险	Insurance	4576	803	378	36	3281	49
解除劳动合同	Relief from the Labor Contract	250	51	2	13	93	2
案件处理情况(件)	**Disposal of Cases(case)**						
结案案件数	Number of Cases Settled this Period	12535	1762	544	191	9479	120
用人单位胜诉	Recovered by Units	728	113	81	67	396	22
劳动者胜诉	Recovered by Laborers	3897	218	19	39	3524	63
双方部分胜诉	Recovered Partly by Both Parties	7910	1431	444	85	5559	35
本期末结案数	Number of Cases Unsettled this Period	1640	79	11	2	1518	9

20-29 律师、公证及调解工作基本情况

Basic Statistics on Lawyers, Notarization and Mediation

指　　标	Item	1990	2000	2005	2009	2010
律师工作	**Lawyers**					
律师事务所(个)	Number of Law Offices (unit)	118	272	282	314	332
律　　师(人)	Number of Lawyers (person)	1820	2830	1963	2822	3247
#专职律师	Full-time Lawyers	792	1618	1869	2432	2800
担任法律顾问(家)	Legal Adivisors (unit)	4124	8218	6184	7418	7536
民事案件诉讼代理(件)	Agent of Civil Cases (case)	11688	11197	17857	27325	26618
行政案件诉讼代理(件)	Agent of Adminmstrative Action (case)		513	970	2896	1574
刑事诉讼辩护及代理(件)	Defender and Agent of Criminal Cases (case)	7952	8202	8434	15125	14125
非诉讼法律事务(件)	Agent of Non-Litigious Legal Affairs (case)	32652	28850	14844	13618	14108
解答法律咨询(万人次)	Legal Advisory Services (10000 person-cases)	9.20	6.10	12.10	9.12	8.91
代写法律事务文书(万件)	Agent of Legal Doucuments Written on Behalf of Chients (10000 cases)	2.00	2.10	3.46	1.52	1.49
公证工作	**Notarization**					
公证处(个)	Number of Notary Offices (unit)	104	111	111	111	111
#涉外公证处	Number of Foreign-related Notary Offices	12	27	45	54	55
公证人员(人)	Notarial Personnel (person)	537	603	557	593	559
#公证员	Nortaries	331	382	351	329	319
公证员助理(人)	Assistant Nortaries (person)	74	43	52	103	87
办理公证文书(件)	Number of Notarized Documents (case)	221620	222407	257375	183367	164764
国内公证文书	Number of Domestic Notarization	218416	193717	216375	140705	123881
涉外公证文书	Number of Foreign-related Notarization	3204	25053	36572	36336	35091
港台澳公证文书	Number of Hong Kong,Macao, Taiwan Notarization		3637	4428	6326	5792
基层工作	**People's Mediation**					
法律服务所(个)	Agent of Legal Affairs (unit)		1178	686	726	666
法律工作者(人)	Personnel of Legal Affairs (person)		3126	2153	1973	1789
法律服务所调解民间纠纷(件)	Number of Civil Disputes Mediated (case)		38004	28263	21714	23995
司法所(个)	Number of Judicial Offices (unit)		1188	1629	1629	1630
司法人员(人)	Judicial Personnel (person)		3113	3888	3172	3139
#专职司法助理员	Number of Full-time Judicial Assistants	1461	1604	1831	1767	2042
协助基层政府处理民间纠纷(件)	Help Grass-roots Government's Handling of Civil Disputes (case)		28256	17319	19826	24124
#处理成功率(%)	Success Rate (%)			94.61	94.2	96.7
人民调解委员会(万个)	Number of People's Mediation Committees (10000 units)	2.70	2.70	2.27	2.3	2.3
调解人员(万人)	Number of Mediators (10000 persons)	20.90	24.50	11.86	15.16	14.35
司法所调解民间纠纷(万件)	Number of Civil Disputes Mediated (10000 case)		13.17	11.44	12.22	13.83
#调解成功率(%)	Success Rate (%)	96.50	93.00	97.69	95.03	97.71

20-30 婚姻登记情况

Numbers of Marrages and Divorces

年份 Year	准予登记结婚 (对) Total Number of Registered Marriage (couple)	初婚 (人) First Marriage (person)	再婚 (人) Re-marriage (person)	离婚 (对) Divorces (couple)
1978	159661	150186		7387
1979	127242	239747	14737	6844
1980	148365	284253	12477	10200
1981	210132	402171	18093	5717
1982	213296			6487
1983	174610			4791
1984	223765			5666
1985	232469	453632	11306	11113
1986	231917	453021	10813	11241
1987	258275	504338	12212	12473
1988	250353	488228	12478	14063
1989	283406	551914	13075	16391
1990	334773	652052	17494	17637
1991	261054	508724	13384	17376
1992	255777	496201	15353	17682
1993	236384	458275	14493	19291
1994	249091	483833	14349	18979
1995	260573	502791	18355	19751
1996	271049	526016	16082	20037
1997	272364	525087	19641	21087
1998	278088	539122	17054	21502
1999	289370	558788	17454	26935
2000	295766	570202	18296	24229
2001	293852	548757	35569	26090
2002	283391	540779	21617	31762
2003	269708	507607	27805	29700
2004	296058	560260	28418	39897
2005	295282	553628	36936	39441
2006	315513	594219	36807	45291
2007	356154	665248	47060	51240
2008	391221	719684	62758	56030
2009	408061	738330	77792	45495
2010	361099	695884	26134	48891

注：1.1978、1979年和1981年至1984年离婚对数中未包括法院离婚数。
2.1999年以后华侨、港澳台居民登记结婚中未分初婚、再婚人数。后同。

a) Number of divorced Couples in 1978,1979,1981 and 1984 didn't include number of court divorces.

b) Since 1999,Number of registered marriage of overseas Chinese, Hong Kong, Macao residents do not distinct first-marriage and re-marriage.The same applies to the tables following.

20-31 各地区婚姻登记情况（2010年）

Number of Marriages and Divorces by Region (2010)

地区	Region	准予登记结婚（对） Total Number of Registered Marriage (couple)	#内地居民 Registered Marriages of Mainland	准予登记结婚（人） Total Number of Registered Marriage (person)	初婚 First Marriage	再婚 Re-marriage	#恢复结婚（对） Resumption of Marriage(couple)	离婚（对） Divorces (couple)
全省	**Provincial Total**	**361099**	**360279**	**722198**	**695884**	**26314**	**1167**	**48891**
南昌市	Nanchang	36444	36444	72888	70273	2615	300	7525
景德镇市	Jingdezhen	5480	5480	10960	9629	1331	216	967
萍乡市	Pingxiang	14018	14018	28036	26461	1575		2490
九江市	Jiujiang	45037	45037	90074	86501	3573	7	7636
新余市	Xinyu	9266	9266	18532	17399	1133	181	2155
鹰潭市	Yingtan	8596	8596	17192	14311	2881	139	1344
赣州市	Ganzhou	73241	73241	146482	143320	3162	46	7864
吉安市	Ji'an	39522	39522	79044	76462	2582	31	4213
宜春市	Yichun	42120	42120	84240	81271	2969	140	4908
抚州市	Fuzhou	36215	36215	72430	70814	1616	54	3629
上饶市	Shangrao	50340	50340	100680	98465	2215	45	6099

注：各设区市离婚人数未包括法院调解、判决离婚人数，故小于总计。

a) Divorce number by region does not include divorce number of court order,thus less than provincial total number.

20-32 各类事故伤亡情况

Basic Statistics on Accidents

指标	Item	1990	2000	2005	2009	2010
事故死亡总人数(人)	**Total (person)**		**4543**	**3321**	**2025**	**1924**
#工矿商贸企业事故死亡人数	Mortality of Industry, Mining, Commerce and Trade Enterprises	396	531	365	277	233
铁路交通事故死亡人数	Mortality of Railway Traffic Accident		695	438	60	58
水上交通事故死亡人数	Mortality of Water Traffic Accident		20	17	9	9
道路交通事故情况	**Traffic Accidents**					
起数(起)	Traffic Accidents (case)	5326	17591	8585	4262	4126
死亡人数(人)	Mortalities (person)	1387	3222	2428	1644	1603
受伤人数(人)	Injures (person)	3343	13988	8370	5163	4938
经济损失(万元)	Losses Converted into Cash (10000 yuan)	573	7225	7698	3922	4184
火灾情况	**Fire Accidents**					
起数(起)	Fire Accidents (case)	896	5354	6105	5889	4721
死亡人数(人)	Mortalities (person)	63	93	42	23	21
受伤人数(人)	Injures (person)	87	137	51	10	11
经济损失(万元)	Losses Converted into Cash (10000 yuan)	1139	4039	3355	5662	8074

20-33 各地区工矿商贸企业、火灾、道路交通事故情况（2010年）

Industry, Mining, Commerce and Trade Enterprises Accidents, Fire Accidents and Traffic Accidents by Region (2010)

地区	Region	工矿商贸企业事故死亡人数（人）Mortality of Industry, Mining,Commerce and Trade Enterprises Accidents (person)	火灾 Fire Accidents				道路交通事故 Traffic Accidents			
			起数（起）Fire Accidents (case)	死亡人数（人）Mortality (person)	受伤人数（人）Injures (person)	经济损失（万元）Losses Converted into Cash (10000 yuan)	起数（起）Fire Accidents (case)	死亡人数（人）Mortality (person)	受伤人数（人）Injures (person)	经济损失（万元）Losses Converted into Cash (10000 yuan)
全省	**Provincial Total**	**233**	**4721**	**21**	**11**	**8074**	**4120**	**1603**	**4938**	**4184**
南昌市	Nanchang	20	1216	13	5	1823	380	236	288	89
景德镇市	Jingdezhen	7	74		1	1175	81	44	83	6
萍乡市	Pingxiang	9	292		2	320	254	40	253	152
九江市	Jiujiang	18	402			455	270	110	303	58
新余市	Xinyu	15	43	1		140	77	26	57	15
鹰潭市	Yingtan	4	206			310	67	28	59	6
赣州市	Ganzhou	51	278	3	3	1142	887	271	1089	132
吉安市	Ji'an	32	373	2		593	355	108	418	287
宜春市	Yichun	29	1018			1068	244	142	248	79
抚州市	Fuzhou	11	437			568	199	103	222	42
上饶市	Shangrao	30	382	2		479	503	124	642	117
高速公路	Expressway						803	371	1276	3203

注：各设区市工矿商贸企业事故死亡人数不包括省煤炭集团，故小于总计。
a) Number of mortality of mining and trading enterprise by region does not include the number of mortality of Provincical Coal Cooperation.

20-34 各地区安全生产四项相对控制指标情况（2010年）

Four Safe Production Relatively Control Targets by Region (2010)

地区	Region	亿元GDP生产安全事故死亡率 Billion GDP Production Safety Accidents Mortality Rate	工矿商贸企业从业人员10万人生产安全事故死亡率 Production Safety Accidents Mortality Rate in per Hundred Thousand Industry, Mining, Commerce and Trade Enterprises Employees	道路交通万车死亡率 Traffic Accident Mortality Rate Per 10 Thousand Vehicles	煤矿百万吨死亡率 Coal Mining Mortality Rate Per Million Tons
全省	**Provincial Total**	**0.20**	**1.45**	**2.82**	**2.11**
南昌市	Nanchang	0.12	0.90	4.86	
景德镇市	Jingdezhen	0.11	1.02	3.57	
萍乡市	Pingxiang	0.09	1.03	1.26	0.21
九江市	Jiujiang	0.12	0.92	2.18	1.64
新余市	Xinyu	0.06	3.06	1.22	7.27
鹰潭市	Yingtan	0.09	0.93	2.62	
赣州市	Ganzhou	0.29	1.79	1.83	5.85
吉安市	Ji'an	0.19	2.37	1.84	2.3
宜春市	Yichun	0.20	1.66	1.68	4.22
抚州市	Fuzhou	0.18	0.93	2.13	
上饶市	Shangrao	0.17	1.12	2.34	0.20
省煤炭集团	Provincical Coal Cooperation				0.80

20-35 妇女儿童基本状况

Basic Statistics on Women and Children

指　　标	Item	2000	2009	2010
经济与人口	**Economy and Population**			
人均地区生产总值(元)	Per Capita Gross Regional Product (yuan)	4851	17185	21225
城镇居民人均可支配收入(元)	Per Capita Annual Disposable Income of Urban Households (yuan)	5104	14022	15481
农村居民家庭人均纯收入(元)	Per Capita Annual Net Income of Rural Households (yuan)	2135	5075	5789
国家财政性教育经费(亿元)	Government Appropriation for Education (100 million yuan)	48.67	251.93	297.5
卫生经费(亿元)	Expenditure for Public Health (100 million yuan)	10.32	120.55	150.02
妇幼保健经费(万元)	Expenditure for Women and Children Health Care (10000 yuan)	3078	24583	25439
防治防疫经费(万元)	Expenditure for Health and Epidemic Prevention (10000 yuan)	8172	104914	150215
计划生育事业费(万元)	Expenditure for Family Planning (10000 yuan)	18280	142269	258134
人口总数(万人)	Population (10000 persons)	4148.54	4432.20	4457
#女　性	Female	1991.52	2160.50	2148.30
0-4岁人口(万人)	Aged 0-4 (10000 persons)	274.78	338.00	346.70
#女　性	Female	118.15	143.00	150.60
0-17岁人口(万人)	Aged 0-17 (10000 persons)	1290.16	1390.00	1173.82
#女　性	Female	575.87	610.00	515.46
育龄妇女人口(15-49岁)(万人)	Childbearing Women (Aged 15-49) (10000 persons)	1122.20	1208.00	1242.41
人口自然增长率(‰)	Natural Population Growth Rate (‰)	9.48	7.89	7.66
出生人口性别比(以女孩为100)	Sex Ratio of Born Population (female=100)	114.74	124.12	122.95
卫生保健	**Health Care**			
婴儿死亡率(‰)	Infant Mortality Rate (‰)	34.80	12.37	11.76
城　市	Urban	12.20	3.62	6.14
农　村	Rural	40.70	14.13	12.81
5岁以下儿童死亡率(‰)	Mortality Rate Under 5 (‰)	43.40	18.46	17.69
城　市	Urban	14.00	5.27	7.83
农　村	Rural	51.10	21.07	19.53
孕产妇死亡率(1/10万)	Maternal Mortality Rate (per 100000 persons)	50.01	14.77	12.95
城　市	Urban	42.16	3.00	12.02
农　村	Rural	53.89	19.70	13.55
卡介苗接种率(%)	BCG (%)	96.40	99.99	99.85
脊髓灰质炎疫苗接种率(%)	OPV3 (%)	97.60	99.98	99.81
百白破三联制剂接种率(%)	DPT3 (%)	96.70	99.98	99.81
麻疹疫苗接种率(%)	Measles (%)	96.40	99.98	99.70
乙肝疫苗接种率(%)	Hepatitis (%)	78.10	99.99	99.86
5岁以下儿童中、重度营养不良患病率(%)	Malnutrition, Moderate and Severe under 5 (%)	4.44	2.63	2.30
7岁以下儿童保健管理率(%)	Health Care Coverage for Children Aged under 7 (%)	69.70	75.56	82.77
住院分娩率(%)	Hospital Delivery Rate (%)	74.44	98.38	99.36
农村孕产妇住院分娩率(%)	Hospital Delivery Rate for Rural Pregnant Women (%)	72.20	98.27	99.24
农村高危孕产妇住院分娩率(%)	Hospital Delivery Rate for Rural High-risk Pregnant Women (%)	98.30	99.91	99.38
非住院分娩中新法接生率(%)	New Method Delivery for Births Not Delivered at Hospitals (%)	96.71	97.68	98.70
孕妇产前医学检查率(%)	Ante-natal Medical Examination Rate (%)	92.66	91.99	94.05
孕产妇系统管理率(%)	Pregnant Women System Care Rate (%)	71.18	71.76	82.31
城　市	Urban	79.04	77.94	89.17
农　村	Rural	67.30	69.03	79.28

20-35 续表1 continued

指 标	Item	2000	2009	2010
婚前医学检查率(%)	Pre-marital Examination (%)	71.54	5.14	16.64
城 市	Urban	78.59	6.80	23.57
农 村	Rural	67.57	4.34	13.21
当年报告艾滋病病毒感染例数(例)	HIV Infections Reported at Current Year (case)	41	563	791
#女 性	Female	3	159	210
性病年报告病例数(例)	STD Infections Reported at Current Year (case)	19713	16160	14985
#女 性	Female	8718	7560	7093
已婚育龄妇女综合避孕率(%)	General Contraceptive Rate of Married Women (%)	90.20	93.89	93.65
教 育	**Education**			
在园幼儿数(万人)	Kindergarten Enrollment (10000 persons)	62.06	112.30	123.51
#女 童	Female	27.15	48.60	53.14
学前教育毛入园率(%)	Pre-primary Enrollment (%)	35.22	63.43	68.62
男 童	Male	34.97	64.60	70.16
女 童	Female	35.54	61.96	66.69
小学学龄儿童净入学率(%)	Primary Net Enrolment (%)	99.58	99.90	99.93
男 生	Male	99.55	99.91	99.92
女 生	Female	99.60	99.88	99.93
小学五年巩固率(%)	Consistant Rate of 5 Years in Primary School (%)	94.42	92.21	89.44
男 生	Male	96.04	91.95	89.13
女 生	Female	92.65	92.53	89.81
小学辍学率(%)	Primary Dropout (%)	0.28	0.52	0.73
男 生	Male	0.22	0.40	0.79
女 生	Female	0.32	0.66	0.65
初中阶段毛入学率(%)	Secondary Gross Enrollment (%)	102.10	115.70	116.05
男 生	Male	104.66	116.31	116.79
女 生	Female	99.19	114.97	115.17
初中三年巩固率(%)	Consistant Rate of 3 Years in Junior Secondary School (%)	87.15	96.84	93.41
男 生	Male	88.65	96.85	93.29
女 生	Female	85.38	96.83	93.56
初中辍学率(%)	Sencondary Dropout (%)	3.63	1.49	1.74
男 生	Male	3.72	1.53	2.00
女 生	Female	3.53	1.44	1.44
特殊教育在校学生数(人)	Special Education School Enrollment (person)	13142	22979	23741
#女 生	Female	3667	6849	7179
高中阶段毛入学率(%)	High School Gross Enrollment (%)	39.03	70.10	76.00
男 生	Male	44.73	73.71	79.31
女 生	Female	32.94	66.15	71.45
平均受教育年限(年)	Average Education Year (year)	7.55	8.39	8.57
男 性	Male	8.19	8.60	8.89
女 性	Female	6.88	8.18	8.31
成人识字率(%)	Adult Literacy Rate (%)	93.02	93.23	96.86
男 性	Male	96.91	95.58	98.69
女 性	Female	88.96	90.88	94.90
青壮年识字率(15-50岁)(%)	Young Adult Literacy Rate (Aged 15-50)(%)	98.42	98.92	98.99
男 性	Male	99.37	99.43	99.50
女 性	Female	97.42	98.39	98.42

20-35 续表2 continued

指 标	Item	2000	2009	2010
就业与社会保障	**Employment and Social Security**			
就业人员(万人)	Employed Persons (10000 persons)	2060.90	2445.20	2498.76
#女 性	Female	743.75	854.50	878.81
城镇单位就业人员(万人)	Urban Employed Persons (10000 persons)	299.43	289.60	297.4
#女 性	Female	108.06	101.20	104.6
城镇登记失业人员(万人)	Urban Registration Unemployment (10000 persons)	16.68	27.3	26.30
#女 性	Female	9.02	10.13	9.80
参加基本养老保险人数(万人)	Basic Pension Insurance Contributors (10000 persons)	254.85	446.02	462.10
参加基本医疗保险人数(万人)	Basic Medical Care Insurance Contributors (10000 persons)	61.44	515.02	532.10
参加失业保险人数(万人)	Unemployment Insurance Contributors (10000 persons)	231.58	275.47	265.30
参加工伤保险人数(万人)	Work Injury Insurance Contributors (10000 persons)	137.06	340.19	371.70
参加生育保险人数(万人)	Maternity Insurance Contributors (10000 persons)	129.38	162.84	170.00
#女 性	Female	47.76	70.04	71.80
生育保险覆盖率(%)	Coverage Rate of Maternity Insurance (%)		59.18	32.31
农村社会养老保险参保人数(万人)	Rural Basic Pension Insurance Contributors (10000 persons)	243.00	238.72	442.40
城镇居民最低生活保障人数(万人)	Persons Receiving Lowest Cost-of-living in Urban Area (10000 persons)	9.80	95.00	95.00
农村居民最低生活保障人数(万人)	Persons Receiving Lowest Cost-of-living in Rural Area (10000 persons)	16.50	150.00	150.0
妇女参政议政	**Women Empowerment**			
省(区、市)人大代表数(人)	Provincial(Regional and Municipal)NPC Deputies(person)	609	608	608
#女 性	Female	136	148	148
省(区、市)政协委员数(人)	Provincial(Regional and Municipal)CPPCC Deputies (person)	672	690	690
#女 性	Female	122	132	132
省级党委领导班子中女干部配备数(人)	Number of women cadres in Provincial Party Organs (person)		1	1
省级政府领导班子中女干部配备数(人)	Number of women cadres in Provincial Government Organs (person)		1	1
地级党委领导班子中女干部配备率(%)	Rats of women cadres in Prefecture Party Organs (%)	54.55	81.82	81.82
地级政府领导班子中女干部配备率(%)	Rats of women cadres in Prefecture Government Organs (%)	45.45	90.91	90.91
县级党委领导班子中女干部配备率(%)	Rats of women cadres in County Party Organs (%)	65.66	83.84	84.85
县级政府领导班子中女干部配备率(%)	Rats of women cadres in County Government Organs (%)	57.58	82.83	79.80
村民委员会成员中女性比重(%)	Percentage of Females in Villater's Committees (%)	20.40	21.09	21.09
居民委员会成员中女性比重(%)	Percentage of Females in Neighborhood Committees (%)	66.90	61.05	61.05
保护妇女儿童的人身权利(起)	**Human Rights Protection of Women and Children (case)**			
破获强奸案件数	Rape Cases Solved	629	541	613
破获拐卖妇女案件数	Abducting Women Cases Solved	256	18	15
破获拐卖儿童案件数	Abducting Children Cases Solved	94	25	50
破获组织、强迫、引诱、容留妇女卖淫案件数	Prostitution-involved Cases Solved	80	158	261
生存环境和社会福利	**Living Environment and Social Welfare**			
农村改水受益率(%)	Benefit Rate of Rural Water Improvement (%)	94.46	97.47	99.64
农村自来水普及率(%)	Rate of Population With Access to Tap Water, Rural (%)	38.22	54.99	59.14
农村卫生厕所普及率(%)	Rate of Population With Access to Sanitary Latrines, Rural (%)	51.50	75.64	77.74
农村累计粪便无害化处理率(%)	Treatment Rate of Faeces Sanitary Rural (%)	23.23	44.55	50.36
城市污水处理率(%)	Treatment Rate of Waste Water, Urban (%)	7.56	74.50	80.83
城市生活垃圾无害化处理率(%)	Treatment Rate of Consumption Wastes,Urban (%)		83.84	85.89
城镇社区服务设施数(个)	Service Facilities, Uraban (unit)	1066	4512	4880
城镇便民、利民网点数(个)	Service Centers, Urban (unit)	4107	9357	9513

主要统计指标解释

卫生机构 包括医疗机构、疾病预防控制中心(防疫站)、采供血机构、卫生监督及监测(检验)机构、医学科研和在职培训机构、健康教育所等。

医疗机构 包括医院、社区卫生服务中心(站)、疗养院、卫生院、门诊部、诊所(卫生所、医务室)、妇幼保健院(所、站)、专科疾病防治院(所、站)、急救中心(站)和临床检验中心。医疗机构分为非赢利性医疗机构和赢利性医疗机构。

医院 包括综合医院、中医医院、中西医结合医院、民族医院、各类专科医院和护理院。

卫生技术人员 指卫生机构中医生、护理人员 、药剂人员、检验人员等卫生技术人员。

医生 指在医疗、预防保健机构工作且取得《执业医师证书》的执业医师和执业助理医师。

社会福利事业单位 指集中收养社会孤老、残、幼的机构,包括由民政部门管理的社会福利院、儿童福利院、精神病人福利院和城镇集体举办的福利院及农村集体举办的敬老院以及优抚医院和具有收养能力的社区服务中心等。该指标主要反映我国社会福利性单位的投入水平。

社会福利事业单位收养人数 包括民政部门管理和城镇、农村集体举办的社会福利事业单位中收养的老人、少年儿童、缺乏生活自理能力的残疾人员和精神病人。该指标主要反映收养性社会福利单位的收养能力。

社会福利企业单位 指以安置城镇有一定劳动能力的盲、聋、哑和肢体残疾人员就业为目的,享受国家减免税待遇的国有或集体企业。包括福利工厂、福利商业和服务业、假肢厂和安置农场等单位。该指标主要反映我国对残疾人照顾的特殊政策。

行政事业单位离退休费和企业单位养老金平均水平 行政、事业和企业单位离休、退休、退职人员在一定时期内平均每人所得离休金、退休金、退职生活费用和养老金。

$$\text{行政事业单位离退休费和企业单位养老金平均水平} = \frac{\text{报告期行政、事业和企业单位实际支付的离休金、退休金、退职生活费用和养老金总额}}{\text{报告期行政、事业和企业单位离退休人员平均人数}}$$

律师 指依法取得律师执业证书,担任法律顾问,民事(刑事、行政)案件代理人、刑事案件辩护人、办理非诉讼业务,解答法律询问,代写法律事务文书等,为社会提供法律服务的人员。

公证人员 指在公证处工作的人员总称,包括公证处主任、副主任、公证员、公证员助理(助理公证员)和其他从事辅助性工作的人员。

公证文书 指公证处根据当事人申请,依照事实和法律,按照法定程序制作的,具有法律效力的司法证明文书。根据公证书用途和使用地,公证书分为国内公证书、国内经济公证书、涉外民事公证书、涉外经济公证书四类。

调解员 指在人民调解委员会担负调解民间纠纷工作的人员,包括调解委员会的委员和调解小组的调解员。该指标主要反映从事人民调解工作的人员数量。

调解民间纠纷 指调解委员会按照法律规定,根据自愿原则,用说服教育的方法调解民间发生的有关民事权利和义务争执的件数,包括调解成功数和调解未成功数。该指标主要反映人民调解委员会的工作量。

Explanatory Notes on Main Statistical Indicators

Health Care Institutions include: medical institutions, disease prevention and control centres (epidemic prevention stations), blood gathering and supplying institutions, health supervision and inspection (check up) institutions, medicinal scientific research and on-job training institutions, health education centres and so on.

Medical Organizations include: hospitals, health service centres (stations) in communities, sanatoria, health centres, out-patient clinics, clinics (health stations and infirmaries), maternity and child care agencies (centres and stations), special disease prevention and curing agencies (centres and stations), first aid centres (stations) and clinical inspection centres. Medical organizations are grouped by two types: profit-making and non-profit-making medical organizations.

Hospitals include: polyclinics, traditional Chinese medical hospitals, hospitals integrating traditional Chinese therapeutics and western therapeutics, ethnic hospitals, various specialist hospitals and nursing homes.

Medical Technical Personnel refers to doctors, nurses, pharmacists and laboratory technicians working in medical institutions.

Doctors refer to certified physicians and certified assistant physicians with certifications working in medical and health care and prevention agencies.

Social Welfare Institutions refer to institutions taking care of old people without children, handicapped people and orphans. They include social welfare institutions run by civil affairs departments, children welfare institutions, social welfare institutions for mental patients, collective-owned old people's homes in rural areas, convalescent homes and community service centers with the capacity of receiving those people. This indicator reflects the input in social welfare institutions.

Number of People Accommodated by Social Welfare Institutions refers to the number of old people, children, totally dependent handicapped people and mental patients Accommodated by social welfare institutions run by civil affairs departments and those run by collective units in urban and rural areas. This indicator reflects the capacity of social welfare institutions.

Social Welfare Enterprises are collective-owned enterprises which employ the blind, deaf-mute, and physically disabled people who are able to work in cities and towns and enjoy exemption from State taxes. They include welfare plants, welfare commercial services, artificial limb plants and farms, etc. This indicator reflects the preferential policies toward disabled persons.

Average Expenditure for Retired Persons in Administrative Department and Average Pension of Enterprise refers to average level of retirement pension, expenditures for living consumption after retirement and pension in money terms per person in the administrative department, institution and enterprise during a certain time of period.

$$\text{Average Expenditure for Retired Persons in Administrative Department and Average Pension of Enterprise} = \frac{\text{Total Expenditure for Retired Persons and Pension in Administrative Department Institution and Enterprise at Reference Period}}{\text{Average Number of Retirees in Administrative Department, Institution and Enterprise at Reference Period}}$$

Lawyers are certified legal workers according to law, and who are employed by legal counselling firms to act as legal advisers; agents in criminal or civil lawsuits; and defenders in criminal lawsuits; or to handle non-litigious legal affairs, to advise on matters of law or to write legal papers for others and provide service to the public.

Notary Personnel refers to people working for notary offices including: directors, deputy directors, notaries, assistant notaries and other people providing assistance.

Notary Documents refer to the judicial notary documents drawn up at the request of the interested party and are in accordance with facts and the law and following certain legal proceedings. According to usage and locality, notary documents are divided into the following 4 types: domestic notary documents, domestic economic notary documents, foreign-related civil notary documents and foreign-related economic notary documents.

Mediators refer to workers on people's mediation committees responsible for mediating in civil disputes and cases of slight infraction of the law. They include members of the mediation committees and mediators of mediation groups. This indicator reflects the number of people engaged in mediation.

Mediation of Civil Disputes refers to number of cases made by mediation committees in mediating in civil disputes concerning civil rights and duties through persuasion and education in accordance with the provisions of law on a voluntary basis, so as to solve disputes by helping the parties involved come to an agreement and understanding, including those unsuccessful ones. This indicator reflects the workload of the mediation committees.

21

企业调查

ENTERPRISE INVESTIGATION

◆527/550

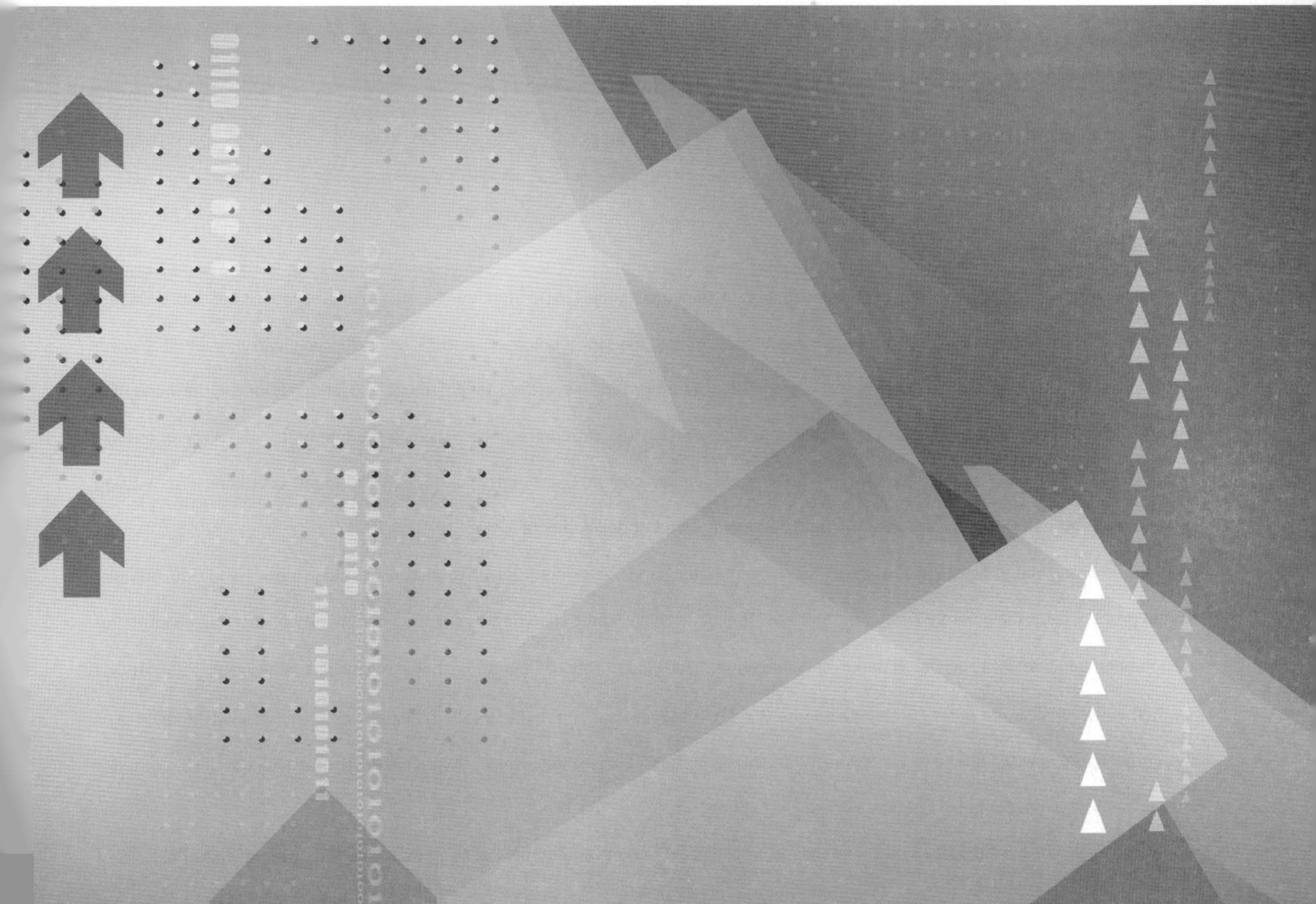

资料整理及英文翻译：陈翠妤

简要说明

企业景气调查

企业景气调查是适应我国社会主义市场经济发展的新形势，借鉴市场经济国家的成功经验而建立起来的一项新的统计调查制度。它是通过对样本企业的企业家定期进行意向性问卷调查，并根据企业家对企业经营状况及宏观经济形势的判断和预期来编制景气指数。企业景气指数不仅能够及时反映企业经营状况，当前宏观经济运行态势，而且能够预测未来经济发展趋势。

景气指数又称景气度，它是对企业景气调查中的定性指标通过定量方法加工汇总，综合反映某一特定调查群体或某一社会经济现象所处的状态或发展趋势的一种指标。景气指数的数值范围介于0~200之间，100为景气指数的临界值；当景气指数大于100时，表明经济状况趋于上升或改善，处于景气状态；当景气指数小于100时，表明经济状况趋于下降或恶化，处于不景气状况。

景气指数根据其调查对象和反映内容的不同，有宏观和微观等不同分类。企业家信心指数是根据企业家对宏观经济环境信心预期的判断而编制的；企业景气指数是根据企业家对本企业当前综合经营状况的判断和未来发展的预计而编制的指数。

企业景气调查包括工业；建筑业；交通运输、仓储和邮政业；批发和零售业；房地产业；信息传输、计算机服务和软件业；住宿和餐饮业；社会服务业八大行业门类。我省于1998年正式开展企业景气调查，2010年全省每季度进行调查的企业1000家，基本涵盖全部大型及特大型企业、省重点企业、上市公司和部分中小企业，具有较强的代表性。

。

Brief Introduction

Business Survey

Business survey is a new statistical investigation system that adopts new situation of our country socialist market economy development and profits from the successful experience of the market economy countries. It is through carrying on the intent questionnaire survey regularly to the sample enterprise's entrepreneurs, according to judgment and anticipation of the enterprise management condition and the macroscopic economic situation for the entrepreneurs to establish the booming index. The enterprise booming index not only can reflect the enterprise management condition promptly, current macroscopic economical movement situation, but also will be able to forecast the future economy trend of development.

The booming index is called the scenery extent, it is the target that is compiled to stationary index through the quantitative method processing in the enterprise booming investigation and reflects some specific investigation community or locating condition or development trend of some social economy phenomenon. The value scope of booming index is situated between 0～200, 100 is marginal value of booming index; When the booming index is bigger than 100, indicates the financial circumstance tends to the rise or the improvement, is at the booming condition; When the booming index is smaller than 100, indicates the financial circumstance tends to the drop or the worsening, is in not the booming condition.

According to its investigation object and the difference of reflection content, the booming index has the different classifications of

macroscopic and microscopic. The confidence index of entrepreneurs is established according to the judgment of entrepreneurs to the macroscopic economic environment confidence anticipation; the business climate index is established according to judgment of current comprehensive management condition and the estimate of future development.

Business survey includes industry; construction; transportation, storage and telecommunications; whole sale and retail trade; real estate; information transmission, computer services and software; hotel and catering services; social service eight big profession classes. Shandong business survey was developed in 1998 officially, there are 1000 investigation enterprises that are carried on each quarter in entire province in 2010, cover completely large-scale and the extra large type enterprise, the province key enterprises, listed company and the partial small and medium-sized enterprises basically, have the strong representation.

21-1 企业家信心指数(2010年)
Confidence Index of Entrepreneurs (2010)

类别	Classification	一季度 Quarter1	二季度 Quarter2	三季度 Quarter3	四季度 Quarter4
总体状况	**Overall**	**136.9**	**130.7**	**135.1**	**138.9**
按行业门类分	**Grouped by Sector**				
工业	Industry	136.7	131.8	135.3	140.4
采矿业	Mining	124.3	121.6	132.7	149.3
制造业	Manufacturing	134.4	130.1	132.7	138.1
电力、燃气及水的生产和供应业	Production and Supply of Power，Gas & Water	157.8	149.5	153.7	150.9
建筑业	Construction	139.4	126.7	131.3	137.6
交通运输、仓储及邮政业	Transport, Storage and Postal Service	134.2	134.2	136.5	141.0
批发和零售业	Wholesale and Retail Trade	142.7	145.5	147.8	147.5
房地产业	Real Estate Trade	130.9	103.6	124.4	124.1
社会服务业	Social Services	124.0	120.0	128.0	120.0
信息传输、计算机服务和软件业	Information Transmission, Computer Service and Software Services	172.6	152.0	165.0	160.9
住宿和餐饮业	Accommodation and Catering Services	115.0	116.7	108.5	114.0
按企业登记注册类型分	**by Status of Registration**				
国有企业	State-owned Enterprises	137.0	130.1	135.1	138.6
集体企业	Collective-owned Enterprises	140.0	134.3	140.0	140.0
股份合作企业	Cooperative Enterprises	100.0	100.0	106.3	131.3
联营企业	Joint Ownership Enterprises	150.0	150.0	150.0	150.0
有限责任公司	Limited Liability Corporations	134.9	128.4	132.8	139.4
股份有限公司	Share-holding Corporations Limited	143.3	138.0	144.9	143.8
私营企业	Private Enterprises	120.3	117.4	130.9	131.8
港、澳、台商投资企业	Enterprises with Funds from Hongkong,Macao and Taiwan	137.9	117.2	131.0	121.4
外商投资企业	Enterprises with Funds from Foreign	153.9	153.7	135.7	136.8
按企业规模分	**Grouped by Size of Enterprises**				
大型	Large-sized	133.4	124.5	129.9	136.0
中型	Medium-sized	146.1	141.6	145.3	148.7
小型	Small-sized	129.3	123.5	128.3	131.8
特殊分组	**Special Group**				
国家重点企业	Province key Enterprises	154.3	159.5	159.5	175.6
出口企业	Export Enterprises	126.3	118.9	125.7	130.5
上市公司	Companies Listed in Stock Exchange	136.2	139.9	139.1	140.4
国有控股企业	Stateholding Enterprises	137.6	133.1	137.0	140.7

21-2 企业景气指数(2010年)
Business Climate Index (2010)

类　　别	Classification	一季度 Quarter1	二季度 Quarter2	三季度 Quarter3	四季度 Quarter4
总体状况	**Overall**	**130.0**	**130.8**	**130.9**	**138.9**
按行业门类分	**Grouped by Sector**				
工业	Industry	128.3	132.0	131.8	141.2
采矿业	Mining	116.0	118.8	121.6	141.0
制造业	Manufacturing	127.1	130.9	130.3	140.5
电力、燃气及水的生产和供应业	Production and Supply of Power，Gas & Water	141.1	144.5	145.6	144.8
建筑业	Construction	126.3	134.9	128.2	139.1
交通运输、仓储及邮政业	Transport, Storage and Postal Service	134.5	111.5	120.6	127.4
批发和零售业	Wholesale and Retail Trade	145.6	150.4	146.3	151.2
房地产业	Real Estate Trade	120.8	109.9	129.9	131.5
社会服务业	Social Services	116.0	112.0	104.0	108.0
信息传输、计算机服务和软件业	Information Transmission, Computer Service and Software Services	176.1	152.0	162.1	160.9
住宿和餐饮业	Accommodation and Catering Services	116.7	113.3	110.2	114.0
按企业登记注册类型分	**by Status of Registration**				
国有企业	State-owned Enterprises	128.5	133.8	132.6	138.1
集体企业	Collective-owned Enterprises	114.3	125.7	137.1	125.7
股份合作企业	Cooperative Enterprises	93.8	125.0	118.8	131.3
联营企业	Joint Ownership Enterprises	100.0	150.0	150.0	150.0
有限责任公司	Limited Liability Corporations	132.6	131.1	127.5	136.9
股份有限公司	Share-holding Corporations Limited	142.3	137.7	145.2	158.9
私营企业	Private Enterprises	127.5	114.5	119.1	130.3
港、澳、台商投资企业	Enterprises with Funds from Hongkong,Macao and Taiwan	120.7	117.2	120.7	135.7
外商投资企业	Enterprises with Funds from Foreign	141.2	151.3	140.8	147.4
按企业规模分	**Grouped by Size of Enterprises**				
大型	Large-sized	131.4	133.4	124.6	162.8
中型	Medium-sized	139.4	141.3	143.0	151.0
小型	Small-sized	124.2	123.9	124.1	127.5
特殊分组	**Special Group**				
国家重点企业	Province key Enterprises	154.3	183.9	160.8	182.6
出口企业	Export Enterprises	125.6	126.5	126.5	142.6
上市公司	Companies Listed in Stock Exchange	125.5	140.9	139.9	163.7
国有控股企业	Stateholding Enterprises	131.7	134.9	135.9	145.4

21-3 企业生产经营状况景气指数

时间序列	Time	企业家信心指数 Confidence Index of Entrepreneurs	企业景气指数 Business Climate Index	生产总量景气指数 Climate Index of Total Output	盈利(亏损)变化景气指数 Climate Index of Profit(loss) Variation
1999年1季度	Quarter1,1999	90.7	105.8	109.4	81.0
1999年2季度	Quarter2,1999	85.9	92.7	103.0	70.9
1999年3季度	Quarter3,1999	88.5	93.9	103.1	74.7
1999年4季度	Quarter4,1999	97.3	98.4	111.0	90.5
2000年1季度	Quarter1,2000	98.1	101.7	109.7	92.0
2000年2季度	Quarter2,2000	100.3	97.4	111.6	85.2
2000年3季度	Quarter3,2000	103.1	96.8	116.4	91.8
2000年4季度	Quarter4,2000	104.6	100.8	116.8	95.1
2001年1季度	Quarter1,2001	117.1	107.6	106.0	97.3
2001年2季度	Quarter2,2001	111.2	110.0	114.9	98.7
2001年3季度	Quarter3,2001	112.0	109.0	114.8	94.9
2001年4季度	Quarter4,2001	111.6	106.5	110.0	96.5
2002年1季度	Quarter1,2002	120.4	112.5	104.5	98.3
2002年2季度	Quarter2,2002	115.5	111.6	117.2	101.6
2002年3季度	Quarter3,2002	116.2	113.1	118.3	107.9
2002年4季度	Quarter4,2002	120.7	117.2	123.5	108.1
2003年1季度	Quarter1,2003	125.1	119.6	112.3	107.8
2003年2季度	Quarter2,2003	113.6	105.1	105.9	94.5
2003年3季度	Quarter3,2003	128.1	120.6	126.6	112.6
2003年4季度	Quarter4,2003	127.1	126.7	128.8	116.9
2004年1季度	Quarter1,2004	135.3	129.0	116.3	112.4
2004年2季度	Quarter2,2004	130.5	126.4	122.8	110.9
2004年3季度	Quarter3,2004	128.2	122.3	125.1	112.7
2004年4季度	Quarter4,2004	130.1	128.1	135.1	123.1
2005年1季度	Quarter1,2005	132.4	124.3	106.0	110.2
2005年2季度	Quarter2,2005	129.5	126.9	122.5	110.7
2005年3季度	Quarter3,2005	130.7	128.5	125.7	116.1
2005年4季度	Quarter4,2005	132.6	134.6	128.4	125.2
2006年1季度	Quarter1,2006	134.7	129.8	111.0	110.8
2006年2季度	Quarter2,2006	128.3	131.8	123.2	119.6
2006年3季度	Quarter3,2006	130.6	133.9	124.6	119.5
2006年4季度	Quarter4,2006	133.4	135.6	133.1	127.0
2007年1季度	Quarter1,2007	144.2	140.2	109.5	113.5
2007年2季度	Quarter2,2007	141.0	143.5	129.5	123.6
2007年3季度	Quarter3,2007	138.5	137.7	126.3	118.6
2007年4季度	Quarter4,2007	135.7	140.1	129.5	120.2
2008年1季度	Quarter1,2008	136.8	128.5	101.2	100.7
2008年2季度	Quarter2,2008	130.3	128.9	125.9	112.8
2008年3季度	Quarter3,2008	120.6	123.6	115.5	103.5
2008年4季度	Quarter4,2008	103.0	111.8	95.5	85.5
2009年1季度	Quarter1,2009	107.1	110.7	89.0	88.6
2009年2季度	Quarter2,2009	113.6	114.6	111.9	102.0
2009年3季度	Quarter3,2009	121.9	125.8	125.4	115.9
2009年4季度	Quarter4,2009	131.6	131.4	129.6	124.2
2010年1季度	Quarter1,2010	136.9	130.0	107.6	107.9
2010年2季度	Quarter2,2010	130.7	130.8	128.4	115.1
2010年3季度	Quarter3,2010	135.1	130.9	127.9	116.4
2010年4季度	Quarter4,2010	138.9	138.9	129.8	125.9

Business Operating and Alanaging Climate Indices

流动资金 景气指数 Climate Index of of Liquid Capital	货款拖欠 景气指数 Climate Index on Overdue Obligations to Suppliers	劳动力需求 景气指数 Climate Index of Labor Demand	固定资产投资 景气指数 Climate Index on Fixed Assets Investment	产品订货 景气指数 Climate Index of Order Financing	企业融资 景气指数 Climate Index of Enterprises Financing
47.1	90.4	62.8	98.0		
44.3	90.3	62.2	94.7		
45.5	90.5	63.3	97.4		
49.8	99.8	70.2	102.0		
50.1	104.8	69.3	104.1		
46.5	92.0	76.6	104.2		
49.3	98.8	74.3	105.6		
53.2	98.1	78.0	108.6		
62.3	102.2	81.3	109.5		
60.9	99.8	84.0	112.0		
59.7	95.2	84.1	112.1		
61.4	101.8	84.4	109.0		
66.6	105.2	84.0	100.1		
66.6	102.9	89.2	111.2		
63.8	97.7	90.3	112.5		
66.7	98.5	92.3	114.0		
77.6	100.2	91.8	106.4		
70.8	99.7	87.4	109.9		
72.7	99.1	94.3	116.7		
76.1	100.7	96.3	116.0		
81.3	108.1	97.5	116.4	115.3	77.4
75.3	104.4	101.4	117.4	109.2	73.5
73.7	104.6	103.1	115.6	109.7	68.8
74.3	106.9	107.1	116.4	118.5	74.1
82.0	108.5	99.9	104.1	113.8	78.9
78.5	101.7	106.5	112.3	118.7	75.0
79.8	96.5	108.2	113.0	115.5	74.2
83.2	101.3	109.2	119.5	118.0	77.2
85.3	107.9	102.8	110.0	112.7	79.5
90.1	104.6	109.3	114.5	114.9	77.9
84.6	102.8	109.7	115.3	115.4	77.3
87.5	105.5	114.0	114.3	121.5	79.5
99.5	107.9	109.8	112.9	113.9	86.1
98.6	107.1	114.8	114.5	116.4	87.3
95.8	102.0	112.6	111.4	119.5	85.0
93.1	106.9	113.0	114.4	120.8	80.8
90.6	110.1	108.1	109.8	109.0	80.2
86.5	101.0	110.7	116.1	115.7	79.2
83.0	96.4	106.1	113.2	105.4	78.4
84.4	93.7	88.9	104.2	89.3	77.1
88.7	94.7	93.1	96.9	90.9	80.6
87.5	99.9	100.1	105.1	99.8	80.4
93.0	96.6	103.8	114.9	107.8	81.7
99.8	103.2	108.9	117.4	117.4	85.1
101.2	104.7	110.3	110.7	108.5	89.1
99.5	106.7	110.7	115.6	113.7	88.5
101.7	105.1	112.0	118.5	117.2	89.3
103.1	106.8	117.4	119.6	121.5	90.4

21-4 工业企业生产经营状况景气指数

时间序列	Time	企业家信心指数 Confidence Index of Entrepreneurs	企业景气指数 Business Climate Index	生产总量景气指数 Climate Index of Total Output	盈利(亏损)变化景气指数 Climate Index of Profit(loss) Variation
1999年1季度	Quarter1,1999	79.3	105.1	113.3	73.7
1999年2季度	Quarter2,1999	76.1	90.4	111.0	72.6
1999年3季度	Quarter3,1999	76.8	90.9	105.3	73.7
1999年4季度	Quarter4,1999	91.1	97.3	112.3	94.5
2000年1季度	Quarter1,2000	90.3	100.2	115.0	85.0
2000年2季度	Quarter2,2000	95.3	93.8	110.3	82.4
2000年3季度	Quarter3,2000	95.9	96.9	128.0	94.7
2000年4季度	Quarter4,2000	104.7	105.8	119.1	98.8
2001年1季度	Quarter1,2001	115.7	107.3	102.4	95.6
2001年2季度	Quarter2,2001	111.4	110.1	118.4	105.6
2001年3季度	Quarter3,2001	105.1	105.5	114.8	92.9
2001年4季度	Quarter4,2001	102.2	101.3	112.6	94.5
2002年1季度	Quarter1,2002	111.4	104.9	101.1	88.5
2002年2季度	Quarter2,2002	109.8	110.3	128.9	109.0
2002年3季度	Quarter3,2002	110.7	111.0	122.4	110.3
2002年4季度	Quarter4,2002	120.4	117.4	122.1	111.5
2003年1季度	Quarter1,2003	122.8	116.6	106.6	98.3
2003年2季度	Quarter2,2003	120.7	118.9	129.9	109.8
2003年3季度	Quarter3,2003	126.2	119.3	124.2	109.9
2003年4季度	Quarter4,2003	126.8	129.3	127.4	121.4
2004年1季度	Quarter1,2004	136.4	127.4	121.6	112.1
2004年2季度	Quarter2,2004	131.0	128.0	133.2	111.6
2004年3季度	Quarter3,2004	126.6	122.5	128.8	114.3
2004年4季度	Quarter4,2004	129.6	127.1	131.3	119.8
2005年1季度	Quarter1,2005	129.0	117.6	101.0	104.4
2005年2季度	Quarter2,2005	126.5	127.2	130.3	115.4
2005年3季度	Quarter3,2005	128.5	130.4	130.6	119.9
2005年4季度	Quarter4,2005	130.4	135.2	125.6	129.1
2006年1季度	Quarter1,2006	134.1	126.6	110.6	112.2
2006年2季度	Quarter2,2006	129.7	133.8	134.5	126.6
2006年3季度	Quarter3,2006	132.8	134.1	132.5	130.2
2006年4季度	Quarter4,2006	136.4	136.1	137.4	134.5
2007年1季度	Quarter1,2007	145.9	140.2	109.0	118.9
2007年2季度	Quarter2,2007	141.4	143.9	137.3	131.2
2007年3季度	Quarter3,2007	139.6	136.5	123.7	122.1
2007年4季度	Quarter4,2007	138.1	143.2	127.6	128.8
2008年1季度	Quarter1,2008	136.0	123.8	96.9	98.5
2008年2季度	Quarter2,2008	131.3	130.0	136.7	124.5
2008年3季度	Quarter3,2008	118.8	124.4	112.7	106.5
2008年4季度	Quarter4,2008	94.0	103.3	87.9	76.4
2009年1季度	Quarter1,2009	96.9	101.9	88.8	82.4
2009年2季度	Quarter2,2009	108.4	108.5	117.9	105.8
2009年3季度	Quarter3,2009	118.6	122.5	124.8	117.6
2009年4季度	Quarter4,2009	128.9	127.6	131.2	127.5
2010年1季度	Quarter1,2010	136.7	128.3	107.3	107.4
2010年2季度	Quarter2,2010	131.8	132.0	139.4	124.5
2010年3季度	Quarter3,2010	135.3	131.8	131.6	121.7
2010年4季度	Quarter4,2010	140.4	141.2	130.1	131.8

Operating and Alanaging Climate Index of Industrial Enterprise

流动资金 景气指数 Climate Index of of Liquid Capital	货款拖欠 景气指数 Climate Index on Overdue Obligations to Suppliers	劳动力需求 景气指数 Climate Index of Labor Demand	固定资产投资 景气指数 Climate Index on Fixed Assets Investment	产品订货 景气指数 Climate Index of Order Financing	企业融资 景气指数 Climate Index of Enterprises Financing
41.8	86.8	62.3	87.6	98.8	
38.4	86.1	58.4	90.5	95.7	
39.9	87.8	60.0	89.6	96.6	
46.2	104.5	66.0	103.1	113.1	
44.8	110.5	68.8	99.8	94.4	
42.3	86.4	78.3	108.5	95.5	
49.4	95.3	71.9	104.0	92.1	
54.1	98.6	81.8	111.2	89.5	
59.3	103.8	78.2	106.4	95.0	
59.4	97.7	83.5	107.1	93.9	
58.6	99.1	75.9	108.6	91.8	
60.5	102.7	81.1	110.4	95.0	
61.5	109.2	83.7	101.5	86.9	
64.0	101.3	94.1	115.0	87.7	
64.2	96.7	87.3	116.7	86.1	
71.3	97.9	91.2	119.1	91.0	
79.3	105.1	95.6	109.7	109.8	
79.4	100.9	92.7	119.9	101.9	
79.4	105.4	92.9	119.8	116.8	
83.3	110.4	97.0	125.5	121.3	
80.7	109.4	106.8	123.8	122.5	82.5
73.7	101.5	105.0	121.7	117.9	76.3
74.2	103.7	104.8	123.4	114.9	71.9
74.4	110.7	101.5	123.4	118.5	73.1
75.2	104.2	106.1	108.1	120.4	75.6
75.6	103.5	107.9	116.9	124.5	70.3
78.8	98.8	105.4	121.5	119.0	71.8
81.2	103.9	101.6	128.1	120.4	71.4
84.1	108.1	110.3	116.6	116.2	79.6
87.0	108.1	109.8	123.2	125.3	78.6
86.1	104.3	111.0	117.2	119.2	74.5
88.4	108.3	115.3	118.0	128.8	80.1
93.1	106.0	111.5	121.2	112.6	84.1
101.0	108.7	113.3	117.1	118.6	86.7
96.2	105.7	108.9	118.8	119.4	82.6
92.6	109.2	111.2	119.5	123.5	78.2
87.9	110.1	114.0	114.4	113.0	82.0
84.1	102.3	112.9	124.5	123.9	77.8
79.9	98.6	103.2	118.9	105.8	77.0
81.8	93.3	78.9	107.9	83.5	78.7
89.9	94.2	93.0	95.7	88.2	84.5
85.3	99.9	99.8	110.0	98.3	80.0
90.3	93.4	102.0	120.1	104.2	80.6
96.8	100.7	109.8	122.4	115.9	83.8
98.3	103.1	118.6	113.8	112.5	87.8
96.3	104.0	117.3	122.7	122.9	90.0
99.5	105.3	115.0	126.6	120.3	88.6
100.9	109.3	121.5	125.4	126.2	89.9

21-5 建筑业企业生产经营状况景气指数

时间序列	Time	企业家信心指数 Confidence Index of Entrepreneurs	企业景气指数 Business Climate Index	生产总量景气指数 Climate Index of Total Output	盈利(亏损)变化景气指数 Climate Index of Profit(loss) Variation
1999年1季度	Quarter1,1999	94.1	100.5	90.6	97.5
1999年2季度	Quarter2,1999	89.6	85.2	100.9	64.0
1999年3季度	Quarter3,1999	86.3	84.2	111.8	70.2
1999年4季度	Quarter4,1999	90.2	87.8	113.2	98.9
2000年1季度	Quarter1,2000	86.6	92.2	83.1	103.2
2000年2季度	Quarter2,2000	91.2	86.1	121.0	89.1
2000年3季度	Quarter3,2000	93.3	80.6	103.9	101.2
2000年4季度	Quarter4,2000	84.3	97.6	114.8	88.5
2001年1季度	Quarter1,2001	98.1	75.0	78.6	85.6
2001年2季度	Quarter2,2001	92.5	98.9	119.3	102.2
2001年3季度	Quarter3,2001	105.7	100.4	117.4	86.9
2001年4季度	Quarter4,2001	102.5	96.6	111.0	111.7
2002年1季度	Quarter1,2002	113.9	97.1	78.5	81.8
2002年2季度	Quarter2,2002	96.0	100.8	112.2	85.5
2002年3季度	Quarter3,2002	104.9	94.5	116.2	96.8
2002年4季度	Quarter4,2002	101.2	102.1	128.1	113.8
2003年1季度	Quarter1,2003	109.0	97.2	84.4	94.7
2003年2季度	Quarter2,2003	114.1	102.6	113.5	94.9
2003年3季度	Quarter3,2003	121.6	112.5	127.6	115.4
2003年4季度	Quarter4,2003	119.8	117.8	135.4	107.2
2004年1季度	Quarter1,2004	120.7	107.9	86.3	71.9
2004年2季度	Quarter2,2004	119.2	116.3	122.4	97.9
2004年3季度	Quarter3,2004	114.5	107.8	128.0	95.3
2004年4季度	Quarter4,2004	122.1	112.6	141.0	125.7
2005年1季度	Quarter1,2005	127.2	112.7	84.8	95.7
2005年2季度	Quarter2,2005	126.2	113.5	123.9	104.8
2005年3季度	Quarter3,2005	126.7	111.8	123.5	113.0
2005年4季度	Quarter4,2005	131.6	127.0	144.1	122.1
2006年1季度	Quarter1,2006	123.7	121.1	79.8	89.2
2006年2季度	Quarter2,2006	118.1	119.3	128.1	104.9
2006年3季度	Quarter3,2006	119.7	122.0	111.8	104.8
2006年4季度	Quarter4,2006	118.5	133.3	152.7	128.4
2007年1季度	Quarter1,2007	133.3	126.0	69.5	89.8
2007年2季度	Quarter2,2007	122.9	131.0	129.7	114.2
2007年3季度	Quarter3,2007	126.2	126.3	133.0	106.9
2007年4季度	Quarter4,2007	123.8	129.7	146.6	101.7
2008年1季度	Quarter1,2008	122.9	124.0	73.2	84.9
2008年2季度	Quarter2,2008	119.3	121.7	120.2	91.2
2008年3季度	Quarter3,2008	117.9	117.5	132.6	89.0
2008年4季度	Quarter4,2008	108.0	131.5	121.1	112.0
2009年1季度	Quarter1,2009	118.9	119.8	62.4	89.8
2009年2季度	Quarter2,2009	123.8	126.2	124.9	101.9
2009年3季度	Quarter3,2009	123.1	129.1	136.4	108.3
2009年4季度	Quarter4,2009	134.0	133.1	145.1	122.8
2010年1季度	Quarter1,2010	139.4	126.3	82.9	91.7
2010年2季度	Quarter2,2010	126.7	134.9	131.0	111.4
2010年3季度	Quarter3,2010	131.3	128.2	135.0	107.0
2010年4季度	Quarter4,2010	137.6	139.1	141.7	125.5

Operating and Alanaging Climate Index of Construction Enterprise

流动资金 景气指数 Climate Index of of Liquid Capital	货款拖欠 景气指数 Climate Index on Overdue Obligations to Suppliers	劳动力需求 景气指数 Climate Index of Labor Demand	固定资产投资 景气指数 Climate Index on Fixed Assets Investment	产品订货 景气指数 Climate Index of Order Financing	企业融资 景气指数 Climate Index of Enterprises Financing
49.0	84.5	68.7	103.5	75.0	
46.5	83.7	78.8	84.6	78.2	
43.6	68.4	85.6	95.5	100.2	
51.9	67.0	105.2	84.1	89.1	
52.0	87.9	72.4	102.4	65.9	
51.4	76.1	93.5	92.6	70.5	
50.3	80.7	90.0	101.8	93.5	
61.0	73.2	85.8	98.3	92.5	
58.0	65.7	80.7	103.9	85.4	
50.8	82.3	99.8	99.3	96.4	
30.3	59.0	103.7	103.1	97.7	
42.0	79.7	96.9	90.4	87.7	
57.8	91.2	67.6	77.1	94.0	
49.0	79.2	92.4	89.0	98.6	
40.0	62.1	102.1	92.3	111.7	
49.3	59.4	110.8	100.3	119.4	
57.7	66.2	74.4	91.2	94.1	
55.2	66.8	105.1	97.8	96.8	
48.2	66.4	118.5	101.7	112.9	
54.3	60.9	123.4	98.7	107.8	
62.9	94.4	80.7	103.6	87.2	50.2
60.6	96.6	105.2	115.5	96.9	50.2
56.2	80.2	121.0	104.7	102.1	42.8
51.6	78.4	123.6	103.7	119.3	62.3
73.0	101.6	79.8	93.5	93.1	63.5
62.4	72.2	122.2	111.9	125.8	62.9
63.1	67.2	127.9	104.2	111.5	54.8
68.3	80.3	142.9	114.9	121.2	65.0
66.5	102.5	80.3	88.2	91.6	54.3
74.6	89.8	117.3	103.9	110.3	56.3
68.7	73.2	118.5	105.3	100.4	56.2
68.1	71.6	136.8	117.1	123.1	53.5
89.1	108.0	89.2	95.0	83.6	67.5
80.5	98.0	131.8	107.6	120.1	68.2
82.7	88.9	131.1	100.5	117.6	72.4
72.7	91.4	133.4	100.3	127.2	60.3
82.8	109.3	71.6	92.4	74.0	59.6
76.0	90.2	115.8	102.4	114.6	63.7
73.9	72.1	125.9	104.8	114.3	59.2
77.7	75.6	113.4	100.5	97.8	56.0
70.5	83.1	80.4	92.4	82.9	62.0
77.4	83.9	119.6	100.1	118.9	66.4
84.1	90.4	129.1	103.4	115.6	65.5
93.1	98.1	129.8	112.0	124.4	66.6
87.1	105.0	93.2	93.4	86.9	67.2
92.0	111.6	119.3	102.7	109.8	73.3
89.8	89.1	132.2	107.3	125.3	77.2
89.0	88.9	133.2	109.4	132.6	82.2

21-6 交通运输、仓储和邮政业企业生产经营状况景气指数

时间序列	Time	企业家信心指数 Confidence Index of Entrepreneurs	企业景气指数 Business Climate Index	生产总量景气指数 Climate Index of Total Output	盈利(亏损)变化景气指数 Climate Index of Profit(loss) Variation
1999年1季度	Quarter1,1999	135.1	141.6	155.4	124.6
1999年2季度	Quarter2,1999	110.7	124.2	119.8	109.5
1999年3季度	Quarter3,1999	127.3	128.3	140.7	119.3
1999年4季度	Quarter4,1999	123.4	124.3	126.2	119.2
2000年1季度	Quarter1,2000	127.1	136.9	141.4	127.5
2000年2季度	Quarter2,2000	124.0	127.5	127.6	106.3
2000年3季度	Quarter3,2000	127.5	113.2	120.4	113.2
2000年4季度	Quarter4,2000	124.9	110.0	147.0	121.1
2001年1季度	Quarter1,2001	133.0	132.9	141.4	105.3
2001年2季度	Quarter2,2001	119.2	111.1	113.6	74.5
2001年3季度	Quarter3,2001	124.7	122.1	134.6	103.4
2001年4季度	Quarter4,2001	133.0	131.1	121.8	84.9
2002年1季度	Quarter1,2002	133.1	141.0	128.9	133.2
2002年2季度	Quarter2,2002	127.9	115.8	101.5	88.3
2002年3季度	Quarter3,2002	127.9	131.6	118.4	110.4
2002年4季度	Quarter4,2002	134.2	129.0	122.6	96.4
2003年1季度	Quarter1,2003	138.0	140.3	134.2	134.7
2003年2季度	Quarter2,2003	81.3	60.3	40.8	40.9
2003年3季度	Quarter3,2003	141.3	128.3	138.6	113.7
2003年4季度	Quarter4,2003	124.3	136.4	125.6	114.5
2004年1季度	Quarter1,2004	142.0	152.1	155.7	148.9
2004年2季度	Quarter2,2004	142.1	134.1	113.8	109.6
2004年3季度	Quarter3,2004	142.1	130.9	133.2	123.9
2004年4季度	Quarter4,2004	143.0	146.8	155.9	116.8
2005年1季度	Quarter1,2005	142.2	151.0	168.0	149.9
2005年2季度	Quarter2,2005	139.9	142.1	109.8	100.9
2005年3季度	Quarter3,2005	137.6	139.9	131.1	104.4
2005年4季度	Quarter4,2005	130.2	143.6	125.5	120.2
2006年1季度	Quarter1,2006	140.8	142.2	148.4	130.2
2006年2季度	Quarter2,2006	116.6	126.3	100.1	102.9
2006年3季度	Quarter3,2006	130.8	142.2	141.6	88.0
2006年4季度	Quarter4,2006	135.2	139.9	106.2	109.2
2007年1季度	Quarter1,2007	154.2	153.1	158.3	109.2
2007年2季度	Quarter2,2007	158.4	159.8	103.5	96.6
2007年3季度	Quarter3,2007	139.7	148.9	125.6	85.9
2007年4季度	Quarter4,2007	137.4	125.5	116.3	81.7
2008年1季度	Quarter1,2008	155.4	144.2	151.0	112.5
2008年2季度	Quarter2,2008	141.9	130.7	107.6	87.5
2008年3季度	Quarter3,2008	130.5	116.0	119.1	85.1
2008年4季度	Quarter4,2008	123.7	110.1	94.1	62.3
2009年1季度	Quarter1,2009	137.3	130.7	132.6	116.7
2009年2季度	Quarter2,2009	124.9	116.1	81.7	74.9
2009年3季度	Quarter3,2009	129.7	127.7	127.3	115.6
2009年4季度	Quarter4,2009	143.3	132.0	126.7	110.8
2010年1季度	Quarter1,2010	134.2	134.5	143.2	125.0
2010年2季度	Quarter2,2010	134.2	111.5	99.9	72.3
2010年3季度	Quarter3,2010	136.5	120.6	114.1	95.6
2010年4季度	Quarter4,2010	141.0	127.4	115.8	95.3

Operating and Alanaging Climate Index of Transport, Storage and Postal Service Enterprises

流动资金景气指数 Climate Index of of Liquid Capital	货款拖欠景气指数 Climate Index on Overdue Obligations to Suppliers	劳动力需求景气指数 Climate Index of Labor Demand	固定资产投资景气指数 Climate Index on Fixed Assets Investment	产品订货景气指数 Climate Index of Order Financing	企业融资景气指数 Climate Index of Enterprises Financing
54.3	85.9	61.0	145.4		
54.8	95.6	58.3	128.5		
40.0	106.5	61.0	125.0		
43.6	103.2	54.6	125.9		
55.5	103.3	58.7	136.6		
43.6	106.9	46.9	104.0		
32.5	118.6	57.6	107.6		
30.4	103.6	59.7	108.7		
54.9	107.3	77.6	114.6		
60.7	101.7	55.4	135.7		
74.4	86.6	68.1	127.5		
62.8	104.9	75.5	122.9		
63.2	105.2	93.7	101.6		
72.6	125.3	70.0	116.8		
67.3	124.7	75.3	116.2		
49.4	112.5	83.1	113.1		
60.1	112.8	88.0	118.0		
43.9	99.9	57.8	101.5		
55.7	112.4	74.7	123.7		
61.6	101.6	79.6	119.5		
69.3	118.6	92.2	128.1	151.2	68.6
55.7	111.4	97.7	121.6	111.6	64.0
58.0	125.6	86.0	119.4	132.7	67.2
67.5	123.3	104.6	123.4	144.5	80.1
76.1	117.8	88.1	109.8	156.8	84.8
78.2	125.4	90.3	112.1	109.8	78.1
75.9	115.6	99.2	111.2	129.0	87.8
75.1	111.1	92.5	123.1	125.5	96.7
70.3	106.8	104.0	119.9	139.2	80.5
93.6	94.9	109.1	107.5	97.8	70.9
61.2	123.3	99.4	130.1	132.4	91.9
74.9	104.6	101.7	114.3	104.4	89.6
94.7	106.8	117.4	105.9	157.8	85.6
93.1	114.0	103.3	137.2	102.8	82.9
81.9	100.0	104.7	97.2	121.0	85.1
80.0	100.0	104.6	113.2	111.7	80.6
76.1	109.1	127.2	121.7	136.3	79.6
73.9	97.8	104.6	117.0	86.2	80.7
64.8	95.5	104.6	115.8	106.9	79.6
55.7	93.2	93.2	104.5	104.4	71.5
78.7	97.7	110.9	122.5	116.2	72.3
75.4	109.4	86.2	90.6	72.6	75.0
75.4	109.4	91.1	111.1	115.9	81.8
84.5	111.4	93.3	117.9	119.9	90.5
93.6	113.9	107.0	127.3	125.0	93.2
86.8	116.2	95.6	115.3	93.0	93.0
93.6	111.4	102.4	131.2	111.8	86.1
91.3	106.8	97.9	127.3	106.7	93.0

21-7 批发和零售业企业生产经营状况景气指数

时间序列	Time	企业家信心指数 Confidence Index of Entrepreneurs	企业景气指数 Business Climate Index	生产总量景气指数 Climate Index of Total Output	盈利(亏损)变化景气指数 Climate Index of Profit(loss) Variation
1999年1季度	Quarter1,1999	87.6	92.3	86.3	73.9
1999年2季度	Quarter2,1999	79.9	80.6	66.1	51.5
1999年3季度	Quarter3,1999	82.2	73.7	75.7	57.1
1999年4季度	Quarter4,1999	85.7	86.9	104.6	61.7
2000年1季度	Quarter1,2000	82.5	83.6	97.7	76.8
2000年2季度	Quarter2,2000	79.3	84.9	90.9	81.2
2000年3季度	Quarter3,2000	77.2	83.1	81.5	63.1
2000年4季度	Quarter4,2000	79.0	80.6	94.4	72.9
2001年1季度	Quarter1,2001	101.8	104.4	108.1	107.3
2001年2季度	Quarter2,2001	90.0	103.1	89.9	85.0
2001年3季度	Quarter3,2001	92.5	96.5	85.9	86.8
2001年4季度	Quarter4,2001	95.8	101.7	96.1	94.2
2002年1季度	Quarter1,2002	105.4	109.5	106.6	103.6
2002年2季度	Quarter2,2002	102.7	105.9	90.9	92.0
2002年3季度	Quarter3,2002	99.8	110.1	106.5	105.3
2002年4季度	Quarter4,2002	106.3	114.6	117.4	108.7
2003年1季度	Quarter1,2003	117.5	124.5	123.1	122.0
2003年2季度	Quarter2,2003	106.2	102.1	85.8	97.0
2003年3季度	Quarter3,2003	106.4	110.9	104.3	101.4
2003年4季度	Quarter4,2003	119.8	120.5	132.1	120.8
2004年1季度	Quarter1,2004	124.0	127.5	108.4	127.3
2004年2季度	Quarter2,2004	113.5	115.2	96.8	111.4
2004年3季度	Quarter3,2004	121.9	126.3	113.5	123.5
2004年4季度	Quarter4,2004	118.0	130.1	132.4	134.4
2005年1季度	Quarter1,2005	128.2	136.3	111.3	124.8
2005年2季度	Quarter2,2005	125.4	135.7	104.5	111.8
2005年3季度	Quarter3,2005	129.8	134.4	122.3	125.6
2005年4季度	Quarter4,2005	135.1	139.7	132.1	135.1
2006年1季度	Quarter1,2006	132.2	137.0	109.3	121.4
2006年2季度	Quarter2,2006	129.9	131.8	97.7	122.8
2006年3季度	Quarter3,2006	126.7	133.2	100.6	126.0
2006年4季度	Quarter4,2006	131.0	137.1	120.0	128.3
2007年1季度	Quarter1,2007	141.7	147.9	114.0	123.0
2007年2季度	Quarter2,2007	146.1	147.7	124.9	139.3
2007年3季度	Quarter3,2007	133.8	140.1	122.9	131.1
2007年4季度	Quarter4,2007	131.1	142.1	142.9	132.5
2008年1季度	Quarter1,2008	142.8	144.6	115.8	116.5
2008年2季度	Quarter2,2008	131.3	136.2	108.7	113.5
2008年3季度	Quarter3,2008	139.5	136.9	121.6	127.1
2008年4季度	Quarter4,2008	132.4	132.5	108.8	113.3
2009年1季度	Quarter1,2009	123.7	131.6	89.1	106.3
2009年2季度	Quarter2,2009	126.9	133.6	102.6	111.6
2009年3季度	Quarter3,2009	131.4	133.7	127.2	123.9
2009年4季度	Quarter4,2009	136.7	143.9	121.2	126.3
2010年1季度	Quarter1,2010	142.7	145.6	124.6	130.6
2010年2季度	Quarter2,2010	145.5	150.4	120.0	125.5
2010年3季度	Quarter3,2010	147.8	146.3	126.7	131.2
2010年4季度	Quarter4,2010	147.5	151.2	141.3	139.8

Operating and Alanaging Climate Index of Wholesale and Retail Trade Enterprises

流动资金 景气指数 Climate Index of of Liquid Capital	货款拖欠 景气指数 Climate Index on Overdue Obligations to Suppliers	劳动力需求 景气指数 Climate Index of Labor Demand	固定资产投资 景气指数 Climate Index on Fixed Assets Investment	产品订货 景气指数 Climate Index of Order Financing	企业融资 景气指数 Climate Index of Enterprises Financing
52.2	125.6	66.8	92.8		
48.6	113.5	52.2	79.6		
55.6	113.0	50.6	95.6		
53.0	108.9	59.1	94.5		
55.3	114.2	65.0	88.5		
53.1	118.1	68.9	93.5		
48.1	122.8	68.4	92.8		
51.6	115.4	73.8	102.2		
69.9	113.2	78.2	109.0		
64.1	115.4	78.9	109.6		
60.8	120.1	84.4	114.5		
66.8	115.9	83.6	108.3		
77.5	111.4	80.2	109.4		
69.3	116.2	73.3	110.3		
70.3	112.0	76.8	108.9		
68.5	114.4	82.8	114.1		
86.3	109.5	89.7	110.4		
77.1	112.2	78.9	107.3		
81.7	98.7	76.3	110.7		
83.1	110.3	84.0	103.6		
99.3	115.4	86.2	108.9	96.7	92.0
102.0	117.6	87.8	111.1	98.1	93.7
99.0	113.2	93.4	107.7	95.1	78.9
99.0	122.9	100.8	107.6	99.2	85.9
109.4	118.7	102.6	102.1	111.3	93.7
107.6	124.8	95.0	105.4	105.5	88.1
110.6	112.0	106.0	104.6	109.4	90.7
110.1	117.1	108.4	106.7	109.6	91.8
111.1	114.7	101.3	105.9	105.2	96.5
112.3	117.5	97.4	99.2	104.0	95.2
114.6	113.8	107.7	109.5	107.1	98.2
111.0	126.9	104.3	104.4	112.6	97.0
125.7	113.6	120.5	105.4	128.7	101.4
115.4	111.6	103.5	106.1	123.6	113.3
112.8	103.7	102.7	104.9	113.9	96.2
115.0	110.8	108.1	111.4	116.3	98.2
123.0	110.8	110.8	105.8	117.8	91.8
119.7	115.9	102.3	108.9	112.3	99.6
123.0	111.3	106.9	107.6	114.2	100.5
124.7	109.2	104.4	103.5	103.2	100.7
125.4	112.6	99.0	100.6	99.3	100.5
129.8	110.4	94.0	106.7	103.6	104.4
125.1	106.7	97.7	114.0	105.5	103.2
130.0	113.8	98.0	110.2	112.7	104.5
127.8	115.5	104.9	112.6	109.0	113.4
130.8	117.8	101.2	110.8	107.2	105.0
135.2	115.8	106.3	110.7	109.8	105.5
128.3	116.1	110.9	113.7	117.4	107.0

21-8 房地产业企业生产经营状况景气指数

时间序列	Time	企业家信心指数 Confidence Index of Entrepreneurs	企业景气指数 Business Climate Index	生产总量景气指数 Climate Index of Total Output	盈利(亏损)变化景气指数 Climate Index of Profit(loss) Variation
1999年1季度	Quarter1,1999	100.0	87.2	61.5	66.7
1999年2季度	Quarter2,1999	107.5	77.5	70.0	50.0
1999年3季度	Quarter3,1999	115.0	92.5	75.0	70.0
1999年4季度	Quarter4,1999	127.5	80.0	95.0	60.0
2000年1季度	Quarter1,2000	125.6	74.4	71.8	79.5
2000年2季度	Quarter2,2000	127.0	97.3	105.4	81.1
2000年3季度	Quarter3,2000	151.4	111.4	117.1	97.1
2000年4季度	Quarter4,2000	142.9	100.0	100.0	91.2
2001年1季度	Quarter1,2001	144.4	117.8	102.2	120.0
2001年2季度	Quarter2,2001	133.3	120.0	106.7	104.4
2001年3季度	Quarter3,2001	144.4	111.1	106.8	108.9
2001年4季度	Quarter4,2001	137.8	106.7	100.0	120.0
2002年1季度	Quarter1,2002	154.2	120.8	110.4	108.3
2002年2季度	Quarter2,2002	151.1	114.9	121.3	100.0
2002年3季度	Quarter3,2002	153.2	114.9	114.9	104.3
2002年4季度	Quarter4,2002	148.9	117.0	131.9	106.4
2003年1季度	Quarter1,2003	149.0	124.5	128.6	118.4
2003年2季度	Quarter2,2003	149.0	122.5	126.5	118.4
2003年3季度	Quarter3,2003	150.0	122.9	133.3	127.1
2003年4季度	Quarter4,2003	147.9	116.7	125.0	114.6
2004年1季度	Quarter1,2004	165.4	140.0	102.6	124.8
2004年2季度	Quarter2,2004	152.0	127.4	107.4	109.4
2004年3季度	Quarter3,2004	155.4	125.4	102.6	112.6
2004年4季度	Quarter4,2004	146.6	124.0	111.4	121.4
2005年1季度	Quarter1,2005	156.8	131.3	92.2	127.5
2005年2季度	Quarter2,2005	133.3	113.7	105.8	100.0
2005年3季度	Quarter3,2005	136.0	117.9	102.0	86.0
2005年4季度	Quarter4,2005	137.2	125.4	103.9	109.8
2006年1季度	Quarter1,2006	146.2	130.8	90.4	107.7
2006年2季度	Quarter2,2006	136.6	128.9	105.8	113.5
2006年3季度	Quarter3,2006	134.6	123.1	86.6	109.6
2006年4季度	Quarter4,2006	138.5	119.2	117.3	107.7
2007年1季度	Quarter1,2007	143.6	129.1	95.0	113.5
2007年2季度	Quarter2,2007	134.8	135.0	112.1	110.8
2007年3季度	Quarter3,2007	158.6	139.6	123.6	131.6
2007年4季度	Quarter4,2007	147.6	136.6	109.6	121.6
2008年1季度	Quarter1,2008	126.2	118.8	88.6	98.2
2008年2季度	Quarter2,2008	109.6	107.6	96.2	75.1
2008年3季度	Quarter3,2008	90.3	107.5	90.4	82.5
2008年4季度	Quarter4,2008	88.4	90.1	68.6	74.5
2009年1季度	Quarter1,2009	88.3	83.7	72.1	61.4
2009年2季度	Quarter2,2009	97.0	98.8	76.8	85.0
2009年3季度	Quarter3,2009	112.4	124.7	87.8	108.7
2009年4季度	Quarter4,2009	124.7	129.3	93.5	116.1
2010年1季度	Quarter1,2010	130.9	120.8	92.5	102.6
2010年2季度	Quarter2,2010	103.6	109.9	88.1	93.5
2010年3季度	Quarter3,2010	124.4	129.9	106.2	108.1
2010年4季度	Quarter4,2010	124.1	131.5	107.4	124.9

Operating and Alanaging Climate Index of Real Estate Enterprise

流动资金 景气指数 Climate Index of of Liquid Capital	货款拖欠 景气指数 Climate Index on Overdue Obligations to Suppliers	劳动力需求 景气指数 Climate Index of Labor Demand	固定资产投资 景气指数 Climate Index on Fixed Assets Investment	产品订货 景气指数 Climate Index of Order Financing	企业融资 景气指数 Climate Index of Enterprises Financing
59.0	97.4	61.5	74.4	76.9	
55.0	97.4	52.5	70.0	70.0	
55.0	117.5	62.5	82.5	67.5	
50.0	112.5	82.1	80.0	90.0	
56.4	100.0	71.8	76.9	69.2	
56.8	116.2	91.9	91.9	91.9	
71.4	120.0	94.3	117.1	100.0	
62.9	120.0	91.4	105.7	108.6	
66.7	129.6	95.6	111.1	102.2	
57.8	125.0	102.2	104.6	113.3	
64.4	125.0	100.0	104.4	102.2	
62.2	126.7	88.9	97.8	100.0	
75.0	112.5	108.3	114.6	102.1	
76.6	112.8	100.0	121.3	106.4	
72.3	106.4	106.4	110.6	125.5	
83.0	125.5	102.1	114.9	119.2	
93.9	100.0	102.0	104.1	100.0	
81.6	132.7	104.1	100.0	104.1	
72.9	110.4	93.8	129.2	116.7	
68.8	114.6	79.2	116.7	125.0	
95.4	118.6	101.4	100.0	109.4	90.0
84.8	120.8	96.0	103.4	95.4	83.4
75.4	128.0	88.6	109.4	82.6	78.0
73.4	118.0	99.4	109.4	104.8	64.0
84.3	125.5	105.8	98.0	90.1	78.4
80.3	115.7	84.3	107.8	91.9	76.4
69.9	118.0	92.1	110.0	83.9	62.0
80.3	107.8	90.2	98.0	92.1	74.5
86.5	115.4	102.0	92.2	94.2	75.0
88.4	125.0	98.1	103.9	92.2	75.0
80.8	119.2	100.0	98.0	100.0	71.1
75.0	126.9	96.2	92.2	98.1	67.3
103.1	136.8	98.7	97.9	102.4	85.9
96.1	126.9	97.5	99.9	96.4	77.3
101.0	127.5	105.6	110.0	121.6	77.4
94.5	127.6	105.6	110.0	101.6	84.5
83.0	126.5	84.8	90.6	78.7	62.3
77.0	117.4	82.7	86.5	77.1	67.4
67.2	119.5	86.5	80.7	54.8	70.9
72.3	113.7	70.4	62.8	54.0	54.8
44.6	95.8	66.0	64.4	79.8	40.8
61.8	123.3	75.9	83.3	105.1	64.0
93.2	115.1	79.3	87.5	105.7	67.3
91.2	122.6	86.0	85.6	101.9	70.0
102.9	132.0	83.4	93.5	99.0	89.1
94.6	129.9	73.5	80.0	68.1	74.6
103.6	133.5	84.4	85.5	88.1	87.3
103.7	126.7	90.7	91.8	93.4	78.6

21-9 社会服务业企业生产经营状况景气指数

时间序列	Time	企业家信心指数 Confidence Index of Entrepreneurs	企业景气指数 Business Climate Index	生产总量景气指数 Climate Index of Total Output	盈利(亏损)变化景气指数 Climate Index of Profit(loss) Variation
1999年1季度	Quarter1,1999	50.0	75.0	50.0	25.0
1999年2季度	Quarter2,1999	100.0	100.0	50.0	
1999年3季度	Quarter3,1999	75.0	75.0	25.0	25.0
1999年4季度	Quarter4,1999	100.0	125.0	25.0	75.0
2000年1季度	Quarter1,2000	140.0	100.0	60.0	60.0
2000年2季度	Quarter2,2000	120.0	100.0	60.0	60.0
2000年3季度	Quarter3,2000	140.0	80.0	60.0	40.0
2000年4季度	Quarter4,2000	80.0		40.0	
2001年1季度	Quarter1,2001	150.0	100.0	50.0	
2001年2季度	Quarter2,2001	166.7	133.3	150.0	133.3
2001年3季度	Quarter3,2001	183.3	183.3	133.3	116.7
2001年4季度	Quarter4,2001	200.0	116.7	66.7	66.7
2002年1季度	Quarter1,2002	185.7	128.6	71.4	57.1
2002年2季度	Quarter2,2002	171.4	142.9	100.0	142.9
2002年3季度	Quarter3,2002	157.1	128.6	128.6	157.1
2002年4季度	Quarter4,2002	142.9	114.3	114.3	71.4
2003年1季度	Quarter1,2003	153.9	138.5	153.9	123.1
2003年2季度	Quarter2,2003	53.9	38.5	30.8	46.2
2003年3季度	Quarter3,2003	146.2	138.5	138.5	130.8
2003年4季度	Quarter4,2003	138.5	123.1	100.0	92.3
2004年1季度	Quarter1,2004	155.0	150.0	115.0	145.0
2004年2季度	Quarter2,2004	165.0	170.0	155.0	150.0
2004年3季度	Quarter3,2004	150.0	150.0	130.0	125.0
2004年4季度	Quarter4,2004	140.0	145.0	135.0	125.0
2005年1季度	Quarter1,2005	144.4	138.9	105.6	72.2
2005年2季度	Quarter2,2005	155.6	155.6	133.3	122.2
2005年3季度	Quarter3,2005	150.0	155.6	127.8	138.9
2005年4季度	Quarter4,2005	133.3	144.4	127.8	122.2
2006年1季度	Quarter1,2006	143.8	125.0	137.5	81.3
2006年2季度	Quarter2,2006	150.0	162.5	118.8	131.3
2006年3季度	Quarter3,2006	143.8	162.5	131.3	125.0
2006年4季度	Quarter4,2006	137.5	125.0	118.8	100.0
2007年1季度	Quarter1,2007	141.2	135.3	117.7	88.2
2007年2季度	Quarter2,2007	146.8	140.9	129.4	117.3
2007年3季度	Quarter3,2007	135.3	141.2	141.2	129.4
2007年4季度	Quarter4,2007	123.5	135.3	94.1	105.9
2008年1季度	Quarter1,2008	155.6	133.3	111.1	116.7
2008年2季度	Quarter2,2008	138.9	127.8	116.7	133.3
2008年3季度	Quarter3,2008	105.6	116.7	111.1	116.7
2008年4季度	Quarter4,2008	83.3	122.2	83.3	83.3
2009年1季度	Quarter1,2009	95.2	109.5	81.0	81.0
2009年2季度	Quarter2,2009	100.0	109.5	109.5	109.5
2009年3季度	Quarter3,2009	114.3	123.8	109.5	109.5
2009年4季度	Quarter4,2009	123.8	133.3	95.2	100.0
2010年1季度	Quarter1,2010	124.0	116.0	84.0	72.0
2010年2季度	Quarter2,2010	120.0	112.0	124.0	104.0
2010年3季度	Quarter3,2010	128.0	104.0	108.0	96.0
2010年4季度	Quarter4,2010	120.0	108.0	116.0	92.0

Operating and Alanaging Climate Index of Social Services Enterprise

流动资金 景气指数 Climate Index of of Liquid Capital	货款拖欠 景气指数 Climate Index on Overdue Obligations to Suppliers	劳动力需求 景气指数 Climate Index of Labor Demand	固定资产投资 景气指数 Climate Index on Fixed Assets Investment	产品订货 景气指数 Climate Index of Order Financing	企业融资 景气指数 Climate Index of Enterprises Financing
75.0	100.0	25.0	100.0		
100.0	100.0	125.0	125.0		
150.0	75.0	75.0	100.0		
150.0	100.0	75.0	100.0		
100.0	100.0	60.0	140.0		
80.0	80.0	80.0	120.0		
100.0	80.0	100.0	120.0		
120.0	75.0	40.0	80.0		
133.3	116.7	100.0	116.7		
133.3	100.0	133.3	116.7		
133.3	83.3	133.3	116.7		
133.3	66.7	100.0	100.0		
142.9	100.0	71.4	100.0		
142.9	83.3	114.3	114.3		
100.0	100.0	142.9	128.6		
114.3	100.0	42.9	100.0		
130.8	123.1	92.3	107.7		
61.5	107.7	38.5	92.3		
107.7	123.1	123.1	107.7		
115.4	92.3	84.6	100.0		
130.0	135.0	125.0	130.0	150.0	100.0
110.0	79.0	125.0	130.0	145.0	100.0
100.0	100.0	120.0	105.0	130.0	105.0
100.0	115.0	135.0	120.0	120.0	85.0
122.2	133.3	133.3	105.6	88.9	111.1
105.6	111.1	127.8	111.1	127.8	116.7
100.0	83.3	111.1	105.6	144.4	122.2
111.1	88.9	111.1	122.2	116.7	111.1
118.8	125.0	106.3	125.0	125.0	112.5
100.0	100.0	125.0	112.5	118.8	100.0
93.8	100.0	112.5	131.3	131.3	87.5
118.8	125.0	93.8	100.0	106.3	106.3
129.1	129.4	123.5	117.7	112.1	111.8
82.4	105.6	152.9	94.1	117.3	100.0
82.4	82.4	147.1	111.8	141.2	111.8
111.8	135.3	100.0	123.5	105.9	105.9
88.9	100.0	133.3	116.7	122.2	100.0
83.3	66.7	127.8	105.6	127.8	100.0
94.4	94.4	100.0	105.6	105.6	105.6
94.4	116.7	100.0	100.0	83.3	83.3
66.7	95.2	109.5	95.2	71.4	76.2
76.2	95.2	109.5	85.7	81.0	76.2
95.2	81.0	100.0	114.3	114.3	100.0
104.8	104.8	100.0	100.0	114.3	109.5
104.0	72.0	104.0	100.0	84.0	91.7
96.0	84.0	96.0	112.0	128.0	68.0
80.0	104.0	80.0	84.0	108.0	84.0
112.0	92.0	96.0	104.0	92.0	76.0

21-10 信息传输、计算机服务和软件业企业生产经营状况景气指数

时间序列	Time	企业家信心指数 Confidence Index of Entrepreneurs	企业景气指数 Business Climate Index	生产总量景气指数 Climate Index of Total Output	盈利(亏损)变化景气指数 Climate Index of Profit(loss) Variation
1999年1季度	Quarter1,1999	128.6	128.6	200.0	57.1
1999年2季度	Quarter2,1999	142.9	128.6	171.4	85.7
1999年3季度	Quarter3,1999	160.0	180.0	120.0	60.0
1999年4季度	Quarter4,1999	133.3	150.0	166.7	66.7
2000年1季度	Quarter1,2000	128.6	171.4	171.4	142.9
2000年2季度	Quarter2,2000	142.9	142.9	171.4	71.4
2000年3季度	Quarter3,2000	150.0	150.0	150.0	66.7
2000年4季度	Quarter4,2000	142.9	171.4	157.1	142.9
2001年1季度	Quarter1,2001	138.3	158.2	175.0	144.8
2001年2季度	Quarter2,2001	150.0	154.9	170.0	120.6
2001年3季度	Quarter3,2001	140.0	140.7	165.0	113.2
2001年4季度	Quarter4,2001	135.0	143.2	170.0	100.6
2002年1季度	Quarter1,2002	156.8	171.6	179.7	159.1
2002年2季度	Quarter2,2002	161.6	162.1	160.6	137.0
2002年3季度	Quarter3,2002	147.3	152.6	151.1	121.4
2002年4季度	Quarter4,2002	151.9	157.1	155.9	121.4
2003年1季度	Quarter1,2003	157.0	171.8	163.3	136.4
2003年2季度	Quarter2,2003	162.1	175.9	127.4	112.1
2003年3季度	Quarter3,2003	160.5	177.8	156.9	117.1
2003年4季度	Quarter4,2003	165.7	174.3	168.8	141.2
2004年1季度	Quarter1,2004	174.1	180.3	160.0	142.4
2004年2季度	Quarter2,2004	156.4	167.2	146.3	165.1
2004年3季度	Quarter3,2004	162.5	162.6	150.9	123.6
2004年4季度	Quarter4,2004	165.5	182.3	165.5	159.5
2005年1季度	Quarter1,2005	159.9	166.0	147.1	145.5
2005年2季度	Quarter2,2005	163.6	156.9	131.1	116.6
2005年3季度	Quarter3,2005	166.7	165.3	150.6	148.2
2005年4季度	Quarter4,2005	172.7	168.4	150.8	142.4
2006年1季度	Quarter1,2006	164.7	172.4	163.6	147.1
2006年2季度	Quarter2,2006	163.3	162.7	121.5	129.4
2006年3季度	Quarter3,2006	160.9	162.7	159.8	131.5
2006年4季度	Quarter4,2006	167.7	174.5	150.9	131.5
2007年1季度	Quarter1,2007	166.5	181.0	161.3	154.5
2007年2季度	Quarter2,2007	169.3	168.7	135.1	120.9
2007年3季度	Quarter3,2007	169.7	180.0	153.1	149.7
2007年4季度	Quarter4,2007	169.0	189.7	159.4	150.8
2008年1季度	Quarter1,2008	174.9	176.9	154.3	144.1
2008年2季度	Quarter2,2008	173.5	171.0	134.4	129.7
2008年3季度	Quarter3,2008	164.7	171.0	125.9	117.3
2008年4季度	Quarter4,2008	161.2	164.5	144.7	127.0
2009年1季度	Quarter1,2009	165.7	173.4	149.2	127.7
2009年2季度	Quarter2,2009	161.2	166.4	120.6	103.7
2009年3季度	Quarter3,2009	172.6	166.8	152.3	113.8
2009年4季度	Quarter4,2009	167.6	175.9	170.2	141.1
2010年1季度	Quarter1,2010	172.6	176.1	166.1	138.5
2010年2季度	Quarter2,2010	152.0	152.0	110.8	80.3
2010年3季度	Quarter3,2010	165.0	162.1	143.3	110.1
2010年4季度	Quarter4,2010	160.9	160.9	158.2	111.9

Operating and Alanaging Climate Index of Information Transmission, Computer Services and Software Enterprise

流动资金 景气指数 Climate Index of of Liquid Capital	货款拖欠 景气指数 Climate Index on Overdue Obligations to Suppliers	劳动力需求 景气指数 Climate Index of Labor Demand	固定资产投资 景气指数 Climate Index on Fixed Assets Investment	产品订货 景气指数 Climate Index of Order Financing	企业融资 景气指数 Climate Index of Enterprises Financing
57.1	57.1	57.1	142.9	100.0	
28.6	71.4	85.7	171.4	100.0	
60.0	40.0	80.0	180.0	100.0	
50.0	100.0	100.0	150.0	100.0	
28.6	71.4	114.3	157.1	100.0	
28.6	42.9	100.0	128.6	100.0	
33.3	16.7	83.3	166.7	100.0	
28.6	100.0	71.4	171.4	100.0	
83.1	116.3	98.2	147.5	100.0	
83.1	106.3	98.2	160.0	100.0	
73.1	76.3	114.9	146.9	100.0	
93.1	101.3	104.9	146.9	100.0	
85.9	77.5	94.6	120.8	100.0	
82.9	90.0	108.9	100.2	100.0	
92.4	93.5	124.4	138.1	100.0	
87.5	107.5	124.4	122.7	100.0	
120.2	103.3	120.2	95.2	130.5	
120.9	103.6	112.1	112.2	119.8	
129.3	100.0	120.9	119.1	129.5	
127.8	98.4	124.3	114.0	144.8	
130.7	80.6	112.8	117.3	137.9	114.3
138.2	109.9	100.7	113.6	116.3	111.8
141.2	122.0	111.3	123.3	126.0	112.4
147.9	103.8	124.9	123.9	136.6	129.4
138.7	115.3	114.3	123.6	123.6	133.1
117.5	100.1	109.8	98.8	126.4	132.4
126.0	115.9	109.8	104.5	137.8	119.0
129.7	127.2	103.8	112.4	134.8	116.0
128.6	99.4	92.0	109.0	126.7	118.0
133.6	102.4	109.7	126.7	112.1	126.8
124.7	120.0	106.7	114.9	123.9	118.0
133.6	114.3	115.6	137.3	148.0	112.1
152.2	74.6	122.7	127.2	139.2	127.0
142.3	81.8	122.4	116.7	120.0	131.7
143.4	96.8	116.4	109.7	128.5	129.9
143.6	92.1	113.4	110.5	139.9	132.7
156.4	115.5	123.3	116.8	145.9	138.6
149.4	115.0	126.4	112.4	135.9	129.8
137.4	97.7	114.2	125.1	121.4	126.9
158.0	115.6	126.2	128.8	143.3	127.5
158.6	104.2	117.9	114.0	143.5	116.5
149.3	104.4	108.4	126.4	138.3	131.9
144.0	109.1	114.1	130.6	121.8	127.1
157.8	97.3	111.4	138.8	157.8	130.0
156.2	91.3	112.3	134.7	156.4	136.4
140.1	76.4	107.1	130.1	120.1	125.1
146.4	93.8	96.8	117.4	133.3	142.3
156.0	94.1	107.6	137.1	143.4	131.9

21-11 住宿和餐饮业企业生产经营状况景气指数

时间序列	Time	企业家信心指数 Confidence Index of Entrepreneurs	企业景气指数 Business Climate Index	生产总量景气指数 Climate Index of Total Output	盈利(亏损)变化景气指数 Climate Index of Profit(loss) Variation
1999年1季度	Quarter1,1999	111.8	88.2	76.5	91.2
1999年2季度	Quarter2,1999	85.3	82.4	82.4	64.7
1999年3季度	Quarter3,1999	91.2	75.8	72.7	54.6
1999年4季度	Quarter4,1999	100.0	75.0	87.9	60.6
2000年1季度	Quarter1,2000	108.8	97.1	111.8	88.2
2000年2季度	Quarter2,2000	106.1	93.9	115.2	78.8
2000年3季度	Quarter3,2000	103.0	87.9	103.0	69.7
2000年4季度	Quarter4,2000	112.1	87.5	106.1	75.8
2001年1季度	Quarter1,2001	101.9	87.0	98.2	74.1
2001年2季度	Quarter2,2001	111.1	98.1	98.2	90.8
2001年3季度	Quarter3,2001	101.8	96.3	88.9	87.0
2001年4季度	Quarter4,2001	100.0	90.7	74.0	85.1
2002年1季度	Quarter1,2002	112.7	96.4	100.0	96.4
2002年2季度	Quarter2,2002	105.5	107.3	105.5	103.7
2002年3季度	Quarter3,2002	105.5	109.1	87.3	81.8
2002年4季度	Quarter4,2002	94.6	110.9	105.5	100.0
2003年1季度	Quarter1,2003	89.1	94.6	80.1	76.3
2003年2季度	Quarter2,2003	48.0	30.1	16.1	12.5
2003年3季度	Quarter3,2003	103.4	112.5	136.4	114.6
2003年4季度	Quarter4,2003	96.1	105.3	109.3	96.1
2004年1季度	Quarter1,2004	98.4	101.7	91.5	77.6
2004年2季度	Quarter2,2004	107.1	103.6	103.5	110.6
2004年3季度	Quarter3,2004	85.7	91.1	89.2	92.8
2004年4季度	Quarter4,2004	96.3	98.2	105.6	103.9
2005年1季度	Quarter1,2005	100.0	100.5	88.1	80.9
2005年2季度	Quarter2,2005	103.0	104.8	113.2	115.5
2005年3季度	Quarter3,2005	100.0	111.4	88.6	102.9
2005年4季度	Quarter4,2005	118.2	107.1	102.9	96.9
2006年1季度	Quarter1,2006	112.7	111.3	98.4	91.7
2006年2季度	Quarter2,2006	102.0	109.3	105.3	112.6
2006年3季度	Quarter3,2006	90.9	112.5	92.0	97.9
2006年4季度	Quarter4,2006	95.6	113.1	112.5	113.0
2007年1季度	Quarter1,2007	115.2	115.5	106.8	93.5
2007年2季度	Quarter2,2007	118.6	115.6	100.9	95.1
2007年3季度	Quarter3,2007	115.7	106.7	95.7	92.0
2007年4季度	Quarter4,2007	109.9	117.9	106.3	112.4
2008年1季度	Quarter1,2008	107.4	116.0	100.6	86.9
2008年2季度	Quarter2,2008	113.3	114.0	92.8	82.9
2008年3季度	Quarter3,2008	109.5	113.0	86.0	106.0
2008年4季度	Quarter4,2008	100.0	104.4	101.5	108.9
2009年1季度	Quarter1,2009	114.7	115.0	80.8	88.8
2009年2季度	Quarter2,2009	91.7	103.3	81.7	83.3
2009年3季度	Quarter3,2009	111.7	118.3	120.0	106.7
2009年4季度	Quarter4,2009	111.7	125.0	108.3	113.3
2010年1季度	Quarter1,2010	115.0	116.7	93.3	103.3
2010年2季度	Quarter2,2010	116.7	113.3	88.3	93.3
2010年3季度	Quarter3,2010	108.5	110.2	111.9	98.3
2010年4季度	Quarter4,2010	114.0	114.0	101.8	91.2

Operating and Alanaging Climate Index of Accommodation and Catering Trade Enterprise

流动资金 景气指数 Climate Index of of Liquid Capital	货款拖欠 景气指数 Climate Index on Overdue Obligations to Suppliers	劳动力需求 景气指数 Climate Index of Labor Demand	固定资产投资 景气指数 Climate Index on Fixed Assets Investment	产品订货 景气指数 Climate Index of Order Financing	企业融资 景气指数 Climate Index of Enterprises Financing
41.2	67.7	73.5	111.8		
38.2	78.8	76.5	106.1		
36.4	76.5	76.5	112.1		
48.5	64.5	63.6	93.8		
55.9	79.4	97.1	102.9		
54.6	75.8	84.9	118.2		
48.5	81.3	78.8	112.1		
57.6	64.5	75.8	112.5		
42.6	81.5	94.4	112.9		
44.4	66.6	79.6	109.3		
51.8	90.6	85.1	105.5		
44.4	81.1	81.4	109.2		
51.0	96.3	72.8	83.6		
47.3	89.1	81.8	120.0		
49.1	83.4	80.0	112.7		
45.5	81.2	80.0	105.6		
64.1	100.0	92.4	89.5		
33.9	93.1	24.8	110.5		
57.9	67.3	92.7	108.9		
60.9	87.3	96.3	109.0		
69.1	82.8	91.3	101.7	79.3	74.3
61.6	87.7	89.6	101.8	98.1	59.7
55.4	80.2	89.2	103.7	82.0	64.4
65.0	68.4	98.2	107.5	94.4	59.3
73.4	84.6	106.4	94.8	88.1	74.5
68.0	80.9	97.1	96.6	102.5	66.7
76.5	88.9	92.5	100.6	86.7	74.0
85.4	91.5	107.3	102.4	108.3	66.7
81.3	82.1	111.6	110.9	99.3	75.9
75.7	79.5	96.5	99.4	97.9	66.7
75.7	66.7	101.6	121.1	93.8	65.9
70.7	93.6	100.4	98.2	108.1	62.5
81.4	88.9	112.2	98.3	96.1	81.4
73.2	83.7	93.3	105.0	102.7	60.6
87.2	88.0	99.7	101.7	95.7	72.4
81.4	96.4	110.0	108.9	108.1	65.9
82.1	85.5	108.5	100.7	99.9	71.4
84.5	82.5	102.3	95.6	86.2	72.2
90.8	84.0	100.2	101.6	90.4	71.0
76.5	60.0	94.6	107.0	96.1	81.4
92.7	81.7	89.0	95.0	74.7	84.5
78.3	78.3	88.3	95.0	83.3	83.1
98.3	105.0	105.0	103.3	118.3	79.7
105.0	95.0	108.3	106.7	116.7	89.8
101.7	71.7	106.7	108.3	96.7	83.3
106.7	81.7	103.3	111.7	85.0	86.7
94.9	76.3	108.5	111.9	111.9	79.7
101.8	96.5	117.5	108.8	101.8	84.2

主要统计指标解释

企业家信心指数 是根据企业家对企业外部市场经济环境与宏观政策的认识、看法、判断与预期而编制的指数，用以综合反映企业家对宏观经济环境的感受与信心。分行业企业家信心指数为各行业企业家对本行业企业外部市场经-济环境与宏观政策的认识、看法、判断与预期。其表现形式为纯正数，以 100 作为景气指数的临界值，其数值范围在 0-200 之间。

企业景气指数 是根据企业家对本企业综合生产经营情况的判断和预期而编制的指数，用以综合反映企业的生产经营状况。分行业企业景气指数用以反映各行业企业的生产经营状况。其表现形式为纯正数，以 100 作为景气指数的临界值，其数值范围在 0-200 之间。

Explanatory Notes on Main Statistical Indicators

Confidence Index of Entrepreneurs is an index made according to the entrepreneur's understanding, view, judgment and forecast of the market economic environment out of the enterprise and macroscopic policy. It reflects the entrepreneur's feeling and confidence in macroeconomic environment comprehensively. The enterprise confidence index by sectors is a reflection of the entrepreneur's understanding, view, judgment and forecast of the market economic environment out of his own sector. It is expressed by a pure positive number between 0 and 200 with 100 as the boundary value of climate index.

Business Climate Indices is an index made according to the entrepreneur's judgment and forecast of the comprehensive production and management. The climate index by sectors reflects the production and management of each sector comprehensively. It is expressed by a pure positive number between 0 and 200 with 100 as the boundary value.

22

市、县基本情况

BASIC STATISTICS OF CITIES AND COUNTIES

◆551/595

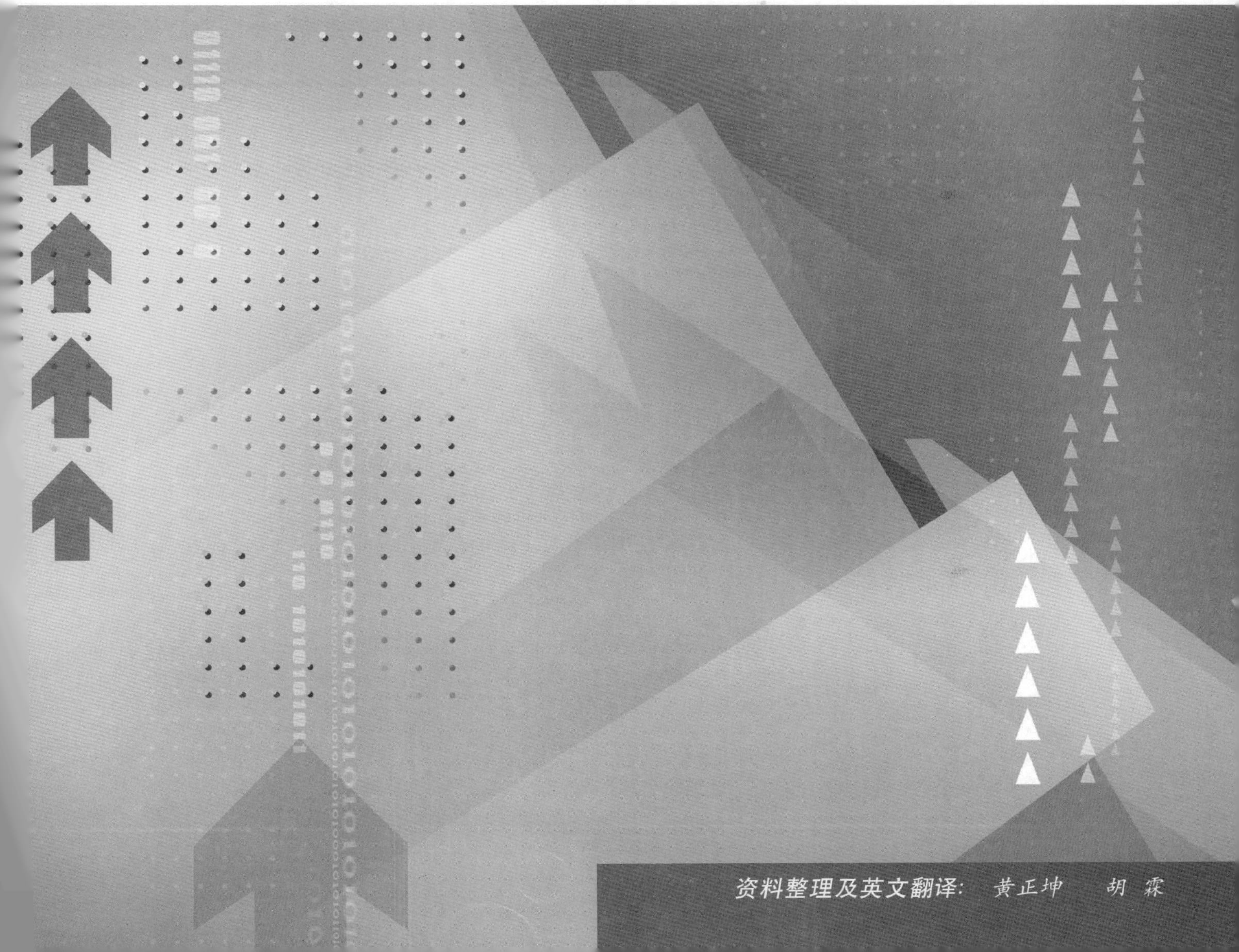

资料整理及英文翻译：黄正坤　胡霖

22-1 各地区市区社会经济主要指标（2010年）

指 标	Item	南昌市区 Nanchang	景德镇市区 Jingdezhen
人口、劳动力及土地面积	**Population,Laborer and Total Land Area**		
年末总人口(万人)	Total Population at the Year-end(10000 persons)	212.00	46.21
年平均人口(万人)	Annual Average Population(10000 persons)	222.19	46.00
暂住人口(一个月以上)(万人)	Non-resident Population (over one month)(10000 persons)	14.85	2.42
年出生人口(人)	Annual Population of Birth (person)	67485	6209
年死亡人口(人)	Annual Population of Death (person)	15162	1800
年末总户数(万户)	Total Households at the Year-end(10000 households)	63.76	17.54
年末单位从业人员数(城镇)(万人)	Number of Persons Employed in Units at the Year-end(10000 persons)	52.75	10.61
第一产业(农、林、牧、渔业)	Primary Industry	1.17	0.47
第二产业	Secondary Industry	23.58	5.51
采矿业	Mining		
制造业	Manufacture	12.81	4.37
电力、燃气及水的生产和供应业	Production and Supply of Electric Power,Gas and Water	1.42	0.19
建筑业	Construction	9.35	0.95
第三产业	Tertiary Industry	28.00	4.63
交通运输、仓储及邮政业	Transport,Storage and Postal Services	7.81	0.18
信息传输、计算机服务和软件业	Information Transmission,Computer Services and Software	0.67	0.08
批发和零售业	Wholesale and Retail Trades	1.34	0.85
住宿、餐饮业	Hotels and Catering Services	0.27	0.10
金融业	Financial Intermediation	2.23	0.38
房地产业	Real Estate	0.26	0.17
租赁和商业服务业	Leasing and Business Services	0.43	0.12
科学研究、技术服务和地质勘查业	Scientific Research,Technical Services and Geological Prospecting	1.46	0.31
水利、环境和公共设施管理业	Management of Water Conservancy,Environment and Public Facilities	1.12	0.06
居民服务和其他服务业	Services of Households and Other Services	0.13	0.03
教 育	Education	4.88	0.79
卫生、社会保障和社会福利业	Health Care,Social Security and Social Welfare	2.29	0.40
文化、体育和娱乐业	Culture, Sports and Recreation	1.19	0.15
公共管理和社会组织	Public Administration and Social Organizations	3.92	1.01
国际组织	International Organizations		
城镇私营和个体从业人员(人)	Persons Employed of Private Enterprises and Self-employed Individuals in Cities and Towns(person)	479609	82860
年末城镇登记失业人员数(人)	Number of Unemployed Persons Registtered at the Year-end in Cities and Towns(person)	53000	7280
行政区域土地面积(平方公里)	Total Land Area(sq.km)	617	580
#建成区面积	Developed Land Area	208	72.84
城市建设用地面积(平方公里)	Land Area Used for Urban Construction (sq.km)	202	67.84
#居住用地面积	Land Area Used for Habitation	51	18.76
公共设施用地面积	Land Area Used for Public Facilities	33	6.57
工业用地面积	Land Area Used for Industry	37	18.93
综合经济	**General Economic**		
地区生产总值(当年价格)(亿元)	Gross Regional Product (at current prices)(100 million yuan)	1500.98	263.80
第一产业增加值	Primary Industry Value-added	9.95	4.47
第二产业增加值	Secondary Industry Value-added	758.93	165.04
#工业增加值	Industry Value-added	542.83	140.78
第三产业增加值	Tertiary Industry Value-added	732.10	94.29
#交通运输仓储及邮政业	Transport, Storage and Postal Services	69.33	15.97
金融业	Financial Intermediation	97.63	2.76

Main Social and Economic Indicators of Urban Areas by Region (2010)

萍乡市区 Pingxiang	九江市区 Jiujiang	新余市区 Xinyu	鹰潭市区 Yingtan	赣州市区 Ganzhou	吉安市区 Ji'an	宜春市区 Yichun	抚州市区 Fuzhou	上饶市区 Shangrao
85.50	64.23	88.51	23.63	64.66	54.52	105.05	114.56	39.87
85.24	64.02	86.30	22.93	64.62	54.09	104.63	112.84	38.80
0.08	2.54	7.65	1.46	3.79	4.81	3.50	1.50	0.75
12776	8192	20183	3111	10957	10250	18837	15252	7741
5512	2612	8258	595	5278	3080	9890	5860	3450
28.18	23.16	27.64	8.11	18.84	16.16	31.94	37.23	11.99
10.93	12.67	8.49	2.32	8.35	3.81	8.70	7.79	6.14
0.04	0.03	0.03		0.03	0.14	0.05	0.05	
6.26	6.26	5.18	0.53	3.63	0.44	3.38	4.01	2.58
2.45	0.04	0.12		0.05		0.10		
2.94	3.46	4.38	0.18	2.44	0.09	2.60	1.72	1.61
0.31	0.54	0.35	0.11	0.25	0.17	0.16	0.25	0.08
0.56	2.22	0.33	0.24	0.89	0.18	0.52	2.04	0.89
4.63	6.38	3.28	1.79	4.69	3.23	5.27	3.73	3.56
0.22	0.57	0.17	0.08	0.31	0.44	0.74	0.16	0.02
0.15	0.12	0.11	0.01	0.18	0.15	0.19	0.16	0.26
0.11	0.31	0.11	0.05	0.12	0.08	0.51	0.27	0.54
0.06	0.19	0.04	0.12	0.08	0.06	0.19	0.02	0.06
0.47	0.50	0.28	0.14	0.55	0.19	0.56	0.26	0.44
0.09	0.10	0.02	0.03	0.08	0.06	0.15	0.02	0.14
0.02	0.53	0.02	0.05	0.06	0.02	0.03		0.11
0.14	0.48	0.04	0.23	0.38	0.14	0.09	0.07	0.01
0.34	0.18	0.16	0.02	0.29	0.10	0.10	0.07	0.11
0.01	0.02	0.03		0.01		0.01	0.01	0.01
1.00	1.09	0.99	0.17	0.99	0.74	1.17	1.31	0.43
0.60	0.63	0.29	0.15	0.62	0.33	0.43	0.37	0.37
0.07	0.15	0.05	0.11	0.11	0.06	0.07	0.07	0.06
1.35	1.51	0.97	0.63	0.91	0.86	1.03	0.94	1.00
218082	200721	30875	48510	92616	85744	66172	110192	25933
13374	1957	13665	3789	6600	4872	10581	2622	2357
1080	598	1789	136	584	1340	2532	2122	339
42	89	53	29	76	35	50	50	38
42	92	53	29	76	35	50	57	49
13	29	19	8	19	8	12	18	24
4	10	7	6	17	5	9	10	4
8	23	11	5	12	7	7	7	6
320.34	470.84	530.17	91.72	209.07	108.34	116.24	203.50	115.44
16.05	6.04	26.17	2.96	6.50	12.39	20.63	29.84	5.22
204.40	235.34	337.07	44.98	106.55	47.94	44.50	113.95	48.99
186.50	171.70	300.57	39.88	89.07	37.18	36.85	78.86	38.06
99.89	229.45	166.93	43.77	96.02	48.00	51.11	59.71	61.22
23.06	42.11	37.99	11.81	8.36	7.52	4.20	14.22	5.55
3.86	3.95	6.99	3.57	5.39	4.13	2.45	4.59	2.98

22-1 续表1

指　　标	Item	南昌市区 Nanchang	景德镇市区 Jingdezhen
人均地区生产总值(元)	Per Capita Gross Regional Product(yuan)	60737	56854
地区生产总值增长率(%)	Rate of Gross Regional Product Growth (%)	14.1	13.3
财政、金融、保险(万元)	Government Finance,Bank and Insurance (10000 yuan)		
地方财政一般预算内收入	Local Government Budgetary Revenue	1104804	246560
地方财政一般预算内支出	Local Government Budgetary Expenditure	1550072	649209
一般性公共服务支出	Local Finance General Budget Expenditures	141912	78135
科学技术支出	Expenditure for Science and Technology	26724	5027
教育支出	Expenditure for Education	200138	41498
文化体育与传媒支出	Expenditure for Culture, Sports and Media	19244	8350
医疗卫生支出	Expenditure for Public Health	125835	19906
环境保护支出	Expenditure for Environmental Protection	19491	9268
城市社区事务支出	Expenditure for Urban Community Services	212650	26610
交通运输支出	Expenditure for Transport	157631	13504
社会保障和就业支出	Expenditure for Social Security and Employment	227752	76594
社会保险基金支出	Expenditure for Social Insurance Fund	413511	
年末金融机构存款余额	Deposits in Financial Institutions at the Year-end	36619134	2592053
#城乡居民储蓄年末余额	Savings Deposits by Urban and Rural Residents at the Year-end	10872684	1481089
年末金融机构各项贷款余额	Loans in Financial Institutions at the Year-end	31783328	1625737
工　业	**Industry**		
规模以上工业企业:	Industrial Enterprises above Designated Size		
工业企业数(个)	Number of Industrial Enterprises(unit)	670	163
内资企业	Domestic-funded Enterprises	558	148
港、澳、台商投资企业	Enterprises with Investment from Hong Kong,Macao and Taiwan	45	6
外商投资企业	Enterprises with Foreign Investment	67	9
工业总产值(当年价格)(万元)	Total Industrial Output Value (at current prices)(10000 yuan)	16848917	3696104
内资企业	Domestic-funded Enterprises	12807908	3575296
港、澳、台商投资企业	Enterprises with Investment from Hong Kong,Macao and Taiwan	1271839	25346
外商投资企业	Enterprises with Foreign Investment	2769170	95462
从业人员年平均人数(万人)	Average Number of Employed Persons(10000 persons)	17.67	4.91
流动资产年平均余额(万元)	Average Balance of Circulating Funds(10000 yuan)	6376657	1613827
固定资产净值年平均余额(万元)	Average Balance of Net Value of Fixed Assets(10000 yuan)	4736377	3550821
主营业务收入(万元)	Main Business Revenue(10000 yuan)	16835919	3753539
主营业务税金及附加(万元)	Taxes and Other Charges on Principal Business(10000 yuan)	519972	46347
本年应交增值税(万元)	Value-added Tax Payable(10000 yuan)	522839	100557
利润总额(万元)	Total Pre-tax Profits(10000 yuan)	1015103	105759
邮电通信、能源电力	**Postal and Telecommunication Services and Energy Electricity**		
年末邮政局(所)数(处)	Number of Post and Telecommunication Office(set)	71	60
年末固定电话用户数(万户)	Number of Fixed Telephone Subscribers at the Year-end (10000 subcribers)	116	20.18
移动电话年末用户数(万户)	Number of Mobile Telephone Subcribers at the Year-end (10000 subcribers)	413	25.76
国际互联网用户数(户)	Number of Internet Subcribers(set)	78999	93920
全年用电量(万千瓦时)	Electricity Consumption in the Whole Year(10000 kwh)	1008000	184497
#工业用电	Electricity Consumption of Industry	526480	153042
居民生活用电	Electricity Consumption of Residents Living	150960	31098

continued

萍乡 市区 Pingxiang	九江 市区 Jiujiang	新余 市区 Xinyu	鹰潭 市区 Yingtan	赣州 市区 Ganzhou	吉安 市区 Ji'an	宜春 市区 Yichun	抚州 市区 Fuzhou	上饶 市区 Shangrao
47227	64831	63259	43469	30660	19489	11109	18827	27703
13.7	16.7	15.6	15.8	14	14.96	15.8	15.8	13.9
289681	184899	383275	105181	116857	53256	51984	98356	57233
551344	220282	598568	190053	175999	151109	202959	214355	99000
66686	37955	67156	21364	20165	19709	18739	25618	11028
6548	1152	6981	994	1584	608	727	2720	355
50783	21668	65142	15800	23000	28167	37509	15170	14946
5475	3418	4645	3117	873	3652	1280	3356	1015
30859	18298	26681	8834	14816	13470	20477	11492	14254
32756	1684	19081	918	1148	3572	4177	6261	1318
39096	37890	136818	12934	5933	10648	2096	18376	7787
12063	1791	13129	6185	1192	1637	2701	11842	1778
75540	24664	58167	20903	36544	23499	34396	30488	19147
72723	99544	86798	16860	14866	9520	26399	47469	19127
2844557	5270304	3684432	1538452	5062271	2317676	2492297	2670705	2228551
1733122	2202995	2010200	755571	2098605	1255108	1276796	1580454	1212690
1860141	3390811	3155476	726422	3237511	1310477	1169712	1392572	1656219
405	174	266	73	168	74	107	214	72
396	151	248	65	127	65	98	198	62
6	8	5	4	22	4	4	7	5
3	15	13	4	19	5	5	9	5
8207131	5126354	10228083	2421321	3241941	1520629	1002738	2620911	717076
8043677	4634721	6960388	2346763	2088395	1063832	866484	2413002	632696
79506	141105	209639	38202	558183	29948	110283	130151	76757
83948	350528	3058056	36356	595363	426849	25971	77758	7623
13.91	5.81	9.28	1.84	5.35	1.84	2.75	2.92	1.94
996798	1561675	3914396	362065	1026767	256858	404221	480722	259861
2921076	1330746	5416657	206702	614926	624435	255650	348837	196456
8626926	5154992	10727407	2361486	3189480	1519297	1031496	2592045	785445
81588	408457	47975	2861	25421	6576	2575	19169	2363
375543	140676	173159	32401	141279	61465	57296	64023	11644
607054	51048	799727	86533	401822	63400	65672	109743	34848
85	27	46	10	34	23	34	28	13
14.87	43.68	16.97	8.6	18.09	10.23	25.14	11.83	17.3
107.24	100.97	56.53	22.87	69.58	39.16	29.53	69.11	35.47
103024	132498	95767	51797	130281	52574	204310	91845	65213
380075	408977	638327	57414	160840	70390	111002	109509	58203
316468	262010	589491	23748	86416	35592	57009	60230	16613
34462	70200	35768	11214	32521	14435	24740	25900	17357

22-1 续表2

指标	Item	南昌市区 Nanchang	景德镇市区 Jingdezhen
国内贸易、外经	**Domestic and Foreign Trade**		
限额以上批发零售贸易业商品销售总额(万元)	Total Sales of Commodities in Wholesale and Retail Trades above Designated Size(10000 yuan)	8554359	447779
社会消费品零售总额(万元)	Total Retail Sales of Consumer Goods(10000 yuan)	6261699	909187
限额以上批发零售企业数(法人数)(个)	Number of Enterprises of Wholesale and Retail Trades above Designated Size (unit)	344	31
#零售业	Retail Trade	177	21
外商直接投资:	Foreign Direct Investment		
当年新签项目(合同)个数(个)	Number of Agreements and Contracts Newly Signed in Current Year(unit)	206	10
当年实际使用外资金额(万美元)	Foreign Capital Actually Utilized in Current Year(USD 10000)	146370	5527
固定资产投资	**Investment in Fixed Assets**		
全社会固定资产投资总额(万元)	Total Investment in Fixed Assets(10000 yuan)	13885882	2378572
#城镇固定资产投资额	Total Investment in Fixed Assets in Urban Area	13386675	2349322
#房地产开发投资完成额	Total Investment in Real Estate Development	1680470	204532
#住　宅	Residential Buildings	1154110	166243
全年新增固定资产(万元)	Newly Increased Fixed Assets in the Whole Year(10000 yuan)	10253988	1587042
商品房屋销售面积(万平方米)	Floor Space of Commercial Buildings Sold(10000 sq.m)	290.12	33.94
#住　宅	Residential Buildings	266.92	32.59
#别墅、高档公寓	High-class Villa and Apartment	4.03	0.04
商品房屋销售额(万元)	Total Sales of Commercial Buildings(10000 yuan)	1578348	99275
#住　宅	Residential Buildings	1354673	92215
#别墅、高档公寓	High-class Villa and Apartment	61784	155
商品房屋空置面积(万平方米)	Vacant Area of Commercial Buildings(10000 sq.m)	33.31	16.51
教育、科技、文化、卫生	**Education,Science and Technology,Culture and Health Care**		
学校数(所)	Number of Schools(unit)		
普通高等学校数	Regular Institutions of Higher Education	44	3
中等职业教育学校数	Secondary Vocational and Educational Colleges	81	21
普通中学学校数	Regular Secondary Schools	92	29
小学学校数	Primary Schools	63	59
专任教师数(人)	Number of Full-time Teachers(person)		
普通高等学校教师数	Regular Institutions of Higher Education	29173	1525
中等职业教育学校教师数	Secondary Vocational and Educational Colleges	5786	644
普通中学教师数	Regular Secondary Schools	7084	2607
小学教师数	Primary Schools	5906	1718
在校学生数	Number of Students Enrolled		
普通高等学校学生数(人)	Regular Institutions of Higher Education(person)	490241	27233
高中阶段在校学生数(人)	Senior Schools(person)	44862	10731
中等职业教育学校学生数(人)	Secondary Vocational and Educational Colleges(person)	188678	10500
普通中学学生数(万人)	Regular Secondary Schools(10000 persons)	12.05	2.23
小学学生数(万人)	Primary Schools(10000 persons)	12.38	3.95
成人高等学校在校学生数(人)	Institutions of Higher Education for Adults(person)	65222	1549
体育场馆数(个)	Number of Stadiums and Gymnasiums(unit)	4	1
剧场、影剧院数(个)	Number of Theatres and Cinemas(unit)	7	5
公共图书馆图书总藏量(千册、件)	Total Book Collections of Public Libraries(1000 volumes)	3764	566.71
医院、卫生院数(个)	Number of Hospitals and Health Care Centers(unit)	76	32
医院、卫生院床位数(张)	Number of Beds of Hospitals and Health Care Centers(unit)	13186	4461
医生数(执业医师+执业助理医师)(人)	Number of Doctors (certified doctors and certified assistant doctors)(person)	5386	1314
注册护士(人)	Registered Nurses(person)	8507	2565

continued

萍乡 市区 Pingxiang	九江 市区 Jiujiang	新余 市区 Xinyu	鹰潭 市区 Yingtan	赣州 市区 Ganzhou	吉安 市区 Ji'an	宜春 市区 Yichun	抚州 市区 Fuzhou	上饶 市区 Shangrao
411299	972706	594992	514153	625861	705903	872143	662508	697084
1041965	1282586	895341	404179	897383	397906	794857	836524	563172
34	39	46	28	26	31	33	18	19
28	27	21	14	18	25	21	8	13
22	41	19	7	28	12	1	11	11
7720	22330	49406	3369	14685	5719	2736	4324	3301
4046711	2414387	5416316	640824	1197641	949073	1039500	2025233	1726465
3922940	2400057	5085328	582495	1172202	945904	805239	1807786	1629854
125944	190292	223232	81318	322710	110269	145166	418606	256213
101987	176064	169049	69656	185739	86194	124735	408236	208756
3602715	1586604	5018315	136323	836016	590637	444379	1054150	991512
33.34	76.16	117.54	22.88	96.4	54.85	69.81	109.72	39.93
32	74.25	111.7	21.39	80.16	51.6	66.14	108.66	37.87
0.39	0.28	1.37	3.25	3.13	1.08	0.3		2.69
85293	289915	297787	91209	503287	159276	201916	319272	141880
78692	273838	271446	77889	372296	147783	185936	312816	128529
1345	2096	5550	19752	17080	3732	1428		7692
12.2	0.65	40.56	0.5	1.07	23.34	10.49	6.41	2
1	4	1	1	7	1	2	4	3
22	15	23	6	25	16	13	16	12
48	42	43	12	24	24	40	46	24
165	74	84	42	76	131	325	367	69
495	3935	675	235	4968	979	1646	1840	1071
1085	669	2145	244	1347	751	536	355	570
3489	3001	3326	946	2280	1763	3167	4353	1579
3311	2697	3838	1013	2431	2285	4188	5360	1528
8972	70025	13023	4236	78317	18160	33064	45935	20375
39252	41083	15436	17013	10300	10796	42904	18493	28966
25999	25759	57727	11895	66107	21366	31390	10208	23590
4.57	4.1	4.51	1.54	3.43	2.56	5.34	8.44	2.26
5.78	4.53	6.84	2.41	5.4	3.86	9.3	12.67	3.3
12238	8490	41502	2854	25016	4986	9383	4743	7988
2	10	28	8	10	1	2	8	3
4	1	1	3	1	2	2	5	2
600	1021	469	189	322	264	145	138	159
40	30	30	16	22	33	43	76	31
4481	4125	2714	1137	4000	2524	3497	2443	3659
1870	2407	1635	774	2029	1171	1446	1233	4469
2495	2572	1708	664	1460	1427	1650	1355	1954

22-1 续表3

指　　标	Item	南昌市区 Nanchang	景德镇市区 Jingdezhen
人民生活、社会保障	**People's Livelihood,Social Security**		
在岗职工平均人数(万人)	Average Number of Fully Employed Staff and Workers(10000 persons)	48.3	8.98
在岗职工工资总额(万元)	Total Wages of Fully Employed Staff and Workers(10000 yuan)	1852036	218751
城镇居民人均可支配收入(元)	Per Capita Disposable Income of Urban Residents(yuan)	18276	16657
城镇居民人均消费支出(元)	Per Capita Living Expanditure of Urban Residents(yuan)	13899	11475
每百户居民家庭拥有:	Per 100 Urban Households Owned		
家用汽车(辆)	Family Car(unit)	5	10
家用电脑(台)	Computer(unit)	71	53
移动电话(部)	Mobile Telephone(unit)	165	160
互联网用户(户)	Number of Internet Services Subscribers(subscriber)	67	47
人均住房建筑面积(平方米)	Per Capita Floor Space(sq.m)	28.20	29.42
居民消费价格指数(上年为100)	Consumer Price Index(preceding year=100)	103.2	103.0
基本养老保险参保人数(人)	Number of Persons Participating in Basic Retirement Security Program (person)	686364	197754
基本医疗保险参保人数(人)	Number of Persons Participating in Basic Health Care Program(person)	666810	184266
失业保险参保人数(人)	Number of Persons Participating in Unemployment Insurance(person)	467540	111830
社会福利院数(个)	Number of Social Welfare Institutions(unit)	28	42
社会福利院床位数(张)	Number of Beds in Social Welfare Institution(unit)	2405	2280
社区服务设施数(个)	Number of Community Service Facilities(unit)	109	63
城镇居民最低生活保障人数(人)	Number of Urban Residents Receiving Minimum Income Relief(person)	53451	37039
社会治安	**Public Order**		
交通事故死亡人数(人)	Number of Deaths in Traffic Accident(person)	103	18
交通事故损失额(万元)	Amount of Loss in Traffic Accident(10000 yuan)	34	3.8
火灾事故死亡人数(人)	Number of Deaths in Fire Accident(person)	5	
火灾事故损失额(万元)	Amount of Loss in Fire Accident(10000 yuan)	1350	923
市政公用事业	**Urban Public Utilities**		
城市维护建设资金支出(万元)	Expenditure for Urban Maintenance and Construction (10000 yuan)	227516	10193
年末实有城市道路面积(万平方米)	Area of Paved Raods at the Year-end(10000 sq.m)	2328	668
排水管道长度(公里)	Length of Sewage Pipes (kilometer)	1239	646
供水综合生产能力(包括自备水源)(万立方米/日)	Capacity of the Comprehensive Production of Water Supply (including the self-provided source)(10000 cu.m per day)	179.0	23.9
供水总量(万吨)	Total Volume of Tap Water Supply (10000 tons)	41018	6134
居民家庭用水量	Consumption of Water for Residential Use	13204	2316
用水人口(万人)	Population with Access to Tap Water(10000 persons)	253.05	45.04
供气总量(人工、天然气)(万立方米)	Total Volume of Gas Supply (including Gaswork and Natural Gas) (10000 cu.m)	18483	21990
#家庭用量	Consumption of Gas for Residential Use	12011	905
用气人口(人)	Population with Access to Gas(person)	994900	177500
液化石油气供气总量(吨)	Liquefied Petroleum Gas(ton)	87615	21127
#家庭用量	Consumption of Liquefied Gas for Residential Use	83335	11800
用液化气人口(人)	Population with Access to Liquefied Petroleum Gas(person)	143	250300
年末实有公共汽(电)车营运车辆数(辆)	Number of Public Vehicles (Buses and Trolley-buses) at the Year-end(bus)	2490	438
全年公共汽(电)车客运总量(万人次)	Total Passengers of Public Vehicles (Buses and Trolley-buses) in the Whole Year (10000 person-times)	53918	8660
年末实有出租汽车数(辆)	Number of Taxis at the Year-end(taxi)	4003	595
绿地面积(公顷)	Area of Urban Gardens and Green Areas(hektare)	8113	3736
#公园绿地面积	Area of Park Green Areas	1915	709
建成区绿化覆盖面积(公顷)	Greening Coverage of the Current Urban Areas(hektare)	8616	3903

continued

萍 乡 市 区 Pingxiang	九 江 市 区 Jiujiang	新 余 市 区 Xinyu	鹰 潭 市 区 Yingtan	赣 州 市 区 Ganzhou	吉 安 市 区 Ji'an	宜 春 市 区 Yichun	抚 州 市 区 Fuzhou	上 饶 市 区 Shangrao
10	11.41	8.19	2.08	7.9	3.38	8.61	7.33	5.88
266946	345974	262406	57824	242601	98819	203872	163592	158799
16381	15764	17358	15618	14203	15546	14333	14445	15535
11775	10823	12709	10929	10662	8893	10098	7474	10099
6	1	6	8	3	2	8		8
80	67	70	56	78	76	50	40	60
226	175	238	176	200	224	202	134	212
70	58	64	56	54	96	40	38	40
35.55	32.12	31.06	33.03	34.19	37.11	35.11	34.29	32.39
104.3	103.2	102.9	103.1	103.1	102.8	103.0	103.0	103.1
209929	261039	208790	50558	95940	54681	64695	120752	59807
636117	194929	501625	101753	137627	53200	114378	272253	157900
119592	22200	105550	29550	64000	31154	24000	35105	20205
21	11	21	6	15	17	31	39	11
3440	861	2798	775	1122	1621	5528	2786	1050
44	183	45	25	45	151	152	354	69
44051	18907	25696	7489	16831	19869	21149	30686	8215
23	18	21	7	28	22	26	24	22
139	8	13	2	26	38	32	12	6
		1						
195	94	119	232	83	54	191	252	316
51200	597745	139458	24325	174601	187130	174147	195127	2085
593	1331	814	300	691	408	605	916	686
246	853	591	127	463	339	380	569	531
18.1	34.0	20.5	10.0	37.0	21.1	16.0	21.0	14.0
4800	8679	4609	1791	4887	3037	3398	3751	3192
1394	2709	2056	679	2435	1268	1795	2244	1339
37.04	63.06	38.10	15.98	68.07	30.11	36.24	50.60	33.25
17472	1289	3072	16	1686	804	1210	200	488
3383	461	2553	4	776	483	356	35	256
221200	130600	351100	2500	354700	185000	169000	140000	102800
4920	18375	1569	6850	5500	5282	11830	11180	10982
4785	14153	1553	2950	5100	3910	7600	11180	9192
129500	48300	25400	100000	308000	132300	248000	362000	201800
323	517	391	150	451	242	263	260	229
6174.3	8710	6070	2254.9	6563.65	3487	4678.8	4670	3683.4
670	1585	531	271	692	376	404	329	511
1889	4811	2531	997	3101	1794	1991	2261	1965
447	1142	602	202	829	532	637	842	513
1967	5045	2606	1121	3440	1694	2123	2785	1851

22-2 各地区市、县社会经济主要指标(一)(2010年)

指标	Item	南昌县 Nanchang	新建县 Xinjian	安义县 Anyi
乡村基本情况(个)	**Basic Conditions of Country(unit)**			
乡(镇)个数	Number of Township and Town Governments	16	19	10
村民委员会个数	Number of Villagers' Committees	264	305	105
#自来水受益的村	Number of Villages Benefited by Tap Water	35	56	9
通电话的村	Number of Villages with Telephone	264	305	105
通有线电视的村	Number of Villages with Cable TV	243	199	105
人口与就业	**Population and Employment**			
年末总人口(万人)	Total Population at the Year-end (10000 persons)	99.9	70.5	28
#乡村人口	Population of Country	76.7	57.1	20.3
年末总户数(户)	Number of Total Households at the Year-end (household)	282310	187882	89922
#乡村户数	Number of Households of Country	189579	135803	53352
年末单位从业人员数(人)	Number of Employed Persons in Units at the Year-end (person)	73012	37544	17473
#第二产业	Secondary Industry	52693	19518	10803
第三产业	Tertiary Industry	19633	16989	6432
乡村从业人员数(人)	Rural Employed Persons (person)	384959	286690	91450
#农林牧渔业	Farming,Forestry,Animal Husbandry and Fishery	209572	201668	32444
城镇登记失业人员数(人)	Number of Registered Urban Unemployed Persons (person)	3123	993	126
综合经济(万元)	**General Economic(10000 yuan)**			
地区生产总值	Gross Regional Product	3062254	1771596	527742
第一产业增加值	Primary Industry Value-added	373886	341517	73217
农业	Farming	160992	138742	30526
林业	Forestry	1836	5493	2938
牧业	Animal Husbandry	138824	114187	22464
渔业	Fishery	65689	77530	15119
农林牧渔业服务业	Services Output Value of Farming,Forestry, Animal Husbandry and Fishery	6545	5565	2170
第二产业增加值	Secondary Industry Value-added	2045978	884629	273859
#工业	Industry	1546997	738226	234930
第三产业增加值	Tertiary Industry Value-added	642390	545450	180666
财政、金融	Government Finance,Bank			
财政总收入	Government Revenue	356525	128265	38581
#地方财政一般预算收入	Local Government Budgetary Revenue	190057	91507	28230
各项税收	Taxes	330175	107756	31286
地方财政一般预算支出	Local Government Budgetary Expenditure	311782	202120	83435
年末金融机构各项存款余额	Deposits in Financial Institutions at the Year-end	1948349	1407402	580287
#城乡居民储蓄存款余额	Savings Deposits by Urban and Rural Residents at the Year-end	1188890	840958	410328
年末金融机构各项贷款余额	Loans in Financial Institutions at the Year-end	1211624	797937	370430
#农业贷款	Agricultural Loans	50472	140156	114990
农业	**Farming**			
生产条件	Production Condition			
农业机械总动力(万千瓦)	Total Power of Agricultural Machinery (10000 kw)	137.7	101.6	17.7
化肥使用量(折纯量)(吨)	Consumption of Chemical Fertilizers (net)(ton)	59972	33025	17004
农药使用量(吨)	Consumption of Pesticides (ton)	4394	2209	377
地膜使用量(吨)	Consumption of Mulching Film (ton)	500	188	38
有效灌溉面积(公顷)	Irrigated Areas (hectare)	71412	48470	16908

Main Social and Economic Indicators by County(County-level City) (2010)

进贤县 Jinxian	浮梁县 Fuliang	乐平市 Leping	莲花县 Lianhua	上栗县 Shangli	芦溪县 Luxi	九江县 Jiujiang	武宁县 Wuning	修水县 Xiushui	永修县 Yongxiu
21	18	16	13	9	10	11	19	37	15
263	159	299	157	154	138	96	186	361	145
51	120	135	152	126	84	50	72	124	64
263	159	299	157	154	138	96	186	356	145
233	145	254	142	154	112	90	174	257	123
82	28.2	88.7	26	47.6	29.1	32.6	38	81.7	38.2
69.6	24.8	68	22.5	45.6	24.2	26.6	31.2	72.5	28.8
254343	100585	262037	80866	135748	92487	113810	111987	220019	133573
175640	69021	171217	51065	100708	60979	65835	78789	165691	72956
22734	18589	49743	12300	11304	8137	19462	15595	21960	26291
2117	8748	24099	4404	888	509	5109	811	4446	9935
16927	9841	25644	7834	10415	7395	13470	14084	17381	11807
366338	117727	367805	106600	235677	121619	140898	153734	346592	143021
159763	56560	95312	55350	93885	26891	56092	83366	187822	92809
415	813		1298	461	374	621	498	902	1359
1652433	542989	1433982	281096	988659	730758	463567	508631	612841	632840
317005	106578	229593	57120	104725	100937	74357	101492	122568	100861
105766	66541	152235	25598	35170	41290	41164	38262	57012	50033
3609	18650	8564	7793	9184	7936	6585	13180	14773	3322
100637	16054	44596	19919	53175	46751	12077	24912	33857	15421
102072	3025	20324	3508	6514	4285	13659	24371	8163	28311
4921	2308	3874	302	682	675	872	767	8763	3774
926652	302495	852731	127588	654189	468797	294729	259158	269650	393251
779033	284858	744989	119085	599774	443168	252357	238003	244091	362584
408776	133916	351658	96388	229745	161024	94481	147981	220623	138728
76898	53906	147091	32831	90176	62300	50170	54372	75066	67216
50051	40783	100224	20798	60148	40482	32678	35555	51737	44007
68454	50208	126930	28825	81530	57039	26594	51328	58421	61132
172896	107541	216723	82833	135348	97452	88600	100566	180179	126152
1121504	305456	1111701	367406	377323	312103	497200	535660	718423	622275
862947	189903	814986	264477			332527	360143	485482	374920
481889	162839	481376	108645	149366	161485	251356	264267	377253	383836
128863	33280	177567	84413			63985		66383	66936
97	51.9	94.2	37.8	32.2	30.2	27	34.8	49.5	27.7
28563	7044	21972	8709	12839	8060	8901	5710	13994	34760
754	265	1171	862	422	560	795	372	479	2010
322	141	592	67	120	115	195	168	223	218
44520	16520	31270	8750	9740	8420	14112	11248	21413	18880

22-2 续表1

指标	Item	南昌县 Nanchang	新建县 Xinjian	安义县 Anyi
农作物总播种面积(公顷)	Total Sown Area of Farm Crops (hectare)	175047	134097	45884
粮食作物播种面积(公顷)	Sown Area of Grain Crops (hcktare)	124588	99403	26962
#稻谷	Rice	122836	94618	26151
油料播种面积(公顷)	Sown Area of Oil-bearing Crops (hectare)	9182	20945	11752
棉花播种面积(公顷)	Sown Area of Cotton (hectare)		224	1170
糖料播种面积(公顷)	Sown Area of Sugar Crops (hectare)	374	45	31
烟叶播种面积(公顷)	Sown Area of Tobacco (hectare)			
蔬菜播种面积(公顷)	Sown Area of Vegetables (hectare)	12921	4964	3133
粮食总产量(吨)	Total Output of Grain (ton)	788575	616892	155293
#稻谷	Rice	780725	598709	152747
油料产量(吨)	Output of Oil-bearing Crops (ton)	11275	28200	21750
棉花产量(吨)	Output of Cotton (ton)		189	3347
糖料产量(吨)	Output of Sugar Crops (ton)	17806	1763	2100
烟叶产量(吨)	Output of Tobacco (ton)			
蔬菜产量(吨)	Output of Vegetables (ton)	512824	94766	72827
茶叶产量(吨)	Output of Tea (ton)	919	71	2
水果产量(吨)	Output of Fruits (ton)	5077	1658	5747
肉类总产量(吨)	Total Output of Meat (ton)	128646	73439	21678
#猪肉	Pork	105393	70259	18370
奶类产量(吨)	Ouput of Milk (ton)	8936	12933	
禽蛋产量(吨)	Ouput of Eggs (ton)	97618	11189	8769
水产品产量(吨)	Output of Aquatic Products (ton)	122570	72600	25005
工业及建筑业	**Industry and Construction**			
规模以上工业企业	Industrial Enterprises above Designated Size			
工业企业数(个)	Number of Industrial Enterprises (unit)	206	105	72
工业总产值(当年价格)(万元)	Gross Industrial Output Value (at current price)(10000 yuan)	3579141	2052964	618391
从业人员年平均数(人)	Average Number of Employed Persons (person)	54211	18983	8684
流动资产年平均余额(万元)	Average Balance of Circulating Funds (10000 yuan)	827060	180720	143017
固定资产净值年平均余额(万元	Average Balance of Net Value of Fixed Assets (10000 yuan)	466955	597109	106594
主营业务收入(万元)	Main Business Revenue (10000 yuan)	3525583	2028452	604482
主营业务税金及附加(万元)	Taxes and Other Charges on Principal Business(10000 yuan)	18551	15160	371
本年应交增值税(万元)	Value-added Tax Payable (10000 yuan)	63884	43025	6141
利润总额(万元)	Total Pre-tax Profits (10000 yuan)	228363	91797	16662
建筑业	Construction			
建筑业企业个数(个)	Number of Construction Enterprises (unit)	41	9	5
期末从业人员数(人)	Number of Employed Persons at the Year-end (person)	45139	3631	1249
建筑业总产值(万元)	Gross Output Value of Construction (10000 yuan)	1104323	68513	24337
交通运输、邮电通讯、能源	**Transport,Postal and Telecommunication Services,Energy**			
境内公路里程(公里)	Length of Highways (kilometer)	3360.7	2346	961.7
境内铁路营业里程(公里)	Length of Railways in Operation (kilometer)	121.4	22	
邮政业务总量(万元)	Business Volume of Postal Services (10000 yuan)	2270	2286	1125
电信业务总量(万元)	Business Volume of Telecommunication Services (10000 yuan)		9812	2843
本地电话年末用户(户)	Number of Subscribers of Local Telephones (subscriber)	138000	140985	59962
住宅电话年末用户(户)	Number of Subscribers of Home Telephones (subscriber)		91640	43560
移动电话年末用户(户)	Number of Subscribers of Mobile Telephones (subscriber)	420000	436200	124193
国际互联网用户(户)	Number of Internet Subscribers (subscriber)	35300	10854	10846

continued

进贤县 Jinxian	浮梁县 Fuliang	乐平市 Leping	莲花县 Lianhua	上栗县 Shangli	芦溪县 Luxi	九江县 Jiujiang	武宁县 Wuning	修水县 Xiushui	永修县 Yongxiu
138081	44227	100548	38729	34640	28742	38902	49316	69712	63554
85830	26554	61353	21801	22920	16596	11431	28763	46718	36105
77827	21433	57119	18443	19044	13387	8603	17939	35893	34223
34576	6222	16159	8559	2069	1529	11161	9390	8600	13554
393	251	611	24		2	11535	1168	329	4952
534	235	461	19		1	55	147	16	101
			60	52	5				
6624	6173	17565	5695	4331	4635	2961	5813	5753	4244
482980	160844	384746	130050	150640	126087	68360	155680	216256	235032
465945	142606	369466	120335	138071	110653	56679	117144	189487	226496
42926	5258	22730	13945	1951	2558	20600	14623	11975	17281
243	168	1192	17		2	18587	2286	471	9366
18120	7900	20435	380		24	1307	4217	340	4728
			66	60	14				
149314	94901	641074	120580	99965	94188	67825	118065	83130	127535
454	3420	633	64	26	165	70	1228	3120	315
10322	2504	6359	2873	1617	1335	10656	7387	2510	59720
80503	12797	33224	15595	29613	40043	18425	20841	34303	16360
62266	11024	28424	12030	24046	37376	17249	19577	29905	10850
8023				4	5992				
23480	2002	6225	1820	1520	1654	1735	3147	1501	2489
108509	3597	20661	5196	7437	8048	43520	32000	13592	44027
115	113	137	79	186	141	65	94	67	68
1475557	1008374	2140829	547979	1881542	1342717	678909	853529	676959	1360537
23518	17537	34028	14023	30606	21769	16352	21192	17145	17615
233639	155366	191134	34957	223748	142689	75667	133605	195902	202468
164902	274205	330707	148704	310132	176447	72444	123124	206090	615470
1419450	996266	2039443	547460	1934787	1343783	718121	869192	678780	1352903
10075	2952	26234	2915	81713	8773	2471	1972	2163	2747
30135	48833	51858	15685	83571	52279	10588	24100	41003	28355
56073	51790	102944	41364	240324	174303	73956	86800	111908	150280
27	5	8	4	4	10	7	6	8	7
20221	2396	4505	800	2816	1046	3334	4779	459	3114
296995	14632	434215	14880	58422	17068.9	39047.6	54365	77069.8	39430
2313	1057	2202.6	1086.6	1116.2	1361.3	1022	2298.8	3064.8	684
43	86	37				105			45
1950.5	5600	3576.8	1339	1119	705	1178	1683.4	1765	1738
27378	14714	5500	3163	3680	2664	2600	4515	5401	11425
103000	54218	123300	36250	36739	25672	45898	96960	82213	65111
93200	31987	84500	30045	27200	21083	41207	80678	74803	55311
269000	15541	400000	85969	208658	133052	140357	170000	321234	174215
27610	16412	33500	9983	15902	11978	14558	33178	39389	16083

22-2 续表2

指标	Item	南昌县 Nanchang	新建县 Xinjian	安义县 Anyi
全年用电量(万千瓦时)	Electricity Consumption in the Whole Year (10000 kwh)	100006	58744	25642
#工业用电量	Electricity Consumption of Industry	49026	21548	16678
农村用电量	Rural Electricity Consumption	41735	14930	3290
贸易、外经	**Domestic and Foreign Trade**			
社会消费品零售总额(万元)	Total Retail Sales of Consumer Goods (10000 yuan)	574316	384441	101244
限额以上批发零售贸易业商品销售总额(万元)	Total Sales of Commodities in Wholesale and Retail Trades above Designated Size (10000 yuan)	400123.6	208498	55099
出口总额(万美元)	Total Exports (USD 10000)	43130	6381	6917
当年合同外资金额(万美元)	Contracted Foreign Captital in Current Year (USD 10000)	39972	19109	3976
当年实际使用外资金额(万美元)	Foreign Capital Actually Utilized in Current Year (USD 10000)	31324	15576	5199
固定资产投资	**Investment in Fixed Assets**			
城镇固定资产投资完成额(万元)	Total Investment in Fixed Assets in Urban Area (10000 yuan)	2891908	1236879	277147
城镇新增固定资产(万元)	Newly Increased Fixed Assets in Urban Area (10000 yuan)	2294637	703542	152056
城镇固定资产投资项目个数(个)	Number of Projects of Investment in Fixed Assets in Urban Area (project)	748	289	68
房地产开发投资完成额(万元)	Total Investment in Real Estate Development (10000 yuan)	442558	99764	39439
教育、文化、卫生	**Education,Culture and Health Care**			
普通中学数(所)	Number of Regular Secondary Schools (unit)	41	55	14
小学数(所)	Number of Primary Schools (unit)	255	256	81
普通中学专任教师数(人)	Number of Full-time Teachers in Regular Secondary Schools (person)	3064	2403	920
小学专任教师数(人)	Number of Full-time Teachers in Primary Schools (person)	4509	3168	1067
普通中学在校学生数(人)	Number of Students Enrolled in Regular Secondary Schools (person)	54682	49422	15122
小学在校学生数(人)	Number of Students Enrolled in Primary Schools (person)	80167	80023	22840
医院、卫生院数(所)	Number of Hospitals and Health Care Centers (unit)	29	33	14
医院、卫生院床位数(床)	Number of Beds of Hospitals and Health Care Centers (bed)	1356	1518	411
医院、卫生院卫生技术人员数(人)	Number of Medical Technical Personnel of Hospitals and Health Care Centers (person)	1729	1451	497
人民生活	**People's Livelihood**			
城镇在岗职工年平均人数(人)	Average Number of Fully Employed Staff and Workers in Urban Area (person)	72266	35408	16855
城镇在岗职工工资总额(万元)	Total Wages of Fully Employed Staff and Workers in Urban Area (10000 yuan)	184180	91334	33727
农村居民人均纯收入(元)	Annual Per Capita Net Income of Rural Households (yuan)	7400	6858	6291
农民人均住房面积(平方米)	Per Capita Floor Space of Rural Households (sq.m)	38.2	41	35.4
农村恩格尔系数(%)	Engle Coefficient of Rural Households (%)	45.9	50.7	41.4
社会保障	**Social Security**			
各种社会福利收养性单位数(个)	Number of Social Welfare Institutions of Various Types (unit)	12	15	16
各种社会福利收养性单位床位数(床)	Number of Beds in Social Welfare Institutions of Various Types (bed)	1574	1920	1492
参加基本养老保险的职工数(人)	Number of Employees Participating in Basic Retirement Security Program (person)	59695	34610	12493
参加基本医疗保险的职工数(人)	Number of Employees Participating in Basic Health Care Program (person)		36746	14352
参加失业保险人数(人)	Number of Persons Participating in Unemployment Insurance (person)	41051	24655	11776
城镇居民最低生活保障人数(人)	Number of Urban Residents Receiving Minimum Income Relief (person)	18122	18136	8571
农村居民最低生活保障人数(人)	Number of Rural Residents Receiving Minimum Income Relief (person)	35968	26999	8772
参加农村合作医疗的人数(人)	Number of Persons Participating in Rural Cooperative Medical (person)	714507	486697	178766
参加农村养老保险的人数(人)	Number of Persons Participating in Rural Retirement Security Program (person)	29206	213067	647
资源、环境与可持续发展	**Resources, Environment and the Sustained Development**			
行政区域土地面积(平方公里)	Divisions of Administrative Areas (kilometer)	1683.6	2338	665.4
森林面积(公顷)	Forest Area (hectare)	4889.5	34868.5	27905.8
年末耕地面积(公顷)	Area of Cultivated Land at the Year-end (hectare)	71412	55976	16908
环境污染治理本年完成投资总额(万元)	Total Investment in the Treatment of Environmental Pollution (10000 yuan)			19

continued

进贤县 Jinxian	浮梁县 Fuliang	乐平市 Leping	莲花县 Lianhua	上栗县 Shangli	芦溪县 Luxi	九江县 Jiujiang	武宁县 Wuning	修水县 Xiushui	永修县 Yongxiu
54445	22556	37499	20519	41456	36134	27653	33258	36423	65855
30607	19178	10143	10782	26809	27444	17409	22414	9340	54797
22132	5937	13417	1796	11166	10292	9296	5357	11030	5346
327738	100968	393593	72592	323486	143318	126907	180700	211741	160152
92064.6	29936	11143	4519	25219.6	11755.5	6537	72893	14745	4693
4912	9265	11624	6587	6682	4961	7894	4664	5967	4899
9893	1315	5800	10600	4800	3223	1886	8782	2941	9731
8131	2212	4397	2882.5	2453.5	2051.5	4062	4833	2941	5005
398986	412406	1477054	298266	933536	787547	354272	498982	473657	839786
366570	259816	975648	128830	780534	200072	261377	478804	211565	565565
187	175	403	58	186	148	63	178	230	57
39232	9814	42820	10865	25519	2327	33893	26460	853	44387
38	26	44	19	27	19	24	25	43	25
261	145	286	55	132	73	99	75	311	124
2692	1187	2687	1093	1842	1272	1432	1187	2166	1217
3694	1432	3788	1101	2091	1274	1384	1271	2757	1790
44135	14977	43917	16056	29894	14826	20870	13435	42964	19874
77551	18714	81316	22001	41570	24986	24630	23133	83443	30364
33	22	32	15	12	14	18	25	41	22
1243	318	1799	475	791	544	721	516	619	798
1492	325	1894	599	933	747	813	718	1981	779
21955	18457	47296	12128	9756	8107	19358	11907	21895	26362
44367	37367	105609	23922.5	21038.9	17485.1	36434	31100	24669.5	50855
6980	6518	6345	3050	6778	6867	6130	5706	3046	6012
53.3	40.7	43.8	39.7	49	50	43.8	41.8	29.3	33.6
54.6	42.5	47.9	46.8	43	49.2	41	39.2	50	41.6
19	18	23	17	21	12	13	20	45	27
1713	923	2731	1690	2365	1870	2500	1520	6310	2526
37422	22100	42100	28304	23035	19233	32970	30971	32900	47533
14552	49900	154500	45280	33615	40067	27064	18895	34846	29986
21790	8157	24108	7001	9115	7200	14635	14100	27410	23202
12236	7323	18162	3704	5857	8693	5546	6700	12292	12429
30595	10102	27656	9849	17972	10205	12692	18965	34073	12775
556708	209864	629778	212420	397200	236331	252339	283800	674586	279105
13961	116986	12161	36535		136513	22120	35160	298627	21000
1955.2	2851	1982.8	1063	725	968.1	916.6	3506.6	4504	2035
40502.7	240180	80906.3	71332.9	36628.3	62237	28400	225460	339200	58176
56869	18068	35173	11841	17041	11319	14287	17832	37910	45132.9
	617	349				796	3600	571	15550

22-3 各地区市、县社会经济主要指标(二)(2010年)

指　　标	Item	德安县 De'an	星子县 Xingzi	都昌县 Duchang
乡村基本情况(个)	**Basic Conditions of Country(unit)**			
乡(镇)个数	Number ofTownship and Town Governments	13	10	24
村民委员会个数	Number of Villagers' Committees	83	73	265
#自来水受益的村	Number of Villages Benefited by Tap Water	57	50	76
通电话的村	Number of Villages with Telephone	83	73	265
通有线电视的村	Number of Villages with Cable TV	82	69	265
人口与就业	**Population and Employment**			
年末总人口(万人)	Total Population at the Year-end (10000 persons)	16.6	26	81.7
#乡村人口	Population of Country	11.3	21.5	69.6
年末总户数(户)	Number of Total Households at the Year-end (household)	53989	75847	251615
#乡村户数	Number of Households of Country	28453	50211	169473
年末单位从业人员数(人)	Number of Employed Persons in Units at the Year-end (person)	10888	11059	26408
#第二产业	Secondary Industry	4023	3072	10364
第三产业	Tertiary Industry	6084	7911	15577
乡村从业人员数(人)	Rural Employed Persons (person)	57672	104646	346154
#农林牧渔业	Farming,Forestry,Animal Husbandry and Fishery	30858	40989	152468
城镇登记失业人员数(人)	Number of Registered Urban Unemployed Persons (person)	640	684	2342
综合经济(万元)	**General Economic(10000 yuan)**			
地区生产总值	Gross Regional Product	373049	334435	449963
第一产业增加值	Primary Industry Value-added	35193	40820	129011
农　业	Farming	13989	9217	68370
林　业	Forestry	4023	2184	672
牧　业	Animal Husbandry	13809	10753	17087
渔　业	Fishery	2875	18246	42382
农林牧渔业服务业	Services Output Value of Farming,Forestry, Animal Husbandry and Fishery	497	420	500
第二产业增加值	Secondary Industry Value-added	248542	130045	195000
#工　业	Industry	199765	111708	155715
第三产业增加值	Tertiary Industry Value-added	89314	163570	125952
财政、金融	Government Finance,Bank			
财政总收入	Government Revenue	45980	41742	46519
#地方财政一般预算收入	Local Government Budgetary Revenue	29481	26824	33491
各项税收	Taxes	44496	39242	25588
地方财政一般预算支出	Local Government Budgetary Expenditure	67369	78680	144058
年末金融机构各项存款余额	Deposits in Financial Institutions at the Year-end	373463	329922	666107
#城乡居民储蓄存款余额	Savings Deposits by Urban and Rural Residents at the Year-end	239290	204509	518759
年末金融机构各项贷款余额	Loans in Financial Institutions at the Year-end	200160	166732	316434
#农业贷款	Agricultural Loans	140248	119318	
农　业	**Farming**			
生产条件	Production Condition			
农业机械总动力(万千瓦)	Total Power of Agricultural Machinery (10000 kw)	17.4	19.4	59.8
化肥使用量(折纯量)(吨)	Consumption of Chemical Fertilizers (net)(ton)	5160	5843	27713
农药使用量(吨)	Consumption of Pesticides (ton)	400	299	1070
地膜使用量(吨)	Consumption of Mulching Film (ton)	44	55	170
有效灌溉面积(公顷)	Irrigated Areas (hectare)	5810	5612	30019

Main Social and Economic Indicators by County(County-level City) (2010)

湖口县 Hukou	彭泽县 Pengze	瑞昌市 Ruichang	共青城市 Gongqing-cheng	分宜县 Fenyi	余江县 Yujiang	贵溪市 Guixi	赣 县 Ganxian	信丰县 Xinfeng	大余县 Dayu	上犹县 Shangyou
12	13	16	3	10	11	18	19	16	11	14
123	178	157	32	128	122	187	276	260	105	131
76	138	93	20	115	29	46	39	98	75	82
123	178	157	32	128	122	187	276	260	105	131
121	139	149	32	124	69	144	228	198	103	120
29.2	37.8	44.6	7.2	32.8	37.9	60	61.6	73.1	30.6	30.9
22.5	31.4	34	4.6	22.8	29.7	43.6	50.8	59.1	21.6	26.7
88318	112493	145295	29986	107307	101097	166529	171558	225148	112377	93796
56688	74088	85015	10680	65190	79459	107073	122433	145832	55100	68727
23352	15727	25540	16480	15779	22305	37879	26065	37053	16047	12807
14638	4453	11030	9021	5490	2280	20692	11722	19767	7577	3878
7206	11075	14109	4056	9389	9340	7093	14160	16226	8168	8215
111096	168137	162317	23779	126561	158928	223392	267956	304985	109806	144397
52420	79321	58167	12114	67789	77241	126401	137621	128629	61215	63782
298	790	1475	832	2341	2250	4006	1552	3577	3917	769
643127	376581	628693	295979	1010860	451591	2058183	749358	846209	569435	276297
68284	88356	88145	8967	117494	142718	155431	140912	191159	85565	67395
31946	43852	35261	2640	57158	42868	74138	71367	102209	42940	25172
1464	3801	4972	16	24749	2467	14107	9955	16344	5562	9894
11265	10329	21675	1805	21487	84098	37738	46414	51550	19035	16405
23329	27570	21366	4506	11765	12683	24423	11240	19768	10616	14928
280	2804	4871		2335	602	5025	1936	1288	7412	996
496943	204417	418139	255050	662870	203117	1512166	411795	359593	297659	102671
459153	169804	391628	210481	595385	191645	1459944	362886	305761	264033	92347
77900	83808	122409	31962	230496	105756	390586	196651	295457	186211	106231
100518	46056	93626	35018	182109	90018	265138	70158	61030	54500	27616
51691	29900	57707	25995	116672	47179	126115	47246	42420	37662	19269
44010	41478	85685	33547	142282	38195	236834	56327	49707	40212	22868
108445	97178	124126	59644	178025	130589	223009	140986	131913	94260	82563
459591	487614	664741	231520	620539	511673	1596914	758553	782050	472106	367023
266466	314634	404913	117562	393153	337156	618008	534030	619085	336678	280708
261766	232823	393640	122239.6	367826	380263	1093606	469289	393289	230869	183415
57588		46258		59727		81679	76949	129427	62630	37956
34.2	41	25.5	9.7	32.9	26	37.6	39	54.2	30	22.7
22066	19098	11542	2278	8474	10420	19741	14268	17448	7740	6383
906	2880	728	268	549	912	468	705	1422	604	251
136	500	79	6	319	420	470	809	1386	184	159
13690	19850	11650	2786	12794	23737	27380	17330	22160	9000	9146

22-3 续表1

指　　标	Item	德安县 De'an	星子县 Xingzi	都昌县 Duchang
农作物总播种面积(公顷)	Total Sown Area of Farm Crops (hectare)	17655	23732	103634
粮食作物播种面积(公顷)	Sown Area of Grain Crops (hcktare)	7339	13508	67108
#稻　谷	Rice	6169	10773	55178
油料播种面积(公顷)	Sown Area of Oil-bearing Crops (hectare)	4061	5481	23074
棉花播种面积(公顷)	Sown Area of Cotton (hectare)	4028	1873	6667
糖料播种面积(公顷)	Sown Area of Sugar Crops (hectare)	20	32	128
烟叶播种面积(公顷)	Sown Area of Tobacco (hectare)			
蔬菜播种面积(公顷)	Sown Area of Vegetables (hectare)	1617	1523	4905
粮食总产量(吨)	Total Output of Grain (ton)	44407	76888	388518
#稻　谷	Rice	41012	67109	321335
油料产量(吨)	Output of Oil-bearing Crops (ton)	5484	10426	21462
棉花产量(吨)	Output of Cotton (ton)	6337	3505	7045
糖料产量(吨)	Output of Sugar Crops (ton)	470	742	2577
烟叶产量(吨)	Output of Tobacco (ton)			
蔬菜产量(吨)	Output of Vegetables (ton)	28017	28812	61481
茶叶产量(吨)	Output of Tea (ton)	101	38	17
水果产量(吨)	Output of Fruits (ton)	5386	1867	1655
肉类总产量(吨)	Total Output of Mea t(ton)	9320	10580	16287
#猪　肉	Pork	5888	8652	15311
奶类产量(吨)	Ouput of Milk (ton)			
禽蛋产量(吨)	Ouput of Eggs (ton)	27382	536	398
水产品产量(吨)	Ouput of Aquatic Products (ton)	5314	28505	71528
工业及建筑业	**Industry and Construction**			
规模以上工业企业	Industrial Enterprises above Designated Size			
工业企业数(个)	Number of Industrial Enterprises (unit)	68	51	73
工业总产值(当年价格)(万元)	Gross Industrial Output Value (at current price)(10000 yuan)	828899	461324.7	500715
从业人员年平均数(人)	Average Number of Employed Persons (person)	19665	13581	18821
流动资产年平均余额(万元)	Average Balance of Circulating Funds (10000 yuan)	125405	84094.7	86368
固定资产净值年平均余额(万元	Average Balance of Net Value of Fixed Assets (10000 yuan)	101780	74333.2	55364
主营业务收入(万元)	Main Business Revenue (10000 yuan)	824165	460103.1	498261
主营业务税金及附加(万元)	Taxes and Other Charges on Principal Business (10000 yuan)	864	3100.1	9157
本年应交增值税(万元)	Value-added Tax Payable (10000 yuan)	23867	7802.7	16032
利润总额(万元)	Total Pre-tax Profits (10000 yuan)	40233	38289.2	14253
建筑业	Construction			
建筑业企业个数(个)	Number of Construction Enterprises (unit)	5	4	10
期末从业人员数(人)	Number of Employed Persons at the Year-end (person)	3500	2557	9985
建筑业总产值(万元)	Gross Output Value of Construction (10000 yuan)	32550	56806	160780
交通运输、邮电通讯、能源	**Transport,Postal and Telecommunication Services,Energy**			
境内公路里程(公里)	Length of Highways (kilometer)	918	533	460
境内铁路营业里程(公里)	Length of Railways in Operation (kilometer)	23		
邮政业务总量(万元)	Business Volume of Postal Services (10000 yuan)	679	983	2820
电信业务总量(万元)	Business Volume of Telecommunication Services (10000 yuan)	8073	2301	5844
本地电话年末用户(户)	Number of Subscribers of Local Telephones (subscriber)	20614	43000	71730
住宅电话年末用户(户)	Number of Subscribers of Home Telephones (subscriber)	20214	37000	64387
移动电话年末用户(户)	Number of Subscribers of Mobile Telephones (subscriber)	106996	133000	236635
国际互联网用户(户)	Number of Internet Subscribers (subscriber)	11523	12000	16825

continued

湖口县 Hukou	彭泽县 Pengze	瑞昌市 Ruichang	共青城市 Gongqing-cheng	分宜县 Fenyi	余江县 Yujiang	贵溪市 Guixi	赣　县 Ganxian	信丰县 Xinfeng	大余县 Dayu	上犹县 Shangyou
42915	56456	37576	6217	44398	53810	81714	53898	73269	26521	24653
19214	17633	16179	3126	28134	41690	64249	38089	48403	17045	16146
17373	15623	9813	2954	24831.5	40058	59536	34448	42830	14815	14330
14207	20588	11674	1258	4387.2	4927	4114	3283	5004	1148	721
7089	15590	2482	679	20	4					
86	32	8	22	27.1	571	56	16	7	22	24
							577	1278		
1699	2341	4630	415	2877	2933	6589	5793	11859	5438	4197
105802	108534	81189	19552	150527	231256	350842	189297	264983	88429	89266
100431	100999	58580	18994	143891	227026	338040	181805	247271	81669	83036
23842	37138	17376	2202	4156	11949	6288	5281	12387	3444	1934
8280	30477	4315	1086	29	10					
1969	640	269	762	632	21738	2210	374	400	840	1678
							1329	2658		
46330	36300	88795	5714	39971	33353	112440	123555	287190	139122	74145
57	47	4		6	24	68	57	52	15	732
5058	1158	7413	2080	3461	13547	25107	29518	170221	27835	7000
7739	10380	26227	4445	22906	90448	29589	37381	61235	27300	16011
6803	9141	23959	4445	20185	74864	21367	34858	59807	19281	13390
		14			254					
4829	1918	3205	2305	4115	10211	7240	4190	2667	1620	2315
35411	42500	30500	9000	12500	15263	26840	13103	25555	9294	13107
41	53	109	43	104	47	65	57	68	42	26
1586300	630048	1464346	780857	1717194	802172	8577864	1397811.7	772110.3	372253.2	279782.3
14600	10449	29981	12948	17875	9979	40360	20093	17511	8861	5622
408200	141263	379912	282654	280532	218911	4537046	397402	168884	187732	146727
967000	163473	598348	109816	483000	143589	2151613	354478.9	111522.7	66089.7	54571.9
1978800	630703	1543308	738645	1703966	873042	11465073	1398703	763297	366356	286067
3860	819	2655	1058	25343	2646	28094	6748	4403	987	4916
41044	9808	38936	6601	54332	37314	164841	31914	21758	11594	6328
77675	20137	183900	46255	140499	27578	647053	35236	27521	13474	19415
4	9	10	4	9	6	12	5	6	3	2
2901	6841	1796	6405	3434	2618	21855	2191	1427	1150	1809
38986	46430	37613	122359	46689.5	24074	502588	41665.9	22223.5	10826.8	43126.5
1092	665	977.3	380	1651.4	761.3	2260.2	1710.9	2066.1	1073.5	1032.1
13	45	40	13	27.4	70	156	72.8	67		
1171	1912	2297	307	1705.8	1003	3216	2409	3265	1491	1386
67186	2980	4160	1500	10791	7650	27615	15483.5	19019.3	11029.7	7857.2
37270	62739	68329	20000	35230	33800	76869	55496	62530	36792	31898
36270	56998	45185	12000	23017	27400	56775	50766	61858	35279	30386
212500	135710	202165	63000	168357	140000	144016	231290	286727	151963	123358
13400	15100	21430	7500	17276	12900	19215	22502	26506	18345	12503

22-3 续表2

指 标	Item	德安县 De'an	星子县 Xingzi	都昌县 Duchang
全年用电量(万千瓦时)	Electricity Consumption in the Whole Year (10000 kwh)	30040	17554.7	27300
#工业用电量	Electricity Consumption of Industry	20894	7860	8100
农村用电量	Rural Electricity Consumption	9146	8680	14600
贸易、外经	**Domestic and Foreign Trade**			
社会消费品零售总额(万元)	Total Retail Sales of Consumer Goods (10000 yuan)	88842	88852	213732
限额以上批发零售贸易业商品销售总额(万元)	Total Sales of Commodities in Wholesale and Retail Trades above Designated Size (10000 yuan)	3296.3		21373
出口总额(万美元)	Total Exports (USD 10000)	5504	10604	7092
当年合同外资金额(万美元)	Contracted Foreign Captital in Current Year (USD 10000)	6458		
当年实际使用外资金额(万美元)	Foreign Capital Actually Utilized in Current Year (USD 10000)	4813	4699	4599
固定资产投资	**Investment in Fixed Assets**			
城镇固定资产投资完成额(万元)	Total Investment in Fixed Assets in Urban Area (10000 yuan)	431450	390799	268333
城镇新增固定资产(万元)	Newly Increased Fixed Assets in Urban Area (10000 yuan)	334300	175251	216436
城镇固定资产投资项目个数(个)	Number of Projects of Investment in Fixed Assets in Urban Area (project)	95	131	88
房地产开发投资完成额(万元)	Total Investment in Real Estate Development (10000 yuan)	10865	19800	14363
教育、文化、卫生	**Education,Culture and Health Care**			
普通中学数(所)	Number of Regular Secondary Schools (unit)	15	17	38
小学数(所)	Number of Primary Schools (unit)	20	82	323
普通中学专任教师数(人)	Number of Full-time Teachers in Regular Secondary Schools (person)	564	1091	2835
小学专任教师数(人)	Number of Full-time Teachers in Primary Schools (person)	723	1154	3501
普通中学在校学生数(人)	Number of Students Enrolled in Regular Secondary Schools (person)	10185	17432	57798
小学在校学生数(人)	Number of Students Enrolled in Primary Schools (person)	14463	29746	92322
医院、卫生院数(所)	Number of Hospitals and Health Care Centers (unit)	14	18	25
医院、卫生院床位数(床)	Number of Beds of Hospitals and Health Care Centers (bed)	420	670	1126
医院、卫生院卫生技术人员数(人)	Number of Medical Technical Personnel of Hospitals and Health Care Centers (person)	580	678	1660
人民生活	**People's Livelihood**			
城镇在岗职工年平均人数(人)	Average Number of Fully Employed Staff and Workers in Urban Area (person)	10609	10743	21000
城镇在岗职工工资总额(万元)	Total Wages of Fully Employed Staff and Workers in Urban Area (10000 yuan)	22966.3	20296	31600
农村居民人均纯收入(元)	Annual Per Capita Net Income of Rural Households (yuan)	6033	5318	3482
农民人均住房面积(平方米)	Per Capita Floor Space of Rural Households (sq.m)	37.3	43	34.6
农村恩格尔系数(%)	Engle Coefficient of Rural Households (%)	37.6	45	54
社会保障	**Social Security**			
各种社会福利收养性单位数(个)	Number of Social Welfare Institutions of Various Types (unit)	10	13	27
各种社会福利收养性单位床位数(床)	Number of Beds in Social Welfare Institutions of Various Types (bed)	400	1292	3600
参加基本养老保险的职工数(人)	Number of Employees Participating in Basic Retirement Security Program (person)	23226	20958	25792
参加基本医疗保险的职工数(人)	Number of Employees Participating in Basic Health Care Program (person)	19917	10631	41951
参加失业保险人数(人)	Number of Persons Participating in Unemployment Insurance (person)	11580	8300	21187
城镇居民最低生活保障人数(人)	Number of Urban Residents Receiving Minimum Income Relief (person)	5222	4635	9586
农村居民最低生活保障人数(人)	Number of Rural Residents Receiving Minimum Income Relief (person)	4507	10152	32388
参加农村合作医疗的人数(人)	Number of Persons Participating in Rural Cooperative Medical (person)	109761	204681	634675
参加农村养老保险的人数(人)	Number of Persons Participating in Rural Retirement Security Program (person)	16500		
资源、环境与可持续发展	**Resources, Environment and the Sustained Development**			
行政区域土地面积(平方公里)	Divisions of Administrative Areas (kilometer)	863	719	1988
森林面积(公顷)	Forest Area (hectare)	54533	22666.7	34044
年末耕地面积(公顷)	Area of Cultivated Land at the Year-end (hectare)	8166	10916	43833
环境污染治理本年完成投资总额(万元)	Total Investment in the Treatment of Environmental Pollution (10000 yuan)	152		9100

continued

湖口县 Hukou	彭泽县 Pengze	瑞昌市 Ruichang	共青城市 Gongqing-cheng	分宜县 Fenyi	余江县 Yujiang	贵溪市 Guixi	赣 县 Ganxian	信丰县 Xinfeng	大余县 Dayu	上犹县 Shangyou
172000	26112	106557	10085	125916	23401	157610	38871	65294	28272	35155
163100	7354	92994	4325.6	94614	13999	138770	25871	47310	18162	26660
3800	17211	9563		15610	4142	3750	4516	6434	3420	2965
104565	132530	200349	50900	231013	142000	316445	172865	269609.1	151617.1	88019.4
165378	12740	37184		11317	148414.8	466085	33480.6	37699.7	21466.5	14251.1
9823	5512	5169	3200	7700	4842	25958	12060.7	14099.8	740.3	8578.3
3998		175485		2922	3500	6542	6284	5035	9393	3985
3998	4272	5999	4626	3007	2843	5822.6	5590	6924	5503	3776
1032566	522991	797594		785860	312311	1252631	487641	514702	427760	160684
589200	28179	698366		871672	282135	659823	427263	274675	230214	91153
100	84	220		201	102	311	62	85	83	106
49200	36428	50721	26000	21117	11003	46929	30528	94077	15630	52998
17	30	27	4	16	21	36	30	30	15	17
127	45	34	18	108	130	184	214	227	83	86
1151	1550	1754	180	1741	1345	2188	1846	2494	956	979
1412	1717	1897	310	1535	1659	2427	2567	2999	1212	1221
19468	24854	23860	4130	13029	23743	26921	29510	37653	13518	14474
25112	31362	29656	7386	22541	35105	47501	64703	65584	24252	26355
18	19	35	8	17	15	28	27	27	18	22
714	471	1770	286	677	614	997	787	1077	816	566
678	733	918	254	1071	559	1609	865	1105	798	680
22002	21325	27146	14314	14239	21469	37038	25197	35668	15989	12677
49324	30851	58952	29238	39874.2	35894.6	91736	60081.1	75056.2	36857.4	29146
5835	6274	5771	6018	7245.1	5532	6596.8	3190	4959	3183	3183
38.7	34.7	46.2	39	55.5	62.2	45.2	25.1	41.4	31.2	31.2
40.8	50.3	45.8		41.2	43.1	46	40.7	45.2	49.5	40.5
14	22	19	2	14	20	24	30	17	13	26
952	1427	1360	100	2500	1400	1632	1428	1832	1450	2452
33504	26649	38499	15304	29210	26536	42682	22812	25650	22272	13114
24667	79566	36495	16162	23475	36165	47100	35301	35256	31266	16824
17500	16400	24315	3200	11850	11384	29716	16000	19600	18000	14000
5483	6042	9655	4858	10433	7266	10492	5387	5522	8620	3674
9541	12994	16129	1781	10612	12209	17489	22532	26675	9029	11945
215327	282377	307328	33317	227725	274334	394530	471093	562529	195182	239346
33120	9202	24700	901	8845	10832	67210	51600	38900	27900	25900
669.3	1542	1423	64	1389	937	2486	2993	2878	1386	1544
11526	78200	41547	3415	66594	36717.7	134429	244670.8	212459.2	110007.3	138787
15546	23498	16852	3198	16673.9	23737	33548	22285	30003	9984	9146
6230	200	1050		380	300	10594	1693	290	1876	432

22-4 各地区市、县社会经济主要指标(三)(2010年)

指　　标	Item	崇义县 Chongyi	安远县 Anyuan	龙南县 Longnan
乡村基本情况(个)	**Basic Conditions of Country(unit)**			
乡(镇)个数	Number of Township and Town Governments	16	18	13
村民委员会个数	Number of Villagers' Committees	124	151	94
#自来水受益的村	Number of Villages Benefited by Tap Water	70	61	71
通电话的村	Number of Villages with Telephone	124	151	94
通有线电视的村	Number of Villages with Cable TV	105	151	94
人口与就业	**Population and Employment**			
年末总人口(万人)	Total Population at the Year-end (10000 persons)	20.8	37.3	31.4
#乡村人口	Population of Country	16.8	30.7	26
年末总户数(户)	Number of Total Households at the Year-end (household)	63144	87382	94010
#乡村户数	Number of Households of Country	43762	69265	65979
年末单位从业人员数(人)	Number of Employed Persons in Units at the Year-end (person)	14858	15281	29265
#第二产业	Secondary Industry	7932	1615	20354
第三产业	Tertiary Industry	6926	13090	8363
乡村从业人员数(人)	Rural Employed Persons (person)	82220	155192	141101
#农林牧渔业	Farming,Forestry,Animal Husbandry and Fishery	44448	74973	50338
城镇登记失业人员数(人)	Number of Registered Urban Unemployed Persons (person)	1076	1191	1539
综合经济(万元)	**General Economic(10000 yuan)**			
地区生产总值	Gross Regional Product	386728	299476	601220
第一产业增加值	Primary Industry Value-added	65324	103596	83200
农　业	Farming	17372	68339	41851
林　业	Forestry	33911	12333	3829
牧　业	Animal Husbandry	3362	18488	30741
渔　业	Fishery	9978	3526	6519
农林牧渔业服务业	Services Output Value of Farming,Forestry, Animal Husbandry and Fishery	701	910	260
第二产业增加值	Secondary Industry Value-added	224162	71111	314805
#工　业	Industry	216306	61446	275953
第三产业增加值	Tertiary Industry Value-added	97242	124769	203215
财政、金融	Government Finance,Bank			
财政总收入	Government Revenue	41808	24062	66009
#地方财政一般预算收入	Local Government Budgetary Revenue	28064	15345	41376
各项税收	Taxes	28075	21376	53165
地方财政一般预算支出	Local Government Budgetary Expenditure	71533	93428	94815
年末金融机构各项存款余额	Deposits in Financial Institutions at the Year-end	351646	368185	527018
#城乡居民储蓄存款余额	Savings Deposits by Urban and Rural Residents at the Year-end	242685	227874	371447
年末金融机构各项贷款余额	Loans in Financial Institutions at the Year-end	273734	167542	289580
#农业贷款	Agricultural Loans	48985	86858	98507
农　业	**Farming**			
生产条件	Production Condition			
农业机械总动力(万千瓦)	Total Power of Agricultural Machinery (10000 kw)	12.5	15.7	28.1
化肥使用量(折纯量)(吨)	Consumption of Chemical Fertilizers (net)(ton)	3943	16464	6941
农药使用量(吨)	Consumption of Pesticides (ton)	623	1922	226
地膜使用量(吨)	Consumption of Mulching Film (ton)	17	167	250
有效灌溉面积(公顷)	Irrigated Areas (hectare)	6920	10290	7120

Main Social and Economic Indicators by County(County-level City) (2010)

定南县 Dingnan	全南县 Quannan	宁都县 Ningdu	于都县 Yudu	兴国县 Xingguo	会昌县 Huichang	寻乌县 Xunwu	石城县 Shicheng	瑞金市 Ruijin	南康市 Nankang
7	9	24	23	25	19	15	10	17	18
119	86	299	352	304	242	173	131	223	278
52	32	59	81	73	102	95	101	44	75
119	86	299	352	304	242	173	131	223	278
119	86	138	304	304	151	173	129	200	220
20.8	19	77.6	102.1	77.8	50	31.7	31.3	66.3	80.3
17	13.6	69.3	79	62.7	43.9	27.4	26.5	52.4	69
58432	59702	259245	264455	234594	141613	94191	88994	179180	270624
38782	34116	166589	181580	148039	99350	67017	59454	123147	172922
15625	13927	21555	35726	22760	14480	11522	10565	22048	20955
6319	7909	6062	12170	5821	2923	2128	2148	8330	4381
8908	5538	14784	22724	16707	11195	9051	8262	13504	16403
88401	70999	359438	375317	331606	240786	141942	126731	259213	370859
55171	32300	229653	183753	174203	125640	103851	81570	129424	170053
1257	467	1965	3565	80	1070	362	836	906	3675
327064	265523	798050	901978	772119	424586	341248	234900	654920	877012
68482	52670	217293	169042	206517	113037	129275	88665	108542	166109
14464	29281	118421	79848	78712	44805	85766	40947	51973	61602
1587	4615	14194	11312	8268	8342	4795	6875	4846	4724
46791	11075	57157	48414	98567	41561	31485	17418	36325	79520
4750	7533	22355	26468	19616	16409	6829	22210	14055	19384
890	166	5166	3000	1354	1920	400	1215	1343	879
135033	121521	308141	451386	349887	167414	95375	63569	224099	412358
100932	112265	253875	399386	298885	154844	86809	45681	187445	372236
123549	91332	272616	281550	215715	144135	116598	82666	322279	298545
42000	33188	47203	63485	59219	50168	26000	21001	58049	82009
24600	20060	36497	45453	31669	33687	16886	15275	40978	60330
35271	27296	40378	56218	52093	41298	22315	18442	49707	70691
80184	69250	153810	176386	140134	122000	96085	74938	138832	154024
365763	266141	940210	941133	736565	474486	333054	352278	748437	1213857
255853	193308	752990	739808	531834	324567	218630	256068	553836	913409
200261	129750	436631	356818	413465	208115	170100	187204	475382	640751
40136	49086	72643	69644	67128	48678	64966	68327	69848	126333
20	19.9	49.8	40.7	47.9	17	28.6	23.1	30.2	50.9
4546	9237	24910	18784	14065	17329	19676	9456	10286	18092
99	800	1282	2007	897	991	760	487	543	684
136	626	1087	1361	488	509	150	200	641	105
5180	7190	31560	26420	24790	15580	9380	11800	19610	21210

22-4 续表1

指　　标	Item	崇义县 Chongyi	安远县 Anyuan	龙南县 Longnan
农作物总播种面积(公顷)	Total Sown Area of Farm Crops (hectare)	10788	24036	24415
粮食作物播种面积(公顷)	Sown Area of Grain Crops (hcktare)	8112	19791	12558
#稻　谷	Rice	7467	19075	10984
油料播种面积(公顷)	Sown Area of Oil-bearing Crops (hectare)	561	277	863
棉花播种面积(公顷)	Sown Area of Cotton (hectare)	4		
糖料播种面积(公顷)	Sown Area of Sugar Crops (hectare)	1	5	32
烟叶播种面积(公顷)	Sown Area of Tobacco (hectare)		41	
蔬菜播种面积(公顷)	Sown Area of Vegetables (hectare)	1763	2710	8611
粮食总产量(吨)	Total Output of Grain (ton)	48162	108153	69037
#稻　谷	Rice	45331	105784	63631
油料产量(吨)	Output of Oil-bearing Crops (ton)	1414	474	2408
棉花产量(吨)	Output of Cotton (ton)	6		
糖料产量(吨)	Output of Sugar Crops (ton)	60	100	1680
烟叶产量(吨)	Output of Tobacco (ton)		83	
蔬菜产量(吨)	Output of Vegetables (ton)	32605	40651	216443
茶叶产量(吨)	Output of Tea (ton)	434	9	9
水果产量(吨)	Output of Fruits (ton)	54091	273360	43892
肉类总产量(吨)	Total Output of Meat (ton)	8719	15117	22369
#猪　肉	Pork	6717	9590	19007
奶类产量(吨)	Ouput of Milk (ton)			225
禽蛋产量(吨)	Ouput of Eggs (ton)	541	2804	10800
水产品产量(吨)	Ouput of Aquatic Products (ton)	12018	5955	6995
工业及建筑业	**Industry and Construction**			
规模以上工业企业	Industrial Enterprises above Designated Size			
工业企业数(个)	Number of Industrial Enterprises (unit)	26	20	80
工业总产值(当年价格)(万元)	Gross Industrial Output Value (at current price)(10000 yuan)	467493	124902.4	1082360.8
从业人员年平均数(人)	Average Number of Employed Persons (person)	8083	4095	29034
流动资产年平均余额(万元)	Average Balance of Circulating Funds (10000 yuan)	243370	48800	234463
固定资产净值年平均余额(万元)	Average Balance of Net Value of Fixed Assets (10000 yuan)	122447.5	27052.1	150711.2
主营业务收入(万元)	Main Business Revenue (10000 yuan)	451193	126147	1080414
主营业务税金及附加(万元)	Taxes and Other Charges on Principal Business (10000 yuan)	2252	734	12313
本年应交增值税(万元)	Value-added Tax Payable (10000 yuan)	15039	7273	32136
利润总额(万元)	Total Pre-tax Profits (10000 yuan)	31801	7648	39344
建 筑 业	Construction			
建筑业企业个数(个)	Number of Construction Enterprises (unit)	2	1	4
期末从业人员数(人)	Number of Employed Persons at the Year-end (person)	1320	450	2431
建筑业总产值(万元)	Gross Output Value of Construction (10000 yuan)	5040.5	10450.1	30853.5
交通运输、邮电通讯、能源	**Transport,Postal and Telecommunication Services,Energy**			
境内公路里程(公里)	Length of Highways (kilometer)	1099.4	1302.1	969.6
境内铁路营业里程(公里)	Length of Railways in Operation (kilometer)			27.7
邮政业务总量(万元)	Business Volume of Postal Services (10000 yuan)	904	1246	1699
电信业务总量(万元)	Business Volume of Telecommunication Services (10000 yuan)	7374.6	9320.2	11629.8
本地电话年末用户(户)	Number of Subscribers of Local Telephones (subscriber)	23462	31456	37369
住宅电话年末用户(户)	Number of Subscribers of Home Telephones (subscriber)	22651	31225	35231
移动电话年末用户(户)	Number of Subscribers of Mobile Telephones (subscriber)	108500	148366	169971
国际互联网用户(户)	Number of Internet Subscribers (subscriber)	12734	13712	19354

continued

定南县 Dingnan	全南县 Quannan	宁都县 Ningdu	于都县 Yudu	兴国县 Xingguo	会昌县 Huichang	寻乌县 Xunwu	石城县 Shicheng	瑞金市 Ruijin	南康市 Nankang
16819	21230	99933	74184	78710	39745	25511	26207	59668	65840
11474	11855	69268	49977	55370	30037	20619	17678	34998	40660
10307	10425	64987	44088	49984	28514	19000	17160	29503	38689
233	1225	4139	8313	2519	799	1082	955	8873	5477
	2							3	
16	17	69	36				18	46	7
	7	574		608	1431	17	2276	1328	35
3251	6033	5865	8916	8986	5105	3049	1419	8750	10619
55858	66953	392955	247208	277535	165065	101735	96815	186657	233395
51458	61490	378818	235729	265418	161826	96336	95436	173951	227602
172	3592	9482	15603	6123	1015	3227	1825	11808	15533
	1							3	
361	437	4829	1105				527	2229	440
	16	960		1179	3082	45	4526	2929	54
64502	162600	193885	197391	250356	72539	46490	29038	130627	180964
143	95	90	290	185	38	41	16	19	27
11770	46345	86005	75400	46107	86926	365748	9360	77897	47596
60791	10023	58344	39650	58160	29629	24084	12050	42539	63467
64414	8775	16195	25624	41557	21115	18995	10587	31666	58059
10		65	47028	107	69			148	
275	527	679	6879	4577	195	1849	1949	6973	7041
7082	7575	25892	24615	23074	13360	7005	9280	18600	18758
30	37	45	60	46	29	21	16	49	73
322536.7	325455.3	360918.2	1198719.1	717727.7	430644.1	123980.9	58174.1	340616.3	1200906.9
5031	12691	9100	17861	13188	5824	2058	1752	8788	19029
90429	113740	51692	80691	170563	109141	50431	3787	161470	103365
56624.7	53669.4	50068.5	123127.3	122143.5	70379.8	47717	13709.8	180701.6	146903.9
308353	322325	359803	1183868	719115	417471	117717	57210	343030	1208524
1159	1939	843	2022	17886	1654	717	274	1802	69391
14292	13662	5042	54971	26677	27096	6813	1354	12195	44792
20591	19962	5560	52917	41464	33624	15001	2172	12035	53245
4	1	8	10	4	1	3	3	7	4
764	221	2525	3413	1648	76	1266	1521	2406	1848
8038.2	3479.6	41077	24289.5	12684.1	1236	15149.8	15032.7	29557.8	19369.9
769.2	670.4	2381.5	2480	2133	1454	1024.4	1267.9	1575.3	1970
19.6			56	47.9	19			30	38
999	983	4502	3993	3465	1660	1259	1509	2413	3415
8236.7	6085.1	17700.3	21064.8	18556.8	11295	10081.7	8157.8	18412.1	28378.4
26881	23562	54559	85992	71916	44540	31785	26024	57599	92414
25585	20856	50831	83322	71008	44005	30955	24355	53733	89878
111766	93250	269618	322548	276780	161657	148825	118678	254754	442852
13642	9742	24715	29423	21759	15445	14887	11761	25412	37970

22-4 续表2

指标	Item	崇义县 Chongyi	安远县 Anyuan	龙南县 Longnan
全年用电量(万千瓦时)	Electricity Consumption in the Whole Year (10000 kwh)	28774	18328	95361
#工业用电量	Electricity Consumption of Industry	23472	9567	83517
农村用电量	Rural Electricity Consumption	4827	1630	3460
贸易、外经	**Domestic and Foreign Trade**			
社会消费品零售总额(万元)	Total Retail Sales of Consumer Goods (10000 yuan)	81412.1	98920.8	165702
限额以上批发零售贸易业商品销售总额(万元)	Total Sales of Commodities in Wholesale and Retail Trades above Designated Size (10000 yuan)	7990.8	14522.5	27302.4
出口总额(万美元)	Total Exports (USD 10000)	4931.4	796.6	24511.4
当年合同外资金额(万美元)	Contracted Foreign Captital in Current Year (USD 10000)	1592	2681	7927
当年实际使用外资金额(万美元)	Foreign Capital Actually Utilized in Current Year (USD 10000)	960	1670	6501
固定资产投资	**Investment in Fixed Assets**			
城镇固定资产投资完成额(万元)	Total Investment in Fixed Assets in Urban Area (10000 yuan)	80400	114026	487139
城镇新增固定资产(万元)	Newly Increased Fixed Assets in Urban Area (10000 yuan)	42710	49244	225812
城镇固定资产投资项目个数(个)	Number of Projects of Investment in Fixed Assets in Urban Area (project)	50	95	120
房地产开发投资完成额(万元)	Total Investment in Real Estate Development (10000 yuan)	13626	14063	33577
教育、文化、卫生	**Education,Culture and Health Care**			
普通中学数(所)	Number of Regular Secondary Schools (unit)	19	22	19
小学数(所)	Number of Primary Schools(unit)	109	132	54
普通中学专任教师数(人)	Number of Full-time Teachers in Regular Secondary Schools (person)	688	1412	1104
小学专任教师数(人)	Number of Full-time Teachers in Primary Schools (person)	854	2040	1197
普通中学在校学生数(人)	Number of Students Enrolled in Regular Secondary Schools (person)	9992	24421	17021
小学在校学生数(人)	Number of Students Enrolled in Primary Schools (person)	14060	37112	22320
医院、卫生院数(所)	Number of Hospitals and Health Care Centers (unit)	23	24	21
医院、卫生院床位数(床)	Number of Beds of Hospitals and Health Care Centers (bed)	414	687	496
医院、卫生院卫生技术人员数(人)	Number of Medical Technical Personnel of Hospitals and Health Care Centers (person)	740	934	725
人民生活	**People's Livelihood**			
城镇在岗职工年平均人数(人)	Average Number of Fully Employed Staff and Workers in Urban Area (person)	14252	15013	28618
城镇在岗职工工资总额(万元)	Total Wages of Fully Employed Staff and Workers in Urban Area (10000 yuan)	31710.3	31416.2	61128.1
农村居民人均纯收入(元)	Annual Per Capita Net Income of Rural Households (yuan)	4155	3159	4626
农民人均住房面积(平方米)	Per Capita Floor Space of Rural Households (sq.m)	33.8	23.2	29.9
农村恩格尔系数(%)	Engle Coefficient of Rural Households (%)	42.3	39.1	40.5
社会保障	**Social Security**			
各种社会福利收养性单位数(个)	Number of Social Welfare Institutions of Various Types (unit)	8	29	10
各种社会福利收养性单位床位数(床)	Number of Beds in Social Welfare Institutions of Various Types (bed)	1070	2681	750
参加基本养老保险的职工数(人)	Number of Employees Participating in Basic Retirement Security Program (person)	16583	14863	22637
参加基本医疗保险的职工数(人)	Number of Employees Participating in Basic Health Care Program (person)	18354	19551	23768
参加失业保险人数(人)	Number of Persons Participating in Unemployment Insurance (person)	11005	12000	22500
城镇居民最低生活保障人数(人)	Number of Urban Residents Receiving Minimum Income Relief (person)	3178	4922	3220
农村居民最低生活保障人数(人)	Number of Rural Residents Receiving Minimum Income Relief (person)	6302	13510	11398
参加农村合作医疗的人数(人)	Number of Persons Participating in Rural Cooperative Medical (person)	155914	278287	238780
参加农村养老保险的人数(人)	Number of Persons Participating in Rural Retirement Security Program (person)	16400	15000	72548
资源、环境与可持续发展	**Resources, Environment and the Sustained Development**			
行政区域土地面积(平方公里)	Divisions of Administrative Areas (kilometer)	2197	2375	1641
森林面积(公顷)	Forest Area (hectare)	187996	217464.6	143127
年末耕地面积(公顷)	Area of Cultivated Land at the Year-end (hectare)	7689	11082	9388
环境污染治理本年完成投资总额(万元)	Total Investment in the Treatment of Environmental Pollution (10000 yuan)	845		1541

continued

定南县 Dingnan	全南县 Quannan	宁都县 Ningdu	于都县 Yudu	兴国县 Xingguo	会昌县 Huichang	寻乌县 Xunwu	石城县 Shicheng	瑞金市 Ruijin	南康市 Nankang
60804	29932	30262	54390	42747	25062	21632	11184	60287	74142
53183	23211	14686	27666	24306	12925	12167	3831	40442	49111
1113	5419	6288	9362	5399	4765	5185	2324	5169	8277
83337.8	82920.7	237074.6	282512	204270.6	155010.3	110289.1	61345.8	217289.2	267569.1
34801.6	9592.4	26800	44466.3	41502.4	15184	15806.1	12957.5	38704.9	60433.8
4028.7	5975.6	1279	3490.3	881.7	1296	260.1	125.9	7621.6	3602.4
4543	4573	1110	7750	6610	3188	90	2988	4239	5789
4019	4136	1693	6120	5389	3178	226	1333	4711	7146
167024	100958	203504	505486	320288	130549	99797	76608	174634	442045
121827	72755	54796	230305	134999	72988	40347	17913	58666	183984
86	55	79	119	59	61	47	48	58	130
18465	21933	26178	76538	22140	31387	34247	15565	63709	117442
9	12	38	44	34	24	22	20	31	41
28	68	233	316	293	174	56	69	187	187
900	523	2497	3600	2655	1846	1131	1087	2095	2633
1150	814	3197	4681	3440	2536	1489	1378	2900	3597
14175	6950	37131	75367	46058	34577	21540	19554	40186	51302
18868	13756	82903	132501	95151	64525	30649	33219	62542	81826
19	22	31	31	31	24	21	20	24	29
686	549	1060	1882	1224	1057	578	792	969	1739
909	669	1121	1815	1595	1065	619	915	1216	2352
15274	13070	20807	34325	21460	14085	11421	9749	21591	19713
35513.4	25045.7	43763.5	76236.8	47787.6	28190.7	24170.8	16984.6	45981.6	50995.6
3711	3324	3143	3142	3199	3130	3186	2796	4077	4564
22	39.1	25.6	33.4	28.2	31.8	25.9	35.2	34.5	46
42	50.4	48.3	54.8	46.5	45	47.7	47.5	45.2	45.1
3	5	27	28	28	28	15	16	39	37
683	640	4847	2825	2178	4476	1028	1508	4412	3615
8863	16538	25745	31978	26405	17768	10902	11260	22408	27982
25437	22136	26563	39579	33013	23710	19103	19909	25413	25823
10000	12000	20000	24000	20000	17000	10000	11500	15000	24000
3213	3427	8992	7982	6388	7700	4042	6636	8671	7503
7272	5841	30464	35953	32079	19813	12069	12295	22689	28855
152438	123644	579759	786543	603128	403413	241847	239243	485415	625884
13262	24500	49505	437186	92900	35000	25691	32500	106400	90100
1317	1521	4053	2893	3214	2722	2311	1582	2448	1845
114978.3	130721.5	307058.6	218556.5	262277.1	232430.2	211461.3	123782.5	190829.8	122145.1
7043	7487	44835	28832	28359	17356	11629	13215	21567	25901
453	1074	368	458		5778	780	715	300	102

22-5 各地区市、县社会经济主要指标(四)(2010年)

指标	Item	吉安县 Ji'an	吉水县 Jishui	峡江县 Xiajiang
乡村基本情况(个)	**Basic Conditions of Country(unit)**			
乡(镇)个数	Number of Township and Town Governments	19	18	11
村民委员会个数	Number of Villagers' Committees	316	249	83
#自来水受益的村	Number of Villages Benefited by Tap Water	278	74	20
通电话的村	Number of Villages with Telephone	316	249	83
通有线电视的村	Number of Villages with Cable TV	307	167	54
人口与就业	**Population and Employment**			
年末总人口(万人)	Total Population at the Year-end (10000 persons)	47.3	51.2	17.4
#乡村人口	Population of Country	37.7	40.3	12.9
年末总户数(户)	Number of Total Households at the Year-end (household)	152564	176503	55632
#乡村户数	Number of Households of Country	96154	121767	34146
年末单位从业人员数(人)	Number of Employed Persons in Units at the Year-end (person)	15601	16564	9696
#第二产业	Secondary Industry	3983	3819	2121
第三产业	Tertiary Industry	10890	11991	6834
乡村从业人员数(人)	Rural Employed Persons(person)	197280	205671	62589
#农林牧渔业	Farming,Forestry,Animal Husbandry and Fishery	99997	87171	39339
城镇登记失业人员数(人)	Number of Registered Urban Unemployed Persons (person)	2088	1615	660
综合经济(万元)	**General Economic (10000 yuan)**			
地区生产总值	Gross Regional Product	730247	601431	296887
第一产业增加值	Primary Industry Value-added	156475	141901	81014
农业	Farming	44047	85069	45384
林业	Forestry	12433	13929	12857
牧业	Animal Husbandry	84304	30281	12136
渔业	Fishery	14254	11159	8747
农林牧渔业服务业	Services Output Value of Farming,Forestry, Animal Husbandry and Fishery	1437	1463	1890
第二产业增加值	Secondary Industry Value-added	392990	283541	144808
#工业	Industry	350881	242387	126786
第三产业增加值	Tertiary Industry Value-added	180782	175989	71065
财政、金融	Government Finance,Bank			
财政总收入	Government Revenue	103128	52209	38642
#地方财政一般预算收入	Local Government Budgetary Revenue	60627	35791	24544
各项税收	Taxes	90646	41334	31691
地方财政一般预算支出	Local Government Budgetary Expenditure	143083	119212	72555
年末金融机构各项存款余额	Deposits in Financial Institutions at the Year-end	765533.1	621981	322152.4
#城乡居民储蓄存款余额	Savings Deposits by Urban and Rural Residents at the Year-end	517240.9	476596.4	216145
年末金融机构各项贷款余额	Loans in Financial Institutions at the Year-end	192583	217599	146407
#农业贷款	Agricultural Loans	101249.4	103683.6	46663.7
农业	**Farming**			
生产条件	Production Condition			
农业机械总动力(万千瓦)	Total Power of Agricultural Machinery(10000 kw)	63.7	67.2	24.3
化肥使用量(折纯量)(吨)	Consumption of Chemical Fertilizers (net)(ton)	14027	28039	12888
农药使用量(吨)	Consumption of Pesticides(ton)	619	2956	1048
地膜使用量(吨)	Consumption of Mulching Film(ton)	234	398	184
有效灌溉面积(公顷)	Irrigated Areas(hectare)	31640	30220	16470

Main Social and Economic Indicators by County(County-level City) (2010)

新干县 Xingan	永丰县 Yongfeng	泰和县 Taihe	遂川县 Suichuan	万安县 Wan'an	安福县 Anfu	永新县 Yongxin	井冈山市 Jinggangshan	奉新县 Fengxin	万载县 Wanzai
13	21	22	23	16	19	23	17	13	16
134	217	297	308	135	256	238	106	146	181
18	109	65	165	49	55	211	55	55	84
134	217	297	308	135	254	238	106	146	181
134	133	272	308	135	178	238	76	101	99
32.9	44.8	54.7	56.3	30.3	39.3	50.2	16.2	31.7	50.6
25	35.4	42.7	49.5	25.8	30	41.8	11.3	22.8	45.3
109664	127978	183055	162992	97381	123408	148871	46261	102796	147990
71484	81901	107984	121866	59353	74996	96667	25596	62510	117998
12451	15299	18007	16500	13383	14071	13626	18590	11185	15208
2094	3447	3222	3393	1574	2471	1441	7523	934	3127
9715	10553	12698	12041	11160	9914	11191	9286	9803	11172
129313	171763	204542	264837	129978	148768	213064	58859	112135	225422
77689	60010	81969	137720	77578	91206	102674	30109	52804	105032
1973	402	2234	75	729	2151	2459	322	600	1362
541646	650753	763591	548703	328816	667724	461805	315863	627959	575972
122808	134390	192497	108444	84155	138465	111125	34792	108738	111490
71529	72486	81530	46402	37289	76271	52958	10773	60038	68944
5061	24594	5680	35646	7800	14911	14893	14472	22547	20480
36983	22208	85602	14349	18583	36465	30714	5715	14969	9723
7656	13434	17238	6707	19337	8379	11660	1470	10204	11493
1579	1668	2447	5340	1146	2439	900	2362	980	850
285418	320019	382873	262393	148870	366612	212096	128893	408823	320894
240112	278469	324920	210859	119893	323699	173066	94558	385800	297519
133420	196344	188221	177866	95791	162647	138584	152178	110398	143588
61099	60008	81298	51791	43001	86679	38438	37289	64426	65276
38992	38697	53076	38773	29149	61108	25755	26925	43688	39549
52625	46261	67083	36931	32258	59460	30852	31905	56684	57253
110705	125878	138297	122190	91521	134350	110725	87869	111006	130940
657547.2	552211.2	801796	523787.9	421577.5	606346.8	612283.2	384330.2	525306	521663
454424.4	386551.6	612182.8	358971.7	301161	464465.2	465810.3	224575.3	357305	387782
229071	182741	295525	189420	127942	174390	101531	103757	296193	241135
116985.9	50153.2	85208.6	107111.3	65277.5	63294.5	54229.3	38793.2	81027	11524
45	45.9	67.4	26.9	35.8	39.9	45.6	8	53	30
17983	17027	24805	16386	9440	14869	8725	2836	15931	9044
1755	400	1580	625	970	1192	756	91	980	454
611	304	496	157	232	641	237	10	125	194
25810	30020	39370	21180	17780	30450	22840	6790	23147	18760

22-5 续表1

指　　标	Item	吉安县 Ji'an	吉水县 Jishui	峡江县 Xiajiang
农作物总播种面积(公顷)	Total Sown Area of Farm Crops(hectare)	104326	118819	54810
粮食作物播种面积(公顷)	Sown Area of Grain Crops(hcktare)	75123	87969	38260
#稻　谷	Rice	71096	74457	36944
油料播种面积(公顷)	Sown Area of Oil-bearing Crops(hectare)	24081	15418	10223
棉花播种面积(公顷)	Sown Area of Cotton(hectare)			62
糖料播种面积(公顷)	Sown Area of Sugar Crops(hectare)	76	31	67
烟叶播种面积(公顷)	Sown Area of Tobacco(hectare)			1428
蔬菜播种面积(公顷)	Sown Area of Vegetables(hectare)	4821	12911	3019
粮食总产量(吨)	Total Output of Grain(ton)	425953	547346	226535
#稻　谷	Rice	418847	494591	220964
油料产量(吨)	Output of Oil-bearing Crops(ton)	19753	16071	12186
棉花产量(吨)	Output of Cotton(ton)			74
糖料产量(吨)	Output of Sugar Crops(ton)	4293	1090	3831
烟叶产量(吨)	Output of Tobacco(ton)			3309
蔬菜产量(吨)	Output of Vegetables(ton)	56941	183797	41630
茶叶产量(吨)	Output of Tea(ton)		31	19
水果产量(吨)	Output of Fruits(ton)	4941	18015	6026
肉类总产量(吨)	Total Output of Meat(ton)	88651	41036	10034
#猪　肉	Pork	45364	23173	7977
奶类产量(吨)	Ouput of Milk(ton)			
禽蛋产量(吨)	Ouput of Eggs(ton)	1225	3205	1260
水产品产量(吨)	Ouput of Aquatic Products(ton)	18109	16480	13799
工业及建筑业	**Industry and Construction**			
规模以上工业企业	Industrial Enterprises above Designated Size			
工业企业数(个)	Number of Industrial Enterprises(unit)	80	67	38
工业总产值(当年价格)(万元)	Gross Industrial Output Value (at current price)(10000 yuan)	1316064.6	861374.9	493428
从业人员年平均数(人)	Average Number of Employed Persons(person)	28651	19133	6275
流动资产年平均余额(万元)	Average Balance of Circulating Funds(10000 yuan)	85317	45584.5	29826.7
固定资产净值年平均余额(万元)	Average Balance of Net Value of Fixed Assets(10000 yuan)	192090.2	156869.4	52256.5
主营业务收入(万元)	Main Business Revenue(10000 yuan)	1279871	847681.9	491979.6
主营业务税金及附加(万元)	Taxes and Other Charges on Principal Business(10000 yuan)	7831.2	1977.6	1423.7
本年应交增值税(万元)	Value-added Tax Payable(10000 yuan)	54845.1	18268.7	24009.7
利润总额(万元)	Total Pre-tax Profits(10000 yuan)	96966	40033.1	27155.1
建 筑 业	Construction			
建筑业企业个数(个)	Number of Construction Enterprises(unit)	6	7	4
期末从业人员数(人)	Number of Employed Persons at the Year-end (person)	3029	2930	629
建筑业总产值(万元)	Gross Output Value of Construction(10000 yuan)	62421	18773	10944
交通运输、邮电通讯、能源	**Transport,Postal and Telecommunication Services,Energy**			
境内公路里程(公里)	Length of Highways(kilometer)	2237.1	1819	1129.4
境内铁路营业里程(公里)	Length of Railways in Operation(kilometer)	64	47	20
邮政业务总量(万元)	Business Volume of Postal Services(10000 yuan)	3213.3	2815.5	1370
电信业务总量(万元)	Business Volume of Telecommunication Services(10000 yuan)	16736	16497.2	7648.6
本地电话年末用户(户)	Number of Subscribers of Local Telephones(subscriber)	45442	46695	17223
住宅电话年末用户(户)	Number of Subscribers of Home Telephones(subscriber)	38791	40630	12852
移动电话年末用户(户)	Number of Subscribers of Mobile Telephones(subscriber)	211974	204655	98972
国际互联网用户(户)	Number of Internet Subscribers(subscriber)	15756	13846	8562

continued

新干县 Xingan	永丰县 Yongfeng	泰和县 Taihe	遂川县 Suichuan	万安县 Wan'an	安福县 Anfu	永新县 Yongxin	井冈山市 Jinggangshan	奉新县 Fengxin	万载县 Wanzai
85383	80825	133306	56168	57519	87352	69053	16777	60864	67119
56502	61206	87366	41786	43991	56290	46729	11389	43790	45863
52475	57101	81131	35245	42425	52560	44482	9140	40717	39463
16205	3961	18573	3994	9720	19443	14223	1362	8734	5326
102								616	41
127	422	59	47	20	52	25	31	91	137
	329	70	34	1	765		15		50
7208	9499	17133	9455	2909	6430	6258	2923	4201	6734
330326	323107	500002	229432	262320	319328	285337	71351	303394	253889
314398	314598	481648	209463	253016	307858	279037	61120	283597	238174
20558	4672	20834	5529	9403	22510	21305	1668	14532	6993
145								1437	48
3051	23483	2837	2045	1080	1490	939	739	2404	3473
	777	150	53	1	1679		25		60
157525	205164	316167	137788	39176	86905	85605	34500	76890	126771
37	69	692	907	12	39	6	103	51	155
186501	4148	8229	36526	14688	6835	2080	4221	11713	3529
73022	21761	72456	26359	16736	37481	29099	6667	11717.5	36486.3
70942	17656	40180	20032	14912	28295	22836	6288	18826	30992
		45		102	117	44	80		
1656	1717	25275	1722	2401	3777	1532	481	1395	3730
16326	10719	21830	6420	20018	13700	15165	3348	15600	16000
73	72	76	67	42	48	38	25	78	91
929565.8	941637.6	1101247.1	517328.9	418487.4	824739.8	568141.8	238453.6	1442455	917643.2
10432	18627	16306	13657	8836	20383	5892	8352	23828	32914
95378.7	74817.7	164480.7	49810.4	41201.9	78375.7	79857.7	25231.9	170095	218605.5
167737.1	194812.8	135208.3	222999.6	165064.9	135451.8	45130.2	69784.8	175630	126962.4
927663.1	934179	1083546.6	523755.7	406610.4	813745.8	568537	225257.4	1460729	906602.4
3746.4	3559	8561.9	1755.8	2039	23468.4	4248.5	332.3	8359	24352.5
39197.6	36033.2	36518.8	26616.3	26135.3	51435.2	28388.9	6565.3	45160	35806.2
50807.5	79896.8	78214.3	39378.6	30492.5	132457.5	48803.4	12815.3	130764	82012.6
7	6	11	10	5	7	9	9	6	6
4907	4522	1350	4589	1256	3847	3684	2082	3489	1554
47580	110884	9375	42192	13027	26078	32120	19280	56082	12885
1740	1987.2	2211.5	2002.8	1992.7	2351.5	1640.3	1041	2095	1434.7
43		78.3			65	59	11		
2477	2432.6	4137.6	2740	2462.9	3119.1	3022.5	1382.1	1739	256412
13770.7	14064.4	19062.2	20291.8	10914.4	15863.2	15565.9	9121.7	1612	13995
41158	33521	57265	63438	34414	47180	51081	23174	31755	43000
34456	27107	49912	56441	29583	41183	44601	13628	29969	41300
148299	183985	224152	230244	124316	192101	167650	101348	193883	283500
16227	15034	16395	16981	10555	14389	14828	10991	16642	22900

22-5 续表2

指　　标	Item	吉安县 Ji'an	吉水县 Jishui	峡江县 Xiajiang
全年用电量(万千瓦时)	Electricity Consumption in the Whole Year(10000 kwh)	34120	20034	18588
#工业用电量	Electricity Consumption of Industry	23900	10298	14328
农村用电量	Rural Electricity Consumption	5712	4620	3527
贸易、外经	**Domestic and Foreign Trade**			
社会消费品零售总额(万元)	Total Retail Sales of Consumer Goods (10000 yuan)	193174	197341	80550
限额以上批发零售贸易业商品销售总额(万元)	Total Sales of Commodities in Wholesale and Retail Trades above Designated Size(10000 yuan)	3477	6618	6792
出口总额(万美元)	Total Exports (USD 10000)	12234.2	7952	4203.2
当年合同外资金额(万美元)	Contracted Foreign Captital in Current Year (USD 10000)	5405	2480	1697
当年实际使用外资金额(万美元)	Foreign Capital Actually Utilized in Current Year (USD 10000)	4820	3086	2260
固定资产投资	**Investment in Fixed Assets**			
城镇固定资产投资完成额(万元)	Total Investment in Fixed Assets in Urban Area (10000 yuan)	762266	576209	271675
城镇新增固定资产(万元)	Newly Increased Fixed Assets in Urban Area (10000 yuan)	485121	230705	177449
城镇固定资产投资项目个数(个)	Number of Projects of Investment in Fixed Assets in Urban Area (project)	88	139	65
房地产开发投资完成额(万元)	Total Investment in Real Estate Development (10000 yuan)	22576	9170	2879
教育、文化、卫生	**Education,Culture and Health Care**			
普通中学数(所)	Number of Regular Secondary Schools (unit)	24	30	13
小学数(所)	Number of Primary Schools(unit)	88	172	60
普通中学专任教师数(人)	Number of Full-time Teachers in Regular Secondary Schools (person)	1771	1714	680
小学专任教师数(人)	Number of Full-time Teachers in Primary Schools (person)	1686	1895	762
普通中学在校学生数(人)	Number of Students Enrolled in Regular Secondary Schools (person)	26964	26065	10525
小学在校学生数(人)	Number of Students Enrolled in Primary Schools (person)	33797	44252	17189
医院、卫生院数(所)	Number of Hospitals and Health Care Centers(unit)	25	22	15
医院、卫生院床位数(床)	Number of Beds of Hospitals and Health Care Centers(bed)	858	619	406
医院、卫生院卫生技术人员数(人)	Number of Medical Technical Personnel of Hospitals and Health Care Centers (person)	885	958	468
人民生活	**People's Livelihood**			
城镇在岗职工年平均人数(人)	Average Number of Fully Employed Staff and Workers in Urban Area (person)	14726	13222	9701
城镇在岗职工工资总额(万元)	Total Wages of Fully Employed Staff and Workers in Urban Area (10000 yuan)	30595.2	28253.8	19111.3
农村居民人均纯收入(元)	Annual Per Capita Net Income of Rural Households (yuan)	3205.5	6604.3	5536
农民人均住房面积(平方米)	Per Capita Floor Space of Rural Households (sq.m)	27.9	44.4	49.8
农村恩格尔系数(%)	Engle Coefficient of Rural Households (%)	42.6	38.4	34.8
社会保障	**Social Security**			
各种社会福利收养性单位数(个)	Number of Social Welfare Institutions of Various Types (unit)	21	22	12
各种社会福利收养性单位床位数(床)	Number of Beds in Social Welfare Institutions of Various Types (bed)	1261	2048	1188
参加基本养老保险的职工数(人)	Number of Employees Participating in Basic Retirement Security Program (person)	38385	35927	17785
参加基本医疗保险的职工数(人)	Number of Employees Participating in Basic Health Care Program (person)	45000	54000	21700
参加失业保险人数(人)	Number of Persons Participating in Unemployment Insurance (person)	19700	21318	10120
城镇居民最低生活保障人数(人)	Number of Urban Residents Receiving Minimum Income Relief (person)	8769	10426	4492
农村居民最低生活保障人数(人)	Number of Rural Residents Receiving Minimum Income Relief (person)	16977	17045	4555
参加农村合作医疗的人数(人)	Number of Persons Participating in Rural Cooperative Medical (person)	340459	353850	117888
参加农村养老保险的人数(人)	Number of Persons Participating in Rural Retirement Security Program (person)	13822	28980	20618
资源、环境与可持续发展	**Resources, Environment and the Sustained Development**			
行政区域土地面积(平方公里)	Divisions of Administrative Areas (kilometer)	2117	2509	1287
森林面积(公顷)	Forest Area (hectare)	117294	149395	65442
年末耕地面积(公顷)	Area of Cultivated Land at the Year-end (hectare)	37459	39753	19534
环境污染治理本年完成投资总额(万元)	Total Investment in the Treatment of Environmental Pollution(10000 yuan)	558	1587	1500

continued

新干县 Xingan	永丰县 Yongfeng	泰和县 Taihe	遂川县 Suichuan	万安县 Wan'an	安福县 Anfu	永新县 Yongxin	井冈山市 Jinggangshan	奉新县 Fengxin	万载县 Wanzai
36136	35938	30456	31639	8126	39000	16326	14708	60003	30336
27021	24603	17937	21087	4186	27600	11347	7778	50840	13981
4101	3281	6467	10016	2339	14666	3849	1501	7616	6589
153117	147307	187718	151121	75499	195554	140103	108860	180453	179160.6
4240	1220	6350	8801	3103	17266	5354	6474.4	14993	159778.1
5733.2	6733.8	12129.4	4861.4	5186.6	4825.5	4314.3	217.6	3189	9465
1822	2468	5236	2792	3090	7004	3330	1136	4000	2630
3681	3013	4810	3169	3080	4095	2326	1120	4850	2200
581245	532925	760386	483985	448778	439380	586600	376017	554417	248642
605766	517522	380476	470955	485813	405639	494503	54599	589715	261970
170	92	84	118	56	69	133	125	105	95
17835	13855	25001	24482	9064	34833	8820	37400	53179	16674
17	29	34	35	22	24	31	13	18	20
44	181	141	127	97	44	140	27	92	150
1301	1837	1939	1771	1232	1580	1682	581	1064	1654
1167	1976	1767	1880	1373	1410	1961	764	1198	2222
18747	28653	28201	28540	18608	18086	31631	8418	13519	30482
26650	39118	36964	45382	20626	22872	38298	11317	24897	51623
17	24	33	26	21	25	30	21	18	23
628	893	1312	1219	651	768	920	493	687	1131
762	872	1545	1164	648	1086	1183	468	1491	1301
12258	13544	16969	14756	12615	13657	12947	17816	10092	14882
29661.2	29148.8	40537.7	36813.3	30132.2	30266.3	25072.6	31191.7	24114	33523
6158.7	6221	6122.2	3125.2	3019.4	5944	3013	3006	6244	4929
57.9	35.7	40.5	35.6	27.6	46.5	29.2	34.5	53.4	52.7
44.9	44.1	44.2	55	48.1	49.4	48.8	53.2	39.1	51.2
14	26	25	26	19	21	23	7	18	18
1758	2551	2008	2400	1897	1493	1375	651	1450	4480
31364	39499	50478	37029	22941	42554	37606	20325	27336	29663
40500	43000	56700	33000	39000	43900	47100	33000	17652	45056
15100	15300	21889	15510	13970	18700	15290	15714	15500	17500
7365	7153	6306	7538	6020	6959	8996	3453	6214	101205
10668	15076	17062	23188	11571	11993	15156	4591	10522	173576
237542	330270	405734	451784	217195	281112	376358	109115	192260	368885
18916	8842	30510	21347	11739	22851	7217	4437	32400	215624
1252	2680	2666	3102	2047	2796	2200	1276	1642	1719.6
54547	151196	141369	177490	120925	167738	118747	88733	96229	102600
27918	31010	44643	29379	22512	30890	24846	8145	25570	24241
500	3000	4360	360.6	480	5846			2130	872

22-6 各地区市、县社会经济主要指标(五)(2010年)

指标	Item	上高县 Shanggao	宜丰县 Yifeng	靖安县 Jing'an
乡村基本情况(个)	**Basic Conditions of Country(unit)**			
乡(镇)个数	Number of Township and Town Governments	13	12	11
村民委员会个数	Number of Villagers' Committees	186	210	75
#自来水受益的村	Number of Villages Benefited by Tap Water	130	134	39
通电话的村	Number of Villages with Telephone	186	210	75
通有线电视的村	Number of Villages with Cable TV	180	187	67
人口与就业	**Population and Employment**			
年末总人口(万人)	Total Population at the Year-end (10000 persons)	35.2	28.5	14.6
#乡村人口	Population of Country	25.9	19.2	9.8
年末总户数(户)	Number of Total Households at the Year-end (household)	114285	95716	47562
#乡村户数	Number of Households of Country	71122	55283	28631
年末单位从业人员数(人)	Number of Employed Persons in Units at the Year-end (person)	29689	11843	6632
#第二产业	Secondary Industry	17219	1721	795
第三产业	Tertiary Industry	9204	1254	5553
乡村从业人员数(人)	Rural Employed Persons (person)	128339	91754	43434
#农林牧渔业	Farming,Forestry,Animal Husbandry and Fishery	63256	57696	23176
城镇登记失业人员数(人)	Number of Registered Urban Unemployed Persons (person)	2735	1523	600
综合经济(万元)	**General Economic(10000 yuan)**			
地区生产总值	Gross Regional Product	710891	510403	223453
第一产业增加值	Primary Industry Value-added	125869	115000	43409
农业	Farming	52306	46500	18626
林业	Forestry	9054	21950	15998
牧业	Animal Husbandry	47728	34100	4849
渔业	Fishery	15057	11050	3551
农林牧渔业服务业	Services Output Value of Farming,Forestry, Animal Husbandry and Fishery	1724	1400	385
第二产业增加值	Secondary Industry Value-added	391401	259603	109723
#工业	Industry	367775	230203	95000
第三产业增加值	Tertiary Industry Value-added	193621	135800	70321
财政、金融	Government Finance,Bank			
财政总收入	Government Revenue	80667	50208	27971.6
#地方财政一般预算收入	Local Government Budgetary Revenue	54158	30485	18759.3
各项税收	Taxes	72538	45246	15265
地方财政一般预算支出	Local Government Budgetary Expenditure	128653	103466	62627
年末金融机构各项存款余额	Deposits in Financial Institutions at the Year-end	692147	522278	293801
#城乡居民储蓄存款余额	Savings Deposits by Urban and Rural Residents at the Year-end	495136	382472	195433
年末金融机构各项贷款余额	Loans in Financial Institutions at the Year-end	464450	232965	129562
#农业贷款	Agricultural Loans	36500		
农业	**Farming**			
生产条件	Production Condition			
农业机械总动力(万千瓦)	Total Power of Agricultural Machinery (10000 kw)	47.5	56.5	28.5
化肥使用量(折纯量)(吨)	Consumption of Chemical Fertilizers (net)(ton)	16840	14078	2193
农药使用量(吨)	Consumption of Pesticides (ton)	849	639	245
地膜使用量(吨)	Consumption of Mulching Film (ton)	818	112	84
有效灌溉面积(公顷)	Irrigated Areas (hectare)	24754	18960	8460

Main Social and Economic Indicators by County(County-level City) (2010)

铜鼓县 Tonggu	丰城市 Fengcheng	樟树市 Zhangshu	高安市 Gao'an	南城县 Nancheng	黎川县 Lichuan	南丰县 Nanfeng	崇仁县 Chongren	乐安县 Le'an	宜黄县 Yihuang	金溪县 Jinxi
9	27	14	20	12	14	12	15	15	12	13
103	514	249	296	150	108	172	149	175	139	149
61	78	80	126	143	104	96	65	82	92	102
102	514	234	296	150	108	172	149	168	139	149
47	288	117	231	146	108	167	127	149	134	81
13.7	137.2	55.7	82.2	31.9	24.6	29.3	35.9	36.2	22.7	29.8
10.2	103.4	41.2	61	24.4	19.9	22.9	28.2	28.2	19.2	24.3
48927	419948	182916	291260	85400	79700	89182	93425	124742	66443	95840
26462	258855	111810	168677	62208	49512	57073	66925	71856	48120	60221
8167	57619	32792	24778	13624	13374	11141	13419	11161	9258	10935
4154	28975	53882	4760	1388	5615	2555	2306	1717	1014	1227
3013	27735	129356	19892	12116	7090	8586	10562	9441	7637	9472
48183	489303	203657	313264	115332	100693	121995	137655	140761	93067	127938
31724	211618	144681	178637	69783	61128	87868	98250	80088	56539	79333
450	5671	1647	2489	1539	892	590		851	1082	1032
200404	2408700	1520584	1124534	540804	312125	543420	538305	289020	270866	361590
41305	433922	221211	213387	112022	72120	175161	147953	63602	58492	71829
9403	289857	107278	98633	60381	33431	145068	58716	36065	33987	42727
23562	15938	7700	10231	4742	7065	9385	3156	9020	8844	3148
6065	80323	72783	80826	21707	18136	13804	79720	11442	9742	18279
2119	45689	30603	21967	21019	11588	5753	5415	5998	3948	7318
156	2115	2847	1730	4173	1900	1151	946	1077	1971	357
81608	1273100	845815	551353	251169	155701	181310	285620	109806	149889	163863
73328	1078600	754677	509830	221029	137000	155430	254959	91919	135673	141866
77491	701678	453558	359794	177613	84304	186949	104732	115612	62485	125898
26133	275518.3	170913	111626	64606	48066	51874	50066	30488	36006	42509
17224	178616.1	90162.2	63792	48024	36706	42501	36847	25890	27372	31702
21933	188868.7	154100	101805	54934	30865	34907	38900	20255	22633	37362
64335	335188	183026	183344	108292	89468	107551	96548	101128	75039	57598
205143	1889901	1297700	1450452	459966	343828	374621	343870	460550	301641	360358
139850	1382757	886300	1019104	334963	227686	261859	271957	352922	200457	259506
70205	1199393	538600	744579	219180	173210	216297	136950	164810	158590	182326
53333	836915		117974	140200	113700		4770		79764	118898
29	113.4	89.5	115.3	41.3	20	27.2	16	27.8	19.5	36.9
1830	49138	33922	47717	10151	7540	39045	27827	10698	6035	24161
120	2284	2382	1994	1646	554	3466	943	1746	852	1001
41	1254	626	322	212	269	249	257	298	254	276
3169	60092	33080	54857	16320	11980	17610	20077	20084.3	15830	22359

22-6 续表1

指 标	Item	上高县 Shanggao	宜丰县 Yifeng	靖安县 Jing'an
农作物总播种面积(公顷)	Total Sown Area of Farm Crops (hectare)	73616	43216	21668
粮食作物播种面积(公顷)	Sown Area of Grain Crops (hcktare)	46420	38650	14083
#稻 谷	Rice	41322	37153	12495
油料播种面积(公顷)	Sown Area of Oil-bearing Crops (hectare)	9710	597	3426
棉花播种面积(公顷)	Sown Area of Cotton (hectare)	580	237	1122
糖料播种面积(公顷)	Sown Area of Sugar Crops (hectare)	823	50	33
烟叶播种面积(公顷)	Sown Area of Tobacco (hectare)	28		1
蔬菜播种面积(公顷)	Sown Area of Vegetables (hectare)	6778	2587	1691
粮食总产量(吨)	Total Output of Grain (ton)	284353	244868	85465
#稻 谷	Rice	262305	233924	78665
油料产量(吨)	Output of Oil-bearing Crops (ton)	14368	1005	6618
棉花产量(吨)	Output of Cotton (ton)	865	402	2412
糖料产量(吨)	Output of Sugar Crops(ton)	44096	1086	661
烟叶产量(吨)	Output of Tobacco (ton)	84		2
蔬菜产量(吨)	Output of Vegetables (ton)	93764	43511	28170
茶叶产量(吨)	Output of Tea (ton)	191	31	60
水果产量(吨)	Output of Fruits (ton)	6591	4631	44917
肉类总产量(吨)	Total Output of Meat (ton)	64128	21048.6	6970.9
#猪 肉	Pork	61530	25398	6772
奶类产量(吨)	Ouput of Milk (ton)			
禽蛋产量(吨)	Ouput of Eggs (ton)	4686	6744.7	694
水产品产量(吨)	Ouput of Aquatic Products (ton)	35403	15801	8580
工业及建筑业	**Industry and Construction**			
规模以上工业企业	Industrial Enterprises above Designated Size			
工业企业数(个)	Number of Industrial Enterprises (unit)	108	85	27
工业总产值(当年价格)(万元)	Gross Industrial Output Value (at current price)(10000 yuan)	1544200	553500	307000
从业人员年平均数(人)	Average Number of Employed Persons (person)	36700	20800	6200
流动资产年平均余额(万元)	Average Balance of Circulating Funds (10000 yuan)	222600	95600	58700
固定资产净值年平均余额(万元)	Average Balance of Net Value of Fixed Assets (10000 yuan)	306700	138900	315000
主营业务收入(万元)	Main Business Revenue (10000 yuan)	1541200	513800	313800
主营业务税金及附加(万元)	Taxes and Other Charges on Principal Business (10000 yuan)	3200	1900	500
本年应交增值税(万元)	Value-added Tax Payable (10000 yuan)	51400	23700	14500
利润总额(万元)	Total Pre-tax Profits (10000 yuan)	218300	25900	4800
建 筑 业	Construction			
建筑业企业个数(个)	Number of Construction Enterprises (unit)	11	8	5
期末从业人员数(人)	Number of Employed Persons at the Year-end (person)	4228	1533	1948
建筑业总产值(万元)	Gross Output Value of Construction (10000 yuan)	43917	32319	38987
交通运输、邮电通讯、能源	**Transport,Postal and Telecommunication Services,Energy**			
境内公路里程(公里)	Length of Highways (kilometer)	1220.3	1407.1	1023.6
境内铁路营业里程(公里)	Length of Railways in Operation (kilometer)	32		
邮政业务总量(万元)	Business Volume of Postal Services (10000 yuan)	1835	1759	745
电信业务总量(万元)	Business Volume of Telecommunication Services (10000 yuan)	2797	2321	3350
本地电话年末用户(户)	Number of Subscribers of Local Telephones (subscriber)	39525	130000	16627
住宅电话年末用户(户)	Number of Subscribers of Home Telephones (subscriber)	39525	53000	9068
移动电话年末用户(户)	Number of Subscribers of Mobile Telephones (subscriber)	201250	115000	47200
国际互联网用户(户)	Number of Internet Subscribers (subscriber)		14000	7500

continued

铜鼓县 Tonggu	丰城市 Fengcheng	樟树市 Zhangshu	高安市 Gao'an	南城县 Nancheng	黎川县 Lichuan	南丰县 Nanfeng	崇仁县 Chongren	乐安县 Le'an	宜黄县 Yihuang	金溪县 Jinxi
9261	223988	131218	171721	52322.6	35162	44321.1	65944	47584	38607	65831
7373	157908	82361	106324	37605.3	24248	28281.2	39373	40919.5	23689	47880
6371	141337	76978	97387	33974.9	22379	23874.5	36495	38526.3	19994	45618
221	23436	25412	38860	1489.1	1255	2066.3	10011	799.4	1359	1935
	219	219	6274	80.1			1166		23	
	637	34	139	234.3	75	384.7	591	106.9	214	261
			7	13	1541	67		1227	1101	
1012	16500	8757	11801	6197.1	4518	8655.6	6760	3498.1	4722	6344
41702	1006000	539259	722072	270808	145709	216698	269652	241346	151786	300103
38121	931748	515561	682685	250099	137494	182459	255233	233867	133750	282873
273	40579	42287	51048	3676	2259	5664	18873	1568	2017	4988
	331	286	9129	164			2110		11	
	44568	1217	6445	7877	3375	11773	35440	2941	7505	5580
			15	35	3254	153		2543	2568	
12643	530601	162015	279665	147559	89326	140379	105138	60271	81174	100818
228	293	230	307	14	41	47	275	14	17	1897
383	3462	5778	6782	53064	14957	606353	5767	2261	2857	85051
6448	83593.2	88762	137215	24404	18347	11720	76115	10099	8689	14531
4863	57354	72750	105667	17879	13695	8726	13579	6590	7901	11394
		491		103	760	110	100	62	5	461
886	25045	8468	5623	7020	1368	2412	9621	1611	660	1943
6006	87815	38305	41441	30900	16067	7002	12700	7400	8397	15168
24	117	112	110	82	52	57	81	28	76	64
168909	2844257	1862700	1788286	632012.3	449367	371478	902946	142463.5	411670	382822
3057	52800	27700	34425	20852	12216	7524	11095	5387	10518	7850
51522	720200	607200	301125	101235	16331	73464.9	83392	25564.7	40177.1	66789.3
35000	942300	295200	548639	76013	48100	9202.8	137857	68600.4	88517.4	56091.5
156183	2840884	1846200	1733275	628549	448541	366626.6	901055	139774.2	405248.6	383075
546	13400	35400	7855	3276	1759	2131.7	1447	773.1	395.8	719.2
5541	147200	66000	61318	15193	13361	6509.8	18765	3616.4	14626.2	10059.9
8194	207255	172200	114697	28141	16021	19324.8	24804	826.9	14045.9	11385.7
3	32	17	17	7	1	5	5	3	1	7
1074	16905	6681	5206	2209	1058	1731	2947	1342	1515	2633
13766	211852	115968	70022	42006	138227	38153	47136	8118.8	18903	257351
648	3052	1524.3	1755	2116.7	1019	1166	1350	1642	1210	1060
	330	115.8	35				45	28		
1062	4314	21793	3724	1173.4	940	1080	1160	2080.7	6633	626
1248	6392.4	3362	5925	11620	1371.1	1940	2150	6367.5	5298	1766
23775	119543	76162	80352	65683	32000	24500	37150	20811	15119	22900
14308	108399	52000	78240	61100	25872	21000	34369	16078	12932	19101
26386	279535	290000	400000	154000	89740	120000	36180	98981	96495	26672
2441	33412	36000	13764	15217	9558	11000	2198	8082	8049	8243

22-6 续表2

指 标	Item	上高县 Shanggao	宜丰县 Yifeng	靖安县 Jing'an
全年用电量(万千瓦时)	Electricity Consumption in the Whole Year (10000 kwh)	62763	47227	14400
#工业用电量	Electricity Consumption of Industry	49960	37283	9821
农村用电量	Rural Electricity Consumption	21526.8	7951	2907
贸易、外经	**Domestic and Foreign Trade**			
社会消费品零售总额(万元)	Total Retail Sales of Consumer Goods (10000 yuan)	147757	96722	40992
限额以上批发零售贸易业商品销售总额(万元)	Total Sales of Commodities in Wholesale and Retail Trades above Designated Size (10000 yuan)	21017	5816.3	1412
出口总额(万美元)	Total Exports (USD 10000)	16211	2699	3062
当年合同外资金额(万美元)	Contracted Foreign Captital in Current Year (USD 10000)	8460	360	
当年实际使用外资金额(万美元)	Foreign Capital Actually Utilized in Current Year (USD 10000)	6028	2921.3	950
固定资产投资	**Investment in Fixed Assets**			
城镇固定资产投资完成额(万元)	Total Investment in Fixed Assets in Urban Area (10000 yuan)	587654	251836	80188
城镇新增固定资产(万元)	Newly Increased Fixed Assets in Urban Area (10000 yuan)	611116	223147	62914
城镇固定资产投资项目个数(个)	Number of Projects of Investment in Fixed Assets in Urban Area (project)	198	86	33
房地产开发投资完成额(万元)	Total Investment in Real Estate Development (10000 yuan)	29920	18931	18290
教育、文化、卫生	**Education,Culture and Health Care**			
普通中学数(所)	Number of Regular Secondary Schools (unit)	14	17	10
小学数(所)	Number of Primary Schools (unit)	127	44	37
普通中学专任教师数(人)	Number of Full-time Teachers in Regular Secondary Schools (person)	1234	1139	473
小学专任教师数(人)	Number of Full-time Teachers in Primary Schools (person)	1396	1376	599
普通中学在校学生数(人)	Number of Students Enrolled in Regular Secondary Schools (person)	21264	14207	6230
小学在校学生数(人)	Number of Students Enrolled in Primary Schools (person)	23176	21095	9197
医院、卫生院数(所)	Number of Hospitals and Health Care Centers (unit)	23	26	13
医院、卫生院床位数(床)	Number of Beds of Hospitals and Health Care Centers (bed)	1007	718	415
医院、卫生院卫生技术人员数(人)	Number of Medical Technical Personnel of Hospitals and Health Care Centers (person)	1183	955	520
人民生活	**People's Livelihood**			
城镇在岗职工年平均人数(人)	Average Number of Fully Employed Staff and Workers in Urban Area (person)	30276	11746	6617
城镇在岗职工工资总额(万元)	Total Wages of Fully Employed Staff and Workers in Urban Area (10000 yuan)	55940	25860	15529.3
农村居民人均纯收入(元)	Annual Per Capita Net Income of Rural Households (yuan)	6482	5906	5501
农民人均住房面积(平方米)	Per Capita Floor Space of Rural Households (sq.m)	44.2	33.7	29.7
农村恩格尔系数(%)	Engle Coefficient of Rural Households (%)	49.7	37.0	41.6
社会保障	**Social Security**			
各种社会福利收养性单位数(个)	Number of Social Welfare Institutions of Various Types (unit)	15	16	11
各种社会福利收养性单位床位数(床)	Number of Beds in Social Welfare Institutions of Various Types (bed)	1873	1473	950
参加基本养老保险的职工数(人)	Number of Employees Participating in Basic Retirement Security Program (person)	37209	30418	14768
参加基本医疗保险的职工数(人)	Number of Employees Participating in Basic Health Care Program (person)	45688	86067	23177
参加失业保险人数(人)	Number of Persons Participating in Unemployment Insurance (person)	780	13600	9111
城镇居民最低生活保障人数(人)	Number of Urban Residents Receiving Minimum Income Relief (person)	7200	8938	4381
农村居民最低生活保障人数(人)	Number of Rural Residents Receiving Minimum Income Relief (person)	11388	8938	5925
参加农村合作医疗的人数(人)	Number of Persons Participating in Rural Cooperative Medical (person)	246284	188119	93964
参加农村养老保险的人数(人)	Number of Persons Participating in Rural Retirement Security Program (person)	15000	19118	62760
资源、环境与可持续发展	**Resources, Environment and the Sustained Development**			
行政区域土地面积(平方公里)	Divisions of Administrative Areas (kilometer)	1350.3	1935	1377.5
森林面积(公顷)	Forest Area (hectare)	3048.1	118040	117120
年末耕地面积(公顷)	Area of Cultivated Land at the Year-end (hectare)	24754	26456	9166
环境污染治理本年完成投资总额(万元)	Total Investment in the Treatment of Environmental Pollution (10000 yuan)	960	1500	

continued

铜鼓县 Tonggu	丰城市 Fengcheng	樟树市 Zhangshu	高安市 Gao'an	南城县 Nancheng	黎川县 Lichuan	南丰县 Nanfeng	崇仁县 Chongren	乐安县 Le'an	宜黄县 Yihuang	金溪县 Jinxi
11795	191837	84000	139810	18495	13529	17407.7	13544	10954.1	22327	15248
7688	158280	63500	116850	7568	6214	7590.6	5948	3675.2	16199	8866
2479	20803	2049.3	19401	7923	2344	5552	2013	5660.1	2267	2513
51567	485802	320087	366897	200131	119270	222810	138090	150670	97008.1	123371.2
1018	39725	1056401	99424	81806	19573	35183	11049	22046	5767	44342.2
390	5410	6295	3200	6320	3354	3922		1655	2060	4105
	5467	7800	5205	1060	480	2055		229	2860	1460
620	5467	5095	5138	1750	1418	1945		449	1653	1460
46510	1407232	864253	681965	634174	467973	298623	602224	132831	334939	349733
33005	593843	419174	585999	499450	404828	197082	347431	63153	244820	158057
34	194	141	80	184	152	118	190	76	103	105
6312	129802	47511	48107	38884	18729	71977	19051	18007	28777	34772
9	49	30	30	17	17	17	21	22	17	14
48	485	118	275	135	121	57	154	310	101	155
322	4670	2216	2952	1258	955	1176	1356	1195	804	995
594	6671	2323	3388	1882	1271	1537	1680	1792	1132	1425
5476	69270	28163	53973	18347	18425	16229	24080	14499	12011	14866
9996	142701	44015	58423	36087	21704	24336	34910	39066	20774	24207
11	42	22	30	12	23	22	24	26	18	19
297	3372	1108	1712	590	405	532	460	791	437	622
345	4294	1484	2331	854	593	901	490	949	456	719
6626	5621	27934	24542	12870	12359	11027	12702	10022	8883	10197
13418	146197.1	63840.9	59525	27737	26635	22000	32050.3	19275.1	18165.2	21039.9
4120	6525	6609	6454	6490.8	5718	8732	7197	2981.8	5716	6154
40.3	38.8	21.8	38	27.1	35.6	44.5	35.9	25.8	35.3	39.7
42.9	56.6	52.3	47.3	42.6	42.0	37.9	49.0	65.5	42.4	50.7
10	31	20	26	14	16	14	18	17	16	14
1384	3348	1592	3710	1301	312	1150	960	1360	1280	1420
14110	86006	53504	52000	26216	18500	24640	14100	31250	17413	22245
9252	297898	80639	107045	27146	23027	25043	16152	28012	20109	24190
10112	5671	31900	20643	16100	13936	14100	12980	16000	12202	13006
3448	28035	15075	17323	10106	6552	6169	7450	7882	5744	5287
7895	37902	17762	24430	7553	5805	7938	9720	11634	7121	9996
88067	1021089	382552	580056	227580	180553	214737	257853	253066	155692	217728
8443	17292	15808	23000	20017	10350	28661	2560	163380	43748	5803
1548	2845	1290.9	2439.3	1698	1729	1909	1520	2412	1944.3	1358
132364	10331.9	38085	65000	115668.8	112400	139769	79280	159928	154587	67348
7007	82960	46656	65547	20274.5	15328	18049.9	21022.7	22152.5	17354	24328.8
5400	21000	11300	11800	7600	900	1100	85	8200	445	410

22-7 各地区市、县社会经济主要指标(六)(2010年)

指标	Item	资溪县 Zixi	东乡县 Dongxiang	广昌县 Guangchang
乡村基本情况(个)	**Basic Conditions of Country(unit)**			
乡(镇)个数	Number of Township and Town Governments	7	13	11
村民委员会个数	Number of Villagers' Committees	70	141	129
#自来水受益的村	Number of Villages Benefited by Tap Water	64	31	102
通电话的村	Number of Villages with Telephone	70	141	121
通有线电视的村	Number of Villages with Cable TV	64	85	111
人口与就业	**Population and Employment**			
年末总人口(万人)	Total Population at the Year-end (10000 persons)	11.3	45.6	24.1
#乡村人口	Population of Country	8.3	32.8	20.1
年末总户数(户)	Number of Total Households at the Year-end (household)	38381	156558	74071
#乡村户数	Number of Households of Country	22186	81893	49007
年末单位从业人员数(人)	Number of Employed Persons in Units at the Year-end (person)	9956	31320	29712
#第二产业	Secondary Industry	1559	13186	2462
第三产业	Tertiary Industry	7035	12489	7104
乡村从业人员数(人)	Rural Employed Persons (person)	39625	164814	101335
#农林牧渔业	Farming,Forestry,Animal Husbandry and Fishery	11095	96196	71092
城镇登记失业人员数(人)	Number of Registered Urban Unemployed Persons (person)	514	4700	1294
综合经济(万元)	**General Economic(10000 yuan)**			
地区生产总值	Gross Regional Product	165010	703134	202239
第一产业增加值	Primary Industry Value-added	26047	116213	39192
农业	Farming	8487	36710	27780
林业	Forestry	6293	4517	3994
牧业	Animal Husbandry	2771	68926	3845
渔业	Fishery	8190	5559	2899
农林牧渔业服务业	Services Output Value of Farming,Forestry, Animal Husbandry and Fishery	306	501	674
第二产业增加值	Secondary Industry Value-added	80534	404355	100926
#工业	Industry	59819	358056	80144
第三产业增加值	Tertiary Industry Value-added	58429	182566	62121
财政、金融	Government Finance,Bank			
财政总收入	Government Revenue	33296	100206	54027
#地方财政一般预算收入	Local Government Budgetary Revenue	26700	76973	33685
各项税收	Taxes	28742	57133	28434
地方财政一般预算支出	Local Government Budgetary Expenditure	65181	151938	88096
年末金融机构各项存款余额	Deposits in Financial Institutions at the Year-end	228883	572410	369761
#城乡居民储蓄存款余额	Savings Deposits by Urban and Rural Residents at the Year-end	180651	412307	232328
年末金融机构各项贷款余额	Loans in Financial Institutions at the Year-end	104255	297941	173053
#农业贷款	Agricultural Loans	36844	68405	
农业	**Farming**			
生产条件	Production Condition			
农业机械总动力(万千瓦)	Total Power of Agricultural Machinery (10000 kw)	5.9	59.3	21.1
化肥使用量(折纯量)(吨)	Consumption of Chemical Fertilizers (net)(ton)	2068	22892	23183
农药使用量(吨)	Consumption of Pesticides (ton)	53	2308	349
地膜使用量(吨)	Consumption of Mulching Film (ton)	35	232	199
有效灌溉面积(公顷)	Irrigated Areas (hectare)	4654	24000	10730

Main Social and Economic Indicators by County(County-level City) (2010)

上饶县 Shangrao	广丰县 Guangfeng	玉山县 Yushan	铅山县 Yanshan	横峰县 Hengfeng	弋阳县 Yiyang	余干县 Yugan	鄱阳县 poyang	万年县 Wannian	婺源县 Wuyuan	德兴市 Dexing
22	20	16	17	9	16	20	29	12	16	12
220	159	189	186	63	137	365	532	130	171	82
63	77	59	72	30	38	45	253	46	120	56
220	159	189	186	63	137	365	532	130	171	82
220	150	185	186	63	110	250	467	42	171	82
78.1	90.2	59.9	45.2	21.5	39.7	100	157.2	39.9	36	32.3
72.9	71.1	46.9	37.4	17.5	32.1	85.6	138.9	32.4	29.8	21.9
225495	232511	173688	130089	65940	111984	289900	421928	120082	114861	110832
197249	179755	127621	93009	43034	76343	186609	322736	70959	82475	58023
24586	27490	23738	14232	8451	14507	32485	67654	14263	18635	18920
801	6531	7340	4260	1237	4323	15146	9892	2724	7308	7857
13908	20649	14610	6052	6979	10114	17330	53673	10622	11082	10300
333228	391045	212171	182787	85688	159864	454112	689563	165938	150533	119055
120953	104415	93351	89677	43635	67030	178572	301992	72739	94146	59314
	10021	1945	3015	1200	960	3092	5042	925	3173	2095
871878	1509915	675866	518323	448802	450680	656977	802756	509885	477055	907324
92428	160731	105384	115458	49056	92031	220628	257989	86347	72958	72378
40768	52325	34377	53638	20347	40283	57452	115013	39888	33620	25791
19322	13169	14027	11639	2862	10282	4048	4503	8376	15130	20947
20724	73519	35871	23768	19971	27579	59318	48786	26771	17370	15502
11314	19295	20110	25735	5018	12613	93206	79905	8405	6439	9150
300	2423	999	678	858	1274	6604	9782	2907	399	988
611304	801374	340849	215431	294320	200346	268749	281929	285984	194225	545871
581732	567480	298561	182594	279554	171002	216502	162965	254061	158812	474345
168146	547810	229633	187434	105426	158303	167600	262838	137554	209872	289075
87368	223959	77770	82033	64880	47006	55000	53008	50008	43200	175258
54126	92655	52370	47065	34010	29587	38255	41052	37249	22952	126284
74948	160446	65846	69288	24945	36062	28000	34848	42060	37595	77805
147977	163362	138606	120450	80717	106192	180000	311294	110558	96693	174752
779742	814391	790533	590264	311253	523018	828708	1112391	506624	606361	672652
545498	556679	542593	429857	219016	345939	639283	813502	361574	397405	474035
602855	515487	433872	225059	195353	309947	386486	460808	318825	294065	373214
	107814	65000	155419	70760	71000	65702	110154	45873	123861	131325
36.7	39	29	15.3	13.6	29.6	71.2	121	10.3	27.2	27.9
4378	6032	9860	11018	1901	12142	36185	31863	6528	4627	5675
1410	548	969	516	554	213	15815	8206	66	363	313
236	164	156	135	134	315	308	733	20	300	131
23560	16900	1354	17516	7590	18870	47483	67983	18150	18105	10670

22-7 续表1

指 标	Item	资溪县 Zixi	东乡县 Dongxiang	广昌县 Guangchang
农作物总播种面积(公顷)	Total Sown Area of Farm Crops (hectare)	9780.7	64342	28740.9
粮食作物播种面积(公顷)	Sown Area of Grain Crops (hcktare)	6034.7	47054	19489.8
#稻 谷	Rice	5704	45439	18577.9
油料播种面积(公顷)	Sown Area of Oil-bearing Crops (hectare)	31.3	4012	209.6
棉花播种面积(公顷)	Sown Area of Cotton (hectare)			
糖料播种面积(公顷)	Sown Area of Sugar Crops (hectare)	42	106	16.5
烟叶播种面积(公顷)	Sown Area of Tobacco (hectare)	471		1890
蔬菜播种面积(公顷)	Sown Area of Vegetables (hectare)	2542	3580	2683.5
粮食总产量(吨)	Total Output of Grain (ton)	37267	255567	106348
#稻 谷	Rice	36055	251279	103019
油料产量(吨)	Output of Oil-bearing Crops (ton)	76	8077	3.9
棉花产量(吨)	Output of Cotton (ton)			
糖料产量(吨)	Output of Sugar Crops (ton)	1575	5762	250
烟叶产量(吨)	Output of Tobacco (ton)	749		4418
蔬菜产量(吨)	Output of Vegetables (ton)	41943	81167	41115
茶叶产量(吨)	Output of Tea (ton)	18	37	25
水果产量(吨)	Output of Fruits (ton)	220	7394	10979
肉类总产量(吨)	Total Output of Meat (ton)	2937	85529	5155
#猪 肉	Pork	2808	82773	3799
奶类产量(吨)	Ouput of Milk (ton)		8638	
禽蛋产量(吨)	Ouput of Eggs (ton)	260	6525	637
水产品产量(吨)	Ouput of Aquatic Products (ton)	7015	16247	5349
工业及建筑业	**Industry and Construction**			
规模以上工业企业	Industrial Enterprises above Designated Size			
工业企业数(个)	Number of Industrial Enterprises (unit)	41	91	43
工业总产值(当年价格)(万元)	Gross Industrial Output Value (at current price)(10000 yuan)	153064	1004700	322842.4
从业人员年平均数(人)	Average Number of Employed Persons (person)	4044	14000	2281
流动资产年平均余额(万元)	Average Balance of Circulating Funds (10000 yuan)	22963	162432	60408
固定资产净值年平均余额(万元)	Average Balance of Net Value of Fixed Assets (10000 yuan)	39084	114954	22000
主营业务收入(万元)	Main Business Revenue (10000 yuan)	150707	1019900	311073
主营业务税金及附加(万元)	Taxes and Other Charges on Principal Business (10000 yuan)	1285	900	1157
本年应交增值税(万元)	Value-added Tax Payable(10000 yuan)	6770	35300	13084
利润总额(万元)	Total Pre-tax Profits (10000 yuan)	5811	74800	11040
建 筑 业	Construction			
建筑业企业个数(个)	Number of Construction Enterprises (unit)	3	3	3
期末从业人员数(人)	Number of Employed Persons at the Year-end (person)	998	2617	1150
建筑业总产值(万元)	Gross Output Value of Construction (10000 yuan)	23825	66271	9363
交通运输、邮电通讯、能源	**Transport,Postal and Telecommunication Services,Energy**			
境内公路里程(公里)	Length of Highways (kilometer)	193	1626	843
境内铁路营业里程(公里)	Length of Railways in Operation (kilometer)	30	40	
邮政业务总量(万元)	Business Volume of Postal Services (10000 yuan)	1117	1551	1270.5
电信业务总量(万元)	Business Volume of Telecommunication Services (10000 yuan)	3236	8872	1152.9
本地电话年末用户(户)	Number of Subscribers of Local Telephones (subscriber)	14353	31751	20468
住宅电话年末用户(户)	Number of Subscribers of Home Telephones (subscriber)	7200	25603	18390
移动电话年末用户(户)	Number of Subscribers of Mobile Telephones (subscriber)	43393	152498	65000
国际互联网用户(户)	Number of Internet Subscribers (subscriber)	5495	16609	7338

continued

上饶县 Shangrao	广丰县 Guangfeng	玉山县 Yushan	铅山县 Yanshan	横峰县 Hengfeng	弋阳县 Yiyang	余干县 Yugan	鄱阳县 poyang	万年县 Wannian	婺源县 Wuyuan	德兴市 Dexing
44541	60494	50643	39650	18740	48487	156678	238456	51203	33037	26885
30357	40968	36988	29812	13799	37231	126794	178722	38928	20196	19014
26065	33579	33678	27616	12394	35423	120197	172461	37471	18590	16916
4415	4503	8213	2016	2872	6237	13355	49583	8170	7120	3928
37	19	98		4	24	85	2395	220	104	43
274	177	68	241	104	234	668	630	265	62	321
	120					2	13			
7662	4843	3388	5793	1605	3666	8835	5099	1410	3395	2630
162430	183596	200493	158066	77212	200112	665952	1010986	222203	109222	100635
148173	156196	189436	152220	70059	195701	646452	994724	219370	102954	91243
6469	6969	12044	3003	3405	4764	20903	94902	7989	6961	3257
35	20	189		7	12	40	5446	297	75	60
5731	7620	3860	10428	4734	4681	22645	21398	6757	2144	8823
	327					15	119			
114930	222515	46263	170301	28576	64431	132525	119661	27495	50018	33737
492	151	330	72	25	245	5	153	90	8200	352
5263	7843	4350	1879	4344	12623	2763	2904	1439	1192	2141
13723	46373	17958	14111.4	16240	21129	34137	45858	53487	14165	10270
11578	25410	19655	21036	15617	18322	22042	35354	52070	11654	9099
21	104	5	10				56	1	4	15
1607	19456	2913	3242	453	6511	2239	11721	3760	2520	927
16220	25600	25899	21505	4746	20600	67183	141000	13268	7500	8080
91	130	80	36	42	57	32	47	68	34	65
2235514	2049421	1004700	679963.1	1335764	711571	903551	432913	916360	256019.9	562000
22853	24198	13711	6635	8685	8718	6787	9325	15929	5217	13000
820204	201330	137960	154994.4	98200	394185	132484	58370	225816.3	62220.9	268700
	213454	201200	73437.6	139300	183592	452138	125976	188622.7	34484	164100
2255559	1996568	1004356	658033.1	1352800	718151	892424	430920	902136.5	237253.4	576200
3099	36332	2640	2974.6	1000	1168	3032	4428	3033	868.8	2300
76232	62143	37649	34363.6	61100	20813	32600	6331	32361.3	9837.5	13300
253208	31322	57687	30539.7	64400	29043	47283	16990	60496	14619.1	35600
7	33	7	3	4	8	8	17	6	4	7
2416	24066	2948	2383	2292	2386	3062	9419	5719	1472	5232
34676.4	658939	38218	28991.6	25369	42054	60070.3	146764	45494	18654	124038
680	1093.7	472.7	722	467.8	604.3	978	879	102	2388	1203
35	2	31		42	42			13		25
1767.2	1343.7	3010	1668	600.5	960	6120	2781	1012	1026.7	1076
8502	4653	15210	2800	5748	2084	7210	7085	2476	2973	3400
63020	123031	111120	37402	25446	34022	141214	109366	42366	58884	55100
52200	90993	71200	32973	24640	28484	82410	92654	22157	47600	39700
250000	129978	119100	165608	97503	127196	58789	285000	179767	133037	130000
14200	6247	4610	13250	8098	10598	5842	23207	8776	11930	20119

22-7 续表2

指 标	Item	资溪县 Zixi	东乡县 Dong-xiang	广昌县 Guang-chang
全年用电量(万千瓦时)	Electricity Consumption in the Whole Year (10000 kwh)	6300	31888	11030.8
#工业用电量	Electricity Consumption of Industry	3740	19000	5287.2
农村用电量	Rural Electricity Consumption	1220	4300	2649
贸易、外经	**Domestic and Foreign Trade**			
社会消费品零售总额(万元)	Total Retail Sales of Consumer Goods (10000 yuan)	59560	310023	62344
限额以上批发零售贸易业商品销售总额(万元)	Total Sales of Commodities in Wholesale and Retail Trades above Designated Size (10000 yuan)	13483	59493	14494
出口总额(万美元)	Total Exports (USD 10000)	3200	4198	2650
当年合同外资金额(万美元)	Contracted Foreign Captital in Current Year (USD 10000)	1451	1800	1453
当年实际使用外资金额(万美元)	Foreign Capital Actually Utilized in Current Year (USD 10000)	1657	1803	1453
固定资产投资	**Investment in Fixed Assets**			
城镇固定资产投资完成额(万元)	Total Investment in Fixed Assets in Urban Area (10000 yuan)	198147	757716	176068
城镇新增固定资产(万元)	Newly Increased Fixed Assets in Urban Area (10000 yuan)	21495	686441	63535
城镇固定资产投资项目个数(个)	Number of Projects of Investment in Fixed Assets in Urban Area (project)	102	263	78
房地产开发投资完成额(万元)	Total Investment in Real Estate Development (10000 yuan)	8573	75415	16048
教育、文化、卫生	**Education,Culture and Health Care**			
普通中学数(所)	Number of Regular Secondary Schools (unit)	8	21	16
小学数(所)	Number of Primary Schools (unit)	77	123	98
普通中学专任教师数(人)	Number of Full-time Teachers in Regular Secondary Schools (person)	621	1510	908
小学专任教师数(人)	Number of Full-time Teachers in Primary Schools (person)	793	2028	1109
普通中学在校学生数(人)	Number of Students Enrolled in Regular Secondary Schools (person)	8102	25606	13906
小学在校学生数(人)	Number of Students Enrolled in Primary Schools (person)	10375	42101	23224
医院、卫生院数(所)	Number of Hospitals and Health Care Centers (unit)	9	23	15
医院、卫生院床位数(床)	Number of Beds of Hospitals and Health Care Centers (bed)	186	855	258
医院、卫生院卫生技术人员数(人)	Number of Medical Technical Personnel of Hospitals and Health Care Centers (person)	269	932	680
人民生活	**People's Livelihood**			
城镇在岗职工年平均人数(人)	Average Number of Fully Employed Staff and Workers in Urban Area (person)	9895	31320	8782
城镇在岗职工工资总额(万元)	Total Wages of Fully Employed Staff and Workers in Urban Area (10000 yuan)	21294	66902.8	21909
农村居民人均纯收入(元)	Annual Per Capita Net Income of Rural Households (yuan)	5762	6873.9	2735
农民人均住房面积(平方米)	Per Capita Floor Space of Rural Households (sq.m)	30	39.5	20.7
农村恩格尔系数(%)	Engle Coefficient of Rural Households (%)	38.1	50.8	41.5
社会保障	**Social Security**			
各种社会福利收养性单位数(个)	Number of Social Welfare Institutions of Various Types (unit)	8	19	12
各种社会福利收养性单位床位数(床)	Number of Beds in Social Welfare Institutions of Various Types (bed)	378	1200	610
参加基本养老保险的职工数(人)	Number of Employees Participating in Basic Retirement Security Program (person)	17160	35055	17321
参加基本医疗保险的职工数(人)	Number of Employees Participating in Basic Health Care Program (person)	11000	38000	23026
参加失业保险人数(人)	Number of Persons Participating in Unemployment Insurance (person)	7700	21000	
城镇居民最低生活保障人数(人)	Number of Urban Residents Receiving Minimum Income Relief (person)	2016	10888	420
农村居民最低生活保障人数(人)	Number of Rural Residents Receiving Minimum Income Relief (person)	4222	8943	8681
参加农村合作医疗的人数(人)	Number of Persons Participating in Rural Cooperative Medical (person)	74292	307878	167822
参加农村养老保险的人数(人)	Number of Persons Participating in Rural Retirement Security Program (person)		19700	2553
资源、环境与可持续发展	**Resources, Environment and the Sustained Development**			
行政区域土地面积(平方公里)	Divisions of Administrative Areas (kilometer)	1251	1264	1612
森林面积(公顷)	Forest Area (hectare)	105387	43529.5	101700
年末耕地面积(公顷)	Area of Cultivated Land at the Year-end (hectare)	4826.7	25355	12671
环境污染治理本年完成投资总额(万元)	Total Investment in the Treatment of Environmental Pollution (10000 yuan)	70	650	

continued

上饶县 Shangrao	广丰县 Guangfeng	玉山县 Yushan	铅山县 Yanshan	横峰县 Hengfeng	弋阳县 Yiyang	余干县 Yugan	鄱阳县 poyang	万年县 Wannian	婺源县 Wuyuan	德兴市 Dexing
74765	91206	72130	36490.9	14948	66749	30255	50929	13327	21664	159116
58599	88023	52235	20316.2	9408	51765	16777	17186	4689	10119	146889
31109	12646	12000	1237.7	1982	6498	12478	22065	5776	8101	5024
175088	284620	270300	254677	157065.1	231226	20156	303398	216700	208374	241378
16185.9	8317	14829	40618	11431	26512	16521	60643	12607	32100	153058
9403	7995	11026	4722	2768	6756		3930	6445	5947	5374
6949	7074	4130	3686	4640	3508			8663	3108	
5304	6457	3491	2116	2413	2751		2529	2577	2397	1406
610542	935322	666010	487994	340703	439534	511318	505218	351510	361352	577782
244878	308420	470000	66043	186922	300512	310455	327908	21465	137616	46000
112	184	113	166	119	136	67	100	34	122	102
82063	187877	95000	14225	17954	26332	87815	103100	15463	40682	24600
42	45	26	37	13	26	65	104	22	24	23
318	207	188	152	51	119	370	493	180	315	63
2785	3483	2124	1608	720	1098	3618	4858	2466	1436	1154
3941	3830	2432	1756	925	1784	4712	7907	1893	1514	1422
52741	59867	31455	24995	11191	21751	84751	93754	30476	18868	13989
85528	76617	51034	43313	19811	37091	113316	166338	37216	32039	28007
35	30	22	24	12	30	39	55	27	23	24
1044	600	1285	748	390	662	1050	1989	812	733	850
1308	600	1338	908	694	952	1128	7213	873	737	996
22065	27021	12248	14088	6448	13757	36452	65228	13205	11350	16799
62890.1	63786	30627	29231.8	14522	31637	54678	124332	29324	27222.8	50646
3068	6571	6009	5327	3030	5372	3658	3015	4966.7	5279	6293
27.2	29.5	56.9	36	37.8	40.2	40.3	34	56.3	28.9	33.4
52.6	39	38.8	56.5	56.3	50.5	45.6	51.6	58.4	47.2	40.4
23	23	21	23	1	24	20	36	24	17	16
2052	2286	2246	1526	126	1816	2573	4184	1129	860	1560
41750	37858	36268	30895	16721	29940	40135	62393	12963	24880	41643
40012	59438	40981	35780	22147	35933	51043	89000	46339	31792	44727
16496	28032	21000	16900	13160	18910	38654	29000	22452	19986	16547
9391	12730	10468	8344	5711	9135	12698.7	17896	9669	5265	8699
31459	26613	20604	14627	8077	13754	56375	60494	14778	13375	8021
652155	631438	438647	318429	148641	264897	74848	1162800	293775	286468	190893
22700	23050	39800	14200	15300		36975	28000	332	25264	9308
2246	1377.8	1728	2177.7	655.2	1580	2371	4215	1139.7	2948	2082
101588	6209	98908	147495	21981.5	97540	47760	161189	62183	250667	144865.7
23565	17414	19321	19260	9069	22164	51869	99443	20702	19559	12943
1500	13420	10562	1166.6	3500	316		5300	2667	290	1350

各省、市、自治区主要经济指标

MAIN ECONOMIC INDICATORS OF PROVICES, AUTONOMOUS REGIONS AND MUNICIPALITIES DIRECTLY UNDER THE CENTRAL GOVERNMENT

◆597/610

资料整理及英文翻译：洪安　林红

23-1 各省(市、区)年末总人口

Total Population at Year-end of Provinces, Autonomous Regions and Municipalities

单位：万人 (10000 persons)

地 区	Region	2004	2005	2006	2007	2008	2009	2010
全 国	**National Total**	**129988**	**130756**	**131448**	**132129**	**132802**	**133474**	**133972**
北 京	Beijing	1493	1538	1581	1633	1695	1755	1961
天 津	Tianjin	1024	1043	1075	1115	1176	1228	1294
河 北	Hebei	6809	6851	6898	6943	6989	7034	7185
山 西	Shanxi	3335	3355	3375	3393	3411	3427	3571
内蒙古	Inner Mongolia	2384	2386	2397	2405	2414	2422	2471
辽 宁	Liaoning	4217	4221	4271	4298	4315	4319	4375
吉 林	Jilin	2709	2716	2723	2730	2734	2740	2746
黑龙江	Heilongjiang	3817	3820	3823	3824	3825	3826	3831
上 海	Shanghai	1742	1778	1815	1858	1888	1921	2302
江 苏	Jiangsu	7433	7475	7550	7625	7677	7725	7866
浙 江	Zhejiang	4720	4898	4980	5060	5120	5180	5443
安 徽	Anhui	6461	6120	6110	6118	6135	6131	5950
福 建	Fujian	3511	3535	3558	3581	3604	3627	3689
江 西	**Jiangxi**	**4284**	**4311**	**4339**	**4368**	**4400**	**4432**	**4462**
山 东	Shandong	9180	9248	9309	9367	9417	9470	9579
河 南	Henan	9717	9380	9392	9360	9429	9487	9402
湖 北	Hubei	6016	5710	5693	5699	5711	5720	5724
湖 南	Hunan	6698	6326	6342	6355	6380	6406	6568
广 东	Guangdong	8304	9194	9304	9449	9544	9638	10430
广 西	Guangxi	4889	4660	4719	4768	4816	4856	4603
海 南	Hainan	818	828	836	845	854	864	867
重 庆	Chongqing	3122	2798	2808	2816	2839	2859	2885
四 川	Sichuan	8725	8212	8169	8127	8138	8185	8042
贵 州	Guizhou	3904	3730	3757	3762	3793	3798	3475
云 南	Yunnan	4415	4450	4483	4514	4543	4571	4597
西 藏	Tibet	274	277	281	284	287	290	300
陕 西	Shaanxi	3705	3720	3735	3748	3762	3772	3733
甘 肃	Gansu	2619	2594	2606	2617	2628	2635	2558
青 海	Qinghai	539	543	548	552	554	557	563
宁 夏	Ningxia	588	596	604	610	618	625	630
新 疆	Xinjiang	1963	2010	2050	2095	2131	2159	2181

注：1.全国数据包括中国人民解放军现役军人数，但不包括香港、澳门特别行政区和台湾省数据；分省数据中未包括中国人民解放军现役军人数。
2.2001-2004年部分地区数据不是常住人口口径。

a) The military personnel were included in the national total population,but excluded in the regional total population.The national total population excluded the population of HongKong SAR, Macao SAR and Taiwan Province.

b) Data of some areas are not the permanent resident population's in 2001-2004.

23-2 各省(市、区)生产总值

GDP of Provinces,Autonomous Regions and Municipalities

单位：亿元 (100 million yuan)

地区	Region	2004	2005	2006	2007	2008	2009	2010
全国	**National Total**	**159878.3**	**184937.4**	**216314.4**	**265810.3**	**314045.4**	**340902.8**	**397983.3**
北京	Beijing	6033.2	6969.5	8117.8	9846.8	11115.0	12153.0	13777.9
天津	Tianjin	3111.0	3905.6	4462.7	5252.8	6719.0	7521.9	9108.8
河北	Hebei	8477.6	10012.1	11467.6	13607.3	16012.0	17235.5	20197.1
山西	Shanxi	3571.4	4230.5	4878.6	6024.5	7315.4	7358.3	9088.1
内蒙古	Inner Mongolia	3041.1	3905.0	4944.2	6423.2	8496.2	9740.3	11655.0
辽宁	Liaoning	6672.0	8047.3	9304.5	11164.3	13668.6	15212.5	18278.3
吉林	Jilin	3122.0	3620.3	4275.1	5284.7	6426.1	7278.8	8577.1
黑龙江	Heilongjiang	4750.6	5513.7	6211.8	7104.0	8314.4	8587.0	10235.0
上海	Shanghai	8072.8	9247.7	10572.2	12494.0	14069.9	15046.5	16872.4
江苏	Jiangsu	15003.6	18598.7	21742.1	26018.5	30982.0	34457.3	40903.3
浙江	Zhejiang	11648.7	13417.7	15718.5	18753.7	21462.7	22990.4	27226.8
安徽	Anhui	4759.3	5375.1	6112.5	7360.9	8851.7	10062.8	12263.4
福建	Fujian	5763.4	6554.7	7583.8	9248.5	10823.0	12236.5	14357.1
江西	**Jiangxi**	**3456.7**	**4056.8**	**4820.5**	**5800.3**	**6971.1**	**7655.2**	**9451.3**
山东	Shandong	15021.8	18366.9	21900.2	25776.9	30933.3	33896.7	39416.2
河南	Henan	8553.8	10587.4	12362.8	15012.5	18018.5	19480.5	22942.7
湖北	Hubei	5633.2	6590.2	7617.5	9333.4	11328.9	12961.1	15806.1
湖南	Hunan	5641.9	6596.1	7688.7	9439.6	11555.0	13059.7	15902.1
广东	Guangdong	18864.6	22557.4	26587.8	31777.0	36796.7	39482.6	45472.8
广西	Guangxi	3433.5	3984.1	4746.2	5823.4	7021.0	7759.2	9502.4
海南	Hainan	798.9	898.0	1044.9	1254.2	1503.1	1654.2	2052.1
重庆	Chongqing	2692.8	3467.7	3907.2	4676.1	5793.7	6530.0	7894.2
四川	Sichuan	6379.6	7385.1	8690.2	10562.4	12601.2	14151.3	16898.6
贵州	Guizhou	1677.8	2005.4	2339.0	2884.1	3561.6	3912.7	4594.0
云南	Yunnan	3081.9	3461.7	3988.1	4772.5	5692.1	6169.8	7220.1
西藏	Tibet	220.3	248.8	290.8	341.4	394.9	441.4	507.5
陕西	Shaanxi	3175.6	3933.7	4743.6	5757.3	7314.6	8169.8	10021.5
甘肃	Gansu	1688.5	1934.0	2276.7	2702.4	3166.8	3387.6	4119.5
青海	Qinghai	466.1	543.3	648.5	797.4	1018.6	1081.3	1350.4
宁夏	Ningxia	537.1	612.6	725.9	919.1	1203.9	1353.3	1643.4
新疆	Xinjiang	2209.1	2604.2	3045.3	3523.2	4183.2	4277.0	5418.8

注：本表按当年价格计算。

a) Data in this table are calculated at current prices.

23-3 各省(市、区)生产总值指数

GDP Index of Provinces, Autonomous Regions and Municipalities

(上年=100) (preceding year=100)

地 区	Region	2004	2005	2006	2007	2008	2009	2010
全 国	**National Total**	**110.1**	**111.3**	**112.7**	**114.2**	**109.6**	**109.2**	**110.3**
北 京	Beijing	114.1	112.1	113.0	114.5	109.1	110.2	110.2
天 津	Tianjin	115.8	114.9	114.7	115.5	116.5	116.5	117.4
河 北	Hebei	112.9	113.4	113.4	112.8	110.1	110.0	112.2
山 西	Shanxi	115.2	113.5	112.8	115.9	108.5	105.4	113.9
内蒙古	Inner Mongolia	120.5	123.8	119.1	119.2	117.8	116.9	114.9
辽 宁	Liaoning	112.8	112.7	114.2	115.0	113.4	113.1	114.1
吉 林	Jilin	112.2	112.1	115.0	116.1	116.0	113.6	113.7
黑龙江	Heilongjiang	111.7	111.6	112.1	112.0	111.8	111.4	112.6
上 海	Shanghai	114.2	111.4	112.7	115.2	109.7	108.2	109.9
江 苏	Jiangsu	114.8	114.5	114.9	114.9	112.7	112.4	112.6
浙 江	Zhejiang	114.5	112.8	113.9	114.7	110.1	108.9	111.8
安 徽	Anhui	113.3	111.0	112.0	114.2	112.7	112.9	114.5
福 建	Fujian	111.8	113.7	115.7	122.0	117.0	112.3	113.8
江 西	**Jiangxi**	**113.2**	**112.8**	**112.3**	**113.2**	**113.2**	**113.1**	**114.0**
山 东	Shandong	115.4	115.0	114.7	114.2	112.0	112.2	112.5
河 南	Henan	113.7	114.2	114.4	114.6	112.1	110.9	112.2
湖 北	Hubei	111.2	112.1	113.2	114.6	113.4	113.5	114.8
湖 南	Hunan	112.1	112.2	112.8	115.0	113.9	113.7	114.5
广 东	Guangdong	114.8	114.1	114.8	114.9	110.4	109.7	112.2
广 西	Guangxi	111.8	113.1	113.6	115.1	112.8	113.9	114.2
海 南	Hainan	110.7	110.5	113.2	115.8	110.3	111.7	115.8
重 庆	Chongqing	112.2	111.7	112.4	115.9	114.5	114.9	117.1
四 川	Sichuan	112.7	112.6	113.5	114.5	111.0	114.5	115.1
贵 州	Guizhou	111.4	112.7	112.8	114.8	111.3	111.4	112.8
云 南	Yunnan	111.3	108.9	111.6	112.2	110.6	112.1	112.3
西 藏	Tibet	112.1	112.1	113.3	114.0	110.1	112.4	112.3
陕 西	Shaanxi	112.9	113.7	113.9	115.8	116.4	113.6	114.5
甘 肃	Gansu	111.5	111.8	111.5	112.3	110.1	110.3	111.7
青 海	Qinghai	112.3	112.2	113.3	113.5	113.5	110.1	115.3
宁 夏	Ningxia	111.2	110.9	112.7	112.7	112.6	111.9	113.4
新 疆	Xinjiang	111.4	110.9	111.0	112.2	111.0	108.1	110.6

注：本表按不变价格计算。
a) Data in this table are calculated at constant prices.

23-4 各省(市、区)地方财政收入

Local Financial Revenue of Provinces, Autonomous Regions and Municipalities

单位: 亿元 (100 million yuan)

地区	Region	2004	2005	2006	2007	2008	2009	2010
全国	**National Total**	**11893.4**	**15100.8**	**18303.6**	**23572.6**	**28649.8**	**32602.6**	**40609.8**
北京	Beijing	744.5	919.2	1117.2	1492.6	1837.3	2026.8	2353.9
天津	Tianjin	246.2	331.9	417.0	540.4	675.5	821.4	1068.8
河北	Hebei	407.8	515.7	620.5	789.1	944.6	1066.2	1330.8
山西	Shanxi	256.4	368.3	583.4	597.9	747.9	805.8	969.7
内蒙古	Inner Mongolia	196.8	277.5	343.4	492.4	649.6	850.8	1070.0
辽宁	Liaoning	529.6	675.3	817.7	1082.7	1356.1	1591.0	2004.8
吉林	Jilin	166.3	207.2	245.2	320.7	422.8	487.1	602.4
黑龙江	Heilongjiang	289.4	318.2	386.8	440.5	578.4	641.6	755.6
上海	Shanghai	1106.2	1417.4	1576.1	2074.5	2358.7	2540.3	2873.6
江苏	Jiangsu	980.5	1322.7	1656.7	2237.7	2731.1	3228.6	4079.9
浙江	Zhejiang	806.0	1066.6	1298.2	1649.5	1933.1	2142.4	2608.5
安徽	Anhui	274.6	334.0	428.0	543.7	724.6	863.9	1149.4
福建	Fujian	333.5	432.6	541.2	699.5	833.3	932.3	1151.5
江西	**Jiangxi**	**205.8**	**252.9**	**305.5**	**389.9**	**488.6**	**581.3**	**778.1**
山东	Shandong	828.3	1073.1	1356.3	1675.4	1956.9	2198.5	2749.3
河南	Henan	428.8	537.7	679.2	862.1	1009.1	1126.1	1381.0
湖北	Hubei	310.5	375.5	476.1	590.4	710.2	800.4	1011.3
湖南	Hunan	320.6	395.3	477.9	606.6	722.7	845.0	1081.7
广东	Guangdong	1418.5	1807.2	2179.5	2785.8	3310.0	3649.2	4515.7
广西	Guangxi	237.8	283.0	342.6	418.8	518.7	620.8	772.3
海南	Hainan	57.0	68.7	81.8	108.3	145.0	178.2	271.1
重庆	Chongqing	200.6	256.8	317.7	442.7	577.2	655.6	1018.3
四川	Sichuan	385.8	479.7	607.6	850.9	1041.7	1174.2	1561.0
贵州	Guizhou	149.3	182.5	226.8	285.1	349.5	416.5	533.9
云南	Yunnan	263.4	312.6	380.0	486.7	613.6	698.2	871.2
西藏	Tibet	10.0	12.0	14.6	20.1	24.9	30.1	36.7
陕西	Shaanxi	215.0	275.3	362.5	475.2	591.3	733.9	957.9
甘肃	Gansu	104.2	123.5	141.2	190.9	264.9	286.7	353.6
青海	Qinghai	27.0	33.8	42.2	56.7	71.6	87.7	110.2
宁夏	Ningxia	37.5	47.7	61.4	80.0	95.0	111.5	153.6
新疆	Xinjiang	155.7	180.3	219.5	285.9	361.1	388.8	500.6

23-5 各省(市、区)全社会固定资产投资

Investment in Fixed Assets of Provinces, Autonomous Regions and Municipalities

单位：亿元 (100 million yuan)

地区	Region	2004	2005	2006	2007	2008	2009	2010
全国	**National Total**	**70477.4**	**88773.6**	**109998.2**	**137323.9**	**172828.4**	**224598.8**	**278139.8**
北京	Beijing	2528.2	2827.2	3296.4	3907.2	3814.7	4616.9	5403.0
天津	Tianjin	1245.7	1495.1	1820.5	2353.1	3389.8	4738.2	6278.6
河北	Hebei	3218.8	4139.7	5470.2	6884.7	8866.6	12269.8	15082.5
山西	Shanxi	1443.9	1826.6	2255.7	2861.5	3531.2	4943.2	6063.2
内蒙古	Inner Mongolia	1788.0	2643.6	3363.2	4372.9	5475.4	7336.8	8929.9
辽宁	Liaoning	2979.6	4200.4	5689.6	7435.2	10019.1	12292.5	16043.0
吉林	Jilin	1169.1	1741.1	2594.3	3651.4	5038.9	6411.6	7870.4
黑龙江	Heilongjiang	1430.8	1737.3	2236.0	2833.5	3656.0	5028.8	6812.6
上海	Shanghai	3050.3	3509.7	3900.0	4420.4	4823.1	5043.8	5108.9
江苏	Jiangsu	6557.1	8165.4	10069.2	12268.1	15300.6	18949.9	23186.8
浙江	Zhejiang	5781.3	6520.1	7590.2	8420.4	9323.0	10742.3	12488.1
安徽	Anhui	1935.2	2525.1	3533.6	5087.5	6747.0	8990.7	11543.4
福建	Fujian	1892.9	2316.7	2981.8	4287.8	5207.7	6231.2	8198.5
江西	**Jiangxi**	**1819.7**	**2169.0**	**2683.6**	**3301.9**	**4745.4**	**6643.1**	**8772.3**
山东	Shandong	6970.6	9307.3	11111.4	12537.7	15435.9	19034.5	23282.9
河南	Henan	3099.4	4311.6	5904.7	8010.1	10490.6	13704.5	16585.9
湖北	Hubei	2264.8	2676.6	3343.5	4330.4	5647.0	7866.9	10262.7
湖南	Hunan	2072.6	2629.1	3175.5	4154.8	5534.0	7703.4	9663.8
广东	Guangdong	5870.0	6977.9	7973.4	9294.3	10868.7	12933.1	15624.0
广西	Guangxi	1236.5	1661.2	2198.7	2939.7	3756.4	5237.2	7057.6
海南	Hainan	317.0	367.2	423.9	502.4	705.4	988.3	1317.0
重庆	Chongqing	1537.0	1933.2	2407.4	3127.7	3979.6	5214.3	6692.4
四川	Sichuan	2818.4	3585.2	4412.9	5639.8	7127.8	11371.9	13119.5
贵州	Guizhou	865.2	998.3	1197.4	1488.8	1864.5	2412.0	3104.9
云南	Yunnan	1291.5	1777.6	2208.6	2759.0	3435.9	4526.4	5528.7
西藏	Tibet	162.4	181.4	231.1	270.3	309.9	378.3	463.3
陕西	Shaanxi	1508.9	1882.2	2480.7	3415.0	4614.4	6246.9	7964.4
甘肃	Gansu	733.9	870.4	1022.6	1304.2	1712.8	2363.0	3158.3
青海	Qinghai	289.2	329.8	408.5	482.8	583.2	798.2	1018.7
宁夏	Ningxia	376.2	443.3	498.7	599.8	828.9	1075.9	1444.2
新疆	Xinjiang	1147.1	1339.1	1567.1	1850.8	2260.0	2725.5	3392.7
不分地区	Not Classified by Region	1182.5	1677.9	1947.6	2530.8	3734.9	5779.7	6674.4

23-6 各省(市、区)城镇固定资产投资

Investment in Fixed Assets in Urban Area of Provinces, Autonomous Regions and Municipalities

单位：亿元 (100 million yuan)

地区	Region	2004	2005	2006	2007	2008	2009	2010
全国	**National Total**	**59028.2**	**75095.1**	**93368.7**	**117464.5**	**148738.3**	**193920.4**	**241414.9**
北京	Beijing	2333.0	2595.4	3012.4	3597.3	3520.9	4149.6	4916.5
天津	Tianjin	1128.7	1364.0	1679.0	2192.2	3175.1	4446.6	5896.5
河北	Hebei	2442.0	3307.8	4403.2	5690.3	7463.8	10476.5	12921.8
山西	Shanxi	1315.2	1666.5	2055.7	2600.2	3194.6	4509.6	5526.6
内蒙古	Inner Mongolia	1707.5	2555.3	3264.9	4255.0	5327.0	7143.8	8699.2
辽宁	Liaoning	2580.3	3666.5	4977.8	6576.0	8881.9	11605.1	15106.3
吉林	Jilin	1059.4	1581.3	2366.1	3340.2	4592.7	5958.9	7395.2
黑龙江	Heilongjiang	1317.0	1581.2	2040.4	2591.7	3354.8	4695.7	6292.7
上海	Shanghai	2863.0	3198.6	3497.5	4045.1	4404.9	4618.9	4630.5
江苏	Jiangsu	5008.2	6218.9	7479.6	9161.4	11609.7	14266.8	17418.9
浙江	Zhejiang	3998.8	4784.7	5429.3	5996.9	6551.1	7454.3	8525.4
安徽	Anhui	1613.0	2126.7	3050.2	4444.6	5948.6	7945.5	10281.8
福建	Fujian	1594.5	1958.3	2692.4	3829.0	4601.5	5548.6	7385.2
江西	**Jiangxi**	**1522.7**	**1902.7**	**2375.4**	**2954.9**	**4325.4**	**6008.1**	**7856.9**
山东	Shandong	5418.5	7275.1	8715.5	10153.6	12529.0	15439.1	18846.8
河南	Henan	2434.9	3461.2	4840.8	6609.2	8721.2	11454.9	13934.8
湖北	Hubei	2005.1	2387.4	3038.5	3927.4	5148.8	7183.7	9405.6
湖南	Hunan	1679.4	2204.0	2718.4	3609.5	4880.0	6880.0	8618.2
广东	Guangdong	5029.4	5890.1	6553.7	7368.7	8640.9	10230.1	12599.7
广西	Guangxi	1094.6	1480.9	1947.8	2596.7	3325.9	4689.9	6383.3
海南	Hainan	291.0	339.2	397.0	472.8	668.0	942.7	1257.5
重庆	Chongqing	1400.6	1777.1	2252.0	2937.1	3715.9	4855.1	6170.6
四川	Sichuan	2322.9	2991.8	3927.4	5043.4	6362.1	9090.1	11062.2
贵州	Guizhou	780.2	899.3	1052.8	1289.1	1609.3	2049.8	2609.4
云南	Yunnan	1113.0	1592.3	2001.8	2443.8	3106.3	4117.5	5052.6
西藏	Tibet	162.4	181.4	200.7	230.8	271.3	327.6	405.4
陕西	Shaanxi	1378.5	1740.9	2285.7	3168.8	4286.4	5888.4	7570.7
甘肃	Gansu	660.8	786.0	923.9	1177.5	1510.8	2076.4	2808.6
青海	Qinghai	272.7	310.8	384.6	443.7	514.0	689.1	840.0
宁夏	Ningxia	316.8	382.0	438.7	527.7	735.7	964.2	1292.8
新疆	Xinjiang	1046.4	1210.0	1418.0	1659.2	2025.6	2434.1	3028.9
不分地区	Not Classified by Region	1182.5	1677.9	1947.6	2530.8	3734.9	5779.7	6674.4

23-7 各省(市、区)居民消费价格指数
Consumer Price Index of Provinces,Autonomous Regions and Municipalities

(上年=100) (preceding year=100)

地区	Region	2004	2005	2006	2007	2008	2009	2010
全国	**National Total**	**103.9**	**101.8**	**101.5**	**104.8**	**105.9**	**99.3**	**103.3**
北京	Beijing	101.0	101.5	100.9	102.4	105.1	98.5	102.4
天津	Tianjin	102.3	101.5	101.5	104.2	105.4	99.0	103.5
河北	Hebei	104.3	101.8	101.7	104.7	106.2	99.3	103.1
山西	Shanxi	104.1	102.3	102.0	104.6	107.2	99.6	103.0
内蒙古	Inner Mongolia	102.9	102.4	101.5	104.6	105.7	99.7	103.2
辽宁	Liaoning	103.5	101.4	101.2	105.1	104.6	100.0	103.0
吉林	Jilin	104.1	101.5	101.4	104.8	105.1	100.1	103.7
黑龙江	Heilongjiang	103.8	101.2	101.9	105.4	105.6	100.2	103.9
上海	Shanghai	102.2	101.0	101.2	103.2	105.8	99.6	103.1
江苏	Jiangsu	104.1	102.1	101.6	104.3	105.4	99.6	103.8
浙江	Zhejiang	103.9	101.3	101.1	104.2	105.0	98.5	103.8
安徽	Anhui	104.5	101.4	101.2	105.3	106.2	99.1	103.1
福建	Fujian	104.0	102.2	100.8	105.2	104.6	98.2	103.2
江西	**Jiangxi**	**103.5**	**101.7**	**101.2**	**104.8**	**106.0**	**99.3**	**103.0**
山东	Shandong	103.6	101.7	101.0	104.4	105.3	100.0	102.9
河南	Henan	105.4	102.1	101.3	105.4	107.0	99.4	103.5
湖北	Hubei	104.9	102.9	101.6	104.8	106.3	99.6	102.9
湖南	Hunan	105.1	102.3	101.4	105.6	106.0	99.6	103.1
广东	Guangdong	103.0	102.3	101.8	103.7	105.6	97.7	103.1
广西	Guangxi	104.4	102.4	101.3	106.1	107.8	97.9	103.0
海南	Hainan	104.4	101.5	101.5	105.0	106.9	99.3	104.8
重庆	Chongqing	103.7	100.8	102.4	104.7	105.6	98.4	103.2
四川	Sichuan	104.9	101.7	102.3	105.9	105.1	100.8	103.2
贵州	Guizhou	104.0	101.0	101.7	106.4	107.6	98.7	102.9
云南	Yunnan	106.0	101.4	101.9	105.9	105.7	100.4	103.7
西藏	Tibet	102.7	101.5	102.0	103.4	105.7	101.4	102.2
陕西	Shaanxi	103.1	101.2	101.5	105.1	106.4	100.5	104.0
甘肃	Gansu	102.3	101.7	101.3	105.5	108.2	101.3	104.1
青海	Qinghai	103.2	100.8	101.6	106.6	110.1	102.6	105.4
宁夏	Ningxia	103.7	101.5	101.9	105.4	108.5	100.7	104.1
新疆	Xinjiang	102.7	100.7	101.3	105.5	108.1	100.7	104.3

23-8 各省(市、区)城镇居民家庭人均可支配收入

Per Capita Disposable Income of Urban Households of Provinces, Autonomous Regions and Municipalities

单位：元 (yuan)

地区	Region	2004	2005	2006	2007	2008	2009	2010
全国	**National Total**	**9421.6**	**10493.0**	**11759.5**	**13785.8**	**15780.8**	**17174.7**	**19109.4**
北京	Beijing	15637.8	17653.0	19977.5	21988.7	24724.9	26738.5	29072.9
天津	Tianjin	11467.2	12638.6	14283.1	16357.4	19422.5	21402.0	24292.6
河北	Hebei	7951.3	9107.1	10304.6	11690.5	13441.1	14718.3	16263.4
山西	Shanxi	7902.9	8913.9	10027.7	11565.0	13119.1	13996.6	15647.7
内蒙古	Inner Mongolia	8123.0	9136.8	10358.0	12377.8	14432.6	15849.2	17698.2
辽宁	Liaoning	8007.6	9107.6	10369.6	12300.4	14392.7	15761.4	17712.6
吉林	Jilin	7840.6	8690.6	9775.1	11285.5	12829.5	14006.3	15411.5
黑龙江	Heilongjiang	7470.7	8272.5	9182.3	10245.3	11581.3	12566.0	13856.5
上海	Shanghai	16682.8	18645.0	20667.9	23622.7	26674.9	28837.8	31838.1
江苏	Jiangsu	10481.9	12318.6	14084.3	16378.0	18679.5	20551.7	22944.3
浙江	Zhejiang	14546.4	16293.8	18265.1	20573.8	22726.7	24610.8	27359.0
安徽	Anhui	7511.4	8470.7	9771.1	11473.6	12990.4	14085.7	15788.2
福建	Fujian	11175.4	12321.3	13753.3	15506.1	17961.5	19576.8	21781.3
江西	**Jiangxi**	**7559.6**	**8619.7**	**9551.1**	**11222.0**	**12866.4**	**14021.5**	**15481.1**
山东	Shandong	9437.8	10744.8	12192.2	14264.7	16305.4	17811.0	19945.8
河南	Henan	7704.9	8668.0	9810.3	11477.1	13231.1	14371.6	15930.3
湖北	Hubei	8022.8	8785.9	9802.7	11485.8	13152.9	14367.5	16058.4
湖南	Hunan	8617.5	9524.0	10504.7	12293.5	13821.2	15084.3	16565.7
广东	Guangdong	13627.7	14770.0	16015.6	17699.3	19732.9	21574.7	23897.8
广西	Guangxi	8690.0	9286.7	9898.8	12200.4	14146.0	15451.5	17063.9
海南	Hainan	7735.8	8123.9	9395.1	10996.9	12607.8	13750.9	15581.1
重庆	Chongqing	9221.0	10243.5	11569.7	12590.8	14367.6	15748.7	17532.4
四川	Sichuan	7709.9	8386.0	9350.1	11098.3	12633.4	13839.4	15461.2
贵州	Guizhou	7322.1	8151.1	9116.6	10678.4	11758.8	12862.5	14142.7
云南	Yunnan	8870.9	9265.9	10069.9	11496.1	13250.2	14423.9	16064.5
西藏	Tibet	9106.1	9431.2	8941.1	11130.9	12481.5	13544.4	14980.5
陕西	Shaanxi	7492.5	8272.0	9267.7	10763.3	12857.9	14128.8	15695.2
甘肃	Gansu	7376.7	8086.8	8920.6	10012.3	10969.4	11929.8	13188.6
青海	Qinghai	7319.7	8057.9	9000.4	10276.1	11640.4	12691.9	13855.0
宁夏	Ningxia	7217.9	8093.6	9177.3	10859.3	12931.5	14024.7	15344.5
新疆	Xinjiang	7503.4	7990.2	8871.3	10313.4	11432.1	12257.5	13643.8

23-9 各省(市、区)农村居民家庭人均纯收入

Per Capita Net Income of Rural Households of Provinces, Autonomous Regions and Municipalities

单位：元 (yuan)

地区	Region	2004	2005	2006	2007	2008	2009	2010
全国	**National Total**	**2936.4**	**3254.9**	**3587.0**	**4140.4**	**4760.6**	**5153.2**	**5919.0**
北京	Beijing	6170.3	7346.3	8275.5	9439.6	10661.9	11668.6	13262.3
天津	Tianjin	5019.5	5579.9	6227.9	7010.1	7910.8	8687.6	10074.9
河北	Hebei	3171.1	3481.6	3801.8	4293.4	4795.5	5149.7	5958.0
山西	Shanxi	2589.6	2890.7	3180.9	3665.7	4097.2	4244.1	4736.3
内蒙古	Inner Mongolia	2606.4	2988.9	3341.9	3953.1	4656.2	4937.8	5529.6
辽宁	Liaoning	3307.1	3690.2	4090.4	4773.4	5576.5	5958.0	6907.9
吉林	Jilin	2999.6	3264.0	3641.1	4191.3	4932.7	5265.9	6237.4
黑龙江	Heilongjiang	3005.2	3221.3	3552.4	4132.3	4855.6	5206.8	6210.7
上海	Shanghai	7066.3	8247.8	9138.7	10144.6	11440.3	12482.9	13978.0
江苏	Jiangsu	4753.9	5276.3	5813.2	6561.0	7356.5	8003.5	9118.2
浙江	Zhejiang	5944.1	6660.0	7334.8	8265.2	9257.9	10007.3	11302.6
安徽	Anhui	2499.3	2641.0	2969.1	3556.3	4202.5	4504.3	5285.2
福建	Fujian	4089.4	4450.4	4834.8	5467.1	6196.1	6680.2	7426.9
江西	**Jiangxi**	**2952.6**	**3265.5**	**3585.0**	**4049.0**	**4697.2**	**5075.0**	**5788.6**
山东	Shandong	3507.4	3930.5	4368.3	4985.3	5641.4	6118.8	6990.3
河南	Henan	2553.2	2870.6	3261.0	3851.6	4454.2	4807.0	5523.7
湖北	Hubei	2890.0	3099.2	3419.4	3997.5	4656.4	5035.3	5832.3
湖南	Hunan	2837.8	3117.7	3389.6	3904.2	4512.5	4909.0	5622.0
广东	Guangdong	4365.9	4690.5	5079.8	5624.0	6399.8	6906.9	7890.3
广西	Guangxi	2305.2	2494.7	2770.5	3224.1	3690.3	3980.4	4543.4
海南	Hainan	2817.6	3004.0	3255.5	3791.4	4390.0	4744.4	5275.4
重庆	Chongqing	2510.4	2809.3	2873.8	3509.3	4126.2	4478.4	5276.7
四川	Sichuan	2518.9	2802.8	3002.4	3546.7	4121.2	4462.1	5086.9
贵州	Guizhou	1721.6	1877.0	1984.6	2374.0	2796.9	3005.4	3471.9
云南	Yunnan	1864.2	2041.8	2250.5	2634.1	3102.6	3369.3	3952.0
西藏	Tibet	1861.3	2077.9	2435.0	2788.2	3175.8	3531.7	4138.7
陕西	Shaanxi	1866.5	2052.6	2260.2	2644.7	3136.5	3437.6	4105.0
甘肃	Gansu	1852.2	1979.9	2134.1	2328.9	2723.8	2980.1	3424.7
青海	Qinghai	1957.7	2151.5	2358.4	2683.8	3061.2	3346.2	3862.7
宁夏	Ningxia	2320.1	2508.9	2760.1	3180.8	3681.4	4048.3	4674.9
新疆	Xinjiang	2244.9	2482.2	2737.3	3183.0	3502.9	3883.1	4642.7

23-10 各省(市、区)社会消费品零售总额
Total Retail Sales of Consumer Goods of Provinces, Autonomous Regions and Municipalities

单位：亿元 (100 million yuan)

地区	Region	2004	2005	2006	2007	2008	2009	2010
全国	**National Total**	**59501.0**	**68352.6**	**79145.2**	**93571.6**	**114830.1**	**132678.4**	**156998.4**
北京	Beijing	2626.6	2911.7	3295.3	3835.2	4645.5	5309.9	6229.3
天津	Tianjin	1044.8	1201.6	1383.1	1650.6	2078.7	2430.8	2902.6
河北	Hebei	2576.4	2969.5	3435.7	4053.8	4991.1	5764.9	6821.8
山西	Shanxi	1219.1	1410.7	1635.4	1953.3	2421.1	2809.0	3318.2
内蒙古	Inner Mongolia	1160.7	1358.1	1628.6	1964.0	2463.0	2855.3	3384.0
辽宁	Liaoning	2642.8	3014.4	3471.6	4097.8	5032.4	5812.6	6887.6
吉林	Jilin	1286.9	1470.3	1697.6	2038.3	2549.2	2957.3	3504.9
黑龙江	Heilongjiang	1557.3	1773.8	2029.0	2386.2	2928.3	3401.8	4039.2
上海	Shanghai	2656.9	2979.5	3375.2	3873.3	4577.2	5173.2	6070.5
江苏	Jiangsu	4892.2	5735.5	6706.2	7985.9	9905.1	11484.1	13606.8
浙江	Zhejiang	4055.5	4645.9	5358.0	6271.3	7533.3	8622.3	10245.4
安徽	Anhui	1557.4	1776.7	2056.5	2451.9	3045.2	3527.8	4197.7
福建	Fujian	2062.0	2351.7	2717.6	3212.3	3866.7	4481.0	5310.0
江西	**Jiangxi**	**1074.5**	**1244.9**	**1448.2**	**1718.9**	**2141.8**	**2484.4**	**2956.2**
山东	Shandong	5290.5	6166.9	7217.1	8607.5	10658.8	12363.0	14620.3
河南	Henan	2938.3	3380.9	3932.6	4690.3	5815.4	6746.4	8004.2
湖北	Hubei	2619.5	2985.9	3461.1	4115.8	5109.7	5928.4	7013.9
湖南	Hunan	2149.6	2474.3	2869.4	3419.2	4222.6	4913.7	5839.5
广东	Guangdong	6852.0	7915.5	9194.3	10731.3	12986.6	14891.8	17458.4
广西	Guangxi	1222.2	1405.5	1620.3	1932.7	2395.8	2790.7	3312.0
海南	Hainan	236.8	270.8	313.4	370.9	463.2	537.5	639.3
重庆	Chongqing	1068.3	1227.8	1431.5	1711.1	2147.1	2479.0	2938.6
四川	Sichuan	2615.2	3003.5	3472.5	4105.6	4944.8	5758.7	6810.1
贵州	Guizhou	535.3	615.7	710.0	858.2	1075.2	1247.3	1482.7
云南	Yunnan	915.3	1041.3	1204.8	1422.5	1764.7	2051.1	2500.1
西藏	Tibet	63.2	73.2	90.0	112.6	130.0	156.6	185.3
陕西	Shaanxi	1162.8	1331.3	1542.4	1837.3	2317.1	2699.7	3195.7
甘肃	Gansu	560.6	638.1	729.5	854.4	1023.6	1183.0	1394.5
青海	Qinghai	141.2	161.6	182.6	212.6	259.7	300.5	350.8
宁夏	Ningxia	153.5	175.8	202.5	239.5	295.4	339.3	403.6
新疆	Xinjiang	563.4	640.2	733.2	857.5	1041.5	1177.5	1375.1

注：除全国总计以外，2004年为经济普查数据，其它年份为年报数据，各地区相加不等于全国总计，原因是全国数据进行了修正。

a) Except national total,data for 2004 are figures from the First economic Census, data for other years are from the annual report. The sum of provincial figures do not add up to the national total, as the national total are adjusted.

23-11 各省(市、区)进出口总额
Total Imports & Exports of Provinces,Autonomous Regions and Municipalities

单位：亿美元 (USD 100 million)

地 区	Region	2004	2005	2006	2007	2008	2009	2010
全 国	**National Total**	**11545.5**	**14219.1**	**17604.4**	**21765.7**	**25632.6**	**22075.4**	**29727.6**
北 京	Beijing	945.8	1255.1	1580.4	1930.0	2716.9	2147.3	3014.8
天 津	Tianjin	420.3	532.8	644.6	714.5	804.0	638.3	822.0
河 北	Hebei	135.3	160.7	185.3	255.2	384.2	296.3	419.3
山 西	Shanxi	53.8	55.5	66.3	115.8	144.0	85.7	125.8
内蒙古	Inner Mongolia	37.2	48.8	59.6	77.4	89.2	67.7	87.2
辽 宁	Liaoning	344.1	410.1	483.9	594.7	724.3	629.3	806.7
吉 林	Jilin	67.9	65.3	79.1	103.0	133.3	117.4	168.5
黑龙江	Heilongjiang	67.9	95.7	128.6	173.0	231.3	162.3	255.0
上 海	Shanghai	1600.1	1863.4	2275.2	2828.5	3220.6	2777.1	3688.9
江 苏	Jiangsu	1708.5	2279.2	2839.8	3494.7	3922.7	3387.4	4657.9
浙 江	Zhejiang	852.0	1073.9	1391.4	1768.5	2111.3	1877.3	2534.7
安 徽	Anhui	72.1	91.2	122.5	159.3	201.8	156.8	242.8
福 建	Fujian	475.3	544.1	626.6	744.5	848.2	796.5	1087.8
江 西	**Jiangxi**	**35.3**	**40.6**	**61.9**	**94.5**	**136.2**	**127.8**	**216.0**
山 东	Shandong	606.6	767.4	952.1	1224.7	1584.1	1390.5	1889.5
河 南	Henan	66.2	77.2	97.9	127.9	174.8	134.8	177.9
湖 北	Hubei	67.7	90.5	117.6	148.7	207.1	172.5	259.1
湖 南	Hunan	54.4	60.0	73.5	96.9	125.5	101.5	146.7
广 东	Guangdong	3571.3	4279.6	5272.0	6341.9	6849.7	6110.9	7846.6
广 西	Guangxi	42.8	51.8	66.7	92.6	132.4	142.5	177.0
海 南	Hainan	34.0	25.4	28.5	35.1	45.3	48.8	86.3
重 庆	Chongqing	38.6	42.9	54.7	74.4	95.2	77.1	124.3
四 川	Sichuan	68.7	79.0	110.2	143.8	221.1	241.7	327.8
贵 州	Guizhou	15.1	14.0	16.2	22.7	33.7	23.0	31.4
云 南	Yunnan	37.4	47.4	62.2	87.9	96.0	80.5	133.7
西 藏	Tibet	2.0	2.1	3.3	3.9	7.7	4.0	8.4
陕 西	Shaanxi	36.4	45.8	53.6	68.9	83.3	84.1	120.8
甘 肃	Gansu	17.6	26.3	38.2	55.2	61.0	38.7	73.3
青 海	Qinghai	5.8	4.1	6.5	6.1	6.9	5.9	7.9
宁 夏	Ningxia	9.1	9.7	14.4	15.8	18.8	12.0	19.6
新 疆	Xinjiang	56.3	79.4	91.0	137.2	222.2	139.5	171.3

23-12 各省(市、区)入境旅游情况
Development of Overseas Visitor Arrivals of Provinces, Autonomous Regions and Municipalities

地区	Region	入境旅游人数（万人次） Number of Overseas Visitor Arrivals (10000 Person-times)			外汇收入（万美元） Foreign Exchange Earnings from International Tourism (USD 10000)		
		2008	2009	2010	2008	2009	2010
北京	Beijing	379.04	412.51	490.07	445913	435668	504 461
天津	Tianjin	122.04	141.02	166.07	100139	118264	141 951
河北	Hebei	75.02	84.22	97.74	27395	30781	35 071
山西	Shanxi	93.93	106.78	130.29	30065	37794	46 460
内蒙古	Inner Mongolia	154.93	128.96	142.80	57719	55831	60 190
辽宁	Liaoning	241.87	293.20	361.80	152618	185621	225 933
吉林	Jilin	61.73	68.05	82.01	21144	24294	30 492
黑龙江	Heilongjiang	200.61	142.51	172.42	86995	63868	76 250
上海	Shanghai	526.47	533.39	733.72	497172	474402	634 092
江苏	Jiangsu	544.30	556.83	653.55	388020	401601	478 343
浙江	Zhejiang	539.67	570.64	684.71	302408	322358	393 020
安徽	Anhui	132.09	156.16	198.42	45445	56584	70 898
福建	Fujian	293.19	312.03	368.14	239353	259923	297 824
江西	**Jiangxi**	**80.21**	**96.43**	113.97	**25170**	**28975**	34 603
山东	Shandong	253.67	310.04	366.79	139110	176530	215 504
河南	Henan	104.36	125.85	146.84	37444	43303	49 877
湖北	Hubei	118.75	133.46	181.74	44255	51020	75 116
湖南	Hunan	111.02	130.87	189.87	61742	67270	90 622
广东	Guangdong	2567.97	2747.80	3140.93	917498	1002813	1 238 261
广西	Guangxi	201.02	209.85	250.24	60166	64334	80 615
海南	Hainan	70.65	55.15	66.33	31388	27666	32 236
重庆	Chongqing	87.19	104.81	137.02	44978	53721	70 320
四川	Sichuan	69.95	84.99	104.93	15388	28856	35 409
贵州	Guizhou	39.54	39.95	50.01	11697	11044	12 958
云南	Yunnan	250.22	284.49	329.15	100755	117221	132 365
西藏	Tibet	6.80	17.49	22.83	3112	7873	10 359
陕西	Shaanxi	125.73	145.08	212.17	66011	77107	101 596
甘肃	Gansu	8.32	6.07	7.02	1603	1254	1 481
青海	Qinghai	2.99	3.61	4.67	1015	1542	2 045
宁夏	Ningxia	1.16	1.45	1.80	301	443	599
新疆	Xinjiang	36.32	35.49	50.94	13578	13663	18 542

2010 年统计调查工作大事记

1 月 5 日 江西调查总队召开组织工作满意度现场调查总结会议。

1 月 5-6 日 江西调查总队召开全省房地产价格调查工作会议。

1 月 6 日 省统计局、省司法厅、省普法办、江西调查总队联合印发《关于认真学习宣传<中华人民共和国统计法>的通知》。

1 月 7 日 省统计局、江西调查总队均被授予“2009 年度省直机关党的工作达标奖”和第六届（2009 年度）“省直机关文明单位”。

1 月 19 日 江西省第六次人口普查领导小组第一次全体会议在南昌召开，常务副省长凌成兴出席并主持会议。

1 月 20 日 江西调查总队赴扶贫点考察农业农村发展情况。

1 月 25 日 省统计局、江西调查总队联合印发《关于做好 2009 年城市基本情况统计工作的通知》。

1 月下旬 省委书记苏荣、常务副省长凌成兴对省统计局报送的全国统计工作会议交流材料作出批示，充分肯定统计工作。

2 月 2 日 《江西省第二次经济普查主要数据公报》正式发布。

2 月 5 日 江西调查总队编写的《统计法》复习题解被纳入全省年度普法考试和法律知识竞赛基本题库。

2 月中旬 省统计局被评为 2008-2009 年度“党旗引领致富路，携手共建新农村”定点包扶贫困村工作先进单位。

2 月 21 日 省委书记苏荣听取江西调查总队工作汇报，对全省组织工作满意度民意调查等各项工作给予肯定。

2 月 23 日 省政府办公厅印发《关于认真做好全省文化产业调查工作的通知》。

2 月下旬 江西调查总队完成企业用工情况需求调查和农作物种植意向调查。

3 月 10 日 《江西日报》以《十年共筑致富路 处处盛开幸福花》为题报道省统计局在上饶市弋阳县的包村扶贫工作。

3 月 13 日 江西省统计调查暨党风廉政建设工作会议在南昌召开。

3 月 15 日 省统计局、江西调查总队荣获 2009 年度全省社会治安综合治理先进单位。

3 月 18 日 江西调查总队召开全省主要畜禽监测调查会议。

3 月 25 日 江西调查总队印发《县级调查队兼职纪检监察（监督）员配备办法》。

4 月 9 日 全省第六次人口普查工作暨统计调查系统表彰大会在南昌召开，常务副省长凌成兴出席会议并讲话。

4 月上旬 江西调查总队完成全省城市环保满意度调查。

4 月 16 日 省统计局、江西调查总队联合召开一季度经济形势分析会。

4 月中旬 江西调查总队开展企业景气调查及采购经理指数调查企业回访调研。

4 月 20 至 22 日 省统计局局长王建农出席华东地区统计局研讨会并讲话。

4 月 28 日 省长吴新雄对国家统计局局长马建堂关于反馈江西统计基层基础建设调查情况的致信作出批示，要求各地重视和加强统计工作。

4 月下旬 省统计局、江西调查总队联合召开全省城市年报工作会议。

5 月上旬 省长吴新雄、副省长史文清对省统计局报送的《一季度江西房地产开发市场运行情况分析》一文作出批示。

5 月 6 日 副省长孙刚约见省统计局局长王建农、副局长李智富商谈文化产业调查工作事宜。

5 月 7 日 国家统计局局长、国务院第六次全国人口普查领导小组副组长马建堂来赣督查第六次人口普查工作。

5 月上旬 江西调查总队开展小型工业企业创新发展及融资情况调查。

5 月 18 日 省政府办公厅印发《关于对第六次人口普查准备工作进行督查的通知》。

5 月 19 日 副省长洪礼和对省统计局报送的《策应鄱阳湖生态经济，筑起绿色崛起长城》作出批示。

5 月 28 日 省统计局、江西调查总队、监察厅、司法厅印发《关于联合开展统计法和统计违法违纪行为处分规定贯彻执行情况大检查的通知》。

5 月 29 日 省委书记苏荣对省统计局报送的《江西县域经济发展透视》一文作出批示，对统计工作给予高度评价。

5 月下旬 江西调查总队开展新政对房地产影响调查。

6 月 2 日 省长吴新雄对省统计局报送的《江西节能形势及面临压力》一文作出批示。

6月17日 江西省第二次经济普查总结表彰会议在南昌召开。

6月20日 副省长孙刚对省统计局报送的《2009年江西省文化产业逆势上扬，突破千亿大关指日可待》一文作出批示。

6月4日 江西调查总队举办运用流程管理提升调查工作的规范化和信息化水平讲座。

6月8日 省政府办公厅印发《关于认真做好新一轮全省城乡抽样调查样本轮换工作的通知》，就做好全省城乡抽样调查样本轮换工作进行全面部署。

6月上旬 省统计局建立月度能源统计监测报告制度。

6月11日 江西调查总队在南昌市举办全省调查队系统首届调查技能大赛。

6月13日 江西调查总队印发《关于在机关基层党组织和党员中深入开展创先争优活动的实施方案的通知》，全面启动创先争优活动。

6月17日 江西调查总队召开全省城镇住户基本情况抽样调查工作会议。

6月18日 江西调查总队召开深入开展创先争优活动动员大会，总队长邓盛平出席会议并作动员报告。

7月7日 江西调查总队组织全省调查队系统参加“全省读书博文大赛”活动。

7月12日 江西调查总队指导督促与复核验收全省各地早稻预测产工作。

7月中旬 省委书记苏荣对省统计局报送的《高度重视高耗能行业的高增长》一文作出批示。

7月21日 省纪委书记尚勇约见省统计局局长王建农，就进一步做好统计工作提出要求。

7月23日 省政府办公厅印发《江西省人民政府办公厅关于进一步加强工业统计工作的通知》。

7月30日 全省统计执法大检查动员部署会在南昌召开，2010年度全省统计执法大检查正式启动。

7月30日 省统计局领导班子与副处级以上领导干部就学习宣传和贯彻实施四项监督制度进行集体谈心谈话。

7月下旬 江西调查总队完成城镇居民创业意愿和满意度调查。

8月1至5日 江西调查总队开展统计执法大检查和统计调查基层基础工作检查。

8月5日 省委宣传部部长刘上洋对省统计局报送的《江西省文化产业逆势上扬，突破千亿大关指日可待》一文作出批示。

8月上旬 新华社《瞭望》周刊专访省统计局社情民意调查工作。

8月上旬 江西调查总队完成全省优化投资创业环境调查。

8月16日 江西调查总队印发《关于认真学习贯彻进一步加强统计行风建设意见的通知》，成立国家统计局江西调查队系统统计行风建设领导小组及办公室。

8月中旬 副省长孙刚为省统计局编辑的《江西省文化产业调查资料汇编—2009》一书作序。

8月中旬 省统计局局长王建农就鄱阳湖生态经济区工业经济形势接受江西电视台专访。

9月2日 省统计局、江西调查总队联合成立领导小组，启动“世界统计日”和“中国统计开放日”庆祝活动。

9月9日 《中国信息报》专题报道江西省社情民意调查工作。

9月上旬 江西调查总队完成城镇住户大样本数据处理工作。

9月13至17日 国家统计局巡查组对江西省贯彻实施《全国统计系统基本单位名录库建设维护与使用管理暂行办法》和《全国统计系统基本单位名录库建设维护与使用管理暂行办法》情况进行了专项巡查。

9月17日 江西调查总队召开全省工业品价格统计改革和流通消费价格统计工作会议。

9月30日 省统计局与省委宣传部、省文化厅、省广电局、省新闻出版局、省旅游局联合召开全省文化产业调查工作会议。

10月8至9日 江西调查总队召开全省农村住户调查、贫困监测年报工作暨新方案培训会议。

10月9日 江西省第六次人口普查宣传月活动启动仪式在南昌举行，常务副省长、省第六次人口普查领导小组组长凌成兴出席仪式并讲话。

10月9日 省统计局党组成员、副局长李智富调任中共抚州市委常委、中共宜黄县委书记。

10月18日 江西调查总队召开前三季度经济形势分析会。

10月20日 江西调查总队举办全省调查队系统庆祝“世界统计日”和“中国统计开放日”演讲比赛。

10月20日 省统计局召开全省统计系统“世界统计日”和“中国统计开放日”庆祝大会。

10月25日 省统计局、省文化厅、省广播电影电视局、省新闻出版局、省旅游局印发《关于联合开展全省文化产业调查工作的通知》。

10月26日 江西省委任命姚睿钦同志为省统计局党组成员、纪检组长。

10月27日 全国统计系统后勤服务工作会议在南昌召开，国家统计局副局长谢鸿光出席会议并讲话。

11月1日 江西省第六次人口普查登记工作正式启动。省委书记、省人大常委会主任苏荣，省长吴新雄，省政协主席傅克诚等省委、省人大、省政府、省政协四套班子领导，以普通公民的身份参加第六次人口普查现场登记。

11月上旬 省委书记苏荣对省统计局报送的《促进江西经济社会协调可持续发展研究》一文作出批示。

11月上旬 副省长洪礼和对省统计局报送的《前三季度我省主要经济指标在全国及中部位次情况分析》一文作出批示。

11月12日 江西调查总队召开全省服务业抽样调查工作会议。

11月17日 江西调查总队公布2010年度全省调查队系统中标课题评选结果，共评出优秀课题93篇，其中一等奖14篇、二等奖28篇、三等奖51篇。

11月28日 江西调查总队制定《江西调查队系统贯彻落实干部选拔任用工作四项监督制度实施方案》。

11月29至30日 江西调查总队召开2010年全省城镇住户调查工作会议。

12月6至7日 全省调查队系统经济形势分析会在南昌召开。12月9日 江西调查总队修订印发《国家统计局江西调查总队机关工作目标管理考核办法》。

12月中旬 《江西省第二次全国R&D资源清查主要数据公报》正式发布。

12月23至24日 江西调查总队召开全省调查队系统综合与信息工作会议。

中国统计出版社最新图书简目

（仅供参考，以最后出书为准）

统计资料

中国统计年鉴-2011
中国统计摘要-2011
国际统计年鉴-2011
2011中国发展报告
中国第三产业统计年鉴-2011
中国区域经济统计年鉴-2011
中国劳动统计年鉴-2011
中国社会统计年鉴-2011
中国城市统计年鉴-2009
中国建筑业统计年鉴-2011
中国人口和就业统计年鉴-2011
中国工业经济统计年鉴-2011
中国商品交易市场统计年鉴-2011
中国房地产统计年鉴-2011
中国能源统计年鉴-2011
中国民政统计年鉴-2011
中国贸易外经统计年鉴-2011
2011中国地区经济监测报告
中国科技统计年鉴-2011
中国农村统计年鉴-2011
中国农产品价格调查年鉴-2011
中国高技术产业统计年鉴-2011
中国教育经费统计年鉴-2010
中国农村贫困监测报告-2011
全国农产品成本收益资料汇编-2011
中国科学技术协会统计年鉴-2011
工业企业科技活动资料-2011
大中型批发零售和住宿餐饮企业统计年鉴-2011
中国城市(镇)生活与价格年鉴-2011
中国县（市）社会经济统计年鉴-2011
中国农村住户调查年鉴-2011（中、英文）
中国农村全面建设小康监测报告-2011
第二次全国R&D资源清查资料汇编—综合卷
第二次全国R&D资源清查资料汇编—工业企业卷
中国零售和餐饮连锁企业统计年鉴-2011
2010年中国第六次人口普查公报

2011年省级综合统计年鉴系列

北京 天津 河北 山西 内蒙古 辽宁 吉林 黑龙江 上海 江苏 浙江 安徽 福建 江西 山东
河南 湖北 湖南 广东 广西 海南 重庆 四川 贵州 云南 西藏 陕西 甘肃 青海 宁夏
新疆 新疆生产建设兵团

2011年市(县)级综合统计年鉴系列

天津滨海新区 石家庄 唐山 邯郸 太原 大同 长治 阳泉 晋城 朔州 晋中
运城 忻州 临汾 呼和浩特 包头 沈阳 大连 长春 吉林市 四平 哈尔滨 黑龙江垦区
上海浦东新区 苏州 无锡 常州 徐州 南通 盐城 镇江 江阴 丹阳
杭州 宁波 绍兴 台州 温州 金华 嘉兴 衢州 福州 福州经济技术开发区
厦门经济特区 南昌 上饶 济南 青岛 潍坊 郑州 洛阳 三门峡 南阳 武汉 宜昌
十堰 荆州 咸宁 长沙 广州 东莞 惠州 深圳 桂林 南宁 柳州 来宾 河池 海口 成都 绵阳
贵阳 昆明 庆阳 西安 兰州 银川 乌鲁木齐

“十一五”规划教材

非参数统计　医学统计学　概率论与数理统计　统计学　现代金融投资统计分析
多元统计分析　经济计量学教程　应用时间序列分析　统计指数理论及应用
统计数据处理概论　质量管理统计方法　社会统计学　多元统计分析实验
企业经营管理统计　市场调查与预测　统计学原理（非统计专业使用）
统计学:从数据到结论　国民经济核算教程(国民经济统计学)　概率论与数理统计(经济、管理类专业使用）

重点图书

挑大学选专业2011—高考志愿填报指南　挑大学选专业2011—考研择校指南